KB041786

제 9 판

형사소송법

이은모 김정환

박영사

제 9 판 머리말

　　형사소송법의 내용을 보다 쉽고 정확하게 전달하고자 하는 의도에서 2010년 2월 출간한 형사소송법 교과서가 어느덧 제 9 판에 이르렀다. 본서는 제 8 판의 내용을 기본으로 하면서 그 이후의 개정 법령과 새로운 판례의 내용을 반영하여 발간한 것이다. 또한 그 동안의 학계의 연구 결과도 최대한 검토하여 보완하였다.

　　최근에 이루어진 중요한 형사소송법의 변화는 검찰과 경찰의 수사권조정을 내용으로 하는 2020년 2월 4일의 개정에 의한 것이라고 할 수 있는데, 형사소송법을 비롯한 검찰청법·공수처법·수사준칙에 관한 규정 등의 관련 내용은 이미 제 8 판에서 소개하였다.

　　2021년 8월 17일의 개정에서는 영상재판 방식으로 피고인에 대한 구속전 사전 청문절차와 공판준비기일, 증인신문을 진행할 수 있도록 그 요건과 절차를 규정하였고, 2022년 2월 3일의 개정에서는 피의자·피고인의 방어권을 실질적으로 보장하기 위하여 이들에게 구속영장 또는 압수·수색영장을 집행하는 경우에는 영장을 제시할 뿐만 아니라 그 사본도 교부하도록 규정하였다. 또한 2022년 5월 9일의 개정에서는 수사기관은 수사 중인 사건의 범죄혐의를 밝히기 위한 목적으로 합리적인 근거 없이 별개의 사건을 부당하게 수사하여서는 아니 되고, 다른 사건의 수사를 통하여 확보된 증거 또는 자료를 내세워 관련 없는 사건에 대한 자백이나 진술을 강요하여서는 아니 된다고 규정하여 별건수사를 명시적으로 금지하였다.

　　판례의 경우를 보면, 원격지 서버에 저장된 전자정보를 압수·수색하기 위한 요건을 엄격히 규제하고 있는 판결과 정보저장매체에 대한 임의제출이 적법하기 위한 요건을 제시하고 있는 대법원 판결 등이 주목된다.

　　제 9 판에서도 독자들이 형사소송법의 내용을 이해하는데 도움이 되도록 새로운 설명을 추가하거나 필요한 범위 내에서 교과서의 내용을 수정하였다. 본서를 통하여 독자들이 형사소송법의 내용을 보다 효율적으로 정확하게 이해할 수 있게 되기를 바란다.

　　본서를 출간하는데 도움을 주신 박영사의 안종만 회장님, 기획마케팅팀 조성호 이사님, 편집부 김선민 이사님과 이승현 차장님께도 감사의 마음을 전한다.

2023년 8월

이은모 · 김정환

　　본 QR코드를 스캔하시면 「검사와 사법경찰관의 상호협력과 일반적 수사준칙에 관한 규정」에 관한 개정내용 등을 열람할 수 있습니다(추후 개정되는 대로 해당 내용을 '박영사' 홈페이지에 업로드 예정).

머 리 말

　오랫동안 대학에서 형사소송법을 강의하면서 준비해 온 내용을 교과서로 출간
하게 되었다. 저자의 생각을 정리한 교과서의 필요성은 오래 전부터 인식하고 있었
으나 능력의 부족과 게으름 탓으로 이제야 교과서를 세상에 내놓는다. 아직도 부족
한 점이 많으나 이것은 앞으로의 연구를 통하여 수정·보완해 나갈 것이다. 이 책
을 집필하는 데 있어서는 여러 선배 및 동료 학자들의 훌륭한 연구성과가 큰 도움
이 되었다. 형사소송법학계를 이끌어 온 이들 학자들의 연구결과가 없었다면 이 책
이 충실한 내용을 담는 데는 한계가 있었을 것이다.

　저자가 형사소송법 교과서를 출간하게 된 데에는 2007. 6. 1. 공포되어
2008. 1. 1.부터 시행되고 있는 개정 형사소송법이 큰 계기가 되었다. 개정법률은
형사소송법의 틀을 그 동안의 사회변화와 국민들의 의식변화에 맞춰 재편성한 것
으로서 형사절차 전반에 걸쳐서 많은 변화를 가져왔다. 수사절차의 적법성과 피의
자·피고인의 방어권 보장을 위하여 위법수집증거배제법칙, 변호인의 피의자신문
참여권, 수사과정 기록제도, 필요적 영장실질심사제도 등을 규정하였고, 공판중심
주의를 실현하기 위하여 공판준비기일제도 및 증거개시제도를 도입하였을 뿐만 아
니라 피고인신문을 증거조사 이후에 실시하게 하는 등 많은 제도적 보완책을 마련
하였다. 또한 「국민의 형사재판 참여에 관한 법률」에 의하여 국민이 배심원으로 참
여하는 국민참여재판제도가 도입됨에 따라 공판중심주의와 구두변론주의가 공판
절차의 기본원칙으로 자리잡게 되었으며, 이러한 현실을 반영하여 증거법 분야의
재정비와 실질적인 당사자주의의 강화가 이루어졌다. 이와 같은 커다란 변화의 시
기에 형사소송법의 이론과 체계를 다시 정리하고 개정된 내용을 반영하여 학생들
의 학습에 도움이 될 교재를 개발하고자 하는 의도에서 본 교과서를 출간하게 된
것이다.

　이 책에서 저자는 가능한 한 형사소송법의 내용을 독자들에게 쉽게 전달하고
자 노력하였다. 형사소송법을 공부하는 독자들이 알아야 할 내용을 간결하면서도
명확하게 서술하고자 고심하였다. 또한 법학전문대학원의 출범과 함께 판례의 중
요성이 커짐에 따라 최근 판례들의 내용과 논점을 충실하게 소개하고 이를 비판적

으로 검토하였다. 법령의 해석이 구체적인 판례를 통해서 어떻게 실현되고 있는가를 밝히고 분석하는 것은 독자들이 앞으로 담당하게 될 형사실무의 기초를 이루는 중요한 내용이기 때문이다.

이 책을 출간하는 데 있어서 교정과 색인작업 등을 도와 준 박찬걸 법학박사에게 감사한다. 또한 본서의 출간에 도움을 주신 박영사의 안종만 회장님과 조성호 기획부장님, 편집을 담당해 주신 마찬옥 부장님과 강상희 선생님께도 깊은 감사를 드린다.

2010년 2월
한양대학교 법학전문대학원 연구실에서
이 은 모

차   례

제1편 서   론

제 1 장   형사소송법의 기초

제 1 절   형사소송법의 의의와 성격 ··· 3
  Ⅰ. 형사소송법의 의의 ··· 3
  Ⅱ. 형사소송법의 성격 ··· 4

제 2 절   형사소송법의 법원과 적용범위 ·· 5
  Ⅰ. 형사절차법정주의 ··· 5
  Ⅱ. 형사소송법의 법원(法源) ·· 7
    1. 헌   법 ·· 7
    2. 법   률 ·· 8
    3. 대법원규칙 ·· 8
    4. 명   령 ·· 9
  Ⅲ. 형사소송법의 적용범위 ··· 9
    1. 장소적 적용범위 ··· 9
    2. 인적 적용범위 ··· 10
    3. 시간적 적용범위 ·· 10

제 3 절   형사소송법의 발전 ··· 10
  Ⅰ. 대륙법계 및 영미법계 형사소송법 ··· 10
  Ⅱ. 우리나라 형사소송법 ··· 12
    1. 형사소송법의 제정 ··· 12
    2. 형사소송법의 개정 ··· 12

제 2 장   형사소송의 이념과 구조

제 1 절   형사소송의 목적과 이념 ·· 16
  Ⅰ. 형사소송의 목적 및 상호관계 ·· 16
  Ⅱ. 적법절차의 원칙 ··· 18
    1. 의   의 ··· 18

2. 내　　용 ·· 19

Ⅲ. 실체적 진실주의 ·· 21

1. 의　　의 ·· 21

2. 적극적 진실주의와 소극적 진실주의 ···························· 21

3. 실체적 진실주의의 한계 ·· 22

Ⅳ. 신속한 재판의 원칙 ·· 22

1. 신속한 재판의 의의 및 필요성 ······································ 22

2. 신속한 재판을 위한 제도 ·· 23

3. 신속한 재판의 침해와 그 구제 ······································ 24

제 2 절　형사소송의 기본구조 ·· 25

Ⅰ. 규문주의와 탄핵주의 ·· 25

1. 규문주의 ·· 25

2. 탄핵주의 ·· 26

Ⅱ. 당사자주의와 직권주의 ··· 26

1. 당사자주의 ··· 26

2. 직권주의 ·· 27

Ⅲ. 현행 형사소송법의 기본구조 ····································· 28

1. 형사소송법의 당사자주의적 요소 ·································· 28

2. 형사소송법의 직권주의적 요소 ····································· 28

3. 검　　토 ·· 29

제 2 편　소송주체와 소송절차 · 소송행위 · 소송조건

제 1 장　소송의 주체

제 1 절　법　　원 ·· 34

Ⅰ. 법원의 의의와 구성 ·· 34

1. 법원의 의의 ·· 34

2. 법원의 종류와 구성 ·· 34

Ⅱ. 법원의 관할 ··· 37

1. 관할의 의의 ·· 37

2. 법정관할 ·· 39

3. 재정관할 ·· 45

   4. 관할의 경합··47
   5. 관할위반의 효과··48
   6. 사건의 이송··50
 Ⅲ. 제척 · 기피 · 회피··52
   1. 의   의··52
   2. 제   척··52
   3. 기   피··56
   4. 회   피··61
   5. 법원사무관 등에 대한 제척 · 기피 · 회피·································61

제 2 절 검   사···62
 Ⅰ. 검사와 검찰제도··62
   1. 검사의 의의··62
   2. 검찰제도의 연혁··62
   3. 검사의 법적 성격··63
   4. 검 찰 청··64
 Ⅱ. 검사동일체의 원칙··65
   1. 의   의··65
   2. 내   용··66
   3. 효   과··67
   4. 법무부장관의 지휘 · 감독권···68
 Ⅲ. 검사의 소송법상 지위와 권한···69
   1. 수사에 관한 권한··69
   2. 공소제기와 유지의 권한··72
   3. 재판의 집행기관··73
   4. 공익의 대표자(객관의무)···73

제 3 절 피 고 인···74
 Ⅰ. 피고인의 의의 및 특정···74
   1. 피고인의 의의··74
   2. 피고인의 특정··75
 Ⅱ. 피고인의 당사자능력과 소송능력··79
   1. 피고인의 당사자능력··79
   2. 피고인의 소송능력··81
 Ⅲ. 피고인의 소송법상 지위···83
   1. 소송구조와 피고인의 지위··83

2. 당사자로서의 지위 ·· 85
3. 증거방법으로서의 지위 ·· 86
4. 절차의 대상으로서의 지위 ·· 87
Ⅳ. 무죄추정의 원칙 ··· 88
1. 의   의 ·· 88
2. 무죄추정의 원칙의 내용 ·· 88
3. 무죄추정의 원칙의 적용범위 ··· 90
Ⅴ. 진술거부권 ··· 91
1. 진술거부권의 의의 ·· 91
2. 진술거부권의 내용 ·· 92
3. 진술거부권의 고지 ·· 94
4. 진술거부권의 포기 ·· 95
5. 진술거부권보장의 효과 ··· 96

제 4 절 변 호 인 ·· 98
Ⅰ. 변호인제도의 의의 ·· 98
1. 변호인의 의의 ·· 98
2. 변호인제도의 필요성 ··· 99
3. 실질적 변호와의 관계 ·· 99
Ⅱ. 변호인의 선임 ·· 100
1. 사선변호인 ·· 100
2. 국선변호인 ·· 103
Ⅲ. 변호인의 소송법상 지위 ·· 110
1. 보호자로서의 지위 ··· 110
2. 공익적 지위 ·· 111
Ⅳ. 변호인의 권리 ·· 113
1. 대 리 권 ·· 113
2. 고 유 권 ·· 113

제 2 장 소송절차와 소송행위·소송조건

제 1 절 소송절차 ·· 118
Ⅰ. 소송절차의 기본구조 ··· 118
1. 소송절차의 본질 ·· 118
2. 소송의 실체면과 절차면 ·· 119
Ⅱ. 소송절차이분론 ·· 120

      1. 소송절차이분론의 의의 ···································· 120
      2. 소송절차이분론의 근거와 문제점 ······················ 121
      3. 입 법 론 ·· 123
제 2 절 소송행위 ··· 124
  Ⅰ. 소송행위의 의의 ·· 124
      1. 개   념 ·· 124
      2. 소송행위의 특질 ·· 125
  Ⅱ. 소송행위의 분류 ·· 125
      1. 주체에 의한 분류 ·· 125
      2. 성질에 의한 분류 ·· 126
      3. 목적에 의한 분류 ·· 127
      4. 기능에 의한 분류 ·· 127
  Ⅲ. 소송행위의 일반적 요소 ···································· 128
      1. 소송행위의 주체 ·· 128
      2. 소송행위의 내용 ·· 131
      3. 소송행위의 방식 ·· 131
      4. 소송행위의 일시와 장소 ································ 132
  Ⅳ. 소송행위에 대한 가치판단 ································ 134
      1. 의   의 ·· 134
      2. 소송행위의 성립 · 불성립 ······························ 135
      3. 소송행위의 유효 · 무효 ·································· 135
      4. 소송행위의 적법 · 부적법 ······························ 142
      5. 소송행위의 이유의 유무 ································ 142
  Ⅴ. 소송서류 ··· 142
      1. 소송서류의 의의 ·· 142
      2. 소송서류의 분류 ·· 143
      3. 조   서 ·· 144
      4. 확정사건의 소송기록에 대한 열람 · 등사 ········· 148
      5. 소송서류의 송달 ·· 152
제 3 절 소송조건 ··· 155
  Ⅰ. 소송조건의 의의 ·· 155
      1. 개   념 ·· 155
      2. 구별개념 ·· 155
  Ⅱ. 소송조건의 분류 ·· 156

1. 일반적 소송조건과 특별소송조건·· 156

2. 절대적 소송조건과 상대적 소송조건 ·· 156

3. 적극적 소송조건과 소극적 소송조건 ·· 156

4. 형식적 소송조건과 실체적 소송조건 ·· 156

Ⅲ. 소송조건의 조사 ·· 157

1. 직권조사 ·· 157

2. 소송조건의 판단기준 ··· 157

Ⅳ. 소송조건의 결여 ·· 158

1. 형식재판에 의한 종결 ·· 158

2. 소송조건결여의 경합 ··· 158

Ⅴ. 소송조건의 추완 ·· 158

제 3 편   수사와 공소제기

제 1 장   수   사

제 1 절   수사의 기본개념 ··· 163

Ⅰ. 수사의 의의와 구조 ·· 163

1. 수사의 의의 ·· 163

2. 수사의 구조 ·· 165

Ⅱ. 수사기관 ·· 167

1. 수사기관의 의의 ·· 167

2. 사법경찰관리 ·· 167

3. 고위공직자범죄수사처 ·· 170

Ⅲ. 피 의 자 ·· 174

1. 피의자의 의의 ·· 174

2. 피의자의 소송법상의 지위 ·· 174

Ⅳ. 수사의 조건 ·· 175

1. 의   의 ·· 175

2. 수사의 필요성 ·· 175

3. 수사의 상당성 ·· 177

제 2 절   수사의 단서 ··· 181

Ⅰ. 수사단서의 의의 ·· 181

Ⅱ. 고　　소 ·· 182
　　1. 고소의 의의 ··· 182
　　2. 친고죄와 고소 ··· 183
　　3. 고소권자 ·· 184
　　4. 고소의 절차 ··· 186
　　5. 고소불가분의 원칙 ·· 190
　　6. 고소의 취소 ··· 193
　　7. 고소권의 포기 ··· 196
Ⅲ. 고　　발 ·· 197
　　1. 의　　의 ·· 197
　　2. 고발권자 ·· 198
　　3. 고발의 절차 ··· 199
Ⅳ. 자　　수 ·· 200
　　1. 의　　의 ·· 200
　　2. 자수의 절차 ··· 200
Ⅴ. 변사자의 검시 ··· 200
　　1. 의　　의 ·· 200
　　2. 절　　차 ·· 201
Ⅵ. 불심검문 ·· 202
　　1. 의　　의 ·· 202
　　2. 불심검문의 내용 ··· 204
　　3. 소지품검사 ·· 206
　　4. 자동차검문 ·· 209
제 3 절　수사의 방법 ··· 211
Ⅰ. 총　　설 ·· 211
　　1. 수사의 기본원칙 ··· 211
　　2. 강제수사의 규제 ··· 212
　　3. 임의수사와 강제수사의 구별 ·· 213
　　4. 임의수사의 적법성의 한계 ·· 216
Ⅱ. 임의수사의 방법 ·· 220
　　1. 피의자신문 ·· 221
　　2. 참고인조사 ·· 230
　　3. 감정 · 통역 · 번역의 위촉 ·· 235
　　4. 공무소 등에의 조회(사실조회) ··· 237

Ⅲ. 강제수사의 방법 ……………………………………………………… 238

제 4 절   대인적 강제처분 …………………………………………………… 239
　Ⅰ. 피의자의 체포 ……………………………………………………… 240
　　1. 영장에 의한 체포 ……………………………………………… 240
　　2. 긴급체포 ………………………………………………………… 245
　　3. 현행범인의 체포 ……………………………………………… 251
　Ⅱ. 피의자와 피고인의 구속 ………………………………………… 257
　　1. 구속의 의의 …………………………………………………… 257
　　2. 구속의 요건 …………………………………………………… 258
　　3. 구속의 절차 …………………………………………………… 261
　　4. 이중구속과 별건구속 ………………………………………… 276
　Ⅲ. 신체구속된 피의자·피고인의 권리 …………………………… 279
　　1. 접견교통권 ……………………………………………………… 279
　　2. 체포·구속적부심사제도 ……………………………………… 285
　　3. 보   석 ……………………………………………………… 292
　Ⅳ. 구속의 집행정지와 실효 ………………………………………… 304
　　1. 구속의 집행정지 ……………………………………………… 304
　　2. 구속의 실효 …………………………………………………… 306
　Ⅴ. 수사상의 감정유치 ………………………………………………… 307
　　1. 감정유치의 의의 ……………………………………………… 307
　　2. 감정유치의 대상과 요건 ……………………………………… 308
　　3. 감정유치의 절차 ……………………………………………… 308
　　4. 감정유치의 효력 ……………………………………………… 310

제 5 절   대물적 강제처분 …………………………………………………… 310
　Ⅰ. 개   관 …………………………………………………………… 310
　　1. 대물적 강제처분의 의의 ……………………………………… 310
　　2. 대물적 강제처분의 요건 ……………………………………… 311
　Ⅱ. 압수·수색 ………………………………………………………… 314
　　1. 압수·수색의 의의 …………………………………………… 314
　　2. 압수·수색의 대상 …………………………………………… 314
　　3. 압수·수색의 제한 …………………………………………… 317
　　4. 압수·수색의 절차 …………………………………………… 317
　　5. 금융거래정보에 대한 압수·수색 …………………………… 325
　　6. 압수물의 보관과 폐기 ………………………………………… 327

　　　7. 압수물의 가환부와 환부 ·· 328

　Ⅲ. 수사상의 검증 ··· 333

　　　1. 의　　의 ··· 333

　　　2. 검증의 절차 ·· 333

　　　3. 신체검사 ··· 334

　Ⅳ. 대물적 강제처분과 영장주의의 예외 ··· 337

　　　1. 체포 · 구속을 위한 피의자 · 피고인 수색 ································· 338

　　　2. 체포현장에서의 압수 · 수색 · 검증 ··· 339

　　　3. 피고인 구속현장에서의 압수 · 수색 · 검증 ······························ 343

　　　4. 범죄장소에서의 압수 · 수색 · 검증 ··· 343

　　　5. 긴급체포 후의 압수 · 수색 · 검증 ··· 344

　　　6. 유류물 또는 임의제출물의 압수(영치) ····································· 346

　Ⅴ. 통신제한조치 ·· 348

　　　1. 의의 및 법적 성질 ··· 348

　　　2. 통신제한조치가 허용되는 경우 ··· 349

　　　3. 통신제한조치의 내용 ··· 350

　　　4. 통신제한조치의 청구 ··· 351

　　　5. 통신제한조치의 허가 ··· 352

　　　6. 통신제한조치의 집행에 관한 통지 ··· 353

　　　7. 긴급통신제한조치 ·· 354

　　　8. 통신제한조치로 취득한 자료의 보호 ··· 354

　Ⅵ. 통신사실확인자료의 제공요청 ·· 356

　　　1. 의　　의 ··· 356

　　　2. 법적 성격 ··· 356

　　　3. 통신사실확인자료 요청 및 제공의 절차 ··································· 357

　　　4. 통신사실확인자료 제공의 통지 ··· 358

　　　5. 증거능력의 제한 ·· 359

제 6 절　판사에 대한 강제처분의 청구 ·· 359

　Ⅰ. 증거보전 ··· 359

　　　1. 증거보전의 의의 ·· 359

　　　2. 증거보전의 요건 ·· 360

　　　3. 증거보전의 절차 ·· 361

　　　4. 증거보전 후의 절차 ··· 362

　Ⅱ. 판사에 의한 증인신문 ··· 363

1. 의   의···363
2. 증인신문의 요건 ··364
3. 증인신문의 절차 ··365
4. 증인신문 후의 절차 ··366

제 7 절 수사의 종결 ··366
 Ⅰ. 수사종결의 의의 ··366
 Ⅱ. 사법경찰관의 수사종결 ··367
1. 의   의···367
2. 송치결정 ···367
3. 불송치결정 ···368
 Ⅲ. 검사의 수사종결 ··369
1. 수사종결결정의 종류 ··369
2. 수사종결결정의 통지 ··372
3. 불기소결정에 대한 불복 ··373
 Ⅳ. 고위공직자범죄수사처의 수사종결 ···376
1. 수사대상사건 ··376
2. 기소대상사건 ··377
 Ⅴ. 공소제기 후의 수사 ··377
1. 공소제기 후의 수사의 필요성과 한계 ·······································377
2. 공소제기 후의 강제수사 ··378
3. 공소제기 후의 임의수사 ··380

제 2 장 공소의 제기

제 1 절 공소와 공소권 ··383
 Ⅰ. 공소의 의의 ··383
 Ⅱ. 공소권의 이론 ···384
1. 공소권의 개념 ··384
2. 공소권이론 ···384
3. 공소권이론 부인론 ···385
 Ⅲ. 공소권남용론 ··386
1. 의   의···386
2. 혐의 없는 사건에 대한 공소제기 ··386
3. 기소유예해야 할 사건에 대한 공소제기 ···································387
4. 불평등한 공소제기 ···389

5. 항소심판결 선고 후의 누락사건에 대한 공소제기 ·························· 390

6. 중대한 위법수사에 기한 공소제기 ································· 391

제 2 절 공소제기의 기본원칙 ················· 392

Ⅰ. 국가소추주의 ································· 392

Ⅱ. 기소독점주의 ································· 393

1. 의 의 ························· 393

2. 기소독점주의의 장·단점 ················· 393

3. 기소독점주의의 예외와 제한 ··············· 393

Ⅲ. 기소편의주의 ································· 395

1. 의 의 ························· 395

2. 기소법정주의와 기소편의주의의 장·단점 ········· 395

3. 기소편의주의의 내용 ··················· 396

4. 기소편의주의에 대한 규제 ················ 399

제 3 절 공소제기의 방식 ···················· 399

Ⅰ. 공소장의 제출 ································· 399

Ⅱ. 공소장의 기재사항 ····························· 400

1. 필요적 기재사항 ····················· 400

2. 임의적 기재사항 ····················· 405

Ⅲ. 공소장일본주의 ······························· 408

1. 공소장일본주의의 의의 ·················· 408

2. 공소장일본주의의 필요성 ················· 409

3. 공소장일본주의의 내용 ·················· 410

4. 공소장일본주의의 적용범위 ················ 412

5. 공소장일본주의 위반의 효과 ··············· 413

제 4 절 공소시효 ························· 414

Ⅰ. 공소시효의 의의와 본질 ························· 414

1. 공소시효의 의의 ····················· 414

2. 공소시효의 본질 ····················· 415

Ⅱ. 공소시효의 기간 ····························· 416

1. 공소시효의 완성기간 ··················· 416

2. 공소시효기간의 결정기준 ················· 418

3. 공소시효의 기산점과 계산 ················ 420

Ⅲ. 공소시효의 정지 ····························· 421

1. 의   의··421
2. 공소시효정지의 사유······································421
3. 공소시효정지의 효력범위·································423
Ⅳ. 공소시효완성의 효과··424
제 5 절 재정신청제도··425
Ⅰ. 의   의··425
Ⅱ. 재정신청··425
1. 신청권자··425
2. 재정신청의 대상···426
3. 재정신청의 절차···427
4. 지방검찰청 검사장·지청장 및 수사처장의 처리·····428
Ⅲ. 고등법원의 심리와 결정·······································429
1. 기소강제절차의 구조····································429
2. 재정신청사건의 심리····································430
3. 고등법원의 재정결정····································433
Ⅳ. 검사의 공소제기와 공소유지·································435
제 6 절 공소제기의 효과··435
Ⅰ. 공소제기의 의의··435
Ⅱ. 공소제기의 소송법상 효과···································436
1. 소송계속··436
2. 공소시효의 정지···437
3. 심판범위의 한정···437

제 4 편 공   판

제 1 장 공판절차

제 1 절 공판절차 일반··443
Ⅰ. 공판절차의 의의··443
1. 개   념··443
2. 공판중심주의···443
Ⅱ. 공판절차의 기본원칙··444
1. 공개주의··444

    2. 구두변론주의···446
    3. 직접주의··447
    4. 집중심리주의···448

제 2 절 공판심리의 범위···449
  Ⅰ. 심판의 대상··449
    1. 의   의··449
    2. 심판대상에 관한 논의··450
  Ⅱ. 공소장의 변경··454
    1. 공소장변경의 의의··454
    2. 공소장변경의 한계··455
    3. 공소장변경의 절차··459
    4. 공소장변경의 필요성··462
    5. 법원의 공소장변경요구··469
    6. 항소심에서의 공소장변경··472

제 3 절 공판준비절차··472
  Ⅰ. 제도의 개관··472
    1. 의   의··472
    2. 공판중심주의와의 관계··472
    3. 유   형··473
  Ⅱ. 일반적 공판준비절차의 내용····································473
    1. 공소장부본의 송달··473
    2. 의견서의 제출··474
    3. 국선변호인선정에 관한 고지····································474
    4. 공판기일의 지정·변경 등··475
    5. 공판기일 전의 기타 절차··475
  Ⅲ. 증거개시제도··477
    1. 증거개시의 의의··477
    2. 검사의 증거개시··478
    3. 피고인 또는 변호인의 증거개시································482
  Ⅳ. 협의의 공판준비절차··483
    1. 협의의 공판준비절차의 의의와 유형························483
    2. 서면제출에 의한 공판준비······································484
    3. 공판준비기일의 공판준비··485

제 4 절 공판정의 심리··489

Ⅰ. 공판정의 구성 ·· 489
Ⅱ. 소송관계인의 출석 ·· 489
1. 피고인의 출석 ·· 489
2. 변호인의 출석 ·· 493
3. 검사의 출석 ··· 494
4. 전문심리위원의 참여 ··· 495
Ⅲ. 소송지휘권과 법정경찰권 ·· 496
1. 소송지휘권 ··· 496
2. 법정경찰권 ··· 498

제 5 절   공판기일의 절차 ··· 500
Ⅰ. 모두절차 ·· 500
1. 진술거부권의 고지 ··· 500
2. 인정신문 ··· 500
3. 검사의 모두진술 ·· 501
4. 피고인의 모두진술 ··· 501
5. 재판장의 쟁점정리 및 검사·변호인의 증거관계 등에 대한 진술 ······ 502
Ⅱ. 사실심리절차 ··· 502
1. 증거조사 ··· 502
2. 피고인신문 ··· 503
3. 최종변론 ··· 505
Ⅲ. 판결의 선고 ·· 507
1. 판결선고기일 ··· 507
2. 판결선고의 방식 ·· 507
3. 피고인의 출석 ·· 507
4. 판결선고 후의 조치 ··· 507

제 6 절   증거조사 ·· 508
Ⅰ. 증거조사의 의의와 범위 ··· 508
1. 증거조사의 의의 ·· 508
2. 증거조사의 범위 ·· 508
3. 증거목록의 작성 ·· 509
Ⅱ. 증거조사의 개시 ··· 510
1. 당사자의 증거신청 ··· 510
2. 직권에 의한 증거조사 ·· 513
3. 법원의 증거결정 ·· 514

Ⅲ. 증거조사의 실시 ································· 517
Ⅳ. 서류 및 물건에 대한 증거조사 ················· 517
    1. 증거조사의 대상 ····························· 517
    2. 증거조사의 순서 ····························· 518
    3. 증거조사의 방법 ····························· 518
Ⅴ. 증인신문 ····································· 522
    1. 증인 및 증인신문의 의의 ···················· 522
    2. 증인적격 ·································· 523
    3. 증인의 의무와 권리 ························· 527
    4. 증인신문의 절차와 방법 ···················· 534
    5. 범죄피해자의 진술권 ······················· 544
Ⅵ. 검 증 ······································· 548
    1. 검증의 의의 ································ 548
    2. 검증의 주체와 대상 ························· 548
    3. 검증의 절차와 방법 ························· 549
    4. 검증조서 ·································· 551
Ⅶ. 감 정 ······································· 551
    1. 감정의 의의와 기능 ························· 551
    2. 감정의 절차 ································ 552
Ⅷ. 통역과 번역 ··································· 557
    1. 통 역 ···································· 557
    2. 번 역 ···································· 557
Ⅸ. 증거조사에 대한 이의신청 및 증거조사 후의 조치 ··· 558
    1. 증거조사에 대한 이의신청 ·················· 558
    2. 증거조사 후의 조치 ························· 560

제 7 절 공판절차의 특칙 ···························· 560
Ⅰ. 간이공판절차 ·································· 560
    1. 제도의 의의와 성격 ························· 560
    2. 간이공판절차개시의 요건 ··················· 561
    3. 간이공판절차의 개시결정 ··················· 563
    4. 간이공판절차의 내용 ······················· 564
    5. 간이공판절차의 취소 ······················· 565
Ⅱ. 공판절차의 정지와 갱신 ························· 567
    1. 공판절차의 정지 ··························· 567

2. 공판절차의 갱신 ·· 568

Ⅲ. 변론의 병합·분리·재개 ··· 571

1. 변론의 병합과 분리 ·· 571

2. 변론의 재개 ··· 572

제 8 절 국민참여재판 ·· 573

Ⅰ. 개   관 ··· 573

1. 제도의 도입취지 ·· 573

2. 제도적 특징 ··· 573

Ⅱ. 국민참여재판의 개시 ·· 575

1. 대상사건 ·· 575

2. 개시절차 ·· 576

3. 통상절차 회부 ·· 578

Ⅲ. 배 심 원 ··· 579

1. 배심원의 의의 ·· 579

2. 배심원의 권한과 의무 ··· 579

3. 배심원의 선정 ·· 579

Ⅳ. 국민참여재판의 공판절차 ·· 583

1. 공판준비절차 ··· 583

2. 공판기일의 심리 ·· 583

3. 배심원의 평의·평결 및 양형토의 ·· 585

4. 판결의 선고 ··· 587

5. 상   소 ·· 588

제 2 장 증   거

제 1 절 증거법의 기초개념 ·· 589

Ⅰ. 증거의 의의와 종류 ·· 589

1. 증거 및 증거법 ··· 589

2. 증거의 종류 ··· 590

Ⅱ. 증거능력과 증명력 ·· 592

1. 증거능력 ·· 592

2. 증 명 력 ·· 593

제 2 절 증명의 기본원칙 ·· 593

Ⅰ. 증거재판주의 ·· 593

1. 증거재판주의의 의의 ·· 593

2. 증 명 ·· 594

3. 엄격한 증명의 대상 ··· 596

4. 자유로운 증명의 대상 ····································· 599

5. 불요증사실 ·· 600

Ⅱ. 거증책임 ·· 602

1. 의 의 ·· 602

2. 거증책임의 분배 ·· 602

3. 거증책임의 전환 ·· 604

4. 입증의 부담과 증거제출책임 ························· 606

Ⅲ. 자유심증주의 ··· 607

1. 의 의 ·· 607

2. 자유심증주의의 내용 ····································· 608

3. 증명력 판단의 합리성을 보장하기 위한 제도 ···· 613

4. 자유심증주의의 제한 ····································· 615

제 3 절 위법수집증거의 증거능력 ··························· 616

Ⅰ. 위법수집증거배제법칙의 의의 ···························· 616

1. 의 의 ·· 616

2. 비교법적 고찰 ··· 616

Ⅱ. 우리나라에서의 논의 및 입법 ····························· 617

Ⅲ. 위법수집증거의 배제범위 ···································· 618

1. 증거배제의 기준 ·· 618

2. 개별적 검토 ··· 621

3. 독수의 과실이론 ·· 622

Ⅳ. 사인이 위법하게 수집한 증거의 증거능력 ··········· 625

1. 사인이 수집한 증거와 위법수집증거배제법칙 ···· 625

2. 사인의 위법수집증거에 대한 증거능력 판단기준 ·· 626

3. 사인이 촬영한 사진의 증거능력 ···················· 627

4. 사인이 비밀녹음한 녹음테이프의 증거능력 ······ 628

Ⅴ. 위법수집증거와 증거동의 및 탄핵증거 ··············· 629

1. 위법수집증거에 대한 증거동의 ······················ 629

2. 위법수집증거와 탄핵증거 ······························· 630

제 4 절 자백의 증거능력과 증명력 ························· 630

Ⅰ. 자백의 의의 ·· 630

1. 자백의 개념 ··· 630

　　　2. 자백의 성격 ·· 631
　Ⅱ. 자백배제법칙 ··· 632
　　　1. 자백배제법칙의 의의 ··· 632
　　　2. 자백배제법칙의 이론적 근거 ···································· 635
　　　3. 자백배제법칙의 적용범위 ·· 638
　　　4. 인과관계의 요부와 임의성의 입증 ··························· 643
　　　5. 자백배제법칙의 효과 ·· 645
　Ⅲ. 자백보강법칙 ··· 646
　　　1. 자백보강법칙의 의의와 필요성 ································· 646
　　　2. 자백보강법칙의 적용범위 ·· 647
　　　3. 보강증거의 자격 ·· 649
　　　4. 보강증거의 범위 ·· 651
　　　5. 보강법칙위반의 효과 ·· 654
　Ⅳ. 공범자의 자백의 증거능력과 증명력 ······························ 655
　　　1. 논　　　점 ·· 655
　　　2. 공범자의 자백의 증거능력 ······································ 655
　　　3. 공범자의 자백의 증명력 ··· 660

제 5 절　전문법칙 ··· 662
　Ⅰ. 전문증거의 의의 ··· 662
　Ⅱ. 전문법칙의 의의와 근거 ·· 663
　　　1. 전문법칙의 의의 ·· 663
　　　2. 전문법칙의 이론적 근거 ··· 663
　Ⅲ. 전문법칙의 적용범위 ·· 665
　　　1. 진술증거 ··· 665
　　　2. 요증사실과의 관계 ·· 666
　Ⅳ. 전문법칙의 예외이론 ·· 668
　　　1. 예외인정의 필요성 ·· 668
　　　2. 예외인정의 기준 ··· 668
　　　3. 전문법칙의 예외규정 ·· 669
　Ⅴ. 전문서류의 증거능력 ·· 670
　　　1. 법원 또는 법관의 조서 ··· 670
　　　2. 피의자신문조서 ·· 672
　　　3. 진술조서 ··· 676
　　　4. 진 술 서 ··· 682

　　　5. 진술기재서 ··· 685
　　　6. 감 정 서 ··· 687
　　　7. 검증조서 ··· 688
　　　8. 당연히 증거능력이 인정되는 서류 ·································· 695
　Ⅵ. 전문진술의 증거능력 ··· 696
　　　1. 의   의 ··· 696
　　　2. 피고인의 진술을 내용으로 하는 전문진술 ···················· 697
　　　3. 피고인 아닌 자의 진술을 내용으로 하는 전문진술 ········· 698
　　　4. 피고인의 전문진술 ·· 700
　Ⅶ. 재전문증거의 증거능력 ··· 700
　　　1. 재전문증거의 의의 ·· 700
　　　2. 증거능력에 대한 학설 및 판례 ····································· 701
　Ⅷ. 특수한 증거방법과 전문법칙 ··· 702
　　　1. 사진의 증거능력 ··· 702
　　　2. 수사기관의 영상녹화물의 증거능력 ······························· 705
　　　3. 녹음테이프의 증거능력 ·· 708
　　　4. 전자정보의 증거능력 ··· 711
　　　5. 거짓말탐지기 검사결과의 증거능력 ································ 713
　Ⅸ. 진술의 임의성 ··· 715
　　　1. 의   의 ··· 715
　　　2. 임의성판단의 대상 ·· 716
　　　3. 임의성의 조사와 증명 ·· 716

제 6 절 당사자의 동의와 증거능력 ··· 717
　Ⅰ. 증거동의의 의의와 성질 ··· 717
　　　1. 증거동의의 의의 ··· 717
　　　2. 증거동의의 본질 ··· 718
　Ⅱ. 증거동의의 주체와 대상 ··· 720
　　　1. 증거동의의 주체와 상대방 ·· 720
　　　2. 증거동의의 대상 ··· 720
　Ⅲ. 증거동의의 시기와 방식 ··· 721
　　　1. 증거동의의 시기 ··· 721
　　　2. 증거동의의 방식 ··· 722
　Ⅳ. 증거동의의 의제 ··· 722
　　　1. 피고인의 불출석 ··· 722

2. 간이공판절차에서의 특칙 ·· 724

Ⅴ. 진정성의 조사와 증거동의의 효과 ································· 724

1. 진정성의 조사 ··· 724

2. 증거동의의 효과 ·· 725

Ⅵ. 증거동의의 철회와 취소 ·· 726

1. 증거동의의 철회 ·· 726

2. 증거동의의 취소 ·· 727

제 7 절　탄핵증거 ·· 727

Ⅰ. 탄핵증거의 의의 및 성격 ··· 727

1. 탄핵증거의 의의 ·· 727

2. 탄핵증거제도의 필요성과 문제점 ······························· 728

3. 탄핵증거의 성격 ·· 729

Ⅱ. 탄핵증거의 허용범위 ·· 729

1. 탄핵증거의 범위 ·· 729

2. 탄핵증거의 제한 ·· 731

Ⅲ. 탄핵의 범위와 대상 ·· 733

1. 탄핵의 범위 ·· 733

2. 탄핵의 대상 ·· 734

Ⅳ. 탄핵증거의 조사방법 ·· 735

제 8 절　공판조서의 증명력 ··· 735

Ⅰ. 의　　의 ·· 735

1. 공판조서의 의의 및 성격 ·· 735

2. 배타적 증명력 ··· 736

Ⅱ. 배타적 증명력의 범위 ··· 736

1. 공판기일의 소송절차 ··· 737

2. 공판조서에 기재된 소송절차 ······································ 737

Ⅲ. 공판조서의 무효 및 멸실 ··· 739

제 3 장　재　　판

제 1 절　재판의 기본개념 ·· 740

Ⅰ. 재판의 의의와 종류 ·· 740

1. 재판의 의의 ·· 740

2. 재판의 종류 ·· 740

Ⅱ. 재판의 성립과 방식 ·· 742
　　1. 재판의 성립 ··· 742
　　2. 재판의 내용과 방식 ··· 744
제 2 절　종국재판 ·· 746
　Ⅰ. 유죄판결 ·· 746
　　1. 유죄판결의 의의와 종류 ··· 746
　　2. 유죄판결에 명시할 이유 ··· 747
　Ⅱ. 무죄판결 ·· 755
　　1. 의　　의 ·· 755
　　2. 무죄판결의 사유 ··· 756
　　3. 무죄판결의 판시방법 ··· 757
　Ⅲ. 면소판결 ·· 758
　　1. 의　　의 ·· 758
　　2. 면소판결의 본질 ··· 758
　　3. 면소판결과 관련된 논점 ··· 760
　　4. 면소판결의 사유 ··· 762
　　5. 심리와 판단의 특칙 ·· 764
　Ⅳ. 공소기각의 재판 ·· 764
　　1. 의　　의 ·· 764
　　2. 공소기각의 결정 ··· 765
　　3. 공소기각의 판결 ··· 765
　　4. 심리와 판단의 특칙 ·· 767
　Ⅴ. 관할위반의 판결 ·· 767
　　1. 의　　의 ·· 767
　　2. 관할위반의 사유 ··· 767
　　3. 관할위반의 효력 ··· 768
　Ⅵ. 종국재판의 부수적 효과 ··· 769
　　1. 구속영장의 효력 ··· 769
　　2. 압수물의 처분 ·· 769
　　3. 가납의 재판 ··· 769
　Ⅶ. 특수한 종국재판의 변경에 관한 절차 ··························· 770
　　1. 형의 집행유예의 취소절차 ······································ 770
　　2. 선고유예된 형을 선고하는 절차 ······························ 771
　　3. 누범발각 등의 경우에 다시 형을 정하는 절차 ············ 771

4. 형의 소멸의 재판 ·· 772

제 3 절　재판의 확정과 효력 ··· 772

Ⅰ. 재판의 확정 ·· 772
1. 의　　의 ··· 772
2. 재판확정의 시기 ··· 773

Ⅱ. 재판의 확정력 ·· 774
1. 형식적 확정력 ·· 774
2. 내용적 확정력 ·· 774

Ⅲ. 일사부재리의 효력과 기판력 ··· 778
1. 의　　의 ··· 778
2. 일사부재리의 효력과 기판력과의 관계 ··· 779
3. 기판력의 본질 ·· 780
4. 일사부재리의 효력이 미치는 범위 ··· 782
5. 일사부재리의 효력의 적용배제 ·· 787

제 4 절　소송비용 ··· 787

Ⅰ. 소송비용의 의의 및 성격 ·· 787

Ⅱ. 소송비용의 부담자 ·· 788
1. 피 고 인 ··· 788
2. 고소인 · 고발인 ·· 789
3. 상소권자 또는 재심청구권자 ··· 789

Ⅲ. 소송비용부담의 절차 ··· 789
1. 재판으로 소송절차가 종료되는 경우 ·· 789
2. 재판에 의하지 않고 소송절차가 종료되는 경우 ··································· 790
3. 소송비용부담액의 산정 ·· 790
4. 소송비용부담재판의 집행 ··· 790

Ⅳ. 무죄판결에 대한 비용보상 ··· 791
1. 비용보상의 의의 ··· 791
2. 비용보상의 요건 ··· 791
3. 비용보상의 절차 ··· 792

제5편 상소 · 비상구제절차 · 특별절차 · 재판의 집행

제1장 상 소

제1절 상소 일반 ·· 795
　Ⅰ. 상소의 의의와 종류 ··· 795
　　1. 상소의 의의 ··· 795
　　2. 상소의 종류 ··· 796
　Ⅱ. 상 소 권 ··· 796
　　1. 상소권자 ··· 796
　　2. 상소기간 ··· 797
　　3. 상소권의 회복 ··· 798
　Ⅲ. 상소의 이익 ··· 800
　　1. 의　　의 ··· 800
　　2. 검사의 상소의 이익 ·· 800
　　3. 피고인의 상소의 이익 ··· 801
　　4. 상소이익이 없는 상소제기에 대한 재판 ························· 804
　Ⅳ. 상소의 제기와 포기 · 취하 ·· 805
　　1. 상소의 제기 ··· 805
　　2. 상소의 포기 및 취하 ··· 808
　Ⅴ. 일부상소 ··· 810
　　1. 일부상소의 의의 ··· 810
　　2. 일부상소의 허용범위 ··· 811
　　3. 일부상소의 방식 ··· 813
　　4. 상소심의 심판범위 ·· 813
　Ⅵ. 불이익변경금지의 원칙 ·· 816
　　1. 의　　의 ··· 816
　　2. 원칙의 적용범위 ··· 817
　　3. 불이익변경금지원칙의 내용 ··· 820
　Ⅶ. 파기판결의 구속력 ·· 826
　　1. 의의 및 성격 ··· 826
　　2. 구속력의 범위 ··· 827
제2절 항 소 ··· 829
　Ⅰ. 항소심의 구조 ·· 829

　1. 입법주의 ··· 829

　2. 현행법상의 항소심의 구조 ······························· 831

　3. 항소심구조와 관련된 문제 ······························· 833

Ⅱ. 항소이유 ··· 834

　1. 의의 및 분류 ··· 834

　2. 법령위반 ··· 834

　3. 법령위반 이외의 항소이유 ····························· 836

Ⅲ. 항소심의 절차 ··· 838

　1. 항소의 제기 ··· 838

　2. 항소심의 심리 ··· 842

　3. 항소심의 재판 ··· 846

제 3 절 상　　고 ··· 850

Ⅰ. 상고의 의의와 상고심의 구조 ······························· 850

　1. 상고의 의의 ··· 850

　2. 상고심의 구조 ··· 850

　3. 상고심의 개편과 관련된 논의 ······················· 851

Ⅱ. 상고이유 ··· 852

　1. 의　　의 ··· 852

　2. 상고이유의 검토 ··· 852

Ⅲ. 상고심의 절차 ··· 854

　1. 상고의 제기 ··· 854

　2. 상고심의 심리 ··· 855

　3. 상고심의 재판 ··· 857

　4. 상고심판결의 정정 ··· 859

Ⅳ. 비약적 상고 ··· 860

　1. 의　　의 ··· 860

　2. 비약적 상고의 이유 ······································· 860

　3. 비약적 상고의 제한 ······································· 861

제 4 절 항　　고 ··· 861

Ⅰ. 항고의 의의와 종류 ··· 861

　1. 의　　의 ··· 861

　2. 항고의 종류 ··· 862

Ⅱ. 일반항고 ··· 862

　1. 보통항고와 즉시항고 ····································· 862

    2. 항고심의 절차··· 863

Ⅲ. 재 항 고 ··· 866

    1. 의 의 ·· 866

    2. 재항고의 이유 ·· 866

    3. 재항고심의 절차 ·· 866

Ⅳ. 준 항 고 ··· 867

    1. 의 의 ·· 867

    2. 대 상 ·· 867

    3. 준항고의 절차 ·· 870

제 2 장 비상구제절차

제 1 절 재 심 ·· 872

Ⅰ. 재심의 의의와 근거 ·· 872

    1. 재심의 의의와 대상 ··· 872

    2. 재심의 구조와 대상 ··· 874

Ⅱ. 재심이유 ·· 875

    1. 유죄의 확정판결에 대한 재심이유 ···························· 875

    2. 상소기각의 확정판결에 대한 재심이유 ······················ 883

    3. 확정판결에 대신하는 증명 ······································· 884

Ⅲ. 재심개시절차 ·· 885

    1. 재심의 관할 ·· 885

    2. 재심의 청구 ·· 885

    3. 재심청구에 대한 심리와 재판 ·································· 887

Ⅳ. 재심심판절차 ·· 890

    1. 재심의 공판절차 ··· 890

    2. 재심심판과 적용법령 ··· 891

    3. 재심심판절차의 특칙 ··· 891

제 2 절 비상상고 ·· 894

Ⅰ. 비상상고의 의의와 기능 ·· 894

    1. 의 의 ·· 894

    2. 기 능 ·· 894

Ⅱ. 비상상고의 대상 ··· 895

Ⅲ. 비상상고의 이유 ··· 896

    1. 판결의 법령위반과 소송절차의 법령위반 ··················· 896

2. 사실오인으로 인한 법령위반 ··· 898
Ⅳ. 비상상고의 절차 ··· 901
1. 비상상고의 신청 ··· 901
2. 비상상고의 심리 ··· 901
3. 비상상고의 판결 ··· 902

제 3 장 특별절차

제 1 절 약식절차 ··· 905
Ⅰ. 약식절차의 의의 ··· 905
1. 의   의 ··· 905
2. 기능 및 문제점 ··· 905
3. 약식전자문서법 ··· 906
Ⅱ. 약식명령의 청구 ··· 906
1. 청구의 대상 ··· 906
2. 청구의 방식 ··· 907
3. 청구의 취소 ··· 907
Ⅲ. 약식사건의 심판 ··· 908
1. 법원의 심리 ··· 908
2. 공판절차회부 ··· 909
3. 약식명령의 발령 ··· 910
Ⅳ. 정식재판의 청구 ··· 912
1. 청구권자 ··· 912
2. 청구의 절차 ··· 912
3. 청구의 취하 ··· 913
4. 정식재판청구에 대한 재판 ·· 913
제 2 절 즉결심판절차 ··· 915
Ⅰ. 즉결심판절차의 의의 ··· 915
1. 즉결심판의 의의 ··· 915
2. 즉결심판절차의 성격 ·· 916
Ⅱ. 즉결심판의 청구 ··· 916
1. 즉결심판의 대상 ··· 916
2. 청구권자 ··· 917
3. 청구의 방식 ··· 917
4. 관할법원 ··· 917

Ⅲ. 즉결심판청구사건의 심리 ·· 918
　　1. 판사의 기각결정과 경찰서장의 사건송치 ···································· 918
　　2. 심리의 특칙 ·· 918
Ⅳ. 즉결심판의 선고와 효력 ·· 921
　　1. 즉결심판의 선고 ·· 921
　　2. 즉결심판의 효력 ·· 922
Ⅴ. 정식재판의 청구 ·· 923
　　1. 정식재판청구의 절차 ·· 923
　　2. 정식재판청구 후의 절차 ·· 924
　　3. 공판절차에 의한 심판 ·· 924

제 3 절　소년형사범에 대한 형사절차 ·· 925
　Ⅰ. 소년법과 소년범죄자 ·· 925
　Ⅱ. 소년형사범에 대한 형사절차상의 특칙 ······································ 925
　　1. 수사상의 특칙 ·· 926
　　2. 심리상의 특칙 ·· 928
　　3. 형의 선고상의 특칙 ·· 928
　　4. 형의 집행상의 특칙 ·· 929

제 4 절　형사피해자의 보호를 위한 특별절차 ···································· 930
　Ⅰ. 형사조정절차 ·· 930
　　1. 형사조정절차의 의의 및 대상사건 ·· 930
　　2. 형사조정위원회 ·· 931
　Ⅱ. 배상명령절차 ·· 932
　　1. 배상명령의 의의 ·· 932
　　2. 배상명령의 요건 ·· 933
　　3. 배상명령의 절차 ·· 934
　　4. 배상신청에 대한 재판 ·· 936
　Ⅲ. 형사상 화해절차 ·· 938
　　1. 형사상 화해절차의 의의 ·· 938
　　2. 형사상 화해의 요건과 절차 ·· 938
　　3. 형사상 화해의 효력 ·· 939
　Ⅳ. 국가에 의한 범죄피해자구조제도 ·· 939
　　1. 범죄피해자구조의 의의 ·· 939
　　2. 범죄피해자구조의 요건 ·· 940
　　3. 범죄피해자구조금의 신청과 지급 ·· 942

제 4 장   재판의 집행과 형사보상·명예회복

제 1 절   재판의 집행 ·· 943
　Ⅰ. 재판집행의 일반원칙 ·· 943
　　1. 재판집행의 의의 ·· 943
　　2. 재판집행의 기본원칙 ·· 944
　Ⅱ. 형의 집행 ·· 946
　　1. 형의 집행순서 ··· 946
　　2. 사형의 집행 ·· 947
　　3. 자유형의 집행 ··· 948
　　4. 자격형의 집행 ··· 950
　　5. 재산형의 집행 ··· 951
　　6. 몰수형의 집행과 압수물의 처분 ··· 953
　Ⅲ. 재판집행에 대한 구제방법 ·· 954
　　1. 재판해석에 대한 의의신청 ·· 954
　　2. 재판집행에 대한 이의신청 ·· 955
　　3. 소송비용집행면제의 신청 ·· 955
　Ⅳ. DNA신원확인정보의 수집·관리 ·· 956
　　1. DNA신원확인정보의 의의 ··· 956
　　2. DNA신원확인정보의 수집 ··· 956
　　3. DNA신원확인정보의 관리 ··· 959
제 2 절   형사보상과 명예회복 ··· 961
　Ⅰ. 형사보상제도 ·· 961
　　1. 형사보상의 의의와 성격 ·· 961
　　2. 형사보상의 요건 ·· 962
　　3. 형사보상의 내용 ·· 965
　　4. 형사보상의 절차 ·· 966
　Ⅱ. 명예회복제도 ·· 969
　　1. 명예회복제도의 의의 ··· 969
　　2. 명예회복의 절차 ·· 970

판례색인 ·· 973
사항색인 ·· 986

제 1 편

서 론

제1장 형사소송법의 기초
제2장 형사소송의 이념과 구조

형 · 사 · 소 · 송 · 법

제1장
형사소송법의 기초

제 1 절 형사소송법의 의의와 성격

I. 형사소송법의 의의

　　형사소송법이란 형법을 실현하기 위한 절차를 정한 법률 또는 형벌권의 구체적 실현을 목적으로 하는 절차에 관한 법률이라고 할 수 있다. 다시 말해서 형법이 범죄와 그에 대한 법률효과인 형벌과 보안처분을 추상적으로 규정해 놓은 법이라면, 형사소송법은 이를 구체적인 사건에 적용하기 위한 절차를 정하고 있는 법인 것이다.

　　이런 의미에서 형법과 형사소송법은 서로 보완관계에 있다고 할 수 있으며, 이러한 관계는 일반적인 실체법과 절차법의 관계에서보다도 형법과 형사소송법에 있어서 훨씬 더 밀접하게 나타난다. 형법은 형사소송절차에 의하지 않고는 실현될 수 없기 때문에 범죄가 발생하여도 범인을 즉시 처벌할 수는 없다는 것을 의미하며, 결국 「절차 없으면 형벌 없다」는 말이 성립하게 되는 것이다. 따라서 형사사건에 대한 실체해명은 정해진 형사절차를 통해서만 가능하게 되고, 민사분쟁의 해결에 있어서와 같은 사인(私人) 간의 합의에 의한 국가형벌권의 실현이라든지 또는 사형(私刑)과 같은 자의적인 절차에 의한 범죄의 제재라는 것은 허용되지 않게 된다. 형사소송절차가 개시되지 않으면 형법은 실제로 그림의 떡에 불과하기 때문에 형사소송법을 형법의 보조법 내지 형법을 실현하는 도구 정도로 취급하는 것은 타당하지 않다. 현실적으로 볼 때에는 오히려 「형법은 형사소송법이 있으므로 의미있는 것」이라 할 수 있고, 따라서 형사소송법은 형법의 일부나 그 보조법이 아닌 적정한 절차를 통해 실체의 발견을 가능하게 하는 법치국가적 규범으로서의 독자적인 존재의의를 당당히 가지고 있는 것이다.

　　형사소송은 좁은 의미로는 형사사건에 대하여 법원이 심판을 행하는 절차로서 공소를 제기한 때로부터 재판이 확정되기까지의 절차인 공판절차를 말하나, 넓은 의미로는 공판절차 이외에 공소제기의 전단계인 수사절차와 형 확정 이후의 단계인 형집행절차를 포함하는 개념으로 사용되고 있다. 일반적으로 형사소송 내지 형사소송법이라는 말은 넓은 의미로 사용되고 있으며, 이것은 곧 형사절차 또는 형사절차법이라는 말과 같은 내용을 가지게 된다.

Ⅱ. 형사소송법의 성격

　　형법을 실현하는 절차를 규정하는 법인 형사소송법이 국가의 법률체계에 있어서 어떠한 지위를 가지는가를 살펴보면, 형사소송법은 공법 특히 형사사법권의 행사절차에 관한 법으로서의 사법법에 해당하고 또한 형사법분야에 속하는 절차법으로서의 성격을 가진다고 할 수 있다.

　　형사소송법은 공법에 해당한다. 사법이 사적 자치의 원칙을 그 기초로 하고 있는데 비해서 공법은 법의 지배 또는 법치주의를 기초로 하고 있으므로 형사소송법도 법치주의를 그 기본으로 하지 않을 수 없을 뿐만 아니라 형사절차가 가지는 특수성으로 인하여 법치국가적 사법정형성이 다른 규범에 있어서 보다도 더욱 강하게 요청된다고 할 수 있다.

　　형사소송법은 사법법 내지 재판법의 성격을 가진다. 사법법에 있어서는 합목적성을 중시하는 행정법의 경우와는 달리 법적 안정성이 우선한다. 다만 이러한 법적 안정성의 요구는 형사소송절차의 동적·발전적 성격으로 인하여 절차의 발전단계에 따라 차이가 있게 되는데, 특히 수사절차에 있어서는 절차의 정형성과 함께 합목적성의 요구도 강하게 나타나게 된다.

　　형사소송법은 형법과 함께 형사법에 속한다. 형사소송법에서는 평균적 정의가 지배하는 민사법의 경우와는 달리 개인과 국가, 부분과 전체 사이의 배분적 정의가 지배하며 또한 윤리적·정치적 색채가 강하게 나타난다. 형사소송법의 역사가 정치사와 밀접한 관련을 가지는 것은 형사소송법의 이러한 정치적 성격 때문이라고 할 수 있다.

형사소송법은 형법을 구체적인 사건에 적용하는 절차를 규정하고 있는 절차법이다. 실체법이 소송의 객체로 되는 사실(실체)에 대해서 규정하는 법이라면, 절차법은 실체법을 구체적 사건에 적용·실현하는 절차형식을 규정하는 법이라고 할 수 있다. 따라서 실체법이 정적 법률관계에 관한 법률로서의 특성을 가진다면, 절차법은 그 성격상 동적·발전적 법률관계에 관한 법률로서의 특성을 가진다.

제 2 절 형사소송법의 법원과 적용범위

I. 형사절차법정주의

형사절차법정주의라 함은 수사절차·공판절차·형의 집행절차 등 모든 형사절차는 국회에서 제정한 법률로 정하여야 한다는 원칙을 말한다. 형사절차에서 형벌권을 실현함에 있어서는 각종의 처분 등에 의하여 개인의 기본권에 대한 침해가 초래될 수 있다. 여기서 부당한 개인의 권리침해를 방지하여 형사절차가 적정하게 이루어지도록 하기 위해서는 기본적으로 형사절차를 법률로서 규정할 것이 요구되는 것이다. 즉 형사절차법정주의는 형법의 죄형법정주의에 상응하는 개념으로서, 법률에 의하지 아니하고는 국가기관이 형사절차에 있어서 피의자·피고인 등의 기본적 인권을 제한할 수 없다는 것을 의미한다. 「누구든지 법률에 의하지 아니하고는 체포·구속·압수·수색 또는 심문을 받지 아니하며 법률과 적법한 절차에 의하지 아니하고는 처벌·보안처분 또는 강제노역을 받지 아니한다」고 규정한 헌법 제12조 제 1 항이나, 「모든 국민은 헌법과 법률이 정한 법관에 의하여 법률에 의한 재판을 받을 권리를 가진다」고 규정한 헌법 제27조 제 1 항, 그리고 「국민의 모든 자유와 권리는 국가안전보장·질서유지 또는 공공복리를 위하여 필요한 경우에 한하여 법률로써 제한할 수 있다」고 규정한 헌법 제37조 제 2 항 전단은 모두 형사절차법

정주의의 근거가 된다고 할 수 있다.[1]

또한 형사절차법정주의는 형사절차가 단순히 법률에 규정되어 있을 것을 의미하는 데 그치는 것이 아니라(형식적 절차법정주의), 법률에 규정된 형사절차가 공정한 재판의 이념에 일치하는 적정한 절차일 것까지 요구한다(실질적 절차법정주의). 따라서 형사소송법이 규정하고 있는 형사절차의 내용은 물론 형사소송법의 해석도 헌법이 이념으로 삼고 있는 실질적 법치국가원리 내지 적법절차의 원리와 일치하지 않으면 안 된다. 이러한 형사절차에 있어서의 적정성은 절차의 문명적 기준을 유지하기 위한 최소한의 요건일 뿐만 아니라 헌법의 인권보장의 중요한 부분을 구성하므로, 그 중에서 총칙적 규정이라고 할 수 있는 헌법 제12조 제 1 항을 중심으로 헌법적 형사소송법의 이념을 실현하는 데 있어서 중요한 역할을 하게 된다.

헌법적 형사소송법이란 형사절차법정주의가 단순히 형사소송의 법률화를 의미하는 데 그치지 않고 형사소송에서 헌법상의 적법절차의 원칙을 실현하기 위한 실질적 지도원리로서 작용한다는 것을 강조하는 개념이라고 할 수 있다. 헌법적 형사소송법이란 단순히 헌법이념의 구체화라는 해석상의 지침을 넘어서 헌법에 규정된 형사절차에 관한 여러 규정들은 바로 형사절차의 재판규범이 될 수 있음을 의미하게 된다.

---

[1] 이러한 형사절차법정주의는 정해진 형사절차에 의하지 아니하고는 사람을 처벌할 수 없다는 의미와 함께 한편으로는 법정의 형사절차에 따라서는 사람을 처벌할 수 있다는 의미도 아울러 가지게 된다. 그리고 이러한 두 가지 측면은 논리적으로는 같은 말의 반복이라고 할 수 있을지 모르나, 정책적인 면에서는 서로 다른 방향의 두 개의 소송법상의 원칙과 연결된다고 할 수 있다. 후자로부터 도출되는 것이 형벌권을 순조롭게 실현할 수 있도록 형사소송법은 진상을 해명할 수 있는 빈틈없는 절차과정이어야 한다는 요청이다. 결국 진실의 발견이 형사절차의 가장 중요한 과제이고 형사소송법은 그 목적달성에 적합한 절차과정이어야 한다는 것이 된다. 이는 형사절차의 기능을 처벌을 위한 일종의 벨트 컨베이어로서 보는 입장이라 할 수 있으며 적극적인 처벌확보의 이념이라고도 할 수 있다. 이와 반대로 전자는 형사절차의 순서·기준을 법정하여 그 준수를 요구하고 이것이 준수되지 않는 이상 처벌목적을 달성할 수 없어도 어쩔 수 없다는 입장이다. 진실탐구의 활동을 절차 자체의 정의 내지 적정이라는 측면에서 억제하려는 것으로서 형사절차를 무고한 자의 불처벌을 위한 일종의 장애물 경주로 보는 사고라고 할 수 있다. 실제의 절차는 기본적으로 양자를 적절히 조화시키며 이루어지게 되나, 인권사상의 발달로 인하여 부당한 처벌에 대한 저항감이 강한 오늘날에 있어서는 불처벌기능의 강조가 시대적인 흐름이라고 할 수 있다. 따라서 형사소송법상의 형사절차법정주의는 누구도 법에서 정한 절차에 의하지 아니하고는 처벌되지 않는다는 이른바 형사절차의 소극적 불처벌기능을 강조하는 의미를 가지게 된다.

Ⅱ. 형사소송법의 법원(法源)

형사절차법정주의가 적용되므로 형사절차는 원칙적으로 법률에 의해 규정되어야 한다. 이를 위해 제정된 형사절차에 대한 기본법이 바로 형식적 의미의 형사소송법($^{1954.9.23.\ 제정,}_{법률\ 제341호}$)이다. 그러나 이밖에도 헌법이 형사절차에 관한 최소한의 기준을 규정하고 있을 뿐만 아니라 형사소송법 이외의 다른 법률들도 형사절차에 관한 규정을 두고 있어 이 또한 형사소송법의 법원이 되고 있다. 아울러 소송절차 등에 관한 대법원규칙도 형사소송법의 법원이 된다.

1. 헌   법

헌법은 국민의 기본적 인권을 보호하는 데 그 존재목적이 있으므로 형사절차 가운데 기본권과 밀접한 관련을 가지는 사항에 대해서는 직접 명문의 규정을 두어 규율하고 있으며 또한 형사사법기관의 조직·권한에 관한 중요한 사항에 대해서도 명문의 규정을 두고 있다. 그리고 이들 규정 가운데는 적법절차의 원칙과 같이 직접 형사절차에 대한 규범으로 작용하는 것도 있고, 구체적인 형사소송법규를 뒷받침하는 기초로 됨으로써 간접적인 의미를 가지는 것도 있다.

그 구체적인 내용을 살펴보면, 먼저 헌법 제12조는 형사절차법정주의 내지 적법절차의 원칙($^{동조}_{제1항}$)과 함께 고문금지와 불이익진술거부권($^{동조}_{제2항}$), 영장주의($^{동조}_{제3항}$), 변호인의 조력을 받을 권리($^{동조}_{제4항}$), 체포·구속의 사유 및 변호인 선임권을 고지 받을 권리와 체포·구속된 자의 가족 등이 그 이유와 일시·장소를 통지받을 권리($^{동조}_{제5항}$), 체포·구속적부심사청구권($^{동조}_{제6항}$), 자백배제법칙 및 자백보강법칙($^{동조}_{제7항}$) 등의 다양한 절차적 권리를 보장하고 있다. 이 밖에도 일사부재리의 원칙($^{헌법\ 제13}_{조\ 제1항}$), 헌법과 법률이 정한 법관에 의한 재판을 받을 권리($^{헌법\ 제27}_{조\ 제1항}$), 신속한 공개재판을 받을 권리($^{헌법\ 제27}_{조\ 제3항}$), 무죄추정을 받을 피고인의 권리($^{헌법\ 제27}_{조\ 제4항}$), 형사피해자의 법정진술권($^{헌법\ 제27}_{조\ 제5항}$), 형사보상청구권($^{헌법}_{제28조}$), 국회의원의 불체포특권($^{헌법}_{제44조}$) 등을 규정하고 있으며, 법원의 조직과 권한($^{헌법\ 제101조}_{내지\ 제108조}$), 군사법원($^{헌법\ 제}_{110조}$), 헌법소원권($^{헌법\ 제111조}_{제1항\ 제5호}$)에 관한 규정도 형사소송법의 법원이 된다.

2. 법   률

(1) 형식적 의미의 형사소송법

형식적 의미의 형사소송법이란 「형사소송법」이라는 명칭을 가진 법률을 말한다. 우리 형사소송법은 1954년 9월 23일에 제정되어 여러 차례의 개정을 거쳐 현재에 이르고 있다. 「형사소송법」은 형사절차에 관한 기본적이고 중요한 내용을 규정하고 있는 형사소송법의 가장 중요한 법원이다.

(2) 실질적 의미의 형사소송법

그 내용이 실질적으로 형사절차를 규정하고 있는 모든 법률을 실질적 의미의 형사소송법이라고 한다. 실질적 의미의 형사소송법에는 다음과 같은 법률이 포함된다.

(가) 조직에 관한 법률

법원조직법, 검찰청법, 변호사법, 각급 법원의 설치와 관할구역에 관한 법률, 경찰관 직무집행법, 사법경찰관리의 직무를 수행할 자와 그 직무범위에 관한 법률 등이 여기에 속한다.

(나) 특별절차에 관한 법률

고위공직자범죄수사처 설치 및 운영에 관한 법률, 국민의 형사재판 참여에 관한 법률, 소년법, 즉결심판에 관한 절차법, 군사법원법, 치료감호법, 조세범 처벌절차법, 보호관찰 등에 관한 법률 등이 있다.

(다) 기타 법률

형의 집행 및 수용자의 처우에 관한 법률, 형사보상 및 명예회복에 관한 법률, 범죄피해자 보호법, 형사소송비용 등에 관한 법률, 사면법, 형의 실효 등에 관한 법률, 소송촉진 등에 관한 특례법, 성폭력범죄의 처벌 등에 관한 특례법, 국가보안법, 관세법, 통신비밀보호법 등도 실질적 의미의 형사소송법에 포함된다.

3. 대법원규칙

대법원은 법률에 저촉되지 아니하는 범위 내에서 소송에 관한 절차, 법원의 내부규율과 사무처리에 관한 규칙을 제정할 수 있다(헌법 제108조). 형사절차에 관한 대법원규칙으로서 가장 중요한 것은 형사소송규칙(1982.12.31. 규칙 제828호)이며, 그 외에도 법정 좌석에 관한 규칙, 법정 방청 및 촬영 등에 관한 규칙, 법정 등의 질서유지를 위한 재판에 관한 규칙, 소송촉진 등에 관한 특례규칙, 소년심판규칙, 형사소송비용 등에 관한 규칙 등이 있다.

형사절차법정주의에 비추어 볼 때 대법원규칙은 형사절차의 기본적 구조나 피고인을 비롯한 소송관계인의 이해관계에 실질적으로 영향을 미치지 않는 소송 절차에 관한 순수한 기술적 사항에 관하여만 규정할 수 있다고 보는 것이 타당하다.

대법원규칙과 구별되는 것으로서 대법원예규가 있다. 이것은 업무처리의 통일성을 기하기 위하여 마련된 사법부 내부의 지침으로서 간접적으로 형사절차의 운영에 영향을 미치는데, 대표적으로 인신구속사무의 처리에 관한 예규가 있다. 그러나 대법원예규는 직접적으로 소송관계인의 권리와 의무에 영향을 미쳐서 형사절차를 규율하는 효과는 없으므로 이를 형사소송법의 직접적인 법원으로 볼 수는 없다.

4. 명   령

형사소송법 제195조 제 2 항이 위임한 내용을 규정한 대통령령인 검사와 사법경찰관의 상호협력과 일반적 수사준칙에 관한 규정(수사준칙에 관한 규정으로 약칭)과 검찰청법 제 4 조 제 1 항 제 1 호에 따라 검사가 수사를 개시할 수 있는 범죄의 범위를 규정한 대통령령인 검사의 수사개시 범죄 범위에 관한 규정은 법률의 구체적인 위임에 근거하여 제정되고 실질적인 사항을 그 내용으로 하고 있다는 점에서 형사소송법의 법원으로 보아야 한다.

그러나 수사기관 내부의 업무처리지침을 규정한 법무부령인 인권보호수사규칙, 검찰사건사무규칙, 검찰압수물사무규칙, 자유형 등에 관한 검찰집행사무규칙, 재산형 등에 관한 검찰집행사무규칙, 검찰보존사무규칙, 검찰보고사무규칙 등은 형사소송법의 직접적인 법원이 되지 못한다($\binom{헌재결\ 2008.7.22,}{2008헌마496\ 참조}$).

Ⅲ. 형사소송법의 적용범위

1. 장소적 적용범위

형사소송법은 대한민국의 법원에서 심판되는 사건에 대하여만 적용된다. 대한민국 영역 외일지라도 영사재판권이 미치는 지역에서는 우리나라 형사소송법이 적용된다. 피고인 또는 피의자의 국적을 불문한다. 대한민국 영역 내라 할지라도 국제법상의 치외법권이 인정되는 외교공관 등에서는 형사소송법이 적용되지 않는다.

2. 인적 적용범위

형사소송법은 대한민국 영역 내에 있는 모든 사람에게 효력이 미치므로, 우리 나라에 재판권이 인정되는 사람이라면 국적·주거지·범죄지와 관계없이 형사소송 법이 적용된다. 다만 국내법과 국제법에 의해 형사소송법의 적용이 배제되는 경우 가 있다. 즉 대통령은 내란 또는 외환의 죄를 범한 경우를 제외하고는 재직 중 형사 상의 소추를 받지 아니한다($\binom{헌법}{제84조}$). 국회의원은 국회에서 직무상 행한 발언과 표결 에 관하여 국회 외에서 책임을 지지 아니하며($\binom{헌법}{제45조}$), 현행범인 경우를 제외하고 회 기 중 국회의 동의 없이 체포 또는 구금되지 아니한다($\binom{헌법}{제44조}$). 외국의 원수, 그 가족 및 대한민국 국민이 아닌 수행자, 신임받은 외국의 사절과 그 직원·가족 및 승인 받고 대한민국 영역 내에 주둔하는 외국의 군인에 대하여도 형사소송법은 적용되 지 않는다. 이것을 통상 외교사절의 면책특권이라고 부른다.

3. 시간적 적용범위

형사소송법은 시행한 때로부터 폐지될 때까지 효력을 가진다. 다만 법률의 변 경이 있는 경우에 어떤 법을 적용할 것인가가 문제로 된다. 형법과는 달리 형사소 송법에는 소급효금지의 원칙이 적용되지 않으므로 신법을 적용할 것인가 구법을 적용할 것인가는 입법정책의 문제에 지나지 않는다. 형사소송법을 개정하는 경우 에는 신법 시행 당시에 수사 중이거나 법원에 계속 중인 사건에 대하여는 신법을 적용하되 구법에 의한 소송행위의 효력에는 영향이 없다는 경과규정을 부칙에 두 는 것이 일반적이다.

제 3 절   형사소송법의 발전

I. 대륙법계 및 영미법계 형사소송법

고대 로마의 공화정시대에는 민회가 재판기관이었고 배심법원에 의한 공중 소추도 인정되었으나 제정시대에는 재판권이 황제의 전권사항으로 되었다. 게르만 사회의 경우에도 프랑크왕국이 건설되기 이전에는 민회가 재판기관이 되어 소박한 의미의 민중재판이 행하여졌으나, 왕국성립 이후에는 왕권의 강화에 따라 왕이 민회에 관여하는 한편 국왕법원을 설치하여 특별재판권을 행사하게 되면서 점차 형사절차는 규문절차로 변모하여 갔다. 중세교회법에서도 규문절차가 행하여졌고, 근세 초에는 국가절대주의가 형사재판에 반영되어 규문제도가 확립되었다. 1532년의 독일 카롤리나 형사법전도 이에 해당하는 대표적인 법전의 하나로 볼 수 있는데, 카롤리나 형사법전은 직권에 의한 절차개시를 원칙으로 하고 피고인을 심리의 객체로만 취급하였다. 절차는 비공개의 서면주의에 의하며, 증거법에서는 법정증거주의를 채택하여 유죄판결을 위하여는 자백 또는 2인 이상의 증인의 증언을 필요로 하였다. 그러나 실제로는 자백은 증거의 왕으로 취급되어 자백을 얻기 위한 고문이 성행하고 이른바 마녀재판이 행하여지기도 하였다.

　18세기에 이르러 계몽주의와 자유주의가 확립되고 프랑스 혁명을 계기로 전제군주제가 붕괴되면서 규문절차는 폐지되고 불합리한 형사제도가 크게 개선되기에 이르렀다. 1791년의 프랑스법은 영국의 형사절차를 도입하여 피해자소추 이외에 공중소추를 인정하고 공개주의와 구두주의를 채택하였을 뿐만 아니라 기소배심과 심리배심제도를 도입하고 자유심증주의를 채택함으로써 형사절차를 크게 개혁하였다. 그러나 나폴레옹의 등장으로 왕정복고가 이루어지면서 1808년 나폴레옹법전의 하나로 등장한 것이 치죄법(Code d'instruction criminelle)이었다. 이 법은 예심제도를 부활시키는 한편 검사에게 법원을 감독하는 기능을 인정하고 있는 점 등에서 직권주의적 색채가 강한 형사소송법이라고 할 수 있으나, 공개주의·구두주의·자유심증주의 등의 제도를 유지하고 있을 뿐만 아니라 내용의 합리성·민주성으로 인하여 이른바 개혁된 형사소송법이라고 불리우고 있다. 치죄법은 독일을 비롯한 유럽 각국의 형사소송법에 큰 영향을 미쳤으며, 독일에서는 1879년 이러한 영향하에 제국형사소송법이 제정되기에 이른다.

　한편 영국에서는 당사자주의와 배심제도를 특징으로 하는 형사절차가 형성·발전되었다. 영국의 형사절차는 미국에 계수되었으며, 현재까지 현대 민주주의 국가의 형사절차에 중대한 영향을 미치고 있다. 미국의 형사절차는 영국의 제도를 계수한 것이지만 기본적으로 연방제도에 따른 연방과 주의 이원화된 시스템을 가지고 있으며, 배심제도를 채택하고 있음에도 불구하고 대륙의 검사제도를 도입하여 배심에 의한 기소뿐만 아니라 검사에 의한 기소도 인정하고 있다. 또한 형사절차에 있어서의 당사자의 역할을 강조하여 유죄인부협상(plea bargaining)이나 기소사실인부절차(arraignment) 등이 널리 활용되고 있는 특징을 가지고 있다.

Ⅱ. 우리나라 형사소송법

1. 형사소송법의 제정

우리나라의 형사제도는 전통적으로 중국의 영향을 받았는데 고려시대에는 당률(唐律)이, 근세 조선시대에는 대명률(大明律)이 각각 실정에 맞게 고쳐져 사용되었다. 그러나 조선시대에는 경국대전, 속대전, 대전통편 등과 같이 중국법을 보충하는 독자적인 법령이 제정되기도 하였다. 또한 1894년 갑오개혁을 계기로 1895년에는 근대적인 법원을 구성하기 위한 재판소구성법이 제정되었고 1905년에는 형법대전이 시행되었으나, 1910년 한일합방으로 인하여 독자적 발전이 중단되었고 결국 1912년 조선형사령에 의하여 일본의 형사소송법이 우리나라에 적용되기에 이르렀다. 당시 우리나라에 적용되었던 일본 형사소송법은 독일 형사소송법의 영향을 받은 것으로서 이에 의하여 우리나라에 대륙의 근대적 형사소송법이 계수되는 결과가 되었다. 그러나 조선형사령은 일본 형사소송법상 예심판사에게 주어져 있는 현행범 이외의 사건에 대한 강제수사 권한을 검사 또는 사법경찰관에게 인정하는 특례조항을 두어 식민지 상태에 있던 우리나라에서는 수사기관이 현행범이 아닌 사건에 대해서도 공소제기 전에 영장을 발부하여 강제처분을 할 수 있게 하였으며, 특히 일제말기의 군국주의하에서는 치안유지법과 전시형사특별법 등의 적용에 의하여 형사소송법의 민주적 기능은 사실상 상실되었다.

1945년 해방 이후 미군정이 실시됨에 따라 1948년 미군정법령 제176호「형사소송법의 개정」을 통하여 영미의 당사자주의 소송구조가 대폭 도입되었고, 그 영향 아래 1954년 9월 23일 법률 제341호로 해방 이후 첫 형사소송법이 제정되었다. 이 법은 미국의 형사절차의 영향으로 영미법의 당사자주의적 요소를 대폭 도입하였으나 여전히 대륙법계의 직권주의적 요소를 배제하지 않고 절충적인 소송구조를 취하고 있는 점에 그 특징이 있다.

2. 형사소송법의 개정

형사소송법은 제정 이후 20여 차례에 걸쳐 개정이 이루어졌는데, 전체적으로는 당사자주의 소송제도의 확대를 통한 피고인의 방어권보장과 형사사법절차의 효율성 확보라는 두 가지 측면을 고려하면서 발전되어 왔다고 할 수 있다.

특히 2007년 6월 1일에는 사법제도개혁추진위원회의 의결사항을 토대로 정부안으로 제출된 형사소송법 개정법률안이 국회를 통과하여 공포됨으로써 형사소송법이 큰 변화를 맞이하게 되었다. 2008년 1월 1일부터 시행되고 있는 개정 형사소송법은 수사절차의 적법성과 피의자·피고인의 방어권을 강화하기 위하여 위법수집증거배제법칙, 피의자신문시 변호인의 참여권보장, 수사과정 기록제도, 진술거부권 고지방식의 구체화, 보석보증금의 납입 대신 다른 조건을 붙여 보석을 허용할 수 있도록 한 보석조건의 다양화, 도망 등으로 심문할 수 없는 경우를 제외한 모든 경우에 구속 전 피의자심문을 필요적으로 요구하는 제도 등을 규정하고 있고, 공판중심주의를 실현하기 위하여 공판준비절차의 강화, 공소제기 후 검사가 보관하고 있는 서류 등에 대한 열람등사권 보장의 현실화, 집중심리주의의 명문화, 증거조사 후의 피고인신문 등을 규정하고 있다. 또한 재정신청제도를 개선하여 대상범죄를 모든 범죄로 확대하였으며, 조서의 증거능력과 관련하여 일정한 경우에는 영상녹화물 등 객관적 방법에 의하여 진정성립을 증명할 수 있도록 하는 등 형사소송법 전반에 관한 대폭적인 개정이 이루어졌다. 여기에 형사소송법의 개정에 맞추어 「국민의 형사재판 참여에 관한 법률」이 제정되어 2008년 1월 1일부터 시행됨으로써 국민의 사법참여를 통한 사법의 민주적 정당성을 강화하기 위한 전기가 마련되었다. 2007년 12월에도 형사소송법이 일부 개정되어 공소시효기간이 연장되고 전문수사자문위원제도와 전문심리위원제도가 도입되었다.

그 후 2011년 7월에도 형사소송법이 일부 개정되었다. 2012년 1월 1일부터 시행되고 있는 개정법에서는 사법경찰관의 수사개시·진행권을 명문화하여 사법경찰관의 수사기관으로서의 지위를 분명히 하였으며, 압수·수색·검증의 요건을 강화하고 컴퓨터용디스크 등 정보저장매체에 대한 압수의 범위와 방법을 명시하였다. 또한 피의사실공표죄의 고발인도 재정신청의 신청권자에 포함시켰으며, 판결서에 기소한 검사의 관직과 성명을 기재하는 기소검사실명제, 수사기록 목록작성의 의무화 등도 그 내용으로 하고 있다. 법원이 보관하는 확정재판 기록이나 정보의 공개에 관한 규정은 2013년 1월 1일부터 시행되고 있다.

2015년 7월 31일에도 형사소송법의 일부개정이 있었다. 중대범죄로부터 국민의 생명을 보호하기 위하여 사람을 살해한 범죄로 사형에 해당하는 범죄에 대하여 공소시효를 폐지하였고, 법원의 구속집행정지결정에 대하여 검사의 즉시항고를 허용하였던 규정이 헌법재판소의 위헌결정의 취지에 따라 삭제되었다.

2016년 1월 6일의 개정에서는 벌금 등 재산형에 대한 분할납부, 납부연기 및 신용카드·직불카드 등으로 납부대행기관을 통하여 납부할 수 있는 근거가 형사소송법에 규정되었고, 재정신청 기각결정에 대하여 즉시항고를 할 수 있도록 하며 재정신청이 있으면 재정결정이 확정될 때까지 공소시효의 진행이 정지되도록 하였다.

2016년 5월 29일의 개정에서는 진술서의 증거능력과 관련하여 실질적인 변화가 있었다. 진술서는 기본적으로 그 성립의 진정함이 증명되어야 증거로 할 수 있는데, 작성자가 진술서의 성립의 진정을 부인하는 경우에는 과학적 분석결과에 기초한 디지털포렌식 자료, 감정 등 객관적 방법으로 이를 증명할 수 있도록 하였다. 또한 제314조에 의하여 예외적으로 증거능력이 인정되는 제312조 또는 제313조의 서류에 '피고인 또는 피고인 아닌 자가 작성한 문자·사진·영상 등의 정보로서 컴퓨터용디스크, 그 밖에 이와 비슷한 정보저장매체에 저장된 것'을 명문으로 포함시켰다.

2017년 12월 19일의 개정에서는 약식명령에 대하여 피고인만이 정식재판을 청구한 경우에 적용되던 불이익변경금지의 원칙을 형종상향의 금지로 변경하였다. 따라서 이 경우에 약식명령의 벌금형을 징역형으로 변경하는 것은 허용되지 않으나, 법정형의 범위 내에서 약식명령의 벌금형을 보다 중한 벌금형으로 변경하는 것은 가능하게 되었다.

2019년 12월 31일의 개정에서는 헌법재판소의 헌법불합치결정에 따라 체포영장과 구속영장 집행을 위하여 영장 없이 타인의 주거 등을 수색하려는 경우에는 미리 수색영장을 발부받기 어려운 긴급한 사정이 있어야 한다는 예외사유를 규정하였고, 즉시항고 및 준항고 제기기간이 기존의 3일에서 7일로 연장되었다.

2020년 2월 4일에는 검경수사권조정과 관련해서 큰 변화를 가져올 형사소송법의 개정이 있었다. 개정법은 검사와 사법경찰관의 관계를 수직관계가 아닌 상호협력관계로 설정하여 사법경찰관에 대한 검사의 수사지휘권을 폐지하였으며, 사법경찰관에게 1차 수사종결권을 부여하였다. 다만 검사에게 사법경찰관의 수사에 대하여 일정한 경우 보완수사, 시정조치 및 사건송치를 요구할 수 있도록 하였으며, 사법경찰관의 불송치결정으로 인한 수사의 종결에 대해서는 재수사를 요청할 수 있게 하였다. 검찰의 직접 수사권은 검찰청법에 규정된 특정사건에 한정되었고, 검

사작성 피의자신문조서의 증거능력요건도 경찰작성 피의자신문조서의 증거능력요
건과 동일하게 변경되었다.

또한 고위공직자범죄등에 관한 필요한 직무를 수행할 수 있도록 2020년 1월
14일 「고위공직자범죄수사처 설치 및 운영에 관한 법률」(공수처법으로 약칭)이 제
정되었고, 이에 따라 고위공직자범죄수사처(수사처로 약칭)가 설치되었다.

2020년 12월 8일의 개정에서는 법조일원화에 따라 로펌 등에서 근무하는 경
력변호사가 법관으로 임용되면서 이에 대한 제척사유가 추가되었고, 일본식 표현
이나 어려운 한자어 등을 알기 쉬운 우리말로 바꾸고 문장의 내용을 정확히 전달할
수 있도록 알기 쉬운 법률 문장으로 변경하였다.

2021년 8월 17일의 개정에서는 2020년 초부터 시작된 코로나19에 대응한 사
회적 거리두기 정책에 따라 각급 법원에서 상당수 재판이 지연되는 사태를 방지하
고 국민의 재판받을 권리를 보장하기 위해서, 영상재판 방식으로 피고인에 대한 구
속전 사전 청문절차와 공판준비기일, 증인신문을 진행할 수 있도록 그 요건 및 절
차를 규정하였다.

2022년 2월 3일의 개정에서는 피의자·피고인의 방어권을 실질적으로 보장하
기 위하여 피의자·피고인에 대하여 구속영장을 집행하거나 압수·수색영장을 집
행하는 경우에 이들에게 영장을 제시할 뿐만 아니라 그 사본을 교부하도록 규정하
였다.

2022년 5월 9일의 개정에서는 수사기관이 다른 사건의 수사를 통하여 확보된
증거 또는 자료를 내세워 관련 없는 사건에 대한 자백이나 진술을 강요하여서는 아
니 된다고 규정하여 별건수사의 금지를 명시하였다.

제 2 장

형사소송의 이념과 구조

제 1 절 형사소송의 목적과 이념

Ⅰ. 형사소송의 목적 및 상호관계

형사소송법은 국가의 형벌권을 구체적으로 실현하기 위한 절차를 규율하는 법으로서, 형사소송법도 모든 법의 이념인 정의를 실현하는 데 그 목적이 있다고 할 수 있다. 따라서 과거의 범죄사실을 밝혀 죄 있는 사람을 벌하고 죄 없는 사람이 무고하게 처벌되지 않도록 하는 것, 즉 실체적 진실의 발견은 형사소송에 있어서 기본적으로 중요한 의미를 가지게 된다. 그러나 실체적 진실의 발견이 중요하다고 해서 이것이 어떤 대가를 치르더라도 실현해야 할 형사소송법의 유일한 목적은 아니다. 그러므로 과거에 일정한 범죄사실이 있었는가의 여부를 발견하기 위한 절차를 진행함에 있어서는 피의자 · 피고인의 인권을 충분히 보장하지 않으면 안 된다. 있는 그대로의 실체를 밝히는 것 못지않게 실체를 어떤 절차에 의해 밝히는가도 중요한 일이며, 헌법 제12조 제 1 항 후단이「누구든지 … 적법한 절차에 의하지 아니하고는 처벌 … 을 받지 아니한다」고 규정하여 적법절차조항을 두고 있는 것도 이러한 이유라고 할 수 있다. 적법한 절차에 의한 진실의 발견만이 형사사법을 통한 정의의 실현인 것이다. 또한 신속한 재판의 실현 역시 형사소송이 추구하는 목적 내

지 이념의 하나라고 할 수 있으며, 헌법 제27조 제 3 항은 이를 형사피고인의 기본
권으로 보장하고 있다. 이런 의미에서 형사소송은 적법한 절차에 의해 신속하게 진
실을 발견하는 데 그 목적이 있다고 할 수 있다.[1]

　　그런데 형사소송의 이념 내지 목적인 실체적 진실주의와 적법절차 및 신속한
재판의 요구는 구체적 소송절차에서 서로 충돌할 가능성을 가지고 있다. 물론 양자
가 언제나 모순 대립하는 관계에 있는 것은 아니며, 오히려 적법절차와 신속한 재
판의 실현이 실체적 진실의 발견에 도움이 되기도 한다. 예를 들면 편파적인 재판
을 할 우려가 있는 법관을 배제하는 제도($\frac{제17조 내}{지 제24조}$)나 예단을 배제하여 백지상태에서
심판에 임하도록 하기 위한 공소장일본주의($\frac{규칙 제118}{조 제 2 항}$), 적정한 사실인정을 위해 존
재하는 전문법칙이나 자백의 보강법칙 등은 진실발견을 위하여 필요한 제도라고
할 수 있고, 신속한 재판도 시간의 흐름에 따른 증거의 멸실 또는 왜곡을 막아 진실
발견에 도움을 준다는 의미에서는 실체적 진실주의와 일치하게 된다. 그러나 적법
절차와 신속한 재판의 이념은 근본적으로 피의자·피고인의 기본권을 보장하고 방
어권을 보호하기 위한 원리라는 점에서 그것은 실체적 진실주의와 대립되지 않을
수 없다. 진실발견을 위해서는 기본적 인권을 침해하게 되고 또한 인권보장의 중시
가 진실발견을 방해하는 경우가 생기게 된다. 위법하게 수집된 증거가 증명력을 가
지는 경우가 그 대표적인 경우라고 할 수 있다. 이 경우에 어느 가치를 우선시킬 것
인가는 매우 중요한 문제이며, 이러한 모순된 목적원리를 어떻게 조화하는가에 따
라 형사소송법의 기본적 성격 자체가 달라지게 된다. 헌법적 형사소송법의 견지에
서 볼 때에는 일반적으로 적법절차 및 신속한 재판이 우선하는 것으로 보게 되나,
구체적인 경우에 어느 선에서 조화를 찾을 것인가를 결정하는 감각이야말로 형사
소송법의 생명이라고 할 수 있을 것이다. 결국 형사소송법의 이론은 이 문제에 대

---

1) 현행 형사소송법은 대륙법계의 전통에 따라 법에 그 목적규정을 두고 있지 않으나 이를 입법
　화한 나라도 있다. 일본 형사소송법 제 1 조는 「이 법률은 형사사건에 관하여 공공복지의 유
　지와 개인의 기본적 인권보장을 도모하면서 사안의 진상을 명확히 하고 형벌법령을 적정하
　고 신속하게 적용·실현함을 목적으로 한다」고 그 목적을 규정하고 있으며, 미국 연방형사
　소송규칙(Federal Rules of Criminal Procedure) 제 2 조는 「이 규칙은 모든 형사절차의 적
　정한 해결을 보장함을 목적으로 한다. 절차적 간결성, 집행에 있어서의 공정성 및 부당한 비
　용과 지연의 제거를 확보하도록 이 규칙을 해석하여야 한다(These rules are intended to
　provide for the just determination of every criminal proceeding. They shall be construed
　to secure simplicity in procedure, fairness in administration and the elimination of
　unjustifiable expense and delay)」고 규정하고 있다.

한 해결방안의 제시라고도 할 수 있다.

이렇게 볼 때 적법절차 및 신속한 재판은 실체적 진실발견을 위한 수단으로서의 의미를 가지는데 그치는 것이 아니라, 실체적 진실주의와 함께 형사소송의 목적이 된다고 하여야 한다. 그리고 이들은 실제로는 상호제한적인 형태로서 나타나게 되는데, 실체적 진실주의가 적법절차와 신속한 재판의 원칙에 의해 제한을 받을 뿐만 아니라 적법절차와 신속한 재판의 원칙이 실체적 진실발견을 위해 제한되는 결과를 가져오기도 하는 것이다.

Ⅱ. 적법절차의 원칙

1. 의   의

적법절차의 원칙(principle of due process of law)이란 헌법정신을 구현한 공정한 법정절차에 의하여 형벌권이 실현되어야 한다는 원리를 말한다. 이는 국가의 형벌권을 실현함에 있어서 피의자·피고인에 대한 인권침해를 방지하고 절차적 공정성을 확보하려는 헌법적 원리로서 문명사회의 기본을 이루는 절차적 요청이라고 할 수 있다. 헌법재판소는 이 원칙을 「공권력에 의한 국민의 생명·자유·재산의 침해는 반드시 합리적이고 정당한 법률에 의거해서 정당한 절차를 밟은 경우에만 유효하다는 원리」라고 정의하고 있다($\binom{헌재결\ 2001.11.29,}{2001헌바41}$).

헌법은 제12조 제 1 항에서 「누구든지 법률에 의하지 않고는 체포·구속·압수·수색 또는 심문을 받지 아니하며, 법률과 적법한 절차에 의하지 아니하고는 처벌·보안처분 또는 강제노역을 받지 아니한다」고 규정하여 이 원칙을 명시하고 있으며, 그 밖에도 묵비권 및 고문금지($\binom{동조}{제2항}$), 영장주의($\binom{동조}{제3항}$), 변호인의 조력을 받을 권리($\binom{동조}{제4항}$), 체포·구속적부심사제도($\binom{동조}{제6항}$), 신속한 공개재판을 받을 권리($\binom{제27조}{}$), 무죄추정의 권리($\binom{동조}{제4항}$) 등 형사피의자와 피고인의 기본권을 규정하여 적법절차의 원칙을 구체적으로 실현하고 있다. 다만 헌법이 적법절차의 내용으로 규정하고 있는 구체적인 권리들은 중요한 기본권을 예시적으로 규정하고 있을 뿐이므로 헌법 제12조 제 1 항은 헌법에 구체적인 규정이 없는 경우에도 적용되는 일반조항적 성격의 규정이라고 하여야 한다. 따라서 헌법 제12조 제 1 항은 그것을 실현하는 구체적인 헌법조항이나 법률이 존재하지 않아도 그 자체로 형사절차에서 보충적인 재판규범으로서 기능할 뿐만 아니라 형사절차를 규제하는 해석원리로도 작용하며 더 나아가 형사절차에 관한 입법의 지침을 제공하기도 한다.

적법절차의 개념은 연혁적으로는 이미 영국의 대헌장(Magna Charta)에서 찾아 볼 수 있다. 그 후 1791년 미국의 수정헌법 제 5 조에「누구든지 법의 적정절차에 의하지 아니하고는 생명·자유·재산을 침해받지 아니한다」고 규정되어 연방정부의 의무로서의 적법절차의 원칙이 확립되었으며, 1868년에는 수정헌법 제14조에 의하여 주정부에 대해서도 그 보장을 의무화하여 기본권 보장에 크게 공헌하게 된다. 이 원칙은 그 후 우리나라를 비롯한 여러 나라의 형사절차의 개선에 영향을 주었으며, 독일을 비롯한 대륙법계에서도 법치국가원리의 당연한 내용으로서 이 원칙이 인정되고 있다.

2. 내   용

적법절차의 원칙은 인간의 존엄과 가치를 인정하고 형사피고인의 기본적 인권을 보장하는 절차에서 국가형벌권을 실현해야 한다는 이념이며, 자유민주주의 국가의 형사절차로서 요구되는 최소한의 요건을 구비한 절차 또는 국민의 양심과 정의의식에 정착된 것으로서 그 절차 없이는 자유나 정의가 없다고 생각되는 것 등으로 그 기본내용이 표현되고 있다. 결국 헌법의 기본권 보장의 정신이 깊숙이 깃들어 있는 형사소송의 원리들이 형사절차에서 적법절차의 원칙의 내용을 이룬다고 할 수 있을 것이다. 공정한 재판의 원칙, 비례성의 원칙, 형사사법기관의 후견의무 등이 그 대표적인 내용에 해당한다.

(1) 공정한 재판의 원칙

공정한 재판(fair trial)의 원칙이란 형사절차가 인간의 존엄과 기본권을 존중하며 정의와 공평의 이념을 실현하는 것이어야 함을 의미한다. 이를 위해서는 공평한 법원의 구성과 피고인의 방어권 보장 그리고 실질적 당사자주의의 실현 등이 필요하게 된다.

공정한 재판은 공평한 법원의 구성을 전제로 한다. 편파적인 재판을 할 염려가 있는 법관에 대한 제척·기피·회피는 이런 목적을 가진 제도이다. 또한 피고인에게 절차에의 참여권을 비롯하여 자신의 이익을 보호할 수 있는 방어권을 충분히 보장해 주지 않은 경우에도 공정한 재판이라고 할 수 없다. 방어준비를 위하여 피고인에게 인정되고 있는 공소장부본송달을 받을 권리($^{제266}_{조}$), 제 1 회 공판기일의 유예기간($\frac{제269}{조}$), 소송서류 및 증거물에 대한 증거개시청구권($\frac{제266}{조의3}$)과 열람등사권($\frac{제}{35조}$) 등을 비롯하여, 피고인의 공판정출석권($\frac{제276}{조}$), 피고인의 진술권($\frac{제286}{조}$) 및 진술거부권($\frac{제289}{조}$), 압수·수색 등에의 참여권($\frac{제121조,}{제219조}$), 증거신청권($\frac{제294}{조}$), 증거보전청구권($\frac{제184}{조}$) 등은 실체형성과 관련된 피고인의 권리로서 공정한 재판을 위한 제도라고 할 수 있다. 그리고 방어권을 실질적으로 보장하기 위해서는 무기평등의 원칙이 요구되는데, 이를 위하여 형사소송법은 피고인에게 변호인의 조력을 받을 권리를 인정하고 일정한 경우에는 국선변호인을 선임하여 줄 뿐만 아니라 검사에게는 객관의무를 부과하고 있다. 당사자 사이의 실질적 평등이 이루어지지 않는 한 현실적 의미에서의 무기대등은 실현될 수 없기 때문이다.

(2) 비례성의 원칙

비례성의 원칙이란 국가형벌권의 실현을 위한 강제처분은 구체적 사건의 중대성과 의미에 비추어 적합한 것이어야 하고, 다른 수단에 의해서는 그 목적을 달성하기 어려운 경우일 뿐만 아니라 이에 의한 침해가 사건의 의미와 범죄혐의의 정도에 비추어 상당해야 한다는 것을 의미한다. 따라서 비례성의 원칙은 구체적인 경우에 있어서 처분의 필요성 내지 강도와 기본권 보장이라는 두 가지 측면을 비교하여 양자 사이에 비례가 유지될 것을 요구하게 된다. 현행 형사소송법 제199조 제 1 항은 「수사에 관하여는 그 목적을 달성하기 위하여 필요한 조사를 할 수 있다. 다만 강제처분은 이 법률에 특별한 규정이 있는 경우에 한하며, 필요한 최소한도의 범위 안에서만 하여야 한다」고 하여 명문으로 이 원칙을 규정하고 있다.

(3) 형사사법기관의 후견의무

이것은 형사사법기관이 형사절차에 참여한 피의자·피고인이나 증인 등에 대하여 자신들의 권한을 알고 행사할 수 있도록 도와주어야 할 의무를 말한다. 이러한 후견의무는 공정한 재판의 원칙을 구체화한 것으로서 헌법의 사회국가적 요청을 구현하기 위한 것이라고 할 수 있다. 후견의무로 인하여 법원 및 수사기관은 피고인·피의자 등에게 일정한 소송행위의 법적 효과를 설명하고 권리의 행사를 고지하여야 한다. 예를 들면 피고인에 대한 진술거부권의 고지($\frac{제283}{조의2}$), 증거조사결과에 대한 의견진술권과 증거조사신청권의 고지($\frac{제293}{조}$), 신체구속시의 범죄사실의 요지와 신체구속의 이유 및 변호인을 선임할 수 있다는 사실의 고지($\frac{제72조, 제200조}{의5, 제209조}$), 증언거부권의 고지($\frac{제160}{조}$), 상소에 대한 고지($\frac{제324}{조}$) 등이 형사사법기관의 피고인 등에 대한 후견의무에 해당한다.

Ⅲ. 실체적 진실주의

1. 의   의

실체적 진실주의란 법원이 소송의 실체에 관하여 객관적 진실을 발견하여 사안의 진상을 명백히 할 것을 요구하는 형사소송법상의 원칙을 말한다. 형법의 구체적 실현이라는 형사소송의 목적을 달성하기 위하여는 실체적 진실의 발견이 그 기본적 전제가 된다.

실체적 진실주의는 형식적 진실주의에 대응하는 개념이다. 사인 간의 분쟁해결을 목적으로 하는 민사소송에 있어서는 형식적 진실주의가 적용된다. 따라서 법원은 당사자의 주장이나 사실의 인부 또는 제출한 증거만을 기초로 사실의 진부를 판단하게 되며, 당사자의 자백은 법원을 구속하게 된다(민사소송법 제288조 참조). 그러나 형사절차는 사인 간의 이해관계가 아닌 국가의 형벌권을 실현하는 절차이므로 민사소송과 같이 형식적 진실에 만족할 수 없고 합리적인 사실인정을 통하여 객관적 진실을 밝힐 것을 요구하게 된다. 따라서 실체의 내용이 당사자의 합의나 타협에 의하여 좌우되지 않고, 피고인이 공판정에서 자백을 하더라도 법원은 이에 구속되지 않으며, 또한 자백 이외에 자백의 진실성을 담보할 수 있는 보강증거가 있어야 유죄의 인정이 가능하다(제310조).

2. 적극적 진실주의와 소극적 진실주의

실체적 진실주의는 범죄사실을 밝혀서 죄 있는 자를 놓치지 않고 처벌하려는 적극적인 면과 죄 없는 자를 유죄로 하는 일이 없도록 하려는 소극적인 면을 포함하고 있다. 전자를 적극적 진실주의라고 하고, 후자를 소극적 진실주의라고 한다. 현대의 민주법치국가에 있어서는 소극적 진실주의가 특히 강조되고 있으며,「열 사람의 범인을 놓치는 한이 있더라도 한 사람의 죄 없는 사람을 벌하여서는 안 된다」는 영미법의 격언은 이러한 사상을 단적으로 표현한 것이라고 할 수 있다. 현행 형사소송법도 무죄추정의 원칙(제275조의2), 자백배제법칙(제309조), 위법수집증거배제법칙(제308조의2), 자백의 보강법칙(제310조), 전문법칙(제310조의2) 등을 형사소송의 기본원칙으로 규정하여 실체적 진실주의의 소극적인 면을 중시하고 있다.

3. 실체적 진실주의의 한계

(1) 적법절차의 원칙 등에 의한 제한

형벌권의 실현은 적법한 형사절차에 의하여 신속히 이루어져야 하므로, 실체적 진실발견은 적법절차의 원칙이나 신속한 재판의 원칙에 의하여 제한을 받을 수밖에 없다.

(2) 사실상의 한계

법관도 인간으로서의 능력과 한계를 가지고 있기 때문에 객관적 진실을 발견하는 데에는 일정한 제약이 있다. 따라서 유죄판결의 기초가 되는 사실의 인정에 있어서도 합리적인 의심이 없는 고도의 개연성으로 만족할 수밖에 없는 사실상의 한계를 가지게 된다.

(3) 이익의 비교형량에 의한 제한

실체적 진실의 발견이라는 형사소송의 목적은 다른 이익에 의하여 제한을 받는 경우가 있다. 군사상 · 공무상 · 업무상 비밀에 속하는 장소 또는 물건에 대하여 압수나 수색을 제한하고 있는 것이나($^{제110조 내}_{지 제112조}$), 일정한 자에 대하여 증인거부권($^{제147}_{조}$) 또는 증언거부권($^{제148조,}_{제149조}$)을 인정하고 있는 것은 실체적 진실발견이라는 형사소송의 이익보다 다른 국가적 · 사회적 · 개인적 이익에 우위를 인정한 것이라 할 수 있다.

Ⅳ. 신속한 재판의 원칙

1. 신속한 재판의 의의 및 필요성

(1) 의   의

헌법 제27조 제3항은 「모든 국민은 신속한 재판을 받을 권리를 가진다. 형사피고인은 상당한 이유가 없는 한 지체 없이 공개재판을 받을 권리를 가진다」고 규정함으로써 신속한 재판을 받을 권리를 기본적 인권으로 보장하고 있다. 또한 형사소송법, 즉결심판에 관한 절차법, 소송촉진 등에 관한 특례법 그리고 형사소송규칙 등은 신속한 재판의 실현을 위한 구체적인 규정들을 마련해 두고 있다.

이 원칙은 원래 미국에서 적법절차의 원칙의 내용의 하나로서 이해되어 왔던 것이나, 우리 헌법이 신속한 재판을 받을 권리를 별도의 기본권으로 보장함에 따라 형사소송법의 독자적인 원칙으로서 자리잡게 되었다. "사법은 신선할수록 향기가 높다"는 Bacon의 말이나, "재판의 지연은 재판의 거부와 같다"는 법격언은 신속한 재판이 형사소송의 목적임을 잘 표현하고 있다.

(2) 신속한 재판의 필요성

신속한 재판은 주로 피고인의 이익을 보호하기 위하여 인정된 원칙이지만 동시에 실체적 진실의 발견, 소송경제, 재판에 대한 국민의 신뢰확보, 형벌목적의 달성과 같은 공공의 이익을 실현하는 데에도 중요한 역할을 한다.

우선 피고인의 이익보호라는 측면에서 신속한 재판은 피고인에 대한 재판 전의 부당한 장기구금을 방지하고, 피고인의 지위에 따른 불안이나 사회적 비난을 최소화하며, 증거자료의 현실감을 유지시킴으로써 효과적인 방어를 가능하게 한다.

또한 공공의 이익의 보호라는 측면에서도 신속한 재판은 형벌권을 조기에 실현함으로써 형벌의 일반예방 및 특별예방의 효과를 높이는 데 도움이 되며, 형사절차에 따른 비용과 노력을 절감시키고, 사실인정을 위한 증거의 멸실 또는 왜곡을 막아 실체적 진실발견에 도움이 된다. 다만 신속한 재판은 헌법이 보장하고 있는 피고인의 기본권이므로 근본적으로 피고인의 이익보호라는 관점에서 이를 파악하여야 한다. 따라서 소송경제 내지 신속한 재판이 피고인의 기본권을 무시하고 적법절차의 이념에 반하는 결과를 가져와서는 안 된다. 재판의 적정과 공정을 해하는 졸속재판은 신속한 재판의 이념에 반하는 것으로서 허용되지 않는다.

2. 신속한 재판을 위한 제도

(1) 수사와 공소제기의 신속을 위한 제도

수사기관에 의한 구속기간의 제한($\text{제202조,} \atop \text{제203조}$), 공소시효제도($\text{제249} \atop \text{조}$) 등이 여기에 해당하며, 검사의 재량에 의한 불기소를 인정하는 기소편의주의($\text{제247} \atop \text{조}$)도 신속한 재판의 이념에 부합하는 제도이다.

(2) 공판절차의 신속한 진행을 위한 제도

공판준비절차($\text{제266조} \atop \text{의5 이하}$), 심판대상의 한정(불고불리의 원칙), 집중심리주의($\text{제267} \atop \text{조의2}$), 재판장의 소송지휘권($\text{제279} \atop \text{조}$), 피고인에 대한 구속기간과 판결선고기간의 제한($\text{제92조, 제} \atop \text{318조의4}$) 등이 여기에 해당한다.

(3) 상소심재판의 신속을 위한 제도

상소기간의 제한$\left(\begin{smallmatrix}제358조,\\제374조\end{smallmatrix}\right)$, 상소기록송부기간의 제한$\left(\begin{smallmatrix}제361조,\\제377조\end{smallmatrix}\right)$, 상소이유서제출기간의 제한$\left(\begin{smallmatrix}제361조의\\3, 제379조\end{smallmatrix}\right)$ 등의 소송법상의 기간제한도 신속한 재판에 기여하는 제도이다.

(4) 특수한 공판절차

신속한 재판을 실현하기 위한 특수한 공판절차로는 간이공판절차, 약식절차, 즉결심판절차 등이 있다. 이러한 공판절차도 피고인을 신속히 절차로부터 해방시킨다는 점에서는 피고인의 이익을 보호하는 측면을 가지고 있으나, 기본적으로는 경미한 사건이나 자백사건을 신속히 처리함으로써 형사사법의 효율성을 확보하는데 중점을 둔 제도라고 할 수 있다.

3. 신속한 재판의 침해와 그 구제

(1) 재판지연의 판단기준

어느 정도의 심리의 지연이 있는 경우에 신속한 재판을 받을 권리가 침해되었다고 할 수 있는가에 대하여는 명확한 기준을 제시하기가 어렵다. 따라서 이 문제는 일률적으로 판단할 수 없고 개별적인 사건의 성격, 지연의 기간과 이유, 피고인이 입은 불이익 등을 종합적으로 고려하여 판단할 수밖에 없다. 상당한 장기간의 심리중단이 있는 경우라도 재판지연의 이유가 피고인측의 사정에 기인하는 때에는 재판지연을 이유로 피고인을 구제할 필요가 없다.

(2) 재판지연에 대한 구제수단

신속한 재판의 원칙을 위반한 소송지연에 대하여 미국의 판례는 공소기각의 판결로 절차를 종결시켜야 한다는 태도를 취하고 있다$\left(\begin{smallmatrix}\text{United States v. Strunk,}\\\text{467 F.2nd 969, 1972}\end{smallmatrix}\right)$. 배심제도 및 기소사실인부제도를 채택하고 있는 미국에 있어서는 주로 수사기관이 신속한 재판의 원칙에 위배하여 뒤늦게 공소를 제기한 경우가 문제로 된다. 한편 일본의 경우에는 1972년의 소위 高田사건$\left(\begin{smallmatrix}\text{최판 1972.12.20,}\\\text{형집 29-10, 631}\end{smallmatrix}\right)$에서 공소제기 후 오랜 기간이 지난 후에 심리가 이루어진 사건에 대하여 재판의 지연을 이유로 면소판결을 선고하였다. 독일의 경우에는 재판의 지연은 소송조건이 되지 못하므로 형식재판으로 소송을 종결할 수 없고, 다만 양형의 단계에서 고려하면 족하다는 입장을 판례가 취하고 있다$\left(\begin{smallmatrix}\text{BGHSt.}\\\text{27, 274}\end{smallmatrix}\right)$.

형사소송법은 신속한 재판을 받을 권리에 대한 침해를 구제하기 위한 별도의 명문규정을 두고 있지 않다. 다만 공소제기 후 판결의 확정 없이 25년을 경과한 때에는 공소시효가 완성된 것으로 보는 규정($^{제249조}_{제2항}$)을 두고 있으므로 이 경우에는 면소판결의 사유가 된다. 따라서 여기에 이르지 않는 재판의 지연을 이유로 소송을 형식재판으로 종결시킬 수는 없고 다만 양형에서 고려하는 것이 타당하다고 생각된다. 현재 우리나라의 일반적인 견해이다.

제 2 절   형사소송의 기본구조

형사소송의 목적을 달성하기 위해서는 형사소송절차가 전체적으로 어떤 구조와 형태를 가지는 것이 바람직한가에 대한 논의를 일반적으로 형사소송구조론이라고 한다. 소송구조론의 논의는 당사자주의와 직권주의와의 관계를 비교·검토하는데 그 중심이 있으나, 연혁적인 의미에서 규문주의 소송구조에 대하여도 함께 살펴보기로 한다.

I. 규문주의와 탄핵주의

1. 규문주의

규문주의란 법원이 스스로 절차를 개시하고 심리·재판하는 절차방식을 말한다. 규문주의의 형태적 특징은 소추기관과 재판기관이 분리되어 있지 않고 심리개시와 재판의 권한이 모두 법원에 집중되어 있다는 점에 있다. 규문주의 형사절차에서는 법원의 직권에 의하여 심리가 개시되고 진행되므로 불고불리의 원칙이 적용될 여지가 없고, 범죄의 혐의를 받고 있는 자에게는 진실을 진술할 의무가 과하여졌으므로 이 진술의무를 강제하기 위한 법원의 고문도 공공연하게 행하여졌다. 따라서 소추기관의 소추를 전제로 하는 피고인이라는 개념은 아직 존재할 수 없었으며, 범죄의 혐의를 받고 있는 자는 재판기관의 조사·심리의 객체일 뿐 소송의 주체가 아니므로 자신을 방어할 권리를 가질 수 없었다. 이러한 관권주의적 규문주의는 프랑스 혁명을 계기로 탄핵주의로 바뀌게 된다.

2. 탄핵주의

탄핵주의란 재판기관과 소추기관을 분리하여 소추기관의 공소제기에 의하여 형사절차를 개시하고, 법원은 재판기관으로서 심판을 행하는 절차방식을 말한다. 탄핵주의의 형태적 특징은 소추기관과 재판기관의 분리에 있으며 그 결과 불고불리의 원칙이 적용되고 피고인도 소송의 주체로서 절차에 관여하게 되며 형사절차는 소송구조를 가지게 된다.

탄핵주의도 소추권자가 누구인가에 따라 공소제기를 국가기관 특히 검사에게 담당하게 하는 국가소추주의와 피해자 또는 그 친족이 소추하는 피해자소추주의 및 미국의 기소배심으로 대표되는 공중소추주의로 나눌 수 있다. 형사소송법도 탄핵주의 소송구조를 취하고 있으며, 「공소는 검사가 제기하여 수행한다」라고 규정하여($^{제246}_{조}$) 그 중에서도 검사에 의한 국가소추주의를 채택하고 있다.

Ⅱ. 당사자주의와 직권주의

1. 당사자주의

당사자주의(adversary system)란 당사자, 즉 검사와 피고인에게 소송의 주도적 지위를 인정하여 당사자의 공격과 방어에 의하여 심리가 진행되고 법원은 제3자의 입장에서 당사자의 주장과 입증활동을 기초로 사실을 판단하는 소송구조를 말한다. 당사자주의는 사실인정과 법률적용을 분리하여 사실인정은 비법률가인 배심원에게 맡기는 배심재판제도를 기초로 영미법에서 발전된 제도이다. 당사자주의는 통상의 의미로는 당사자에게 소송진행의 주도권을 인정하는 당사자소송주의를 뜻하나, 본래의 의미에서는 당사자소송주의와 함께 당사자에게 소송물의 처분권을 인정하는 당사자처분권주의도 포함하는 개념이다. 유죄인부협상(plea bargaining)이나 기소사실인부절차(arraignment) 등의 제도를 가지고 있는 영미의 형사소송은 이러한 순수한 의미의 당사자주의 형태를 취하고 있다. 그러나 우리나라에서는 국가 형벌권의 행사를 당사자 특히 피고인의 의사에 맡길 수는 없다는 입장에서 당사자처분권주의는 받아들이지 않고 있으며, 우리의 형사소송구조와 관련하여 사용하는 당사자주의라는 용어는 당사자소송주의를 의미하는 경우가 일반적이다.

당사자주의는 양당사자의 소송활동을 기초로 사실을 발견하고자 하는 제도이기 때문에 본질적으로 당사자의 대등한 지위와 소송능력을 전제로 한다. 따라서 당사자대등주의 내지 무기평등의 원칙은 당사자주의를 실질적으로 실현하기 위한 전제조건이 된다. 당사자주의하에서 피고인의 방어권을 실질적으로 보장하기 위한 변호인의 역할이 무엇보다 중요한 것도 이러한 점에 이유가 있다고 할 수 있다.

　　당사자주의의 장점으로는 ① 소송의 결과에 대하여 직접적인 이해관계를 가진 당사자가 소송에서 주도적인 역할을 함으로써 보다 많은 증거의 수집과 제출이 가능해져 객관적 진실에 용이하게 접근할 수 있고, ② 당사자에 의한 절차진행으로 법원은 제 3 자의 입장에서 공정한 판단을 내릴 수 있으며, ③ 피고인에게 검사와 대등한 지위를 인정함으로써 피고인의 방어권을 실질적으로 보장할 수 있다는 점 등을 들고 있다. 한편 단점으로는 ① 당사자의 지나친 소송활동이 심리의 능률과 신속을 저해하고, ② 소송이 당사자의 능력에 좌우되어 소송의 스포츠화가 초래될 수 있으며, ③ 당사자처분권주의를 인정하는 경우에는 국가형벌권의 행사가 당사자의 타협이나 거래의 대상이 되어 진실이 왜곡될 우려가 있다는 점 등이 지적되고 있다.

2. 직권주의

　　직권주의란 소송의 주도적 지위를 법원에 인정하여 법원이 직권으로 소송을 진행하고(직권심리주의), 증거를 수집·조사하는(직권탐지주의) 소송구조를 말한다. 독일을 비롯한 대륙법계의 형사소송법은 실체적 진실은 당사자의 소송활동만으로는 밝힐 수 없으며 국가의 적극적 활동이 필요하다는 입장에서 직권주의를 취하고 있다.

　　직권주의의 장점으로는 ① 법원이 소송의 주도적 역할을 담당하므로 실체적 진실발견에 적합하며, ② 심리의 능률과 신속을 기할 수 있고, ③ 형사소송의 스포츠화나 민사소송화를 막을 수 있으며, ④ 국가기관이 후견인의 입장에서 피고인을 보호할 수 있다는 점 등을 들 수 있다. 한편 직권주의의 단점으로는 ① 사건의 심리가 국가기관의 자의나 독단에 흐를 수 있고, ② 피고인의 방어권이 실질적으로 보장되지 않으며, ③ 법원이 소송에 몰입되어 제 3 자로서의 공정성을 상실할 우려가 있다는 점 등을 들고 있다.

Ⅲ. 현행 형사소송법의 기본구조

현행 형사소송법은 당사자주의적 요소와 직권주의적 요소를 모두 포함하고 있다. 이는 구형사소송법이 대륙의 직권주의를 기본구조로 하고 있었음에 대하여, 현행 형사소송법이 영미의 당사자주의를 대폭 도입하여 당사자의 지위를 강화하였기 때문이다.

1. 형사소송법의 당사자주의적 요소

공소제기단계에서의 제도로서 공소장일본주의($\substack{\text{규칙 제118}\\\text{조 제 2 항}}$)와 공소사실의 특정($\substack{\text{제254조}\\\text{제 4 항}}$)을 들 수 있다. 공소장일본주의는 법원이 제 3 자의 입장에서 공정한 재판을 하도록 하는 당사자주의의 기초가 되는 제도이며, 공소사실의 특정은 법원의 심판범위를 공소사실로 한정하여 피고인의 방어권을 보호하기 위한 제도이다. 공판준비절차에서의 제도로는 공소장부본의 송달($\substack{\text{제266}\\\text{조}}$), 제 1 회 공판기일의 유예기간($\substack{\text{제269}\\\text{조}}$), 피고인의 공판기일변경신청권($\substack{\text{제270}\\\text{조}}$) 등이 있으며, 공판절차에서의 제도로는 당사자의 출석 특히 피고인의 공판정출석을 공판개정의 요건으로 하고 있는 것($\substack{\text{제275조,}\\\text{제276조}}$)과 증거조사는 원칙적으로 당사자의 신청에 의해서 행하여지는 것($\substack{\text{제294}\\\text{조}}$), 검사와 피고인에게 증거보전청구권($\substack{\text{제184}\\\text{조}}$), 증거조사에 대한 참여권($\substack{\text{제45조,}\\\text{제163조}}$)을 인정하고 있는 것, 증인신문에 있어서 교호신문제도를 규정하고 있는 것($\substack{\text{제161}\\\text{조의2}}$)과 공소사실과 동일성이 인정되는 사실이라도 공소장변경에 의해서만 법원의 현실적 심판의 대상이 되게 하는 공소장변경제도($\substack{\text{제298}\\\text{조}}$)의 채택, 당사자의 반대신문권 보장을 위한 제도로서의 전문법칙($\substack{\text{제310}\\\text{조의2}}$) 및 증거에 대한 당사자의 일종의 처분권을 인정하는 증거동의제도($\substack{\text{제318}\\\text{조}}$)의 채택 등이 여기에 해당한다. 또한 배심원이 객관적 제 3 자의 입장에서 검사와 피고인측의 공격·방어활동을 토대로 유·무죄와 양형에 관한 심증을 형성하는 국민참여재판제도의 실시는 앞으로의 변화의 방향이 당사자주의의 강화임을 명확히 알 수 있게 한다.

2. 형사소송법의 직권주의적 요소

직권주의적 요소로는 피고인신문제도($\substack{\text{제287}\\\text{조}}$)의 존치, 직권에 의한 증거조사($\substack{\text{제295}\\\text{조}}$)의 인정, 증인신문에 있어서의 재판장 또는 합의부원의 직권개입의 인정($\substack{\text{제161조의}\\\text{2 제 2 항·}\\\text{제 3 항·}\\\text{제 5 항}}$), 법원의 공소장변경요구제도($\substack{\text{제298조}\\\text{제 2 항}}$) 등을 들 수 있다. 다만 법원의 소송지휘권은 절차의 적정한 진행과 심리의 원활을 위하여 인정되는 법원 고유의 권한이므로 소송구조와는 직접적인 관련성이 없다.

3. 검   토

현행 형사소송법의 기본구조에 대해서는 견해가 대립하고 있다. 당사자주의를 기본으로 하면서 직권주의를 보충적으로 적용하고 있다는 견해, 직권주의를 기본으로 하면서 당사자주의를 보충적으로 적용하고 있다는 견해가 그것이다.

판례는 현행법이 당사자주의를 기본으로 하는 소송구조를 취하고 있다고 보는 입장이다. 즉 헌법재판소는 「형사소송의 구조를 당사자주의와 직권주의의 어느 것으로 할 것인가의 문제는 입법정책의 문제」라는 점을 전제로 하면서 「우리나라 형사소송법은 그 해석상 소송절차의 전반에 걸쳐 기본적으로 당사자주의 소송구조를 취하고 있는 것」이라고 하고 있으며($\frac{\text{헌재결 1995.11.30,}}{\text{92헌마44}}$), 대법원도 우리 형사소송법의 기본구조를 당사자주의로 보고 있다($\frac{\text{대법원 1984.6.12,}}{\text{84도796}}$).

형사소송법이 규정하고 있는 당사자주의적 요소와 직권주의적 요소를 종합하여 판단할 때, 현행 형사소송법은 당사자주의를 기본으로 하면서 직권주의를 보충적으로 채택하고 있는 구조라고 보아야 할 것이다.

제 **2** 편

소송주체와 소송절차 ·
소송행위 · 소송조건

제1장 소송의 주체

제2장 소송절차와 소송행위 · 소송조건

형 · 사 · 소 · 송 · 법

제1장

소송의 주체

검사의 공소제기로 법원에 피고사건에 대한 소송계속이 발생하게 되면 형사절차는 법원·검사·피고인의 활동을 통하여 진행되는데, 이들을 소송의 주체라고 한다. 소송의 주체는 독립적인 소송법상의 권한을 가지고 소송을 성립·발전시키는 소송의 인적 구성요소로서, 소송법률관계를 형성하는 주체라고도 할 수 있다.

형사소송의 주체로는 법원·검사·피고인이 있다. 법원은 재판권의 주체이고, 검사는 공소권의 주체이며, 피고인은 방어권의 주체이다. 그리고 재판을 받는 주체인 검사와 피고인을 당사자라고 부른다.

변호인은 소송의 주체가 아니라 피고인 또는 피의자의 보조자이다. 피고인의 보조자에는 변호인 이외에 보조인($\frac{제}{29조}$), 법정대리인($\frac{제}{26조}$), 법인의 대표자($\frac{제}{27조}$), 특별대리인($\frac{제}{28조}$) 등이 있다. 소송당사자와 보조자를 합하여 널리 소송관계인이라고 부른다. 소송관계인은 소송관여자와 구별된다. 증인·감정인·고소인 또는 고발인은 소송에 대하여 적극적인 형성력이 없다는 점에서 소송관계인과 다르다.

제 1 절   법   원

I. 법원의 의의와 구성

1. 법원의 의의

법원은 사법권을 행사하는 국가기관이다. 사법권이란 구체적인 법률상의 분쟁에 관하여 이를 심리하여 공권적인 판단을 내리는 권한과 이에 관련된 부수적인 권한을 말한다. 사법권은 법관으로 구성된 법원에 속한다($\frac{헌법\ 제101}{조\ 제1항}$).

법관이 사법권을 행사함에 있어서는 공정한 재판을 위하여 사법권의 독립이 보장된다($\frac{헌법}{제103조}$). 따라서 법관은 재판에 있어서 누구의 간섭이나 지시도 받지 아니하고 오로지 헌법과 법률에 의하여 그의 양심에 따라 독립하여 심판한다.

2. 법원의 종류와 구성

법원은 국법상 의미의 법원과 소송법상 의미의 법원으로 나누어 볼 수 있다. 국법상 의미의 법원은 사법행정상의 단위로서의 법원을 의미하고, 소송법상 의미의 법원은 구체적 사건에 대하여 재판권을 행사하는 주체로서의 재판기관을 의미한다. 국법상 의미의 법원 내에는 하나 또는 수개의 소송법상 의미의 법원이 설치되어 있다.

(1) 국법상 의미의 법원

㈎ 의   의

국법상 의미의 법원은 사법행정상의 법원을 말하며, 이는 다시 관청으로서의 법원과 관서로서의 법원으로 구별된다. 전자가 사법행정에 관한 의사표시의 주체라는 의미를 가짐에 반하여, 후자는 구체적 재판을 행하기 위하여 필요한 인적 · 물적 설비의 총체라는 의미를 가짐에 불과하다. 법원조직법에서 법원이라고 할 때에는 대체로 국법상 의미의 법원을 가리킨다. 국법상 의미의 법원은 대법원장과 각급 법원장의 지휘 · 감독을 받는다.

㈏ 법원의 조직

1) 대 법 원   대법원은 최고법원으로서 서울특별시에 두며($\frac{법원조직법}{제11조,\ 제12조}$), 대

법원장과 대법관으로 구성된다(동법 제4조, 제13조 제1항). 대법원장은 대법원의 일반사무를 관장하며, 대법원의 직원과 각급 법원 및 그 소속기관의 사법행정사무에 관하여 직원을 지휘·감독한다(동법 제13조 제2항). 대법원에는 사법행정사무를 관장하기 위하여 법원행정처를 두며, 법원행정처는 법원의 인사·예산·회계·시설·통계·송무·등기·가족관계등록·공탁·집행관·법무사·법령조사 및 사법제도연구에 관한 사무를 관장한다(동법 제19조). 또한 대법원에는 재판연구관을 두어 사건의 심리 및 재판에 관한 조사·연구업무를 담당하게 한다(동법 제24조).

2) **고등법원**　　고등법원은 고등법원장과 법률로써 정한 수의 판사로 구성된다(동법 제5조 제2항, 제26조 제1항). 고등법원장은 그 법원의 사법행정사무를 관장하며, 소속공무원을 지휘·감독한다(동법 제26조 조 제3항). 고등법원에는 부를 두고, 부에는 부장판사를 두며, 부장판사는 그 부의 재판에 있어서 재판장이 되고, 고등법원장의 지휘에 의하여 그 부의 사무를 감독한다(동법 제27조).

3) **지방법원**　　지방법원은 지방법원장과 법률로써 정한 수의 판사로 구성된다(동법 제5조 제2항, 제29조 제1항). 지방법원장은 그 법원과 소속지원, 시·군법원 및 등기소의 사법행정사무를 관장하며, 소속공무원을 지휘·감독한다(동법 제29조 조 제3항). 지방법원에는 부를 두고, 부에는 부장판사를 두며, 부장판사는 그 부의 재판에 있어서 재판장이 되고, 지방법원장의 지휘에 의하여 그 부의 사무를 감독한다(동법 제30조).

4) **지방법원 지원**　　지방법원 지원은 지원장과 법률로써 정한 수의 판사로 구성된다(동법 제31조 조 제1항). 지원장은 소속지방법원장의 지휘를 받아 그 지원과 관할구역 안에 위치한 시·군법원의 사법행정사무를 관장하며, 소속공무원을 지휘·감독한다(동조 제3항). 사무국을 둔 지원의 지원장은 소속 지방법원장의 지휘를 받아 관할구역 안에 위치한 등기소의 사무를 관장하며, 소속공무원을 지휘·감독한다(동조 제4항).

5) **시·군법원**　　대법원장은 지방법원 또는 그 지원 소속 판사 중에서 그 관할구역 안에 위치한 시·군법원의 판사를 지명하여 시·군법원의 관할사건을 심판하게 한다(동법 제33조 조 제1항). 시·군법원의 판사는 소속 지방법원장 또는 지원장의 지휘를 받아 시·군법원의 사법행정사무를 관장하며, 그 소속직원을 지휘·감독한다(동조 제2항). 시·군법원은 형사사건에 관하여 20만원 이하의 벌금 또는 구류나 과료에 처할 범죄사건에 대하여 즉결심판한다(동법 제34조 제1항·제3항).

(2) 소송법상 의미의 법원

⑺ 의　　의

소송법상 의미의 법원은 구체적인 사건을 담당하는 재판기관으로서의 법원을 말한다. 형사소송법에서 법원이라고 하는 경우에는 통상 이러한 의미로 사용된다. 소송법적 의미의 법원은 국법상 의미의 법원에 소속된 일정한 수의 법관으로 구성되며, 소송법상 의미의 법원이 구체적인 사건에 대하여 심리와 재판을 할 수 있는 권한을 심판권이라고 부른다.

⑷ 단독제와 합의제

소송법상 의미의 법원은 그 구성방법에 따라 1인의 법관으로 구성되는 단독제와 2인 이상의 법관으로 구성되는 합의제로 나누어진다. 단독제는 절차를 신속하게 진행시킬 수 있고 법관의 책임감을 강하게 하는 장점이 있지만, 사건의 심리가 신중하지 못할 우려가 있다. 이에 반하여 합의제는 사건심리의 신중과 공정을 기할 수 있지만, 소송절차의 진행이 지연되고 법관의 책임감이 약화될 위험성이 있다.

형사소송에 있어서 제 1 심 법원에는 단독제와 합의제가 병용되고 있으나, 단독제가 원칙이다($\frac{법원조직법}{제7조 제4항}$). 그러나 중요한 사실심리의 대부분이 제 1 심에서 이루어진다는 점을 고려하여 신중하고 공정한 재판이 특히 요구되는 경우에는 합의제에 의하도록 하고 있다($\frac{동법 제32}{조 참조}$). 한편 상소심의 경우에는 합의제에 의한다. 대법원은 대법관 전원의 3분의 2 이상의 합의체에서 이를 행하며 대법원장이 재판장이 된다. 다만 특별한 경우를 제외하고 대법관 3인 이상으로 구성된 부에서 먼저 사건을 심리하여 의견이 일치한 때에는 부에서 재판할 수 있다($\frac{동법 제7조}{제1항}$).[1] 고등법원이나 지방법원 및 그 지원 합의부는 판사 3인으로 구성된 합의부에서 이를 행한다($\frac{동조 제3항 ·}{제5항}$).

⑸ 재판장 · 수명법관 · 수탁판사 · 수임판사

피고사건에 대하여 심리와 재판을 행하는 소송법상 의미의 법원을 수소법원이라고 한다. 수소법원이 형사사건을 심리하고 재판하는 과정에는 법관이 다음과 같은 형태로 관여하게 된다.

---

[1] 법원조직법 제 7 조 제 1 항에 의하면 ① 명령 또는 규칙이 헌법에 위반된다고 인정하는 경우, ② 명령 또는 규칙이 법률에 위반된다고 인정하는 경우, ③ 종전에 대법원에서 판시한 헌법 · 법률 · 명령 또는 규칙의 해석 적용에 관한 의견을 변경할 필요가 있다고 인정하는 경우, ④ 부에서 재판하는 것이 적당하지 아니하다고 인정하는 경우에는 전원합의체에서 재판하도록 하고 있다.

1) 재 판 장   법원이 합의체인 경우 그 구성원 중의 1인이 재판장이 된다. 재판장은 합의체의 기관으로서 또는 독립하여 여러 가지 권한을 행사한다. 합의체의 기관으로서는 공판기일지정권($^{제267}_{조}$), 소송지휘권($^{제279}_{조}$), 법정경찰권($^{제281조}_{제 2 항}$) 등의 권한을 가지며, 독립하여서는 급속을 요하는 경우에 피고인을 소환·구속할 수 있는 권한($^{제}_{80조}$)을 가진다. 그러나 재판장의 권한은 소송절차의 진행과 관련하여 인정될 뿐이고, 피고사건의 심판에 있어서는 다른 법관과 동일한 권한을 가진다. 재판장 이외의 법관을 합의부원이라고 한다.

2) 수명법관   합의체의 법원이 그 구성원인 법관에게 특정한 소송행위를 하도록 명하였을 때 그 법관을 수명법관이라고 한다. 예를 들면 합의체의 법원이 결정 또는 명령을 할 때 필요한 조사를 그 합의부원에게 명할 수 있고($^{제37조}_{제 4 항}$), 공판정 외의 증인신문($^{제167}_{조}$), 압수·수색·검증($^{제136조,}_{제145조}$), 긴급 구속영장집행지휘($^{제81조}_{제 1 항}$) 등을 합의부원에게 명할 수 있다.

3) 수탁판사   하나의 법원이 다른 법원의 법관에게 일정한 소송행위를 하도록 촉탁한 경우에 그 촉탁을 받은 법관을 수탁판사라고 한다($^{제37조 제 4 항,}_{제136조}$). 예를 들면 결정 또는 명령을 할 때 필요한 사실조사($^{제37조}_{제 4 항}$), 피고인의 구속($^{제77조}_{제 1 항}$), 긴급 구속영장집행지휘($^{제81조}_{제 1 항}$), 압수·수색·검증($^{제136조,}_{제145조}$) 등을 다른 법원의 판사에게 촉탁하거나, 피고사건의 중요한 증인이 소재하고 있는 지역의 판사에게 당해 증인에 대한 법정 외 신문을 촉탁하는 경우($^{제167조}_{제 1 항}$)가 여기에 해당한다. 촉탁을 받은 법관은 일정한 경우에 다른 법원의 판사에게 전촉할 수 있다($^{제77조 제 2 항, 제136조}_{제 2 항, 제167조 제 2 항}$). 이때 전촉을 받은 판사도 역시 수탁판사이다.

4) 수임판사   수소법원과 독립하여 소송법상의 권한을 행사할 수 있는 개개의 법관을 수임판사라고 한다. 예를 들면 수사기관의 청구에 의하여 각종의 영장을 발부하는 판사($^{제201}_{조}$), 증거보전절차를 행하는 판사($^{제184}_{조}$) 또는 참고인에 대한 증인신문을 행하는 판사($^{제221}_{조의2}$)가 여기에 해당한다.

Ⅱ. 법원의 관할

1. 관할의 의의

(1) 관할의 개념

관할이란 각 법원에 대한 재판권의 분배, 즉 특정법원이 특정사건을 재판할 수 있는 권한을 말한다. 구체적인 피고사건이 특정한 법원의 관할에 속하게 되면 그 법원은 당해 사건에 대한 심리와 재판의 권한을 가지게 된다.

관할권은 재판권과 구별하여야 한다. 재판권은 특정한 국가의 법원이 특정 사건에 대하여 재판할 수 있는 권한으로서 관할권의 전제가 된다. 즉 재판권은 국가기관인 법원이 어떠한 사항에 대하여 심판할 수 있는가를 일반적 · 추상적으로 정해놓은 것으로서 사법권의 내용인 데 비하여, 관할권은 재판권의 존재를 전제로 하여 특정한 사건에 대하여 특정한 법원이 재판권을 행사할 수 있는 구체적인 한계를 정하는 것이다. 외국인의 국외범죄($\substack{대법원 2011.8.25, \\ 2011도6507}$)나 외교사절의 국내범죄 등과 같이 심판을 하는 법원이 재판권이 없는 경우에는 공소기각의 판결을 하여야 하지만 ($\substack{제327조 \\ 제1항}$), 관할권이 없는 경우에는 관할위반의 판결($\substack{제319 \\ 조}$)을 하여야 한다.

또한 관할권이 있는 법원 내부에 다수의 재판부가 있는 경우에 법원장은 사무분배의 기준을 정하고 특정한 재판부에 사건을 배당하게 된다. 이러한 사무분배와 사건배당은 법원 내부의 사법행정사무에 해당하므로 관할과 구별하여야 한다.

(2) 관할의 결정기준

법원의 관할은 심리의 편의나 사건의 효율적인 처리를 위해서 뿐만 아니라 피고인의 출석과 방어권 행사를 위해서도 중요한 의미를 가진다. 따라서 관할을 법률에 규정된 추상적 기준에 의하여 획일적으로 결정하는 것이 검사가 자의적으로 법원을 선택하거나 법원이 자의적으로 사건을 처리하는 것을 방지하고 피의자에게 수소법원에 대한 예측가능성을 제공하기 위하여 필요하다. 그러나 경우에 따라서는 이러한 추상적이고 획일적인 기준이 오히려 심리의 효율성을 해하고 피고인의 이익에도 반하는 경우가 생길 수 있다. 여기서 구체적인 사건에 따라서는 관할의 탄력성을 부여하여 구체적 타당성을 잃지 않도록 할 필요가 있다.

(3) 관할의 종류

관할은 여러 가지 기준에 의하여 분류할 수 있다. 우선 관할은 피고사건 자체의 심판에 관한 관할인 사건관할과 피고사건과 관련된 특수절차의 심판에 관한 관할인 직무관할로 구분할 수 있다. 일반적으로 관할이라고 할 때에는 사건관할만을 의미하며, 재심($\substack{제423 \\ 조}$), 비상상고($\substack{제441 \\ 조}$), 재정신청사건($\substack{제260 \\ 조}$), 체포 · 구속적부심사청구 사건($\substack{제214 \\ 조의2}$) 등에 대한 관할은 직무관할에 속한다.

또한 사건관할에는 법률의 규정에 의하여 관할이 정하여지는 법정관할과 법원의 재판에 의하여 관할이 결정되는 재정관할이 있다. 법정관할에는 다시 구체적 피고사건에 대하여 직접적으로 인정되는 고유관할 및 고유관할사건과 일정한 관계가 있기 때문에 관할이 인정되는 관련사건의 관할이 있다. 고유관할은 사물관할·토지관할 및 심급관할을 포함하며, 재정관할에는 관할의 지정과 이전이 있다.

2. 법정관할

(1) 고유관할

(가) 사물관할

사물관할이란 사건의 경중이나 성질에 따른 제 1 심 법원의 관할의 분배를 말한다. 사물관할은 제 1 심 법원의 관할분배라는 점에서 심급관할과 구별된다. 사물관할은 지방법원 또는 지원의 단독판사 또는 합의부에 속한다. 사물관할은 범죄를 기준으로 하거나 형벌을 기준으로 하여 정하여지는데, 법원조직법은 두 가지 기준을 병용하고 있다.

1) 단독판사의 관할   지방법원 또는 지원의 형사사건과 시·군법원의 형사사건에 대한 심판권은 원칙적으로 단독판사가 이를 행한다($\frac{법원조직법}{제 7 조 제 4 항}$). 시·군법원판사는 20만원 이하의 벌금 또는 구류나 과료에 처할 범죄사건을 즉결심판한다($\frac{동법 제34조}{제 1 항·제 3 항}$). 시·군법원의 즉결심판에 대한 불복은 그 지역을 관할하는 지방법원 또는 그 지원이 관할한다($\frac{동조}{제 2 항}$).

2) 합의부의 관할   지방법원과 그 지원의 합의부는 다음의 사건에 대하여 제 1 심으로 심판한다($\frac{동법 제32조}{제 1 항 참조}$). ① 합의부에서 심판할 것으로 합의부가 결정한 사건, ② 사형·무기 또는 단기 1년 이상의 징역 또는 금고에 해당하는 사건[1] 및 이와 동시에 심판할 공범사건, ③ 지방법원판사에 대한 제척·기피사건, ④ 다른 법률에

---

1) 다만 ① 형법 제258조의2(특수상해), 제331조(특수절도죄), 제332조(상습특수절도죄)와 그 각 미수죄, 제350조의2(특수공갈)와 그 미수죄, 제363조(상습장물죄)에 해당하는 사건, ② 폭력행위 등 처벌에 관한 법률 제 2 조 제 3 항 제 2 호(상습존속폭행 등 누범)·제 3 호(상습상해 등 누범)와 그 각 미수죄(제 6 조), 제 9 조(사법경찰관리의 직무유기죄)에 해당하는 사건, ③ 병역법 위반사건, ④ 특정범죄 가중처벌 등에 관한 법률 제 5 조의3 제 1 항(도주차량), 제 5 조의4 제 5 항 제 1 호(상습절도 누범)·제 3 호(상습장물취득 등 누범), 제 5 조의11(위험운전 치사상)에 해당하는 사건, ⑤ 보건범죄 단속에 관한 특별조치법 제 5 조(부정의료업자)에 해당하는 사건, ⑥ 부정수표 단속법 제 5 조(수표의 위조·변조)에 해당하는 사건, ⑦ 도로교통법 제148조의2 제 1 항(주취운전)·제 2 항(음주측정불응)·제 3 항 제 1 호 및 제 2 호(음주운전)에 해당하는 사건은 제외한다(법원조직법 제32조 제 1 항 제 3 호 단서).

의하여 지방법원합의부의 권한에 속하는 사건이 여기에 해당한다.

　(나) **토지관할**

　토지관할이란 동등한 법원 상호간에 있어서 사건의 지역적 관계에 의한 관할의 배분을 말하며, 재판적이라고도 한다. 토지관할의 결정에는 사건의 효율적 처리와 피고인의 방어권보장을 함께 고려하여야 한다. 법원 또는 법관은 원칙적으로 관할구역 내에서만 소송행위를 할 수 있다. 그러나 사실발견을 위하여 필요하거나 긴급을 요하는 때에는 법원은 관할구역 외에서 직무를 행하거나 사실조사에 필요한 처분을 할 수 있다(제3조).

　상소심의 토지관할은 원심법원에 의하여 결정된다는 이유로 토지관할을 제1심 법원의 관할문제로 보는 견해가 있다. 그러나 「각급 법원의 설치와 관할구역에 관한 법률」에 의하여 각급 법원에는 그 설치지역에 따라 관할구역이 정하여져 있으며(동법 제4조), 관련사건의 병합심리와 같이 항소심 법원 상호간에 있어서도 토지관할의 유무를 논할 필요가 있으므로(규칙 제4조의2 제1항 2문 참조) 토지관할을 반드시 제1심 법원에 한정할 필요는 없다. 또한 지방법원과 그 지원도 소송법상 별개의 법원이고 각각 일정한 토지관할 구역을 나누어 가지는 대등한 관계에 있으므로 양자 사이의 관할의 분배도 소송법상 토지관할의 분배에 해당한다(대법원 2015.10.15, 2015도1803).

　형사소송법은 토지관할의 기준으로서 범죄지, 피고인의 주소·거소·현재지를 규정하고 있다(제4조 제1항). 그러나 각 기준 사이에는 우열이 없으므로 하나의 피고사건에 대하여 수개의 법원이 토지관할권을 가질 수 있다.

　1) **범 죄 지**　　범죄지란 범죄사실, 즉 범죄구성요건에 해당하는 사실의 전부 또는 일부가 발생한 곳을 말한다. 범죄지에는 일반적으로 범죄에 대한 증거가 존재하므로 피고사건의 심리와 재판의 능률과 신속을 도모하기 위하여 범죄지를 토지관할의 기준으로 설정한 것이다. 범죄지에는 실행행위지와 결과발생지뿐만 아니라 중간지도 포함된다. 그러나 구성요건과 관계없는 행위나 결과가 이루어진 곳은 범죄지가 아니다. 따라서 예비나 음모를 한 곳은 원칙적으로 범죄지에 포함되지 않는다. 다만 예비와 음모를 별도로 처벌하는 경우에는 예비지와 음모지도 범죄지에 해당한다. 공동정범의 경우에는 범죄사실의 전부 또는 일부가 발생한 장소가 각 정범에 대하여 범죄지가 되며, 공모공동정범의 경우에는 공모장소도 포함된다. 간접정범의 경우에는 이용자가 이용행위를 한 장소뿐만 아니라 피이용자가 실행행위를 한 장소나 결과가 발생한 장소를 포함하며, 교사·방조의 경우에는 교사나 방조를

한 장소뿐만 아니라 정범의 실행행위지와 결과발생지도 범죄지에 해당한다.

2) **주소와 거소**　　　주소와 거소는 민법상의 개념$\binom{민법 제18}{조, 제19조}$에 의한다. 즉 주소는 생활의 근거되는 곳을 말하고, 거소는 사람이 다소 계속적으로 거주하는 곳을 말한다. 피고인의 주소와 거소를 토지관할의 기준으로 인정한 것은 피고인의 출석편의를 고려한 결과이다. 주소와 거소는 공소제기시에 법원의 관할구역 내에 존재하면 족하고, 공소제기 후에 주소와 거소의 변동이 있더라도 토지관할에 영향을 미치지 않는다.

3) **현 재 지**　　　피고인의 현재지도 범죄지나 주소 또는 거소와 함께 토지관할의 기준이 된다. 현재지란 임의 또는 적법한 강제에 의하여 피고인이 현재하는 장소를 말하며, 현재지인가 여부는 공소제기의 시점을 기준으로 판단한다$\binom{대법원}{2011.12.22,}$ $\binom{2011도}{12927}$. 적법하게 구속되어 공소제기 당시에 현재지임이 인정되면 그 후 피고인이 석방되거나 도망하여도 토지관할에는 영향이 없다. 구속영장에 의하여 구속되어 있는 장소는 현재지에 포함되나, 부적법하게 연행된 장소는 여기에 포함되지 않는다.

4) **선박·항공기 내 범죄의 특칙**　　　국외에 있는 대한민국 선박이나 항공기 내에서 범한 죄에 대하여는 위의 기준 이외에 선적지·기적지 또는 범죄 후의 선착지·기착지도 토지관할의 기준이 된다$\binom{제 4 조}{제 2 항·제 3 항}$.

⑷ **심급관할**

심급관할이란 상소관계에 있어서의 관할을 말한다. 즉 상소심 법원의 심판권을 의미한다. 상소에는 항소, 상고, 항고가 있다.

1) **항소사건**　　　지방법원과 그 지원의 단독판사의 판결에 대한 항소사건은 지방법원본원 합의부 및 일정한 지방법원지원 합의부[1]에서 관할하고$\binom{법원조직법 제}{32조 제 2 항}$, 지방법원 합의부의 제 1 심 판결에 대한 항소사건은 고등법원이 관할한다$\binom{동법 제28}{조 제 1 호}$.

2) **상고사건**　　　항소심 판결에 대한 상고사건과 제 1 심 판결에 대한 비약상고사건은 대법원이 관할한다$\binom{제372조, 법원조직}{법 제14조 제 1 호}$.

3) **항고사건**　　　지방법원과 그 지원의 단독판사의 결정·명령에 대한 항고사건은 지방법원본원 및 일정한 지방법원지원 합의부가 관할하고$\binom{법원조직법 제}{32조 제 2 항}$, 지방법원 합의부의 제 1 심 결정·명령에 대한 항고사건은 고등법원이 관할한다$\binom{동법 제28}{조 제 1 호}$.

---

1) 현재 지방법원 단독판사의 판결·결정·명령에 대한 항소 또는 항고사건을 제 2 심으로 심판하는 지방법원지원 합의부로는 춘천지방법원 강릉지원 합의부가 있다(법원조직법 제32조 제 2 항).

고등법원의 결정과 지방법원 합의부의 제 2 심 결정 · 명령에 대한 항고사건은 대법원이 관할한다(동법 제14조 제 2 호).

(2) 관련사건의 관할

(가) 관련사건의 의의

관련사건이란 여러 개의 사건이 서로 관련을 가진 경우를 의미하며, 관할이 인정된 하나의 피고사건을 전제로 그 사건과 주관적 또는 객관적으로 관련성이 인정되는 사건을 말한다. 여기서 주관적 관련이란 1인이 범한 수죄를 의미하고, 객관적 관련이란 수인이 공동으로 범한 죄를 의미한다. 형사소송법은 고유의 법정관할을 수정하여 본래 관할권이 없는 법원에도 관련사건에 대한 관할권을 인정하고 있다. 현행법이 관련사건으로 인정하고 있는 것은 다음의 네 가지 경우이다(제11조).

1) **1인이 범한 수죄**　　경합범이 여기에 해당한다. 여기서 수죄란 소송법적 의미로 이해하여야 하므로 과형상 수죄를 의미한다. 따라서 단순일죄는 물론 과형상 일죄인 상상적 경합범의 경우도 관련사건에 속하지 않는다. 1인이 범한 수죄를 관련사건으로 하고 있는 취지는 가능한 한 같은 법원이 이들 사건을 동시에 판결하도록 함으로써 분리심판으로 인한 피고인의 불이익을 방지하려는 데 있다.

2) **수인이 공동으로 범한 죄**　　공동으로 범한 죄란 형법총칙상의 공범인 공동정범 · 교사범 · 방조범 · 간접정범뿐만 아니라 필요적 공범과 합동범 등 각칙에 규정된 경우도 포함한다(대법원 1978.10.10, 78도2225).

3) **수인이 동시에 동일한 장소에서 범한 죄**　　공범관계가 인정되지 않는 독립행위가 동시에 경합하는 경우로서 동시범을 의미한다.

4) **범인은닉죄, 증거인멸죄, 위증죄, 허위감정 · 통역죄 또는 장물에 관한 죄와 그 본범의 죄**　　이들 범죄는 본범과의 사이에 공통되는 증거가 많다는 점을 고려하여 관련사건으로 하고 있다.

(나) 관련사건의 병합관할과 병합심리

1) **관련사건의 병합관할**　　관련사건에 대하여는 병합관할이 인정되고 있다. 즉 관련사건임이 인정되면 그 사건에 대하여 고유의 관할권이 없는 법원도 관할권을 가지게 된다. 관련사건에 병합관할을 인정하여 고유관할의 수정을 인정하는 것은 주관적 관련에 있어서는 피고인이 분리심판으로 인한 불이익을 받지 않도록 하고, 객관적 관련의 경우에는 동일한 사건에 대하여 모순된 판결이 나오는 것을 방

지하는 데 그 이유가 있다. 그리고 고유의 관할사건에 대하여 무죄·면소 또는 공소기각의 재판이 선고된 경우에도 이미 발생한 관련사건의 관할은 소멸하지 않는다. 현행법은 사물관할과 토지관할의 병합을 인정하고 있다. 다만 관련사건이라도 심급이 다른 경우는 피고인의 심급이익을 해하지 않도록 병합이 인정되지 않는다.

① 사물관할의 병합관할   사물관할을 달리하는 여러 개의 사건이 관련된 때에는 법원 합의부가 병합관할한다($제_9조$). 예를 들면 甲이 범한 살인사건($^{합의부}_{관할사건}$)과 그 甲을 은닉한 乙의 범인은닉사건($^{단독판사}_{관할사건}$)이 있는 경우에는 합의부가 두 사건을 병합관할한다. 따라서 검사가 합의부 사건과 단독판사 사건을 병합하여 하나의 공소장으로 기소하면 합의부는 두 사건을 병합하여 심판할 수 있고, 단독판사 사건을 이미 사건이 계속 중인 합의부에 추가기소하는 경우에도 마찬가지이다. 이것은 원래 제 1 심 사물관할에 관한 규정이지만 항소심에서도 병합관할이 인정되는 것으로 보아야 한다.

② 토지관할의 병합관할   토지관할을 달리하는 여러 개의 사건이 관련된 때에는 한 개의 사건에 관하여 관할권이 있는 법원은 다른 사건까지 관할할 수 있다($제_5조$). 따라서 검사는 관련된 여러 개의 범죄사건을 병합관할권이 있는 어느 한 법원에 모두 기소할 수 있다. 다만 이 규정은 사물관할이 같은 사건에 대하여만 적용된다. 그리고 형사소송법 제 5 조에서 규정하고 있는 관련사건의 관할은 이른바 고유관할사건 및 그 관련 사건이 반드시 병합기소되거나 병합되어 심리될 것을 전제요건으로 하는 것은 아니므로, 고유관할사건 계속 중 고유관할 법원에 관련사건이 계속된 이상 그 후 양 사건이 병합되어 심리되지 아니한 채 고유사건에 대한 심리가 먼저 종결되었다 하더라도 관련사건에 대한 관할권은 여전히 유지된다($^{대법}_{2008.6.12,}_{2006도8568}$). 또한 다수설은 토지관할의 병합관할 역시 항소심법원 사이에도 준용되는 것으로 본다.

2) 관련사건의 병합심리   관련사건에 대하여는 소송계속 중이라도 심리의 편의를 위해 병합심리가 허용된다. 병합관할이 여러 개의 사건에 대한 관할권의 유무를 추상적으로 판단하는 것임에 반하여, 병합심리는 현실적으로 존재하는 여러 개의 소송계속을 전제로 하여 관할권의 유무를 판단하는 것이라는 점에서 차이가 있다.

① 사물관할의 병합심리   사물관할을 달리하는 여러 개의 관련사건이 각각 법원 합의부와 단독판사에 계속된 때에는 합의부는 결정으로 단독판사에 속한 사건을 병합하여 심리할 수 있다($제_{10조}$). 법원 합의부와 단독판사에 계속된 사건이 토지

관할을 달리하는 경우에도 병합심리가 가능하다(규칙 제4조 제1항). 이 경우 합의부의 병합심리결정을 위해서 단독판사는 그가 심리중인 사건과 관련된 사건이 합의부에 계속된 사실을 알게 된 때에는 즉시 합의부의 재판장에게 그 사실을 통지하도록 하고 있다(규칙 동조 제2항). 다만 합의부에서 관련사건이 단독판사에 계속되어 있는 사실을 안 때에는 별다른 절차 없이 직권으로 병합심리결정을 할 수 있다. 합의부가 병합심리결정을 한 때에는 즉시 그 결정등본을 단독판사에게 송부하여야 하고, 단독판사는 5일 이내에 소송기록과 그 증거물을 합의부에 송부해야 한다(규칙 동조 제3항).

관련사건의 병합심리는 항소심에서도 인정된다. 따라서 사물관할을 달리하는 여러 개의 관련 항소사건이 각각 고등법원과 지방법원본원 합의부에 계속된 때에는 고등법원은 결정으로 지방법원본원 합의부에 계속된 사건을 병합하여 심리할 수 있다. 여러 개의 관련 항소사건이 토지관할을 달리하는 경우에도 같다(규칙 제4조 의2 제1항). 항소심사건의 병합심리절차는 제1심 법원의 병합심리절차와 기본적으로 동일하다(규칙 동조 제2항·제3항).

② 토지관할의 병합심리　　토지관할이 다른 여러 개의 관련사건이 각각 다른 법원에 계속된 때에는 공통되는 바로 위의 상급법원은 검사나 피고인의 신청에 의하여 결정(決定)으로 한 개 법원으로 하여금 병합심리하게 할 수 있다(제6조). 여기서 각각 다른 법원이란 사물관할은 같으나 토지관할을 달리하는 동종·동등의 법원을 말하며(대법원 1990.5.23, 90초56), 공통되는 바로 위의 상급법원은 심급제도에 따른 상급법원이 아니라 관할구역에 따른 상급법원으로서 「각급 법원의 설치와 관할구역에 관한 법률」에 의하여 정하여진다(대법원 2006.12.5, 2006 초기335 전원합의체 결정). 따라서 서울중앙지방법원과 의정부지방법원(또는 지원)의 공통되는 바로 위의 상급법원은 서울고등법원이 되나, 서울중앙지방법원과 부산지방법원(또는 지원)의 바로 위의 상급법원은 고등법원을 달리하므로 결국 대법원이 된다.

토지관할의 병합심리는 검사 또는 피고인의 신청을 요한다는 점에서 법원의 직권에 의하여 결정되는 사물관할의 병합심리와 구별된다. 병합심리신청을 받은 상급법원이 신청을 이유 있다고 인정한 때에는 관련사건을 병합심리할 법원을 지정하여 그 법원으로 하여금 병합심리하게 하는 취지의 결정을 하고, 신청이 이유 없다고 인정하는 때에는 신청을 기각하는 취지의 결정을 한다. 상급법원은 그 결정등본을 신청인과 그 상대방에게 송달하고 그 사건계속법원에 송부하여야 한다(규칙 제3조 제1항). 병합심리를 하지 않게 된 법원은 그 결정등본을 송부받은 날로부터 7일 이내에 소송기록과 증거물을 병합심리하게 된 법원에 송부하여야 한다($^{규칙\ 동조}_{제2항}$). 그리고 법원은 그 계속 중인 사건에 관하여 토지관할의 병합심리신청이 제기된 경우에는 급속을 요하는 경우를 제외하고는 그 신청에 대한 결정이 있기까지 소송절차를 정지하여야 한다($^{규칙}_{제7조}$).

　3) 심리의 분리　　사물관할을 달리하는 관련사건을 병합심리 중인 합의부는 결정으로 관할권 있는 법원 단독판사에게 사건을 이송할 수 있다($^{제9조}_{단서}$). 이 경우 분리되어 이송되는 사건은 단독판사의 관할에 속하는 것에 한하며 합의부의 관할사건은 이송의 대상이 되지 않는다. 토지관할을 달리하는 여러 개의 관련사건이 같은 법원에 계속된 경우에 병합심리의 필요가 없는 때에는 법원은 결정으로 이를 분리하여 관할권 있는 다른 법원에 이송할 수 있다($^{제7}_{조}$). 법원이 행하는 분리심리의 결정은 법원의 재량에 속한다.

3. 재정관할

(1) 의　　의

재정(裁定)관할이란 법원의 재판에 의하여 정하여지는 관할을 말한다. 재정관할은 법정관할이 없는 경우 또는 법정관할은 있더라도 구체적 사정이 있는 경우에 관할을 창설·변경하는 제도이다. 재정관할에는 관할의 지정과 이전이 있다.

(2) 관할의 지정

㈎ 개　　념

관할의 지정이란 관할법원이 없거나 관할법원이 명확하지 아니한 경우에 상급법원이 사건을 심판할 법원을 지정하는 것을 말한다.

㈏ 사　　유

1) 법원의 관할이 명확하지 아니한 때($^{제14조}_{제1호}$)　　관할구역이 명확하지 아니한 때라 함은 관할구역의 결정근거가 되는 행정구역 자체가 불명확한 경우를 말한다.행정구역이 불명확한 경우뿐만 아니라 범죄사실이나 범죄지가 불명확하여 관할이 명확하지 않은 경우를 포함한다는 견해도 있으나, 이 경우에는 공소사실의 불특정을 이유로 공소기각의 판결을 선고해야 할 것이다($^{제327조}_{제2호}$).

2) 관할위반을 선고한 재판이 확정된 사건에 관하여 다른 관할법원이 없는 때($^{동조}_{제2호}$) 이 경우 관할위반의 재판의 당·부당은 불문한다.

㈐ 절   차

검사는 관할을 지정해야 할 사유가 있는 때에는 관계있는 제 1 심 법원에 공통되는 바로 위의 상급법원에 그 사유를 기재한 신청서를 제출하여야 한다($\binom{제14조, 제16}{조 제 1 항}$). 관할지정의 신청은 공소제기 전후를 불문하나, 공소제기 후에는 즉시 공소를 접수한 법원에 통지하여야 한다($\binom{제16조}{제 2 항}$). 관할지정의 신청이 있는 경우에는 급속을 요하는 경우를 제외하고는 소송절차가 정지된다($\binom{규칙}{제 7 조}$). 바로 위의 상급법원은 관할지정의 사유가 있는 때에는 결정으로 관할법원을 지정하여야 하며, 관할의 지정이 있으면 당연히 이송의 효과가 발생한다.

(3) 관할의 이전

㈎ 개   념

관할의 이전이란 관할법원이 재판권을 행사할 수 없거나 재판권행사가 적당하지 않은 경우에 검사 또는 피고인의 신청에 의하여 상급법원이 그 사건의 관할권을 관할권 없는 다른 법원으로 옮기는 것을 말한다. 관할의 이전은 관할권 없는 다른 법원으로 관할을 옮긴다는 점에서 관할권 있는 다른 법원으로 사건을 이전하는 사건의 이송과는 구별하여야 한다. 관할의 이전은 그 성질상 토지관할에 대하여만 인정된다. 다만 제 1 심뿐만 아니라 항소심에서도 관할의 이전이 인정된다.

㈏ 사   유

1) 관할법원이 법률상의 이유 또는 특별한 사정으로 재판권을 행할 수 없는 때($\binom{제15조}{제 1 호}$) 법률상의 이유란 법관의 제척 · 기피 · 회피로 인하여 소송법상의 의미의 법원을 구성할 수 없는 때를 말하며, 특별한 사정이란 천재지변 또는 법관의 질병 · 사망 등으로 장기간 재판을 할 수 없는 경우를 말한다.

2) 범죄의 성질, 지방의 민심, 소송의 상황 기타 사정으로 재판의 공평을 유지하기 어려운 염려가 있는 때($\binom{동조}{제 2 호}$)   불공정한 재판을 할 염려가 있는 객관적 사정이 있는 경우를 말한다. 예를 들면 그 지방의 주민들이 피고인을 증오 또는 동정하고 있어 법원의 재판에 영향을 미칠 수 있는 경우가 여기에 해당한다.

㈐ 절   차

관할의 이전은 검사 또는 피고인의 신청에 의한다. 검사는 관할의 이전을 신청할 의무가 있지만, 피고인은 관할의 이전을 신청할 권리만을 가진다. 관할의 이전을 신청함에는 그 사유를 기재한 신청서를 바로 위의 상급법원에 제출하여야 한다($^{제15조,}_{16조 제1항}$, 제). 관할의 이전은 피고인도 신청권을 가진다는 점에서 관할의 지정과 구별된다. 검사는 공소제기의 전후를 불문하고 관할이전을 신청할 수 있다. 검사가 공소제기 후에 관할이전을 신청하거나 피고인이 신청하는 때에는 즉시 공소를 접수한 법원에 통지하여야 한다($^{제16조}_{제2항}$).

관할에 관한 법원의 결정에 대하여는 즉시항고를 할 수 있는 경우 이외에는 항고를 하지 못하는데($^{제403조}_{제1항}$), 관할이전의 신청을 기각한 결정에 대하여 즉시항고의 규정이 없으므로 관할이전신청의 기각결정에 대하여는 불복할 수 없다($^{대법원}_{2021.4.2,}$ $^{2020}_{모2561}$).

4. 관할의 경합

(1) 의   의

법원의 관할은 여러 가지 기준에 의하여 결정되기 때문에 같은 사건에 대하여 여러 개의 법원이 동시에 관할권을 가지는 경우가 있다. 이를 관할의 경합이라고 한다. 그런데 관할권이 있는 법원들 사이에는 우열이 없으므로 검사는 여러 개의 법원 가운데 어느 법원에나 공소를 제기할 수 있고, 공소가 제기되지 않은 법원이라도 관할권이 소멸하는 것은 아니므로 같은 사건에 대하여 별도로 공소가 제기될 가능성은 여전히 존재하게 된다. 그러나 같은 사건에 대하여 이중으로 심판하는 것은 소송경제에 반할 뿐만 아니라 모순된 판결을 초래할 위험이 있다. 형사소송법은 이러한 위험을 방지하기 위하여 관할권이 적극적으로 경합할 경우에 일정한 우선순위를 규정하고 있다.

(2) 관할경합의 해결

㈎ 사물관할의 경합

같은 사건이 사물관할을 달리하는 여러 개의 법원에 계속된 때에는 법원합의부가 심판한다($^{제}_{12조}$). 단독판사는 합의부에 소송이 계속된 사실을 알게 된 때에는 즉시 공소기각의 결정을 하여야 한다($^{제328조}_{제1항 제3호}$). 이 경우 여러 개의 법원은 조직법상 의미의 여러 개의 법원만을 의미하는 것은 아니고, 소송법상 의미의 여러 개의 법원, 즉 같은 법원 내의 합의부와 단독판사에 같은 사건이 계속된 경우에도 적용된다고 볼 것이다.

사물관할의 경합은 수개의 소송계속이 모두 제 1 심에 있는 경우를 예정한 것이나, 동일사건이 항소심법원과 제 1 심 법원에 계속된 경우에도 제12조를 준용하여 동일하게 해결하는 것이 타당할 것이다.

(나) 토지관할의 경합

같은 사건이 사물관할이 같은 여러 개의 법원에 계속된 때에는 먼저 공소를 받은 법원이 심판한다(제13조 본문). 다만 각 법원에 공통되는 바로 위의 상급법원은 검사나 피고인의 신청에 의하여 결정으로 뒤에 공소를 받은 법원으로 하여금 심판하게 할 수 있다(동조 단서). 이 경우 여러 개의 법원은 예를 들면 甲 법원 합의부와 乙 법원 합의부 등과 같이 조직법상 의미의 법원을 의미한다. 만일 같은 법원에 같은 사건이 계속되면 이중기소의 문제가 되어 나중에 기소되는 사건에 대해서는 공소기각의 판결(제327조 제 3 호)을 선고하여야 한다.

(다) 종결처분

사물관할 또는 토지관할의 경합으로 심판하지 않게 된 법원은 결정으로 공소를 기각하여야 한다(제328조 제 1 항 제 3 호). 그러나 나중에 공소가 제기된 법원에서 사건이 먼저 확정되었다면 먼저 공소가 제기된 사건에 대하여 법원은 면소판결을 하여야 한다(제326조 제1호). 또한 같은 사건이 여러 개의 법원에서 판결하여 모두 확정된 때에는 뒤에 확정된 판결은 당연무효가 된다.

5. 관할위반의 효과

(1) 관할권의 직권조사

관할권의 존재는 소송조건에 속한다. 따라서 법원은 직권으로 관할을 조사하여야 한다(제1조). 관할권의 존재를 결정하는 시기는 토지관할에 있어서는 공소제기시를 기준으로 하지만 후에 피고사건에 대한 진술이 있어 관할권이 생기면 하자는 치유된다. 이에 반하여 사물관할은 공소제기시부터 재판종결에 이르기까지 전체 심리과정에 존재하여야 한다.

(2) 관할위반의 판결

피고사건이 법원의 관할에 속하지 아니한 때에는 판결로서 관할위반의 선고를 하여야 한다(제319조). 그러나 다음의 경우에는 예외가 인정된다.

(가) 토지관할의 경우

법원은 피고인의 신청이 없으면 토지관할에 관하여 관할위반의 선고를 하지 못한다($\frac{제320조}{제1항}$). 토지관할이 다르더라도 동등한 법원에서 심판한다면 사물관할에 영향이 없어 실질적으로 피고인에게 불이익을 가져올 염려가 없기 때문이다. 피고인의 관할위반의 신청은 피고사건에 대한 진술 전에 하여야 한다($\frac{동조}{제2항}$). 따라서 피고사건에 대한 진술이 있으면 관할권 결여의 하자가 치유되어 법원은 그 사건에 대하여 관할권을 가지게 된다. 피고인 및 변호인은 피고인의 모두진술 기회에 이익이 되는 사실 등을 진술할 수 있으므로($\frac{제286조}{제2항}$) 피고인의 이익을 위한 토지관할위반의 신청은 이 단계까지 할 수 있다고 보아야 한다.

(나) 사물관할의 경우

단독판사의 관할사건이 공소장변경에 의하여 합의부 관할사건으로 변경된 경우에는 단독판사는 관할위반의 판결을 선고하지 아니하고 결정으로 사건을 관할권이 있는 합의부에 이송하여야 한다($\frac{제8조}{제2항}$).

(3) 소송행위의 효력

소송행위는 관할위반인 경우에도 그 효력에 영향이 없다($\frac{제2}{조}$). 이는 소송경제와 절차유지를 위한 규정이다. 따라서 관할위반의 판결을 선고한 법원의 공판절차에서 작성된 공판조서·검증조서·증인신문조서 등은 당해 사건에 대하여 다시 공소가 제기되었거나 관할권 있는 법원으로 사건이 이송된 경우에 이를 이후의 법원의 공판절차에서 증거로 사용할 수 있다.

(4) 관할위반에 대한 상소

관할위반에도 불구하고 법원이 판결을 선고한 경우에는 절대적 항소이유($\frac{제361}{조의}_{제5호}$) 내지 상대적 상고이유($\frac{제383조}{제1호}$)가 된다. 항소심에서 원심의 관할위반의 판결이 법률에 위반됨을 이유로 원심판결을 파기하는 때에는 판결로서 사건을 원심법원에 환송하여야 한다($\frac{제366}{조}$). 또한 관할인정이 법률에 위반됨을 이유로 원심판결을 파기하는 때에는 항소법원은 판결로써 사건을 관할법원에 이송하여야 한다. 다만 항소법원이 그 사건의 제1심 관할권이 있는 때에는 제1심으로 심판하여야 한다($\frac{제367}{조}$). 상고심에서 관할위반의 인정이 법률에 위반됨을 이유로 원심판결 또는 제1심 판결을 파기하는 경우에는 판결로써 사건을 원심법원 또는 제1심 법원에 환송하여야 한다($\frac{제395}{조}$). 또한 관할의 인정이 법률에 위반됨을 이유로 원심판결 또는 제1심 판결을 파기하는 경우에는 대법원은 판결로써 사건을 관할 있는 법원에 이송하여야 한다($\frac{제394}{조}$).

6. 사건의 이송

(1) 의   의

사건의 이송이란 법원이 소송계속 중인 사건을 다른 법원이나 군사법원으로 이전하는 것을 말한다. 사건의 이송은 결정의 형식으로 이루어지며 당해 법원에서는 소송절차가 종결된다는 점에서 종국재판의 일종이라고 할 수 있다. 사건의 이송결정을 한 때에는 당해 사건에 관한 소송기록과 증거물을 다른 법원에 송부하여야 한다.

(2) 사건의 직권이송

(개) 현재지 관할법원에의 이송

법원은 피고인이 그 관할구역 내에 현재하지 아니하는 경우에 특별한 사정이 있으면 결정으로 사건을 피고인의 현재지를 관할하는 동급법원에 이송할 수 있다($^{제8조}_{제1항}$). 심리의 편의와 피고인의 이익보호를 위하여 인정된 제도이다. 이 경우의 사건의 이송은 관할법원 상호간에 있어서 소송계속을 이전하는 것이라는 점에서 관할권이 없는 법원에 소송계속을 이전하는 관할의 이전과는 구별된다.

(내) 공소장변경으로 인한 합의부에의 이송

단독판사의 관할사건이 공소장변경에 의하여 합의부 관할사건으로 변경된 경우에 법원은 결정으로 사건을 합의부로 이송한다($^{제8조}_{제2항}$). 예를 들면 피고인의 공갈범죄사실($^{형법}_{제350조}$)이 공소장변경에 의하여 강도범죄사실($^{형법}_{제333조}$)로 바뀐 경우 또는 피고인의 상해범죄사실($^{형법}_{제257조}$)이 상해치사범죄사실($^{형법}_{제259조}$)로 변경된 경우 등이 여기에 해당한다. 이 경우에는 본래 사물관할권이 없어진 단독판사가 관할위반의 판결을 선고하고 검사가 다시 합의부 관할사건으로 공소를 제기하여야 하지만 소송경제의 차원에서 법원의 의무적 이송을 규정하고 있는 것이다.

항소심에서 공소장변경에 의하여 단독판사의 관할사건이 합의부 관할사건으로 된 경우에도 제 1 심에서의 공소장변경에 따른 사건의 이송에 관한 제 8 조 제 2 항을 준용해야 할 것이다. 제 1 심 합의부 관할사건에 대한 항소법원은 고등법원이므로 지방법원 본원합의부는 사건을 본래의 관할법원인 고등법원으로 이송하여야 한다($^{대법원 1997.12.12,}_{97도2463}$).

한편 합의부 관할사건이 공소장변경에 의하여 단독판사 관할사건으로 변경되는 경우가 있다. 형사소송법은 이러한 경우에 대하여 아무런 규정을 두고 있지 않다. 그러나 피고사건은 공소제기 당시부터 합의부 관할사건이었고, 설령 합의부가 공소장변경을 허가하는 결정을 하였다고 하더라도 그러한 사정은 합의부의 관할에 아무런 영향을 미치지 않는다. 따라서 합의부로서는 마땅히 피고사건에 관하여 그 실체에 들어가 심판하여야 한다(대법원 2013.4.25., 2013도1658).

(3) 사건의 군사법원 이송

법원은 공소가 제기된 사건에 대하여 군사법원이 재판권을 가지게 되었거나 가졌음이 판명된 때에는 결정으로 사건을 재판권 있는 같은 심급의 군사법원에 이송하여야 한다(제16조의 2 본문). 일반법원과 군사법원의 재판권의 분배는 관할의 문제가 아니라 재판권에 관한 문제이다. 피고사건에 대하여 재판권이 없으면 공소를 기각하여야 하나(제327조 제1호), 소송경제를 위하여 사건을 군사법원으로 이송하도록 예외를 인정한 것이다. 따라서 피고인이 군인이라는 사실이 인정되면 군사법원에 이송하여야 하며 공소기각의 판결을 선고해서는 안 된다. 그리고 이 경우에 일반법원이 이송 전에 한 소송행위는 이송 후에도 그 효력에 영향이 없다(제16조의 2 단서).

공소가 제기된 사건에 관하여 군사법원이 재판권을 가지게 된 때란 공소제기 후 피고인이 군에 입대하는 등의 이유로 군사법원이 피고인에 대한 재판권을 가지게 된 경우를 말하며, 공소가 제기된 사건에 관하여 군사법원이 재판권을 가졌음이 판명된 때란 공소제기 당시에 이미 군사법원이 재판권을 가지고 있었던 경우를 의미한다. 군사법원도 공소가 제기된 사건에 대하여 군사법원이 재판권을 가지지 않게 되었거나 재판권을 가지지 않음이 판명된 때에는 결정으로 같은 심급의 일반법원으로 이송해야 하며, 이 경우에도 군사법원에서 이송 전에 한 소송행위는 이송 후에도 그 효력에 영향이 없다(군사법원법 제2조 제3항).

(4) 사건의 소년부 송치 등

법원은 소년에 대한 피고사건을 심리한 결과 보호처분에 해당할 사유가 있다고 인정한 때에는 결정으로 사건을 관할소년부에 송치하여야 한다(소년법 제50조). 소년부도 법원으로부터 송치받은 사건을 심리한 결과 본인이 19세 이상임이 판명된 때에는 결정으로 사건을 송치한 법원에 다시 이송하여야 한다(동법 제51조).

법원은 가정폭력행위자에 대한 피고사건을 심리한 결과 「가정폭력범죄의 처벌 등에 관한 특례법」에 따른 보호처분을 하는 것이 적절하다고 인정하는 경우에는 결정으로 사건을 가정보호사건의 관할법원에 송치할 수 있다. 이 경우 법원은 피해자의 의사를 존중하여야 한다(동법 제12조). 가정보호사건을 송치받은 법원은 사건이 그 관할에 속하지 아니하거나 적정한 조사 · 심리를 위하여 필요하다고 인정하는 경우에는 결정으로 그 사건을 즉시 다른 관할 법원에 이송하여야 한다(동법 제15조 제 1 항).

　　법원은 성매매 사건의 심리 결과 「성매매알선 등 행위의 처벌에 관한 법률」에 따른 보호처분을 하는 것이 적절하다고 인정할 때에는 결정으로 사건을 보호사건의 관할법원에 송치할 수 있다(동법 제12조 제 2 항).

Ⅲ. 제척 · 기피 · 회피

1. 의　　의

　　피고사건에 대한 법원의 심리와 재판은 공정해야 한다. 그런데 공정한 재판은 다시 공평한 법원의 존재를 전제로 한다. 공평한 법원이란 조직과 구성에 있어서 편파적인 재판을 할 우려가 없는 법원을 말한다. 공평한 법원의 구성을 위해서는 기본적으로 사법권의 독립이 보장되고 자격 있는 법관에 의하여 법원이 구성되어야 한다. 그러나 이러한 일반적 전제조건이 구비되어 있더라도 법관이 구체적인 특정사건에 대하여 개인적인 특별관계를 가지고 있다면 당해 법관에게 공정한 재판을 기대하기 어렵고 또한 피고인이나 일반인도 재판의 객관성에 대하여 신뢰할 수 없을 것이다. 여기서 공평한 법원의 구성을 보장하기 위하여 형사소송법은 제척 · 기피 · 회피제도를 두고 있다. 제척 · 기피 · 회피제도는 구체적 사건에서 불공평한 재판을 할 염려가 있는 법관을 법원의 구성에서 배제하여 공정한 재판을 보장하기 위한 제도이다.

2. 제　　척

(1) 의　　의

　　제척이란 구체적인 사건의 심판에 있어서 법관이 불공평한 재판을 할 우려가 현저한 경우를 법률에 유형적으로 규정해 놓고 그 사유에 해당하는 법관을 직무집행에서 당연히 배제시키는 제도를 말한다. 제척의 효과는 객관적으로 정형화된 사유의 존재만으로 법률상 당연히 발생한다. 이 점에서 제척은 당사자 또는 법관 스스로의 신청이 있을 경우에 재판에 의하여 법관이 직무집행에서 배제되는 기피 · 회피와 구별된다.

(2) 제척사유

제척의 원인인 제척사유는 제17조에 제한적으로 열거되어 있는데, 이를 분류하면 크게 세 가지 유형으로 나눌 수 있다. 제척사유는 법에 열거된 사유에 한정되므로 아무리 불공평한 재판을 할 우려가 큰 경우일지라도 제17조에 열거된 사유가 아니라면 제척사유로 될 수 없다.

(개) 법관이 피해자인 때

법관이 당해 피고사건의 피해자인 때에는 직무집행에서 배제된다$\left(\substack{제17조 \\ 제1호}\right)$. 여기서 피해자란 직접피해자만을 의미하며 간접피해자는 포함되지 않는다. 간접피해자를 포함할 때에는 그 범위가 불명확하여 법적 안정성을 해할 염려가 있기 때문이다. 다만 법관이 간접피해자인 때에는 기피사유는 될 수 있을 것이다. 보호법익의 주체뿐만 아니라 행위의 객체가 된 경우에도 피해자에 해당하며, 피해법익의 종류도 개인적 법익은 물론 국가적 법익 · 사회적 법익을 모두 포함한다.

(내) 법관이 피고인 또는 피해자와 개인적으로 밀접한 관련이 있는 때

법관이 피고인 또는 피해자의 친족 또는 친족관계가 있었던 자인 때$\left(\substack{동조 \\ 제2호}\right)$, 법관이 피고인 또는 피해자의 법정대리인, 후견감독인인 때$\left(\substack{동조 \\ 제3호}\right)$, 법관이 사건에 관하여 피해자의 대리인으로 된 때$\left(\substack{동조 \\ 제4호후단}\right)$, 법관이 사건에 관하여 피고인의 대리인 · 변호인 · 보조인으로 된 때$\left(\substack{동조 \\ 제5호}\right)$에는 제척사유에 해당한다.

여기서 친족의 개념과 법정대리인 또는 후견감독인의 개념은 민법에 의하여 결정된다. 사실혼 관계에 있는 사람은 민법 소정의 친족이라고 할 수 없어 제척사유인 친족에 해당하지 않는다$\left(\substack{대법원 2011.4.14, \\ 2010도13583}\right)$. 또한 법관이 피해자의 대리인이 된 때란 법관이 고소대리인 또는 재정신청의 대리인이 된 때를 말한다. 피고인의 대리인에는 피고인인 법인의 대표자$\left(\substack{제 \\ 27조}\right)$를 포함하며, 변호인에는 사선변호인 및 국선변호인은 물론 특별변호인$\left(\substack{제31 \\ 조 단서}\right)$이 된 경우도 포함한다.

(대) 법관이 이미 당해사건에 관여하였을 때

법관이 이미 당해사건의 이전 절차에 관여하여 예단을 가지고 있기 때문에 공정한 재판을 기대하기 어려운 경우이다.

1) 법관이 사건에 관하여 증인 · 감정인으로 된 때$\left(\substack{동조 \\ 제4호 전단}\right)$ 법관도 사건에 관하여 증인 또는 감정인으로 될 수 있지만, 일단 증인이나 감정인이 되면 제척사유에 해당한다. 여기서 사건은 당해 형사사건을 말하므로 범죄사실과 관련된 민사소송 기타의 절차에서 증인 또는 감정인이 된 경우는 제외된다. 그러나 당해사건인

이상 피고사건의 공판절차뿐만 아니라 증거보전절차($\substack{제184 \\ 조}$)나 판사에 의한 증인신문절차($\substack{제221 \\ 조의2}$)에서 증인 또는 감정인이 된 때에도 여기에 해당한다.

증인 · 감정인이 된 때란 증인이나 감정인으로 신청되었거나 채택되어 소환되었다는 사실만으로는 부족하고, 사실상 증언이나 감정을 한 때에 비로소 제척사유에 해당한다. 또한 수사기관에서 참고인으로 조사받거나 감정인으로 위촉된 경우는 여기에 포함되지 않는다.

2) 법관이 사건에 관하여 검사 또는 사법경찰관의 직무를 행한 때($\substack{동조 \\ 제6호}$) 법관은 사건에 관하여 검사 또는 사법경찰관의 직무를 동시에 수행할 수는 없으므로 이 사유는 법관으로 임용되기 전에 그러한 직무를 행한 경우가 문제로 된다.

3) 법관이 사건에 관하여 전심재판에 관여한 때($\substack{동조 \\ 제7호}$)

① 전심재판의 의미 전심재판이란 상소에 의하여 불복이 신청된 재판을 말한다. 즉 제2심에 대한 제1심, 제3심에 대한 제2심 또는 제1심이 여기에 해당한다. 재판은 종국재판에 한하며, 그 형식은 판결이든 결정이든 묻지 않는다. 따라서 파기환송 전의 원심에 관여한 법관이 환송 후의 재판에 관여하는 경우는 전심에 해당하지 않는다($\substack{대법원 1979.2.27, \\ 78도3204}$). 또한 재심청구대상인 확정판결에 관여한 법관이 재심개시결정에 의한 재심공판절차에 관여한 때($\substack{대법원 1982.11.15, \\ 82모11}$), 상고심에 관여한 법관이 판결정정신청사건에 관여한 때($\substack{대법원 1967.1.18, \\ 66초67}$) 등도 전심이 아니므로 제척사유가 되지 않는다.

전심재판은 당해사건의 전심만을 의미하며, 공범사건의 경우라도 절차를 분리하여 심리가 진행된 경우에는 여기서 제외된다. 또한 동일한 피고인에 대한 다른 사건에 관여한 것도 전심재판에 관여하였다고 할 수 없다.

② 약식명령과 즉결심판의 경우 약식명령이나 즉결심판을 행한 법관이 정식재판을 담당한 경우에도 제척사유에 해당하는가에 대하여 견해의 대립이 있다. 약식명령이나 즉결심판의 경우에도 판사는 사건의 실체에 관하여 조사 · 심리함으로써 사건에 대하여 예단을 가질 수 있으므로 전심재판에 관여한 것으로 보아야 한다는 적극설과 약식명령과 즉결심판은 정식재판과 심급을 같이 하는 재판이므로 이들 재판을 한 판사가 정식재판을 담당하였다고 하여 전심재판에 관여하였다고 볼 수 없다는 소극설이 있으나, 제척사유의 제한적 성격에 비추어 볼 때 약식명령이나 즉결심판을 담당한 법관은 제척사유에 해당하지 않는다고 보아야 한다.[1] 판

---

1) 다만 약식사건을 심사한 법관은 이미 당해 사건에 관한 서류나 증거물에 의하여 예단을 가질

례도 소극설을 취하고 있다($^{대법원 2002.4.12,}_{2002도944}$). 다만 약식명령이나 즉결심판을 한 판사가 그 정식재판에 대한 항소심 판결에 관여한 경우에는 심급을 달리하므로 제척사유에 해당한다($^{대법원 2011.4.28,}_{2011도17}$).

③ 전심재판관여의 의미   전심재판에 관여한 때란 전심재판의 내부적 성립에 실질적으로 관여한 때를 말한다. 따라서 재판의 선고나 고지와 같은 외부적 성립에만 관여한 경우는 물론이고 사실심리나 증거조사를 하지 않고 공판기일을 연기하는 재판에만 관여한 경우($^{대법원 1954.8.12,}_{4286형상141}$), 전심재판에 관여하였으나 상소심에서 판결선고 전에 경질되어 상소심의 판결에는 관여하지 아니한 경우($^{대법원 1985.4.23,}_{85도281}$)에는 여기에 해당하지 않는다.

4) 법관이 사건에 관하여 전심재판의 기초되는 조사·심리에 관여한 때($^{동조}_{제7호}$)

① 전심재판의 기초되는 조사·심리   전심재판의 기초되는 조사·심리에 관여한 때라 함은 전심재판의 내용형성에 사용될 자료의 수집·조사에 관여하여 그 결과가 전심재판의 사실인정의 자료로 사용된 경우를 말하며($^{대법원 1999.4.13,}_{99도155}$), 공소제기의 전후를 불문한다. 따라서 구속영장을 발부한 법관($^{대법원 1989.9.12,}_{89도612}$), 구속적부심사에 관여한 법관, 보석허가결정에 관여한 법관 등은 전심재판의 실체형성을 위한 심리에 관여한 것이 아니므로 상소심에서 제척사유에 해당하지 않는다. 그러나 전심재판의 공판기일에서 후에 피고인에 대한 유죄의 증거로 사용된 증거를 조사한 법관은 공판절차의 진행 중에 경질되었다고 하더라도 상소심에서 제척사유에 해당한다($^{대법원 1999.10.22,}_{99도3534}$).

② 증거보전절차 등에 관여한 경우   제 1 회 공판기일 전의 증거보전절차($^{제184}_{조}$)나 증인신문절차($^{제221}_{조의2}$)에 관여한 법관이 전심재판의 기초되는 조사·심리에 관여한 것이 되어 상소심에서 제척사유에 해당하는지가 문제된다. 판례는 증거보전절차에서 증인신문을 한 법관을 전심재판 또는 그 기초되는 조사·심리에 관여한 법관에 해당하지 않는 것으로 보고 있다($^{대법원 1971.7.6,}_{71도974}$). 그러나 증거보전절차에서 작성된 법관의 조서에는 당연히 증거능력이 인정된다는 점($^{제311조}_{2문}$)과 증거보전처분을 행하는 법관은 그 처분에 관하여 법원 또는 재판장과 동일한 권한을 가진다는 점($^{제184조}_{제2항}$) 등에 비추어 볼 때, 증거보전절차나 증인신문절차에 관여한 법관은 그 이후의 상소심 절차에서 제척된다고 보아야 할 것이다.

또한 기소강제절차에서 공소제기결정을 한 법관을 당해 사건의 상소심에서 전

___
수 있으므로 공판절차에서 기피사유에는 해당될 수 있을 것이다.

심재판의 기초되는 조사 · 심리에 관여한 법관으로 볼 수 있는지도 문제가 되나, 기소강제절차를 제 1 심 재판의 기초가 되는 조사 · 심리를 행하는 절차로 보기는 어렵다는 점에서 부정적으로 해석하는 것이 타당할 것이다.

㈑ 법관이 재직했던 법인 등과 피고인 또는 피해자가 밀접한 관련이 있는 때

법관이 사건에 관하여 피고인의 변호인이거나 피고인 · 피해자의 대리인인 법무법인, 법무법인(유한), 법무조합, 법률사무소, 「외국법자문사법」 제 2 조 제 9 호에 따른 합작법무법인에서 퇴직한 날부터 2년이 지나지 아니한 때$\left(\frac{동조}{제8호}\right)$, 법관이 피고인인 법인 · 기관 · 단체에서 임원 또는 직원으로 퇴직한 날부터 2년이 지나지 아니한 때$\left(\frac{동조}{제9호}\right)$에는 제척사유에 해당한다. 판사로 임용되기 위해서는 일정 기간의 법조경력이 요구되는데$\left(\frac{법원조직법}{제42조 제 2 항}\right)$, 판사로 임용되기 전의 업무와 관련하여 재판의 공정성에 의심이 생길 수 있다는 점에서 형사소송법은 이를 제척사유로 규정하고 있다.

(3) 제척의 효과

제척사유에 해당하는 법관은 당해 사건의 직무집행에서 당연히 배제된다. 즉 제척의 효과는 법률에 의하여 당연히 발생한다. 배제되는 직무집행의 범위는 당해 사건에 관한 심리 · 재판 · 처분 등 일체의 소송행위에 미친다. 제척사유 있는 법관은 스스로 회피하여야 하며$\left(\frac{제24조}{제 1 항}\right)$, 당사자도 기피신청을 할 수 있다$\left(\frac{제18조}{제 1 항}\right)$. 제척사유 있는 법관이 재판에 관여한 때에는 법률상 그 재판에 관여하지 못할 판사가 그 사건의 판결에 관여한 때에 해당하여 절대적 항소이유가 되며$\left(\frac{제361조의}{5 제 7 호}\right)$, 판결에 영향을 미친 법률위반으로서 상대적 상고이유가 된다$\left(\frac{제383조}{제 1 호}\right)$.

3. 기   피

(1) 의   의

기피란 법관이 제척사유에 해당함에도 불구하고 재판에 관여하거나 그 밖에 불공평한 재판을 할 염려가 있는 경우에 당사자의 신청에 의하여 법원의 결정으로 그 법관을 직무집행으로부터 물러나게 하는 제도를 말한다. 제척은 사유가 유형적으로 제한되어 있고 그 효과가 법률의 규정에 의하여 당연히 발생하는데 반하여, 기피는 사유가 비유형적이고 당사자의 신청이 있는 경우에 법원의 결정에 의하여 그 효과가 발생한다는 점에서 서로 구별된다. 기피는 제척을 보충하는 제도로서 현

실적으로 가장 많이 활용되는 제도라고 할 수 있다.

(2) 기피사유

(가) 법관이 제척사유에 해당하는 때($\frac{제18조}{제1호}$)

제척사유가 존재하면 법관은 당연히 직무집행에서 배제되므로 제척사유의 존부는 직권으로 심리해야 한다. 그런데 이를 기피사유로 규정한 것은 제척사유의 존부가 불분명하거나 법관이 이를 간과한 경우에 당사자의 신청에 의하여 법원이 제척사유의 유무를 심사하여 결정할 것을 강제한다는 점에 의의가 있다.

(나) 법관이 불공평한 재판을 할 염려가 있는 때($\frac{동조}{제2호}$)

법관이 불공평한 재판을 할 염려가 있는 때란 일반인의 입장에서 볼 때 법관과 사건의 관계상 법관이 편파적이거나 불공평한 재판을 할 의혹을 갖는 것이 합리적이라고 인정할 만한 객관적인 사정이 존재하는 때를 말한다($\frac{대법원 2001.3.21,}{2001모2}$). 따라서 당사자의 주관적 판단을 기준으로 불공평한 재판을 할 염려의 유무를 판단하여서는 안 된다. 기피신청은 제척사유로 포섭할 수 없는 비유형적 사유에 대비하기 위한 것이므로 불공평한 재판을 할 염려의 유무는 구체적 사정을 종합하여 판단하여야 한다. 법관이 심리 중에 피고인의 유죄를 확신하거나 유죄에 대한 예단을 주는 발언을 한 경우($\frac{대법원 1974.10.16,}{74모68}$), 법관이 증명되지 않은 사실을 언론을 통하여 발표한 경우, 법관이 심리 중에 피고인에게 심히 모욕적인 말을 한 경우 또는 법관이 피고인에게 진술을 강요한 경우 등은 불공평한 재판을 할 우려가 있는 경우에 해당한다. 그러나 법관이 피고인에게 공판기일에 어김없이 출석하라고 촉구한 사실($\frac{대법원}{1969.1.6, 68모57}$), 피고인의 증거신청을 채택하지 아니하거나 이미 행한 증거결정을 취소한 사실 또는 피고인의 증인에 대한 신문을 제지한 사실($\frac{대법원 1995.4.3,}{95모10}$), 검사의 공소장변경허가신청에 대하여 불허가결정을 한 사실($\frac{대법원 2001.3.21,}{2001모2}$)만으로는 기피사유에 해당한다고 볼 수 없다. 또한 법관의 종교, 세계관, 성별, 출신 그리고 가족관계는 원칙적으로 기피사유가 되지 않는다.

(3) 기피신청의 절차

(가) 신청권자

법관의 기피를 신청할 수 있는 사람은 검사 또는 피고인이다($\frac{제18조}{제1항}$). 변호인은 피고인의 명시한 의사에 반하지 아니하는 때에 한하여 법관에 대한 기피를 신청할 수 있다($\frac{동조}{제2항}$). 변호인의 기피신청권은 대리권이므로 피고인이 기피신청권을 포기하면 변호인의 기피신청권도 소멸하게 된다.

형사소송법은 기피신청권자로서 검사 · 피고인 · 변호인만을 규정하고 있다. 여기서 일정한 경우 피의자도 기피신청을 할 수 있는지가 문제된다. 공소제기 전에 행하여지는 증거보전절차($\binom{제184}{조}$)나 판사에 의한 증인신문절차($\binom{제221}{조의2}$)의 경우 판사는 그 처분에 관하여 법원 또는 재판장과 동일한 권한이 있고($\binom{제184조\ 제\ 2\ 항,}{제221조의2\ 제\ 4\ 항}$), 또한 그 절차에서 작성된 조서에는 당연히 증거능력이 인정되어($\binom{제311조}{후단}$) 당해 사건의 실체형성에 실질적으로 영향을 줄 수 있다는 점을 고려할 때 법관에 대한 기피신청은 이러한 절차에서도 가능하다고 해야 한다. 따라서 이 경우에는 피의자도 기피신청권을 가진다고 보아야 한다.

다음으로 재정신청사건에서 피의자가 사건을 심리하는 법관에 대하여 기피신청을 할 수 있는가의 문제에 관하여는 재정결정도 재판의 일종이므로 제18조를 유추적용하여 기피신청을 인정해야 한다는 적극설과 재정결정은 당해 사건에 대한 실체판단이 아니므로 피의자는 기피신청을 할 수 없다는 소극설이 주장되고 있다. 재정신청사건에 대한 재판의 공정성 확보라는 관점에서 적극적으로 해석하는 것이 타당하다고 생각된다. 재정신청을 한 고소인 · 고발인은 기소강제절차에서 법관에 대하여 기피신청을 할 수 있다($\binom{대법원\ 1990.11.2,}{90모44\ 참조}$).

(나) 신청의 방법

기피신청은 서면 또는 구술로 할 수 있다($\binom{규칙\ 제176조}{제\ 1\ 항\ 참조}$). 기피신청을 함에 있어서는 기피의 원인이 되는 사실을 구체적으로 명시하여야 한다($\binom{규칙\ 제\ 9\ 조}{제\ 1\ 항}$). 기피신청의 대상이 합의법원의 법관인 경우에는 그 법관이 소속한 법원에, 그리고 단독판사 · 수명법관 또는 수탁판사인 경우에는 당해 법관에게 신청하여야 한다($\binom{제19조}{제\ 1\ 항}$). 기피사유에 대한 소명은 신청한 날로부터 3일 이내에 서면으로 하여야 한다($\binom{동조}{제\ 2\ 항}$). 기피신청의 대상은 법관이므로 합의부 자체에 대한 기피신청은 허용되지 않는다. 다만 합의부의 구성원인 법관 모두에 대한 기피신청은 가능하다.

(4) 기피신청에 대한 재판

(가) 간이기각결정

기피신청에 대한 재판은 기피당한 법관이 소속된 법원의 합의부가 행하는 것이 원칙이지만($\binom{제21조}{제\ 1\ 항}$), 기피신청이 소송의 지연을 목적으로 함이 명백하거나 제19조의 규정에 위배된 때에는 신청을 받은 법원 또는 법관은 결정으로 이를 기각한다

($\frac{제20조}{제1항}$). 기피신청이 소송의 지연을 목적으로 함이 명백한 때에 해당하는가의 여부는 사안의 성질, 심리의 경과 및 변호인의 소송준비 등 객관적 사정을 종합하여 판단하여야 한다. 제19조의 규정에 위배된 경우란 수명법관에 대한 기피신청을 소속 합의부에 한 경우와 같이 관할을 위반하여 기피신청을 한 경우($\frac{동조}{제1항}$), 기피사유를 3일 이내에 서면으로 소명하지 아니한 경우($\frac{동조}{제2항}$), 기피의 원인된 사실을 구체적으로 명시하지 않은 경우($\frac{규칙}{제9조}$)를 말한다. 그러나 그밖에도 기피신청권자가 아닌 자가 기피신청을 한 경우, 이미 직무집행에서 배제되어 있는 법관에 대하여 기피신청을 한 경우($\frac{대법원 1986.9.24,}{86모48}$), 기피신청사건에 대하여 이미 판결이 선고된 경우($\frac{대법원 1995.1.9,}{94모77}$) 등과 같이 기피신청이 형식적 요건을 구비하지 못하여 부적법한 때에는 간이기각결정의 사유에 해당한다고 해야 한다. 간이기각결정은 기피신청을 당한 법관도 이를 할 수 있다. 간이기각결정은 기피신청이 소송의 지연을 목적으로 함이 명백하거나 형식적 요건을 구비하지 못하여 부적법한 경우에 행하여지는 것이기 때문이다.

법원 또는 법관의 간이기각결정에 대하여는 즉시항고를 할 수 있다($\frac{제23조}{제1항}$). 그러나 간이기각결정에 대한 즉시항고는 통상의 즉시항고와는 달리 재판의 집행을 정지하는 효력이 없다($\frac{동조}{제2항}$). 소송지연을 방지하기 위한 규정이다.

⑷ 소송진행의 정지

기피신청이 있는 때에는 간이기각결정을 하는 경우를 제외하고는 기피신청에 대한 재판이 있을 때까지 소송진행을 정지하여야 한다. 다만 급속을 요하는 경우에는 예외로 한다($\frac{제}{22조}$). 기피신청이 있는 경우에 소송진행을 정지하도록 하는 것은 불공평한 재판을 할 염려가 있는 법관을 직무집행으로부터 배제시키고자 하는 기피제도의 성격상 당연하다고 할 수 있다. 여기서 정지해야 할 소송진행은 본안에 대한 소송절차뿐만 아니라 모든 소송절차를 포함한다는 견해와 본안에 대한 소송절차만을 의미한다는 견해가 있다. 판례는 정지해야 할 소송절차를 실체재판에의 도달을 직접목적으로 하는 본안에 대한 소송절차로 보는 입장에서 구속기간의 갱신이나($\frac{대법원 1987.2.3,}{86모57}$) 판결의 선고는($\frac{대법원 2002.11.13,}{2002도4893}$) 정지해야 할 소송절차에 해당하지 않는다고 한다. 그러나 정지해야 할 소송절차를 본안에 대한 소송절차에 제한할 이유가 없으므로 급속을 요하는 경우 외에는 모든 소송절차가 정지된다고 하여야 한다. 급속을 요하는 경우로는 멸실될 우려가 있는 증거를 조사해야 할 경우, 장기간의 해외출장을 앞두고 있거나 위독한 증인을 신문할 필요가 있는 경우 등을 그 예로 들 수 있다.

기피신청에 의하여 정지해야 할 소송절차에는 제한이 없으므로 기피신청의 시기에도 제한이 없고, 기피신청은 판결선고시까지 가능하다고 해야 한다(판결선고시설). 따라서 기피신청이 있더라도 판결선고절차는 진행이 정지되지 않는다는 전제 하에서 주장되는 변론종결시설($\binom{대법원\ 2002.11.13,}{2002도4893}$)은 타당하지 않다.

기피신청에 의하여 소송절차가 정지된 기간은 법원의 피고인 구속기간에 산입되지 않는다($\binom{제92조\ 제3}{항,\ 제22조}$). 피고인의 불필요한 기피신청을 방지하여 본안의 심리기간을 확보하고자 하는 취지라고 할 수 있다.

⒟ 의견서의 제출

기피 당한 법관은 간이기각결정을 하는 경우를 제외하고는 지체 없이 기피신청에 대한 의견서를 제출하여야 한다($\binom{제20조}{제2항}$). 이때 기피당한 법관이 기피의 신청을 이유 있다고 인정하는 때에는 기피결정이 있은 것으로 간주한다($\binom{동조}{제3항}$).

⒠ 기피신청에 대한 재판

기피신청에 대한 재판은 기피당한 법관의 소속법원 합의부에서 한다($\binom{제21조}{제1항}$). 기피당한 법관은 여기에 관여하지 못한다($\binom{동조}{제2항}$). 기피당한 판사의 소속법원이 합의부를 구성하지 못하는 때에는 직근 상급법원이 결정한다($\binom{동조}{제3항}$).

기피신청에 대한 재판은 결정으로 한다. 기피신청이 이유 없다고 인정한 때에는 기피신청을 기각하며, 기피신청을 기각한 결정에 대하여는 즉시항고를 할 수 있다($\binom{제23조}{제1항}$). 이 경우의 즉시항고는 간이기각결정에 대한 즉시항고와 달리 집행정지의 효력이 있다($\binom{제23조\ 제2항,}{제410조\ 참조}$). 합의부가 기피신청을 이유 있다고 인정하는 때에는 기피당한 법관을 당해 사건의 절차에서 배제하는 결정을 하여야 한다. 기피신청을 인용하는 결정이 있으면 당해 사건은 새로운 재판부에 재배당되며, 이 결정에 대하여는 항고하지 못한다($\binom{제403}{조}$).

(5) 기피의 효과

기피신청이 이유 있다는 결정이 있을 때에는 그 법관은 당해 사건의 직무집행으로부터 탈퇴한다. 기피당한 법관이 기피신청을 이유 있다고 인정한 때에도 같다. 당해 법관이 사건의 심판에 관여한 때에는 법률상 그 재판에 관여하지 못할 판사가 그 사건의 판결에 관여한 때에 해당하여 절대적 항소이유가 되며($\binom{제361조의}{5\ 제7호}$), 판결에 영향을 미친 법률위반으로서 상대적 상고이유가 된다($\binom{제383조}{제1호}$).

탈퇴의 효과가 발생하는 시기에 대하여는 기피사유에 관계없이 법원의 결정시부터 탈퇴의 효력이 발생한다고 보는 견해가 있으나, 제척원인을 이유로 하는 기피결정의 경우에는 원인이 발생한 때에 소급하여 효력이 발생하지만 불공평한 재판을 할 염려가 있음을 이유로 하는 경우에는 결정시부터 효력이 발생한다고 보는 견해가 타당하다고 생각된다.

4. 회   피

(1) 의   의

회피란 법관이 스스로 기피의 원인이 있다고 판단한 때에 자발적으로 직무집행에서 탈퇴하는 제도이다($^{제24조}_{제1항}$). 법관의 회피는 소속 법원의 결정에 의하여 이루어진다. 법관이 스스로 기피사유가 있다고 판단한 때에는 사건의 재배당이나 합의부의 재구성 등 법원의 내부적 사무처리를 통해 해결하는 것이 일반적이지만, 이러한 내부적 해결이 어려운 경우에는 법관이 스스로 직무집행으로부터 물러날 수 있도록 한 것이다. 회피는 법관의 권한이 아니라 직무상의 의무에 해당하며, 형사소송법도 「법관이 … 회피하여야 한다」고 규정함으로써 이 점을 명시하고 있다.

(2) 절   차

회피신청은 소속법원에 서면으로 하여야 한다($^{제24조}_{제2항}$). 신청의 시기에는 제한이 없다. 회피신청에 대한 재판에는 기피에 관한 규정이 준용된다($^{동조}_{제3항}$). 따라서 회피신청에 대한 재판은 회피하는 법관의 소속법원 합의부에서 결정으로 하여야 하며, 이때 회피한 법관은 그 결정에 관여하지 못한다($^{제}_{21조}$). 회피신청에 대한 법원의 결정에 대하여는 항고할 수 없으며, 법관이 회피신청을 하지 않은 것이 상소이유가 되는 것도 아니다.

5. 법원사무관 등에 대한 제척 · 기피 · 회피

(1) 의   의

법관의 제척 · 기피 · 회피에 대한 규정은 원칙적으로 법원서기관 · 법원사무관 · 법원주사 · 법원주사보와 통역인에게 준용된다($^{제}_{25조}$). 이들은 사건을 직접 심판하지는 않지만 재판과 밀접한 관련을 가진 직무를 수행하므로 간접적으로 재판에 영향을 미칠 우려가 있다는 점을 고려한 것이다. 다만 사건의 실체심리는 법관만이 할 수 있으므로 전심재판 또는 그 기초되는 조사 · 심리에 관여한 때($\substack{제17조\\제7호}$)라는 제척사유는 이들의 직무의 성질상 적용되지 않는다.

제척 및 기피에 관한 규정은 전문심리위원에게도 준용된다($\substack{제279\\조의5}$).

(2) 절   차

법원사무관 등과 통역인에 대한 기피신청의 재판은 그 소속 법원의 결정으로 한다. 다만 기피신청이 소송지연을 목적으로 함이 명백하거나 형식요건을 결하여 간이기각결정을 할 때에는 기피당한 자의 소속 법관이 기각결정을 한다($\substack{제25조\\제2항}$).

제 2 절 검   사

Ⅰ. 검사와 검찰제도

1. 검사의 의의

검사는 검찰권을 행사하는 국가기관이다. 검사는 공익의 대표자로서 ① 범죄수사 · 공소제기 및 그 유지에 필요한 사항, ② 범죄수사에 관한 특별사법경찰관리 지휘 · 감독, ③ 법원에 대한 법령의 정당한 적용 청구, ④ 재판 집행 지휘 · 감독, ⑤ 국가를 당사자 또는 참가인으로 하는 소송과 행정소송 수행 또는 그 수행에 관한 지휘 · 감독, ⑥ 다른 법령에 따라 그 권한에 속하는 사항 등을 그 직무와 권한으로 하고 있다($\substack{검찰청법\\제4조 제1항}$). 이제까지 검사는 범죄의 수사로부터 재판의 집행에 이르기까지 형사절차의 전 과정에 걸쳐 광범위한 권한을 행사하는 국가기관이었으나, 최근에는 검경수사권조정에 따라 검사가 수사를 개시할 수 있는 범죄의 범위 제한, 일반사법경찰관리에 대한 수사지휘권의 폐지, 일반사법경찰관리의 1차 수사종결권 인정 등이 이루어짐으로써 그 권한이 축소되었다.

2. 검찰제도의 연혁

검찰제도는 14세기 프랑스에서 왕실의 관리들이 국고의 수입원인 벌금 · 몰수를 확보하기 위하여 그와 관련된 소송에 왕을 대신하여 참여한 데에서 비롯되었으나, 본질적으로는 프랑스 대혁명 이후 종래의 규문절차를 타파하고 수립된 개혁된 형사소송법의 산물이라고 할 수 있다. 프랑스 혁명 이후 한 때 영국의 기소배심제도가 도입된 적이 있었으나 이 제도는 인민재판의 형태를 가진 공포의 형사절차였다. 그리하여 1808년 치죄법에 의하여 기소배심제도가 폐지되고 검찰제도가 공화국의 대관(procureur de la république)으로 부활하게 되었으며, 이때 검사는 소추기관으로서 뿐만 아니라 예심판사에 대한 지휘·감독권과 법령해석의 통일에 대한 감시기능을 가지게 되었다. 이 제도가 기본적 틀을 유지하면서 독일과 일본을 거쳐 우리나라에 도입된 것이 우리의 검찰제도이다.

한편 영미의 검찰제도는 대륙의 경우와 차이가 있다. 영국의 경우에는 사인소추주의를 원칙으로 하지만 실제로 대부분의 사건은 경찰소추에 의하고 있었으며, 이를 위하여 경찰서에는 공소변호사를 두고 공소제기와 유지에 관하여 경찰에 자문을 제공하도록 하였다. 그러나 20세기에 이르러 영국의 경찰소추제도는 소추의 공정성과 인권침해 등의 문제를 야기하여 검찰제도의 도입을 촉진하게 되었는데, 이에 의하여 1985년 범죄소추법(Prosecution of Offences Act)이 제정되어 영국의 검찰제도가 성립하였으며 검찰총장에 의하여 임명된 검사가 공소를 제기하고 유지하는 기능을 담당하게 되었다. 미국의 경우에는 전반적으로는 영국의 형사절차를 계수하였음에도 불구하고 검찰제도에 있어서는 일찍이 프랑스의 제도를 도입하여 임명에 의한 연방검사와 선거에 의한 지방검사를 두고 있다. 그러나 연방사건의 경우에는 중요사건의 기소는 연방대배심(Federal Grand Jury)이 담당하고 검사는 경미사건의 기소와 기소된 사건의 공소유지를 담당하고 있으며, 주의 관할사건에 대하여는 주법의 규정에 따라 대배심에 의한 기소(Indictment) 또는 검사에 의한 기소(Information)에 의하도록 하고 있다.

3. 검사의 법적 성격

(1) 준사법기관

검사는 법무부에 소속되어 검찰권을 행사하는 행정기관으로서 국가의 행정목적을 위하여 활동한다. 그러나 중요 범죄의 수사와 공소의 제기·유지 및 재판의 집행을 내용으로 하는 검찰권은 그 내용에 있어서 사법권과 밀접한 관계를 맺고 있어, 검찰권 행사는 형사사법의 운용에 중대한 영향을 미치게 된다. 따라서 검사는 그 직무를 수행할 때 국민 전체에 대한 봉사자로서 헌법과 법률에 따라 국민의 인권을 보호하고 적법절차를 준수하며, 정치적 중립을 지켜야 하고 주어진 권한을 남용하여서는 아니 된다($\genfrac{}{}{0pt}{}{\text{검찰청법}}{\text{제4조 제2항}}$). 또한 검사가 적법절차에 따라 검찰권을 행사할
수 있도록 하기 위해서는 검사에게 법관에 준하는 독립성이 보장될 것이 요구된다.
현행법상 검사에게는 검찰권 행사에 있어서 독립성이 요구되고 또한 보장된다는
의미에서 검사는 행정기관이면서 동시에 사법기관으로서의 성격을 가지는 준사법
기관이라고 할 수 있다.

검사가 준사법기관으로서 외부적 영향을 받지 않고 검찰권을 공정하게 행사하
도록 하기 위하여 검사에 대하여도 법관과 같은 신분보장을 인정하고 있다. 즉 검
사는 탄핵 또는 금고 이상의 형의 선고에 의하지 아니하고는 파면되지 아니하며,
징계처분 또는 적격심사에 의하지 아니하고는 해임 · 면직 · 정직 · 감봉 · 견책 또는
퇴직의 처분을 받지 아니한다($\genfrac{}{}{0pt}{}{\text{동법}}{\text{제37조}}$).

(2) 단독제의 관청

검사는 검찰사무를 처리하는 단독제의 관청이다. 검찰사무는 개개의 검사가
자신의 이름으로 처리하는 것이며, 검사가 검찰총장이나 검사장의 보조기관으로서
처리하는 것은 아니다. 따라서 검찰권의 행사는 언제나 단독제에 의하며 합의제는
존재하지 않는다. 또한 검찰조직 내부의 결제를 거치지 않고 검사가 대외적으로 의
사표시를 하였더라도 당해 처분행위의 대외적 효력에는 영향이 없다.

4. 검 찰 청

(1) 의   의

검찰청은 검사의 검찰사무를 통할하기 위하여 법원에 대응하여 설치된 기관이
다. 그러나 검사는 단독관청으로서 자신의 이름으로 의사표시를 하므로 검찰청은
그 자체로는 아무런 권한도 가지지 않는 관서에 불과하다. 검찰청은 대검찰청 · 고
등검찰청 · 지방검찰청으로 구성되며, 각각 대법원 · 고등법원 · 지방법원 및 가정법
원에 대응하여 설치된다($\genfrac{}{}{0pt}{}{\text{검찰청법}}{\text{제3조 제1항}}$). 다만 지방법원지원 설치지역에는 이에 대응하
여 지방검찰청지청을 둘 수 있다($\genfrac{}{}{0pt}{}{\text{동조}}{\text{제2항}}$).

(2) 조   직

(가) 대검찰청

대검찰청에는 검찰총장 · 차장검사 · 대검찰청 검사 및 검찰연구관을 둔다. 검
찰총장은 대검찰청의 사무를 맡아 처리하고 검찰사무를 통할하며, 검찰청의 공무

원을 지휘·감독한다($^{검찰청법 제}_{12조 제 2 항}$). 검찰총장의 임기는 2년으로 하며 중임할 수 없다($^{동조}_{제3항}$). 대검찰청의 차장검사는 검찰총장을 보좌하며, 검찰총장이 부득이한 사유로 직무를 수행할 수 없을 때에는 그 직무를 대리한다($^{동법}_{제13조}$). 대검찰청에는 검찰총장을 보좌하고 검찰사무에 관한 기획·조사 및 연구에 종사하게 하기 위하여 검찰연구관을 둔다($^{동법}_{제15조}$).

㈏ 고등검찰청

고등검찰청에는 검사장·차장검사·부장검사·검사를 둔다. 고등검찰청 검사장은 그 검찰청의 사무를 맡아 처리하고 소속 공무원을 지휘·감독한다($^{검찰청법}_{제17조}$). 차장검사는 소속 검사장을 보좌하며, 소속 검사장이 부득이한 사유로 직무를 수행할 수 없을 때에는 그 직무를 대리한다($^{동법}_{제18조}$).

㈐ 지방검찰청과 지청

지방검찰청에는 지방검찰청 검사장을 둔다. 지방검찰청 검사장은 그 검찰청의 사무를 맡아 처리하고 소속 공무원을 지휘·감독한다($^{검찰청법}_{제21조}$). 지방검찰청지청에는 지청장을 두며, 지청장은 지방검찰청 검사장의 명을 받아 소관 사무를 처리하고 소속 공무원을 지휘·감독한다($^{동법}_{제22조}$). 지방검찰청 및 지청에 사무를 분장하기 위하여 부를 둘 수 있고, 부에는 부장검사를 둔다. 부장검사는 상사의 명을 받아 그 부의 사무를 처리한다($^{동법}_{제24조}$). 지방검찰청과 지청에 각각 검사를 둔다($^{동법}_{제25조}$).

검찰총장은 필요하다고 인정하면 검찰수사서기관·검찰사무관·수사사무관 또는 마약수사사무관으로 하여금 지방검찰청 또는 지청 검사의 직무를 대리하게 할 수 있다($^{동법 제32}_{조 제 2 항}$). 검사의 직무를 대리하는 사람은 「법원조직법」에 따른 합의부의 심판사건은 처리하지 못한다($^{동조}_{제 3 항}$).

Ⅱ. 검사동일체의 원칙

1. 의   의

검사동일체의 원칙이란 모든 검사들이 검찰총장을 정점으로 피라미드형의 계층적 조직체를 형성하고 일체불가분의 유기적 통일체로서 활동하는 것을 말한다. 검사동일체의 원칙에 의하여 단독관청인 검사는 전체의 일부로서 통일적으로 검찰권을 행사할 수 있게 된다.

검사는 단독관청임과 동시에 준사법기관으로서 독립성이 보장되어야 함에도 불구하고 검사동일체의 원칙이 요구되는 이유는 ① 중요 범죄의 수사와 공소의 제기 · 유지 및 재판의 집행을 내용으로 하는 검찰권 행사가 전국적으로 균형을 이루게 함으로써 검찰권 행사의 통일성과 공정성을 유지할 수 있고, ② 현대사회에서 날로 지능화, 광역화, 기동화되어 가는 범죄에 대한 효율적인 수사를 위해서는 전국적으로 통일된 수사망이 필요하다는 점에 있다.

2. 내　용

(1) 검찰사무에 대한 지휘 · 감독관계

검사는 검찰사무에 관하여 소속 상급자의 지휘 · 감독에 따른다(검찰청법 제7조 제1항). 검사의 지휘 · 감독관계는 검찰사무뿐만 아니라 검찰행정사무에 대해서도 적용된다. 그러나 검사는 단독관청으로서 각자가 자기 책임 아래 검찰사무를 처리할 뿐만 아니라 준사법기관으로서 인적 · 물적 독립이 보장되어야 하므로 상급자의 지휘 · 감독권도 일정한 제한을 받게 된다.

먼저 상급자의 지휘 · 감독은 그 적법성과 정당성을 전제로 한다. 준사법기관인 검사는 객관의무를 지고 진실과 정의에 구속되므로 상급자의 지시는 적법할 뿐만 아니라 정당하여야 한다. 따라서 범죄혐의가 있음에도 불구하고 상사가 수사중지명령을 하는 경우나 기소유예 여부에 대한 상급자의 지휘가 부당한 경우에는 이에 복종할 의무가 없다. 검찰청법은 검사는 구체적 사건과 관련된 상급자의 지휘 · 감독의 적법성과 정당성 여부에 대하여 이견이 있는 때에는 이의를 제기할 수 있다(동조 제2항)고 규정하여, 적법성뿐만 아니라 정당성 여부에 대해서도 이의제기권을 인정하고 있다. 또한 상급자의 지휘 · 감독권은 내부적 효력을 가지는 데 지나지 않는다. 기본적으로 검사는 단독관청으로서 검찰권을 행사하기 때문이다. 따라서 상급자의 지휘 · 감독에 위반한 검사의 처분이나 상급자의 결재를 받지 아니한 검사의 처분도 대외적인 효력에는 아무런 영향이 없다. 다만 이것이 내부적 의무위반이 되는 것은 별개의 문제라고 할 수 있다.

(2) 직무승계권과 직무이전권

검사의 지휘 · 감독관계가 구체적 형태로 나타나는 것이 직무승계권과 직무이전권이라고 할 수 있다. 왜냐하면 검사의 지휘 · 감독관계는 상급자의 이러한 직무승계 및 이전권한에 의해서 실질적으로 보장될 수 있기 때문이다. 직무승계권이란 검찰총장·각급 검찰청의 검사장 및 지청장이 소속 검사의 직무를 자신이 처리하는 것을 말하며($\substack{검찰청법 제 7 조의\\2 제 2 항 전단}$), 직무이전권이란 검찰총장·각급 검찰청의 검사장 및 지청장이 소속 검사로 하여금 자신의 권한에 속하는 직무의 일부를 처리하게 하거나, 소속검사의 직무를 다른 검사에게 처리하게 하는 것을 말한다($\substack{동조 제 1 항·\\제 2 항 후단}$). 직무승계와 직무이전의 권한은 검찰총장·검사장 및 지청장이 가지며, 결국 최종적으로는 검찰총장에게 귀속된다. 검찰조직의 외부에 위치하는 법무부장관은 이러한 권한을 가질 수 없다.

(3) 직무대리권

직무대리권이란 각급 검찰청의 차장검사가 소속장이 사고가 있을 때 특별한 수권 없이 직무를 대리할 권한을 가지는 것을 말한다($\substack{검찰청법 제13조 제 2 항, 제\\18조 제 2 항, 제23조 제 2 항}$). 직무대리가 허용되는 범위는 검찰사무뿐만 아니라 검찰행정사무도 포함한다.

3. 효   과

(1) 검사교체의 효과

검사동일체의 원칙이 적용되는 결과 개개의 검사가 단독관청임에도 불구하고 기능적으로는 검찰조직 자체가 마치 1인의 검사처럼 활동하게 된다. 따라서 수사절차나 공판절차에서 검찰사무를 담당하던 검사가 전보·퇴직 등의 사유로 교체되어 새로운 검사가 직무를 담당하게 되더라도 소송법상 아무런 영향을 미치지 아니하며, 동일한 검사가 행한 것과 같은 효과가 인정된다. 검사가 교체되더라도 새로운 검사가 수사절차를 갱신하거나 법원이 공판절차를 갱신할 필요가 없다. 이 점에서 공판절차가 진행되던 도중에 판사가 경질되면 공판절차를 갱신($\substack{제301\\조}$)할 것이 요구되는 법관의 경우와 다르다.

(2) 검사에 대한 제척·기피

법관의 경우처럼 검사에 대해서도 제척·기피를 인정할 것인가에 대하여는 견해가 대립하고 있다. 소극설은 검사동일체의 원칙에 의하여 특정한 검사를 직무집행에서 배제하는 것은 아무런 의미가 없다는 점과 검사는 공판절차에서 피고인과 대립하는 당사자의 지위에 있다는 점 등을 근거로 검사에 대한 제척이나 기피는 인정되지 않는다고 한다. 이에 대하여 적극설은 현실적인 피의자·피고인의 이익보호와 공정하고 신뢰받는 검찰권의 확립을 위해서는 구체적인 사건에 있어서 불공평한 사무처리의 염려가 있는 검사는 직무집행으로부터 배제할 필요가 있고 또한 검사는 단순한 반대당사자에 그치지 않고 공익의 대표자로서 객관의무를 지고 있으므로 국가형벌권의 적정한 실현을 위해서도 검사에 대한 제척·기피는 인정할 필요가 있다고 한다. 판례는 범죄의 피해자인 검사가 그 사건의 수사에 관여하거나, 압수·수색영장의 집행에 참여한 검사가 다시 수사에 관여하였다는 이유만으로 바로 그 수사가 위법하다거나 그에 따른 참고인이나 피의자의 진술에 임의성이 없다고 볼 수는 없다(대법원 2013.9.12, 2011도12918,)고 하여 소극설의 입장을 취하고 있다.

　생각건대 검찰권 행사의 공정성 확보와 피의자·피고인의 이익보호를 위해서는 특정한 사건과의 관련성으로 인하여 불공평한 검찰권 행사의 염려가 있는 검사에 대해서는 제척·기피제도를 인정할 현실적인 필요성이 있을 것이다. 명문의 규정을 두고 있지 않은 현행법의 해석으로는 소극설을 취할 수밖에 없으나, 입법을 통한 제척·기피제도의 인정은 현실적인 필요성에 비추어 볼 때 바람직하다고 생각된다.[1]

4. 법무부장관의 지휘 · 감독권

　검사동일체의 원칙의 정점에는 검찰총장이 있으며, 검찰총장의 구체적 사건에 대한 지휘·감독권이 이 원칙의 내용의 핵심을 이룬다. 따라서 법무부장관은 원칙적으로 검사에 대하여 구체적 지휘·감독권을 행사할 수 없으며, 다만 검찰사무를 관장하는 법무부의 최고책임자로서 일반적 지휘·감독을 할 수 있을 뿐이다. 이와 같이 법무부장관의 검사에 대한 구체적인 지휘·감독권을 제한하고 있는 것은 검찰권 행사의 공정성 내지 정치적 중립성을 확보하기 위한 것이다. 즉 검찰사무는 형사사법의 운용에 중대한 영향을 미치므로 행정부로부터의 부당한 정치적 영향과 간섭을 배제할 필요가 있기 때문이다.

　그러나 현행법은 정치적 공무원인 법무부장관의 구체적 사건에 대한 지휘·감독권을 전면적으로 부정하지 않고, 개별 사건에 대하여 간접적인 형태로서 지휘·감독권을 행사할 수 있는 길을 열어 놓고 있다. 검찰청법 제8조가「법무부장관은

1) 다만 검사와 사법경찰관의 상호협력과 일반적 수사준칙에 관한 규정에서는 일정한 사유가 있는 경우에 검사와 사법경찰관리에게 수사상의 회피의무를 부과하고 있다. 검사 또는 사법경찰관리는 피의자나 사건관계인과 친족관계 또는 이에 준하는 관계가 있거나 그 밖에 수사의 공정성을 의심 받을 염려가 있는 사건에 대해서는 소속 기관의 장의 허가를 받아 그 수사를 회피해야 한다(동규정 제11조).

검찰사무의 최고 책임자로서 일반적으로 검사를 지휘·감독하고, 구체적 사건에 대하여는 검찰총장만을 지휘·감독한다」고 규정하여, 법무부장관의 검찰총장에 대한 구체적 지휘·감독권을 인정하고 있기 때문이다. 이는 신분보장을 받는 검찰총장을 완충대로 한다면 행정부의 부당한 간섭을 방지할 수 있다는 사고에 기초한 것이나, 이러한 간접적인 지휘·감독권의 인정도 공정한 검찰권 행사를 해할 우려가 있으므로 구체적인 사건에 대하여는 검찰총장에 대한 지휘·감독권도 인정하지 않는 것이 입법론적으로 타당하다고 생각된다.[1]

Ⅲ. 검사의 소송법상 지위와 권한

1. 수사에 관한 권한

(1) 수 사 권

검사는 범죄의 혐의가 있다고 사료하는 때에는 범인·범죄사실과 증거를 수사한다($\frac{제196조}{제1항}$). 검찰청법에 따르면 검사가 수사를 직접 개시할 수 있는 범죄의 범위는 제한적이다. 검사가 수사를 직접 개시할 수 있는 경우는 ① 부패범죄, 경제범죄 등 대통령령으로 정하는 중요 범죄, ② 경찰공무원($\frac{다른\ 법률에\ 따라\ 사법경찰관}{리의\ 직무를\ 행하는\ 자\ 포함}$) 및 고위공직자범죄수사처 소속 공무원($\frac{공수처법에\ 따른}{파견공무원\ 포함}$)이 범한 범죄, ③ 위의 ①, ②의 범죄 및 사법경찰관이 송치한 범죄와 관련하여 인지한 각 해당범죄와 직접 관련성이 있는 범죄에 한정된다($\frac{검찰청법\ 제4조}{제1항\ 제1호}$). 대통령령인 「검사의 수사개시 범죄 범위에 관한 규정」에 검사가 수사를 개시할 수 있는 범죄의 범위가 구체적으로 규정되어 있다. 그 외에 검사는 사법경찰관으로부터 송치받은 사건에 관하여는 사건과 동일성을 해치지 않는 범위 내에서 수사할 수 있다($\frac{제196조}{제2항}$). 사법경찰관이 송치한 사건에 대하여 송치 후 예외적으로 직접 보완수사를 할 수 있는 권한을 검사에게 인정한 것이다.

검사는 사법경찰관과 동일한 범죄사실을 수사하게 된 때에 사법경찰관에게 사건을 송치할 것을 요구할 수 있고($\frac{제197조의}{4\ 제1항}$), 위 요구를 받은 사법경찰관은 동일한 범죄사실에 관하여 검사가 영장을 청구하기 전에 먼저 영장을 신청한 경우 이외에는

---

1) 검찰권 행사의 공정성 및 정치적 중립성을 확보하기 위해서 개별 입법을 통하여 특별검사제도가 실시되는 경우가 있다. 특별검사는 검찰조직으로부터 독립되어 검사동일체의 원칙을 적용받지 않으며, 특정한 사건에 대하여 수사와 공소제기 여부의 결정 및 공소유지의 임무를 담당한다. 특별검사는 개별 법률에 따라 대한변호사협회 또는 대법원장의 추천을 받은 변호사 중에서 대통령이 임명한다.

지체 없이 검사에게 사건을 송치하여야 한다($^{동조}_{제2항}$). 검사와 사법경찰관의 수사가 경합하는 경우에 검사에게 우선적 수사권을 부여하면서, 사법경찰관이 계속 수사를 할 수 있는 예외를 인정하고 있다.

검사는 피의자신문($^{제200}_{조}$)·참고인조사($^{제221}_{조}$) 등의 임의수사는 물론이고 체포($^{제200}_{조의2}$)와 구속($^{제201}_{조}$), 압수·수색·검증($^{제215조 내}_{지 제218조}$) 등의 강제수사를 할 수 있고, 특히 영장청구권($^{제200조의2, 제}_{201조, 제215조}$)·증거보전청구권($^{제184}_{조}$)·참고인에 대한 증인신문청구권($^{제221}_{조의2}$)은 수사기관 중에서 검사에게만 인정된다.

(2) 수사감독권

검사는 특별사법경찰관의 수사에 관해서는 수사지휘권을 가지나($^{제245조의}_{10 제2항}$), 일반사법경찰관의 수사에 관해서는 수사지휘가 인정되지 않고 여러 가지 형태로 감독권을 행사할 수 있다.

㈎ 보완수사요구

검사는 송치사건의 공소제기 여부 결정 또는 공소의 유지에 관하여 필요한 경우 및 사법경찰관이 신청한 영장의 청구 여부 결정에 관하여 필요한 경우에 사법경찰관에게 보완수사를 요구할 수 있다($^{제197조의}_{2 제1항}$). 검사는 사법경찰관으로부터 송치받은 사건에 대해 보완수사가 필요하다고 인정하는 경우에는 특별히 직접 보완수사를 할 필요가 있다고 인정되는 경우를 제외하고는 사법경찰관에게 보완수사를 요구하는 것을 원칙으로 한다($^{수사준칙에 관한 규}_{정 제59조 제1항}$). 사법경찰관은 검사의 보완수사요구가 있는 때에는 정당한 이유가 없는 한 지체 없이 이를 이행하고, 그 결과를 검사에게 통보하여야 한다($^{제197조의}_{2 제2항}$).

검찰총장 또는 각급 검찰청 검사장은 사법경찰관이 정당한 이유 없이 검사의 보완수사요구에 따르지 아니하는 때에는 권한 있는 사람에게 해당 사법경찰관의 직무배제 또는 징계를 요구할 수 있고, 그 징계 절차는 「공무원 징계령」 또는 「경찰공무원 징계령」에 따른다($^{동조}_{제3항}$).

㈏ 시정조치요구와 사건송치요구

검사는 사법경찰관리의 수사과정에서 법령위반, 인권침해 또는 현저한 수사권 남용이 의심되는 사실의 신고가 있거나 그러한 사실을 인식하게 된 경우에는 사법경찰관에게 사건기록 등본의 송부를 요구할 수 있고($^{제197조의}_{3 제1항}$), 위 송부 요구를 받은 사법경찰관은 지체 없이 검사에게 사건기록 등본을 송부하여야 한다($^{동조}_{제2항}$). 사건기록 등본의 송부를 받은 검사는 필요하다고 인정되는 경우에는 사법경찰관에게 시정조치를 요구할 수 있고($\frac{동조}{제3항}$), 사법경찰관은 시정조치 요구가 있는 때에는 정당한 이유가 없으면 지체 없이 이를 이행하고, 그 결과를 검사에게 통보하여야 한다($\frac{동조}{제4항}$). 시정조치요구에 대한 이행결과의 통보를 받은 검사는 시정조치 요구가 정당한 이유 없이 이행되지 않았다고 인정되는 경우에는 사법경찰관에게 사건을 송치할 것을 요구할 수 있고($\frac{동조}{제5항}$), 송치 요구를 받은 사법경찰관은 검사에게 사건을 송치하여야 한다($\frac{동조}{제6항}$).

검찰총장 또는 각급 검찰청 검사장은 사법경찰관리의 수사과정에서 법령위반, 인권침해 또는 현저한 수사권 남용이 있었던 때에는 권한 있는 사람에게 해당 사법경찰관리의 징계를 요구할 수 있고, 그 징계 절차는 「공무원 징계령」 또는 「경찰공무원 징계령」에 따른다($\frac{동조}{제7항}$). 사법경찰관은 피의자를 신문하기 전에 수사과정에서 법령위반, 인권침해 또는 현저한 수사권 남용이 있는 경우 검사에게 구제를 신청할 수 있음을 피의자에게 알려주어야 한다($\frac{동조}{제8항}$).

(다) 재수사요청

검사는 사법경찰관이 범죄를 수사한 후 사건을 송치하지 아니한 것이 위법 또는 부당한 때에는 그 이유를 문서로 명시하여 사법경찰관에게 재수사를 요청할 수 있으며($\frac{제245조의}{8 제1항}$), 사법경찰관은 재수사 요청이 있는 때에는 사건을 재수사하여야 한다($\frac{동조}{제2항}$).

사법경찰관의 재수사 결과의 처리 등에 대해서는 수사준칙에 관한 규정에서 규정하고 있다. 사법경찰관은 검사의 요청에 따라 재수사를 한 경우에 범죄의 혐의가 있다고 인정되는 경우에는 지체 없이 검사에게 사건을 송치하고 관계 서류와 증거물을 송부하여야 하고($\frac{동규정 제64조}{제1항 제1호}$), 기존의 불송치 결정을 유지하는 경우에는 재수사 결과서에 그 내용과 이유를 구체적으로 적어 검사에게 통보하여야 한다($\frac{동규정}{동조}$ $\frac{제1항}{제2호}$).

검사는 사법경찰관이 기존의 불송치 결정을 유지하는 것으로 재수사 결과를 통보한 사건에 대해서 다시 재수사를 요청을 하거나 송치 요구를 할 수 없다. 다만 사법경찰관의 재수사에도 불구하고 관련 법리에 위반되거나 송부받은 관계 서류 및 증거물과 재수사결과만으로도 공소제기를 할 수 있을 정도로 명백히 채증법칙에 위반되거나 공소시효 또는 형사소추의 요건을 판단하는 데 오류가 있어 사건을 송치하지 않은 위법 또는 부당이 시정되지 않은 경우에는 재수사 결과를 통보받은 날부터 30일 이내에 형사소송법 제197조의3에 따라 사건송치를 요구할 수 있다$\binom{\text{동규정 동}}{\text{조 제 2 항}}$.

또한 사법경찰관은 검사의 재수사 요청에 따라 재수사 중인 불송치사건에 대해 고소인등의 이의신청이 있는 경우에는 재수사를 중단해야 하며, 해당 사건을 지체 없이 검사에게 송치하고 관계 서류와 증거물을 송부해야 한다$\binom{\text{동규정}}{\text{제65조}}$.

㈜ 검사의 체포 · 구속장소감찰

지방검찰청 검사장 또는 지청장은 불법체포 · 구속의 유무를 조사하기 위하여 검사로 하여금 매월 1회 이상 관하 수사관서의 피의자의 체포 · 구속장소를 감찰하게 하여야 한다. 감찰하는 검사는 체포 또는 구속된 자를 심문하고 관련서류를 조사하여야 한다$\binom{\text{제198조의}}{\text{2 제 1 항}}$. 검사는 적법한 절차에 의하지 아니하고 체포 또는 구속된 것이라고 의심할 만한 상당한 이유가 있는 경우에는 즉시 체포 또는 구속된 자를 석방하거나 사건을 검찰에 송치할 것을 명하여야 한다$\binom{\text{동조}}{\text{제 2 항}}$.

(3) 수사종결권

검사는 자신이 수사개시한 범죄에 대하여는 공소를 제기할 수 없고, 다만 사법경찰관이 송치한 범죄에 대하여 공소를 제기할 수 있을 뿐이다$\binom{\text{검찰청법}}{\text{제 4 조 제 2 항}}$. 종전에는 검사만이 수사종결권을 가졌으나 현행법은 사법경찰관의 수사결과 범죄혐의가 인정되지 않는다고 판단한 사건에 대하여 사법경찰관에게 1차 수사종결권을 인정하고 있으며, 수사처 검사가 수사 및 공소제기와 유지를 할 수 있는 고위공직자범죄 및 관련범죄에 대해서도 수사처 검사에게 공소제기 여부를 결정할 수 있도록 하고 있다$\binom{\text{공수처법 제26조, 제 3 조}}{\text{제 1 항 제 2 호 참조}}$.

2. 공소제기와 유지의 권한

(1) 공소제기권

공소는 검사가 제기하여 수행한다$\binom{\text{제246}}{\text{조}}$. 이를 기소독점주의라고 한다. 다만 그 예외로서 경찰서장의 즉결심판청구와 수사처 검사에 의한 공소제기를 들 수 있다. 공소제기의 권한은 국가기관인 검사에게 있으므로 사인소추는 인정되지 않는다.

또한 형사소송법은 기소독점주의와 함께 공소제기에 있어서 검사의 재량을 인정하는 기소편의주의$\binom{\text{제247}}{\text{조}}$와 제 1 심 판결선고 전까지 공소를 취소할 수 있는 기소변경주의$\binom{\text{제255}}{\text{조}}$를 채택하여 공소권 행사에 있어서 검사의 폭넓은 재량권을 인정하고 있다.

(2) 공소유지권

검사는 공판절차에서 심판을 청구한 공소사실을 입증하고 공소를 유지하는 공소수행의 담당자이다. 공소수행의 담당자인 검사는 피고인과 대립하는 당사자로서 형사소송절차를 형성하고 법령의 정당한 적용을 청구한다. 검사는 당사자로서 공판정출석권, 증거조사참여권 및 증인신문권, 증거조사에 대한 의견진술권 및 이의신청권 등의 권리를 가진다.

3. 재판의 집행기관

재판의 집행은 검사가 지휘한다($^{제460}_{조}$). 여기서 재판의 집행이라 함은 유죄판결의 집행뿐만 아니라 영장 등과 같은 강제처분의 집행도 포함한다. 다만 영장의 집행은 예외적으로 재판장 · 수명법관 · 수탁판사가 그 집행을 지휘할 수 있는 경우도 있다($^{제81조,}_{제115조}$). 영미에서는 법원주의를 채택하여 법원이 집행지휘를 하고 있으나, 형사소송법은 재판집행의 기동성과 신속성을 확보하기 위하여 검사주의를 취하고 있다. 따라서 검사는 사형 또는 자유형의 집행을 위하여 형집행장을 발부하여 구인할 수 있으며($^{제473}_{조}$), 검사가 발부한 형집행장은 구속영장과 동일한 효력을 가진다.

4. 공익의 대표자(객관의무)

검사가 공익적 지위에서 진실과 정의에 구속되는 것을 널리 검사의 객관의무라고 한다. 이 객관의무에 의하여 검사는 피고인과 대립하는 당사자이면서도 단순한 당사자가 아니라 공익의 대표자로서 피고인의 정당한 이익을 보호해야 할 지위에 있게 된다.

검사의 객관의무는 공판절차에서뿐만 아니라 수사절차, 상소절차 등 형사절차 전반에서 요구된다. 수사절차에서 수사의무가 요구되고($^{제196}_{조}$) 적법절차의 원칙이 강조되는 것은 객관의무와 밀접한 관련이 있으며, 피의자에게 유리한 증거라도 이를 수집 · 보전하는 것이 수사절차에서의 검사의 임무라고 할 수 있다. 공판절차에서 검사는 피고인에게 불리한 사실뿐만 아니라 이익되는 사실도 주장하고 이를 뒷받침하는 증거를 제출해야 할 의무가 있다.[1] 또한 검사는 피고인의 이익을 위하여

---

1) 대법원 2002. 2. 22, 2001다23447, 「검찰청법 제 4 조 제 1 항은 검사는 공익의 대표자로서 범

상소할 수 있고 재심을 청구할 수 있으며($\frac{제424}{조}$), 검찰총장은 법령해석의 통일과 피고인의 구제를 위하여 비상상고를 할 수 있다($\frac{제441}{조}$).

제 3 절 피 고 인

Ⅰ. 피고인의 의의 및 특정

1. 피고인의 의의

(1) 피고인의 개념

피고인이란 형사사건에 관하여 책임을 져야 할 자로서 공소제기를 받은 자 또는 공소가 제기된 것으로 취급되어 있는 자를 말한다. 따라서 검사에 의하여 공소가 제기된 자뿐만 아니라 경찰서장에 의해 즉결심판이 청구된 자도 피고인에 해당하며, 공소가 제기되지 않았음에도 불구하고 피고인으로 출석하여 재판을 받고 있는 자도 피고인이 된다. 피고인은 공소제기 이후의 개념이라는 점에서 공소제기 전에 수사기관으로부터 범죄의 혐의를 받아 수사의 대상으로 되어 있는 피의자와 구별되며, 확정판결 이전의 개념이라는 점에서 유죄판결이 확정된 수형자와도 구별

죄수사·공소제기와 그 유지에 관한 사항 및 법원에 대한 법령의 정당한 적용의 청구 등의 직무와 권한을 가진다고 규정하고, 같은 조 제 2 항은 검사는 그 직무를 수행함에 있어 그 부여된 권한을 남용하여서는 아니 된다고 규정하고 있을 뿐 아니라, 형사소송법 제424조는 검사는 피고인을 위하여 재심을 청구할 수 있다고 규정하고 있고, 검사는 피고인의 이익을 위하여 항소할 수 있다고 해석되므로 검사는 공익의 대표자로서 실체적 진실에 입각한 국가 형벌권의 실현을 위하여 공소제기와 유지를 할 의무뿐만 아니라 그 과정에서 피고인의 정당한 이익을 옹호하여야 할 의무를 진다고 할 것이고, 따라서 검사가 수사 및 공판과정에서 피고인에게 유리한 증거를 발견하게 되었다면 피고인의 이익을 위하여 이를 법원에 제출하여야 한다.」강도강간의 피해자가 제출한 팬티에 대한 국립과학수사연구소의 유전자 검사결과 그 팬티에서 범인으로 지목되어 기소된 원고나 피해자의 남편과 다른 남자의 유전자형이 검출되었다는 감정결과를 검사가 공판과정에서 입수한 경우 그 감정서는 원고의 무죄를 입증할 수 있는 결정적인 증거에 해당하는 데도 검사가 그 감정서를 법원에 제출하지 아니하고 은폐한 것은 위법하여 국가배상책임이 인정된다고 판시한 사안이다. 그 외에 대법원 2022. 9. 16, 2021다295165 판결에서도, 시료에서 피의자의 정액이나 유전자가 검출되지 않았다는 취지의 국립과학수사연구원의 유전자감정서를 검사가 공소제기 당시 증거목록에서 누락하였다가 피고인 측 증거신청으로 법원에 그 존재와 내용이 드러난 이후에야 증거로 제출한 것은 검사가 직무를 집행하면서 과실로 증거제출의무를 위반한 것에 해당하므로 국가배상책임이 인정된다고 보았다.

된다.

(2) 공동피고인

수인의 피고인이 동일한 소송절차에서 공동으로 심판을 받는 경우에 이를 공동피고인이라고 하며, 실무상 공동피고인 1인에 대하여 다른 피고인을 상피고인이라고 부른다. 공동피고인은 단지 심리의 병합으로 인하여 수개의 사건이 동일 법원에 계속된 데 불과하며 반드시 공범자임을 요하지 않는다. 따라서 공동피고인에 대한 소송관계는 각 피고인마다 별도로 존재하며, 그 1인에 대하여 발생한 사유는 원칙적으로 다른 피고인에게 영향을 미치지 않는다. 다만 상소심에서 피고인의 이익을 위하여 원심판결을 파기하는 경우에 파기이유가 항소 또는 상고한 공동피고인에게 공통되는 때에는 그 공동피고인에 대하여도 원심판결을 파기해야 하는 예외가 인정된다($\frac{제364조의}{2, 제392조}$).

2. 피고인의 특정

(1) 특정의 기준

검사는 공소장에 피고인의 성명 기타 피고인을 특정할 수 있는 사항을 기재하여야 하고($\frac{제254조}{제3항 제1호}$), 검사가 피고인으로 지정한 자에 대해서만 공소제기의 효력이 미친다($\frac{제248}{조}$). 따라서 일반적으로는 공소장에 기재되어 있는 자가 피고인이라고 할 수 있다. 그런데 경우에 따라서는 공소장에 기재된 피고인과 현실적으로 법원의 심판의 대상이 된 사람이 일치하지 않는 경우가 있어 문제가 된다. 이른바 성명모용이나 위장출석의 경우가 그것이다. 성명모용이란 피의자 甲이 수사기관의 수사를 받으면서 乙의 성명을 사용하였기 때문에 검사가 공소장에 乙을 피고인으로 기재한 경우를 말하고, 위장출석이란 검사가 공소장에 甲을 피고인으로 기재하였으나 실제 공판기일에는 乙이 출석하여 재판을 받는 경우를 말한다.

피고인을 특정하는 기준에 대하여는 다양한 견해들이 제시되고 있다. 공소장에 피고인으로 표시된 자가 피고인이라는 표시설, 검사가 실제로 공소를 제기하려고 의도한 자가 피고인이라는 의사설, 실제로 피고인으로 행위하거나 피고인으로 취급된 자를 피고인으로 보는 행위설 등이 있으나, 그 어느 하나의 기준만으로는 문제의 해결이 어렵다는 점을 고려하여 현재에는 이러한 기준들을 결합한 절충적 입장이 지배적이다. 이와 같이 표시설, 의사설 및 행위설을 결합시켜 피고인을 정

하여야 한다는 견해를 실질적 표시설이라 부른다. 다만 실질적 표시설의 입장 내에
서도 표시설을 중심으로 하면서 행위설과 의사설을 함께 고려하여 피고인을 결정
해야 한다는 견해와 의사설을 원칙으로 하면서 행위설과 표시설을 보충적으로 고
려해야 한다는 견해가 각각 주장되고 있다.

　　검사는 공소장에 의하여 심판을 청구하는 것이므로 피고인 특정을 위한 객관
적 기준은 무엇보다도 공소장의 기재라고 하여야 한다. 다만 표시설만으로는 모든
경우에 타당한 결과를 얻을 수 없으므로 예외적으로는 합리적인 피고인 특정을 위
하여 검사의 실질적 의사나 피고인의 태도도 함께 고려할 필요가 있게 된다. 따라
서 피고인의 특정을 위해서는 표시설을 원칙으로 하면서 의사설과 행위설을 함께
고려하여 구체적으로 타당한 판단을 내리는 것이 옳다고 생각된다.

(2) 성명모용과 피고인의 특정

　　성명모용이란 수사절차에서 피의자가 타인의 성명을 사용함으로써 타인의 이
름으로 공소가 제기된 경우를 말한다. 이 경우 모용자와 피모용자 중에 누가 피고
인으로 되는지가 문제된다. 공소제기의 효력은 모용자에 대해서만 미치고 성명을
도용당한 피모용자에게는 미치지 않는다고 하여야 한다(대법원 1997.11.28,). 성명이 모
용되었다는 사실만으로 피모용자가 피고인이 된다고 볼 수는 없기 때문이다. 다만
그 구체적인 처리방법은 경우에 따라 다르다고 할 수 있다.

⑺ 공판심리 중에 판명된 경우

1) **공소장정정**　　공판심리 중 성명모용사실이 판명된 경우에는 검사는 공
소장에 잘못 기재되어 있는 피고인의 표시를 정정하여 피고인의 표시상의 착오를
바로 잡아야 한다. 즉 공소장정정절차에 의하여 공소장의 인적사항의 기재를 정정
하여 피고인을 다시 특정하여야 하며, 이러한 공소장정정에 있어서 법원의 허가는
필요하지 않다. 그러나 검사가 피고인의 성명을 정정하지 아니한 경우에는 법원은
피고인의 불특정을 이유로 공소기각의 판결을 선고하여야 한다(대법원 1993.1.19,).

2) **약식명령과 성명모용**　　성명을 모용당한 자가 송달된 약식명령에 대하
여 정식재판을 청구한 경우와 같이 피모용자가 절차에 참여한 경우에는 피모용자
에게 사실상의 소송계속이 발생하는 것으로 보아야 한다. 이 경우 법원은 피모용자
에 대한 적법한 공소제기가 없었음을 이유로 제327조 제 2 호에 의해 공소기각의
판결을 선고하여야 한다. 그리고 모용자에게는 아직 약식명령의 송달이 없었으므

로 검사는 공소장에 기재된 피고인의 표시를 정정하고 법원은 이에 따라 약식명령의 피고인 표시를 경정한 후 본래의 약식명령정본과 함께 이 경정결정을 모용자에게 송달하여야 한다($\binom{대법원\ 1997.11.28.,}{97도2215}$). 이에 대하여 모용자가 소정의 기간 내에 정식재판을 청구하지 않으면 약식명령은 확정되게 된다.

(나) 판결확정 후에 판명된 경우

법원이 성명모용사실을 알지 못하여 피모용자에 대하여 유죄판결을 선고하거나 판결이 확정된 때에도 그 효력은 모용자에게만 미치고 피모용자에게는 미치지 않는다. 다만 현실적으로는 전과사실이 검찰청에서 관리하는 수형인명부와 피모용자의 등록기준지에서 관리하는 수형인명표에 기재되는 등의 불이익이 발생할 수 있으므로 이에 대한 구제방법이 문제된다. 이 경우에는 피고인의 특정이라는 소송조건의 결여를 간과한 위법이 있어 사건의 심판이 법령에 위반한 것으로 볼 수 있으므로 비상상고의 방법으로 판결을 파기하고 피고사건에 대하여 다시 판결하여야 한다는 비상상고설과 피모용자가 검사에게 전과말소신청을 하여 검사의 결정으로 수형인명부 및 수형인명표의 전과기록을 말소하여야 한다는 전과말소설이 주장되고 있으나, 비상상고는 검찰총장만이 청구할 수 있는 제도라는 점을 고려할 때 피모용자의 보호를 위하여 피모용자가 검사에게 전과말소를 청구하고 검사는 이를 행할 의무가 있다고 해석하는 전과말소설이 타당하다고 생각된다.[1]

(3) 위장출석과 피고인의 특정

위장출석이란 검사가 공소장에 피고인으로 기재한 사람 대신 타인이 출석하여 재판을 받는 경우를 말한다. 즉 불구속으로 기소된 甲을 대신하여 乙이 甲인 것처럼 행세하면서 법정에 출석하여 재판을 받는 경우가 그것이다. 이 경우에 공소장에 기재된 피고인은 실질적 피고인이 되고, 위장출석한 자는 절차에 관여하고 있다는 점에서 형식적 피고인이 된다. 그리고 이때 공소제기의 효력은 실질적 피고인에 대해서만 발생한다. 위장출석의 경우 실질적 피고인에 대해서는 이미 공소가 제기되어 있으므로 별도의 공소제기 없이 소환하여 절차를 진행하면 족하다. 다만 위장출석자를 절차에서 배제시키는 방법은 절차의 진행단계에 따라 차이가 있다.[2]

---

1) 전과말소신청의 진정이 있는 경우에 검사는 '전과 정정'으로 진정사건을 처리한다(검찰사건사무규칙 제226조 제 2 항 제 2 호).

2) 처음부터 진범인 대신에 다른 사람이 범인으로 자수하여 그에 대하여 수사와 공소제기가 이루어진 경우, 즉 이른바 위장자수의 경우는 위장출석과 구별해야 한다. 위장자수의 경우에는

(가) 공판심리 중에 판명된 경우

① 인정신문의 단계에서 위장출석이 밝혀진 경우에는 법원은 위장출석자를 퇴정시키고 실질적 피고인을 소환하여 절차를 진행하면 족하다. 이 단계에서는 아직 사건에 대한 실질적 심리가 행하여지지 않았기 때문에 위장출석자에 대하여 공소기각의 판결을 선고할 필요가 없다.

② 사실심리에 들어간 후에 위장출석사실이 밝혀진 때에는 형식적 피고인에 대해서도 사실상의 소송계속의 효과가 발생하였으므로 제327조 제 2 호에 의한 공소기각의 판결을 선고하고, 실질적 피고인에 대하여는 절차를 새로 진행하여야 한다.

③ 판결이 선고된 경우에는 판결의 효력이 형식적 피고인에게 미치게 되므로 상소에 의해 공소기각의 판결을 구하여야 하며, 실질적 피고인에 대해서는 제 1 심부터 새로이 절차를 진행하여야 한다.

(나) 판결확정 후에 판명된 경우

법원이 위장출석사실을 알지 못한 상태에서 유죄판결이 확정된 경우에도 그 효력은 실질적 피고인에게 미치지 않으므로 실질적 피고인을 소환하여 공판절차를 다시 진행하여야 한다. 다만 이 경우에 판결의 효력이 미치는 형식적 피고인에 대한 구제방법이 문제가 된다. 확정판결에 대하여 그 사실관계의 오류를 시정하는 것이 아니라 형식적 소송조건의 흠결을 간과한 위법을 바로잡는다는 의미에서 비상상고절차에 의해 형식적 피고인을 구제해야 한다는 비상상고설과 유죄의 선고를 받은 자에 대하여 무죄 또는 면소를 인정할 명백한 증거가 새로 발견된 때($\binom{제420조}{제 5 호}$)에 준하여 재심으로 공소기각의 판결을 청구할 수 있다는 재심설이 주장되고 있다.

공소기각을 인정할 명백한 증거도 무죄 또는 면소를 인정할 명백한 증거에 준하여 해석할 수 있다는 점과 비상상고는 검찰총장만이 할 수 있고 형식적 피고인이 직접 할 수는 없다는 점을 고려할 때, 피고인 보호에 충실한 재심설이 타당하다고 생각된다. 다만 공소기각의 판결을 선고할 명백한 증거가 새로 발견된 경우를 재심이유에 포함시키지 않는 판례의 입장($\binom{대법원 1997.1.13,}{96모51}$)에 따르면 위장출석자는 비상상고절차에 의하여 구제를 받을 수밖에 없는 결과가 된다.[1]

당연히 위장자수자만이 피고인이 되므로 피고인의 특정은 문제되지 않는다.

1) 위장자수의 경우는 피고인에게 무죄를 인정할 명백한 증거가 발견된 경우에는 해당하나, 피고인이 범인이 아닌 사실은 피고인이 알면서 제출하지 않았던 증거에 해당하므로 증거의 신규성 판단에 있어서 절충설을 취하고 있는 판례에 의하면 증거의 신규성이 인정되지 않아 위장자수자에 대한 재심은 허용되지 않게 된다. 또한 위장자수에 있어서는 피고인의 특정에는

Ⅱ. 피고인의 당사자능력과 소송능력

1. 피고인의 당사자능력

(1) 의   의

당사자능력이란 소송의 당사자로 될 수 있는 일반적·추상적 능력을 말한다. 당사자에는 검사와 피고인이 있으나, 검사는 일정한 자격을 갖춘 자 중에서 임명된 국가기관이므로 당사자능력이 문제될 여지가 없다. 따라서 당사자능력이란 피고인이 될 수 있는 일반적 능력을 의미하게 된다.

소송법상의 능력인 당사자능력은 형법상의 책임능력과 구별된다. 당사자능력이 없을 때에는 공소기각의 사유가 되나, 책임능력이 없으면 무죄판결을 선고하여야 한다. 또한 책임무능력자라도 소송법상 당사자능력을 가질 수 있다.

당사자능력은 일반적·추상적으로 당사자가 될 수 있는 능력을 의미한다는 점에서 구체적인 특정사건에서 당사자가 될 수 있는 자격인 당사자적격과 개념적으로 구별된다. 그러나 형사소송은 소송물에 대한 실체법상 권리관계를 기초로 하는 민사소송의 경우와는 다를뿐만 아니라 형사소송법이 개별사건을 전제로 피고인의 범위를 제한하는 규정을 두고 있지도 않으므로 별도로 당사자적격을 논할 실익은 없다고 할 수 있다.

(2) 당사자능력이 있는 자

㈎ 자 연 인

자연인은 연령이나 책임능력의 여하를 불문하고 언제나 당사자능력을 가진다. 따라서 형사미성년자도 공소가 제기되면 피고인이 된다. 형사미성년자는 원칙적으로 책임능력이 없으나 특별법에 의하여 처벌되는 경우도 있기 때문에(담배사업법 제31조) 당사자능력을 갖는다. 그러나 태아나 사망한 자에게는 당사자능력이 없다. 다만 재심절차에서는 피고인의 사망이 영향을 미치지 아니한다(제424조 제 4 호, 제438조 제 2 항 제 1 호).

㈏ 법   인

법인에 대한 처벌규정이 있는 경우에는 법인의 당사자능력이 당연히 인정된

문제가 없으므로 위장자수자에 대한 비상상고절차에 의한 구제도 허용되지 않는다. 결국 위장자수자는 판결이 확정된 경우 처벌될 수밖에 없다. 또한 위장자수자에 대한 확정판결의 효력은 피고인 아닌 진범인에게는 미치지 않으므로 검사는 진범인에 대하여 다시 공소를 제기할 수 있다.

다. 그러나 법인을 처벌하는 규정이 없는 경우에도 법인의 당사자능력을 인정할 것인가에 대하여는 견해의 대립이 있다. 당사자능력은 일반적 · 추상적 능력을 의미하므로 법인에 대한 처벌규정이 없는 경우에도 법인의 당사자능력은 인정된다는 긍정설과 법인이 형사책임을 지는 것은 예외에 속하므로 명문규정이 없는 한 법인의 범죄능력은 물론 당사자능력도 인정할 수 없다는 부정설이 그것이다.

　이러한 학설의 차이는 법인처벌의 규정이 없음에도 불구하고 법인에 대하여 공소가 제기된 사건의 처리에 있어서 나타난다. 법인처벌규정이 없는 범죄임에도 불구하고 법인에 대하여 공소가 제기된 경우 긍정설에 의하면 무죄판결$\binom{제325}{조}$을 선고하게 되나, 부정설에 의하면 공소기각의 결정$\binom{제328조}{제1항 제2호}$이나 공소기각의 판결$\binom{제327조}{제2호}$을 선고하게 될 것이다. 당사자능력은 소송의 당사자로 될 수 있는 일반적 · 추상적 능력을 말하고, 성질상 구체적인 공소사실과 관계없이 판단되어야 할 문제라는 점에서 볼 때 긍정설이 타당하다고 생각된다.

　또한 법인격 없는 사단 또는 재단에 대하여도 법인에 준하여 당사자능력을 인정해야 할 것이다.

(3) 당사자능력의 소멸

　당사자능력은 피고인이 사망하거나 피고인인 법인이 더 이상 존속하지 않게 되었을 때 소멸한다. 당사자능력은 피고인의 존재를 전제로 하기 때문이다. 따라서 이 경우에는 공소기각의 결정을 하여야 한다$\binom{제328조}{제1항 제2호}$.

　법인이 더 이상 존속하지 않게 되는 경우로는 법인의 합병과 해산이 있다. 법인이 합병되는 경우에는 합병시에 법인이 소멸하므로 당사자능력도 그 시점에서 소멸하는 것으로 보아야 한다. 그러나 법인이 해산하여 청산법인으로 존속하는 경우에는 당사자능력의 소멸시점이 문제된다. 이에 대해서는 실질적인 청산의 완료에 의하여 법인의 당사자능력이 소멸한다는 견해와 피고사건의 소송계속 중에는 청산이 종결된 것이 아니므로 당사자능력도 소멸하지 않는다는 견해가 대립하고 있다. 그러나 법인의 청산사무의 실질적 완료 여부를 청산종료등기의 시점을 기준으로 형식적으로 판단한다면 모르겠으나, 그렇지 않다면 피고사건의 소송이 계속되고 있는 한 청산사무가 실질적으로 종료된 것으로 볼 수는 없으므로 양설은 결과적으로 차이가 없는 것이 된다. 판례도 법인의 해산 또는 청산종결 등기 이전에 업무나 재산에 관한 위반행위가 있는 경우에는 청산종결 등기가 된 이후 위반행위에 대한 수사가 개시되거나 공소가 제기되더라도 그 사건이 종결될 때까지 법인의 청산사무는 종료되지 않고 형사소송법상 당사자능력도 그대로 존속하는 것으로 보고 있다(대법원 2021.6.30, 2018도14261).

(4) 당사자능력의 흠결

당사자능력의 존재는 소송조건이므로 법원은 직권으로 당사자능력의 유무를 조사하여야 하며, 당사자능력이 없는 경우에는 형식재판으로 소송절차를 종결하여야 한다.

공소제기 후에 피고인이 사망하거나 피고인인 법인이 존속하지 않게 되어 당사자능력을 상실한 때에는 공소기각의 결정을 하여야 한다(제328조 제 1 항 제 2 호). 다만 사망자에 대한 공소제기와 같이 공소제기시에 이미 피고인에게 당사자능력이 없었던 경우에는 문제가 된다. 이에 대해서는 공소제기의 절차가 법률의 규정에 위반하여 무효인 때에 해당하므로 제327조 제 2 호를 적용하여 공소기각의 판결을 해야 한다는 견해가 있으나, 처음부터 당사자능력이 없는 경우와 소송계속 중 당사자능력이 소멸된 경우를 구별할 실질적 이유가 없으므로 이 경우에도 제328조 제 1 항 제 2 호의 규정을 준용하여 공소기각의 결정을 하는 것이 타당하다고 생각된다.

2. 피고인의 소송능력

(1) 의   의

㈎ 소송능력의 개념

소송능력이란 소송행위자가 유효하게 소송행위를 할 수 있는 능력을 말하며, 소송행위를 하는 자가 자기의 소송상의 지위와 이해관계를 이해하고 이에 따라 행위를 할 수 있는 능력을 의미한다. 소송능력은 사실상의 의사능력으로 족하므로 민법상 행위능력이 없는 자라도 소송능력을 가질 수 있다. 검사는 법률에 의하여 그 자격과 지위가 인정되므로 당사자의 소송능력은 주로 피고인에 있어서 문제된다. 피의자·피고인의 경우 소송능력은 자기의 소송법상의 지위와 이해관계를 알고 이에 따라 방어행위를 할 수 있는 의사능력을 말한다. 피의자·피고인에게 이러한 의사능력이 없다면 그의 소송행위는 효력을 가지지 못한다.

피해자 등 제 3 자가 소송행위를 하는 경우에도 의사능력으로서의 소송능력이 요구된다. 반의사불벌죄에 있어서 피해자가 피의자 · 피고인에 대한 처벌을 희망하지 않는다는 의사표시를 하거나 처벌을 희망하는 의사표시를 철회하는 것은 의사능력이 있는 한 피해자가 단독으로 할 수 있고, 미성년자인 피해자의 소송행위에 법정대리인의 동의를 요하거나 법정대리인이 소송행위를 대리해야 하는 것은 아니다(대법원 2009.11.19, 2009 / 도6058 전원합의체 판결). 그리고 이러한 논리는 미성년자인 피의자에게 의사능력이 있는 경우에도 마찬가지로 적용된다(대법원 2014.11.13, / 2013도1228).

⑷ 구별개념

소송능력은 당사자능력과 구별된다. 당사자능력은 형사절차에서 피고인으로 될 수 있는 일반적 · 추상적 능력임에 반하여, 소송능력은 소송행위를 유효하게 할 수 있는 구체적인 능력을 말한다. 피고인에게 당사자능력이 결여되면 공소기각의 결정(제328조 / 제1항 제2호)에 의하여 절차가 종료되지만, 소송능력이 없는 경우에는 공판절차를 정지하여야 한다(제306조 / 제1항).

소송능력은 의사능력을 본질로 한다는 점에서 형법상의 책임능력과 유사한 성질을 가진다. 그러나 소송능력이 소송행위가 가지는 이해득실을 판단하여 이에 따라 행동할 능력으로서 소송행위시에 존재할 것을 요함에 대하여, 책임능력은 사물을 변별하고 이에 따라 행위할 능력으로서 실행행위시에 존재해야 한다는 점에서 차이가 있다.

또한 소송능력은 변론능력과도 구별하여야 한다. 변론능력은 형사사건에 대하여 사실상 또는 법률상 적절한 공격과 방어를 할 수 있는 능력을 말한다. 소송능력이 있는 피고인이라 할지라도 상고심에서는 변론능력이 없고 변호인에게만 변론능력이 인정된다(제387 / 조).

(2) 소송능력흠결의 효과

⑺ 소송행위의 무효

소송능력은 소송행위가 효력을 발생하기 위한 유효요건이다. 따라서 소송능력이 없는 피고인이 행한 소송행위는 무효이다. 다만 소송능력은 당사자능력과는 달리 소송조건은 아니므로 소송능력이 없는 자에 대하여 공소가 제기되었다고 하여 공소가 무효로 되는 것은 아니다.

소송능력이 없는 피고인에게 공소장부본을 송달한 경우에 그 송달을 유효한 것으로 보는 견해가 있으나, 피고인에게 의사능력이 없는 경우에는 그 법정대리인이 소송행위를 대리하고($_{제26조}$) 피고인을 대리할 자가 없는 때에는 법원은 직권 또는 검사의 신청에 의하여 특별대리인을 선임하여야 하므로($_{제28조}$) 송달도 피고인의 법정대리인 또는 특별대리인에게 하여야 유효한 것이 될 것이다.

(나) 공판절차의 정지

피고인이 계속적으로 소송능력이 없는 상태에 있을 때에는 절차를 진행시킬 수 없으므로 공판절차를 정지하여야 한다. 즉 피고인이 사물의 변별 또는 의사의 결정을 할 능력이 없는 상태에 있는 때에는 법원은 검사와 변호인의 의견을 들어서 결정으로 그 상태가 계속하는 기간 공판절차를 정지하여야 한다($_{제1항}^{제306조}$). 그러나 피고사건에 대하여 무죄·면소·형의 면제 또는 공소기각의 재판을 할 것이 명백한 때에는 피고인의 출정없이 재판할 수 있다($_{제4항}^{동조}$).

(다) 의사무능력자의 대리 및 법인의 대표

형법 제 9 조 내지 제11조의 적용을 받지 않는 범죄사건에 관하여 피고인 또는 피의자가 의사능력이 없는 때에는 그 법정대리인이 소송행위를 대리한다($_{제26조}^{제}$). 피고인 또는 피의자가 법인인 때에는 그 대표자가 소송행위를 대표한다($_{제1항}^{제27조}$). 수인이 법인을 대표하는 경우에도 소송행위에 관하여는 각자가 대표한다($_{제2항}^{동조}$). 의사무능력자나 법인의 경우에 피고인을 대리 또는 대표할 자가 없는 때에는 법원은 직권 또는 검사의 청구에 의하여 특별대리인을 선임하여야 하며, 피의자를 대리 또는 대표할 자가 없는 때에는 법원은 검사 또는 이해관계인의 청구에 의하여 특별대리인을 선임하여야 한다($_{제1항}^{제28조}$). 특별대리인은 피고인 또는 피의자를 대리 또는 대표하여 소송행위를 할 자가 있을 때까지 그 임무를 행한다($_{제2항}^{동조}$).

Ⅲ. 피고인의 소송법상 지위

1. 소송구조와 피고인의 지위

과거 규문절차에서 피고인은 소송의 주체가 아닌 규문판사의 조사·심리의 객체에 불과하였고 진실의무가 부과되어 피고인을 신문함에 있어서 고문이 합법적인 수단으로 사용되었다. 그러나 탄핵주의가 확립되면서 피고인은 소송의 주체로서 소송에 있어서 자신의 정당한 이익을 방어하고 자신의 행위를 통해 절차를 형성하는 지위를 차지하게 되었다. 그런데 탄핵주의 형사절차에 있어서도 피고인의 지위는 당사자주의와 직권주의에 따라 차이가 있다. 당사자주의에서의 피고인은 검사

와 대등한 당사자로서 소송진행에 있어서 주도적인 역할을 담당하게 되나, 직권주
의에서는 법원이 실체적 진실발견의 의무를 지고 소송절차를 주도하므로 피고인은
소송의 주체이기는 하나 당사자의 지위에 있는 것은 아니다.

　　현행법상의 피고인의 지위에 대해서도 이를 당사자가 아닌 소송의 주체로서만
파악하는 견해가 있는데 그 논거는 대체로 다음과 같다. 첫째, 당사자라는 개념은
자칫 형사절차를 민사소송으로 변질시킬 우려가 있다고 한다. 즉 형사소송에 있어
서의 유죄 · 무죄의 결과는 결국 당사자로서 피고인이 행하는 변론활동에 의해 좌
우되는 것이라는 사고를 유발하기 쉽다는 것이다. 둘째, 현행법이 특히 공판절차에
서 피고인의 절차적 권리를 보장하기 위한 다양한 규정을 둠으로써 당사자주의적
성격을 강화하고 있음을 부인할 수 없지만, 그러한 권리들 대부분은 실질적으로 피
고인의 방어활동을 보장하기 위한 것으로서 피고인의 소송주체로서의 지위에서도
파생될 수 있다고 한다. 셋째, 현행법은 피고인신문절차($\frac{제296}{조의2}$)를 두어 피고인을 여
전히 신문의 대상으로 보는 측면이 없지 않을 뿐만 아니라 법원의 직권증거조사
($\frac{제295}{조 후단}$) 등이 허용되는 것도 피고인을 당사자로 파악하기 어렵게 한다고 한다. 그리
고 넷째, 소송실무와 관련하여 볼 때 피고인을 당사자로 파악하는 경우에는 현실적
으로 우월적 지위에 있는 대립당사자인 검사에 의해 절차가 좌우될 여지가 커지고
법원의 역할도 소극적으로 파악되어 오히려 피고인의 권리보장을 소홀히 할 역작
용의 가능성이 있다고 한다.

　　그러나 현행법상의 형사절차는 직권주의가 기본으로 되어 있는 것이 아니라
당사자주의를 원칙으로 하면서 직권주의를 보충적으로 가미한 구조를 취하고 있으
며, 특히 국민참여재판의 실시를 계기로 이러한 당사자주의적 성격이 더욱 강하게
나타나고 있다. 또한 피고인의 지위를 당사자로서 파악한다고 해서 형사소송절차
를 그 본질에 있어서 차이가 있는 민사소송절차로 변질시키는 것은 아니며, 소송의
현실에 있어서 나타날 수 있는 검찰사법화의 우려도 실질적 당사자평등을 위한 변
호권의 확충과 법원의 피고인 보호기능의 활성화에 의해 방지할 수 있다고 생각된
다. 따라서 현행 형사소송법하에서 피고인은 기본적으로 당사자의 지위를 가진다
고 보아야 하며, 또한 그렇게 봄으로써 피고인의 형사절차에서의 보다 충실한 방어
권 보장이 가능하게 될 것이다.

2. 당사자로서의 지위

피고인은 검사에 대립하는 당사자이다. 즉 피고인은 검사의 공격에 대하여 자신의 정당한 이익을 방어하는 수동적 당사자이다. 이러한 의미에서 검사를 공소권의 주체라고 한다면, 피고인은 방어권의 주체라고 할 수 있다. 피고인은 당사자로서 실체형성과 절차진행에 적극적·소극적으로 참여할 수 있는 각종의 권리를 가진다. 피고인의 권리에는 방어권과 소송절차참여권이 포함된다.

(1) 방 어 권

㈎ 방어준비를 위한 권리

형사소송법은 피고인의 방어준비를 위한 권리로서 공소장부본을 송달받을 권리($\frac{제266}{조}$), 제 1 회 공판기일의 유예기간에 대한 이의신청권($\frac{제269}{조}$), 공판기일변경신청권($\frac{제270}{조}$), 증거개시청구권($\frac{제266조의}{3 \text{ 이하}}$), 서류·증거물의 열람·복사권($\frac{제}{35조}$), 공판조서열람등사권($\frac{제}{55조}$) 그리고 공소장변경사유를 고지받을 권리($\frac{제298조}{제 3 항}$) 등을 규정하고 있고, 공소장의 기재사항을 법정하고($\frac{제254}{조}$) 공소장변경에 일정한 절차를 요하도록 하여($\frac{제298}{조}$) 심판의 대상을 한정하고 있다.

㈏ 진술권과 진술거부권

피고인은 자신에게 이익되는 사실을 진술할 권리($\frac{제286조}{제 2 항}$)와 진술거부권($\frac{제283}{조의2}$)을 가진다. 재판장은 피고인에게 진술거부권을 고지하여야 한다. 또한 검사의 의견진술을 들은 뒤에 피고인에게 최종의견을 진술할 기회를 주어야 한다($\frac{제303}{조}$).

㈐ 증거조사에 있어서의 방어권

피고인은 증거조사절차에서 증거신청권($\frac{제294}{조}$), 의견진술권($\frac{제293}{조}$), 이의신청권($\frac{제296}{조}$) 및 증인신문권($\frac{제161}{조의2}$)을 가진다. 또한 제 1 회 공판기일 전에는 증거보전을 청구할 수 있다($\frac{제184}{조}$).

㈑ 방어권의 보충

피고인은 방어권을 보충하기 위하여 헌법상 변호인의 조력을 받을 권리($\frac{헌법}{제12}$ $\frac{}{\text{조 제 4 항}}$)를 가지며, 형사소송법은 이를 구체화하여 변호인선임권($\frac{제}{30조}$), 변호인선임의뢰권($\frac{제}{90조}$) 및 접견교통권을 규정하고 있으며, 일정한 경우에는 국선변호인선정을 청구할 권리($\frac{제}{33조}$)를 피고인에게 인정하고 있다.

(2) 소송절차참여권

피고인은 당사자로서 소송절차의 전반에 참여하여 소송절차를 형성할 권리를 가지는데, 이러한 참여권은 방어권 행사의 전제가 되는 권리이다.

(가) 법원구성에 관여할 권리

피고인은 헌법과 법률이 정한 법관에 의한 공평한 재판을 받을 권리를 가지는데, 이를 위하여 피고인은 법원의 구성과 관할에 관여하는 권리를 가진다. 피고인의 기피신청권($_{제18조}$), 관할이전신청권($_{제15조}$), 관련사건에 대한 병합심리신청권($_{조}^{제6}$), 변론의 분리 · 병합 · 재개신청권($_{제305조}^{제300조}$) 등이 여기에 해당한다.

(나) 공판절차의 진행에 관여할 권리

피고인은 공판정에 출석할 의무뿐만 아니라 출석할 권리를 가진다(^{제276}). 따라서 피고인이 공판기일에 출석하지 아니한 때에는 원칙적으로 개정하지 못한다. 피고인은 소송지휘에 관한 재판장의 처분에 대하여 이의신청권을 가지며(^{제304}), 종결한 변론의 재개를 신청할 수 있다($_{조}^{제305}$). 또한 피고인은 검사의 공소장변경신청이 있는 경우에 방어준비를 위하여 공판절차의 정지를 신청할 수 있다($_{제4항}^{제298조}$).

피고인은 원심재판에 대하여 불복이 있는 경우에 상소할 수 있다($_{조}^{제338}$). 형사소송법은 피고인의 상소권을 실질적으로 보장하기 위하여 불이익변경금지의 원칙($_{제399조}^{제368조}$)을 규정하고 있으며, 피고인이 책임질 수 없는 사유로 상소제기기간 내에 상소하지 못한 경우에 대비하여 상소권회복청구권($_{조}^{제345}$)을 인정하고 있다. 약식명령 또는 즉결심판에 대한 피고인의 정식재판청구권도 상소권에 준하는 피고인의 권리이며, 피고인이 가지는 상소포기 또는 상소취하의 권리($_{}^{제349}$)도 형사절차의 진행에 관하여 피고인이 적극적으로 행사할 수 있는 참여권에 해당한다.

(다) 증거조사 및 강제처분절차에의 참여권

피고인은 공판절차는 물론 공판준비절차, 증거보전절차 그리고 판사에 의한 증인신문절차에서 적극적으로 증거조사에 참여할 수 있는 권리를 가진다. 증인신문과 검증 · 감정 등에의 참여권($_{제176조}^{제163조}$)을 가지며, 공판준비절차에서의 증거조사($_{조}^{제273}$), 증거보전절차에서의 증거조사(^{제184}), 판사에 의한 증인신문($_{조의2}^{제221}$)에 있어서도 피고인은 참여권을 가진다. 또한 피고인은 압수 · 수색영장의 집행에 대한 참여권을 가지며($_{조}^{제121}$), 법원의 검증에도 참여할 수 있다($_{조}^{제145}$).

3. 증거방법으로서의 지위

피고인은 증거방법으로서의 지위를 가진다. 피고인에게 증거방법으로서의 지위를 인정한다고 하여 피고인을 조사의 객체로 취급하는 것은 아니며, 증거방법으로서의 지위는 당사자로서의 원칙적 지위에 지장을 주지 않는 범위에서 인정되는 보조적 지위에 불과하다. 증거방법으로서의 지위는 인적 증거방법으로서의 지위와 물적 증거방법으로서의 지위로 나누어진다.

(1) 인적 증거방법으로서의 지위

피고인의 임의의 진술은 피고인에게 이익이 되는지 여부를 묻지 않고 증거로 될 수 있다는 점에서 피고인은 일종의 인적 증거방법이라고 할 수 있다. 피고인은 공소사실에 대한 직접적 체험자이므로 임의의 진술에는 증거능력을 인정할 필요가 있으며, 현행법이 피고인신문제도($\frac{제296}{조의2}$)를 인정하고 있는 것도 이러한 지위를 전제로 한 것이라고 할 수 있다. 그러나 피고인은 진술거부권($\frac{제283}{조의2}$)을 가지므로 조사의 객체로서의 지위에 있는 것은 아니다.

피고인의 인적 증거방법으로서의 지위와 관련하여 피고인의 증인적격이 문제된다. 영미에서는 피고인이 묵비권을 포기하고 증언할 수 있음을 인정하고 있으나, 현행법상 증인은 제3자임을 요할 뿐만 아니라 피고인에게 증인적격을 인정하면 피고인에게 보장되어 있는 진술거부권을 무의미하게 하여 피고인의 당사자로서의 지위를 침해할 수 있으므로 이를 부정하는 통설이 타당하다고 할 것이다.

(2) 물적 증거방법으로서의 지위

피고인의 신체나 정신상태는 검증이나 감정의 대상이 된다는 점에서 피고인은 일종의 물적 증거방법이라고 할 수 있다. 그러나 지문·족적·혈액의 채취 등과 같이 검증이나 감정을 위하여 피고인의 신체를 처분의 대상으로 하는 경우에는 피고인의 인격권을 침해하기 쉽다. 따라서 피고인의 신체를 증거방법으로 하는 경우에는 피고인의 인간으로서의 존엄과 가치가 침해되는 일이 없도록 주의하여야 한다.

4. 절차의 대상으로서의 지위

피고인에게는 재정의무가 있다. 피고인은 재판장의 허가없이 퇴정하지 못한다($\frac{제281조}{제1항}$). 또한 피고인은 소환·구속·압수·수색 등 강제처분의 대상이 된다. 따라서 피고인은 적법한 강제처분에 응해야 할 의무를 진다. 이러한 피고인의 의무적 지위를 절차의 대상으로서의 지위라고 한다.

한편 피고인에게는 재판장의 소송지휘권이나 법정경찰권에 복종할 의무가 있다. 그러나 이러한 의무는 피고인 이외에 검사·방청인 등에게도 부과되는 것이므로 이를 피고인의 지위에 수반되는 것으로 볼 수는 없다.

Ⅳ. 무죄추정의 원칙

1. 의   의

무죄추정(presumption of innocence)의 원칙이란 형사절차에 있어서 피의자 또는 피고인은 유죄판결이 확정될 때까지 무죄로 추정된다는 원칙을 말하며, 이들의 소송법상의 지위를 파악함에 있어서 중요한 의미를 가지게 된다. 특히 피고인은 검사가 범죄혐의와 유죄판결의 가능성을 인정하여 법원에 공소를 제기한 자이므로 현실적으로 유죄판결의 개연성이 매우 높지만, 이러한 불리한 처지에 놓여 있는 자라고 할지라도 형사절차에서 받을 불이익을 최소화하고 개인의 자유와 권리를 최대한으로 보장할 필요가 있기 때문에 무죄추정이 요구되는 것이다.

과거의 규문절차에서는 소위 혐의형이라는 것이 인정되어 피고인에 대한 유죄의 입증이 불분명한 경우에도 피고인을 처벌할 수 있었는데, 이러한 제도하에서는 피고인의 절차적 권리는 보장될 수 없었다. 그러나 1789년 프랑스 혁명 후의 권리선언 제 9 조에서 「누구든지 범죄인으로 선고되기까지는 무죄로 추정된다」는 규정이 나타나게 되었고, 제 2 차 세계대전이 끝난 후 1948년에 제정된 세계인권선언 제11조에서도 「범죄의 소추를 받은 자는 자기의 변호에 필요한 모든 것이 보장된 공개재판에서 법률에 따라 유죄의 입증이 있을 때까지는 무죄로 추정될 권리를 가진다」고 하여 이를 다시 확인함으로써 무죄추정의 원칙은 형사절차에서 매우 중요한 위치를 차지하게 되었다. 헌법 제27조 제 4 항은 「형사피고인은 유죄의 판결이 확정될 때까지 무죄로 추정된다」고 선언함으로써 무죄추정의 원칙을 기본권으로 보장하였고, 이를 기초로 형사소송법 제275조의2도 이 원칙을 명문으로 규정하고 있다.

2. 무죄추정의 원칙의 내용

이 원칙에 따르면 피의자나 피고인도 형사절차에서 일반 시민과 가능한 한 동일하게 취급되어야 하며, 이들의 권리를 제한하는 경우에도 그 제약은 필요한 최소한도에 그칠 것을 요구하게 된다. 그리고 이러한 내용은 단순히 이념적 · 선언적 의미를 가지는 데 그치는 것이 아니라, 수사절차로부터 공판절차에 이르기까지 형사절차의 전 과정을 지배하는 구체적 규범으로서의 성격을 가진다.

(1) 강제처분의 제한

무죄추정의 원칙은 인신구속의 제한 등 강제처분에 대한 제한원리로 작용한다. 강제처분에 대하여 법률주의와 영장주의를 규정하고, 비례의 원칙에 의한 제한을 인정하고 있는 것은 이러한 이유에 의한 것이다. 피의자나 피고인은 유죄의 판결이 확정될 때까지 무죄로 추정되므로 특히 이들에 대한 수사와 재판은 불구속으로 행할 것이 요청된다(불구속수사 및 불구속재판의 원칙). 형사소송법은 「피의자에 대한 수사는 불구속 상태에서 함을 원칙으로 한다」고 규정하여($\frac{제198조}{제1항}$) 불구속수사의 원칙을 명문화하고 있다.

또한 무죄추정의 원칙은 구속된 피의자나 피고인에 대하여 신병확보 이외의 불필요한 고통을 주지 않을 것을 요구한다. 현행법이 이들에게 접견교통권을 보장하고 있는 것($\frac{제34조,}{제89조}$)과 구속되었던 피의자나 피고인이 불기소처분을 받거나 무죄판결을 받은 경우에 형사보상청구권을 인정하고 있는 것($\frac{헌법}{제28조}$), 그리고 판결선고 전의 미결구금일수의 전부를 유죄판결의 본형에 산입하도록 하고 있는 것($\frac{형법}{제57조}$)도 이런 의미로 이해할 수 있다.

(2) 의심스러운 때에는 피고인의 이익으로

무죄추정의 원칙은 증명에 있어서 「의심스러운 때에는 피고인의 이익으로」(in dubio pro reo)라는 원칙으로 나타난다. 피고인에 대해 유죄판결을 하려면 법원은 증거에 의하여 합리적인 의심이 없을 정도로 범죄사실에 대한 심증을 형성하여야 하며($\frac{제307조}{제2항}$), 증거조사결과 심증형성이 이에 미치지 못할 경우에는 피고인의 이익으로 판단하여 무죄판결을 선고하여야 한다. 결국 피고인은 무죄로 추정되므로 검사가 피고인의 유죄를 입증해야 한다는 점에서 무죄추정의 원칙은 공판절차의 입증단계에서는 거증책임을 정하는 기준으로 된다.

(3) 불이익한 처우의 금지

무죄추정의 원칙은 형사절차에서 피의자·피고인에 대한 부당한 대우를 배제할 것을 요구한다. 먼저 피의자나 피고인은 일반인과 마찬가지로 취급되어야 하므로 형사절차에서 이들에 대하여 유죄의 예단을 가지거나 진술을 강요해서는 안 된다. 공소장일본주의($\frac{규칙 제118}{조 제2항}$)는 예단금지의 원칙을 실현하는 제도이고, 피의자와 피

고인의 진술거부권은 진술강요를 금지하기 위한 제도라고 할 수 있다. 또한 피의자
와 피고인에 대하여 고문을 가하거나 모욕적인 신문을 하는 것도 무죄추정의 원칙
에 반한다. 형사소송규칙 제140조의2가 「피고인을 신문함에 있어서 그 진술을 강
요하거나 답변을 유도하거나 그밖에 위압적 · 모욕적 신문을 하여서는 아니된다」고
규정하고 있는 것도 이러한 의미라고 할 수 있다.

  미결수용자도 무죄의 추정을 받으며 그에 합당한 처우를 받는다($\binom{\text{형의 집행 및 수용자}}{\text{의 처우에 관한 법}}$
$\binom{\text{률 제}}{\text{79조}}$). 따라서 아직 유죄가 확정되지 않은 미결수용자에게 수사 및 재판단계에서 재
소자용 의류를 입도록 하는 것은 무죄추정의 원칙에 반한다($\binom{\text{헌재결 1999.5.27,}}{\text{97헌마137}}$). 또한 공
판정에서는 원칙적으로 피고인의 신체를 구속하지 못한다($\binom{\text{제280}}{\text{조}}$).

  무죄추정의 원칙은 유죄판결이 확정되기 전까지는 유죄판결에 수반되는 사회
적 · 윤리적 비난을 피고인에게 가할 수 없다는 의미도 아울러 갖는다. 따라서 형사
사건으로 공소가 제기되었다는 사실 그 자체만으로 공무원에 대한 징계처분을 행
하는 것은 무죄추정의 원칙에 반한다($\binom{\text{헌재결 1994.7.29,}}{\text{93헌가3}}$).

3. 무죄추정의 원칙의 적용범위

(1) 피 의 자

  무죄의 추정은 피고인뿐만 아니라 피의자에게도 인정된다. 헌법과 형사소송법
은 피고인에 대해서만 무죄의 추정을 규정하고 있으나, 단순히 범죄의 혐의를 받고
있을 뿐 아직 공소가 제기되지 않은 피의자에 대하여도 무죄추정의 원칙이 적용된
다는 데에는 이론이 없다.

(2) 유죄판결의 확정

  피고인이 무죄로 추정되는 시간적 범위는 유죄판결이 확정될 때까지이다. 따
라서 제 1 심 또는 제 2 심 법원이 유죄판결을 선고하였더라도 그 판결이 확정되기
까지는 아직 무죄의 추정은 깨지지 않고 존속하게 된다. 여기서 유죄판결이란 형선
고의 판결뿐만 아니라 형의 면제와 선고유예의 판결을 모두 포함한다. 이에 반하여
면소판결이나 공소기각의 재판, 관할위반의 판결과 같은 형식재판이 확정된 경우
에는 무죄의 추정은 깨지지 않고 유지된다.

  유죄의 확정판결이 있는 경우에는 무죄의 추정은 소멸되므로 재심청구사건에
있어서 재심이유의 판단과 관련해서는 「의심스러운 때에는 피고인의 이익으로」의

원칙이 적용되지 않는다고 하여야 한다. 형사소송법이 무죄 등을 인정할 명백한 증거가 새로 발견된 때($\frac{제420조}{제5호}$)를 재심이유로 규정하고 있는 점에 비추어 볼 때, 재심이유에 대한 거증책임을 검사에게 부담시키는 것은 타당하지 않기 때문이다. 따라서 증거의 명백성은 유죄의 확정판결을 파기할 고도의 가능성 내지 개연성이 인정되는 경우에 비로소 긍정된다고 해야 한다. 다만 재심개시의 결정이 확정된 사건에 대하여는 그 심급에 따라 다시 심판이 이루어지고($\frac{제438조}{제1항}$) 또한 일반절차에 따라 상소도 허용되므로, 일단 재심의 심리가 개시된 사건의 공판절차에서는 무죄추정의 원칙이 적용된다고 보아야 할 것이다.

V. 진술거부권

1. 진술거부권의 의의

진술거부권이란 피의자나 피고인이 수사절차나 공판절차에서 수사기관이나 법원의 신문에 대하여 진술을 거부할 수 있는 권리를 말하며, 일반적으로 묵비권이라고도 한다. 헌법 제12조 제 2 항은 「모든 국민은 고문을 받지 아니하며, 형사상 자기에게 불리한 진술을 강요당하지 아니한다」고 규정하여 진술거부권을 기본권으로 보장하고 있으며, 형사소송법도 피고인의 진술거부권($\frac{제283}{조의2}$)과 피의자의 진술거부권($\frac{제244}{조의3}$)을 규정하고 있다. 진술거부권은 피의자·피고인이 가지는 중요한 방어권의 하나로서 당사자평등의 원칙을 실질적으로 실현하기 위한 권리이다. 피고인에게 진실을 진술할 의무가 있다고 할 때에는 검사와 대등한 지위에서 소송에 임할수 없게 되어 무기대등의 원칙은 실현될 수 없기 때문이다.

진술거부권은 영미의 자기부죄거부의 특권(Privilege against self-incrimination)에서 유래하는 권리이다. 자기부죄거부의 특권은 17세기 말 영국의 사법절차에 기원을 둔 권리로서, 미국 수정헌법 제 5 조가 「누구든지 형사사건에 있어서 자기의 증인이 되는 것을 강요받지 아니한다(No person shall be compelled in any criminal case to be a witness against himself)」고 규정하여 처음으로 명문화되었으며, 우리 헌법도 그 영향을 받아 진술거부권을 기본적 인권으로 보장하고 있다.

2. 진술거부권의 내용

(1) 주   체

헌법 제12조 제 2 항은 모든 국민에게 진술거부권을 보장하고 있으므로 진술거부권의 주체에는 제한이 없다. 따라서 피의자, 피고인은 물론 피내사자나 참고인의 지위에 있는 자도 진술을 거부할 수 있다. 의사무능력자인 피고인 또는 피의자의 법정대리인이나 특별대리인($\binom{\text{제26조,}}{\text{제28조}}$)도 진술거부권의 주체로 되며, 피의자나 피고인이 법인인 경우에는 법인의 대표자도 그의 진술이 피고인인 법인에 대한 증거가 된다는 점에서 진술거부권을 가진다고 보아야 한다. 진술거부권은 외국인에게도 인정된다.

(2) 거부할 수 있는 진술의 범위

⑺ 진   술

피의자나 피고인이 거부할 수 있는 것은 진술에 한한다. 진술인 이상 구두에 의한 진술뿐만 아니라 서면에 기재된 진술도 포함되므로, 피의자는 수사기관이 요구하는 자술서의 제출을 거부할 수 있다. 그러나 지문이나 족형의 채취, 신체의 측정, 사진촬영 등은 진술이 아니므로 이에 대하여는 진술거부권이 미치지 않는다. 또한 피의자 등의 동일성을 판단하기 위하여 행해지는 성문검사(聲紋檢査)는 검증이나 감정의 방법을 통하여 이루어지는데, 이 경우에도 진술의 내용 자체가 문제로 되는 것은 아니라는 점에서 진술거부권이 적용되지 않는다고 하여야 한다. 음주측정도 신체의 물리적 · 사실적 상태를 그대로 드러내는 행위에 불과하고 진술이 아니므로 주취운전의 혐의자에게 음주측정에 응할 것을 요구하고 이를 거부할 때 처벌하는 것은 진술거부권의 침해에 해당하지 않는다($\binom{\text{헌재결 1997.3.27,}}{\text{96헌가11}}$). 이에 비하여 마취분석은 약물 등을 사용하여 직접 진술을 얻어내는 것이므로 진술거부권을 침해하는 것이라는 점에 대하여 이론이 없다.

⑷ 형사책임에 관한 진술

헌법 제12조 제 2 항은 형사책임과 관련하여 자기에게 불리한 진술에 대하여 진술거부권을 보장하고 있다. 따라서 형사책임이 아닌 민사책임이나 행정책임과 관련된 사항은 진술거부권의 대상에 포함되지 않는다. 그러나 형사책임과 관련된 것이라면 범죄사실 자체뿐만 아니라 간접사실이나 범죄사실의 발견에 단서를 제공하는 사항에 관한 진술도 그 대상이 되며, 형사절차에서 행하여진 진술뿐만 아니라 행정절차나 국회에서의 조사절차 등에서 행하여지는 진술($^{헌재결\ 1997.3.27,}_{96헌가11}$)도 여기에 포함된다.

또한 불리한 진술을 진술거부권의 대상으로 규정하고 있는 헌법과는 달리 형사소송법 제283조의2는 「피고인은 진술하지 아니하거나 개개의 질문에 대하여 진술을 거부할 수 있다」고 규정하고 있을 뿐이며 진술의 내용이 자기에게 불리한 것인가의 여부는 묻지 않고 있다. 형사소송법이 헌법상의 진술거부권의 범위를 보다 확장하고 있다고 볼 수 있고, 따라서 피의자·피고인은 자기에게 이익이 되는 진술에 대해서도 진술을 거부할 수 있다고 하여야 한다. 이는 증인의 증언거부권이 자기 또는 자기와 일정한 관계에 있는 자에게 불이익한 증언에 제한되는 것과 구별된다.

한편 행정상의 단속목적을 위하여 각종의 행정법규가 규정하고 있는 기장(記帳)·보고·등록·신고 등의 의무가 진술거부권을 침해하는 것은 아닌지 문제로 된다. 예를 들면 마약의 기록의무($^{마약류\ 관리에\ 관한}_{법률\ 제11조\ 등}$), 각종 세법상의 신고의무, 운전자의 교통사고신고의무($^{도로교통법}_{제54조\ 제\ 2항}$) 등이 여기에 해당한다. 행정상의 필요가 큰 분야에서 통상은 범죄로 되지 않는 사항에 관한 것이고, 그 업무종사의 사실에 의하여 진술거부권 포기를 의제할 수 있는 사정이 존재한다면 이를 진술거부권의 침해로 볼 수는 없을 것이다. 판례는 교통사고신고의무와 관련하여 「피해자의 구호 및 교통질서의 회복을 위한 조치가 필요한 범위 내에서 교통사고의 객관적 내용만을 신고하도록 한 것으로 해석하고, 형사책임과 관련되는 사항에는 적용되지 아니하는 것으로 해석하는 한 헌법에 위반되지 아니한다」는 입장을 취하고 있다($^{헌재결\ 1990.8.27,}_{89헌가118}$). 그러나 교통사고의 객관적 내용 자체가 형사책임과 관련되는 경우가 많을 뿐만 아니라 신고내용을 토대로 현실적으로 수사가 진행될 수 있다는 점을 고려할 때, 운전자에게 교통사고의 신고의무를 규정하여 벌칙으로 강제하는 것은 진술거부권을 침해하는 것으로 보아야 한다.

(3) 진술거부권과 인정신문

피의자·피고인이 수사기관 또는 법원의 인정신문(人定訊問)에 대하여 진술을 거부할 수 있는지에 관하여는 ① 진술거부권의 대상이 되는 진술에는 제한이 없으므로 인정신문에 대하여도 진술을 거부할 수 있다는 적극설, ② 인정신문에 대한 답변은 피의자나 피고인에게 불이익한 진술이 아니므로 인정신문에는 진술거부권이 적용되지 않는다는 소극설, ③ 피의자·피고인이 성명이나 직업 등을 진술함으로써 범인임이 확인되거나 증거수집의 기회를 제공하는 경우에 한하여 진술거부권이 인정된다는 절충설이 주장되고 있다.

생각건대 피의자·피고인이 거부할 수 있는 진술은 그 내용의 이익·불이익을 불문하고, 성명·직업 등의 진술이 불이익을 가져오는가의 판단은 피의자나 피고인에게 맡길 수밖에 없으므로 절충설은 사실상 적극설과 같은 결과를 가져오며, 형사소송법이 피고인에 대한 인정신문($^{제284}_{조}$)에 앞서 피고인의 진술거부권에 관한 규정을 두고 있는 점($^{제283}_{조의2}$) 등에서 볼 때 피의자·피고인은 인정신문에 대해서도 진술을 거부할 수 있다고 하여야 한다. 공판절차의 인정신문단계에서 진술이 거부된 경우 재판장은 적당한 방법으로 피고인의 동일성을 확인하는 조치를 취하여야 하고, 공판조서에는 진술이 거부되었음과 재판장이 피고인에게 취한 확인조치의 내용을 기재하는 수밖에 없다.

3. 진술거부권의 고지

(1) 고지의무

피의자나 피고인이 진술거부권을 행사하기 위하여는 자신에게 그러한 권리가 있음을 알아야 한다. 형사소송법은 피의자에 대하여는 물론 피고인에 대하여도 진술거부권을 고지할 것을 명문으로 규정하고 있다($^{제244조의3,}_{제283조의2}$).

(2) 고지의 방법

진술거부권은 피의자나 피고인이 진술거부권의 구체적이고 개별적인 내용을 알 수 있도록 명시적으로 고지되어야 한다. 피의자의 경우에는 검사 또는 사법경찰관이 피의자를 신문하기 전에 ① 일체의 진술을 하지 아니하거나 개개의 질문에 대하여 진술을 하지 아니할 수 있다는 것, ② 진술을 하지 아니하더라도 불이익을 받지 아니한다는 것, ③ 진술을 거부할 권리를 포기하고 행한 진술은 법정에서 유죄의 증거로 사용될 수 있다는 것, ④ 신문을 받을 때에는 변호인을 참여하게 하는 등 변호인의 조력을 받을 수 있다는 것을 알려주어야 한다($^{제244조의}_{3제1항}$). 동일한 수사기관의 일련의 수사과정에서는 신문시마다 고지를 해야 하는 것은 아니지만, 상당한 기간이 경과하였거나 새로운 출석요구에 따라 신문하거나 조사자가 경질된 때에는 다시 고지하여야 할 것이다.

피고인에 대하여는 재판장이 인정신문을 하기 전에 진술하지 아니하거나 개개의 질문에 대하여 진술을 거부할 수 있음을 고지하여야 한다($\substack{제283\\조의2}$). 공판준비절차에서 법원이 피고인을 소환하거나 피고인이 스스로 공판준비절차에 출석한 경우에도 재판장은 출석한 피고인에게 진술을 거부할 수 있음을 알려주어야 하며($\substack{제266조의\\8 제6항}$), 공판절차를 갱신하는 경우에도 재판장은 피고인에게 진술거부권을 고지하여야 한다($\substack{규칙 제144조\\제1항 제1호}$).

(3) 불고지에 따른 효과

진술거부권을 고지하지 않은 채로 피의자나 피고인에 대한 신문이 이루어지면 당해 신문은 위법한 것이 된다. 그러나 진술거부권을 고지하지 않은 상태에서 이루어진 진술내용이 자백에 해당하는 경우 그 증거능력을 부정하는 근거에 대하여는 자백의 임의성은 인정되나 위법수집증거로서 제308조의2에 의하여 증거능력이 부정된다는 견해와 그 임의성에 의심이 있는 자백에 해당하여 제309조에 의하여 증거능력을 부정해야 한다는 견해가 대립하고 있다. 판례는 위법하게 수집된 증거라는 이유로 증거능력을 부정하고 있다($\substack{대법원 2010.5.27,\\2010도1755}$).

생각건대 진술거부권의 고지라는 형식적 기준에 의하여 진술내용의 임의성 유무를 전적으로 판단할 수는 없으나, 진술거부권을 고지하지 않은 사실 자체는 진술의 자유를 침해하는 중대한 위법사유에 해당하므로 진술거부권을 고지하지 않고 얻은 자백은 곧 제309조의 임의성에 의심이 있는 자백에 해당하여 증거능력이 부정되는 것으로 보아야 할 것이다(위법배제설).

4. 진술거부권의 포기

(1) 포기의 인정 여부

진술거부권의 포기를 인정할 수 있는지에 대하여는 진술거부권을 개별신문에 대하여 진술을 거부할 수 있는 권리로 보아 피고인이나 피의자가 진술거부권을 행사하지 아니하고 진술을 하는 것은 진술거부권의 포기를 의미한다고 보는 견해도 있다. 그러나 개별 신문에 대한 진술거부권의 불행사와 진술거부권의 포기는 구별하여야 한다. 진술거부권은 헌법이 명문으로 보장하고 있는 기본권이라는 점에서 볼 때 신문절차에서의 전체적인 포기를 의미하는 진술거부권의 포기는 인정되지 않는다고 하여야 한다. 따라서 피고인 또는 피의자는 개별 신문에 대하여 일단 진술을 한 경우라도 언제든지 다시 진술을 거부할 수 있다.

(2) 피고인의 증인적격

이것은 피고인이 자기의 피고사건에 관하여 증인으로 증언할 수 있는가의 문제이다. 영미에서는 자기부죄거부의 권리는 특권(privilege)으로서의 성격을 가진다고 보아 당사자가 이를 포기할 수 있다고 보는 경향이 강하나, 우리나라에서는 진술거부권이 기본권으로 보장되어 있으므로 당사자가 이를 임의로 포기할 수 없다는 것이 지배적인 견해이다. 피고인은 진술거부권을 포기하고 진술의무를 부담하는 것이 허용되지 않으므로 영미법의 경우와는 달리 증인의 자격으로 증언을 할 수 없고 따라서 피고인에게는 증인적격이 없다.

5. 진술거부권보장의 효과

(1) 증거능력의 부정

피의자 또는 피고인의 진술거부권을 침해하여 강요에 의하여 얻은 자백은 증거능력이 부정된다. 진술거부권을 침해하여 자백 이외의 증거를 획득한 경우나 자백을 통하여 별도의 증거를 수집한 경우에도 위법수집증거로서 증거로 할 수 없다. 또한 진술거부권을 고지하지 아니하고 피의자나 피고인을 신문하여 얻은 자백에 대하여도 증거능력이 인정되지 않는다.

(2) 불이익추정의 금지

피고인이 범죄사실에 대한 신문에 대하여 진술을 거부하였다는 사실만으로 이를 피고인에게 불이익한 간접증거로 하거나 이를 근거로 유죄를 인정해서는 안 된다. 만일 이를 허용한다면 진술거부권의 보장은 유명무실해질 것이기 때문이다. 이런 의미에서 진술거부권의 행사는 자유심증주의에 대한 예외가 된다고 할 수 있다.

한편 진술거부권의 행사를 구속사유 또는 보석불허의 사유로서의 증거인멸의 염려를 판단하는 자료로 사용하는 것이 허용되는지도 문제가 된다. 긍정하는 견해도 있으나, 이를 인정하면 실질적으로 구속의 위험으로 인하여 진술이 강제되는 결과를 가져올 수 있으므로 부정하는 것이 타당할 것이다.

(3) 양형판단의 문제

진술거부권을 행사한 사실을 사실인정과는 별개로 양형에서 피고인에게 불리하게 고려할 수 있는지에 대해서는 학설이 대립하고 있다. 부정설은 피고인은 형사절차에서 법원에 대하여 진실의무를 부담하지 않으므로 피고인이 진술거부권을 행사하거나 또는 적극적으로 허위진술을 하더라도 이를 양형상 불이익하게 고려할 수 없다고 한다. 이에 대하여 긍정설은 범인의 개전(改悛)이나 회오(悔悟)는 범행 후의 정황으로서 양형에서 고려해야 할 사정이므로 자백에 의하여 개전의 정을 표시한 자와 진술을 거부한 자를 같이 처벌하는 것은 합리적이라고 할 수 없고 따라서 양형에서 고려하는 것은 허용된다고 한다. 판례는 「형법 제51조 제 4 호에서 양형의 조건의 하나로 정하고 있는 범행 후의 정황 가운데에는 형사소송절차에서의 피고인의 태도나 행위를 들 수 있는데, 모든 국민은 형사상 자기에게 불리한 진술을 강요당하지 아니할 권리가 보장되어 있으므로($^{헌법\ 제12}_{조\ 제\ 2\ 항}$), 형사소송절차에서 피고인은 방어권에 기하여 범죄사실에 대하여 진술을 거부하거나 거짓 진술을 할 수 있고, 이 경우 범죄사실을 단순히 부인하고 있는 것이 죄를 반성하거나 후회하고 있지 않다는 인격적 비난요소로 보아 가중적 양형의 조건으로 삼는 것은 결과적으로 피고인에게 자백을 강요하는 것이 되어 허용될 수 없다고 할 것이나, 그러한 태도나 행위가 피고인에게 보장된 방어권 행사의 범위를 넘어 객관적이고 명백한 증거가 있음에도 진실의 발견을 적극적으로 숨기거나 법원을 오도하려는 시도에 기인한 경우에는 가중적 양형의 조건으로 참작될 수 있다($^{대법원\ 2001.3.9,}_{2001도192}$)」고 판시하여, 진술거부권의 행사를 가중적 양형의 조건으로 삼는 것은 원칙적으로 허용되지 아니하나 일정한 경우에는 예외적으로 이를 양형의 조건으로 참작할 수 있다는 절충적인 입장을 취하고 있다.

진술거부권을 행사한 사실이 양형에서 불리하게 작용한다면 진술거부권의 보장은 무의미해진다는 점에서 볼 때, 허위의 진술을 하는 경우를 포함하여 모든 형태의 진술거부권 행사의 사실을 양형상 불이익한 사유로 고려하는 것은 타당하지 않다고 생각된다. 또한 긍정설이나 판례의 태도는 진술의 자유를 보장하기 위하여 진술거부권을 기본권으로서 보장한 헌법의 정신에도 맞지 않는다. 진술거부권을 인정한다는 것은 그것을 행사하는 동기를 묻지 않고 자유롭게 행사할 수 있다는 의미이기 때문이다.

자백에 따르는 유리한 양형효과의 결과로서 진술거부권 행사가 상대적으로 양형상 불이익하게 취급되는 것도 타당하지 않다. 자백과 진술거부권 행사는 각각 독자적으로 그 의미와 효과를 판단하여야 할 문제일 뿐만 아니라, 모든 자백을 회오와 반성으로 이루어진 감정적 행위라고 파악하거나 진술거부권 행사를 책임을 회피하고 진실을 오도하려는 파렴치한 행위로 보는 것 자체가 잘못이기 때문이다. 따라서 자백이 회오나 반성에 의하여 이루어졌다고 판단되면 회오나 반성 그 자체를 양형사유로 고려하면 족하고, 진술거부권을 행사하지 않고 결과적으로 피고인이 실체발견에 협조하였다는 진술거부권 행사의 반대효과를 가지고 이를 유리한 양형사유로 삼을 것은 아니라고 할 것이다.

제 4 절   변 호 인

Ⅰ. 변호인제도의 의의

1. 변호인의 의의

(1) 변 호 인

변호인이란 피의자 또는 피고인의 방어능력을 보충하는 임무를 가진 보조자를 말한다. 변호인은 소송의 주체가 아니라 피의자 또는 피고인의 보조자이다. 형사소송법의 역사를 변호권 확대의 역사라고도 한다. 우리 헌법도 구속된 피의자 또는 피고인의 변호인의 도움을 받을 권리를 국민의 기본적 인권의 하나로 보장하고 있으며(헌법 제12조 제 4 항), 이에 따라 형사소송법은 피의자·피고인의 변호인선임권(제30조)과 신체를 구속당한 피의자 또는 피고인의 변호인선임의뢰권(제90조, 제209조) 및 접견교통권(제34조)을 보장하고 있으며, 피고인에게는 광범위한 국선변호인선임청구권을 인정하고 있다(제33조).

(2) 보조인과의 구별

보조인이란 피의자 또는 피고인과 일정한 신분관계에 있는 자로서 피의자 또는 피고인의 이익을 보호하는 자를 말한다. 피의자 또는 피고인의 법정대리인·배우자·직계친족과 형제자매는 보조인이 될 수 있다(제29조 제 1 항). 보조인이 될 수 있는 자가 없거나 장애 등의 사유로 보조인으로서 역할을 할 수 없는 경우에는 피고인 또는 피의자와 신뢰관계 있는 자가 보조인이 될 수 있다(동조 제 2 항). 보조인은 피의자 또는 피고인과 일정한 신분관계에 있는 자라는 점에서 법률전문가로서 법률적인 측면에서 이들을 보호하는 변호인과 구별된다. 보조인은 변호인과 같이 선임되는 것이 아니라 보조인이 되고자 하는 자가 심급별로 그 취지를 신고하면 된다(동조 제3항). 반드시 서면에 의할 것을 요하지 않으나, 보조인이 되고자 하는 자와 피의자 또는 피고인 사이의 신분관계를 소명하는 서면을 첨부하여야 한다(규칙 제11 조 제1항). 보조인은 독립하여 피의자 또는 피고인의 명시한 의사에 반하지 아니하는 소송행위를 할 수 있다. 다만 법률에 다른 규정이 있는 때에는 예외로 한다(제29조 제4항). 보조인제도는 변호인제도를 보충하려는 데 그 취지가 있으나, 변호인제도의 강화 특히 국선변호제도의 확대에 따라 그 실효성이 감소되고 있다.

2. 변호인제도의 필요성

현행법은 피의자나 피고인이 자신의 정당한 이익을 보호할 수 있도록 다양한 절차적인 권리를 이들에게 인정하고 있다. 그러나 피의자 · 피고인이 실제로 법률에 대한 전문지식과 강력한 조직을 가지고 있는 수사기관이나 검사를 상대로 대등한 지위에서 자신을 방어하기란 쉽지 않다. 피의자 또는 피고인은 대부분 법률 및 소송에 관한 지식이 빈약하고, 범죄의 혐의를 받고 있다는 불안과 공포로 인하여 심리적 열등감에 빠져서 자기를 충분히 방어할 능력을 갖지 못한다. 특히 신체가 구속되어 있는 피의자 · 피고인의 방어력은 더욱 제한되지 않을 수 없다.

여기에 피의자 · 피고인과 신뢰관계에 있으면서 수사기관이나 검사와 대등한 법률지식을 가지고 있는 법률전문가로 하여금 이들을 보조하게 하여 그 정당한 이익을 보호해 줄 필요가 있게 된다. 따라서 변호인제도는 피의자 · 피고인으로 하여금 수사기관이나 검사의 수사 및 소추활동에 대하여 실질적으로 대등한 지위에서 방어활동을 할 수 있게 함으로써 무기대등의 원칙을 보장하고 나아가 공정한 재판의 실현에 이바지하는 제도라고 할 수 있다.

3. 실질적 변호와의 관계

변호의 개념을 넓은 의미로 이해할 때에는 피의자나 피고인의 보호를 위한 일체의 소송활동을 의미한다. 피의자나 피고인의 이익보호는 주로 변호인에 의하여 이루어지지만 국가기관인 법원과 검사에게도 공익적 견지에서 이들에 대한 보호활동이 요구된다. 이와 같이 법원이나 검사가 담당하는 변호적 기능을 실질적 변호라고 한다. 그러나 법관과 검사에게는 재판권과 수사권 · 공소권 행사의 고유한 임무가 있어 이들에게 피의자 · 피고인을 위한 충분한 변호활동을 기대하기는 어렵다.

여기서 피의자 · 피고인의 보호만을 주된 기능으로 하는 변호인의 활동이 형사소송에서 중요하고 또한 필요하게 된다. 변호인에 의한 변호활동을 법원이나 검사가 행하는 실질적 변호에 대비시켜 형식적 변호라고 한다.

Ⅱ. 변호인의 선임

1. 사선변호인

피의자 · 피고인 또는 그와 일정한 관계에 있는 사람에 의하여 선임되는 변호인을 사선변호인이라고 한다. 변호인의 지위는 선임에 의하여 발생하는데, 그 선임방법에 따라 사선변호인과 국선변호인으로 구별된다.

(1) 선임권자

⑺ 고유의 선임권자

피의자 또는 피고인은 변호인을 선임할 수 있다($제30조 제1항$). 고유의 선임권자는 피의자 또는 피고인이다. 특히 신체가 구속된 피의자 또는 피고인의 변호인선임권은 헌법상 기본권으로 보장되어 있다($헌법 제12조 제4항$). 이 권리를 현실화하기 위하여 체포 · 구속의 집행기관은 피의자 · 피고인을 체포 · 구속한 때에는 즉시 피의사실 내지 공소사실의 요지와 변호인을 선임할 수 있음을 고지하여야 하며($제87조, 제88조, 제200조의5, 제209조$), 신체구속된 피의자나 피고인은 법원, 교도소장 또는 구치소장이나 그 대리자에게 변호사를 지정하여 변호인의 선임을 의뢰할 수 있다. 변호인선임의 의뢰를 받은 경우 법원, 교도소장 · 구치소장 또는 그 대리자는 급속히 피의자나 피고인이 지명한 변호사에게 그 취지를 통지하여야 한다($제90조, 209조$).

⑷ 선임대리권자

피의자 또는 피고인의 법정대리인 · 배우자 · 직계친족 · 형제자매는 독립하여 변호인을 선임할 수 있다($제30조 제2항$). 여기서 배우자는 법률상의 배우자를 의미하며, 독립하여 선임할 수 있다는 말은 본인의 명시 또는 묵시의 의사에 반하여 행사할 수 있는 독립대리권이라는 의미이다. 따라서 선임대리권자가 본인의 의사에 반하여 변호인을 선임한 경우에도 본인에게 선임의 효과가 발생한다. 그러나 일단 변호인을 선임한 이상 선임대리권자는 본인의 의사에 반하여 변호인을 해임할 수는 없다.

피의자 또는 피고인을 대리하여 변호인을 선임할 수 있는 자는 선임대리권자에 한정되며, 피의자나 피고인으로부터 그 선임권을 위임받은 자가 피의자나 피고인을 대리하여 변호인을 선임할 수는 없다($^{대법원\ 1994.10.28,}_{94모25}$). 변호인선임권자 아닌 자에 의한 변호인선임행위는 효력이 없다.

(2) 변호인의 자격과 수

㈎ 변호인의 자격

변호인은 원칙적으로 변호사 중에서 선임하여야 한다($^{제31조}_{본문}$). 변호인이 피의자 또는 피고인의 방어권을 보충하기 위해서는 검사와 대등한 법률지식을 요하기 때문이다. 변호사는 ① 사법시험에 합격하여 사법연수원의 소정과정을 마친 자, ② 판사 또는 검사의 자격이 있는 자, ③ 변호사시험에 합격한 자이어야 하며($^{변호사법}_{제4조}$), 변호사로서 개업하려면 대한변호사협회에 등록을 하여야 한다($^{동법\ 제7조}_{제1항}$). 다만 대법원이 아닌 법원은 특별한 사정이 있으면 변호사 아닌 자를 변호인으로 선임함을 허가할 수 있다($^{제31조}_{단서}$). 이를 특별변호인이라 한다.

㈏ 변호인의 수와 대표변호인제도

피의자나 피고인이 선임할 수 있는 변호인의 수에는 제한이 없다. 다만 형사소송법은 소송지연을 방지하기 위하여 대표변호인제도를 두고 있다. 즉 수인의 변호인이 있는 때에는 재판장은 피의자·피고인 또는 변호인의 신청에 의하거나 신청이 없는 때에는 직권으로 대표변호인을 지정할 수 있고 그 지정을 철회 또는 변경할 수 있다($^{제32조의2}_{제1항·제2항}$). 대표변호인은 3인을 초과할 수 없다($^{동조}_{제3항}$). 피의자에게 수인의 변호인이 있는 때에는 검사가 대표변호인을 지정할 수 있다($^{동조}_{제5항}$). 대표변호인이 지정된 경우에 대표변호인에 대한 통지 또는 서류의 송달은 변호인 전원에 대하여 효력이 있다($^{동조}_{제4항}$). 피의자에게 수인의 변호인이 있어 검사가 대표변호인을 지정한 경우 그 지정은 기소 후에도 효력이 있다($^{규칙\ 제}_{13조의4}$).

(3) 선임의 방식

변호인의 선임은 변호인과 선임자가 연명·날인한 서면인 변호인선임서를 제출함으로써 행한다($^{제32조}_{제1항}$). 변호인선임서는 수사단계에서는 검사 또는 사법경찰관에게 제출하고, 공소가 제기된 후에는 수소법원에 제출하여야 한다. 변호사가 수사기관이나 수소법원에 변호인선임서를 제출할 때에는 원칙적으로 사전에 소속 지방변호사회를 경유하여야 한다($^{변호사법}_{제29조}$). 피의자·피고인 이외의 변호인선임권자가 변호인을 선임하는 경우에는 자신과 피의자 또는 피고인과의 신분관계를 소명하는 서면을 변호인선임서에 첨부하여야 한다($\frac{규칙}{제12조}$). 변호인의 선임은 법원 또는 수사기관에 대한 소송행위이므로 그 기초가 되는 선임자와 변호인 사이의 민법상의 계약과는 구별하여야 한다. 따라서 위임계약이 무효 또는 취소되었다고 하더라도 변호인선임의 효력에는 영향이 없다.

(4) 선임의 효과

변호인은 선임에 의하여 변호인으로서의 권리와 의무가 발생한다. 그러므로 변호인선임서가 접수되지 아니한 상태에서 변호인이 될 자가 항소이유서나 상고이유서를 제출하거나($\frac{대법원\ 1969.10.4,}{69모68}$) 약식명령에 대한 정식재판청구서를 제출하는 것($\frac{대법원\ 2005.1.20,}{2003모429}$)은 적법한 소송행위가 되지 못한다. 변호인선임의 효력범위는 사건과 심급의 두 가지 측면에서 검토할 수 있다.

(가) 사건과의 관계

변호인선임의 효력은 사건을 단위로 하므로 당해 사건과 단일성 및 동일성이 인정되는 범죄사실 전부에 대해서 효력이 미친다. 그러므로 공소장변경에 의하여 공소사실이 변경된 경우에도 선임의 효력에는 영향이 없다.

피의사건의 구속적부심사에만 한정된 변호인선임행위와 같이 하나의 사건의 일부 절차에 대한 변호인선임이 가능한가에 대하여는 절차의 명확성을 해치는 조건부 소송행위로서 허용되지 않는다는 견해도 있으나, 사건의 일부 절차가 가분이고 또한 일부분의 절차에 대한 선임이 합리적이라고 인정되는 경우에는 허용된다는 견해가 타당하다고 생각된다.

하나의 사건에 관하여 한 변호인 선임은 동일법원의 동일피고인에 대하여 병합된 다른 사건에 관하여도 그 효력이 있다. 다만 피고인 또는 변호인이 이와 다른 의사표시를 한 때에는 그러하지 아니하다($\frac{규칙}{제13조}$). 소송경제와 피고인보호의 차원에서 병합된 사건에 대하여 변호인선임의 효력을 확장하는 특례규정이다.

(나) 심급과의 관계

변호인선임의 효력은 당해 심급에 한하여 미친다. 따라서 변호인은 심급마다 선임하여야 한다($\frac{제32조}{제1항}$). 다만 공소제기 전의 변호인선임은 제 1 심에도 그 효력이 있다($\frac{동조}{제2항}$). 여기서 심급이 끝나는 시점은 종국재판 선고시가 아니라 상소에 의하여 이심의 효력이 발생하거나 재판이 확정될 때까지라고 보는 것이 통설이다. 형사소송법이 원심의 변호인에게 상소권을 인정하고 있고($\frac{제341조}{제1항}$), 종국재판이 확정되거나 상소에 의하여 이심의 효력이 발생할 때까지는 원심에 소송이 계속되어 있다고 보아야 하고, 종국재판시부터 이심의 효력이 발생할 때까지 변호인이 없는 상태를 방지할 필요가 있다는 점 등을 그 이유로 들고 있다.

상소심이 원심의 공소기각 또는 관할위반의 재판을 파기하여 사건을 원심법원에 환송하거나 관할인정이 잘못된 원심판결을 파기하여 사건을 관할법원에 이송하는 경우에는 원심법원에서의 변호인선임은 파기환송이나 파기이송 후에도 그 효력이 있다(규칙 제158조, 법 제399조). 이와 같이 상소심의 파기환송 또는 파기이송의 재판에 의하여 사건이 원심에 계속된 때에는 원심의 변호인이 실체심리를 행할 필요가 있기 때문이다.

2. 국선변호인

(1) 국선변호인제도의 의의

국선변호인이란 법원에 의하여 선정된 변호인을 말한다. 변호인의 도움이 공정한 재판과 피고인의 보호를 위하여 불가결한 것이라고 하더라도 현실적으로 변호인을 선임하기 어려운 경제적 약자 등에게 있어서는 이 제도가 아무런 의미가 없게 되고, 국가가 그러한 상태를 방치하면 실질적 평등에도 반하는 결과를 가져오게 된다. 여기서 헌법은「형사피고인이 스스로 변호인을 구할 수 없을 때에는 국가가 변호인을 붙인다」고 규정하여 국선변호인의 조력을 받을 권리를 기본권으로 보장하고 있다(헌법 제12조 제4항 단서). 형사소송법도 국선변호인을 선정해야 하는 경우를 상세히 규정하고 있고, 형사소송규칙도 이를 위한 절차적 권리로서 국선변호인선정을 위한 고지제도를 두고 있다(규칙 제17조 제1항). 국선변호인제도는 사선변호인제도를 보충하여 피고인·피의자의 변호권을 강화하기 위한 제도라고 할 수 있다.

(2) 국선변호인 선정의 법적 성질

국선변호인의 선정은 법원이 소송법에 의하여 행하는 단독의 의사표시인 재판이다(재판설).[1] 판례도 국선변호인의 선정은 법원의 재판행위이므로 사선변호인의

---

1) 국선변호인 선정의 법적 성질에 관하여는 그 밖에도 공법상의 일방행위설과 공법상의 계약설이 소개되고 있으나 현재 이를 주장하는 사람은 없다. 두 학설 모두 법원의 국선변호인 선임행위가 효력을 발생하려면 피선정변호인의 동의 내지 승낙이 있어야 한다는 점에서 결론을 같이 한다. 그러나 국선변호인제도의 실효성을 보장하기 위해서는 선정되는 변호인의 동의를 요하지 않고 국선변호인 선정의 효력이 발생하는 것으로 해석하는 것이 타당할 것이다.

선임과는 그 성질이 다르다고 본다($\substack{\text{대법원 2018.11.22,}\\\text{2015도10651}}$). 이와 같이 국선변호인선정은 일종의 재판이므로 법원의 고지만으로 그 효력이 발생하고 선정된 변호인은 고지와 동시에 국선변호인의 지위를 가지게 된다. 국선변호인의 선정에는 선정되는 변호인의 동의를 요하지 않으며, 일단 선정된 변호인은 법원의 해임명령이나 선정의 취소가 없는 한 사임할 수 없다. 형사소송규칙도 국선변호인의 사임에는 법원의 허가를 얻도록 규정하고 있다($\substack{\text{규칙}\\\text{제20조}}$).

또한 법원의 국선변호인 선정행위는 판결 전의 소송절차에 관한 결정에 해당하는데, 현행법상 이에 대하여 즉시항고를 허용하는 규정이 없으므로 피고인 또는 피의자는 법원의 국선변호인 선정에 불복할 수 없다($\substack{\text{제403조}\\\text{제1항 참조}}$). 다만 피고인 또는 피의자는 법원에 국선변호인 변경신청을 할 수 있고, 법원은 그 변경신청이 상당하다고 인정하는 때에는 국선변호인의 선정을 취소할 수 있다($\substack{\text{규칙 제18}\\\text{조 제2항}}$).

(3) 국선변호인의 선정사유

㈎ 형사소송법 제33조

법원은 ① 피고인이 구속된 때,[1] ② 피고인이 미성년자인 때, ③ 피고인이 70세 이상인 때, ④ 피고인이 듣거나 말하는 데 모두 장애가 있는 사람인 때, ⑤ 피고인이 심신장애가 있는 것으로 의심되는 때,[2] ⑥ 피고인이 사형, 무기 또는 단기 3년 이상의 징역이나 금고에 해당하는 사건으로 기소된 때에 변호인이 없는 경우에는 직권으로 국선변호인을 선정하여야 한다($\substack{\text{제33조}\\\text{제1항}}$).

법원은 피고인이 빈곤이나 그 밖의 사유로 변호인을 선임할 수 없는 경우에 피고인이 청구하면 변호인을 선정하여야 한다($\substack{\text{제33조}\\\text{제2항}}$). 피고인이 국선변호인 선정신청

---

1) 대법원 2009. 5. 28, 2009도579, 「형사소송법 제33조 제1항 제1호의 '피고인이 구속된 때'라고 함은, 원래 구속제도가 형사소송의 진행과 형벌의 집행을 확보하기 위하여 법이 정한 요건과 절차 아래 피고인의 신병을 확보하는 제도라는 점 등에 비추어 볼 때 피고인이 당해 형사사건에서 구속되어 재판을 받고 있는 경우를 의미하고, 피고인이 별건으로 구속되어 있거나 다른 형사사건에서 유죄로 확정되어 수형 중인 경우는 이에 해당하지 아니한다.」

2) 대법원 2019. 9. 26, 2019도8531, 「법원이 국선변호인을 반드시 선정해야 하는 사유로 형사소송법 제33조 제1항 제5호에서 정한 '피고인이 심신장애의 의심이 있는 때'란 진단서나 정신감정 등 객관적인 자료에 의하여 피고인의 심신장애 상태를 확신할 수 있거나 그러한 상태로 추단할 수 있는 근거가 있는 경우는 물론, 범행의 경위, 범행의 내용과 방법, 범행 전후 과정에서 보인 행동 등과 아울러 피고인의 연령·지능·교육 정도 등 소송기록과 소명자료에 드러난 제반 사정에 비추어 피고인의 의식상태나 사물에 대한 변별능력, 행위통제능력이 결여되거나 저하된 상태로 의심되어 피고인이 공판심리단계에서 효과적으로 방어권을 행사하지 못할 우려가 있다고 인정되는 경우를 포함한다.」

을 하였음에도 불구하고 법원이 피고인의 신청에 대하여 결정을 하지 않는 것은 위법하다(대법원 1995.2.28,
94도2880,). 또한 법원은 피고인의 나이·지능 및 교육 정도 등을 참작하여 권리보호를 위하여 필요하다고 인정하면 피고인의 명시적 의사에 반하지 아니하는 범위에서 변호인을 선정하여야 한다(동조
제3항). 예를 들면 점자자료에 의해서만 인쇄물 정보접근이 가능한 중증 시각장애인이나(대법원 2014.8.28,
2014도4496,) 구두변론에 의한 공판심리절차에서 자력에 의한 방어권 행사가 곤란하다고 인정되는 청각장애인의 경우는(대법원 2010.6.10,
2010도4629,) 여기에 해당한다.

형사소송법 제33조 제 1 항 각호의 어느 하나에 해당하는 사건 및 동조 제 2 항·제 3 항의 규정에 따라 변호인이 선정된 사건에 관하여는 변호인 없이 개정하지 못하므로 변호인이 출석하지 아니한 때에는 법원은 직권으로 변호인을 선정하여야 한다(제282조,
제283조). 필요적 변호사건임에도 불구하고 공판절차에서 변호인 없이 증거조사와 피고인신문 등 심리가 이루어졌다면 그와 같은 위법한 공판절차에서 이루어진 증거조사와 피고인신문 등의 소송행위는 모두 무효가 된다. 따라서 필요적 변호사건의 제 1 심 공판절차가 변호인 없이 이루어진 경우 항소심으로서는 변호인이 있는 상태에서 소송행위를 새로이 한 후 위법한 제 1 심판결을 파기하고 항소심에서의 진술 및 증거조사 등 심리결과에 기하여 다시 판결하여야 한다(대법
원
2011.9.8,
2011도6325).

(나) **구속 전 피의자심문**

구속영장을 청구받은 지방법원판사가 피의자를 심문하는 경우에 피의자에게 변호인이 없는 때에는 직권으로 변호인을 선정하여야 한다. 이 경우 변호인의 선정은 피의자에 대한 구속영장청구가 기각되어 효력이 소멸한 경우를 제외하고는 제 1 심까지 효력이 있다(제201조의
2 제8항). 따라서 구속된 피고인뿐만 아니라 피의자도 국선변호인의 조력을 받을 수 있다. 법원은 변호인의 사정이나 그 밖의 사유로 변호인 선정결정이 취소되어 변호인이 없게 된 때에는 직권으로 변호인을 다시 선정할 수 있다(동조
제9항).

(다) **체포·구속적부심사**

체포·구속적부심사를 청구한 피의자가 제33조의 국선변호인 선정사유에 해당하고 변호인이 없는 때에는 국선변호인을 선정하여야 한다(제214조의
2 제10항). 구속된 피의자에게는 영장실질심사절차에서 이미 국선변호인이 선정되어 있기 때문에 적부심사절차에서 국선변호인 선정이 실제로 의미를 가지는 것은 체포된 피의자가 체포적부심사를 청구한 경우라고 할 수 있다. 다만 피의자가 도망하는 등의 사유로 심문할 수 없어서 피의자를 심문하지 않고 구속한 경우나($\binom{\text{제201조의2}}{\text{제 2 항 단서}}$) 구속 후 변호인이 사임한 경우 등에 있어서는 구속적부심사를 청구한 피의자에게도 본 규정이 의미가 있다.

㈃ 공판준비기일의 절차

공판준비를 위하여 법원은 검사, 피고인 또는 변호인의 의견을 들어 공판준비기일을 지정할 수 있는데($\binom{\text{제266조의}}{\text{7 제 1 항}}$), 공판준비기일이 지정된 사건에 관하여 변호인이 없는 때에는 직권으로 변호인을 선정하여야 한다($\binom{\text{제266조의}}{\text{8 제 4 항}}$).

㈄ 재심사건

재심개시결정이 확정되어 재심공판절차에 들어간 사건의 심판과 관련하여 국선변호인이 선정되는 경우가 있다. 재심사건의 공판을 담당하는 재판장은 ① 사망자 또는 회복할 수 없는 심신장애인을 위하여 재심의 청구가 있는 때, ② 유죄의 선고를 받은 자가 재심의 판결 전에 사망하거나 회복할 수 없는 심신장애인으로 된 때에 재심청구자가 변호인을 선임하지 아니한 경우에는 국선변호인을 선임하여야 한다($\binom{\text{제438조}}{\text{제 4 항}}$).

㈅ 특별법에 의하여 필요한 경우

1) 국민참여재판   「국민의 형사재판 참여에 관한 법률」은 모든 국민참여재판에 대하여 필요적 변호제도를 도입하고 있다. 국민참여재판에 관하여 변호인이 없는 때에는 법원은 직권으로 변호인을 선정하여야 한다($\binom{\text{동법}}{\text{제 7 조}}$).

2) 군사재판사건   군사법원이 심판하는 군사재판사건의 경우에는 국선변호제도가 전면적으로 인정되고 있으므로 군사재판을 받는 피고인에게 변호인이 없을 때에는 직권으로 변호인을 선정하여야 한다($\binom{\text{군사법원법}}{\text{제62조 제 1 항}}$).

3) 치료감호청구사건   「치료감호 등에 관한 법률」에 의하여 치료감호의 청구가 있는 사건도 변호인 없이 개정할 수 없으므로 변호인이 없거나 출석하지 않은 때에는 국선변호인을 선정하여야 한다($\binom{\text{동법 제15}}{\text{조 제 2 항}}$).

4) 전자장치 부착명령 청구사건   「전자장치 부착 등에 관한 법률」도 부착명령 청구사건에 관하여 형사소송법 제282조 및 제283조를 준용하고 있으므로 ($\binom{\text{동법}}{\text{제11조}}$) 전자장치 부착명령 청구사건에 대하여는 변호인 없이 개정하지 못하며 변호인이 출석하지 않은 때에는 직권으로 변호인을 선정하여야 한다.

(사) 성폭력범죄 등의 피해자를 위한 국선변호사제도

「성폭력범죄의 처벌 등에 관한 특례법」은 성폭력범죄의 피해자 및 그 법정대리인에게 형사절차상 입을 수 있는 피해를 방어하고 법률적 조력을 보장하기 위하여 변호사를 선임할 수 있는 권리를 인정하고 있으며(동법 제27조 제1항), 검사에게 피해자에게 변호사가 없는 경우 국선변호사를 선정하여 형사절차에서 피해자의 권익을 보호할 수 있도록 하고 있다(동조 제6항). 또한 「아동·청소년의 성보호에 관한 법률」 제30조 및 「아동학대범죄의 처벌 등에 관한 특례법」 제16조도 아동·청소년대상 성범죄 및 아동학대범죄의 피해자에 대하여 동일한 특례를 인정하고 있다.

이들 법률에 의한 피해자를 위한 국선변호사는 검사가 피해자의 보호를 위하여 선정한다는 점에서, 법원이 일정한 피의자·피고인의 방어권 보호를 위하여 선정하는 통상의 국선변호인과는 다르다.

(4) 국선변호인의 선정절차

국선변호인의 선정은 법원의 선정결정에 의한다. 선정은 법원의 직권에 의하여 이루어지는 것이 원칙이나, 제33조 제 2 항에 해당하는 피고인이 국선변호인의 선정을 청구하였을 때에는 법원은 그 소명자료를 검토하여 선정 여부를 결정하여야 한다. 또한 이미 선임된 사선변호인 또는 선정된 국선변호인이 출석하지 아니하거나 퇴정한 경우에 부득이한 때에는 법원은 피고인 또는 피의자의 의견을 들어 재정 중인 변호사 등 국선변호인의 자격이 있는 사람을 공판정에서 국선변호인으로 선정할 수 있다(규칙 제19조 제1항). 이 경우 법원은 이미 선정되었던 국선변호인에 대하여 그 선정을 취소할 수 있다(규칙 동조 제2항).

(가) 공소제기 전의 선정절차

법원은 구속 전 피의자심문절차에서 심문할 피의자에게 변호인이 없거나 체포·구속적부심사가 청구된 피의자에게 변호인이 없는 때에는 지체 없이 국선변호인을 선정하고 피의자와 변호인에게 그 뜻을 고지하여야 한다(규칙 제16조 제1항). 이 경우 국선변호인에게 피의사실의 요지 및 피의자의 연락처 등을 함께 고지할 수 있다(규칙 동조 제2항). 선정의 고지는 서면 이외에 구술·전화·모사전송·전자우편·휴대전화 문자전송 그 밖에 적당한 방법으로 할 수 있다(규칙 동조 제3항). 구속영장이 청구된 후 또는 체포·구속적부심사를 청구한 후에 변호인이 없게 된 때에도 같다(규칙 동조 제4항).

(나) 공소제기 후의 선정절차

재판장은 공소제기가 있는 때에는 변호인 없는 피고인에게 ① 제33조 제 1 항 제 1 호 내지 제 6 호의 어느 하나에 해당하는 때에는 변호인 없이 개정할 수 없는 취지와 피고인 스스로 변호인을 선임하지 아니할 경우에는 법원이 국선변호인을 선정하게 된다는 취지, ② 제33조 제 2 항에 해당하는 때에는 법원에 대하여 국선변호인의 선정을 청구할 수 있다는 취지, ③ 제33조 제 3 항에 해당하는 때에는 법원에 대하여 국선변호인의 선정을 희망하지 아니한다는 의사를 표시할 수 있다는 취지를 서면으로 고지하여야 한다($^{규칙 제17조}_{제 1 항 \cdot 제 2 항}$). 공소제기가 있은 후 변호인이 없게 된 때에도 같다($^{규칙 동}_{조 제 4 항}$). 법원은 위의 고지를 받은 피고인이 변호인을 선임하지 아니하거나 제33조 제 2 항의 규정에 의하여 국선변호인 선정청구가 있거나 같은 조 제 3 항에 의하여 국선변호인을 선정하여야 할 때에는 지체 없이 국선변호인을 선정하고 피고인 및 변호인에게 그 뜻을 고지하여야 한다($^{규칙 동}_{조 제 3 항}$).

(5) 국선변호인의 자격과 수

(가) 국선변호인의 자격

국선변호인은 법원의 관할구역 안에 사무소를 둔 변호사, 그 관할구역 안에서 근무하는 공익법무관 중에서 이를 선정한다($^{규칙 제14}_{조 제 1 항}$). 다만 부득이한 때에는 인접한 법원의 관할구역 안에 있는 변호사 · 공익법무관 중에서 선정하고, 그러한 자도 없거나 기타 부득이한 때에는 법원의 관할구역 안에서 거주하는 변호사 아닌 자 중에서 국선변호인을 선정할 수 있다($^{규칙 동조}_{제 2 항 \cdot 제 3 항}$).

법원은 기간을 정하여 법원의 관할구역 안에 사무소를 둔 변호사 중에서 국선변호를 전담하는 이른바 국선전담변호사를 지정할 수 있다($^{규칙 제15}_{조의2}$).

(나) 국선변호인의 수

국선변호인은 피고인 또는 피의자마다 1인을 선정한다. 다만 사건의 특수성에 비추어 필요하다고 인정할 때에는 1인의 피고인 또는 피의자에게 수인의 국선변호인을 선정할 수 있으며($^{규칙 제15}_{조 제 1 항}$), 피고인 또는 피의자 수인 간에 이해가 상반되지 아니할 때에는 그 수인의 피고인 또는 피의자를 위하여 동일한 국선변호인을 선정할 수 있다($^{규칙 동}_{조 제 2 항}$).

(6) 국선변호인 선정의 취소와 사임

㈎ 선정의 취소

법원은 ① 피고인 또는 피의자에게 변호인이 선임된 때, ② 국선변호인이 될 수 있는 자격을 상실한 때, ③ 법원이 국선변호인의 사임을 허가한 때에는 국선변호인의 선정을 취소하여야 한다(규칙 제18조 제 1 항).

또한 법원 또는 지방법원 판사는 ① 국선변호인이 그 직무를 성실하게 수행하지 아니하는 때, ② 피고인 또는 피의자의 국선변호인 변경신청이 상당하다고 인정하는 때, ③ 그 밖에 국선변호인의 선정결정을 취소할 상당한 이유가 있는 때에는 국선변호인의 선정을 취소할 수 있다(규칙 동조 제 2 항). 법원이 국선변호인의 선정을 취소한 때에는 지체 없이 그 뜻을 해당되는 국선변호인과 피고인 또는 피의자에게 통지하여야 한다(규칙 동조 제 3 항).

㈏ 국선변호인의 사임

국선변호인도 정당한 이유가 있는 때에는 법원 또는 지방법원 판사의 허가를 얻어 사임할 수 있다. 즉 국선변호인은 ① 질병 또는 장기여행으로 인하여 국선변호인의 직무를 수행하기 곤란할 때, ② 피고인 또는 피의자로부터 폭행·협박 또는 모욕을 당하여 신뢰관계를 지속할 수 없을 때, ③ 피고인 또는 피의자로부터 부정한 행위를 할 것을 종용받았을 때, ④ 그 밖에 국선변호인으로서의 직무를 수행하는 것이 어렵다고 인정할 만한 상당한 사유가 있을 때에는 사임할 수 있다(규칙 제20조). 이러한 사유가 있어 법원 또는 지방법원 판사가 사임을 허가한 때에는 국선변호인의 선정을 취소하여야 한다(규칙 제18조 제 1 항 제 3 호).

(7) 국선변호인의 보수

국선변호인은 일당·여비·숙박료 및 보수를 청구할 수 있다(형사소송비용 등에 관한 법률 제 2 조 제 3 호, 제 8 조). 다만 일당·여비와 숙박료는 법원이 정한 일시·장소에 출석한 경우에 한하여 지급하며(동법 제10조), 여비 등의 청구는 재판 전에 하여야 한다(동법 제11조). 국선변호인의 보수는 대법관회의에서 정하며, 심급별로 지급하되 체포·구속적부심사에 있어서는 심급에 관계없이 별도로 지급한다(형사소송비용 등에 관한 규칙 제 6 조 제 1 항). 재판장은 사안의 난이, 국선변호인이 수행한 직무의 내용, 사건처리에 소요된 시간, 기록의 등사나 피고인 또는 피의자접견 등에 지출한 비용 기타 사항을 참작하여 국선변호인의 보수를 증액할 수 있다(동조 제 2 항).

Ⅲ. 변호인의 소송법상 지위

1. 보호자로서의 지위

(1) 피의자 · 피고인의 보호자

변호인은 피의자 · 피고인의 방어능력을 보충하여 그들의 정당한 이익을 보호하여야 하는 지위에 있다. 변호인의 보호자로서의 지위는 변호인의 가장 기본적인 지위이고 변호인제도의 존재이유도 여기에 있다고 할 수 있다.

변호인은 피의자나 피고인에 대하여 포괄적이고 충실한 법적 조언을 해주어야 한다. 따라서 변호인은 피의자 · 피고인의 소송법적 권리들에 대하여 뿐만 아니라 실체법상의 법률지식에 대해서도 필요한 경우에는 설명해 주어야 한다. 불법영득의 의사나 정당방위, 금지의 착오, 처벌조건 등에 대한 조언은 설사 피의자 · 피고인이 이를 악용할 여지가 있더라도 허용된다.

또한 변호인은 단순히 법률지식을 제공하는 수준을 넘어서 피의자 · 피고인에게 유리한 증거를 수집 · 제출하고 유리한 사실을 주장하여야 한다. 따라서 변호인은 피의자 · 피고인에게 유리한 증거를 직접 수집하거나 증거보전신청을 할 수 있고, 검사의 입증이나 주장을 다툴 수도 있다. 변호인이 피의자 · 피고인에게 불이익한 증거를 제출하거나 불이익한 주장을 하는 것은 보호자적 지위에 반하여 허용되지 않는다.

변호인이 고소인이나 피해자를 만나 합의나 고소의 취소를 시도하는 것도 변호인의 정당한 변호활동의 범위에 속한다.

(2) 독립적 지위

변호인은 민사소송의 경우와는 달리 피의자 · 피고인의 대리인에 그치는 것이 아니라 그들의 보호자이다. 따라서 변호인은 피의자 · 피고인의 의사에 종속되지 않고 법률에 다른 규정이 없는 한 독립하여 소송행위를 할 권한을 가진다($\frac{제}{36조}$). 즉 변호인은 자신의 판단에 따라 피의자 · 피고인의 정당한 이익을 보호해야 하는 독립된 지위를 가지고 있다. 변호인이 피의자 · 피고인의 소송행위에 대하여 포괄적 대리권을 가지는 이외에 독립대리권과 고유권을 가지는 것도 이 때문이다. 따라서 변호인은 피의자 · 피고인의 정당한 이익을 보호하기 위하여 필요한 때에는 피의자 · 피고인의 의사에 반하는 입증이나 주장을 할 수도 있다.

(3) 비밀유지의무

변호인과 피의자·피고인은 신뢰관계를 바탕으로 하고 있으므로 변호인은 피의자·피고인에 대하여 비밀유지의무를 진다($\frac{변호사법}{제26조}$). 변호사 또는 변호사의 직에 있었던 자가 그 직무처리 중 지득한 타인의 비밀을 누설한 경우에는 변호사법에 의한 징계사유($\frac{동법}{제91조}$)에 해당할 뿐만 아니라, 형법상 업무상비밀누설죄($\frac{형법제}{317조}$)가 성립한다.

2. 공익적 지위

(1) 변호인의 진실의무

변호인은 피의자·피고인의 이익을 보호하는 보호자이나, 변호인이 보호하는 이들의 이익은 정당한 이익에 제한된다. 변호인은 국가형사사법의 정당한 실현에 협력해야 할 공익적 지위를 가지며, 따라서 변호인은 그 직무를 수행함에 있어서 진실을 은폐하거나 허위의 진술을 하여서는 아니되는 진실의무를 부담한다($\frac{변호사}{법 제24}$ $\frac{}{조 제2항}$). 여기서 변호인은 진실과 정의에 구속되지 않을 수 없고 피의자·피고인의 보호자인 변호인의 지위도 진실의무에 의하여 제한되지 않을 수 없게 된다.

그러나 변호인의 진실의무는 변호인이 검사나 법관과 같이 객관적인 입장에서 실체적 진실발견에 기여해야 한다는 것을 의미하는 것은 아니다. 변호인이 국가기관인 검사나 법원과 마찬가지로 적극적으로 실체적 진실발견을 추구한다면 피의자·피고인의 조력자로서 당사자평등의 원칙을 실질적으로 실현하고자 하는 변호인제도의 본래의 의미는 상실될 것이기 때문이다. 따라서 변호인의 진실의무는 피의자·피고인의 보호자적 지위와의 균형상 적극적인 의미를 가지는 것이 아니라, 법관 등에 의한 진실발견을 방해하지 않을 소극적 의미를 갖는 것으로 이해하여야 할 것이다. 기본적 인권을 옹호하고 사회정의를 실현함을 사명으로 하는($\frac{동법 제1조}{제1항}$) 법률전문가인 변호인이 피의자·피고인과 공모자가 되는 것을 허용할 수는 없기 때문이다.

(2) 보호자의 지위와 공익적 지위와의 조화

㈎ 양 지위의 관계

변호인은 피의자·피고인의 보호자로서의 지위에 있을 뿐만 아니라 실체적 진실발견에 협력하는 공익적 지위도 가진다. 변호인의 이러한 이중적 지위는 때로는 서로 충돌하는 경우가 있는데, 변호인의 보호자적 지위와 공익적 지위가 모순 · 대립하는 때에는 피의자 · 피고인의 보호자로서의 지위를 기본으로 하면서 공익적 지위는 그 한계로서 소극적 의미를 갖는 것으로 보아야 한다.

  (나) 변호활동의 내용

  1) 피의자 · 피고인의 행위에 대한 권고 · 지시　　변호인이 피의자 · 피고인에 대하여 실체법적 · 소송법적 지식에 대하여 조언하는 것은 변호인의 권리이며 의무이다. 나아가 변호인이 피의자 · 피고인에 대하여 소송법상의 권리를 행사할 것을 권하는 것도 당연히 허용된다고 하여야 한다. 따라서 변호인이 피의자 · 피고인에게 진술거부권의 행사를 권고하는 것도 가능하다. 진술거부권은 헌법과 형사소송법에 의하여 피의자 · 피고인에게 주어진 중요한 권리이므로 변호인이 이를 피의자 · 피고인에게 알려주고 그 행사를 권고하는 것은 진실의무에 위배된다고 할 수 없다 ($\binom{\text{대법원 2007.1.31,}}{\text{2006모656}}$). 그러나 변호인이 적극적으로 허위진술을 하거나 피의자 · 피고인에게 허위진술을 하도록 하는 것은 변호인의 공익적 지위에 반하고, 진범을 은폐하는 허위자백을 적극적으로 유지하게 한 경우에는 범인도피방조죄가 성립한다($\binom{\text{대법원}}{\text{2012.8.30,}}$ $\binom{\text{2012}}{\text{도6027}}$). 피의자 · 피고인에게 증거인멸이나 도망을 권유하는 것도 허용되지 않는다.

  2) 변호인의 증거수집　　피의자 · 피고인에게 유리한 증거를 수집하여 제출하는 것은 변호인의 당연한 의무이나, 변호인이 증거를 인멸 · 위조하거나 증인에게 위증을 교사하는 행위는 공익적 지위에 반하여 허용되지 않는다. 다만 피고인의 근친자 등에게 증언거부권의 행사를 권고하는 것은 적법한 권리행사를 권고하는 것이므로 진실의무에 반하지 않는다.

  3) 자백과 변호인의 무죄변론　　변호인이 면담의 기회에 피의자 · 피고인의 자백을 통하여 그가 유죄임을 안 경우에도 이를 검사나 법원에 고지할 의무는 없다. 오히려 피의자 · 피고인의 의사에 반하여 그의 자백내용을 법원이나 수사기관에 진술하는 것은 변호인과 피의자 · 피고인 사이에 존재하는 신뢰관계를 파괴하는 행위로서 업무상비밀누설죄($\binom{\text{형법 제}}{\text{317조}}$)를 구성할 수 있다. 따라서 변호인은 이 경우에도 절차상의 하자를 이유로 형식재판을 구할 수 있음은 물론 유죄판결의 증거가 불충분함을 이유로 무죄의 변론을 할 수 있다고 해야 한다.

  한편 피의자 · 피고인이 무죄라고 믿은 때에는 그들의 의사 여부를 묻지 않고 무죄의 주장과 입증에 노력하여야 한다. 피고인의 자백이 진실이 아니라고 판단되는 경우에도 변호인은 당연히 무죄의 변론을 하여야 한다.

Ⅳ. 변호인의 권리

변호인에게는 피의자 · 피고인의 정당한 이익을 보호하기 위하여 여러 가지 권리들이 인정되고 있다. 변호인의 권리는 크게 대리권과 고유권으로 나눌 수 있는데, 사선변호인과 국선변호인 사이에 그 차이는 없다.

1. 대 리 권

(1) 의   의

변호인은 피의자 또는 피고인이 할 수 있는 소송행위 가운데 성질상 대리가 허용될 수 있는 모든 소송행위에 대하여 포괄적 대리권을 가진다. 따라서 피의자 또는 피고인이 증거방법으로서의 지위에서 행하는 진술 등의 행위에는 성질상 대리가 허용되지 않는다. 변호인의 대리권에는 종속대리권과 독립대리권이 있다.

(2) 종속대리권

종속대리권은 본인의 의사에 종속되는 대리권을 말한다. 관할이전신청권($_{15조}^{제}$), 토지관할위반신청권($_{조}^{제320}$), 토지관할의 병합심리신청권($_{조}^{제6}$), 상소취하권($_{조}^{제351}$), 약식명령에 대한 정식재판청구의 취하권($_{제351조}^{제458조}$) 등이 여기에 속한다.

(3) 독립대리권

본인의 의사에 반하여 행사할 수 있는 독립대리권에는 본인의 명시의 의사에 반하여 행사할 수 있는 것과 명시의 의사에는 반할 수 없으나 묵시의 의사에 반하여 행사할 수 있는 것이 있다. 변호인의 대리권은 원칙적으로 전자에 해당하며 구속취소의 청구권($_{93조}^{제}$), 보석청구권($_{94조}^{제}$), 증거보전청구권($_{조}^{제184}$), 공판기일변경신청권($_{제1항}^{제270조}$), 증거조사에 대한 이의신청권($_{제1항}^{제296조}$), 재판장의 처분에 대한 이의신청권($_{조}^{제304}$), 변론의 분리 · 병합 · 재개신청권($_{조, 305조}^{제300}$) 등이 여기에 속한다. 이에 대하여 기피신청권($_{제2항}^{제18조}$)이나 상소제기권($_{조}^{제341}$)은 후자에 해당한다.

2. 고 유 권

(1) 의   의

고유권이란 변호인의 권리로서 규정된 것 중에서 변호인이라는 지위에서 독자적으로 인정되는 권리를 말한다. 고유권은 피의자 · 피고인의 권리가 소멸하더라도 이에 영향을 받지 않고 변호인이 독자적으로 행사할 수 있는 권리라는 점에서 본인의 권리가 상실되면 대리인인 변호인의 권리도 함께 소멸하는 대리권과 다르다.

(2) 종   류

고유권에는 변호인만이 가지는 권리와 변호인이 피의자 또는 피고인과 중복하여 가지는 권리가 있다. 전자를 협의의 고유권이라고 하며 피의자 또는 피고인과의 접견교통권($\substack{제\\34조}$), 피의자신문참여권($\substack{제243\\조의2}$), 피고인신문권($\substack{제296\\조의2}$), 상고심에서의 변론권($\substack{제387\\조}$) 등이 여기에 속한다. 변호인이 피의자 또는 피고인과 중복하여 가지는 권리로는 압수·수색·검증영장의 집행에의 참여권($\substack{제121조,\\제145조}$),[1] 감정에의 참여권($\substack{제176\\조}$), 증인신문에의 참여권($\substack{제163\\조}$), 공판기일출석권($\substack{제275\\조}$), 공판기일 전의 증거제출권($\substack{제274\\조}$), 증거신청권($\substack{제294조\\제1항}$), 증인신문권($\substack{제161\\조의2}$), 서류·증거물의 열람·복사권($\substack{제\\35조}$), 최종의견진술권($\substack{제303\\조}$) 등을 들 수 있다.

이러한 변호인의 고유권 가운데 중요한 것이 접견교통권, 피의자신문참여권, 서류·증거물의 열람·복사권 등의 권리라고 할 수 있다. 다만 이들은 각각 관련되는 부분에서 별도로 다루어지고 있으므로 여기서는 간략하게 설명하는 데 그친다.

(3) 변호인의 접견교통권

변호인의 접견교통권이란 변호인이나 변호인이 되려는 자가 신체가 구속된 피고인 또는 피의자와 접견하고, 서류나 물건을 수수(授受)하며, 의사로 하여금 피고인이나 피의자를 진료하게 할 수 있는 권리를 말한다($\substack{제\\34조}$). 변호인이 피의자·피고인의 방어활동에 도움을 주기 위해서는 이들과의 접견교통이 불가결한 요소가 된다. 이러한 의미에서 접견교통권은 신체구속된 피의자·피고인이 변호인의 조력을 받을 헌법상의 기본권임과 동시에 변호인의 중요한 고유권 중의 하나라고 할 수 있다.

변호인의 접견교통권은 방해나 감시가 없는 자유로운 접견교통을 본질로 한다. 따라서 변호인과 체포 또는 구속된 피의자·피고인과의 접견내용에 대하여는 비

---

1) 대법원 2020. 11. 26, 2020도10729, 「형사소송법 제219조, 제121조가 규정한 변호인의 참여권은 피압수자의 보호를 위하여 변호인에게 주어진 고유권이다. 따라서 설령 피압수자가 수사기관에 압수·수색영장의 집행에 참여하지 않는다는 의사를 명시하였다고 하더라도, 특별한 사정이 없는 한 그 변호인에게는 형사소송법 제219조, 제122조에 따라 미리 집행의 일시와 장소를 통지하는 등으로 압수·수색영장의 집행에 참여할 기회를 별도로 보장하여야 한다.」

밀이 보장되어야 하며, 접견에 있어서 교도관 또는 경찰관의 입회는 절대로 허용되지 않는다. 「형의 집행 및 수용자의 처우에 관한 법률」도 미결수용자와 변호인 또는 변호인이 되려고 하는 사람과의 접견에는 교도관이 참여하지 못하고 그 내용을 청취 또는 녹취하지 못하며, 다만 보이는 거리에서 미결수용자를 관찰할 수 있다고 규정하고 있다(동법 제84조 제1항). 접견교통권을 침해하여 얻은 증거는 증거능력이 부정된다.

(4) 변호인의 피의자신문참여권

변호인의 피의자신문참여권이란 검사 또는 사법경찰관의 피의자신문에 변호인이 참여할 수 있는 권리를 말한다. 현행법은 변호인의 도움을 받을 피의자의 권리를 실질적으로 보장하기 위하여 변호인의 피의자신문참여권을 명문으로 규정하고 있다. 검사 또는 사법경찰관은 피의자 또는 그 변호인 등의 신청이 있는 경우 원칙적으로 변호인을 피의자신문에 참여하게 하여야 한다. 신문에 참여한 변호인은 신문 후 의견을 진술할 수 있다. 다만 신문 중이라도 부당한 신문방법에 대하여 이의를 제기할 수 있고, 검사 또는 사법경찰관의 승인을 얻어 의견을 진술할 수 있다(제243조의2 제3항). 검사 또는 사법경찰관은 정당한 사유가 있는 때에는 변호인참여권을 제한할 수 있다(동조 제1항). 여기서 정당한 사유란 변호인이 피의자신문을 방해하거나 수사기밀의 누설 또는 증거를 인멸할 염려가 있음이 객관적으로 명백한 경우를 말한다. 수사기관이 변호인의 참여를 부당하게 제한하거나 중단시킨 경우에는 수사기관의 처분에 대하여 준항고를 제기할 수 있다(제417조). 그리고 변호인의 피의자신문참여권을 침해한 상태에서 작성한 피의자신문조서는 증거능력이 없다.

(5) 변호인의 서류·증거물의 열람·복사권

피고인과 변호인은 소송계속 중의 관계서류 또는 증거물을 열람하거나 복사할 수 있다(제35조 제1항). 피고인의 법정대리인, 특별대리인(제28조), 보조인(제29조) 또는 피고인의 배우자·직계친족·형제자매로서 피고인의 위임장 및 신분관계를 증명하는 문서를 제출한 자도 같다(동조 제2항). 변호인의 서류 등 열람·복사권은 변호인의 피고사건에 대한 방어준비를 위해서 필요한 제도이며, 이는 곧 공정한 재판의 이념과도 일치한다. 다만 재판장은 피해자, 증인 등 사건관계인의 생명 또는 신체의 안전을 현저히 해칠 우려가 있는 경우에는 서류 등의 열람·복사에 앞서 사건관계인의 성명 등 개인정보가 공개되지 아니하도록 보호조치를 할 수 있다(동조 제3항). 그리고 이러한 개인정보 보호조치의 방법과 절차, 그 밖에 필요한 사항은 대법원규칙으로 정한다(동조 제4항).

종래 제35조에서 규정하고 있는 소송계속 중의 관계서류 또는 증거물의 범위와 관련하여 견해의 대립이 있었다. 법원이 보관하고 있는 관계서류 또는 증거물, 즉 검사가 법원에 제출하였거나 법원이 작성·수집한 서류 또는 증거물만이 열람·복사의 대상이라는 견해와 검사가 공소제기 후 아직 법원에 증거로 제출하지 아니한 서류와 증거물도 열람·복사의 대상이 된다는 견해가 그것이었다. 현행 형사소송법은 증거개시제도를 도입함으로써($^{제266조}_{의3\ 이하}$) 공소제기 후 검사가 보관하고 있는 서류 등에 대한 열람·복사권을 명문으로 인정하였다.[1] 따라서 제35조에 의한 피고인과 변호인의 열람·복사권은 법원이 보관하고 있는 관계서류 또는 증거물만을 그 대상으로 하는 것이 되었다.[2]

형사소송법은 수사절차에서의 수사서류 등에 대한 변호인의 열람·복사권에 대해서는 규정을 두고 있지 않다. 그러나 형사소송규칙은 일정한 수사서류에 대한 변호인의 열람권을 인정하고 있다. 즉 구속 전 피의자심문에 참여할 변호인 및 체포·구속의 적부심사를 청구한 피의자의 변호인은 지방법원 판사에게 제출된 체포·구속영장청구서 및 그에 첨부된 고소·고발장, 피의자의 진술을 기재한 서류와 피의자가 제출한 서류를 열람할 수 있다고 규정하면서($^{규칙\ 제96조의21\ 제 1 항,}_{규칙\ 제104조의2}$), 다만 검사는 증거인멸 또는 피의자나 공범관계에 있는 자가 도망할 염려가 있는 등 수사에 방해가 될 염려가 있는 때에는 지방법원 판사에게 체포·구속영장청구서에 첨부된 서류의 열람제한에 관한 의견을 제출할 수 있고, 지방법원 판사는 검사의 의견이 상당하다고 인정하는 때에는 그 전부 또는 일부의 열람을 제한할 수 있도록 하고 있다($^{규칙\ 제96조의21\ 제 2 항,}_{규칙\ 제104조의2}$). 변호인이 구속 전 피의자심문절차나 체포·구속적부심사절차에서 피의자의 권리를 효율적으로 보호하기 위해서는 최소한 피의자에 대한 죄명과 범죄사실의 요지, 체포·구속의 사유 등을 미리 알아야 하므로 현행법은 체포·구속영장청구서에 대한 변호인의 열람권을 법원이 제한할 수 없도록 하고 있다.

이처럼 형사소송규칙에서는 피의자의 변호인에게 수사기록의 열람권을 인정하고 있는데, 2021년부터 시행된 수사준칙에 관한 규정에서는 수사기록의 열람뿐

---

1) 증거개시제도에 관한 자세한 설명은 제 4 편 제 1 장 제 3 절 Ⅲ. 증거개시제도 참조.
2) 이와 관련하여 검사에게도 법원이 보관하고 있는 관계서류나 증거물에 대한 열람·복사권을 인정할 수 있는지가 문제된다. 형사소송법에 명문의 규정은 없으나 검사는 당사자 및 공익의 대표자로서 공소유지에 필요한 직무를 수행하는 것이므로 검사도 관계서류 또는 증거물에 대한 열람·복사권을 가지는 것으로 보아야 할 것이다.

만 아니라 복사까지도 허용하고, 열람·복사의 주체도 변호인뿐만 아니라 피의자
와 사건관계인까지 확대하였다. 피의자, 사건관계인 또는 그 변호인은 검사 또는
사법경찰관이 수사 중인 사건에 관한 본인의 진술이 기재된 부분 및 본인이 제출한
서류의 전부 또는 일부에 대해 열람·복사를 신청할 수 있고$\left(\begin{smallmatrix}\text{동규정 제69}\\\text{조 제1항}\end{smallmatrix}\right)$, 검사가 불기
소결정을 하거나 사법경찰관이 불송치결정을 한 사건에 관한 기록의 전부 또는 일
부에 대해 열람·복사를 신청할 수 있다$\left(\begin{smallmatrix}\text{동조}\\\text{제2항}\end{smallmatrix}\right)$. 그리고 체포·구속된 피의자 또는
그 변호인은 현행범인체포서, 긴급체포서, 체포영장, 구속영장의 열람·복사를 신
청할 수 있고$\left(\begin{smallmatrix}\text{동조}\\\text{제4항}\end{smallmatrix}\right)$, 피의자 또는 사건관계인의 법정대리인, 배우자, 직계친족, 형
제자매로서 피의자 또는 사건관계인의 위임장 및 신분관계를 증명하는 문서를 제
출한 사람도 이러한 수사서류의 열람·복사를 신청할 수 있다$\left(\begin{smallmatrix}\text{동조}\\\text{제5항}\end{smallmatrix}\right)$. 이러한 신청
을 받은 검사 또는 사법경찰관은 해당 서류의 공개로 사건관계인의 개인정보나 영
업비밀이 침해될 우려가 있거나 범인의 증거인멸·도주를 용이하게 할 우려가 있
는 경우 등 정당한 사유가 있는 경우를 제외하고는 열람·복사를 허용해야 한다
$\left(\begin{smallmatrix}\text{동조}\\\text{제6항}\end{smallmatrix}\right)$.

제2장

소송절차와 소송행위·소송조건

제1절 소송절차

Ⅰ. 소송절차의 기본구조

1. 소송절차의 본질

형사소송은 국가형벌권의 실현을 목적으로 진행되는 절차과정이다. 따라서 형사소송절차는 확정판결을 위하여 소송의 주체인 법원과 검사 그리고 피고인의 연속된 소송행위에 의하여 발전해 나가는 과정이라고 할 수 있다. 여기서 소송절차의 전 과정, 즉 전체로서의 소송을 어떻게 통일적으로 파악할 수 있는가에 관한 논의를 형사소송절차의 본질론이라고 한다.

(1) 법률관계설과 법률상태설

법률관계설과 법률상태설은 소송절차의 본질을 법률관계 또는 법률상태의 어느 한 측면으로만 파악하는 견해이다.

법률관계설은 소송을 소송주체들 사이에 존재하는 법률관계의 통일체로 파악하는 견해로서, 법원은 심판을 할 권리와 의무를 가지고 당사자들은 심판을 받을 권리와 의무를 가지며 이러한 법률관계가 발전해 나가는데 소송의 본질이 있다고 한다. 이 견해는 소송의 본질을 권리·의무관계로 파악하여 피고인의 권리관계를 명확히 함으로써 피고인의 지위를 향상시키는 데 기여하였으나, 동적·발전적 성격의 형사소송절차를 정적·고정적인 법률관계로 파악함으로써 이를 설명하는데 어려움이 있게 된다.

법률상태설은 소송을 기판력을 향한 유동적인 법률상태라고 파악하는 견해로서, 소송주체들 사이의 권리의무관계란 소송이 확정될 때까지는 단순히 유리한 기판력을 획득할 가능성 또는 불리한 재판을 받을 부담에 불과하고 현실적인 권리의무관계는 아니라고 한다. 이 견해는 소송절차를 유동적인 법률상태로 파악함으로써 소송절차에서 발생하는 여러 가지 사정변경에 대처할 수 있는 여지를 마련하였다는 점에서 의미가 있으나, 순수한 소송의 절차적인 면까지 법률상태로 파악하여 절차면이 가지는 법률관계적 성질을 부정한 것은 타당하다고 할 수 없다.

(2) 이 면 설

전체로서의 소송을 실체면과 절차면으로 구별하여 소송의 실체면은 실체법이 소송을 통하여 실현되는 과정으로서 유동적인 성격을 가진 법률상태이지만, 소송의 절차면은 소송주체 간의 권리의무관계인 고정적인 법률관계로서 파악해야 한다는 견해이다.

이면설은 소송의 동적·발전적 성격과 법률관계적 성격을 모두 명백히 하고, 소송행위·소송조건은 물론 재판의 성질과 효력 등 소송의 기본적인 문제들에 대한 무리 없는 설명이 가능한 이론이라는 점에서 통설적인 지위를 차지하고 있다.

2. 소송의 실체면과 절차면

(1) 소송의 실체면

소송의 실체면은 구체적인 사건에서 실체적인 법률관계가 형성·확정되는 과정을 말하며, 이러한 형벌권의 존부와 범위에 대한 판단은 소송주체들의 소송활동을 통하여 이루어진다.

구체적으로 보면 수사절차에서 처음에는 수사기관의 주관적 혐의에 불과하였던 것이 증거의 수집을 통하여 객관적 혐의가 밝혀지고, 검사가 유죄판결의 충분한 가능성을 인정하게 되면 공소를 제기하게 된다. 공소의 제기로 소송의 대상이 확정되고 법원은 원칙적으로 검사와 피고인이 제출하는 증거를 기초로 합리적인 심증을 형성하고 유죄판결 또는 무죄판결을 선고하게 된다. 그리고 이러한 실체판결이 확정됨으로써 실체에 대한 법률관계가 확정된다. 이러한 실체형성과정은 변화 · 발전하는 유동적인 성질을 가지므로 법률상태설이 타당하게 된다.

(2) 소송의 절차면

소송의 절차면이란 소송절차에서 실체면을 제외한 절차적 측면을 말한다. 절차면은 직접 · 간접으로 실체면의 발전을 목적으로 하는 소송행위의 연속이며, 실체면과의 관계에 있어서 내용에 대한 형식, 목적에 대한 수단으로서의 성격을 가진다. 그리고 이러한 소송행위의 효력은 소송주체에 대하여 일정한 권리의무관계를 발생시키므로 절차면에 대하여는 법률관계설이 타당하다.

(3) 실체면과 절차면의 관계

소송의 실체면과 절차면은 분리된 두 개의 측면이 아니라 하나의 소송절차의 양면에 불과하다. 따라서 실체면과 절차면은 밀접한 관련을 가지고 서로 영향을 미치면서 또 다른 절차로 발전해 나간다.

㈎ 실체면이 절차면에 미치는 영향

실체와 관련된 사항들이 절차면에 일정한 영향을 미치는 경우가 있다. 예를 들면 사물관할의 결정($\substack{법원조직 \\ 법 제32조}$), 긴급체포의 허용 여부($\substack{제200 \\ 조의3}$), 고소의 요부(친고죄), 공소시효의 완성 여부($\substack{제249 \\ 조}$), 필요적 변호사건 여부($\substack{제282 \\ 조}$) 등은 범죄의 중대성이나 성질이 각각 형사절차에 영향을 미치는 경우이다.

㈏ 절차면이 실체면에 미치는 영향

실체면에 대한 수단으로서의 의미를 가지는 절차면에서는 적법절차와 인권보장이 강조되므로 절차도 실체에 대하여 일정한 영향을 미치게 된다. 특히 증거법에 대한 법적 규제가 실체면에 가장 큰 영향을 준다. 예를 들면 자백배제법칙($\substack{제309 \\ 조}$), 위법수집증거배제법칙($\substack{제308 \\ 조의2}$), 전문법칙($\substack{제310 \\ 조의2}$), 증거동의($\substack{제318 \\ 조}$), 자백보강법칙($\substack{제310 \\ 조}$) 등이 여기에 해당한다.

Ⅱ. 소송절차이분론

1. 소송절차이분론의 의의

소송절차이분론은 공판절차를 사실인정절차와 양형절차로 분리하자는 주장을 말하며, 공판절차이분론이라고도 부른다. 소송절차이분론은 영미의 형사소송에서 유래한다. 영미의 배심재판에 있어서는 배심원에 의한 유 · 무죄의 사실인정절차와 직업법관에 의한 양형절차가 나누어져 있다. 이와 같은 소송절차이분제도는 독일, 일본 그리고 우리나라와 같이 직업법관에 의하여 사실인정과 양형이 모두 이루어지는 법제하에서도 주로 양형의 합리화라는 차원에서 논의가 활발히 이루어지고 있다. 「국민의 형사재판 참여에 관한 법률」에 의하여 국민참여재판에 관하여는 배심원제도가 도입되었으나, 배심원은 사실인정에 대한 평결과 형의 양정에 관한 의견개진을 모두 할 수 있으므로 두 절차가 분리된 것은 아니다. 그러나 앞으로 배심원이 사실인정에만 관여하고 그 평결에 권고적 효력이 아닌 구속력을 인정하는 단계에 이르면 공판절차를 이원화할 필요성은 현실화하게 될 것이다.

2. 소송절차이분론의 근거와 문제점

(1) 절차이분론의 이론적 근거

소송절차를 이원화해야 한다는 입장에서는 사실인정절차의 순수화와 양형의 합리화를 그 주된 근거로 들고 있다. 그러나 이와 함께 피고인의 사생활 보호와 변호권의 보호 및 소송경제도 그 근거로 제시되고 있다.

㈎ 사실인정절차의 순수화

현재와 같이 사실인정의 자료와 양형의 자료가 하나의 절차에서 심리되는 상황 아래에서는 법관이 피고인의 전과, 경력, 교육정도, 가족관계, 재산상태 등과 같은 사실인정 자체와 관련이 없는 자료들에 의하여 예단과 편견을 가질 염려가 있다. 이는 법관의 예단을 배제하고자 하는 무죄추정의 원칙이나 공소장일본주의의 취지에도 반하는 결과가 된다. 이러한 결과를 피하기 위해서는 절차를 이원화하여 유 · 무죄의 판단은 범죄사실과 직접적으로 관련된 증거를 중심으로 엄격한 증거법칙의 적용하에 행하고, 피고인의 양형에 관련되는 사정은 모두 양형절차에서 심리하도록 할 필요가 있다.

㈏ 양형의 합리화

범죄인의 개별적 특성에 따른 행형과 재사회화의 목적을 달성하기 위해서는 피고인의 인격이나 주위환경에 대한 합리적 · 과학적 조사와 분석이 필요하게 된다. 사실인정절차와 양형절차를 분리하고 판결전 조사제도를 도입하게 되면 양형법관은 공판절차 외에서 피고인의 양형자료만을 전문적으로 조사하는 양형조사관의 보고서를 활용할 수 있고, 이에 의하여 독자적인 양형절차가 구성됨으로써 피고인의 인격에 대한 철저한 심리가 가능하게 된다. 또한 양형판단은 유죄가 확인된 피고인을 전제로 하는 판단이므로 엄격한 증거법칙의 적용을 받지 않고 자유로운 증명으로 족한 것이 된다. 양형의 합리화를 가능하게 한다는 점이 절차이분론의 가장 중요한 근거라고 할 수 있다.

㈐ 피고인의 사생활보호

사실인정절차와 양형절차를 분리하지 않을 경우 양형자료의 조사를 이유로 피고인의 사생활에 관한 자료가 공판절차에서 공개된다. 이는 피고인의 일반적 인격권을 침해하는 것이 된다. 피고인이 무죄판결을 받은 경우에도 이미 공개된 피고인의 사생활의 비밀은 회복될 수 없다. 그러나 절차를 이원화하여 유죄로 인정된 피고인만을 대상으로 비공개로 양형절차를 진행하게 되면 피고인에 대한 불필요한 사생활의 침해를 방지할 수 있다.

㈑ 변호권의 보장

사실인정과 양형판단이 하나의 절차에서 행하여지는 현재의 공판절차에 있어서는 변호인은 무죄를 주장하면서도 유죄로 인정되는 경우에 대비하여 양형자료를 제출하거나 관대한 처벌을 구하는 변론을 하는 모순에 빠질 수 있다. 그러나 이 경우에는 변호인 자신이 피고인의 무죄를 확신하지 못하고 있다는 오해를 법관에게 줄 우려가 있으며, 피고인의 무죄만을 변론하는 때에는 유죄인 경우에 피고인에게 초래되는 불이익을 감수해야만 한다. 절차이분론에 의할 때에는 사실인정단계에서는 피고인의 무죄만을 변론하고, 유죄가 인정되는 경우에는 양형단계에서 정상에 관한 변론을 할 수 있으므로 실질적으로 변호권을 보장하는 기능을 하게 된다.

㈒ 소송경제

현재의 공판절차에서는 범죄사실에 관한 자료 이외에 양형자료가 함께 심리의 대상이 된다. 그러나 절차이분론에 의할 때에는 무죄판결을 선고할 경우에는 양형자료에 대한 조사를 필요로 하지 않는다는 점에서 소송경제에도 도움이 된다고 할 수 있다. 그러나 무죄판결의 비율이 현저하게 낮은 현실을 고려할 때 소송경제를 절차이분론의 실질적인 근거로 삼기는 어렵다고 할 것이다.

(2) 절차이분론의 문제점

⑺ 소송의 지연

사실인정절차와 양형절차를 분리할 때에는 소송의 지연을 초래한다는 점이 절차이분론에 대한 중요한 문제점으로 지적되고 있다. 따라서 양형절차의 효율성을 담보하기 위해서는 그 전제조건으로서 무엇보다도 전문지식을 갖춘 양형조사관의 확보가 필요하다고 할 수 있다.[1] 다만 양형절차를 합리적이고 신중하게 진행함으로써 발생하는 심리의 지연은 양형을 위하여 피고인의 인격에 관한 조사를 철저히 하고자 하는 형사정책적 요구에 의한 것이지 절차이분론의 결과는 아니라고 보아야 한다.

⑷ 범죄사실과 양형사실의 구별곤란

절차이분론에 대하여는 책임은 행위자의 인격과 분리하여 판단할 수 없다는 점과 우리 형법이 가지는 행위자형법으로서의 특성 때문에 범죄사실과 양형사실을 구별하는 것이 곤란하다는 점도 문제점으로 지적되고 있다. 후자와 관련해서는 특히 우리 형법에는 상습범 처벌규정이 광범위하게 존재하고 있는데, 상습범은 범죄의 습벽이라는 피고인의 인격이 범죄성립의 핵심적 요소를 구성하는 범죄이므로 피고인의 인격조사는 이미 사실인정단계에서 행하여지지 않을 수 없게 되고, 따라서 이와 같은 행위자형법의 요소를 제거하지 않는 한 절차의 이원화는 사실상 곤란하다고 한다.

그러나 책임은 기본적으로 행위와 관련된 책임을 의미하므로 책임판단을 위하여 필요한 범위 내에서만 행위자의 개인적 · 주관적 요소를 사실인정절차에서 판단의 대상으로 삼으면 되고, 피고인의 인격적 요소가 범죄구성요소인 경우에도 그러한 인격적 요소만을 사실심리절차에서 조사하면 된다고 할 것이므로 양자를 구별하기 어렵다는 지적도 반드시 타당한 것은 아니라고 볼 수 있다.

3. 입 법 론

절차이분론은 사실인정절차를 순수화하고 양형의 합리성을 도모하는데 중요

---

1) 「소년법」은 소년에 대한 형사사건의 심리에 있어서 소년의 심신상태, 품행, 경력, 가정상황 그 밖의 환경 등에 대하여 정확한 사실을 규명하도록 요구하고 있으며(제58조 제 2 항), 법원은 이와 같은 필요사항의 조사를 조사관에게 위촉할 수 있도록 하고 있다(제56조). 또한 「법원조직법」도 법관의 명을 받아 사건의 심판에 필요한 자료의 수집 · 조사 그 밖에 필요한 업무를 담당하게 하기 위하여 법원에 조사관을 둘 수 있도록 하고 있다(제54조의3 참조).

한 기능을 수행할 수 있으므로 이를 도입할 필요가 있다고 생각된다. 다만 입법론적으로 절차이분론을 어떤 형태로 구성할 것인가에 대하여는 우리의 현실과 관련하여 검토할 필요가 있다.

(1) 재판의 주체는 사실인정절차와 양형절차를 분리하는 경우에도 모두 같은 재판부가 담당하는 것이 타당하다고 생각된다. 절차이분론을 실천하기 위해서는 반드시 배심제도의 도입이 전제되어야 한다는 견해도 있으나, 이는 직업법관에 의한 재판에 있어서나 배심재판에 있어서나 모두 가능하고 또한 필요한 제도라고 볼 수 있다. 다만 양형절차에서의 인격조사를 위하여 판결 전 조사제도를 도입하거나 심리학자나 사회학자의 도움을 받는 방안을 적극적으로 검토할 필요가 있다. 아울러 사실인정절차에 양형자료가 제출된 경우에 이를 배제하기 위한 절차도 마련되어야 한다.

(2) 양형절차에서 유죄결정에 대하여 의문이 생긴 때에도 사실인정절차에서의 유죄결정에 구속력을 인정하여 양형절차에서 이를 번복할 수 없도록 하여야 한다. 양형절차에서 유죄결정을 번복하도록 하는 것은 지나친 심리의 지연을 초래하므로 상소에 의하여 다투도록 하는 것이 타당할 것이다.

(3) 양형절차는 피고인의 사회복귀와 인격권보호를 위하여 비공개로 진행하는 것이 타당하다.

제 2 절   소송행위

I. 소송행위의 의의

1. 개   념

소송행위란 소송절차를 조성하는 행위로서 일정한 소송법적 효과가 인정되는 것을 말한다. 형사소송절차는 소송주체나 소송관계인이 행하는 다수의 소송행위의 연속이라고 할 수 있다. 소송행위는 협의로는 공소제기부터 판결확정까지의 공판절차를 조성하는 행위만을 의미하나, 광의에 있어서는 수사절차와 형집행절차를 조성하는 행위도 포함한다. 형사소송법상의 소송행위는 일반적으로 광의의 소송행위를 의미한다.

소송행위는 소송절차를 조성하는 행위이다. 따라서 법관의 임면이나 사법사무의 분배와 같은 사법행정상의 행위는 소송에 관계있는 행위이지만 소송절차 자체를 형성하는 행위가 아니므로 소송행위에 해당하지 않는다.

또한 소송행위는 소송법상 일정한 효과가 인정되는 행위를 말한다. 따라서 법정경위($\binom{법원조직법}{제64조}$)의 법정정리 또는 개정준비행위는 사실상 소송진행에 기여하는 행위이지만 소송법적 효과가 인정되지 않으므로 소송행위가 아니다.

2. 소송행위의 특질

소송행위는 소송목적을 달성하기 위하여 연속적으로 이루어지는 행위이며, 형사절차는 이러한 연속적인 소송행위의 집합이라고 할 수 있다. 즉 하나의 소송행위는 절차의 발전단계에 따라 이미 행하여진 소송행위를 바탕으로 행하여지며, 따라서 이전의 소송행위가 무효가 되면 이를 기초로 이루어진 이후의 소송행위도 역시 무효가 된다. 그러나 이는 형사사법의 비경제를 초래하므로 소송행위의 하자에 대해서는 사법상의 법률행위이론 특히 의사의 하자에 관한 이론을 그대로 적용할 수 없고, 일정한 경우에는 하자의 치유를 인정함으로써 소송절차가 유지되도록 할 필요가 있다. 이를 절차유지의 원칙이라고 한다.

II. 소송행위의 분류

1. 주체에 의한 분류

(1) 법원의 소송행위

법원의 소송행위는 피고사건에 대한 심리와 재판이 그 주된 내용을 이룬다. 그리고 법원이 재판을 하기 위하여 필요한 경우에 행하는 강제처분과 증거조사도 여기에 포함된다. 재판장 · 수명법관 · 수탁판사의 소송행위도 법원의 소송행위에 준한다. 법원사무관이 공판절차에서 조서를 작성하는 것도 법원의 소송행위에 준하여 여기에 포함시킬 수 있다.

(2) 당사자의 소송행위

검사와 피고인의 소송행위를 말하나, 변호인 · 대리인 · 보조인의 소송행위도 이에 준한다. 당사자의 소송행위에는 신청 · 입증 및 진술이 있다.

(개) 신　　청

신청이란 법원에 대하여 일정한 재판을 구하는 소송행위를 말하며, 청구라고
도 한다. 검사의 공소제기, 관할이전의 신청, 기피신청, 보석의 청구, 증거조사의
신청, 증거조사에 대한 이의신청, 상소의 제기 등이 여기에 해당한다. 신청 또는 청
구가 당사자 등의 권리로 인정되어 있는 경우에는 법원은 이에 대해 반드시 재판을
하여야 한다.

(나) 입　　증

입증이란 증명에 관한 소송행위를 말한다. 증거제출, 증거조사, 증인신문 등이
여기에 해당한다. 법원은 주로 당사자의 입증활동을 통하여 사실에 대한 심증을 형
성하게 된다.

(다) 진　　술

진술이란 법원에 대하여 사실을 보고하거나 사실상·법률상의 의견을 밝히는
것을 말한다. 진술에는 사실과 법률에 대한 의견을 진술하는 주장 또는 변론과 법
원의 심증형성에 영향을 미치는 사실을 진술하는 협의의 진술이 포함된다. 검사의
논고와 구형 및 변호인의 변론은 전자에 해당하며, 피고인의 진술은 후자에 속한다.

(3) 제3자의 소송행위

제3자의 소송행위란 소송의 주체나 그 보조자 이외의 자가 행하는 소송행위
를 말한다. 고소·고발, 참고인의 진술, 증언, 감정, 피고인 아닌 자가 행하는 압수
물에 대한 환부·가환부의 청구 등이 여기에 해당한다.

2. 성질에 의한 분류

(1) 법률행위적 소송행위

법률행위적 소송행위란 일정한 소송법적 효과발생을 지향하는 의사표시를 그
본질적 요소로 하는 소송행위를 말한다. 고소, 공소의 제기, 기피신청, 보석청구,
법원의 재판, 상소의 제기 등이 여기에 해당한다. 법률행위적 소송행위는 일정한
소송법적 효과발생을 의욕하는 의사표시를 내용으로 하고 있다는 점에서 사법상의
법률행위와 비슷하다. 그러나 법률행위적 소송행위는 의사표시를 근거로 하면서
도 그 내용대로 효과가 발생하지 아니하고 소송법이 예정하고 있는 정형적 효과가
발생한다는 점에서 사법상의 법률행위와 구별된다. 따라서 법률행위적 소송행위에

대해서는 사법상의 법률행위에 대하여 인정되는 착오, 사기, 강박 등의 의사표시의 하자에 관한 이론들이 그대로 적용되지 않으며, 행위자의 효과의사와 표시행위가 불일치한 경우에는 원칙적으로 표시행위에 따른 소송법적 효과가 발생한다.

(2) 사실행위적 소송행위

사실행위적 소송행위란 행위자의 의사와 관계없이 소송행위 자체에 대하여 일정한 소송법적 효과가 부여되는 소송행위를 말한다. 사실행위적 소송행위는 다시 표시행위와 순수한 사실행위로 나눌 수 있다. 표시행위란 의사의 외부적 표현을 수반하는 소송행위이지만 그에 상응하는 소송법적 효과가 인정되지 않는 것을 말하며, 논고·구형·변론·증언·감정 등이 여기에 해당한다. 이에 대하여 순수한 사실행위의 예로서는 강제처분을 위한 각종 영장의 집행, 피고인의 퇴정 등을 들 수 있다.

3. 목적에 의한 분류

(1) 실체형성행위

실체형성행위란 실체면의 형성에 직접적인 역할을 담당하는 소송행위, 즉 실체판단을 행하는 법관의 심증에 영향을 미치는 행위를 말한다. 증거조사, 피고인의 진술, 검사의 논고, 변호인의 변론, 증인의 증언, 법원의 검증 등이 여기에 해당한다.

(2) 절차형성행위

절차형성행위는 절차면의 형성을 목적으로 하는 소송행위, 즉 형사절차의 진행 자체와 관련된 소송행위를 말한다. 공소제기, 공판기일의 지정, 소송관계인의 소환, 기피신청, 증거조사의 신청, 상소의 제기 등이 여기에 속한다.

4. 기능에 의한 분류

(1) 효과요구 소송행위

효과요구 소송행위란 행위 자체만으로 행위자가 원하는 소송법적 효과가 발생하지 않고 재판의 형태로 행하여지는 법원의 소송행위가 있을 때 비로소 그 효과가 나타나는 소송행위를 말한다. 효과를 얻으려는 소송행위라는 점에서 이를 취효적 소송행위라고도 한다. 공소의 제기, 기피신청, 증거조사의 신청, 증거조사에 대한 이의신청, 변론의 분리·병합·재개의 신청 등 법원의 재판을 요하는 각종의 소송행위가 여기에 해당한다.

(2) 효과부여 소송행위

효과부여 소송행위란 법원의 소송행위를 기다리지 아니하고 행위 그 자체만으로 일정한 소송법적 효과가 발생하는 소송행위를 말한다. 효과를 부여하는 소송행위라는 점에서 이를 여효적 소송행위라고도 한다. 변호인의 선임, 증거동의, 공소의 취소, 상소의 포기 · 취하 등이 여기에 해당한다. 효과부여 소송행위는 소송행위에 내재되어 있는 의사표시를 중심으로 그 법적 효과의 발생을 판단하면 된다.

Ⅲ. 소송행위의 일반적 요소

소송절차의 동적 · 발전적 성격으로 인하여 소송행위에는 형식적 확실성이 요구된다. 따라서 모든 소송행위는 소송법이 정한 정형에 합치하여야 한다. 소송행위에 공통된 일반적 요소로서는 주체 · 내용 · 방식 · 일시 · 장소를 들 수 있다.

1. 소송행위의 주체

(1) 소송행위적격

소송행위적격이란 행위의 주체가 그의 이름으로 소송행위를 할 수 있는 자격을 말한다. 소송행위적격은 일반소송행위적격과 특별소송행위적격으로 나눌 수 있다.

(가) 일반소송행위적격

일반소송행위적격이란 소송행위 일반에 대하여 요구되는 행위적격을 말한다. 소송행위의 주체가 되려면 소송능력이 있어야 하며, 소송행위를 대리할 경우에는 대리권이 있어야 한다.

(나) 특별소송행위적격

특별소송행위적격이란 개개의 소송행위에 대하여 요구되는 행위적격을 말한다. 특별소송행위적격에는 두 가지가 있다. 먼저 소송행위적격이 소송행위의 개념요소로 되어 있는 경우에는 소송행위적격 없는 자의 소송행위는 소송행위로서 성립하지 않는다. 법원사무관이 한 재판이나 검사 아닌 자가 한 공소제기가 여기에 해당한다. 다음으로 소송행위가 소송법상 일정한 자의 권한으로 규정되어 있는 경우에는 권한 없는 자가 한 소송행위는 무효로 된다. 고소권자 아닌 자의 고소, 상소권자 아닌 자의 상소가 여기에 해당한다.

(2) 소송행위의 대리

㈎ 의   의

대리란 제 3 자가 본인을 위하여 행위를 하고 그 법률상의 효과가 본인에게 직접 발생하는 것을 말한다. 소송행위의 대리는 본래 소송행위적격을 가지지 않는 자라도 대리를 통하여 소송행위적격을 가질 수 있는지의 문제, 즉 소송행위에 대리를 허용할 수 있는지의 문제라고 할 수 있다.

소송행위의 대리는 원칙적으로 의사표시를 본질적 요소로 하는 법률행위적 소송행위에 대하여 허용된다. 따라서 증인의 증언이나 피고인의 진술은 물론 감정인의 감정이나 피고인의 출석 등에 대하여도 대리는 허용될 수 없다. 다만 압수 · 수색 · 검증절차에 보조인이나 대리인이 참여하는 것은 사실행위적 소송행위이지만 피의자 · 피고인의 이익을 위하여 허용된다고 본다. 또한 법원과 검사의 소송행위에 대하여는 이미 법률로 소송행위의 주체가 엄격하게 제한되어 있어 대리를 인정할 여지가 없다는 점에서 소송행위의 대리는 피고인과 제 3 자의 소송행위에 대해서만 문제가 된다.

㈏ 대리의 허용범위

1) 명문의 규정이 있는 경우   법률에 대리를 허용하는 명문의 규정이 있으면 당연히 그에 관한 소송행위의 대리는 허용된다. 형사소송법이 대리를 허용하는 경우로는 포괄적 대리를 인정하는 경우와 개별적 대리를 인정하는 경우가 있다.

포괄적 대리는 특정한 자의 소송행위를 널리 대리할 수 있도록 허용한 경우이다. 법정대리인에 의한 의사무능력자의 소송행위의 대리($\frac{제}{26조}$), 법인의 대표자가 행하는 소송행위의 대리($\frac{제}{27조}$), 변호인 · 보조인에 의한 소송행위의 대리($\frac{제36조,}{제29조}$), 경미사건에 있어서의 피고인의 대리인에 의한 소송행위의 대리($\frac{제277}{조}$) 등이 여기에 속한다.

개별적 대리는 개별 소송행위에 대하여 대리를 허용한 경우이다. 고소 또는 그 취소의 대리($\frac{제236}{조}$), 재정신청의 대리($\frac{제264}{조}$), 법정대리인 등에 의한 변호인선임의 대리($\frac{제}{30조}$), 체포 · 구속적부심사청구의 대리($\frac{제214}{조의2}$), 상소의 대리($\frac{제340조,}{제341조}$) 등이 여기에 해당한다.

2) 명문의 규정이 없는 경우   형사소송법에 대리를 허용하는 명문의 규정이 없는 경우에도 대리를 허용할 것인가에 대하여는 학설의 대립이 있다.

부정설은 ① 형사소송법상 대리를 인정하는 명문의 규정을 둔 것은 이러한 규정이 없는 경우에는 대리가 허용되지 않는다는 취지로 해석하여야 하고, ② 소송행위의 대리를 인정하는 것은 대리권 유무와 관련해서 형사소송의 형식적 확실성을 해할 염려가 있으며, ③ 실체적 진실발견을 추구하는 형사절차에 있어서는 소송행위가 원칙적으로 일신전속적 성격을 가지기 때문에 대리에 친하지 않다는 것 등을 근거로 한다. 판례도 부정설의 입장이다.[1]

한편 긍정설은 ① 형사소송법이 일정한 경우에 대리를 허용하는 규정을 두었다고 해서 명문의 규정이 없으면 언제나 대리가 허용되지 않는다고 해석하는 것은 타당하지 않고, ② 대리인의 권한을 명확히 하면 형사소송의 형식적 확실성을 해할 염려가 없으며, ③ 소송행위가 모두 일신전속적 성격을 가지는 것으로는 볼 수 없을 뿐만 아니라 대리를 허용하는 것이 피고인 등 본인에게 이익이 되며, ④ 절차형성행위에 대하여는 대리를 허용하여도 실체적 진실의 발견에 지장을 초래하지 않는다는 점 등을 그 이유로 한다.

명문의 규정이 없는 경우라도 대리권한이 명확한 경우에는 피고인의 이익을 위하여 절차형성행위에 대한 대리를 허용하는 것이 타당하다고 생각된다.

(다) 대리권의 행사

대리권의 행사는 원칙적으로 본인의 의사에 따라야 한다. 그러나 형사소송법은 피의자 · 피고인에 대한 후견적 견지에서 이들의 명시 또는 묵시의 의사에 반하여 대리권을 행사할 수 있도록 하는 경우가 있다(제30조 제 2 항, 제340조, 제341조 제 2 항). 또한 변호인은 법률에 다른 규정이 있는 경우를 제외하고는 독립하여 피의자 · 피고인의 소송행위를 대리할 수 있다(제36조).

대리권을 행사할 때에는 적법한 대리권자에 의한 대리행위임을 표시하여야 한다. 대리권이 없는 자의 대리행위는 무효이며, 본인의 의사에 따를 것을 요하는 경우에 본인의 의사에 반하여 행한 대리행위의 효력도 마찬가지이다. 다만 본인의 추

---

1) 대법원 2014. 11. 13, 2013도1228,「형사소송법상 소송능력이란 소송당사자가 유효하게 소송행위를 할 수 있는 능력, 즉 피고인 또는 피의자가 자기의 소송상의 지위와 이해관계를 이해하고 이에 따라 방어행위를 할 수 있는 의사능력을 의미하는데, 피의자에게 의사능력이 있으면 직접 소송행위를 하는 것이 원칙이고, 피의자에게 의사능력이 없는 경우에는 형법 제 9 조 내지 제11조의 규정의 적용을 받지 아니하는 범죄사건에 한하여 예외적으로 법정대리인이 소송행위를 대리할 수 있다(형사소송법 제26조). 따라서 음주운전과 관련한 도로교통법 위반죄의 범죄수사를 위하여 미성년자인 피의자의 혈액채취가 필요한 경우에도 피의자에게 의사능력이 있다면 피의자 본인만이 혈액채취에 관한 유효한 동의를 할 수 있고, 피의자에게 의사능력이 없는 경우에도 명문의 규정이 없는 이상 법정대리인이 피의자를 대리하여 동의할 수는 없다.」

인이 있는 경우에는 절차의 형식적 확실성을 해하지 않는 한도에서 무효가 치유될
수 있다.

2. 소송행위의 내용

(1) 내용의 명확성

소송행위에 있어서는 표시의 내용이 소송행위 자체에 의하여 명시되고 특정되
지 않으면 안 된다. 다만 형식적 확실성과 절차의 진행을 해하지 않는 범위 내에서
다른 서면에 기재된 내용을 인용하는 것은 가능하다. 상소심의 재판서를 기재할 때
원심판결에 기재된 사실과 증거를 인용할 수 있는 것이 그 예라고 할 수 있다($\binom{제369}{조, 제}$
$\binom{399조}{참조}$). 또한 동시에 제출된 다른 서면을 인용하는 것도 일반적으로 허용된다.

(2) 소송행위의 부관

소송행위의 명확성과 관련하여 소송행위에 조건이나 기한 등 부관(附款)을 붙
일 수 있는지가 문제된다. 형사절차의 명확성과 안정성 및 소송관계인의 이익보호
를 위하여 법률이 명시적으로 허용하는 경우를 제외하고는 부관을 붙일 수 없다는
견해도 있으나, 소송행위의 형식적 확실성을 해하지 않고 피고인의 이익에 중대한
영향이 없는 범위에서는 예외적으로 조건부 소송행위도 허용된다고 보아야 한다
(다수설). 따라서 범죄사실과 적용법조의 예비적 · 택일적 기재가 허용되는 것
($\binom{제254조}{제5항}$)은 물론이고, 조건부 또는 택일적 증거신청도 가능하다고 해야 한다.

3. 소송행위의 방식

소송행위는 법에서 정한 일정한 방식에 따라 이루어져야 한다. 이는 형사절차
의 형식적 확실성을 확보하고 피고인의 이익을 보호하기 위한 것이다. 소송행위의
일반적 방식으로는 구두주의와 서면주의가 있다.

(1) 구두주의

구두주의는 소송행위를 구두로 행하게 하는 방식으로서 표시내용을 선명하게
하고 진술자의 태도 등을 통하여 진술내용의 진위를 판단할 수 있게 한다는 장점이
있다. 따라서 구두주의는 공판정에서의 소송행위, 특히 실체형성행위에 대한 원칙
적 방식이며, 형사소송법은 「공판정에서의 변론은 구두로 하여야 한다」고 규정하
여($\binom{제275}{조의3}$) 이를 명확히 하고 있다. 검사의 모두진술($\binom{제285}{조}$), 피고인의 모두진술($\binom{제286}{조}$),

증인신문($\frac{제161}{조의2}$), 피고인신문($\frac{제296}{조의2}$), 검사의 의견진술($\frac{제302}{조}$), 변호인과 피고인의 최종
의견진술($\frac{제303}{조}$) 등의 실체형성행위는 구술의 방식으로 행하여야 한다. 그러므로 법
정에서 진술되지 아니한 변호인의 변론요지서의 내용에 대하여는 법원이 판단하지
않아도 된다($\frac{대법원 1970.9.22,}{70도1513}$).

그 밖에 인정신문($\frac{제284}{조}$), 진술거부권 등의 고지($\frac{제283조의2,}{규칙 제127조}$), 불필요한 변론의 제
한($\frac{제299}{조}$), 퇴정명령($\frac{제281}{조}$) 등 소송지휘권의 행사와 법원의 판결의 선고($\frac{제}{43조}$)도 구두의
방식으로 행하여진다.

(2) 서면주의

소송행위를 서면에 의하여 행하도록 하는 서면주의는 소송행위를 내용적 · 절
차적으로 명확히 할 수 있다는 장점이 있다. 따라서 서면주의는 형식적 확실성을
요하는 절차형성행위에 있어서의 원칙적 방식이다. 공소제기($\frac{제254}{조}$), 상소제기
($\frac{제343조}{제 1 항}$), 준항고의 제기($\frac{제418}{조}$), 재심청구($\frac{규칙 제}{166조}$), 비상상고($\frac{제442}{조}$), 변호인선임신고
($\frac{제32조}{제 1 항}$), 증거보전신청($\frac{규칙}{제92조}$), 재정신청($\frac{제260}{조}$), 공소장변경신청($\frac{규칙 제142}{조 제 1 항}$) 등 절차의 명
확성을 높이거나 소송관계인의 신중한 판단을 요하는 경우에 서면에 의한 소송행
위를 요구하고 있다.

(3) 서면 또는 구두주의

소송행위 중에는 서면 또는 구두의 어느 방식에 의하더라도 가능한 경우가 있
다. 고소 · 고발 및 그 취소($\frac{제237조}{제 1 항, 제239조}$), 공소의 취소($\frac{제255}{조}$), 상소의 포기 · 취하($\frac{제352}{조}$),
정식재판의 청구 · 취하($\frac{제458}{조}$) 등은 법률이 이를 명시한 경우이다. 또한 법원 또는
판사에 대한 신청 기타 진술은 형사소송법 및 형사소송규칙에 다른 규정이 없으면
서면 또는 구술로 할 수 있다($\frac{규칙 제176}{조 제 1 항}$). 따라서 기피신청($\frac{제}{18조}$), 국선변호인선정청구
($\frac{제33조}{제 2 항}$), 증거조사신청($\frac{제273조,}{제294조}$), 증거조사에 대한 이의신청($\frac{제296}{조}$), 변론의 분리 · 병
합 · 재개신청($\frac{제300조,}{제305조}$) 등은 구두와 서면 어느 방식에 의해서도 모두 가능하다.

4. 소송행위의 일시와 장소

(1) 소송행위의 일시

일정한 소송행위의 경우에는 당해 소송행위가 유효하게 성립하기 위해서 원칙
적으로 일정한 기일이나 기간 내에 행하여질 것을 요한다. 소송행위의 일시에 관하
여는 기일과 기간이 문제된다.

㈎ 기   일

기일이란 소송관계인이 소송행위를 하기 위해 정해진 때를 말하며, 일(日)과 시(時)로써 정해진다. 공판기일 · 검증기일 · 증인신문기일 등이 여기에 해당하며, 기일은 지정된 시각에 개시되지만 그 종기에는 제한이 없다.

㈏ 기   간

기간이란 시기와 종기에 의하여 구획된 시간의 길이를 말하며, 여러 가지 기준에 의하여 분류될 수 있다.

1) 기간의 종류

① 행위기간과 불행위기간   행위기간이란 적법하게 소송행위를 할 수 있는 일정한 기간을 말한다. 고소기간($\frac{제230}{조}$), 상소기간($\frac{제358조,}{제374조}$) 등이 여기에 해당한다. 불행위기간이란 일정한 기간 내에는 소송행위를 할 수 없는 기간을 말한다. 제 1 회 공판기일 유예기간($\frac{제269}{조}$), 소환장송달의 유예기간($\frac{규칙 제}{123조}$) 등이 여기에 속한다.

② 법정기간과 재정기간   기간의 길이가 법에 의하여 정해져 있는 것을 법정기간이라고 하며, 재판에 의하여 정하여지는 기간을 재정기간이라고 한다. 구속기간($\frac{제92조, 제202}{조, 제203조}$) · 상소제기기간($\frac{제358조,}{제374조}$) 등이 전자에 해당하며, 구속기간의 연장($\frac{제205}{조}$) · 감정유치기간($\frac{제172조 제 3 항,}{제221조의3}$) 등은 후자에 속한다.

③ 불변기간과 훈시기간   불변기간이란 기간경과 후에 행한 소송행위가 무효로 되는 경우의 기간을 말한다. 고소기간($\frac{제230}{조}$), 재정신청기간($\frac{제260}{조}$), 상소기간($\frac{제358조,}{제374조}$), 즉시항고의 제기기간($\frac{제405}{조}$) 등은 불변기간에 해당한다. 이에 대하여 훈시기간이란 기간이 경과한 후에 소송행위를 하더라도 그 효력에 영향이 없는 기간을 말한다. 검사의 사건처리기간($\frac{제257}{조}$), 재정결정기간($\frac{제262}{조}$), 판결선고기간($\frac{제318}{조의4}$), 상소사건에 있어서 소송기록과 증거물의 송부기간($\frac{제361조,}{제377조}$) 등이 여기에 속한다.

2) 기간의 계산   기간의 계산에 관하여는 시(時)로써 계산하는 것은 즉시(卽時)부터 기산하고, 일(日) · 월(月) 또는 연(年)으로 계산하는 것은 초일을 산입하지 아니한다. 따라서 상소제기기간의 기산일은 재판을 선고 또는 고지한 날 다음 날부터이다. 다만 시효(時效)와 구속기간의 초일은 시간을 계산하지 아니하고 1일로 산정한다($\frac{제66조}{제 1 항}$). 연 또는 월로 정한 기간은 연 또는 월 단위로 계산한다($\frac{동조}{제2항}$). 기간의 말일이 공휴일이거나 토요일이면 그 날은 기간에 산입하지 아니한다. 다만 시효와 구속기간에 관하여서는 예외로 한다($\frac{동조}{제 3 항}$).

3) 법정기간의 연장   불변기간인 법정기간은 그 기간의 경과에 따라 소송

행위를 할 수 있는 권리가 소멸되기 때문에 소송관계인의 지위에 중대한 영향을 미친다. 따라서 형사소송법은 소송관계인을 보호하기 위하여 특칙을 두고 있다. 법정기간은 소송행위를 할 자의 주거 또는 사무소의 소재지와 법원 또는 검찰청 소재지와의 거리 및 교통통신의 불편정도에 따라 대법원규칙으로 이를 연장할 수 있다($\frac{제}{67조}$). 그리고 형사소송규칙은 소송행위를 할 자가 국내에 있는 경우와 외국에 있는 경우로 나누어 법정기간을 연장하고 있다($\frac{규칙 제44}{조 참조}$).

이러한 기간의 연장은 행위기간에 대하여만 적용된다. 따라서 즉시항고의 제출기간($\frac{대법원 1983.1.22,}{82모52}$), 상고기간($\frac{대법원 1979.9.27,}{76모58}$), 항소이유서제출기간($\frac{대법원 1985.11.27,}{85모47}$) 등에 대하여는 법정기간의 연장이 인정된다.

(2) 소송행위의 장소

공판기일의 소송행위는 원칙적으로 법원 또는 지원의 건조물 내에 있는 법정, 즉 공판정에서 행한다($\frac{제275조 제 1 항, 법원}{조직법 제56조 제 1 항}$). 그러나 예외적으로 필요한 경우에는 법원장이 법원 이외의 장소에서 개정하게 할 수 있다($\frac{법원조직법}{제56조 제 2 항}$). 기타의 소송행위는 별도로 적당한 장소에서도 할 수 있는데, 피고인의 지정장소에의 동행($\frac{제}{79조}$), 검증($\frac{제139}{조}$), 법정 외에서의 증인신문과 감정($\frac{제165조, 제}{172조 제 1 항}$) 등이 여기에 해당한다.

Ⅳ. 소송행위에 대한 가치판단

1. 의   의

소송행위에 대한 가치판단이란 소송행위에 하자가 있는 경우에 당해 소송행위를 어떻게 평가할 것인가의 문제를 말한다. 소송행위가 법에서 정한 요건을 구비하지 못한 경우, 즉 소송행위에 하자가 있는 경우의 효력의 문제라고 할 수 있다. 소송행위에 대한 가치판단에 있어서는 소송행위가 행하여진 전후의 사정, 하자의 성질과 정도 등을 종합적으로 고려하여야 한다.

소송행위에 대한 가치판단의 문제로는 ① 성립과 불성립, ② 유효와 무효, ③ 적법과 부적법, ④ 이유의 유무의 네 가지가 논의된다.

2. 소송행위의 성립 · 불성립

(1) 의   의

소송행위의 성립 · 불성립이란 특정한 행위가 소송행위로서의 외관 내지 정형을 갖추고 있는가, 다시 말해서 소송법이 당해 소송행위에 대하여 요구하는 본질적 개념요소를 구비하고 있는가에 대한 가치판단을 말한다. 이러한 요소를 구비하고 있으면 성립하는 것이고 그렇지 않으면 불성립이 된다. 따라서 법원이 경찰서장의 즉결심판 청구를 기각하여 경찰서장이 사건을 관할 지방검찰청으로 송치하였으나 검사가 이를 즉결심판에 대한 피고인의 정식재판청구가 있는 사건으로 오인하여 그 사건기록을 법원에 송부한 경우, 공소제기의 본질적 요소라고 할 수 있는 검사에 의한 공소장의 제출이 없는 이상 기록을 법원에 송부한 사실만으로 공소제기가 성립되었다고 볼 수 없다(대법원 2003.11.14, 2003도2735).

소송행위의 유효 · 무효의 문제가 소송행위의 성립을 전제로 한 구체적 · 개별적 판단임에 비하여, 소송행위의 성립 · 불성립은 소송행위 자체에 대한 일반적 · 추상적 판단이라는 점에서 차이가 있다.

(2) 불성립과 무효의 차이

소송행위의 성립 · 불성립을 논하는 실익은 소송행위의 유효 · 무효와의 구별에 있다. ① 소송행위가 성립하지 않은 때에는 이를 무시하고 방치할 수 있으나, 성립한 때에는 그 소송행위가 무효라도 방치할 수 없고 특히 신청과 같은 절차형성행위에 대하여는 일정한 판단을 요한다. ② 무효의 치유는 소송행위의 성립을 전제로 하므로 소송행위가 성립하지 않은 때에는 치유가 문제되지 않는다. ③ 소송행위가 일단 성립하면 무효인 경우에도 일정한 소송법적 효과가 발생하는 경우가 있다. 예를 들면 공소제기가 무효라고 하더라도 공소제기의 외관을 갖춘 경우에는 공소시효정지의 효력(제253조)이 발생하며, 무효의 판결이라고 하더라도 당해 소송절차를 종결시키는 효력으로서의 형식적 확정력이 발생한다.

3. 소송행위의 유효 · 무효

(1) 의   의

소송행위의 유효 · 무효는 소송행위가 성립한 것을 전제로 소송행위의 본래적 효력을 인정할 것인가에 대한 가치판단을 말한다. 무효인 소송행위에는 그 본래적 효력은 인정되지 않지만 일정한 소송법적 효과가 발생할 수도 있다. 공소제기가 무효인 경우에 실체심판을 받을 효력은 발생하지 않지만, 공소시효정지의 효력이 발생할 뿐만 아니라 법원은 이에 대하여 공소기각의 판결을 하여야 한다(제327조 제2호).

소송행위의 무효에는 당연무효와 무효선언을 필요로 하는 경우가 있다. 공소장에 기재사항을 전혀 기재하지 않은 공소제기, 동일사건에 대한 이중판결, 상소취하 후의 상소심판결 등은 당연무효이다. 한편 무효인 소송행위가 소송계속이나 공소시효의 정지 등과 같은 일정한 소송법적 효과를 발생시킨 때에는 소송절차의 형식적 확실성을 도모하기 위하여 무효선언을 필요로 하며, 이 경우에는 공소기각 등의 재판으로 소송을 종결하게 된다.

(2) 무효의 원인

㈎ 소송행위주체에 관한 무효원인

1) 소송행위적격 또는 소송능력의 부존재   소송행위의 주체에게 소송행위적격이 없는 경우에는 소송행위가 무효로 된다. 고소권자가 아닌 자의 고소, 상소권자 이외의 자의 상소, 대리권 없는 자가 한 소송행위 등이 여기에 해당한다.

소송능력이 없는 자가 한 소송행위의 효력에 관하여는 견해가 나누어진다. 의사능력이 결여된 자의 소송행위에 효력을 인정하는 것은 소송행위의 주체인 본인의 이익보호를 위하여 불합리할 뿐만 아니라 실체적 진실발견에도 도움이 되지 않는다는 이유로 실체형성행위와 절차형성행위를 구별하지 않고 모두 무효로 된다는 견해와 절차형성행위는 무효이지만 피고인의 진술이나 증인의 증언 등의 실체형성행위는 무효로 되지 않는다는 견해가 그것이다. 자신의 경험을 진술·표현할 수 있는 정신적 능력을 의미하는 증언능력이나 피고인의 진술능력은 의사능력 내지 소송능력이 없는 경우에도 인정될 수 있으므로 소송능력의 결여가 모든 실체형성행위를 무효로 하는 것은 아니라고 해야 한다.[1] 판례도 사건 당시 만 4세 또는 5세 미만의 아이에 대하여 증언능력을 긍정한 경우가 있다(대법원 1999.11.26, 99도3786; 대법원 2006.4.14, 2005도9561).

2) 의사표시의 하자   행위주체가 착오·사기·강박 등에 의해 소송행위를 한 경우에 당해 행위가 무효로 되는지가 문제로 된다. 실체형성행위는 그 표시행

---

1) 다만 현행법상 피고인에게 소송능력이 없는 경우에는 공판절차를 정지하여야 하고(제306조 제1항) 이를 회복한 후에는 공판절차를 갱신하여야 하는데(규칙 제143조), 이 경우에는 공판절차가 정지되기 전에 행하여진 실체형성행위와 절차형성행위가 모두 효력을 잃게 되므로 소송능력을 결여한 피고인의 진술능력 유무는 사실상 이를 논할 실익이 없게 된다.

위가 행위자의 진의와 합치하는가의 여부보다도 실체와의 합치 여부가 중요하므로 착오 등이 무효원인이 되지 않는다는 점에 이론이 없다. 절차형성행위에 있어서도 의사의 하자는 원칙적으로 무효의 원인이 되지 않는다고 보아야 한다. 절차형성행위는 그 성질상 외부적으로 표시된 바에 의하여 판단해 나가지 않으면 절차의 확실성과 신속한 진행을 기할 수 없기 때문이다. 따라서 착오 등에 의한 고소의 취소 또는 상소의 포기는 원칙적으로 유효한 것으로 보아야 한다.

다만 예외적으로 소송행위가 적법절차의 원칙에 반하여 이루어진 경우에는 그 효력을 인정할 수 없다고 해야 한다. 따라서 착오에 의한 절차형성행위에 있어서 ① 통상인의 판단을 기준으로 하여 만일 착오가 없었다면 그러한 소송행위를 하지 않았으리라고 인정되는 중요한 점에 관하여 착오가 있고, ② 착오가 행위자 또는 대리인이 책임질 수 없는 사유로 인하여 발생하였으며, ③ 그 행위를 유효로 하는 것이 현저히 정의에 반한다고 인정되는 경우에는 예외적으로 착오를 무효원인으로 인정하여야 할 것이다(대법원 1992.3.13, 92모1). 교도관이 내어 주는 상소권포기서를 항소장으로 잘못 믿은 나머지 이를 확인하여 보지도 않고 서명·제출한 자에게 과실이 없다고 보기 어렵고, 따라서 그 항소포기는 유효하다(대법원 1995.8.17, 95모49).

소송행위가 사기·강박에 의하여 이루어진 경우에도 법원 또는 검사가 행한 사기·강박에 의한 경우에는 적법절차의 원칙에 반하여 소송행위가 예외적으로 무효로 된다고 보아야 한다.

(나) 행위내용에 관한 무효원인

소송행위의 내용이 법률상 또는 사실상 실현불가능한 것인 때에는 무효가 된다. 예를 들면 법정형을 넘는 형을 선고한 유죄판결, 허무인에 대한 공소제기 또는 존재하지 않는 재판에 대한 상소제기 등이 여기에 해당한다. 이중기소와 같이 이익이 없는 소송행위 또는 공소사실을 특정하지 않은 경우와 같이 내용이 불명확한 소송행위도 무효로 된다.

(다) 행위방식에 관한 무효원인

방식위반의 소송행위의 효력은 방식을 요구하는 목적과 필요성을 고려하여 판단하여야 한다. 따라서 방식이 중요한 의미를 가지는 경우에는 방식위반의 소송행위를 무효로 한다. 예를 들면 구두에 의한 공소제기, 재판서에 의하지 않은 재판 등이 여기에 해당한다.

(3) 무효의 치유

(가) 의   의

무효의 치유란 행위 당시에 무효인 소송행위가 사정변경에 의하여 유효로 되는 것을 말한다. 무효의 치유는 소송의 발전에 따른 하자의 치유와 소송행위의 추완의 경우로 나누어 볼 수 있다.

(나) 소송의 발전에 따른 무효의 치유

절차상의 하자에 대하여 당사자가 이의를 제기하지 않고 일정한 단계에 이르면 소송행위의 무효가 치유되는 경우가 있는데, 이는 절차유지의 원칙에 의하여 소송행위의 무효가 치유되는 경우라고 할 수 있다. 예를 들면 토지관할에 대한 피고인의 관할위반의 신청은 피고사건에 대한 진술 후에는 할 수 없고($^{제320조}_{제2항}$), 공소장부본송달의 하자($^{대법원\ 2003.11.14,}_{2003도2735}$), 공판기일지정의 하자($^{대법원\ 1967.3.21,}_{66도1751}$), 제 1 회 공판기일유예기간의 하자($^{대법원\ 1969.9.29,}_{69도1218}$), 증인신문순서의 하자 등에 대하여 당사자가 상당한 기간 내에 이의를 제기하지 않으면 책문권의 포기로 되어 소송행위의 무효가 치유된다.

(다) 소송행위의 추완

1) 단순추완   단순추완이란 법정기간이 경과한 후에 이루어진 소송행위에 대하여 그 법정기간 내에 행한 소송행위와 같은 효력을 인정하는 것을 말한다. 이미 행하여진 소송행위의 무효원인 자체를 소멸시키는 것은 아니므로 엄격한 의미의 무효의 치유와는 다르다. 형사소송법은 귀책사유 없이 청구권자가 상소기간 또는 정식재판청구기간 내에 불복을 하지 못한 경우에 상소권회복($^{제345}_{조}$)과 약식명령에 대한 정식재판청구권의 회복($^{제458}_{조}$)을 통하여 이들 소송행위를 추완할 수 있도록 명문으로 허용하고 있다.

명문규정이 없는 경우에 단순추완을 인정할 수 있는가에 대하여는 견해의 대립이 있다. 소송절차의 형식적 확실성과 법적 안정성을 침해하지 않는 범위 내에서는 이를 인정하는 것이 타당하다는 긍정설과 형사절차의 동적 · 발전적 성격과 다른 소송관계인의 이익보호라는 점을 고려할 때 허용해서는 안 된다는 부정설이 그것이다. 명문의 규정이 없는 경우에도 구체적 타당성을 우선시킬 필요가 있는 경우에는 추완을 인정하는 것이 타당하다고 생각된다. 따라서 소송비용집행면제신청($^{제487}_{조}$)의 경우에도 상소권회복에 관한 규정을 준용하여 추완을 인정할 수 있다고 해야 한다.

2) 보정적 추완　　　보정적 추완이란 사후의 일정한 소송행위를 통하여 다른 소송행위의 하자를 치유하는 것을 말한다. 어느 범위 내에서 보정적 추완을 인정할 것인가에 대하여는 견해가 일치하지 않고 있다.

① 변호인선임의 추완　　　변호인선임서 제출 이전에 변호인이 한 소송행위가 사후의 변호인선임서 제출에 의하여 유효하게 되는가의 문제를 말한다. 이에 관하여는 피고인의 이익보호를 위하여 변호인선임서 제출에 의한 보정적 추완을 인정해야 한다는 견해와 변호인선임신고가 가지는 소송법적 효과의 중요성을 고려하여 이를 인정하지 않는 견해 그리고 상소이유서 등 제출기간 내에 변호인선임서가 제출된 경우에 한해서 이를 인정하는 견해 등이 있다. 피고인의 이익을 고려할 때 변호인선임신고에 의한 보정적 추완을 인정하는 것이 타당하다고 생각된다. 다만 판례는 변호인선임서가 접수되지 아니한 상태에서 변호인이 될 자가 항소이유서를 제출하거나($^{대법원\ 1969.10.4,}_{69모68}$) 약식명령에 대한 정식재판청구서를 제출하고($^{대법원}_{2005.1.20,}$ $^{2003}_{모429}$) 그 후 항소이유서 제출기간 또는 정식재판청구기간이 경과한 후에 변호인선임서를 제출한 사안에서 변호인이 제출한 항소이유서 또는 정식재판청구서의 효력을 부인함으로써 보정적 추완을 부정하고 있다.

② 소송조건의 추완

A. 고소의 추완　　　친고죄에 있어서 고소가 없음에도 불구하고 공소를 제기한 후에 비로소 고소가 있는 경우에 공소가 적법하게 되어 법원이 실체판단을 할 수 있는가의 문제가 고소의 추완의 문제이다. 고소의 추완은 공소제기 당시에는 피고사건이 친고죄가 아니었으나 공판절차의 진행 도중에 친고죄임이 판명된 경우에 주로 문제로 된다. 고소가 소송조건인 친고죄에 있어서 고소의 추완을 인정할 것인가에 대하여는 견해가 대립하고 있다.

a) 적 극 설　　　형사절차의 발전적 성격에 비추어 당해 사건이 친고죄인가의 여부가 처음부터 분명한 것이 아니라 심리의 진행에 따라 비로소 판명되는 경우가 있으며, 고소가 없음을 이유로 공소를 기각하고 다시 공소제기를 기다려서 공판절차를 진행하는 것은 소송경제와 절차유지의 원칙에 반한다는 점을 논거로 한다.

b) 소 극 설　　　친고죄에 있어서 고소는 공소제기의 적법·유효요건이고 공소제기는 형식적 확실성을 요하므로 고소의 추완을 인정할 수 없고, 검사의 공소제기를 규제하고 피고인을 절차로부터 조속히 해방시키기 위해서도 고소의 추완을

인정해서는 안 된다고 한다. 판례($\binom{\text{대법원 1982.9.14,}}{\text{82도1504}}$)도 소극설의 입장이다.

　　c) 절 충 설　　공소제기시에 공소사실이 친고죄임을 알면서도 고소없이 공소를 제기한 경우에는 고소의 추완을 인정할 수 없지만, 비친고죄로 공소제기된 사건이 심리결과 친고죄로 판명되거나 친고죄가 추가된 때에는 고소의 추완을 인정해야 한다는 견해이다. 검사의 공소제기에 비난할 점이 없는 경우에는 고소의 추완을 인정해야 한다는 것을 이유로 한다.

　　d) 검 　 토　　검사의 공소제기를 규제하고 절차의 형식적 확실성을 확보하기 위하여는 소송조건의 추완을 인정하지 않는 것이 타당하다. 또한 피고인을 절차로부터 조속히 해방시키는 것은 절차유지의 원칙이나 소송경제보다 우월한 가치에 해당한다. 특히 구속된 피고인에 대한 공소기각 판결의 선고는 구속영장의 효력을 상실시키는 결과를 가져온다는 점에서($^{\text{제331}}_{\text{조}}$), 고소의 추완을 인정하지 않는 것이 피고인의 이익보호와 검사의 공소제기에 대한 규제의 양면에서 모두 의미를 가진다고 생각된다. 따라서 상대적 친고죄에 있어서 공소제기 후 신분관계가 밝혀진 경우나 명예훼손의 공소사실이 공소제기 후 공소장변경에 의하여 모욕으로 변경된 경우 등에 있어서는 법원은 공소제기시에 고소가 없음을 이유로 공소를 기각하여야 한다.

　　다만 친고죄에 대하여 고소가 없거나 고소가 취소되었는데도 친고죄로 공소를 제기한 이후에 공소사실과 동일성이 인정되는 비친고죄로 공소장이 변경된 경우에 대하여, 판례는 이 경우 공소제기의 하자가 치유되어 법원은 변경된 공소사실에 대하여 심리 · 판단하여야 하며 이는 반의사불벌죄의 경우에도 마찬가지라고 한다($^{\text{대법}}_{\text{월}}$ $\binom{\text{2011.5.13,}}{\text{2011도2233}}$).

　　B. 공소사실의 추완　　공소장에 기재된 공소사실은 법원의 심판의 대상과 피고인의 방어의 대상을 결정하는 것이므로 이를 특정하여 기재하지 아니하면 공소제기가 무효가 된다. 따라서 공소사실의 특정은 소송조건에 해당하며, 공소사실이 특정되지 않으면 공소제기의 절차가 법률의 규정에 위반하여 무효인 때($^{\text{제327조}}_{\text{제 2 호}}$)에 해당하여 공소기각의 판결로써 형사절차를 종결시켜야 한다.

　　그러나 대법원은 공소사실의 기재가 특정되지 아니한 경우에는 검사에게 석명을 구하여 이를 특정할 기회를 주고 그럼에도 검사가 이를 명확하게 하지 않은 때에 공소사실의 불특정을 이유로 공소를 기각해야 한다는 입장이다($^{\text{대법원 2022.1.13,}}_{\text{2021도13108}}$). 따라서 석명권을 행사하지 않고 바로 공소기각의 판결을 하였다면 이는 심리미진의 위법에 해당하는 것이 된다. 다만 불특정의 정도가 이런 정도를 넘어서 구체적인 범죄사실의 기재가 없다고 인정되는 경우에는 석명없이 공소를 기각함이 정당하다고 한다($\binom{\text{대법원 1996.2.13,}}{\text{95도2121}}$). 이렇게 볼 때 판례는 공소사실의 추완과 관련하여 공소사실 불특정의 정도를 문제삼고 있으며, 고소의 추완에 있어서와는 다르게 추완을 비교적 넓게 인정하는 태도를 취하고 있다. 그리고 대다수의 학설도 이러한 판례의 태도에 찬성하고 있다.

그러나 공소사실이 불특정인 경우에는 공소기각 판결의 대상이라고 하여야 하며, 공소장보정에 의한 하자의 사후적인 추완은 허용되지 않는다고 보아야 할 것이다. 공소사실의 특정은 공소제기의 유효조건으로서 일반적인 소송조건들과 마찬가지로 공소제기의 시점을 기준으로 결정해야 하기 때문이다.

(4) 소송행위의 취소와 철회

㈎ 소송행위의 취소

소송행위의 취소란 소송행위의 하자를 이유로 소송행위의 효력을 소급하여 소멸시키는 것을 말한다. 소송행위의 취소에 대해서는 절차유지의 원칙상 소송행위의 효력을 소급하여 소멸시키는 취소를 인정할 수 없다는 견해와 실체적 진실발견을 위하여 실체형성행위에 대하여는 취소를 인정할 수 있다는 견해가 있다. 그러나 실체형성행위는 그 표시행위와 실체와의 합치 여부가 중요하다는 이유로 의사의 하자를 무효원인으로 인정하지 않으면서도 한편으로 실체형성행위에 대한 취소를 인정하는 후설은 논리적으로 타당하지 않다. 따라서 일정한 경우에 예외적으로 인정되는 절차형성행위의 무효 이외에 소송행위의 하자를 이유로 그 효력을 소급적으로 소멸시키는 소송행위의 취소는 형사소송에서 인정되지 않는다고 해야 한다 ($\binom{\text{대법원 2001.10.16,}}{\text{2001초428}}$).

㈏ 소송행위의 철회

소송행위의 철회는 장래에 향하여 소송행위의 효력을 상실시키는 것을 말한다. 형사소송법이 소송행위의 철회를 명시적으로 인정하고 있는 경우로는 고소의 취소($\frac{\text{제232}}{\text{조}}$), 공소의 취소($\frac{\text{제255}}{\text{조}}$), 재정신청의 취소($\frac{\text{제264조}}{\text{제2항}}$), 상소취하($\frac{\text{제349}}{\text{조}}$), 재심청구의 취하($\frac{\text{제429}}{\text{조}}$), 정식재판청구의 취하($\frac{\text{제454조, 즉결심판에 관}}{\text{한 절차법 제14조 제4항}}$), 재판의 집행에 관한 불복신청의 취하($\frac{\text{제490}}{\text{조}}$) 등을 들 수 있다. 이 경우의 취소 또는 취하라는 용어는 철회를 의미하는 것으로 보아야 한다.

소송행위의 철회는 명문의 규정이 없는 경우에도 절차의 안정을 해하지 않는 범위 내에서 허용된다고 본다. 예를 들면 증거신청($^{제294}_{조}$), 증거보전신청($^{제184}_{조}$), 체포·구속적부심사의 청구($^{제214}_{조의2}$), 기피신청($^{제}_{18조}$), 보석청구($^{제}_{94조}$), 변론의 분리·병합신청($^{제300}_{조}$), 변론재개신청($^{제305}_{조}$) 등은 그 신청이나 청구에 대한 재판이 있을 때까지 철회가 가능하고, 증거동의($^{제318}_{조}$)는 증거조사가 완료될 때까지 철회가 허용된다고 할 것이다($^{대법원\ 2015.8.27,}_{2015도3467}$).

4. 소송행위의 적법·부적법

소송행위의 적법·부적법은 소송행위가 법률의 규정에 합치하는가에 대한 가치판단을 말한다. 소송행위가 법률의 규정에 합치하면 적법이고, 불합치한 때에는 부적법한 것이 된다. 소송행위의 적법·부적법도 소송행위의 성립을 전제로 한다는 점에서는 소송행위의 유효·무효와 동일하다. 그러나 부적법한 소송행위라고 하더라도 훈시규정에 위반한 행위는 유효하다는 점에서 언제나 양자가 일치하는 것은 아니다. 즉 효력규정에 위반한 소송행위는 부적법하면서 또한 무효이지만, 단순히 훈시규정에 위반한 소송행위는 부적법하기는 하지만 무효는 아니다. 또한 형사소송법이 부적법한 소송행위를 유효로 인정하고 있는 경우도 있다. 관할권 없는 법원이 행한 소송행위($^{제2}_{조}$)가 여기에 해당한다.

5. 소송행위의 이유의 유무

소송행위의 이유의 유무란 법률행위적 소송행위에 관하여 그 의사표시의 내용이 정당한가 여부에 대한 가치판단을 말한다. 이유 있음·이유 없음의 판단은 원칙적으로 적법하고 유효한 소송행위를 전제로 하며, 당사자의 신청이나 청구와 같은 이른바 효과요구 소송행위의 경우에 문제로 된다. 소송행위의 이유의 유무에 따라 법원은 신청을 인용하거나 기각하는 재판을 한다.

V. 소송서류

1. 소송서류의 의의

(1) 개   념

소송서류란 특정한 소송에 관하여 작성된 서류로서 법원이 보관하고 있는 일체의 서류를 말하며, 법원이 작성한 서류뿐만 아니라 법원에 제출된 서류도 포함된다. 소송서류는 특정한 형사사건에 관하여 작성되는 서류이므로 압수된 서류는 증거물이지 소송서류가 아니다. 그리고 소송서류를 소송절차의 진행순서 기타 특정한 방식에 따라 편철한 것을 소송기록이라고 한다.

(2) 소송서류의 비공개

소송에 관한 서류는 공판의 개정 전에는 공익상 필요 기타 상당한 이유가 없으면 공개하지 못한다($\frac{제}{47조}$). 이는 피고인 또는 이해관계인의 명예를 보호하고 재판에 대한 외부의 영향을 방지하기 위한 것이다. 여기서 공판의 개정 전이란 제 1 회 공판기일 전에 한하지 않고, 제 2 회 공판기일의 공판개정 전에도 전 공판기일에 공개하지 않았던 서류나 그 후에 작성된 서류는 공개하지 못한다.

2. 소송서류의 분류

(1) 의사표시적 문서와 보고적 문서

소송서류는 일정한 소송법적 효과의 발생을 지향하는 의사표시의 유무에 따라 의사표시적 문서와 보고적 문서로 나눌 수 있다. 의사표시적 문서는 소송행위자의 일방적 의사표시를 기재한 데 불과하므로 증거능력이 없다. 고소장·고발장·공소장·상소장·변호인선임서 등이 여기에 해당한다. 다만 고소장·고발장의 내용 가운데 범죄사실을 신고하는 보고부분을 범죄사실의 입증에 사용하는 경우에는 이를 피고인 아닌 자가 작성한 진술서로 보아야 한다($\frac{대법원\ 2012.7.26,}{2012도2937\ 참조}$).

보고적 문서는 일정한 사실의 보고를 내용으로 하는 서류를 말하며, 공판조서·검증조서·진술서 또는 각종 신문조서 등이 여기에 속한다. 보고적 문서는 일정한 조건하에 증거능력이 인정된다.

(2) 공무원의 서류와 비공무원의 서류

소송서류는 그 작성주체에 따라 공무원이 작성하는 서류와 공무원 아닌 자가 작성하는 서류로 나눌 수 있으며, 공무원의 서류에는 다시 법원에서 작성하는 서류와 법원 이외의 기관이 작성하는 서류가 있다. 공무원이 작성하는 서류에는 법률에 다른 규정이 없는 때에는 작성연월일과 소속 공무소를 기재하고 기명날인 또는 서명을 하여야 하며, 서류에는 간인(間印)하거나 이에 준하는 조치를 하여야 한다($\frac{제}{57조}$). 공무원이 서류를 작성함에는 문자를 변개하지 못하며, 삽입·삭제 또는 난외기재를 할 때에는 이 기재한 곳에 날인하고 그 자수를 기재하여야 한다. 다만 삭제한 부분은 해득할 수 있도록 자체(字體)를 존치하여야 한다(제58조).

공무원 아닌 자가 작성하는 서류에는 연월일을 기재하고 기명날인 또는 서명하여야 한다. 인장이 없으면 지장으로 한다(제59조). 공무원이 아닌 자가 서명날인을 하여야 할 경우에 서명을 할 수 없으면 타인이 대서한다. 이 경우에는 대서한 자가 그 사유를 기재하고 기명날인 또는 서명하여야 한다(규칙제41조).

3. 조   서

(1) 조서의 의의

조서는 일정한 절차 또는 사실을 인증하기 위하여 작성된 공권적 문서를 말한다. 조서에는 수사기관이 작성하는 조서와 법원에서 작성하는 조서의 두 가지 형태가 있다. 수사기관의 조서에 관해서는 관련되는 부분에서 각각 살펴보기로 하고, 여기서는 법원에서 작성되는 조서에 관하여 설명하기로 한다. 법원이 작성하는 조서에는 공판기일에 행하여진 소송절차의 진행경과와 내용을 기재한 공판조서와 그 이외의 조서가 있다.

(2) 공판조서

공판조서란 공판기일의 소송절차에 관하여 법원사무관 등이 작성한 조서를 말한다. 공판조서는 공판기일의 소송절차가 법정의 방식에 따라 적법하게 행하여졌는가를 인증하기 위하여 작성된다. 공판조서는 당연히 증거능력이 있으며(제311조), 공판기일의 소송절차로서 공판조서에 기재된 것은 그 조서만으로써 증명하는 배타적 증명력을 가진다(제56조). 공판조서는 특히 상소심의 재판에 있어서 중요한 의미를 가진다.

⑺ 기재사항

공판조서의 기재사항은 이를 형식적 기재사항과 실질적 기재사항으로 나누어 볼 수 있다. 형식적 기재사항으로는 ① 공판을 행한 일시와 법원, ② 법관 · 검사 · 법원사무관 등의 관직, 성명, ③ 피고인 · 대리인 · 대표자 · 변호인 · 보조인과 통역인의 성명, ④ 피고인의 출석여부, ⑤ 공개의 여부와 공개를 금한 때의 그 이유 등이 있다(제51조 제 2 항 제 1 호 내지 제 5 호). 실질적 기재사항에는 ① 공소사실의 진술 또는 그를 변경하는 서면의 낭독, ② 피고인에게 그 권리를 보호함에 필요한 진술의 기회를 준 사실과 그 진술한 사실, ③ 피고인·증인·감정인·통역인 또는 번역인의 진술 및 증인 등이 선서를 하지 아니한 때에는 그 사유, ④ 증거조사를 한 때에는 증거될 서류, 증거물과 증거조사의 방법, ⑤ 공판정에서 행한 검증 또는 압수, ⑥ 변론의 요지, ⑦ 재판장이 기재를 명한 사항 또는 소송관계인의 청구에 의하여 기재를 허가한 사항, ⑧ 피고인 또는 변호인에게 최종 진술할 기회를 준 사실과 그 진술한 사실, ⑨ 판결 기타의 재판을 선고 또는 고지한 사실 등이 있다(제51조 제 2 항 제 6 호 내지 제14호).

　형사재판의 실무에서 사용되는 공판조서는 ① 기본되는 공판조서, ② 공판정에서 행한 증인, 감정인, 통역인 또는 번역인에 대한 신문조서, ③ 증거목록 등으로 구성된다. 조서열람의 편의를 위하여 증인신문조서, 감정인신문조서, 통역인신문조서, 번역인신문조서는 각 진술자마다 별지의 조서를 작성하여야 하므로 그 부분의 기재는 기본조서로부터 분리된다. 또한 서증의 제출, 의견진술, 증거조사 등의 부분과 서증 아닌 증거의 신청 및 채부, 증거조사, 기일지정 및 시행기일 등의 내용이 목록화되어 기본조서로부터 분리된다. 기본조서에는 '출석한 증인(또는 감정인, 통역인, 번역인) 별지와 같이 신문하다'라고 기재하거나 '증거관계 별지와 같음'이라고 기재하여 일체성을 부여한다.

(나) **기명날인 또는 서명**

　공판조서에는 재판장과 참여한 법원사무관 등이 기명날인 또는 서명하여야 한다(제53조 제 1 항). 재판장이 기명날인 또는 서명할 수 없는 때에는 다른 법관이 그 사유를 부기하고 기명날인 또는 서명하여야 하며, 법관 전원이 기명날인 또는 서명할 수 없는 때에는 참여한 법원사무관 등이 그 사유를 부기하고 기명날인 또는 서명하여야 한다(동조 제 2 항). 법원사무관 등이 기명날인 또는 서명할 수 없는 때에는 재판장 또는 다른 법관이 그 사유를 부기하고 기명날인 또는 서명하여야 한다(동조 제 3 항).

(다) **공판심리의 속기·녹음·영상녹화**

　검사·피고인 또는 변호인은 공판정에서의 심리의 전부 또는 일부를 속기하게 하거나 녹음 또는 영상녹화할 것을 신청할 수 있다. 법원은 검사·피고인 또는 변호인의 신청이 있는 때에는 특별한 사정이 없는 한 공판정에서의 심리의 전부 또는 일부를 속기사로 하여금 속기하게 하거나 녹음장치 또는 영상녹화장치를 사용하여 녹음 또는 영상녹화하여야 하며, 필요하다고 인정하는 때에는 직권으로 이를 명할 수 있다(제56조의 2 제 1 항). 피고인·변호인 또는 검사의 신청이 있음에도 불구하고 특별한 사정이 있는 때에는 속기·녹음 또는 영상녹화를 하지 아니하거나 신청하는 것과 다른 방법으로 속기 · 녹음 또는 영상녹화를 할 수 있다. 다만 이 경우 재판장은 공판기일에 그 취지를 고지하여야 한다(규칙 제30조의2 제 2 항). 속기 · 녹음 또는 영상녹화의 신청은 공판기일의 1주일 전까지 하여야 한다(규칙 동조 제 1 항 본문). 다만 지정된 공판기일로부터 1주일이 남지 않은 시점에서 공판기일 지정의 통지가 있는 경우에는 통지받은 다음 날까지 신청할 수 있다(규칙 동조 제 1 항 단서). 한편 법원은 필요하다고 인정하는 때에는 직권으로 속기 · 녹음 또는 영상녹화를 명할 수 있다(제56조의2 제 1 항 후단).

속기를 하게 한 경우에 재판장은 법원사무관 등으로 하여금 속기록의 전부 또는 일부를 조서에 인용하고 소송기록에 첨부하여 조서의 일부로 하게 할 수 있다(규칙 제33조). 속기를 하게 한 경우 속기록 기재내용의 정확성 여부에 대한 확인절차의 이행은 법원사무관 등 또는 속기사 등으로 하여금 속기록의 내용을 읽어주게 하거나 진술자에게 속기록을 열람하도록 하는 방법에 의한다(규칙 제34조).

재판장은 필요하다고 인정하는 때에는 법원사무관 등 또는 속기사 등에게 녹음 또는 영상녹화 된 내용의 전부 또는 일부를 녹취할 것을 명할 수 있고, 법원사무관 등으로 하여금 녹취서의 전부 또는 일부를 조서에 인용하고 소송기록에 첨부하여 조서의 일부로 하게 할 수 있다(규칙 제38조). 법원은 속기록 · 녹음물 또는 영상녹화물을 공판조서와 별도로 보관하여야 하며, 검사 · 피고인 또는 변호인은 비용을 부담하고 속기록 · 녹음물 또는 영상녹화물의 사본을 청구할 수 있다(제56조의2 제 2 항 · 제 3 항). 속기록 · 녹음물 또는 영상녹화물은 전자적 형태로 이를 보관할 수 있으며, 재판이 확정되면 폐기한다(규칙 제39조).

「국민의 형사재판 참여에 관한 법률」에 의하여 실시되는 국민참여재판의 경우에는 원칙적으로 속기나 녹음 또는 녹화를 하여야 한다. 즉 법원은 특별한 사정이 없는 한 공판정에서의 심리를 속기사로 하여금 속기하게 하거나 녹음장치 또는 영상녹화장치를 사용하여 녹음 또는 영상녹화하여야 한다(동법 제40 조 제 1 항).

㈜ 공판조서의 정리와 고지

공판조서의 정리라 함은 법원사무관 등이 공판조서를 작성하여 그 조서말미에 기명날인 또는 서명한 다음 그 기재의 정확성을 인증하기 위하여 재판장의 기명날인 또는 서명을 받는 것을 말한다. 따라서 공판조서가 작성되었더라도 아직 정리되지 않은 단계에서는 소송관계인의 열람 · 등사 신청이 있어도 이에 응할 수 없게 된다.

공판조서는 각 공판기일 후 신속히 정리하여야 한다(제54조 제 1 항). 다음 회의 공판기일에 있어서는 전회의 공판심리에 관한 주요사항의 요지를 조서에 의하여 고지하여야 한다. 다만 다음 회의 공판기일까지 전회의 공판조서가 정리되지 아니한 때에는 조서에 의하지 아니하고 고지할 수 있다($\frac{동조}{제2항}$). 검사·피고인 또는 변호인은 공판조서의 기재에 대하여 변경을 청구하거나 이의를 제기할 수 있다($\frac{동조}{제3항}$). 이러한 청구나 이의가 있는 때에는 그 취지와 이에 대한 재판장의 의견을 기재한 조서를 당해 공판조서에 첨부하여야 한다($\frac{동조}{제4항}$).

⒨ 피고인의 공판조서 열람·등사권

피고인은 공판조서의 열람 또는 등사를 청구할 수 있다($\frac{제55조}{제1항}$). 피고인이 공판조서를 읽지 못하는 때에는 공판조서의 낭독을 청구할 수 있다($\frac{동조}{제2항}$). 피고인의 낭독청구가 있는 때에는 재판장의 명에 의하여 법원사무관 등이 공판조서를 낭독한다($\frac{규칙}{제30조}$).

피고인이 그 열람 또는 등사를 청구하면 법원은 피고인에게 반드시 공판조서를 열람 또는 등사시켜야 하고, 그 청구에 응하지 아니한 때에는 그 공판조서를 유죄의 증거로 할 수 없다($\frac{제55조}{제3항}$). 이 경우에는 공판조서를 증거로 할 수 없을 뿐만 아니라 공판조서에 기재된 피고인이나 증인의 진술도 증거능력이 부정된다.[1] 따라서 공판조서에 기재된 피고인이나 증인의 진술기재뿐만 아니라 이들의 공판정에서의 진술 자체를 증거로 사용하는 것도 허용되지 않는다.

피고인과 변호인은 소송서류 열람·복사권을 가지므로($\frac{제}{35조}$) 피고인은 공판조서에 대하여도 열람·복사를 청구할 수 있으나, 법은 피고사건에 대하여 당연히 증거능력이 인정되는($\frac{제311}{조}$) 공판조서의 중요성을 고려하여 피고인의 공판조서 자체에 대한 열람·복사권 및 이러한 권리가 침해되었을 때의 효과를 특별히 규정하고 있는 것이다.

---

1) 대법원 2012. 12. 27, 2011도15869,「형사소송법 제55조 제 1 항은 공판조서의 정확성을 담보함과 아울러 피고인의 방어권을 충실하게 보장하려는 취지에서 피고인에게 공판조서의 열람 또는 등사청구권을 인정하고, 제 3 항은 피고인의 위와 같은 청구에 응하지 아니하는 때에는 그 공판조서를 유죄의 증거로 할 수 없다고 규정하고 있다. 따라서 피고인이 공판조서의 열람 또는 등사를 청구하였음에도 법원이 불응하여 피고인의 열람 또는 등사청구권이 침해된 경우에는 그 공판조서를 유죄의 증거로 할 수 없을 뿐만 아니라 공판조서에 기재된 당해 피고인이나 증인의 진술도 증거로 할 수 없다고 보아야 한다.」

(3) 공판기일 외의 절차에 관한 조서

(가) 신문조서

공판기일 외에서 피고인·피의자·증인·감정인·통역인 또는 번역인을 신문(訊問)하는 때에는 신문에 참여한 법원사무관 등이 조서를 작성하여야 한다($\frac{제48조}{제1항}$). 신문조서에는 ① 피고인·피의자·증인·감정인·통역인 또는 번역인의 진술, ② 증인·감정인·통역인 또는 번역인이 선서를 하지 아니한 때에는 그 사유를 기재하여야 한다($\frac{동조}{제2항}$). 또한 서면이나 사진 등을 신문조서에 첨부하여 이를 조서의 일부로 할 수 있다($\frac{규칙}{제29조}$).

조서는 진술자에게 읽어 주거나 열람하게 하여 기재 내용이 정확한지를 물어야 하며, 진술자가 조서에 대하여 추가, 삭제 또는 변경의 청구를 한 때에는 그 진술내용을 조서에 기재하여야 한다($\frac{제48조}{제3항 \cdot 제4항}$). 신문에 참여한 검사·피고인·피의자 또는 변호인이 조서 기재 내용의 정확성에 대하여 이의(異議)를 진술한 때에는 그 진술의 요지를 조서에 기재하여야 한다($\frac{동조}{제5항}$). 이 경우 재판장이나 신문한 법관은 그 진술에 대한 의견을 기재하게 할 수 있다($\frac{동조}{제6항}$). 조서에는 진술자로 하여금 간인(間印)한 후 서명날인하게 하여야 한다. 다만 진술자가 서명날인을 거부한 때에는 그 사유를 기재하여야 한다($\frac{동조}{제7항}$).

(나) 압수·수색·검증조서

공판기일 외에서 행한 검증·압수 또는 수색에 관하여는 조서를 작성하여야 한다($\frac{제49조}{제1항}$). 공판기일에서의 검증과 압수는 공판조서에 기재된다($\frac{제51조}{제2항 제10호}$). 검증조서에는 검증목적물의 현상을 명확하게 하기 위하여 도화나 사진을 첨부할 수 있다($\frac{제49조}{제2항}$). 압수조서에는 품종, 외형상의 특징과 수량을 기재하여야 한다($\frac{동조}{제3항}$).

압수·수색·검증조서에는 조사 또는 처분의 연월일시와 장소를 기재하고 그 조사 또는 처분을 행한 자와 참여한 법원사무관 등이 기명날인 또는 서명하여야 한다. 다만 공판기일 외에 법원이 조사 또는 처분을 행한 때에는 재판장 또는 법관과 참여한 법원사무관 등이 기명날인 또는 서명하여야 한다($\frac{제}{50조}$).

4. 확정사건의 소송기록에 대한 열람·등사

(1) 의   의

헌법에 규정된 재판공개의 원칙($\frac{제27조 제3항,}{제109조}$)을 실질적으로 구현하고 형사사법 영역에서의 국민의 알권리를 충분히 보장하기 위해서는 확정사건의 소송기록에 대한 일반 국민의 접근을 제도적으로 보장할 필요가 있다. 일반 국민에게 확정사건의 소송기록이 공개되면 형사사법절차가 보다 투명하게 되어 형사재판의 적정성이 향상되고 사법에 대한 국민의 신뢰가 높아지게 된다. 이와 같은 이유로 현행법은 재판이 확정된 소송기록에 대한 열람 · 등사를 일정한 경우에 허용하고 있다. 확정사건의 소송기록에 대한 열람 · 등사를 규정하고 있는 형사소송법 제59조의2와 제59조의3은 「공공기관의 정보공개에 관한 법률」의 특칙에 해당하므로, 확정사건의 소송기록의 공개에 관하여는 위 법률의 적용이 배제되고 형사소송법의 규정이 우선적으로 적용되게 된다.

확정사건의 소송기록에 관한 열람 · 등사는 검찰청에 대하여 신청하는 경우($\binom{제59}{조의2}$)와 법원에 대하여 신청하는 경우($\binom{제59}{조의3}$)가 있다. 아래에서 각각의 경우를 나누어 설명하기로 한다.

(2) 검찰청 보관 재판확정기록의 열람 · 등사

㈎ 열람 · 등사의 절차

1) 신　　청　　　누구든지 권리구제 · 학술연구 또는 공익적 목적으로 재판이 확정된 사건의 소송기록을 보관하고 있는 검찰청에 그 소송기록의 열람 또는 등사를 신청할 수 있다($\binom{제59조의}{2 제1 항}$). 열람뿐만 아니라 등사도 허용되며, 재판확정기록의 일부 또는 전부의 공개가 모두 가능하다. 검찰청에 열람 또는 등사를 신청할 수 있는 재판확정기록은 특정 형사사건에 관하여 법원이 작성하거나 검사, 피고인 등의 소송관계인이 작성하여 법원에 제출한 서류들로서 재판의 확정 후 담당 기관이 절차에 따라 보관하고 있는 서면의 총체를 말하고, 이렇게 보관되고 있다면 해당 형사사건에서 증거로 채택되지 아니하였거나 그 범죄사실과 직접 관련되지 아니한 서류도 재판확정기록에 포함된다($\binom{대법원 2022.2.11,}{2021모3175}$). 확정기록의 열람 · 등사의 신청권자에는 제한이 없다. 다만 열람 · 등사의 목적에 따른 제한이 있을 뿐이다.

2) 열람 · 등사의 제한사유　　　검사는 다음의 어느 하나의 사유에 해당하는 경우에는 소송기록의 전부 또는 일부의 열람 또는 등사를 제한할 수 있다. 다만 소송관계인이나 이해관계 있는 제 3 자가 열람 또는 등사에 관하여 정당한 사유가 있다고 인정되는 경우에는 그러하지 아니하다($\binom{제59조의}{2 제2 항}$).[1] 소송기록의 열람 또는 등사를

---

1) 검사는 정당한 사유를 판단함에 있어 신청인이 열람 · 등사로 얻을 수 있는 이익이 국가 · 사회 및 사건관계인이 입게 될 불이익보다 우월한 경우에 해당하는지에 대하여 열람 · 등사의 목적과 필요성, 열람 · 등사로 생길 수 있는 피해 내용 · 정도 등 제반사정을 종합적으로 고려

제한하는 경우에는 신청인에게 그 사유를 명시하여 통지하여야 한다(동조 제3항).

제한사유는 ① 심리가 비공개로 진행된 경우, ② 소송기록의 공개로 인하여 국가의 안전보장, 선량한 풍속, 공공의 질서유지 또는 공공복리를 현저히 해할 우려가 있는 경우, ③ 소송기록의 공개로 인하여 사건관계인의 명예나 사생활의 비밀 또는 생명 · 신체의 안전이나 생활의 평온을 현저히 해할 우려가 있는 경우, ④ 소송기록의 공개로 인하여 공범관계에 있는 자 등의 증거인멸 또는 도주를 용이하게 하거나 관련 사건의 재판에 중대한 영향을 초래할 우려가 있는 경우, ⑤ 소송기록의 공개로 인하여 피고인의 개선이나 갱생에 현저한 지장을 초래할 우려가 있는 경우, ⑥ 소송기록의 공개로 인하여 사건관계인의 영업비밀(「부정경쟁방지 및 영업비밀보호에 관한 법률」 제 2 조 제 2 호의 영업비밀을 말한다)이 현저하게 침해될 우려가 있는 경우, ⑦ 소송기록의 공개에 대하여 당해 소송관계인이 동의하지 아니하는 경우 등이다(동조 제2항).

3) 검사의 결정　검사는 재판확정기록의 열람 · 등사의 청구가 있는 경우에는 신속하게 허가 여부를 결정하여야 한다(검찰보존사무규칙 제21조 제1항). 검사는 그 결정을 함에 있어 필요하다고 인정하는 경우에는 청구인에게 정당한 사유가 있음을 소명하는 자료의 제출을 요구할 수 있다(동조 제2항). 검사는 청구의 전부나 일부를 허가하지 아니하는 경우에는 청구인에게 재판확정기록 열람 · 등사 불허(제한)통지서에 그 이유를 명시하여 통지하여야 하며(동조 제3항), 검사가 재판확정기록의 열람 또는 등사를 허가한 경우 보존사무담당직원은 신청인으로부터 서약서를 수령하여야 한다(동조 제4항).

4) 등본의 열람 · 등사　검사는 소송기록의 보존을 위하여 필요하다고 인정하는 경우에는 그 소송기록의 등본을 열람 또는 등사하게 할 수 있다. 다만 원본의 열람 또는 등사가 필요한 경우에는 그러하지 아니하다(제59조의2 제4항).

(나) 열람 · 등사한 자의 의무 및 불복방법

소송기록을 열람 또는 등사한 자는 열람 또는 등사에 의하여 알게 된 사항을 이용하여 공공의 질서 또는 선량한 풍속을 해하거나 피고인의 개선 및 갱생을 방해하거나 사건관계인의 명예 또는 생활의 평온을 해하는 행위를 하여서는 아니 된다(제59조의2 제5항).

소송기록의 열람 또는 등사를 신청한 자는 열람 또는 등사에 관한 검사의 처

하여야 한다(검찰보존사무규칙 제22조의3 제 1 항). 검사는 필요하다고 인정하는 때에는 재판확정기록의 열람 · 등사를 신청한 소송관계인이나 이해관계가 있는 제 3 자에게 열람 · 등사에 관한 정당한 사유의 소명을 요구할 수 있다(동조 제 2 항).

분에 불복하는 경우에는 당해 기록을 보관하고 있는 검찰청에 대응한 법원에 그 처분의 취소 또는 변경을 신청할 수 있다($\substack{동조\\제6항}$). 불복신청의 방식 및 재항고에 대해서는 수사절차상의 준항고에 관한 규정들이 준용된다($\substack{제59조의2 제7항,\\제418조, 제419조}$).

(3) 법원 보관 확정 판결서등의 열람 · 복사

㈎ 열람 · 복사의 허용범위

누구든지 판결이 확정된 사건의 판결서 또는 그 등본, 증거목록 또는 그 등본, 그 밖에 검사나 피고인 또는 변호인이 법원에 제출한 서류 · 물건의 명칭 · 목록 또는 이에 해당하는 정보($\substack{이하 "판결서\\등"이라 한다}$)를 보관하는 법원에서 해당 판결서등을 열람 및 복사($\substack{인터넷, 그 밖의 전산정보처리시스\\템을 통한 전자적 방법을 포함한다}$)할 수 있다($\substack{제59조의3\\제1항 본문}$).

㈏ 열람 · 복사의 제한사유

판결서등의 열람 및 복사는 ① 심리가 비공개로 진행된 경우, ②「소년법」제 2 조에 따른 소년에 관한 사건인 경우, ③ 공범관계에 있는 자 등의 증거인멸 또는 도주를 용이하게 하거나 관련 사건의 재판에 중대한 영향을 초래할 우려가 있는 경우, ④ 국가의 안전보장을 현저히 해할 우려가 명백하게 있는 경우, ⑤ 소송기록의 공개로 인하여 사건관계인의 명예나 사생활의 비밀 또는 생명 · 신체의 안전이나 생활의 평온을 현저히 해할 우려가 있는 경우, ⑥ 소송기록의 공개로 인하여 사건관계인의 영업비밀($\substack{「부정경쟁방지 및 영업비밀보호에 관한 법\\률」제2조 제2호의 영업비밀을 말한다}$)이 현저하게 침해될 우려가 있는 경우에는 제한할 수 있다. 다만 ⑤와 ⑥의 사유에 의한 열람 · 복사의 제한은 소송관계인의 신청이 있는 경우에 한정한다($\substack{제59조의3\\제1항 단서}$).

㈐ 법원사무관 등의 개인정보 보호조치

법원사무관등이나 그 밖의 법원공무원은 확정 판결서등의 열람 및 복사에 앞서 판결서등에 기재된 성명 등 개인정보가 공개되지 아니하도록 대법원규칙으로 정하는 보호조치를 하여야 한다($\substack{동조\\제2항}$). 법에 따른 개인정보 보호조치를 한 법원사무관등이나 그 밖의 법원공무원은 고의 또는 중대한 과실로 인한 것이 아니면 확정 판결서등의 열람 및 복사와 관련하여 민사상 · 형사상 책임을 지지 아니한다($\substack{동조\\제3항}$).

㈑ 열람 · 복사를 신청한 자의 불복방법

열람 및 복사에 관하여 정당한 사유가 있는 소송관계인이나 이해관계 있는 제 3 자는 제59조의3 제 1 항 단서의 제한사유에도 불구하고 확정판결서등의 기록이나 이에 해당하는 정보를 보관하는 법원의 법원사무관등이나 그 밖의 법원공무원에게 판결서등의 열람 및 복사를 신청할 수 있다(제59조의3 제 4 항 전문). 이 경우 법원사무관 등이나 그 밖의 법원공무원의 열람 및 복사에 관한 처분에 불복하는 경우에는 확정 판결서등의 기록이나 이에 해당하는 정보를 보관하는 법원에 처분의 취소 또는 변 경을 신청할 수 있다(동항 후문). 불복신청에 대하여는 수사절차상의 준항고에 관한 규정 들이 준용된다(동조 제 5 항, 제 417조, 제418조).

판결서등의 열람 및 복사의 방법과 절차, 개인정보 보호조치의 방법과 절차, 그 밖에 필요한 사항은 대법원규칙으로 정한다(제59조의3 제 6 항).

5. 소송서류의 송달

(1) 송달의 의의

송달이란 당사자 기타 소송관계인에 대하여 법률에 정한 방식에 의하여 소송 서류의 내용을 알리는 법원 또는 법관의 소송행위를 말한다. 송달에는 일정한 법률 적 효과가 인정된다. 송달은 법률에 정한 방식에 따른 요식행위인 점에서 일정한 방식을 요하지 않는 통지와 구별되며, 특정인에 대한 것이라는 점에서 공시 또는 공고와 다르다. 서류의 송달에 관하여 법률에 다른 규정이 없는 때에는 민사소송법 을 준용한다(제65조).

(2) 송달의 대상

㈎ 본인송달의 원칙

송달은 특별한 규정이 없으면 송달받을 본인, 즉 피고인이나 증인 등에게 서류 의 등본 또는 부본을 교부하여야 한다. 따라서 재판장은 피고인에 대한 인정신문을 마친 뒤 피고인에 대하여 그 주소의 변동이 있을 때에는 이를 법원에 보고할 것을 명하고, 피고인의 소재가 확인되지 않는 때에는 그 진술 없이 재판할 경우가 있음 을 경고하여야 한다(소송촉진 등에 관한 특 례규칙 제18조 제 1 항). 다만 소송무능력자에게 할 송달은 그의 법정 대리인에게 하며(민사소송법 제179조), 여러 사람이 공동으로 대리권을 행사하는 경우의 송달 은 그 가운데 한 사람에게 하면 된다(동법 제180조).

㈏ 송달영수인

피고인 · 대리인 · 대표자 · 변호인 또는 보조인이 법원 소재지에 서류의 송달을 받을 수 있는 주거 또는 사무소를 두지 아니한 때에는 법원 소재지에 주거 또는 사 무소 있는 자를 송달영수인으로 선임하여 연명한 서면으로 신고하여야 한다(제60조 제 1 항).

송달영수인은 송달에 관하여 본인으로 간주하고 그 주거 또는 사무소는 본인의 주거 또는 사무소로 간주한다(동조 제2항). 송달영수인의 선임은 같은 지역에 있는 각 심급 법원에 대하여 효력이 있다(동조 제3항). 다만 이 규정은 신체구속을 당한 자에게는 적용 되지 아니한다(동조 제4항). 여기서 신체구속을 당한 자라 함은 그 사건에서 신체를 구속당 한 자를 말하며, 다른 사건으로 신체구속을 당한 자는 포함하지 않는다(대법원 1976.11.10, 76모69).

㈐ 구속된 피고인 등

교도소 · 구치소 또는 경찰서의 유치장에 체포 · 구속 또는 유치된 사람에게 할 송달은 교도소 · 구치소 또는 경찰관서의 장에게 한다(제65조, 민사소송법 제182조). 재감자에 대한 송달을 교도소 등의 소장에게 하지 아니하고 수감되기 전의 주 · 거소에 한 것은 부 적법하여 무효이다(대법원 1995.6.14, 95모14). 송달은 그 관서의 장에게 송달하면 체포 · 구속 또는 유치된 자에게 전달된 여부와 관계없이 효력이 생긴다(대법원 1995.1.12, 94도2687).

㈑ 검　　사

검사에 대한 송달은 서류를 소속 검찰청에 송부하여야 한다(제62조).

(3) 송달의 방법

㈎ 교부송달의 원칙

송달은 서류를 받을 자에게 교부하는 교부송달이 원칙이다(민사소송법 제178조 제1항). 송달할 장소는 송달받을 자의 주소, 거소, 영업소 또는 사무소이다. 다만 법정대리인에게 할 송달은 본인의 영업소나 사무소에서도 할 수 있다(동법 제183조 제1항).

㈏ 보충송달 · 유치송달

근무장소 외의 송달할 장소에서 송달받을 사람을 만나지 못한 때에는 그 사무원, 피용자 또는 동거인으로서 사리를 분별할 지능이 있는 사람에게 서류를 교부할 수 있으며, 근무장소에서 송달받을 사람을 만나지 못한 때에는 송달받을 사람이 고용 · 위임 그 밖에 법률상 행위로 취업하고 있는 다른 사람 또는 그 법정대리인이나 피용자 그 밖의 종업원으로서 사리를 분별할 지능이 있는 사람이 서류의 수령을 거부하지 아니하면 그에게 서류를 교부할 수 있다(민사소송법 제186조 제1항·2항). 이를 보충송달 또는 대리인송달이라고 한다. 한편 서류를 송달받을 사람이 정당한 사유 없이 송달받기를 거부하는 때에는 송달할 장소에 서류를 놓아둘 수 있다(동조 제3항). 이를 유치송달이 라고 한다.

㈐ 우편송달

송달은 송달을 받을 자에게 서류를 교부하는 교부송달이 원칙이나, 주거 · 사무소 또는 송달영수인의 선임을 신고하여야 할 자가 그 신고를 하지 아니하는 때에는 법원사무관 등은 서류를 우체에 부치거나 기타 적당한 방법에 의하여 송달할 수 있다. 서류를 우체에 부친 경우에는 도달된 때에 송달된 것으로 간주한다($_{61조}^{제}$). 우편송달의 경우 민사소송법은 발신주의를 취하고 있으나($_{법 제189조}^{민사소송}$), 형사소송법은 도달주의를 취하고 있다.

㈑ 공시송달

피고인의 주거, 사무소와 현재지를 알 수 없는 때에는 공시송달을 할 수 있다. 피고인이 재판권이 미치지 아니하는 장소에 있는 경우에 다른 방법으로 송달할 수 없는 때에도 같다($_{63조}^{제}$). 공시송달은 다른 방법으로 송달할 수 없을 때에만 허용되는 송달방법이다. 따라서 피고인이 신고한 주소지에 송달불능되었다고 하더라도 국선변호인 선정청구서 등 다른 기록에 피고인의 사무소 등이 기재되어 있는 경우나 ($_{2005모507}^{대법원 2006.2.8,}$) 동거녀의 핸드폰번호와 주거지가 기록상 나타나 있는 경우($_{2003.11.14,}^{대법원}$ $_{도4983}^{2003}$) 또는 피고인의 직장 주소와 어머니의 전화번호가 있는 경우에는($_{2012.4.26,}^{대법원}$ $_{도986}^{2012}$) 이들 장소에 송달을 시도해 보아야 하며, 피고인이 소송이 계속된 사실을 알면서 새로운 주소지 등을 법원에 신고하지 않아 소환장이 송달불능된 경우라고 하더라도 이를 하지 않은 채 곧바로 공시송달의 방법에 의하여 절차를 진행시키는 것은 위법하다($_{2005모507}^{대법원 2006.2.8,}$).

공시송달은 대법원규칙의 정하는 바에 의하여 법원이 명한 때에 한하여 할 수 있다($_{제1항}^{제64조}$). 법원은 공시송달의 사유가 있다고 인정하는 때에는 직권으로 결정에 의하여 공시송달을 명한다($_{제43조}^{규칙}$). 공시송달은 법원사무관 등이 송달할 서류를 보관하고 그 사유를 법원게시장에 공시하여야 하며($_{제2항}^{제64조}$), 법원은 공시송달의 사유를 관보나 신문지상에 공고할 것을 명할 수 있다($_{제3항}^{동조}$). 최초의 공시송달은 공시한 날로부터 2주일을 경과하면 그 효력이 생긴다. 다만 제 2 회 이후의 공시송달은 5일을 경과하면 그 효력이 생긴다($_{제4항}^{동조}$).

피고인의 소재가 불명한 경우에는 공시송달의 방법을 거쳐 피고인의 진술 없이 재판할 수 있는 경우가 있다. 피고인에 대한 송달불능보고서가 접수된 때로부터 6월이 경과하도록 소재조사촉탁, 구인장의 발부 기타 필요한 조치를 취하였음에도 불구하고 피고인의 소재가 확인되지 아니한 때에는 그 후 피고인에 대한 송달은 공시송달의 방법에 의한다($\substack{\text{소송촉진 등에 관한 특} \\ \text{례규칙 제19조 제 1 항}}$). 피고인이 공시송달에 의한 공판기일의 소환을 2회 이상 받고도 출석하지 아니한 때에는 피고인의 진술 없이 재판할 수 있다($\substack{\text{동조} \\ \text{제 2 항}}$). 다만 사형·무기 또는 장기 10년이 넘는 징역이나 금고에 해당하는 사건의 경우에는 그러하지 아니하다($\substack{\text{소송촉진 등에 관} \\ \text{한 특례법 제23조}}$).

제 3 절 소송조건

Ⅰ. 소송조건의 의의

1. 개   념

소송조건이란 전체로서의 소송이 성립·유지·발전하기 위한 기본조건을 말한다. 이러한 형사소송절차의 허용조건으로서의 소송조건은 다음과 같은 의미를 포함한다. 먼저 소송조건은 법원이 피고사건의 실체에 대하여 심판하기 위한 실체심판의 전제조건이라고 할 수 있다. 소송조건이 결여되면 실체적 소송관계가 존재하지 않으므로 형벌권의 존부에 대한 판단이 불가능하기 때문이다. 한편 실체에 대한 심판은 공소제기의 본래적 효력이라는 점에서 볼 때에는 소송조건은 공소제기의 유효조건이라고 할 수 있고, 소송이 진행되는 도중에 소송조건이 결여된 때에는 형식재판으로 소송을 종결시키고 그 후의 소송의 존속·발전은 허용되지 아니한다는 의미에서는 소송조건은 소송의 존속·발전을 위한 조건이라고도 할 수 있다.

2. 구별개념

(1) 처벌조건

소송조건은 실체재판을 위한 전제조건이라는 점에서 실체법상의 형벌권발생조건인 처벌조건과 구별된다. 처벌조건이 결여된 경우에는 형면제의 실체판결을 하여야 하나, 소송조건이 결여된 경우에는 형식재판에 의하여 소송을 종결시켜야 한다.

(2) 소송행위의 유효조건

소송조건은 전체로서의 소송이 허용되기 위한 조건이라는 점에서 개별적인 소송행위가 특정한 소송법적 효과를 발생시키기 위하여 갖추어야 할 요건인 소송행위의 유효조건과 다르다.

(3) 절차정지의 조건

소송조건은 소송의 존속 자체에 영향을 미치는 조건이라는 점에서 단순히 절차를 일시적으로 정지시키는 데 불과한 공판절차의 정지조건($\frac{제298조 제 4}{항, 제306조}$)과 구별된다.

Ⅱ. 소송조건의 분류

1. 일반적 소송조건과 특별소송조건

일반적 소송조건은 일반사건에 공통으로 필요한 소송조건을 말하며, 법원의 재판권 · 관할권 등이 여기에 속한다. 특별소송조건이란 특정한 사건에 대해서만 요구되는 소송조건을 말하며, 친고죄에 있어서 고소가 그 예에 해당한다.

2. 절대적 소송조건과 상대적 소송조건

절대적 소송조건은 법원이 직권으로 조사해야 하는 소송조건을 말하고, 상대적 소송조건은 당사자의 신청을 기다려 법원이 조사하는 소송조건을 말한다. 소송조건은 대부분 절대적 소송조건이지만, 토지관할은 예외적으로 상대적 소송조건에 해당한다($\frac{제320}{조}$).

3. 적극적 소송조건과 소극적 소송조건

적극적 소송조건이란 일정한 사실의 존재가 소송조건이 되는 경우를 말하고, 관할권이나 재판권이 여기에 해당한다. 소극적 소송조건이란 일정한 사실의 부존재가 소송조건이 되는 것을 말하며, 동일사건에 관하여 이중의 공소제기가 없을 것, 공소시효가 완성되지 않았을 것 등이 여기에 속한다.

4. 형식적 소송조건과 실체적 소송조건

형식적 소송조건이란 소송의 절차면에 관한 사유를 소송조건으로 하는 경우를 말한다. 재판권의 존재, 관할권의 존재, 친고죄에 있어서 고소의 존재, 이중기소의 부존재 등과 같이 사건의 절차적 사유가 문제로 되는 경우가 형식적 소송조건이다. 형식적 소송조건이 결여된 경우에는 공소기각의 결정($\frac{제328}{조}$), 공소기각의 판결($\frac{제327}{조}$),

관할위반의 판결($^{제319}_{조}$)로써 소송을 종결시킨다. 결여된 형식적 소송조건이 사후에 보완된 경우에는 동일한 범죄사실에 대하여 다시 기소하는 것이 가능하다.

실체적 소송조건이란 소송의 실체면에 관한 사유를 소송조건으로 하는 경우를 말한다. 사건의 실체에 대하여 심판하기 위해서는 절차적인 조건 즉 형식적 소송조건을 구비할 뿐만 아니라, 실체형성을 행할 이익이 존재하고 또한 실체형성을 진행시키는 것을 부적당하게 할 사유가 존재하지 않아야 한다. 확정판결이 있은 때, 사면이 있은 때, 공소의 시효가 완성되었을 때, 범죄 후의 법령개폐로 형이 폐지되었을 때가 실체형성의 이익이 없어 실체적 소송조건을 결여하는 경우에 해당한다. 실체적 소송조건이 결여되면 면소판결($^{제326}_{조}$)의 선고를 통하여 소송을 종결하게 된다. 면소판결이 확정된 경우에는 일사부재리의 효력이 인정된다. 면소판결은 그것이 단순한 절차상의 하자를 이유로 하는 것이 아니라 중대한 내용상의 하자라고 할 수 있는 실체형성의 이익의 결여를 이유로 하는 것이고, 또한 결여된 실체형성의 이익은 사후에 새로이 보완될 수도 없다는 점을 고려하여 인정되는 효력이다.

Ⅲ. 소송조건의 조사

1. 직권조사

법원은 소송조건의 존부에 관하여 직권으로 조사하여야 한다. 따라서 반의사불벌죄에서 처벌불원의 의사표시의 부존재는 소극적 소송조건으로서 직권조사사항에 해당하므로 당사자가 주장하지 않더라도 법원은 직권으로 이를 조사하여야 한다($^{대법원 2019.12.13,}_{2019도10678}$). 다만 토지관할위반의 경우에는 피고인의 신청이 있을 때에만 법원은 조사할 수 있다($^{제320조}_{제1항}$). 소송조건의 존부에 대한 조사는 제 1 심뿐만 아니라 항소심과 상고심에서도 하여야 한다.

소송조건의 존부는 소송법적 사실이므로 자유로운 증명으로 족하다. 따라서 법원은 소송조건의 존부를 판단하기 위하여 증거능력이 있는 증거에 의한 정식의 증거조사절차를 거칠 필요가 없다.

2. 소송조건의 판단기준

소송조건의 존부는 공소사실을 기준으로 판단하여야 하며, 공소장이 변경된 경우에는 변경된 공소사실을 기준으로 판단해야 한다. 따라서 비친고죄인 피고사건이 공소장변경에 의하여 친고죄로 변경된 경우에는 법원은 공소제기시에 고소가 없음을 이유로 공소기각 판결을 선고하여야 한다($\frac{제327조}{제 2 항}$).

한편 공소시효의 완성 여부를 판단함에 있어서는 공소장이 변경된 경우라도 공소제기시를 기준으로 판단하여야 한다. 공소시효는 공소제기에 의하여 그 진행이 정지되며, 공소제기의 효력은 공소장에 기재된 공소사실과 동일성이 인정되는 사실에 대하여도 미치기 때문이다. 따라서 변경된 공소사실의 공소시효완성 여부의 판단시점은 공소장변경시가 아니라 공소제기의 시점이 된다($\frac{대법원 1992.4.24,}{91도3150}$). 다만 공소시효의 기간은 변경된 공소사실에 대한 법정형이 기준이 된다.

Ⅳ. 소송조건의 결여

1. 형식재판에 의한 종결

소송이 계속된 사건에 대해 소송조건이 존재하지 않으면 법원은 사건의 실체에 대하여 심판할 수 없다. 따라서 법원은 형식재판으로 절차를 종결해야 한다. 형식적 소송조건을 결여한 경우에는 공소기각의 판결($\frac{제327}{조}$)이나 공소기각의 결정($\frac{제328}{조}$) 또는 관할위반의 판결($\frac{제319}{조}$)을 하며, 실체적 소송조건을 결여한 때에는 면소의 판결($\frac{제326}{조}$)을 선고한다.

2. 소송조건결여의 경합

소송조건의 결여가 경합한 경우에는 논리상의 순서와 판단의 난이에 따라 형식재판의 내용을 결정하여야 한다. 따라서 형식적 소송조건과 실체적 소송조건의 결여가 경합한 경우에는 형식적 소송조건의 결여를 이유로 재판하여야 하며, 수개의 형식적 소송조건의 결여가 경합한 때에는 하자의 정도가 중대한 것을 이유로 하는 재판에 의하여 소송을 종결시켜야 할 것이다. 예를 들면 공소기각의 사유와 관할위반의 사유가 경합한 때에는 공소기각의 재판을 해야 하며, 공소기각의 판결과 공소기각의 결정 사유가 경합한 때에는 공소기각의 결정을 하여야 한다.

Ⅴ. 소송조건의 추완

소송조건의 추완이란 공소제기 당시에는 소송조건이 구비되지 않았으나 소송계속 중에 소송조건이 갖추어진 경우에 공소제기의 하자가 치유되는가의 문제를 말한다. 소송조건의 추완은 주로 친고죄에 있어서 고소의 추완을 인정할 것인가의 문제와 공소사실이 특정되지 않은 경우에 공소장보정에 의하여 이를 특정하는 것이 허용되는가의 문제로서 논의된다.

소송의 동적·발전적 성격과 소송경제를 이유로 추완을 인정하는 적극설도 있으나, 소송조건은 공소제기의 적법·유효요건이고 공소제기는 형식적 확실성이 강하게 요청되는 소송행위라는 점에서 소송조건의 추완은 이를 부정함이 타당하다. 또한 검사의 공소제기를 규제하여 피고인의 방어권을 절차적으로 보장할 필요가 있다는 점에서도 추완은 허용되지 않는다고 보아야 할 것이다. 다만 판례 및 다수설은 고소의 추완에 대하여는 소극설의 입장이나, 공소장보정에 의한 공소사실의 추완에 대해서는 이를 인정하는 태도를 취하고 있다. 그러나 공소사실이 불특정인 경우에도 하자의 사후적인 추완은 허용되지 않는다고 보아야 할 것이다. 공소사실의 특정은 공소제기의 유효조건으로서 일반적인 소송조건들과 마찬가지로 공소제기의 시점을 기준으로 결정해야 하기 때문이다.

제 **3** 편

수사와 공소제기

제1장 수 사

제2장 공소의 제기

형 사 소 송 법

제1장

수   사

제 1 절 수사의 기본개념

Ⅰ. 수사의 의의와 구조

1. 수사의 의의

(1) 의   의

수사란 형사사건에 관하여 범죄의 혐의 유무를 명백히 하여 공소의 제기 및 유지 여부를 결정하기 위하여 범인을 발견·확보하고 증거를 수집·보전하는 수사기관의 활동을 말한다. 따라서 공소제기 전에 공소제기 여부를 결정하기 위한 수사기관의 활동뿐만 아니라 공소를 제기한 후에 행하는 공소유지를 위한 보강수사나 공소취소 여부를 결정하기 위한 수사기관의 활동도 수사에 포함된다. 그리고 이러한 수사활동이 연속적으로 이루어지는 과정을 수사절차라고 한다. 형사절차는 수사에 의하여 개시되므로 수사는 형사절차의 제 1 단계라고 할 수 있다.

(2) 수사와 내사의 구별

수사는 범죄의 혐의가 있다고 사료되는 때에 개시되는 수사기관의 활동이므로 범죄의 혐의 유무를 알아보기 위하여 행하는 수사기관의 조사활동인 내사와는 구별된다. 내사단계에서 조사의 대상인 사람을 피내사자 또는 용의자라고 하며, 수사기관에 의해서 일정한 혐의가 인정되어 수사가 개시된 사람을 피의자라고 한다. 경찰수사규칙에서는 내사를 '입건전조사'라고 규정하고 있다(동규칙 제19조).[1]

상대방이 피의자로 되는 수사의 구체적인 개시시점은 형식적으로 범죄인지서 등을 작성하여 사건수리절차를 밟은 때가 아니라, 실질적으로 수사기관이 범죄혐의 있음을 외부적으로 표시하는 활동을 하였을 때라고 보아야 한다. 판례도 수사의 개시 여부를 결정함에 있어서 실질설의 입장을 취하고 있다.[2] 따라서 입건 이전이라도 임의동행의 형식으로 상대방을 연행하거나(대법원 1996.6.3, 96모18), 긴급체포 또는 현행범체포 등을 행한 경우, 계좌추적이나 압수·수색·검증 등을 행한 경우, 피의자신문조서나 참고인진술조서 또는 이들의 진술서 등이 작성된 경우(대법원 2001.10.26, 2000도2968; 대법원 1989.6.20, 89도648)에는 이미 수사가 개시되어 상대방은 피의자가 된다고 보아야 한다.

검사와 사법경찰관의 상호협력과 일반적 수사준칙에 관한 규정은 이러한 내용을 명문화하고 있다. 즉 검사 또는 사법경찰관이 ① 피혐의자의 수사기관 출석조사, ② 피의자신문조서의 작성, ③ 긴급체포, ③ 체포·구속영장의 청구 또는 신청, ④ 사람의 신체, 주거, 관리하는 건조물, 자동차, 선박, 항공기 또는 점유하는 방실에 대한 압수·수색 또는 검증영장(부검을 위한 검증영장은 제외한다)의 청구 또는 신청의 어느 하나에 해당하는 행위에 착수한 때에는 수사를 개시한 것으로 보며, 이 경우 검사 또는 사법경찰관은 해당 사건을 즉시 입건해야 한다(동규정 제16조).

수사의 대상인 피의자는 헌법과 형사소송법이 부여하는 피의자의 권리를 충분히 행사할 수 있는 데 대하여, 내사의 대상자인 피내사자는 단순한 혐의자 내지 용의자에 불과하여 이러한 권리를 행사하는 데 일정한 제한을 받는다. 따라서 피내사자는 증거보전(제184조)을 청구할 수 없으며(대법원 1979.6.12, 79도792), 진정에 기하여 이루어진 내

---

1) 사법경찰관은 입건전조사한 사건에 대해서 사안에 따라 입건(범죄의 혐의가 있어서 수사를 개시), 입건전조사 종결(혐의없음, 죄가안됨, 공소권없음), 입건전조사 중지(피혐의자 또는 참고인 등의 소재불명) 또는 공람후 종결 처리를 한다(경찰수사규칙 제19조).

2) 대법원 2011. 11. 10, 2010도8294, 「검찰사건사무규칙 제 2 조 내지 제 4 조에 의하면, 검사가 범죄를 인지하는 경우에는 범죄인지서를 작성하여 사건을 수리하는 절차를 거치도록 되어 있으므로, 특별한 사정이 없는 한 수사기관이 그와 같은 절차를 거친 때에 범죄인지가 된 것으로 볼 것이나, 범죄의 인지는 실질적인 개념이고, 이 규칙의 규정은 검찰행정의 편의를 위한 사무처리절차 규정이므로, 검사가 그와 같은 절차를 거치기 전에 범죄의 혐의가 있다고 보아 수사를 개시하는 행위를 한 때에는 이때에 범죄를 인지한 것으로 보아야 하고 그 뒤 범죄인지서를 작성하여 사건수리 절차를 밟은 때에 비로소 범죄를 인지하였다고 볼 것이 아니다.」

사사건에서 내사종결처분이 내려지더라도 진정인은 고소사건의 고소인과는 달리 재정신청을 청구할 수도 없다($^{대법원\ 1991.11.5,}_{91모68}$). 내사사건의 종결처리는 수사기관의 내부적인 사건처리방식에 지나지 않기 때문이다.

한편 내사는 광의의 수사활동의 일부를 이루는 조사활동이라는 점에서 볼 때 입건전조사절차에서도 적법절차의 원칙이 준수되어야 할 것이다. 따라서 진술거부권을 비롯한 헌법상의 권리는 피내사자에게도 보장되어야 한다.

2. 수사의 구조

(1) 수사구조론의 의의

수사절차는 수사기관, 피의자, 법관 등이 상호 관련하여 활동하는 공판절차의 준비절차로서의 성격을 가진다. 수사구조론이란 이러한 수사절차를 형사절차에 어떻게 위치시키고 수사과정에 관여하는 활동주체들 간의 관계를 어떻게 정립시킬 것인가를 통일적으로 규명하기 위한 이론을 말한다. 그러나 수사구조론은 단순히 수사절차의 성격이나 수사에 관한 개별 규정들의 해석에 대한 논의에 그치지 않고 수사절차의 개선을 요구하는 정책론으로서의 성격도 아울러 가지고 있다. 수사기관의 합목적적인 활동이 강하게 요구되는 수사절차에 있어서 헌법의 적법절차의 원칙을 어떻게 최대한으로 구체화시킬 수 있는가의 문제를 검토하는 논의라고도 할 수 있다.

(2) 규문적 수사관과 탄핵적 수사관

㈎ 규문적 수사관

규문적 수사관은 수사를 수사기관 중심으로 이해하는 견해로서 피의자에 대한 수사기관의 우월적 지위를 인정하는 입장이라고 할 수 있다. 규문적 수사관에 의하면 수사는 수사기관이 피의자를 조사하는 절차이므로 수사기관에게 필요한 강제처분을 할 수 있는 권한이 인정되고, 다만 그 남용을 억제하기 위하여 법원이 일정한 사법적 통제를 가하는 것이라고 한다. 따라서 수사절차상의 강제처분은 수사기관의 고유권한으로서 강제처분에 대한 필요성은 기본적으로 수사기관 자신이 판단하고 강제처분에 대한 법원의 영장은 허가장의 성질을 가지게 된다. 또한 피의자에게는 수사기관의 조사에 응해야 할 의무가 있으므로 피의자신문을 위한 구인이 허용되고, 신체구속 중인 피의자에게는 조사를 위한 출석 및 체류의무가 인정된다고 한다. 이에 따르면 수사는 예비재판적 · 권력집중적 · 직권주의적 특징을 가지게 된다.

(나) 탄핵적 수사관

탄핵적 수사관은 수사를 수사기관이 단독으로 행하는 공판준비활동으로 이해한다. 따라서 수사절차에서는 피의자도 독립하여 준비활동을 할 수 있고 강제처분은 장래의 재판을 위하여 법원이 행하는 것이라고 본다. 탄핵적 수사관에 의하면 강제처분에 대한 필요성은 기본적으로 법원이 판단하고 법원에 의하여 발부되는 영장은 명령장의 성질을 가지게 된다. 또한 피의자신문을 위한 구인이 허용되지 않으며, 신체구속 중인 피의자에게도 조사를 위한 출석 및 체류의무가 인정되지 않는다. 이에 따르면 수사는 공판중심적 · 권력분산적 · 당사자주의적 구조를 가지게 된다.

(3) 검   토

수사구조론에 대한 현재의 일반적인 견해는 수사절차에서의 피의자의 인권보호와 적법절차의 보장을 위해서 굳이 탄핵적 수사관을 도입할 필요는 없다는 입장이다. 수사절차에서 피의자의 방어권을 보장하는 이유는 헌법상의 적법절차에 기초하여 장차 피고인이 될 준당사자의 지위에 있는 피의자의 권리로서 이를 보호하는 것일 뿐 수사절차의 성격에 따라 달라지는 것은 아니라고 한다. 이 견해는 외형적으로는 수사구조론을 부정하는 입장이라고 볼 수 있으나, 실질적으로는 수사절차의 성격을 규문적 수사관에 입각하여 파악하려는 입장으로 볼 수 있다.

그러나 수사절차에서 적법절차의 원리를 실현하기 위한 해석 및 입법의 지침을 제공하는 데 있어서는 현실적으로 탄핵적 수사관의 입장을 취할 필요성이 크다고 생각된다. 탄핵적 수사관에 의할 때 강제처분을 위한 영장의 성격을 명령장으로 봄으로써 수사권의 남용을 억제할 수 있고, 피의자에 대한 조사수인의무를 부정함으로써 실질적으로 피의자의 진술거부권을 보장할 수 있게 된다. 무죄추정의 법리를 구현하는 데 있어서도 검사와 피의자를 대등한 지위에서 파악하는 탄핵적 수사관이 더 적합하며, 이 입장에 설 때 수사의 필요성을 이유로 한 권리의 제한을 최소화할 수 있게 된다. 또한 규문적 수사관은 수사절차를 공소제기 여부를 결정하기 위한 수사기관의 독자적인 절차로서 파악함으로써 수사절차에서 수집한 증거의 증거능력을 넓게 인정하려는 경향이 있는 데 반하여, 탄핵적 수사관은 수사를 당사자가 될 자들의 공판준비활동에 불과한 것으로 이해함으로써 그 증거능력을 엄격하게 해석하게 되어 공판중심주의의 실현에 공헌하게 된다. 이러한 점들을 고려할 때 현행법상의 수사구조는 이를 탄핵적 수사관의 입장에서 파악함이 타당하다고 생각된다.

Ⅱ. 수사기관

1. 수사기관의 의의

수사기관이란 법률상 수사할 권한이 인정되어 있는 국가기관을 말한다. 수사기관에는 검사와 사법경찰관리 및 고위공직자범죄수사처의 검사와 수사관이 있다. 과거에는 검사에게 수사지휘권과 수사종결권이 인정되어 사법경찰관은 모든 수사에 관하여 검사의 지휘를 받았으나, 형사소송법의 개정으로 검사와 사법경찰관은 수직관계가 아니라 협력관계로 변하였다. 검사 및 사법경찰관은 범죄의 혐의가 있다고 사료하는 때에는 범인, 범죄사실과 증거를 수사하고($\frac{제196조,\ 제}{197조\ 제1항}$), 수사와 공소제기 및 공소유지에 관하여 서로 협력하여야 한다($\frac{제195조}{제1항}$). 검사는 특별사법경찰관의 수사에 관하여 지휘권을 가지나($\frac{제245조의}{10\ 제2항}$), 일반사법경찰관의 수사에 관해서는 감독권만을 가진다.

수사기관의 피의자에 대한 수사는 불구속 상태에서 함을 원칙으로 한다($\frac{제198조}{제1항}$). 검사·사법경찰관리와 그 밖에 직무상 수사에 관계있는 자는 피의자 또는 다른 사람의 인권을 존중하고 수사과정에서 취득한 비밀을 엄수하며 수사에 방해되는 일이 없도록 하여야 한다($\frac{동조}{제2항}$). 검사·사법경찰관리와 그 밖에 직무상 수사에 관계있는 자는 수사과정에서 수사와 관련하여 작성하거나 취득한 서류 또는 물건에 대한 목록을 빠짐 없이 작성하여야 한다($\frac{동조}{제3항}$).

수사기관으로서의 검사의 지위와 권한에 관해서는 이미 설명하였으므로 여기서는 사법경찰관리 및 고위공직자범죄수사처의 직무에 대하여 살펴보기로 한다.

2. 사법경찰관리

(1) 일반사법경찰관리

일반사법경찰관리는 경찰청 소속과 검찰청 소속으로 구분할 수 있다. 경찰공무원 가운데 경무관·총경·경정·경감·경위는 사법경찰관에 해당하고, 경사·경장·순경은 사법경찰리에 해당한다($\frac{제197조}{제1항,\ 제2항}$). 사법경찰리는 사법경찰관의 지휘를 받아 수사를 보조하는 기관이지만($\substack{동조 \\ 제2항}$) 사법경찰관으로부터 구체적 사건에 관하여 특정한 수사명령을 받으면 사법경찰관의 사무를 취급할 권한이 인정된다. 이 때 사법경찰관의 명령에 의하여 피의자신문을 행하거나 피의자신문조서 등을 작성하는 사법경찰리를 가리켜서 '사법경찰관사무취급'이라고 한다.

한편 검찰공무원 가운데 검찰수사서기관·수사사무관 및 마약수사사무관은 검사를 보좌하며 사법경찰관으로서 검사의 지휘를 받아 수사하여야 한다($\substack{제245조의9, \\ 검찰청법 제46 \\ 조 제2항}$). 그리고 검찰총장 및 각급 검사장의 지명을 받은 검찰주사·마약수사주사·검찰주사보·마약수사주사보는 사법경찰관의 직무를, 검찰서기·마약수사서기·검찰서기보·마약수사서기보는 사법경찰리의 직무를 행한다($\substack{검찰청법 \\ 제47조 제1항}$). 사법경찰리의 직무를 행하는 검찰청 직원은 검사 또는 사법경찰관의 직무를 행하는 검찰청 직원의 수사를 보조하여야 한다($\substack{제245조의 \\ 9 제3항}$).

(2) 특별사법경찰관리

특별사법경찰관리는 삼림·해사·전매·세무·군수사기관, 그 밖에 특별한 사항에 관하여 사법경찰관리의 직무를 행하는 자를 말한다($\substack{제245 \\ 조의10}$).「사법경찰관리의 직무를 행할 자와 그 직무범위에 관한 법률」은 특별사법경찰관리의 종류와 직무범위를 규정하고 있다. 교도소장·구치소장·소년원장 또는 소년분류심사원장, 산림보호에 종사하는 공무원, 식품의약품안전처 등에서 식품 또는 의약품 단속 사무에 종사하는 공무원, 철도경찰 사무에 종사하는 공무원, 관세법상의 세관공무원, 근로기준법에 의한 근로감독관, 선장과 기장, 군사법경찰관리 등이 법률이 정한 특별사법경찰관리에 해당한다.

특별사법경찰관리는 직무범위가 사항별로 제한되어 있다. 특별사법경찰관리는 일반사법경찰관리와는 달리 모든 수사에 관하여 검사의 지휘를 받으며 ($\substack{동조 제2항, \\ 제4항}$), 범죄를 수사한 때에는 지체 없이 검사에게 사건을 송치하고, 관계서류와 증거물을 송부하여야 한다($\substack{동조 제5항, \\ 제6항}$).

(3) 일반사법경찰관리의 지위와 권한

㈎ 검사와의 상호협력관계

개정 전 형사소송법은 수사관·경무관·총경·경정·경감·경위는 사법경찰관으로서 모든 수사에 관하여 검사의 지휘를 받는다고 규정하여, 검사의 사법경찰관에 대한 수사지휘권을 인정하고 있었다($\substack{구 형사소송법 \\ 제196조 제1항}$). 그러나 수사의 대부분은 검사의 사전지휘 없이 사법경찰관의 독자적인 판단에 의하여 이루어지고 있는 상황에서 수사활동의 실효성을 담보하기 위해서는 경찰수사의 자유와 재량이 확보되어야 한다는 주장이 제기되어 왔으며, 이에 따라 현행 형사소송법은 검사와 사법경찰관의 관계를 수직관계가 아니라 상호협력관계로 설정하여 사법경찰관에 대한 검사의 수사지휘권을 폐지하였다. 검사와 사법경찰관은 수사, 공소제기 및 공소유지에 관하여 서로 협력하여야 한다($\frac{제195조}{제1항}$).

(나) 수사권 및 1차 수사종결권

경무관·총경·경정·경감·경위는 사법경찰관으로서 범죄의 혐의가 있다고 사료하는 때에는 범인, 범죄사실과 증거를 수사한다($\frac{제197조}{제1항}$). 경사·경장·순경은 사법경찰리로서 수사의 보조를 하여야 한다($\frac{동조}{제2항}$). 경찰청 소속 사법경찰관리는 경찰청의 하부조직인 국가수사본부에 속한다. 국가수사본부는 경찰수사 관련 정책의 수립·총괄·조정, 경찰수사 및 수사 지휘·감독 기능을 수행하며, 수사국·형사국·사이버수사국 및 안보수사국으로 구성된다($\frac{경찰청과 그 소속기관}{직제 제4조, 제16조}$).

검사가 수사를 직접 개시할 수 있는 범죄는 ① 부패범죄, 경제범죄 등 대통령령($\frac{검사의 수사개시 범}{죄 범위에 관한 규정}$)으로 정하는 중요 범죄, ② 경찰공무원이 범한 범죄, ③ 위의 ①, ②의 범죄 및 사법경찰관이 송치한 범죄와 관련하여 인지한 각 해당범죄와 직접 관련성이 있는 범죄에 한정된다($\frac{검찰청법}{제4조 제1항}$). 검사 또는 고위공직자범죄수사처에 수사권이 인정되는 특정한 범죄 이외의 범죄에 대한 수사권은 사법경찰관에게 있다. 만약 검사와 사법경찰관이 동일한 범죄사실을 수사하게 된 때에는 검사는 사법경찰관에게 사건을 송치할 것을 요구할 수 있고($\frac{제197조의}{4 제1항}$), 요구를 받은 사법경찰관은 지체 없이 검사에게 사건을 송치하여야 한다($\frac{동조}{제2항 본문}$). 다만 검사가 영장을 청구하기 전에 동일한 범죄사실에 관하여 사법경찰관이 영장을 신청한 경우에는 해당 영장에 기재된 범죄사실을 계속 수사할 수 있다($\frac{동조}{제2항 단서}$). 따라서 검사에게 수사권한이 인정되는 범죄사실이라고 하더라도 사법경찰관이 수사한 후 먼저 영장을 신청하는 경우에는 사법경찰관이 계속해서 당해 범죄사실을 수사할 수 있는 예외가 인정된다.

또한 사법경찰관은 범죄를 수사한 후 범죄혐의가 있다고 인정되지 않는 경우에는 사건에 대한 1차 수사종결권을 가진다. 사법경찰관은 고소·고발 사건을 포함하여 범죄를 수사한 후 범죄의 혐의가 있다고 인정되는 경우에는 지체 없이 검사에게 사건을 송치하고, 그 밖의 경우에는 그 이유를 명시한 서면과 함께 관계 서류와 증거물을 지체 없이 검사에게 송부하여야 한다. 후자의 경우 검사는 송부받은 날부터 90일 이내에 사법경찰관에게 반환하여야 한다($^{제245}_{조의5}$).

㈐ 검사의 영장불청구에 대한 심의신청권

검사가 사법경찰관이 신청한 영장을 정당한 이유 없이 판사에게 청구하지 아니한 경우 사법경찰관은 그 검사 소속의 지방검찰청 소재지를 관할하는 고등검찰청에 영장 청구 여부에 대한 심의를 신청할 수 있고($^{제221조의}_{5 제 1 항}$), 이를 심의하기 위하여 각 고등검찰청에 영장심의위원회를 둔다($^{동조}_{제2항}$). 영장심의위원회는 검사의 부당한 영장불청구를 규제하기 위한 제도로서 그 심의대상에는 체포·구속영장, 압수·수색·검증영장, 통신제한조치허가서 및 통신사실확인자료제공 요청허가서, 그 밖에 사법경찰관이 관련 법률에 따라 신청하고 검사가 법원에 청구하는 강제처분의 청구 여부에 관한 사항이 모두 포함된다($^{영장심의위원회}_{규칙 제 2 조}$).

영장심의위원회는 위원장 1명을 포함한 10명 이내의 외부 위원으로 구성하고, 위원은 각 고등검찰청 검사장이 위촉한다($^{제221조의}_{5 제 3 항}$). 심의신청을 한 사법경찰관과 담당검사는 심의위원회에 의견서를 제출할 수 있고, 심의위원회에 출석하여 의견을 개진할 수 있다($^{동조 제 4 항, 영장심의위}_{원회 규칙 제17조, 제18조}$). 담당검사와 사법경찰관은 심의위원회의 심의결과를 존중해야 하나, 이에 구속되지는 않는다($^{동규칙 제25조}_{제 2 항 참조}$).

3. 고위공직자범죄수사처

(1) 조   직

고위공직자범죄등에 관한 필요한 직무를 수행할 수 있도록 2020년 「고위공직자범죄수사처 설치 및 운영에 관한 법률」이 제정되었고, 이에 따라 고위공직자범죄수사처가 설치되었다.

수사처는 처장, 차장, 수사처검사, 수사처수사관, 그 밖의 직원으로 구성된다($^{공수처법}_{제 4 조}$). 처장은 수사처의 사무를 통할하고 소속 직원을 지휘·감독한다($^{동법 제17조}_{제 1 항}$). 처장은 직무승계권과 직무이전권을 가진다. 처장은 수사처검사의 직무를 자신이 처리할 수 있으며($^{동법 제19조}_{제 2 항 전단}$), 수사처검사로 하여금 자신의 권한에 속하는 직무의 일부를 처리하게 하거나, 수사처검사의 직무를 다른 수사처검사로 하여금 처리하게 할 수 있다($^{동조 제 1 항·}_{제 2 항 후단}$). 또한 처장은 직무를 수행함에 있어서 필요한 경우 대검찰청, 경찰청 등 관계 기관의 장에게 고위공직자범죄등과 관련된 사건의 수사기록 및 증거 등 자료의 제출과 수사활동의 지원 등 수사협조를 요청할 수 있다($^{동법 제17조}_{제 4 항}$). 차장은 처장을 보좌하며, 처장이 부득이한 사유로 그 직무를 수행할 수 없는 때에는 그 직무를 대행한다(동법 제18조 제1항). 처장과 차장은 수사처검사의 직을 겸한다(동법 제17조 제5항, 제18조 제2항).

수사처검사는 처장과 차장을 포함하여 25명 이내로 하고(동법 제8조 제2항), 처장의 지휘·감독에 따르며 수사처수사관을 지휘·감독한다(동법 제20조 제2항). 수사처검사는 고위공직자범죄의 유형에 따라 수사와 공소의 제기 및 유지에 필요한 행위를 한다(동조 제1항). 또한 수사처검사는 구체적 사건과 관련된 처장의 지휘·감독의 적법성 또는 정당성에 대하여 이견이 있을 때에는 이의를 제기할 수 있다(동조 제3항). 처장과 차장을 포함한 수사처검사는 신분이 보장되어, 탄핵이나 금고 이상의 형을 선고받은 경우를 제외하고는 파면되지 아니하며, 징계처분에 의하지 아니하고는 해임·면직·정직·감봉·견책 또는 퇴직의 처분을 받지 아니한다(동법 제14조).

수사처수사관은 검찰청으로부터 파견받은 검찰수사관을 포함하여 40명 이내로 하고(동법 제10조 제2항), 수사처검사의 지휘·감독을 받으며 고위공직자범죄등에 대한 수사에 관하여 형사소송법 제197조 제1항에 따른 사법경찰관의 직무를 수행한다(동법 제21조).

(2) 고위공직자 및 대상범죄의 범위

㈎ 고위공직자

공수처법에서 정의하는 고위공직자는 다음 어느 하나의 직(職)에 재직 중인 사람 또는 그 직에서 퇴직한 사람을 말한다. ① 대통령, ② 국회의장 및 국회의원, ③ 대법원장 및 대법관, ④ 헌법재판소장 및 헌법재판관, ⑤ 국무총리와 국무총리비서실 소속의 정무직공무원, ⑥ 중앙선거관리위원회의 정무직공무원, ⑦ 「공공감사에 관한 법률」 제2조 제2호에 따른 중앙행정기관의 정무직공무원, ⑧ 대통령비서실·국가안보실·대통령경호처·국가정보원 소속의 3급 이상 공무원, ⑨ 국회사무처, 국회도서관, 국회예산정책처, 국회입법조사처의 정무직공무원, ⑩ 대법원장비서실, 사법정책연구원, 법원공무원교육원, 헌법재판소사무처의 정무직공무원, ⑪ 검찰총장, ⑫ 특별시장·광역시장·특별자치시장·도지사·특별자치도지사 및 교육감, ⑬ 판사 및 검사, ⑭ 경무관 이상 경찰공무원, ⑮ 장성급 장교, ⑯ 금융감독원 원장·부원장·감사, ⑰ 감사원·국세청·공정거래위원회·금융위원회 소속의 3급 이상 공무원이 여기에 포함된다(동법 제2조 제1호).

고위공직자의 가족이란 배우자, 직계존비속을 말한다. 다만 대통령의 경우에는 배우자와 4촌 이내의 친족을 말한다(동법 제 2 조
제 2 호).

(나) 대상범죄

공수처법의 적용대상인 고위공직자범죄란 고위공직자로 재직 중에 본인 또는 고위공직자의 직무와 관련하여 가족이 범한 다음의 죄를 말한다. ①「형법」제122조부터 제133조까지의 공무원의 직무에 관한 죄(다른 법률에 따라 가중처벌되는 경우를 포함한다), ② 직무와 관련되는「형법」제141조(공용서류 등의 무효, 공용물의 파괴), 제225조(공문서등의 위조·변조), 제227조(허위공문서작성등), 제227조의2(공전자기록위작·변작), 제229조의 위조등 공문서의 행사죄(제225조, 제227조 및 제227조의2의 행사죄에 한정한다), 제355조부터 제357조까지(횡령과 배임의 죄) 및 제359조의 그 미수죄(다른 법률에 따라 가중처벌되는 경우를 포함한다), ③「특정범죄 가중처벌 등에 관한 법률」제 3 조(알선수재)의 죄, ④「변호사법」제111조(알선수재)의 죄, ⑤「정치자금법」제45조(정치자금부정수수)의 죄, ⑥「국가정보원법」제21조(정치 관여) 및 제22조(직권남용)의 죄, ⑦「국회에서의 증언·감정 등에 관한 법률」제14조 제 1 항(위증 등)의 죄, ⑧ 위의 죄에 해당하는 범죄행위로 인한「범죄수익은닉의 규제 및 처벌 등에 관한 법률」제 2 조 제 4 호의 범죄수익등과 관련된 같은 법 제 3 조(범죄수익등의 은닉 및 가장) 및 제 4 조(범죄수익등의 수수)의 죄가 여기에 포함된다(공수처법
제 2 조 제 3 호).

또한 관련범죄란 ① 고위공직자와「형법」제30조부터 제32조까지의 관계에 있는 자(공동정범·교사범·종범)가 범한 위의 어느 하나에 해당하는 죄, ② 고위공직자를 상대로 한 자의「형법」제133조(뇌물공여등), 제357조 제 2 항(배임증재)의 죄, ③ 고위공직자범죄와 관련된「형법」제151조 제 1 항(범인은닉), 제152조(위증, 모해위증), 제154조부터 제156조까지의 죄(허위의 감정·통역·번역, 증거인멸, 무고) 및「국회에서의 증언·감정 등에 관한 법률」제14조 제 1 항(위증 등)의 죄, ④ 고위공직자범죄 수사 과정에서 인지한 그 고위공직자범죄와 직접 관련성이 있는 죄로서 해당 고위공직자가 범한 죄를 말한다(공수처법
제 2 조 제 4 호).

그리고 "고위공직자범죄등"이란 위의 고위공직자범죄와 관련범죄를 말한다(동법 제 2 조
제 5 호).

(3) 직무와 권한

공수처법에 의하여 설치된 고위공직자범죄수사처는 특별법상의 수사기관에 해당한다. 수사처는 그 권한에 속하는 직무를 독립하여 수행하는데($\substack{동법 제3조\\제2항}$), 수사처의 직무에는 ① 고위공직자범죄등에 관한 수사($\substack{동조 제1항\\제1호}$)와 ② 고위공직자 중 대법원장·대법관·검찰총장·판사·검사·경무관 이상 경찰공무원에 해당하는 고위공직자로 재직 중에 본인 또는 본인의 가족이 범한 고위공직자범죄등의 공소제기와 그 유지($\substack{동조 제1항\\제2호}$)가 포함된다.

수사처검사는 고위공직자범죄의 혐의가 있다고 사료하는 때에는 범인, 범죄사실과 증거를 수사하여야 한다($\substack{동법\\제23조}$). 공수처법 제 3 조 제 1 항 제 2 호에 해당하는 판사·검사·경무관 이상 경찰공무원에 해당하는 고위공직자나 그 가족이 범한 고위공직자범죄 및 관련범죄에 대해서는 수사권뿐만 아니라 공소를 제기하고 유지할 수 있는 권한이 함께 인정된다.

다른 수사기관이 범죄를 수사하는 과정에서 고위공직자범죄등을 인지한 경우 그 사실을 즉시 수사처에 통보하여야 하고($\substack{동법 제24조\\제2항}$), 이에 따라 고위공직자범죄등 사실의 통보를 받은 처장은 통보를 한 다른 수사기관의 장에게 수사처규칙으로 정한 기간과 방법으로 수사개시 여부를 회신하여야 한다($\substack{동조\\제4항}$). 수사처의 범죄수사와 중복되는 다른 수사기관의 범죄수사에 대하여 처장이 수사의 진행 정도 및 공정성 논란 등에 비추어 수사처에서 수사하는 것이 적절하다고 판단하여 이첩을 요청하는 경우 해당 수사기관은 이에 응하여야 한다($\substack{동조\\제1항}$). 한편 처장은 피의자, 피해자, 사건의 내용과 규모 등에 비추어 다른 수사기관이 고위공직자범죄등을 수사하는 것이 적절하다고 판단될 때에는 해당 수사기관에 사건을 이첩할 수 있다($\substack{동조\\제3항}$). 수사처와 다른 수사기관의 범죄수사가 경합하는 경우에 공수처에 우선적 수사권을 부여하면서, 수사처의 사건이첩에 의해서 다른 수사기관이 고위공직자범죄등을 수사를 할 수 있는 예외를 인정하고 있다.

수사처 외의 다른 수사기관이 검사의 고위공직자범죄 혐의를 발견한 경우 그 수사기관의 장은 사건을 수사처에 이첩하여야 하고($\substack{동법 제25조\\제2항}$), 처장은 수사처검사의 범죄 혐의를 발견한 경우에 관련 자료와 함께 이를 대검찰청에 통보하여야 한다($\substack{동조\\제1항}$). 또한 처장은 고위공직자범죄에 대하여 불기소 결정을 하는 때에는 해당 범죄의 수사과정에서 알게 된 관련범죄 사건을 대검찰청에 이첩하여야 한다($\substack{동법\\제27조}$). 수사처와 검찰청이 서로 견제할 수 있도록 한 규정이다.

수사처검사는 공소권이 없는 고위공직자범죄등에 관한 수사를 한 때에는 관계 서류와 증거물을 지체 없이 서울중앙지방검찰청 소속 검사에게 송부하여야 하고 ($\frac{\text{동법 제26조}}{\text{제 1 항}}$), 이에 따라 관계 서류와 증거물을 송부받아 사건을 처리하는 검사는 처장에게 해당 사건의 공소제기 여부를 신속하게 통보하여야 한다($\frac{\text{동조}}{\text{제 2 항}}$).

Ⅲ. 피 의 자

1. 피의자의 의의

피의자란 수사기관에 의하여 범죄의 혐의가 인정되어 수사의 대상으로 되어 있는 자를 말한다. 피의자는 수사의 개시로부터 공소제기 전까지의 개념으로서 진범인인가의 여부는 불문한다. 피의자는 수사개시 이후의 개념이므로 수사가 개시되기 전에 범죄혐의를 확인하기 위하여 수사기관이 내부적으로 조사 중인 자인 피내사자 또는 용의자와 구별되며, 수사종결 후 검사가 법원에 대하여 공소를 제기한 자인 피고인과도 구별된다.

피의자로 되는 시점은 수사기관이 범죄혐의를 인정하여 수사를 개시한 때이다. 수사기관이 사건을 직접 인지(認知)한 경우에는 인지를 한 시점에서 피의자로 되지만, 고소·고발사건의 경우에는 고소·고발이 있는 때가 기준이 된다.

한편 피의자의 지위는 검사의 공소제기 또는 경찰서장의 즉결심판청구가 있거나 검사의 불기소결정이 있는 경우에 소멸한다. 그러나 검사의 불기소결정에 대하여 고소인 또는 고발인이 검찰항고, 재정신청을 한 경우에는 그 절차가 종결되기 전까지는 피의자의 지위가 소멸하지 않는다.

2. 피의자의 소송법상의 지위

수사기관에 의하여 범죄의 혐의가 인정된 피의자는 수사의 대상이 되나, 그렇다고 피의자가 단순히 수사기관의 조사의 객체에 불과한 것은 아니다. 공소제기 전에는 아직 피의자를 소송당사자라고 할 수는 없으나, 장차 피고인으로서 당사자가될 가능성이 있는 자라는 점과 수사절차에서의 방어활동과 인권보장의 중요성을 고려하여 형사소송법은 피의자에게 다양한 권리를 인정하고 있다. 이런 점에서 현행법은 무죄추정과 적법절차의 원리를 기초로 피의자에게 당사자에 준하는 지위를 인정하고 있다고 할 수 있다.

헌법과 형사소송법이 피의자의 지위를 강화하기 위하여 인정하고 있는 중요한 권리로서는 고문을 받지 않을 권리($^{헌법 제12조}_{제 2 항 전단}$), 진술거부권($^{헌법 제12조 제 2 항}_{후단, 제244조의3}$), 변호인의 조력을 받을 권리($^{헌법 제12조 제 4 항, 제}_{30조 제 1 항, 제243조의2}$), 무죄추정의 권리($^{헌법 제27}_{조 제 4 항}$), 증거보전청구권($^{제184}_{조}$), 압수·수색·검증에의 참여권($^{제219조, 제121}_{조, 제145조}$), 체포·구속적부심사청구권($^{제214}_{조의2}$), 체포·구속취소청구권($^{제200조의6, 제201조의2}_{제10항, 제209조, 제93조}$) 등이 있다. 그 밖에도 형사소송법이 피의 자에 대한 불구속 수사의 원칙을 천명하고($^{제198조}_{제 1 항}$), 수사기관에게 피의자 등의 인권을 존중하고 수사과정에서 취득한 비밀을 엄수하며 수사에 방해되는 일이 없도록 할 의무를 부과함과 동시에($^{동조}_{제 2 항}$) 수사기록에 대한 목록작성을 의무화한 것($^{동조}_{제 3 항}$), 검사의 체포·구속장소감찰제도($^{제198}_{조의2}$)를 두고 있는 것도 피의자 보호를 위한 현행 법 정신의 표현이라고 할 수 있다.

한편 피의자는 수사기관의 적법한 수사활동에 협력할 의무를 진다. 피의자는 절차의 대상으로서의 지위에서 적법한 강제수사에 응할 의무가 있다.

Ⅳ. 수사의 조건

1. 의   의

수사의 조건이란 수사절차의 개시와 진행에 필요한 전제조건으로서, 공판절차 의 개시와 진행에 필요한 조건인 소송조건에 대응하는 개념이라고 할 수 있다. 수 사는 인권침해의 위험을 수반하는 절차이므로 이에 대한 일정한 규제가 필요하게 된다. 수사에는 개별적인 수사행위에 따라 다양한 전제조건이 있으나, 여기서는 모 든 수사에 요구되는 일반적인 수사의 조건에 대하여 살펴보기로 한다. 일반적 수사 의 조건에는 수사의 필요성과 수사의 상당성이 있다.

2. 수사의 필요성

수사는 그것이 임의수사이든 강제수사이든 수사의 목적을 달성하기 위하여 필 요한 경우에만 할 수 있다. 따라서 수사의 필요성은 수사의 조건이 된다.

(1) 범죄의 혐의

수사는 수사기관이 '범죄의 혐의가 있다고 사료하는 때'($^{제196조 제 1 항,}_{제197조 제 1 항}$)에 개시하 게 된다. 즉 수사는 수사기관의 주관적 혐의에 의하여 개시되며, 이러한 범죄혐의의 존재가 수사의 조건이 된다. 그리고 수사절차는 수사기관의 주관적 혐의가 객관화·구체화하여 나가는 과정이라고 할 수 있다. 이와 같이 범죄혐의는 수사기관의 주관적 혐의를 의미하며 객관적 혐의일 것을 요하는 것은 아니나, 이것이 수사기관의 자의에 의한 수사를 허용한다는 의미는 아니다. 따라서 수사기관의 주관적 혐의는 구체적 사실에 근거를 둔 혐의일 것을 요한다. 단순한 추측만으로는 수사가 허용되지 않는다.

(2) 수사와 소송조건

수사의 필요성과 소송조건과의 관계에 관하여 특히 문제되는 것은 친고죄에 있어서 고소가 없는 경우 또는 관계당국의 고발이 있어야 기소할 수 있는 관세법이나 조세범처벌법위반 등의 사건에 있어서 고발이 없는 경우에 수사가 허용될 수 있는가의 여부라고 할 수 있다.

소송조건은 공소제기의 유효조건이고 수사는 공소제기의 준비절차로서의 의미를 가지므로, 소송조건이 현재 구비되어 있지 않을 뿐만 아니라 앞으로도 구비될 가능성이 없다면 이 경우에는 수사를 허용할 현실적 필요성이 없게 된다. 따라서 고소·고발의 가능성 여부를 묻지 않고 친고죄 등의 수사가 당연히 허용된다고 보는 전면적 허용설이나 고소·고발의 가능성이 있어도 현실적으로 고소·고발이 없으면 수사가 전혀 허용되지 않는다고 보는 전면적 부정설은 모두 타당하지 않다. 이 문제에 대하여는 친고죄나 필요적 고발사건의 고소·고발이 없는 경우에도 수사는 허용되지만 고소·고발의 가능성이 없는 때에는 수사가 허용되지 않는다는 제한적 허용설이 친고죄 등을 인정한 취지와 수사의 필요성을 고려할 때 타당하다고 생각된다. 판례도 같은 입장이다.[1]

고소·고발의 가능성이 없는 때로는 고소기간의 경과, 고소·고발의 취소, 고소권자가 고소를 하지 않겠다는 의사를 명백히 표시한 경우 등을 들 수 있다. 고소·고발의 가능성이 있을 때에는 수사의 필요에 따라 임의수사는 물론 강제수사도 허용되는 것으로 보아야 한다(대법원 1995.3.10,/94도3373).

---

1) 대법원 2011. 3. 10, 2008도7724,「법률에 의하여 고소나 고발이 있어야 논할 수 있는 죄에 있어서 고소 또는 고발은 이른바 소추조건에 불과하고 당해 범죄의 성립 요건이나 수사의 조건은 아니므로, 위와 같은 범죄에 관하여 고소나 고발이 있기 전에 수사를 하였다고 하더라도, 그 수사가 장차 고소나 고발이 있을 가능성이 없는 상태하에서 행해졌다는 등의 특단의 사정이 없는 한, 고소나 고발이 있기 전에 수사를 하였다는 이유만으로 그 수사가 위법하게 되는 것은 아니다.」

3. 수사의 상당성

(1) 수사비례의 원칙과 수사의 신의칙

수사는 필요하더라도 그 방법과 정도가 수사의 목적에 비추어 허용될 수 있는 범위 내의 것이어야 한다. 즉 수사는 그 목적달성을 위하여 적합한 것으로서, 목적 달성을 위하여 필요한 최소한의 범위 내에서 이루어져야 하며, 수사결과 얻어지는 이익과 수사에 의한 법익침해가 부당하게 균형을 잃지 않도록 하여야 한다. 이를 수사비례의 원칙이라고 한다. 이 원칙은 특히 강제수사의 허용 여부와 범위를 판단 하는 기준으로서 중요한 의미를 가지고 있다. 또한 수사는 신의칙에 반하는 방법으로 행하여져서는 안 된다. 수사의 신의칙과 관련하여 특히 문제되는 것이 함정수사이다.

(2) 함정수사

㈎ 함정수사의 의의

함정수사란 수사기관이나 그 의뢰를 받은 자가 신분을 숨긴 채로 범죄를 교사하거나 방조한 후 그 실행을 기다려 범인을 체포하고 필요한 증거를 수집하는 수사방법을 말한다. 이러한 수사방법은 마약범죄, 뇌물범죄, 성매매범죄, 도박범죄, 조직범죄 등과 같이 범행이 조직적이고 은밀하게 이루어지는 범죄를 수사하기 위하여 사용되는 수사기법이라고 할 수 있으나, 수사의 상당성과 관련하여 그 적법절차 위반 여부가 문제로 된다.

㈏ 함정수사의 종류 및 허용범위

구체적으로 어떠한 형태의 수사방법을 함정수사로 볼 것인가, 그리고 함정수사에 해당하는 경우에는 언제나 위법하다고 볼 것인가 등의 문제에 관하여는 견해가 일치하지 않고 있다.

학설은 일반적으로 함정수사의 형태를 범죄의사가 없는 자에게 범의를 유발시켜 범죄를 행하게 하는 범의유발형 함정수사와 이미 범의를 가지고 있는 자에 대하여 범죄를 범할 기회를 제공하는 기회제공형 함정수사로 구분하는 입장을 취하고 있으며, 함정수사 중에서 범의유발형 함정수사는 적법절차의 헌법이념에 비추어 볼 때 수사방법으로서의 상당성을 결여하여 위법하다고 보고 있다. 문제는 이른바 기회제공형 함정수사를 적법한 수사방법으로 인정할 수 있는가 하는 점에 있다. 이에 대하여는 크게 범의유발형 함정수사와는 달리 기회제공형 함정수사는 위법하지

않다는 견해와 기회제공형 함정수사는 원칙적으로 위법하지만 마약범죄나 뇌물범
죄 및 조직범죄 등의 수사에 있어서는 예외적으로 허용된다는 견해가 대립하고 있
다. 함정수사는 범의유발형 함정수사뿐만 아니라 기회제공형 함정수사도 기본적으
로 위법하고 다만 수사기관이 마약범죄, 뇌물범죄, 도박범죄, 조직범죄 등의 수사
에 있어서 통상의 일반인이라면 범죄를 저지르지 않았을 정도의 설득 내지 유혹수
단을 피고인에게 사용한 경우에는 예외적으로 그 적법성을 인정할 수 있다고 본다.
따라서 수사기관이 재산범죄나 폭력범죄 등에 대하여 기회제공형 함정수사를 행하
는 것은 적법절차에 반하여 허용되지 않는다고 해야 한다.

　　판례는 종래 범의유발형 함정수사는 위법한 수사방법으로서 허용되지 않으나,
범행의 기회를 제공하거나 범행을 용이하게 한 것에 불과한 경우에는 함정수사에
해당하지 않으므로 허용된다는 입장을 취하고 있었다($\frac{\text{대법원 2004.5.14,}}{\text{2004도1066}}$). 그러나 그 이
후의 판례들은「범의를 가진 자에 대하여 단순히 범행의 기회를 제공하거나 범행
을 용이하게 하는 것에 불과한 수사방법이 경우에 따라 허용될 수 있음은 별론으로
하고, 본래 범의를 가지지 아니한 자에 대하여 수사기관이 사술이나 계략 등을 써
서 범의를 유발케 하여 범죄인을 검거하는 함정수사는 위법함을 면할 수 없고…」
라고 판시하여($\frac{\text{대법원 2007.7.13, 2007도3672;}}{\text{대법원 2008.10.23, 2008도7362}}$), 기회제공형 함정수사도 함정수사로서 허용
되지 않으며 다만 경우에 따라 예외적으로 허용될 수 있다는 입장을 취하고 있다.[1]

(대) 함정수사의 적법 · 위법의 판단기준

1) 주 관 설　　함정수사를 범의유발형과 기회제공형으로 나누어 범의유발
형 함정수사만을 위법하다고 보는 견해에서 제시하는 기준이다. 주관설은 위법한
함정수사인가의 여부를 피고인의 주관 내지 내심을 기준으로 하여, 피고인에게 기
회가 제공되면 범죄를 범할 준비 내지 의사가 있었는가 아니면 사전범의가 없는 사
람에게 수사기관이 범죄의사를 가지게 하였는가라는 관점에서 판단한다. 이 견해
에 의할 때에는 피고인의 범죄적 성향이 중요한 기준이 되므로 전과가 있는 피고인
에 대한 함정수사는 많은 경우에 범의유발형에 해당하지 않게 되어 피고인에게 불

---

1) 함정수사는 이른바「감시하의 이전 또는 통제된 배달(controlled delivery)」이라는 수사방법
　　과 구별하여야 한다. 감시하의 이전은 수사기관이 규제약물이나 총기 또는 밀수품 등을 발견
　　한 경우에, 즉시 이를 단속하지 않고 수사기관의 감시 하에 그 운송 · 유통을 허용하여 당해
　　범죄에 관여하는 자들을 모두 검거하기 위한 수사방법을 말한다. 이러한 수사방법은 범의를
　　유발하거나 적극적으로 범행의 기회를 제공하는 것이 아니므로 허용된다고 보는 것이 일반
　　적이다(대법원 2007. 6. 29, 2007도3164 참조).

리한 결과를 가져올 수 있다.

　　2) 객 관 설　　　수사기관이 피고인을 함정에 빠뜨릴 때 취한 행동에 중점을
두어 객관적으로 수사기관의 행위가 헌법상의 적법절차의 원칙에 위반하였거나 통
상의 일반인도 범죄를 저지르게 할 정도의 설득 내지 유혹의 방법을 사용한 경우에
는 피고인의 의사와 관계없이 위법한 함정수사에 해당한다고 보는 입장이다. 객관
설에 의하면 수사기관이 피고인을 함정에 빠뜨릴 때 취한 행동만을 기준으로 하므
로 피고인이 이미 범의를 가지고 있었는지의 여부와 관계없이 판단이 이루어지게
되며, 따라서 수사기관의 행위가 객관적으로 범죄를 유발하기에 충분하지 않다고
평가되는 경우에는 비록 실제로는 범죄의사가 그로 인해 유발된 경우라고 하더라
도 수사기관의 행위는 적법한 수사행위에 해당하게 된다.

　　3) 종 합 설　　　주관적 기준과 객관적 기준을 모두 사용하여 위법한 함정수
사인지의 여부를 판단하는 입장이다. 다만 종합설의 경우에도 양 설을 어떻게 결합
하는가에 따라 두 가지로 구분된다. 하나는 주관적 기준과 객관적 기준 중 어느 하
나에만 해당하면 위법한 함정수사로서 인정하는 입장이고, 다른 하나는 주관적 · 객
관적 기준 모두를 충족해야 위법한 함정수사로 인정하는 입장이다.

　　4) 검　　토　　　위법한 함정수사를 판단하는 기준으로서는 종합설이 타당
하다고 본다. 다만 종합설 가운데 주관적 · 객관적 기준 모두를 충족하여야 이를 위
법한 함정수사로 인정하는 입장에 따르면, 수사기관의 사술 등에 의하여 비로소 범
죄의사를 형성한 경우에도 수사기관이 사용한 함정수사의 기법이나 정도에 따라서
는 위법한 함정수사에 해당하지 않는 경우가 있게 되어 피고인에게 불리한 결과를
초래하게 된다. 따라서 종합설 중 주관적 기준과 객관적 기준의 어느 하나에만 해
당하면 이를 위법한 함정수사로서 인정하는 입장이 가장 타당하다고 생각된다. 사
전범의가 없는 사람에게 범의를 유발한 경우는 물론이고, 사전범의 유무와 관계없
이 수사방법 자체가 헌법상 적법절차의 원칙을 위반하거나 일반인의 경우라도 범
죄를 범하게 할 강한 동기나 유혹을 제공한 경우에는 모두 위법한 함정수사에 해당
하는 것으로 보아야 한다.

　　5) 판　　례　　　대법원은 「본래 범의를 가지지 아니한 자에 대하여 수사기
관이 사술이나 계략 등을 써서 범의를 유발케 하여 범죄인을 검거하는 함정수사는
위법하다 할 것인바, 구체적인 사건에 있어서 위법한 함정수사에 해당하는지 여부
는 해당 범죄의 종류와 성질, 유인자의 지위와 역할, 유인의 경위와 방법, 유인에

따른 피유인자의 반응, 피유인자의 처벌전력 및 유인행위 자체의 위법성 등을 종합하여 판단하여야 한다. 따라서 수사기관과 직접 관련이 있는 유인자가 피유인자와의 개인적인 친밀관계를 이용하여 피유인자의 동정심이나 감정에 호소하거나, 금전적·심리적 압박이나 위협 등을 가하거나, 거절하기 힘든 유혹을 하거나 또는 범행방법을 구체적으로 제시하고 범행에 사용할 금전까지 제공하는 등으로 과도하게 개입함으로써 피유인자로 하여금 범의를 일으키게 하는 것은 위법한 함정수사에 해당하여 허용되지 아니한다 할 것이지만, 유인자가 수사기관과 직접적인 관련을 맺지 아니한 상태에서 피유인자를 상대로 단순히 수차례 반복적으로 범행을 부탁하였을 뿐 수사기관이 사술이나 계략 등을 사용하였다고 볼 수 없는 경우는, 설령 그로 인하여 피유인자의 범의가 유발되었다 하더라도 위법한 함정수사에 해당하지 아니한다」고 판시하여(대법원 2007.7.12, 2006도2339; 대법원 2013.3.28, 2013도1473), 위법한 함정수사에 해당하기 위해서는 수사기관이나 수사기관과 직접 관련이 있는 유인자의 행위에 의하여 범의가 유발되었을 것을 요하며 또한 이들이 범의를 유발함에 있어서는 피유인자에게 압박이나 위협을 가하거나 거절하기 힘든 유혹 등으로 과도하게 개입한 경우여야 하고, 수사기관이 사술이나 계략 등을 사용하였다고 볼 수 없는 경우에는 비록 그로 인하여 피유인자의 범의가 유발되었다고 하더라도 이는 위법한 함정수사에 해당하지 않는다고 보고 있다.

위법한 함정수사의 판단기준에 관하여 판례는 종합설 가운데 주관적·객관적 기준 모두를 충족하는 경우에 한하여 이를 위법한 함정수사로 인정하는 입장을 취하고 있다고 볼 수 있다.

⑷ **위법한 함정수사에 대한 구제방법**

위법한 함정수사에 기해서 공소가 제기된 경우에 피고인을 처벌할 수 있는지가 문제로 된다.

1) **불가벌설**   불가벌설은 다시 함정에 빠진 자를 어떤 방법으로 구제할 것인가에 관하여 공소기각설과 무죄설이 주장되고 있다. 공소기각설은 함정수사에 의한 공소제기는 적법절차에 위배되는 수사에 의한 것이므로 공소제기의 절차가 법률의 규정에 위배하여 무효인 때에 해당하여 제327조 제 2 호에 의하여 공소기각의 판결을 선고해야 한다고 한다. 이 견해는 함정수사에 기한 공소제기를 검사의 소추재량에 위반한 공소권남용의 한 형태로 파악하고 있으며, 현재 우리나라의 다수설이라고 할 수 있다. 무죄설은 함정수사에 의한 행위는 위법성이나 책임 등의

범죄성립요건을 조각하여 처벌할 수 없다고 한다. 국가기관이 사술을 이용하여 범죄를 유발시켰다는 점과 이를 뿌리칠 수 없었던 범인의 특수상황을 함께 고려할 수 있는 방법이 무죄판결이라는 것이다.

   2) 가 벌 설   함정에 빠졌다는 이유만으로 위법성이나 책임이 조각되지 않고 상대방이 자유로운 의사로 범죄를 실행한 이상 실체법상 이를 처벌할 수 있다는 견해이다. 피고인이 함정수사에 의하여 범죄를 실행하였다고 하더라도 이로 인하여 범죄의 성립이 조각된다든지 소송조건을 결여하는 것으로 볼 수 없다는 것이다. 다만 함정수사에 의하여 수집한 증거는 위법수집증거로서 그 증거능력이 부정되며, 그 외의 증거에 의하여 유죄로 인정되는 경우에도 양형상 고려될 수 있다고 한다.

   3) 검   토   위법한 함정수사에 기한 피고인의 행위가 위법성이나 책임을 조각한다고 보기 어렵고, 가벌설에 의하여 이를 증거능력을 부정하는 사유 내지 양형사유로서만 고려하는 것도 함정에 빠진 피고인의 이익보호 및 위법한 함정수사의 억제라는 목적에 비추어 볼 때 타당하지 않다. 따라서 위법한 함정수사에 기해 공소제기가 이루어지면 법원은 공소기각의 판결로서 소송을 종결시키는 것이 타당할 것이다. 판례도 같은 입장을 취하고 있다.[1]

제 2 절   수사의 단서

Ⅰ. 수사단서의 의의

   검사는 범죄의 혐의가 있다고 사료하는 때에는 범인·범죄사실과 증거를 수사하여야 하고($\frac{제196조}{제1항}$), 사법경찰관은 범죄의 혐의가 있다고 인식하는 때에는 범인, 범죄사실과 증거에 관하여 수사를 개시·진행하여야 한다($\frac{제197조}{제1항}$). 이와 같이 수사는 수사기관의 주관적 혐의에 의하여 개시되는데, 이때 수사기관이 범죄의 혐의가

---

1) 대법원 2008. 10. 23, 2008도7362,「범의를 가진 자에 대하여 단순히 범행의 기회를 제공하거나 범행을 용이하게 하는 것에 불과한 수사방법이 경우에 따라 허용될 수 있음은 별론으로 하고, 본래 범의를 가지지 아니한 자에 대하여 수사기관이 사술이나 계략 등을 써서 범의를 유발케 하여 범죄인을 검거하는 함정수사는 위법함을 면할 수 없고, 이러한 함정수사에 기한 공소제기는 그 절차가 법률의 규정에 위반하여 무효인 때에 해당한다고 볼 것이다.」

있다고 판단하게 된 원인을 수사의 단서라고 한다.

수사의 단서에는 수사기관 자신의 체험에 의한 경우와 타인의 체험을 근거로
한 경우가 있다. 현행범인의 체포, 변사자의 검시, 불심검문, 기사·풍설, 다른 사건
수사 중의 범죄발견 등은 전자에 해당한다. 후자에 해당하는 경우로는 고소, 고발,
자수, 진정·탄원·투서, 범죄신고 등이 있다. 수사개시의 단서가 존재한다고 해서
반드시 수사를 개시해야 하는 것은 아니다. 고소·고발·자수가 있는 때에는 즉시
수사가 개시되나, 그 이외의 경우에는 범죄혐의를 확인하기 위하여 내사(입건전조
사)단계를 거치는 것이 일반적이다.

여기서는 다양한 수사의 단서 가운데 형사소송법에서 규정하고 있는 대표적인
내용을 먼저 설명하고, 다음에 경찰관 직무집행법상의 불심검문에 대하여 살펴보
기로 한다.

Ⅱ. 고   소

1. 고소의 의의

고소란 범죄의 피해자 또는 그와 일정한 관계에 있는 고소권자가 수사기관에
대하여 범죄사실을 신고하여 범인의 처벌을 구하는 의사표시를 말한다. 고소는 피
해자 등 고소권자가 행하는 의사표시라는 점에서 제 3 자가 행하는 고발과 구별된다.

(1) 수사기관에 대한 신고

고소는 수사기관에 대한 범죄사실의 신고이다. 따라서 수사기관이 아닌 법원
에 진정서를 제출하거나 증인으로 증언하면서 피고인의 처벌을 바란다는 취지의
진술을 하였다고 하더라도 고소의 효력이 발생하지 않는다(대법원 1984.6.26, 84도709).

(2) 범죄사실의 신고

고소는 범죄사실을 신고하는 것이므로 고소의 대상인 범죄사실은 특정되어야
한다. 다만 특정의 정도는 고소인의 의사가 구체적으로 어떤 범죄사실을 지정하여
범인의 처벌을 구하고 있는 것인지를 확정할 수 있으면 된다(대법원 2003.10.23, 2002도446). 따라
서 고소인이 범행의 일시·장소·방법이나 죄명까지 상세하게 적시할 것을 요하
지 않으며, 범인의 이름을 모르거나 잘못 기재한 경우 또는 범행의 일시·장소·
방법 등이 불명확한 경우라도 고소의 효력에 영향이 없다(대법원 1999.4.23, 99도576). 고소는

범죄사실의 신고이므로 범인이 누구인지 나아가 범인 중 처벌을 구하는 자가 누구인지를 적시할 필요가 없다($\binom{대법원\ 1996.3.12,}{94도2423}$).

(3) 범인의 처벌을 구하는 의사표시

고소는 범인의 처벌을 구하는 의사표시이다. 따라서 단순히 피해사실을 신고하거나 도난신고서를 제출하는 것만으로는 고소라고 할 수 없다($\binom{대법원\ 2008.11.27,}{2007도4977}$). 고소는 의사표시이므로 고소를 하기 위해서는 고소인에게 소송행위능력, 즉 고소능력이 있어야 한다. 고소능력이란 고소의 의미를 이해할 수 있는 사실상의 능력, 즉 피해를 받은 사실을 이해하고 고소에 따른 사회생활상의 이해관계를 알아차릴 수 있는 의사능력으로 충분하므로 민법상의 행위능력을 가진 자임을 요하지 않는다($\binom{대법원\ 2011.6.24,}{2011도4451}$).

2. 친고죄와 고소

친고죄란 공소제기를 위해서는 피해자나 기타의 고소권자의 고소가 있을 것을 요하는 범죄를 말한다. 친고죄는 침해법익의 경미성이나 가족관계·친족관계의 특성 등을 고려하여 피해자의 의사를 존중하기 위하여 규정된 범죄이다. 친고죄는 모욕죄($\binom{형법}{제311조}$), 사자(死者)의 명예훼손죄($\binom{형법}{제308조}$), 비밀침해죄($\binom{형법}{제316조}$), 업무상비밀누설죄($\binom{형법}{제317조}$) 등과 같이 신분관계를 묻지 않고 범죄의 성질 자체로 인해 친고죄로 되는 절대적 친고죄와 친족상도례($\binom{형법\ 제328조}{제2항,\ 제344조\ 등}$)와 같이 범인과 피해자 사이에 일정한 신분관계가 있는 경우에만 친고죄로 인정되는 상대적 친고죄로 나누어진다. 일반 범죄에 있어서 고소는 수사의 단서에 불과하지만, 친고죄의 경우에는 소송조건이 된다.

한편 반의사불벌죄란 피해자가 범인의 처벌을 원하지 않는다는 의사를 명백히 표시한 경우에는 처벌할 수 없는 범죄를 말한다. 폭행죄($\binom{형법}{제260조}$), 협박죄($\binom{형법}{제283조}$), 명예훼손죄($\binom{형법\ 제307}{조,\ 제309조}$) 등이 여기에 해당한다. 반의사불벌죄에 있어서 피해자가 처벌을 희망하지 아니하는 의사표시 또는 그 처벌을 희망하는 의사표시의 철회는 피해자의 진실한 의사가 명백하고 믿을 수 있는 방법으로 표명되어야 한다($\binom{대법원\ 2010.11.11,}{2010도11550}$). 반의사불벌죄의 경우에는 피해자의 고소가 없더라도 수사기관의 인지에 의하여 수사가 개시되고 공소가 제기될 수 있다. 다만 현실적으로는 반의사불벌죄의 경우에도 대부분 피해자의 고소에 의하여 수사가 개시되고 공소가 제기된다는 점에서 친고죄와 유사하다고 할 수 있다.

3. 고소권자

(1) 피 해 자

범죄로 인한 피해자는 고소할 수 있다($\substack{\text{제223}\\\text{조}}$). 고소권자가 되는 피해자는 범죄로 인하여 직접적으로 피해를 입은 자를 의미하며, 보호법익의 주체는 물론 범죄행위의 객체가 된 자도 포함한다. 따라서 공무집행방해죄에 있어서 폭행·협박의 대상이 된 공무원도 피해자로서 고소할 수 있다. 또한 피해자는 자연인뿐만 아니라 법인과 법인격 없는 단체가 될 수도 있다. 법인이 피해자인 경우에는 그 대표자가 피해자로서 고소권을 행사할 수 있다.

고소권은 일신전속적 권리이므로 상속이나 양도가 허용되지 않는다. 다만 저작권이나 특허권·상표권 등과 같이 범죄로 인한 침해가 계속적인 경우에는 권리의 이전에 따라 그 이전 전에 이루어진 침해에 대한 고소권도 함께 이전된다($\substack{\text{대법}\\\text{원}\\\text{1995.9.26,}\\\text{94도2196}}$).

(2) 피해자의 법정대리인

⑺ 법정대리인의 범위

피해자의 법정대리인은 독립하여 고소할 수 있다($\substack{\text{제225조}\\\text{제1항}}$). 여기서 법정대리인이란 친권자나 후견인과 같이 미성년자나 무능력자의 행위를 일반적으로 대리할 수 있는 사람을 말한다. 이 경우 모자관계는 (구)호적에 입적되어 있는지와 관계없이 자의 출생으로 법률상 당연히 생기는 것이므로 고소 당시에 이혼한 생모 라고 하더라도 피해자의 친권자로서 독립하여 고소할 수 있다($\substack{\text{대법원 1987.9.22,}\\\text{87도1707}}$). 부재자 재산관리인은 원칙적으로 부재자의 재산에 대한 관리행위에 권한이 한정되어 고소권을 갖지 않지만, 관리대상 재산에 관한 범죄행위에 대하여 법원으로부터 고소권 행사 허가를 받은 경우는 독립하여 고소권을 가지는 법정대리인에 해당한다($\substack{\text{대법원}\\\text{2022.5.26,}\\\text{2021}\\\text{도2488}}$).

법정대리인의 지위는 고소를 하는 시점을 기준으로 하므로 범죄 당시에는 그 지위에 있지 않았거나 고소 후에 그 지위를 상실하더라도 고소의 효력에는 영향이 없다. 법정대리인을 비롯하여 피해자와 일정한 신분관계 있는 자가 고소권을 행사하는 경우에는 피해자와의 신분관계를 소명하는 서면을 제출하여야 한다$\binom{\text{규칙 제}116}{\text{조 제}1\text{항}}$.

(나) 고소권의 성격

법정대리인의 고소권의 성격에 대해서는 이를 고유권으로 보는 견해와 독립 대리권으로 보는 견해가 있다. 어느 견해에 의하든 법정대리인이 피해자의 명시의 의사에 반하여 고소할 수 있다는 점에서는 차이가 없다. 다만 피해자의 고소권이 소멸하는 경우에 법정대리인의 고소권도 함께 소멸하는지, 그리고 법정대리인이 한 고소를 피해자가 취소할 수 있는지 등에 대하여는 견해에 따른 차이가 있다.

고유권설은 법정대리인의 고소권을 무능력자의 보호를 위하여 법정대리인에게 특별히 인정한 고유권으로 파악하는 견해이며, 판례[1]의 입장이기도 하다. 고유권설에 의하면 법정대리인은 피해자 본인의 의사에 반하여 고소할 수 있음은 물론 피해자의 고소권 소멸 여부와 관계없이 고소권을 행사할 수 있으며, 법정대리인의 고소를 피해자가 취소할 수 없을 뿐만 아니라 그의 고소기간도 법정대리인 자신이 범인을 알게 된 날로부터 진행하게 된다. 한편 독립대리권설은 고소권은 원래 일신전속적인 성질을 갖는다는 점과 친고죄에 있어서 법률관계의 불안정을 피해야 한다는 점을 강조하는 견해로서, 일단 피해자의 고소권이 소멸하면 법정대리인의 고소권도 소멸되며 또한 법정대리인의 고소는 소송능력이 있는 한 피해자 본인이 이를 취소할 수 있다고 한다. 법정대리인의 고소권은 무능력자 보호의 취지에서 규정된 것으로 보아야 하므로 고유권설이 타당하다고 생각된다.

(3) 피해자의 배우자 및 친족

고소권은 피해자나 그 법정대리인에게 인정되는 것이 원칙이나, 일정한 경우에는 그 이외의 사람에게도 고소권이 인정되는 경우가 있다.

(가) 법정대리인 등이 피의자인 경우

피해자의 법정대리인이 피의자이거나 법정대리인의 친족이 피의자인 때에는 피해자의 친족은 독립하여 고소할 수 있다($\substack{\text{제}226\\\text{조}}$). 예컨대 피해자의 생모가 미성년자

---

1) 대법원 1984. 9. 11, 84도1579,「법정대리인의 고소권은 무능력자의 보호를 위하여 법정대리인에게 주어진 고유권이어서 피해자의 고소권 소멸 여부에 관계없이 고소할 수 있는 것이라고 새겨야 할 것이다. 원심이 같은 취지에서 법정대리인의 고소기간은 법정대리인 자신이 범인을 알게 된 날로부터 진행할 것이라고 하여 법정대리인의 이 사건 고소가 적법하다고 판단한 조처는 정당하고, 거기에 소론과 같은 친고죄의 고소기간에 관한 법리오해의 위법이 없다.」

인 피해자의 법정대리인을 고소하는 경우가 여기에 해당한다(대법원 1986.11.11,). 이 경우 친족의 고소권은 피해자의 보호를 위하여 고유권으로 해석하는 것이 타당하다.

㈏ 피해자가 사망한 경우

피해자가 사망한 때에는 그 배우자, 직계친족 또는 형제자매는 고소할 수 있다. 다만 피해자의 명시한 의사에 반하지 못한다(제225조 제2항). 배우자 등의 신분관계는 피해자의 사망시점을 기준으로 한다. 이러한 배우자 등의 고소권은 사망한 피해자의 명시한 의사에 반하여 행사할 수 없다는 점을 근거로 이를 독립대리권으로 파악하는 견해가 있다. 그러나 이 경우의 고소권은 피해자가 사망하여 그 권리가 소멸되었음에도 불구하고 인정되는 것이므로 고유권으로 보아야 할 것이다.

㈐ 사자의 명예훼손죄

사자(死者)의 명예를 훼손한 범죄에 대하여는 그 친족 또는 자손은 고소할 수 있다(제227조). 이 경우도 친족이나 자손이 피해자의 고소권을 대리행사하는 것이 아니라 고유권으로서 고소권을 행사하는 것이다.

(4) 지정고소권자

친고죄에 대하여 고소할 자가 없는 경우에 이해관계인의 신청이 있으면 검사는 10일 이내에 고소할 수 있는 자를 지정하여야 한다(제228조). 친고죄의 경우에 고소권자가 없어 소추할 수 없는 경우를 막기 위한 규정이다. 검사의 지정을 받은 고소인이 고소를 하는 경우에는 지정을 받은 사실을 소명하는 서면을 제출하여야 한다(규칙 제116조 제2항). 고소권자가 없게 된 사유는 법률상의 이유이든 사실상의 이유이든 묻지 않는다. 다만 원래의 고소권자가 고소권을 상실하거나 고소하지 아니할 의사를 명시하고 사망한 경우는 여기서 제외된다고 본다. 고소권자의 지정은 친족 등 고소권자가 존재하지 않는 경우에 보충적으로 인정되는 제도이기 때문이다(제225조 제2항 단서 참조).

4. 고소의 절차

(1) 고소의 방법

㈎ 고소의 방식

고소는 서면 또는 구술로써 검사 또는 사법경찰관에게 하여야 한다(제237조 제1항). 검사 또는 사법경찰관이 구술에 의한 고소를 받은 때에는 조서를 작성하여야 한다(동조 제2항). 고소조서는 반드시 독립된 조서일 필요는 없다. 따라서 수사기관이 고소권자를 참고인으로 조사하는 과정에서 고소권자가 범인의 처벌을 요구하는 진술을 하고 그 의사표시가 참고인진술조서에 기재된 경우에는 유효한 고소가 있다고 할 것이다($^{대법원\ 2011.6.24,}_{2011도4451}$). 고소의 의사표시는 고소장이나 조서에 표시되어야 하므로, 전보 또는 전화에 의한 고소는 별도의 조서가 작성되지 않는 한 그 효력이 없다.

사법경찰관이 고소를 받은 때에는 신속히 조사하여 관계서류와 증거물을 검사에게 송부하여야 한다($^{제238}_{조}$). 수사결과 범죄의 혐의가 인정되지 않는 경우에는 그 이유를 명시한 서면과 함께 관계 서류와 증거물을 지체 없이 검사에게 송부하여야 하며($^{제245조의}_{5\ 제2호}$), 이러한 경우에는 그 송부한 날부터 7일 이내에 서면으로 고소인 또는 법정대리인에게 사건을 검사에게 송치하지 아니하는 취지와 그 이유를 통지하여야 한다($^{제245}_{조의6}$). 사법경찰관으로부터 사건의 불송치통지를 받은 고소인 등은 해당 사법경찰관의 소속 관서의 장에게 이의를 신청할 수 있고($^{제245조의}_{7\ 제1항}$), 이러한 이의신청이 있는 때에는 사법경찰관은 지체 없이 검사에게 사건을 송치하고 관계 서류와 증거물을 송부하여야 하며, 처리결과와 그 이유를 신청인에게 통지하여야 한다($^{동조}_{제2항}$). 사법경찰관리는 고소를 수리한 날로부터 3개월 이내에 수사를 마쳐야 하며, 그러지 못한 경우에는 이유를 소속 수사부서장에게 보고하고 수사기간의 연장을 승인받아야 한다($^{경찰수사규}_{칙\ 제24조}$).

검사는 직접 수사를 개시할 수 있는 부패범죄·경제범죄, 경찰공무원·고위공직자범죄수사처 소속 공무원이 범한 범죄 및 이들 범죄와 직접 관련성이 있는 범죄 이외의 범죄에 대한 고소가 접수된 때에는 사건을 검찰청 외의 수사기관에 이송해야 하며($^{수사준칙에\ 관한\ 규}_{정\ 제18조\ 제1항}$), 이 경우에는 관계 서류와 증거물을 해당 수사기관에 함께 송부해야 한다($^{동조}_{제3항}$). 검사가 고소에 의하여 범죄를 수사할 때에는 고소를 수리한 날로부터 3월 이내에 수사를 완료하여 공소제기여부를 결정하여야 하며($^{제257}_{조}$), 처분결과의 취지를 7일 이내에 서면으로 고소인에게 통지하여야 한다($^{제258}_{조}$). 이러한 기간제한은 고소사건의 신속한 처리를 위한 훈시규정이다.

(나) 고소의 대리

고소는 대리인으로 하여금 하게 할 수 있다($^{제236}_{조}$). 대리인에 의한 고소의 경우 대리권이 정당한 고소권자에 의하여 수여되었음이 실질적으로 증명되면 충분하고 그 방식에 특별한 제한은 없으므로 반드시 위임장과 같은 서면에 의하거나 대리라는 사실을 표시해야 하는 것은 아니다($^{대법원\ 2001.9.4,}_{2001도3081}$).

고소의 대리의 허용범위에 관하여는 ① 현행법이 고소권자의 범위를 한정하고 있는 점과 친고죄가 피해자 개인의 의사를 존중하기 위한 제도라는 점을 고려할 때 고소의 대리는 의사표시의 전달을 대리하는 표시대리에 한정되고 고소 여부의 결정 자체를 대리하는 의사대리는 허용되지 않는다는 견해와 ② 형사소송법이 고소의 대리를 명문으로 인정하고 있는 취지에 비추어 표시대리 뿐만 아니라 의사대리도 포함된다는 견해 그리고 ③ 친고죄의 경우에는 표시대리만이 허용되지만 비친고죄의 경우에는 의사대리까지 허용된다는 견해가 주장되고 있다. 현행법이 고소의 대리에 대하여 명백히 규정하고 있는 점과 대리는 본래 의사대리를 포함하는 개념이라는 점 그리고 고소의 대리는 친고죄에서 특히 의미를 가지므로 이를 제외할 이유가 없다는 점 등을 고려할 때, 모든 범죄의 고소에 있어서 표시대리와 의사대리가 허용된다고 보는 것이 타당하다.

㈐ 조건부 고소

고소에 조건을 붙일 수 있는가에 대하여는 견해가 대립하고 있다. 고소는 그 성질상 단순해야 하므로 형사절차의 명확성을 해치는 조건부 고소는 허용되지 않는다는 견해와 소송의 진행에 지장을 주지 않는 범위에서는 그 효력을 인정할 수 있다는 견해가 그것이다. 친고죄가 가지는 예외적 성격과 사인의 의사표시가 국가형사소추권의 행사를 지나치게 제한해서는 안 된다는 점을 고려할 때 조건부 고소는 허용되지 않는다고 보아야 한다.

(2) 고소기간

㈎ 고소기간의 의의

고소가 수사의 단서에 지나지 않는 일반범죄의 경우에는 고소할 수 있는 기간에 제한이 없으므로 당해 범죄의 공소시효가 완성될 때까지 언제든지 고소할 수 있다. 그러나 고소가 소송조건인 친고죄의 경우에는 소추권행사가 사인의 의사에 의하여 장기간 불확정한 상태에 놓여지는 것을 막기 위하여 고소기간을 제한하고 있다. 즉 친고죄에 대하여는 범인을 알게 된 날로부터 6월을 경과하면 고소하지 못한다($\frac{제230조}{제1항}$).

㈏ 고소기간의 기산일

고소기간의 기산일은 범인을 알게 된 날이다. 범인을 알게 된 날이란 범죄사실 뿐만 아니라 범인이 누구인지를 특정할 수 있을 정도로 알게 된 날을 의미하나, 범인의 주소·성명 등 구체적인 인적 사항까지 알아야 할 필요는 없다($\frac{\text{대법원 1999.4.23,}}{\text{99도576}}$). 범인은 정범뿐만 아니라 교사범과 종범을 포함하며, 수인의 공범이 있는 경우에는 공범 중 1인을 아는 것으로 충분하다. 다만 상대적 친고죄에 있어서는 신분관계 있는 범인을 알았어야 한다. 범인을 알게 된 날로부터 고소기간이 진행되지만 아직 범죄가 종료되지 아니한 때에는 고소기간이 진행되지 않으며, 동종행위의 반복이 예상되는 영업범 등 포괄일죄의 경우에는 최후의 범죄행위가 종료한 때에 전체 범죄행위가 종료된 것으로 보아야 한다($\frac{\text{대법원 2004.10.28,}}{\text{2004도5014}}$).

법정대리인의 고소기간은 법정대리인 자신이 범인을 알게 된 날로부터 진행된다($\frac{\text{대법원 1984.9.11,}}{\text{84도1579}}$). 그러나 대리인에 의한 고소($\frac{\text{제236}}{\text{조}}$)의 경우에는 대리고소인이 아니라 정당한 고소권자를 기준으로 고소권자가 범인을 알게 된 날로부터 고소기간을 기산한다($\frac{\text{대법원 2001.9.4,}}{\text{2001도3081}}$). 고소할 수 있는 자가 수인인 경우에는 1인의 기간의 해태는 타인의 고소에 영향이 없다($\frac{\text{제231}}{\text{조}}$).

㈐ 고소기간의 정지

친고죄의 고소기간의 기산일은 범인을 알게 된 날이나, 고소할 수 없는 불가항력의 사유가 있는 때에는 그 사유가 없어진 날로부터 고소기간이 기산된다($\frac{\text{제230}}{\text{조}}$ $\frac{\text{제1항}}{\text{단서}}$). 여기서 불가항력의 사유란 객관적 사유를 말한다. 따라서 (구)형법상 친고죄였던 업무상위력에 의한 간음죄의 피해자가 직장에서 해고될 것이 두려워 고소하지 못한 경우는($\frac{\text{대법원 1985.9.10,}}{\text{85도1273}}$) 여기에 해당하지 않는다.

또한 고소를 함에는 고소능력이 있어야 하는데, 범행 당시 피해자에게 고소능력이 없었다가 그 후에 주위 사람들에게 피해사실을 말하고 그들로부터 고소의 의미와 취지를 설명 듣고 나서 비로소 고소능력이 생겼다면 그 고소기간은 고소능력이 생긴 때로부터 기산하여야 한다($\frac{\text{대법원 2007.10.11,}}{\text{2007도4962}}$).

(3) 고소의 제한

자기 또는 배우자의 직계존속은 고소하지 못한다($\frac{\text{제224}}{\text{조}}$). 전통적인 가정의 질서를 유지·보호하기 위한 정책적인 고려에 의하여 고소권 행사를 제한하는 경우라고 할 수 있다. 그러나 이 경우에도 피해자가 미성년자이거나 무능력자인 때에는 피해자의 친족이 독립하여 고소할 수 있다($\frac{\text{제226}}{\text{조 참조}}$). 또한 「성폭력범죄의 처벌 등에 관한 특례법」에 의한 성폭력범죄($\frac{\text{동법}}{\text{제18조}}$) 및 「가정폭력범죄의 처벌 등에 관한 특례법」에 의한 가정폭력범죄($\frac{\text{동법 제6조}}{\text{제2항}}$)에 대하여는 자기 또는 배우자의 직계존속을 고소할 수 있다.

5. 고소불가분의 원칙

(1) 의   의

고소불가분의 원칙이란 친고죄에 있어서 고소의 효력이 미치는 범위에 관한 원칙으로서 다음의 두 가지를 그 내용으로 한다. 즉 친고죄에 있어서 하나의 범죄사실의 일부에 대한 고소 또는 그 취소는 그 범죄사실 전부에 대하여 효력이 발생하며, 수인의 공범 가운데 1인 또는 수인에 대한 고소나 그 취소는 다른 공범자에게도 효력이 미치는 것을 말한다. 전자를 고소의 객관적 불가분의 원칙, 후자를 고소의 주관적 불가분의 원칙이라고 한다. 형사소송법은 제233조에서 주관적 불가분의 원칙에 대하여만 규정하고 있으나, 객관적 불가분의 원칙도 이론상 당연한 것으로 인정되고 있다.

(2) 객관적 불가분의 원칙

(가) 의   의

친고죄에 있어서 하나의 범죄사실의 일부분에 대한 고소나 그 취소는 그 범죄사실 전부에 대하여 효력이 발생한다는 원칙을 말한다. 하나의 범죄사실은 소송법상 불가분적으로 다루어져야 한다는 것, 고소에 있어서 범죄사실의 신고가 정확하지 않을 수도 있다는 것, 처벌의 범위까지 고소권자의 의사에 좌우되어서는 안 된다는 것을 그 이유로 한다. 객관적 불가분의 원칙은 하나의 범죄사실을 전제로 한 원칙이므로 수죄, 즉 실체적 경합범에 대하여는 적용되지 않는다.

(나) 적용범위

1) 단순일죄   단순일죄에 대하여는 객관적 불가분의 원칙이 예외 없이 적용된다. 따라서 일정한 신분관계 있는 사람 사이에서($\binom{\text{형법 제328조}}{\text{제 2 항, 제354조}}$) 공갈죄의 수단인 폭행이나 협박에 대해서만 고소가 있더라도 공갈죄 전부에 대하여 고소의 효력이 미친다. 또한 객관적 불가분의 원칙은 친고죄의 고소와 마찬가지로 고발이 소송조건인 필요적 고발사건에 대하여도 마찬가지로 적용된다. 따라서 각 사업연도마다 1개의 범죄가 성립하는 조세포탈범죄의 일부에 대한 고발의 효력은 그 일죄의 전부에 대하여 미친다($\binom{\text{대법원 2005.1.14,}}{\text{2002도5411}}$).

2) 과형상 일죄

① 과형상 일죄의 각 부분이 모두 친고죄인 경우   과형상 일죄의 각 부분이 모두 친고죄이고 피해자가 같은 경우라면 객관적 불가분의 원칙이 적용되게 될 것이다. 그러나 과형상 일죄의 각 부분이 모두 친고죄라고 하더라도 피해자가 다른 경우에는 고소권자가 수인이므로 그 중 1인의 피해자가 한 고소의 효력은 다른 피해자에 대한 범죄사실에는 미치지 않는다. 예를 들면 하나의 문서로 여러 사람을 모욕한 경우 피해자 1인의 고소는 다른 피해자에 대한 모욕에 대해서는 효력이 없다.

② 과형상 일죄의 일부분만이 친고죄인 경우   과형상 일죄의 일부분만이 친고죄인 때에는 비친고죄에 대한 고소의 효력은 친고죄에 대하여 미치지 않으며, 친고죄에 대한 고소의 취소는 비친고죄에 대하여 효력이 없다. 예를 들면 강제추행행위가 공연히 행하여짐으로써 모욕행위에도 해당하는 경우에 강제추행죄에 대한 피해자의 고소는 모욕죄에 대하여 효력을 미치지 않으며, 모욕죄에 대하여 고소의 취소가 있더라도 강제추행죄에 대해서는 그 효력이 없다.

(3) 주관적 불가분의 원칙

(개) 의   의

친고죄의 공범 중 1인 또는 수인에 대한 고소나 그 취소는 다른 공범자에 대하여도 효력이 있다(제233조). 고소의 주관적 불가분의 원칙을 인정하는 것은 고소가 본래 특정한 범인에 대한 것이 아니라 범죄사실에 대한 것이라는 점, 고소권자가 지정한 범인만을 처벌하는 것은 형벌권 행사에 있어서 불공평한 결과를 초래할 수 있다는 점을 그 이유로 한다.

(내) 적용범위

1) 절대적 친고죄   범인의 신분과 무관한 절대적 친고죄의 경우에는 이 원칙이 그대로 적용된다. 공범 중 1인에 대한 고소나 그 취소의 효력은 공범자 전원에 대하여 미치므로, 교사범이나 종범에 대한 고소나 그 취소의 효력도 정범에 대하여 미친다.

2) 상대적 친고죄   친족상도례(형법 제328조 제2항, 제344조 등)의 경우와 같이 범인과 피해자 사이에 일정한 신분관계가 있는 경우에만 친고죄로 되는 상대적 친고죄에 있어서는 비신분자에 대한 고소의 효력은 신분관계 있는 공범에게는 미치지 아니하며,

신분관계에 있는 자에 대한 피해자의 고소의 취소는 비신분자에게 효력이 없다. 다만 친족 2인 이상이 공범관계에 있는 경우에는 1인의 친족에 대한 고소는 다른 친족에게도 효력이 미친다.

(다) 반의사불벌죄에의 적용 여부

고소의 주관적 불가분의 원칙이 명예훼손죄 등의 반의사불벌죄에 대해서도 적용되는가에 대하여 학설이 대립하고 있다. 준용부정설은 ① 현행법이 고소취소의 시한과 재고소금지에 관한 제232조 제 1 항과 제 2 항의 규정은 반의사불벌죄에 대해서도 준용하고 있으면서($\frac{동조}{제3항}$) 고소의 주관적 불가분을 규정한 제233조에 대해서는 준용규정을 두고 있지 않으며, ② 피해변상 등이 이루어져 합의한 범인과 그렇지 못한 자들을 차별적으로 취급하는 것이 피해자의 이익보호나 당사자들의 개인적 차원에서의 분쟁해결을 위하여 바람직하다는 점 등을 그 근거로 들고 있다. 판례[1]는 준용부정설의 입장이다.

그러나 반의사불벌죄와 친고죄는 그 성격이 유사한 범죄임에도 불구하고 반의사불벌죄에 있어서는 친고죄와 달리 피해자가 원하는 범인만을 처벌할 수 있도록 한다면 피해자의 자의에 의하여 국가형벌권의 행사가 좌우되는 불공평한 결과가 발생할 수 있다. 또한 사인의 의사가 국가형벌권 행사에 미치는 영향에 있어서는 반의사불벌죄의 경우가 친고죄의 경우보다 소극적이라는 점에 비추어 볼 때에도, 친고죄에 비해서 더욱 엄격하게 국가형벌권이 행사되어야 할 반의사불벌죄에 있어서 오히려 사인의 의사가 중시되는 것은 법논리적으로도 모순이라고 할 수 있다. 따라서 형사소송법이 반의사불벌죄에 대하여 고소의 주관적 불가분의 원칙을 준용하고 있지 않은 것은 입법의 불비로 보아야 하며, 반의사불벌죄에 대해서도 제233조를 준용하여 이 원칙을 적용하는 것이 타당하다고 생각된다(준용긍정설).

(라) 공범자에 대한 제 1 심 판결선고 후의 고소취소

친고죄의 경우에는 제 1 심 판결선고 전까지만 고소를 취소할 수 있다($\frac{제232}{조}$).

---

1) 대법원 1994. 4. 26, 93도1689, 「형사소송법이 고소와 고소취소에 관한 규정을 하면서 제232조 제 1 항·제 2 항에서 고소취소의 시한과 재고소의 금지를 규정하고 제 3 항에서는 반의사불벌죄에 제 1 항·제 2 항의 규정을 준용하는 규정을 두면서도, 제233조에서 고소와 고소취소의 불가분에 관한 규정을 함에 있어서는 반의사불벌죄에 이를 준용하는 규정을 두지 아니한 것은 처벌을 희망하지 아니하는 의사표시나 처벌을 희망하는 의사표시의 철회에 관하여 친고죄와는 달리 공범자간에 불가분의 원칙을 적용하지 아니하고자 함에 있다고 볼 것이지 입법의 불비로 볼 것은 아니다.」

그런데 고소 후 공범자 1인에 대하여 제 1 심 판결이 선고되어 고소를 취소할 수 없게 된 상태에서 아직 판결이 선고되지 않은 다른 공범자에 대하여 고소를 취소할 수 있는지 여부가 문제된다. 이에 대하여는 공범자 1인에 대한 제 1 심 판결선고가 있으면 피해자는 다른 공범자에 대하여도 고소를 취소할 수 없고, 고소의 취소가 있어도 그 효력이 없다고 해석하는 견해가 일반적이며, 판례도 같은 입장이다(대법원 1985.11.12, 85도1940).

판결이 선고되지 않은 공범자에 대한 고소의 취소를 인정하게 되면 이는 고소취소의 효력은 다른 공범자에게도 미친다는 고소불가분의 원칙에 반하여 국가형벌권의 행사가 고소권자의 선택에 따라 불공평하게 되는 결과를 초래하므로, 일단 공범자에 대하여 제 1 심 판결이 선고되면 다른 공범자에 대해서도 고소를 취소할 수 없다고 보는 것이 타당하다.

6. 고소의 취소

(1) 의   의

고소는 제 1 심 판결선고 전까지 취소할 수 있다(제232조 제1항). 범인과 피해자 사이의 화해가능성과 범인 처벌에 대한 피해자의 태도변화를 고려하여 고소의 취소를 인정하면서도 국가의 형사소추권이 고소인의 자의에 의하여 좌우되는 것을 막기 위하여 고소의 취소를 제 1 심 판결선고 전까지로 제한한 것이다. 여기서 제 1 심 판결선고 전까지 취소할 수 있는 고소는 친고죄의 고소를 의미한다. 비친고죄에서의 고소취소도 수사종결처분의 내용을 결정하거나 재판상 양형의 중요한 자료로 사용되지만 친고죄에서의 고소취소와 같이 범인의 처벌 여부를 결정하는 것은 아니므로 언제나 취소할 수 있기 때문이다.

이러한 고소취소의 제한은 친고죄와 마찬가지로 피해자의 의사가 소송조건이 되는 반의사불벌죄의 경우에도 준용된다(동조 제3항). 따라서 제 1 심 판결선고 후에 한 처벌을 희망하는 의사표시의 철회는 효력이 없다.

(2) 고소취소의 절차

⑺ 취소권자

고소를 취소할 수 있는 자는 원칙적으로 고소를 한 본인이다. 피해자가 사망한 때에는 그 배우자, 직계친족 또는 형제자매가 고소할 수 있으나, 피해자의 명시한 의사에 반하지 못한다($^{제225조}_{제2항}$). 따라서 피해자가 사망한 경우 그 직계친족 등이 고소할 수는 있으나, 사망한 피해자의 고소를 직계친족 등이 취소할 수는 없다고 해야 한다. 피해자가 고소를 한 후 사망한 경우에 피해자의 아버지가 피해자를 대신하여 그 피해자가 이미 하였던 고소를 취소하더라도 이는 적법한 고소취소라고 할 수 없다($^{대법원\ 1969.4.29,}_{69도376}$).

미성년자인 피해자의 고소취소에 법정대리인의 동의는 필요하지 않다. 따라서 소송능력이 있는 미성년자는 법정대리인의 동의 없이 단독으로 처벌을 희망하지 않는다는 의사표시 또는 고소의 취소를 할 수 있다($^{대법원\ 2009.11.19,\ 2009도}_{6058\ 전원합의체\ 판결\ 참조}$).

(나) 고소취소의 방법

고소취소의 방법은 고소의 경우와 동일하다($^{제239조,}_{제237조}$). 따라서 고소의 취소는 서면 또는 구술로 할 수 있으며, 구술에 의한 경우에는 조서를 작성하여야 한다. 검사가 참고인진술조서를 작성할 때 고소권자가 고소취소의 진술을 하고 이것이 참고인진술조서에 기재되었다면 고소는 적법하게 취소되었다고 할 수 있다($^{대법원}_{1985.3.12,}$ $^{85도}_{190}$).

고소의 취소는 공소제기 전에는 수사기관에, 공소제기 후에는 고소사건의 수소법원에 대하여 이루어져야 한다. 따라서 공소제기 후 피고인에 대한 다른 사건의 수사과정에서 작성된 합의서는 제1심 판결선고 전까지 법원에 제출되어야만 고소취소로서의 효력이 있다($^{대법원\ 2012.2.23,}_{2011도17264}$). 고소의 취소는 수사기관이나 법원에 대하여 행해져야 하므로 피해자와 범인 사이에 합의서가 작성된 것만으로는 고소의 취소라고 할 수 없다. 그러나 민·형사상의 책임을 묻지 않겠다는 내용이 포함된 가해자와 피해자 사이의 합의서가 수사기관에 제출된 경우나($^{대법원\ 2002.7.12,}_{2001도6777}$), 피해자가 피고인의 처벌을 구하는 의사를 철회한다는 의사로 작성한 합의서를 법원에 제출한 경우에는($^{대법원\ 2009.9.24,}_{2009도6779}$) 고소를 취소한 것으로 보아야 한다. 고소의 취소에 대해서도 대리가 허용된다($^{제236}_{조}$).

(3) 고소취소의 시기

(가) 제1심 판결선고 전

친고죄의 경우에는 제1심 판결선고 전까지만 고소를 취소할 수 있다($^{제232조}_{제1항}$). 반의사불벌죄에 있어서도 처벌을 희망하는 의사표시의 철회는 제1심 판결선고 전에 하여야 한다($^{동조}_{제3항}$).

그러나 상소심에서 형사소송법 제366조 또는 제393조 등에 의하여 제 1 심의 공소기각판결이 법률에 위배됨을 이유로 이를 파기하고 사건을 제 1 심법원에 환송함에 따라 다시 제 1 심 절차가 진행된 경우, 종전의 제 1 심판결은 이미 파기되어 그 효력을 상실하였으므로 환송 후의 제 1 심판결 선고 전에는 고소취소의 제한사유가 되는 제 1 심판결 선고가 없는 경우에 해당하여 고소취소가 가능하다(대법원 2011.8.25, 2009도9112).

(나) 항소심에서의 범죄사실변경과 고소취소

고소사건에 대하여 제 1 심 판결이 선고된 후 항소심에서 공소장변경이나 축소사실의 인정에 의하여 통상의 범죄가 친고죄나 반의사불벌죄로 된 경우에 항소심에서의 고소취소를 이들 범죄에 대한 유효한 고소취소로서 인정할 수 있는지가 문제된다. 예를 들면 제 1 심에서 강제추행죄로 유죄판결이 선고된 고소사건에 대하여 피고인이 항소한 후 항소심에서 검사가 모욕죄로 공소장을 변경하였거나 제 1 심의 공갈미수죄 유죄판결이 항소심에서 협박죄로 인정된 경우, 그 후 피고인이 피해자와 합의하여 항소법원에 고소취소장을 제출하면 친고죄 또는 반의사불벌죄에 대한 고소취소로서의 효력을 인정할 수 있는지의 문제이다.

판례는 항소심에서 공소장변경 또는 법원의 직권에 의하여 비친고죄를 친고죄로 인정하였다 하더라도 항소심에 이르러 비로소 고소인이 고소를 취소하였다면 이는 친고죄에 대한 고소취소로서의 효력은 없다고 하여, 고소취소의 시기를 제 1 심 판결선고 전으로 한정한 제232조 제 1 항이 이 경우에도 예외 없이 적용되어야 한다는 입장을 취하고 있다.[1] 학설도 대부분 제232조 제 1 항이 고소취소의 시한을 제 1 심 판결선고시까지로 한정한 것은 국가형벌권의 행사가 피해자의 의사에 의하여 장기간 좌우되는 것을 막기 위한 것이라는 점을 강조하면서 판례의 입장

---

1) 대법원 1999. 4. 15, 96도1922 전원합의체 판결, 「원래 고소의 대상이 된 피고소인의 행위가 친고죄에 해당할 경우 소송요건인 그 친고죄의 고소를 취소할 수 있는 시기를 언제까지로 한정하는가는 형사소송절차운영에 관한 입법정책상의 문제이기에 형사소송법의 그 규정은 국가형벌권의 행사가 피해자의 의사에 의하여 좌우되는 현상을 장기간 방치하지 않으려는 목적에서 고소취소의 시한을 획일적으로 제 1 심 판결선고시까지로 한정한 것이고, 따라서 그 규정을 현실적 심판의 대상이 된 공소사실이 친고죄로 된 당해 심급의 판결선고시까지 고소인이 고소를 취소할 수 있다는 의미로 볼 수는 없다 할 것이어서, 항소심에서 공소장의 변경에 의하여 또는 공소장변경절차를 거치지 아니하고 법원 직권에 의하여 친고죄가 아닌 범죄를 친고죄로 인정하였더라도 항소심을 제 1 심이라 할 수는 없는 것이므로, 항소심에 이르러 비로소 고소인이 고소를 취소하였다면 이는 친고죄에 대한 고소취소로서의 효력은 없다.」

을 지지하고 있다.

그러나 고소의 취소시기에 대한 제한은 현실적 심판대상이 된 공소사실을 기준으로 당해 심급의 판결선고시까지 고소인이 고소를 취소할 수 있다는 의미로 보아야 하며, 항소심에서 현실적 심판대상이 친고죄로 변경된 경우에 고소취소의 효력을 인정하지 않는 것은 검사나 법원의 잘못된 판단의 불이익을 피고인에게 전가하는 결과로 되어 타당하지 않다. 따라서 이 경우에는 실질적으로 항소심이 친고죄로서는 제 1 심이 되므로 피고인은 공소기각의 판결을 받아야 할 것이다.[1]

(4) 고소취소의 효과

고소를 취소한 자는 다시 고소할 수 없다($\frac{제232조}{제2항}$). 친고죄와 반의사불벌죄의 경우에 고소가 취소되면 소송조건이 결여되므로 사법경찰관리는 불송치결정을 하고($\frac{경찰수사규}{칙 제108조}$) 검사는 공소권없음을 이유로 불기소결정을 하여야 한다($\frac{검찰사건사무규칙 제}{115조 제3항 제4호}$). 공소가 제기된 후에는 법원이 공소기각의 판결을 선고해야 한다($\frac{제327조}{제5호, 제6호}$).

고소의 취소에 대하여도 고소불가분의 원칙이 적용된다. 따라서 공범자 1인 또는 수인에 대한 고소의 취소는 다른 공범자에 대하여도 효력이 있고, 하나의 범죄사실의 일부에 대한 고소의 취소는 범죄사실 전부에 대하여 효력이 미친다.

7. 고소권의 포기

(1) 의   의

고소권의 포기란 고소권자가 친고죄의 고소기간 내에 장차 고소권을 행사하지 않겠다는 의사표시를 하는 것을 말한다. 고소권의 포기는 고소권의 불행사에 의한 고소권의 소멸과는 구별된다. 반의사불벌죄에 있어서 처음부터 처벌을 희망하지 않는다는 의사를 표시하는 것도 같은 의미를 가진다.

---

1) 대법원 1999. 4. 15, 96도1922 전원합의체 판결의 [반대의견], 「형사소송법 제232조 제 1 항 소정의 고소는 친고죄의 고소를 의미하고 친고죄에 있어서 고소나 고소취소와 같은 소송조건의 구비 여부는 현실적 심판대상이 된 공소사실을 기준으로 판단하여야 하므로, 위 조항은 친고죄에 있어 고소는 현실적 심판대상이 된 친고죄에 대한 제 1 심 판결의 선고 전까지 취소할 수 있다는 의미로 해석하여야 할 것이고, 따라서 친고죄가 아닌 죄로 공소가 제기되어 제 1 심에서 친고죄가 아닌 죄의 유죄판결을 선고받은 경우 제 1 심에서 친고죄의 범죄사실은 현실적 심판대상이 되지 아니하였으므로 그 판결을 친고죄에 대한 제 1 심 판결로 볼 수는 없고, 따라서 친고죄에 대한 제 1 심 판결은 없었다고 할 것이므로 그 사건의 항소심에서도 고소를 취소할 수 있는 것으로 보아야 한다.」

(2) 고소권 포기의 허용 여부

㈎ 긍 정 설

고소의 취소를 인정하는 이상 고소권의 포기를 인정하지 않을 이유가 없고, 고소권의 포기를 인정해도 아무런 폐해가 없으며, 고소권의 포기를 인정함으로써 친고죄의 수사를 신속히 종결할 수 있다는 점을 논거로 들고 있다.

㈏ 부 정 설

고소권은 형사소송법에 의하여 인정되는 공권이므로 사인의 처분에 맡길 수 없고, 고소의 취소와는 달리 고소권의 포기에 관하여는 명문의 규정을 두고 있지 않으며, 고소권의 포기를 인정하면 고소권을 소멸시키기 위한 폐단이 생길 수 있다는 점을 논거로 한다. 판례도 같은 입장이다(대법원 1967.5.23, 67도471).

㈐ 절 충 설

기본적으로는 긍정설의 입장을 따르면서 형식적 확실성을 위하여 고소의 취소와 동일한 방식에 의하여야 한다는 견해이다. 즉 고소권의 포기는 고소권자가 수사기관에 대하여 서면 또는 구두로 고소권을 포기한다는 내용의 의사표시를 한 경우에 한하여 그 효력이 인정된다고 한다.

㈑ 검   토

고소권은 공법상의 권리이지만 기본적으로 피해자의 이익을 위한 것으로서 그 행사 여부가 사인의 의사에 맡겨져 있으므로 고소권의 포기를 부정할 이유는 없다고 생각된다. 다만 협박 등에 의하여 고소권 포기가 강요될 여지가 있어 수사기관에 의한 고소권 포기의사의 확인이 필요하다는 점에서 볼 때 고소권 포기에 고소의 취소와 동일한 방식을 요구하는 절충설이 타당하다.

Ⅲ. 고   발

1. 의   의

고발이란 고소권자와 범인 이외의 제 3 자가 수사기관에 대하여 범죄사실을 신고하여 범인의 처벌을 구하는 의사표시를 말한다. 고발도 고소와 마찬가지로 처벌을 희망하는 의사표시를 그 핵심요소로 한다. 따라서 단순한 범죄사실의 신고는 고발이 아니다. 그러나 반드시 범인을 지적할 필요는 없고 또한 고발에서 지정한 범인이 진범인이 아니더라도 고발의 효력에는 영향이 없다(대법원 1994.5.13, 94도458). 고발은 고

소권자가 아닌 자의 의사표시라는 점에서 고소와 구별되며, 범인 본인의 의사표시
가 아니라는 점에서 자수와도 구별된다.

고발은 원칙적으로 수사의 단서에 불과하나, 예외적으로 공무원의 고발이 있
어야 논하는 필요적 고발사건의 경우에는 소송조건이 된다. 관세법, 조세범처벌법,
독점규제 및 공정거래에 관한 법률 등과 같이 행정형법의 성격이 강하고 위반 여부
의 판단을 위해 전문적 지식이 필요한 경우에는 권한 있는 공무원의 고발을 소송조
건으로 하고 있다. 필요적 고발사건에 대하여 일단 불기소결정이 있었더라도 세무
공무원 등이 종전에 한 고발은 여전히 유효하다. 따라서 나중에 공소를 제기함에
있어 세무공무원 등의 새로운 고발이 있어야 하는 것은 아니다($\substack{대법원 2009.10.29, \\ 2009도6614}$).

공무원이 전속적 고발권을 가지고 있는 필요적 고발사건에 대하여 친고죄의
고소에 준하여 고발불가분의 원칙을 인정할 수 있는지가 문제된다. 고발에 대해서
도 객관적 불가분의 원칙을 인정할 수 있다는 점에는 문제가 없다($\substack{대법원 2014.10.15, \\ 2013도5650}$).
다만 판례는 명문의 규정 없이 친고죄에 관한 고소의 주관적 불가분의 원칙을 필요
적 고발사건의 고발에 준용하는 것은 피고인에게 불리한 유추해석에 해당한다는
이유로 이를 부정하고 있다.[1]

2. 고발권자

누구든지 범죄가 있다고 사료하는 때에는 고발할 수 있다($\substack{제234조 \\ 제1항}$). 공무원은 그
직무를 행함에 있어 범죄가 있다고 사료하는 때에는 고발하여야 한다($\substack{동조 \\ 제2항}$). 따라
서 공무원이라도 직무집행과 관계없이 우연히 알게 된 범죄에 대하여는 고발의무
가 없다. 자기 또는 배우자의 직계존속에 대한 고발은 고소에 있어서와 마찬가지로
허용되지 않는다($\substack{제235조, \\ 제224조}$).

고발인은 검사로부터 기소 · 불기소 등의 처분결과를 통지받을 권리($\substack{제258조 \\ 제1항}$)와
사법경찰관으로부터 사건불송치의 취지와 그 이유를 통지받을 권리를 가지며
($\substack{제245 \\ 조의6}$), 검사가 불기소결정을 한 경우에 그 이유를 서면으로 청구할 수 있고($\substack{제259 \\ 조}$),

---

1) 대법원 2010. 9. 30, 2008도4762, 「명문의 근거규정이 없을 뿐만 아니라 소추요건이라는 성
    질상의 공통점 외에 그 고소 · 고발의 주체와 제도적 취지 등이 상이함에도 불구하고 친고죄
    에 관한 고소의 주관적 불가분원칙을 규정하고 있는 형사소송법 제233조가 공정거래위원회
    의 고발에도 유추적용된다고 해석한다면 이는 공정거래위원회의 고발이 없는 행위자에 대해
    서까지 형사처벌의 범위를 확장하는 것으로서, 결국 피고인에게 불리하게 형벌법규의 문언
    을 유추해석한 경우에 해당하므로 죄형법정주의에 반하여 허용될 수 없다.」

검찰항고(검찰청법
제10조) 및 형법 제123조부터 제126조까지의 죄에 대한 재정신청(제260
조)의 권리를 가진다.

또한 사법경찰관으로부터 사건의 불송치통지를 받은 고발인 또는 법정대리인은 해당 사법경찰관의 소속 관서의 장에게 이의를 신청할 수 있고(제245조의
7 제1항), 이러한 이의신청이 있는 때에는 사법경찰관은 지체 없이 검사에게 사건을 송치하고 관계 서류와 증거물을 송부하여야 하며, 처리결과와 그 이유를 신청인에게 통지하여야 한다(동조
제2항).

3. 고발의 절차

고발과 그 취소의 절차와 방식은 기본적으로 고소의 경우와 같다(제237조, 제238
조, 제239조). 따라서 고발은 서면 또는 구술로써 검사 또는 사법경찰관에게 하여야 하며, 검사 또는 사법경찰관이 구술에 의한 고발을 받은 때에는 조서를 작성하여야 한다(제237
조). 검사는 직접 수사를 개시할 수 있는 범죄에 해당되지 않는 범죄에 대한 고발이 접수된 때에는 사건을 검찰청 외의 수사기관에 이송해야 하며(수사준칙에 관한 규
정 제18조 제1항), 이 경우에는 관계 서류와 증거물을 해당 수사기관에 함께 송부해야 한다(동조
제3항). 고발의 취소도 서면 또는 구술로 할 수 있으며, 구술에 의한 경우에는 조서를 작성하여야 한다(제239조,
제237조). 고발의 취소는 수사기관에 대하여 해야 하지만, 공소제기 후에는 법원에 대해서도 할 수 있다. 다만 고발의 경우에는 고소와 달리 대리인에 의한 고발이 인정되지 않으며(제236조
참조), 고발기간에 제한이 없다.

필요적 고발사건에 있어서 고발의 취소는 친고죄의 경우와 마찬가지로 제 1 심 판결선고 전까지만 가능하다고 해야 한다(제232조
제1항 참조).[1] 고발을 취소한 후 재고발이 가능한가에 대해서는 논의가 있지만, 공무원의 전속적 고발권의 행사는 공익을 위한 것이고 전문적인 판단을 전제로 하는 것이라는 점에서 볼 때 허용된다고 해석하여야 할 것이다.

---

1) 다만 공정거래위원회의 고발을 요하는 사건에 대하여 공정거래위원회는 공소가 제기된 후에는 고발을 취소하지 못한다(독점규제 및 공정거래에 관한 법률 제71조 제 6 항).

Ⅳ. 자 수

1. 의   의

자수란 범인이 수사기관에 대하여 자신의 범죄사실을 신고하여 처벌을 희망하는 의사표시를 하는 것을 말한다. 자수는 수사기관에 대한 의사표시라는 점에서 반의사불벌죄의 경우에 범인이 피해자에게 자신의 범죄사실을 알리고 용서를 구하는 자복과 구별된다($\binom{\text{형법 제52조}}{\text{제 2 항 참조}}$). 또한 자수는 범인의 자발적인 의사표시를 의미하므로 수사기관의 직무상의 질문 또는 조사에 응하여 범죄사실을 진술하는 것은 자백일 뿐 자수에 해당하지 않는다($\binom{\text{대법원 2011.12.22,}}{\text{2011도12041}}$). 수개의 범죄사실 중 일부에 대하여 자수한 경우에는 그 부분 범죄사실에 대해서만 자수의 효력이 인정된다($\binom{\text{대법원 1994.10.14,}}{\text{94도2130}}$). 자수는 수사개시의 단서이면서 동시에 형법상 원칙적으로 형의 임의적 감면사유에 해당한다($\binom{\text{형법 동조}}{\text{제 1 항}}$).[1]

자수는 범죄나 범죄인이 발각되기 전후를 불문하고 가능하나, 형법상 자수가 되기 위해서는 범죄인이 죄를 뉘우치고 있어야 한다($\binom{\text{대법원 1994.10.14,}}{\text{94도2130}}$). 그러나 일단 자수가 성립한 이상 자수의 효력은 확정적으로 발생하고 그 후에 범인이 수사기관이나 법정에서 범행을 부인한다고 하더라도 일단 발생한 자수의 효력이 소멸하는 것은 아니다($\binom{\text{대법원 2011.12.22,}}{\text{2011도12041}}$).

2. 자수의 절차

자수는 성질상 대리인에 의하여 할 수 없다. 그러나 범인이 부상이나 질병으로 인하여 타인에게 부탁하여 신고하는 것은 자수에 해당한다. 자수의 방식과 이에 따른 사법경찰관의 조치에 관하여도 고소·고발에 관한 규정을 준용한다($\binom{\text{제240}}{\text{조}}$).

Ⅴ. 변사자의 검시

1. 의   의

변사자의 검시(檢視)란 사람의 사망이 범죄로 인한 것인가의 여부를 판단하기

---

1) 대법원 2018. 3. 13, 2017도12150, 「피고인이 자수하였다 하더라도 자수한 자에 대하여는 법원이 임의로 형을 감경할 수 있음에 불과한 것으로서 원심이 자수감경을 하지 아니하였다거나 자수감경 주장에 대하여 판단을 하지 아니하였다 하여 위법하다고 할 수 없다.」

위하여 수사기관이 변사자의 상황을 조사하는 것을 말한다. 변사자를 넓게 자연사 또는 통상의 병사로 인하지 않은 사체를 의미하는 것으로 보는 견해도 있으나, 수 사개시의 단서가 된다는 점을 고려하면 이들 가운데 범죄로 인한 사망의 의심이 있 는 사체에 한정된다고 보아야 할 것이다. 따라서 익사 또는 천재지변에 의하여 사 망한 것이 명백한 사체는 검시의 대상에서 제외된다. 검시의 결과 범죄의 혐의가 인정되면 수사가 시작된다. 따라서 검시는 수사의 단서인 수사 전의 처분이고, 범 죄의 혐의가 인정되어 수사가 개시된 경우에 하는 수사상의 검증과 구별된다.

2. 절   차

변사자 또는 변사의 의심 있는 사체가 있는 때에는 그 소재지를 관할하는 지 방검찰청 검사가 검시하여야 한다(제222조 제1항). 검사는 사법경찰관에게 검시를 명할 수 있다(동조 제3항). 사법경찰관은 변사자 또는 변사한 것으로 의심되는 사체가 있으면 변 사사건 발생사실을 검사에게 통보해야 한다(수사준칙에 관한 규 정 제17조 제1항). 검사 또는 사법경찰관 이 형사소송법 제222조 제1항에 따라 검시를 했을 경우에는 검시조서를 작성해야 한다(동조 제2항· 제3항·). 검시조서의 증거능력은 실황조사서에 준하여 판단하면 될 것이다. 영미법계에서는 보통 의료전문가이면서 사법경찰관인 검시관(coroner)제도를 두고 있으나, 우리나라는 독일, 일본 등 대륙법계 국가와 마찬가지로 검사를 변사자검시 의 주체로 인정하고 있다.

검시는 수사의 단서에 불과하므로 법관의 영장을 요하지 않는다. 검시로 범죄 의 혐의를 인정하고 긴급을 요할 때에는 영장 없이 검증을 할 수 있다(제222조 제2항). 일반 적인 검증과는 달리 대상이 사체이고 긴급을 요한다는 점을 고려하여 영장주의의 예외를 인정한 것이다. 다만 이 경우 긴급검증으로서 할 수 있는 처분에는 사체해 부(부검)는 포함되지 않는다고 해야 한다. 형사소송법은 검증을 함에는 신체의 검 사, 사체의 해부, 분묘의 발굴, 물건의 파괴 기타 필요한 처분을 할 수 있다고 규정 하고 있으나(제219조, 제140조), 긴급성을 이유로 영장 없이 행하는 검증에서 사체해부가 허용 된다고 볼 수는 없다. 사체해부는 실무상 압수·수색·검증영장에 의하여 이루어지 고 있다. 긴급검증을 한 경우에도 검증조서를 작성하여야 한다(수사준칙에 관한 규정 제17조 제2항·제3항).

변사자의 검시를 위하여 타인의 주거에 들어가야 하는 경우에 영장을 요하 는지도 문제된다. 주거에의 출입은 변사자의 검시와는 별개의 것이므로 제216조 제3항의 긴급검증에 해당하지 않는 한 주거권자의 동의가 없으면 사전영장을 요한다고 보아야 할 것이다.

VI. 불심검문

1. 의   의

(1) 개   념

불심검문 또는 직무질문이란 경찰관이 행동이 수상한 사람을 발견한 때에 이를 정지시켜 질문하는 것을 말한다.[1] 「경찰관 직무집행법」은 경찰관은 ① 수상한 행동이나 그 밖의 주위 사정을 합리적으로 판단하여 볼 때 어떠한 죄를 범하였거나 범하려 하고 있다고 의심할 만한 상당한 이유가 있는 사람, ② 이미 행하여진 범죄나 행하여지려고 하는 범죄행위에 관한 사실을 안다고 인정되는 사람을 정지시켜 질문할 수 있다고 규정하고 있다($\frac{동법 제3조}{제1항}$). 행동이 수상한 사람인지의 여부는 불심검문 당시의 구체적 상황뿐만 아니라 경찰관이 사전에 얻은 정보나 전문적 지식 등을 기초로 객관적·합리적인 기준에 따라 판단하여야 한다($\frac{대법원 2014.12.11,}{2014도7976}$).

(2) 법적 성격

㈎ 행정경찰작용설

불심검문이 수사와 밀접한 관계를 가진다는 점을 인정하면서도 범죄수사와는 엄격히 구별하여 이를 어디까지나 행정경찰작용, 특히 보안경찰의 분야에 속하는 국가작용으로 보는 견해이다. 불심검문은 범죄예방에 주된 목적이 있는 경찰작용이라는 점에서 수사라고는 할 수 없고, 다만 불심검문에 의하여 범죄의 혐의가 인정되면 그 때 수사가 개시되므로 수사의 단서가 된다고 한다.

판례도 「임의동행은 경찰관 직무집행법 제3조 제2항에 따른 행정경찰 목적의 경찰활동으로 행하여지는 것 외에도 형사소송법 제199조 제1항에 따라 범죄수사를 위하여 수사관이 동행…」이라고 하여($\frac{대법원 2020.5.14,}{2020도398}$), 이러한 입장을 취하고 있다.

---

1) 「경찰관 직무집행법」은 불심검문이라는 용어를 사용하고 있으나, 이러한 표현은 과거 행동이 수상한 사람에 대한 강제연행을 인정하였던 일본의 불심검문제도의 잔재라고 할 수 있다. 이 제도의 임의처분적 성격을 명확히 하기 위해서는 직무질문이라는 용어가 보다 바람직하다고 생각된다. 다만 입법에 의한 변경이 이루어질 때까지는 불심검문이라는 용어를 그대로 사용하기로 한다.

⑷ 이 원 설

경찰관 직무집행법 제 3 조가 규정하고 있는 불심검문의 성격을 이원적으로 파악하는 견해이다. 즉 ① 어떠한 죄를 범하려고 하고 있다고 의심할 만한 상당한 이유가 있는 사람과 ② 행하여지려고 하는 범죄행위에 관한 사실을 안다고 인정되는 사람에 대하여 행하는 불심검문은 행정경찰작용에 해당하고, ① 어떠한 죄를 범하였다고 의심할 만한 상당한 이유가 있는 사람과 ② 이미 행하여진 범죄행위에 관한 사실을 안다고 인정되는 사람에 대하여 행하는 불심검문은 사법경찰작용에 해당한다고 보는 입장이다. 불심검문을 행정경찰과 사법경찰의 영역에 걸쳐 있는 복합적 성격을 가진 제도로서 파악한다는 점에서 행정경찰·사법경찰작용 병존설이라고도 부른다.

⑸ 검   토

불심검문을 행정경찰작용으로서만 파악하는 것은 경찰관 직무집행법 제 3 조의 문언에 반하는 것이 된다. 어떠한 죄를 범하였다고 의심할 만한 상당한 이유가 있는 사람과 이미 행하여진 범죄에 관한 사실을 안다고 인정되는 사람에 대하여 행하는 불심검문을 범죄예방 및 위험방지를 목적으로 하는 행정경찰작용으로서 파악하는 것은 타당하지 않으며, 따라서 이는 범죄수사와 관련된 사법경찰작용의 하나로서 파악하지 않으면 안 된다. 다만 주의할 것은 이미 일정한 범죄혐의가 있다는 판단을 전제로 하여 이루어지는 불심검문이 사법경찰작용에 해당한다고 하여 이것이 곧 수사의 개시를 의미하는 것은 아니라는 점이다. 이러한 경우의 불심검문이 수사와 밀접한 관계를 가지는 것은 사실이나 그렇다고 해서 이를 범죄수사 자체로 볼 수는 없고, 여전히 수사개시 이전의 단계에서 이루어지는 수사의 단서라고 해야 한다는 것이다. 따라서 경찰관 직무집행법은 사법경찰작용으로서의 불심검문의 요건으로서 상대방에게 어떠한 죄를 범하였다고 의심할 만한 상당한 이유가 있을 것을 요구하고 있으나, 불심검문을 위해서는 범죄를 범하였을 합리적인 의심 내지 가능성(reasonable suspicion)으로 족하고 구체적인 범죄혐의를 인정할 수 있는 근거가 있을 것까지 요구하는 것은 아니라고 해석하여야 한다. 이렇게 볼 때 실질적인 수사활동에 의하여 수사가 개시되기 전까지는 불심검문에 대하여 경찰관 직무집행법이 적용될 뿐 형사소송법이 적용되는 것은 아니며, 또한 불심검문의 대상자가 피의자로 되는 것도 아니다.

2. 불심검문의 내용

(1) 정   지

정지는 질문을 위한 수단으로서 행동이 수상한 사람을 불러 세우는 것을 말한다. 상대방이 자발적으로 협조하는 경우에는 문제가 없으나, 정지요구에 응하지 않고 지나가거나 질문 도중에 그 장소를 떠나는 경우에 불심검문의 실효성 확보를 위하여 어느 정도의 실력행사가 가능한지가 문제된다.

이에 대하여는 ① 사태의 긴급성, 혐의의 정도, 질문의 필요성과 수단의 상당성을 고려하여 강제에 이르지 않는 정도의 유형력 행사는 허용된다고 보는 견해, ② 정지를 위한 실력행사는 원칙적으로 허용되지 않고, 다만 살인·강도 등의 중범죄에 한하여 긴급체포도 가능하지만 신중을 기하기 위한 경우에만 예외적으로 강제에 이르지 않는 정도의 유형력 행사가 허용된다고 보는 견해, ③ 상대방의 의사결정의 자유를 침해하지 않는 정도의 유형력의 행사, 즉 설득행위라고 볼 수 있는 범위 내에서의 실력행사만이 허용된다는 견해가 주장되고 있다. 판례는 ①의 입장인 것으로 보인다.[1] 그러나 긴급성, 필요성, 상당성의 요건을 구비한 경우라고 하더라도 불심검문에 수반하여 넓게 강제처분인 체포에 이르지 않는 한도 내에서의 실력행사를 허용하는 것은 불심검문의 실효성만을 중시하여 그 임의처분적 성격을 무시하는 것이 되어 타당하지 않다. 또한 살인·강도 등의 중범죄의 혐의가 있고 긴급체포도 가능한 상황에 있는 사람에게는 예외적으로 강제가 허용된다는 견해에 대해서도 불심검문의 경우에 강제처분의 정도에 이르지 않는 강제를 인정하는 것은 지나치다는 지적과 함께 긴급체포가 가능한 정도의 중범죄의 혐의가 있는 경우라면 이미 수사가 개시된 것으로 보아야 하므로 이에 대하여는 불심검문이 아니라 적법한 수사방법으로 대처하는 것이 타당하다는 비판이 가능하다.

생각건대 불심검문의 본질은 임의처분이므로 원칙적으로 정지를 위한 실력행사는 허용되지 않고, 다만 설득행위라고 인정되는 범위 내에서 제한된 형태의 실력행사만이 허용되는 것으로 보아야 한다. 그리고 이 경우에 대상자가 심리적 압박을 받아 자유로운 의사결정이 방해되었다고 볼 수 없는 한 그러한 경찰관의 행위는 설

---

1) 대법원 2014. 2. 27, 2011도13999, 「경찰관은 불심검문 대상자에게 질문을 하기 위하여 범행의 경중, 범행과의 관련성, 상황의 긴박성, 혐의의 정도, 질문의 필요성 등에 비추어 목적 달성에 필요한 최소한의 범위 내에서 사회통념상 용인될 수 있는 상당한 방법으로 대상자를 정지시킬 수 있고 질문에 수반하여 흉기의 소지 여부도 조사할 수 있다.」

득행위의 범위에 속한다고 해야 한다. 이러한 ③의 견해를 설득행위설이라고 부를 수 있을 것이다.

설득행위설의 입장에서 정지를 위한 유형력 행사의 구체적인 한계를 살펴보면, 임의성을 잃지 않는 한도 내에서 가볍게 신체에 손을 대는 행위나 정지하지 않는 상대방의 앞을 일시적으로 막고 설득하는 행위 그리고 정지 및 질문을 위하여 일시적으로 추적하는 행위 등은 설득행위로서 허용된다고 할 것이다. 그러나 허리를 뒤에서 잡아 강제로 정지시키는 행위나 거부의 의사를 명백히 밝혔음에도 불구하고 계속적으로 추적하면서 앞을 가로막고 질문하는 행위 등은 상대방을 일종의 신체구속상태에 둔 것으로서 위법하다고 해야 한다. 다만 판례는 직전에 발생한 범죄의 범인과 흡사한 인상착의의 상대방에게 정지를 요구하였으나 이에 응하지 않자 앞을 가로막으며 협조해 달라고 하고, 이에 불응하여 그대로 진행하는 상대방의 앞을 다시 막고 질문에 응할 것을 요구하는 정도의 유형력 행사는 가능하다고 한다 $\left(\begin{smallmatrix}대법원\ 2012.9.13,\\2010도6203\end{smallmatrix}\right)$.

(2) 질   문

질문이란 행동이 수상한 사람에게 행선지나 용건 또는 성명·주소·연령 등을 묻고, 필요한 경우에는 소지품의 내용에 대하여 질의하는 것을 말한다. 질문을 하는 경우 경찰관은 상대방에게 자신의 신분을 표시하는 증표를 제시하면서 소속과 성명을 밝히고 질문의 목적과 이유를 설명하지 않으면 안 된다$\left(\begin{smallmatrix}경찰관\ 직무집행법\\제3조\ 제4항\end{smallmatrix}\right)$.[1]

경찰관의 질문은 임의처분의 일종이므로 상대방은 그 의사에 반하여 답변을 강요당하지 않는다$\left(\begin{smallmatrix}동법\ 제3조\\제7항\ 후단\end{smallmatrix}\right)$. 설득행위를 넘는 어떠한 유형력의 행사도 답변을 강요하는 수단으로 사용되어서는 안 된다.

(3) 동행요구

경찰관 직무집행법상의 동행요구란 정지시킨 장소에서 질문하는 것이 그 사람에게 불리하거나 교통에 방해가 된다고 인정되는 경우에 질문을 하기 위하여 가까운 경찰관서에 동행할 것을 요구하는 것을 말하며, 동행을 요구받은 사람은 그 요

---

1) 다만 불심검문을 하게 된 경위, 불심검문 당시의 현장상황과 검문을 하는 경찰관들의 복장, 피고인이 공무원증 제시나 신분 확인을 요구하였는지 여부 등을 종합적으로 고려하여, 검문하는 사람이 경찰관이고 검문하는 이유가 범죄행위에 관한 것임을 피고인이 충분히 알고 있었다고 보이는 경우에는 신분증을 제시하지 않았다고 하여 그 불심검문이 위법한 공무집행이라고 할 수 없다(대법원 2014. 12. 11, 2014도7976).

구를 거절할 수 있다($\substack{\text{동법 제3조} \\ \text{제2항}}$). 동행은 상대방의 동의를 전제로 한다는 의미에서 이를 임의동행이라고 부를 수도 있으나, 피의자신문을 위한 보조수단으로서 이루어지는 임의수사로서의 임의동행과는 구별되어야 한다.

동행을 요구하는 경우에도 질문을 하는 경우처럼 경찰관은 자신의 신분을 표시하는 증표를 제시하면서 소속과 성명을 밝히고 동행의 목적과 이유를 설명하여야 하며, 동행장소를 밝혀야 한다($\substack{\text{동법 제3조} \\ \text{제4항}}$). 또한 경찰관은 동행한 사람의 가족이나 친지 등에게 동행한 경찰관의 신분·동행장소·동행목적과 이유를 알리거나 본인으로 하여금 즉시 연락할 수 있는 기회를 주어야 하며, 변호인의 도움을 받을 권리가 있음을 알려야 한다($\substack{\text{동법 제3조} \\ \text{제5항}}$). 경찰관은 동행한 사람을 6시간을 초과하여 경찰서에 머물게 할 수 없다($\substack{\text{동법 제3조} \\ \text{제6항}}$).[1] 이에 위반하면 형법상 불법체포·감금죄가 성립할 수 있다.

동행요구에 있어서는 동행이 강제되어서는 안 된다. 따라서 동행을 위하여 경찰관이 임의적 설득의 범위를 초과하는 실력을 행사하는 것은 허용되지 않으며, 위법한 동행요구에 의한 동행은 공무집행방해죄의 전제요건으로서의 직무집행의 적법성을 결여하기 때문에 이에 항거하는 행위는 공무집행방해죄를 구성하지 않게 된다.

3. 소지품검사

(1) 의   의

소지품검사란 불심검문을 하는 과정에서 흉기 기타 물건의 소지 여부나 범죄의 단서를 발견하기 위하여 행동이 수상한 사람의 의복이나 휴대품을 조사하는 것을 말한다. 불심검문과정에서의 소지품검사는 통상 소지품의 외부관찰, 소지품의 내용질문, 소지품의 외표검사, 소지품의 내용개시 요구, 개시된 소지품의 검사라는 단계로 이루어지게 된다. 그런데 이러한 단계들이 상대방의 동의에 따라 행하여지는 경우에는 아무런 문제가 없다. 또한 소지품의 외부관찰이나 소지품의 내용을 질

---

1) 대법원 1997. 8. 22, 97도1240, 「임의동행은 상대방의 동의 또는 승낙을 그 요건으로 하는 것이므로 경찰관으로부터 임의동행 요구를 받은 경우 상대방은 이를 거절할 수 있을 뿐만 아니라 임의동행 후 언제든지 경찰관서에서 퇴거할 자유가 있다 할 것이고, 경찰관 직무집행법 제3조 제6항이 임의동행한 경우 당해인을 6시간을 초과하여 경찰관서에 머물게 할 수 없다고 규정하고 있다고 하여 그 규정이 임의동행한 자를 6시간 동안 경찰관서에 구금하는 것을 허용하는 것은 아니라고 할 것이다.」

문하는 것은 불심검문 그 자체 또는 그것에 수반하여 임의로 행하여지는 것으로서 상대방의 동의 없이도 가능하다. 따라서 소지품검사에서 주로 문제가 되는 것은 상대방의 동의 없이 외표검사, 소지품의 내용개시, 개시된 소지품의 검사 등을 하는 경우라고 할 수 있다.

(2) 소지품검사의 허용범위

㈎ 흉기소지검사

경찰관 직무집행법 제 3 조 제 3 항은 경찰관은 행동이 수상한 사람 등에게 질문을 할 때에 그 사람이 흉기를 가지고 있는지를 조사할 수 있다고 규정하고 있다. 흉기소지의 검사는 행동이 수상한 사람의 의복이나 휴대품을 가볍게 손으로 만져서 흉기의 존재 여부를 확인하고, 흉기소지의 혐의가 있는 경우에는 상대방으로 하여금 이를 제출하게 하거나 또는 경찰관이 이를 직접 꺼내는 조사방법을 말한다. 그리고 흉기소지조사의 대상은 상대방의 의복이나 손가방 등의 휴대품에 한정되며, 잠금장치가 되어 있는 물품이나 조사받는 사람의 직접적인 접촉범위 내에 존재하지 않는 물건에 대해서는 소지품검사를 할 수 없다고 보아야 한다. 이는 흉기소지검사가 원칙적으로 공무를 집행 중인 당해 경찰관이나 그 주변에 있는 제 3 자의 생명·신체의 안전을 확보하기 위한 긴급행위로서 인정되는 것이기 때문이다.

따라서 흉기소지 여부의 검사는 상대방이 흉기를 소지하였다는 고도의 개연성이 존재하고, 이로 인하여 경찰관이나 제 3 자의 생명·신체에 대한 안전이 위협받는 경우에 한하여 가능하다고 해야 한다. 그리고 이러한 혐의가 인정되는 경우에는 외표검사(frisk)[1]뿐만 아니라 경찰관 스스로가 소지품을 열어서 그 내용을 조사하는 것도 허용된다고 해야 한다. 이러한 형태의 조사행위는 실질적으로는 형사소송법상의 수색에 해당하는 것이지만, 경찰관 등의 생명·신체의 안전을 위하여 경찰관 직무집행법이 예외적으로 인정하고 있는 무영장 수색의 한 형태라고 보아야 할 것이다.

---

1) 행동이 수상한 사람을 정지시켜 외표를 검사하는 stop and frisk는 미국의 Terry사건(Terry v. Ohio, 392 U.S. 1, 1968)에서 강도의 의심 있는 자에 대한 의복의 외부수색 및 권총의 압수를 인정함으로써 확립된 원칙이다. 반면에 Sibron사건(Sibron v. N.Y., 392 U.S. 40, 1968)에서는 포켓에 손을 넣어 마약을 찾아내는 행위는 frisk의 범위를 넘어 허용되지 않는다고 하였다.

(나) 일반소지품의 검사

경찰관 직무집행법은 흉기의 소지 여부만을 조사할 수 있도록 규정하고 있다. 따라서 흉기 이외에 마약류, 장물, 음란물 등의 물건도 소지품검사의 대상에 포함시킬 수 있는지가 문제된다.

1) 긍 정 설   소지품검사도 불심검문의 안전을 확보하거나 질문의 실효성을 유지하기 위하여 필요한 한도 내에서 경찰관 직무집행법 제 3 조에 근거하여 허용될 수 있다는 견해이다. 중범죄로서 긴급체포도 가능하지만 신중을 기하기 위한 경우에 한하여 일반소지품에 대한 검사가 허용된다고 보는 견해도 넓게는 긍정설에 속한다.

2) 부 정 설   경찰관 직무집행법은 흉기소지조사만을 규정하고 있으므로 흉기 이외의 소지품에 대한 조사는 상대방의 동의 없이는 허용되지 않는다는 견해이다. 신체수색과 동일한 성격을 가지는 실력행사를 명문규정도 없이 인정할 수는 없다는 것이다. 따라서 일반소지품의 내용을 실력에 의하여 조사하는 것은 물론 그 외표검사도 허용되지 않는다고 한다.

3) 검   토   의복이나 휴대품의 외부를 만지는 형태의 외표검사에 대하여 이를 불심검문에 당연히 수반되는 행위라고 보는 것은 타당하지 않다. 신체나 소지품에 손을 대는 것은 프라이버시권을 침해하는 것이므로 경찰관이 의복이나 휴대품을 자유롭게 만지는 것까지 질문에 당연히 포함되는 것으로 볼 수는 없기 때문이다. 또한 긴급체포가 가능한 중범죄에 한하여 예외가 인정된다는 견해도 타당하다고 할 수 없다. 긴급체포의 요건이 존재한다면 체포와 함께 이에 따른 무영장 압수 · 수색을 행하는 것이 피의자의 권리를 보호하고 절차를 명확히 하는데 도움이 될 뿐만 아니라, 절차의 신중을 기한다는 구실로 긴급체포의 요건을 완화하는 결과를 가져와서도 안 되기 때문이다.

생각건대 상대방의 동의가 없는 경우에는 소지품의 내용을 조사하는 것은 물론 외표검사를 하는 것도 현행법상 허용되지 않는 것으로 보아야 한다. 소지품검사가 실질적으로 범죄수사에 있어서 요구되는 영장주의를 회피하는 수단으로 이용되는 것을 막기 위해서도 불심검문시의 소지품검사는 흉기소지검사에 국한되어야 할 것이다.

4. 자동차검문

(1) 의   의

자동차검문이란 범죄의 예방과 범인의 검거를 목적으로 통행 중인 차량을 정지시켜서 운전자 또는 동승자에게 질문하는 것을 말한다. 자동차검문은 그 목적에 따라 교통검문·경계검문·긴급수배검문으로 나누어진다.

(2) 종   류

(가) 교통검문

교통검문이란 교통위반의 예방과 단속을 위하여 차를 일시 정지시켜서 행하는 검문을 말하고, 도로교통의 안전을 확보함을 목적으로 하는 교통경찰작용이다. 교통검문의 법적 근거는 도로교통법 제47조의 일시정지권에 있다. 즉 경찰공무원은 자동차의 운전자가 무면허운전·음주운전·과로운전을 하고 있다고 인정하는 때에는 그 차를 일시 정지시키고 그 운전자에게 자동차 운전면허증을 제시할 것을 요구할 수 있고, 음주운전·과로운전을 하는 사람에 대하여는 정상적으로 운전할 수 있는 상태가 될 때까지 운전의 금지를 명하고 그 밖의 필요한 조치를 할 수 있다.

(나) 경계검문

경계검문은 불특정한 일반범죄의 예방과 범인의 검거를 목적으로 하는 검문이며, 일반적인 보안경찰작용의 하나로서 파악된다. 경계검문에 대한 명시적인 근거규정은 없다. 그러나 현대사회에 있어서 자동차를 이용한 범죄의 급증에 비추어 볼 때 경계검문의 필요성을 인정하지 않을 수 없다. 경계검문으로서의 자동차검문에 대한 근거는 경찰관 직무집행법 제 3 조 제 1 항에서 찾을 수 있을 것이다. 차량의 운전자나 동승자가 행동이 수상한 사람에 해당하는 경우에는 차량을 정지시켜서 이들에게 질문하는 것이 가능하기 때문이다. 일반적으로 경계검문은 경찰관 직무집행법 제 3 조 제 1 항이 규정하고 있는 어떠한 죄를 범하려 하고 있다고 의심할 만한 상당한 이유가 있는 사람 및 행하여지려고 하는 범죄행위에 관하여 그 사실을 안다고 인정되는 사람에 대하여 행하는 불심검문의 한 형태라고 할 수 있다.

(다) 긴급수배검문

긴급수배검문은 특정한 범죄가 발생한 경우에 범인을 검거하거나 정보를 수집하려는 목적으로 행하는 검문을 말하며, 사법경찰작용으로서의 성격을 가진다고 할 수 있다. 긴급수배검문의 법적 근거는 검문의 구체적인 형태에 따라 다르다.

아직 구체적인 범죄혐의가 인정되지 않는 경우의 긴급수배검문은 경찰관 직무 집행법 제 3 조 제 1 항에 근거해서 할 수 있다. 어떠한 죄를 범하였다고 의심할 만 한 상당한 이유가 있는 사람 또는 이미 행하여진 범죄에 관하여 그 사실을 안다고 인정되는 사람이 탑승한 자동차를 정지시켜 질문하는 방법으로 긴급수배검문을 할 수 있을 것이기 때문이다.

한편 도난차량이나 범행에 사용된 차량의 번호판을 부착한 차량 등에 대한 검 문과 같이 구체적인 범죄혐의를 인정할 수 있는 경우의 자동차검문은 실질적인 수 사활동에 속하므로 원칙적으로 형사소송법의 수사에 관한 규정을 근거로 이루어져 야 할 것이다. 따라서 상대방의 동의에 의해서 정지 및 질문을 행하는 것이 원칙이 나, 현행범체포나 긴급체포가 가능한 경우에는 체포행위로서 강제로 차량을 정지 시킬 수 있고 또한 체포에 수반한 영장 없는 압수 · 수색 · 검증도 가능하게 된다 $\left(\begin{smallmatrix} \text{제216조} \\ \text{제 1 항 제 2 호} \end{smallmatrix}\right)$.

(3) 자동차검문의 한계

자동차검문의 필요성이 인정되고 검문이 일상화되어 있음에도 불구하고 그 요 건과 한계를 명확하게 정한 직접적인 법률이 없어서 그 근거와 함께 구체적인 허용 범위가 문제로 된다.

㈎ 일제검문의 허용 여부

일제검문의 형태로서 이루어지는 자동차검문에 대해서는 그 자체가 과잉금지 에 반하여 현행법상 허용되지 않는다는 견해가 있다. 그러나 ① 장애물을 설치하는 등의 방법이 아닌 임의의 수단으로 행하여지고, ② 범죄를 범하였거나 범하려 하고 있는 자가 자동차를 이용하고 있을 개연성이 있고, ③ 범죄의 예방과 검거를 위하 여 필요하고 적절한 경우이며, ④ 자동차 이용자에 대한 자유의 제한을 필요한 최 소한도에 그치게 하는 등의 요건을 갖춘 경우에는 자동차검문의 특수성에 비추어 일제검문도 제한적으로 허용된다고 보아야 할 것이다.[1]

---

1) 헌법재판소도 도로를 차단하고 불특정 다수인을 상대로 행하는 일제단속식 음주단속에 대하 여, 그 개별적 · 구체적인 단속행위가 관련 국민들의 피해를 최소화하는 범위 내에서 그리고 법익형량이 이루어지는 가운데 실시되었다면, 이는 도로교통법 제44조 제 2 항 전단에서 규 정하고 있는 교통의 안전과 위험방지를 위하여 필요하다고 인정되는 경우에 행하는 음주측 정으로서 적법한 경찰작용에 해당한다고 보고 있다(헌재결 2004. 1. 29, 2002헌마293 참조).

(나) 유형력행사의 허용범위

자동차검문을 함에 있어서 운전자 등에게 질문을 위하여 차에서 내릴 것을 요구하거나 일시적으로 운전석의 문을 양손으로 잡는 등의 행위를 하는 것은 허용된다고 보아야 한다. 설득행위라고 인정되는 범위 내에서의 제한적인 실력행사는 허용될 수 있기 때문이다. 그러나 차량을 정지시키기 위하여 엔진 키를 뽑는다든가, 운전자를 물리적인 힘을 행사하여 차에서 억지로 나오게 하는 등의 행위를 하는 것은 허용되지 않는다고 해야 한다.

제 3 절　수사의 방법

Ⅰ. 총　설

1. 수사의 기본원칙

수사기관은 범죄의 혐의를 인지한 경우에는 수사를 개시하여 사실을 밝혀야 할 직무상의 의무가 있다(제196조, 제197조). 이를 수사법정주의 또는 수사강제주의라고 부른다.

또한 수사에 있어서는 비례성의 원칙이 적용되므로 수사방법은 그 목적을 달성하는데 적합한 것이어야 하고, 필요한 최소한에 그쳐야 하며, 수사목적을 달성하여 얻는 이익과 수사로 인해 침해되는 이익이 균형을 이루는 상당한 것이어야 한다. 임의수사가 원칙이라는 것도 이러한 비례성의 원칙이 수사법에 실현된 것이라고 할 수 있다.

수사의 방법에는 임의수사와 강제수사가 있다. 강제수사란 강제처분에 의한 수사를 말하며, 임의수사는 강제수사 이외의 수사를 의미한다. 즉 임의수사란 상대방의 동의나 승낙을 얻거나 기타 합목적성의 차원에서 법률의 근거 없이도 가능한 수사방법을 말한다.[1] 수사는 원칙적으로 임의수사에 의하고 강제수사는 법률에 규정된 경우에 한하여 예외적으로 허용된다(제199조 제1항). 이를 임의수사의 원칙이라고 한다. 형사소송법은 「피의자에 대한 수사는 불구속 상태에서 함을 원칙으로 한다」고

---

1) 물론 임의수사라고 하더라도 정형화가 가능한 경우에는 그 내용과 절차 등을 법률로서 규정하는 것이 바람직하다.

규정하여($^{제198조}_{제1항}$), 특히 대인적 강제수사에 대한 엄격한 제한을 명시하고 있다. 그러나 수사는 임의수사인 경우에도 그 성질상 개인의 인권을 침해할 위험성을 배제할 수 없다. 따라서 검사·사법경찰관리 그 밖에 직무상 수사에 관계있는 자는 피의자 또는 다른 사람의 인권을 존중하고 수사과정에서 취득한 비밀을 엄수하며 수사에 방해되는 일이 없도록 하여야 한다($^{동조}_{제2항}$).

2. 강제수사의 규제

(1) 강제처분법정주의

강제수사를 포함한 강제처분은 법률에 특별한 규정이 없으면 하지 못한다($^{제199}_{조}$ $^{제1항}_{참조}$). 이를 강제처분법정주의 또는 강제수사법정주의라고 한다. 강제처분 내지 강제수사는 형벌권 실현에 있어서 불가결한 제도이지만 개인의 기본권을 침해하는 필요악이므로 이에 대한 법적 규제가 필요하게 된다. 법률주의는 강제처분의 적법성의 한계를 법률에 명백히 규정하여 법관에 의한 구체적 판단을 가능하게 한다는 점에서 영장주의의 전제가 되는 원칙이라고 할 수 있다.

강제처분법정주의는 강제처분의 종류와 요건 및 절차를 법률로써 규정할 것을 요구하는 원칙이다. 따라서 강제처분은 법률이 규정하고 있는 유형의 강제처분에 해당하고 법률이 정한 요건과 절차를 준수한 경우에 한하여 적법하게 된다. 다만 강제처분법정주의는 과학기술의 발달에 의하여 형사소송법이 예상하지 아니한 새로운 강제처분이 출현함에 따라 탄력적인 해석을 필요로 하게 되었다. 강제처분법정주의를 이유로 법이 규정하지 아니한 수사방법을 임의수사로 보아 실질적 법익 침해를 수반하는 행위임에도 불구하고 그 적법성을 인정하는 결과가 되어서는 안 되기 때문이다.

(2) 영장주의

영장주의란 법원 또는 법관이 발부한 적법한 영장에 의하지 않으면 형사절차상의 강제처분을 할 수 없다는 원칙을 말한다. 영장주의는 강제처분의 남용을 억제하고 시민의 자유와 재산을 보장하기 위한 사법적 통제수단이다. 또한 영장주의는 강제처분을 할 당시에 이미 영장이 발부되어 있을 것을 요한다는 의미이므로 영장 없는 강제처분뿐만 아니라 강제처분을 한 후에 사후영장을 발부받는 것도 영장주의의 예외가 된다.

피의자의 체포는 체포영장에 의하는 것이 원칙이나($\substack{제200\\조의2}$), 긴급체포($\substack{제200\\조의3}$)와 현행범인 체포($\substack{제212\\조}$)의 경우에는 체포영장을 요하지 않는다. 그러나 피의자와 피고인의 구속에는 영장의 발부가 필요하고 영장주의의 예외는 인정되지 않는다($\substack{제73조,\\제201조}$). 수사기관의 압수·수색·검증에는 법관이 발부한 영장이 있어야 하며($\substack{제215\\조}$), 다만 압수·수색·검증의 긴급성에 대처하기 위하여 영장을 받을 수 없는 예외적인 사정이 있는 때에는 영장에 의하지 않거나 사후영장에 의한 압수·수색·검증이 허용된다. 체포·구속목적의 피의자수색, 체포현장에서의 압수·수색·검증, 범죄장소에서의 압수·수색·검증($\substack{제216\\조}$), 긴급체포시의 압수·수색·검증($\substack{제217조\\제 1 항}$)의 경우가 여기에 해당한다. 또한 수사기관이 임의제출물을 압수하는 경우에도 영장을 요하지 않는다($\substack{제218\\조}$).

(3) 비례성의 원칙

비례성의 원칙이란 형사절차에 의한 개인의 기본권 침해는 사건의 중요성과 기대되는 형벌에 비추어 상당성이 유지될 때에만 허용된다는 원칙을 말한다. 이 원칙은 임의수사에 있어서도 요구되나 특히 강제수사를 규제하는 원칙으로서 중요한 역할을 담당한다. 따라서 강제처분은 임의수사에 의해서는 형사소송의 목적을 달성할 수 없는 경우에 최후의 수단으로서만 인정되어야 하고, 강제처분의 기간과 방법도 기대되는 형벌에 의하여 제한을 받게 된다. 형사소송법은 「강제처분은 필요한 최소한도의 범위 안에서만 하여야 한다」고 규정하여($\substack{제199조\\제 1 항}$), 이 원칙을 명시하고 있다.

3. 임의수사와 강제수사의 구별

(1) 구별의 기준

㈎ 형 식 설

수사기관이 명문의 규정에 의하여 상대방에게 직접·간접으로 물리적 강제력을 행사하는 경우나 의무를 부담하게 하는 경우를 강제수사라고 보는 견해이다. 형식설은 「강제처분은 이 법률에 특별한 규정이 있는 경우에 한하며…」라고 규정하고 있는 형사소송법 제199조 제 1 항 단서에 충실한 입장이다. 이에 의하면 체포·구속($\substack{제200조\\의2 이하}$), 압수·수색·검증($\substack{제215\\조 이하}$), 증거보전($\substack{제184\\조}$), 증인신문청구($\substack{제221\\조의2}$), 공무소에의 조회($\substack{제199조\\제 2 항}$) 등 형사소송법에 특별히 규정된 수사방법이 강제수사에 해당한다.

(나) 실 질 설

실질적 기준에 의하여 임의수사와 강제수사를 구별하려는 견해로서, 상대방의 의사에 반하여 실질적으로 그의 법익을 침해하는 처분이 강제수사이고 이러한 법익침해를 수반하지 않는 수사는 임의수사라고 본다. 실질설은 감청, 사진촬영, 비디오촬영, DNA감식 등과 같은 새로운 수사방법의 등장에 따른 인권침해의 위험성을 감안하여, 상대방의 법익을 실질적으로 침해하는 수사는 법률의 규정이 없더라도 강제수사라고 한다.

(다) 적법절차기준설

임의수사와 강제수사의 구별을 적법절차의 원칙과 관련하여 구하려는 입장으로서, 수사기관이 헌법상 개별적으로 명시된 기본권을 침해하거나 명시되지 아니하였더라도 법공동체가 공유하고 있는 최저한도의 기본적 인권을 침해할 우려가 있는 때에는 강제수사에 해당한다는 견해이다. 수사처분의 실질적 내용을 기본적 인권과 관련시켜 판단함으로써 새로운 수사방법의 등장에 탄력적으로 대응할 수 있을 뿐만 아니라 강제수사에 대한 실질적 규제원리를 획득할 수 있다고 한다.

(라) 검   토

형식설에 의하면 형사소송법에서 규정하고 있지 않은 새로운 과학수사방법들이 임의수사로서 법적 통제의 대상에서 벗어나게 되는 난점이 있다. 또한 적법절차는 강제수사뿐만 아니라 임의수사에도 요구되는 원칙이므로 적법절차 및 기본권보장의 요청을 기준으로 양자를 구분하는 것은 강제수사와 임의수사의 구별을 불명확하게 한다. 강제수사와 임의수사를 구별하는 실익이 새로운 형태의 과학적 수사방법에 대한 사법적 통제에 있다는 점에서 볼 때, 상대방에 대한 실질적 법익침해의 초래 여부에 의해서 양자를 구별하는 실질설(다수설)이 가장 합리적인 견해라고 생각된다.

(2) 사진촬영의 법적 성격과 영장주의와의 관계

(가) 법적 성격

수사기관이 명문의 규정에 의하여 상대방에게 물리적 강제력을 행사하거나 의무를 부과하는 경우를 강제수사로 보는 형식설에 의하면 피촬영자의 의사에 반하는 사진촬영도 명문의 규정이 없으므로 임의수사에 해당하는 것이 된다. 그러나 상대방의 사생활의 비밀과 자유를 실질적으로 침해하는 사진촬영을 임의수사로 보아 법적 규제의 대상에서 제외시키는 것은 타당하다고 할 수 없다. 상대방의 의사에 반하여 행하는 수사기관의 사진촬영행위는 강제수사에 해당하는 것으로 보아야 한다.

(나) 영장주의와의 관계

1) 검증영장설   사진촬영은 사물의 존재와 상태를 오관의 작용으로 실험·인식한 것을 필름이나 디스크에 담는 것이라는 점에서 검증과 유사한 성격을 가지는 강제수사라는 견해이다. 따라서 사진촬영은 원칙적으로 검증영장을 발부받아 행하여야 하며, 형사소송법이 명문으로 규정한 영장주의의 예외($^{제216조,}_{제217조}$)에 해당하지 않는 한 영장 없는 사진촬영은 허용되지 않는다고 한다.

2) 예외인정설   사진촬영은 성질상 검증에 해당하므로 원칙적으로 검증영장에 의하여 행할 것이 요구되나, 예외적으로 일정한 요건하에 영장주의가 적용되지 않는 사진촬영이 허용된다는 견해이다(통설). 즉 상대방의 의사에 반하여 행하는 수사기관의 사진촬영은 본질적으로 강제수사에 해당하나, 이는 전통적인 강제처분과는 달리 엄격한 요건하에 예외적으로 영장 없는 사진촬영이 허용되는 새로운 형태의 강제처분이라는 것이다. 판례는 ① 현재 범행이 행하여지고 있거나 행하여진 직후이고(범죄혐의의 명백성), ② 증거보전의 필요성 및 긴급성이 있으며, ③ 일반적으로 허용되는 상당한 방법에 의하여 촬영한 경우에는 영장 없는 사진촬영의 적법성을 인정하고 있다.[1]

---

1) (1) 대법원 1999. 9. 3, 99도2317, 「누구든지 자기의 얼굴 기타 모습을 함부로 촬영당하지 않을 자유를 가지나 이러한 자유도 국가권력의 행사로부터 무제한으로 보호되는 것은 아니고 국가의 안전보장·질서유지·공공복리를 위하여 필요한 경우에는 상당한 제한이 따르는 것이고, 수사기관이 범죄를 수사함에 있어 현재 범행이 행하여지고 있거나 행하여진 직후이고, 증거보전의 필요성 및 긴급성이 있으며, 일반적으로 허용되는 상당한 방법에 의하여 촬영을 한 경우라면 위 촬영이 영장 없이 이루어졌다 하여 이를 위법하다고 단정할 수 없다.」
(2) 대법원 1999. 12. 7, 98도3329, 「수사, 즉 범죄혐의의 유무를 명백히 하여 공소를 제기·유지할 것인가의 여부를 결정하기 위하여 범인을 발견·확보하고 증거를 수집·보전하는 수사기관의 활동은 수사 목적을 달성함에 필요한 경우에 한하여 사회통념상 상당하다고 인정되는 방법 등에 의하여 수행되어야 하는 것인 바, 무인장비에 의한 제한속도 위반차량 단속은 이러한 수사활동의 일환으로서 도로에서의 위험을 방지하고 교통의 안전과 원활한 소통을 확보하기 위하여 도로교통법령에 따라 정해진 제한속도를 위반하여 차량을 주행하는 범죄가 현재 행하여지고 있고, 그 범죄의 성질·태양으로 보아 긴급하게 증거보전을 할 필요가 있는 상태에서 일반적으로 허용되는 한도를 넘지 않는 상당한 방법에 의한 것이라고 판단되므로, 이를 통하여 운전 차량의 차량번호 등을 촬영한 사진을 두고 위법하게 수집된 증거로

3) 검　　토　　수사기관의 사진촬영은 공개된 장소인가의 여부를 묻지 않고 피촬영자의 사생활의 비밀과 자유($\frac{헌법}{제17조}$)를 침해하는 수사방법이라는 점에서 강제수사인 검증의 성질을 가지며 따라서 당연히 영장주의를 적용하여 사법적 통제 아래 두어야 할 대상이라고 할 수 있다. 그러나 한편 새로운 과학적 수사방법이 등장함에 따라 사진촬영과 같은 기술적 방법에 의한 수사활동을 일정한 요건하에 영장 없이 허용할 필요성도 오늘날 커졌다고 할 수 있다. 이러한 문제의 해결은 입법에 의하는 것이 가장 바람직하다고 할 수 있으나, 현행법하에서도 현실적인 필요성과 사진촬영의 특성을 고려하여 이론적으로 영장주의의 예외를 인정하는 것이 가능하다고 생각된다. 따라서 필요성, 긴급성 및 수사방법으로서의 상당성의 요건을 갖춘 경우에는 영장 없는 수사기관의 사진촬영이 허용된다고 보는 판례의 입장이 타당하다. 그리고 이러한 입장에서는 무인속도측정기나 CCTV에 의한 사진촬영을 비롯한 일정한 형태의 수사기관의 사진촬영에 대하여 영장주의의 예외를 인정할 수 있게 된다.

4. 임의수사의 적법성의 한계

(1) 임의동행

(가) 의　　의

임의동행이란 수사기관이 피의자의 출석을 확보하기 위하여 피의자의 동의를 얻어 피의자와 수사기관까지 동행하는 것을 말한다. 현실의 수사관행에 있어서는 내사단계에서 피내사자를 대상으로 임의동행의 형태를 취하는 경우가 있는데, 임의동행의 형식으로 동행한 피내사자의 경우에는 이미 실질적으로 수사가 개시된 것이므로 피의자로 보아야 한다($\frac{대법원 1996.6.3,}{96모18 참조}$).

(나) 법적 성격

임의동행을 형사소송법 제199조 제 1 항이 규정하고 있는 임의수사의 한 형태

___
서 증거능력이 없다고 말할 수 없다.」

(3) 대법원 2013. 7. 26, 2013도2511, 「피고인들이 일본 또는 중국에서 북한 공작원들과 회합하는 모습을 동영상으로 촬영한 것은 위 피고인들이 회합한 증거를 보전할 필요가 있어서 이루어진 것이고, 피고인들이 반국가단체의 구성원과 회합 중이거나 회합하기 직전 또는 직후의 모습을 촬영한 것으로 그 촬영 장소도 차량이 통행하는 도로 또는 식당 앞길, 호텔 프런트 등 공개적인 장소인 점 등을 알 수 있으므로, 이러한 촬영이 일반적으로 허용되는 상당성을 벗어난 방법으로 이루어졌다거나, 영장 없는 강제처분에 해당하여 위법하다고 볼 수 없다.」

로서 인정할 수 있는지에 대하여는 견해가 대립하고 있다.

임의수사설은 형사소송법이 피의자에 대한 출석요구의 방식을 제한하고 있지 않으므로 사회통념상 신체의 속박이나 심리적 압박에 의한 자유의 구속이 있었다고 볼 수 없는 경우에는 임의수사로서 허용해야 하고, 피의자가 수사기관에 가서 자신에 대한 범죄혐의를 적극적으로 반박하는 경우까지 영장주의를 관철할 필요는 없다는 점 등을 논거로 들고 있다. 이에 대하여 강제수사설은 경찰관 직무집행법이나 주민등록법이 엄격한 요건 아래 임의동행을 허용하고 있는 점에 비추어 볼 때 법률의 근거 없이 일반적인 임의수사로서 임의동행을 행하는 것은 위법하고, 형사소송법상 영장에 의한 체포제도를 도입한 취지에 비추어 보더라도 임의동행은 허용되지 않는 수사방법으로 보아야 하며, 현실적으로 임의동행의 단계에서 수사기관의 인권침해 사례가 발생하기 쉬울 뿐만 아니라 임의동행 당시의 상대방의 심리상태나 수사기관에 의한 물리력 행사 여부를 입증하기도 어렵다는 점 등을 논거로 제시하고 있다. 판례는 매우 엄격한 요건하에 임의동행을 임의수사로서 인정하는 제한적 태도를 취하고 있다(대법원 2011.6.30,/2009도6717). 형사소송법 제199조 제 1 항의 임의수사는 다양한 형태로 이루어질 수 있으므로 사회통념상 신체의 속박이나 심리적 압박 등의 강제에 의하지 않고 피의자의 자발적 동의에 의하여 임의동행이 이루어졌다면 이는 임의수사로서 허용된다고 해야 한다. 검사와 사법경찰관의 상호협력과 일반적 수사준칙에 관한 규정도 이러한 입장에서 임의동행 시의 고지의무를 규정하고 있다(동규정/제20조 참조).

한편 임의동행과 관련해서 불심검문을 위한 동행을 한 후 수사로 이어진 경우의 동행의 성격이 문제로 된다. 이에 대하여는 불심검문을 위한 동행은 수사의 단서에 불과하므로 이에 의하여 구체적 범죄혐의가 밝혀질 때에 비로소 수사가 개시된다는 견해와 동행을 하는 시점부터 이미 수사가 개시된 것으로 보아야 하므로 임의수사로서의 임의동행의 요건을 구비해야 한다는 견해가 대립하고 있다. 불심검문을 위한 동행과 임의수사로서의 임의동행은 별개의 제도이기는 하나, 형사소송법상의 수사를 경찰관 직무집행법상의 불심검문을 통하여 도피하는 것을 방지하기 위해서는 이를 하나로 파악하여 동행시부터 수사로서의 규제를 받게 하는 것이 타당하다고 생각된다. 판례도 같은 입장을 취하고 있다(대법원 2006.7.6,/2005도6810).

(다) **임의동행의 적법성판단**

임의동행이 임의수사로서 허용된다고 하더라도 그 과정에서 강제력이 개입된 때에는 임의수사로서의 한계를 벗어나게 되며, 임의동행으로서의 적법성을 결여하면 이는 강제연행으로서 불법체포에 해당하는 것이 된다. 판례는 「수사관이 동행에 앞서 피의자에게 동행을 거부할 수 있음을 알려 주었거나 동행한 피의자가 언제든지 자유로이 동행과정에서 이탈 또는 동행장소로부터 퇴거할 수 있었음이 인정되는 등 오로지 피의자의 자발적인 의사에 의하여 수사관서 등에의 동행이 이루어졌음이 객관적인 사정에 의하여 명백하게 입증된 경우에 한하여, 동행의 적법성이 인정된다고 보는 것이 타당하다」고 함으로써(대법원 2013.3.14,/2012도13611), 임의동행에 있어서의 임의성의 요건을 매우 엄격하게 해석하고 있다. 수사준칙에 관한 규정도 피의자의 동행거부권 등을 보장하기 위하여 수사기관에게 고지의무를 인정하고 있다. 즉 검사 또는 사법경찰관은 임의동행을 요구하는 경우 상대방에게 동행을 거부할 수 있다는 것과 동행하는 경우에도 언제든지 자유롭게 동행 과정에서 이탈하거나 동행장소에서 퇴거할 수 있다는 것을 알려야 한다(동규정/제20조).

임의동행을 위한 실력행사는 원칙적으로 허용될 수 없다. 다만 임의동행에 있어서도 설득행위라고 인정되는 범위 내에서의 최소한의 유형력 행사는 허용된다고 해야 하므로, 진지한 설득행위의 범위를 넘지 않는 것으로 평가할 수 있는 수사기관의 행위는 그 적법성을 인정하여야 할 것이다.

㈜ 주민등록법상의 신원확인을 위한 동행요구

임의동행과 관련하여 검토를 요하는 것으로서 주민등록법상의 신원확인을 위한 동행요구가 있다. 주민등록법에 의하면 사법경찰관리가 범인을 체포하는 등 그 직무를 수행할 때에 17세 이상인 주민의 신원이나 거주관계를 확인할 필요가 있으면 주민등록증의 제시를 요구할 수 있으며, 이 경우 사법경찰관리는 주민등록증을 제시하지 아니하는 자로서 신원을 증명하는 증표나 그 밖의 방법에 따라 신원이나 거주관계가 확인되지 아니하는 자에게는 범죄의 혐의가 있다고 인정되는 상당한 이유가 있을 때에 한정하여 인근 관계관서에서 신원이나 거주관계를 밝힐 것을 요구할 수 있다(동법 제26/조 제1항). 사법경찰관리는 상대방의 신원 등을 확인할 때 친절과 예의를 지켜야 하며, 정복근무 중인 경우 외에는 미리 신원을 표시하는 증표를 지니고 이를 관계인에게 내보여야 한다(동조/제2항).

주민등록법상의 신원확인을 위한 사법경찰관리의 동행요구 및 동행은 범죄혐의 있음을 전제로 하여 이루어진다는 점에서 이는 수사방법으로서의 임의동행에 해당하는 것으로 보아야 한다. 법관의 영장 없는 강제연행이 주민등록법의 규정에 의하여 허용되는 것으로 해석한다면 이는 헌법 및 형사소송법상의 영장주의 원칙에 반하는 것이 되기 때문이다. 따라서 신원확인을 위해서는 상대방의 자발적인 의사에 의하여 인근 관계관서에의 동행이 이루어져야 하고, 동행에 있어서 설득행위의 정도를 넘는 실력행사는 허용되지 않는다고 해야 한다.

(2) 승낙유치

승낙유치란 상대방의 동의를 얻어 특정한 장소에 유치하는 것을 말하는데, 종래 임의동행하거나 자진출석한 피의자를 영장발부 대기 등의 이유로 보호실에 유치하는 관행이 있었다. 승낙유치는 상대방의 동의를 얻었다고 하더라도 강제수사에 해당하며 영장에 의하지 않는 한 위법하다고 보는 데 학설이 일치하고 있다. 실질적인 신체구속을 본인의 동의를 이유로 허용하는 것은 영장주의를 유린하는 결과를 가져오게 되기 때문이다. 판례도 경찰관 직무집행법상 정신착란자, 주취자, 자살기도자 등 응급의 구호를 요하는 자를 24시간을 초과하지 아니하는 범위 내에서 경찰관서에 보호조치할 수 있는 시설로 제한적으로 운영되는 경우($\binom{동법}{제4조}$)를 제외하고는 구속영장을 발부받음이 없이 피의자를 보호실에 유치함은 영장주의에 위배되는 위법한 구금이라고 판단하고 있다($\binom{대법원\ 1999.4.23,}{98다41377}$).

(3) 승낙수색과 승낙검증

승낙수색·승낙검증이 임의수사에 해당하는지 아니면 강제수사로 볼 것인지에 대하여는 견해의 대립이 있다. 승낙유치와는 다르게 동의나 승낙에 의한 수색·검증이 허용된다는 점에 대해서는 이론이 없으나, 그 성질에 대하여는 승낙의 임의성이 인정되는 경우에는 임의수사로서 허용된다는 견해(통설)와 승낙이 있는 경우에도 영장을 요하지는 않지만 여전히 강제수사로 보아야 한다는 견해가 주장되고 있다. 강제수사설은 영장 없는 수색이나 검증이라도 영장의 집행과 관련된 부분을 제외하고는 수색이나 검증에 대한 요건과 절차가 적용되어야 하고, 동의한 후에는 절차에 대한 수인의무가 부과된다는 점에서 임의제출물의 영치와 마찬가지로 강제수사로 보아야 한다는 것이다. 그러나 임의성 있는 명백한 동의·승낙이 있는 경우에는 실질적인 법익침해가 인정되지 않는다는 점에서 임의수사로 보아야 할 것이다. 마찬가지로 승낙에 의한 신체검사도 신체를 침해하지 않는 범위에서는 허용된다고 해야 한다.

(4) 거짓말탐지기의 사용

거짓말탐지기(polygraph)란 피의자 등의 피검사자에게 피의사실에 관련된 질문을 하고 그에 대한 대답시에 피검사자에게 나타난 호흡·혈압·맥박·피부전기반사 등의 생리적 변화를 검사지에 기록하는 장치를 말한다. 거짓말탐지기 검사자는 검사지에 나타난 기록을 관찰·분석하여 답변의 진위 또는 피의사실에 대한 인식의 유무를 판단한다.

피검사자의 동의가 없으면 거짓말탐지기 사용이 허용되지 않는다는 점에 대하여는 이론이 없다. 다만 피검사자의 동의가 있는 경우에는 거짓말탐지기의 사용이 임의수사로서 허용될 수 있는지에 대하여 견해가 대립하고 있다. 부정하는 견해에서는 거짓말탐지기의 사용은 기계적인 방법을 통하여 답변의 진실성을 판단함으로써 결국 진실한 진술을 강요하는 결과로 되어 진술거부권을 침해하게 된다든지 또는 인격권을 침해하는 것이라는 이유로 상대방이 동의한 경우라도 허용되지 않는다고 한다. 이에 반하여 다수의 견해는 피검사자가 자발적으로 동의한 경우라면 인격권 내지 진술거부권의 침해라고 볼 수 없고 또한 검사결과가 피검사자에게 유리한 자료로 사용될 수도 있다는 것을 이유로 임의수사로서 허용된다고 한다. 피검사자의 임의성 있는 명백한 동의가 있는 경우에는 임의수사로서 거짓말탐지기 사용을 인정할 수 있을 것이다. 다만 검사 중이라도 피검사자가 더 이상의 사용을 거부할 때에는 거짓말탐지기 사용은 허용되지 않는다. 판례도 상대방의 동의가 있는 한 거짓말탐지기 사용을 적법한 것으로 보고 있다(대법원 1984.2.14, 83도3146).

(5) 마취분석

마취분석이란 일정한 약물작용을 통하여 진실을 진술하게 하는 수사방법을 말한다. 마취분석은 인간의 내심세계를 약물작용을 통하여 분석하는 것으로서 인간의 존엄과 가치를 해하고 인격의 분열을 초래하는 것이므로 피검사자가 동의한 경우에도 허용되지 않는 수사방법이라고 해야 한다.

Ⅱ. 임의수사의 방법

임의수사는 강제수사와는 달리 비유형적이고 다양하게 행하여질 수 있다. 형사소송법도 임의수사에 대하여「수사에 관하여는 그 목적을 달성하기 위하여 필요한 조사를 할 수 있다」고 규정하여($\binom{제199조}{제1항 본문}$), 강제수사에 해당하지 않는 범위 내에서 다양한 수사방법을 활용하여 사실을 밝히고 증거를 수집할 수 있음을 인정하고 있다. 그러나 임의수사도 그 성질상 개인의 인격을 침해할 위험성을 배제할 수 없으므로 형사소송의 모든 절차를 지배하는 적법절차의 원리에 의한 법적 규제를 받지 않을 수 없다.

형사소송법이 규정하고 있는 임의수사의 방법으로는 피의자신문, 참고인조사, 공무소 등에의 조회, 감정·통역·번역의 위촉 등이 있다.

1. 피의자신문

(1) 의   의

피의자신문이란 검사 또는 사법경찰관이 수사에 필요한 때에 피의자에게 출석을 요구하여 피의자로부터 진술을 듣는 절차를 말한다. 피의자신문은 수사기관이 피의자의 진술을 통하여 직접 증거를 수집하는 절차일 뿐만 아니라, 피의자가 자기에게 유리한 사실을 주장할 수 있는 기회를 제공하는 의미도 가지고 있다.

피의자신문은 피의자의 임의의 진술을 듣는 절차로서 임의수사에 해당한다 ($\binom{대법원\ 2013.7.1,}{2013모160}$). 다만 임의수사라고 하더라도 수사기관이 피의자의 자백을 얻어내기 위하여 진술을 강요할 위험성이 있다는 점을 고려하여, 현행법은 신문의 절차 및 피의자의 권리에 대하여 명문규정을 두고 있다.

(2) 절차 및 방식

(가) 출석요구

1) 일반 피의자의 경우   수사기관이 피의자를 신문하기 위하여는 피의자의 출석을 요구하여야 한다($\binom{제200}{조}$). 검사 또는 사법경찰관은 피의자에게 출석요구를 하려는 경우 피의자와 조사의 일시·장소에 관하여 협의해야 하고, 변호인이 있는 경우에는 변호인과도 협의해야 한다($\binom{수사준칙에\ 관한\ 규}{정\ 제19조\ 제2항}$). 검사 또는 사법경찰관은 피의자에게 출석요구를 하려는 경우 피의사실의 요지 등 출석요구의 취지를 구체적으로 적은 출석요구서를 발송해야 한다. 다만 신속한 출석요구가 필요한 경우 등 부득이한 사정이 있는 경우에는 전화, 문자메시지, 그 밖의 상당한 방법으로 출석요구를 할 수 있다($\binom{동조}{제3항}$). 검사 또는 사법경찰관은 피의자가 치료 등 수사관서에 출석하여 조사를 받는 것이 현저히 곤란한 사정이 있는 경우에는 수사관서 외의 장소에서 조

사할 수 있다($\frac{동조}{제5항}$).

피의자에게는 출석의무가 없다. 따라서 피의자는 출석을 거부할 수 있고, 출석한 때에도 언제나 퇴거할 수 있다. 그러나 출석불응의 경우 현행법상 체포가 가능하다는 점에서($\frac{제200}{조의2}$) 수사기관의 출석요구는 사실상 어느 정도 강제적 요소를 가진다고 할 수 있다.

2) 체포·구속된 피의자와 조사수인의무   신체가 구속되어 있는 피의자에게 구금된 장소에서 신문장소로 출석하는 것을 거부하거나 신문장소에서 퇴거할 자유가 보장되는지가 문제된다. 이른바 피의자신문과 관련하여 신체구속 중인 자에게 조사수인의무가 인정되는지에 대한 논의라고 할 수 있다.

조사수인의무를 긍정하는 견해는 체포·구속은 수사상의 강제처분이기 때문에 어느 정도는 조사를 예정하지 않을 수 없다는 점, 현실적으로 신체구속 중의 피의자신문의 필요성과 중요성을 인정하지 않을 수 없다는 점, 그리고 피의자에게는 묵비권이 보장되어 있으므로 출석 등의 강제를 반드시 진술의 강제로 볼 수는 없다는 점 등을 그 논거로 한다. 판례도 구속된 피의자가 수사기관의 피의자신문을 위한 출석요구에 불응하여 조사실에의 출석을 거부하는 경우에는 구속영장의 효력에 의하여 피의자를 조사실로 구인할 수 있으며, 또한 체포된 피의자에게도 출석의무가 인정된다고 한다($\frac{대법원\ 2013.7.1,}{2013모160}$). 조사수인의무긍정설에 의하면 체포·구속 중인 피의자는 수사기관의 요구에 응하여 조사실에 출석하고 조사가 종료할 때까지 그곳에 체류할 의무를 부담하는 것이 된다. 형사소송법은 명문으로 신체구속 중의 피의자에 대한 출석의무·체류의무를 인정하는 규정은 두고 있지 않으나, 수사기관의 출석요구에의 불응 또는 불응의 우려를 체포사유로 인정하고 있는 현행법의 태도는 신체구속 중인 자는 출석의무 및 체류의무가 있음을 전제로 한 것이라고 볼 수 있다.

그러나 신체구속 중인 피의자에 대한 조사수인의무는 부정하는 것이 타당하다. 체포·구속은 절차를 확보하기 위한 것이지 피의자를 신문하기 위한 것이 아니며, 신체구속 중의 피의자에게 출석 및 체류의무를 인정하면 진술의 의무가 없다고 하여도 실질적으로는 피의자에게 진술을 강요하는 결과를 초래하여 묵비권을 침해하는 것이 된다. 피의자에게 묵비권이 보장된다고 하는 것은 수사기관의 조사에 단순히 침묵할 수 있는 권리를 가지는 것에 그치지 않고 보다 적극적으로 당해 피의사실에 대한 조사를 거부할 수 있는 권리를 가진다고 해석하여야 한다. 이렇게 해석하는 것이 묵비권을 국민의 기본권으로서 보장하고 있는 우리 헌법의 정신에도 부합하며, 신체구속상태에서 피의자를 조사할 목적으로 이용되는 별건체포·구속의 문제를 해결하는 데 있어서도 도움이 되리라고 생각한다.[1]

⑷ 진술거부권 등의 고지

검사 또는 사법경찰관이 피의자를 신문하기 전에 ① 일체의 진술을 하지 아니하거나 개개의 질문에 대하여 진술을 하지 아니할 수 있다는 것, ② 진술을 하지 아니하더라도 불이익을 받지 아니한다는 것, ③ 진술을 거부할 권리를 포기하고 행한 진술은 법정에서 유죄의 증거로 사용될 수 있다는 것, ④ 신문을 받을 때에는 변호인을 참여하게 하는 등 변호인의 조력을 받을 수 있다는 것을 알려주어야 한다 (제244조의3 제1항). 동일한 수사기관의 일련의 수사과정에서는 신문시마다 고지를 해야 하는 것은 아니지만, 상당한 기간이 경과하였거나 새로운 출석요구에 따라 신문하거나 조사자가 경질된 때에는 다시 고지하여야 할 것이다. 또한 사법경찰관이 사건을 검사에게 송치하여 검사가 피의자를 신문할 때에는 신문 전에 다시 진술거부권을 고지하여야 한다. 진술거부권을 고지하지 않고 신문한 진술을 기재한 피의자신문조서는 증거능력이 없다(대법원 2010.5.27, 2010도1755).

검사 또는 사법경찰관은 진술거부권을 고지한 때에는 피의자가 진술을 거부할 권리와 변호인의 조력을 받을 권리를 행사할 것인지의 여부를 질문하고, 이에 대한 피의자의 답변을 조서에 기재하여야 한다. 이 경우 피의자의 답변은 피의자로 하여금 자필로 기재하게 하거나 검사 또는 사법경찰관이 피의자의 답변을 기재한 부분에 기명날인 또는 서명하게 하여야 한다(동조 제2항). 진술거부권 행사 여부에 대한 피의자의 답변이 자필로 기재되어 있지 아니하거나 그 답변 부분에 피의자의 기명날인 또는 서명이 되어 있지 아니한 피의자신문조서는 적법한 절차와 방식에 따라 작성된 조서라 할 수 없으므로 그 증거능력을 인정할 수 없다(대법원 2013.3.28, 2010도3359). 그러나 이러한 방법은 사실상 심리적 압박에 의한 진술거부권의 전체적 포기를 강요하는 결과를 초래할 수 있다는 점에서 문제가 있다고 생각된다. 피의자가 진술을 거부할 것인지의 여부는 수사기관의 신문내용에 따라 개별적으로 판단될 문제라는 점을

---

[1] 조사수인의무를 부정하는 입장에서는 출석요구불응 또는 불응의 우려를 체포의 요건으로 규정하고 있는 제200조의2 제1항 본문의 타당성에 대하여 의문을 제기하게 된다. 피의자신문을 확보하기 위한 수단으로서 체포제도가 존재하는 것과 같은 형태의 입법방식은 체포 이후에 조사수인의무를 부정하는 논리와 충돌할 수 있기 때문이다.

고려할 때, 수사기관으로 하여금 신문 전에 권리의 내용을 구체적으로 고지하게 하는 것으로 족할 것이다. 진술거부권을 행사하지 않겠다고 답변한 경우라도 피의자는 구체적인 신문사항에 대하여 진술을 거부할 수 있다고 해야 한다.

(대) 신문사항 및 신문방법

검사 또는 사법경찰관이 피의자를 신문함에는 먼저 그 성명·연령·등록기준지·주거와 직업을 물어 피의자임에 틀림없음을 확인하여야 한다($\frac{제241}{조}$). 이를 인정신문이라고 한다. 수사기관의 인정신문에 대하여 피의자가 진술을 거부할 수 있는지가 문제되나, 진술거부권의 대상이 되는 진술에는 제한이 없고 인정신문에 대한 진술을 강제하는 것은 피의자신문의 임의수사성에 반한다는 점에서 볼 때 피의자는 인정신문에 대하여도 진술을 거부할 수 있다고 해야 한다. 인정신문과 진술거부권 등의 고지가 끝난 후에는 피의자에 대하여 범죄사실과 정상에 관한 필요사항을 신문하여야 하며, 피의자에게 이익되는 사실을 진술할 기회를 주어야 한다($\frac{제242}{조}$). 신문은 통상 일문일답식으로 진행하며, 사실을 발견하기 위하여 필요한 때에는 피의자와 다른 피의자 또는 피의자 아닌 자와의 대질신문도 가능하다($\frac{제245}{조}$).

피의자에 대한 심야조사는 제한된다. 검사 또는 사법경찰관은 피의자에 대해 오후 9시부터 오전 6시까지 사이의 심야조사를 해서는 안 된다($\frac{수사준칙에 관한 규}{정 제21조 제 1 항}$). 다만 피의자를 체포한 후 48시간 이내에 구속영장의 청구 또는 신청 여부를 판단하기 위해 불가피한 경우, 공소시효가 임박한 경우, 피의자가 출국, 입원, 원거리 거주, 직업상 사유 등 재출석이 곤란한 구체적인 사유를 들어 심야조사를 요청한 경우($\frac{변호인이 심}{야조사에 동의하지 않는다는 의}{사를 명시한 경우는 제외한다}$)로서 해당 요청에 상당한 이유가 있다고 인정되는 경우, 그 밖에 사건의 성질 등을 고려할 때 심야조사가 불가피하다고 판단되는 경우 등 법무부장관, 경찰청장 또는 해양경찰청장이 정하는 경우로서 검사 또는 사법경찰관의 소속 기관의 장이 지정하는 인권보호 책임자의 허가 등을 받은 경우에는 심야조사가 허용된다($\frac{동조}{제 2 항}$). 그리고 이미 작성된 조서의 열람을 위한 절차는 자정 이전까지 진행할 수 있다($\frac{동조}{제 1 항 단서}$).

피의자에 대한 장시간조사도 제한된다. 검사 또는 사법경찰관은 피의자를 조사하는 경우에는 대기시간, 휴식시간, 식사시간 등 모든 시간을 합산한 조사시간이 12시간을 초과하지 않도록 해야 한다. 다만 피의자의 서면 요청에 따라 조서를 열람하는 경우, 심야조사가 허용되는 경우에는 12시간을 초과하여 조사할 수 있다($\frac{동규정}{제22조 제 1 항}$). 검사 또는 사법경찰관은 특별한 사정이 없으면 총조사시간 중 식사시간, 휴식시간 및 조서의 열람시간 등을 제외한 실제 조사시간이 8시간을 초과하지 않도록 해야 한다(동조). 검사 또는 사법경찰관은 심야조사가 허용되는 경우 이외 에는 피의자에 대한 조사를 마친 때부터 8시간이 지나기 전에는 다시 조사할 수 없 다(동조).

또한 검사 또는 사법경찰관은 조사에 상당한 시간이 소요되는 경우에는 특별 한 사정이 없으면 피의자에게 조사 도중에 최소한 2시간마다 10분 이상의 휴식시 간을 주어야 한다(동규정 제23조 제1항). 검사 또는 사법경찰관은 조사 중인 피의자의 건강상 태에 이상 징후가 발견되면 의사의 진료를 받게 하거나 휴식하게 하는 등 필요한 조치를 해야 한다(동조).

㈜ **피의자신문조서의 작성**

피의자의 진술은 조서에 기재하여야 한다(제244조 제1항). 조서는 피의자에게 열람하 게 하거나 읽어 들려주어야 하며, 진술한 대로 기재되지 아니하였거나 사실과 다른 부분의 유무를 물어 피의자가 증감 또는 변경의 청구 등 이의를 제기하거나 의견을 진술한 때에는 이를 조서에 추가로 기재하여야 한다. 이 경우 피의자가 이의를 제 기하였던 부분은 읽을 수 있도록 남겨두어야 한다(동조). 피의자가 어떤 부분에 대 하여 이의를 제기하였는지를 알 수 있게 하기 위한 것이다. 피의자가 조서에 대하 여 이의나 의견이 없음을 진술한 때에는 피의자로 하여금 그 취지를 자필로 기재하 게 하고 조서에 간인한 후 기명날인 또는 서명하게 한다(동조). 피의자가 기명날인 이나 서명을 거부한 때에는 그 사유를 기재하여야 한다(제48조 제7항 단서 참조). 피의자신문조 서에는 조서작성의 연월일시와 소속공무소를 기재하고 그 조사를 행한 자와 참여 한 검찰청서기관이나 사법경찰관리 등이 기명날인 또는 서명하여야 한다 (제50조, 제57조 제1항 참조). 피의자신문조서에 기재된 진술은 일정한 요건하에 증거능력이 인정 된다(제312조 제1항 내지 제3항).

㈜ **참 여 자**

검사가 피의자를 신문함에는 검찰청수사관 또는 서기관이나 서기를 참여하게 하여야 하고, 사법경찰관이 피의자를 신문함에는 사법경찰관리를 참여하게 하여야 한다(제243조). 이는 조서기재의 정확성과 신문절차의 적법성을 보장하기 위한 것이다.

(3) 신문절차의 적정성 보장

㈎ 변호인의 피의자신문참여권

1) **변호인참여권의 의의**   변호인의 피의자신문참여권이란 검사 또는 사법경찰관의 피의자신문에 변호인이 참여할 수 있는 권리를 말한다. 현행법은 변호인의 도움을 받을 피의자의 권리를 실질적으로 보장하기 위하여 변호인의 피의자신문참여권을 명문으로 규정하고 있다. 즉 검사 또는 사법경찰관은 피의자 또는 그 변호인·법정대리인·배우자·직계친족·형제자매의 신청에 따라 변호인을 피의자와 접견하게 하거나 정당한 사유가 없는 한 피의자에 대한 신문에 참여하게 하여야 한다($\binom{제243조의}{2\,제1항}$).

2) **변호인참여권의 내용**   검사 또는 사법경찰관은 신청권자의 신청이 있는 경우 원칙적으로 변호인을 피의자신문에 참여하게 하여야 한다. 신문에 참여하고자 하는 변호인이 2인 이상인 때에는 피의자가 신문에 참여할 변호인 1인을 지정한다. 지정이 없는 경우에는 검사 또는 사법경찰관이 이를 지정할 수 있다($\binom{동조}{제2항}$).

신문에 참여한 변호인은 신문 후 의견을 진술할 수 있다. 다만 신문 중이라도 부당한 신문방법에 대하여 이의를 제기할 수 있고, 검사 또는 사법경찰관의 승인을 받아 의견을 진술할 수 있다($\binom{동조}{제3항}$). 따라서 변호인의 참여는 변호인이 신문과정에 출석하여 위법을 감시하는데 그치는 입회와 구별된다. 신문에 참여한 변호인의 의견이 기재된 피의자신문조서는 변호인에게 열람하게 한 후 변호인으로 하여금 그 조서에 기명날인 또는 서명하게 하여야 한다($\binom{동조}{제4항}$). 또한 검사 또는 사법경찰관은 변호인의 신문참여 및 그 제한에 관한 사항을 피의자신문조서에 기재하여야 한다($\binom{동조}{제5항}$). 수사기관의 자의적인 참여제한을 방지하기 위한 규정이다.

피의자신문에 참여한 변호인은 피의자에게 진술거부권 행사를 권유할 수 있다고 보아야 한다. 피의자의 진술거부권은 헌법상의 기본권이므로 변호인이 기본권 행사에 대하여 조언하는 것을 허용하지 않거나 변호인의 조언을 이유로 변호인의 참여를 제한하는 것은 기본권에 대한 침해가 된다. 따라서 변호인은 신문 전은 물론이고 신문 중에도 피의자에게 진술거부권 행사를 권고할 수 있다고 해야 한다. 또한 피의자의 요청으로 변호인과 상의하여 피의자가 신문에 답하는 것도 변호인의 조력을 받을 권리의 핵심적 내용으로서 당연히 허용된다($\binom{헌재결\ 2004.9.23,}{2000헌마138}$).

3) **변호인참여권의 제한**   형사소송법은 검사 또는 사법경찰관은 정당한 사유가 있는 때에는 변호인참여권을 제한할 수 있도록 규정하고 있다($\binom{제243조의}{2\,제1항}$). 여

기서 정당한 사유란 변호인이 피의자신문을 방해하거나 수사기밀을 누설할 염려가 있음이 객관적으로 명백한 경우를 말한다.[1] 신문에 참여한 변호인이 신문을 부당하게 제지 또는 중단시키거나 피의자의 특정한 답변을 유도하거나 진술을 번복하게 하는 행위, 신문내용을 촬영·녹음하는 행위 등이 피의자신문을 방해하는 행위에 해당한다고 할 수 있다. 다만 제한사유의 추상적·포괄적 성격으로 인하여 수사기관에 의한 남용의 우려가 있으므로 앞으로 이 제도의 취지에 따른 엄격하고도 구체적인 기준설정이 요구된다.

수사기관이 변호인의 참여를 부당하게 제한하거나 중단시킨 경우에는 수사기관의 처분에 대하여 준항고를 제기할 수 있다. 즉 검사 또는 사법경찰관의 변호인의 참여 등에 관한 처분에 불복이 있으면 그 직무집행지의 관할법원 또는 검사의 소속검찰청에 대응한 법원에 그 처분의 취소 또는 변경을 청구할 수 있다(제417조). 준항고에 대한 법원의 결정에 대해서는 재항고가 허용된다(제419조,제415조). 그리고 변호인의 피의자신문참여권을 침해한 상태에서 작성한 피의자신문조서는 증거능력이 없다.[2]

(나) 신뢰관계 있는 사람의 동석

검사 또는 사법경찰관은 피의자를 신문하는 경우에 ① 피의자가 신체적 또는 정신적 장애로 사물을 변별하거나 의사를 결정·전달할 능력이 미약한 때, ② 피의

---

1) 대법원 2008. 9. 12, 2008모793, 「형사소송법 제243조의2 제 1 항에 의하면, 검사 또는 사법경찰관은 피의자 또는 변호인 등이 신청할 경우 정당한 사유가 없는 한 변호인을 피의자신문에 참여하게 하여야 한다고 규정하고 있는바, 여기에서 '정당한 사유'라 함은 변호인이 피의자신문을 방해하거나 수사기밀을 누설할 염려가 있음이 객관적으로 명백한 경우 등을 말하는 것이므로, 수사기관이 피의자신문을 하면서 위와 같은 정당한 사유가 없음에도 불구하고, 변호인에 대하여 피의자로부터 떨어진 곳으로 옮겨 앉으라고 지시를 한 다음 이러한 지시에 따르지 않았음을 이유로 변호인의 피의자신문 참여권을 제한하는 것은 허용될 수 없다.」
대법원 2020. 3. 17, 2015모2357, 「검사 또는 사법경찰관의 부당한 신문방법에 대한 이의제기는 고성, 폭언 등 그 방식이 부적절하거나 또는 합리적 근거 없이 반복적으로 이루어지는 등의 특별한 사정이 없는 한, 원칙적으로 변호인에게 인정된 권리의 행사에 해당하며, 신문을 방해하는 행위로는 볼 수 없다. 따라서 검사 또는 사법경찰관이 그러한 특별한 사정없이, 단지 변호인이 피의자신문 중에 부당한 신문방법에 대한 이의제기를 하였다는 이유만으로 변호인을 조사실에서 퇴거시키는 조치는 정당한 사유 없이 변호인의 피의자신문 참여권을 제한하는 것으로서 허용될 수 없다.」
2) 대법원 2013. 3. 28, 2010도3359, 「피의자가 변호인의 참여를 원한다는 의사를 명백하게 표시하였음에도 수사기관이 정당한 사유 없이 변호인을 참여하게 하지 아니한 채 피의자를 신문하여 작성한 피의자신문조서는 형사소송법 제312조에 정한 '적법한 절차와 방식'에 위반된 증거일 뿐만 아니라, 형사소송법 제308조의2에서 정한 '적법한 절차에 따르지 아니하고 수집한 증거'에 해당하므로 이를 증거로 할 수 없다.」

자의 연령·성별·국적 등의 사정을 고려하여 그 심리적 안정의 도모와 원활한 의사소통을 위하여 필요한 경우의 어느 하나에 해당하는 때에는 직권 또는 피의자·법정대리인의 신청에 따라 피의자와 신뢰관계에 있는 자를 동석하게 할 수 있다($^{244조의}_{95}$). 장애인, 아동, 노인, 여성, 외국인 등 사회적 약자들이 심리적 위축 등으로 방어권을 충분히 행사하지 못하는 것을 고려한 규정이다. 구체적인 사안에서 신뢰관계인의 동석을 허락할 것인지는 원칙적으로 검사 또는 사법경찰관이 피의자의 건강상태 등 여러 사정을 고려하여 재량에 따라 판단한다($^{대법원 2009.6.23,}_{2009도1322}$).

피의자와 동석할 수 있는 신뢰관계에 있는 사람은 피의자의 직계친족, 형제자매, 배우자, 가족, 동거인, 보호·교육시설의 보호·교육담당자 등 피의자의 심리적 안정과 원활한 의사소통에 도움을 줄 수 있는 사람으로 하며($^{수사준칙에 관한 규}_{정 제24조 제1항}$), 피의자 또는 그 법정대리인이 신뢰관계에 있는 사람의 동석을 신청한 경우 검사 또는 사법경찰관은 그 관계를 적은 동석신청서를 제출받거나 조서 또는 수사보고서에 그 관계를 적어야 한다($^{동조}_{제2항}$).

신뢰관계 있는 사람이 동석한 경우라도 동석한 사람으로 하여금 피의자를 대신하여 진술하게 해서는 안 된다. 만약 동석한 사람이 피의자를 대신하여 진술한 부분이 조서에 기재되어 있다면 그 부분은 피의자의 진술을 기재한 것이 아니라 동석한 사람의 진술을 기재한 조서에 해당하므로, 그 사람에 대한 진술조서로서의 증거능력을 취득하기 위한 요건을 충족하지 못하는 한 이를 유죄 인정의 증거로 사용할 수 없다($^{대법원 2009.6.23,}_{2009도1322}$).

(다) 조사과정의 기록

검사 또는 사법경찰관은 피의자가 조사장소에 도착한 시각, 조사를 시작하고 마친 시각, 그 밖에 조사과정의 진행경과를 확인하기 위하여 필요한 사항을 피의자신문조서에 기록하거나 별도의 서면에 기록한 후 수사기록에 편철하여야 한다($^{제244조의}_{4 제1항}$). 검사 또는 사법경찰관은 조서를 작성하는 경우에는 피의자가 조사장소에 도착한 시각, 조사의 시작 및 종료 시각, 조사장소에 도착한 시각과 조사를 시작한 시각에 상당한 시간적 차이가 있는 경우에는 그 이유, 조사가 중단되었다가 재개된 경우에는 그 이유와 중단 시각 및 재개 시각을 조서에 구체적으로 기록하여야 하고, 조서를 작성하지 않는 경우에는 조사 대상자가 조사장소에 도착한 시각, 조사 대상자가 조사장소를 떠난 시각, 조서를 작성하지 않는 이유, 조사 외에 실시한 활동, 변호인 참여 여부를 별도의 서면에 구체적으로 기록한 후 수사기록에 편철하여야 한다($^{수사}_{준칙}$

에 관한 규$\binom{}{정 제26조}$).

　수사과정을 기록한 당해 조서나 서면은 피의자에게 열람하게 하거나 읽어 들려주어야 하며, 사실대로 기재되지 아니하였거나 사실과 다른 부분의 유무를 물어 피의자가 증감 또는 변경의 청구 등 이의를 제기하거나 의견을 진술한 때에는 이를 조서나 서면에 추가로 기재하여야 한다. 이 경우 피의자가 이의를 제기하였던 부분은 읽을 수 있도록 남겨두어야 한다$\binom{제244조의4 제 2 항,}{제244조 제 2 항}$). 피의자가 조서나 서면에 대하여 이의나 의견이 없음을 진술한 때에는 피의자로 하여금 그 취지를 자필로 기재하게 하고 조서에 간인한 후 기명날인 또는 서명하게 한다$\binom{제244조의4 제 2 항,}{제244조 제 3 항}$).

　형사소송법은 수사과정의 투명화를 위해 수사과정의 기록제도를 규정하였는데, 이때 작성된 수사과정확인서는 피의자진술의 임의성과 신용성을 판단하는데 있어서 중요한 자료로 사용될 수 있다.

㈔ 피의자진술의 영상녹화

　피의자의 진술은 영상녹화할 수 있다. 이 경우 미리 영상녹화사실을 알려주어야 하며, 조사의 개시부터 종료까지의 전 과정 및 객관적 정황을 영상녹화하여야 한다$\binom{제244조의}{2 제1항}$). 이 때 영상녹화는 녹음이 포함된 것을 말한다$\binom{제56조의2}{제1항 참조}$). 조사의 개시부터 종료까지의 전 과정 및 객관적 정황을 영상녹화하도록 규정한 것은 수사기관이 의도적으로 조사 과정의 일부만을 선별적으로 영상녹화하는 것을 막기 위한 것이다. 다만 여러 차례의 조사가 이루어진 경우에 반드시 최초의 조사부터 모두 영상녹화할 것이 요구되는 것은 아니므로, 가령 제 2 회 또는 제 3 회 조사시부터 영상녹화를 한 경우라도 그렇게 할 필요성이 인정되는 한 적법한 것으로 보아야 할 것이다.

　영상녹화를 하기 위하여는 피의자에게 미리 영상녹화를 한다는 사실을 알려주면 족하고, 피의자의 동의를 얻을 필요가 없다. 다만 피의자의 진술에 대한 영상녹화물은 ① 피의자의 신문이 영상녹화되고 있다는 취지의 고지, ② 영상녹화를 시작하고 마친 시각 및 장소의 고지, ③ 신문하는 검사와 참여한 자의 성명과 직급의 고지, ④ 진술거부권·변호인의 참여를 요청할 수 있다는 점 등의 고지, ⑤ 조사를 중단·재개하는 경우 중단 이유와 중단 시각, 중단 후 재개하는 시각, ⑥ 조사를 종료하는 시각 등을 그 내용으로 포함하는 것이어야 한다$\binom{규칙 제134조}{의2 제3항}$). 또한 위의 영상녹화물은 조사가 행해지는 동안 조사실 전체를 확인할 수 있도록 녹화된 것으로 진술자의 얼굴을 식별할 수 있는 것이어야 하고$\binom{규칙 동}{조 제4항}$), 그 재생 화면에는 녹화 당시의 날짜와 시간이 실시간으로 표시되어야 한다($\substack{규칙 동\\조 제5항}$).

피의자신문과정에 대한 영상녹화가 완료된 때에는 피의자 또는 변호인 앞에서 지체 없이 그 원본을 봉인하고 피의자로 하여금 기명날인 또는 서명하게 하여야 한다($\substack{제244조의\\2 제2항}$). 이 경우 피의자 또는 변호인의 요구가 있는 때에는 영상녹화물을 재생하여 시청하게 하여야 하며, 그 내용에 대하여 이의를 진술하는 때에는 그 취지를 기재한 서면을 첨부하여야 한다($\substack{동조\\제3항}$). 영상녹화물에 대한 편집이나 조작을 방지하기 위해 둔 규정이다.

피의자의 진술에 대한 영상녹화제도는 신문과정의 영상녹화에 의해서 신문절차의 적법성을 보장하고 인권침해를 방지할 수 있다는 점과 영상녹화물이 피고인이 진술함에 있어서 기억이 명백하지 아니한 사항에 관하여 기억환기용 수단으로서($\substack{제318조의\\2 제2항}$) 사용될 수 있다는 점에 그 의미가 있다.

2. 참고인조사

(1) 의   의

검사 또는 사법경찰관은 수사에 필요한 때에는 피의자가 아닌 자의 출석을 요구하여 진술을 들을 수 있다($\substack{제221\\조}$). 수사기관에 대하여 진술하는 피의자 아닌 제3자를 참고인이라고 한다. 참고인은 수사기관에 대하여 진술하는 자라는 점에서 법원 또는 법관에 대하여 경험사실을 진술하는 제3자인 증인과 구별된다. 참고인은 피해자·고소인·목격자에 한하지 않고 누구든지 수사에 필요한 때에는 참고인으로 조사할 수 있다.

(2) 참고인조사의 방법

㈎ 출석요구

참고인조사는 임의수사이므로 참고인은 수사기관에 대하여 출석의무나 진술의무를 부담하지 않는다. 따라서 참고인은 증인과는 달리 소환 또는 구인의 대상이 되지 않으며, 불출석에 따른 과태료나 감치 등의 제재도 받지 않는다. 다만 범죄의 수사에 없어서는 아니될 사실을 안다고 명백히 인정되는 참고인이 출석 또는 진술을 거부하는 경우에 검사는 제1회 공판기일 전에 한하여 판사에게 증인신문을 청구할 수 있다($\substack{제221\\조의2}$). 이 경우에는 참고인이 아닌 증인으로서 과태료나 구인 또는 감치의 제재를 받게 된다.

검사 또는 사법경찰관은 피의자에게 출석요구를 하는 경우와 마찬가지로 참고인에게 출석요구를 하는 경우에도 조사의 일시·장소에 관하여 협의해야 하고, 부득이한 사정이 있는 경우에는 전화, 문자메시지 그 밖의 상당한 방법으로 출석요구를 할 수 있지만, 원칙적으로는 출석요구의 취지를 구체적으로 적은 출석요구서를 참고인에게 발송해야 한다. 또한 검사 또는 사법경찰관은 참고인이 치료 등 수사관서에 출석하여 조사를 받는 것이 현저히 곤란한 사정이 있는 경우에는 수사관서 외의 장소에서 조사할 수 있다(수사준칙에 관한 규정 제19조 제 6 항).

(나) **참고인의 진술**

참고인조사는 참고인의 진술을 듣는 절차로서 조사의 방법 및 진술조서의 작성은 피의자신문의 경우에 준한다. 참고인조사도 피의자조사와 마찬가지로 심야조사와 장시간조사가 제한되며(동규정 제21조, 제22조), 조사 도중에 최소한 2시간마다 10분 이상의 휴식시간을 주어야 한다(동규정 제23조 제 1 항). 다만 참고인에게는 진술거부권을 고지할 필요가 없다. 수사기관에 의한 진술거부권 고지의 대상이 되는 피의자의 지위는 수사기관이 조사대상자에 대한 범죄혐의를 인정하여 수사를 개시하는 행위를 한 때에 인정되기 때문이다(대법원 2014.4.30, 2012도725).

공범자를 참고인으로 조사하는 경우에도 단순히 다른 피의자와 공범관계에 있을 가능성만으로 그를 수사기관에 의해 범죄혐의를 인정받아 수사가 개시된 피의자로 볼 수 없다. 그러나 수사기관이 공범의 혐의를 받고 있는 사람에 대해 수사를 개시할 수 있는 상태임에도 진술거부권 고지를 잠탈할 의도로 피의자신문이 아닌 참고인조사의 형식을 취하는 것은 허용되지 않는다(대법원 2011.11.10, 2011도8125). 이 경우는 실질적으로 피의자신문이라고 할 수 있으므로 진술거부권을 고지해야 하며, 진술거부권 고지없이 작성된 공범자에 대한 참고인진술조서는 증거능력이 없다.

참고인은 수사에 대한 협조자에 불과하므로 진술을 거부할 수 있고 조사장소로부터 언제든지 퇴거할 수 있다. 또한 증인이 허위진술을 하면 위증죄로 처벌되나, 참고인이 수사기관에 대하여 허위진술을 하는 것은 원칙적으로 처벌의 대상이 되지 않는다.[1]

---

1) 대법원 2013. 1. 10, 2012도13999, 「원래 수사기관은 범죄사건을 수사함에 있어서 피의자나 참고인의 진술 여하에 불구하고 피의자를 확정하고 그 피의사실을 인정할 만한 객관적인 제반 증거를 수집·조사하여야 할 권리와 의무가 있는 것이므로, 참고인이 수사기관에서 범인에 관하여 조사를 받으면서 그가 알고 있는 사실을 묵비하거나 허위로 진술하였다고 하더라도, 그것이 적극적으로 수사기관을 기만하여 착오에 빠지게 함으로써 범인의 발견 또는 체

「성폭력범죄의 처벌 등에 관한 특례법」은 성폭력범죄의 피해자를 보호하기 위하여 이들에 대한 전담조사제를 규정하고 있다. 검찰총장은 각 지방검찰청 검사장으로 하여금 성폭력범죄 전담 검사를 지정하도록 하여 특별한 사정이 없으면 이들로 하여금 피해자를 조사하게 하여야 한다(동법 제26/조 제 1 항). 경찰청장은 각 경찰서장으로 하여금 성폭력범죄 전담 사법경찰관을 지정하도록 하여 특별한 사정이 없으면 이들로 하여금 피해자를 조사하게 하여야 한다(동조/제2항). 국가는 성폭력범죄 전담 검사 및 사법경찰관에게 성폭력범죄의 수사에 필요한 전문지식과 피해자보호를 위한 수사방법 등에 관한 교육을 실시하여야 한다(동조/제3항).

검사 또는 사법경찰관은 성폭력범죄를 당한 피해자의 나이, 심리 상태 또는 후유장애의 유무 등을 신중하게 고려하여 조사 과정에서 피해자의 인격이나 명예가 손상되거나 사적인 비밀이 침해되지 아니하도록 주의하여야 한다(동법 제29/조 제 1 항). 검사 또는 사법경찰관은 성폭력범죄의 피해자를 조사할 때 피해자가 편안한 상태에서 진술할 수 있는 조사 환경을 조성하여야 하며, 조사 횟수는 필요한 범위에서 최소한으로 하여야 한다(동조/제2항).

(대) 범인식별절차

참고인조사는 참고인의 진술을 듣는 방법 이외에 목격자인 경우에는 참고인을 범인과 피의자의 동일성을 확인하는 범인식별절차에 참여시키는 것도 포함한다. 범인식별절차에는 피의자 혼자만을 확인의 대상으로 삼는 쇼업(show-up)방식과 피의자와 함께 수인의 인물을 들러리로 세우는 라인업(line-up)방식이 있으며, 피의자와 목격자가 직접 대면하지 않고 사진에 의하여 식별하는 방식도 있다. 그러나 피의자 한 사람을 단독으로 목격자와 대질시키거나 피의자의 사진 한 장만을 목격자에게 제시하여 범인 여부를 확인하게 하는 것은 사람의 기억력의 한계 및 부정확성과 구체적인 상황하에서 피의자나 그 사진상의 인물이 범인으로 의심받고 있다

포를 곤란 내지 불가능하게 할 정도의 것이 아니라면 범인도피죄를 구성하지 않는다고 보아야 한다. 참고인이 수사기관에서 허위 진술을 하였다고 하여 그 자체를 처벌하거나 이를 수사방해 행위로 처벌하는 규정이 없는 이상 범인도피죄의 인정 범위를 함부로 확장해서는 안 될 것이기 때문이다. 이러한 법리는 게임장 등의 실제 업주가 아니라 종업원임에도 불구하고 자신이 실제 업주라고 허위로 진술하는 경우에도 마찬가지로서, 단순히 실제 업주라고 허위로 진술하는 것만으로는 부족하고 게임장 등의 운영 경위, 자금 출처, 게임기 등의 구입 경위, 점포의 임대차계약 체결 경위 등에 관해서까지 적극적으로 허위로 진술하거나 허위 자료를 제시하여 그 결과 수사기관이 실제 업주를 발견 또는 체포하는 것이 곤란 내지 불가능하게 될 정도에까지 이른 것으로 평가될 수 있어야 범인도피죄를 구성한다고 할 것이다.」

는 무의식적 암시를 목격자에게 줄 수 있다는 점에서 문제가 있다. 따라서 범인식별절차에 있어서 목격자의 진술의 신빙성을 높게 평가할 수 있게 하려면 범인의 인상착의 등에 관한 목격자의 진술 내지 묘사를 사전에 상세히 기록화한 다음, 피의자를 포함하여 그와 인상착의가 비슷한 여러 사람을 동시에 목격자와 대면시켜 범인을 지목하도록 하여야 하고, 목격자와 피의자 및 비교대상자들이 사전에 서로 접촉하지 못하도록 하여야 하며, 사후에 증거가치를 평가할 수 있도록 대질과정과 결과를 문자와 사진 등으로 서면화하는 등의 조치를 취하여야 할 것이고, 사진제시에 의한 범인식별절차에 있어서도 기본적으로 이러한 원칙에 따라야 한다(대법원 2009.6.11, 2008도12111).

(3) 참고인조사와 피해자의 보호

(개) 신뢰관계 있는 사람의 동석

검사 또는 사법경찰관은 범죄로 인한 피해자를 참고인으로 조사하는 경우 참고인의 나이, 심신의 상태, 그 밖의 사정을 고려하여 참고인이 현저하게 불안 또는 긴장을 느낄 우려가 있다고 인정되는 때에는 직권 또는 피해자 · 법정대리인 · 검사의 신청에 따라 피해자와 신뢰관계에 있는 자를 동석하게 할 수 있다(제221조 제3항, 제163조의2 제1항). 또한 검사 또는 사법경찰관은 범죄로 인한 피해자가 13세 미만이거나 신체적 또는 정신적 장애로 사물을 변별하거나 의사를 결정할 능력이 미약한 경우에 재판에 지장을 초래할 우려가 있는 등 부득이한 경우가 아닌 한 피해자와 신뢰관계에 있는 자를 동석하게 하여야 한다(제221조 제3항, 제163조의2 제2항). 이때 피해자의 진술에 동석한 자는 수사기관의 신문 또는 참고인의 진술을 방해하거나 그 진술의 내용에 부당한 영향을 미칠 수 있는 행위를 하여서는 아니 된다(제221조 제3항, 제163조의2 제3항). 피해자와 동석할 수 있는 신뢰관계에 있는 사람은 피해자의 직계친족, 형제자매, 배우자, 가족, 동거인, 보호 · 교육시설의 보호 · 교육담당자 등 피해자의 심리적 안정과 원활한 의사소통에 도움을 줄 수 있는 사람으로 하며(수사준칙에 관한 규정 제24조 제1항), 피해자 또는 그 법정대리인이 신뢰관계에 있는 사람의 동석을 신청한 경우 검사 또는 사법경찰관은 그 관계를 적은 동석신청서를 제출받거나 조서 또는 수사보고서에 그 관계를 적어야 한다(동조 제2항).

(내) 진술조력인의 참여

검사 또는 사법경찰관은 성폭력범죄의 피해자가 13세 미만의 아동이거나 신체적인 또는 정신적인 장애로 의사소통이나 의사표현에 어려움이 있는 경우 원활한 조사를 위하여 직권이나 피해자, 그 법정대리인 또는 변호사의 신청에 따라 진술조력인으로 하여금 조사과정에 참여하여 의사소통을 중개하거나 보조하게 할 수 있다. 다만 피해자 또는 그 법정대리인이 이를 원하지 아니하는 의사를 표시한 경우에는 그러하지 아니하다(성폭력범죄의 처벌 등에 관한 특례법 제36조 제 1 항). 검사 또는 사법경찰관은 위의 사유에 해당하는 피해자를 조사하기 전에 피해자, 법정대리인 또는 변호사에게 진술조력인에 의한 의사소통 중개나 보조를 신청할 수 있음을 고지하여야 한다(동조 제 2 항). 진술조력인은 조사 전에 피해자를 면담하여 진술조력인 조력 필요성에 관하여 평가한 의견을 수사기관에 제출할 수 있다(동조 제 3 항). 위의 성폭력범죄 피해자의 조사과정에 참여한 진술조력인은 피해자의 의사소통이나 표현 능력, 특성 등에 관한 의견을 수사기관이나 법원에 제출할 수 있다(동조 제 4 항). 그 밖에 진술조력인의 수사절차 참여에 관한 절차와 방법 등 필요한 사항은 법무부령으로 정한다(동조 제 6 항).

또한 「성폭력범죄의 처벌 등에 관한 특례법」은 성폭력범죄의 피해자가 진술조력인의 도움을 실질적으로 받도록 하기 위하여 법무부장관에게 진술조력인 양성의무를 부과하고 있다. 법무부장관은 의사소통 및 의사표현에 어려움이 있는 성폭력범죄의 피해자에 대한 형사사법절차에서의 조력을 위하여 진술조력인을 양성하여야 한다(동법 제35조 제 1 항). 진술조력인은 정신건강의학, 심리학, 사회복지학, 교육학 등 아동·장애인의 심리나 의사소통 관련 전문지식이 있거나 관련 분야에서 상당 기간 종사한 사람으로 법무부장관이 정하는 교육을 이수하여야 하며, 진술조력인의 자격이나 양성 등에 관하여 필요한 사항은 법무부령으로 정한다(동조 제 2 항).

(4) 진술조서의 작성 및 조사과정의 기록

수사기관이 참고인의 진술을 들은 때에는 조서를 작성하여야 한다. 참고인의 진술을 기재한 진술조서는 일정한 요건하에 증거능력이 인정된다. 즉 검사 또는 사법경찰관이 피고인이 아닌 자의 진술을 기재한 조서는 적법한 절차와 방식에 따라 작성된 것으로서 그 조서가 검사 또는 사법경찰관 앞에서 진술한 내용과 동일하게 기재되어 있음이 원진술자의 공판준비 또는 공판기일에서의 진술이나 영상녹화물 또는 그 밖의 객관적인 방법에 의하여 증명되고, 피고인 또는 변호인이 공판준비 또는 공판기일에 그 기재내용에 관하여 원진술자를 신문할 수 있었던 때에는 증거로 할 수 있다. 다만 그 조서에 기재된 진술이 특히 신빙할 수 있는 상태하에서 행하여졌음이 증명된 때에 한한다(제312조 제 4 항). 참고인이 수사과정에서 작성한 진술서도 진술조서의 경우에 준하여 증거능력이 인정된다($\frac{동조}{제5항}$).

참고인을 조사하는 경우에도 피의자신문의 경우와 마찬가지로 조사과정을 기록하여야 한다($\frac{제244조의4}{제3항}$). 검사 또는 사법경찰관은 피의자 아닌 자가 조사장소에 도착한 시각, 조사를 시작하고 마친 시각, 그 밖에 조사과정의 진행경과를 확인하기 위하여 필요한 사항을 참고인진술조서에 기록하거나 별도의 서면에 기록한 후 수사기록에 편철하여야 한다($\frac{동조}{제3항}$). 참고인에 대한 수사과정확인서는 참고인진술의 임의성과 신용성에 대한 판단자료로 사용될 수 있다. 수사기관이 참고인에 대한 조사과정을 기록하지 않은 경우에는 특별한 사정이 없는 한 적법한 절차와 방식에 따라 수사과정에서 진술조서가 작성되었다고 할 수 없으므로 그 증거능력을 인정할 수 없다($\frac{대법원\ 2015.4.23.,}{2013도3790}$).

(5) 참고인진술의 영상녹화

검사 또는 사법경찰관은 참고인의 동의를 얻어 참고인진술을 영상녹화할 수 있다($\frac{제221조}{제1항}$). 동의를 얻어야 한다는 점에서 이를 요하지 않는 피의자신문의 경우와 다르다. 참고인진술에 대한 영상녹화의 절차에 대해 형사소송법은 명시하고 있지 않으나 연출이나 선별적 녹화의 위험성을 방지하기 위하여 피의자진술의 영상녹화에 관한 규정을 준용하여야 할 것이다. 따라서 참고인의 진술을 영상녹화하는 경우에도 조사의 개시부터 종료까지의 전 과정과 객관적 정황을 영상녹화하여야 한다. 참고인진술에 대한 영상녹화물은 참고인진술조서의 진정성립의 증명($\frac{제312조}{제4항}$) 및 증인의 기억환기용($\frac{제318조의}{2\ 제2항}$)으로 사용될 수 있다.

3. 감정 · 통역 · 번역의 위촉

검사 또는 사법경찰관은 수사에 필요한 때에는 감정 · 통역 또는 번역을 위촉할 수 있다($\frac{제221조}{제2항}$). 위촉을 받은 자는 이를 수락할 의무가 없다. 따라서 수사상의 감정 · 통역 · 번역의 위촉은 임의수사에 속한다. 이러한 업무는 대체성을 가지고 있으므로 특정인에 대하여 이를 강제할 필요가 없기 때문이다.

(1) 감정의 위촉

감정은 특수한 지식이나 경험을 가진 자가 그의 지식이나 경험에 기하여 알 수 있는 법칙 또는 그 법칙을 적용하여 얻은 판단을 보고하는 것을 말한다. 여기서 감정을 위촉받은 자를 감정수탁자라고 하는데, 법원 또는 법관으로부터 감정의 명을 받은 감정인과 구별된다. 감정인과 달리 감정수탁자에게는 선서의무가 없고 허위감정에 따른 제재도 받지 않는다.

검사 또는 사법경찰관의 감정위촉을 받은 감정수탁자는 감정에 관하여 필요한 때에는 판사의 허가를 얻어 타인의 주거, 간수자 있는 가옥, 건조물, 항공기, 선차(船車) 내에 들어갈 수 있고 신체의 검사, 사체의 해부, 분묘의 발굴, 물건의 파괴를 할 수 있다($\binom{\text{제221조의4 제 1 항,}}{\text{제173조 제 1 항}}$). 이 경우에 필요한 처분의 허가는 검사가 청구하여야 하며, 판사는 청구가 상당하다고 인정할 때에는 허가장을 발부하여야 한다($\binom{\text{제221}}{\text{조의4 제 2 항·제 3 항}}$). 감정처분허가장에는 피의자의 성명, 죄명, 들어갈 장소, 검사할 신체, 해부할 사체, 발굴할 분묘, 파괴할 물건, 감정수탁자의 성명과 유효기간, 감정수탁자의 직업, 유효기간을 경과하면 허가된 처분에 착수하지 못하며 허가장을 반환하여야 한다는 취지, 발부연월일을 기재하고 판사가 서명날인하여야 한다($\binom{\text{제221조의4 제 4 항, 제}}{\text{173조 제 2 항, 규칙 제 115조, 규칙 제89조 제 1 항}}$). 판사가 감정에 필요한 처분의 허가에 관하여 조건을 붙인 경우에는 감정처분허가장에 이를 기재하여야 한다($\binom{\text{규칙 제115조, 규}}{\text{칙 제89조 제 2 항}}$). 감정수탁자는 감정에 필요한 처분을 받는 자에게 허가장을 제시하여야 한다($\binom{\text{제221조의4, 제}}{\text{173조 제 3 항}}$).

검사가 감정을 위촉하는 경우에 피의자의 정신 또는 신체에 관한 감정을 위하여 감정유치처분이 필요한 때에는 판사에게 이를 청구하여야 한다($\binom{\text{제221조의}}{\text{3 제 1 항}}$). 판사는 검사의 청구가 상당하다고 인정할 때에는 감정유치장을 발부하여 유치처분을 하여야 한다($\binom{\text{제221조의3 제 2 항,}}{\text{제172조 제 4 항}}$). 감정유치도 피의자의 신체의 자유를 제한하는 강제처분이라는 점에서 구속에 관한 규정이 준용된다($\binom{\text{제221조의3}}{\text{제 2 항, 제172조}}$).

수사기관의 위촉에 의한 감정은 법원의 명에 의한 감정에 준하는 것이므로 ($\binom{\text{제221조의3, 제}}{\text{221조의4 참조}}$) 감정의 위촉을 받은 자가 감정의 경과와 결과를 기재한 감정서는 제313조 제 1 항과 제 2 항의 요건하에 증거능력이 인정된다($\binom{\text{제313조}}{\text{제 3 항}}$).

(2) 통역·번역의 위촉

수사기관은 국어에 능통하지 않은 자의 진술이나 국어가 아닌 문자나 부호는 통역하거나 번역하도록 위촉할 수 있다. 이 경우에 위촉을 받은 자가 수사기관의 위촉을 거절할 수 있음은 감정의 경우와 같다.

수사상 통역이나 번역은 수사상 감정에 준한다. 따라서 통역 내용을 기재한 서면이나 번역서는 감정서와 마찬가지로 제313조 제 3 항에 의하여 증거능력을 판단해야 할 것이다.

(3) 전문수사자문위원의 자문

검사는 공소제기 여부와 관련된 사실관계를 분명하게 하기 위하여 필요한 경우에는 직권이나 피의자 또는 변호인의 신청에 의하여 전문수사자문위원을 지정하여 수사절차에 참여하게 하고 자문을 들을 수 있다($\frac{제245조의}{2 제1항}$). 전문수사자문위원제도란 건축, 의료, 지적재산권, 국제금융, 첨단산업분야 등과 관련된 사건을 수사할 때, 이들 분야에 대한 전문적인 지식과 경험을 가진 전문가를 참여시켜 수사절차를 보다 충실하게 하기 위한 제도이다. 전문수사자문위원을 수사절차에 참여시키는 경우 검사는 각 사건마다 1인 이상의 전문수사자문위원을 지정하며($\frac{제245조의}{3 제1항}$), 피의자 또는 변호인은 검사의 전문수사자문위원 지정에 대하여 관할 고등검찰청검사장에게 이의를 제기할 수 있다($\frac{동조}{제3항}$). 전문수사자문위원은 전문적인 지식에 의한 설명 또는 의견을 기재한 서면을 제출하거나 전문적인 지식에 의하여 설명이나 의견을 진술할 수 있다($\frac{제245조의}{2 제2항}$). 검사는 전문수사자문위원이 제출한 서면이나 전문수사자문위원의 설명 또는 의견의 진술에 관하여 피의자 또는 변호인에게 구술 또는 서면에 의한 의견진술의 기회를 주어야 한다($\frac{동조}{제3항}$).

4. 공무소 등에의 조회(사실조회)

수사기관은 수사에 관하여 공무소 기타 공사단체에 조회하여 필요한 사항의 보고를 요구할 수 있다($\frac{제199조}{제2항}$). 이를 공무소 등에의 조회 또는 사실조회라고 한다. 전과조회나 신원조회 등 조회할 수 있는 사항에는 제한이 없다. 예를 들어 수사기관이 피의자의 소재파악을 위해 국민건강보험공단에 요양급여내역의 제공을 요청하거나($\frac{헌재결 2018.8.30,}{2014헌마368}$), 지방자치단체장에게 개인정보의 제공을 요청하는 경우($\frac{헌재결}{2018.8.30, 2016헌마483}$) 등은 여기에 해당한다. 개인정보 보호법에 의하면 개인정보처리자가 수집 목적의 범위를 초과하여 개인정보를 이용하거나 제3자에게 제공할 수 없지만($\frac{동법 제18}{조 제1항}$), 공공기관인 개인정보처리자의 경우는 범죄의 수사와 공소의 제기·유지 및 법원의 재판업무 수행을 위하여 필요한 경우 등에서 개인정보를 목적 외의 용도로 이용하거나 제3자에게 제공할 수 있다($\frac{동조}{제2항 단서}$).[1]

특히 전기통신사업법에는 통신자료(① 성명, ② 주민등록번호, ③ 주소, ④ 전화번호, ⑤ 아이디, ⑥ 가입일 또는 해지일)의 사실조회

---

[1] 공공기관이 아닌 개인정보처리자(정보통신회사)가 수사기관에 임의제출한 개인정보는 개인정보 보호법 제18조 제2항에 반하므로 위법하고 그 증거능력이 부정된다(대법원 2015. 7. 16, 2015도2625).

에 대해서 별도로 규정하고 있는데, 법원·검사·수사관서의 장·정보수사기관의 장이 이용자의 통신자료의 열람이나 제출(통신자료제공)을 요청하면 전기통신사업자는 그 요청에 따를 수 있다(전기통신사업법 제83조 제 3 항).

수사기관의 조회요청은 공무소 등에 협조의무를 지운다는 의미에서 이를 강제수사로 보는 견해도 있다. 그러나 공무소 등에 대하여 의무의 이행을 강제할 방법이 없고 또한 조회요청에 영장을 요하는 것도 아니므로 공무소 등에의 조회는 임의수사로 보아야 할 것이다. 판례도 전기통신사업자는 통신자료제공의 요청에 응하지 아니하더라도 아무런 제재도 받지 아니하므로, 법원의 허가가 필요한 통신비밀보호법상의 '통신사실확인자료'의 제공과 달리 전기통신사업법상의 통신자료의 제공은 임의수사에 해당한다고 본다(헌재결 2012.8.23, 2010헌마439).

한편 일정한 개인정보에 관한 조회는 강제수사로 규정된 경우가 있는데, 금융거래정보 또는 통신사실확인자료 등의 조회는 자료의 내용이 세부적이어서 피조회자의 법익침해 위험성이 커서 법원의 영장 등을 발부받도록 규정하고 있다. 검사 또는 사법경찰관은 명의인의 동의나 법관의 영장(금융계좌추 적용 영장)이 없으면 수사를 위하여 금융기관에 거래정보 등의 제공을 요구할 수 없고(금융실명거래 및 비밀보장에 관한 법률 제 4 조 제 1 항 제 1 호 참조),[1] 관할 지방법원 또는 지원의 허가(통신사실확 인허가장)를 받아야 전기통신사업자에게 통신사실확인자료의 제공을 요청할 수 있다(통신비밀보호법 제13조 제 2 항).

Ⅲ. 강제수사의 방법

강제처분은 그 처분의 대상이 사람인가 물건인가에 따라 크게 대인적 강제처분과 대물적 강제처분으로 나눌 수 있다. 체포와 구속은 전자에 속하고, 압수·수색·검증은 후자에 해당한다. 다만 수색과 검증은 사람의 신체를 대상으로 하는 경우에는 예외적으로 대인적 강제처분으로서의 성격을 가진다.

수사절차에서 행하는 수사상의 강제처분을 강제수사라고 한다. 형사소송법은

---

1) 대법원 2013. 3. 28, 2012도13607, 「신용카드에 의하여 물품을 거래할 때 '금융회사 등'이 발행하는 매출전표의 거래명의자에 관한 정보 또한 금융실명법에서 정하는 '거래정보 등'에 해당하므로, 수사기관이 금융회사 등에 그와 같은 정보를 요구하는 경우에도 법관이 발부한 영장에 의하여야 한다. 그럼에도 수사기관이 영장에 의하지 아니하고 매출전표의 거래명의자에 관한 정보를 획득하였다면, 그와 같이 수집된 증거는 원칙적으로 형사소송법 제308조의2에서 정하는 '적법한 절차에 따르지 아니하고 수집한 증거'에 해당하여 유죄의 증거로 삼을 수 없다.」

법원의 강제처분을 원칙으로 규정하고(제68조 내지 제145조) 강제수사에 관하여는 수사상의 체포와 구속(제200조의2 내지 제214조의4) 및 압수·수색·검증(제215조 내지 제218조)에 관한 규정을 두면서 수사절차의 특수성에 따른 사항을 제외하고는 대부분 법원의 강제처분에 관한 규정을 준용하고 있다(제200조의6, 제209조, 제219조). 그러나 형사절차의 진행과정 및 현실적인 중요성에 비추어 볼 때 수사상의 강제처분에 대하여 자세한 규정을 두고 이를 필요한 범위 내에서 법원의 강제처분에 준용하는 방법이 보다 합리적일 것으로 생각된다.[1]

법원의 강제처분은 강제수사가 아니나, 여기서는 강제처분으로서의 공통점을 고려하여 법원의 강제처분도 수사상의 강제처분과 함께 검토하기로 한다. 또한 개별적인 강제처분·강제수사의 방법에 대하여는 대인적 강제처분과 대물적 강제처분으로 나누어 절을 바꾸어 살펴보기로 한다.

제 4 절   대인적 강제처분

형사소송법이 규정하고 있는 신체구속제도에는 체포와 구속이 있다. 체포는 피의자에 대한 단기간의 신병확보를 가능하게 하기 위한 제도로서 영장에 의한 체포와 긴급체포 및 현행범인의 체포가 있다. 한편 피의자 또는 피고인을 비교적 장기간에 걸쳐 구금하는 제도인 구속은 반드시 법관이 사전에 발부한 구속영장에 의하여만 가능하다. 현행법상 피의자에게는 체포와 구속이 인정되나 피고인에게는 구속만이 인정되고 있으며, 구속시의 영장실질심사는 피의자구속의 경우에 적용되는 제도이다. 또한 형사소송법이 체포제도를 규정하고 있다고 하여 피의자의 구속이 반드시 체포를 거쳐서 이루어져야 하는 것은 아니다. 이런 의미에서 현행법상의 신체구속제도는 체포전치주의를 채택하여 체포된 피의자에 대해서만 구속영장의 청구를 인정하는 일본의 제도나 체포된 피의자에 대한 치안판사의 실질심사를 거쳐 구속 여부가 결정되는 미국의 제도와는 다르다고 할 수 있다.

---

1) 형사소송법 규정의 순서는 직권주의적인 독일의 편제에 따른 것으로서 법원의 진실규명활동에 초점을 맞춘 법원중심적인 조문구성이라고 할 수 있다. 이는 수사를 제 1 심 부분에서 규정하고 있는 현행법의 태도에서도 알 수 있다.

I. 피의자의 체포

1. 영장에 의한 체포

(1) 체포의 요건

피의자를 체포하기 위해서는 피의자가 죄를 범하였다고 의심할 만한 상당한 이유가 있고, 정당한 이유 없이 출석요구에 응하지 아니하거나 응하지 아니할 우려가 있어야 한다(제200조의2 제1항). 체포는 수사의 초기단계에서 이루어지는 구속의 전 단계 처분으로서의 성격을 가지며, 그 기간이 단기이고 요건이 완화되어 있는 점에서 구속과 구별된다.

(가) 범죄의 혐의

체포영장을 발부하기 위하여는 피의자가 죄를 범하였다고 의심할 만한 상당한 이유가 있어야 한다. 따라서 수사기관의 주관적 혐의만으로는 족하지 않고 피의자가 죄를 범하였다는 객관적 혐의가 있어야 한다.

문제는 체포영장의 발부를 위한 범죄혐의의 정도와 구속영장의 발부를 위한 범죄혐의의 정도가 동일한 것인가에 있다. 체포와는 달리 구속에 대하여는 영장실질심사 등 엄격한 사법적 심사가 이루어지고 있는 것과 구속과 별도로 체포제도를 도입한 입법취지를 고려하여 체포영장의 발부를 위한 범죄혐의의 정도는 구속에 비하여 낮은 정도로도 족하다는 견해가 있다. 그러나 체포영장의 발부를 위한 범죄혐의는 구속영장의 발부를 위한 범죄혐의와 그 정도에 있어서 동일하다고 보아야 한다. 형사소송법은 양자에 대하여 모두 죄를 범하였다고 의심할 만한 상당한 이유가 있을 것을 요구하고 있기 때문이다.

피의자는 무죄추정에 의하여 보호를 받고 있으므로 체포영장을 발부하기 위하여는 무죄의 추정을 깨뜨릴 수 있을 정도의 범죄혐의가 있어야 한다. 따라서 여기의 범죄혐의는 피의자가 죄를 범하였음을 인정할 수 있는 고도의 개연성 내지 충분한 범죄혐의를 의미하는 것으로 보아야 한다.

(나) 체포사유

1) 출석요구불응 또는 불응의 우려
피의자를 체포하기 위하여는 피의자가 정당한 이유 없이 수사기관의 피의자신문을 위한 출석요구에 응하지 아니하거나 응하지 아니할 우려가 있어야 한다. 정당한 이유의 유무는 구체적인 사정을 종합하여 판단하여야 하며, 천재지변이나 질병 그리고 중요한 사업상의 용무 등을 정당한

이유의 예로 들 수 있다. 또한 수사기관의 출석요구에 불응할 우려가 있는 경우란 피의자가 도망하거나 지명수배 중에 있는 경우 등을 말한다. 다만 다액 50만원 이하의 벌금, 구류 또는 과료에 해당하는 사건에 관하여는 피의자가 일정한 주거가 없는 경우 또는 정당한 이유 없이 수사기관의 출석요구에 불응한 경우에 한하여 체포할 수 있다($^{제200조의2}_{제1항 단서}$). 이 경우 출석요구에 응하지 아니할 우려가 있다는 장래의 전망은 체포사유에서 제외된다.

체포를 위해서 출석요구불응 또는 불응의 우려를 요건으로 하는 것은 체포를 가능한 한 제한하려는 취지라고 보아 그 타당성을 긍정하는 견해도 있으나, 이러한 입법방식은 마치 임의수사인 피의자신문을 확보하기 위한 수단으로서 체포제도가 존재하는 듯한 인상을 준다는 점에서 그 타당성이 의심스럽다. 판례는 법이 피의자의 출석요구불응 또는 불응의 우려를 체포사유로 규정하고 있는 점을 이유로 체포된 피의자에게 피의자신문을 위한 출석의무를 인정하고 있다($^{대법원 2013.7.1,}_{2013모160 참조}$).

2) 체포의 필요성   피의자를 체포하려면 피의자에 대하여 구속사유인 도망이나 증거인멸의 우려가 있어야 하는지가 문제된다. 체포를 위해서도 도망이나 증거인멸의 염려가 있어야 한다고 해석하는 견해가 있으나, 구속사유는 체포영장을 발부하기 위한 요건에 해당하지 않는다고 보아야 한다. 형사소송법도 명백히 체포의 필요성이 인정되지 아니하는 경우에는 체포할 수 없다고 규정하고 있을 뿐($^{제200조의}_{2 제2항}$) 체포의 요건으로서 구속사유의 존재를 요구하고 있지 않다. 명백히 체포의 필요성이 인정되지 아니하는 경우란 피의자의 연령과 경력, 가족관계나 교우관계, 범죄의 경중 및 태양 기타 제반 사정에 비추어 피의자가 도망할 염려나 증거를 인멸할 염려가 없는 경우를 말한다($^{규칙 제96}_{조의2 참조}$). 이와 같이 현행법상 체포의 필요성은 체포의 적극적 요건이 아니라 그 부존재가 명백한 경우에 한하여 체포를 허용하지 않는 소극적 요건에 불과하다. 따라서 체포의 필요성이 의심스러운 경우에는 체포의 요건을 충족하는 것으로 보아야 한다.

(2) 체포의 절차

㈎ 체포영장의 청구

체포영장의 청구권자는 검사이다. 사법경찰관은 검사에게 신청하여 검사의 청구로 체포영장을 발부받아야 한다($^{제200조의2}_{제1항 참조}$). 검사가 사법경찰관이 신청한 영장을 정당한 이유 없이 판사에게 청구하지 아니한 경우 사법경찰관은 그 검사 소속의 지방검찰청 소재지를 관할하는 고등검찰청에 영장 청구 여부에 대한 심의를 신청할 수 있고, 이 경우 고등검찰청의 영장심의위원회에서 영장을 청구할 것인지의 여부를 심의한다(제221조의5). 심의신청을 한 사법경찰관과 담당검사는 심의위원회에 의견서를 제출할 수 있고, 심의위원회에 출석하여 의견을 개진할 수 있다(영장심의위원회 규칙 제17조, 제18조). 영장심의위원회의 심의결과에는 구속력이 인정되지 않는다(동규칙 제25조 제 2 항 참조).

체포영장의 청구는 서면으로 하여야 한다(규칙 제93조 제 1 항). 체포영장의 청구서에는 범죄사실의 요지를 따로 기재한 서면 1통(수통의 영장을 청구하는 때에는 그에 상응하는 통수)을 첨부하여야 한다(규칙 동조 제 2 항).

체포영장청구서에는 ① 피의자의 성명(분명하지 아니한 때에는 인상, 체격, 그 밖에 피의자를 특정할 수 있는 사항), 주민등록번호 등, 직업, 주거, ② 피의자에게 변호인이 있는 때에는 그 성명, ③ 죄명 및 범죄사실의 요지, ④ 7일을 넘는 유효기간을 필요로 하는 때에는 그 취지 및 사유, ⑤ 여러 통의 영장을 청구하는 때에는 그 취지 및 사유, ⑥ 인치구금할 장소, ⑦ 체포의 사유, ⑧ 동일한 범죄사실에 관하여 그 피의자에 대하여 전에 체포영장을 청구하였거나 발부받은 사실이 있는 때에는 다시 체포영장을 청구하는 취지 및 이유, ⑨ 현재 수사 중인 다른 범죄사실에 관하여 그 피의자에 대하여 발부된 유효한 체포영장이 있는 경우에는 그 취지 및 그 범죄사실을 기재하여야 한다(규칙 제95조). 그리고 체포영장의 청구에는 체포의 사유 및 필요를 인정할 수 있는 자료를 제출하여야 한다(규칙 제96조 제 1 항).

(나) **체포영장의 발부**

체포영장의 청구를 받은 지방법원판사는 검사의 청구가 상당하다고 인정하는 때에는 체포영장을 발부한다(제200조의2 제 2 항). 판사가 체포영장을 발부하지 아니할 때에는 청구서에 그 취지 및 이유를 기재하고 서명날인하여 청구한 검사에게 교부한다(동조 제 3 항).

구속영장의 경우와는 달리 체포영장을 발부하기 위하여 피의자를 심문하는 것은 인정되지 않으며, 지방법원판사는 형식적 요건에 대한 심사와 함께 체포의 사유 및 체포의 필요성에 대한 심사를 통하여 체포영장의 발부 여부를 결정한다. 판사는 영장청구서의 기재 사항에 흠결이 있는 경우에는 전화 기타 신속한 방법으로 영장을 청구한 검사에게 그 보정을 요구할 수 있다(규칙 제96조 제 4 항). 체포적부심사를 청구할 수 있는 자(제214조의2 제 1 항)는 체포영장의 청구를 받은 판사에게 유리한 자료를 제출할 수 있다(규칙 96조 제 3 항).

체포영장의 기재사항이나 그 방식은 구속영장의 경우와 동일하다. 따라서 체포영장에는 피의자의 성명·주거·죄명, 피의사실의 요지, 인치구금할 장소, 발부연월일, 그 유효기간과 그 기간을 경과하면 집행에 착수하지 못하며 영장을 반환하여야 할 취지를 기재하고 법관이 서명날인하여야 한다(제200조의6, 제75조 제1항).

체포영장의 유효기간은 영장발부일로부터 7일로 한다. 다만 법관이 상당하다고 인정하는 때에는 7일을 넘는 기간을 정할 수 있다(규칙 제178조). 피의자의 소재가 파악되어 있는 경우에는 유효기간을 7일로 정하고, 피의자의 소재파악에 어려움이 있는 때에는 사안에 따라 유효기간을 7일을 넘는 기간으로 정하는 것이 상당할 것이다. 기간을 계산함에 있어서는 초일은 산입하지 아니하나 말일은 휴일이라도 그날까지를 유효기간으로 보아야 한다.

(다) 체포영장의 집행

1) **집행기관**　　체포영장은 검사의 지휘에 의하여 사법경찰관리가 집행한다(제200조의6, 제81조 제1항). 교도소 또는 구치소에 있는 피의자에 대하여 발부된 체포영장은 검사의 지휘에 의하여 교도관이 집행한다(제200조의6, 제81조 제3항). 검사는 관할구역 외에서 집행을 지휘할 수 있고 당해 관할구역의 검사에게 집행지휘를 촉탁할 수 있다(제83조 제1항). 사법경찰관리도 관할구역 외에서 체포영장을 집행하거나 관할구역의 사법경찰관리에게 집행을 촉탁할 수 있다(동조 제2항). 사법경찰관리가 관할구역 밖에서 체포영장을 집행하거나 관할구역 밖의 사법경찰관리의 촉탁을 받아 피의자를 체포한 때에는 관할 지방검찰청검사장 또는 지청장에게 보고하여야 한다(제210조).

체포영장을 발부받은 후 ① 피의자를 체포하지 아니하거나 못한 경우, ② 체포 후 구속영장 청구기간이 만료하여 피의자를 석방한 경우, ③ 체포의 취소로 피의자를 석방한 경우, ④ 체포된 국회의원에 대하여 헌법 제44조의 규정에 의한 석방요구가 있어 체포영장의 집행이 정지된 경우에는 검사는 지체 없이 영장을 발부한 법원에 그 사유를 서면으로 통지하여야 한다(제204조, 규칙 제96조의19 제1항).

2) **집행절차**　　체포영장을 집행할 때에는 체포영장을 피의자에게 제시하고 영장사본을 교부하여야 하는데(제200조의6, 제85조 제1항), 이를 사전제시의 원칙이라고 한다. 다만 체포영장을 소지하지 아니한 경우에 급속을 요하는 때에는 피의자에 대하여 피의사실의 요지와 영장이 발부되었음을 알리고 집행할 수 있다(제85조 제3항). 이 경우에 집행을 완료한 후에는 신속히 체포영장을 제시하고 영장사본을 교부하여야 한다(동조 제4항). 급속을 요하는 경우란 발부되어 있는 체포영장을 소지하고 있지 아니하나 즉시 집행하지 않으면 피의자의 소재가 불명하게 되어 영장집행이 현저히 곤란하게 될 염

려가 있는 경우를 말한다. 또한 검사 또는 사법경찰관은 피의자를 체포하는 경우에는 피의사실의 요지, 체포의 이유와 변호인을 선임할 수 있음을 말하고 변명할 기회를 주어야 한다($\binom{제200}{조의5}$).

이러한 체포영장의 제시나 권리의 고지는 체포를 위한 실력행사에 들어가기 이전에 미리 해야 하는 것이 원칙이나, 달아나는 피의자를 쫓아가 붙들거나 폭력으로 대항하는 피의자를 실력으로 제압하는 경우에는 붙들거나 제압하는 과정에서 하거나, 그것이 여의치 않은 경우에는 일단 붙들거나 제압한 후에 지체 없이 행하여야 한다($\binom{대법원\ 2008.2.14,}{2007도10006}$). 체포영장의 집행을 받은 피의자를 호송할 경우에 필요한 때에는 가장 접근한 교도소 또는 구치소에 피의자를 임시로 유치할 수 있다($\binom{제200조의}{6,\ 제86조}$).

3) 집행 후의 절차   피의자를 체포한 때에는 변호인이 있는 경우에는 변호인에게, 변호인이 없는 경우에는 변호인선임권자 가운데 피의자가 지정한 자에게 피의사건명, 체포의 일시·장소, 피의사실의 요지, 체포의 이유와 변호인을 선임할 수 있음을 알려야 한다($\binom{제200조의}{6,\ 제87조}$). 체포의 통지는 늦어도 24시간 이내에 서면으로 하여야 한다. 급속을 요하는 경우에는 체포되었다는 취지 및 체포의 일시·장소를 전화 또는 모사전송기 기타 상당한 방법에 의하여 통지할 수 있으나, 이 경우에도 체포통지는 다시 서면으로 하여야 한다($\binom{규칙\ 제100조}{제1\ 항,\ 제51조}$).

피의자를 체포한 검사 또는 사법경찰관은 체포된 피의자와 체포적부심사청구권자 중에서 피의자가 지정하는 자에게 체포적부심사를 청구할 수 있음을 알려야 한다($\binom{제214조의}{2\ 제2\ 항}$).

체포된 피의자, 그 변호인, 법정대리인, 배우자, 직계친족, 형제자매나 동거인 또는 고용주는 체포영장 또는 그 청구서를 보관하고 있는 검사, 사법경찰관 또는 법원사무관 등에게 그 등본의 교부를 청구할 수 있다($\binom{규칙\ 제}{101조}$).

체포된 피의자는 수사기관, 교도소장 또는 구치소장이나 그 대리자에게 변호사를 지정하여 변호인의 선임을 의뢰할 수 있고, 의뢰를 받은 수사기관 등은 급속히 피의자가 지명한 변호사에게 그 취지를 통지하여야 한다($\binom{제200조의}{6,\ 제90조}$).

4) 체포에 수반한 강제처분   검사 또는 사법경찰관은 체포영장에 의하여 피의자를 체포하는 경우에 필요한 때에는 영장 없이 체포현장에서 압수·수색·검증을 할 수 있고, 미리 수색영장을 발부받기 어려운 긴급한 사정이 있는 때에는 영장 없이 타인의 주거나 타인이 간수하는 가옥·건조물·항공기·선차 내에서 피의자를 수색할 수 있다($\binom{제216조}{제1\ 항}$). 또한 경찰관은 체포영장을 집행하기 위하여 필요한

때에는 수갑·포승·경찰봉·방패 등의 경찰장구를 사용할 수 있고($^{경찰관\ 직무집}_{행법\ 제10조의2}$), 무기를 사용하지 아니하고는 다른 수단이 없다고 인정되는 상당한 이유가 있는 때에는 무기를 사용할 수도 있다($^{동법\ 제}_{10조의4}$).

(3) 체포 후의 조치

체포된 피의자를 구속하고자 할 때에는 검사는 체포한 때로부터 48시간 이내에 구속영장을 청구하여야 하고, 그 기간 내에 구속영장을 청구하지 아니하는 때에는 즉시 석방하여야 한다($^{제200조의}_{2\ 제 5 항}$). 48시간 이내에 구속영장을 청구하면 족하고 48시간 이내에 구속영장이 발부될 것을 요하지 않는다. 이는 형사소송법이 피의자에 대한 구속영장발부절차에 영장실질심사제도($^{제201}_{조의2}$)를 규정하고 있어 구속영장청구로부터 구속영장발부까지 상당한 시간이 소요된다는 점을 고려한 결과라고 할 수 있다. 다만 체포적부심사가 청구된 경우에는 법원이 수사관계서류와 증거물을 접수한 때부터 기각결정 후 검찰청에 반환된 때까지의 기간은 48시간의 구속영장청구기간에 산입하지 아니한다($^{제214조의2\ 제13항,}_{제200조의2\ 제 5 항}$).

체포된 피의자를 구속영장에 의하여 구속한 경우에는 구속기간은 체포된 때부터 기산한다($^{제203}_{조의2}$). 체포의 경우에는 구속과는 달리 체포기간의 연장이 허용되지 않는다. 다만 석방된 피의자를 동일한 범죄사실에 대하여 체포영장에 의하여 재체포하는 것은 가능하다($^{제200조의}_{2\ 제 4 항}$).

2. 긴급체포

(1) 의   의

긴급체포란 긴급을 요하는 경우에 중대한 범죄의 혐의를 받고 있는 피의자를 수사기관이 영장 없이 체포하는 것을 말한다. 긴급체포는 수사의 실효성과 합목적성을 이유로 영장주의 원칙에 대한 예외를 인정한 점에서 현행범인의 체포와 유사하나, 중대한 범죄에 한하고 범행과 체포 사이의 시간적 접착성과 범행의 명백성을 요하지 않는다는 점에서 현행범인의 체포와 구별된다.

(2) 긴급체포의 요건

긴급체포를 위해서는 피의자가 사형·무기 또는 장기 3년 이상의 징역이나 금고에 해당하는 죄를 범하였다고 의심할 만한 상당한 이유가 있고, 피의자가 증거를 인멸할 염려가 있거나 도망 또는 도망할 염려가 있으며, 긴급을 요하여 지방법원판사의 체포영장을 받을 수 없는 경우라야 한다($_{3 \, 제1항}^{제200조의}$).

긴급체포의 요건을 갖추었는지 여부는 사후에 밝혀진 사정을 기초로 판단할 것이 아니라 체포 당시의 상황을 기초로 판단하여야 하며, 요건을 갖추지 못한 위법한 긴급체포 중에 취득한 증거는 증거능력이 부정된다.[1] 또한 긴급체포가 단순히 위법한데 그치지 않고, 수사기관이 고의로 직권을 남용하여 피의자를 체포·감금하였다고 인정할 수 있는 경우에는 불법체포·감금죄($_{124조}^{형법 제}$)가 성립하게 된다($_{\substack{2003.3.27, \\ 2002모81}}^{대법원}$).

(가) 범죄의 중대성

피의자가 사형·무기 또는 장기 3년 이상의 징역이나 금고에 해당하는 죄를 범하였다고 의심할 만한 상당한 이유가 있어야 한다. 긴급체포와 영장에 의한 체포에 있어서 요구되는 범죄혐의의 정도에 차이가 있는 것은 아니다. 다만 특별법상의 범죄는 물론 형법상 범죄의 대부분도 법정형이 장기 3년 이상에 해당한다는 점에서 볼 때, 긴급체포의 대상인 중대범죄의 범위를 보다 엄격히 제한할 필요가 있다고 생각된다.

(나) 체포의 필요성

피의자가 증거를 인멸할 염려가 있거나 도망하거나 도망할 우려가 있어야 한다. 즉 긴급체포를 위하여는 구속사유가 존재할 것을 요한다. 긴급체포의 경우에는 체포영장을 발부받을 것을 요하지 않는 대신 체포영장에 의한 체포보다 그 요건을 엄격히 하여 긴급체포의 남용을 방지하고자 한 것이다.

(다) 체포의 긴급성

긴급을 요하여 지방법원판사의 체포영장을 받을 수 없을 것을 요한다. 즉 피의자를 우연히 발견한 경우 등과 같이 판사의 체포영장을 받아서는 체포할 수 없거나

---

1) 대법원 2008. 3. 27, 2007도11400, 「긴급체포는 영장주의 원칙에 대한 예외인 만큼 형사소송법 제200조의3 제 1 항의 요건을 모두 갖춘 경우에 한하여 예외적으로 허용되어야 하고, 요건을 갖추지 못한 긴급체포는 법적 근거에 의하지 아니한 영장 없는 체포로서 위법한 체포에 해당하는 것이고, 여기서 긴급체포의 요건을 갖추었는지 여부는 사후에 밝혀진 사정을 기초로 판단하는 것이 아니라 체포 당시의 상황을 기초로 판단하여야 하고, 이에 관한 검사나 사법경찰관 등 수사주체의 판단에는 상당한 재량의 여지가 있다고 할 것이나, 긴급체포 당시의 상황으로 보아서도 그 요건의 충족 여부에 관한 검사나 사법경찰관의 판단이 경험칙에 비추어 현저히 합리성을 잃은 경우에는 그 체포는 위법한 체포라 할 것이고, 이러한 위법은 영장주의에 위배되는 중대한 것이니 그 체포에 의한 유치 중에 작성된 피의자신문조서는 위법하게 수집된 증거로서 특별한 사정이 없는 한 이를 유죄의 증거로 할 수 없다.」

체포가 현저히 곤란한 상황이어야 한다.[1]

　피의자가 수사기관에 자진 출석하여 조사를 받는 경우에도 긴급성 및 필요성
이 인정되어 긴급체포가 가능한지가 문제된다. 자진출석하여 조사를 받는 경우에
도 조사과정을 통하여 자신의 죄가 무겁다고 인식되거나 변명이 받아들여지지 않
음을 느낀 때에는 조사 후 영장을 청구하는 사이에 도망할 우려가 있으므로 긴급체
포가 가능하다고 보아야 한다. 다만 이 경우에는 구체적인 사정을 기초로 하여 피
의자가 출석하게 된 경위, 출석횟수, 출석불응사실, 조사기간, 수사상황 등을 고려
하여 신중하게 판단하여야 한다($\frac{대법원 1998.7.6,}{98도785}$).

(3) 긴급체포의 절차

㈎ 긴급체포의 실행

　검사 또는 사법경찰관은 피의자에게 긴급체포를 한다는 사유를 알리고 영장
없이 피의자를 체포할 수 있다($\frac{제200조의}{3 제1 항}$). 검사 또는 사법경찰관이 피의자를 긴급체
포함에 있어서는 피의사실의 요지, 체포의 이유와 변호인을 선임할 수 있음을 말하
고 변명의 기회를 주어야 한다($\frac{제200}{조의5}$).

　이러한 권리의 고지는 긴급체포를 위한 실력행사에 들어가기 이전에 미리 하
여야 하는 것이 원칙이나, 달아나는 피의자를 쫓아가 붙들거나 폭력으로 대항하는
피의자를 실력으로 제압하는 경우에는 붙들거나 제압하는 과정에서 하거나, 그것
이 여의치 않은 경우에는 일단 붙들거나 제압한 후에 지체 없이 행하여야 한다($\frac{대법}{원}$
$\frac{2000.7.4, 99도4341; 대법}{원 2008.7.24, 2008도2794}$). 체포영장의 집행을 받은 피의자를 호송할 경우에 필요한 때에
는 가장 접근한 교도소 또는 구치소에 피의자를 임시로 유치할 수 있다($\frac{제200조의}{6, 제86조}$).

　검사 또는 사법경찰관이 피의자를 긴급체포한 경우에는 즉시 긴급체포서를 작
성하여야 한다($\frac{제200조의}{3 제3 항}$). 긴급체포서에는 범죄사실의 요지, 긴급체포의 사유 등을

---

1) 피의자가 필로폰을 투약한다는 제보를 받은 경찰관이 피의자가 살고 있는지 등 제보의 정
확성을 사전에 확인한 후에 피의자의 주거지를 방문하였다가, 현관에서 담배를 피우고 있
는 피의자를 발견하고 피의자에게 차량 접촉사고가 났으니 나오라고 전화로 통화를 하였
으나 피의자가 나오지 않고, 경찰관임을 밝히고 만나자고 하는데도 피의자가 현재 집에 있
지 않다는 취지로 거짓말을 하자 피의자의 집 문을 강제로 열고 들어가 피의자를 긴급체포
한 경우, 경찰관이 이미 피의자의 신원과 주거지 및 전화번호 등을 파악하고 있었고, 당시 마
약 투약의 범죄 증거가 급속하게 소멸될 상황도 아니었던 점 등의 사정을 감안하면, 긴급체
포가 미리 체포영장을 받을 시간적 여유가 없었던 경우에 해당하지 않아 위법하다(대법원
2016. 10. 13, 2016도5814).

기재하여야 한다($\frac{동조}{제4항}$). 사법경찰관이 피의자를 긴급체포한 경우에는 즉시 검사의 승인을 받아야 한다($\frac{동조}{제2항}$). 검사에게 긴급체포의 적법성을 사후심사하게 함으로써 긴급체포의 남용을 방지하기 위한 것이다. 사법경찰관은 긴급체포 후 12시간 내에 검사에게 긴급체포의 승인을 요청하여야 하며, 다만 수사중지 결정 또는 기소중지 결정이 된 피의자를 소속 경찰관서가 위치한 특별시·광역시·특별자치시·도 또는 특별자치도 외의 지역이나 연안관리법상의 바다에서 긴급체포한 경우에는 긴급체포 후 24시간 이내에 긴급체포의 승인을 요청해야 한다($\frac{수사준칙에\ 관한\ 규}{정\ 제27조\ 제1항}$). 검사는 사법경찰관의 긴급체포 승인 요청이 이유 있다고 인정하는 경우에는 지체 없이 긴급체포 승인서를 사법경찰관에게 송부해야 하고, 사법경찰관의 긴급체포 승인 요청이 이유 없다고 인정하는 경우에는 지체 없이 사법경찰관에게 불승인 통보를 해야 한다. 이 경우 사법경찰관은 긴급체포된 피의자를 즉시 석방하고 그 석방 일시와 사유 등을 검사에게 통보해야 한다($\frac{동조\ 제3항,}{제4항}$).

(나) 실행 후의 절차

검사 또는 사법경찰관이 피의자를 긴급체포한 때에는 체포의 통지를 하여야 한다. 변호인이 있는 경우에는 변호인에게, 변호인이 없는 경우에는 변호인선임권자 가운데 피의자가 지정한 자에게 피의사건명, 체포의 일시·장소, 피의사실의 요지, 체포의 이유와 변호인을 선임할 수 있음을 긴급체포 후 늦어도 24시간 이내에 서면으로 통지하여야 한다($\frac{제200조의6\cdot제87조,\ 규칙}{제100조\ 제1항\cdot제51조}$). 또한 피의자를 긴급체포한 검사 또는 사법경찰관은 체포된 피의자와 체포적부심사청구권자 중에서 피의자가 지정하는 자에게 체포적부심사를 청구할 수 있음을 알려야 한다($\frac{제214조의}{2\ 제2항}$).

긴급체포된 피의자, 그 변호인, 법정대리인, 배우자, 직계친족, 형제자매나 동거인 또는 고용주는 긴급체포서를 보관하고 있는 검사, 사법경찰관 또는 법원사무관 등에게 그 등본의 교부를 청구할 수 있다($\frac{규칙}{제101조}$).

(다) 긴급체포에 수반한 강제처분

검사 또는 사법경찰관은 피의자를 긴급체포하는 경우에 미리 수색영장을 발부받기 어려운 긴급한 사정이 있는 때에는 영장 없이 타인의 주거에서 피의자를 수색하거나, 체포현장에서 압수·수색·검증을 할 수 있다($\frac{제216조}{제1항}$). 또한 긴급체포된 피의자가 소유·소지 또는 보관하는 물건에 대하여 긴급히 압수할 필요가 있는 경우에는 체포한 때로부터 24시간 이내에 영장 없이 압수·수색·검증할 수 있다($\frac{제217조}{제1항}$). 긴급체포의 경우에도 경찰관은 필요한 때에는 수갑·포승·경찰봉·방패 등의 경찰장구를 사용할 수 있고(경찰관 직무집 행법 제10조의2), 무기를 사용하지 아니하고는 다른 수단이 없다고 인정되는 상당한 이유가 있는 때에는 무기를 사용할 수 있다(동법 제 10조의4).

(4) 긴급체포 후의 조치

㈎ 구속영장의 청구

검사 또는 사법경찰관이 피의자를 긴급체포한 경우 피의자를 구속하고자 할 때에는 지체 없이 검사는 관할 지방법원판사에게 구속영장을 청구하여야 하고, 사법경찰관은 검사에게 신청하여 검사의 청구로 관할 지방법원판사에게 구속영장을 청구하여야 한다. 이 경우 구속영장은 피의자를 체포한 때부터 48시간 이내에 청구하여야 하며, 구속영장을 청구할 때에는 긴급체포서를 첨부하여야 한다(제200조의 4 제1항). 따라서 구속영장이 48시간 이내에 청구된 경우에도 지체 없이 청구되었는지 여부는 여전히 심사의 대상이 된다. 그러나 긴급체포 후 피의자신문을 인정하고 있는 현실에서 볼 때 '지체 없이'라는 제한이 얼마나 실제적인 차이를 가져올 수 있을지는 의문이라고 할 수 있다. 그리고 긴급체포에 대하여 체포적부심사가 청구된 경우에는 법원이 수사관계서류와 증거물을 접수한 때부터 기각결정 후 검찰청에 반환된 때까지의 기간은 48시간의 구속영장청구기간에 산입하지 아니한다(제214조의 2 제13항, 제200조의 4 제1항).

사법경찰관이 긴급체포된 피의자에 대하여 구속영장을 신청한 경우에 긴급체포의 적법성을 의심할 만한 사유가 있고 또한 피의자가 출석요구에 동의한 때에는 검사는 피의자를 검찰청으로 출석시켜 직접 대면조사할 수 있다.[1]

---

1) 대법원 2010. 10. 28, 2008도11999, 「…사법경찰관이 검사에게 긴급체포된 피의자에 대한 긴급체포 승인 건의와 함께 구속영장을 신청한 경우, 검사는 긴급체포의 승인 및 구속영장의 청구가 피의자의 인권에 대한 부당한 침해를 초래하지 않도록 긴급체포의 적법성 여부를 심사하면서 수사서류 뿐만 아니라 피의자를 검찰청으로 출석시켜 직접 대면 조사할 수 있는 권한을 가진다고 보아야 한다. 따라서 이와 같은 목적과 절차의 일환으로 검사가 구속영장 청구 전에 피의자를 대면 조사하기 위하여 사법경찰관리에게 피의자를 검찰청으로 인치할 것을 명하는 것은 적법하고 타당한 수사지휘 활동에 해당하고, 수사지휘를 전달받은 사법경찰관리는 이를 준수할 의무를 부담한다. 다만 체포된 피의자의 구금 장소가 임의적으로 변경되는 점, 법원에 의한 영장실질심사제도를 도입하고 있는 현행 형사소송법하에서 체포된 피의자의 신속한 법관 대면권 보장이 지연될 우려가 있는 점 등을 고려하면, 위와 같은 검사의 구속영장 청구 전 피의자 대면 조사는 긴급체포의 적법성을 의심할 만한 사유가 기록 기타 객관적 자료에 나타나고 피의자의 대면 조사를 통해 그 여부의 판단이 가능할 것으로 보이는 예외적인 경우에 한하여 허용될 뿐, 긴급체포의 합당성이나 구속영장 청구에 필요한 사유를 보강하기 위한 목적으로 실시되어서는 아니 된다. 나아가 검사의 구속영장 청구 전 피의자

긴급체포 후 구속영장의 청구를 받은 판사는 현재 구속요건을 충족하고 있는 지의 여부 및 긴급체포시에 긴급체포의 요건을 충족하고 있었는지의 여부를 함께 판단하여 어느 하나의 요건이라도 충족되지 않은 경우에는 구속영장의 청구를 기각하여야 한다. 긴급체포와 구속영장의 발부는 하나의 연결된 절차로서 선행절차의 위법은 후행절차에 영향을 미치는 것으로 보아야 하고, 긴급체포에 대하여 사후의 체포영장을 요구하지 않는 현행법하에서는 구속영장의 발부단계에서 법원이 사법적 심사를 통하여 위법한 긴급체포를 통제할 필요가 있으며, 제200조의4 제 1 항이 구속영장을 청구할 때에는 긴급체포서를 첨부하도록 규정하고 있는 점을 고려할 때 긴급체포의 위법은 구속영장기각사유에 해당하는 것으로 보아야 하기 때문이다. 따라서 체포와 구속은 별개의 제도이고 현행법이 체포전치주의를 채택하고 있지 않기 때문에 긴급체포의 위법성을 구속영장발부시에 고려할 필요가 없다고 주장하는 일부 견해는 그 타당성을 인정할 수 없다.

(내) 피의자의 석방

긴급체포한 피의자에 대하여 구속영장을 청구하지 않거나 발부받지 못한 때에는 피의자를 즉시 석방하여야 한다($\frac{제200조의}{4 \ 제 2 항}$). 검사 또는 사법경찰관이 긴급체포한 피의자에 대하여 검사가 구속영장을 청구하지 아니하고 석방한 경우에는 석방한 날로부터 30일 이내에 긴급체포서를 첨부하여 서면으로 ① 긴급체포 후 석방된 자의 인적사항, ② 긴급체포의 일시·장소와 긴급체포하게 된 구체적 이유, ③ 석방의 일시·장소 및 사유, ④ 긴급체포 및 석방한 검사 또는 사법경찰관의 성명을 법원에 통지하여야 한다($\frac{동조}{제4항}$). 사법경찰관은 긴급체포한 피의자에 대하여 구속영장을 신청하지 아니하고 석방한 경우에는 즉시 검사에게 보고하여야 한다($\frac{동조}{제6항}$).

긴급체포 후 석방된 자 또는 그 변호인·법정대리인·배우자·직계친족·형제자매는 통지서 및 관련 서류를 열람하거나 등사할 수 있다($\frac{동조}{제5항}$). 이는 위법한 긴급체포로 인한 피해배상이나 수사기관의 처벌을 위한 규정이라고 할 수 있다.

(대) 사후 체포영장의 필요성 검토

긴급체포와 관련된 가장 큰 문제점은 형사소송법이 긴급체포 후 체포영장을 발부받을 것을 요구하지 않고 다만 구속하고자 할 때에는 48시간 이내에 구속영장

대면 조사는 강제수사가 아니므로 피의자는 검사의 출석 요구에 응할 의무가 없고, 피의자가 검사의 출석 요구에 동의한 때에 한하여 사법경찰관리는 피의자를 검찰청으로 호송하여야 한다.」

을 청구하도록 한 것이다. 그 결과 긴급체포의 경우에는 구속영장을 청구하는 48시간까지 영장 없는 체포를 허용하는 것이 되며, 수사기관이 피의자를 긴급체포한 후 48시간 이내에 석방하는 경우에는 검사가 법원에 대하여 서면통지의무를 부담하는 것 이외에는 이에 대한 적절한 사법적 대응방안이 없게 된다.

그러나 긴급체포에 대한 사후적 사법심사의 결여는 수사기관에 의한 긴급체포의 남용을 초래하고 영장에 의하여 체포해야 할 피의자까지 영장 없이 체포하게 할 위험성을 가지게 된다. 또한 이러한 형사소송법의 태도는 헌법의 규정과도 맞지 않는다고 하여야 한다. 현행 헌법은 제12조 제 3 항 단서에서「다만 현행범인인 경우와 장기 3년 이상의 형에 해당하는 죄를 범하고 도피 또는 증거인멸의 염려가 있을 때에는 사후에 영장을 청구할 수 있다」고 함으로써, 긴급체포에 있어서는 법관의 사전체포영장을 요하지 않을 뿐 사후체포영장은 요구되는 것으로 규정하고 있기 때문이다. 따라서 형사소송법이 긴급체포에 대하여 사후의 체포영장을 요구하지 않는 것은 그 자체가 헌법위반이라고 보아야 한다.

결론적으로 볼 때 수사기관이 피의자를 긴급체포한 경우에는 지체 없이 체포영장을 청구하여 발부받도록 하는 입법이 필요하다고 생각한다.[1] 긴급체포에 대하여 법원의 사법적 심사를 받게 하는 것이 수사기관이 수사상의 필요를 위해서 긴급체포를 남용하는 것을 방지하기 위한 가장 바람직한 규제수단이기 때문이다.

(5) 재체포의 제한

긴급체포되었다가 구속영장을 청구하지 아니하거나 구속영장을 발부받지 못하여 석방된 자는 영장 없이는 동일한 범죄사실에 관하여 다시 체포하지 못한다(제200조의4 제3항). 따라서 수사기관은 긴급체포 후 석방된 피의자에 대하여 동일한 범죄사실로 다시 긴급체포할 수는 없으나, 판사로부터 체포영장을 발부받은 때에는 다시 체포할 수 있다.

3. 현행범인의 체포

(1) 의   의

현행범인은 고유한 의미의 현행범인과 준현행범인으로 나누어진다. 형사소송

---

1) 일본 형사소송법은 수사기관에게 긴급체포 후 즉시 체포영장을 청구할 것을 요구하고 있다(동법 제210조 제 1 항 참조).

법 제212조는 「현행범인은 누구든지 영장 없이 체포할 수 있다」고 규정하여 영장주의의 예외를 인정하고 있다. 현행범인은 범죄가 명백하고 긴급한 체포의 필요성이 인정되기 때문에 영장 없이 체포할 수 있도록 한 것이다.

현행범인 체포의 요건을 갖추었는지 여부는 체포 당시의 상황을 기초로 판단하여야 하고, 이에 관한 검사나 사법경찰관 등 수사주체의 판단에는 상당한 재량의 여지가 있다고 할 것이나, 체포 당시의 상황으로 보아서도 그 요건의 충족 여부에 관한 검사나 사법경찰관 등의 판단이 경험칙에 비추어 현저히 합리성을 잃은 경우에는 그 체포는 위법하다고 보아야 한다(대법원 2011.5.26, 2011도3682).

㈎ 고유한 의미의 현행범인

현행범인이란 범죄를 실행하고 있거나 실행하고 난 직후의 사람을 말한다(제211조 제1항). 따라서 현행범인이란 모든 범죄에 있어서 일정한 시간적 단계에 있는 범인을 의미하는 개념이다.

범죄를 실행하고 있다는 것은 범죄의 실행에 착수하여 종료하지 못한 상태를 말한다. 범죄는 특정한 범죄임을 요하지만 죄명이나 형의 경중을 묻지 않는다. 미수가 처벌되는 범죄에 있어서는 실행의 착수가 있으면 족하며, 예비·음모를 벌하는 경우에는 예비·음모행위가 실행행위가 된다. 교사범과 방조범의 경우에는 정범의 실행행위가 개시된 때에 현행범인을 인정할 수 있다. 그러나 교사행위가 예비·음모로 처벌되는 경우(형법 제31조 제2항·제3항)에는 교사행위 자체를 실행행위로 보아 현행범인 여부를 결정하여야 한다. 간접정범의 경우에 간접정범의 이용행위를 기준으로 실행행위 여부를 결정하자는 견해가 있으나, 이용행위 자체는 구성요건적 정형성이 없어 이를 확인하기 어렵고 간접정범의 성립에 범죄행위의 결과발생이 요구되고 있으므로(형법 제34조 제1항) 피이용자의 행위를 기준으로 실행행위를 결정해야 한다고 본다.

범죄를 실행하고 난 직후란 범죄의 실행행위를 종료한 직후를 말하며 결과발생의 여부를 묻지 않는다. 범죄의 실행을 종료한 직후라 함은 범죄행위를 실행하여 끝마친 순간 또는 이에 접착한 시간적 단계를 의미하며, 시간이나 장소로 보아 체포를 당하는 자가 방금 범행을 실행한 범인이라는 점에 관하여 명백한 증거가 존재한다고 인정되는 경우를 말한다(대법원 2007.4.13, 2007도1249). 이와 같이 현행범인은 시간적 단계의 개념이지만 범인이 범행장소 및 그 연장으로 볼 수 있는 장소를 이탈한 때에는 시간적 접착성도 인정하기 어렵다는 점에서 장소적 접착성도 요건으로 하게 된다.

㈜ 준현행범인

준현행범인이란 고유한 의미의 현행범인은 아니지만 현행범인으로 보는 사람을 말한다. 즉 ① 범인으로 불리며 추적되고 있는 사람, ② 장물이나 범죄에 사용되었다고 인정하기에 충분한 흉기나 그 밖의 물건을 소지하고 있는 사람,[1] ③ 신체나 의복류에 증거가 될 만한 뚜렷한 흔적이 있는 사람, ④ 누구냐고 묻자 도망하려고 하는 사람이 여기에 해당한다(제211조 제2항). 그러나 준현행범인으로서 체포하려면 이와 함께 다른 상황을 종합하여 죄를 범하였다는 사실이 인정되는 경우라야 할 것이다. 특히 누구냐고 묻자 도망하려고 하는 사람은 주로 경찰관 직무집행법에 의한 불심 검문을 받고 도망하려 한 자가 해당하게 될 것이나, 범행에 대한 직접적인 관련성이 희박한 경우이므로 엄격하게 해석하여야 한다.

(2) 현행범인 체포의 요건

㈎ 범죄의 명백성

현행범인을 체포하려면 피의자가 체포당시의 상황에 비추어 특정범죄의 범인임이 명백하여야 한다. 특히 준현행범인을 체포하는 경우에는 피의자가 위의 네 가지 유형 가운데 하나에 해당하는 것만으로는 부족하고 다른 사정을 종합하여 그가 특정한 범죄를 범한 자임이 명백한 경우라야 한다.

외형상 죄를 범한 것처럼 보여도 구성요건해당성이 인정되지 않는 경우는 물론 위법성조각사유나 책임조각사유가 존재하여 범죄불성립이 명백한 경우에는 현행범인으로 체포할 수 없다. 따라서 형사미성년자임이 명백한 경우에는 현행범체포를 부정하여야 할 것이다. 그러나 소송조건의 존재는 체포의 요건이 아니므로 친고죄의 경우에 있어서 고소가 없는 경우라도 현행범인을 체포할 수 있다. 다만 범행현장에서 피해자가 처벌을 원하지 않는 의사표시를 명백히 한 경우 등 고소의 가능성이 처음부터 없는 경우에는 수사를 할 수 없으므로 현행범인의 체포도 허용되지 않는다고 해야 한다.

---

1) 대법원 2000. 7. 4, 99도4341,「순찰 중이던 경찰관이 교통사고를 낸 차량이 도주하였다는 무전연락을 받고 주변을 수색하다가 범퍼 등의 파손상태로 보아 사고차량으로 인정되는 차량에서 내리는 사람을 발견한 경우, 형사소송법 제211조 제2항 제2호 소정의 '장물이나 범죄에 사용되었다고 인정함에 충분한 흉기 기타의 물건을 소지하고 있는 때'에 해당하므로 준현행범으로서 영장 없이 체포할 수 있다.」

㈏ 체포의 필요성

현행범인의 체포에 있어서도 긴급체포의 경우와 같이 도망이나 증거인멸의 염려가 있어야 하는지에 대하여는 적극설과 소극설이 대립하고 있다. 판례는 적극설의 입장이다.[1] 현행범인의 체포는 영장에 의한 체포의 예외에 해당하고 긴급체포의 경우와는 달리 구속사유가 필요하다는 명문의 규정도 없으므로 영장에 의한 체포와 마찬가지로 해석하는 것이 타당하다고 생각된다. 따라서 현행범인의 체포에 있어서는 체포의 필요성이 적극적으로 요구되지는 않으며, 다만 도망이나 증거인멸의 염려가 명백히 없는 경우에는 체포할 수 없다고 보아야 할 것이다.

㈐ 비례성의 원칙

형사소송법은 현행범인의 체포에 있어서도 비례성의 원칙을 적용하여 경미사건에 대한 체포를 제한하고 있다. 즉 50만원 이하의 벌금·구류 또는 과료에 해당하는 죄의 현행범인에 대하여는 범인의 주거가 분명하지 아니한 때에 한하여 현행범인으로 체포할 수 있다($^{제214}_{조}$).

(3) 현행범인 체포의 절차

㈎ 체포의 주체

현행범인은 누구든지 영장 없이 체포할 수 있다($^{제212}_{조}$). 그러므로 검사 또는 사법경찰관리는 물론 일반인도 현행범인을 체포할 수 있다. 다만 사인(私人)은 체포할 권한을 가질 뿐이며 체포의 의무가 있는 것은 아니다.

1) **사인의 현행범인 체포**   사인의 현행범인 체포에 있어서 절차상 특별히 요구되는 점은 없으나, 검사 또는 사법경찰관리 아닌 자가 현행범인을 체포한 때에는 즉시 검사 또는 사법경찰관리에게 인도하여야 한다($^{제213조}_{제1항}$). 여기서 즉시라는 것은 반드시 체포시점과 시간적으로 밀착된 시점이어야 한다는 의미가 아니라, 정당한 이유 없이 인도를 지연하거나 체포를 계속하는 등으로 불필요한 지체를 해서는 안 된다는 것을 뜻한다.[2]

---

1) 대법원 2011. 5. 26, 2011도3682, 「현행범인은 누구든지 영장 없이 체포할 수 있다(형사소송법 제212조). 현행범인으로 체포하기 위하여는 행위의 가벌성, 범죄의 현행성·시간적 접착성, 범인·범죄의 명백성 이외에 체포의 필요성 즉, 도망 또는 증거인멸의 염려가 있어야 하고, 이러한 요건을 갖추지 못한 현행범인 체포는 법적 근거에 의하지 아니한 영장 없는 체포로서 위법한 체포에 해당한다.」

2) 대법원 2011. 12. 22, 2011도12927, 「소말리아 해적인 피고인들 등이 아라비아해 인근 공해상에서 대한민국 해운회사가 운항 중인 선박을 납치하여 대한민국 국민인 선원 등에게 해상

사인이 체포한 현행범인을 인도하지 않고 석방하는 것은 허용되지 않는다. 체포 후 임의로 석방하는 것을 허용하면 체포권을 남용할 위험이 있기 때문이다. 사법경찰관리가 현행범인의 인도를 받은 때에는 체포자의 성명·주거·체포의 사유를 물어야 하고 필요한 때에는 체포자에 대하여 경찰관서에 동행함을 요구할 수 있다(동조 제2항). 체포한 자는 당해 피의사건에 대하여 중요한 참고인으로 될 수 있다는 점을 고려하여 둔 규정이다.

2) 수사기관의 현행범인 체포   검사 또는 사법경찰관리가 현행범인을 체포하거나 일반인이 체포한 현행범인을 인도받는 경우에는 범죄사실의 요지, 체포의 이유와 변호인을 선임할 수 있음을 말하고 변명할 기회를 주어야 한다(제213조의2, 제200조의5). 권리의 고지는 현행범인 체포를 위한 실력행사에 들어가기 이전에 미리 하여야 하는 것이 원칙이나, 달아나는 피의자를 쫓아가 붙들거나 폭력으로 대항하는 피의자를 실력으로 제압하는 경우에는 붙들거나 제압하는 과정에서 하거나, 그것이 여의치 않은 경우에는 일단 붙들거나 제압한 후에 지체 없이 행하여야 한다(대법원 2017.3.15, 2013도2168). 현행범인을 체포한 경찰관의 진술은 범행을 목격한 부분에 관하여는 다른 목격자의 진술과 다름없이 증거능력이 있다(대법원 1995.5.9, 95도535).

수사기관이 현행범인을 체포하거나 인도받은 때에는 변호인이 있는 경우에는 변호인에게, 변호인이 없는 경우에는 변호인선임권자 가운데 피의자가 지정한 자에게 피의사건명, 체포의 일시·장소, 피의사실의 요지, 체포의 이유와 변호인을 선임할 수 있음을 늦어도 24시간 이내에 서면으로 통지하여야 함은 체포영장에 의한 체포 및 긴급체포의 경우와 같다(제213조의2·제87조, 규칙 제100조 제1항·제51조).

피의자를 체포하거나 인도받은 검사 또는 사법경찰관은 체포된 피의자와 체포적부심사청구권자 중에서 피의자가 지정하는 자에게 체포적부심사를 청구할 수 있음을 알려야 한다(제214조의2 제2항). 현행범인으로 체포된 피의자, 그 변호인, 법정대리인, 배우자, 직계친족, 형제자매나 동거인 또는 고용주는 현행범인체포서를 보관하고 있는 검사, 사법경찰관 또는 법원사무관 등에게 그 등본의 교부를 청구할 수 있다(규칙 제101조).

강도 등 범행을 저질렀다는 내용으로 국군 청해부대에 의해 체포·이송되어 국내 수사기관에 인도된 후 구속·기소된 사안에서, 청해부대 소속 군인들이 피고인들을 현행범인으로 체포한 것은 검사 등이 아닌 이에 의한 현행범인 체포에 해당하고, 피고인들 체포 이후 국내로 이송하는 데에 약 9일이 소요된 것은 공간적·물리적 제약상 불가피한 것으로 정당한 이유 없이 인도를 지연하거나 체포를 계속한 경우로 볼 수 없다고 본 원심판단을 수긍한 사례」

　　검사 또는 사법경찰관은 현행범인을 체포하거나 체포된 현행범인을 인수했을 때에는 조사가 현저히 곤란하다고 인정되는 경우가 아니면 지체 없이 조사해야 하며, 조사 결과 계속 구금할 필요가 없다고 인정할 때에는 현행범인을 즉시 석방해야 한다($\binom{\text{수사준칙에 관한 규}}{\text{정 제28조 제 1 항}}$).

(나) 현행범인 체포에 수반한 강제처분

　　현행범인을 체포하는 경우에는 체포의 목적달성을 위하여 필요한 범위 내에서 사인이라도 강제력을 행사할 수 있다($\binom{\text{대법원 1999.1.26,}}{\text{98도3029 참조}}$). 검사 또는 사법경찰관이 현행범인을 체포하는 경우에 미리 수색영장을 발부받기 어려운 긴급한 사정이 있는 때에는 영장 없이 타인의 주거 등에서 피의자를 수색할 수 있고, 체포현장에서 영장 없이 압수·수색·검증할 수 있다($\binom{\text{제216조}}{\text{제 1 항}}$). 그러나 일반인은 현행범인을 체포하기 위하여 타인의 주거 등에 들어가 수색할 수 없으며, 체포현장에서 압수·수색·검증을 할 수도 없다. 또한 현행범인 체포의 경우에도 경찰관은 필요한 때에는 수갑·포승·경찰봉·방패 등의 경찰장구를 사용할 수 있고($\binom{\text{경찰관 직무집행}}{\text{법 제10조의2}}$), 무기를 사용하지 아니하고는 다른 수단이 없다고 인정되는 상당한 이유가 있는 때에는 무기를 사용할 수 있다($\binom{\text{동법 제}}{\text{10조의4}}$).

(4) 현행범인 체포 후의 조치

　　현행범인을 체포한 경우에 피의자를 구속하고자 할 때에는 긴급체포의 경우와 마찬가지로 구속영장을 청구하여야 한다. 즉 현행범인으로 체포한 피의자를 구속하고자 할 때에는 체포한 때로부터 48시간 이내에 구속영장을 청구하여야 하며, 그 기간 내에 구속영장을 청구하지 아니하는 때에는 피의자를 즉시 석방하여야 한다($\binom{\text{제213조의2, 제}}{\text{200조의2 제 5 항}}$). 사인이 현행범인을 체포한 때에는 사인이 체포한 때가 아니라 수사기관에 인도한 때로부터 구속영장 청구기간을 기산하여야 한다($\binom{\text{대법원 2011.12.22,}}{\text{2011도12927}}$). 다만 현행범인 체포에 대하여 체포적부심사가 청구된 경우에는 법원이 수사관계서류와 증거물을 접수한 때부터 기각결정 후 검찰청에 반환된 때까지의 기간은 48시간의 구속영장청구기간에 산입하지 아니한다($\binom{\text{제214조의2 제13항, 제200}}{\text{조의2 제 5 항, 제213조의2}}$).

　　긴급체포와 관련하여 주로 논의되는 사후 체포영장발부의 문제는 현행범인 체포와 관련해서도 제기될 수 있다. 우리 헌법은 현행범인의 체포에 대해서도 사전영장주의에 대한 예외로서 이를 인정하고 있을 뿐만 아니라, 비록 현행범인에 대한 체포제도가 범죄와 범인의 명백성이 인정되어 오인체포의 우려가 적다는 점에 기

초하고 있다고 하더라도 불법체포의 우려를 배제할 수 없어 이에 대한 사후 통제수
단은 역시 필요하다고 보아야 하기 때문이다. 따라서 현행범인의 체포에 있어서도
수사기관이 직접 현행범인을 체포하거나 사인으로부터 인도받은 경우에는 법원에
체포영장을 청구하여 발부받도록 해야 할 것이다.[1]

Ⅱ. 피의자와 피고인의 구속

1. 구속의 의의

(1) 구속의 개념

구속이란 피의자 또는 피고인의 신체의 자유를 체포에 비하여 장기간에 걸쳐
제한하는 대인적 강제처분이다. 피의자의 구속은 검사의 청구에 의하여 지방법원
판사가 발부한 구속영장에 의하여 피의자를 구속하는 것이고, 피고인의 구속은 공
소가 제기된 후에 법원이 직권으로 구속영장을 발부하여 피고인을 구속하는 것을
말한다. 이와 같이 구속은 사전에 발부된 구속영장에 의해서만 가능하다는 점에서
영장 없는 체포가 인정되는 체포와 다르다. 또한 검사의 청구에 의하여 행하여지는
피의자 구속에 있어서도 대상이 반드시 체포된 피의자에 제한되지 않는다. 체포된
피의자의 구속뿐만 아니라 체포되지 아니한 피의자에 대한 구속도 현행법상 인정
되고 있기 때문이다.

구속은 구인과 구금을 포함하는 개념이다(제69조). 구인은 피의자 또는 피고인을
법원 기타 일정한 장소에 인치하는 강제처분인데 대하여, 구금은 피의자 또는 피고
인을 교도소 또는 구치소 등에 감금하는 강제처분이다. 구인한 피의자 또는 피고인
을 인치한 경우에 구금할 필요가 없다고 인정한 때에는 인치한 날로부터 24시간 이
내에 석방하여야 한다(제71조, 제209조). 피의자에 대한 구인은 구속 전 피의자심문을 위한 경
우에 인정된다(제201조의2 제2항).

(2) 구속의 목적 및 제한의 필요성

구속은 형사절차의 진행과 형벌의 집행을 확보함을 목적으로 하는 강제처분
이다. 즉 구속은 형사절차에 있어서 피의자 또는 피고인의 출석을 확보하고, 증거

[1] 다만 헌법재판소는 형사소송법이 현행범체포에 있어서 사후체포영장을 요구하지 않는 것은
현행범체포의 특수성에 비추어 볼 때 합헌이라고 판단하고 있다(헌재결 2012. 5. 31, 2010헌
마672).

인멸에 의한 수사와 심리의 방해를 제거하며, 확정된 형벌의 집행을 실현하기 위한 제도이다. 따라서 수사의 편의를 위하여 또는 자백을 얻기 위한 수단으로서 구속이 행하여져서는 안 된다.

구속은 형벌권을 실현하기 위하여 요구되는 불가결한 수단이지만, 구속된 피의자·피고인 및 가족의 생활에 중대한 영향을 미치게 된다. 구속은 피의자 또는 피고인을 사회로부터 격리시켜 사회적·경제적 활동에 심각한 지장을 초래하며, 명예를 침해하고 일반인에게 유죄의 인상을 심어줄 뿐만 아니라 방어의 준비에 있어서도 상당한 제한을 받게 한다. 이러한 이유로 구속에 대하여는 불가피한 경우에 최후의 수단으로서만 사용되어야 할 제한이 가해지고, 비례성의 원칙이 강하게 요구되게 된다. 형사소송법이 「피의자에 대한 수사는 불구속 상태에서 함을 원칙으로 한다」고 하여($^{제198조}_{제1항}$) 불구속수사의 원칙을 천명하고 있는 것도 이러한 의미에서 이해할 수 있다.

2. 구속의 요건

(1) 범죄의 혐의

피의자 또는 피고인을 구속하기 위하여는 그들이 죄를 범하였다고 의심할 만한 상당한 이유가 있어야 한다($^{제70조,}_{제201조}$). 피의자와 피고인에게는 무죄추정의 원칙이 적용되므로 구속을 위해서는 무죄의 추정을 깨뜨릴 수 있을 정도의 객관적 범죄혐의가 요구된다. 따라서 여기의 범죄혐의는 피의자 또는 피고인이 죄를 범하였음을 인정할 수 있는 고도의 개연성 내지 충분한 범죄혐의를 의미하는 것으로 보아야 한다. 구속영장의 발부를 위한 범죄혐의는 체포영장 발부요건으로서의 범죄혐의와 그 정도가 동일하다.

피의자 또는 피고인이 유죄판결을 받을 고도의 개연성이 요구되므로 위법성조각사유나 책임조각사유가 있는 경우는 물론 소송조건이 구비될 수 없는 것이 명백한 경우에도 구속은 허용되지 않는다. 다만 심신상실의 책임조각사유가 있는 경우에도 치료감호청구를 할 수 있으므로 검사가 관할 지방법원판사로부터 치료감호영장을 발부받아 보호구속을 하는 것은 가능하다($^{치료감호}_{법\ 제6조}$).

(2) 구속사유

구속영장을 발부하려면 범죄혐의 이외에 구속사유가 있어야 하는데, 현행법은 구속사유로서 ① 도망 또는 도망할 염려, ② 주거부정, ③ 증거인멸의 염려를 규정하고 있다.

(개) 도망 또는 도망할 염려

이는 형사절차에의 출석을 확보하기 위한 전형적인 구속사유이다. 도망이란 피의자 또는 피고인이 도망의사로 장기간 숨는 것을 말한다. 수사기관이나 법원에서 연락하지 못하도록 주거를 떠나 잠적하거나 외국으로 도피하는 것 등이 여기에 해당한다. 도망할 염려란 사건의 구체적인 상황을 판단하여 볼 때 피의자 또는 피고인이 형사절차를 회피할 고도의 개연성이 있는 경우를 의미한다. 범죄의 중대성은 도망할 염려를 판단하는 데 있어서 중요한 자료가 된다. 그러나 도망할 염려는 범죄사실의 경중뿐만 아니라 경제적 지위나 직장, 가족관계, 피의자나 피고인의 인격적 특성, 그들에게 알려진 유죄증거의 정도 등 여러 가지 구체적 사정을 종합하여 판단하여야 한다. 또한 도망할 염려는 피의자 또는 피고인이 장소적으로 잠적하는 경우뿐만 아니라 약물복용 등으로 심신상실 상태를 초래함으로써 소송행위를 할 수 없게 될 염려가 있는 경우에도 인정된다고 할 것이다.

(나) 주거부정

형사소송법은 피의자 또는 피고인에게 일정한 주거가 없는 것도 구속사유로 규정하고 있다. 그러나 주거부정은 도망할 염려를 판단하는 중요한 자료에 해당할 뿐 구속사유로서의 독자적 의미를 가지는 것은 아니라고 해야 한다. 다만 현행법은 다액 50만원 이하의 벌금, 구류 또는 과료에 해당하는 범죄에 관하여는 피의자가 일정한 주거가 없는 경우에 한하여 구속영장을 청구할 수 있도록 함으로써($\frac{제70조}{제3항, 제}$ $\frac{201조}{제1항 단서}$), 주거부정이 경미범죄에 대한 유일한 구속사유가 된다는 점에서 독자적 의미를 가질 뿐이다. 따라서 경미범죄에 있어서는 도망이나 증거인멸의 염려가 있더라도 피의자 또는 피고인의 주거가 일정하기만 하면 이들을 구속할 수 없게 된다.

(다) 증거인멸의 염려

증거인멸의 염려란 피의자 또는 피고인을 구속하지 않으면 증거방법을 멸실·훼손·변경·위조·변조하거나, 공범자·참고인·증인·감정인에게 부정한 영향력을 행사하거나, 제3자로 하여금 이러한 행위를 하게 하여 진실발견을 곤란하게 할 구체적 위험이 있는 경우를 말한다. 따라서 아직 수사가 종결되지 않았다거나, 피의자가 범죄사실을 다투거나 자백을 거부한다는 이유만으로 증거인멸의 염려가 있다고 할 수 없다. 또한 피의자 또는 피고인이 방어를 위하여 유리한 증거를 수집하거나 진술거부권을 행사하는 것도 부정한 방법이라고 할 수 없으므로 증거인멸의 염려를 인정할 근거가 되지 않는다. 수사기관은 구속 여부를 판단할 때, 피의자가 범행을 부인하거나 진술거부권을 행사한다는 이유 또는 그 사건이 여론의 주목을 받는다는 이유만으로 곧바로 도망이나 증거인멸의 염려가 있다고 단정하지 않도록 유의해야 한다(인권보호수사규칙
제20조 제 2 항 제 3 호).

㈑ 구속사유 심사시 고려사항

법원은 구속사유를 심사함에 있어서 범죄의 중대성, 재범의 위험성, 피해자 및 중요 참고인 등에 대한 위해우려 등을 고려하여야 한다(제70조 제 2 항,
제209조). 이들 사유는 현행법상 독립된 구속사유가 아니라 구속사유를 심사함에 있어서 일반적으로 고려해야 할 사정에 해당한다(헌재결 2010.11.25,
2009헌바8). 따라서 구속사유가 인정되지 않는 경우에 범죄의 중대성을 이유로 구속할 수는 없다. 그러나 범죄의 중대성과 재범의 위험성은 도망할 염려를 판단할 적극적 요소가 되며, 피해자 및 중요 참고인에 대한 위해우려는 증거인멸의 염려를 판단하는 중요한 자료가 된다.

(3) 비례성의 원칙

구속은 피의자 또는 피고인의 신체의 자유를 제한하는 강제처분이므로 비례성의 원칙이 적용되어야 한다. 따라서 범죄혐의와 구속사유가 존재하는 경우라도 피의자 등에게 가해지는 고통이나 폐해가 국가형벌권의 적정한 행사의 필요성을 현저히 초과하여 이들을 구속하는 것이 상당하지 않다고 판단되는 경우에는 구속할 수 없다.

구속은 사건의 의미와 예상되는 형벌 등에 비추어 상당한 것이어야 하므로 일반적으로 구속이 선고될 형보다 오래 계속될 때에는 비례성의 원칙에 반한다고 볼 수 있다. 집행유예의 판결이 예상되는 사건에 대하여 구속을 계속하는 것도 마찬가지이다. 또한 비례성의 원칙은 보충성의 원칙을 내용으로 포함하므로 보석이나 구속의 집행정지에 의해서도 구속의 목적을 달성할 수 있는 경우에 구속의 집행을 계속하는 것은 비례성의 원칙에 반한다고 해야 한다.

형사소송법이 경미사건의 경우에 피의자 등에게 일정한 주거가 없는 때에 한하여 구속할 수 있다고 규정하고(제70조 제 3 항, 제
201조 제 1 항 단서), 소년법이 소년에 대한 구속영장은 부득이한 경우가 아니면 발부하지 못하도록 규정한 것도(소년법 제55
조 제 1 항) 이러한 비례성의 원칙을 반영한 것이라고 할 수 있다.

3. 구속의 절차

(1) 피의자의 구속

㈎ 구속영장의 청구

1) 청구권자　　　피의자에 대한 구속은 검사의 청구에 의하여 법관이 발부한 구속영장에 의하여 이루어진다. 사법경찰관이 피의자를 구속하기 위해서는 검사에게 신청하여 검사의 청구에 의하여 구속영장을 발부받아야 한다($_{제1항}^{제201조}$). 검사는 사법경찰관으로부터 신청을 받아 구속영장 청구 여부를 판단하는 경우 인권침해가 의심되거나 그 밖에 구속 사유를 판단하기 위하여 필요한 때에는 피의자를 면담·조사해야 한다($_{규칙 제22조}^{인권보호수사}$).

검사가 사법경찰관이 신청한 영장을 정당한 이유 없이 판사에게 청구하지 아니한 경우 사법경찰관은 그 검사 소속의 지방검찰청 소재지를 관할하는 고등검찰청에 영장 청구 여부에 대한 심의를 신청할 수 있고, 고등검찰청의 영장심의위원회에서 이에 대한 심리를 한다($_{조의5}^{제221}$). 심의신청을 한 사법경찰관과 담당검사는 심의위원회에 의견서를 제출할 수 있고, 심의위원회에 출석하여 의견을 개진할 수 있다($_{칙 제17조, 제18조}^{영장심의위원회 규}$). 또한 심의신청의 대상이 구속영장인 경우에는 피의자 또는 변호인에게도 심의위원회에 의견서를 제출할 수 있는 권리가 인정된다($_{제19조}^{동규칙}$). 영장심의위원회의 심의결과에는 구속력이 인정되지 않는다($_{제2항 참조}^{동규칙 제25조}$).

2) 청구의 방식　　　구속영장의 청구는 서면으로 하여야 한다($_{조 제1항}^{규칙 제93}$). 구속영장의 청구서에는 범죄사실의 요지를 따로 기재한 서면 1통($_{에는 그에 상응하는 통수}^{수통의 영장을 청구하는 때}$)을 첨부하여야 한다($_{제2항}^{규칙 동조}$).

구속영장청구서에는 ① 피의자의 성명($_{그 밖에 피의자를 특정할 수 있는 사항}^{분명하지 아니한 때에는 인상, 체격,}$), 주민등록번호 등, 직업, 주거, ② 피의자에게 변호인이 있는 때에는 그 성명, ③ 죄명 및 범죄사실의 요지, ④ 7일을 넘는 유효기간을 필요로 하는 때에는 그 취지 및 사유, ⑤ 여러 통의 영장을 청구하는 때에는 그 취지 및 사유, ⑥ 인치구금할 장소, ⑦ 형사소송법 제70조 제1항 각호에 규정한 구속의 사유, ⑧ 피의자의 체포 여부 및 체포된 경우에는 그 형식, ⑨ 피의자가 지정한 사람에게 체포이유 등을 알린 경우($_{6, 제87조}^{제200조의}$)에는 그 사람의 성명과 연락처를 기재하여야 한다($_{제95조의2}^{규칙}$). 검사가 동일한 범죄사실에 관하여 그 피의자에 대하여 전에 구속영장을 청구하거나 발부받은 사실이 있는 때에는 다시 구속영장을 청구하는 취지 및 이유를 기재하여야 한다

$\left(\substack{제201조\\제5항}\right)$.

구속영장의 청구시에 검사는 구속의 필요를 인정할 수 있는 자료를 제출하여야 한다$\left(\substack{제201조\\제2항}\right)$. 검사는 체포영장에 의하여 체포된 자 또는 현행범인으로 체포된 자에 대하여 구속영장을 청구하는 경우에는 체포영장 또는 현행범인으로 체포된 취지 및 체포의 일시와 장소가 기재된 서류를$\left(\substack{규칙 제96\\조 제2항}\right)$, 긴급체포된 피의자에 대하여 구속영장을 청구할 때에는 긴급체포서를$\left(\substack{제200조의\\4 제1항}\right)$ 추가로 제출하여야 한다. 판사는 영장청구서의 기재 사항에 흠결이 있는 경우에는 전화 기타 신속한 방법으로 영장을 청구한 검사에게 그 보정을 요구할 수 있다$\left(\substack{규칙 제96\\조 제4항}\right)$.

피의자를 비롯하여 구속적부심사를 청구할 권한이 있는 자도$\left(\substack{제214조의\\2 제1항}\right)$ 구속영장의 청구를 받은 판사에게 유리한 자료를 제출할 수 있다$\left(\substack{규칙 제96\\조 제3항}\right)$.

(나) 구속 전 피의자심문

1) 영장실질심사제도의 의의   영장실질심사란 구속영장의 청구를 받은 판사가 피의자를 직접 심문하여 구속사유를 판단하는 것을 말한다. 이 제도가 도입되기 이전에는 수사기관이 일방적으로 제출한 수사자료에 대한 형식적 심사만으로 구속영장의 발부 여부가 결정되었기 때문에 구속이 신중하게 이루어지지 못하는 폐단이 있었다. 구속영장이 청구된 피의자의 법적 청문권 내지 법관대면권을 보장하고 영장주의의 기본취지에 충실한 구속제도를 마련하기 위하여 1995년 개정법률은 영장실질심사제도를 도입하였으며, 2007년 개정법률은 구속 전 피의자심문을 피의자의 의사나 법관의 필요성 판단과 관계없이 실시하는 필요적 심문으로 바꾸고 피의자심문조서의 작성을 의무화하였다.

체포영장에 의한 체포, 긴급체포 또는 현행범인의 체포에 의하여 체포된 피의자에 대하여 구속영장을 청구받은 지방법원판사는 지체 없이 피의자를 심문하여야 한다$\left(\substack{제201조의\\2 제1항}\right)$. 체포되지 아니한 피의자에 대하여 구속영장의 청구를 받은 지방법원판사는 피의자가 죄를 범하였다고 의심할 만한 이유가 있는 경우에는 구인을 위한 구속영장을 발부하여 피의자를 구인한 후 심문하여야 한다. 다만 피의자가 도망하는 등의 사유로 심문할 수 없는 경우에는 그러하지 아니하다$\left(\substack{동조\\제2항}\right)$.

지방법원 또는 지원의 장은 구속영장청구에 대한 심사를 위한 전담법관을 지정할 수 있다$\left(\substack{규칙 제\\96조의5}\right)$. 이 경우 지정된 법관을 영장전담판사라고 한다.

2) 심문기일의 지정과 통지   구속영장을 청구받은 판사는 심문기일을 정하여야 한다. 체포된 피의자에 대한 심문기일은 특별한 사정이 없는 한 구속영장이

청구된 날의 다음 날까지이며($^{제201조의}_{2 제1항}$), 판사는 즉시 검사, 피의자 및 변호인에게 심문기일과 장소를 통지하여야 한다($^{동조}_{제3항}$). 체포되지 않은 피의자에 대한 심문기일과 장소는 피의자를 인치한 후 즉시 검사, 피의자 및 변호인에게 통지하여야 하는데 ($^{동조}_{제3항}$), 이 경우에는 관계인에 대한 심문기일의 통지 및 그 출석에 소요되는 시간 등을 고려하여 피의자가 법원에 인치된 때로부터 가능한 한 빠른 일시로 심문기일을 지정하여야 한다($^{규칙 제96조}_{의12 제2항}$). 심문기일과 장소의 통지는 서면 이외에 구술·전화·모사전송·전자우편·휴대전화 문자전송 그 밖에 적당한 방법으로 신속하게 하여야 하며($^{규칙 동조}_{제3항}$), 판사는 지정된 심문기일에 피의자를 심문할 수 없는 특별한 사정이 있는 경우에는 그 심문기일을 변경할 수 있다($^{규칙 제}_{96조의22}$).

   3) 피의자의 출석 및 인치   판사가 구속 전에 피의자를 심문하기 위해서는 피의자를 출석시켜야 한다. 피의자가 체포되어 있는 때에는 검사가 피의자를 심문기일에 출석시켜야 하며($^{제201조의}_{2 제3항}$), 체포되지 않은 피의자의 경우에는 판사가 인치를 위한 구인을 한 후 심문하여야 한다($^{동조}_{제2항}$). 판사는 인치받은 피의자를 유치할 필요가 있는 때에는 교도소·구치소 또는 경찰서 유치장에 24시간을 초과하지 않는 범위에서 피의자를 유치할 수 있다($^{제201조의2 제}_{10항, 제71조의2}$).

   판사는 피의자가 심문기일에의 출석을 거부하거나 질병 그 밖의 사유로 출석이 현저하게 곤란하고, 피의자를 심문법정에 인치할 수 없다고 인정되는 때에는 피의자의 출석 없이 심문절차를 진행할 수 있고($^{규칙 96조의}_{13 제1항}$), 검사는 피의자가 심문기일에의 출석을 거부하는 때에는 판사에게 그 취지 및 사유를 기재한 서면을 작성 제출하여야 한다($^{규칙 동조}_{제2항}$). 피의자의 출석 없이 심문절차를 진행할 경우에는 출석한 검사 및 변호인의 의견을 듣고, 수사기록 그 밖에 적당하다고 인정하는 방법으로 구속사유의 유무를 조사할 수 있다($^{규칙 동조}_{제3항}$).

   4) 신뢰관계 있는 사람의 동석   판사는 피의자심문과 관련하여 ① 피의자가 신체적 또는 정신적 장애로 사물을 변별하거나 의사를 결정·전달할 능력이 미약한 경우, ② 피의자의 연령·성별·국적 등의 사정을 고려하여 그 심리적 안정의 도모와 원활한 의사소통을 위하여 필요한 경우의 어느 하나에 해당하는 때에는 직권 또는 피의자·법정대리인·검사의 신청에 따라 피의자와 신뢰관계에 있는 자를 동석하게 할 수 있다($^{제201조의2 제10}_{항, 제276조의2}$). 동석할 수 있는 신뢰관계 있는 자의 범위, 동석의 절차 및 방법 등에 관하여 필요한 사항은 대법원규칙으로 정한다($^{제201조의2 제10항,}_{제276조의2 제2항}$).

   5) 국선변호인의 선정   심문할 피의자에게 변호인이 없는 때에는 지방법원

판사는 직권으로 변호인을 선정하여야 한다. 이 경우 변호인의 선정은 피의자에 대한 구속영장 청구가 기각되어 효력이 소멸한 경우를 제외하고는 제 1 심까지 효력이 있다($\binom{제201조의}{2\ 제8항}$). 또한 법원은 변호인의 사정이나 그 밖의 사유로 변호인 선정결정이 취소되어 변호인이 없게 된 때에는 직권으로 변호인을 다시 선정할 수 있다($\binom{동조}{제9항}$).

6) 변호인의 피의자접견과 구속영장청구서 등에 대한 열람권   변호인은 구속영장이 청구된 피의자에 대한 심문 시작 전에 피의자와 접견할 수 있다($\binom{규칙\ 제96조}{의20\ 제1항}$). 지방법원판사는 심문할 피의자의 수, 사건의 성격 등을 고려하여 변호인과 피의자의 접견시간을 정할 수 있다($\binom{규칙\ 동조}{제2항}$). 지방법원판사는 검사 또는 사법경찰관에게 변호인의 피의자접견에 필요한 조치를 요구할 수 있다($\binom{규칙\ 동조}{제3항}$).

피의자심문에 참여할 변호인은 지방법원판사에게 제출된 구속영장청구서 및 그에 첨부된 고소·고발장, 피의자의 진술을 기재한 서류와 피의자가 제출한 서류를 열람할 수 있다($\binom{규칙\ 제96조}{의21\ 제1항}$). 이 경우 지방법원판사는 열람에 관하여 그 일시·장소를 지정할 수 있다($\binom{규칙\ 동조}{제3항}$). 검사는 증거인멸 또는 피의자나 공범관계에 있는 자가 도망할 염려가 있는 등 수사에 방해가 될 염려가 있는 때에는 지방법원판사에게 구속영장청구서에 첨부된 서류의 열람 제한에 관한 의견을 제출할 수 있고, 지방법원판사는 검사의 의견이 상당하다고 인정하는 때에는 그 전부 또는 일부의 열람을 제한할 수 있다($\binom{규칙\ 동조}{제2항}$). 다만 변호인이 구속 전 피의자심문절차에서 피의자의 권리를 효율적으로 보호하기 위해서는 최소한 죄명 및 범죄사실의 요지, 구속의 사유 등을 알 필요가 있다는 점에서 현행법은 구속영장청구서에 대한 변호인의 열람권을 법원이 제한할 수 없도록 하고 있다.

7) 심문기일의 절차

① 심문절차의 비공개   피의자에 대한 심문절차는 공개하지 아니한다. 다만 판사는 상당하다고 인정하는 경우에는 피의자의 친족, 피해자 등 이해관계인의 방청을 허가할 수 있다($\binom{규칙\ 제}{96조의14}$).

피의자의 심문은 법원청사 내에서 하여야 하나, 피의자가 출석을 거부하거나 질병 기타 부득이한 사유로 법원에 출석할 수 없는 때에는 경찰서, 구치소 기타 적당한 장소에서 심문할 수 있다($\binom{규칙\ 제}{96조의15}$).

② 심문의 방법   판사는 피의자에게 구속영장청구서에 기재된 범죄사실의 요지를 고지하고, 피의자에게 일체의 진술을 하지 아니하거나 개개의 질문에 대하

여 진술을 거부할 수 있으며, 이익 되는 사실을 진술할 수 있음을 알려주어야 한다($^{규칙 \, 제96조}_{의16 \, 제 1 항}$).

　　판사는 구속 여부를 판단하기 위하여 필요한 사항에 관하여 신속하고 간결하게 심문하여야 한다. 증거인멸 또는 도망의 염려를 판단하기 위하여 필요한 때에는 피의자의 경력, 가족관계나 교우관계 등 개인적인 사항에 관하여 심문할 수 있다($^{규칙 \, 동조}_{제 2 항}$). 피의자는 판사의 심문 도중에도 변호인에게 조력을 구할 수 있다($^{규칙 \, 동}_{조 제 4 항}$). 판사는 심문을 위하여 필요하다고 인정하는 경우에는 호송경찰관 기타의 자를 퇴실하게 하고 심문을 진행할 수 있다($^{규칙 \, 동}_{조 제 7 항}$). 판사는 피의자를 심문할 때 공범의 분리심문 그 밖에 수사상의 비밀보호를 위하여 필요한 조치를 하여야 한다($^{제201조의}_{2 \, 제 5 항}$).

　　검사와 변호인은 심문기일에 출석하여 의견을 진술할 수 있다($^{동조}_{제 4 항}$). 검사와 변호인은 판사의 심문이 끝난 후에 의견을 진술할 수 있으나, 필요한 경우에는 심문 도중에도 판사의 허가를 얻어 의견을 진술할 수 있다($^{규칙 \, 제96조}_{의16 \, 제 3 항}$). 검사와 변호인은 의견을 진술할 수 있을 뿐이고, 문답형식으로 피의자를 심문하는 것은 허용되지 않는다. 이러한 심문방식을 허용하게 되면 영장실질심사절차가 사실상 본안재판화하거나 검사가 법관면전에서 자백을 획득하는 절차로 변질될 우려가 있기 때문이다.

　　판사는 구속 여부의 판단을 위하여 필요하다고 인정하는 때에는 심문장소에 출석한 피해자 그 밖의 제 3 자를 심문할 수 있다($^{규칙 \, 동조}_{제 5 항}$). 또한 구속영장이 청구된 피의자의 법정대리인, 배우자, 직계친족, 형제자매나 가족, 동거인 또는 고용주는 판사의 허가를 얻어 사건에 관한 의견을 진술할 수 있다($^{규칙 \, 동조}_{제 6 항}$).

　　③ 구속 전 피의자심문조서의 작성　　　법원이 피의자를 심문하는 경우 법원사무관 등은 심문의 요지 등을 조서로 작성하여야 한다($^{제201조의}_{2 \, 제 6 항}$). 피의자심문조서는 일반적인 조서의 작성방법($^{제}_{48조}$) 및 공판조서의 기재요건($^{제}_{51조}$)에 따라 작성되어야 하나, 공판조서의 작성에 대한 특례규정($^{제}_{52조}$)은 준용되지 않는다($^{제201조의}_{2 \, 제10항}$).

　　따라서 법원이 피의자심문조서를 작성하는 때에는 조서작성의 일반원칙에 따라 진술자에게 읽어주거나 열람하게 하여 기재내용의 정확여부를 물어야 하고($^{제48조}_{제 3 항}$), 진술자로 하여금 조서에 간인한 후 서명날인하게 하여야 하며($^{동조}_{제 7 항}$), 심문에 참여한 검사·피의자 또는 변호인이 조서의 기재의 정확성에 대하여 이의를 진술한 때에는 그 진술의 요지를 조서에 기재하여야 하고($^{동조}_{제 5 항}$), 판사와 참여한 법원사무관 등이 조서에 기명날인 또는 서명하여야 한다($^{제53조}_{제 1 항}$). 검사·피의자 및 변호인은 심문과정의 속기 · 녹음 · 영상녹화를 신청할 수 있으며, 이 속기록 · 녹음물 또는 영상녹화물의 사본을 청구할 수 있다(제201조의2 제10항, 제56조의2).

구속전 피의자심문절차에서 작성된 피의자심문조서는 형사소송법 제311조가 규정한 「공판준비 또는 공판기일에 피고인이나 피고인 아닌 자의 진술을 기재한 조서」에는 해당하지 않지만, 법관 면전의 조서이므로 제315조 제 3 호의 「기타 특히 신용할 만한 정황에 의하여 작성된 문서」에 해당하여 당연히 증거능력을 가지게 된다.

㈐ 구속영장의 발부

1) 구속영장의 성격   피의자를 구속하기 위하여 발부되는 구속영장의 법적 성격에 대하여는 허가장설과 명령장설의 견해가 대립한다. 이 논의는 체포영장에 대하여도 마찬가지로 적용된다. 허가장설을 취하는 입장에서는 그 논거로서 ① 현행법상 강제수사를 포함한 수사의 주체는 수사기관이고, ② 수사기관은 체포영장 또는 구속영장의 발부를 받은 후에도 피의자를 체포 또는 구속하지 아니하거나 석방할 수 있다고 형사소송법에 명문으로 규정되어 있으며, ③ 명령장설에 의하면 긴급체포 또는 현행범인 체포의 성질을 합리적으로 설명하기 어렵다는 점을 들고 있다. 한편 명령장설의 입장에서는 ① 수사의 주체라는 것과 강제처분의 주체라는 것은 서로 다르고, 수사절차상 검사는 법관의 재판인 명령장의 청구 및 집행기관으로서 강제처분에 관여하는 것이며, ② 수사기관이 영장을 발부받은 후에도 집행하지 않을 권한을 부여하고 있는 형사소송법 제204조의 규정은 불구속수사의 원칙을 최대한 실천하기 위하여 영장의 집행기관인 검사에게 영장집행시의 재량권을 인정한 것에 불과한 것으로서, 이는 피의자를 체포 · 구속하지 아니하거나 석방한 때에는 검사로 하여금 서면으로 그 사유를 법원에 통지하도록 한 것에서도 알 수 있으며, ③ 긴급체포와 현행범체포는 헌법상 사후 체포영장이 요구되고 있음에도 불구하고 형사소송법이 위헌적 규정을 하고 있는 데서 문제가 생기는 것이고 헌법에 합치되도록 사후 체포영장을 요구하게 되면 이를 설명하는 데 아무런 문제가 없다고 주장한다. 헌법재판소는 법원이 직권으로 발부하는 구속영장은 명령장으로서의 성질을 갖지만, 수사기관의 청구에 의하여 법관이 발부하는 구속영장은 허가장으로서의 성질을 갖는다고 하여 허가장설을 취하고 있다(헌재결 1997.3.27, 96헌바28 등).

수사절차상의 강제처분은 수사기관의 인권침해에 대한 법관의 사전적 · 사법적 억제를 통하여 수사기관의 강제처분 남용을 방지한다는 면에서 법원의 고유권한으로 보아야 한다. 따라서 강제처분에 대한 필요성은 법원이 판단하며 법원에 의하여 발부되는 영장은 명령장의 성질을 가진다.

2) **영장의 발부결정 및 방식**　　구속영장의 청구를 받은 지방법원판사는 신속히 구속영장의 발부 여부를 결정하여야 한다($\frac{제201조}{제3항}$). 구속영장의 청구를 받은 지방법원판사는 상당하다고 인정할 때에는 구속영장을 발부한다($\frac{동조}{제4항}$).

구속영장에는 피의자의 성명, 주거, 죄명, 피의사실의 요지, 인치구금할 장소, 발부연월일, 그 유효기간과 그 기간을 경과하면 집행에 착수하지 못하며 영장을 반환하여야 할 취지를 기재하고 지방법원판사가 서명날인하여야 한다($\frac{제209조, 제}{75조 제1항}$). 피의자의 성명이 분명하지 아니한 때에는 인상·체격 기타 피의자를 특정할 수 있는 사항으로 피의자를 표시할 수 있고, 주거가 분명하지 아니한 때에는 주거의 기재를 생략할 수 있다($\frac{제209조, 제75조}{제2항·제3항}$). 구속영장은 수통을 작성하여 사법경찰관리 수인에게 교부할 수 있으며, 이 경우에는 그 사유를 영장에 기재하여야 한다($\frac{제209조,}{제82조}$).

3) **구속기간에의 불산입**　　피의자심문을 하는 경우 법원이 구속영장청구서·수사관계서류 및 증거물을 접수한 날부터 구속영장을 발부하여 검찰청에 반환한 날까지의 기간은 수사기관의 피의자구속기간($\frac{제202조,}{제203조}$)에 이를 산입하지 아니한다($\frac{제201조의}{2 제7항}$). 구속영장을 청구받은 판사가 피의자심문을 한 경우 법원사무관 등은 구속영장에 구속영장청구서·수사관계서류 및 증거물을 접수한 시각과 이를 반환한 시각을 기재하여야 한다($\frac{규칙 제96}{조의18 본문}$). 다만 체포된 피의자 외의 피의자에 대하여는 그 반환시각을 기재한다($\frac{규칙 동}{조 단서}$). 체포되지 않은 피의자에 대하여 피의자심문을 하는 경우에는 구인한 날부터 수사관계서류 등을 검찰청에 반환한 날까지의 기간을 수사기관의 구속기간에 산입하지 아니한다.

4) **구속영장의 효력**　　구속영장의 효력은 구속영장에 기재된 범죄사실 및 그와 동일성이 있는 사실에 미친다($\frac{대법원 2001.5.25,}{2001모85}$). 이 경우에 1개의 목적을 위하여 동시 또는 수단·결과의 관계에서 행하여진 행위는 동일한 범죄사실로 간주된다($\frac{제208조}{제2항 참조}$).

구속영장의 유효기간은 원칙적으로 7일이다. 다만 법관은 상당하다고 인정하는 때에는 7일을 넘는 유효기간을 정할 수 있다($\frac{규칙}{제178조}$).

⒣ **구속영장청구의 기각**

1) **영장청구의 기각**　　지방법원판사는 검사의 구속영장청구가 부적법하거나 이유가 없으면 구속영장의 청구를 기각하는데, 청구를 기각하여 구속영장을 발

부하지 아니할 때에는 청구서에 그 취지 및 이유를 기재하고 서명날인하여 청구한 검사에게 교부한다(제201조 제4항). 체포된 피의자에 대한 구속영장청구가 기각된 때에는 피의자를 즉시 석방하여야 한다(제200조의4 제2항, 규칙 제100조 제2항). 구인을 위한 구속영장에 의하여 구인된 피의자에 대한 구속영장이 기각된 경우에도 마찬가지이다.

  2) 영장기각재판에 대한 불복   지방법원판사가 검사의 구속영장청구를 기각한 경우에 지방법원판사의 기각결정에 대하여 항고 또는 준항고의 방법으로 불복할 수 있는지가 문제된다. 체포영장을 기각한 경우에도 마찬가지이다.

  대법원은 현행법의 해석상 영장을 발부하거나 기각하는 지방법원판사의 결정에 대한 불복은 허용되지 않는다는 입장을 취하고 있다.[1] 다수설도 피의자에게는 구속적부심사청구권이 보장되어 있고 검사의 경우에는 영장재청구를 할 수 있기 때문에 별도의 불복제도를 인정할 필요가 없으며, 영장재판에 대하여 불복을 허용하게 되면 피의자의 구속 여부에 대한 결정이 지연됨으로 인하여 피의자의 지위가 불안하게 될 우려가 있다는 점 등을 이유로 구속영장청구를 기각한 지방법원판사의 결정에 대한 불복을 인정하지 않고 있다. 한편 소수설은 지방법원판사의 영장기각결정에 대해서도 항고 또는 준항고로서 다툴 수 있다고 한다. 즉 형사소송법 제402조가 규정하고 있는 법원의 결정에는 수임판사의 재판도 포함된다고 해석하여 지방법원판사의 영장기각결정에 대한 항고가 가능하다고 하거나, 영장재판을 하는 판사는 제416조 제1항에서 규정하고 있는 재판장에 해당하므로 이에 따라 준항고가 허용된다고 한다. 그리고 이를 매개로 대법원에 재항고를 제기하여 최고법원인 대법원의 판단을 받게 함으로써 일정한 구속기준을 축적할 수 있고, 결과적으로 피의자의 인권보장에도 기여하게 된다고 주장한다.

  현행법상 영장기각결정에 대한 항고 또는 준항고는 허용되지 않는 것으로 보아야 한다. 영장발부 여부를 결정하는 지방법원판사는 형사소송법 제402조, 제403조의 법원에 포함되지 않으며, 또한 제416조의 재판장 또는 수명법관에도 해당하지 않기 때문이다. 다만 검사에게는 현행법상 영장재청구의 길이 열려있으므로(제201조 제5항 참조), 영장을 재청구하는 방법으로 간접적으로 불복하는 것이 가능하다.

---

  1) 형사소송법 제402조, 제403조에서 말하는 법원은 형사소송법상의 수소법원만을 가리키는 것이므로 영장담당법관의 결정은 항고의 대상이 될 수 없으며, 또한 영장발부 여부를 결정하는 지방법원판사는 수소법원으로서의 재판장 또는 수명법관이 아니므로 그가 한 재판은 제416조가 정하는 준항고의 대상도 되지 않는다고 한다(대법원 1997. 6. 16, 97모1; 대법원 2006. 12. 18, 2006모646).

(마) **구속영장의 집행**

1) **구속영장의 집행절차**　구속영장은 검사의 지휘에 의하여 사법경찰관리가 집행하며, 교도소 또는 구치소에 있는 피의자에 대하여는 검사의 지휘에 의하여 교도관이 집행한다($^{제209조,}_{제81조}$). 검사는 관할구역 외에서 구속영장의 집행을 지휘할 수 있고 당해 관할구역의 검사에게 집행지휘를 촉탁할 수 있으며, 사법경찰관리도 관할구역 외에서 구속영장을 집행할 수 있고 당해 관할구역의 사법경찰관리에게 집행을 촉탁할 수도 있다($^{제209조,}_{제83조}$). 검사가 구속영장의 발부를 받은 후 피의자를 구속하지 아니하거나 구속한 피의자를 석방한 때에는 지체 없이 검사는 영장을 발부한 법원에 그 사유를 서면으로 통지하여야 한다($^{제204}_{조}$).

구속영장의 집행에서는 3가지 절차가 요구된다. 첫째 영장의 제시, 둘째 영장사본의 교부, 셋째 권리의 고지이다. 구속영장을 집행함에는 피의자에게 이를 제시하고 영장사본을 교부하여야 하나, 구속영장을 소지하지 아니한 경우에 급속을 요하는 때에는 피의사실의 요지와 영장이 발부되었음을 고하고 집행할 수 있고, 이 경우에는 집행을 완료한 후 신속히 구속영장을 제시하고 영장사본을 교부하여야 한다($^{제209조,}_{제85조}$). 구속영장을 집행할 때에는 피의사실의 요지, 구속의 이유와 변호인을 선임할 수 있음을 말하고 변명할 기회를 주어야 한다($^{제209조,}_{제200조의5}$).

구속영장을 집행한 후에는 신속히 구속영장에 기재된 장소에 피의자를 구금하여야 한다. 구속영장의 집행을 받은 피의자를 호송할 경우에 필요하면 가장 가까운 교도소 또는 구치소에 임시로 유치할 수 있다($^{제209조,}_{제86조}$). 수사기관이 지정된 이외의 장소로 임의적으로 구금장소를 변경하는 것은 피의자의 방어권이나 접견교통권의 행사에 중대한 장애를 초래하므로 위법하다($^{대법원 1996.5.15,}_{95모94}$).

2) **영장집행 후의 절차**　피의자를 구속한 때에는 구속의 통지와 구속적부심사권의 고지를 하여야 한다. 변호인이 있는 경우에는 변호인에게, 변호인이 없는 경우에는 변호인선임권자 중 피의자가 지정한 자에게 피의사건명, 구속일시·장소, 범죄사실의 요지, 구속의 이유와 변호인을 선임할 수 있는 취지를 지체 없이 서면으로 통지하여야 한다($^{제209조,}_{제87조}$). 또한 피의자를 구속한 검사 또는 사법경찰관은 구속된 피의자와 구속적부심사청구권자 중에서 피의자가 지정하는 자에게 구속적부심사를 청구할 수 있음을 알려야 한다($^{제214조의}_{2 제 2 항}$).

구속된 피의자는 수사기관, 교도소장 또는 구치소장 또는 그 대리자에게 변호사를 지정하여 변호인의 선임을 의뢰할 수 있고, 의뢰를 받은 수사기관·교도소장 또는 구치소장이나 그 대리자는 급속히 피의자가 지명한 변호사에게 그 취지를 통지하여야 한다($^{제209조,}_{제90조,}$). 구속된 피의자는 관련 법률이 정한 범위에서 타인과 접견하고 서류나 물건을 수수하며 의사의 진료를 받을 수 있고($^{제209조,}_{제89조,}$), 변호인이나 변호인이 되려는 자는 신체가 구속된 피의자와 접견교통할 수 있다($^{제}_{34조}$).

㈐ 피의자의 구속기간

사법경찰관이 피의자를 구속한 때에는 10일 이내에 피의자를 검사에게 인치하지 아니하면 석방하여야 한다($^{제202}_{조}$). 검사가 피의자를 구속한 때 또는 사법경찰관으로부터 피의자의 인치를 받은 때에는 10일 이내에 공소를 제기하지 아니하면 석방하여야 한다($^{제203}_{조}$). 다만 지방법원판사는 검사의 신청에 의하여 수사를 계속함에 상당한 이유가 있다고 인정한 때에는 10일을 초과하지 아니하는 한도에서 검사의 구속기간의 연장을 1차에 한하여 허가할 수 있다($^{제205조}_{제 1 항}$).[1] 이 경우에 검사는 구속기간의 연장의 필요를 인정할 수 있는 자료를 제출하여야 한다($^{동조}_{제 2 항}$). 구속기간연장의 신청은 서면으로 하여야 하며, 수사를 계속하여야 할 상당한 이유와 연장을 구하는 기간을 기재하여야 한다($^{규칙}_{제97조}$). 연장 여부 및 연장기간의 결정은 판사의 재량에 속하며, 구속기간의 연장을 허가하지 않는 지방법원판사의 결정에 대하여는 항고 또는 준항고가 허용되지 않는다($^{대법원 1997.6.16,}_{97모1}$). 구속기간연장허가결정이 있은 경우에 그 연장기간은 형사소송법 제203조의 규정에 의한 구속기간만료 다음날로부터 기산한다($^{규칙}_{제98조}$).

피의자가 체포영장에 의한 체포·긴급체포·현행범인의 체포에 의하여 체포되거나 구인을 위한 구속영장에 의하여 구인된 경우에 검사 또는 사법경찰관의 구속기간은 피의자를 체포 또는 구인한 날부터 기산한다($^{제203}_{조의2}$). 이때 구속기간의 계산에는 기간의 초일은 시간을 계산함이 없이 1일로 산정하며, 기간의 말일이 공휴일 또는 토요일에 해당하는 경우에도 이를 기간에 산입한다($^{제}_{66조}$).

㈑ 재구속의 제한

검사 또는 사법경찰관에 의하여 구속되었다가 석방된 자는 다른 중요한 증거

---

1) 국가보안법 제19조는 동법 제 3 조 내지 제10조의 죄에 대하여 지방법원판사는 사법경찰관에게 1회, 검사에게 2회에 한하여 매회 10일 이내의 기간 동안 구속기간의 연장을 허가할 수 있도록 하고 있다. 따라서 국가보안법 위반사건의 경우에는 피의자의 구속기간이 최대 50일이 된다. 그러나 헌법재판소는 이 가운데 찬양·고무죄(동법 제 7 조) 및 불고지죄(동법 제10조)에 대하여 구속기간을 연장한 것은 과잉금지의 원칙, 무죄추정의 권리 및 신속한 재판을 받을 권리를 침해하는 것이라고 보아 위헌으로 결정하였다(헌재결 1992. 4. 14, 90헌마82).

를 발견한 경우를 제외하고는 동일한 범죄사실에 관하여 재차 구속하지 못한다. 이
경우에 1개의 목적을 위하여 동시 또는 수단·결과의 관계에서 행하여진 행위는 동
일한 범죄사실로 간주한다(제208조). 다른 중요한 증거를 발견한 경우에는 재구속이 가
능하므로 검사가 동일한 범죄사실에 관하여 재구속영장을 청구하는 경우에는 그
청구서에 재구속영장의 청구라는 취지와 새로 발견한 중요한 증거의 요지를 기재
하여야 한다(규칙 제99조 제 2 항).

　　재구속의 제한은 동일사건에 대한 수사기관의 중복적 구속을 방지하여 피의자
의 지위의 안정을 보장하기 위한 것으로서, 피의자를 구속하는 경우에만 적용되고
법원이 피고인을 구속하는 경우에는 적용되지 않는다. 따라서 피의자로서 구속되
었다가 석방된 사실이 있는 피고인을 수소법원이 구속하는 경우나(대법원 1969.5.27, 69도509),
구속기간의 만료로 피고인에 대한 구속의 효력이 상실된 후 법원이 피고인에 대한
판결을 선고하면서 피고인을 구속한 경우에는(대법원 1985.7.23, 85모12) 재구속의 제한을 받지
않는다. 또한 재구속의 제한은 구속되었다가 석방된 피의자를 다시 구속하는 경우
에 적용되는 것이므로 긴급체포나 현행범으로 체포되었다가 석방된 피의자를 법원
이 구속하는 경우도 여기에 해당하지 않는다(대법원 2001.9.28, 2001도4291).

㈑ DNA신원확인정보의 수집

　　과학기술의 발달과 함께 DNA신원확인정보를 수사 및 재판과정에서 활용할
필요성이 커지고 있다. 이에 따라 2010년에 시행된 「디엔에이신원확인정보의 이용
및 보호에 관한 법률」은 살인, 강도·절도, 강간·추행, 약취·유인, 방화·실화, 마
약범죄 등을 대상으로 DNA신원확인정보 데이터베이스를 구축할 수 있게 하였다
(동법 제 5 조 제 1 항 참조). 이 법률에 의해서 이제는 개별 형사사건에서 피의자로부터 채취한
DNA와 범죄현장이나 피해자의 신체·물건에서 채취한 DNA를 감정하여 그 동일
성을 확인하는 데 그치지 않고, 일정한 대상자의 DNA신원확인정보를 미리 데이터
베이스화하여 보관하고 있다가 필요한 경우에 이를 신원확인을 위한 자료로 활용
하는 것이 가능하게 되었다.

　　검사 또는 사법경찰관은 대상 범죄의 구속피의자로부터 혈액, 타액, 모발, 구강
점막 등 DNA감식시료를 채취할 수 있다(동법 제 6 조, 제 2 조 제 2 호). DNA감식시료는 구속피의자의
동의를 얻어 채취하거나 검사가 관할 지방법원판사에게 청구하여 발부받은 DNA감
식시료채취영장에 의하여 채취할 수 있으며, DNA감식시료를 채취할 때에는 채취
대상자에게 미리 DNA감식시료의 채취 이유, 채취할 시료의 종류 및 방법을 고지하

여야 한다($\frac{동법}{제8조 참조}$). DNA감식시료를 채취할 때에는 구강점막에서의 채취 등 채취대 상자의 신체나 명예에 대한 침해를 최소화하는 방법을 사용하여야 한다($\frac{동법 제9조}{제1항}$).[1]

(2) 피고인의 구속

(가) 구속의 주체

피고인에 대한 구속은 수소법원이 행한다($\frac{제70조}{제1항}$). 다만 급속을 요하는 경우에 는 재판장 또는 재판장의 명을 받은 합의부원도 제72조의 사전청문절차를 제외한 구속에 관한 처분을 할 수 있다($\frac{제80}{조}$). 피고인구속은 수소법원이 직권으로 행하며 검 사의 청구를 요하지 않는다.

(나) 사전 청문절차(범죄사실 등의 고지 및 변명의 기회 부여)

법원은 피고인에 대하여 범죄사실의 요지, 구속의 이유와 변호인을 선임할 수 있음을 말하고 변명할 기회를 준 후가 아니면 구속할 수 없다. 다만 피고인이 도망 한 경우에는 그러하지 아니하다($\frac{제}{72조}$). 그리고 법원은 합의부원으로 하여금 이러한 절차를 이행하게 할 수 있다($\frac{제72조의}{2 제1항}$). 이는 구속영장을 집행함에 있어서 집행기관이 취해야 할 절차가 아니라 법원이 구속영장을 발부하기 전에 취해야 할 사전 청문 내지 구속심문절차로 보아야 한다. 따라서 피고인에 대한 범죄사실 등의 고지와 변 명할 기회의 부여는 구속영장의 발부 전에 행하여져야 한다. 법원 또는 법관이 구 속을 위하여 범죄사실의 요지 등을 고지할 때에는 법원사무관 등을 참여시켜 조서 를 작성하게 하거나 피고인으로 하여금 확인서 기타 서면을 작성하게 하여야 한다 ($\frac{규칙}{제52조}$). 법원은 피고인이 출석하고 있는 경우에는 그 기회에 고지 및 청문을 행하 고, 피고인이 출석하고 있지 않은 경우에는 소환 및 구인의 방법에 의하여 피고인 을 법정에 인치한 후 이를 행하여야 할 것이다. 한편 법원은 피고인이 출석하기 어 려운 특별한 사정이 있고 상당하다고 인정하는 때에는 검사와 변호인의 의견을 들 어 비디오 등 중계장치에 의한 중계시설을 통하여 사전 청문절차를 진행할 수 있다 ($\frac{제72조의}{2 제2항}$).

판례는 「형사소송법 제72조는…피고인을 구속함에 있어 법관에 의한 사전 청 문절차를 규정한 것으로서, 구속영장을 집행함에 있어 집행기관이 취하여야 하는 절차가 아니라 구속영장을 발부함에 있어 수소법원 등 법관이 취하여야 하는 절차

---

1) DNA신원확인정보는 수형자 등이나 범죄현장 등으로부터도 수집할 수 있다. DNA신원확인 정보의 수집과 관리에 관한 자세한 내용은 제5편 제4장 Ⅳ. DNA신원확인정보의 수집·관 리 참조.

라 할 것이므로, 법원이 피고인에 대하여 구속영장을 발부함에 있어 사전에 위 규정에 따른 절차를 거치지 아니한 채 구속영장을 발부하였다면 그 발부결정은 위법하다」고 하면서, 「그러나 위 규정은 피고인의 절차적 권리를 보장하기 위한 규정이므로 이미 변호인을 선정하여 공판절차에서 변명과 증거의 제출을 다하고 그의 변호 아래 판결을 선고받은 경우 등과 같이 위 규정에서 정한 절차적 권리가 실질적으로 보장되었다고 볼 수 있는 경우에는, 이에 해당하는 절차의 전부 또는 일부를 거치지 아니한 채 구속영장을 발부하였다 하더라도 이러한 점만으로 그 발부결정이 위법하다고 볼 것은 아니라 할 것이다」($\binom{대법원 2000.11.10,}{2000모134}$)라고 판시하여, 형사소송법 제72조의 적용에 실질적인 제한을 가하는 입장을 취하고 있다. 그러나 이러한 판례의 태도는 피고인구속에 있어서의 사전 청문권 보장의 의미를 퇴색하게 한다는 점에서 타당하다고 볼 수 없다.

㈐ 구속영장의 발부

피고인을 구속함에는 법원이 구속영장을 발부하여야 한다($\binom{제}{73조}$). 피고인에 대한 구속영장이 수사기관에 대한 명령장으로서의 성질을 가진다는 점에 대하여는 이론이 없다. 따라서 수사기관은 이를 집행할 의무를 부담하며 구속영장의 집행은 재판의 집행을 의미한다.

구속영장에는 피고인의 성명, 주거, 죄명, 공소사실의 요지, 인치구금할 장소, 발부연월일, 그 유효기간과 그 기간을 경과하면 집행에 착수하지 못하며 영장을 반환하여야 할 취지를 기재하고 재판장 또는 수명법관이 서명날인하여야 한다($\binom{제75조}{제 1 항}$). 피고인의 성명이 분명하지 아니한 때에는 인상, 체격 기타 피고인을 특정할 수 있는 사항으로 피고인을 표시할 수 있다($\binom{동조}{제 2 항}$). 피고인의 주거가 분명하지 아니한 때에는 그 주거의 기재를 생략할 수 있다($\binom{동조}{제 3 항}$). 구속영장은 수통을 작성하여 사법경찰관리 수인에게 교부할 수 있으며, 이 경우에는 그 사유를 구속영장에 기재하여야 한다($\binom{제}{82조}$).

㈑ 구속영장의 집행

1) 집행기관 피고인에 대한 구속영장은 원칙적으로 검사의 지휘에 의하여 사법경찰관리가 집행한다($\binom{제81조}{제 1 항 본문}$). 그러나 교도소 또는 구치소에 있는 피고인에 대하여 발부된 구속영장은 검사의 지휘에 의하여 교도관이 집행한다($\binom{동조}{제 3 항}$). 검사의 지휘에 의하여 구속영장을 집행하는 경우에는 구속영장을 발부한 법원이 그 원본을 검사에게 송부하여야 한다($\binom{규칙}{제48조}$).

피고인에 대한 구속영장의 집행은 급속을 요하는 경우에는 재판장, 수명법관 또는 수탁판사가 지휘할 수 있다(제81조 제1항 단서). 수소법원이 불구속 상태로 재판받은 피고인에게 유죄판결을 선고하면서 법정구속을 행하는 경우가 대표적인 예이다. 재판장 등이 구속영장의 집행을 지휘하는 경우에는 법원사무관 등에게 그 집행을 명할 수 있고, 법원사무관 등은 그 집행에 관하여 필요한 때에는 사법경찰관리·교도관 또는 법원경위에게 보조를 요구할 수 있으며 관할구역 외에서도 집행할 수 있다(동조 제2항).

2) 집행절차   구속영장을 집행함에는 피고인에게 반드시 이를 제시하고 그 사본을 교부하여야 하나, 구속영장을 소지하지 아니한 경우에 급속을 요하는 때에는 공소사실의 요지와 영장이 발부되었음을 고하고 집행할 수 있다(제85조 제1항· 제3항). 이 경우에는 집행을 완료한 후 신속히 구속영장을 제시하고 그 사본을 교부하여야 한다(동조 제4항). 피고인의 신체를 확보한 후에는 신속히 피고인을 지정된 법원 기타 장소에 인치하여야 하며(제1항 후단), 수탁판사가 구속영장을 발부한 경우에는 영장을 발부한 판사에게 피고인을 인치하여야 한다(동조 제2항). 구속영장의 집행을 받은 피고인을 호송할 경우에 필요하면 가장 가까운 교도소 또는 구치소에 임시로 유치할 수 있다(제86조).

형사소송법은 피의자에 대한 체포영장 또는 구속영장의 집행절차와는 다르게 피고인에 대한 구속영장의 집행에 있어서는 범죄사실의 요지, 구속의 이유와 변호인을 선임할 수 있음을 말하고 변명할 기회를 주어야 한다는 규정을 두고 있지 않다. 제72조의 규정은 구속영장집행에 따른 절차규정이 아니라 구속영장발부를 위한 사전 청문절차에 관한 규정이기 때문이다. 피고인에 대한 구속영장집행절차에서 권리의 고지를 요구하고 있지 않는 것은 피고인을 구속한 후에는 즉시 공소사실의 요지와 변호인을 선임할 수 있음을 알리도록 하고 있을 뿐만 아니라(제88조), 피고인의 구속에 있어서는 수사기관에게 영장을 집행하지 않을 권한이 부여되지 않는다는 점을 고려한 것으로 볼 수 있다.

⒨ 집행 후의 절차

피고인을 구속한 때에는 즉시 공소사실의 요지와 변호인을 선임할 수 있음을 알려야 한다(제88조). 구속된 피고인으로 하여금 방어준비와 변호인 선임을 할 수 있도록 하기 위한 것이다. 판례는 이 고지절차를 구속영장집행시의 절차가 아닌 법원의 사후 청문절차로 보고 있으며, 다만 그 위반이 구속영장의 효력에 영향을 미치는 것은 아니라는 입장을 취하고 있다($^{대법원\ 2000.11.10,}_{2000모134}$). 그러나 이 고지는 구속영장의 집행 후에 구속의 집행기관이 하는 것으로 보아야 한다. 따라서 법원 또는 법관이 고지의 주체가 되는 것은 급속을 요하여 재판장·수명법관 또는 수탁판사가 예외적으로 구속영장의 집행을 지휘하는 경우($^{제81조}_{제1항\ 단서}$)에 한한다고 해야 한다. 재판장·수명법관 또는 수탁판사의 면전에서 집행이 이루어지는 경우에는 재판장 등이 고지를 하고 법원사무관 등을 참여시켜 조서를 작성하게 하거나 피고인으로 하여금 확인서 기타 서면을 작성하게 하여야 한다($^{규칙}_{제52조}$).

법원이 피고인을 구속한 때에는 변호인이 있는 경우에는 변호인에게, 변호인이 없는 경우에는 변호인선임권자 가운데 피고인이 지정한 자에게 피고사건명, 구속일시·장소, 범죄사실의 요지, 구속의 이유와 변호인을 선임할 수 있는 취지를 알려야 한다($^{제87조}_{제1항}$). 법원의 구속통지는 구속을 한 때로부터 늦어도 24시간 이내에 서면으로 하여야 한다($^{규칙\ 제51}_{조\ 제2항}$).

⒃ **피고인의 구속기간**

피고인에 대한 구속기간은 2개월이다($^{제92조}_{제1항}$). 그러나 특히 구속을 계속할 필요가 있는 경우에는 심급마다 2개월 단위로 2차에 한하여 결정으로 갱신할 수 있다. 다만 상소심은 피고인 또는 변호인이 신청한 증거의 조사, 상소이유를 보충하는 서면의 제출 등으로 추가 심리가 필요한 부득이한 경우에는 3차에 한하여 갱신할 수 있다($^{동조}_{제2항}$).[1] 따라서 피고인에 대한 구속은 제1심에서 6개월, 제2심 및 제3심에서 각각 4개월까지 가능하지만, 상소심에서 추가심리가 부득이한 경우에는 각각 6개월까지 연장될 수 있다. 여기서 피고인 또는 변호인이 신청한 증거의 조사, 상소이유를 보충하는 서면의 제출은 추가심리가 필요한 부득이한 경우의 예시라고 보아야 한다.

제1심 구속기간의 기산점은 공소제기시이다. 다만 수소법원이 공소제기 후 불구속피고인을 구속하는 경우에는 구속영장을 집행하여 피고인을 사실상 구속한 날이 구속기간의 기산일이 된다. 구속영장의 집행 후 법원 기타 지정된 장소에 인치할 때까지의 기간은 구속기간에 산입된다. 기피신청($^{제}_{22조}$), 공소장변경($^{제298조}_{제4항}$), 피고인의 심신상실($^{제306조}_{제1항}$) 또는 질병($^{동조}_{제2항}$)으로 인하여 공판절차가 정지된 기간 및 공소제기 전의 체포·구인·구금기간은 피고인의 구속기간에 산입하지 아니한다

---

1) 상소심의 경우 상소기간, 상소기록 송부기간, 상소이유서 제출기간 등으로 실제로 심리를 할 수 있는 기간이 부족하여 충분한 심리를 하지 못할 가능성이 있음을 고려한 것이다.

($\binom{제92조}{제3항}$). 수소법원이 헌법재판소에 피고사건의 전제가 된 법률의 위헌 여부의 심판을 제청하여 재판절차가 정지된 기간도 마찬가지이다($\binom{헌법재판소}{법 제42조}$).

상소기간 중 또는 상소 중의 사건에 관하여 구속기간 갱신, 구속의 취소, 보석, 구속의 집행정지와 그 정지의 취소에 대한 결정은 소송기록이 원심법원에 있는 때에는 원심법원이 하여야 한다($\binom{제105}{조}$). 피고인을 구속하거나 보석을 취소하는 경우에도 같다($\binom{규칙\ 제57조}{제1항\ 참조}$).[1] 여기서 상소 중이라 함은 상소제기 후 소송기록이 상소법원에 도달하기까지의 기간을 말하며, 상소기간 중이라 하더라도 상소가 제기되면 상소 중에 해당하게 된다. 판결선고 후 원심법원이 구속기간 갱신 등의 결정을 하는 것은 상소법원의 권한을 편의상 대행하는 것이므로, 그 후 상소법원은 나머지 구속기간 갱신결정만을 할 수 있다. 또한 이송 · 환송의 재판이 있은 후의 사건에 관한 구속기간 갱신결정도 소송기록이 이송 · 환송받을 법원에 도달하기까지는 그 이송 · 환송의 재판을 한 법원이 이를 하여야 한다($\binom{규칙\ 제57}{조\ 제2항}$).

판결선고 전의 구금일수는 그 전부를 유기징역 · 유기금고 · 벌금이나 과료에 관한 유치 또는 구류에 산입한다($\binom{형법\ 제57}{조\ 제1항}$). (구)형법 제57조 제 1 항은 판결선고 전 구금일수의 전부 또는 일부를 본형에 산입하도록 규정하고 있었으나, 헌법재판소는 무죄추정의 원칙 및 적법절차의 원칙에 반한다는 이유로 일부 산입을 허용한 부분을 위헌으로 결정하였다($\binom{헌재결\ 2009.6.25,}{2007헌바25}$). 또한 미결구금일수는 판결선고 전의 구금일수뿐만 아니라 상소제기와 관련된 미결구금일수도 전부 본형에 산입된다. 판결선고 후 판결확정 전 구금일수는 판결선고 당일의 구금일수를 포함하여 전부를 본형에 산입한다($\binom{제482조}{제1항}$).

4. 이중구속과 별건구속

(1) 이중구속

이중구속이란 이미 구속영장이 발부되어 구속되어 있는 피의자 또는 피고인에 대하여 다시 구속영장을 발부받아 이를 집행하는 것을 말한다. 구속영장의 효력범

---

1) 대법원 2007. 7. 10, 2007모460, 「상소제기 후 소송기록이 상소법원에 도달하지 않고 있는 사이에는 피고인을 구속할 필요가 있는 경우에도 기록이 없는 상소법원에서 구속의 요건이나 필요성 여부에 대한 판단을 하여 피고인을 구속하는 것이 실질적으로 불가능하다는 점 등을 고려하면, 상소기간 중 또는 상소 중의 사건에 관한 피고인의 구속을 소송기록이 상소법원에 도달하기까지는 원심법원이 하도록 규정한 형사소송규칙 제57조 제 1 항의 규정이 형사소송법 제105조의 규정에 저촉된다고 보기는 어렵다.」

위와 관련해서는 구속영장에 기재된 범죄사실 및 그와 동일성이 인정되는 사실에
대하여 구속영장의 효력이 미친다는 사건단위설과 구속될 피의자·피고인의 모든
범죄사실에 대하여 구속영장의 효력이 미친다는 인단위설이 주장되고 있으나, 사
건단위설이 통설과 판례의 입장이다. 사건단위설에 따르면 일정한 범죄사실로 구
속되어 있는 자에 대하여 다시 별개의 범죄사실로 구속영장을 발부받는 것은 당연
히 허용된다. 다만 이미 구속되어 있는 자에게 동시에 수개의 구속영장을 집행할
수 있는가에 대하여는 견해가 일치하지 않고 있다. 이러한 이중구속의 문제는 수사
기관의 피의자구속에 있어서 보다는 현실적으로 수소법원이 구속기간 만료에 대비
하여 다른 범죄사실로 피고인을 구속하는 경우에 주로 나타난다.

부정설은 구속 중인 자는 이미 구속되어 있으므로 도망의 염려가 없어 집행의
필요성이 없으며, 석방에 대비하기 위해서는 구속된 자가 석방되는 시점에 새로운
구속영장을 집행하면 족하므로 이중구속을 허용할 필요가 없다고 주장한다. 그러
나 구속된 피의자·피고인에 대해서도 석방에 대비하여 미리 구속영장을 집행해
둘 현실적인 필요가 있고, 형사소송법도 구속된 자에 대한 구속영장의 집행을 명문
으로 규정(제81조 제3항,
제209조)하고 있는 점을 고려할 때 긍정설이 타당하다고 생각된다. 판
례도 「구속의 효력은 원칙적으로 구속영장에 기재된 범죄사실에만 미치는 것이므
로, 구속기간이 만료될 무렵에 종전 구속영장에 기재된 범죄사실과 다른 범죄사실
로 피고인을 구속하였다는 사정만으로는 피고인에 대한 구속이 위법하다고 할 수
없다」(대법원 2000.11.10,
2000모134)고 판시함으로써 긍정설의 입장을 취하고 있다.

(2) 별건구속
㈎ 의   의
별건구속이란 수사기관이 본래 수사하고자 하는 사건인 본건에 대한 구속의
요건이 구비되어 있지 않은 경우에 본건의 수사에 이용할 목적으로 구속의 요건이
구비된 별개의 사건을 이유로 피의자를 구속하는 것을 말한다.[1] 별건구속은 구속
영장의 효력에 대한 사건단위의 원칙과 영장주의와의 관계에서 그 적법성 여부가
문제된다. 또한 별건구속과 관련해서는 여죄수사와의 한계도 문제가 되는데, 이는
별건구속이 형식적으로는 별건을 이용한 여죄수사의 형태로서 조사를 행하려는 의

---

1) 별건체포도 마찬가지의 문제점을 가지고 있으나, 여기서는 보다 남용의 가능성이 큰 별건구
속을 중심으로 설명하기로 한다.

도에서 고안된 방법이기 때문이다.

(내) 별건구속의 위법성

별건구속은 별건 그 자체만을 놓고 보면 구속사유가 갖추어진 경우이므로 이를 적법한 것으로 볼 여지도 있다. 그러나 별건구속은 본건에 대한 구속사유가 결여되어 있는 경우일 뿐만 아니라 절차적으로도 본건에 대한 영장실질심사가 이루어지지 않았다는 점에서 영장주의에 반한다고 할 수 있다. 또한 별건구속 후의 본건수사를 통해 본건에 대한 구속이 다시 예상된다는 점에서 볼 때에도 별건구속은 구속기간을 제한한 법의 취지에 반한다고 해야 한다. 이 밖에도 별건구속은 구속을 자백강요나 수사편의를 위한 수단으로 인정하는 것이 되어 구속제도의 본래의 취지에 맞지 않는다는 점에서도 문제를 가지고 있다. 이러한 이유로 현재 별건구속의 위법성을 인정하는 데는 이론이 없다. 위법한 별건구속으로 인한 자백은 그 증거능력이 부정된다.

2022년 형사소송법의 개정으로 수사기관은 수사 중인 사건의 범죄혐의를 밝히기 위한 목적으로 합리적인 근거 없이 별개의 사건을 부당하게 수사하여서는 아니 되고, 다른 사건의 수사를 통하여 확보된 증거 또는 자료를 내세워 관련 없는 사건에 대한 자백이나 진술을 강요하여서도 아니 된다고 별건수사의 금지가 명시적으로 규정되었다($\binom{제198조}{제4항}$).

(다) 여죄수사의 허용한계

별건구속과는 구별해야 할 것이 본건에 대한 수사의 기회에 구속된 피의자에 대하여 행하는 여죄수사이다. 여죄수사가 일정한 범위에서 허용된다는 점은 일반적으로 인정되고 있으나, 사실상 양자의 한계가 불분명할 뿐만 아니라 별건구속에 해당하더라도 수사기관이 여죄수사라고 주장하는 경우에 실제로는 그 판단이 어렵기 때문에 양자를 어떠한 기준에 의하여 구별할 것인지가 문제로 된다. 현실적으로는 수사 당시의 상황을 종합하여 수사기관의 별건수사의 의사 유무를 판단할 수밖에 없을 것이다. 피의자가 수사 도중 스스로 여죄를 자백하여 수사가 확대된 경우, 구속의 대상인 범죄에 대한 수사의 비중이 여죄에 대한 수사의 비중보다 상대적으로 높은 경우, 여죄가 영장기재 범죄사실보다 경한 범죄사실인 경우, 여죄가 영장기재사실과 밀접한 관련성이 있는 경우 등에 있어서는 보통은 수사기관의 위법한 별건구속의 의도를 인정하기가 어려울 것이다.

Ⅲ. 신체구속된 피의자 · 피고인의 권리

1. 접견교통권

(1) 접견교통권의 의의

접견교통권이란 피의자 또는 피고인이 변호인이나 가족 · 친지 등의 타인과 접견하고 서류나 물건을 수수(授受)하며 의사의 진료를 받는 권리를 말한다.

신체구속된 피의자 · 피고인의 접견교통권을 보장하는 이유는 먼저 이들의 방어권을 보장하여 공정한 재판을 실현하는 데 있다. 체포 · 구속된 피의자 · 피고인의 효과적인 방어활동을 위해서는 변호인 등과의 자유로운 접견교통이 그 전제가 되어야 하기 때문이다. 또한 신체구속된 사람은 무죄추정을 받고 있으면서도 형사소송의 확보를 위하여 신체의 자유가 제한되어 있는 것이므로 신체구속의 목적을 달성할 수 있는 한 인권보장을 위하여 외부와의 교통을 보장하여 주는 것이 필요한 것이다.

(2) 변호인과의 접견교통권
㈎ 접견교통권의 성질

신체구속된 피의자 · 피고인의 변호인과의 접견교통권은 체포 · 구속된 사람의 권리임과 동시에 변호인의 중요한 고유권 중의 하나이다. 따라서 신체구속된 자와 변호인과의 접견교통권은 두 가지 측면을 포함하고 있다.

먼저 피의자 · 피고인의 변호인과의 접견교통권은 헌법상 기본권으로서의 지위를 가진다. 체포 · 구속을 당한 피의자 · 피고인은 변호인의 조력을 받을 권리가 있는데($\binom{\text{헌법 제12}}{\text{조 제 4 항}}$), 신체구속된 피의자 · 피고인의 변호인과의 접견교통권은 헌법상의 변호인의 조력을 받을 권리의 가장 중요한 내용에 해당한다. 다만 미결수용자의 변호인과의 접견교통권도 다른 모든 헌법상 기본권과 마찬가지로 국가안전보장 · 질서유지 또는 공공복리를 위하여 필요한 경우에는 법률에 의하여 제한될 수 있다($\binom{\text{헌재결 2011.5.26,}}{\text{2009헌마341}}$).

한편 접견교통권은 변호인 또는 변호인이 되려는 사람이 피의자 · 피고인과 접견교통을 행하는 권리이기도 하다. 형사소송법 제34조는 「변호인이나 변호인이 되려는 자는 신체가 구속된 피고인 또는 피의자와 접견하고 서류나 물건을 수수할 수 있으며 의사로 하여금 피고인이나 피의자를 진료하게 할 수 있다」고 규정하고 있는데, 이러한 변호인의 접견교통권은 피의자 또는 피고인이 가지는 변호인과의 접견교통권과는 달리 헌법상 보장된 권리가 아니라 형사소송법에 의하여 비로소 보장된 권리라고 볼 수 있다. 대법원도 「변호인의 구속된 피고인 또는 피의자와의 접견교통권은 피고인 또는 피의자 자신이 가지는 변호인과의 접견교통권과는 성질을 달리하는 것으로서 헌법상 보장된 권리라고는 할 수 없고 형사소송법 제34조에 의하여 비로소 보장되는 권리이지만, 신체구속을 당한 피고인 또는 피의자의 인권보장과 방어준비를 위하여 필수불가결한 권리이므로 수사기관의 처분 등에 의하여 이를 제한할 수 없고 다만 법령에 의하여서만 제한이 가능하다」는 입장을 취하고 있다($\binom{대법원\ 2002.5.6,}{2000모112}$).[1]

(나) 주체 및 상대방

신체구속된 피의자·피고인은 변호인과 접견교통할 권리를 가진다. 영장에 의하여 체포·구속된 자는 물론이고 긴급체포·현행범체포에 의하여 체포된 자 또는 감정유치에 의하여 구금된 자도 접견교통의 주체가 되며, 임의동행의 형식으로 연행된 피의자나 피내사자에 대하여도 변호인과의 접견교통권이 인정된다($\binom{대법원\ 1996.6.3,}{96모18}$). 또한 신체구속상태에 있지 않은 피의자에게도 현행법상 변호인과의 접견교통권이 보장된다($\binom{제243조의2}{제1항\ 참조}$).

접견교통권의 상대방은 변호인 또는 변호인이 되려는 자이며, 여기에는 특별변호인도 포함된다. 또한 변호인선임을 의뢰받은 자는 물론이고 스스로 변호인이 되고자 하는 자도 접견교통권의 상대방이 된다.

(다) 내 용

1) 접견 및 접견의 비밀보장   피의자·피고인과 변호인과의 접견교통은 최대한으로 보장되어야 한다. 형사소송법은 피의자·피고인과 변호인 사이의 접견교통권을 제한하는 예외규정을 두고 있지 않다. 따라서 수사상 필요를 이유로 변호인과의 접견을 제한하거나 접견의 일시·장소를 지정하는 것은 허용되지 않는다. 또한 미결수용자와 변호인과의 접견의 중요성에 비추어 이들의 접견시간을 양적으로

---

1) 다만 헌법재판소는 「'변호인이 되려는 자'의 접견교통권은 피의자 등을 조력하기 위한 핵심적인 부분으로서, 피의자 등이 가지는 헌법상의 기본권인 '변호인이 되려는 자'와의 접견교통권과 표리의 관계에 있다. 따라서 피의자 등이 가지는 '변호인이 되려는 자'의 조력을 받을 권리가 실질적으로 확보되기 위해서는 '변호인이 되려는 자'의 접견교통권 역시 헌법상 기본권으로서 보장되어야 한다.」고 하여, 변호인이 되려는 자도 접견교통권 침해를 이유로 헌법소원심판을 청구할 수 있다고 하였다(헌재 2019. 2. 28, 2015헌마1204).

제한하는 것도 허용되지 않는다. 다만 국가안전보장·질서유지 또는 공공복리를 위하여 미결수용자의 변호인과의 접견권을 법률로써 제한할 수 있으므로,「형의 집행 및 수용자의 처우에 관한 법률」제84조 제 2 항에도 불구하고 같은 법 제41조 제 4 항의 위임에 따라 수용자의 접견이 이루어지는 일반적인 시간대를 대통령령으로 규정하는 것은 가능하다(헌재결 2011.5.26, 2009헌마341). 따라서 구금장소의 질서유지를 위해 공휴일이나 업무시간 이후의 접견을 제한하는 것은 허용된다.

또한 변호인과의 접견교통권은 방해나 감시가 없는 자유로운 접견교통을 본질로 한다. 따라서 체포 또는 구속된 피의자·피고인과 변호인의 접견내용에 대하여는 비밀이 보장되어야 하며, 접견에 있어서 교도관 또는 경찰관의 참여는 절대로 허용되지 않는다.「형의 집행 및 수용자의 처우에 관한 법률」도 미결수용자와 변호인 또는 변호인이 되려고 하는 사람과의 접견에는 교도관이 참여하지 못하며 그 내용을 청취 또는 녹취하지 못한다. 다만 보이는 거리에서 미결수용자를 관찰할 수 있다(동법 제84조 제 1 항). 미결수용자와 변호인 간의 접견은 시간과 횟수를 제한하지 아니한다(동조 제 2 항). 미결수용자와 변호인 간의 서신은 교정시설에서 상대방이 변호인임을 확인할 수 없는 경우를 제외하고는 검열할 수 없다(동조 제 3 항)고 규정하고 있다. 또한 소장은 미결수용자가 징벌대상자로서 조사받고 있거나 징벌집행 중인 경우에도 소송서류의 작성, 변호인과의 접견·서신수수 그 밖의 수사 및 재판과정에서의 권리행사를 보장하여야 한다(동법 제85조).

피의자·피고인과 변호인의 접견시에 교도관이 참여하여 접견내용을 기록하였더라도 이는 접견교통권을 침해하여 얻은 위법한 증거이므로 그 증거능력이 부정된다.

2) 서류 또는 물건의 수수 및 의사의 진료   신체구속된 피의자 또는 피고인은 변호인 또는 변호인이 되려고 하는 자와 서류나 물건을 수수할 수 있다. 따라서 피의자·피고인이 변호인으로부터 수수한 서류나 물건에 대해서는 이를 압수하거나 검열하는 것이 허용되지 않는다. 그런데「형의 집행 및 수용자의 처우에 관한 법률」은 미결수용자를 포함한 모든 수용자에 대하여 일정한 물품의 소지를 금지하고 있다. 즉 ① 마약·총기·도검·폭발물·흉기·독극물 그 밖에 범죄의 도구로 이용될 우려가 있는 물품, ② 주류·담배·화기·현금·수표 그 밖에 시설의 안전 또는 질서를 해칠 우려가 있는 물품, ③ 음란물, 사행행위에 사용되는 물품 그 밖에 수형자의 교화 또는 건전한 사회복귀를 해칠 우려가 있는 물품의 소지금지가 그것

이다(동법
제92조). 그리고 교도관은 시설의 안전과 질서유지를 위하여 필요하면 교정시설을 출입하는 수용자 외의 사람에 대하여 의류와 휴대품을 검사할 수 있도록 하고 있다(동법 제93
조 제 3 항). 그러나 이 경우는 수용시설의 질서유지를 위한 최소한의 범위 내에서 수용자에게 일정한 물품의 소지를 금지하는 한편 교정시설의 출입자에 대하여도 이러한 물품의 소지 여부를 검사할 수 있도록 한 것으로서 그 판단에 합리성이 인정되는 한 적법한 제한으로 보아야 할 것이다.

또한 변호인이나 변호인이 되려는 자는 구속된 피의자나 피고인의 건강상태를 확인하고 질병 등을 치료하기 위하여 의사로 하여금 진료하게 할 수 있다.

(3) 변호인 아닌 자와의 접견교통권

(가) 접견교통권의 보장

체포 또는 구속된 피의자 또는 피고인은 관련 법률이 정한 범위에서 타인과 접견하고 서류나 물건을 수수하며 의사의 진료를 받을 수 있다(제89조, 제200
조의6, 제209조). 피의자·피고인의 방어권은 변호인과의 접견교통에 의하여 주로 확보될 수 있지만 변호인 아닌 자와의 접견교통도 방어권의 행사에 적지 않은 의미를 가지며, 특히 피고인 또는 피의자의 사회적 지위와 심리적 안정을 유지하는 데 중요한 영향을 미친다. 또한 체포·구속된 피의자 또는 피고인이 가지는 변호인 아닌 자와의 접견교통권도 무죄추정을 받는 피의자·피고인이 가지는 인간으로서의 존엄과 가치 및 행복추구권의 일부로서 기본권의 성격을 가진다고 할 수 있다.[1]

그러나 비변호인과의 접견교통권은 공범자와의 공모에 의한 증거인멸의 방지와 구금시설의 안전확보를 위하여 변호인과의 접견교통권과는 달리 법률의 범위 내에서 보장된다는 점에 차이가 있다.

(나) 접견교통권의 제한

신체구속된 피의자·피고인의 비변호인과의 접견교통권은 「형의 집행 및 수용자의 처우에 관한 법률」과 동법 시행령에 의하여 제한되고 있을 뿐만 아니라,[2] 형

---

1) 헌재결 2003. 11. 27, 2002헌마193, 「구속된 피의자 또는 피고인이 갖는 변호인 아닌 자와의 접견교통권은 가족 등 타인과 교류하는 인간으로서의 기본적인 생활관계가 인신의 구속으로 인하여 완전히 단절되어 파멸에 이르는 것을 방지하고, 또한 피의자 또는 피고인의 방어를 준비하기 위해서도 반드시 보장되지 않으면 안 되는 인간으로서의 기본적인 권리에 해당하므로 이는 성질상 헌법상의 기본권에 속한다고 보아야 할 것이다.」

2) 미결수용자를 포함한 수용자에게 형사법령에 저촉되는 행위를 할 우려가 있는 등의 사유가 있는 때에는 이들과 교정시설의 외부에 있는 사람과의 접견을 금지할 수 있으며(동법 제41

사소송법의 규정에 의해서도 일반적 제한을 받고 있다.

즉 형사소송법 제91조는 「법원은 도망하거나 범죄의 증거를 인멸할 염려가 있다고 인정할 만한 상당한 이유가 있는 때에는 직권 또는 검사의 청구에 의하여 결정으로 구속된 피고인과 제34조에 규정한 외의 타인과의 접견을 금지할 수 있고, 서류나 그 밖의 물건을 수수하지 못하게 하거나 검열 또는 압수할 수 있다. 다만 의류·양식·의료품은 수수를 금지하거나 압수할 수 없다」고 규정하여, 구속된 피고인과 변호인 또는 변호인이 되려는 자 이외의 타인과의 접견교통권을 일정한 경우에 제한할 수 있도록 하고 있다. 그리고 이 규정은 체포 또는 구속된 피의자에 대하여도 준용된다(제200조의6, 제\n209조, 제91조). 형사소송법상의 일반적 제한에 대하여 살펴보면 다음과 같다.

  1) 제한의 사유   변호인 아닌 자와의 접견교통권은 체포·구속된 피의자·피고인이 도망하거나 또는 죄증을 인멸할 염려가 있다고 인정할 만한 상당한 이유가 있는 때에 한하여 그 제한이 가능하다. 접견교통권이 체포·구속된 자에게 인정되는 권리라는 점을 고려하면 상당한 이유는 체포·구속에 비하여 엄격하게 해석하지 않으면 안 된다. 따라서 체포나 구속사유를 판단할 때 기초가 된 사실 이외에 별도의 사실을 기초로 하여 구체적인 도망 등의 개연성이 인정되는 경우에만 제한이 가능하다고 보아야 한다.

  2) 제한의 내용   접견교통권의 제한은 접견의 금지, 서류나 물건에 대한 검열과 압수 및 수수의 금지를 내용으로 한다. 접견의 금지는 전면적 금지뿐만 아니라 특정인을 제외시키는 개별적 금지도 가능하며, 조건부 또는 기한부 금지도 허용된다. 다만 의류·양식 또는 의료품의 수수를 금지하거나 압수하는 것은 허용되지 않는다(제91조\n단서).

  3) 제한의 절차   법원은 일정한 요건하에 직권 또는 검사의 청구에 의하여 결정으로 구속된 피고인의 접견교통권을 제한할 수 있다. 다만 체포·구속된 피의자에 대한 접견교통권의 제한을 수사기관이 할 수 있는가에 대하여는 견해가 대립하고 있다. ① 형사소송법 제200조의6, 제209조 등의 준용규정을 근거로 이를 긍정

조 제 1 항), 범죄의 증거를 인멸하거나 형사법령에 저촉되는 행위를 할 우려가 있는 등의 사유가 있는 때에는 교정시설의 소장은 교도관으로 하여금 수용자의 접견내용을 청취·기록·녹음 또는 녹화하게 할 수 있다(동조 제 2 항). 또한 미결수용자의 비변호인과의 접견시간은 회당 30분 이내로 하며, 접견은 접촉차단시설이 설치된 장소에서 하게 한다(동법 시행령 제58조).

하는 견해와 ② 위 조문들은 공판절차에서 행하여지는 피고인구속의 관련조문들을 수사절차에서 행하여지는 피의자구속에 준용하기 위한 규정에 불과할 뿐이고, 수사기관이 독자적으로 접견교통권을 제한할 수 있는 법적 근거가 되지 않는다는 이유로 부정하는 견해가 있다. 형사소송법 제200조의6, 제209조에서 제91조를 준용하고 있는 한 체포·구속된 피의자에 대한 수사기관의 접견교통권 제한을 부정할 수는 없다고 본다. 다만 접견교통권의 제한 여부를 수사기관의 판단에 맡기게 되면 수사의 합목적성이라는 관점에서 접견교통권이 제한을 받게 되므로, 접견교통권을 원칙적으로 보장하려는 형사소송법의 취지에 비추어 볼 때 신체구속을 당한 피의자에 대한 접견교통권의 제한은 수사기관이 아니라 지방법원판사의 권한에 속하도록 형사소송법 제200조의6, 제209조에서 제91조를 준용하는 것을 삭제하는 것이 입법론적으로 타당하다고 생각한다.

(4) 접견교통권의 침해에 대한 구제

(가) 항고·준항고

법원의 접견교통제한결정에 대하여 불복이 있는 때에는 구금에 관한 결정으로서 보통항고를 할 수 있고($^{제402조, \ 제}_{403조 \ 제2항}$), 검사 또는 사법경찰관이 접견교통권을 침해한 경우에는 구금에 관한 처분으로서 준항고에 의하여 취소 또는 변경을 청구할 수 있다($^{제417}_{조}$). 수사기관이 적극적으로 접견을 불허하는 경우뿐만 아니라 접견신청일이 경과하도록 접견이 이루어지지 않은 때에도 실질적으로 접견불허처분이 있는 경우에 해당하며($^{대법원 \ 1991.3.28,}_{91모24}$), 수사기관이 구금장소를 임의적으로 변경하여 접견교통을 어렵게 한 경우에도 접견교통권의 행사에 중대한 장애를 초래한 것으로서 위법하다($^{대법원 \ 1996.5.15,}_{95모94}$). 그러나 교도소 또는 구치소 당국에 의하여 접견교통권이 침해된 경우에는 행정소송이나 국가배상의 방법에 의할 수밖에 없을 것이다.

(나) 증거능력의 배제

접견교통권을 침해한 상태에서 이루어진 피의자·피고인의 자백이나 진술은 증거능력이 부정된다. 판례도 「검사작성의 피의자신문조서가 검사에 의하여 피의자에 대한 변호인의 접견이 부당하게 제한되고 있는 동안에 작성된 경우에는 증거능력이 없다($^{대법원 \ 1990.8.24,}_{90도1285}$)」고 판시하고 있다. 그러나 피의자신문조서가 단순히 변호인접견 전에 작성되었다는 사유만으로는 증거능력이 없다고 할 수 없다($^{대법원 \ 1990.9.25,}_{90도1613}$).

2. 체포·구속적부심사제도

(1) 의의 및 성격

체포·구속적부심사제도란 체포되거나 구속된 피의자에 대하여 법원이 체포 또는 구속의 적법 여부와 그 계속의 필요성 여부를 심사하여 피의자를 석방하는 제도를 말한다. 체포·구속적부심사제도는 수사단계에서 체포 또는 구속된 피의자를 석방시키는 제도라는 점에서 공소제기 후 수소법원이 피고인의 석방을 결정하는 보석과 구별되며, 법원이 신체구속된 피의자를 석방시키는 제도라는 점에서 검사가 직권으로 피의자를 석방하는 체포·구속장소 감찰제도나 피의자에 대한 검사 또는 지방법원판사의 구속의 취소와 다르다. 체포·구속적부심사제도는 영미법상의 인신보호영장(writ of habeas corpus)에서 유래하는 제도이다. 인신보호영장이란 체포 또는 구속된 피의자에 대한 신체구속의 적법 여부를 심사하기 위하여 피의자의 신체를 제시하라는 법원의 영장을 말한다.

헌법 제12조 제6항은 「누구든지 체포 또는 구속을 당한 때에는 적부의 심사를 법원에 청구할 권리를 가진다」고 하여 체포·구속적부심사청구권을 피의자의 중요한 기본권의 하나로 규정하고 있으며, 이에 따라 형사소송법 제214조의2는 체포·구속적부심사청구의 요건과 절차를 자세히 규정하여 수사기관의 위법·부당한 신체구속으로부터 피의자를 보호하고 있다. 특히 현행법은 체포·구속적부심사청구권의 실질적 보장을 위하여 피의자를 체포하거나 구속한 검사 또는 사법경찰관으로 하여금 피의자와 피의자 이외의 적부심사청구권자 중에서 피의자가 지정한 사람에게 적부심사를 청구할 수 있음을 알리도록 의무화하였다($\frac{제214조의}{2 \ 제 2 항}$).

체포·구속적부심사제도는 기본적으로 수사기관의 불법신체구속에 대한 견제장치로서의 의미를 가지나, 영장에 의한 체포 및 구속에 있어서는 법관이 발부한 영장에 대한 항고심적 성격도 아울러 가진다고 할 수 있다. 실무상으로 체포적부심사의 경우는 체포기간이 짧아 청구되는 경우는 드물고, 구속의 경우는 구속전 피의자심문제도가 시행되고 있어 구속의 적법 여부가 다투어지는 경우는 많지 않다. 체포·구속적부심사에서는 사실상 구속 계속의 필요성이 다투어지는 경우가 대부분이고, 증거인멸의 염려나 도망의 염려와 같은 구속의 사유는 이미 구속영장 발부심사 시에 실질적으로 심사되었기에 구속적부심사에서 피해자와의 합의와 같은 특별한 사정이 없는 한 구속의 사유를 다투어 청구가 인용되기는 현실적으로 어렵다.

(2) 체포·구속적부심사의 청구

㈎ 청구권자

1) 피 의 자　　체포되거나 구속된 피의자는 체포·구속적부심사를 청구할수 있다. 따라서 영장에 의하여 체포되거나 구속된 피의자뿐만 아니라 긴급체포 또는 현행범인으로 체포된 피의자, 임의동행의 형식으로 사실상 신체구속상태에 있는 피의자도 체포·구속적부심사를 청구할 수 있다. 다만 청구권자는 피의자에 한정되어 있으므로 피고인은 체포·구속적부심사를 청구할 수 없다.[1] 또한 수사기관에 의해 체포되거나 구속된 자에 한하고 사인에 의하여 불법하게 신체구속을 당하고 있는 자는 여기에 포함되지 않는다.

2) 피의자 이외의 자　　체포되거나 구속된 피의자의 변호인·법정대리인·배우자·직계친족·형제자매나 가족·동거인 또는 고용주는 체포 또는 구속의 적부심사를 청구할 수 있다($\frac{제214조의}{2 \, 제1항}$). 단순한 동거인이나 가족 또는 고용주까지도 청구권자에 포함시킴으로써 형사소송법은 변호인선임권자($\frac{제30조}{제2항}$)보다 체포·구속적부심사청구권자의 범위를 넓게 인정하고 있다. 여기서 동거인이란 주민등록부에 등재되어 있을 필요 없이 사실상의 동거관계에 있으면 족하고, 고용주는 일용노동자의 고용주라고 할지라도 어느 정도 계속적인 고용관계를 유지하고 있다면 이에 포함된다고 해야 한다.

㈏ 청구사유

체포·구속적부심사의 대상은 체포 또는 구속의 적부이다. 체포·구속의 적부에는 체포·구속의 불법 여부뿐만 아니라 부당, 즉 신체구속계속의 필요성에 대한 판단도 포함된다.

1) 불법한 체포·구속　　체포·구속이 불법한 경우로는 먼저 피의자에 대한 체포·구속이 적법한 요건을 구비하지 못한 경우를 들 수 있다. 피의자에게 체포·구속의 사유가 없음에도 불구하고 체포영장 또는 구속영장이 발부된 경우, 긴급체포 또는 현행범인 체포의 요건이 구비되지 않은 상태에서 체포된 경우, 재구속의 제한($\frac{제208}{조}$)에 위반하여 구속영장이 발부된 경우, 체포된 자에 대하여 구속영장 청구

---

[1] 체포·구속적부심사제도와 보석제도는 서로 취지를 달리하는 제도이므로 입법론적으로 공소제기 이후의 피고인에게도 적부심사청구권을 인정해야 한다는 견해가 있으나, 이 제도의 의미가 수사절차상의 신체구속에 대하여 법원이 통제를 가하려고 하는 점에 있을 뿐만 아니라 공소제기 이후에는 수소법원에 의한 보석이나 구속취소가 가능하므로 피고인에게 다시 구속적부심사청구권을 인정할 실제적인 필요성은 크지 않다고 할 수 있다.

기간이 경과한 후에 구속영장이 청구되어 발부된 경우, 경미한 사건으로 주거가 일정한 피의자에게 구속영장이 발부된 경우 등이 여기에 해당한다.

또한 체포·구속 자체는 적법하지만 체포 또는 구속기간이 경과하였음에도 불구하고 체포·구속을 계속하는 것도 불법한 체포·구속에 해당한다. 체포 후 48시간 이내에 구속영장을 청구함이 없이 피의자에 대한 신체구속상태를 유지하거나, 사법경찰관이 피의자를 구속한 후 10일 이내에 검사에게 인치함이 없이 피의자를 석방하지 않는 경우 등이 여기에 해당한다.

2) **부당한 체포·구속**   체포나 구속은 적법하게 이루어졌으나 그 이후의 사정변경으로 체포·구속을 계속할 필요성이 없어진 경우를 말한다. 예를 들면 피해변상, 합의, 고소의 취소 등의 사유가 있는 경우이다. 체포·구속의 계속 필요성 여부에 대한 판단은 체포·구속의 적부심사시를 기준으로 한다.

㈐ **청구방법**

체포·구속적부심사의 청구는 서면에 의하여야 한다. 체포·구속적부심사청구서에는 체포 또는 구속된 피의자의 성명·주민등록번호 등·주거, 체포 또는 구속된 일자, 청구의 취지 및 청구의 이유, 청구인의 성명 및 체포 또는 구속된 피의자와의 관계를 기재하여야 한다($\binom{규칙}{제102조}$).

체포·구속적부심사의 청구를 위하여 형사소송법은 피의자를 체포하거나 구속한 검사 또는 사법경찰관으로 하여금 피의자와 피의자 이외의 적부심사청구권자 가운데 피의자가 지정하는 사람에게 적부심사를 청구할 수 있음을 알려주도록 하고 있다($\binom{제214조의}{2\,제2항}$).

체포되거나 구속된 피의자, 그 변호인, 법정대리인, 배우자, 직계친족, 형제자매나 동거인 또는 고용주는 긴급체포서, 현행범인체포서, 체포영장, 구속영장 또는 그 청구서를 보관하고 있는 검사, 사법경찰관 또는 법원사무관 등에게 그 등본의 교부를 청구할 수 있다($\binom{규칙}{제101조}$). 체포·구속적부심사 청구권자에게 적부심사 청구 여부를 결정하는 데 필요한 자료를 제공하기 위한 것이다.

(3) **법원의 심사**

㈎ **심사법원**

청구권자는 피의사건의 관할법원에 체포 또는 구속의 적부심사를 청구하여야 한다($\binom{제214조의}{2\,제1항}$). 체포적부심사청구사건은 단독판사가 담당한다. 다만 구속적부심사청구사건은 재정합의결정을 거쳐 합의부가 담당할 수 있다(보석·구속집행정지 및 적부심 등 사건의 처리에 관한 예규 제21 조 참조).

체포영장이나 구속영장을 발부한 법관은 심사에 관여하지 못한다. 다만 체포영장이나 구속영장을 발부한 법관 외에는 심문·조사·결정을 할 판사가 없는 경우에는 그러하지 아니하다(제214조의2 제12항).

(나) 심문 전 절차

1) 심문기일의 지정과 통지   체포·구속적부심사의 청구를 받은 법원은 청구서가 접수된 때부터 48시간 이내에 체포되거나 구속된 피의자를 심문하여야 한다(제214조의 2 제4항). 체포·구속적부심사의 청구를 받은 법원은 지체 없이 청구인·변호인·검사 및 피의자를 구금하고 있는 관서의 장에게 심문기일과 장소를 통지하여야 한다(규칙 제104 조 제1항). 통지는 서면 외에 전화·모사전송·전자우편·휴대전화 문자전송 그 밖에 적당한 방법으로 할 수 있다(규칙 제104조 제3항, 규칙 제54조의2 제3항).

2) 국선변호인의 선정   체포·구속적부심사를 청구한 피의자가 제33조에 해당할 때에는 법원은 국선변호인을 선정하여야 한다(제214조의 2 제10항). 다만 구속적부심사를 청구한 피의자에게는 도망 등의 사유로 심문할 수 없어서 피의자를 심문하지 않고 구속한 경우(제201조의2 제2항 단서) 이외에는 이미 구속 전 피의자심문시에 국선변호인이 선정되어 있을 것이므로(제201조의 2 제8항), 이 규정은 주로 체포적부심사의 경우에 의미를 가진다고 할 수 있다. 국선변호인의 선정이 필요한 경우에는 비록 심문 없이 청구를 기각하는 간이기각결정을 하는 경우에도 국선변호인을 선정하여야 한다.

3) 변호인의 수사기록열람   체포·구속적부심사를 청구한 피의자의 변호인은 지방법원판사에게 제출된 체포·구속영장청구서 및 그에 첨부된 고소·고발장, 피의자의 진술을 기재한 서류와 피의자가 제출한 서류를 열람할 수 있다. 이 경우 지방법원판사는 열람에 관하여 그 일시·장소를 지정할 수 있다. 또한 검사는 증거인멸 또는 피의자나 공범관계에 있는 자가 도망할 염려가 있는 등 수사에 방해가 될 염려가 있는 때에는 지방법원판사에게 체포·구속영장청구서를 제외한 서류의 열람 제한에 관한 의견을 제출할 수 있고, 지방법원판사는 검사의 의견이 상당하다고 인정하는 때에는 첨부된 서류의 전부 또는 일부의 열람을 제한할 수 있다(규칙 제 104조의 2, 규칙 제 96조의21). 체포·구속영장청구서에 대한 변호인의 열람권을 법원이 제한하는 것은 현행법상 허용되지 않는다.

(다) 심문기일의 절차

체포·구속적부심사의 청구를 받은 법원은 청구서가 접수된 때부터 48시간 이내에 체포되거나 구속된 피의자를 심문하고 수사 관계 서류와 증거물을 조사한다($^{제214조의}_{2 제4항}$). 이를 위하여 심문기일이 지정되면 사건을 수사 중인 검사 또는 사법경찰관은 수사관계서류와 증거물을 심문기일까지 법원에 제출하여야 하고, 피의자를 구금하고 있는 관서의 장은 피의자를 출석시켜야 한다($^{규칙 제104}_{조 제2항}$). 피의자의 출석은 절차개시의 요건이다. 법원은 피의자심문을 합의부원에게 명할 수 있으며($^{규칙 제105}_{조 제4항}$), 피의자를 심문할 때에는 공범의 분리심문 기타 수사상 비밀보호를 위한 적절한 조치를 취하여야 한다($^{제214조의}_{2 제11항}$).

검사·변호인·청구인은 심문기일에 출석하여 의견을 진술할 수 있다($^{동조}_{제9항}$). 의견진술은 법원의 심문이 끝난 후에 할 수 있지만, 필요한 경우에는 심문 도중에도 판사의 허가를 얻어 의견을 진술할 수 있다($^{규칙 제105}_{조 제1항}$). 피의자는 판사의 심문 도중에도 변호인에게 조력을 구할 수 있고($^{규칙 동조}_{제2항}$), 체포되거나 구속된 피의자·변호인·청구인은 피의자에게 유리한 자료를 낼 수 있다($^{규칙 동조}_{제3항}$).

(라) 심문조서의 작성

심문기일에 피의자를 심문하는 경우에는 법원사무관 등은 심문의 요지 등을 조서로 작성하여야 한다($^{제214조의2 제14항,}_{제201조의2 제6항}$). 체포·구속적부심문조서는 제315조 제3호의 「기타 특히 신용할 만한 정황에 의하여 작성된 문서」에 해당하여 당연히 증거능력이 인정된다. 그러나 자백의 중요성을 잘 모르는 피의자가 석방결정을 얻어 내기 위하여 허위자백을 할 위험성이 존재하므로 법관은 심문조서의 증명력을 평가함에 있어서 신중을 기하여야 한다($^{대법원 2004.1.16,}_{2003도5693}$).

(4) 법원의 결정

법원은 체포 또는 구속된 피의자에 대한 심문이 종료한 때로부터 24시간 이내에 체포·구속적부심사청구에 대한 결정을 하여야 한다($^{규칙}_{제106조}$). 법원은 심사청구 후 피의자에 대하여 공소제기가 있는 경우에도 이에 대해 결정하여야 한다($^{제214조의}_{2 제4항}$). 법원의 결정에는 기각결정, 석방결정, 보증금납입조건부 석방결정의 세 가지가 있다.

(가) 기각결정

법원은 심사 결과 그 청구가 이유 없다고 인정한 경우에는 결정으로 청구를 기각하여야 한다($^{동조}_{제4항}$). 청구권자 아닌 사람이 청구하거나 동일한 체포영장 또는

구속영장의 발부에 대하여 재청구한 때, 공범이나 공동피의자의 순차청구가 수사
방해를 목적으로 하고 있음이 명백한 때에는 심문 없이 청구를 기각할 수 있다
($_{제3항}^{동조}$). 이를 간이기각결정이라고 한다. 법원의 기각결정에 대하여는 항고하지 못
한다($_{제8항}^{동조}$).

　법원이 수사 관계 서류와 증거물을 접수한 때부터 결정 후 검찰청에 반환된 때
까지의 기간은 체포적부심사의 경우에는 구속영장을 청구해야 하는 48시간의 영장
청구기간 및 수사기관의 구속기간에 산입하지 아니하고, 구속적부심사의 경우에는
수사기관의 구속기간에 산입하지 아니한다($_{2\,제13항}^{제214조의}$).

㈏ 석방결정

　법원은 심사 결과 청구가 이유 있다고 인정한 경우에는 결정으로 체포되거나
구속된 피의자의 석방을 명하여야 한다($_{2\,제4항}^{제214조의}$). 석방결정은 검사의 집행지휘를 요
하는 재판이므로 결정서의 등본이 검찰청에 송달된 때에 효력을 발생한다. 법원의
석방결정에 대하여 검사는 항고할 수 없다($_{제8항}^{동조}$).

　체포 또는 구속적부심사의 결과 법원의 석방결정에 의하여 석방된 피의자가
도망하거나 범죄의 증거를 인멸하는 경우를 제외하고는 동일한 범죄사실로 재차
체포하거나 구속할 수 없다($_{3\,제1항}^{제214조의}$).

㈐ 보증금납입조건부 석방결정

　법원은 구속된 피의자에 대하여 보증금의 납입을 조건으로 하여 그 석방을
명할 수 있다. 보증금납입조건부 석방결정에 대하여는 항목을 바꾸어 설명하기로
한다.

(5) 보증금납입조건부 피의자석방

㈎ 의　　의

　보증금납입조건부 피의자석방이란 구속적부심사를 청구한 피의자에 대하여
법원이 보증금납입을 조건으로 석방을 명하는 제도를 말한다($_{2\,제5항}^{제214조의}$). 이 제도는
기본적으로 보석제도를 피의자에게까지 확대한 것으로서 기소 전 수사절차에서의
피의자의 신체의 자유를 보장하고 방어권을 보장하기 위한 것이라 할 수 있다. 다
만 현행법상의 보증금납입조건부 피의자석방제도는 ① 보석청구가 아닌 구속적부
심사를 청구해야 한다는 점, ② 법원의 직권에 의해서만 석방이 결정되기 때문에
필요적 보석이 인정되지 않는다는 점, ③ 피고인보석과는 다르게 보증금의 납입만

을 석방조건으로 하고 있다는 점에서 보석제도와는 차이가 있다.

(나) 내   용

1) 대 상 자   보증금납입조건부 피의자석방은 구속적부심사를 청구한 피의자 및 구속적부심사청구 후 공소제기된 피고인에 대하여만 적용된다($^{제214조의}_{2\ 제5\ 항}$). 따라서 체포적부심사를 청구한 피의자에 대하여는 보증금납입을 조건으로 한 석방이 허용되지 않는다($^{대법원\ 1997.8.27,}_{97모21}$). 또한 구속된 피의자는 보석을 원하는 경우에도 보증금납입조건부 피의자석방을 직접 청구할 수는 없고, 구속적부심사를 청구할 수 있을 뿐이다.

2) 제외사유   법원은 피의자에게 ① 범죄의 증거를 인멸할 염려가 있다고 믿을 만한 충분한 이유가 있는 때, ② 피해자, 당해 사건의 재판에 필요한 사실을 알고 있다고 인정되는 사람 또는 그 친족의 생명·신체나 재산에 해를 가하거나 가할 염려가 있다고 믿을 만한 충분한 이유가 있는 때에는 보증금납입조건부로 피의자의 석방을 명할 수 없다($^{동조\ 제5}_{항\ 단서}$).

3) 보증금과 조건   보증금의 결정에 관하여는 보석에 관한 규정이 준용된다. 즉 범죄의 성질 및 죄상, 증거의 증명력, 피고인의 전과(前科)·성격·환경 및 자산, 피해자에 대한 배상 등 범행 후의 정황에 관련된 사항을 고려하여 피의자의 출석을 보증할 만한 보증금을 정하여야 하며, 법원은 피고인의 자금능력 또는 자산 정도로는 이행할 수 없는 보증금액을 정할 수 없다($^{제214조의2}_{제7\ 항,\ 제99조}$). 또한 피의자의 석방결정을 하는 경우에는 주거의 제한, 법원 또는 검사가 지정하는 일시·장소에 출석할 의무, 그 밖의 적당한 조건을 부가할 수 있다($^{제214조의}_{2\ 제6\ 항}$).

4) 석방결정의 집행   피의자석방의 집행절차에 관하여도 보석에 관한 규정이 준용된다. 따라서 보증금을 납입한 후가 아니면 석방결정을 집행하지 못한다. 법원은 적부심사청구자 이외의 자에게 보증금의 납입을 허가할 수 있고, 유가증권 또는 피의자 이외의 자가 제출한 보증서로써 보증금에 갈음할 것을 허가할 수 있다. 이 보증서에는 보증금액을 언제든지 납입할 것을 기재하여야 한다($^{제214}_{조의2}$ $^{제7\ 항,}_{제100조}$).

5) 재체포·재구속의 제한   보증금납입을 조건으로 석방된 피의자가 ① 도망한 때, ② 도망하거나 범죄의 증거를 인멸할 염려가 있다고 믿을 만한 충분한 이유가 있는 때, ③ 출석요구를 받고 정당한 이유 없이 출석하지 아니한 때, ④ 주거의 제한이나 그 밖에 법원이 정한 조건을 위반한 때를 제외하고는 동일한 범죄사실

에 관하여 피의자를 재차 체포 또는 구속하지 못한다($^{제214조의}_{3\ 제\ 2\ 항}$).

(다) 보증금의 몰취

1) 임의적 몰취   법원은 ① 보증금납입을 조건으로 석방된 피의자를 재구속제한의 예외사유에 해당함을 이유로 재차 구속할 때, ② 보증금납입을 조건으로 석방된 피의자에 대하여 공소가 제기된 후 법원이 동일한 범죄사실에 관하여 피고인을 재차 구속할 때에는 납입된 보증금의 전부 또는 일부를 몰취할 수 있다($^{제214}_{조의}$ $^{4}_{제1항}$).

2) 필요적 몰취   보증금납입을 조건으로 석방된 피의자가 동일한 범죄사실에 관하여 형의 선고를 받고 그 판결이 확정된 후, 집행하기 위한 소환을 받고 정당한 이유 없이 출석하지 아니하거나 도망한 때에는 직권 또는 검사의 청구에 의하여 결정으로 보증금의 전부 또는 일부를 몰취하여야 한다($^{동조}_{제2항}$).

(라) 보증금납입조건부 석방결정에 대한 항고

체포·구속적부심사청구에 관한 법원의 기각결정과 석방결정에 대하여는 항고가 허용되지 않는다($^{제214조의}_{2\ 제\ 8\ 항}$). 다만 법원의 보증금납입조건부 석방결정에 대하여도 마찬가지로 해석해야 하는지가 문제로 된다.

현행법상 피고인에게는 보석청구권이 권리로서 인정되어 있음에 반하여 피의자에게는 보석청구권이 부여되어 있지 않으므로 피고인에 대한 보석결정과는 달리 보증금납입조건부 석방결정에 대하여는 항고가 허용되지 않는다는 견해가 있으나, 형사소송법은 단순한 석방결정 또는 기각결정에 대해서만 명문으로 항고를 불허하고 있는데($^{제214조의}_{2\ 제\ 8\ 항}$) 단순한 석방결정과 보증금납입조건부 석방결정은 그 취지와 성격이 다르며, 피고인 보석에 관한 결정에 대하여 항고가 허용되고 있는 점($^{제403조}_{제\ 2\ 항}$) 등을 고려할 때 보증금납입조건부 석방결정에 대하여는 피의자나 검사가 항고를 할 수 있다고 보아야 한다. 판례는 항고가 허용된다는 입장이다($^{대법원\ 1997.8.27,}_{97모21}$).

3. 보   석

(1) 보석의 의의

(가) 개   념

보석이란 일정한 보증금의 납부 등을 조건으로 구속의 집행을 정지하여 구속된 피고인을 석방하는 제도를 말한다. 보석은 구속영장의 효력을 유지시키면서 구속의 집행만을 정지시키는 제도라는 점에서 구속영장을 전면적으로 실효시키는 구속의 취소와 다르며, 구속의 집행만을 잠정적으로 정지시킨다는 점에서 구속의 집행정지와 유사하지만 보증금의 납부 등 출석담보수단을 조건으로 한다는 점에서 이와 구별된다. 또한 보석은 피고인의 석방을 위한 제도라는 점에서 피의자를 석방하기 위한 체포·구속적부심사제도와도 다르다. 다만 형사소송법은 구속적부심사절차에서 법원이 보증금입조건부 석방결정을 할 수 있도록 함으로써 구속피의자에 대하여도 실질적으로 보석을 확대하였다.

보석은 구속의 집행을 정지시키는 데 불과하므로 구속영장의 효력에는 영향을 미치지 않는다. 따라서 보석이 취소되면 일시적으로 정지되어 있던 구속영장의 효력은 당연히 부활하게 된다.

⑷ **보석제도의 필요성**

보석제도는 보증금 등을 조건으로 피고인을 석방함으로써 피고인의 출석을 확보하여 구속의 목적을 실질적으로 달성하면서 한편으로는 피고인에게 자유를 부여하여 불구속재판을 가능하게 하는 제도라고 할 수 있다. 즉 보석은 보증금의 몰취 등을 수단으로 심리적 압박을 가하여 피고인의 공판절차 등에의 출석을 강제하면서 피고인에게 당사자로서의 자유로운 방어활동을 보장함으로써 당사자주의의 이념을 실현할 수 있는 제도인 것이다. 아울러 보석은 미결구금에 수반되는 국가의 경비를 절약할 수 있게 하고, 형사정책적으로는 구금에 의한 악영향으로부터 피고인을 보호하는 의미도 가진다.

보석은 영미에서는 구속된 피의자와 피고인의 권리로서 널리 활용되고 있는데 반하여, 대륙의 형사소송에서는 가진 자의 특권으로 오인될 수 있다는 이유로 제한적으로 운용되면서 한편으로 구속기간을 제한하는 방법이 구속의 폐해를 줄이기 위한 방법으로써 함께 사용되고 있다.

(2) 보석의 종류

⑺ **필요적 보석**

1) 필요적 보석의 원칙   필요적 보석이란 일정한 제외사유에 해당하지 않는 한 법원이 보석을 허가해야 할 의무를 지는 보석을 말한다. 불구속재판의 원칙을 최대한 구현하기 위해서는 구속된 피고인에게 원칙적으로 보석을 허가해 주어야 한다. 형사소송법 제95조도 「보석의 청구가 있는 때에는 다음 이외의 경우에는 보석을 허가하여야 한다」고 규정함으로써 필요적 보석이 원칙임을 명시하고 있다. 필요

적 보석은 보석청구권자의 청구에 의하여 법원이 보석 여부를 결정하는 청구보석에 해당한다. 형사소송법은 필요적 보석을 원칙으로 하면서도 이에 대한 제외사유를 지나치게 광범위하게 인정하여 보석제도의 취지에 반한다는 비판을 받고 있다.

2) 필요적 보석의 제외사유

① 피고인이 사형·무기 또는 장기 10년이 넘는 징역이나 금고에 해당하는 죄를 범한 때(제95조 제1호)   중대한 범죄를 범한 때에는 실형이 선고될 개연성이 높기 때문에 보증금의 납입 등만으로는 피고인의 출석을 확보할 수 없다는 점을 고려한 것이다.[1] 피고인이 범한 죄는 공소장에 기재된 죄를 기준으로 하며, 사형·무기 또는 장기 10년을 넘는 징역이나 금고는 법정형을 의미한다. 공소장에 공소사실과 죄명이 예비적·택일적으로 기재된 경우에는 그 가운데 하나가 여기에 해당하면 되고, 공소장의 변경이 있는 때에는 변경된 공소사실이 기준이 된다. 또한 10년 이상이 아니라 10년이 넘는 경우를 제외사유로 하고 있으므로 장기가 10년인 경우는 여기에 해당하지 않는다.

② 피고인이 누범에 해당하거나 상습범인 죄를 범한 때(동조 제2호)   누범과 상습범을 필요적 보석의 제외사유로 규정하고 있는 취지에 대하여는 재범의 위험성으로부터 사회를 보호하기 위한 것이라는 견해와 실형선고의 개연성 때문에 도망의 우려가 현저한 경우를 규정한 것이라는 견해가 대립하고 있다. 그러나 형사소송법이 재범의 위험성을 구속사유를 판단함에 있어서 고려해야 할 사정으로 규정하고 있음을 볼 때, 실형선고의 높은 개연성과 함께 재범의 위험성도 누범이나 상습범에 대하여 보석을 불허하는 이유로 보아야 할 것이다.

여기서 상습범인 죄를 범한 때를 넓게 공소사실인 범죄가 사실상 상습으로 행하여진 경우를 포함하는 것으로 보는 견해가 있으나, 상습범의 구성요건에 해당하는 죄를 범한 경우만을 의미하는 것으로 제한적으로 해석하여야 할 것이다.

③ 피고인이 죄증을 인멸하거나 인멸할 염려가 있다고 믿을 만한 충분한 이유가 있는 때(동조 제3호)   죄증을 인멸할 염려란 구속사유의 하나인 증거인멸의 염려와 같은 의미이다. 죄증인멸의 염려는 당해 범죄의 객관적 사정, 공판진행과정, 피고인의 지위와 활동 등을 고려하여 구체적으로 결정해야 한다. 증거인멸의 대상이 되는 사

---

1) 미국에서는 법정형이 사형에 해당하는 죄만을 제외사유로 규정하고 있고, 일본은 사형·무기 또는 단기 1년 이상의 징역이나 금고에 해당하는 죄를 제외하고 있는 데 비하여(제89조 제1호), 우리 형사소송법의 제외사유는 지나치게 넓다고 볼 수 있다.

실은 범죄구성요건사실에 한하지 않고 널리 범죄의 배경사실이나 양형사실도 포함한다.

증거인멸의 위험은 다른 조건에 의해서도 방지될 수 있고 수사절차에서 이미 충분히 증거가 수집되어 공소가 제기된 것이므로 이를 필요적 보석의 제외사유로 한 것은 타당하지 않다는 견해가 있다. 그러나 증거인멸의 염려가 피의자·피고인에 대한 구속사유에 해당하는 점에서 볼 때, 증거인멸의 염려가 있다고 믿을 만한 충분한 이유가 있는 자에 대하여 보석을 허가하는 것은 구속제도의 취지에 반할 우려가 있다고 생각된다.

④ 피고인이 도망하거나 도망할 염려가 있다고 믿을 만한 충분한 이유가 있는 때 $\binom{\text{동조}}{\text{제4호}}$ 도망할 염려가 있다고 믿을 만한 충분한 이유가 있는 때란 보증금의 몰취에 의하여도 피고인의 출석을 담보할 수 없는 경우를 말한다. 보석은 보증금의 몰취 등의 심리적 압박에 의하여 도망의 염려가 있는 피고인의 도망을 방지하기 위한 제도이므로 구속사유로서의 단순한 도망할 염려의 존재만으로 피고인에게 보석을 불허함은 타당하지 않다. 따라서 보증금의 몰취 등의 조치에 의해서는 피고인의 출석을 확보할 수 없다고 인정할 충분한 이유가 있는 경우에 한하여 예외적으로 도망의 염려는 필요적 보석의 제외사유로 된다고 보아야 한다.

⑤ 피고인의 주거가 분명하지 아니한 때$\binom{\text{동조}}{\text{제5호}}$ 피고인의 주거가 분명하지 아니한 때란 법원이 피고인의 주거를 알 수 없는 경우를 말한다. 피고인이 주거에 대하여 진술거부권을 행사하고 있더라도 피고인의 주거를 알 수 있는 때에는 여기에 해당하지 않는다.

⑥ 피고인이 피해자, 당해 사건의 재판에 필요한 사실을 알고 있다고 인정되는 자 또는 그 친족의 생명·신체나 재산에 해를 가하거나 가할 염려가 있다고 믿을 만한 충분한 이유가 있는 때$\binom{\text{동조}}{\text{제6호}}$ 피고인이 보석으로 석방되어 피해자에게 보복을 가하는 것을 방지하고 피해자 등이 자유로운 증언을 할 수 있도록 보장하기 위한 규정이다.

3) 제외사유의 판단과 여죄   필요적 보석의 제외사유를 판단할 때 구속영장에 기재된 범죄사실 이외의 여죄를 고려할 수 있는지가 문제된다. 이에 대하여는 보석의 제외사유는 종합적으로 판단하여야 하므로 여죄도 고려해야 한다는 견해와 여죄사실이 병합심리되고 있는 경우에 한하여 여죄를 고려할 수 있다는 견해도 있으나, 구속영장은 사건을 단위로 발부되는 것이고 그 효력은 구속영장에 기재된 범죄사실에 대하여만 미치므로, 필요적 보석의 제외사유를 판단함에 있어서도 구속

영장에 기재된 범죄사실만을 기준으로 하여야 하고 여죄를 고려하는 것은 허용되지 않는다고 해야 한다.

(나) 임의적 보석

필요적 보석의 제외사유에 해당하는 경우에도 법원은 상당한 이유가 있는 때에는 직권 또는 보석청구권자의 청구에 의하여 결정으로 보석을 허가할 수 있다(제96조). 형사소송법은 필요적 보석을 원칙으로 하면서 법원의 재량에 의한 임의적 보석을 보충적으로 인정하고 있다. 임의적 보석에는 직권보석과 청구보석의 경우가 있다. 피고인의 건강을 이유로 보석을 허가하는 소위 병보석의 경우는 여기에 해당한다.

(3) 보석의 절차

(가) 보석의 청구

보석청구권자는 피고인·변호인·법정대리인·배우자·직계친족·형제자매·가족·동거인 또는 고용주이다(제94조). 피고인 이외의 자의 보석청구권은 독립대리권이다. 보석청구권자의 범위는 체포·구속적부심사 청구권자와 동일하다. 보석은 보석청구권자의 청구에 의하는 것이 원칙이나 상당한 이유가 있는 때에는 법원이 직권으로 보석을 허가할 수도 있다(제96조).

보석의 청구는 서면으로 하여야 하며, 보석청구서에는 ① 사건번호, ② 구속된 피고인의 성명·주민등록번호 등·주거, ③ 청구의 취지 및 청구의 이유, ④ 청구인의 성명 및 구속된 피고인과의 관계를 기재하여야 한다(규칙 제53조 제1항). 보석의 청구를 할 때에는 청구서의 부본을 첨부하여야 한다(규칙 동조 제2항). 보석의 청구인은 적법한 보석조건에 관한 의견을 밝히고 이에 관한 소명자료를 낼 수 있다(규칙 제53조의2 제1항). 보석의 청구인은 보석조건을 결정함에 있어 피고인의 자력 또는 자산 정도에 따른 이행 가능한 조건인지 여부를 판단하기 위하여 필요한 범위 내에서 피고인(피고인이 미성년자인 경우에는 그 법정대리인 등)의 자력 또는 자산 정도에 관한 서면을 제출하여야 한다(규칙 동조 제2항).

보석청구는 공소제기 후 재판의 확정 전까지는 심급을 불문하고 할 수 있으며, 상소기간 중에도 가능하다(제105조). 보석청구는 그 결정이 있기 전까지 철회할 수 있다.

(나) 검사의 의견

재판장은 보석에 관한 결정을 하기 전에 검사의 의견을 물어야 한다($_{제1항}^{제97조}$). 검사에게 의견을 물을 때에는 보석청구서의 부본을 첨부하여야 한다($_{조\ 제3항}^{규칙\ 제53}$). 검사는 재판장의 의견요청이 있는 때에는 의견서와 소송서류 및 증거물을 지체 없이 특별한 사정이 없는 한 의견요청을 받은 날의 다음날까지 법원에 제출하여야 한다($_{제54조\ 제1항}^{제97조\ 제3항,\ 규칙}$). 보석에 대한 의견 요청을 받은 검사는 보석허가가 상당하지 아니하다는 의견일 때에는 그 사유를 명시하여야 하며, 보석허가가 상당하다는 의견일 때에는 보석조건에 대하여 의견을 나타낼 수 있다($_{제2항\cdot제3항}^{규칙\ 동조}$).

검사의 의견은 법원의 보석에 관한 결정에 구속력을 가지지 못한다. 따라서 검사의 의견청취절차는 보석결정의 본질적 부분이 아니므로 법원이 검사의 의견을 듣지 아니한 채 보석에 관한 결정을 하였다고 하더라도 그 결정이 적정한 이상 절차상의 하자만을 들어 그 결정을 취소할 수는 없다($_{97모88}^{대법원\ 1997.11.27,}$).

(다) 법원의 심문

보석의 청구를 받은 법원은 지체 없이 심문기일을 정하여 구속된 피고인을 심문하여야 한다. 다만 ① 보석청구권자 이외의 사람이 보석을 청구한 때, ② 동일한 피고인에 대하여 중복하여 보석을 청구하거나 재청구한 때, ③ 공판준비 또는 공판기일에 피고인에게 그 이익되는 사실을 진술할 기회를 준 때, ④ 이미 제출한 자료만으로 보석을 허가하거나 불허가할 것이 명백한 때에는 심문할 필요가 없다($_{의2\ 제1항}^{규칙\ 제54조}$).

심문기일을 정한 법원은 즉시 검사·변호인·보석청구인 및 피고인을 구금하고 있는 관서의 장에게 심문기일과 장소를 통지하여야 하고, 피고인을 구금하고 있는 관서의 장은 위 심문기일에 피고인을 출석시켜야 한다($_{제2항}^{동조}$). 피고인·변호인·보석청구인은 피고인에게 유리한 자료를 낼 수 있으며($_{제4항}^{동조}$), 검사·변호인·보석청구인은 법원이 지정한 심문기일에 출석하여 의견을 진술할 수 있다($_{제5항}^{동조}$). 한편 법원은 피고인·변호인 또는 보석청구인에게 보석조건을 결정함에 있어 필요한 자료의 제출을 요구할 수 있다($_{제6항}^{동조}$). 법원은 피고인의 심문을 합의부원에게 명할 수 있다($_{제7항}^{동조}$).

(라) 법원의 결정

법원은 특별한 사정이 없는 한 보석의 청구를 받은 날로부터 7일 이내에 보석의 허가 여부를 결정하여야 한다($_{제55조}^{규칙}$).

1) 보석불허결정　　　　보석의 청구가 부적법하거나 이유 없는 때에는 보석청

구를 기각하여야 한다. 다만 필요적 보석의 경우에는 제외사유에 해당하지 않는 한 청구를 기각할 수 없다. 법원이 보석을 허가하지 아니하는 결정을 하는 때에는 결정이유에 해당 제외사유를 명시하여야 한다($\substack{규칙 제\\55조의2}$). 피고인 등은 보석청구를 기각하는 결정에 대해서 항고를 할 수 있다($\substack{제403조\\제2항}$).

2) 보석허가결정   필요적 보석의 제외사유에 해당하지 않거나 제외사유에 해당하는 경우라도 보석을 허가할 이유가 있다고 인정하는 때에는 법원은 보석을 허가하는 결정을 한다. 필요적 보석의 제외사유에 해당함에도 불구하고 임의적 보석을 하는 경우에는 허가결정에 대한 구체적인 이유를 명시하여야 할 것이다. 보석허가결정에 대한 검사의 즉시항고는 허용되지 않는다($\substack{제97조\\제4항 참조}$). 그러나 판례는 보석허가결정에 대하여 검사가 형사소송법 제403조 제2항에 의한 보통항고의 방법으로 불복하는 것은 가능하다고 본다($\substack{대법원 1997.4.18,\\97모26}$).

(4) 보석의 조건

법원은 보석을 허가하는 경우에는 필요하고 상당한 범위 안에서 피고인의 출석을 담보할 조건 중 하나 이상의 조건을 정하여야 한다($\substack{제\\98조}$). 형사소송법은 보석조건을 다양화함으로써 경제적 무자력자에게도 보석의 기회를 확대하고, 개별사안의 특성과 피고인의 구체적 사정에 적합한 보석조건을 정할 수 있도록 하였다. 법원은 보석조건을 정함에 있어서 ① 범죄의 성질 및 죄상, ② 증거의 증명력, ③ 피고인의 전과·성격·환경 및 자산, ④ 피해자에 대한 배상 등 범행 후의 정황에 관련된 사항을 고려하여야 한다($\substack{제99조\\제1항}$). 그러나 법원은 피고인의 자력 또는 자산 정도로는 이행할 수 없는 조건을 정할 수 없다($\substack{동조\\제2항}$).

법원이 보석을 허가함에 있어서 피고인에게 부과할 수 있는 보석의 조건은 다음과 같다.

㈎ 서약서의 제출

법원이 지정하는 일시·장소에 출석하고 증거를 인멸하지 아니하겠다는 서약서를 제출하는 것을 말한다($\substack{제98조\\제1호}$). 자력이 없는 피고인에 대하여도 보석을 허용하기 위하여 필요한 조건이지만, 피고인 본인의 서약서에 의한 보석은 출석을 담보하는 기능이 약하므로 실무상으로는 다른 보석조건과 결합하여 사용되는 경우가 많을 것으로 보인다.

(나) 약정서의 제출

법원이 정하는 보증금에 해당하는 금액을 납입할 것을 약속하는 약정서를 제출하는 것을 말한다($\substack{제98조\\제2호}$). 현실적으로 보증금을 납입할 필요는 없으나, 피고인이 정당한 이유 없이 재판기일에 출석하지 아니하는 경우 보증금을 납부하겠다는 약정서를 제출하는 것이다.

(다) 주거제한

법원이 지정하는 장소로 주거를 제한하고 주거를 변경할 필요가 있는 경우에는 법원의 허가를 받는 등 도주를 방지하기 위하여 행하는 조치를 받아들이는 것을 말한다($\substack{제98조\\제3호}$). 이 조건 또한 단독조건으로서 보다는 다른 조건과 결합하여 널리 부과될 것으로 보인다.

(라) 피해자 등에의 접근금지

피해자, 당해 사건의 재판에 필요한 사실을 알고 있다고 인정되는 사람 또는 그 친족의 생명·신체·재산에 해를 가하는 행위를 하지 아니하고 주거·직장 등 그 주변에 접근하지 아니하는 것을 말한다($\substack{제98조\\제4호}$). 성폭력범죄나 가정폭력범죄의 피고인 등 특히 피해자나 가족에게 위해를 가할 염려가 있는 피고인에게 활용될 수 있는 보석조건이다.

(마) 출석보증서의 제출

피고인 아닌 자가 작성한 출석보증서를 제출하는 것을 말한다($\substack{제98조\\제5호}$). 출석보증서의 실효성을 확보하기 위하여 피고인이 정당한 사유 없이 기일에 불출석하는 경우에는 결정으로 그 출석보증인에 대하여 500만원 이하의 과태료를 부과할 수 있도록 하고 있다($\substack{제100조의\\2 제1항}$).

(바) 출국금지의 서약

법원의 허가 없이 외국으로 출국하지 아니할 것을 서약하는 것을 말한다($\substack{제98조\\제6호}$). 법원은 출국금지의 보석조건을 정한 경우에는 출입국사무를 관리하는 관서의 장에게 피고인에 대한 출국을 금지하는 조치를 취할 것을 요구할 수 있다($\substack{규칙\\제55조\\의3\\제2항}$). 실무상으로는 이 조건만으로 보석을 허가하기 보다는 다른 조건에 부가하여 운용될 가능성이 높다.

(사) 피해금액의 공탁 또는 담보의 제공

법원이 지정하는 방법으로 피해자의 권리 회복에 필요한 금전을 공탁하거나 그에 상당하는 담보를 제공하는 것을 말한다($\substack{제98조\\제7호}$). 피해자와 합의에 이르지 못한 피고인의 보석을 허가하는데 있어서의 현실적인 한계를 극복하기 위한 보석조건이라고 할 수 있다. 즉 피해자 측이 피고인에게 불합리하게 과다한 금액을 요구하여 합의가 이루어지지 않은 경우에 보석을 가능하게 하기 위한 조건이다.

(아) 보증금의 납부 또는 담보의 제공

피고인이나 법원이 지정하는 자가 보증금을 납입하거나 담보를 제공하는 것을 말한다($^{제98조}_{제8호}$). 전형적인 보석조건이라고 할 수 있으며, 보증금의 납부 외에 질권이나 저당권 등의 담보를 제공하는 것도 가능하다.

(자) 기타 조건

법원은 그 밖에 피고인의 출석을 보증하기 위하여 적당한 조건을 이행할 것을 보석조건으로 할 수 있다($^{제98조}_{제9호}$). 구체적 사안과 시대상황의 변화에 따라 다양한 보석조건을 활용할 수 있도록 하기 위한 규정이다. 「전자장치 부착 등에 관한 법률」에서는 법원이 형사소송법 제98조 제 9 호에 따른 보석조건으로 피고인에게 전자장치의 부착을 명할 수 있도록 하고 있다($^{동법 제31조}_{의2 제1항}$). 법원은 전자장치 부착을 명한 경우 지체 없이 그 결정문의 등본을 피고인의 주거지를 관할하는 보호관찰소의 장에게 송부하고($^{동법 제31조}_{의3 제1항}$), 보호관찰소의 장은 피고인의 보석조건 이행 상황을 법원에 정기적으로 통지하여야 한다($^{동법 제31조}_{의4 제1항}$).

(5) 보석의 집행과 보석조건의 이행

(가) 보석의 집행

보석의 조건 중 제98조 제 1 호(서약서)·제 2 호(약정서)·제 5 호(출석보증서)·제 7 호(피해금액공탁 또는 담보제공) 및 제 8 호(보증금납부 또는 담보제공)의 조건은 이를 이행한 후가 아니면 보석허가결정을 집행하지 못한다. 법원은 필요하다고 인정하는 때에는 다른 조건에 관하여도 그 이행 이후 보석허가결정을 집행하도록 정할 수 있다($^{제100조}_{제1항}$). 보석허가결정은 검사가 집행하며, 보증금은 검사에게 납부하여야 한다. 보석보증금은 보석을 청구한 자가 납입하는 것이 원칙이나, 법원은 보석청구자 이외의 자에게 보증금의 납입을 허가할 수 있다($^{동조}_{제2항}$).

보증금납입을 조건으로 보석을 허가한 경우에 보석보증금은 현금으로 납입하여야 한다. 그러나 현금납입의 원칙에는 예외가 인정된다. 즉 법원은 유가증권 또는 피고인 이외의 자가 보증금액을 언제든지 납입할 것을 기재하여 제출한 보증서로서 보증금에 갈음하도록 허가할 수 있다($^{동조 제3항·}_{제4항}$). 실무상으로는 법원의 허가하에 보증보험회사가 발행한 보석보증보험증권을 첨부한 보증서를 제출함으로써 보증금의 납입에 대신하는 제도가 시행되고 있다.

법원은 보석허가결정에 따라 석방된 피고인이 보석조건을 준수하는 데 필요한 범위 안에서 관공서나 그 밖의 공사단체에 대하여 적절한 조치를 취할 것을 요구할 수 있다($^{동조}_{제5항}$). 예를 들면 제98조 제 3 호의 조건을 정한 경우에는 피고인의 주거지를 관할하는 경찰서장에게 피고인의 도망을 방지할 조치를 요구할 수 있고, 제98조 제 6 호의 조건을 부과한 경우에는 출입국관리를 담당하는 기관에 출국금지조치를 요구할 수 있다.

㈏ 보석조건의 변경과 이행유예

법원은 직권 또는 보석청구권자의 신청에 따라 결정으로 피고인의 보석조건을 변경하거나 일정기간 동안 당해 조건의 이행을 유예할 수 있다($^{제102조}_{제1항}$). 보석결정 당시에 부과한 조건이 사정변경에 따라 부적절한 경우에 보석조건을 변경하거나 그 이행을 유예할 수 있게 한 것이다. 따라서 사정변경에 의한 보증금액의 변경도 가능하다. 법원은 보석을 허가한 후에 보석의 조건을 변경하거나 보석조건의 이행을 유예하는 결정을 한 경우에는 그 취지를 검사에게 지체 없이 통지하여야 한다($^{규칙 제}_{55조의4}$). 실무상 가장 흔한 보석조건의 변경은 제한된 주거의 변경과 장기여행의 허가이다.

㈐ 보석조건위반에 대한 제재

법원은 피고인이 정당한 사유 없이 보석조건을 위반한 경우에는 결정으로 피고인에 대하여 1천만원 이하의 과태료를 부과하거나 20일 이내의 감치에 처할 수 있다($^{제102조}_{제3항}$). 과태료 부과나 감치처분은 보석허가결정을 취소하지 않는 경우에도 할 수 있다. 따라서 과태료와 감치처분은 경미한 보석조건 위반 등의 경우에 보석취소결정에 앞서서 보석조건 준수를 위한 경고수단으로 활용될 수 있을 것이다. 이러한 제재결정에 대하여 피고인은 즉시항고를 할 수 있다($^{동조}_{제4항}$).

또한 법원은 피고인 이외의 자가 작성한 출석보증서를 제출하는 것($^{제98조}_{제5호}$)을 보석조건으로 정한 경우에 보석허가결정에 따라 석방된 피고인이 정당한 사유 없이 기일에 불출석하는 경우에는 결정으로 그 출석보증인에 대하여 500만원 이하의 과태료를 부과할 수 있다($^{제100조의}_{2 제1항}$). 이 결정에 대하여도 즉시항고가 허용된다($^{동조}_{제2항}$).

(6) 보석의 취소와 실효

⑺ 보석의 취소

법원은 피고인이 ① 도망한 때, ② 도망하거나 죄증을 인멸할 염려가 있다고 믿을 만한 충분한 이유가 있는 때, ③ 소환을 받고 정당한 사유 없이 출석하지 아니한 때, ④ 피해자, 당해 사건의 재판에 필요한 사실을 알고 있다고 인정되는 자 또는 그 친족의 생명·신체·재산에 해를 가하거나 가할 염려가 있다고 믿을 만한 충분한 이유가 있는 때, ⑤ 법원이 정한 조건을 위반한 때에는 직권 또는 검사의 청구에 의하여 보석을 취소할 수 있다($^{제102조}_{제2항}$). 보석의 취소 여부는 법원의 재량에 속하나, 이러한 사유는 보석 후에 발생하였을 것을 요한다. 보석취소결정에 대하여는 항고할 수 있다($^{제403조}_{제2항}$).

보석을 취소한 때에는 검사는 취소결정의 등본에 의하여 피고인을 다시 구금하여야 한다($^{규칙 제56조}_{제1항 본문}$). 따라서 법원은 검사에게 그 등본을 송부하여야 한다. 보석의 취소결정은 그 결정등본이 피고인에게 송달되어야 집행할 수 있는 것은 아니며($^{대법원 1983.4.21,}_{83모19}$), 피고인의 재구금을 위하여 새로운 구속영장이 필요한 것도 아니다. 피고인의 재구금은 검사가 지휘하는 것이 원칙이나, 급속을 요하는 경우에는 재판장, 수명법관 또는 수탁판사가 재구금을 지휘할 수 있다($^{규칙 동조}_{제1항 단서}$). 이 경우에는 법원사무관 등에게 그 집행을 명할 수 있고, 법원사무관 등은 그 집행에 관하여 필요한 때에는 사법경찰관리 또는 교도관에게 보조를 요구할 수 있으며 관할구역 외에서도 집행할 수 있다($^{규칙 동조}_{제2항}$). 보석취소결정의 집행에 의하여 피고인을 재구금한 경우에는 재구금한 날부터 구속기간의 잔여기간이 진행한다.

⑷ 보석의 실효

보석이 취소된 경우가 아니라도 구속영장이 실효된 경우에는 보석의 효력이 상실된다. 따라서 무죄, 면소, 형의 면제, 형의 선고유예와 집행유예, 공소기각, 벌금 또는 과료의 재판이 선고된 때($^{제331}_{조}$)는 물론 자유형이나 사형이 확정된 경우에도 구속영장이 실효되므로 보석도 효력을 잃는다. 다만 사형이나 자유형이 확정된 자가 형집행을 위한 소환에 불응하면 검사가 발부한 형집행장($^{제473}_{조}$)에 의하여 구금된다. 보석 중인 피고인에 대하여 제 1 심이나 제 2 심법원에서 실형이 선고되었다고 할지라도 아직 판결이 확정되지 아니하였으면 보석이 취소되지 않는 한 보석의 효력은 그대로 유지된다.

(7) 보증금 또는 담보의 몰취와 환부

㈎ 보증금 또는 담보의 몰취

1) 임의적 몰취   법원은 보석을 취소하는 때에는 직권 또는 검사의 청구에 따라 결정으로 보증금 또는 담보의 전부 또는 일부를 몰취할 수 있다(제103조 제1항). 보증금 또는 담보의 전부를 몰취할 것인지 또는 일부를 몰취할 것인지는 법원의 재량에 속하며, 법원은 보석을 취소하면서 보증금 등을 전혀 몰취하지 않을 수도 있다.

문제는 보증금 등의 몰취결정은 보석취소결정과 동시에 할 것을 요하는가에 있다. 이에 대하여는 ① 형사소송법에 보석취소 후의 보증금 등의 몰취를 불허하는 규정이 없고, ② 보석보증금 등은 보석취소 후의 재구금까지 담보하는 것으로 보아야 하며, ③ 보증금 등의 몰취결정은 보석의 취소와 달리 귀책사유의 유무 등을 검토하여 신중히 이루어져야 한다는 점 등을 근거로 보석취소결정 후의 보증금 등의 몰취결정이 허용된다는 견해가 있다. 판례[1]가 취하고 있는 입장이기도 하다. 그러나 보증금 등의 몰취와 같은 불이익한 결정은 엄격히 해석하여야 하므로, 보석취소 후에 보증금 등을 몰취할 수 있다는 명문의 규정도 없이 보석취소 후의 별도의 몰취결정을 허용하는 것은 타당하지 않다. 보증금 등의 출석담보기능은 보석취소와 동시에 소멸되는 것으로 보아야 하며, 보증금 등을 몰취함이 없이 보석이 취소된 경우에는 이제는 몰취의 대상인 보증금이 아니라 제104조에 의하여 환부하여야 할 보관금의 성격을 가진다고 해야 한다. 따라서 보증금 등의 몰취결정은 보석취소

---

1) 대법원 2001. 5. 29, 2000모22 전원합의체 결정,「형사소송법 제102조 제 2 항은 "보석을 취소할 때에는 결정으로 보증금의 전부 또는 일부를 몰수할 수 있다"라고 규정하고 있는바, 이는 보석취소사유가 있어 보석취소결정을 할 경우에는 보석보증금의 전부 또는 일부를 몰수하는 것도 가능하다는 의미로 해석될 뿐, 문언상 보석보증금의 몰수는 반드시 보석취소와 동시에 결정하여야 한다는 취지라고 단정하기는 어려운 점, 같은 법 제103조에서 보석된 자가 유죄판결 확정 후의 집행을 위한 소환에 불응하거나 도망한 경우 보증금을 몰수하도록 규정하고 있어 보석보증금은 형벌의 집행 단계에서의 신체 확보까지 담보하고 있으므로, 보석보증금의 기능은 유죄의 판결이 확정될 때까지의 신체 확보도 담보하는 취지로 봄이 상당한 점, 보석취소결정은 그 성질상 신속을 요하는 경우가 대부분임에 반하여 보증금몰수결정에 있어서는 그 몰수의 요부(보석조건위반 등 귀책사유의 유무) 및 몰수 금액의 범위 등에 관하여 신중히 검토하여야 할 필요성도 있는 점 등을 아울러 고려하여 보면, 보석보증금을 몰수하려면 반드시 보석취소와 동시에 하여야만 가능한 것이 아니라 보석취소 후에 별도로 보증금몰수결정을 할 수도 있다. 그리고 형사소송법 제104조가 구속 또는 보석을 취소하거나 구속영장의 효력이 소멸된 때에는 몰수하지 아니한 보증금을 청구한 날로부터 7일 이내에 환부하도록 규정되어 있다고 하여도, 이 규정의 해석상 보석취소 후에 보증금몰수를 하는 것이 불가능하게 되는 것도 아니다.」

결정과 동시에 하여야 하며, 보석취소에 대하여 피고인에게 귀책사유가 있는 경우에 한하여 허용된다고 본다.

2) 필요적 몰취　　　법원은 보증금의 납입 또는 담보제공을 조건으로 석방된 피고인이 동일한 범죄사실에 관하여 형의 선고를 받고 그 판결이 확정된 후 집행하기 위한 소환을 받고 정당한 사유 없이 출석하지 아니하거나 도망한 때에는 직권 또는 검사의 청구에 따라 결정으로 보증금 또는 담보의 전부 또는 일부를 몰취하여야 한다($\frac{제103조}{제 2 항}$). 이 경우에도 전부를 몰취할 것인가 일부를 몰취할 것인가는 법원의 재량에 속한다. 보증금의 몰취는 법원의 결정에 의하며 검사에게 결정서를 교부 또는 송달함으로써 즉시 집행할 수 있다.

(나) 보증금 등의 환부

법원은 구속 또는 보석을 취소하거나 구속영장의 효력이 소멸된 때에는 몰취하지 아니한 보증금 또는 담보를 납입자가 청구한 날로부터 7일 이내에 환부하여야 한다($\frac{제104}{조}$). 보석취소결정을 할 때 보증금이나 담보에 대해 몰취의 결정이 없으면 보증금이나 담보의 전부를 환부하여야 한다. 보석취소결정과 함께 보증금이나 담보의 일부만을 몰취하는 결정이 있으면 잔액을 환부한다. 그러나 구속을 취소하거나 구속영장의 효력이 소멸된 때에는 보증금의 전부를 환부하여야 한다.

Ⅳ. 구속의 집행정지와 실효

1. 구속의 집행정지

(1) 의　　　의

구속의 집행정지는 구속영장의 효력을 유지시킨 채 구속의 집행만을 정지하여 피의자·피고인을 석방하는 제도를 말한다. 구속의 집행정지는 구속영장의 효력이 유지된다는 점에서 구속의 취소와 구별되며, 보증금납입 등을 조건으로 하지 않는다는 점에서 보석이나 보증금납입조건부 석방제도와도 다르다. 실무상으로는 중병, 출산, 가족의 장례참석 등 긴급하게 피의자·피고인을 석방할 필요가 있는 경우에 제한적으로 이용되고 있는 제도이다.

법원은 상당한 이유가 있는 때에는 결정으로 구속된 피고인을 친족·보호단체 기타 적당한 자에게 부탁하거나 피고인의 주거를 제한하여 구속의 집행을 정지할 수 있다($\frac{제101조}{제 1 항}$).

피의자에 대한 구속의 집행정지의 권한은 일차적으로 지방법원판사에게 있다
고 보아야 한다. 따라서 지방법원판사는 상당한 이유가 있는 때에는 결정으로 구속
된 피의자에 대하여 구속의 집행을 정지할 수 있다($^{제209조, 제}_{101조 제1항}$). 그러나 검사도 피의
자에 대한 구속의 집행을 정지할 수 있다($^{검찰사건사무}_{규칙 제86조}$). 검사에게 구속영장을 집행하
지 않거나 구속피의자를 석방할 수 있는 권한이 있고($^{제204}_{조 참조}$), 구속장소감찰권의 내
용으로서 피의자에 대한 즉시석방권이 인정되고 있는 점($^{제198조의}_{2 제2항}$) 등에 비추어 볼
때 검사가 구속집행정지의 권한을 가짐은 당연하다고 해야 한다. 검사가 구속의 집
행을 정지한 경우에는 지체 없이 구속영장을 발부한 지방법원판사에게 그 사유를
서면으로 통지하여야 한다($^{제204조, 규칙 제96조}_{의19 제1항 제5호}$).

국회의원은 현행범인인 경우를 제외하고는 회기 중 국회의 동의 없이 체포 또
는 구금되지 아니하며, 국회의원이 회기 전에 구금된 때에는 현행범인이 아닌 한
국회의 요구가 있으면 회기 중 석방된다($^{헌법}_{제44조}$). 국회의원에 대한 석방요구가 있으
면 당연히 구속영장의 집행이 정지된다($^{제101조}_{제4항}$). 국회의원에 대한 석방요구의 통지
를 받은 검찰총장은 즉시 석방을 지휘하고 그 사유를 영장을 발부한 지방법원판사
나 수소법원에 통지하여야 한다($^{동조}_{제5항}$).

(2) 절   차

법원 또는 지방법원판사가 피고인·피의자의 구속집행정지결정을 함에는 검
사의 의견을 물어야 한다. 다만 급속을 요하는 경우에는 그러하지 아니하다($^{제101}_{조}$
$^{제2항,}_{제209조}$). 법원 또는 지방법원판사의 구속집행정지결정에 대한 검사의 즉시항고는 허
용되지 않는다. 법원 또는 지방법원판사의 구속집행정지결정에 대한 검사의 즉시
항고를 허용하였던 (구)형사소송법 제101조 제3항에 대해 헌법재판소는 영장주
의, 적법절차의 원칙, 과잉금지의 원칙에 반한다는 이유로 위헌결정을 하였고($^{헌재}_{결}$
$^{2012.6.27,}_{2011헌가36}$), 이에 따라 위 규정은 삭제되었다. 따라서 검사는 보통항고($^{제403조}_{제2항}$)의 방법
으로 이에 불복할 수 있을 뿐이다.

(3) 구속집행정지의 취소

법원은 직권 또는 검사의 청구에 의하여 결정으로 피고인에 대한 구속의 집행
정지를 취소할 수 있고($^{제102조}_{제2항}$), 구속된 피의자에 대하여는 지방법원판사 또는 검사
가 결정으로 구속의 집행정지를 취소할 수 있다($^{제209조, 제}_{102조 제2항}$). 구속집행정지의 취소사
유는 보석의 취소사유와 같다. 다만 국회의원에 대한 구속영장의 집행정지는 그 회

기 중 취소하지 못한다($\binom{\text{제209조, 제102}}{\text{조 제 2 항 단서}}$). 구속집행정지의 취소에 의하여 피고인을 재구금한 경우에는 재구금한 날부터 구속기간의 잔여기간이 진행한다.

2. 구속의 실효

(1) 구속의 취소

구속의 사유가 없거나 소멸된 때에는 법원은 직권 또는 검사·피고인·변호인과 변호인선임권자의 청구에 의하여 결정으로 피고인의 구속을 취소하여야 한다($\binom{\text{제}}{\text{93조}}$). 구속의 사유가 없는 때란 구속사유가 처음부터 존재하지 않았던 것이 판명된 경우이고, 구속사유가 소멸된 때란 존재한 구속사유가 사후적으로 소멸한 경우를 말한다.

피의자에 대하여는 지방법원판사가 직권 또는 검사·피의자·변호인과 변호인선임권자의 청구에 의하여 구속을 취소하여야 한다($\binom{\text{제209조,}}{\text{제93조}}$). 피의자에 대한 구속의 취소는 관할지방법원판사의 권한이지만, 신체의 자유에 대한 제한을 조속히 해소시킨다는 점을 고려하면 검사도 구속을 취소할 수 있다고 보아야 한다. 다만 검사가 구속을 취소하는 경우에는 영장을 발부한 지방법원판사에게 그 사유를 서면으로 통지하여야 한다($\binom{\text{제204}}{\text{조}}$). 법원 또는 지방법원판사가 구속의 취소에 관한 결정을 함에는 검사의 청구에 의하거나 급속을 요하는 경우 외에는 검사의 의견을 물어야 하고, 검사는 의견요청에 지체 없이 의견을 표명하여야 한다($\binom{\text{제97조 제 2 항·}}{\text{제 3 항, 제209조, 제93조}}$).

형사소송법은 법원 또는 지방법원판사의 구속취소결정에 대한 검사의 즉시항고를 인정하고 있다($\binom{\text{제97조 제 4 항,}}{\text{제209조, 제93조}}$). 그러나 법원의 보석허가결정이나 구속집행정지결정에 대하여 검사에게 즉시항고권을 인정하였던 (구)형사소송법 규정들을 위헌으로 판단한 헌법재판소의 결정($\binom{\text{헌재결 1993.12.23, 93헌가2;}}{\text{헌재결 2012.6.27, 2011헌가36}}$)에 비추어 볼 때, 수소법원 또는 지방법원판사의 구속취소결정에 대한 검사의 즉시항고권을 규정하고 있는 제97조 제 4 항 역시 헌법에 위반되는 것으로 보아야 한다.

(2) 구속의 당연실효

㈎ 구속기간의 만료

구속기간이 만료되면 구속영장의 효력은 당연히 상실되며, 따라서 구속된 피의자·피고인을 즉시 석방하여야 한다. 이 경우 구속영장의 실효를 위하여 법원 또는 법관에 의한 별도의 판단은 요하지 않는다.

㈏ 무죄판결 등의 선고

피고인에 대하여 무죄, 면소, 형의 면제, 형의 선고유예, 형의 집행유예, 공소기각 또는 벌금이나 과료를 과하는 판결이 선고된 때에는 구속영장은 효력을 잃는다($\frac{제331}{조}$). 무죄 등의 판결이 선고되면 그 판결의 확정을 기다리지 않고 구속영장의 효력이 상실된다. 구속 중인 소년에 대한 피고사건에 관하여 법원의 소년부송치결정이 있는 경우에는 소년부판사가 소년의 감호에 관한 결정을 한 때에 구속영장은 효력을 잃는다($\frac{소년법}{제52조}$). 여기서 구속영장이 효력을 잃는다는 의미는 구속취소의 결정이 없더라도 판결이나 결정이 내려짐과 동시에 구속영장이 실효된다는 뜻이며($\frac{헌재결 1992.12.24,}{92헌가8}$), 따라서 무죄판결 등을 선고받은 피고인은 구치소 등으로 돌아가서 검사의 석방지휘 등 별도의 절차를 거칠 필요 없이 바로 석방되어야 한다.

㈐ 사형 · 자유형의 확정

구속 중인 피고인에 대하여 자유형의 판결이 확정되면 그 때부터 형의 집행이 시작된다($\frac{제459조, 형법}{제84조 제1항}$). 따라서 피고인에 대한 구속영장은 당연히 그 효력을 상실한다. 사형판결이 확정된 때에도 피고인에 대한 구속영장의 효력은 상실된다. 사형선고를 받은 자는 그 집행이 있을 때까지 교도소 또는 구치소에 수용되지만($\frac{형의 집행 및}{수용자의 처}$ $\frac{우에 관한 법률 제}{11조 제1항 제4호}$), 이것은 확정판결 자체의 효력에 의한 것이며 구속영장의 효력에 근거한 것은 아니다.

V. 수사상의 감정유치

1. 감정유치의 의의

감정유치란 피의자나 피고인의 정신 또는 신체를 감정하기 위하여 일정한 기간 동안 병원 기타 적당한 장소에 피의자 또는 피고인을 유치하는 강제처분을 말한다($\frac{제172조 제3항,}{제221조의3}$). 피고인에 대한 감정유치는 수소법원이 행함에 대하여, 피의자에 대한 감정유치는 검사의 청구에 의하여 판사가 행한다($\frac{제221조의}{3 제2항}$). 피의자에 대한 수사상의 감정유치는 검사의 청구를 전제로 하는 점을 제외하면 수소법원이 행하는 감정유치와 유사하므로, 피의자의 감정유치에 대해서는 법원의 피고인에 대한 감정유치에 관한 규정을 준용하도록 하고 있다($\frac{제221조의}{3 제2항}$).

수사기관이 수사를 위하여 필요한 때에는 일정한 전문지식이나 경험을 가진 자에게 감정을 위촉할 수 있다($\frac{제221조}{제2항}$). 그러나 감정을 하기 위해 피의자를 일정한 장소에 유치할 필요가 있는 경우에는 판사의 감정유치장을 발부받아야 한다$\left(\begin{smallmatrix}제221조의3, 제\\172조 제4항\end{smallmatrix}\right)$. 수사상의 감정유치는 감정이라는 목적을 달성하기 위하여 피의자의 신체의 자유를 제한하는 강제수사이다. 따라서 형사소송법은 특별한 규정이 없는 경우에는 감정유치에 관하여 구속에 대한 규정을 준용하도록 하고 있다$\left(\begin{smallmatrix}제221조의3 제2항,\\제172조 제7항\end{smallmatrix}\right)$.

2. 감정유치의 대상과 요건

(1) 감정유치의 대상

수사상의 감정유치는 피의자를 대상으로 한다. 따라서 피의자가 아닌 제3자에 대하여는 감정유치를 청구할 수 없고, 피의자인 이상 구속된 상태인가 여부를 불문한다. 검사의 청구에 의한 수사상 감정유치는 공소제기 여부를 결정하기 위하여 필요한 것이므로 공소제기 후에는 이를 인정할 필요가 없다. 피고인에 대한 감정유치가 필요한 경우에는 수소법원이 이를 명할 수 있다.

(2) 감정유치의 요건

㈎ 범죄의 혐의

감정유치도 신체의 자유에 대한 제한을 수반하므로 신체구속에 있어서와 같은 상당한 범죄혐의가 필요하다고 보아야 한다.

㈏ 유치의 필요성

감정유치를 청구하기 위해서는 감정유치의 필요성이 인정되어야 한다. 즉 정신이나 신체의 감정을 위하여 계속적인 유치와 관찰이 필요한 경우에 감정유치를 할 수 있다. 따라서 피의자를 병원 등에 유치하지 않고 통원을 통해 감정할 수 있는 경우에는 감정유치가 허용되지 않는다. 다만 감정유치의 필요성은 구속의 필요성과는 구별되므로 감정유치를 위하여 구속사유가 있을 것을 요하지는 않는다.

3. 감정유치의 절차

(1) 감정유치의 청구

수사상의 감정유치의 청구는 검사가 행한다. 검사는 감정을 위촉하는 경우에 피의자의 정신 또는 신체에 관한 감정을 위하여 감정유치처분이 필요한 때에는 판사에게 이를 청구하여야 한다$\left(\begin{smallmatrix}제221조의\\3 제1항\end{smallmatrix}\right)$. 따라서 감정유치의 청구에 대한 필요성의 판단은 감정수탁자가 아닌 검사가 종국적으로 하여야 한다. 감정유치의 청구는 서면으로 하여야 하며, 감정유치청구서에는 ① 피의자의 성명·주민등록번호 등·직업·주거, ② 피의자에게 변호인이 있는 때에는 그 성명, ③ 죄명 및 범죄사실의 요지, ④ 7일을 넘는 유효기간을 필요로 할 때에는 그 취지와 사유, ⑤ 여러 통의 영장을 청구하는 때에는 그 취지와 사유, ⑥ 유치할 장소 및 유치기간, ⑦ 감정의 목적 및 이유, ⑧ 감정인의 성명·직업을 기재하여야 한다(규칙 제113조, 규칙 제95조).

(2) 감정유치장의 발부

판사는 검사의 청구가 이유 없다고 인정하는 경우에는 감정유치의 청구를 기각하는 결정을 내리고, 청구가 상당하다고 인정할 때에는 감정유치장을 발부하여 유치처분을 하여야 한다(제221조의3 제 2 항, 제172조 제 4 항).

수사상의 감정유치장의 법적 성질에 관하여는 이를 허가장으로 보는 견해와 명령장으로 보는 견해가 있다. 감정유치는 구속에 준하는 처분이고 피의자에 대한 신체구속도 법원의 권한에 속하므로 수사상의 감정유치장은 법원의 명령장으로서의 성격을 가진다고 보아야 한다.

감정유치장에는 피의자의 성명, 주민등록번호 등, 직업, 주거, 죄명, 범죄사실의 요지, 유치할 장소, 유치기간, 감정의 목적 및 유효기간과 그 기간 경과 후에는 집행에 착수하지 못하고 영장을 반환하여야 한다는 취지를 기재하고 판사가 서명날인하여야 한다(규칙 제115조, 규칙 제85조 제 1 항).

감정유치를 기각하는 결정 및 감정유치결정은 수소법원이 아닌 지방법원판사의 재판이므로 이에 대하여는 항고 또는 준항고가 허용되지 않는다.

(3) 감정유치장의 집행

감정유치장의 집행에 관하여는 구속영장의 집행에 관한 규정이 준용된다(제221조의3 제 2 항, 제172조 제 7 항). 감정유치를 함에 있어서 필요한 때에는 판사는 직권 또는 검사의 청구에 의하여 사법경찰관리에게 피의자의 간수를 명할 수 있다(제221조의3 제 2 항, 제172조 제 5 항). 이 경우 신청은 피의자의 간수를 필요로 하는 사유를 명시하여 서면으로 하여야 한다(규칙 제86조).

(4) 유치기간과 장소의 변경

감정유치장에는 감정유치에 필요한 유치기간을 정해야 하는데 그 기간에는 제한이 없다. 또한 판사는 결정으로 감정유치장에 기재된 유치기간을 단축하거나 검사의 청구에 의하여 유치기간을 연장할 수 있다($\binom{\text{제221조의3 제 2 항,}}{\text{제172조 제 6 항}}$). 감정이 완료되면 유치기간 중이라 하더라도 유치를 즉시 해제하여야 한다($\binom{\text{제221조의3 제 2 항,}}{\text{제172조 제 3 항}}$). 감정유치에 대하여는 구속에 관한 규정이 준용되므로 구속취소의 경우와 마찬가지로 검사가 감정유치를 계속할 필요가 없다고 인정하는 때에는 유치기간의 만료 전이라도 피의자를 석방할 수 있다고 해석하는 것이 타당하다.

감정유치의 장소는 병원 기타 적당한 장소이다. 기타 적당한 장소란 감정이 가능하고 시설면에서 계호가 가능한 장소를 말하며, 구금시설을 유치장소로 이용해서는 안 된다. 유치장소는 유치의 필요성을 판단하는 데 중요한 요소이므로, 장소의 변경은 검사의 청구에 의하여 판사가 결정한다($\binom{\text{규칙 제85}}{\text{조 제 2 항}}$).

4. 감정유치의 효력

감정유치는 신체의 자유에 대한 제한이라는 점에서 실질적으로 구속과 동일하므로 구속에 관한 규정이 준용된다. 따라서 감정유치된 피의자도 접견교통권을 가지며($\binom{\text{제89조,}}{\text{제209조}}$), 미결구금일수의 산입에 있어서 유치기간은 구속기간으로 간주된다($\binom{\text{제221조의3 제 2 항,}}{\text{제172조 제 8 항}}$).

다만 구속 중인 피의자에 대해 감정유치장이 집행되었을 때에는 피의자가 유치되어 있는 기간 동안 구속은 그 집행이 정지된 것으로 간주한다($\binom{\text{제221조의3 제 2 항,}}{\text{제172조의2 제 1 항}}$). 따라서 수사상 감정유치기간은 피의자의 구속기간에는 포함되지 않는다. 감정유치처분이 취소되거나 유치기간이 만료된 때에는 구속의 집행정지가 취소된 것으로 간주한다($\binom{\text{제221조의3 제 2 항,}}{\text{제172조의2 제 2 항}}$).

제 5 절   대물적 강제처분

I. 개   관

1. 대물적 강제처분의 의의

증거물이나 몰수물의 수집과 보전을 목적으로 하는 강제처분을 대물적 강제처분이라고 한다. 대물적 강제처분은 그 직접적 대상이 물건이라는 점에서 대인적 강제처분과 구별된다. 형사소송법이 규정하고 있는 대물적 강제처분에는 압수·수색·검증이 있다. 다만 검증에 있어서는 법원이 행하는 검증은 증거조사의 일종에 지나지 않고, 수사기관의 검증만이 강제처분에 해당한다. 그리고 통신비밀보호법이 규정한 감청 등의 통신제한조치도 대물적 강제처분에 포함된다.

대물적 강제처분은 수소법원이 행하는 강제처분과 수사절차에서 행하는 강제처분으로 나눌 수 있다. 수사절차에서 행하는 수사상의 대물적 강제처분을 대물적 강제수사라고 한다. 형사소송법은 수소법원에 의한 압수·수색·검증에 대하여 자세히 규정하고($\substack{제106조 내 \\ 지 제145조}$), 이를 수사상의 대물적 강제수사에 대부분 준용하는 입법형식을 취하고 있다($\substack{제219 \\ 조}$).

2. 대물적 강제처분의 요건

대물적 강제처분의 경우에도 강제처분법정주의와 영장주의가 그대로 적용된다. 법원은 필요한 때에는 피고사건과 관계가 있다고 인정할 수 있는 것에 한정하여 증거물 또는 몰수할 것으로 사료하는 물건을 압수하거나($\substack{제106조 \\ 제1항}$), 사람의 신체, 물건 또는 주거, 그 밖의 장소를 수색할 수 있다($\substack{제109 \\ 조}$). 검사는 범죄수사에 필요한 때에는 피의자가 죄를 범하였다고 의심할 만한 정황이 있고 해당 사건과 관계가 있다고 인정할 수 있는 것에 한정하여 지방법원판사에게 청구하여 발부받은 영장에 의하여 압수·수색 또는 검증을 할 수 있고($\substack{제215조 \\ 제1항}$), 사법경찰관은 범죄수사에 필요한 때에는 피의자가 죄를 범하였다고 의심할 만한 정황이 있고 해당 사건과 관계가 있다고 인정할 수 있는 것에 한정하여 검사에게 신청하여 검사의 청구로 지방법원판사가 발부한 영장에 의하여 압수·수색 또는 검증을 할 수 있다($\substack{동조 \\ 제2항}$). 대물적 강제처분을 위해서는 구체적으로 다음의 요건이 필요하다.

(1) 범죄의 혐의

압수·수색·검증을 함에 있어서는 범죄에 대한 혐의가 존재하여야 한다. 수사기관이 압수·수색 또는 검증을 하기 위해서는 피의자가 죄를 범하였다고 의심할 만한 정황이 있어야 한다($\substack{제215 \\ 조}$). 영장청구서에 피의사실의 요지를 기재하고($\substack{규칙 제 \\ 107조}$), 피의자에게 범죄의 혐의가 있다고 인정되는 자료를 제출하도록 한($\substack{규칙 제 \\ 108조}$) 이유도 여기에 있다. 법원의 압수·수색에 있어서는 범죄혐의의 존재가 명문으로 요구되고 있지는 않으나($\substack{제106조 제1항, 제 \\ 109조 제1항 참조}$), 법원의 강제처분에 있어서도 범죄의 혐의는 당연히 전제되어 있다고 할 수 있다.

압수 · 수색 · 검증을 위하여 필요한 범죄의 혐의는 신체구속의 경우에 요구되는 범죄혐의와 그 정도에 있어서 차이가 있다. 압수 · 수색 · 검증은 체포나 구속에 앞서서 행하여지는 경우가 많고 기본권 침해의 정도가 대인적 강제처분에 비해서 상대적으로 약하기 때문이다. 형사소송법은 체포 · 구속에 있어서는 「피의자가 죄를 범하였다고 의심할 만한 상당한 이유」가 있을 것을 요구하면서, 압수 · 수색 · 검증에 있어서는 단순히 「피의자가 죄를 범하였다고 의심할 만한 정황」이 있을 것을 요구하고 있다. 따라서 압수 · 수색 · 검증을 위해서는 수사절차의 개시를 정당화할 수 있을 정도의 단순한 범죄혐의 또는 최초의 혐의가 존재하는 것으로 족하다. 다만 수사의 개시를 위해서는 구체적 사실에 근거한 범죄혐의의 존재가 필요하다는 점에서 단순히 범죄정보를 수집하거나 수사의 단서를 찾기 위하여 행하는 이른바 탐색적 압수 · 수색은 허용되지 않는다.

(2) 압수 · 수색 · 검증의 필요성

대물적 강제처분은 그 필요성이 있는 경우에 인정된다. 법원은 필요한 때에는 피고사건과 관계가 있다고 인정할 수 있는 것에 한정하여 직권으로 영장을 발부하여 압수 · 수색할 수 있고($^{제106조,}_{제109조}$), 수사기관은 범죄수사에 필요한 때에는 해당 사건과 관계가 있다고 인정할 수 있는 것에 한정하여 지방법원판사에게 청구하여 발부받은 영장에 의하여 압수 · 수색 또는 검증을 할 수 있다($^{제215}_{조}$). 여기서 범죄수사에 필요한 때는 단지 수사를 위해 필요할 뿐만 아니라 강제처분으로서 압수를 행하지 않으면 수사의 목적을 달성할 수 없는 경우를 말한다($^{대법원 2004.3.23,}_{2003모126}$). 대물적 강제처분의 필요성을 판단하기 위하여 형사소송규칙은 압수 · 수색영장에 압수 · 수색의 사유를 기재하도록 하고($^{규칙}_{제58조}$), 영장을 청구할 때에는 압수 · 수색 또는 검증의 필요를 인정할 수 있는 자료를 제출하도록 하고 있다($^{규칙 제}_{108조}$).

(3) 압수 · 수색 · 검증의 관련성

압수 · 수색 · 검증의 해당 사건과의 관련성은 필요성을 구성하는 내용의 하나로 볼 수도 있지만, 형사소송법은 필요성 이외에 사건과의 관련성을 강조하여 법문에서 별도로 규정하고 있다($^{제106조, 제109}_{조, 제215조}$). 압수 · 수색 · 검증이 적법하기 위해서는 사건과의 관련성이 요구되므로 압수 · 수색 · 검증영장의 목적이 된 범죄나 이와 관련된 범죄에 관한 증거를 압수한 경우에는 이를 유죄 인정의 증거로 사용할 수 있다. 여기서 압수 · 수색 · 검증영장의 범죄 혐의사실과 관계있는 범죄라는 것은 압수 ·

수색·검증영장에 기재한 혐의사실과 객관적 관련성이 있고 압수·수색·검증영장
대상자와 피의자 사이에 주관적 관련성(인적 관련성)이 있는 범죄를 의미한다.[1] 이
때 혐의사실과의 객관적 관련성은 압수·수색·검증영장에 기재된 혐의사실 자체
또는 그와 기본적 사실관계가 동일한 범행과 직접 관련되어 있는 경우는 물론 범행
동기와 경위, 범행 수단과 방법, 범행 시간과 장소 등을 증명하기 위한 간접증거나
정황증거 등으로 사용될 수 있는 경우에도 인정될 수 있다. 다만 이러한 객관적 관
련성은 압수·수색·검증영장에 기재된 혐의사실의 내용과 수사의 대상, 수사 경위
등을 종합하여 구체적·개별적 연관관계가 있는 경우에만 인정되는 것이지, 혐의사
실과 단순히 동종 또는 유사 범행이라는 사유만으로 객관적 관련성이 인정되는 것
은 아니다(대법원 2020.2.13, 2019도14341). 한편 피의자와 사이의 주관적 관련성은 공범사건에서도
인정되는데, 압수수색영장에 기재된 대상자의 공동정범이나 교사범 등 공범이나
간접정범은 물론 필요적 공범 등에 대한 피고사건에 대해서도 인정될 수 있다(대법원 2018.10.12, 2018도6252).

형사소송은 절차의 진행에 따라 법률관계가 동적·발전적으로 변하는 특성을
가지므로 해당 사건과의 관련성은 압수 당시를 기준으로 객관적으로 인정되면 충
분하다. 사후에 압수물이 해당 사건과의 관련성이 없는 것으로 확인되어도 압수 당
시에 관련성이 인정된다면 압수의 적법성이 부정되지는 않는다.

(4) 비례의 원칙

압수·수색·검증의 경우에도 비례의 원칙이 적용된다(제199조 제1항 단서). 따라서 ① 대
물적 강제처분에 의하지 않고는 달리 증거방법을 확보할 수 없는 불가피성이 있어
야 하고, ② 압수·수색·검증은 그 목적달성을 위하여 필요한 최소한의 범위에 그
쳐야 하며, ③ 이에 의한 기본권의 침해는 범죄의 태양과 경중, 대상물의 증거가치
및 중요성, 증거인멸의 우려 유무, 처분을 받는 자의 불이익의 정도 등과 균형관계
를 이루어야 한다(대법원 2004.3.23, 2003모126).

---

[1] 甲의 공직선거법 위반 범행을 영장 범죄사실로 하여 발부받은 압수·수색영장의 집행 과정
   에서 乙, 丙의 공직선거법 위반 혐의사실이 인정되는 乙, 丙 사이의 대화가 녹음된 녹음파일
   을 별도의 압수·수색영장을 발부받지 않고 압수한 경우 녹음파일은 위법수집증거로서 증거
   능력이 없다(대법원 2014. 1. 16, 2013도7101).

Ⅱ. 압수 · 수색

1. 압수 · 수색의 의의

압수란 물건의 점유를 취득하는 강제처분을 말하는데, 여기에는 압류, 영치, 제출명령의 세 가지 유형이 있다. 압류는 물건의 점유를 점유자 또는 소유자의 의사에 반하여 강제적으로 취득하는 강제처분을 말하며, 좁은 의미의 압수란 압류를 의미한다. 영치는 소유자 등이 임의로 제출한 물건이나 유류한 물건에 대하여 점유를 취득하는 경우를 말하는데, 영장을 요하지 않으나 일단 영치된 물건에 대하여는 강제적인 점유가 계속되어 상대방이 수인의무를 진다는 점에서 압수의 일종이다. 법원이 압수할 물건을 지정하여 소유자 등에게 제출을 명하는 것을 제출명령이라고 한다($\binom{\text{제}106\text{조}}{\text{제}2\text{항}}$). 이에 응하여 물건이 제출되었을 때에는 압수의 효력이 발생하고 이에 응하지 않으면 압수할 수 있다는 점에서 일종의 압수라고 볼 수 있다. 제출명령은 법원이 행하는 압수의 한 형태로서 수사상의 압수에는 인정되지 않는다.[1]

수색이란 압수할 물건이나 피의자 · 피고인을 발견하기 위하여 사람의 신체, 물건 또는 주거 기타의 장소에 대하여 행하는 강제처분을 말한다. 수색은 주로 압수를 위하여 행하여지며, 실무상으로도 압수 · 수색영장이라는 단일영장이 일반적으로 사용되고 있다.

2. 압수 · 수색의 대상

(1) 압수의 대상

㈎ 증거물 또는 몰수물

압수의 대상은 피의사건 또는 피고사건과 관계가 있다고 인정할 수 있는 증거물 또는 몰수물이다($\binom{\text{제}106\text{조}}{\text{제}1\text{항, 제}219\text{조}}$). 증거물에 대한 압수가 절차확보를 위한 것임에 대하여, 몰수물에 대한 압수는 판결집행의 확보라는 의미를 가진다. 압수대상물은 반드시 동산에 한하지 않고 부동산도 포함된다. 사람의 신체는 수색 또는 검증의 대상이지 압수의 대상은 아니다. 다만 신체로부터 분리된 두발, 체모, 손톱, 혈액, 정

---

1) 형사소송법 제219조는 제106조를 준용하고 있어 수사기관이 행하는 압수에도 제출명령이 포함되는 것처럼 규정되어 있으나, 수사기관의 압수에는 원칙적으로 법관의 영장을 요하므로 수사기관이 독자적인 제출명령권을 가진다고 할 수 없고 수사기관이 제출을 명한다고 하더라도 상대방은 제출의무를 부담하지 않는다.

액, 침, 소변 등은 압수의 대상이 된다. 사람의 사체에 대하여도 압수가 허용된다. 몰수물은 당해 사건에 대한 판결에서 몰수가 선고될 가능성이 있는 물건을 말하며, 필요적 몰수의 대상인 물건에 한하지 않고 임의적 몰수의 대상인 것도 포함된다.

(나) 정보저장매체등

기술의 발달로 PC, USB, SSD, 휴대전화 등 정보저장매체에 다양한 전자정보가 저장되어 있어 범죄사실을 증명하기 위해서는 전자정보에 대한 압수·수색이 필요한 경우가 많아졌다. 압수의 목적물이 컴퓨터용디스크 그 밖에 이와 비슷한 정보저장매체인 경우에는 기억된 정보의 범위를 정하여 출력하거나 복제하여 제출받아야 한다. 다만 범위를 정하여 출력 또는 복제하는 방법이 불가능하거나 압수의 목적을 달성하기에 현저히 곤란하다고 인정되는 때에는 정보저장매체등을 압수할 수 있다($\binom{제106조}{제3항, 제219조}$). 여기서 예외적으로 정보저장매체등을 압수하기 위해서는 그렇게 할 수 있도록 영장에 기재되어 있어야 하며, 정보저장매체등 자체를 압수하거나 하드카피·이미징 등의 방법으로 정보저장매체등에 기억된 정보를 확보하는 것이 가능하다($\binom{대법원 2012.3.29,}{2011도10508}$).

전자정보에 대한 압수·수색이 종료되기 전에 별도의 범죄혐의와 관련된 전자정보를 우연히 발견한 경우, 수사기관으로서는 더 이상의 추가 탐색을 중단하고 법원으로부터 별도의 범죄혐의에 대한 압수·수색 영장을 발부받아 이를 압수·수색하여야 한다. 이러한 경우에도 별도의 압수·수색 절차는 최초의 압수·수색 절차와 구별되는 별개의 절차이고, 별도 범죄혐의와 관련된 전자정보는 최초의 압수·수색 영장에 의한 압수·수색의 대상이 아니어서 정보저장매체의 원래 소재지에서 별도의 압수·수색영장에 기해 압수·수색을 진행하는 경우와 마찬가지로 피압수자는 최초의 압수·수색 이전부터 해당 전자정보를 관리하고 있던 자라 할 것이므로, 특별한 사정이 없는 한 피압수자에게 참여권을 보장하고($\binom{제219조,}{제121조}$) 압수한 전자정보 목록을 교부하는($\binom{제219조,}{제129조}$) 등 피압수자의 이익을 보호하기 위한 적절한 조치가 이루어져야 한다($\binom{대법원 2015.7.16, 2011}{모1839 전원합의체 결정}$). 수사기관 또는 법원은 정보저장매체등의 압수를 통하여 일정한 정보를 제공받은 경우에는 당해 정보에 의하여 알아볼 수 있는 사람으로서 그 정보의 주체가 되는 사람, 즉 정보주체에게 해당 사실을 지체 없이 알려야 한다($\binom{제106조 제4항, 제219조, 개}{인정보 보호법 제2조 제3호}$).

(다) 우체물 또는 전기통신

수사기관 또는 법원은 필요한 때에는 피의사건 또는 피고사건과 관계가 있다고 인정할 수 있는 것에 한정하여 우체물 또는 전기통신에 관한 것으로서 체신관서, 그 밖의 관련 기관 등이 소지 또는 보관하는 물건을 압수를 할 수 있고, 법원은 그 제출을 명할 수 있다($\frac{\text{제107조}}{\text{제 1 항, 제219조}}$). 여기서 전기통신이라 함은 전화·전자우편·회원제정보서비스·모사전송·무선호출 등과 같이 유선·무선·광선 및 기타의 전자적 방식에 의하여 모든 종류의 음향·문언·부호 또는 영상을 송신하거나 수신하는 것을 말한다($\frac{\text{통신비밀보호법}}{\text{제 2 조 제 3 호}}$). 따라서 이미 수신되어 체신관서 등이 보관하고 있는 전자우편 등 전기통신의 내용은 압수의 대상이 된다. 수사기관 또는 법원은 우체물 등에 대하여 이러한 처분을 할 때에는 발신인이나 수신인에게 그 취지를 통지하여야 한다. 다만 수사 또는 심리에 방해될 염려가 있는 경우에는 예외로 한다($\frac{\text{제107조 제 3}}{\text{항, 제219조}}$).

　　우체물이나 전기통신 관련 물건은 개봉하여 그 내용을 파악하기 전에는 증거물이나 몰수물에 해당하는지를 알 수 없다는 특성이 있다. 따라서 우편물 등은 피의사건 또는 피고사건과의 관련성만 인정되면 반드시 증거물 또는 몰수할 것으로 사료되는 물건에 해당하지 않더라도 압수할 수 있도록 한 것이다.

　　㈑ **출 판 물**

　　출판물도 압수의 대상이 됨은 물론이다. 그러나 헌법상 출판에 대한 사전검열이 금지되므로 출판물의 압수는 이에 따른 제한을 받는다. 특히 출판 직전에 그 내용을 문제 삼아 출판물을 압수하는 것은 실질적으로 출판의 사전검열과 같은 효과를 가져 올 수 있으므로 출판물의 압수를 허용함에 있어서는 범죄혐의와 강제수사의 요건을 보다 엄격히 해석하여야 한다.[1]

　　(2) 수색의 대상

　　수색의 대상은 피의사건 또는 피고사건과 관계가 있다고 인정할 수 있는 사람의 신체, 물건 또는 주거 기타의 장소이다. 수사기관 또는 법원은 필요한 때에는 피의사건 또는 피고사건과 관계가 있다고 인정할 수 있는 것에 한정하여 피의자 또는

---

1) 대법원 1991. 2. 26, 91모1, 「출판에 대한 사전검열이 헌법상 금지된 것으로서 어떤 이유로도 행정적인 규제방법으로 사전검열을 하는 것은 허용되지 않으나, 출판내용에 형벌법규에 저촉되어 범죄를 구성하는 혐의가 있는 경우에 그 증거물 또는 몰수할 물건으로서 압수하는 것은 재판절차라는 사법적 규제와 관련된 것이어서 행정적인 규제로서의 사전검열과 같이 볼 수 없고, 다만 출판 직전에 그 내용을 문제 삼아 출판물을 압수하는 것은 실질적으로 출판의 사전검열과 같은 효과를 가져올 수도 있는 것이므로 범죄혐의와 강제수사의 요건을 엄격히 해석하여야 할 것이다.」

피고인의 신체, 물건 또는 주거, 그 밖의 장소를 수색할 수 있다($_{제 1 항, 제219조}^{제109조}$). 피의자 또는 피고인 아닌 자의 신체, 물건 또는 주거 기타의 장소에 대해서는 압수할 물건이 있음을 인정할 수 있는 경우에 한하여 수색할 수 있다($_{제 2 항, 제219조}^{제109조}$). 압수대상이 존재할 개연성은 피의자 또는 피고인의 신체, 물건 등에 대한 수색에 있어서도 요구되는 사항이나, 제 3 자를 대상으로 한 수색에 있어서는 그 요건이 더욱 엄격하게 요구된다 할 것이다.

3. 압수 · 수색의 제한

(1) 군사상 비밀

군사상 비밀을 요하는 장소는 그 책임자의 승낙 없이는 압수 또는 수색할 수 없다. 책임자는 국가의 중대한 이익을 해하는 경우를 제외하고는 승낙을 거부하지 못한다($_{제219조}^{제110조,}$).

(2) 공무상 비밀

공무원 또는 공무원이었던 자가 소지 또는 보관하는 물건에 관하여는 본인 또는 그 해당 공무소가 직무상의 비밀에 관한 것임을 신고한 때에는 그 소속 공무소 또는 당해 감독관공서의 승낙 없이는 압수하지 못한다. 이때 소속 공무소 또는 당해 감독관공서는 국가의 중대한 이익을 해하는 경우를 제외하고는 승낙을 거부하지 못한다($_{제219조}^{제111조,}$).

(3) 업무상 비밀

변호사, 변리사, 공증인, 공인회계사, 세무사, 대서업자, 의사, 한의사, 치과의사, 약사, 약종상, 조산사, 간호사, 종교의 직에 있는 자 또는 이러한 직에 있던 자가 그 업무상 위탁을 받아 소지 또는 보관하는 물건으로 타인의 비밀에 관한 것은 압수를 거부할 수 있다. 다만 그 타인의 승낙이 있거나 중대한 공익상 필요가 있는 때에는 예외로 한다($_{제219조}^{제112조,}$).

4. 압수 · 수색의 절차

(1) 영장의 청구와 발부

㈎ 영장의 청구

검사는 범죄수사에 필요한 때에는 피의자가 죄를 범하였다고 의심할 만한 정

황이 있고 해당 사건과 관계가 있다고 인정할 수 있는 것에 한정하여 지방법원판사
에게 청구하여 발부받은 영장에 의하여 압수·수색을 할 수 있다(제215조 제1항). 사법경찰
관은 범죄수사에 필요한 때에는 피의자가 죄를 범하였다고 의심할 만한 정황이 있
고 해당 사건과 관계가 있다고 인정할 수 있는 것에 한정하여 검사에게 신청하여
검사의 청구로 지방법원판사가 발부한 영장에 의하여 압수·수색을 할 수 있다
(동조 제2항). 검사가 사법경찰관이 신청한 영장을 정당한 이유 없이 판사에게 청구하지
아니한 경우 사법경찰관은 그 검사 소속의 지방검찰청 소재지를 관할하는 고등검
찰청에 영장 청구 여부에 대한 심의를 신청할 수 있고, 고등검찰청의 영장심의위원
회에서 이에 대한 심의를 한다(제221 조의5).

　　검사가 영장을 청구할 때에는 피의자에게 범죄혐의가 있다고 인정되는 자료와
압수·수색의 필요 및 해당사건과의 관련성을 인정할 수 있는 자료를 제출하여야
하며(규칙 제108 조 제1항), 피의자 아닌 자의 신체·물건·주거 기타의 장소의 수색을 위한 영
장의 청구를 할 때에는 압수하여야 할 물건이 있다고 인정될 만한 자료를 제출하여
야 한다(규칙 동조 제2항).

　　압수·수색을 위한 영장의 청구서에는 ① 피의자의 성명·주민등록번호 등·
직업·주거, ② 피의자에게 변호인이 있는 때에는 그 성명, ③ 죄명 및 범죄사실의
요지, ④ 7일을 넘는 유효기간을 필요로 하는 때에는 그 취지 및 사유, ⑤ 여러 통
의 영장을 청구하는 때에는 그 취지 및 사유, ⑥ 압수할 물건, 수색할 장소·신체·
물건, ⑦ 압수·수색의 사유, ⑧ 일출 전 또는 일몰 후에 압수·수색을 할 필요가
있는 때에는 그 취지 및 사유를 기재하여야 한다(규칙 제107조 제1항, 규칙 제95조 제1항). 또한 「통신비밀
보호법」 제 2 조 제 3 호에 따른 전기통신을 압수·수색하고자 할 경우에는 위의 사
항 이외에 그 작성기간을 기재하여야 한다(규칙 제107 조 제7호).

(나) 영장의 발부

　　수사기관이 압수·수색을 하기 위해서는 검사의 청구에 의하여 지방법원판사
가 영장을 발부하여야 한다. 제402조와 제403조에서 규정하는 항고는 법원이 한 결
정을 대상으로 하고 제416조의 준항고는 수소법원을 전제로 한 재판장 또는 수명법
관이 행하는 재판을 대상으로 하므로, 지방법원판사가 압수·수색영장을 발부하거
나 기각하는 재판에 대하여는 항고 또는 준항고가 허용되지 않는다(대법원 1997.9.29, 97모66).

　　수소법원이 공판정 외에서 압수·수색을 함에는 영장을 발부하여 시행하여야
한다(제113 조). 법원은 압수 또는 수색을 합의부원에게 명할 수 있고, 그 목적물의 소재

지를 관할하는 지방법원 판사에게 촉탁할 수 있다(제136조 제1항). 수탁판사는 압수 또는 수색의 목적물이 그 관할구역 내에 없는 때에는 그 목적물 소재지 지방법원 판사에게 전촉할 수 있다(동조 제2항). 수명법관·수탁판사가 행하는 압수 또는 수색에 관하여는 법원이 행하는 압수 또는 수색에 관한 규정을 준용한다(동조 제3항). 법원이 공판정에서 압수·수색을 하는 경우에는 영장을 요하지 않는다(제113 조 참조). 공판정에서 압수·수색을 한 때에는 이를 공판조서에 기재하여야 하며(제51조 제2항 제10호), 그 공판조서에는 압수물의 품종·외형상의 특징과 수량을 기재하여야 한다(제49조 제3항).

1) 영장의 기재사항　　압수·수색영장에는 피의자 또는 피고인의 성명, 죄명, 압수할 물건, 수색할 장소·신체·물건, 영장 발부 연월일, 영장의 유효기간과 그 기간이 지나면 집행에 착수할 수 없으며 영장을 반환하여야 한다는 취지, 압수·수색의 사유를 기재하고 피의자에 대한 영장의 경우에는 지방법원판사가, 피고인에 대한 영장의 경우에는 재판장 또는 수명법관이 서명날인하여야 한다. 다만 압수·수색할 물건이 전기통신에 관한 것인 경우에는 작성기간을 기재하여야 한다(제114조 제1항, 제219조, 규칙 제58조). 피의자 또는 피고인의 성명이 분명하지 아니한 때에는 인상·체격 기타 피의자 또는 피고인을 특정할 수 있는 사항으로 이를 표시할 수 있다(제114조 제2항, 제75 조 제2항, 제219조).

2) 압수·수색할 대상의 특정　　압수·수색의 대상은 압수·수색영장에 반드시 특정되어야 한다. 영장주의 원칙상 압수·수색의 대상을 특정하지 않고 포괄적 강제처분을 허용하는 일반영장(general warrant)은 금지된다. 압수·수색영장에 대상물을 특정할 것을 요구하는 것은 영장을 집행하는 수사기관의 권한범위를 명확히 함으로써 남용을 방지하는 데 그 목적이 있다.[1] 따라서 영장에는 개별적으로 압수할 물건의 명칭·형상·특징 등을 구체적으로 기재하는 것이 가장 바람직하다. 다만 수사의 실제에 있어서는 목적물 존재의 개연성은 인정되나 구체적인 품명·수량·형상까지는 자세히 알 수 없는 경우가 있다는 점을 고려할 때 대상물에 대한 어느 정도의 개괄적인 기재는 허용되는 것으로 보아야 한다. 압수현장에서 수사기

---

1) 대법원 2009. 3. 12, 2008도763, 「헌법과 형사소송법이 구현하고자 하는 적법절차와 영장주의의 정신에 비추어 볼 때, 법관이 압수·수색영장을 발부하면서 '압수할 물건'을 특정하기 위하여 기재한 문언은 엄격하게 해석하여야 하고, 함부로 피압수자 등에게 불리한 내용으로 확장 또는 유추 해석하여서는 안 된다. 따라서 압수·수색영장에서 압수할 물건을 '압수장소에 보관 중인 물건'이라고 기재하고 있는 것을 '압수장소에 현존하는 물건'으로 해석할 수는 없다.」

관이 압수하려는 물건이 당해 영장에 의해 허가되어 있는 물건에 포함되어 있음을 식별할 수 있는 정도로 기재되어 있는 경우에는 영장기재의 특정성을 인정할 수 있을 것이다. 이렇게 볼 때 영장에 「본건 범행과 관계가 있는 증거물」이라든가 「장물로 생각되는 물건 전부」 등과 같이 대상을 지극히 포괄적으로 기재하는 것은 허용되지 않으나, 물건의 이름을 구체적으로 열거한 후에 「…기타 본건과 관련있다고 생각되는 문서 및 물건」이라고 기재하는 경우에는 구체적인 예시가 「…기타 본건과 관련있다고 생각되는 문서 및 물건」이라는 기재를 한정하는 역할을 하므로 그 특정성을 인정할 수 있다고 본다. 여기에 압수·수색영장에 기재되어 있는 죄명도 피의사실과의 관련성을 통해서 압수대상물을 한정하는 기능을 수행하게 된다.

　　수색할 장소의 기재도 압수·수색영장을 집행할 때 다른 장소와 합리적으로 구별될 수 있을 정도로 특정되어야 한다. 특히 회사·단체·공공기관 등의 사무실이 수색장소인 경우에는 범죄사건과 관련된 장소로 엄격히 제한하여 수색장소를 특정할 필요가 있다. 따라서 직원 개인의 범죄인 경우에는 그 직원이 사용하는 사무실 및 집기 이외의 부분에 대해서는 특별한 사정이 없는 한 수색을 허용하여서는 안 될 것이다. 수사기관이 압수·수색영장에 적힌 '수색할 장소'에 있는 컴퓨터 등 정보처리장치에 저장된 전자정보 외에 원격지 서버에 저장된 전자정보를 압수·수색하기 위해서는 압수·수색영장에 적힌 '압수할 물건'에 별도로 원격지 서버 저장 전자정보가 특정되어 있어야 하고, 압수·수색영장에 적힌 '압수할 물건'에 컴퓨터 등 정보처리장치 저장 전자정보만 기재되어 있다면 컴퓨터 등 정보처리장치를 이용하여 원격지 서버 저장 전자정보를 압수할 수는 없다(대법원 2022.6.30, 2022도1452). 다만 피의자가 휴대전화를 임의제출하면서 휴대전화에 저장된 전자정보가 아닌 클라우드 등 제3자가 관리하는 원격지에 저장된 전자정보를 수사기관에 제출한다는 의사로 수사기관에게 클라우드 등에 접속하기 위한 아이디와 비밀번호를 임의로 제공하였다면 위 클라우드 등에 저장된 전자정보를 임의제출하는 것으로 볼 수 있다(대법원 2021.7.29, 2020도14654).

　　3) 영장의 유효기간과 중복집행의 금지　　압수·수색영장의 유효기간은 원칙적으로 7일이나, 판사가 상당하다고 인정하는 때에는 7일을 넘는 유효기간을 정할 수 있다(규칙 제178조). 영장의 유효기간이란 집행에 착수할 수 있는 종기를 의미할 뿐이므로 영장의 유효기간이 남아 있다고 하더라도 동일한 영장으로 수회 같은 장소에서 중복적으로 압수·수색을 할 수는 없다. 따라서 수사기관이 압수·수색영장을 집행한

때에는 동일한 장소 또는 목적물에 대하여 다시 압수·수색할 필요가 있더라도 판사로부터 새로운 압수·수색영장을 발부받지 않으면 이를 할 수가 없다($\binom{\text{대법원 1999.12.1,}}{\text{99모161}}$).

(2) 압수·수색영장의 집행

㈎ 집행기관

압수·수색영장은 검사의 지휘에 의하여 사법경찰관리가 집행한다. 다만 수소법원의 압수·수색의 경우에 필요한 때에는 재판장은 법원사무관 등에게 그 집행을 명할 수 있다($\binom{\text{제115조}}{\text{제 1 항, 제219조}}$). 검사는 관할구역 외에서 영장의 집행을 지휘하거나 당해 관할구역의 검사에게 집행지휘를 촉탁할 수 있고, 사법경찰관리도 마찬가지 방법으로 압수·수색영장을 집행할 수 있다($\binom{\text{제115조}}{\text{제 2 항, 제83조}}$). 법원사무관 등이 압수·수색영장을 집행하는 경우에 필요한 때에는 사법경찰관리에게 보조를 구할 수 있다($\binom{\text{제117}}{\text{조}}$).

㈏ 집행의 방법

1) 영장의 사전제시와 영장사본의 교부   압수·수색영장은 처분을 받는 자에게 반드시 제시하여야 하고, 피의자나 피고인이 처분을 받는 경우는 그 사본을 교부하여야 한다($\binom{\text{제118조,}}{\text{제219조}}$). 영장이 제시되어야 영장의 발부사실, 처분범위 등을 피압수자가 알 수 있고 영장집행에 대한 불복(준항고)도 가능하기 때문인데, 이를 위해서는 단순히 영장이 발부된 사실을 확인시켜 주는 것에 그쳐서는 피처분자의 권리가 보장되기 어렵다. 따라서 압수·수색영장을 집행하는 수사기관은 피압수자에게 법관이 발부한 영장에 의한 압수·수색이라는 사실뿐만 아니라 압수·수색영장에 필요적으로 기재하도록 정한 사항이나 그와 일체를 이루는 사항을 충분히 알 수 있도록 압수·수색영장을 제시하여야 한다($\binom{\text{대법원 2017.9.21,}}{\text{2015도12400}}$). 영장은 사전에 제시하고 처분을 받는 자가 피의자나 피고인인 경우에는 영장사본을 교부할 것이 요구되지만, 처분을 받는 자가 현장에 없는 등 영장의 제시나 영장사본의 교부가 현실적으로 불가능한 경우나 처분을 받는 자가 영장의 제시나 사본의 교부를 거부한 때에는 예외가 인정된다($\binom{\text{제118조,}}{\text{제219조}}$).

압수·수색영장은 현장에서 압수·수색을 당하는 사람이 여러 명일 경우에는 그 사람들 모두에게 개별적으로 제시하고 영장사본을 교부해야 하는 것이 원칙이다. 수사기관이 압수·수색에 착수하면서 그 장소의 관리책임자에게 영장을 제시하였다고 하더라도 물건을 소지하고 있는 다른 사람으로부터 이를 압수하고자 하는 때에는 그 사람에게 따로 영장을 제시하여야 한다($^{대법원\ 2009.3.12,}_{\ \ 2008도763}$). 그리고 수사기관이 인터넷서비스제공업체에서 압수·수색영장을 집행하면서 '팩스'로 영장 사본을 송신하기만 하고 영장 원본을 제시하거나 압수조서와 압수물 목록을 작성하여 이를 피압수·수색 당사자에게 교부하지도 않은 채 압수한 피고인의 이메일은 위법수집증거로 증거능력이 없다($^{대법원\ 2017.9.7,}_{\ \ 2015도10648}$).

2) 집행을 위해 필요한 처분　　　압수·수색영장의 집행에 있어서는 자물쇠(鍵錠)를 열거나 개봉 기타 필요한 처분을 할 수 있다. 압수물에 대하여도 같은 처분을 할 수 있다($^{제120조,}_{제219조}$). 여기서 자물쇠나 물건의 개봉은 필요한 처분의 예시에 불과하고, 그 밖에 집행의 목적을 달성하기 위해서 필요하고 또한 사회적으로도 상당하다고 인정되는 처분은 여기에 해당한다. 따라서 압수·수색절차의 적법성을 담보하기 위한 목적으로 그 집행상황을 촬영하는 경우나 압수물의 증거가치를 보존하기 위하여 증거물을 발견한 장소, 발견한 상태 등을 촬영하는 경우에는 별도의 영장을 요하지 않는다. 이러한 형태의 사진촬영은 압수·수색영장의 집행에 부수하는 필요처분으로서의 성격을 가지기 때문이다. 이 경우 영장 없는 사진촬영이 적법하기 위해서는 당해 압수·수색이 전체적으로 적법하게 이루어졌어야 함은 물론이다.

압수·수색영장의 집행 중에는 타인의 출입을 금지할 수 있고, 이에 위배한 자에게는 퇴거하게 하거나 집행종료시까지 간수자를 붙일 수 있다($^{제119조,}_{제219조}$). 또한 압수·수색영장의 집행을 중지한 경우에 필요한 때에는 집행이 종료될 때까지 그 장소를 폐쇄하거나 간수자를 둘 수 있다($^{제127조,}_{제219조}$).

3) 주의사항　　　압수·수색영장을 집행할 때에는 타인의 비밀을 보호하여야 하며 처분받은 자의 명예를 해하지 아니하도록 주의하여야 한다($^{제116}_{조}$).

⒟ **당사자·책임자 등의 참여**

1) 당사자의 참여　　　검사, 피의자·피고인 또는 변호인은 압수·수색영장의 집행에 참여할 수 있다($^{제121조,}_{제219조}$). 압수·수색절차의 공정성을 확보하고 집행을 받는 자의 이익을 보호하기 위한 것이다. 따라서 압수·수색영장을 집행할 때에는 미리 집행의 일시와 장소를 참여권자에게 통지하여야 한다. 다만 참여권자가 참여하지 아니한다는 의사를 명시한 때 또는 급속을 요하는 때에는 예외로 한다($^{제122조,}_{제219조}$). 급속을 요하는 때란 압수·수색영장의 집행사실을 미리 알려주면 증거물을 은닉할 염려가 있어 압수·수색의 실효를 거두기 어려운 경우를 말한다($^{대법원\ 2012.10.11,}_{\ \ 2012도7455}$).

정보저장매체 또는 하드카피나 이미징 등 형태를 수사기관의 사무실 등으로 옮긴 후 전자정보를 탐색하여 해당 전자정보를 문서로 출력하거나 파일을 복사하는 과정 역시 전체적으로 압수·수색영장의 집행절차에 해당된다. 따라서 이때의 문서출력 또는 파일복사도 혐의사실과 관련된 부분에 한정되어야 하고, 관련성에 대한 구분 없이 임의로 문서를 출력하거나 파일을 복사하는 것은 특별한 사정이 없는 한 위법하다. 또한 이러한 일련의 과정에서 형사소송법 제219조, 제121조에서 규정하는 피압수·수색 당사자나 그 변호인에게 참여의 기회를 보장하고 혐의사실과 무관한 전자정보의 임의적인 복제 등을 막기 위한 적절한 조치를 취하는 등 영장주의 원칙과 적법절차를 준수하여야 한다. 만약 그러한 조치를 취하지 않았다면 특별한 사정이 없는 한 압수·수색은 위법한 것이 된다(대법원 2015.7.16, 2011 모1839 전원합의체 결정). 다만 수사기관이 피의자 등에게 참여의 기회를 보장한 상태에서 정보저장매체에 기억된 정보 중에서 키워드 또는 확장자 검색 등을 통해 범죄혐의사실과 관련 있는 정보를 선별하여 정보저장매체와 동일하게 복제하여 생성한 이미지 파일을 압수한 경우, 압수의 목적물에 대한 압수·수색 절차는 종료된 것이고 수사기관이 수사기관 사무실에서 압수된 이미지 파일을 탐색·복제·출력하는 과정에서까지 피의자 등에게 참여의 기회를 보장하여야 하는 것은 아니다(대법원 2018.2.8, 2017도13263).

피해자 등 제3자가 피의자의 소유·관리에 속하는 정보저장매체를 임의제출한 경우에는 실질적 피압수자인 피의자가 수사기관이 그 전자정보 전부를 무제한 탐색하는 데 동의한 것으로 보기 어려울 뿐만 아니라 피의자 스스로 임의제출한 경우 피의자의 참여권 등이 보장되어야 하는 것을 고려하면, 특별한 사정이 없는 한 형사소송법 제219조, 제121조, 제129조에 따라 피의자에게 참여권을 보장하고 압수한 전자정보 목록을 교부하는 등 피의자의 절차적 권리를 보장하기 위한 적절한 조치가 이루어져야 한다(대법원 2021.11.18, 2016도348). 이처럼 정보저장매체를 임의제출한 피압수자 이외에 피의자에게도 참여권이 보장되어야 하는 '피의자의 소유·관리에 속하는 정보저장매체'로 볼 수 있는 경우는 피의자가 압수·수색 당시 또는 이와 시간적으로 근접한 시기까지 해당 정보저장매체를 자신의 의사에 따라 제3자에게 양도하거나 포기하지 아니하고 현실적으로 지배·관리하면서 그 정보저장매체 내 전자정보 전반에 관한 전속적인 관리처분권을 보유·행사하여 피의자를 그 정보저장매체에 저장된 전자정보에 대하여 실질적인 압수·수색 당사자로 평가할 수 있는 경우를 말하는 것이고, 이에 해당하는지는 민사법상 권리의 귀속에 따른 법률적·사후적 판단이 아니라 압수·수색 당시 외형적·객관적으로 인식 가능한 사실상의 상태를 기준으로 판단하고 단지 피의자나 제 3 자가 과거 그 정보저장매체의 이용한 사실 또는 개별 전자정보의 생성·이용 등에 관여한 사실이 있다거나 그 과정에서 생성된 전자정보에 의해 식별되는 정보주체에 해당한다는 사정만으로 실질적으로 압수·수색을 받는 당사자로 보지는 않는다(대법원 2022.1.27,
2021도11170).

　　2) **책임자 등의 참여**　　공무소, 군사용 항공기 또는 선박·차량 안에서 압수·수색영장을 집행하려면 그 책임자에게 참여할 것을 통지하여야 한다. 이러한 장소 외에 타인의 주거, 간수자 있는 가옥·건조물(建造物)·항공기 또는 선박·차량 안에서 압수·수색영장을 집행할 때에는 주거주(住居主)·간수자 또는 이에 준하는 사람을 참여하게 하여야 한다. 이상의 사람을 참여하게 하지 못할 때에는 이웃 사람 또는 지방공공단체의 직원을 참여하게 하여야 한다(제123조,
제219조).

　　3) **여자의 신체수색과 참여**　　여자의 신체에 대하여 수색할 때에는 성년의 여자를 참여하게 하여야 한다(제124조,
제219조). 신체수색의 상대방이 성년의 여자를 참여시킬 필요가 없다는 의사를 표시한 경우에도 참여시켜야 한다.

　　㈃ **야간집행의 제한**

　　일출 전, 일몰 후에는 압수·수색영장에 야간집행을 할 수 있는 기재가 없으면 그 영장을 집행하기 위하여 타인의 주거, 간수자 있는 가옥·건조물·항공기 또는 선차 내에 들어가지 못한다(제125조,
제219조). 야간의 사생활의 평온을 보호하기 위한 것이다. 다만 도박 기타 풍속을 해하는 행위에 상용된다고 인정하는 장소나 공개된 시간 내의 여관·음식점 기타 야간에 공중이 출입할 수 있는 장소는 이러한 제한을 받지 않는다(제126조,
제219조).

(3) 집행 후의 조치

　　㈎ **압수조서·압수목록의 작성**

　　증거물 또는 몰수할 물건을 압수하였을 때에는 압수조서 및 압수목록을 작성하여야 한다(제49조
제1항). 압수조서에는 압수경위 및 압수물의 품종, 외형상의 특징과 수량을, 압수목록에는 물건의 특징을 각각 구체적으로 기재하여야 한다(제49조
제3항). 압수조서에는 조사 또는 처분의 연월일시와 장소를 기재하고 그 조사 또는 처분을 행한 자와 참여한 사법경찰관리 등이 기명날인 또는 서명하여야 한다(제50조).

　　㈏ **수색증명서·압수목록의 교부**

　　수색한 경우에 증거물 또는 몰수할 물건이 없는 때에는 그 취지의 증명서를 교부하여야 하고($\substack{제128조, \\ 제219조}$), 압수한 경우에는 목록을 작성하여 소유자·소지자·보관자 기타 이에 준할 자에게 교부하여야 한다($\substack{제129조, \\ 제219조}$). 압수목록은 피압수자 등이 압수물에 대한 환부·가환부신청을 하거나 압수처분에 대한 준항고를 하는 등 권리행사절차를 밟는 가장 기초적인 자료가 되므로, 이러한 권리행사에 지장이 없도록 압수 직후 현장에서 바로 작성하여 교부해야 하는 것이 원칙이다($\substack{대법원 2009.3.12, \\ 2008도763}$). 압수물이 전자정보가 저장된 정보저장매체인 경우에는 압수물 목록 교부 취지에 비추어 볼 때 압수된 정보의 상세목록에는 정보의 파일명세가 특정되어 있어야 한다.[1]

5. 금융거래정보에 대한 압수·수색

(1) 의   의

금융거래정보의 조사는 각종 경제범죄의 수사를 위하여 특정인의 금융거래내용을 조사하는 것을 말하는데, 금융계좌추적이라는 말이 일반적으로 사용되고 있다. 금융거래의 내용에 대한 정보 또는 자료는 범인을 확인하거나 범죄사실을 증명하는 데 있어서 중요한 역할을 하기 때문에 금융거래정보의 조사는 탈세, 돈세탁, 뇌물수수, 차명계좌 등의 수사에 자주 이용되는 수사방법이나, 개인의 금융거래에 관한 사생활의 비밀과 자유를 침해한다는 점에서 강제수사에 해당하므로 수사기관이 특정인의 금융거래정보를 얻기 위해서는 압수·수색·검증영장(금융계좌추적용)을 발부받아야 한다.

「금융실명거래 및 비밀보장에 관한 법률」은 금융기관 종사자에 의한 정보의 누설이나 금융기관 종사자에 대한 정보제공의 요구를 원칙적으로 금지하면서, 예외적으로 ① 명의인의 서면요구나 동의가 있는 경우, ② 법원의 제출명령이나 영장

---

[1] 수사기관이 압수·수색영장에 기재된 범죄 혐의사실과의 관련성에 대한 구분 없이 임의로 전체의 전자정보를 복제·출력하여 이를 보관하여 두고, 그와 같이 선별되지 않은 전자정보에 대해 구체적인 개별 파일 명세를 특정하여 상세목록을 작성하지 않고 '….zip'과 같이 그 내용을 파악할 수 없도록 되어 있는 포괄적인 압축파일만을 기재한 후 이를 전자정보 상세목록이라고 하면서 피압수자 등에게 교부함으로써 범죄 혐의사실과 관련성 없는 정보에 대한 삭제·폐기·반환 등의 조치도 취하지 아니하였다면, … 범죄혐의와 관련 없는 정보에 대한 삭제·폐기·반환 의무를 사실상 형해화하는 결과가 되는 것이어서 영장주의와 적법절차의 원칙을 중대하게 위반한 것으로 봄이 상당하다. 따라서 이와 같은 경우에는 영장 기재 범죄혐의 사실과의 관련성 유무와 상관없이 수사기관이 임의로 전자정보를 복제·출력하여 취득한 정보 전체에 대해 그 압수는 위법한 것으로 취소되어야 한다고 봄이 상당하고, 사후에 법원으로부터 그와 같이 수사기관이 취득하여 보관하고 있는 전자정보 자체에 대해 다시 압수·수색영장이 발부되었다고 하여 달리 볼 수 없다(대법원 2022. 1. 14, 2021모1586).

이 발부된 경우, ③ 국가행정기관의 정보제공요구에 의해 금융정보제공이 허용되는 경우에는 정보를 제공할 수 있도록 하고 있다($^{동법 제4조}_{제1항}$). 수사기관이 영장에 의하지 아니하고 금융회사로부터 신용카드 매출전표의 거래명의자에 관한 정보를 획득하였다면, 그와 같이 수집된 증거는 적법한 절차에 따르지 아니하고 수집한 증거에 해당하여 유죄의 증거로 삼을 수 없다($^{대법원 2013.3.28,}_{2012도13607}$). 또한 압수·수색영장은 처분을 받는 자에게 반드시 제시하여야 하므로($^{제118조,}_{제219조}$), 수사기관이 금융기관 및 이메일 업체에 대한 압수·수색영장을 집행하면서 모사전송 방식에 의하여 영장 사본을 전송하였을 뿐 영장 원본을 제시하지 않았고 압수조서와 압수물 목록을 작성하여 이를 피압수·수색 당사자에게 교부하지 않았다면, 압수된 금융거래 자료와 이메일 자료는 위법수집증거로 유죄의 증거로 삼을 수 없다($^{대법원 2019.3.14,}_{2018도2841}$). 다만 판례는 모사전송 내지 전자적 송수신 방식의 금융거래정보 제공요구 및 자료 회신의 전 과정이 해당 금융기관의 자발적 협조의사에 따른 것이고 그 자료 중 범죄혐의사실과 관련된 금융거래를 선별하는 절차를 거친 후 최종적으로 영장 원본을 제시하고 위와 같이 선별된 금융거래자료에 대한 압수절차가 집행되었다면, 이러한 일련의 과정을 전체적으로 '하나의 영장에 기하여 적시에 원본을 제시하고 이를 토대로 압수·수색하는 것'으로 평가할 수 있는 경우에 한하여 예외적으로 영장의 적법한 집행 방법에 해당한다고 본다($^{대법원 2022.1.27,}_{2021도11170}$).

금융기관에게는 금융거래정보 등을 제공한 날로부터 10일 이내에 제공한 정보 등의 주요내용·사용목적·제공받은 자 및 제공일자 등을 금융거래정보의 명의인에게 서면으로 통보할 것이 요구되고 있다($^{동법 제4조}_{의2 제1항}$). 그러나 금융거래정보의 요구자($^{수사기관이나 국}_{가행정기관 등}$)로부터 일정한 사유에 따른 통보의 유예를 서면으로 요청받으면 통보가 유예되는데($^{동법 제4조}_{의2 제2항}$), 명의자에 대한 통보의 유예에 대해서는 통제수단이 존재하지 않아 통보유예가 남용될 위험이 존재한다.

(2) 포괄계좌·연결계좌에 대한 압수·수색

금융계좌추적을 위하여 압수·수색영장을 발부받는 경우에도 그 대상자가 금융기관에 개설한 모든 예금계좌에 대한 포괄적인 계좌추적은 엄격히 제한되어야 한다. 특정인의 예금계좌 일체에 대한 압수·수색을 허용하게 되면 당해 범죄사실과 관련이 없는 개인의 예금거래의 비밀이 부당하게 침해될 우려가 있기 때문이다. 따라서 포괄계좌를 대상으로 한 압수·수색은 예외적으로 그 필요성이 인정되는 경우에도 대상 금융기관과 거래기간을 가능한 한 제한하여 허용하여야 할 것이다.

　　또한 특정 예금계좌와 연결된 모든 계좌에 대한 압수·수색을 허용할 경우에
도 대상자와 거래를 하였다는 이유만으로 혐의사실과 관련이 없는 사람의 계좌가
추적의 대상이 되어 제 3 자의 거래의 비밀을 침해할 우려가 있다. 따라서 피의자
등의 특정계좌와 연결된 타인의 계좌에 대한 압수·수색은 원칙적으로 범죄사실과
관련이 있는 직전·직후의 연결계좌에 한하여 허용되어야 할 것이다. 그 이외의 계
좌에 대하여는 직접적인 연결계좌에 대한 압수·수색의 결과 추가적인 압수·수색
의 필요성이 인정되는 경우에 한하여 다시 압수·수색영장을 발부받아 계좌추적을
할 수 있다고 해야 한다.

6. 압수물의 보관과 폐기

(1) 자청보관의 원칙

　　압수물은 압수한 수사기관 또는 법원이 직접 보관하는 것이 원칙이다. 이를 자
청보관의 원칙이라고 한다. 수사기관 또는 법원은 압수물을 보관할 때 압수물의 상
실 또는 파손 등의 방지를 위하여 상당한 조치를 하여야 한다($\binom{제219조,}{제131조}$). 수사기관 또
는 법원이 압수물을 보관함에 있어서는 선량한 관리자로서의 주의의무를 진다.

(2) 위탁보관

　　운반 또는 보관에 불편한 압수물에 관하여는 간수자를 두거나 소유자 또는 적
당한 자의 승낙을 얻어 보관하게 할 수 있다. 위탁보관처분은 임치계약으로서의 성
질을 가지므로 특별한 약정이 없으면 수사기관이나 법원은 보관자에 대하여 임치
료를 지급할 의무를 지지 않는다($\binom{대법원 1968.4.16,}{68다285}$).

(3) 대가보관

　　몰수하여야 할 압수물로서 멸실·파손·부패 또는 현저한 가치 감소의 염려가
있거나 보관하기 어려운 압수물은 매각하여 대가를 보관할 수 있다($\binom{제132조 제1}{항, 제219조}$). 이를
환가처분이라고 하며, 몰수하여야 할 압수물에는 필요적 몰수뿐만 아니라 임의적
몰수의 대상도 포함된다. 대가보관금은 몰수대상인 압수물과 동일시할 수 있으므
로 몰수의 대상이 된다($\binom{대법원 1996.11.12,}{96도2477}$). 또한 환부하여야 할 압수물 중 환부를 받을
자가 누구인지 알 수 없거나 그 소재가 불명한 경우로서 그 압수물의 멸실·파손·
부패 또는 현저한 가치 감소의 염려가 있거나 보관하기 어려운 압수물은 매각하여

대가를 보관할 수 있다($\substack{제132조\\제2항, 219조}$). 대가보관을 함에는 검사, 피해자, 피의자 · 피고인 또는 변호인에게 미리 통지하여야 한다($\substack{제135조,\\제219조}$).

(4) 폐기처분

위험발생의 염려가 있는 압수물은 폐기할 수 있고($\substack{제130조\\제2항, 제219조}$), 법령상 생산 · 제조 · 소지 · 소유 또는 유통이 금지된 압수물로서 부패의 염려가 있거나 보관하기 어려운 압수물은 소유자 등 권한 있는 자의 동의를 받아 폐기할 수 있다($\substack{제130\\조\\제3항,\\제219조}$). 폐기처분은 개인의 재산권에 대한 중대한 침해이므로 신중히 이루어져야 한다. 따라서 폭발물이나 오염된 어패류 · 육류 등과 같이 위험발생의 개연성이 매우 높은 압수물이거나 금제품으로서 부패나 보관곤란 등의 사유가 있는 압수물에 한해서 폐기처분이 인정된다고 할 것이다.

7. 압수물의 가환부와 환부

압수물은 원칙적으로 검사가 피의사건에 대하여 불기소처분을 하거나 법원이 종국재판을 할 때까지 수사기관 또는 법원이 보관하게 된다. 그러나 수사절차나 공판절차가 진행 중인 경우라도 이해관계인의 입장에서는 압수물에 대한 재산권을 신속히 회복하여 이를 활용할 필요성이 있게 된다. 이에 형사소송법은 일정한 경우에 수사절차 또는 공판절차가 종료되기 전일지라도 압수물을 피압수자나 피해자에게 돌려줄 수 있도록 하여 압수물의 소유자 또는 소지자 등 권리자가 신속하게 재산권을 행사할 수 있도록 배려하고 있다. 압수물의 가환부 · 환부 그리고 피해자환부 제도가 여기에 해당한다.

(1) 압수물의 가환부

㈎ 의   의

가환부란 압수의 효력을 존속시키면서 압수물을 소유자 · 소지자 또는 보관자 등에게 잠정적으로 돌려주는 제도를 말한다.

㈏ 대   상

가환부의 대상은 증거로 사용될 압수물, 즉 증거물에 한한다($\substack{제133조 제 1 항,\\제218조의2 제 1 항}$). 따라서 몰수의 대상이 되는 물건은 가환부할 수 없다고 해야 한다. 다만 임의적 몰수의 대상에 해당하는 물건($\substack{형법\\제48조}$)은 그 몰수 여부가 법원의 재량에 맡겨져 있다는 이유에서 특별한 사정이 없다면 가환부할 수 있다는 것이 판례의 입장이다($\substack{대법원\\1998.4.16,}$

$\binom{97\text{모}}{25}$.

검사 또는 사법경찰관은 증거에 사용할 압수물에 대하여 공소제기 전이라도 소유자·소지자·보관자 또는 제출인의 청구가 있는 때에는 가환부하여야 한다 $\binom{\text{제218조의2}}{\text{제 1 항·제 4 항}}$. 이 경우 사법경찰관은 검사의 지휘를 받아야 한다$\binom{\text{동조}}{\text{제 4 항}}$. 형사소송법은 수사기관의 증거에 사용할 압수물에 대한 가환부를 필요적인 것으로 규정하고 있으므로 청구권자의 청구가 있을 때에는 수사기관은 사진촬영·검증 기타 원형보존조치를 취하고 압수물을 신속히 가환부해야 할 것이다.

공소제기 후 검사가 압수물을 법원에 제출한 경우에는 수소법원이 압수물에 대한 가환부 결정을 하게 된다. 법원은 압수물이 증거에 공할 물건인 경우에는 피고사건 종결 전이라도 소유자·소지자·보관자 또는 제출인의 청구에 의하여 가환부할 수 있다$\binom{\text{제133조}}{\text{제 1 항 후단}}$. 이 경우 압수물의 가환부 여부는 법원의 재량에 속한다. 증거로 사용될 압수물을 가환부할 것인가의 여부는 범죄의 태양·경중, 압수물의 증거로서의 가치, 압수물의 은닉·인멸·훼손의 위험, 수사나 공판수행상의 지장 유무, 압수에 의하여 받는 피압수자 등의 불이익의 정도 등 여러 사정을 검토하여 종합적으로 판단하여야 한다$\binom{\text{대법원 1994.8.18,}}{94\text{모}42}$. 다음으로 법원은 압수물이 증거에만 공할 목적으로 압수한 물건으로서 그 소유자 또는 소지자가 계속 사용하여야 할 물건은 사진촬영 기타 원형보존의 조치를 취하고 신속히 가환부하여야 한다$\binom{\text{동조}}{\text{제 2 항}}$. 이 경우 법원의 가환부는 필요적이다.

(다) **절 차**

가환부는 소유자·소지자·보관자 또는 제출인의 청구에 의한 수사기관의 처분$\binom{\text{제218조의2}}{\text{제 1 항·제 4 항}}$ 또는 법원의 결정$\binom{\text{제133}}{\text{조}}$에 의하여 한다. 수사기관 또는 법원이 가환부의 처분 또는 결정을 함에는 미리 검사, 피해자, 피의자·피고인 또는 변호인에게 통지하여야 한다$\binom{\text{제135조,}}{\text{제219조}}$. 따라서 피고인에게 의견을 진술할 기회를 주지 아니한 채 한 법원의 가환부 결정은 위법하다$\binom{\text{대법원 1980.2.5,}}{80\text{모}3}$.

소유자 등의 가환부 청구에 대하여 수사기관이 몰수할 물건이라는 등의 이유로 이를 거부하는 경우에는 신청인은 해당 검사의 소속 검찰청에 대응한 법원에 압수물의 가환부 결정을 청구할 수 있고$\binom{\text{제218조의2}}{\text{제 2 항·제 4 항}}$, 위의 청구에 대하여 법원이 가환부를 결정하면 수사기관은 신청인에게 압수물을 가환부하여야 한다$\binom{\text{동조 제 3 항·}}{\text{제 4 항}}$. 가환부에 관한 법원의 결정에 대해서는 보통항고를 제기할 수 있다$\binom{\text{제403조}}{\text{제 2 항}}$.

⒭ 효   력

가환부를 하더라도 압수 자체의 효력은 유지된다. 따라서 가환부를 받은 자는 압수물을 임의로 처분할 수 없고 보관의무를 지며, 수사기관 또는 법원의 요구가 있는 때에는 이를 제출하여야 한다. 수소법원이 피해자에게 가환부한 압수장물에 대하여 종국재판에서 별단의 선고를 하지 아니한 때에는 환부의 선고가 있는 것으로 간주된다(제333조 제 3 항).

(2) 압수물의 환부

⒤ 의   의

환부란 압수를 계속할 필요가 없게 된 경우에 압수의 효력을 소멸시키고 종국적으로 압수물을 소유자·소지자 또는 보관자 등에게 반환하는 제도를 말한다.

⒥ 대   상

수사기관은 사본을 확보한 경우 등 압수를 계속할 필요가 없다고 인정되는 압수물에 대하여 공소제기 전이라도 소유자·소지자·보관자 또는 제출인의 청구가 있는 때에는 환부하여야 한다(제218조의2 제 1 항·제 4 항). 법원은 압수를 계속할 필요가 없다고 인정되는 압수물은 피고사건 종결 전이라도 결정으로 환부하여야 한다(제133조 제 1 항 전단). 이 경우 압수물의 환부는 법원의 직권에 의한다. 압수물을 환부하기 위해서는 압수를 계속할 필요가 없을 것을 요한다. 따라서 몰수의 대상이 되는 압수물과 증거로 사용될 압수물은 환부할 수 없다. 압수를 계속할 필요가 없다고 인정되는 증거물에 대한 환부는 필요적이다.

검사 또는 사법경찰관이 체포영장 또는 긴급체포에 의하여 피의자를 체포하거나 현행범인을 체포하는 경우에 체포현장에서 압수한 물건(제216조 제 1 항 제 2 호) 및 긴급체포된 자가 소유·소지 또는 보관하는 물건으로서 긴급히 압수할 필요가 있어 압수된 물건(제217조 제 1 항)은 법관으로부터 압수영장을 발부받지 못한 때에는 즉시 반환하여야 한다(동조 제 3 항). 범행 중 또는 범행직후의 범죄장소에서 긴급을 요하여 법원판사의 영장 없이 압수한 물건(제216조 제 3 항)도 마찬가지이다(제217조 제 3 항 참조). 그 밖에 검사가 피의사건에 대하여 불기소결정을 하는 경우에도 압수를 계속할 필요가 없으므로 압수물을 피압수자 등에게 환부하여야 한다.

⒦ 절   차

수사기관의 압수물의 환부는 수사기관의 처분에 의하며, 사법경찰관이 환부하는 경우에는 검사의 지휘를 받아야 한다($^{제218조의2}_{제1항·제4항}$). 소유자 등의 청구에 대하여 수사기관이 이를 거부하는 경우에는 신청인은 해당 검사의 소속 검찰청에 대응한 법원에 압수물의 환부결정을 청구할 수 있다($^{동조 제2항·}_{제4항}$). 이 청구에 대하여 법원이 환부를 결정하면 수사기관은 신청인에게 압수물을 환부하여야 한다($^{동조 제3항·}_{제4항}$). 수사기관의 압수물의 환부·가환부 또는 압수장물의 피해자환부에 관한 처분에 대하여 불복이 있으면 준항고제도를 이용하여 구제를 받을 수 있으나($^{제417}_{조 참조}$), 현행법은 수사기관의 압수물 환부·가환부 거부처분에 대한 구제수단을 제218조의2에서 별도로 규정하고 있다.

법원이 압수물을 환부하는 경우에는 결정에 의한다($^{제133조}_{제1항 전단}$). 환부에 관한 법원의 결정에 대해서는 보통항고를 제기할 수 있다($^{제403조}_{제2항}$). 법원 또는 수사기관이 환부의 결정을 함에는 미리 검사, 피해자, 피의자·피고인 또는 변호인에게 통지하여야 한다($^{제135조,}_{제219조}$). 압수한 서류 또는 물품에 대하여 몰수의 선고가 없는 때에는 압수를 해제한 것으로 간주한다($^{제332}_{조}$). 따라서 이 때에는 압수한 물건을 피압수자 등에게 환부하여야 한다.

압수물의 환부를 받을 자의 소재가 불명하거나 기타 사유로 인하여 환부를 할 수 없는 경우에는 검사는 그 사유를 관보에 공고하여야 한다. 공고한 후 3월 이내에 환부의 청구가 없는 때에는 그 물건은 국고에 귀속한다. 이 기간 내에도 가치 없는 물건은 폐기할 수 있고, 보관하기 어려운 물건은 공매하여 그 대가를 보관할 수 있다($^{제486조,}_{제219조}$).

⒟ 효   력

환부에 의하여 압수는 그 효력을 상실한다. 그러나 압수물의 환부가 환부를 받을 자에게 환부목적물에 대한 소유권 기타 실체법상의 권리를 부여하거나 이러한 권리를 확인시키는 효력을 가지는 것은 아니다. 따라서 압수물의 환부가 있더라도 이해관계인은 민사소송절차에 따라 압수물에 대한 권리를 주장할 수 있다($^{제333}_{조}$ $^{제4항}_{참조}$).

⒠ 실체법상의 권리 또는 환부청구권의 포기

압수물의 환부의무는 실체법상의 권리와는 관계없이 수사기관이 피압수자 등 환부를 받을 자에게 부담하는 의무이므로, 피압수자 등이 압수물에 대하여 소유권 포기 등의 의사를 표시하여도 수사기관의 환부의무에 대응하는 피압수자 등의 압수물환부청구권은 소멸되지 않는다. 또한 피압수자 등이 가지는 압수물환부청구권은 포기할 수 없는 공권이므로, 수사기관에 대하여 압수물환부청구권을 포기한다는 의사표시를 하더라도 그 효력이 없어 수사기관의 환부의무가 면제되지 않는다.[1] 따라서 일정한 압수물에 대한 권리를 포기하는 대가로 피의자에게 기소유예 등의 처분을 하고 압수물을 국고에 귀속시키는 행위는 허용되지 않는다.

㈐ 압수장물의 피해자환부

압수한 장물은 피해자에게 환부할 이유가 명백한 때에는 수사가 종결되기 전이라도 수사기관의 결정으로 피해자에게 환부할 수 있고, 피고사건의 종결 전이라도 법원의 결정으로 피해자에게 환부할 수 있다(제134조, 제219조). 압수한 장물의 피해자에 대한 가환부도 인정된다(제333조 제3항 참조). 압수장물의 경우에는 피압수자가 피의자나 피고인일 때가 많을 것이므로 피해자 보호를 위하여 이를 피해자에게 환부하도록 한 것이다. 압수장물에 대한 피해자환부의 결정을 함에는 검사, 피해자, 피의자·피고인 또는 변호인에게 미리 통지하여야 한다(제135조, 제219조).

압수장물의 피해자환부는 범죄피해자의 신속한 권리회복을 위한 것이지만 압수장물을 둘러 싼 재산상의 분쟁이 발생할 우려가 있으므로 환부할 이유가 명백한 경우에 한하여 인정되지 않으면 안 된다. 환부할 이유가 명백한 경우란 사법상 피해자가 그 압수된 물건의 인도를 청구할 수 있는 권리가 있음이 명백한 경우를 말하고, 그 인도청구권에 관하여 사실상 또는 법률상 다소라도 의문이 있는 경우에는 여기에 해당하지 않는다(대법원 1984.7.16, 84모38).

수사절차 또는 공판절차에서 피해자에게 환부되지 않은 압수장물은 종국재판에 의하여 그 환부가 이루어진다. 압수한 장물로서 피해자에게 환부할 이유가 명백한 것은 판결로써 피해자에게 환부하는 선고를 하여야 하며(제333조 제1항), 장물을 처분하였을 때에는 판결로써 그 대가로 취득한 것을 피해자에게 교부하는 선고를 하여야 한다(동조 제2항). 한편 피해자에게 가환부한 압수장물에 대하여 수소법원이 종국재판에서 별단의 선고를 하지 아니한 때에는 피해자환부의 선고가 있는 것으로 간주된다

---

1) 대법원 1996. 8. 16, 94모51 전원합의체 결정, 「피압수자 등 환부를 받을 자가 압수 후 그 소유권을 포기하는 등에 의하여 실체법상의 권리를 상실하더라도 그 때문에 압수물을 환부하여야 하는 수사기관의 의무에 어떠한 영향을 미칠 수 없고, 또한 수사기관에 대하여 형사소송법상의 환부청구권을 포기한다는 의사표시를 하더라도 그 효력이 없어 그에 의하여 수사기관의 필요적 환부의무가 면제된다고 볼 수는 없으므로, 압수물의 소유권이나 그 환부청구권을 포기하는 의사표시로 인하여 위 환부의무에 대응하는 압수물에 대한 환부청구권이 소멸하는 것은 아니다.」

$\left(\begin{smallmatrix} 동조 \\ 제 3 항 \end{smallmatrix}\right)$.

Ⅲ. 수사상의 검증

1. 의 의

수사상의 검증이란 수사기관이 물건이나 사람의 신체 또는 장소의 존재·성질·형태를 시각, 청각, 후각, 미각, 촉각 등 오관의 작용에 의하여 인식하는 강제처분을 말한다. 법원의 검증은 증거조사의 일종으로서 영장을 요하지 않으나, 수사기관의 검증은 증거를 수집·보전하기 위한 강제처분의 일종이므로 원칙적으로 법관의 영장에 의하지 않으면 안 된다($\begin{smallmatrix}제215\\조\end{smallmatrix}$).

수사상의 검증은 강제처분인 점에서 수사기관이 범죄의 현장이나 기타 장소에서 임의수사로서 행하는 실황조사와 구별된다. 그러나 주로 교통사고·화재사고 등의 현장에서 행하여지는 실황조사는 검증의 실질을 가지므로, 실황조사의 결과를 기록한 실황조사서는 검증조서에 준하여 증거증력이 인정되는 것으로 보아야 한다. 실황조사서의 증거능력에 관하여는 증거법의 검증조서의 증거능력 부분에서 살펴보기로 한다.

2. 검증의 절차

(1) 영장주의

검사는 범죄수사에 필요한 때에는 피의자가 죄를 범하였다고 의심할 만한 정황이 있고 해당 사건과 관계가 있다고 인정할 수 있는 것에 한정하여 지방법원판사에게 청구하여 발부받은 영장에 의하여 검증을 할 수 있다($\begin{smallmatrix}제215조\\제1항\end{smallmatrix}$). 사법경찰관은 범죄수사에 필요한 때에는 피의자가 죄를 범하였다고 의심할 만한 정황이 있고 해당 사건과 관계가 있다고 인정할 수 있는 것에 한정하여 검사에게 신청하여 검사의 청구로 지방법원판사가 발부한 영장에 의하여 검증을 할 수 있다($\begin{smallmatrix}동조\\제2항\end{smallmatrix}$). 검사가 사법경찰관이 신청한 영장을 정당한 이유 없이 판사에게 청구하지 아니한 경우 사법경찰관은 그 검사 소속의 지방검찰청 소재지를 관할하는 고등검찰청에 영장 청구 여부에 대한 심의를 신청할 수 있고, 고등검찰청의 영장심의위원회에서 이에 대한 심의를 한다($\begin{smallmatrix}제221\\조의5\end{smallmatrix}$).

검사가 영장을 청구할 때에는 피의자에게 범죄혐의가 있다고 인정되는 자료와 검증의 필요 및 해당사건과의 관련성을 인정할 수 있는 자료를 제출하여야 한다($\frac{규칙 제108}{조 제 1 항}$). 피의자 또는 변호인은 검증영장의 집행에 참여할 수 있다($\frac{제121조,}{제219조}$). 따라서 검증영장을 집행할 때에는 미리 집행의 일시와 장소를 참여권자에게 통지하여야 한다. 다만 참여권자가 참여하지 아니한다는 의사를 명시한 때 또는 급속을 요하는 때에는 예외로 한다($\frac{제122조,}{제219조}$).

검증에도 압수·수색의 경우와 마찬가지로 일정한 경우에는 영장에 의하지 않는 검증이 허용된다. 검증영장의 청구 및 발부, 영장의 기재사항, 영장의 집행방법 등은 압수·수색의 경우와 같다.

(2) 부수처분

검증을 함에는 신체의 검사, 사체의 해부, 분묘의 발굴, 물건의 파괴 기타 필요한 처분을 할 수 있다($\frac{제219조,}{제140조}$). 시체의 해부 또는 분묘의 발굴을 하는 때에는 예(禮)에 어긋나지 아니하도록 주의하고 미리 유족에게 통지하여야 한다($\frac{제219조, 제}{141조 제 4 항}$).

(3) 검증조서의 작성

검증을 한 경우에는 검증의 결과를 조서에 기재하여야 한다($\frac{제49조}{제 1 항}$). 검증조서에는 검증목적물의 현상을 명확하게 하기 위하여 도화나 사진을 첨부할 수 있다($\frac{동조}{제 2 항}$). 검증조서에는 조사 또는 처분의 연월일시와 장소를 기재하고 그 조사 또는 처분을 행한 자와 참여한 사법경찰관리 등이 기명날인 또는 서명하여야 한다($\frac{제50}{조 참조}$). 검사 또는 사법경찰관이 적법한 절차와 방식에 따라 작성한 검증조서는 공판준비 또는 공판기일에서 원진술자인 수사기관의 진술에 의하여 그 성립의 진정함이 증명된 때에는 증거로 할 수 있다($\frac{제312조}{제 6 항}$).

3. 신체검사

(1) 의   의

신체검사는 원칙적으로 검증으로서의 성질을 가지는 강제처분이다. 피의자의 지문을 채취하거나 신체의 문신·상처부위를 확인하는 경우 등이 여기에 해당한다. 다만 검증으로서의 신체검사는 신체 자체를 검사의 대상으로 하는 점에서 신체외부와 의복에서 증거물을 찾는 신체수색과는 구별된다.

신체검사는 원칙적으로 검증의 일종이라고 할 수 있지만, 신체검사에 전문적인 지식과 경험을 요하는 경우에는 감정의 방법에 의하여야 할 것이다. 혈액검사나

X선촬영 등이 여기에 해당한다.

(2) 절   차

신체검사는 원칙적으로 검증영장에 의하여야 한다. 신체적인 특징·형상 등을 확인하여 증거로 사용하기 위한 처분은 성질상 검증에 해당하기 때문이다. 다만 신체검사를 내용으로 하는 검증을 위한 영장청구서에는 검증영장청구서의 일반적 기재사항 외에 신체검사를 필요로 하는 이유와 신체검사를 받을 자의 성별, 건강상태를 기재하여야 한다(규칙 제107조 제2항).

형사소송법 제216조와 제217조에 의하여 체포현장이나 긴급체포시의 신체검사는 영장 없이 할 수 있다. 또한 체포 또는 구속된 피의자에 대하여 지문 또는 족형을 채취하거나 신장과 체중을 측정하는 것, 사진을 촬영하는 것도 신체를 구속하는 처분에 실질적으로 포함된 피의자를 특정하기 위한 처분으로서 새로운 법익침해라고 볼 수 없으므로 영장 없이 할 수 있다. 다만 체포·구속되지 않은 피의자가 지문날인 등을 거부하는 경우에는 검증영장을 발부받아야 한다.

신체검사를 하는 경우에는 검사를 받는 사람의 성별·나이·건강상태, 그 밖의 사정을 고려하여 그 사람의 건강과 명예를 해하지 아니하도록 주의하여야 하며, 피의자·피고인 아닌 사람의 신체검사는 증거가 될 만한 흔적을 확인할 수 있는 현저한 사유가 있는 경우에만 할 수 있다. 여자의 신체를 검사하는 경우에는 의사나 성년 여자를 참여하게 하여야 한다(제219조, 제141조 제1항 내지 제3항).

(3) 체내검사

⑺ 의   의

체내검사란 신체의 내부에 대하여 침해를 가하여 일정한 증거를 수집하는 것을 말한다. 체내검사는 헌법이 보장한 인격권 및 인간의 존엄성을 침해할 위험성이 높다는 점에서 피검사자의 건강을 현저히 침해하지 않는 범위 내에서 허용되어야 하며, 이 경우에도 비례의 원칙이 엄격히 적용되어야 한다. 따라서 증거물을 찾기 위한 외과수술과 같이 피검사자의 건강을 현저히 침해하는 강제처분은 어떤 경우에도 허용되지 않는다. 또한 피의자 아닌 자에 대한 체내검사도 허용되지 않는다고 보아야 한다.

⑷ 체내강제수색

체내강제수색이란 구강, 항문, 질 등의 내부를 관찰하여 증거물을 찾는 강제처분을 말한다. 신체내부에 대한 수색은 검증의 성격도 가지므로 수사기관은 압수·수색영장과 함께 검증(신체검사)영장을 발부받아야 할 것이다.

⒟ **강제채뇨와 강제채혈**

마약류는 일정기간 소변에 남아있기 때문에 피의자가 임의로 소변을 제출하지 않는 경우에는 마약사용 여부에 대한 증거를 확보하기 위해서 강제적인 소변검사가 필요한 경우가 있으며, 교통사고 등의 경우에 운전자의 혈중알콜농도를 측정하거나 DNA감식을 위하여 강제채혈이 필요한 경우가 있다. 그러나 강제채뇨와 강제채혈은 신체침해를 수반하는 강제처분이므로 엄격한 요건하에 허용되지 않으면 안 된다. 따라서 증거보전의 필요성이 있고, 증거로서의 중요성이 매우 크며, 의사 등에 의해서 상당한 방법으로 행하여지는 경우에 한해서 허용된다고 보아야 한다.

강제채뇨나 강제채혈을 위해서는 ① 수사상 검증의 일종이므로 검증(신체검사)영장을 요한다는 견해와, ② 압수·수색영장과 감정처분허가장을 요한다는 견해가 있다. 강제채뇨나 강제채혈은 신체내부의 물질을 외부에 배출하여 수집·보전한다는 점에서는 압수·수색의 성격을 가지나, 의사 등에 의하여 의학적으로 상당한 방법으로 실시되어야 하고 또한 채취된 소변이나 혈액에 대한 분석이 전문 감정인에 의해서 이루어진다는 점에서는 감정에 필요한 처분으로서의 성격도 아울러 가진다고 할 수 있다. 따라서 강제채뇨나 강제채혈을 위해서는 압수·수색영장과 감정처분허가장을 요한다고 보는 것이 타당할 것이다. 다만 판례는 수사기관이 피의자의 신체로부터 강제로 혈액을 채취하기 위해서는 압수·수색영장 또는 감정처분허가장이 있으면 되고(대법원 2016.12.27, 2014두46850; 대법원 2012.11.15, 2011도15258), 수사기관이 범죄 증거를 수집할 목적으로 피의자의 동의 없이 피의자의 소변을 채취하기 위해서도 압수·수색영장 또는 감정처분허가장이 있으면 된다고 한다(대법원 2018.7.12, 2018도6219).

수사기관이 피의자의 동의나 영장 없이 채취한 혈액을 음주나 마약류 검사 등을 위하여 사용하는 것은 허용되지 않는다. 대법원도 수사기관이 영장 없이 피고인의 혈액을 채취하여 혈중알콜농도를 측정하였다면 이러한 감정의뢰회보 등은 영장주의에 위반하여 위법하게 수집된 증거에 해당하므로 증거능력이 없다고 판시하고 있다(대법원 2014.11.13, 2013도1228).

한편 대법원은 수사 목적이 아닌 진료 목적으로 채취한 혈액을 수사기관이 의사 등으로부터 임의제출 받아 음주 등의 검사에 사용하는 것은 그 혈액의 증거사용으로 환자의 사생활의 비밀이나 기타 인격적 법익이 침해되는 등의 특별한 사정이 없는 한 적법한 것으로 보고 있다.[1]

㈜ 연하물의 강제배출

연하물의 강제배출이란 피의자 등이 삼킨 물건, 즉 연하물을 구토제나 설사제 등을 사용하여 강제로 배출하게 하는 것을 말한다. 연하물을 강제로 배출하는 것에 대하여 미국 연방대법원은 양심에 대한 충격이며 적법절차 위반이라고 판시하였다.[2] 그러나 연하물의 강제배출도 다른 방법에 의해서는 증거보전이 불가능하고, 증거로서의 중요성이 매우 크며, 의사가 의학적 방법으로 피의자의 건강을 해치지 않는 범위 내에서 행하는 경우에는 허용된다고 보아야 한다. 이 경우에 수사기관은 압수·수색영장과 함께 감정처분허가장을 발부받아야 할 것이다.

Ⅳ. 대물적 강제처분과 영장주의의 예외

압수·수색·검증에 있어서는 그 긴급성을 고려하여 일정한 경우에 영장주의의 예외가 인정되고 있다. 여기서 제216조의 규정에 의한 처분을 하는 경우에 급속을 요하는 때에는 주거주나 간수자 등의 참여(제123조 제2항)나 야간집행의 제한(제125조)에 관한 규정은 적용되지 않는다(제220조).

---

1) 대법원 1999. 9. 3, 98도968, 「형사소송법 제218조는 "검사 또는 사법경찰관은 피의자, 기타 인의 유류한 물건이나 소유자, 소지자 또는 보관자가 임의로 제출한 물건을 영장 없이 압수할 수 있다"라고 규정하고 있고, 같은 법 제219조에 의하여 준용되는 제112조 본문은 "변호사, 변리사, 공증인, 공인회계사, 세무사, 대서업자, 의사, 한의사, 치과의사, 약사, 약종상, 조산사, 간호사, 종교의 직에 있는 자 또는 이러한 직에 있던 자가 그 업무상 위탁을 받아 소지 또는 보관하는 물건으로 타인의 비밀에 관한 것은 압수를 거부할 수 있다"라고 규정하고 있을 뿐이고, 달리 형사소송법 및 기타 법령상 의료인이 진료 목적으로 채혈한 혈액을 수사기관이 수사 목적으로 압수하는 절차에 관하여 특별한 절차적 제한을 두고 있지 않으므로, 의료인이 진료 목적으로 채혈한 환자의 혈액을 수사기관에 임의로 제출하였다면 그 혈액의 증거사용에 대하여도 환자의 사생활의 비밀 기타 인격적 법익이 침해되는 등의 특별한 사정이 없는 한 반드시 그 환자의 동의를 받아야 하는 것이 아니고, 따라서 경찰관이 간호사로부터 진료 목적으로 이미 채혈되어 있던 피고인의 혈액 중 일부를 주취운전 여부에 대한 감정을 목적으로 임의로 제출 받아 이를 압수한 경우, 당시 간호사가 위 혈액의 소지자 겸 보관자인 병원 또는 담당의사를 대리하여 혈액을 경찰관에게 임의로 제출할 수 있는 권한이 없었다고 볼 특별한 사정이 없는 이상, 그 압수절차가 피고인 또는 피고인의 가족의 동의 및 영장 없이 행하여졌다고 하더라도 이에 적법절차를 위반한 위법이 있다고 할 수 없다.」
2) Rochin v. California, 342 U.S. 165(1952).

1. 체포 · 구속을 위한 피의자 · 피고인 수색

(1) 의 의

검사 또는 사법경찰관은 피의자에 대하여 체포영장에 의한 체포($\frac{제200}{조의2}$), 긴급체포($\frac{제200}{조의3}$), 현행범인 체포($\frac{제212}{조}$) 또는 구속을 하는 경우($\frac{제201}{조}$)에 필요한 때에는 영장 없이 타인의 주거나 타인이 간수하는 가옥 · 건조물 · 항공기 · 선차 내에서 피의자를 수색할 수 있다. 다만 체포영장에 의한 체포 또는 구속의 경우의 피의자 수색은 미리 수색영장을 발부받기 어려운 긴급한 사정이 있는 때에 한정한다($\frac{제216조}{제1항 제1호}$). 긴급체포나 현행범인체포와는 달리 사전영장에 의하여 피의자를 체포 또는 구속하는 경우에는 당연히 긴급성이 인정되는 것은 아니므로 별도로 타인의 주거 등을 수색하기에 앞서 수색영장을 발부받기 어려운 긴급한 사정이 있을 것을 요구하는 것이다($\frac{헌재결 2018.4.26, 2015}{헌바370, 2016헌가7 참조}$).

또한 검사, 사법경찰관리 또는 법원사무관 등이 피고인에 대한 구속영장을 집행할 경우에도 필요한 때에는 미리 수색영장을 발부받기 어려운 긴급한 사정이 있는 경우에 한정하여 타인의 주거, 간수자 있는 가옥 · 건조물 · 항공기 · 선차 내에 들어가 피고인을 수색할 수 있다($\frac{제137}{조}$). 다만 이러한 피고인 구속을 위한 수색은 수사가 아닌 재판의 집행에 해당한다.

피의자나 피고인이 타인의 주거 등에 숨어 있는 경우에는 체포나 구속을 위해 먼저 그 장소에 들어가 이들의 소재를 파악할 필요가 있으므로 이러한 경우에는 영장 없이 일정한 장소를 수색할 수 있도록 한 것이다.

(2) 수색의 주체

체포 또는 구속을 위한 피의자 수색은 수사기관인 검사 또는 사법경찰관이 할 수 있다. 일반인은 현행범인을 체포할 수는 있지만 현행범인의 체포를 위하여 타인의 주거 등을 수색할 수는 없다. 그리고 구속을 위한 피고인 수색은 검사, 사법경찰관리 또는 법원사무관 등이 할 수 있다.

(3) 적용범위

피의자나 피고인의 수색은 이들을 발견하기 위한 처분이므로 체포나 구속 전에 행하여져야 하며, 체포 또는 구속한 후에 이 규정을 근거로 타인의 주거 등을 수색하는 것은 허용되지 않는다. 또한 피의자나 피고인을 추적하면서 타인의 주거 등에 들어가는 것은 체포 또는 구속행위 자체에 해당하는 것으로서 여기서 규정하는 수색에 해당하지 않는다. 수색의 결과 피의자 등을 체포하거나 구속하는 데 성공했음을 요하지 않으며, 수색과 체포·구속 사이의 시간적 접착성도 필요하지 않다. 피의자·피고인의 주거 등이 아닌 제3자의 주거 등에 대해서는 필요한 때에 한하여 수색할 수 있으므로 당해 장소에 이들이 소재할 개연성이 있어야 한다.

2. 체포현장에서의 압수·수색·검증

검사 또는 사법경찰관은 피의자를 체포하거나 구속하는 경우에 필요한 때에는 영장 없이 체포현장에서 압수·수색·검증을 할 수 있다($\frac{제216조}{제1항 제2호}$). 여기서 체포현장이란 영장에 의한 체포, 긴급체포, 현행범인 체포의 현장뿐만 아니라 구속의 현장도 포함하는 의미이다.

(1) 영장 없는 압수·수색·검증의 인정근거

피의자의 신체구속에 수반하여 영장 없는 대물적 강제처분을 인정하는 근거에 대하여는 견해가 대립하고 있다.

(가) 긴급행위설

긴급행위설은 이 제도를 피체포자의 저항을 억압하고 도망을 방지함과 동시에 현장에서 피의자가 증거를 파괴·은닉하는 것을 방지하기 위한 긴급행위로서 이해하는 견해이다. 이 입장에 의하면 체포현장에서의 압수·수색·검증은 영장에 의할 여유가 없는 경우에, 피체포자의 신체 및 그 직접적인 지배 아래 있는 물건에 대하여, 무기 또는 도망을 위한 도구를 빼앗거나 피의자 자신에 의한 증거인멸을 방지하기 위하여 허용하는 것이 된다.

(나) 부수처분설

부수처분설은 '대는 소를 포함한다'는 원리에 따라 수사상 기본권 침해의 가장 강력한 형태인 신체구속이 허용되는 이상 이에 수반되는 보다 경한 소유권이나 사적 비밀의 침해는 영장 없이도 가능하다고 보는 견해이다. 이 입장에 의하면 체포현장에서의 대물적 강제처분은 긴급행위의 범위를 넘는 경우에도 허용될 수 있게 된다.

(다) 합리성설

합리성설은 체포현장에서의 압수·수색·검증을 증거가 존재할 개연성이 높은 체포현장에서의 합리적인 증거수집을 위한 제도로서 이해하는 견해이다. 이 입장에서는 반드시 영장을 발부받을 수 없는 긴급상태의 존재를 요구하지 않으며, 대물적 강제처분도 피체포자의 관리권한이 미치는 장소 및 물건에 대하여 허용되는 것으로 보게 된다.

㈜ 검   토

신체구속이 행하여지는 경우에는 당연히 압수·수색·검증이 허용된다는 논리는 대물적 강제처분의 독자성을 간과한 것이라고 할 수 있다. 부수처분설은 해석에 따라서는 합리성설과 유사한 결과를 가져올 수는 있으나, 그 이론적 접근방법이 다른 견해이므로 양자는 구별되어야 한다.

긴급행위설에 대하여 살펴보면, 이 입장에서 주장하는 예외성 또는 긴급성 요구의 기초를 이루는 것은 일차적으로 체포자의 안전 확보 및 체포의 효율적인 완수라고 할 수 있다. 그러나 체포현장에서 수사기관이 흉기나 도주용 도구를 피체포자로부터 빼앗는 행위는 체포를 위하여 필요한 부수적인 조치로서 그 긴급성과 합리성이 인정되는 한 당연히 허용되는 행위라고 보아야 하므로, 결국 체포현장에서의 대물적 강제처분에 관한 형사소송법의 규정은 이 점에 있어서는 단순히 확인적 의미만을 가지는 것이 된다. 따라서 긴급행위설에 의할 때에도 그 실제적인 의미는 피의사건에 대한 증거의 수집과 관련하여 파악할 수밖에 없으며, 다만 긴급행위설이 체포현장에서의 압수·수색·검증의 성격을 피의자가 증거를 파괴·은닉하는 것을 방지하기 위한 긴급행위로서 파악하고 있는 데 대하여, 합리성설은 이를 체포의 기회를 이용하여 행하는 효율적인 증거수집수단으로 파악하고 있다는 점에 차이가 있다.

피체포자 이외의 공범자나 가족 등에 의한 증거인멸에 대해서도 적절하게 대처하고 또한 체포현장에서 체포의 기회에 사건과 관련성이 있는 증거를 상대적으로나마 넓게 수집할 수 있는 길을 열어주는 것이 합리적이라는 점에서 볼 때 합리성설이 타당하다고 생각된다. 더구나 긴급체포의 경우에도 체포현장에서의 압수·수색·검증만을 허용하고 제217조에 의한 강제처분은 이를 허용하지 않는 것이 입법론적으로 바람직하다고 보는 입장에서는 현실적으로 체포에 수반한 증거수집의 기회를 수사기관에게 좀 더 넓게 인정할 필요성도 있게 된다. 그리고 합리성설을 취하더라도 증거수집행위는 체포와의 시간적 접착성 및 현장성에 구속을 받기 때문에 현실적으로 그 허용범위가 우려할 만큼 확대되는 것은 아니라는 점에 주의할 필요가 있다. 장소적·시간적 한계의 문제를 구체적으로 다시 검토할 필요가 있는 것도

이 때문이다.

체포현장에서 영장 없이 압수·수색·검증할 수 있는 대상은 당해 체포의 원인이 되는 범죄사실에 관한 증거에 한정됨은 물론이다($^{제215조}_{참조}$). 다만 체포의 원인이 된 범죄사실과 관련성이 있다고 인정되는 물건을 적법하게 압수한 경우에는 이를 당해 피의자의 다른 범죄사실에 대한 증거로 사용하는 것은 허용된다($^{대법원\ 2008.7.10,}_{2008도2245}$).

(2) 압수·수색·검증이 허용되는 시간적 범위

체포에 수반된 압수·수색·검증에 있어서 체포행위와 압수 등의 행위와의 사이에 어느 정도의 시간적 접착성을 요하는지에 대해서는 ① 압수·수색·검증은 체포행위에 시간적으로 접착되어 있으면 족하고 반드시 체포의 착수를 요하지 않으며, 체포의 전후나 체포의 성공 여부도 묻지 않는다는 견해(체포접착설), ② 압수·수색·검증의 당시에 피의자가 현장에 있으면 족하다고 보는 견해(현장설), ③ 압수·수색·검증의 장소에 피의자가 현재하는 상태에서 체포의 착수가 있을 것을 요한다는 견해(체포착수설), ④ 현실적으로 피의자가 체포되었음을 요한다는 견해(체포설) 등이 주장되고 있다. 판례는 현행범 체포에 착수하지 아니한 상태에서 압수·수색을 한 경우에는 제216조 제 1 항 제 2 호, 제212조가 정하는 체포현장에서의 압수·수색의 요건을 갖추지 못하였다고 하여($^{대법원\ 2017.11.29,}_{2014도16080}$), 체포착수설의 입장을 취하고 있다.

피의자를 체포하는 경우라고 하기 위해서는 최소한 피의자가 체포현장에 현재하고 있는 상태에서 수사기관이 체포에 착수하였을 것을 요한다고 생각된다. 따라서 피의자가 외출한 상태에서 돌아오면 체포할 의도로서 먼저 압수·수색·검증을 행하는 것은 허용되지 않으며, 설령 후에 체포에 성공한 경우라도 마찬가지라고 해야 한다. 사후의 체포성공 여부에 따라 압수·수색·검증의 적법 여부를 판단하게 되면 결국 강체처분의 적법성을 우연에 맡기는 결과가 되기 때문이다. 다만 체포할 피의자가 있는 장소에서 체포가 착수된 이상 피의자가 도주하여 체포에 실패한 경우라도 압수·수색·검증이 허용되며, 피의자의 체포 전이라도 가능한 것으로 보아야 한다. 또한 체포에 수반된 압수·수색·검증은 체포가 완료된 후에도 일정한 합리적인 시간 범위 내에서는 허용된다고 보아야 할 것이다.

(3) 압수·수색·검증이 허용되는 장소적 범위

형사소송법 제216조에 의하면 체포에 수반되는 압수·수색·검증은 체포현장에서 허용되는 것이기 때문에 그 장소적 범위는 이른바 체포현장에 대한 해석의 문제가 된다. 긴급행위설에 의하면 그 장소적 한계는 피의자의 신체 및 그의 직접적인 지배하에 있는 장소에 미치게 될 것이다. 따라서 피의자를 거실에서 체포하는 경우에도 피의자의 침실은 현재 그의 직접적인 지배하에 있는 장소는 아니므로 압수·수색·검증의 대상이 아니라고 보아야 한다. 반면에 합리성설에 의하면 피의자가 직접적으로 지배하는 장소가 아니더라도 그의 관리하에 있는 장소라면 수색의 범위에 포함시킬 수 있게 된다. 수색의 대상이 주거인 경우 동일한 관리권이 미치는 범위에서는 압수·수색·검증이 가능하므로, 피의자가 거주하는 가옥 내에서 체포가 행하여지는 경우에는 원칙적으로 그 가옥의 전체에 대해서 수색이 가능한 것이 된다. 물론 피의자가 아파트의 방 하나만을 사용하고 있는 경우에는 그 방에 한하여 수색이 가능하고 타인이 거주하는 다른 방은 수색할 수 없다고 해야 하는데 이는 서로 관리권을 달리하는 장소이기 때문이다.

체포현장에서의 증거의 파괴행위는 피의자 자신에 의해서 뿐만 아니라 그의 관리권한이 미치는 장소에 있는 공범자나 가족에 의해서도 행하여진다는 점과 증거가 존재할 개연성이 높은 체포현장에서의 효율적인 증거수집의 필요성을 고려할 때, 압수·수색·검증이 허용되는 범위를 피의자의 관리권한이 미치는 범위로 다소 넓게 인정하는 것이 타당하다고 생각된다.

(4) 압수·수색영장의 청구

검사 또는 사법경찰관은 체포현장에서 압수한 물건을 계속 압수할 필요가 있는 경우에는 지체 없이 압수·수색영장을 청구하여야 한다. 이 경우 압수·수색영장의 청구는 체포한 때부터 48시간 이내에 하여야 하며, 검사 또는 사법경찰관은 청구한 압수·수색영장을 발부받지 못한 때에는 압수한 물건을 즉시 반환하여야 한다(제217조 제2항·제3항). 체포현장과 관련된 사후의 압수·수색영장청구서에는 사전 압수·수색영장청구서의 기재사항 이외에 체포한 일시 및 장소와 영장 없이 압수·수색을 한 일시 및 장소를 기재하여야 한다(규칙 제107조 제1항).

대마를 소지한 자를 현행범인으로 체포하면서 체포현장에서 영장 없이 대마를 압수하였으나 사후 압수·수색영장을 발부받지 않은 때에는 압수한 대마나 그에 대한 압수조서의 기재는 형사소송법상 영장주의에 위반하여 수집한 증거로서 그 절차위반행위가 적법절차의 실질적인 내용을 침해하는 것이므로 증거능력이 없다

$\left(\begin{smallmatrix}\text{대법원 2009.5.14,}\\\text{2008도10914}\end{smallmatrix}\right)$.

3. 피고인 구속현장에서의 압수 · 수색 · 검증

검사 또는 사법경찰관이 피고인에 대한 구속영장을 집행하는 경우에 필요한 때에는 그 집행현장에서 영장 없이 압수·수색 또는 검증할 수 있다$\left(\begin{smallmatrix}\text{제216조}\\\text{제 2 항 참조}\end{smallmatrix}\right)$. 피고인에 대한 구속영장의 집행은 재판의 집행기관으로서 행하는 것이지만, 집행현장에서의 압수·수색·검증은 수사기관의 공소제기 후의 수사에 해당하는 처분이다. 따라서 수사기관은 그 결과를 법원에 보고하거나 압수물을 제출해야 하는 것은 아니다.

피고인에 대한 구속현장에서의 압수·수색·검증에는 체포현장에서의 압수·수색·검증에 관한 규정이 준용되므로 검사 또는 사법경찰관은 압수한 물건을 계속 압수할 필요가 있는 경우에는 사후에 압수·수색영장을 발부받아야 할 것이다$\left(\begin{smallmatrix}\text{제217조 제 2 항 · 제 3 항,}\\\text{제216조 제 2 항 참조}\end{smallmatrix}\right)$.

4. 범죄장소에서의 압수 · 수색 · 검증

범행 중 또는 범행 직후의 범죄장소에서 긴급을 요하여 법원판사의 영장을 받을 수 없는 때에는 영장 없이 압수·수색 또는 검증을 할 수 있다. 이 경우에는 사후에 지체 없이 영장을 받아야 한다$\left(\begin{smallmatrix}\text{제216조}\\\text{제 3 항}\end{smallmatrix}\right)$. 범죄장소에서의 압수·수색·검증과 관련된 사후 영장청구서에는 사전 압수·수색·검증영장청구서의 기재사항 이외에 영장 없이 압수·수색 또는 검증을 한 일시 및 장소를 기재하여야 한다$\left(\begin{smallmatrix}\text{규칙 제107}\\\text{조 제 1 항}\end{smallmatrix}\right)$. 검사 또는 사법경찰관은 사후에 청구한 압수·수색·검증영장을 발부받지 못한 때에는 압수한 물건을 즉시 반환하여야 한다$\left(\begin{smallmatrix}\text{제217조}\\\text{제 3 항 참조}\end{smallmatrix}\right)$. 입법론적으로는 체포현장에서의 압수 등과 마찬가지로 영장청구기간을 구체적으로 법정하는 것이 필요하다고 생각된다.

현행범인 체포의 경우에는 체포현장에서의 압수·수색·검증이 허용되므로$\left(\begin{smallmatrix}\text{동조 제 1 항}\\\text{제 2 호}\end{smallmatrix}\right)$, 이 규정은 현행범인 체포가 이루어지지 않은 상황에서 발생한 긴급한 사정에 대처하기 위한 것이다. 따라서 범죄장소에 출동한 수사기관이 체포에 착수하기 전에 증거를 수집하거나 범인이 도망한 장소에 남아 있는 증거를 수집하는 경우 또는 피의자를 체포하지 않고 증거를 수집하는 경우 등이 여기에 해당한다.

또한 대법원은 음주운전 중 교통사고를 야기하고 의식불명 상태에 있는 피의자가 그 신체 내지 의복류에서 주취로 인한 냄새가 강하게 나는 등 형사소송법 제 211조 제 2 항 제 3 호가 정하는 범죄의 증적이 현저한 준현행범인으로서의 요건을 갖추고 있고 또한 교통사고 발생 시각으로부터 사회통념상 범행 직후라고 볼 수 있는 시간 내인 경우에는, 피의자의 생명 · 신체를 구조하기 위하여 사고현장으로부터 곧바로 후송된 병원 응급실 등의 장소는 범죄장소에 준한다고 한다($^{대법원\ 2012.11.15,}_{2011도15258}$).

5. 긴급체포 후의 압수 · 수색 · 검증

(1) 의   의

검사 또는 사법경찰관은 긴급체포된 자가 소유 · 소지 또는 보관하는 물건에 대하여 긴급히 압수할 필요가 있는 경우에는 피의자를 체포한 때부터 24시간 이내에 한하여 영장 없이 압수 · 수색 또는 검증을 할 수 있다($^{제217조}_{제1항}$). 긴급체포의 경우에도 체포현장에서의 압수 · 수색 또는 검증은 영장 없이 할 수 있으므로($^{제216조}_{제1항\ 제2호}$), 이 규정은 피의자를 긴급체포한 후 체포현장이 아닌 곳에 있는 피의자의 소유물 등을 압수 · 수색 또는 검증하는 경우에 적용된다. 긴급체포된 사실이 밝혀진 경우 피의자와 관련된 사람들이 증거물을 은닉 · 손괴하는 것을 방지하기 위한 제도이나, 긴급체포에 부수하여 장소적 제한을 받지 않는 대물적 강제처분을 인정하는 것이 영장주의에 반하는 것은 아닌지 하는 점에서 의문이 제기되고 있다.

(2) 적용범위

긴급체포 후에 영장 없이 압수 · 수색 · 검증할 수 있는 대상은 긴급체포된 자가 소유 · 소지 또는 보관하는 물건이다. 따라서 타인의 물건을 피의자가 소지 · 보관하는 경우뿐만 아니라, 타인이 피의자 소유의 물건을 소지 · 보관하고 있는 경우에도 압수 등이 가능하다.

영장 없이 압수 · 수색 · 검증을 하기 위해서는 긴급한 압수의 필요성이 있어야 한다. 따라서 긴급체포된 피의자에 대한 압수 · 수색 · 검증은 긴급체포에 부수해서 당연히 인정되는 것은 아니며 이를 위해서는 긴급성의 요건이 필요하다. 그리고 영장 없는 압수 · 수색 · 검증은 긴급체포한 때로부터 24시간 이내에만 허용된다.

긴급체포 후의 압수는 긴급체포의 원인이 된 범죄사실에 관한 증거에 한정됨은 물론 당해 범죄사실의 수사에 필요한 최소한의 범위 내에서 허용된다. 어떤 물건이 여기에 해당하여 압수의 대상이 되는 것인지는 당해 범죄사실의 구체적인 내용과 성질, 압수하고자 하는 물건의 형상·성질, 당해 범죄사실과의 관련 정도와 증거가치, 인멸의 우려는 물론 압수로 인하여 발생하는 불이익의 정도 등 압수 당시의 여러 사정을 종합적으로 고려하여 객관적으로 판단하여야 한다($\binom{대법원\ 2008.7.10,}{2008도2245}$).

(3) 요급처분

요급처분의 예외는 제216조의 규정에 의한 처분을 하는 경우에 적용되므로 ($\binom{제220}{조\ 참조}$), 긴급체포 후의 압수·수색·검증에는 적용되지 않는다. 따라서 긴급체포된 자가 소유·소지 또는 보관하는 물건에 대하여 압수·수색·검증을 하는 경우에는 주거주·간수자 등을 참여하게 하여야 하고($\binom{제123조}{제2항}$), 일출전 일몰후에는 압수·수색·검증을 위하여 타인의 주거, 간수자 있는 가옥 등에 들어가지 못한다($\binom{제125}{조}$). 다만 판례는 사후의 압수·수색영장청구서에 압수·수색을 한 일시가 야간으로 기재되어 있음에도 불구하고 판사가 영장을 발부하였다면 이러한 경우는 판사의 사후 추인에 의하여 야간의 압수·수색이 적법하게 되는 것으로 본다($\binom{대법원\ 2017.9.12,}{2017도10309\ 참조}$).

(4) 사후영장의 청구

검사 또는 사법경찰관은 압수한 물건을 계속 압수할 필요가 있는 경우에는 지체 없이 압수·수색영장을 청구하여야 한다. 이 경우 압수·수색영장의 청구는 체포한 때부터 48시간 이내에 하여야 한다($\binom{제217조}{제2항}$). 검사 또는 사법경찰관은 압수·수색영장을 발부받지 못한 때에는 압수한 물건을 즉시 반환하여야 한다($\binom{동조}{제3항}$).[1]

긴급체포와 관련된 사후의 압수·수색영장청구서에는 사전 압수·수색영장청구서의 기재사항 이외에 긴급체포한 일시 및 장소와 영장 없이 압수·수색을 한 일시 및 장소를 기재하여야 한다($\binom{규칙\ 제107}{조\ 제1항}$).

---

1) 대법원 2009. 12. 24, 2009도11401, 「형사소송법 제216조 제 1 항 제 2 호, 제217조 제 2 항, 제 3 항은 사법경찰관은 형사소송법 제200조의3(긴급체포)의 규정에 의하여 피의자를 체포하는 경우에 필요한 때에는 영장 없이 체포현장에서 압수·수색을 할 수 있고, 압수한 물건을 계속 압수할 필요가 있는 경우에는 지체 없이 압수·수색영장을 청구하여야 하며, 청구한 압수·수색영장을 발부받지 못한 때에는 압수한 물건을 즉시 반환하여야 한다고 규정하고 있는바, 형사소송법 제217조 제 2 항, 제 3 항에 위반하여 압수·수색영장을 청구하여 이를 발부받지 아니하고도 즉시 반환하지 아니한 압수물은 이를 유죄 인정의 증거로 사용할 수 없는 것이고, 헌법과 형사소송법이 선언한 영장주의의 중요성에 비추어 볼 때 피고인이나 변호인이 이를 증거로 함에 동의하였다고 하더라도 달리 볼 것은 아니다.」

(5) 제도적 검토

시간적·장소적 접착성을 요구하는 체포현장에서의 압수·수색·검증제도와는 달리 제217조에 의한 강제처분은 24시간 범위 내에서는 장소적 제한을 받지 않는 압수·수색·검증의 권한을 수사기관에 인정하는 것이다. 따라서 이 규정에 의하면 수사기관은 긴급체포 후 24시간 이내에는 피의자의 주거지 등에 가서 압수·수색·검증하는 것이 허용되게 된다. 그러나 영장도 없이 행하는 긴급체포에 수반하여 다시 장소적 제한을 받지 않는 압수·수색·검증을 인정하는 것은, 비록 긴급성을 요구하고 있다고 하더라도 수사상의 편의를 위하여 영장주의를 실질적으로 제한하는 제도라고 할 수 있다. 따라서 형사소송법 제217조의 긴급체포 후의 압수·수색·검증제도는 이를 폐지하고, 긴급체포의 경우에도 제216조 제 1 항 제 2 호의 규정에 의한 압수·수색·검증만을 허용하는 것이 타당하다고 생각된다.

6. 유류물 또는 임의제출물의 압수(영치)

(1) 의   의

법원은 소유자·소지자 또는 보관자가 임의로 제출한 물건 또는 유류한 물건을 영장 없이 압수할 수 있고($^{제108}_{조}$), 검사 또는 사법경찰관도 피의자나 그 밖의 사람이 유류한 물건이나 소유자·소지자 또는 보관자가 임의로 제출한 물건을 영장 없이 압수할 수 있다($^{제218}_{조}$). 이러한 경우의 점유취득을 영치라고 하는데, 유류물 또는 임의제출물의 영치는 상대방의 의사에 반하여 목적물의 점유를 취득하지 않는다는 점에서 통상의 압수와 구별되며 그 때문에 영치에 대하여는 압수영장이 요구되지 않는다. 그러나 영치는 점유취득과정에서는 강제력이 행사되지 않았으나 일단 영치된 이상 제출자가 임의로 점유를 회복하지 못한다는 점에서 강제처분으로 볼 수 있다. 따라서 영치된 물건도 압수물의 환부·가환부·압수장물의 피해자환부의 대상이 된다.

임의제출물의 경우에 제출자인 소유자·소지자 또는 보관자가 반드시 적법한 권리자일 필요는 없다. 따라서 절도범인은 자신이 절취한 물건을 수사기관에 임의제출할 수 있다. 그러나 소유자·소지자 또는 보관자가 아닌 자로부터 제출받은 물건을 영장 없이 압수한 경우 그 압수물 및 압수물을 찍은 사진은 피고인이나 변호인이 증거로 함에 동의하였다 하더라도 이를 유죄 인정의 증거로 사용할 수 없다($^{대법원\ 2010.1.28,}_{2009도10092}$).

또한 물건을 소지 또는 보관하는 자가 소유자의 의사에 반하여 이를 임의제출한 경우에도 그 증거의 사용에 의하여 소유자의 사생활의 비밀 기타 인격적 법익이 침해되는 등의 특별한 사정이 없는 한 소지자 또는 보관자가 한 임의제출은 적법하다. 따라서 검사가 교도관으로부터 그가 보관하고 있던 피의자의 비망록을 뇌물수수 등의 증거자료로 임의로 제출받아 이를 압수한 경우, 그 압수절차가 피의자의 승낙 및 영장 없이 행하여졌다고 하더라도 이에 적법절차를 위반한 위법이 있다고 할 수 없다($^{\text{대법원 2008.5.15,}}_{\text{2008도1097}}$).

(2) 관 련 성

임의제출물의 압수는 압수물에 대한 수사기관의 점유취득이 제출자의 의사에 따라 이루어진다는 점에서 차이가 있을 뿐 범죄혐의를 전제로 한 수사 목적이나 압수의 효력은 영장에 의한 경우와 동일하므로 임의제출물과 피의사건 간에 관련성이 필요하다. 따라서 수사기관은 특정 범죄혐의와 관련하여 전자정보가 수록된 정보저장매체를 임의제출 받아 그 안에 저장된 전자정보를 압수하는 경우, 그 동기가 된 범죄혐의사실과 관련된 전자정보의 출력물 등을 임의제출 받아 압수하는 것이 원칙이고, 다만 현장의 사정이나 전자정보의 대량성과 탐색의 어려움 등의 이유로 범위를 정하여 출력 또는 복제하는 방법이 불가능하거나 압수의 목적을 달성하기에 현저히 곤란하다고 인정되는 때에 한하여 예외적으로 정보저장매체 자체나 복제본을 임의제출 받아 압수할 수 있다($^{\text{대법원 2021.11.18,}}_{\text{2016도348}}$).

범행 동기와 경위, 수단과 방법, 시간과 장소 등에 관한 간접증거나 정황증거로 사용될 수 있는 정보도 임의제출물에 포함될 수 있다. 실무상 범죄혐의사실과 관련된 전자정보와 그렇지 않은 전자정보가 혼재된 정보저장매체인 휴대전화를 임의제출 받는 경우 제출자의 의사를 확인하는데, 임의제출 할 당시 전자정보의 제출 범위를 명확히 밝혀지지 않은 경우라면 임의제출에 따른 압수의 동기가 된 범죄혐의사실과 관련되고 이를 증명할 수 있는 최소한의 가치가 있는 전자정보만이 압수의 대상이 된다($^{\text{대법원 2021.11.25,}}_{\text{2019도7342}}$).

한편 수사기관이 피의자로부터 범죄혐의사실과 관련된 전자정보와 그렇지 않은 전자정보가 섞인 매체를 임의제출 받아 사무실 등지에서 정보를 탐색·복제·출력하는 경우, 피의자나 변호인에게 참여의 기회를 보장하고 압수된 전자정보가 특정된 목록을 교부해야 하지만, 판례는 그러한 조치를 하지 않았더라도 피의자의 절차상 권리가 실질적으로 침해되지 않았다면 위법한 절차로 볼 수 없다고 한다(대법원 2022.2.17, 2019도4938).

(3) 사후영장이 필요한 경우의 임의제출

체포현장이나 범죄현장 등과 같이 사후영장을 전제로 압수·수색·검증영장의 예외가 인정되는 경우에도 임의제출이 허용될 수 있는지에 대해서 논란이 있다. 체포현장이나 범죄현장 등에서 소지자 등이 임의로 제출하는 물건에 대해서는 형사소송법 제216조에서 규정한 사후영장제도의 실효성을 고려하여 형사소송법 제218조의 임의제출을 인정할 수 없다는 시각이 있다. 하지만 형사소송법 제218조가 체포현장이나 범죄현장에서 임의제출의 제한을 별도로 고려하지 않는 상황에서, 제출의 임의성에 문제가 없는 임의제출을 제한할 수는 없다. 임의제출의 임의성 인정 여부와 체포현장에서 소지자의 임의제출 허용여부는 구별하는 것이 타당하다. 판례도 현행범 체포현장이나 범죄현장에서도 소지자 등이 임의로 제출하는 물건을 형사소송법 제218조에 의하여 영장 없이 압수하는 것이 허용되고, 이 경우 검사나 사법경찰관은 별도로 사후에 영장을 받을 필요가 없다고 본다(대법원 2020.4.9, 2019도17142).

V. 통신제한조치

1. 의의 및 법적 성질

통신제한조치의 요건과 절차를 규정하고 있는 법률이 「통신비밀보호법」이다. 통신비밀보호법은 헌법이 보장하고 있는 통신의 자유(제18조)와 사생활의 비밀과 자유(제17조)를 구체적으로 보장하기 위하여 제정된 법률로서 우편물의 검열과 전기통신의 감청을 통신제한조치로서 규정하여 엄격한 법적 규제를 가하고 있다. 한편 통신비밀보호법은 우편물의 검열과 전기통신의 감청 이외에도 공개되지 아니한 타인 간의 대화의 녹음·청취 및 통신사실확인자료의 취득[1]도 그 규율대상에 포함시켜 규정하고 있다(동법 제3조 제1항).

통신비밀보호법은 국가기관에 의한 통신비밀 침해행위를 원칙적으로 금지하

---

1) 통신제한조치는 현재 진행되고 있거나 장래에 이루어질 우편물 또는 전기통신의 내용이 대상인데 대하여, 통신사실확인자료의 제공은 전기통신일시, 컴퓨터통신 또는 인터넷의 로그기록자료, 발신기지국의 위치추적자료, 접속지의 추적자료 등 통신사실의 외형적 존재와 그 내역이 대상이다.

면서 영장주의를 도입하여 예외적으로 법원의 허가를 얻은 때에만 우편물의 검열이나 전기통신의 감청, 통신사실확인자료의 취득 등을 할 수 있도록 하고 있다. 통신비밀보호법은 통신제한조치의 성격을 명백히 강제수사로 규정하여 이에 대해 엄격한 요건과 절차를 요구하고 있다. 전기통신사업자는 검사·사법경찰관 또는 정보수사기관의 장이 통신비밀보호법에 따라 집행하는 통신제한조치 및 통신사실 확인자료제공의 요청에 협조하여야 한다($\binom{\text{동법 제15조}}{\text{의2 제 1 항}}$).

2. 통신제한조치가 허용되는 경우

(1) 국가안보를 위한 통신제한조치

국가안보를 위한 통신제한조치는 특정한 범죄혐의의 존재를 필요로 하지 않으며, 국가안전보장에 대한 상당한 위험이 예상되는 경우 또는 「국민보호와 공공안전을 위한 테러방지법」제 2 조 제 6 호의 대테러활동에 필요한 경우에 한하여 그 위해를 방지하기 위하여 이에 관한 정보수집이 특히 필요한 경우에 허용된다($\binom{\text{동법 제 7 조}}{\text{제 1 항}}$). 이 경우 정보수사기관의 장은 통신의 일방 또는 쌍방 당사자가 내국인인 경우에는 고등법원 수석부장판사의 허가를 받아야 하고, 대한민국에 적대하는 국가, 반국가 활동의 혐의가 있는 외국의 기관·단체와 외국인, 대한민국의 통치권이 사실상 미치지 않는 한반도 내의 집단이나 외국에 소재하는 그 산하단체의 구성원의 통신에 대하여는 대통령의 승인을 받아야 한다($\binom{\text{동조 제 1 항}}{\text{제 1 호·제 2 호}}$). 통신제한조치의 기간은 4월을 초과하지 못하고 그 기간 중 통신제한조치의 목적이 달성되었을 경우는 즉시 종료하여야 하지만, 통신제한을 위한 요건이 존속하는 경우에는 소명자료를 첨부하여 고등법원 수석판사의 허가 또는 대통령의 승인을 얻어 4월의 범위 이내에서 통신제한조치의 기간을 연장할 수 있다($\binom{\text{동법 제 7 조}}{\text{제 2 항}}$).

(2) 범죄수사를 위한 통신제한조치

범죄수사를 위한 통신제한조치는 통신비밀보호법에서 규정한 주요범죄를 계획 또는 실행하고 있거나 실행하였다고 의심할 만한 충분한 이유가 있고 다른 방법으로는 그 범죄의 실행을 저지하거나 범인의 체포 또는 증거의 수집이 어려운 경우에 한하여 인정된다($\binom{\text{동법 제 5 조}}{\text{제 1 항}}$). 이 경우의 통신제한조치는 관할지방법원 또는 지원의 허가를 얻어서 행한다($\binom{\text{동법 제 6 조}}{\text{제 3 항}}$). 아래에서는 범죄수사를 위한 통신제한조치를 중심으로 그 요건과 절차 등에 대하여 살펴본다.

3. 통신제한조치의 내용

(1) 우편물의 검열

우편물의 검열이란 당사자의 동의 없이 우편물을 개봉하거나 기타의 방법으로 그 내용을 지득 또는 채록하거나 유치하는 것을 말한다(동법 제 2 조 제 6 호). 우편물이란 우편법에 의한 통상우편물과 소포우편물을 말하며(동조 제 2 호), 발송 전이나 도착 후의 편지 등은 여기에 포함되지 않는다. 발송 전이나 도착 후의 우편물은 압수·수색의 대상이 된다. 또한 당사자의 동의란 수신인과 발신인 모두의 동의를 의미한다(동조 제 4 호).

(2) 전기통신의 감청

전기통신의 감청(監聽)이란 전기통신에 대하여 당사자의 동의 없이 전자장치·기계장치 등을 사용하여 통신의 음향·문언·부호·영상을 청취·공독(共讀)하여 그 내용을 지득 또는 채록하거나 전기통신의 송·수신을 방해하는 것을 말한다(동법 제 2 조 제 7 호). 그리고 전기통신이란 전화·전자우편·회원제정보서비스·모사전송·무선호출 등과 같이 유선·무선·광선 및 기타의 전자적 방식에 의하여 모든 종류의 음향·문언·부호 또는 영상을 송신하거나 수신하는 것을 말한다(동조 제 3 호). 전송 중인 이메일 등의 증거를 수집하기 위한 수사방법으로 '패킷감청'이 이용되는데,[1] 인터넷상에서 발신되어 수신되기까지의 과정 중의 내용을 증거로 수집하는 것이다.[2] 패킷감청을 통해 수사기관은 인터넷망을 이용하는 암호화되지 않은 모든 통신내용을 감청할 수 있는데, 이메일 이외에 메신저, 웹서핑, 게시물 작성, 인터넷 전화, IPTV 등 모든 인터넷 활동을 감청할 수 있다. 따라서 통신비밀보호법상의 감청이란 그 대상이 되는 전기통신의 송·수신과 동시에 이루어지는 경우만을 의미하고, 이미 수신이 완료된 전기통신의 내용을 지득하는 등의 행위는 이에 포함되지 않는다(대법원 2016.10.13, 2016도8137). 현재 이루어지고 있는 전기통신의 내용이 아니라 수신이 완료된

---

1) 패킷이란 데이터 전송에서 사용되는 데이터의 묶음을 말하는데, 두 지점 사이에 데이터를 전송할 때는 데이터를 적당한 크기로 나누어 패킷의 형태로 만들어 패킷들을 하나씩 보내는 방법을 쓰고, 각 패킷에는 데이터의 내용뿐만 아니라 수신처, 주소 등의 정보까지 담고 있다.

2) 대법원 2012. 10. 11, 2012도7455, 「인터넷 통신망을 통한 송·수신은 통신비밀보호법 제 2 조 제 3 호에서 정한 '전기통신'에 해당하므로 인터넷 통신망을 통하여 흐르는 전기신호 형태의 패킷(packet)을 중간에 확보하여 그 내용을 지득하는 이른바 '패킷 감청'도 같은 법 제 5 조 제 1 항에서 정한 요건을 갖추는 경우 다른 특별한 사정이 없는 한 허용된다고 할 것이고, 이는 패킷 감청의 특성상 수사목적과 무관한 통신내용이나 제 3 자의 통신내용도 감청될 우려가 있다는 것만으로 달리 볼 것이 아니다.」

전기통신의 내용을 지득하려면 형사소송법상의 압수·수색·검증의 방법에 의하여야 한다(동법 제9조의3 참조).

이와 같이 감청이란 수사기관이나 사인이 전기통신의 방법에 의하여 이루어지는 타인 간의 대화내용이나 정보를 본인의 부지(不知) 중에 청취하거나 수집하는 것을 말하는데, 흔히 도청(盜聽)이라고 불리어진다. 그러나 도청은 본래 법적 근거 없이 불법으로 정보를 수집하는 행위로서의 부정적인 의미를 강하게 내포하고 있었기 때문에 통신비밀보호법은 적법하게 행하여지는 경우를 예상하여 감청이라는 중립적 용어를 사용하고 있다. 또한 감청은 전기통신의 송·수신을 방해하는 행위까지 그 의미에 포함함으로써 도청보다는 넓은 내용을 가지고 있다.

본래 감청은 전기통신에 대하여 행해지는 것이므로 전기통신 이외의 형태로 이루어지는 타인 간의 대화는 감청의 대상이라고 볼 수 없다. 그러나 통신비밀보호법은 누구든지 공개되지 아니한 타인 간의 대화를 녹음하거나 전자장치 또는 기계적 수단을 이용하여 청취할 수 없다고 규정하여(동법 제14조 제 1 항), 구두에 의한 대화 등 전기통신 이외의 형태로 이루어지는 타인 간의 대화를 녹음하거나 기계적 장치 등을 이용하여 청취하는 행위에 대해서도 감청에 관한 대부분의 규정들을 적용하는 입장을 취하고 있다(동조 제 2 항).

수사기관이 대화의 일방당사자의 동의를 얻어 감청한 경우에도 타인 간의 통신의 비밀을 침해한 것이므로 통신비밀보호법에 위반한 것이 된다(대법원 2010.10.14, 2010도9016). 그리고 누구든지 공개되지 아니한 타인 간의 대화를 녹음하거나 전자장치 또는 기계적 수단을 이용하여 청취할 수 없으므로, 수사기관이 아닌 사인이 타인 간의 대화를 녹음·청취하는 행위도 통신비밀보호법에 의해서 금지된다.

4. 통신제한조치의 청구

검사는 제 5 조 제 1 항의 허가요건이 구비된 경우에는 법원에 대하여 각 피의자별 또는 각 피내사자별로 통신제한조치를 허가하여 줄 것을 청구할 수 있다(동법 제6조 제 1 항). 사법경찰관은 검사에게 통신제한조치에 대한 허가를 신청하고 검사가 법원에 대하여 그 허가를 청구할 수 있다(동조 제 2 항). 관할법원은 그 통신제한조치를 받을 통신당사자의 쌍방 또는 일방의 주소지·소재지, 범죄지 또는 통신당사자와 공범관계에 있는 자의 주소지·소재지를 관할하는 지방법원 또는 지원으로 한다(동조 제 3 항). 통신제한조치청구는 필요한 통신제한조치의 종류·그 목적·대상·범위·

기간·집행장소·방법 및 당해 통신제한조치가 허가요건을 충족하는 사유 등의 청구이유를 기재한 서면으로 하여야 하며, 청구이유에 대한 소명자료를 첨부하여야 한다(동조 제4항). 검사가 사법경찰관이 신청한 통신제한조치허가서를 정당한 이유 없이 판사에게 청구하지 아니한 경우 사법경찰관은 그 검사 소속의 지방검찰청 소재지를 관할하는 고등검찰청에 영장 청구 여부에 대한 심의를 신청할 수 있다(제221조의5, 수사준칙에 관한 규정 제59조 제 3 항).

5. 통신제한조치의 허가

(1) 허가요건

(가) 범죄의 혐의

통신제한조치는 통신비밀보호법 제 5 조 제 1 항 제 1 호 내지 제11호에 열거된 중대한 범죄[1]를 계획 또는 실행하고 있거나 실행하였다고 의심할 만한 충분한 이유가 있는 경우에 허가할 수 있다(동법 제5조 제1항). 중대한 범죄를 실행하고 있거나 실행한 경우뿐만 아니라 계획하고 있는 경우도 포함되므로 범죄가 예비·음모단계에 있는 경우라도 통신제한조치를 취할 수 있다. 다만 통신제한조치를 허가하기 위해서는 이러한 행위를 의심할 만한 충분한 이유가 있어야 하므로 범죄의 예비·음모 또는 실행을 인정할 만한 객관적 근거가 충분한 경우가 아니면 통신제한조치를 할수 없다.

(나) 보 충 성

통신제한조치는 다른 방법으로는 그 범죄의 실행을 저지하거나 범인의 체포 또는 증거의 수집이 어려운 경우에 한하여 허가될 수 있다(동법 제5조 제1항). 통신제한조치는 강제처분의 일종이므로 비례의 원칙을 엄격히 적용할 것을 명시적으로 요구하고 있는 것이다.

(2) 허가절차

법원은 청구가 이유 없다고 인정하는 경우에는 청구를 기각하고 이를 청구인

---

1) 통신비밀보호법 제 5 조 제 1 항에 의하면 대상범죄는 ① 형법 및 군형법에 규정된 일부 범죄, ② 국가보안법, 군사기밀보호법, 군사시설보호법에 규정된 모든 범죄, ③ 마약류관리에 관한 법률, 총포·도검·화약류 등의 안전관리에 관한 법률에 규정된 일부 범죄, ④ 폭력행위 등 처벌에 관한 법률, 특정범죄 가중처벌 등에 관한 법률, 특정경제범죄 가중처벌 등에 관한 법률에 규정된 일부 범죄이다.

에게 통지하며($\frac{동법 제6조}{제8항}$), 청구가 이유 있다고 인정하는 경우에는 각 피의자별 또는 각 피내사자별로 통신제한조치를 허가하고 이를 증명하는 서류(통신제한조치허가서)를 청구인에게 발부한다($\frac{동조}{제5항}$). 허가서에는 통신제한조치의 종류·그 목적·대상·범위·기간 및 집행 장소와 방법을 특정하여 기재하여야 한다($\frac{동조}{제6항}$). 따라서 통신제한조치의 종류를 전기통신의 감청으로 한 허가서를 가지고 타인 간의 대화를 녹음하는 행위는 위법하고 당해 녹음테이프는 증거능력이 없다($\frac{대법원 1999.9.3.}{99도2317}$). 법원은 통신제한조치의 요건에 해당하는 자가 발송·수취하거나 송·수신하는 특정한 우편물이나 전기통신에 대해서 뿐만 아니라, 그 해당자가 일정한 기간에 걸쳐 송신·수취하거나 송·수신하는 우편물이나 전기통신 일반을 대상으로 통신제한조치를 허가할 수 있다($\frac{동법 제5조}{제2항}$).

통신제한조치의 기간은 2월을 초과하지 못하고, 그 기간 중 통신제한조치의 목적이 달성되었을 경우에는 즉시 종료하여야 한다($\frac{동법 제6조}{제7항 본문}$). 다만 통신제한조치의 허가요건이 존속하면 수사기관은 소명자료를 첨부하여 2개월의 범위에서 통신제한조치기간의 연장을 청구할 수 있는데($\frac{동조}{제7항 단서}$), 통신제한조치의 총 연장기간은 1년($\frac{일정한 범죄}{의 경우는 3년}$)을 초과할 수 없다($\frac{동조}{제8항}$).

6. 통신제한조치의 집행에 관한 통지

검사는 통신제한조치를 집행한 사건에 관하여 기소, 불기소 또는 불입건 처분($\frac{기소중지결정·참}{고인중지결정 제외}$)을 한 때에는 그 처분을 한 날부터 30일 이내에 우편물의 대상자 또는 전기통신의 가입자에게 통신제한조치를 집행한 사실과 집행기관 및 그 기간 등을 서면으로 통지하여야 한다($\frac{동법 제9조}{의2 제1항}$). 사법경찰관은 통신제한조치를 집행한 사건에 관하여 검사로부터 기소 또는 불기소의 처분($\frac{기소중지결정·참}{고인중지결정 제외}$)의 통보를 받거나 내사사건에 관하여 입건하지 아니하는 처분을 한 때에는 그날부터 30일 이내에 우편물의 대상자 또는 전기통신의 가입자에게 통신제한조치를 집행한 사실과 집행기관 및 그 기간 등을 서면으로 통지하여야 한다($\frac{동조}{제2항}$). 다만 통신제한조치를 통지할 경우 국가의 안전보장·공공의 안녕질서를 위태롭게 할 현저한 우려가 있거나 사람의 생명·신체에 중대한 위험을 초래할 염려가 현저한 때에는 그 사유가 해소될 때까지 통지가 유예될 수 있다($\frac{동조}{제4항}$).

7. 긴급통신제한조치

검사, 사법경찰관 또는 정보수사기관의 장은 국가안보를 위협하는 음모행위, 직접적인 사망이나 심각한 상해의 위험을 야기할 수 있는 범죄 또는 조직범죄 등 중대한 범죄의 계획이나 실행 등 긴박한 상황에 있고, 법원의 허가에 필요한 절차를 거칠 수 없는 긴급한 사유가 있는 때에는 법원의 허가 없이 통신제한조치를 할 수 있다(동법 제8조 제1항). 긴급통신제한조치의 집행착수 후 지체 없이 법원에 허가청구를 하여야 하며, 그 긴급통신제한조치를 한 때부터 36시간 이내에 법원의 허가를 받지 못한 때에는 즉시 이를 중지하여야 한다(동조 제2항). 법원의 허가를 받지 못한 감청은 불법감청으로 되며, 그러한 불법감청에 의하여 취득한 전기통신의 내용은 증거능력이 없다(동법 제3조, 제4조). 긴급통신제한조치가 단시간내에 종료되어 법원의 허가를 받을 필요가 없는 경우에는 그 종료 후 7일 이내에 관할 지방검찰청검사장은 관할 지방법원장에게 긴급통신제한조치를 한 검사, 사법경찰관 또는 정보수사기관의 장이 작성한 긴급통신제한조치통보서를 송부하여야 한다(동법 제8조 제5항).

8. 통신제한조치로 취득한 자료의 보호

(1) 자료의 비공개

누구든지 통신제한조치로 지득한 내용을 이 법의 규정에 의하여 사용하는 경우 외에는 이를 외부에 공개하거나 누설하여서는 아니 된다(동법 제11조 제3항). 특히 통신제한조치의 허가·집행·통보 및 각종 서류작성 등에 관여한 공무원 또는 그 직에 있었던 자는 직무상 알게 된 통신제한조치에 관한 사항을 외부에 공개하거나 누설하여서는 아니 되며, 통신제한조치에 관여한 통신기관의 직원 또는 그 직에 있었던 자도 통신제한조치에 관한 사항을 외부에 공개하거나 누설하여서는 아니 된다(동조 제1항·제2항).

(2) 자료의 사용제한

통신제한조치의 집행으로 인하여 취득된 우편물 또는 그 내용과 전기통신의 내용은 ① 통신제한조치의 목적이 된 범죄나 이와 관련되는 범죄를 수사·소추하거나 그 범죄를 예방하기 위하여 사용하는 경우, ② 대상범죄로 인한 징계절차에 사용하는 경우, ③ 통신의 당사자가 제기하는 손해배상소송에서 사용하는 경우, ④ 기타 다른 법률의 규정에 의하여 사용하는 경우 외에는 사용할 수 없다(동법 제12조).

(3) 인터넷 회선에 대한 통신제한조치로 취득한 자료(패킷감청자료)의 관리

패킷감청은 인터넷망을 이용하는 암호화되지 않은 모든 통신내용을 감청할 수 있는데, 일상적인 이메일, 메신저, 웹서핑, 게시물 읽기 쓰기 등 모든 인터넷 활동이 감청대상이 될 수 있다. 이와 같은 패킷감청은 인터넷망을 통하여 흐르는 불특정 다수인의 정보가 패킷의 형태로 수집되므로 통신 및 사생활의 비밀과 자유를 침해할 가능성이 매우 크다. 이와 같은 피해를 최소화하기 위해서는 집행과정이나 집행이 종료된 후 수사기관에 의한 권한 남용을 적절히 통제할 법적 장치가 필요하다.

통신비밀보호법 제12조의2에서는 향후 형사소추나 수사에 증거로 사용할 가능성이 많은 패킷감청자료는 법원의 승인을 받아 보관하고, 나머지 패킷감청자료는 모두 폐기하도록 규정하고 있다. 검사는 인터넷 회선을 통하여 송신·수신하는 전기통신을 대상으로 통신제한조치를 집행한 경우 그 전기통신을 사용하거나 사용을 위하여 보관하고자 하는 때에는 집행종료일부터 14일 이내에 필요한 전기통신을 선별하여 통신제한조치를 허가한 법원에 승인을 청구하여야 한다(동법 제12조의2 제1항). 사법경찰관은 집행종료일부터 14일 이내에 필요한 전기통신을 선별하여 검사에게 승인을 신청하고, 검사는 신청일부터 7일 이내에 통신제한조치를 허가한 법원에 그 승인을 청구할 수 있다(동조 제2항).

법원은 청구가 이유 있는 경우에 승인서를 발부하며, 청구가 이유 없는 경우에는 청구를 기각하고 이를 청구인에게 통지한다(동조 제4항). 검사나 사법경찰관이 사용·보관의 승인청구나 신청을 하지 않으면 집행종료일부터 14일 이내에 통신제한조치로 취득한 전기통신을 폐기하여야 하고, 법원에 청구를 하였으나 청구기각의 통지를 받거나 승인을 받지 못한 전기통신은 7일 이내에 폐기하여야 하며, 검사가 사법경찰관의 신청을 기각하면 7일 이내에 통신제한조치로 취득한 전기통신을 폐기하여야 한다(동조 제5항).

(4) 증거능력의 제한

불법검열에 의하여 취득한 우편물이나 그 내용 및 불법감청에 의하여 지득 또는 채록된 전기통신의 내용 그리고 법률에 위반한 타인의 대화비밀 침해는 재판 또는 징계절차에서 증거로 사용할 수 없다(동법 제4조, 제14조 제2항).

Ⅵ. 통신사실확인자료의 제공요청

1. 의   의

휴대전화가 단순히 통화의 수단이 아니라 개인용 컴퓨터로 발달함에 따라 수사의 모습도 변화하여, 과거 통신제한조치의 통신감청을 중심으로 행해졌던 통신수사가 통신사실확인자료의 취득 중심으로 변화하였다. 통신사실확인자료란 ① 가입자의 전기통신일시, ② 전기통신개시·종료시간, ③ 발·착신 통신번호 등 상대방의 가입자번호, ④ 사용도수, ⑤ 컴퓨터통신 또는 인터넷의 사용자가 전기통신역무를 이용한 사실에 관한 컴퓨터통신 또는 인터넷의 로그기록자료, ⑥ 정보통신망에 접속된 정보통신기기의 위치를 확인할 수 있는 발신기지국의 위치추적자료, ⑦ 컴퓨터통신 또는 인터넷의 사용자가 정보통신망에 접속하기 위하여 사용하는 정보통신기기의 위치를 확인할 수 있는 접속지의 추적자료를 말한다($\binom{\text{통신비밀보호법}}{\text{제 2 조 제11호}}$).

휴대전화는 전원을 끄지 않는 이상 기지국과 항상 전파를 주고받는데, 복수의 기지국이 수신한 전파정보를 집약하면 휴대전화의 위치를 어느 정도 특정할 수 있다. 휴대전화의 소지자가 범행시간대에 범행장소 근처에 있었다는 사실(위치정보 추적자료)을 확인할 수 있고, 이것은 범행에 대한 유력한 간접증거(정황증거)가 될 수 있어 범죄 수사에 있어서 중요한 자료로 활용된다. 과거에는 수사기관이 범행시간대에 범행현장에 있었던 사람을 찾기 위해서 탐문수사나 잠복수사를 장기간 하였는데, 통신사실확인자료를 통해 그러한 수고를 덜 수 있게 되었다. 또한 공범과 통신한 경우는 공범의 정보까지 확보할 수 있게 되었고, 피의자의 휴대전화의 실시간 위치정보를 통해 도주한 피의자를 체포할 수 있게 되었다. 현재 통신사실확인자료의 확보는 수사에 있어서 없어서는 안 될 매우 중요한 수단이 되었다.

2. 법적 성격

통신제한조치와 마찬가지로 통신사실확인자료의 제공요청도 강제처분으로서 영장주의가 적용된다($\binom{\text{헌재결 2018.6.28, 2012}}{\text{헌마191·2012헌마538}}$). 다만 통신의 내용을 대상으로 하는 수사인 통신제한조치에 비하여 통신의 이용내역을 확인할 수 있는 자료인 통신사실확인자료에 대한 수사는 규제가 상대적으로 완화되어 있는데, 모든 범죄에 대해서 통신사실확인자료가 제공될 수 있고 일부의 자료는 보충성 요건도 적용되지 않는다.

통신사실확인자료의 제공요청도 통신제한조치와 마찬가지로 국가안보를 위한 통신사실확인자료 제공요청의 경우와 범죄수사를 위한 통신사실확인자료 제공요청의 경우가 있다. 정보수사기관의 장은 국가안전보장에 대한 위해를 방지하기 위하여 정보수집이 필요한 경우 전기통신사업자에게 통신사실확인자료 제공을 요청할 수 있는데(동법 제13조의4 제1항), 국가안보를 위한 통신제한조치의 규정을 준용한다(동조 제2항). 아래에서는 범죄수사를 위한 통신사실확인자료 제공의 절차와 내용에 대해서 살펴본다.

3. 통신사실확인자료 요청 및 제공의 절차

검사 또는 사법경찰관은 수사 또는 형의 집행을 위하여 필요한 경우 전기통신사업자에게 통신사실확인자료의 열람이나 제출을 요청할 수 있는데(동법 제13조 제1항), 대상범죄의 제한은 없다. 다만 검사 또는 사법경찰관은 실시간 발신기지국의 위치추적자료·접속지의 추적자료(위치정보 추적수사) 및 특정한 기지국에 대한 통신사실확인자료(기지국 수사)[1]에 대해서는 다른 방법으로는 범죄의 실행을 저지하기 어렵거나 범인의 발견·확보 또는 증거의 수집·보전이 어려운 경우에만 전기통신사업자에게 해당 자료의 열람이나 제출을 요청할 수 있다(동조 제2항 본문).

이때 검사 또는 사법경찰관은 요청사유, 해당 가입자와의 연관성 및 필요한 자료의 범위를 기록한 서면으로 관할 지방법원 또는 지원의 허가(통신사실확인자료제공요청 허가서, 흔히 통신영장이라고도 함)를 받아야 한다(동조 제3항 본문). 다만 관할 지방법원 또는 지원의 허가를 받을 수 없는 긴급한 사유가 있는 때에는 통신사실확인자료의 제공을 요청한 후 지체없이 그 허가를 받아 전기통신사업자에게 송부하여야 하고(동항 단서), 허가를 받지 못한 경우에는 지체없이 제공받은 통신사실확인자료를 폐기하여야 한다(동법 제13조 제4항).

그 외의 허가절차에 관해서는 범죄수사를 위한 통신제한조치의 허가절차를 준용한다(동조 제9항). 법원은 청구가 이유 있다고 인정하면 각 피의자별 또는 각 피조사자별로 통신제한조치를 허가하고, 이를 증명하는 통신사실확인자료 제공 허가서를 청구인에게 발부한다(동법 제6조 제5항). 통신사실확인자료 제공 허가서에는 통신사실확인자료 제공의 종류·그 목적·대상·범위·기간 및 집행장소와 방법을 특정하여 기

---

1) 기지국 수사란 수사기관이 특정 시간대 특정 기지국에서 발신된 모든 전화번호 등을 통신사실확인자료로 제공받는 수사를 말한다. 주로 수사기관이 용의자를 특정하기 어려운 연쇄범죄가 발생하거나 동일 사건 단서가 여러 지역에서 시차를 두고 발견된 때에 사건발생지역 기지국에서 발신된 전화번호들을 추적하여 용의자를 좁혀나가는 수사기법으로 활용된다.

재하여야 한다($^{동조}_{제6항}$). 법원은 청구가 이유없다고 인정하면 청구를 기각하고 이를
청구인에게 통지한다($^{동조}_{제9항}$).

4. 통신사실확인자료 제공의 통지

검사 또는 사법경찰관은 공소를 제기하거나 공소제기·검찰송치를 하지 아니
하는 처분($^{기소중지·참고인중}_{지·수사중지 결정 제외}$) 또는 입건하지 아니하는 처분을 한 경우에 그 처분을
한 날부터 30일 이내에 통신사실확인자료 제공을 받은 사실과 제공요청기관 및 그
기간 등을 통신사실확인자료 제공의 대상이 된 당사자에게 서면으로 통지하여야
한다($^{동법 제13조의3}_{제1항 제1호 본문}$). 다만 사법경찰관이 검사에게 송치한 사건에서 검사로부터 공
소를 제기하거나 제기하지 아니하는 처분($^{기소중지·참고인중}_{지·수사중지 결정 제외}$)의 통보를 받은 경우에
는 통보를 받은 날부터 30일 이내에 통지를 하여야 한다($^{동항}_{제1호 단서}$).

기소중지·참고인중지 또는 수사중지 결정을 한 경우는 그 결정을 한 날부터
1년이 경과한 때부터 30일 이내에 통지하여야 하고($^{동조 제1항}_{제2호 본문}$), 사법경찰관이 검사
에게 송치한 사건에서 검사로부터 기소중지 또는 참고인중지 결정의 통보를 받은
경우는 통보를 받은 날부터 30일 이내에 통지를 하여야 한다($^{동항}_{제2호 단서}$). 수사가 종
결되지 않고 장기간 진행 중인 경우는 통신사실확인자료 제공을 받은 날부터 1년
($^{내란죄·외환죄 등 국가}_{안보 관련 범죄는 3년}$)이 경과한 때부터 30일 이내에 통지하여야 한다($^{동항}_{제3호}$).

다만 검사 또는 사법경찰관은 ① 국가의 안전보장, 공공의 안녕질서를 위태롭
게 할 우려가 있는 경우, ② 피해자 또는 그 밖의 사건관계인의 생명이나 신체의 안
전을 위협할 우려가 있는 경우, ③ 증거인멸, 도주, 증인 위협 등 공정한 사법절차
의 진행을 방해할 우려가 있는 경우, ④ 피의자, 피해자 또는 그 밖의 사건관계인의
명예나 사생활을 침해할 우려가 있는 경우는 그 사유가 해소될 때까지 같은 항에
따른 통지를 유예할 수 있다($^{동법 제13조}_{의3 제2항}$). 통지를 유예하려는 경우에 검사 또는 사법
경찰관은 소명자료를 첨부하여 미리 관할 지방검찰청 검사장의 승인을 받아야 하
고($^{동조}_{제3항}$), 그 사유가 해소된 때에는 그 날부터 30일 이내에 통지를 하여야 한다
($^{동조}_{제4항}$).

통지제도는 개인정보자기결정권을 보호하기 위해서 규정되어 있는데, 통지유
예의 사유가 광범위하고 유예의 통제도 법원이 아니라 수사기관인 검사장에게 맡
기고 있어서 통지제도의 실효성에 의문이 제기된다.

5. 증거능력의 제한

통신사실확인자료의 경우도 통신제한조치와 마찬가지로 목적이 된 범죄나 이
와 관련되는 범죄를 수사·소추하거나 그 범죄를 예방하기 위한 경우 등에 한정하
여 사용할 수 있다(통법 제13조의5, 제12조 제1호). 통신사실확인자료 제공요청의 목적이 된 범죄와
관련된 범죄란 통신사실확인자료 제공 요청허가서에 기재한 혐의사실과 객관적 관
련성이 있고 자료제공 요청대상자와 피의자 사이에 인적 관련성이 있는 범죄를 의
미하는데, 혐의사실과의 객관적 관련성은 요청허가서에 기재된 혐의사실 자체 또
는 그와 기본적 사실관계가 동일한 범행과 직접 관련된 경우뿐만 아니라 범행 동기
와 경위, 범행 수단 및 방법, 범행 시간과 장소 등을 증명하기 위한 간접증거나 정
황증거 등으로 사용될 수 있는 경우에도 인정될 수 있고, 피의자와 사이의 인적 관
련성은 요청허가서에 기재된 대상자의 공동정범이나 교사범 등 공범이나 간접정범
뿐만 아니라 필요적 공범 등에 대한 사건에 대해서도 인정될 수 있다(대법원 2017.1.25, 2016도13489).

제 6 절   판사에 대한 강제처분의 청구

수사기관이나 피의자·피고인은 공판정에서의 수소법원에 의한 증거조사가
있을 때까지 기다릴 경우 증거방법의 사용이 불가능하거나 현저히 곤란하게 될 염
려가 있는 경우가 있고, 또한 수소법원의 처분을 기다리지 아니하고 미리 자신에게
유리한 증거를 수집·보전해 둘 필요가 있는 경우도 있다. 이러한 경우에 판사에게
청구하여 판사로 하여금 미리 증거를 조사하여 그 결과를 보전하게 하거나 증거를
수집·보전하도록 할 필요가 있는데, 이를 위하여 형사소송법은 증거보전제도(제184조)
와 판사에 의한 증인신문제도(제221조의2)를 규정하고 있다.

Ⅰ. 증거보전

1. 증거보전의 의의

증거보전이란 미리 증거를 보전하지 아니하면 그 증거를 사용하기 곤란한 사
정이 있는 경우에 검사·피의자·피고인 또는 변호인이 판사에게 압수·수색·검

증·증인신문 또는 감정을 청구하여 그 결과를 보전하여 두는 제도를 말한다($_{조}^{제184}$).
증거보전은 수사절차나 제 1 회 공판기일 이전의 공판절차에서 이해관계인의 청구
에 의하여 판사가 미리 증거를 수집·보전하거나 증거조사를 하여 그 결과를 보전
하는 제도로서, 특히 피의자나 피고인에게 유리한 증거를 확보하기 위한 수단으로
서 중요한 의미를 가진다.

2. 증거보전의 요건

(1) 증거보전의 필요성

증거보전을 위해서는 미리 증거를 보전하지 않으면 그 증거를 사용하기 곤란
한 사정, 즉 증거보전의 필요성이 있어야 한다. 증거보전의 필요성이 있는 경우란
공판정에서의 증거조사가 곤란한 경우뿐만 아니라 증거의 증명력에 변화가 예상되
는 경우도 포함한다. 따라서 증거물의 멸실·훼손·은닉 및 변경의 염려, 증인의 사
망·장기해외체류·증언불능의 가능성, 검증현장의 변경가능성, 감정대상의 멸실·
훼손·변경의 염려나 감정인을 증인으로 신문하지 못하게 될 위험성 등이 있는 경
우가 여기에 해당한다.

참고인의 진술변경의 가능성을 이유로 증인신문을 청구하는 것이 허용되는가에
대해서는 이를 긍정하는 견해도 있으나, 적법절차의 원칙과 공정한 재판의 원칙에
비추어 볼 때 증거보전사유에 해당하지 않는 것으로 해석하여야 할 것이다($_{94헌바1\ 참조}^{헌재결\ 1996.12.26,}$).

(2) 제1회 공판기일 전

증거보전은 제 1 회 공판기일 전에 한하여 할 수 있다. 제 1 회 공판기일 후에
는 수소법원에 의한 증거의 수집과 조사가 가능하므로 판사에게 증거보전을 청구
할 필요가 없기 때문이다. 제 1 회 공판기일 전인 이상 공소제기의 전후는 불문한
다. 다만 제 1 회 공판기일 전에 청구가 있더라도 제 1 회 공판기일 이후에 증거보전
절차를 진행하는 것은 공판중심주의에 반하므로 허용되지 않는다고 해야 한다.

제 1 회 공판기일이란 수소법원에서의 증거조사가 가능한 단계를 의미한다. 수
소법원에서의 증거조사가 가능한 시점의 의미를 형식적으로 파악할 때에는 피고사
건에 대한 수소법원의 증거조사절차가 개시되기 전까지는 증거보전청구가 가능한
것으로 보게 된다. 그러나 검사의 모두진술이 있은 후 행하여지는 피고인의 모두진

술절차에서 실질적으로 피고인은 증거수집이나 증거조사의 필요성을 수소법원에 진술할 수 있다는 점을 고려할 때 판사에 대한 증거보전의 청구를 구태여 그 이후에도 인정할 필요는 없다고 생각된다. 따라서 제 1 회 공판기일 전이란 피고인의 모두진술이 시작되기 전까지를 의미한다고 보아야 한다.

3. 증거보전의 절차

(1) 증거보전의 청구

(가) 청구권자

증거보전의 청구권자는 검사·피의자·피고인 또는 변호인이다. 따라서 수사개시 이전의 피내사자에게는 증거보전청구권이 없다. 피고인은 공소제기 후 제 1 회 공판기일 이전의 피고인을 의미한다. 그리고 변호인의 증거보전청구권은 독립대리권이므로 피고인·피의자의 명시한 의사에 반해서도 이를 행사할 수 있다.

검사는 수사단계에서 강제수사를 할 수 있는 권한이 있고 또한 판사에게 증인신문을 청구할 권리($^{제221}_{조의2}$)도 가지고 있으므로 검사에게 별도로 증거보전청구권을 인정할 필요가 없다는 견해가 있으나, 검사도 공소제기 이후에는 판사의 힘을 빌어 압수·수색 등을 행할 필요가 있다는 점에서 볼 때($^{대법원\ 2011.4.28,}_{2009도10412\ 참조}$) 제한적이나마 그 필요성을 긍정해야 할 것이다.

(나) 청구의 방식

증거보전의 청구는 ① 압수할 물건의 소재지, ② 수색 또는 검증할 장소·신체 또는 물건의 소재지, ③ 증인의 주거지 또는 현재지, ④ 감정대상의 소재지 또는 현재지를 관할하는 지방법원판사에게 하여야 한다($^{규칙}_{제91조}$). 증거보전을 청구할 때에는 서면으로 증거보전의 사유를 소명하여야 한다($^{제184조}_{제3항}$). 증거보전청구서에는 ① 사건의 개요, ② 증명할 사실, ③ 증거 및 보전의 방법, ④ 증거보전을 필요로 하는 사유를 기재하여야 한다($^{규칙}_{제92조}$).

(다) 청구의 내용

증거보전을 청구할 수 있는 것은 압수·수색·검증·증인신문 또는 감정이다($^{제184조}_{제1항}$). 따라서 증거보전절차에서 피의자 또는 피고인의 신문을 청구할 수는 없다($^{대법원\ 1972.11.28,\ 72도2104;}_{대법원\ 1979.6.12,\ 79도792}$). 다만 증거보전절차에서 공범자인 공동피의자에 대하여 증인신문을 행하는 것은 가능하다($^{대법원\ 1988.11.8,}_{86도1646}$).

(2) 청구에 대한 법원의 결정

증거보전의 청구를 받은 판사는 청구가 적법하고 필요하다고 인정할 때에는 증거보전을 하여야 한다. 이 경우에는 별도의 재판을 요하지 않고 바로 청구한 증거보전처분을 행한다. 그러나 청구가 부적법하거나 증거보전의 필요가 없다고 인정할 때에는 청구를 기각하는 결정을 하여야 한다.

증거보전의 청구를 기각하는 결정에 대하여는 3일 이내에 항고할 수 있다(제184조 제4항). 증거를 강제로 수집할 능력이 없는 피의자·피고인의 이익을 보호하기 위한 목적에서 형사소송법은 수소법원이 아닌 판사의 결정에 대하여 예외적으로 명문의 규정을 두어 항고를 허용하고 있는 것이다.

(3) 증거보전의 실시

증거보전의 청구를 받은 판사는 그 처분에 관하여 법원 또는 재판장과 동일한 권한이 있다(동조 제2항). 따라서 공소제기 후 수소법원이 행하는 압수·수색·검증·증인신문 및 감정에 관한 규정은 증거보전에 준용된다. 판사는 증인신문의 전제가 되는 소환·구인을 할 수 있고, 압수·수색이 필요한 경우에는 영장을 발부하여 증거보전을 행한다.

소송관계인의 참여권 등도 수소법원이 증거조사를 행하는 경우와 동일하게 인정하여야 하므로, 증인신문을 할 때에는 검사와 피의자·피고인 및 변호인의 참여권이 보장된다(제163조, 제184조 제2항). 따라서 판사는 신문의 일시나 장소를 검사와 피의자·피고인 및 변호인에게 미리 통지하여야 한다.[1]

4. 증거보전 후의 절차

(1) 서류 및 증거물의 처리

(가) 서류 및 증거물의 보관 및 이용

증거보전절차를 통하여 압수한 물건 또는 작성한 서류는 증거보전을 행한 판

---

1) 대법원 1992. 2. 28, 91도2337, 「제 1 회 공판기일 전에 형사소송법 제184조에 의한 증거보전절차에서 증인신문을 하면서, 위 증인신문의 일시와 장소를 피의자 및 변호인에게 미리 통지하지 아니하여 증인신문에 참여할 수 있는 기회를 주지 아니하였고, 또 변호인이 제 1 심 공판기일에 위 증인신문조서의 증거조사에 관하여 이의신청을 하였다면, 위 증인신문조서는 증거능력이 없다 할 것이고, 그 증인이 후에 법정에서 그 조서의 진정성립을 인정한다 하여 다시 그 증거능력을 취득한다고 볼 수도 없다.」

사가 소속한 법원에서 보관한다. 따라서 검사가 청구인인 때에도 증거보전결과를
검사에게 송부하지 아니한다.

증거보전에 의하여 수집된 증거물이나 작성된 서류를 공판절차에서 증거로서
이용할 것인지의 여부는 증거보전의 청구인 또는 그 상대방의 판단에 맡겨져 있다.
따라서 검사·피고인 또는 변호인이 이를 증거로 이용하기 위해서는 수소법원에
증거조사를 청구하여야 하며, 수소법원은 증거보전을 한 법원에서 증거물과 기록
을 송부받아 증거조사를 하여야 한다.

(나) 서류 및 증거물의 열람·등사

검사·피의자·피고인 또는 변호인은 판사의 허가를 얻어 그 서류와 증거물을
열람 또는 등사할 수 있다($\substack{제185 \\ 조}$). 증거보전을 청구한 자는 물론이고 그 상대방에게
도 열람·등사권이 인정된다.

(2) 증거보전절차에서 작성된 조서의 증거능력

증거보전절차에서 작성된 조서는 법원 또는 법관의 조서로서 당연히 증거능력
이 인정된다($\substack{제311 \\ 조}$). 증거보전절차에서 작성되는 조서로는 압수·수색조서, 검증조
서, 증인신문조서, 감정인신문조서 등이 있다.

Ⅱ. 판사에 의한 증인신문

1. 의   의

판사에 의한 증인신문이란 중요한 참고인이 수사기관의 출석요구에 응하지 않
거나 진술을 거부하는 경우에 검사가 제 1 회 공판기일 전까지 참고인에 대하여 증
인신문을 청구하여 그 진술증거를 수집·보전하는 제도를 말한다($\substack{제221 \\ 조의2}$). 이는 증거
의 수집과 보전을 목적으로 하는 판사에 의한 강제처분이라는 점에서 증거보전과
유사하나, 청구권자가 검사에 제한되어 있을 뿐만 아니라 청구의 요건과 내용에 있
어서도 증거보전과는 차이가 있다.

증인이 아닌 참고인에 대한 조사는 임의수사이므로 참고인은 수사기관의 출석
요구에 대하여 출석의무가 없으며, 일단 수사기관에 출석한 후에도 진술할 의무가
없다. 그러나 실체적 진실발견을 위해서는 일정한 요건 아래 참고인의 출석과 진술
을 강제할 필요가 있는데, 판사에 의한 증인신문제도는 이러한 목적을 위한 제도라

고 할 수 있다.

2. 증인신문의 요건

(1) 증인신문의 필요성

증인신문의 필요성은 범죄수사에 없어서는 아니 될 사실을 안다고 명백히 인정되는 자가 수사기관에 대하여 출석이나 진술을 거부하는 경우에 인정된다. 따라서 증인신문의 청구는 증인의 진술에 의하여 증명할 범죄사실 내지 피의사실의 존재를 전제로 한다($\binom{\text{대법원 1989.6.20,}}{89도648}$).

(가) 범죄수사에 없어서는 아니 될 사실

범죄수사에 없어서는 아니 될 사실이란 수소법원이 유죄판결을 위하여 증명해야 할 범죄될 사실($\binom{\text{제323조}}{\text{제1항}}$)보다는 넓은 개념이다. 따라서 범죄의 성립 여부에 관한 사실뿐만 아니라 정상에 관한 사실로서 기소·불기소의 결정과 양형에 중대한 영향을 미치는 사실도 포함한다. 피의자의 소재를 알고 있거나 범죄를 증명하는 데 불가결한 참고인의 소재를 알고 있는 경우도 여기에 해당한다.

(나) 출석거부 또는 진술거부

진술거부는 진술의 전부를 거부한 경우뿐만 아니라 일부를 거부한 경우에도 거부한 부분이 범죄수사에 없어서는 안 될 부분인 때에는 증인신문을 청구할 수 있다. 참고인이 수사기관에서 진술을 하였으나 진술조서에 서명·날인을 거부하는 경우에도 진술거부에 준하여 증인신문이 허용된다고 보아야 한다.

다만 참고인으로 수사기관에서 임의의 진술을 한 자가 공판기일에 이전의 진술과 다른 진술을 할 염려가 있고 그의 진술이 범죄의 증명에 없어서는 아니될 것으로 인정되는 경우라도 진술의 거부에 해당하는 것이 아니므로 검사는 증인신문을 청구할 수 없다($\binom{\text{헌재결 1996.12.26,}}{\text{94헌바1 참조}}$).

(2) 제1회 공판기일 전

판사에 대한 검사의 증인신문의 청구도 제 1 회 공판기일 전에 한하여 허용되며, 공소제기의 전후를 불문한다. 다만 이 경우 증인신문을 청구할 수 있는 제 1 회 공판기일 전이란 검사의 모두진술이 시작되기 전까지를 의미하는 것으로 보아야한다. 증거보전청구와는 다르게 판사에 대한 증인신문의 청구는 검사만이 할 수 있기 때문이다.

3. 증인신문의 절차

(1) 증인신문의 청구

판사에 대한 증인신문의 청구는 검사만이 할 수 있다. 참고인이 사법경찰관의 출석요구를 거부하거나 진술을 거부한 때에도 사법경찰관이 검사에게 신청하여 검사가 판사에게 증인신문을 청구하여야 한다.

검사가 증인신문을 청구할 때에는 서면으로 그 사유을 소명하여야 한다($\frac{제221}{조의}$ $\frac{2}{제3항}$). 증인신문청구서에는 ① 증인의 성명·직업 및 주거, ② 피의자 또는 피고인의 성명, ③ 죄명 및 범죄사실의 요지, ④ 증명할 사실, ⑤ 신문사항, ⑥ 증인신문청구의 요건이 되는 사실, ⑦ 피의자 또는 피고인에게 변호인이 있는 때에는 그 성명을 기재하여야 한다($\frac{규칙 제}{111조}$).

(2) 청구에 대한 심사

판사는 청구가 적법하고 요건을 구비하였는가를 심사하여 그 청구절차가 부적법하거나 요건을 구비하지 못한 때에는 결정으로 청구를 기각하여야 한다. 검사는 청구를 기각한 결정에 대하여 항고 등의 방법으로 불복할 수 없다($\frac{제184조}{제4항 참조}$). 심사결과 요건을 구비하고 있다고 인정할 때에는 별도의 결정 없이 바로 증인신문을 하여야 한다.

(3) 증인신문의 방법

증인신문을 하는 판사는 증인신문에 관하여 법원 또는 재판장과 동일한 권한이 있다($\frac{제221조의}{2 제4항}$). 따라서 증인신문에 관하여는 법원 또는 재판장이 하는 증인신문에 관한 규정이 준용된다.

판사가 증인신문을 하는 때에도 수소법원이 증인신문을 행하는 경우처럼 검사와 피의자·피고인 및 변호인의 참여권이 인정된다. 판사는 피의자·피고인 또는 변호인에게 신문기일과 장소 및 증인신문에 참여할 수 있다는 취지를 통지하여 증인신문에 참여할 수 있도록 하여야 한다($\frac{동조 제5항,}{규칙 제112조}$). 그러나 통지받은 피의자·피고인 또는 변호인의 출석이 증인신문의 요건이 되는 것은 아니다.

4. 증인신문 후의 절차

(1) 서류의 송부

판사가 검사의 청구에 의하여 증인신문을 하는 때에는 참여한 법원사무관 등에게 증인신문조서를 작성하도록 하여야 하며($\frac{제}{48조}$), 판사는 증인신문을 한 때에는 지체 없이 증인신문에 관한 서류를 검사에게 송부하여야 한다($\frac{제221조의}{2 제6항}$).

통상의 증거보전의 경우와는 달리 피의자·피고인 또는 변호인에게 증인신문에 관한 서류의 열람·등사권은 인정되지 않는다($\frac{제185}{조 참조}$). 다만 피고인과 변호인은 공소제기 이후에는 검사에게 증거개시를 청구할 수 있고($\frac{제266}{조의3}$), 법원에 제출된 후에는 소송계속 중의 관계서류로서 이를 열람하거나 등사할 수 있다($\frac{제35조}{제1항}$).

(2) 증인신문조서의 증거능력

증인신문절차에서 작성된 증인신문조서는 법관의 면전조서로서 당연히 증거능력이 인정된다($\frac{제311}{조}$). 다만 이를 증거로 이용하기 위해서는 검사가 증인신문조서를 수소법원에 제출하여 증거조사가 이루어져야 한다.

제 7 절   수사의 종결

Ⅰ. 수사종결의 의의

수사의 종결이란 공소제기 여부를 결정할 수 있을 정도로 피의사건이 밝혀졌을 때 행하는 수사기관의 처분을 말한다. 일반사법경찰관은 범죄를 수사한 후 범죄의 혐의가 있다고 인정되는 경우에는 검사에게 사건을 송치하지만, 그렇지 않은 경우에는 불송치결정을 한다. 판사, 검사, 경무관급 이상 경찰에 해당하는 고위공직자로 재직 중에 본인 또는 본인의 가족이 범한 고위공직자범죄 및 관련범죄의 수사 및 공소제기와 그 유지는 고위공직자범죄수사처가 한다($\frac{공수처법}{제3조 제1항}$). 검사는 공수처법에서 정한 위의 범죄를 제외한 사건에 대해서 수사의 종국처분으로서 공소의 제기 또는 불기소결정을 한다. 즉 검사는 직접수사한 중요범죄사건과 사법경찰관으로부터 송치받은 사건, 그리고 고위공직자범죄수사처 검사가 송치한 사건에 대하여 그 공소제기 여부를 결정할 수 있다.

수사를 종결하여 공소를 제기한 후에도 수사의 필요성이 있는 경우에는 수사를 할 수 있고, 불기소결정에는 법원의 확정재판과는 달리 일사부재리의 효력이 인정되지 않으므로 불기소결정을 한 후에도 다시 수사를 재개하거나 공소를 제기할 수 있다($\binom{대법원\ 1987.11.10,}{87도2020}$).

Ⅱ. 사법경찰관의 수사종결

1. 의   의

2020년 형사소송법의 개정으로 검사와 사법경찰관의 관계가 수직관계에서 상호협력의 관계로 변경되었고, 범죄혐의가 인정되지 않는 사건에 대해서는 검사에게 송치하지 않을 수 있는 1차 수사종결권이 사법경찰관에게 부여되었다. 사법경찰관은 사건을 수사한 경우 사건에 대하여 법원송치, 검찰송치, 불송치, 수사중지, 이송을 결정해야 한다($\binom{수사준칙에\ 관}{한\ 규정\ 제51조}$).[1] 경찰서장은 20만원 이하의 벌금, 구류 또는 과료에 처할 경미한 사건에 대해서는 지방법원, 지원 또는 시군법원의 판사에게 즉결심판을 청구할 수 있다($\binom{즉결심판에\ 관한\ 절차법}{제2조,\ 제3조\ 제1항}$). 즉결심판절차에 관해서는 제 5 편 제 3 장의 특별절차에서 상세히 설명한다.

2. 송치결정

사법경찰관은 범죄의 혐의가 있다고 인정되는 경우에는 지체 없이 검사에게 사건을 송치하고, 관계 서류와 증거물을 검사에게 송부하여야 한다($\binom{제245조의}{5\ 제1호}$). 사법경찰관은 피의자 또는 참고인에 대한 조사과정을 영상녹화한 경우에는 해당 영상녹화물을 봉인한 후 검사에게 사건을 송치할 때 사건기록과 함께 송부해야 한다($\binom{수사준칙에\ 관한\ 규}{정\ 제58조\ 제2항}$).

검사는 송치사건의 공소제기 여부 결정 또는 공소의 유지에 관하여 필요한 경우에 사법경찰관에게 보완수사를 요구할 수 있는데($\binom{제197조의}{2\ 제1항}$), 특별히 직접 보완수사를 할 필요가 있다고 인정되는 경우를 제외하고는 사법경찰관에게 보완수사를 요

---

[1] 사법경찰관은 사건을 수사한 후 죄가 안 됨과 공소권 없음의 불송치결정에 해당하는 사건으로서 형법 제10조 제 1 항에 따라 벌할 수 없는 경우 또는 기소되어 사실심 계속 중인 사건과 포괄일죄를 구성하는 관계에 있는 경우에 해당 사건을 검사에게 이송한다(수사준칙에 관한 규정 제51조 제 3 항).

구하는 것을 원칙으로 한다($^{수사준칙에 관한 규}_{정 제59조 제 1 항}$). 사법경찰관은 검사의 보완수사요구가 있는 때에는 정당한 이유가 없는 한 지체 없이 이를 이행하고, 그 결과를 검사에게 통보하여야 한다($^{제197조의}_{2 제2항}$). 검찰총장 또는 각급 검찰청 검사장은 사법경찰관이 정당한 이유 없이 검사의 보완수사요구에 따르지 아니하는 때에는 권한 있는 사람에게 해당 사법경찰관의 직무배제 또는 징계를 요구할 수 있다($^{동조}_{제3항}$).

3. 불송치결정

(1) 불송치결정의 종류

사법경찰관은 범죄혐의가 인정되지 않거나 공소를 제기할 수 없는 사유가 있는 경우에는 불송치결정을 해야 하는데, 불송치결정에는 혐의 없음(범죄인정 안됨, 증거불충분), 죄가 안 됨, 공소권 없음, 각하의 4가지 유형이 있다($^{수사준칙에 관한 규}_{정 제51조 제 1 항}$). 불송치처분의 경우에는 그 이유를 명시한 서면과 함께 관계 서류와 증거물을 지체 없이 검사에게 송부하여야 하며, 이 경우 검사는 송부받은 날부터 90일 이내에 사법경찰관에게 이를 반환하여야 한다($^{제245조의}_{5 제2호}$). 사법경찰관의 불송치결정에 대한 통제장치로는 검사의 재수사요청과 사법경찰관의 고소인등에 대한 통지제도가 있다.

(2) 검사의 재수사요청

사법경찰관의 불송치결정에 대해서 검사는 재수사를 요청할 수 있다. 사법경찰관이 범죄를 수사한 후 사건을 송치하지 아니한 것이 위법 또는 부당한 때에는 검사는 그 이유를 문서로 명시하여 사법경찰관에게 재수사를 요청할 수 있고($^{제245}_{조의}$ $^{8}_{제1항}$), 사법경찰관은 재수사 요청이 있는 때에는 사건을 재수사하여야 한다($^{동조}_{제2항}$). 재수사요청은 불송치 결정에 영향을 줄 수 있는 명백히 새로운 증거나 사실이 발견된 경우와 증거 등의 허위·위조 또는 변조를 인정할 만한 상당한 정황이 있는 경우를 제외하고는 관계 서류와 증거물을 송부받은 날부터 90일 이내에 해야 한다($^{수사준칙에 관한 규}_{정 제63조 제 1 항}$). 검사는 재수사를 요청한 경우 그 사실을 고소인등에게 통지해야 한다($^{동규정 동}_{조 제3항}$). 재수사를 한 사법경찰관이 기존의 불송치 결정을 유지하는 경우에 검사는 다시 재수사를 요청하거나 송치 요구를 할 수 없고, 다만 사법경찰관의 재수사에도 불구하고 관련 법리에 위반되거나 송부받은 관계 서류 및 증거물과 재수사 결과만으로도 공소제기를 할 수 있을 정도로 명백히 채증법칙에 위반되거나 공소시효 또는 형사소추의 요건을 판단하는 데 오류가 있어 사건을 송치하지 않은 위법 또는 부당이 시정되지 않은 경우에는 재수사 결과를 통보받은 날부터 30일 이내에 형사소송법 제197조의3에 따라 사건송치를 요구할 수 있다($\substack{\text{동규정}\\\text{제64조 제 2 항}}$).

(3) 결정의 통지와 이의신청

불송치결정의 경우에 사법경찰관은 검사에게 송부한 날부터 7일 이내에 서면으로 고소인 · 고발인 · 피해자 또는 그 법정대리인(피해자가 사망한 경우에는 그 배우자 · 직계친족 · 형제자매를 포함)에게 사건을 검사에게 송치하지 아니하는 취지와 그 이유를 통지하여야 한다($\substack{\text{제245}\\\text{조의6}}$). 통지를 받은 사람(고발인은 제외한다)은 해당 사법경찰관의 소속 관서의 장에게 이의를 신청할 수 있고($\substack{\text{제245조의}\\\text{7 제 1 항}}$), 이의의 신청이 있으면 사법경찰관은 지체 없이 검사에게 사건을 송치하고 관계 서류와 증거물을 송부하여야 하며, 처리결과와 그 이유를 이의신청인에게 통지하여야 한다($\substack{\text{동조}\\\text{제 2 항}}$). 또한 사법경찰관은 검사의 재수사 요청에 따라 재수사 중인 불송치사건에 대해 고소인 등의 이의신청이 있는 경우에는 재수사를 중단해야 하며, 해당 사건을 지체 없이 검사에게 송치하고 관계 서류와 증거물을 송부해야 한다($\substack{\text{수사준칙에 관}\\\text{한 규정 제65조}}$).

Ⅲ. 검사의 수사종결

1. 수사종결결정의 종류

(1) 공소의 제기

검사는 수사결과 범죄의 객관적 혐의가 충분하고 소송조건이 구비되어 유죄판결을 받을 수 있다고 인정할 때에는 공소를 제기한다. 공소제기는 수사종결의 가장 전형적인 형태라고 할 수 있는데, 검사가 공소장을 관할법원에 제출함으로써 이루어진다. 검사는 약식사건의 경우에는 공소제기와 동시에 약식명령을 청구할 수 있다($\substack{\text{제449}\\\text{조}}$).[1]

(2) 불기소결정

검사가 피의사건에 대하여 공소를 제기하지 아니하는 결정을 말하는데, 여기에는 협의의 불기소결정과 기소유예결정이 포함된다. 검사가 사건을 불기소결정하는 경우에는 불기소 결정서를 작성하여야 하며, 이 결정서에는 불기소결정의 사유

---

[1] 실무상 검사의 정식의 공소제기를 구공판(求公判)이라고 하고, 약식명령청구를 구약식(求略式)이라고 한다.

에 따라 불기소결정의 주문을 표시하고, 피의사실의 요지와 수사의 결과 및 공소를 제기하지 아니하는 이유를 기재하여야 한다(검찰사건사무 규칙 제115조).

(가) 협의의 불기소결정

검사가 처음부터 적법한 공소를 제기할 수 없는 경우에 하는 결정으로서 그 이유에는 혐의 없음, 죄가 안 됨, 공소권 없음, 각하의 네 가지가 있다.

1) 혐의 없음　　혐의 없음을 이유로 하는 불기소결정의 주문은 다시 혐의 없음(범죄인정 안됨)과 혐의 없음(증거불충분)의 두 가지로 구분된다. 피의사실이 범죄를 구성하지 아니하거나 피의사실이 인정되지 아니하는 경우는 범죄가 인정되지 아니하여 혐의가 없는 경우에 해당하고, 피의사실을 인정할 만한 충분한 증거가 없는 경우는 증거불충분으로 혐의가 없는 경우에 해당한다(동규칙 제115조 제3항 제2호).

고소·고발사건의 경우에 혐의가 없다고 결정하는 경우에는 고소인이나 고발인의 무고혐의의 유무에 관하여 판단하여야 한다(동규칙 제117조).

2) 죄가 안 됨　　피의사실이 범죄구성요건에 해당하나 법률상 범죄의 성립을 조각하는 사유가 있어 범죄를 구성하지 아니하는 경우를 말한다(동규칙 제115조 제3항 제3호). 위법성조각사유나 책임조각사유가 존재하는 경우가 여기에 해당한다.

3) 공소권 없음　　피의사건에 대하여 소송조건이 결여된 경우를 말한다(동규칙 제115조 제3항 제4호). 예를 들면 피의자에 대하여 재판권이 없거나 피의자가 사망한 경우, 확정판결이 있는 경우, 공소시효가 완성된 경우, 친고죄에 있어서 고소가 없거나 취소된 경우, 소년법 등에 의한 보호처분이 확정된 경우 등이 여기에 해당한다. 또한 소송조건이 결여된 경우와는 다르지만 법률의 규정에 의하여 형이 면제된 경우도 공소권 없음을 주문으로 하는 불기소결정의 대상에 포함시키고 있다.

4) 각　　하　　각하는 고소 또는 고발사건에 대하여 행하여지는 불기소결정의 일종으로서, 더 이상 수사의 필요성이 없다고 인정되는 명백한 사유가 있는 경우에 피의자 또는 참고인을 조사하지 않고 간략하게 수사를 종결시키는 처분을 말한다. 검사는 ① 고소 또는 고발이 있는 사건에 관하여 고소인 또는 고발인의 진술이나 고소장 또는 고발장에 의하여 불기소결정을 해야 할 사유가 명백한 경우, ② 자기 또는 배우자의 직계존속을 고소·고발하거나(제224조, 제235조) 고소를 취소한 자가 다시 고소한 경우(제232조 제2항), ③ 같은 사건에 관하여 검사의 불기소결정이 있는 경우로서 고소인, 고발인 또는 피해자가 새로이 중요한 증거가 발견되었음을 소명하지 못한 경우, ④ 고소권자가 아닌 자가 고소한 경우, ⑤ 고소인 또는 고발인이 고소·

고발장을 제출한 후 출석요구나 자료제출 등 혐의 확인을 위한 수사기관의 요청에 불응하거나 소재불명이 되는 등 고소·고발사실에 대한 수사를 개시·진행할 자료가 없는 경우, ⑥ 고발이 진위 여부가 불분명한 언론 보도나 인터넷 등 정보통신망의 게시물, 익명의 제보, 고발 내용과 직접적인 관련이 없는 제3자로부터의 전문 (傳聞)이나 풍문 또는 고발인의 추측만을 근거로 한 경우 등으로서 수사를 개시할 만한 구체적인 사유나 정황이 충분하지 않은 경우, ⑦ 고소·고발 사건(진정 또는 신고를 단서로 수사개시 된 사건을 포함한다)의 사안의 경중 및 경위, 피해회복 및 처벌의사 여부, 고소인·고발인·피해자와 피고소인·피고발인·피의자와의 관계, 분쟁의 종국적 해결 여부 등을 고려할 때 수사 또는 소추에 관한 공공의 이익이 없거나 극히 적은 경우로서 수사를 개시·진행할 필요성이 인정되지 않는 경우에는 각하결정을 한다(검찰사건사무규칙 제 115조 제 3 항 제 5 호).

(나) 기소유예

피의사건에 대하여 범죄의 혐의가 인정되고 소송조건이 구비된 경우라도 피의자의 연령, 성행, 지능과 환경, 범행의 동기, 수단과 결과, 범행 후의 정황 등을 참작하여 공소를 제기하지 않을 수 있는데, 이를 기소유예라고 한다(동규칙 제115조 제 3 항 제 1 호).

기소유예와 유사한 제도로서 공소보류결정이 있다. 공소보류란 국가보안법위반 피의자에 대하여 형법 제51조의 양형사유를 참작하여 공소제기를 보류하는 처분을 말하고, 공소보류자에 대하여 공소제기 없이 2년이 경과하면 소추를 할 수 없는 효력이 발생한다(국가보안법 제20조, 검찰사건사무규칙 제125조).

(3) 기소중지와 참고인중지

기소중지는 검사가 피의자의 소재불명 등의 사유로 수사를 종결할 수 없는 경우에 그 사유가 해소될 때까지 수사를 중지하는 결정을 말하며(검찰사건사무 규칙 제120조), 참고인중지는 검사가 참고인·고소인·고발인 또는 같은 사건의 다른 피의자의 소재불명으로 인하여 수사를 종결할 수 없는 경우에 그 사유가 해소될 때까지 수사를 중지하는 결정을 말한다(동규칙 제121조). 참고인중지는 참고인의 소재가 불분명한 경우에 피의자에 대하여 기소중지결정을 하면 마치 피의자가 도피 중인 것으로 오해받을 염려가 있기 때문에 마련된 제도이다.

기소중지와 참고인중지는 수사의 종결처분이라고 할 수 없고, 수사를 잠정적으로 중지하는 처분에 해당한다. 그러므로 중지사유가 해소된 경우에는 즉시 수사를 재기하여 공소제기 여부를 결정하여야 한다. 또한 기소중지는 중간처분이므로 가급적 억제되어야 한다. 따라서 이미 피의자신문을 마쳐 그의 진술을 충분히 청취하였거나 또는 피의자신문은 아니 하였다 하더라도 그 밖의 증거자료에 의하여 공소제기나 불기소결정 등 종국처분을 하기에 부족함이 없는 경우에는 기소중지결정을 하여서는 아니 되고 원칙에 좇아 종국처분을 하여야 한다(헌재결 1991.4.1, 90헌마115).

검사는 피의자의 소재불명을 이유로 기소중지결정을 하는 경우에 피의자가 지명수배되어 있지 않은 때에는 지명수배요구서를 작성하여 기소중지자에 대한 지명수배를 하여야 한다(동규칙 제122조 제 2 항 참조).

(4) 보호사건의 송치

검사는 소년에 대한 피의사건을 수사한 결과 보호처분에 해당하는 사유가 있다고 인정한 경우에는 사건을 관할 소년부에 송치하여야 한다(소년법 제49 조 제 1 항). 검사는 가정폭력범죄로서 사건의 성질·동기 및 결과, 가정폭력행위자의 성행 등을 고려하여 보호처분을 하는 것이 적절하다고 인정할 때에는 가정보호사건으로 처리할 수 있으며, 이 경우에는 사건을 관할 가정법원 또는 지방법원에 송치하여야 한다(가정폭력 범죄의 처 벌 등에 관한 특례법 제9조 제 1 항, 제11조 제 1 항). 또한 검사는 성매매를 한 사람에 대하여 사건의 성격·동기, 행위자의 성행 등을 고려하여 보호처분을 하는 것이 적절하다고 인정할 때에는 특별한 사정이 없으면 보호사건으로 관할법원에 송치하여야 하고(성매매알선 등 행위의 처벌에 관한 법률 제12 조 제1항), 아동학대범죄에 대해서도 보호처분을 하는 것이 적절하다고 인정하는 경우에는 아동보호사건으로 처리할 수 있고(아동학대범죄의 처벌 등 에 관한 특례법 제27조), 이런 경우에는 사건을 관할 가정법원 또는 지방법원에 송치하여야 한다(동법 제28조).

(5) 타관송치

검사는 사건이 소속검찰청에 대응한 법원의 관할에 속하지 아니한 때에는 사건을 서류와 증거물과 함께 관할법원에 대응한 검찰청검사에게 송치하여야 한다(제256 조). 또한 검사는 사건이 군사법원의 재판권에 속하는 때에는 사건을 서류와 증거물과 함께 재판권을 가진 관할 군검찰부 군검사에게 송치하여야 한다. 이 경우에 송치 전에 행한 소송행위는 송치 후에도 그 효력에 영향이 없다(제256 조의2).

2. 수사종결결정의 통지

(1) 고소인 등에 대한 통지

검사는 고소 또는 고발 있는 사건에 관하여 공소를 제기하거나 제기하지 아니하는 처분, 공소의 취소 또는 타관송치를 한 때에는 그 처분한 날로부터 7일 이내에 서면으로 고소인 또는 고발인에게 그 취지를 통지하여야 한다($\substack{\text{제258조} \\ \text{제 1 항}}$).

그리고 검사는 고소 또는 고발 있는 사건에 관하여 공소를 제기하지 아니하는 처분을 한 경우에 고소인 또는 고발인의 청구가 있는 때에는 7일 이내에 고소인 또는 고발인에게 그 이유를 서면으로 설명하여야 한다($\text{제259}_{\text{조}}$). 이 제도는 특히 검찰항고 내지 재정신청을 가능하게 하는 전제로서의 의미를 가진다.

그리고 검사는 범죄로 인한 피해자 또는 그 법정대리인($\substack{\text{피해자가 사망한 경우에는 그} \\ \text{배우자·직계친족·형제자매를}}$ $\substack{\text{포함} \\ \text{한다}}$)의 신청이 있는 때에는 당해 사건의 공소제기 여부, 공판의 일시·장소, 재판결과, 피의자·피고인의 구속·석방 등 구금에 관한 사실 등을 신속하게 통지하여야 한다($\substack{\text{제259} \\ \text{조의2}}$).

(2) 피의자에 대한 통지

검사는 불기소 또는 타관송치의 처분을 한 때에는 피의자에게 즉시 그 취지를 통지하여야 한다($\substack{\text{제258조} \\ \text{제 2 항}}$). 이것은 불안한 상태에 있는 피의자를 보호하기 위한 규정으로서, 고소·고발사건에 한하여 적용되는 것은 아니다. 따라서 검사는 불기소결정을 하는 경우 모든 피의자에게 불기소결정의 취지를 통지하여야 한다($\substack{\text{헌재결} \\ \text{2001.12.20,} \\ \text{2001} \\ \text{헌마39}}$). 검사가 피의자에 대하여 공소를 제기한 때에는 법원에서 피고인 또는 변호인에게 공소장부본을 송달하게 되므로($\text{제266}_{\text{조}}$) 검사가 별도로 공소제기 사실을 통지할 필요는 없다.

3. 불기소결정에 대한 불복

검사의 불기소결정에 대한 고소인 또는 고발인 등의 불복수단으로는 검찰항고, 재정신청, 헌법소원이 있다.

(1) 검찰항고

검찰항고란 고소인 또는 고발인이 검사의 불기소결정에 대하여 불복하는 경우에 검찰조직 내부의 상급기관에 그 시정을 구하는 제도를 말한다. 검찰항고는 검사의 불기소결정에 대한 내부적 견제장치라는 점에서 법원에 대하여 불복을 신청하는 재정신청과 구별된다. 협의의 불기소결정은 물론이고 기소유예결정도 검찰항고의 대상이 되며, 기소중지나 참고인중지도 사실상 불기소결정에 준하는 처분이라는 점에서 불복대상에 포함된다고 보아야 한다.

(가) 항   고

검사의 불기소결정에 불복하는 고소인이나 고발인은 그 검사가 속한 지방검찰청 또는 지청을 거쳐 서면으로 관할고등검찰청 검사장에게 항고할 수 있다. 이 경우 해당 지방검찰청 또는 지청의 검사는 항고가 이유 있다고 인정하면 그 처분을 경정하여야 한다(검찰청법 제10조 제1항). 또한 고등검찰청 검사장은 항고가 이유 있다고 인정하면 소속 검사로 하여금 지방검찰청 또는 지청 검사의 불기소결정을 직접 경정하게 할 수 있다. 이 경우 고등검찰청 검사는 지방검찰청 또는 지청의 검사로서 직무를 수행하는 것으로 본다(동조 제2항). 한편 고등검찰청의 검사장은 항고가 이유 없다고 인정한 때에는 항고를 기각한다.

항고는 고소인 등이 불기소결정의 통지를 받은 날로부터 30일 이내에 하여야 한다. 다만 항고인에게 책임이 없는 사유로 정하여진 기간 이내에 항고하지 못한 것을 소명하면 그 항고기간은 그 사유가 해소된 때부터 기산한다(동조 제4항·제6항).

(나) 재 항 고

항고를 기각하는 처분에 불복하거나 항고를 한 날로부터 항고에 대한 처분이 행하여지지 아니하고 3개월이 지났을 때에는 항고인은 그 검사가 속한 고등검찰청을 거쳐 서면으로 검찰총장에게 재항고할 수 있다. 이 경우 해당 고등검찰청의 검사는 재항고가 이유 있다고 인정하면 그 처분을 경정하여야 한다(검찰청법 제10조 제3항). 또한 검찰총장은 재항고가 이유 있다고 인정하는 때에는 수사명령 또는 공소제기명령을 하여야 하고, 이유가 없다고 인정하는 때에는 재항고를 기각하여야 한다. 다만 제260조에 따라 재정신청을 할 수 있는 자는 항고를 거쳐 재정신청을 하게 되므로, 재항고를 할 수 있는 자는 형법 제123조 내지 제126조 이외의 범죄의 고발인에 제한되게 된다.

검찰총장에 대한 재항고는 항고기각결정을 통지받은 날 또는 항고 후 항고에 대한 처분이 이루어지지 아니하고 3개월이 지난 날부터 30일 이내에 하여야 한다. 다만 재항고인에게 책임이 없는 사유로 정하여진 기간 이내에 재항고하지 못한 것을 소명하면 그 재항고기간은 그 사유가 해소된 때부터 기산한다(동조 제5항·제6항).

(2) 재정신청

고소권자로서 고소를 한 자(형법 제123조부터 제126조까지의 죄에 대하여는 고발을 한 자를 포함한다)는 검사로부터 공소를 제기하지 아니한다는 통지를 받은 때에는 그 검사 소속의 지방검찰청 소재지를 관할하는 고등법원에 그 당부에 관한 재정을 신청할 수 있다($\frac{제260조}{제1항}$). 다만 검찰항고전치주의를 채택하여 고소인 등이 재정신청을 하려면 고등검찰청검사장에 대한 항고를 거치도록 하고 있다($\frac{동조}{제2항}$). 재정신청이 이유 있는 때에는 고등법원은 공소제기 결정을 하게 된다($\frac{제262조}{제2항}$).

(3) 헌법소원

㈎ 의   의

헌법소원이란 공권력의 행사 또는 불행사로 인하여 헌법상 보장된 기본권을 침해받은 자가 헌법재판소에 그의 권리구제를 청구하는 것을 말한다($\frac{헌법재판소법}{제68조 제1항}$). 따라서 검사의 불기소결정으로 인하여 기본권이 침해된 자도 헌법소원을 제기할 수 있다. 다만 그 청구적격의 유무는 구체적으로 살펴보아야 한다.

㈏ 청구권자

1) 고 소 인   고소인은 불기소결정에 대한 헌법소원을 청구할 수 없다. 헌법소원은 보충성의 원칙에 따라 다른 법률에 구제절차가 있는 경우에는 그 절차를 모두 마쳐야 청구할 수 있을 뿐만 아니라 법원의 재판에 대하여는 헌법소원이 허용되지 않는데($\frac{동법}{제68조}$), 현행법상 모든 범죄의 불기소결정에 대하여는 재정신청이 허용되고 있기 때문이다. 즉 헌법소원을 위해서 고소인은 재정신청절차를 거쳐야 하고 법원의 재정결정은 재판에 해당하므로 이에 대해서는 헌법소원을 청구할 수 없게 되는 것이다.

2) 고소하지 않은 피해자   피해자의 고소가 아닌 수사기관의 인지 등에 의해 수사가 개시된 피의사건에서 검사의 불기소결정이 이루어진 경우, 고소하지 아니한 피해자는 불기소결정의 취소를 구하는 헌법소원심판을 청구할 수 있다($\frac{헌재결 2010.6.24,}{2008헌마716}$). 고소하지 아니한 피해자는 고소인이 아니므로 검찰항고나 재정신청의 방법을 이용할 수 없기 때문이다.

3) 고 발 인   헌법소원은 공권력의 행사 또는 불행사로 인하여 기본권의 침해가 있을 것을 요건으로 하며, 그 기본권은 심판청구인 자신이 직접 그리고 현재 침해당한 경우라야 한다. 따라서 권리침해의 직접성이 인정되지 않는 고발인은 헌법소원을 청구할 수 없다($\frac{헌재결 1989.12.22,}{89헌마145}$).

4) 피 의 자   피의자는 고소인·고발인이 아니므로 검사의 불기소결정에 대하여 검찰항고나 재정신청을 청구할 수 없다. 그러나 피의사건에 대하여 범죄혐

의가 인정되지 않음에도 불구하고 검사가 협의의 불기소결정이 아닌 기소유예결정을 하는 것은 피의자의 평등권, 재판을 받을 권리, 행복추구권을 침해하는 것으로 헌법소원의 대상이 된다(헌재결 1992.11.12, 91헌마146; 헌재결 2013.9.26, 2012헌마1022). 검사가 피의자에게 범죄혐의가 인정되지 않음에도 불구하고 기소유예결정을 하는 것은 구금된 피의자로 하여금 형사보상을 청구할 수 없게 할 뿐만 아니라(형사보상 및 명예회복에 관한 법률 제27조 제1항 단서) 그 밖의 사회적 평가에 있어서도 불이익을 초래할 수 있다.

Ⅳ. 고위공직자범죄수사처의 수사종결

1. 수사대상사건

수사처검사는 고위공직자범죄의 혐의가 있다고 사료하는 때에는 범인, 범죄사실과 증거를 수사하여야 하고(공수처법 제23조), 판사·검사·경무관 이상 경찰공무원에 해당하는 고위공직자나 그 가족이 범한 고위공직자범죄 및 관련범죄를 제외한 고위공직자범죄와 관련범죄에 관한 수사를 한 때에는 관계 서류와 증거물을 지체 없이 서울중앙지방검찰청 소속 검사에게 송부하여야 한다(동법 제26조 제1항). 관계 서류와 증거물을 송부받아 사건을 처리하는 검사는 수사처장에게 해당 사건의 공소제기 여부를 신속하게 통보하여야 한다(동조 제2항).

수사처장은 검사로부터 공소를 제기하지 아니한다는 통보를 받은 때에는 그 검사 소속의 지방검찰청 소재지를 관할하는 고등법원에 그 당부에 관한 재정을 신청할 수 있다(동법 제30조 제1항). 수사처장은 재정신청을 하려는 경우 공소를 제기하지 아니한다는 통보를 받은 날부터 30일 이내에 지방검찰청검사장 또는 지청장에게 재정신청서를 제출하여야 하는데(동조 제2항), 재정신청서에는 재정신청의 대상이 되는 사건의 범죄사실 및 증거 등 재정신청을 이유 있게 하는 사유를 기재하여야 한다(동조 제3항). 재정신청서를 제출받은 지방검찰청검사장 또는 지청장은 재정신청서를 제출받은 날부터 7일 이내에 재정신청서, 의견서, 수사 관계 서류 및 증거물을 관할 고등검찰청을 경유하여 관할 고등법원에 송부하여야 하고, 다만 재정신청이 이유 있는 것으로 인정하는 때에는 즉시 공소를 제기하고 그 취지를 관할 고등법원과 처장에게 통지한다(동조 제4항). 재정신청에 관한 그 밖의 사항에 대하여는 형사소송법의 규정을 준용한다(동조 제5항).

2. 기소대상사건

수사처검사는 판사·검사·경무관 이상 경찰공무원에 해당하는 고위공직자나 그 가족이 범한 고위공직자범죄 및 관련범죄에 관한 수사를 한 때에는 불기소결정을 하거나 공소의 제기 및 유지에 필요한 행위를 한다(동법 제20조 제1항). 수사처검사가 공소를 제기하는 고위공직자범죄등 사건의 제 1 심 재판은 서울중앙지방법원의 관할로 한다. 다만 범죄지, 증거의 소재지, 피고인의 특별한 사정 등을 고려하여 수사처검사는 형사소송법에 따른 관할 법원에 공소를 제기할 수 있다(동법 제31조).

수사처검사가 고위공직자범죄에 대하여 불기소 결정을 하는 경우에 수사처장은 해당 범죄의 수사과정에서 알게 된 관련범죄 사건을 대검찰청에 이첩하여야 하고(동법 제27조), 수사처검사는 불기소 사실을 고소·고발인에게 통지하여야 한다. 수사처검사로부터 공소를 제기하지 아니한다는 통지를 받은 고소·고발인은 서울고등법원에 그 당부에 관한 재정을 신청할 수 있다(동법 제29조 제1항). 재정신청을 하려는 사람은 공소를 제기하지 아니한다는 통지를 받은 날부터 30일 이내에 수사처장에게 재정신청서를 제출하여야 하는데(동조 제2항), 재정신청서에는 재정신청의 대상이 되는 사건의 범죄사실 및 증거 등 재정신청을 이유 있게 하는 사유를 기재하여야 한다(동조 제3항). 재정신청서를 제출받은 처장은 재정신청서를 제출받은 날부터 7일 이내에 재정신청서, 의견서, 수사 관계 서류 및 증거물을 서울고등법원에 송부하여야 하고, 다만 재정신청이 이유 있는 것으로 인정하는 때에는 즉시 공소를 제기하고 그 취지를 서울고등법원과 재정신청인에게 통지한다(동조 제4항). 재정신청에 관한 그 밖의 사항에 대하여는 형사소송법의 규정을 준용한다(동조 제5항).

V. 공소제기 후의 수사

1. 공소제기 후의 수사의 필요성과 한계

공소제기 후의 수사란 수사기관이 공소제기 후에 공소를 유지하거나 공소유지 여부를 결정하기 위하여 행하는 수사를 말한다. 수사는 범인의 발견과 증거의 수집을 목적으로 하므로 주로 공소제기 전에 이루어진다. 그러나 공소가 제기된 후에도 수사가 필요한 경우가 있다. 예를 들면 공소제기 후에 공소장에 기재된 공소사실에 포함되는 다른 사실이 추가로 밝혀진 경우나 공소유지를 위해 보강수사를 통한 증거수집이 필요한 경우 또는 진범인으로 보이는 자가 발견되어 공소의 취소 여부를 결정해야 하는 경우 등이 여기에 해당한다.

다만 공소제기 후의 수사가 인정된다고 하여 공소제기 후의 수사가 공소제기 전과 같이 제한 없이 허용될 수는 없다. 공소제기에 의하여 피고사건이 법원에 계속되었음에도 불구하고 공소제기 전과 같이 수사를 허용하는 것은 법원의 심리에 지장을 초래하고, 검사가 공소제기 후에 피고인을 수사하는 것은 피고인의 당사자적 지위와 모순되기 때문이다.

여기서 공소제기 후의 수사의 범위를 강제수사와 임의수사로 나누어 살펴보기로 한다.

2. 공소제기 후의 강제수사

(1) 피고인의 구속

검사가 불구속상태에서 피고인을 기소한 후 수소법원 이외의 법관으로부터 영장을 발부받아 피고인을 구속할 수 있는가의 문제이다. 공소제기 후 행하는 피고인의 구속은 수소법원의 권한에 속하므로($\frac{제70}{조}$), 불구속으로 기소된 피고인이 증거를 인멸하거나 도주할 우려가 있어서 구속할 필요가 있는 경우에도 검사는 수소법원 이외의 지방법원판사로부터 영장을 발부받아 피고인을 구속할 수 없고, 수소법원의 직권에 의한 구속을 촉구할 수 있을 뿐이라고 하여야 한다. 피고인은 공판절차에서 검사와 대등한 지위를 가지므로 검사에게 피고인을 구속할 권한을 인정할 수는 없는 것이다.

(2) 압수 · 수색 · 검증

공소제기 후에 수사기관이 수소법원과는 별도로 지방법원판사에게 청구하여 발부받은 영장에 의하여 압수 · 수색 · 검증을 할 수 있는가에 대하여는 견해가 대립하고 있다.

㈎ 긍 정 설

제 1 회 공판기일 전에 한하여 수사기관에 의한 압수 · 수색 · 검증이 허용된다고 보는 견해이다. 긍정설은 ① 대물적 강제수사의 경우에는 제215조에 영장청구시기의 제한이 없고, ② 압수 · 수색 · 검증은 피고인의 방어활동에 영향을 미치지 않으며, ③ 수소법원의 처분에 의하지 않고 당사자인 검사가 직접 증거를 수집 · 보전하는 것은 당사자주의와 공판중심주의에도 부합한다는 것을 이유로 한다.

⑷ **부 정 설**

제 1 회 공판기일의 전후를 불문하고 공소제기 후에는 수사기관에 의한 대물적 강제처분이 허용되지 않는다는 견해이다. 부정설은 ① 공소제기 후에는 강제처분에 관한 권한이 수소법원으로 이전되고, ② 현행법이 수사절차에서의 압수·수색·검증과 공판절차에서의 압수·수색·검증을 구분하고 있으며, ③ 공소제기 후 제 1 회 공판기일 전에 압수·수색·검증을 해야 할 긴급한 사정이 있는 경우에는 증거보전절차에 의해 대물적 강제수사의 목적을 달성할 수 있고, ④ 수사기관이 영장을 청구할 때에는 피의사실의 요지를 기재하도록 하고 있는 점($\binom{규칙}{제107조}$) 등을 이유로 한다. 판례는 부정설의 입장이다.[1]

⑸ **검   토**

부정설의 논거가 타당하다고 본다. 다만 부정설에 따르더라도 다음의 경우에는 예외적으로 수사기관의 공소제기 후의 압수·수색·검증이 허용된다.

1) 피고인에 대한 구속영장을 집행하는 경우   검사 또는 사법경찰관이 피고인에 대한 구속영장을 집행하는 경우에는 그 집행현장에서 영장 없이 압수·수색·검증을 할 수 있다($\binom{제216조}{제2항}$). 피고인에 대한 구속 자체는 법원의 강제처분이지만 구속영장의 집행과정에서 이루어지는 압수·수색·검증은 공소제기 후의 강제수사에 해당한다. 따라서 압수물도 법원에 제출하는 것이 아니라 수사기관이 보관한다.

2) 임의제출물의 압수   공소제기 후에도 수사기관은 피고인이나 제 3 자가 피고사건에 대한 증거물을 수사기관에 제출하는 경우에는 이를 압수할 수 있다. 임의제출물의 압수는 점유취득과정에는 강제력이 행사되지 않지만 일단 영치된 후에는 제출자가 자유롭게 수사기관에 그 반환을 요구할 수 없다는 점에서 강제수사에 해당한다.

---

1) 대법원 2011. 4. 28, 2009도10412,「형사소송법은 제215조에서 검사가 압수·수색 영장을 청구할 수 있는 시기를 공소제기 전으로 명시적으로 한정하고 있지는 아니하나, 헌법상 보장된 적법절차의 원칙과 재판받을 권리, 공판중심주의·당사자주의·직접주의를 지향하는 현행 형사소송법의 소송구조, 관련 법규의 체계, 문언 형식, 내용 등을 종합하여 보면, 일단 공소가 제기된 후에는 피고사건에 관하여 검사로서는 형사소송법 제215조에 의하여 압수·수색을 할 수 없다고 보아야 하며, 그럼에도 검사가 공소제기 후 형사소송법 제215조에 따라 수소법원 이외의 지방법원 판사에게 청구하여 발부받은 영장에 의하여 압수·수색을 하였다면, 그와 같이 수집된 증거는 기본적 인권 보장을 위해 마련된 적법한 절차에 따르지 않은 것으로서 원칙적으로 유죄의 증거로 삼을 수 없다.」

3. 공소제기 후의 임의수사

(1) 피고인의 신문

공소제기 후에 수사기관이 공소사실에 대하여 피고인을 신문할 수 있는가에 대하여 학설의 대립이 있다. 이는 공소제기 후 수사기관이 작성한 피고인에 대한 진술조서의 증거능력을 인정할 수 있는지의 문제와 직접적으로 관련된다.

(가) 적 극 설

공소제기 후에도 제 1 회 공판기일 전후를 불문하고 수사기관이 피고인을 신문할 수 있다는 견해이다. 피고인신문은 수사절차상의 피의자신문과 마찬가지로 임의수사이며, 임의수사를 규정한 형사소송법 제199조 제 1 항은 그 시기에 제한을 두고 있지 않다는 점을 논거로 든다. 판례는 공소제기 후에 검사가 작성한 피고인에 대한 진술조서의 증거능력을 인정함으로써 긍정설의 입장을 취하고 있다(대법원 1984.9.25, 84도1646).[1]

(나) 소 극 설

공소제기 후에는 제 1 회 공판기일 전후를 불문하고 수사기관에 의한 피고인신문을 허용할 수 없다는 견해이다(다수설). 제200조가 「검사 또는 사법경찰관은 수사에 필요한 때에는 피의자의 출석을 요구하여 진술을 들을 수 있다」고 하여 신문의 대상을 피의자에 한정하고 있고, 수사기관에 의한 피고인신문을 인정하게 되면 피고인의 당사자로서의 성격과 모순되며, 공소제기 후에 수사기관의 피고인신문을 허용하게 되면 공판기일의 피고인신문절차가 유명무실하게 될 우려가 있다는 점 등을 논거로 들고 있다.

(다) 절 충 설

공소제기 후에도 제 1 회 공판기일 전에 한하여 검사에 의한 피고인신문이 허용된다는 견해이다. 피고인의 당사자로서의 지위와 피고인신문의 필요성이라는 두 가지 측면을 조화시킬 수 있다는 점을 근거로 한다.

(라) 검   토

수사기관이 당사자인 피고인을 신문하는 것은 피고인을 피의자와 동일시하는 것

---

1) 다만 판례는 공소제기 후의 피고인에 대한 검사작성 진술조서가 진술조서의 형식을 취하였다고 하더라도 그 내용은 피의자의 진술을 기재한 피의자신문조서와 실질적으로 같다고 함으로써, 검사작성의 피고인에 대한 진술조서가 증거능력을 인정받기 위해서는 진술거부권의 고지 및 검사작성 피의자신문조서로서의 요건을 갖출 것을 요구하고 있다(대법원 2009. 8. 20, 2008도8213 참조).

으로서 당사자주의와 일치할 수 없고, 피고인의 방어권을 침해하여 공정한 재판의 이념에도 반하는 것이 된다. 따라서 공소제기 후에 수사기관이 공소사실에 대하여 피고인을 신문하는 것은 제 1 회 공판기일 전후를 불문하고 허용될 수 없으며, 이에 위반하여 피고인을 신문하고 작성한 진술조서는 위법하게 수집된 증거로서 증거능력을 부정하여야 한다.

다만 소극설을 취하는 경우에도 예외적으로 피고인신문을 허용해야 할 경우가 있다. 피고인이 자발적으로 검사의 면접을 요구한 경우나 진범인의 발견으로 공소를 취소할 필요가 생긴 경우 등이 여기에 해당한다.

(2) 증인에 대한 참고인조사

피고인신문 이외의 임의수사는 원칙적으로 공소제기 후에도 허용된다고 보아야 한다. 임의수사는 상대방의 법익을 실질적으로 침해하지 않는 수사방법이기 때문이다. 따라서 참고인조사는 제 1 회 공판기일 전후를 불문하고 허용된다. 다만 검사가 공판기일에 증인으로 신청하여 신문할 수 있는 사람을 특별한 사정없이 공소제기 후에 미리 참고인으로 조사하여 진술조서를 작성하는 것은 당사자주의·공판중심주의·직접주의에 반하고 피고인의 공정한 재판을 받을 권리를 침해하는 것이므로 피고인이 증거로 할 수 있음에 동의하지 않는 한 그 진술조서는 증거능력이 없다.[1]

또한 피고인에게 유리한 증언을 한 증인을 수사기관이 법정 외에서 다시 참고인으로 조사하여 공판정에서의 진술을 번복하게 하는 것도 같은 이유에서 허용되지 않으며, 증언을 번복한 진술을 기재한 참고인진술조서는 피고인이 증거로 할 수 있음에 동의하지 아니하는 한 그 증거능력이 인정되지 않는다.[2] 그리고 이것은 진

---

1) 대법원 2019. 11. 28, 2013도6825, 「제 1 심에서 피고인에 대하여 무죄판결이 선고되어 검사가 항소한 후, 수사기관이 항소심 공판기일에 증인으로 신청하여 신문할 수 있는 사람을 특별한 사정없이 미리 수사기관에 소환하여 작성한 진술조서는 피고인이 증거로 할 수 있음에 동의하지 않는 한 증거능력이 없다고 할 것이다. 검사가 공소를 제기한 후 참고인을 소환하여 피고인에게 불리한 진술을 기재한 진술조서를 작성하여 이를 공판절차에 증거로 제출할 수 있게 한다면, 피고인과 대등한 당사자의 지위에 있는 검사가 수사기관으로서의 권한을 이용하여 일방적으로 법정 밖에서 유리한 증거를 만들 수 있게 하는 것이므로 당사자주의·공판중심주의·직접심리주의에 반하고 피고인의 공정한 재판을 받을 권리를 침해하기 때문이다. 위 참고인이 나중에 법정에 증인으로 출석하여 위 진술조서의 성립의 진정을 인정하고 피고인 측에 반대신문의 기회가 부여된다 하더라도 위 진술조서의 증거능력을 인정할 수 없음은 마찬가지이다.」

2) 대법원 2000. 6. 15, 99도1108 전원합의체 판결, 「공판준비 또는 공판기일에서 이미 증언을 마친 증인을 검사가 소환한 후 피고인에게 유리한 증언내용을 추궁하여 이를 일방적으로 번

술조서를 작성하는 대신 증언 내용을 번복하는 내용의 진술서를 작성하도록 하여 법원에 제출한 경우나(대법원 2012.6.14, 2012도534), 수사기관이 이미 증언을 마친 증인에게 수사기관에 출석할 것을 요구하여 그 증인을 상대로 위증의 혐의를 조사하여 작성한 피의자신문조서를 법원에 제출한 경우에도(대법원 2013.8.14, 2012도13665) 마찬가지이다.

한편 일정한 증인의 증언과 관련하여 그 증명력이 문제되는 경우가 있다. 검사가 공판기일에 증인으로 신청하여 신문할 사람을 특별한 사정 없이 미리 수사기관에 소환하여 면담하는 절차를 거친 후 증인이 법정에서 피고인에게 불리한 내용의 진술을 한 경우에 그 증언의 증거능력은 인정되는데, 이때 검사가 증인에 대한 회유나 압박, 답변 유도나 암시 등으로 증인의 법정진술에 영향을 미치지 않았다는 점이 담보되어야 증인의 법정진술을 신빙할 수 있으며, 증인에 대한 회유나 압박 등이 없었다는 사정은 검사가 증인의 법정진술이나 면담과정을 기록한 자료 등으로 증명하여야 한다(대법원 2021.6.10, 2020도15891).

(3) 기타의 조사활동

수사기관은 법원의 원활한 심리와 당사자의 권리를 침해하지 않는 한 공소제기 후에도 그 밖의 임의수사를 할 수 있다. 따라서 감정위촉과 통역·번역의 위촉, 공무소 등에의 사실조회는 제 1 회 공판기일 전후를 불문하고 허용된다고 할 것이다.

복시키는 방식으로 작성한 진술조서를 유죄의 증거로 삼는 것은 당사자주의·공판중심주의·직접주의를 지향하는 현행 형사소송법의 소송구조에 어긋나는 것일 뿐만 아니라, 헌법 제27조가 보장하는 기본권 즉 법관의 면전에서 모든 증거자료가 조사·진술되고 이에 대하여 피고인이 공격·방어할 수 있는 기회가 실질적으로 부여되는 재판을 받을 권리를 침해하는 것이므로, 이러한 진술조서는 피고인이 증거로 할 수 있음에 동의하지 아니하는 한 그 증거능력이 없다고 하여야 할 것이고, 그 후 원진술자인 종전 증인이 다시 법정에 출석하여 증언을 하면서 그 진술조서의 성립의 진정함을 인정하고 피고인측에 반대신문의 기회가 부여되었다고 하더라도 그 증언 자체를 유죄의 증거로 할 수 있음은 별론으로 하고 위와 같은 진술조서의 증거능력이 없다는 결론은 달리 할 것이 아니다.」

제2장

공소의 제기

제1절 공소와 공소권

I. 공소의 의의

공소란 특정한 형사사건에 대하여 법원에 유죄판결을 구하는 검사의 법률행위
적 소송행위를 말한다. 검사는 수사결과 범죄의 객관적 혐의가 인정되고 유죄의 판
결을 받을 수 있다고 판단할 때에는 수사를 종결하고 공소를 제기하게 된다. 검사
의 공소제기에 의하여 법원의 심판이 시작되므로 공소제기는 수사의 종결과 공판
절차의 개시라는 이중의 의미를 가진다.

또한 불고불리의 원칙에 의하여 검사의 공소제기가 없으면 법원은 당해 사건
에 대하여 심판을 개시할 수 없고, 법원의 심판의 대상도 검사가 공소를 제기한 범
죄사실에 한정되게 된다. 이런 점에서 검사의 공소제기는 형사절차에서 매우 중요
한 의미를 가지는 소송행위라고 할 수 있다.

Ⅱ. 공소권의 이론

1. 공소권의 개념

공소권이란 공소를 제기하고 유지하는 검사의 지위를 권한의 측면에서 파악한 것이다. 검사의 공소권은 법원의 심판권, 피고인의 방어권과 함께 형사소송의 기본 골격을 구성하는 개념이다.

공소권은 공소를 제기·수행하는 소송법상의 권한이므로 실체법상의 형벌권과는 구별된다. 따라서 실체법상의 형벌권이 없어 무죄판결을 해야 하는 경우에도 공소권은 존재할 수 있다. 다만 유죄판결의 충분한 개연성이 있어야 공소의 제기 및 유지가 가능하다는 점에서 공소권과 형벌권은 서로 관련성을 가진다.

2. 공소권이론

검사가 가지는 공소권의 본질 및 내용을 규명하기 위한 이론을 공소권이론이라고 한다. 여기에는 추상적 공소권설과 실체판결청구권설 및 구체적 공소권설이 있다.

(1) 추상적 공소권설

검사가 형사사건에 대하여 공소를 제기하여 수행할 수 있는 일반적 권한을 공소권이라고 하는 견해이다. 그러나 추상적 공소권설에 의하면 공소권은 국가소추주의·기소독점주의를 채택한 결과 인정되는 국법상의 권리에 불과한 것이 되어, 공소권이 소송법상 가지는 구체적 의미와 내용을 밝힐 수 없다는 비판을 받는다.

(2) 실체판결청구권설

공소권이란 검사가 구체적 사건에 대하여 법원에 유죄 또는 무죄의 실체판결을 청구하는 권한이라고 보는 견해이다. 실체판결청구권설의 입장에서는 통상의 소송조건이 구비되면 검사에게 유죄·무죄의 판단을 법원에 청구할 수 있는 공소권이 발생한다고 본다.

실체판결청구권설에 대하여는 공소권에 무죄의 실체판결을 청구하는 권한까지 포함시킴으로써 검사의 공소권남용을 방지할 수 없는 결과를 초래하고, 형벌권을 실현하는 절차인 형사절차에 민사소송의 본안판결청구권설의 논리를 도입함으로써 민사소송과 형사소송의 본질적 차이를 간과하고 있다는 비판이 가해지고 있다.

(3) 구체적 공소권설

공소권을 검사가 구체적 사건에 대하여 유죄판결을 청구하는 권한으로 보는 견해이다. 이 입장에서는 추상적 공소권을 전제로 구체적으로 법원에 대하여 유죄판결을 청구할 수 있는 요건이 구비된 경우, 즉 통상의 소송조건이 구비되어 있을 뿐만 아니라 범죄의 객관적 혐의가 있어 유죄판결의 충분한 가능성이 있는 경우에 발생하는 검사의 권한을 공소권이라고 본다. 따라서 구체적 공소권설을 유죄판결 청구권설이라고도 한다.

구체적 공소권설에 대해서는 무죄판결을 할 경우의 공소권을 설명할 수 없다는 비판이 가해지고 있다.

(4) 검   토

공소권의 본질과 내용은 구체적 공소권설에 의하여 설명하는 것이 타당하다고 생각된다. 무엇보다도 구체적 공소권설에 따를 때 공소권이론이 검사의 공소권 남용을 억제하는 정책적 기능을 수행할 수 있고, 이를 통해서 피고인을 형사소추권의 남용으로부터 보호하는 것이 가능해지기 때문이다. 또한 형사절차가 무죄판결로 종결될 경우에 있어서의 공소권을 설명할 수 없다는 구체적 공소권설에 대한 비판도 형사절차에 따른 실체형성의 결과로서 선고되는 무죄판결과 유죄판결에 대한 충분한 개연성을 근거로 공소를 제기하는 권한인 검사의 공소권을 혼동한 것으로서 타당하지 않다.

3. 공소권이론 부인론

공소권은 소송조건과 표리일체의 관계에 있으므로 공소권이론은 소송조건이론으로 해소시켜야 한다는 견해이다. 소송조건은 이를 법원의 입장에서 보면 실체심판을 할 권리가 되고 당사자의 입장에서 보면 실체심판을 받을 권리가 되는데, 공소권이란 소송조건을 검사의 입장에서 본 것에 지나지 않는다고 한다. 또한 공소권개념은 그 자체로서 발전적 요소가 없기 때문에 소송의 동적·발전적 성격에도 적합하지 않다고 한다.

그러나 공소권이론을 소송조건론으로 환원하는 것은 직권주의적으로 수소법원의 관점에서 문제를 이해하려는 입장이라고 할 수 있고, 공소제기의 유효조건에 불과한 소송조건으로 공소권을 포괄할 수도 없으며, 검사의 공소권의 내용을 피고인의 방어권에 대립시켜 엄격하게 파악할 때 비로소 검사의 공소권남용을 억제하는 기능을 수행할 수 있다는 점에 비추어 볼 때 공소권이론 부인론은 타당하다고 할 수 없다.

Ⅲ. 공소권남용론

1. 의   의

공소권남용론이란 검사가 공소권을 남용하여 공소를 제기하였다고 인정되는 경우에는 유죄·무죄의 실체판결을 할 것이 아니라, 공소기각의 재판이나 면소판결과 같은 형식재판으로 소송을 종결시켜야 한다는 이론을 말한다. 여기서 공소권남용이란 공소제기가 형식적으로는 적법한 것으로 보이나 실질적으로는 그 재량의 한계를 넘어 위법한 경우를 의미한다. 이 이론은 검사의 소추재량을 기속재량으로 보아 일정한 한계를 넘는 검사의 공소권 행사로부터 피고인을 보호하여 그를 조기에 형사절차에서 해방시키는 것을 목적으로 한다. 판례도「검사가 자의적으로 공소권을 행사하여 피고인에게 실질적인 불이익을 줌으로써 소추재량권을 현저히 일탈하였다고 보이는 경우에는 이를 공소권의 남용으로 보아 공소제기의 효력을 부인할 수 있다」고 하여 공소권남용론을 긍정하는 입장을 취하고 있다(대법원 2018.9.28, 2018도10447).

공소권남용이 문제되는 경우로는 다음과 같은 유형을 들 수 있다.

2. 혐의 없는 사건에 대한 공소제기

범죄의 객관적 혐의가 없음에도 불구하고 검사가 공소를 제기한 경우에 형식재판에 의하여 소송을 종결시킬 수 있는가에 관하여 학설이 대립하고 있다.

(1) 무죄판결설

혐의 없는 사건에 대한 기소라고 하더라도 공소제기 자체는 적법하므로 형식재판에 의한 절차의 종결은 인정될 수 없고 이에 대하여는 무죄판결을 선고해야 한다는 견해이다. 무혐의사건에 대한 공소제기는 현행 형사소송법상 공소기각의 재판, 면소판결, 관할위반의 판결의 어느 사유로도 명시되어 있지 않으므로 이는 결국 무죄판결의 사유인 피고사건이 범죄로 되지 아니하거나 범죄사실의 증명이 없는 때(제325조)에 해당하는 것으로 보아야 한다는 것이다. 또한 혐의 없는 사건에 대하여 무죄판결을 선고할 때에는 일사부재리의 효력이 발생한다는 점에서 피고인에게 불이익하지 않을 뿐만 아니라 공소기각판결설에 의하면 본안심리에 선행하여 범죄 혐의를 입증할만한 증거가 공소제기시에 검사에게 확보되어 있었는지의 여부를 심리해야 하는데, 현행 형사소송법은 이러한 이원적 심리구조를 채택하고 있지 않다고 한다.

(2) 공소기각판결설

무혐의사건에 대하여 공소가 제기된 경우에는 형사소송법 제327조 제 2 호가 규정한 공소제기의 절차가 법률의 규정에 위반하여 무효인 때에 해당하는 것으로 보아 공소기각의 판결을 해야 한다는 견해이다. 검사의 공소권을 유죄판결청구권으로 파악하게 되면 유죄판결을 받을 수 있는 충분한 가능성은 공소권 행사의 기본적 전제조건을 이루는 것이므로 명백한 무혐의사건을 포함하여 혐의가 불충분한 사건에 대한 기소는 공소제기의 유효조건을 결여한 것으로서 공소기각의 판결에 의하여 절차를 종결해야 한다는 것이다.

(3) 검   토

객관적으로 범죄혐의가 불충분한 사건에 대하여 공소가 제기된 경우에는 공소기각의 판결에 의하여 절차를 종결함으로써 피고인을 조기에 형사절차에서 해방시키는 것이 타당하다고 생각된다. 따라서 검사가 청구한 증거에 의해서는 도저히 유죄를 입증 할 수 없는 경우, 조사청구의 대상이 대부분 공소제기 후에 수집된 증거인 경우 등에 있어서는 판결로서 공소를 기각하여야 할 것이다.

3. 기소유예해야 할 사건에 대한 공소제기

피의사건의 성질이나 내용 등에 비추어 볼 때 기소유예를 함이 타당함에도 불구하고 검사가 공소를 제기한 경우에 이를 공소권남용으로 볼 수 있는지가 문제로 된다. 예를 들면 범죄로 인한 피해가 극히 경미하고 피해자가 처벌을 희망하지 아니함에도 불구하고 특별한 합리적인 사정없이 공소를 제기한 경우 등이 여기에 해당한다.

(1) 유죄판결설

기소유예는 기소편의주의에 입각하여 검사에게 인정되는 권한이므로 법원은

검사에 갈음하여 형사정책적 고려하에 형사절차를 종결할 권한이 없다는 점, 기소
유예의 정상은 사건의 실체에 관한 문제임에도 불구하고 이를 절차법상의 소송조
건으로 다루는 것은 타당하지 않다는 점 등을 논거로 유죄판결로 절차를 종결해야
한다는 견해이다.

(2) 공소기각판결설

검사의 소추재량은 기속재량이므로 검사의 공소제기가 명백히 불합리한 경우
에는 공소제기의 절차가 법률의 규정에 위반하여 무효인 때($_{제 2 호}^{제327조}$)에 해당하여 공
소기각의 판결로 절차를 종결해야 한다는 견해이다. 헌법재판소는 기소유예 여부
에 관한 검사의 선택에 명백한 잘못이 있는 경우 이를 공소권남용에 해당하는 것으
로 보고 있다.[1]

(3) 검   토

기소유예 여부에 관한 소추재량권도 기속재량이라는 점을 고려하면 위법한 공
소권 행사에 대한 법원의 규제가 기소편의주의에 반한다고 볼 수 없을 뿐만 아니라
기소유예결정에 대하여는 재정신청이 허용되어 기소유예사유도 법원의 심판의 대
상이 되고 있으므로 법원이 검사를 대신하여 기소유예의 권한을 행사할 수 없다는
지적도 타당하다고 할 수 없다. 또한 실체에 관계되는 사실이라도 소송조건이 될
수 없는 것은 아니므로 정상사실을 절차중단의 사유로 고려하는 것이 불가능한 것
은 아니며, 실체에 관한 사실이 소송조건이 된다는 점에 있어서는 혐의 없는 사건
에 대한 기소의 경우도 마찬가지라고 할 수 있다.

검사의 소추재량은 기속재량이라고 할 수 있으므로 검사의 공소제기가 명백히
불합리한 경우에는 형사소송법 제327조 제 2 호의 규정에 의하여 공소기각의 판결
로서 절차를 종결시키는 것이 타당하다고 생각된다. 기소유예해야 할 사건에 대하

---

1) 헌재결 1995. 1. 20, 94헌마246, 「검사가 소추권을 행사함에 있어서 참작하여야 할 형법 제
   51조에 규정된 사항 중 기소방향으로 작용하는 사유 즉, 기소하여야 할 사유와 불기소방향으
   로 작용하는 사유 즉, 기소를 유예할 만한 사유가 서로 경합할 경우에 어느 사유를 선택할 것
   인지는 원칙적으로 검사의 재량의 범위에 속한다. 다만 그와 같은 선택에 명백하게 합리성이
   결여된 경우, 예컨대 기소방향으로 작용하는 참작사유가 중대한 데 비하여 불기소방향으로
   작용하는 사유는 경미함에도 불구하고 기소를 유예하거나, 그 반대로 기소방향으로 작용하
   는 사유가 불기소방향으로 작용하는 사유에 비하여 경미한 것이 객관적으로 명백함에도 기
   소를 하는 것은, 어느 것이나 소추재량권의 남용으로서 기소편의주의의 내재적 한계를 넘는
   자의적인 처분이라고 보아야 할 것이다.」

여는 일사부재리의 효력이 인정되는 면소판결을 선고해야 한다는 견해도 있으나, 정상사실이 심리의 대상이 되었다는 사실만으로 일사부재리의 효력을 인정할 필요는 없다고 할 것이다.

4. 불평등한 공소제기

범죄의 성질과 내용이 비슷한 다수의 피의자들 가운데 일부만을 선별하여 공소를 제기하고 다른 사람들에 대해서는 수사에 착수하지도 않거나 기소유예하는 것을 불평등 기소 또는 차별적 기소라고 한다. 검사의 불평등 기소가 있는 경우에 이것을 기소된 피고인에 대한 공소권남용으로 보아 형식재판으로 소송을 종결할 수 있는지가 문제된다.

(1) 실체판결설

형사소송법이 검사에게 공소제기에 관하여 재량을 인정하는 기소편의주의를 채택하고 있다는 점, 차별적 공소제기를 공소기각의 사유로 할 때에는 공소가 제기되지 않은 사건까지 심리의 대상에 포함시키지 않을 수 없어 불고불리의 원칙에 반한다는 점 등을 이유로 불평등 기소의 경우에도 유죄·무죄의 실체판결을 해야 한다는 견해이다.

(2) 공소기각판결설

검사의 차별적 공소제기는 헌법이 규정한 평등원칙에 위반한 공소권 행사로서 형사소송법 제327조 제 2 호의 공소제기의 절차가 법률의 규정에 위반하여 무효인 때에 해당하므로 공소기각의 판결을 선고해야 한다는 견해이다.

(3) 검   토

검사의 차별적 공소제기가 헌법이 규정한 평등원칙에 위반하여 명백히 불합리한 경우라면 이는 위법한 공소권 행사로서 공소기각판결의 대상이 된다고 보아야 할 것이다. 다만 공소기각판결설을 취하더라도 단순히 자기와 동일하거나 다소 중한 범죄구성요건에 해당하는 행위를 하였음에도 불기소된 사람이 있다는 사유만으로는 그 공소의 제기가 평등권 내지 조리에 반하는 것으로서 공소권남용에 해당한다고 할 수 없다($\binom{대법원\ 2012.7.12,}{2010도9349}$).

미국 연방대법원의 판례[1]는 평등원칙위반의 소추로서 절차를 중단시키기 위해서는 같은 입장에 있는 다른 사람이 기소되지 않은 사실과 함께 그것이 자의적인 차별이었다는 사실을 입증할 것을 요구하고 있다. 즉 객관적으로 차별적 기소(selective prosecution)가 있었을 뿐만 아니라 검사가 자의적으로 차별하였다는 객관적·주관적 요건 양자가 모두 요구된다는 것이다. 그러나 불평등 기소인가의 여부는 그 객관적인 차별상태가 합리적인가 아닌가에 따라 결정되어야 하고, 입증에 어려움이 있는 검사의 주관적 의사는 이러한 합리성 판단의 자료로서 고려될 수 있을 뿐이라고 보아야 한다.

5. 항소심판결 선고 후의 누락사건에 대한 공소제기

검사가 동시에 기소해야 할 사건의 일부를 누락하여 관련사건의 항소심판결이 선고된 후에 비로소 기소한 경우에 이와 같은 기소가 공소권남용에 해당하는지의 여부가 문제로 된다. 피고인은 병합심리를 통한 양형상의 혜택을 받을 기회를 잃게 될 뿐만 아니라 중복적으로 절차에 관여해야 하는 불이익을 입게 되기 때문이다.

(1) 학   설

이에 대하여는 검사에게 동시소추의 의무가 있다고 할 수 없으므로 보복기소에 해당하지 않는 한 유죄판결을 할 수 있다는 견해와 피고인에게 귀책사유가 없는 상황에서 검사가 고의 또는 직무태만으로 일부사건을 누락시킨 때에는 공소권남용으로서 공소기각의 판결을 해야 한다는 견해가 주장되고 있다.

(2) 판   례

판례는 누락사건의 기소에 대하여 공소권남용을 이유로 형식재판의 가능성을 인정하면서도 그 요건을 매우 엄격하게 요구하고 있다. 처음에는 피고인에게 귀책사유가 없음에도 불구하고 검사의 태만이나 위법한 부작위에 의하여 공소가 제기된 경우에는 공소권남용에 해당할 수 있다고 판시하였으나(대법원 1996.2.13, 94도2658), 그 후에

---

1) Wayte v. United States, 470 U.S. 598 (1985). 이 사건은 징병등록의무가 있으면서 등록을 하지 않은 자들 중에서 적극적으로 징병국에 자신은 등록하지 않았을 뿐만 아니라 앞으로도 등록할 의사가 없다는 내용을 통보한 자들만을 기소한 것이 평등원칙 또는 표현의 자유의 보호에 위반되는지의 여부가 문제로 된 사건이다. 연방대법원은 스스로 자신의 불등록을 통보하고 또한 정부의 수차에 걸친 설득에도 응하지 않은 확신범적인 법위반자를 선택하여 기소한 것은 충분한 합리성이 인정된다는 판단 아래 피고인의 주장을 배척하였다.

는 자의적인 공소권행사에 해당하기 위해서는 단순히 직무상의 과실에 의한 것만으로는 부족하고 검사에게 적어도 미필적으로나마 어떤 의도가 있어야 한다고 하여 그 요건을 강화하는 태도를 취하고 있다(대법원 2018.9.28, 2018도10447; 대법원 2013.4.11, 2012도6292).

(3) 검 토

검사가 관련사건을 동시에 수사하여 함께 기소하는 것이 가능한 상황이었음에도 불구하고, 고의나 직무상의 과실로 일부사건을 누락시킨 후 관련사건에 대한 항소심판결 선고 후에 이를 기소하여 피고인의 병합심리로 인한 양형상의 이익을 침해하고[1] 피고인에게 중복적으로 절차에 관여해야 하는 불이익을 준 경우에는 누락사건에 대한 기소가 검사의 소추재량권을 현저히 일탈한 공소권남용에 해당하여 공소기각판결의 사유가 된다고 보아야 할 것이다. 따라서 공소권남용이 인정되기 위해서는 공소제기에 대한 검사의 직무상 과실의 인정만으로는 부족하고 검사에게 미필적으로나마 어떤 악의적인 의도가 있어야 한다고 보는 판례의 입장은 타당하지 않다고 생각된다.

6. 중대한 위법수사에 기한 공소제기

중대한 위법수사에 기하여 공소가 제기된 경우에 수사절차에서의 위법이 공소제기의 효력에 어떠한 영향을 미치는가의 문제가 공소권남용과 관련하여 또 하나의 논의의 대상이 된다.

(1) 학 설

위법수사에 기한 공소제기를 공소권남용의 한 유형으로 보는 입장에서는 수사절차에 중대한 위법이 있고 이를 기초로 공소가 제기된 때, 즉 위법수사와 공소제기가 불가분의 일체성이 있는 때에는 공소제기가 무효인 경우에 해당하므로 공소기각의 판결을 해야 한다고 한다. 그러나 이를 공소권남용으로 보지 않는 견해에서는 위법수사에 기초한 공소제기는 위법수집증거배제법칙의 문제로 다루면 되고, 따라서 위법수집증거를 배제한 상태에서 유죄·무죄의 실체판결로 해결해야 한다

---

1) 현행 형법 제39조 제 1 항은 「경합범 중 판결을 받지 아니한 죄가 있는 때에는 그 죄와 판결이 확정된 죄를 동시에 판결할 경우와 형평을 고려하여 그 죄에 대하여 형을 선고한다. 이 경우 그 형을 감경 또는 면제할 수 있다」고 규정하여 사후적 경합범에 대한 처벌의 합리화를 도모하고 있다. 따라서 현행법상으로는 분리기소에 따른 피고인의 양형상의 불이익이 크다고는 할 수 없다.

는 입장을 취하고 있다.

(2) 판　　례

판례는「불법구금, 구금장소의 임의적 변경 등의 위법사유가 있다고 하더라도 그 위법한 절차에 의하여 수집된 증거를 배제할 이유는 될지언정 공소제기의 절차가 위법하여 무효인 경우에 해당한다고 볼 수 없다」고 하여($\frac{\text{대법원 1996.5.14,}}{\text{96도561}}$) 위법수사를 기초로 한 공소제기를 공소권남용의 한 형태로는 기본적으로 인정하지 않고 있었으나, 그 후 함정수사에 관하여「본래 범의를 가지지 아니한 자에 대하여 수사기관이 사술이나 계략 등을 써서 범의를 유발케 하여 범죄인을 검거하는 함정수사는 위법함을 면할 수 없고, 이러한 함정수사에 기한 공소제기는 그 절차가 법률의 규정에 위반하여 무효인 때에 해당한다」고 판시함으로써($\frac{\text{대법원 2008.10.23,}}{\text{2008도7362}}$), 위법한 함정수사에 기한 공소제기를 공소권남용의 한 유형으로 인정하는 입장을 취하고 있다.

(3) 검　　토

함정수사와 같이 수사절차에서의 위법이 중대한 경우에는 이를 기초로 한 검사의 공소제기도 위법한 것으로 보아야 한다. 이러한 경우에는 위법수집증거배제법칙의 적용 이전에 검사의 공소제기 자체가 공소권남용으로서 공소기각판결의 대상이 된다고 보는 것이 적법절차의 원리 내지 피고인 보호의 정신에 비추어 타당하다고 생각된다.

제 2 절　공소제기의 기본원칙

Ⅰ. 국가소추주의

국가소추주의란 공소제기의 권한을 국가기관이 가지는 제도를 말한다. 제246조는「공소는 검사가 제기하여 수행한다」고 규정하여, 국가소추주의로서의 검사소추주의를 명시하고 있다. 국가소추주의 가운데에는 검사와 함께 배심원들이 소추에 관여하는 제도가 있다. 미국은 소추기관으로 검사제도를 두고 있지만 연방과 대부분의 주에서는 검사 이외의 소추기관으로 대배심(Grand Jury)에서 검사가 기소의

견을 제시한 중범죄에 대한 기소 여부를 결정하게 하고 있다.

국가소추주의와 대비되는 제도로는 사인소추주의가 있다. 사인소추주의란 범죄로 인하여 피해를 입은 피해자가 직접 법원에 소추하여 범인에 대한 처벌을 구하는 제도를 말한다. 그러나 국가형벌권의 행사를 사인의 활동에만 맡길 수 없다는 인식이 확립된 현대국가에 있어서는 국가소추주의를 완화하기 위한 보충적인 의미에서 사인소추주의가 인정되고 있을 뿐이다. 독일은 국가소추주의를 원칙으로 하면서도 주거침입이나 비밀침해 또는 모욕과 같은 경미한 범죄에 대해서 예외적으로 피해자소추를 허용하고 있다.

Ⅱ. 기소독점주의

1. 의   의

기소독점주의란 국가소추주의를 전제로 국가기관 중에서도 검사만이 공소를 제기하고 수행할 권한을 갖는 것을 말한다. 형사소송법 제246조는 국가소추주의와 함께 기소독점주의를 선언한 규정이다.

2. 기소독점주의의 장·단점

기소독점주의는 검사동일체의 원칙에 의하여 전국적으로 통일된 조직체를 이루고 있는 검사에게 소추권을 행사하게 함으로써 공소제기의 전국적인 통일성을 확보하고 적정한 공소권행사를 보장할 수 있으며, 공익의 대표자인 검사가 공소권을 행사함으로써 형벌이 피해자의 감정, 이해 등에 의해 좌우되는 것을 방지할 수 있다는 장점이 있다.

그러나 기소독점주의는 공소권이 검사의 자의와 독선에 따라 행사될 위험성이 있고, 검찰의 정치적 중립성이 확보되지 않으면 공소권행사가 정치권력에 의하여 영향을 받을 가능성이 있다. 그리고 이러한 단점은 기소편의주의 및 검사동일체의 원칙과 결합하여 더욱 커지게 된다.

3. 기소독점주의의 예외와 제한

(1) 예   외

기소독점주의에 대한 예외로는 경찰서장의 즉결심판청구와 고위공직자범죄수사처검사에 의한 공소제기를 들 수 있다.[1] 즉결심판청구권은 20만원 이하의 벌금, 구류 또는 과료에 처할 사건에 대하여 경찰서장이 법원에 그 처벌을 구하는 제도이다(즉결심판에 관한 절차법 제2조, 제3조). 즉결심판으로 처리되는 사건의 범위는 법정형이 아니라 선고형을 기준으로 정해진다는 점에서 경찰서장은 현실적으로 광범위한 소추재량권을 가진다고 할 수 있다. 또한 고위공직자범죄수사처의 공소제기란 공수처법에 의하여 설치된 수사처에서 판사와 검사, 경무관 이상 경찰공무원에 해당하는 고위공직자나 그 가족이 범한 고위공직자범죄 및 관련범죄에 대하여 공소제기와 그 유지를 수행하는 것을 말한다(공수처법 제3조 제1항 제2호). 이러한 범죄에 대해서는 수사처검사가 공소를 제기하지만 수사처검사는 검찰청과는 별도의 독립기구인 고위공직자범죄수사처 소속이라는 점에서 역시 기소독점주의의 예외로 볼 수 있다.

(2) 제   한

⑺ 불기소결정에 대한 통지 및 이유고지제도

기소독점주의를 규제하기 위하여 현행법은 고소·고발사건에 대하여 불기소결정을 한 때에는 고소인·고발인에게 그 취지를 통지하도록 하고 있고(제258조), 청구가 있는 때에는 그 이유를 서면으로 설명하도록 하고 있다(제259조). 이러한 제도는 검찰항고와 재정신청의 기초를 제공하고 검사의 불기소결정을 억제하는 기능을 수행한다고 할 수 있다. 같은 이유로 수사처검사가 직접 공소제기를 할 수 없는 고위공직자범죄등에 관한 수사를 한 때에는 관계 서류와 증거물을 지체 없이 지방검찰청 검사에게 송부하여야 하며, 관계 서류와 증거물을 송부받아 사건을 처리하는 검사는 수사처장에게 해당사건의 공소제기 여부를 신속하게 통보하도록 하고 있다(공수처법 제26조).

⑷ 불기소결정에 대한 항고제도

검사의 불기소결정에 불복이 있는 고소인 또는 고발인은 고등검찰청 검사장이나 검찰총장에게 항고·재항고하여 검찰 스스로 부당한 불기소결정을 시정하게 할수 있다(검찰청법 제10조). 이는 기소독점주의 및 기소편의주의에 대한 내부적인 규제책이라고 할 수 있다.

---

1) 법정경찰권에 의한 감치나 과태료의 부과(법원조직법 제61조 제1항)에도 검사의 소추를 요하지 않으나, 이것은 질서벌의 성질을 가지므로 형벌을 전제로 하는 기소독점주의의 예외에는 해당되지 않는다.

⒟ 재정신청에 의한 기소강제

고소권자로서 고소를 한 자(형법 제123조부터 제126조까지의 죄에 대하여는 고발을 한 자를 포함한다)가 검사의 불기소결정에 불복하는 경우에는 고등법원에 재정신청을 하고 이에 대한 고등법원의 공소제기결정에 의하여 검사의 공소제기가 강제된다($\frac{제262조}{제2항, 제6항}$). 종래의 준기소절차와 같이 법원의 결정에 의하여 공소제기가 의제되는 것은 아니나, 법원의 공소제기결정이 있는 경우에는 검사의 공소제기가 강제된다는 점에서 기소독점주의에 대한 규제책이 된다고 할 수 있다.

또한 수사처장은 수사처검사가 수사하여 송부한 사건을 처리하는 검사로부터 공소를 제기하지 아니한다는 통보를 받은 때에는 그 검사 소속의 지방검찰청 소재지를 관할하는 고등법원에 그 당부에 관한 재정을 신청할 수 있고, 고등법원의 공소제기결정이 있는 경우에는 검사의 공소제기가 강제된다($\frac{공수처법 제30조,}{형사소송법 제262조}$).

Ⅲ. 기소편의주의

1. 의   의

기소편의주의란 검사의 공소권행사에 있어서의 재량을 인정하는 제도를 말한다. 즉 수사결과 범죄의 객관적 혐의가 존재하고 소송조건이 구비되어 있는 경우에도 검사의 재량에 의한 불기소를 인정하는 것이다. 기소편의주의에 의한 검사의 불기소결정을 기소유예라고 한다. 제247조는 「검사는 형법 제51조의 사항을 참작하여 공소를 제기하지 아니할 수 있다」고 규정하여 기소편의주의를 채택하고 있다. 프랑스는 기소편의주의를 전통으로 하고 있고, 미국도 사실상 기소편의주의에 입각하고 있으며, 일본도 기소편의주의를 명문으로 규정하고 있다.

기소편의주의와 대립되는 제도가 기소법정주의이다. 기소법정주의는 범죄의 객관적 혐의가 인정되고 소송조건이 구비되어 있는 경우에는 반드시 공소를 제기할 것을 요구하는 입법주의를 말한다. 독일의 경우에는 경미한 사건 등에 예외를 인정하면서 원칙적으로 기소법정주의를 채택하고 있다($\frac{독일 형사소송법}{제152조 제2항}$).

2. 기소법정주의와 기소편의주의의 장·단점

기소법정주의는 검사의 소추재량을 박탈함으로써 공소제기에 대한 검사의 자의와 정치적 영향을 배제할 수 있고, 형사사법의 획일적인 운영에 의하여 법적 안정성을 유지할 수 있다는 장점이 있다. 그러나 기소법정주의는 형사사법의 경직을 초래하여 구체적 타당성을 잃게 되고, 불필요한 심리의 진행으로 소송경제에 반하는 결과를 가져오며, 처벌의 필요가 없거나 처벌이 개선에 장애가 되는 경우에도 공소를 제기하게 되어 형사정책적으로 합목적성을 결여하게 된다는 비판을 받고 있다.

이에 비하여 기소편의주의는 형사사법의 탄력적 운용을 통하여 구체적 정의를 실현할 수 있고, 범죄인에게 조기개선의 기회를 제공함으로써 형사정책적으로 타당한 결과를 가져올 수 있으며, 불필요한 기소를 억제함으로써 소송경제에도 기여할 수 있는 장점을 가지고 있다. 그러나 기소편의주의는 공소제기에 대한 검사의 자의와 정치적 영향을 배제할 수 없는 경우 법적 안정성을 유지할 수 없고, 이로 인하여 형사사법에 대한 국민의 신뢰를 확보하는 데 장애가 될 수 있다는 것이 단점으로 지적되고 있다.

결국 양 제도는 서로 반대되는 방향에서 각각 장점과 단점을 가지고 있다. 따라서 어느 제도가 반드시 우월하다고 할 수는 없으며, 어느 제도를 채택하는 경우에도 다른 제도의 장점을 살리고 자신의 단점을 보완할 수 있는 충분한 법적 규제수단을 마련하는 일이 무엇보다도 중요하게 된다.

3. 기소편의주의의 내용

(1) 기소유예

(가) 기소유예의 의의

공소제기의 요건을 구비하여 기소할 수 있는 형사사건에 대하여 검사의 재량으로 불기소결정을 하는 것을 기소유예라고 한다. 형사소송법 제247조가 규정하고 있는 기소편의주의는 이러한 기소유예를 허용하는 것을 내용으로 한다.

(나) 기소유예의 기준

검사가 기소유예를 함에 있어서 고려하여야 할 사항은 범인의 연령·성행·지능과 환경, 피해자에 대한 관계, 범행의 동기·수단과 결과, 범행 후의 정황이다 (제247조, 형법 제51조). 그러나 형법 제51조의 양형사유들은 예시적인 것에 불과하므로 이와 함께 피의자의 전과 및 전력, 법정형의 경중, 범행이 사회에 미치는 영향, 사회정세 및 가벌성에 대한 평가의 변화, 법령의 개폐, 공범의 사면, 범행 후 시간의 경과 등도 기소유예의 사정으로 참작될 수 있다(헌재결 1995.1.20., 94헌마246).

(다) 기소유예의 허용범위

1) **조건부 기소유예**   검사가 피의자에게 일정한 지역에의 출입금지, 피해배상 또는 수강명령의 이행 등 일정한 의무를 부과하여 이를 준수하는 조건으로 기소유예를 하는 것을 조건부 기소유예라고 한다.

조건부 기소유예의 대표적인 경우로는 소년범에 대한 선도조건부 기소유예를 들 수 있다. 소년법은 소년범에 대하여 범죄예방자원봉사위원의 선도나 그 밖의 선도를 조건으로 기소유예하는 선도조건부 기소유예를 명문으로 규정하여 인정하고 있다(동법 제49조의3). 또한 「가정폭력범죄의 처벌 등에 관한 특례법」도 검사가 가정폭력사건을 수사한 결과 가정폭력행위자의 성행 교정을 위하여 필요하다고 인정하는 경우에는 상담조건부 기소유예를 할 수 있도록 규정하고 있다(동법 제9조의2).

2) **일부기소유예**   일부기소유예란 범죄의 혐의가 인정되고 소송조건이 구비된 범죄사실의 일부에 대하여 기소유예하는 것을 말한다. 일부기소유예는 일죄의 일부에 대한 공소제기와 표리의 관계에 있는 문제이다. 일부기소유예가 범죄인의 재사회화에 무의미하고 검사의 자의적인 공소권행사를 허용하는 결과가 된다는 이유로 이를 부정하는 견해가 있으나, 형사소송법상 공소권의 주체인 검사에게는 소추재량권이 인정되고 있으므로 일부기소유예 내지 일부기소가 소추재량권의 명백한 일탈이라고 볼 수 없는 한 허용된다고 해야 할 것이다.

(2) 공소의 취소

(가) 공소취소와 공소변경주의

공소의 취소란 검사가 법원에 대하여 이미 제기한 공소를 철회하는 법률행위적 소송행위를 말한다. 공소의 취소는 특정한 범죄사실에 대한 공소제기 자체를 철회하는 행위라는 점에서, 공소사실의 동일성이 인정되는 범위 내에서 공소사실의 일부만을 철회하는 공소사실의 철회와 구별된다.[1] 그리고 공소변경주의란 공소제

---

1) 대법원 1992. 4. 24, 91도1438, 「공소장변경의 방식에 의한 공소사실의 철회는 공소사실의 동일성이 인정되는 범위 내의 일부 공소사실에 한하여 가능한 것이므로, 공소장에 기재된 수개의 공소사실이 서로 동일성이 없고 실체적 경합관계에 있는 경우에 그 일부를 소추대상에서 철회하려면 공소장변경의 방식에 의할 것이 아니라 공소의 일부취소절차에 의하여야 한다.」
   대법원 2004. 9. 23, 2004도3203, 「공소사실의 동일성이 인정되지 아니하고 실체적 경합관계에 있는 수개의 공소사실의 전부 또는 일부를 철회하는 공소취소의 경우 그에 따라 공소기각의 결정이 확정된 때에는 그 범죄사실에 대하여는 형사소송법 제329조의 규정에 의하여 다

기 후의 공소취소를 인정하는 입법주의를 말한다. 형사소송법도 기소편의주의의 내용으로서 기소유예와 함께 공소제기 후의 공소취소를 인정하고 있다. 이에 대하여 공소제기 후의 공소취소를 허용하지 않는 입법주의를 공소불변경주의라고 한다. 기소법정주의를 취하는 독일 등 국가의 일반적인 태도라고 할 수 있다.

공소의 취소는 검사의 잘못된 공소제기에 대한 내부적 시정제도인 동시에 공소제기 후 발생한 새로운 사정을 고려하기 위한 형사정책적 기능도 함께 수행한다. 즉 새로운 사실이 발견되어 소추가 바람직하지 않게 되었거나 공소유지가 어려운 경우에 탄력성 있는 공소권행사를 보장해 주고 피고인을 절차로부터 조속히 벗어날 수 있도록 하기 위한 제도라고 할 수 있다. 그러나 공소취소의 사유에 제한을 두고 있지 않는 결과 증거불충분을 이유로 공소를 취소하는 것도 가능한데, 이 경우에는 피고인에게서 무죄판결을 받을 기회를 박탈하고 피고인을 재기소의 위험성 있는 불안정한 상태에 두게 된다는 점을 부정할 수 없다.

(나) 공소취소의 절차

공소의 취소는 검사만이 할 수 있다. 다만 검사도 재정신청에 대한 고등법원의 공소제기결정에 따라 공소를 제기한 때에는 공소를 취소할 수 없다($\frac{제264}{조의2}$). 수사처검사가 재정신청에 대한 고등법원의 결정에 따라 공소를 제기한 때에도 마찬가지이다($\frac{공수처법}{제47조 참조}$). 공소의 취소는 이유를 기재한 서면으로 하여야 한다. 다만 공판정에서는 구술로써 할 수 있다($\frac{제255조}{제2항}$). 이 경우에 법원은 그 취지를 공판조서에 기재하여야 한다. 공소를 취소한 때에는 7일 이내에 그 사실을 고소인 또는 고발인에게 통지하여야 한다($\frac{제258조}{제1항}$).

공소의 취소는 제1심 판결선고 전까지 할 수 있다($\frac{제255조}{제1항}$). 여기서 판결이란 유죄·무죄의 실체판결뿐만 아니라 면소나 공소기각 등의 형식재판도 포함한다. 그러나 제1심 판결에 대하여 상소심의 파기환송이나 이송의 판결이 있는 경우에는 공소를 취소할 수 없으며, 제1심 판결이 선고된 이상 재심절차가 진행 중인 경우에도 공소를 취소할 수 없다. 약식명령에 대하여도 정식재판의 청구가 있어 공판절차가 개시된 경우에는 공소취소가 가능하다.

른 중요한 증거가 발견되지 않는 한 재기소가 허용되지 아니하지만, 이와 달리 포괄일죄로 기소된 공소사실 중 일부에 대하여 형사소송법 제298조 소정의 공소장변경의 방식으로 이루어지는 공소사실의 일부 철회의 경우에는 그러한 제한이 적용되지 아니한다.」

(다) 공소취소의 효과

검사가 공소를 취소하면 법원은 결정으로 공소를 기각하여야 한다($\frac{제328조}{제1항 제1호}$). 검사가 공소를 취소하였더라도 이미 당해 사건은 법원에 계속되어 있으므로 법원이 재판을 통해 절차를 종결시켜야 한다. 공소취소의 효력은 공소사실과 동일성이 인정되는 사실의 전부에 대하여 미친다.

공소취소에 의한 공소기각의 결정이 확정된 때에는 공소취소 후 그 범죄사실에 대한 다른 중요한 증거를 발견한 경우에 한하여 다시 공소를 제기할 수 있다($\frac{제329}{조}$). 여기서 다른 중요한 증거를 발견한 경우란 공소취소 전의 증거만으로는 증거불충분으로 무죄가 선고될 가능성이 있으나 새로 발견된 증거를 추가하면 충분히 유죄의 확신을 가질 수 있을 정도의 증거가 발견된 때를 말한다($\frac{대법원 1977.12.27,}{77도1308}$).

4. 기소편의주의에 대한 규제

(1) 불기소결정에 대한 규제

기소독점주의에 대한 법적 규제는 동시에 기소편의주의에 대한 규제가 된다. 따라서 고소·고발인에 대한 통지 및 이유고지제도, 검찰항고제도, 재정신청제도 등은 모두 검사의 위법·부당한 기소유예결정을 규제하는 역할을 수행한다.

(2) 공소제기에 대한 규제

형사소송법은 검사의 공소제기를 규제하는 제도를 규정하고 있지 않다. 그러나 검사의 소추재량권을 일탈한 공소제기에 대하여는 형식재판으로 절차를 종결시켜야 한다는 공소권남용이론이 위법·부당한 공소제기에 대한 효율적인 규제수단이 될 수 있을 것이다.

제 3 절   공소제기의 방식

Ⅰ. 공소장의 제출

공소를 제기함에는 공소장을 관할법원에 제출하여야 한다($\frac{제254조}{제1항}$). 공소제기에 대하여는 서면주의가 적용되므로 법원에 공소장을 제출하는 이외의 방법으로 공소를 제기할 수는 없다. 공소제기에 관하여 서면주의를 취하고 그 기재사항을 엄격히 규정하고 있는 것은 법원의 심판의 대상과 피고인의 방어의 대상을 명확히 하려는 데 그 목적이 있다. 검사에 의한 공소장의 제출은 공소제기라는 소송행위가 성립하기 위한 본질적 요소이므로 공소장의 제출이 없는 경우에는 소송행위로서의 공소제기가 성립되었다고 할 수 없다(대법원 2003.11.14, 2003도2735). 공소장은 공무원이 작성하는 서류로서 간인하거나 이에 준하는 조치를 하여야 하는데(제57조 제2항), 간인은 서류작성 후 그 서류의 일부가 누락 되거나 교체되지 않았다는 사실을 담보하기 위한 것이므로 공소장에 검사의 간인이 없더라도 그 공소장의 형식과 내용이 연속된 것으로 일체성이 인정되고 동일한 검사가 작성하였다고 인정되는 한 그 공소장을 효력이 없는 서류라고 할 수 없다(대법원 2021.12.30, 2019도16259).

검사가 관할법원에 공소장을 제출하는 경우에 공소장에는 피고인의 수에 상응한 부본을 첨부하여야 한다(제254조 제2항). 법원은 이 공소장부본을 늦어도 제 1 회 공판기일 5일 전까지 피고인 또는 변호인에게 송달하여야 한다(제266조). 공소장에는 법이 규정하는 일정한 사항(제254조 제3항)을 기재하는 외에, 공소제기 전에 변호인이 선임되거나 보조인의 신고가 있는 경우 그 변호인선임서 또는 보조인신고서를, 공소제기 전에 특별대리인의 선임이 있는 경우 그 특별대리인선임결정등본을, 공소제기 당시 피고인이 구속되어 있거나 체포 또는 구속된 후 석방된 경우 체포영장, 긴급체포서, 구속영장 기타 구속에 관한 서류를 첨부하여야 한다(규칙 제118조 제1항).

Ⅱ. 공소장의 기재사항

1. 필요적 기재사항

공소장에는 피고인의 성명 기타 피고인을 특정할 수 있는 사항, 죄명, 공소사실 및 적용법조를 기재하여야 한다(제254조 제3항). 피고인이 구속되어 있는지의 여부도 필요적으로 기재하여야 한다(규칙 제117조 제1항 제2호). 또한 공소장에는 검사가 기명날인 또는 서명하여야 한다(제57조 제1항 참조). 검사가 작성하는 공소장은 재판서가 아니므로 반드시 검사의 서명날인이 요구되지는 않는다. 검사가 기명날인 또는 서명이 없는 상태로 공소장을 관할법원에 제출하는 것은 특별한 사정이 없는 한 공소제기의 절차가 법률의 규정을 위반하여 무효(제327조 제2호)이지만, 판례는 이 경우 공소를 제기한 검사가 공소장에 기명날인 또는 서명을 추후 보완하는 것을 인정한다(대법원 2021.12.16, 2019도17150).

(1) 피고인을 특정할 수 있는 사항

공소장에는 피고인의 성명 기타 피고인을 특정할 수 있는 사항을 기재하여야 한다($\frac{제254조}{제3항 제1호}$). 피고인을 특정할 수 있는 사항으로는 피고인의 성명 이외에 주민등록번호 등·직업·주거 및 등록기준지를 기재하여야 하며, 피고인이 법인인 경우에는 사무소 및 대표자의 성명과 주소를 기재하여야 한다($\frac{규칙 제117조}{제1항 제1호}$). 다만 이러한 피고인을 특정할 수 있는 사항이 명백하지 아니한 때에는 그 취지를 기재하여야 한다($\frac{규칙 동조}{제2항}$). 피고인이 성명 등을 묵비하기 때문에 그 성명 등이 불상인 경우에는 피고인의 인상·체격 등을 묘사하거나 사진의 첨부, 구속피고인의 유치번호의 기재 등을 통하여 피고인을 특정할 수도 있다. 특정의 정도는 피고인을 타인과 구별할 수 있는 정도면 족하다.

피고인이 타인의 성명 등 인적사항을 모용하였기 때문에 검사가 피모용자를 피고인으로 기재하여 공소를 제기한 때에는 피고인이 특정되었다고 볼 수 없다. 성명모용의 경우에는 검사가 공소장정정절차에 의하여 공소장의 인적사항의 기재를 바로잡아야 하며, 검사가 이를 정정하지 아니한 경우에는 공소제기의 절차가 법률의 규정에 위반하여 무효인 때에 해당하여 법원은 공소기각의 판결을 선고하여야 한다($\frac{대법원 1993.1.19,}{92도2554}$).

(2) 죄   명

공소장에는 죄명을 기재하여야 한다. 죄명이란 범죄의 유형적 성질을 나타내는 명칭으로서, 적용법조의 기재와 함께 심판대상을 법률적으로 구성하는 데 중요한 역할을 한다. 따라서 죄명은 구체적으로 표시하여야 한다. 죄명의 기재는 대검찰청예규인 「공소장 및 불기소장에 기재할 죄명에 관한 예규」에 따른다. 형법범의 죄명은 이 예규의 '형법죄명표'에 의하고, 군형법범의 죄명은 '군형법죄명표'에 의한다. 특별법범의 경우에는 예컨대 '폭력행위 등 처벌에 관한 법률위반', '도로교통법위반' 등과 같이 특별형법의 명칭 다음에 위반이라는 문자를 더하여 표시한다.

죄명의 기재는 적용법조의 기재와 함께 공소제기의 범위를 정하는 데 있어서 보조적 기능을 수행하나, 심판대상에 대한 법률적 구성은 기본적으로 법원의 권한에 속하므로 검사가 죄명을 잘못 기재하더라도 이로 인하여 피고인의 방어에 실질적 불이익을 초래하지 않는 한 공소제기의 효력에는 영향이 없다고 해야 한다($\frac{대법원 2006.4.28, 2005}{도4085 \text{ 참조}}$).

(3) 공소사실

(개) 의   의

공소사실이란 검사가 법원에 대하여 심판을 청구한 사실로서 범죄의 특별구성요건에 해당하는 구체적 사실을 말한다. 이러한 공소사실의 기재는 범죄의 시일·장소와 방법을 명시하여 사실을 특정할 수 있도록 하여야 한다(제254조 제4항). 공소사실은 법원의 심판대상을 결정하고, 피고인의 방어준비를 위한 기초가 된다는 점에서 그 특정성이 중요한 의미를 갖는다. 따라서 공소사실은 다른 범죄사실과 구별될 수 있을 정도로 구체적으로 기재되어야 한다.

또한 공소사실은 서면인 공소장에 기재된 사실만을 의미하므로 검사가 공소사실의 일부를 전자적 형태의 문서로 작성하여 저장한 저장매체를 공소장에 첨부하여 제출한 경우에는 서면에 기재된 부분만을 공소사실로 보아야 한다. 따라서 이 경우에는 공소사실의 특정 여부도 서면인 공소장에 기재된 부분만을 대상으로 판단하여야 한다.[1]

(내) 특정의 정도

공소사실의 기재에 있어서 범죄의 일시·장소·방법을 가능한 한 구체적으로 기재하는 것이 바람직함은 말할 필요도 없다. 그러나 공소사실의 특정을 지나치게 엄격하게 요구하면 공소의 제기와 유지에 지장을 초래할 수 있으므로, 범죄의 일시·장소·방법 등의 기재는 구체적인 사안에 따라 피고인의 방어권행사에 실질적인 불이익을 주지 않는 범위 내에서 어느 정도 완화할 필요가 있다. 따라서 피고인

---

[1] 대법원 2017. 2. 15, 2016도19027,「검사가 공소사실의 일부인 범죄일람표를 컴퓨터 프로그램을 통하여 열어보거나 출력할 수 있는 전자적 형태의 문서(이하 '전자문서'라 한다)로 작성한 다음 종이문서로 출력하지 않은 채 저장매체 자체를 서면인 공소장에 첨부하여 제출한 경우에는, 서면에 기재된 부분에 한하여 적법하게 공소가 제기된 것으로 보아야 한다. 전자문서나 저장매체를 이용한 공소제기를 허용하는 법규정이 없는 상태에서 저장매체나 전자문서를 형사소송법상 공소장의 일부인 '서면'으로 볼 수 없기 때문이다. 이는 공소사실에 포함시켜야 할 범행 내용이나 피해 목록이 방대하여 전자문서나 CD 등 저장매체를 이용한 공소제기를 허용해야 할 현실적인 필요가 있다거나 피고인과 변호인이 이의를 제기하지 않고 변론에 응하였다고 하여 달리 볼 수 없다. 또한 일반적인 거래관계에서 전자문서나 전자매체를 이용하는 것이 일상화되고 있더라도 그것만으로 전자문서나 전자매체를 이용한 공소제기가 허용된다고 보는 것은 형사소송법 규정의 문언이나 입법 취지에 맞지 않는다. 따라서 검사가 전자문서나 저장매체를 이용하여 공소를 제기한 경우, 법원은 저장매체에 저장된 전자문서 부분을 제외하고 서면인 공소장에 기재된 부분만으로 공소사실을 판단하여야 한다. 만일 그 기재 내용만으로는 공소사실이 특정되지 않은 부분이 있다면 검사에게 특정을 요구하여야 하고, 그런데도 검사가 특정하지 않는다면 그 부분에 대해서는 공소를 기각할 수밖에 없다.」

이 특정한 범죄행위를 한 것이 증거에 의하여 인정되지만, 그 일시·장소·방법 등을 명백히 밝힐 수 없는 경우에는 범죄의 성격에 따라 어느 정도 개괄적 표시를 허용하지 않을 수 없다.[1]

판례는 ① 범죄의 시일은 이중기소나 시효에 저촉되지 않는 정도의 기재를 요하고,[2] ② 장소는 토지관할을 가름할 수 있는 정도의 기재를 필요로 하며, ③ 방법은 범죄의 구성요건을 밝히는 정도의 기재를 요한다고 보고, 이 세 가지 특정요소를 종합하여 범죄구성요건에 해당하는 구체적 사실을 다른 사실과 구별할 수 있는 정도로 기재하면 공소사실의 특정을 인정할 수 있다고 한다(대법원 2005.7.29, 2005도2003; 대법원 2008.3.27, 2007도11000).

(다) 특정의 방법

공소사실을 특정하기 위해서는 일시·장소·방법 이외에도 행위의 목적, 주체의 신분, 재산범에 있어서는 피해물의 종류·수량·가격 등을 명시하는 방법이 가능하다. 그리고 공소사실을 특정하는 데 있어서는 범죄의 유형에 따라 그 방법에 차이가 나타날 수 있다.

공모공동정범의 경우에는 공모가 범죄사실에 해당하므로 실행행위에 직접 관여하지 아니한 자에게 공동정범으로서의 형사책임을 지울 수 있을 정도로 공모사실이 특정되어야 하고(대법원 2016.4.29, 2016도2696), 교사범이나 종범의 공소사실에는 교사나 방조의 사실은 물론 그 전제가 되는 정범의 범죄사실도 구체적으로 기재하여야 한다(대법원 2001.12.28, 2001도5158).

실체적 경합범의 경우에는 수개의 범죄사실이 모두 특정되도록 공소사실을 기재하여야 한다. 피해자별로 1개의 죄가 성립하는 경우에는 각 피해자별로 범죄사실을 특정하여야 한다. 따라서 폭행죄의 경우에는 각 피해자별로 사실을 특정할 수 있도록 공소사실을 기재하여야 하며(대법원 1995.3.24, 95도22), 사기죄에 있어서 여러 사람의

---

1) 마약류사용범죄 등에 대하여 피고인이 범행을 부인하는 경우 범죄의 일시·장소 등을 특정하는데 사실상 어려움이 있어 공소사실을 개괄적으로 기재하여 기소하는 경우가 있다. 소변이나 모발검사의 결과 약물이 검출되어 범행의 존재가 명백히 인정되는 경우에는 범행의 일시·장소 및 방법에 대하여 어느 정도 개괄적 기재를 허용하더라도 그에 대한 피고인의 방어권행사에 실질적 불이익을 초래하지 않으므로 특정성을 인정할 수 있을 것이다.

2) 피고인이 2013. 12.경부터 2014. 1.경 사이 약 10분간 주점에서 소란을 피워 피해자의 업무를 방해하였다는 혐의로 2020. 12. 30. 기소된 사안에서, 범행일이 2013. 12. 31. 이후인지 여부에 따라 공소시효(업무방해죄의 경우 7년)의 완성 여부가 달라지므로 공소사실의 일시를 '2013. 12.경부터 2014. 1.경 사이'라고 기재한 것은 공소시효 완성 여부를 판별할 수 없으므로 공소사실이 특정되었다고 볼 수 없다고 한다(대법원 2022. 11. 17, 2022도8257).

피해자에 대하여 따로 기망행위를 하여 각각 재물을 편취한 경우에는 비록 범의가 단일하고 범행방법이 동일하다고 하더라도 그 전체가 포괄일죄로 되지 아니하고 피해자별로 독립한 여러 개의 사기죄가 성립하게 되므로 그 공소사실은 각 피해자와 피해자별 피해액을 특정할 수 있도록 기재하여야 한다(대법원 2004.7.22, 2004도2390).

포괄일죄의 경우에는 일죄의 일부를 구성하는 개개의 행위에 대하여 구체적으로 특정하지 아니하더라도 그 전체범행의 시기와 종기, 범행방법, 피해자나 상대방, 범행횟수나 피해액의 합계 등을 명시하면 공소사실은 특정되었다고 해야 한다(대법원 2012.8.30, 2012도5220).

(라) 불특정의 효과

공소사실의 특정은 소송조건에 해당하므로 공소사실이 특정되지 않으면 공소제기의 절차가 법률의 규정에 위반하여 무효인 때(제327조 제 2 호)에 해당하여 공소기각의 판결로써 형사절차를 종결시켜야 한다. 그러나 대법원은 공소사실의 기재가 특정되지 아니한 경우에는 검사에게 석명을 구하여 이를 특정할 기회를 준 다음에 비로소 공소기각의 판결을 할 수 있다고 판시하고 있다(대법원 2006.5.11, 2004도5972). 따라서 석명권을 행사하지 않고 바로 공소기각의 판결을 하였다면 이는 심리미진의 위법에 해당하는 것이 된다. 다만 불특정의 정도가 이런 정도를 넘어서 구체적인 범죄사실의 기재가 없다고 인정되는 경우에는 석명 없이 공소를 기각할 수 있다고 한다(대법원 1996.2.13, 95도2121). 학설도 일반적으로 피고인 보호와 소송경제의 요청을 조화시킨다는 이유로 이에 찬성하고 있다.

그러나 공소사실이 불특정인 경우에는 공소기각판결의 대상이라고 하여야 하며, 공소장보정에 의한 하자의 사후적인 추완은 허용되지 않는다고 보아야 할 것이다. 공소사실의 특정은 공소제기의 유효조건으로서 일반적인 소송조건들과 마찬가지로 공소제기의 시점을 기준으로 결정해야 할 것이기 때문이다.

(4) 적용법조

공소장에는 적용법조를 기재하여야 한다. 적용법조는 공소사실에 적용된 법적 평가를 의미하며, 죄명과 함께 공소제기의 범위를 정하는 데 있어서 보조적 역할을 한다. 적용법조는 특별구성요건을 규정한 형법각칙 및 특별형법의 본조와 함께 총칙상의 미수·공범·누범·죄수 등에 관한 법조도 기재하여야 한다.

다만 법령의 적용은 법원의 권한사항일 뿐만 아니라 공소장에 적용법조를 기재하는 이유가 공소사실의 법률적 평가를 명확히 하여 피고인의 방어권을 보장하는 데 있으므로 적용법조의 기재에 오기나 누락이 있더라도 피고인의 방어권 행사에 실질적인 불이익이 없는 한 공소제기의 효력에는 영향이 없다고 해야 한다($\frac{대법}{원}$ $\frac{2006.4.28,}{2005도4085}$). 따라서 공소사실과 죄명에 대한 기재는 있으나 적용법조의 기재가 없는 때에도 공소사실과 죄명에 의하여 적용법조를 알 수 있는 경우에는 공소제기가 유효하다고 할 수 있다. 그러나 공소사실의 기재만 있고 죄명과 함께 적용법조의 전부 또는 중요부분의 기재가 없거나 적용법조의 오기나 누락에 의하여 공소사실에 대한 법적 평가를 그르칠 염려가 있는 경우에는 피고인의 방어권 행사에 실질적 불이익을 가져올 수 있으므로 이때에는 공소제기를 무효라고 해야 한다.

2. 임의적 기재사항

(1) 범죄사실과 적용법조의 예비적·택일적 기재

공소장에는 수개의 범죄사실과 적용법조를 예비적 또는 택일적으로 기재할 수 있다($\frac{제254조}{제5항}$). 형사소송법은 범죄사실과 적용법조를 예비적 또는 택일적으로 기재할 수 있다고 규정하고 있으나, 죄명의 기재도 예비적·택일적으로 할 수 있음은 물론이다.

예비적 기재란 수개의 범죄사실 또는 적용법조에 대하여 심판의 순서를 정하여 선순위의 범죄사실이나 적용법조가 인정되지 않는 경우에 후순위의 범죄사실 또는 적용법조에 대하여 심판을 구한다는 취지로 기재하는 것을 말한다. 이 경우 선순위의 공소사실을 본위적 공소사실 또는 주위적 공소사실, 후순위의 사실을 예비적 공소사실이라고 한다. 이에 대하여 택일적 기재란 수개의 범죄사실이나 적용법조에 대하여 심판의 순서를 정하지 않고 어느 것을 심판하여 인정해도 좋다는 취지로 기재하는 것을 말한다.

범죄사실과 적용법조의 예비적·택일적 기재를 인정하는 것은 검사가 공소제기시에 공소사실에 대한 심증을 충분히 형성하지 못하였거나 법률적 구성을 확정할 수 없는 경우에도 공소제기를 가능하게 함으로써 공소제기의 편의를 도모하려는 데 그 이유가 있다. 예를 들면 살인죄인지 상해치사죄인지, 절도죄인지 장물취득죄인지 또는 동일한 사실에 대한 법률적 평가가 절도인지 횡령인지에 대하여 검사의 심증이 불분명한 경우에도 공소제기를 가능하게 하기 위한 것이다. 공소장의 예비적·택일적 기재는 공소제기 후 검사가 공소사실이나 적용법조를 변경하는 공

소장변경과 그 기능이 유사하나, 이는 공소제기시의 검사의 심증형성이나 법률적
구성이 불충분한 경우에 대비하고 법원에 대하여 문제점을 예고하여 심판에 신중
을 기하도록 하기 위한 제도라는 점에서 심리과정에서의 법원 또는 검사의 심증의
변화에 대비하기 위한 제도인 공소장변경과는 다르다.

(2) 허용범위

공소장에 기재할 범죄사실과 적용법조의 예비적·택일적 기재를 어느 범위에
서 허용할 것인지에 대하여 학설의 대립이 있다.

㈎ 비한정설

예비적·택일적 기재는 범죄사실의 동일성이 인정되지 않는 실체적 경합관계
에 있는 수개의 범죄사실 사이에서도 인정된다는 견해이다. 그 논거로는 ① 이 제
도는 본래 기소편의주의의 연장선상에서 공소장기재의 엄격성에 따른 불편을 제거
하기 위하여 인정된 것이고, ② 제254조 제5항이 수개의 범죄사실에 대한 예비
적·택일적 기재를 규정하고 있을 뿐 공소사실의 동일성을 요구하고 있지 않으며,
③ 검사에게 수개의 범죄사실을 독립적으로 기재하거나 수개의 공소장을 제출하도
록 하는 것은 무용한 절차의 반복을 초래하고, ④ 수개의 범죄사실을 처음부터 경
합범으로 기소한 경우에 비하여 피고인의 방어부담을 가중시키는 것으로 볼 수 없
다는 점 등을 들고 있다. 판례도 「수개의 범죄사실 간에 범죄사실의 동일성이 인정
되는 범위 내에서 예비적 또는 택일적으로 기재할 수 있음은 물론이나, 그들 범죄
사실 상호간에 범죄의 일시·장소·수단 및 객체 등이 달라서 수개의 범죄사실로
인정되는 경우에도 이들 수개의 범죄사실을 예비적 또는 택일적으로 기재할 수 있
다」고 판시하여(대법원 1966.3.24, 65
도114 전원합의체 판결), 비한정설의 입장을 취하고 있다.

㈏ 한 정 설

예비적·택일적 기재는 범죄사실의 동일성이 인정되는 범위 내에서만 허용된
다는 견해이다. 그 근거로는 ① 비한정설에 따라 공소사실의 동일성이 인정되지 않
는 수개의 사실을 공소장에 예비적·택일적으로 기재하는 것을 허용하는 것은 조
건부 공소제기를 허용하는 결과가 되어 불확정적인 공소제기를 인정하는 것이 되
고, ② 동일성이 인정되지 않는 수개의 범죄사실은 경합범으로 기소하거나 추가기
소를 하는 것이 마땅하며, ③ 수개의 범죄사실이 심판의 대상이 되는 것과 동일성
이 인정되는 범죄사실이 심판의 대상이 되는 것은 피고인의 방어권행사에 있어서

실질적인 차이를 가져온다는 점 등을 들고 있다.

(다) 검   토

동일성이 인정되지 않는 범죄사실에 대해서는 경합범으로 기소하거나 추가기소하는 것이 가능하다는 점과 불확정적인 공소제기를 제한할 필요가 있다는 점을 고려할 때 한정설이 타당하다고 생각된다.

다만 한정설의 입장에서는 검사가 공소사실의 동일성이 인정되지 않는 사실을 공소장에 예비적·택일적으로 기재한 경우에 법원이 이를 어떻게 처리할 것인지가 검토의 대상이 된다. 이에 대하여는 ① 경합범에 대한 기소로 보아 심판하는 방법, ② 검사로 하여금 공소장을 경합범으로 보정하게 하는 방법, ③ 공소제기의 절차가 법률의 규정에 위반하여 무효인 때에 해당하는 것으로 보아 공소기각의 판결을 하는 방법 등이 제시되고 있다. 형사소송의 형식적 확실성과 소송경제의 면을 함께 고려한다는 이유에서 일반적으로 두 번째 견해를 취하고 있으나, 실체적 경합범의 관계에 있는 수개의 범죄사실에 대한 예비적·택일적 기재는 제254조 제 5 항에 위반한 부적법한 공소제기에 해당하므로 제327조 제 2 호에 의하여 공소기각의 판결을 하여야 할 것이다.

(3) 법원의 심판

(가) 심판의 대상

예비적·택일적 기재의 경우에는 공소장에 기재된 모든 범죄사실이 법원의 현실적 심판의 대상이 된다. 예비적 기재의 경우에는 본위적 공소사실은 물론이고 예비적 공소사실도 심판의 대상이 되며, 택일적 기재의 경우에도 범죄사실 전부가 법원의 심판의 대상이 된다.

예비적·택일적 범죄사실의 일부에 대한 상소제기의 효력은 나머지 범죄사실에 대하여도 미치므로 예비적·택일적으로 기재된 범죄사실은 모두가 상소심의 심판의 대상이 된다($^{대법원\ 2006.5.25,}_{2006도1146}$). 따라서 항소심법원은 원심판결을 파기하면서 원심법원이 판단하지 아니하였던 예비적 공소사실을 유죄로 인정할 수 있고, 택일적 공소사실 가운데 하나의 사실을 인정한 원심판결을 파기하고 다른 사실을 유죄로 인정할 수도 있다($^{대법원\ 1975.6.24,}_{70도2660}$).

(나) 심판의 순서

예비적 기재의 경우에는 검사가 기재한 순서에 따라 심리와 판단을 행하여야 한다. 따라서 법원은 본위적 공소사실에 대하여 먼저 심판을 하여야 하고, 본위적 공소사실이 유죄로 인정되지 아니하는 경우에 한하여 예비적 공소사실에 대하여 심판을 할 수 있다. 법원이 본위적 공소사실을 판단하지 아니하고 예비적 공소사실만을 판단하는 것은 위법하며 상소이유가 된다(대법원 1976.5.26, 76도1126). 이에 반하여 택일적 기재의 경우에는 법원의 심판의 순서에 아무런 제한이 없다. 따라서 택일적 범죄사실 가운데 하나가 유죄로 인정되면 검사는 다른 범죄사실을 유죄로 인정하지 않은 것을 이유로 상소할 수 없다(대법원 1981.6.9, 81도1269).

(다) 판단의 방법

예비적·택일적으로 기재된 공소사실의 어느 하나에 대하여 유죄판결을 선고하는 때에는 법원은 유죄로 인정된 공소사실에 대한 판단만을 판결주문에 표시하면 족하고 다른 공소사실에 대한 판단은 주문에 표시할 필요가 없다.

예비적 기재의 경우에 본위적 공소사실을 유죄로 인정하게 되면 예비적 공소사실에 대하여는 판결주문은 물론 판결이유에서도 이를 판단할 필요가 없다. 그러나 예비적 공소사실에 대하여 유죄를 인정한 경우에는 본위적 공소사실에 대한 무죄를 주문에서 표시하지 않더라도 판결이유에서 본위적 공소사실에 대한 판단을 밝혀야 할 것이다. 법원은 예비적 기재의 경우 심판의 순서에 제한을 받기 때문이다. 택일적 기재의 경우에 법원이 어느 범죄사실에 대하여 유죄를 인정하면 다른 범죄사실에 대한 판단은 주문뿐만 아니라 판결이유에서도 행할 필요가 없다. 다만 예비적·택일적으로 기재된 모든 공소사실이 인정되지 않는 경우에는 판결주문에서 무죄를 선고하고 판결이유에서 모든 범죄사실에 대하여 판단하여야 한다(대법원 2006.12.22, 2004도7232).

Ⅲ. 공소장일본주의

1. 공소장일본주의의 의의

공소장일본주의란 검사가 공소를 제기할 때 법원에 공소장 하나만을 제출하여야 하고, 그 외에 사건에 관하여 법원에 예단을 생기게 할 수 있는 서류 기타 물건을 첨부하거나 그 내용을 인용하여서는 아니된다는 원칙을 말한다(규칙 제118조 제 2 항). 법관이 사건에 대하여 예단을 가지지 않고 백지의 상태에서 공판심리에 임하도록 함으로써 공정한 재판의 이념을 실현하기 위한 제도이다.

공소장일본주의는 형사소송규칙 제정 당시에 명문으로 규정되어 1983년부터 시행되고 있는 제도이나, 공정한 재판을 실현하기 위한 중요한 공판절차상의 원칙을 법률이 아닌 규칙에서 규정하고 있는 것은 문제라고 할 것이다.

2. 공소장일본주의의 필요성

(1) 당사자주의 소송구조

공소장일본주의는 당사자주의 소송구조의 기본적 전제조건이 된다. 당사자주의 소송구조에서는 법원이 공평한 제3자의 입장에서 당사자 사이의 공격과 방어를 기초로 공소사실의 존부에 대하여 심증을 형성하고 심판을 행할 것이 요구된다. 따라서 법관이 백지상태에서 심리를 개시할 수 있도록 하기 위해서는 수사와 공판절차를 단절하여 수사기관이 형성한 심증이 법관에게 이어지지 않도록 차단할 필요가 있다. 영미법계 국가의 배심재판이 그 전형적인 경우이다.

그러나 사건의 진상파악을 법원의 직권에 의한 심리활동에 맡기는 직권주의 소송구조에 있어서는 효율적인 실체해명을 위해 공판심리 전에 법관이 사건의 내용을 충분히 파악할 필요가 있기 때문에 공소장일본주의를 채택할 수 없게 된다. 직권주의를 취하고 있는 독일에서는 공소장에 수사의 중요한 결과와 증거방법을 기재하고, 공소제기와 동시에 법원에 수사기록을 제출하도록 하고 있다(독일 형사소송법 제199조 제2항, 제200조).

(2) 예단배제의 원칙

예단배제의 원칙이란 구체적인 사건의 심판에 있어서 법관의 예단과 편견을 방지하여 공정한 재판을 보장하려는 원칙을 말한다. 공소장에 수사기록과 증거물을 첨부하도록 하면 검사가 피고인에 대하여 가지고 있는 유죄의 심증이 법관에게 그대로 이어질 위험성이 있다. 공소장일본주의는 법관이 백지상태에서 심리를 개시하여 진실을 발견하여야 한다는 요청을 절차상으로 반영한 것이라고 할 수 있다.

(3) 공판중심주의의 실현

공판중심주의란 사건의 실체에 관한 법관의 심증형성은 공판기일의 심리를 통해서 이루어져야 한다는 원칙을 말한다. 공소장일본주의는 공판정에서의 당사자의 공격과 방어를 통한 심증형성을 가능하게 한다는 점에서 공판중심주의를 실현하기 위한 제도라고 할 수 있다.

(4) 증거능력 없는 증거의 배제

공소장일본주의는 수사서류가 직접 법관의 심증형성에 작용하는 것을 방지하여 전문법칙의 실현에 기여한다. 수사기록은 전문증거로서 원칙적으로 증거능력이 없음에도 불구하고 공소장에 수사서류를 첨부하도록 하면 법관이 증거능력 없는 증거에 의해 사실상 심증을 형성하게 될 위험성이 있다. 또한 공소장일본주의는 위법한 증거에 의한 법관의 심증형성을 차단하는 기능도 아울러 수행한다.

3. 공소장일본주의의 내용

(1) 첨부와 인용의 금지

공소장일본주의는 사건에 관하여 법원에 예단이 생기게 할 수 있는 서류 기타 물건을 첨부하거나 그 내용을 인용하는 것을 금지한다(규칙 제118조 제 2 항).

⑺ 첨부의 금지

공소장에는 사건에 관하여 법원에 예단이 생기게 할 수 있는 서류나 물건을 첨부할 수 없다. 법원에 예단이 생기게 할 수 있는 서류 또는 물건이란 사건의 실체심리 이전에 법관의 심증형성에 영향을 줄 수 있는 자료를 말한다. 따라서 공소사실을 증명하는 수사서류나 증거물을 제출하는 것은 허용되지 않는다.

그러나 법원에 예단을 줄 염려가 없는 서류를 공소장에 첨부하는 것은 공소장일본주의에 반하지 않는다. 형사소송규칙은 공소장에 변호인선임서·보조인신고서·특별대리인선임결정등본·체포영장·긴급체포서·구속영장 기타 구속에 관한 서류를 첨부하도록 규정하고 있다(규칙 제118조 제 1 항).

⑴ 인용의 금지

공소장에는 법원에 예단을 줄 수 있는 서류나 물건의 내용을 인용하여서는 안 된다. 그러나 공소사실을 특정하기 위하여 필요한 경우에는 인용이 예외적으로 허용될 수 있다. 예를 들면 문서에 의한 협박·공갈·명예훼손 등의 사건에 있어서 공소사실을 특정하기 위하여 문서내용의 전부 또는 일부를 인용하는 것은 허용된다. 다만 이러한 경우에도 공소장일본주의가 지향하는 예단배제의 요청에 비추어 볼때 공소사실을 특정하기 위한 최소한의 범위 내에서 인용이 허용된다고 해야 하며, 필요한 범위를 넘어 법관의 심증형성에 부당하게 영향을 줄 염려가 있는 때에는 공소장일본주의에 위반한 것으로 보아야 한다.

(2) 기타 사실의 기재금지

기타 사실의 기재란 공소장의 기재사항($^{제254조 제3}_{항·제5항}$) 이외의 사항을 공소장에 기재하는 것을 말한다. 이러한 기타 사실의 기재를 여사기재라고도 한다. 형사소송규칙은 공소장일본주의의 내용으로서 예단을 생기게 할 수 있는 서류나 물건의 첨부 또는 인용만을 금지하고 있으나, 그 밖에도 법원에 예단을 줄 수 있는 사항을 공소장에 기재하는 것은 금지된다고 보아야 한다. 따라서 법원에 예단을 줄 수 있는 기타 사실의 기재는 공소장일본주의에 반한다. 다만 예단을 생기게 할 염려가 없는 단순한 기타 사실의 기재는 공소장일본주의 위반이라고는 할 수 없고 검사에게 그 부분을 삭제하도록 명하면 족할 것이다. 기타 사실의 기재와 관련하여 문제가 되는 경우는 다음과 같다.

㈎ 전과사실의 기재

피고인의 전과사실의 기재는 상습범과 같이 전과가 범죄구성요건에 해당하는 경우나 전과를 수단으로 한 공갈과 같이 전과가 범죄사실의 내용을 이루는 경우에는 공소사실의 특정을 위해서 허용된다. 또한 누범가중사유인 전과도 범죄사실에 준하는 것으로서 그 기재가 허용된다고 해야 한다.

그러나 그 밖의 경우의 전과사실의 기재는 그것이 동종전과인가 이종전과인가를 묻지 않고 공소장일본주의에 반하여 허용되지 않는 것으로 보아야 한다. 동종의 전과를 기재하는 것은 공소장일본주의에 반하나 이종전과의 기재는 삭제를 명하면 족하다는 견해가 있으나, 공소장일본주의의 취지에 비추어 볼 때 이종전과의 기재도 공소장일본주의에 위반된다고 해야 한다. 다만 판례는 공소장에 누범이나 상습범을 구성하지 않는 전과사실을 기재하여도 이는 피고인을 특정할 수 있는 사항으로서 허용된다고 보고 있다($^{대법원 1990.10.16,}_{90도1813}$).

㈏ 전과사실 이외의 피고인의 악성격·악경력 등의 기재

전과사실 이외의 피고인의 나쁜 성격이나 경력 등을 기재하는 것도 그것이 공갈 등 범죄의 수단으로 사용되었거나 상습성 인정의 자료로 사용되는 경우 등을 제외하고는 허용되지 않는다. 따라서 그 밖의 경우에 이러한 사실을 기재한 때에는 공소장일본주의 위반으로서 공소기각의 판결을 하여야 할 것이다.

㈐ 범죄동기의 기재

범죄의 동기는 범죄사실이 아니므로 원칙적으로 기재가 허용되지 않는다고 해야 한다. 그러나 살인죄나 방화죄와 같은 범죄에서는 동기가 공소사실과 밀접한 관련이 있고 공소사실을 명확하게 하기 위하여 필요하므로 이를 기재하는 것이 허용된다. 범죄동기의 기재가 있는 경우에도 이는 단순한 기타 사실의 기재로서 공소제기를 무효로 하지는 않는다고 할 것이다.[1]

㈘ 여죄의 기재

심판의 대상이 되는 범죄사실 이외의 여죄를 기재하는 것은 법관에게 예단을 생기게 할 수 있으므로 허용되지 않는다고 해야 한다. 다만 여죄기재에 대한 처리방법에 대해서는 구체적 범죄사실의 기재가 없는 여죄존재의 지적은 단순한 여사기재로서 삭제를 명하면 족하다는 견해와 모든 여죄기재는 공소기각판결의 대상이 된다는 견해가 대립하고 있다. 판례는 공소시효가 완성된 범죄사실을 공소범죄사실 이외의 사실로 기재한 경우를 위법하지 않다고 보고 있다(대법원 1983.11.8, 83도1979). 그러나 무죄추정의 원칙과 예단배제의 요청에 비추어 볼 때 여죄의 기재는 구체적인 범죄사실의 기재가 없더라도 공소기각판결의 대상이 된다고 해야 한다.

4. 공소장일본주의의 적용범위

(1) 공소제기시의 원칙

공소장일본주의는 공소제기에 대하여 적용되는 원칙이다. 따라서 공소제기 이후의 절차인 공판절차갱신 후의 절차, 상소심의 절차, 파기환송 후의 절차에는 공소장일본주의가 적용되지 않는다.

(2) 정식재판절차

공소장일본주의는 정식재판절차에서만 적용된다. 따라서 서면심리방식으로 이루어지는 약식절차에서는 공소장일본주의가 적용되지 않는다. 검사가 약식명령을 청구하는 때에는 약식명령의 청구와 동시에 수사기록과 증거물을 제출하여야 한다(규칙 제170조). 그러나 약식명령의 청구가 있는 경우에도 법원이 약식명령을 할 수 없거나 부적당하다고 인정하여 공판절차에 의하여 심판하거나(제450조), 정식재판의 청구가 있는 때(제453조)에는 다시 공소장일본주의가 적용되어야 할 것이다. 다만 판례는 약식명령에 대한 정식재판청구가 있었음에도 법원이 증거서류 및 증거물을 검사에

---

1) 대법원 2007. 5. 11, 2007도748, 「살인, 방화 등의 경우 범죄의 직접적인 동기 또는 공소범죄사실과 밀접불가분의 관계에 있는 동기를 공소사실에 기재하는 것이 공소장일본주의 위반이 아님은 명백하고, 설사 범죄의 직접적인 동기가 아닌 경우에도 동기의 기재는 공소장의 효력에 영향을 미치지 아니한다.」

게 반환하지 않고 보관하고 있다고 하여 그 이전에 이미 적법하게 제기된 공소제기의 절차가 위법하게 되는 것은 아니라는 입장을 취하고 있다($^{대법원\ 2007.7.26,}_{2007도3906}$).

즉결심판절차에서도 공소장일본주의가 적용되지 않는다. 경찰서장은 즉결심판의 청구와 동시에 즉결심판을 함에 필요한 서류 또는 증거물을 판사에게 제출하여야 한다($^{즉결심판에\ 관한}_{절차법\ 제\ 4\ 조}$).

(3) 공판기일 전의 증거조사와 증거제출

형사소송법은 법원의 공판기일 전의 증거조사($^{제273}_조$)와 당사자의 공판기일 전의 증거제출($^{제274}_조$)을 인정하고 있다. 그러나 공판기일 전의 증거조사와 증거제출이 제 1 회 공판기일 전에도 허용된다면 법원의 예단을 배제하기 위하여 인정되고 있는 공소장일본주의가 유명무실해질 우려가 있다. 따라서 증거조사와 증거제출이 가능한 공판기일 전이란 제 1 회 공판기일 이후의 공판기일 전을 의미한다고 해석하여야 한다.

5. 공소장일본주의 위반의 효과

공소장일본주의의 위반은 공소제기의 방식에 대한 중대한 위반으로서 공소제기의 절차가 법률의 규정에 위반하여 무효인 때에 해당하므로 법원은 공소기각의 판결을 선고하여야 한다($^{제327조}_{제\ 2\ 호}$).

또한 공소장일본주의 위반의 하자는 치유될 수 없으므로 기타 사실의 기재의 경우라도 그것이 법원에 예단을 줄 수 있는 기재라면 공소제기를 무효로 하고 사후의 보정은 허용되지 않는다고 해야 한다. 공소장일본주의에 위반하여 법원의 심증형성에 영향을 미친 경우에는 공정한 재판을 해할 염려가 있기 때문이다. 다만 이에 대하여 판례는 피고인 측의 이의제기 없이 증거조사절차가 완료되었다면 공소장일본주의 위반의 하자는 치유된다는 입장을 취하고 있다.[1]

---

1) 대법원 2009. 10. 22, 2009도7436 전원합의체 판결, 「공소장일본주의의 위배 여부는 공소사실로 기재된 범죄의 유형과 내용 등에 비추어 볼 때에 공소장에 첨부 또는 인용된 서류 기타 물건의 내용, 그리고 법령이 요구하는 사항 이외에 공소장에 기재된 사실이 법관 또는 배심원에게 예단을 생기게 하여 법관 또는 배심원이 범죄사실의 실체를 파악하는 데 장애가 될 수 있는지 여부를 기준으로 당해 사건에서 구체적으로 판단하여야 한다. 이러한 기준에 비추어 공소장일본주의에 위배된 공소제기라고 인정되는 때에는 그 절차가 법률의 규정에 위반하여 무효인 때에 해당하는 것으로 보아 공소기각의 판결을 선고하는 것이 원칙이다. 그러나 공소장 기재의 방식에 관하여 피고인 측으로부터 아무런 이의가 제기되지 아니하였고 법원 역시 범죄사실의 실체를 파악하는 데 지장이 없다고 판단하여 그대로 공판절차를 진행한 결

이에 반하여 법원에 예단을 생기게 할 염려가 없는 단순한 기타 사실의 기재는 검사가 스스로 삭제하거나 법원이 검사로 하여금 삭제하도록 하면 족하다. 그러나 이것은 공소장일본주의 위반의 경우가 아니므로 공소장일본주의에 위반한 하자의 치유의 문제는 아니다.

제 4 절　공소시효

Ⅰ. 공소시효의 의의와 본질

1. 공소시효의 의의

(1) 개　　념

공소시효란 범죄행위가 종료된 후에 공소제기 없이 일정 기간이 경과하면 국가의 형사소추권을 소멸시키는 제도를 말한다. 국가형벌권 행사와 관련된 형사시효에는 공소시효($^{제249조}_{이하}$)와 형의 시효($^{형법 제77}_{조 이하}$)가 있다. 양자 모두 일정한 기간이 경과함으로써 형성된 사실상의 상태를 유지·존중하기 위한 제도라는 점에서 공통점을 가진다. 그러나 공소시효는 국가의 소추권을 소멸시키므로 공소시효가 완성된 때에는 면소의 판결($^{제326}_{조}$)을 해야 하지만, 형의 시효는 형이 확정된 후 일정한 기간 집행이 이루어지지 않은 경우에 확정된 형벌의 집행권을 소멸시키는 제도이므로 형의 시효가 완성된 때에는 형의 집행이 면제된다($^{형법}_{제77조}$).

(2) 공소시효의 존재이유

공소시효제도는 시간의 경과에 따른 처벌필요성의 감소와 증거의 멸실·산일에 따른 적정한 재판의 실현곤란 그리고 국가의 태만으로 인한 책임을 범인에게만 전가할 수 없다는 반성 등에서 그 존재이유를 찾을 수 있다. 즉 일정한 기간이 경과한 후의 범죄인에 대한 사회적 처벌욕구의 감소, 피해의 치유, 범인의 장기간의 도피생활로 인한 고통 및 개선의 추측 등과 함께 범죄목격자의 사망·소재불명, 범행장소의 변경 등의 사유를 종합적으로 고려한 제도라고 할 수 있다.

과 증거조사절차가 마무리되어 법관의 심증형성이 이루어진 단계에서는 소송절차의 동적 안정성 및 소송경제의 이념 등에 비추어 볼 때 이제는 더 이상 공소장일본주의 위배를 주장하여 이미 진행된 소송절차의 효력을 다툴 수는 없다고 보아야 한다.」

2. 공소시효의 본질

(1) 실체법설

공소시효를 시간의 경과에 따른 처벌필요성의 감소와 범죄인이 받은 고통을 이유로 국가형벌권을 소멸시키는 제도로 보는 견해이다. 실체법설의 입장에서는 공소시효정지규정의 유추적용이나 법률상 또는 사실상의 장애사유로 인한 공소시효의 정지를 인정하지 않으며, 공소시효완성의 효력범위를 실체법상의 죄수를 기준으로 정하게 된다. 그러나 실체법설에 대하여는 공소시효의 완성으로 인하여 국가형벌권이 소멸하면 면소판결이 아니라 무죄판결을 해야 함에도 불구하고 형사소송법이 면소판결을 하도록 한 점을 설명할 수 없고, 시간이 경과하였다고 하여 실체법상의 형벌권이 아주 소멸하는 것으로 보기는 어렵다는 비판이 가해지고 있다.

(2) 소송법설

공소시효는 형벌권과는 관계 없이 기간의 경과로 증거가 멸실되어 적정한 재판을 실현하기 어렵다는 점을 고려하여 국가의 소추권을 소멸시키는 소송법적 성격의 제도라고 보는 견해이다. 소송법설에 따르면 공소시효정지에 관한 규정은 소송법상의 규범이므로 유추적용이 가능하며, 국가기관이 형사소추권을 행사할 수 없었던 법률상 또는 사실상의 장애사유가 존재하는 경우에는 공소시효의 정지가 인정된다. 또한 소송법설의 입장에서는 공소시효의 완성을 소송조건으로 이해하므로 공소시효완성의 효력범위를 소송법상 일죄의 개념을 기준으로 결정하게 된다. 이 견해에 대하여는 증거가 멸실되는 시간이 범죄에 따라 차이가 있는 것이 아님에도 불구하고 법정형에 따라 시효기간을 달리 규정한 이유를 설명하기 곤란하다는 비판이 제기되고 있다.

(3) 결 합 설

공소시효를 실체법적 성격과 소송법적 성격을 함께 가진 제도로서 이해하여, 시간의 경과에 따른 가벌성의 감소와 증거의 멸실·산일에 따른 입증의 곤란에 그 본질이 있다고 보는 견해이다. 공소시효는 실체법적으로 형벌권의 소멸사유로서의 성격을 가짐과 동시에 절차법적으로는 소추권을 소멸시키는 소송조건으로서의 성격을 가진다는 것이다. 결합설에 따르면 공소시효완성의 효력범위는 실체법상의 죄수를 기준으로 결정해야 하나, 공소시효의 완성은 실체형성과 관련된 소송조건이므로 면소판결의 대상이라고 한다.

(4) 검   토

공소시효가 실체법적 사실과 소송법적 사실을 모두 근거로 하는 제도라는 점에 비추어 볼 때 공소시효의 본질은 결합설에 의하여 파악하는 것이 타당하다고 생각된다. 형사소송법이 법정형에 따라 공소시효기간을 다르게 규정하고 있는 것은 공소시효가 가지는 실체법적 성격을 반영한 것이며, 공소시효가 완성된 경우에 무죄판결이 아니라 면소판결을 하도록 한 것은 공소시효가 가지는 절차법적 성격을 반영한 것이라고 할 수 있다.

이러한 공소시효의 본질에 관한 학설의 차이는 특히 공소시효를 불이익하게 변경하는 법률의 개정이 있는 경우에 소급효를 인정할 수 있는지의 문제와 관련하여 의미를 가진다. 실체법설은 실체형법이 개정된 경우와 마찬가지로 소급효금지의 원칙이 적용된다고 보는 데 대하여, 소송법설은 소급효금지가 소송법에 대해서는 인정되지 않으므로 공소시효의 연장은 소급효를 가진다고 한다. 결합설은 공소시효의 본질을 실체법적 성격과 소송법적 성격을 함께 가진 제도로 이해함으로써 공소시효를 불이익하게 변경하는 법률의 효력에 대하여도 절충적인 입장을 취하고 있다. 즉 공소시효는 실체법적 성격도 가지고 있으므로 공소시효를 연장하는 법률을 새로 만들어 이를 이미 공소시효가 완성된 범죄에 소급적용하는 것은 소급효금지의 원칙에 반하는 것으로 보게 된다. 그러나 한편 공소시효는 소송조건의 하나이므로 공소시효를 연장하는 법률개정이 공소시효완성 전에 이루어졌다면 이 경우에는 실체형법의 개정과는 달리 소급효를 인정하게 된다.

Ⅱ. 공소시효의 기간

1. 공소시효의 완성기간

(1) 공소시효기간

공소시효의 기간은 법정형의 경중에 따라 차이가 있다. 즉 ① 사형에 해당하는 범죄는 25년, ② 무기징역 또는 무기금고에 해당하는 범죄는 15년, ③ 장기 10년 이상의 징역 또는 금고에 해당하는 범죄는 10년, ④ 장기 10년 미만의 징역 또는 금고에 해당하는 범죄는 7년, ⑤ 장기 5년 미만의 징역 또는 금고, 장기 10년 이상의 자격정지 또는 벌금에 해당하는 범죄는 5년, ⑥ 장기 5년 이상의 자격정지에 해당하는 범죄는 3년, ⑦ 장기 5년 미만의 자격정지, 구류, 과료 또는 몰수에 해당하는 범죄는 1년의 경과로 각각 공소시효가 완성된다(제249조 제1항).[1]

다만 사람을 살해한 범죄(종범은 제외한다)로 사형에 해당하는 범죄에 대하여는 형사소송법 제249조부터 제253조까지에 규정된 공소시효를 적용하지 아니하므로(제253 조의2) 위의 범죄에 대하여는 공소시효의 적용이 배제되어 공소시효가 완성되지 않는다.[2] 사람을 살해한 범죄에는 살인죄(형법 제250조)뿐만 아니라 강도살인죄(형법 제338조), 강간 등 살인죄(형법 제301 조의2) 등과 같이 살인이 포함된 범죄도 해당하며, 사형에 해당하는 범죄란 법정형을 기준으로 사형이 선택적으로라도 규정되어 있는 범죄를 말한다.

(2) 특별법상의 공소시효기간 및 공소시효의 배제

「조세범처벌법」에 규정된 범칙행위의 공소시효는 원칙적으로 7년이 지나면 완성되며(동법 제22조), 「공직선거법」이 규정한 선거범죄의 공소시효는 원칙적으로 당해 선거일 후 6개월을 경과함으로써 완성된다(동법 제268조).

「성폭력범죄의 처벌 등에 관한 특례법」은 일정한 성폭력범죄에 대해 DNA증거 등 그 죄를 증명할 수 있는 과학적인 증거가 있는 때에는 공소시효를 10년 연장하고 있다(동법 제21 조 제2항). 「아동·청소년의 성보호에 관한 법률」도 아동·청소년에 대한 강간·강제추행 등의 죄에 대해 동일한 내용의 공소시효 연장 규정을 두고 있다(동법 제20 조 제2항).

다만 「성폭력범죄의 처벌 등에 관한 특례법」에 의하여 일정한 범죄에 대하여는 공소시효가 적용되지 않으므로 이러한 범죄에 있어서는 공소시효의 연장이 의미가 없다고 할 수 있다. 13세 미만의 사람 및 신체적인 또는 정신적인 장애가 있는 사람에 대하여 형법 제297조(강간), 제298조(강제추행), 제299조(준강간, 준강제추행), 제301조(강간 등 상해·치상) 또는 제301조의2(강간 등 살인·치사)의 죄를 범하거나(동법 제21조 제3항 제1호), 이들에 대하여 「성폭력범죄의 처벌 등에 관한 특례법」 제6조 제2항 및 제7조 제2항(유사강간), 제8조(강간 등 상

---

1) 2007년까지 사형에 해당하는 범죄의 공소시효는 15년, 무기징역 또는 무기금고에 해당하는 범죄의 공소시효는 10년 등이었는데, DNA 감정기술 등 과학수사의 발달로 오래된 증거도 증거수집이 가능하고 실체적 진실발견이 가능해짐에 따라 기존의 공소시효 기간이 각 25년과 15년 등으로 연장되었다.
2) 2015. 7. 31에 공포·시행된 위 개정규정은 이 법 시행 전에 범한 범죄로 아직 공소시효가 완성되지 아니한 범죄에 대하여도 적용된다(부칙 제2조).

해·
치상), 제 9 조(강간 등 살
인·치사)의 죄를 범한 경우(동조 제 3 항,
제 2 호), 「아동·청소년의 성보호에 관한
법률」 제 9 조(강간 등 상,
해·치상), 제10조(강간 등 살,
인·치사)의 죄를 범한 경우(동조 제 3 항
제 3 호)에는 공소시효
에 관한 규정을 적용하지 아니한다. 또한 「아동·청소년의 성보호에 관한 법률」은
위의 범죄 외에 이들에 대한 위계·위력에 의한 간음·추행행위도 공소시효의 적용
이 배제되는 범죄로 규정하고 있다(동법 제20조
제 3 항 제 3 호).

「헌정질서 파괴범죄의 공소시효 등에 관한 특례법」도 ① 형법상의 내란죄·외
환죄와 군형법상의 반란죄·이적죄 등 소위 헌정질서 파괴범죄와 ② 형법 제250조
의 살인죄로서 「집단살해죄의 방지와 처벌에 관한 협약」에 규정된 집단살해에 해
당하는 범죄에 대하여 공소시효의 적용을 배제하고 있으며(동법 제 2 조,
제 3 조), 「국제형사재
판소 관할 범죄의 처벌 등에 관한 법률」도 집단살해죄 등에 대하여 공소시효의 적
용을 배제하고 있다(동법
제 6 조).

2. 공소시효기간의 결정기준

(1) 법 정 형

공소시효기간의 기준이 되는 형은 법정형이다. 두 개 이상의 형을 병과(倂科)
하거나 두 개 이상의 형에서 한 개를 과(科)할 범죄에 대해서는 무거운 형에 의하여
공소시효의 기간을 결정한다(제250
조). 여기서 두 개 이상의 형을 병과할 때라 함은 두
개 이상의 주형이 병과되는 경우를 말하고,[1] 두 개 이상의 형에서 그 한 개를 과할
때라 함은 수개의 형이 선택적으로 규정되어 있는 경우를 말한다.

형법에 의하여 형을 가중 또는 감경할 경우에는 가중 또는 감경하지 아니한
형에 의하여 공소시효의 기간을 산정한다(제251
조). 가중·감경의 사유는 필요적인 경
우와 임의적인 경우를 모두 포함한다. 가중 또는 감경되지 않은 형을 기준으로 하
는 것은 형법에 의하여 형이 가중·감경된 경우에 한하므로 특별법에 의하여 형이
가중·감경된 경우에는 그 특별법에 정한 법정형을 기준으로 시효기간을 정하여야
한다(대법원 1980.10.14,
80도1959). 교사범이나 방조범의 경우에는 정범의 법정형을 기준으로 한
다. 그러나 필요적 공범의 경우에는 행위자를 기준으로 개별적으로 공소시효를 결
정한다.

법률의 변경에 의하여 법정형이 변경된 경우에는 형의 경중을 불문하고 신법

---

1) 특정범죄 가중처벌 등에 관한 법률 제 2 조 제 2 항에 의하면 뇌물죄를 범한 사람은 뇌물죄에
대하여 정한 형에 수뢰액의 2배 이상 5배 이하의 벌금을 병과하도록 하고 있다.

의 법정형이 공소시효기간의 기준이 된다는 견해가 있으나, 형법 제 1 조 제 2 항에 의하여 당해 범죄에 적용될 법률의 법정형을 기준으로 공소시효기간을 정해야 한다는 다수설 및 판례[1]의 입장이 타당하다.

양벌규정에 의하여 종업원 이외에 법인이나 사업주를 처벌하는 경우에 법인 또는 사업주의 공소시효기간은 행위자 본인인 종업원에 대한 법정형을 기준으로 결정해야 한다는 견해와 사업주에게 규정된 법정형인 벌금형을 기준으로 결정해야 한다는 견해가 대립하고 있다. 종업원에 대한 법정형을 기준으로 결정해야 한다는 견해는 행위자 본인과 사업주의 처벌에 일관성을 유지할 필요가 있다는 점을 논거로 든다. 그러나 형사책임은 각자에게 개별적인 것이므로 사업주의 시효기간은 사업주에게 규정된 법정형을 기준으로 결정해야 한다고 본다.

(2) 공소장에 기재된 공소사실

법정형을 판단하는 기초가 되는 범죄사실은 공소장에 기재된 공소사실을 기준으로 한다. 공소장에 수개의 공소사실이 예비적·택일적으로 기재된 경우에는 각 범죄사실에 대하여 개별적으로 공소시효를 판단해야 할 것이다. 또한 과형상 일죄는 실체법상 수개의 죄에 해당하므로 과형상 일죄인 상상적 경합범의 경우에도 각 범죄사실에 대하여 개별적으로 공소시효기간을 결정하여야 한다.[2]

(3) 공소장이 변경된 경우

공소제기의 효력은 공소장에 기재된 공소사실과 동일성이 인정되는 사실에 대하여도 미치므로 공소제기 후 공소장이 변경된 경우에 있어서 변경된 공소사실에 대한 공소시효의 완성 여부는 공소장변경시가 아니라 공소제기시를 기준으로 판단하여야 한다(대법원 2004.7.22, 2003도8153). 법원이 공소장변경 없이 공소장에 기재한 공소사실과

---

1) 대법원 2008. 12. 11, 2008도4376, 「범죄 후 법률의 개정에 의하여 법정형이 가벼워진 경우에는 형법 제 1 조 제 2 항에 의하여 당해 범죄사실에 적용될 가벼운 법정형(신법의 법정형)이 공소시효기간의 기준으로 된다.」
2) 대법원 2006. 12. 8, 2006도6356, 「1개의 행위가 여러 개의 죄에 해당하는 경우 형법 제40조는 이를 과형상 일죄로 처벌한다는 것에 지나지 아니하고, 공소시효를 적용함에 있어서는 각 죄마다 따로 따져야 할 것인바, 공무원이 취급하는 사건에 관하여 청탁 또는 알선을 할 의사와 능력이 없음에도 청탁 또는 알선을 한다고 기망하여 금품을 교부받은 경우에 성립하는 사기죄와 변호사법 위반죄는 상상적 경합의 관계에 있으므로, 변호사법 위반죄의 공소시효가 완성되었다고 하여 그 죄와 상상적 경합관계에 있는 사기죄의 공소시효까지 완성되는 것은 아니다.」

다른 사실을 인정하는 경우에도 같다. 다만 공소시효의 기간은 공소사실의 변경으로 법정형이 달라진 경우에는 변경된 공소사실에 대한 법정형이 기준이 되며,[1] 법원이 공소장변경 없이 다른 사실을 인정하는 경우에는 그 다른 사실에 대한 법정형이 기준이 된다(대법원 2013.7.26, 2013도6182).

3. 공소시효의 기산점과 계산

(1) 공소시효의 기산점

(가) 범죄행위의 종료시

공소시효는 범죄행위를 종료한 때로부터 진행한다(제252조 제1항). 범죄행위에는 실행행위뿐만 아니라 당해 범죄행위의 결과도 포함된다(대법원 2003.9.26, 2002도3924). 따라서 결과의 발생을 요건으로 하는 결과범에 있어서는 결과가 발생한 때 그리고 결과적 가중범의 경우에는 중한 결과가 발생한 때로부터 시효기간이 진행한다. 다만 거동범은 행위시부터 시효가 진행되며, 미수범의 경우는 행위를 종료하지 못하였거나 결과가 발생하지 아니하여 더 이상 범죄가 진행될 수 없는 때부터 공소시효가 진행된다(대법원 2017.7.11, 2016도14820).

계속범의 경우에는 법익침해가 종료된 때로부터 공소시효가 진행된다. 다수의 부분행위를 포괄하여 일죄로 파악하는 포괄일죄의 경우에는 최종의 범죄행위가 종료된 때를 기준으로 해야 할 것이다.

(나) 공범에 관한 특칙

공범의 경우에는 최종행위가 종료한 때로부터 모든 공범에 대한 시효기간이 진행한다(제252조 제2항). 공범에 대한 시효를 획일적으로 정함으로써 처벌의 형평을 도모하기 위한 것이다. 여기의 공범에는 공동정범과 교사범·종범뿐만 아니라 필요적 공범도 포함한다.

(다) 미성년자에 대한 성범죄 등에 관한 특칙

「성폭력범죄의 처벌 등에 관한 특례법」은 미성년자에 대한 성폭력범죄의 공소

---

1) 대법원 2001. 8. 24, 2001도2902, 「공소장 변경이 있는 경우에 공소시효의 완성 여부는 당초의 공소제기가 있었던 시점을 기준으로 판단할 것이고 공소장 변경시를 기준으로 삼을 것은 아니지만, 공소장변경절차에 의하여 공소사실이 변경됨에 따라 그 법정형에 차이가 있는 경우에는 변경된 공소사실에 대한 법정형이 공소시효기간의 기준이 된다고 보아야 하므로 공소제기 당시의 공소사실에 대한 법정형을 기준으로 하면 공소제기 당시 아직 공소시효가 완성되지 않았으나 변경된 공소사실에 대한 법정형을 기준으로 하면 공소제기 당시 이미 공소시효가 완성된 경우에는 공소시효의 완성을 이유로 면소판결을 선고하여야 한다.」

시효는 해당 성폭력범죄로 피해를 당한 미성년자가 성년에 달한 날부터 진행하도록 규정하고 있다($\substack{동법 제21\\조 제 1 항}$). 또한「아동·청소년의 성보호에 관한 법률」제20조 제 1 항 및「아동학대범죄의 처벌 등에 관한 특례법」제34조 제 1 항도 아동·청소년대상 성범죄 및 아동학대범죄의 공소시효를 해당 성범죄로 피해를 당한 아동·청소년이나 아동학대범죄의 피해아동이 성년에 달한 날부터 진행하도록 규정하고 있다.

(2) 공소시효의 계산

공소시효를 계산할 때에는 초일은 시간을 계산함이 없이 1일로 산정한다($\substack{제66\\조\\제 1 항\\단서}$). 공소시효기간의 말일이 공휴일 또는 토요일에 해당하는 날이라도 기간에 산입한다($\substack{동조\\제 3 항 단서}$).

Ⅲ. 공소시효의 정지

1. 의   의

공소시효의 정지는 일정한 사유로 인하여 공소시효의 진행이 정지되는 것을 말한다. 따라서 일정한 사유가 없어지면 나머지 시효기간만 다시 진행된다. 형사소송법은 이미 진행된 기간을 전부 무효로 하고 처음부터 시효기간을 다시 진행시키는 공소시효의 중단은 이를 인정하지 않고 있다.

2. 공소시효정지의 사유

(1) 공소제기

공소가 제기되면 공소시효의 진행이 정지되고 공소기각 또는 관할위반의 재판이 확정된 때로부터 다시 진행한다($\substack{제253조\\제 1 항}$). 따라서 공소시효의 정지를 위해서 공소제기가 적법·유효할 것을 요하는 것은 아니다.

(2) 범인의 국외도피

범인이 형사처분을 면할 목적으로 국외에 있는 경우 그 기간 동안 공소시효는 정지된다($\substack{제253조\\제 3 항}$). 범인이 국외에 체류하여 처벌을 면하는 것을 막아서 형벌권을 적정하게 실현하기 위한 것이다. 이 규정은 범인이 국내에서 범죄를 저지르고 형사처분을 면할 목적으로 국외로 도피한 경우뿐만 아니라, 범인이 국외에서 범죄를 저지르고 형사처분을 면할 목적으로 국외에서 체류를 계속하는 경우에도 적용되며, 또한 범인의 국외체류의 목적이 오로지 형사처분을 면할 목적만으로 국외체류하는 것에 한정되는 것은 아니고 범인이 가지는 여러 국외체류 목적 가운데 형사처분을 면할 목적이 포함되어 있으면 족하다(대법원 2015.6.24, 2015도5916). 외국인이 국내에서의 형사처분을 면하기 위해서 본국에 체류하였던 기간도 공소시효가 정지된다(대법원 2022.3.31, 2022도857).

국외에 체류 중인 범인에게 형사처분을 면할 목적이 계속 존재하였는지 의심스러운 사정이 발생한 경우에는 당해 범죄의 공소시효기간, 귀국불능사유 및 그 사유가 존속한 기간, 피고인의 생활의 근거지 등의 제반 사정을 참작하여 형사처분을 면할 목적이 있었는지의 여부를 판단하여야 한다. 그리고 형사처분을 면할 목적이 유지되고 있었다는 점은 검사가 입증하여야 한다(대법원 2012.7.26, 2011도8462).

(3) 재정신청

검사의 불기소결정에 대하여 재정신청이 있으면 고등법원의 재정결정이 확정될 때까지 공소시효의 진행이 정지된다(제262조의4 제1항). 재정결정의 내용이 공소제기결정인 경우에는 공소시효에 관하여 그 결정이 있는 날에 공소가 제기된 것으로 보게 되므로(동조 제2항) 공소시효는 계속하여 정지되는 결과가 된다. 다만 기각결정을 한 경우에는 그 결정이 확정된 때부터 공소시효가 다시 진행된다.

검사의 불기소결정에 대하여 검찰항고를 제기한 것만으로는 공소시효가 정지되지 않는다. 또한 재정신청에 대하여 공소시효정지의 효력을 인정한 형사소송법의 규정을 헌법소원심판의 청구에 유추적용하는 것은 피의자의 법적 지위의 안정을 법률상의 근거 없이 침해하는 것이 되어 허용되지 않는다(헌재결 1993.9.27, 92헌마284).

(4) 소년보호사건의 심리개시결정

소년보호사건에 대하여 소년부판사가 심리개시결정을 한 때에는 그 심리개시결정이 있는 때로부터 그 사건에 대한 보호처분의 결정이 확정될 때까지 공소시효의 진행이 정지된다(소년법 제54조).

(5) 가정보호사건 등의 법원송치

「가정폭력범죄의 처벌 등에 관한 특례법」이 규정한 가정폭력범죄에 대한 공소시효는 해당 가정보호사건이 법원에 송치된 때부터 시효의 진행이 정지되고, 관할법원의 불처분결정이 확정되거나 검사 또는 관할법원에 사건이 송치 또는 이송된 때부터 다시 진행된다($\frac{\text{동법 제17}}{\text{조 제 1 항}}$). 그리고 「가정폭력범죄의 처벌 등에 관한 특례법」의 공소시효에 관한 규정은 「성매매알선 등 행위의 처벌에 관한 법률」이 규정한 보호사건에 준용된다($\frac{\text{동법}}{\text{제17조}}$).

또한 「아동학대범죄의 처벌 등에 관한 특례법」이 규정한 아동학대범죄에 대한 공소시효는 가정폭력범죄와 마찬가지로 해당 아동보호사건이 법원에 송치된 때부터 시효의 진행이 정지되고, 관할법원의 불처분결정이 확정되거나 검사 또는 관할법원에 사건이 송치 또는 이송된 때부터 다시 시효가 진행된다($\frac{\text{동법 제34}}{\text{조 제 2 항}}$).

(6) 대통령이 범한 죄

헌법 제84조는 대통령은 내란 또는 외환의 죄를 범한 경우를 제외하고는 재직 중 형사상의 소추를 받지 아니한다고 규정하고 있다. 이와 관련하여 대통령에게 형사상의 특권을 부여하고 있는 헌법 제84조의 규정을 대통령 재직 중 소추할 수 없는 내란죄와 외환죄 이외의 범죄에 대한 공소시효정지의 근거로 볼 수 있는지가 문제된다.

비록 헌법 제84조는 대통령으로 재직하는 기간 동안 내란 또는 외환의 죄를 제외한 범죄에 대하여 공소시효가 정지된다고 명시하여 규정하지는 않았으나, 재직 중인 대통령에 대한 공소시효의 진행에 대한 소극적 요건을 규정한 것이므로 공소시효의 정지에 관한 규정이라고 해석하는 것이 타당하다($\frac{\text{대법원 2020.10.29, 2020도3972;}}{\text{헌재결 1995.1.20, 94헌마246}}$).

3. 공소시효정지의 효력범위

공소시효정지의 효력은 객관적으로 공소사실과 동일성이 인정되는 사건 전체에 대하여 미친다. 또한 공소시효정지의 효력은 주관적으로 공소가 제기된 피고인 및 재정신청사건의 피의자, 소년보호사건의 소년범 등에 대해서만 미친다. 따라서 범인이 아닌 자에 대한 공소제기는 진범인에 대한 공소시효의 진행을 정지시키지 못한다.

다만 공소시효정지의 주관적 효력범위와 관련하여 공범자에 대하여는 특칙이 적용된다. 즉 공범의 1인에 대한 공소제기로 인한 시효정지는 다른 공범자에게도 효력이 미치고 당해 사건의 재판이 확정된 때로부터 진행한다($\frac{\text{제253조}}{\text{제 2 항}}$). 이때 재판은 종국재판을 의미하며 그 종류를 묻지 않는다. 공범에 대하여 공소시효정지의 효력범위를 확장하는 것은 공범처벌의 형평성을 확보하는 데 그 목적이 있다. 여기서 공범인가의 여부는 심판을 하고 있는 법원이 결정한다. 따라서 피고인과 공범관계에 있는 자로서 공소가 제기되었으나 범죄의 증명이 없다는 이유로 무죄판결이 확정된 경우에는 그를 피고인과 공범이라고 할 수 없으므로 그에 대하여 제기된 공소는 피고인에 대한 공소시효정지의 효력이 없다. 그러나 공범의 1인으로 기소된 자가 구성요건에 해당하는 위법행위를 공동으로 하였다고 인정되기는 하나 책임조각을 이유로 무죄로 되는 경우에는 그 공범의 1인에 대한 공소제기는 다른 공범자에 대하여 공소시효를 정지시킨다(대법원 1999.3.9, 98도4621).

또한 공범 중 1인에 대하여 재판이 확정된 후라도 그에 대한 상소권회복결정이 확정된 경우에는 다시 다른 공범자에 대한 공소시효의 진행이 정지된다. 다만 공범의 1인에 대하여 재판이 확정된 후 그에 대한 상소권회복결정이 확정될 때까지의 기간 동안은 다른 공범자에 대한 공소시효의 진행이 정지되지 않는다(대법원 2012.3.29, 2011도15137).

형사소송법 제253조 제 2 항은 공소제기의 인적 효력 범위를 확장하는 예외를 규정한 것이므로 원칙적으로 엄격하게 해석하여야 하고 피고인에게 불리한 방향으로 확장하여 해석해서는 안 된다. 따라서 여기서 말하는 공범에는 뇌물공여죄와 뇌물수수죄 사이와 같은 대향범 관계에 있는 자는 포함되지 않는다. 대향범 관계에 있는 자는 각자 자신의 구성요건을 실현하고 별도의 형벌규정에 따라 처벌되는 것이어서, 2인 이상이 가공하여 공동의 구성요건을 실현하는 공범관계에 있는 자와는 본질적으로 다르기 때문이다(대법원 2015.2.12, 2012도4842).

Ⅳ. 공소시효완성의 효과

공소의 제기 없이 공소시효기간이 경과하면 공소시효가 완성된다(제249조 제 1 항). 공소가 제기된 경우에도 공소기각 또는 관할위반의 재판이 확정된 후 다시 공소시효가 진행되어 나머지 공소시효기간이 경과하면 공소시효가 완성된다. 공소시효의 완성은 소송조건에 해당하므로 검사는 공소권 없음을 이유로 불기소결정을 하여야 한다. 공소가 제기된 후에 공소시효가 완성된 것이 판명된 때에는 법원은 면소의 판결을 하여야 한다(제326조 제 3 호).

한편 공소가 제기된 범죄라도 판결의 확정 없이 공소가 제기된 때로부터 25년을 경과하면 공소시효가 완성된 것으로 간주한다(제249조 제 2 항). 이를 의제공소시효라고도 한다. 따라서 이 경우에도 공소시효가 완성된 경우와 마찬가지로 면소의 판결을

선고하여야 한다.[1)]

제 5 절　재정신청제도

Ⅰ. 의　　의

　　재정신청제도란 검사의 불기소결정에 불복하는 고소인 등의 신청에 대하여 법원이 이를 심리하여 공소제기 여부를 결정하는 절차를 말한다. 형사소송법은 공소제기의 기본원칙으로서 기소독점주의와 기소편의주의를 취하고 있다. 이러한 제도들은 공소권행사의 적정성과 구체적 타당성을 확보할 수 있다는 장점을 가지고 있으나, 이와 함께 공소권행사가 검사의 자의와 독선에 따라 이루어질 가능성도 아울러 가지고 있다. 따라서 검사의 위법·부당한 불기소결정을 규제하고 고소인 등의 이익을 보호하기 위해서는 기소독점주의와 기소편의주의를 규제하기 위한 제도가 필요하게 된다. 그러나 검찰청법에 의한 항고제도는 검찰내부의 시정제도라는 점에서 공소권행사의 적정성을 보장하는 데 한계가 있다. 여기서 법원으로 하여금 검사의 불기소결정을 규제하게 할 필요가 있게 되는데, 이를 위하여 마련된 제도가 재정신청제도라고 할 수 있다.

　　형사소송법상의 재정신청제도는 법원의 결정에 의하여 공소제기를 의제하는 것이 아니라 검사에게 공소제기를 강제하는 제도이다. 즉 종래의 준기소절차가 현행법에서는 기소강제절차로 변경되었다.

Ⅱ. 재정신청

1. 신청권자

　　재정신청의 신청권자는 원칙적으로 검사로부터 불기소결정의 통지를 받은 고

---

1) 판례는 범인의 국외도피를 공소시효정지의 사유로 규정하고 있는 제253조 제 3 항은 제249조 제 2 항의 의제공소시효에는 적용되지 않는다고 해석하여, 공소제기 후 피고인이 처벌을 면할 목적으로 국외에 있는 기간 동안 형사소송법 제249조 제 2 항에서 정한 25년의 진행이 정지되지는 않는다고 본다(대법원 2022. 9. 29, 2020도13547).

소인이다. 다만 형법 제123조부터 제126조까지의 죄에 대하여는 고발인도 재정신청을 할 수 있다(제260조제1항 본문). 피해자의 이익을 보호하기 위한 제도라는 취지와 함께 종래 형법 제123조부터 제125조까지의 공무원의 직권남용 등의 죄에 대하여는 고발인도 재정신청을 할 수 있었던 점을 고려한 것이다. 아울러 현행법은 형법 제126조의 피의사실공표죄도 새로이 고발인의 재정신청이 가능한 사건에 포함시켰다. 다만 피의사실공표죄에 대하여는 피해자의 의사를 존중하여 피공표자의 명시한 의사에 반하여 재정을 신청할 수 없도록 하였다(동조제1항 단서). 따라서 형법 제123조 내지 제126조에 해당하지 않는 범죄에 대한 고발인은 검사의 불기소결정에 대하여 불복할 경우 검찰항고나 재항고를 신청할 수 있을 뿐이다.

또한 공수처법상의 고위공직자범죄등에 대하여는 재정신청에 대한 특례가 적용된다. 수사처에 공소권이 있는 고위공직자범죄 및 관련범죄(공수처법 제3조제1항 제2호)의 고소·고발인은 수사처검사로부터 공소를 제기하지 아니한다는 통지를 받은 때에는 서울고등법원에 그 당부에 관한 재정을 신청할 수 있고(동법 제29조 제1항), 수사처장은 공수처에 수사권한만 있는 그 밖의 고위공직자범죄등에 대하여 검사로부터 공소를 제기하지 않는다는 통보를 받은 때에는 그 검사 소속의 지방검찰청 소재지를 관할하는 고등법원에 그 당부에 관한 재정을 신청할 수 있다(동법 제30조 제1항).

그 외에도 일정한 공직선거법 위반죄에 대하여 고발을 한 후보자와 정당(중앙당에 한한다) 및 해당 선거관리위원회는 그 검사 소속의 지방검찰청 소재지를 관할하는 고등법원에 그 당부에 관한 재정을 신청할 수 있다(공직선거법 제273조).

재정신청권자는 대리인에 의하여도 재정신청을 할 수 있다(제264조제1항). 그러나 고소 또는 고발을 취소한 자는 재정신청을 할 수 없다.

2. 재정신청의 대상

재정신청의 대상은 검사의 불기소결정이다. 따라서 진정사건에 대하여 내사종결로 처리된 경우에는 재정신청을 할 수 없으며(대법원 1991.11.5, 91모68), 일단 공소가 제기된 후 공소가 취소된 경우에도 재정신청은 허용되지 않는다. 다만 불기소결정의 이유에는 제한이 없으므로 협의의 불기소결정뿐만 아니라 기소유예결정에 대하여도 재정신청을 할 수 있다(대법원 1988.1.29, 86모58).

기소중지와 참고인중지결정에 대하여도 재정신청이 가능하다는 견해가 있으나, 종국처분이 아닌 이러한 수사중지결정에 대해서는 검찰항고와는 달리 재정신청은 허용되지 않는 것으로 보아야 한다.

3. 재정신청의 절차

(1) 검찰항고전치주의

재정신청을 하려면 검찰청법 제10조에 따른 항고를 거쳐야 한다($\substack{제260조\\제 2 항}$). 고소인에게 재정신청 전에 신속한 권리구제의 기회를 부여하고 검사에게 자체시정의 기회를 갖도록 하기 위한 것이다. 따라서 고소인 등은 검찰항고에 대한 고등검찰청 검사장의 항고기각처분이 있을 때 비로소 고등법원에 재정신청을 할 수 있다.

다만 ① 항고 이후 재기수사가 이루어진 다음에 다시 공소를 제기하지 아니한다는 통지를 받은 경우, ② 항고 신청 후 항고에 대한 처분이 행하여지지 아니하고 3개월이 경과한 경우, ③ 검사가 공소시효 만료일 30일 전까지 공소를 제기하지 아니하는 경우에는 재정신청권자는 검찰항고 없이 바로 재정신청을 할 수 있다($\substack{동조\\제 2 항 단서}$). 그리고 재정신청을 할 수 있는 자는 검찰청법에 의한 재항고를 할 수 없다($\substack{검찰청법 제\\10조 제 3 항}$).

또한 고위공직자범죄등에 대한 재정신청에는 검찰항고를 요하지 않는다($\substack{공수처\\법 제29}$조 제 5 항, 제30조 제 5 항 참조).

(2) 재정신청의 방식과 효력

재정신청을 하려는 자는 항고기각결정을 통지받은 날로부터 10일 이내에 서면으로 재정신청을 하여야 한다. 다만 항고전치주의의 예외에 해당하여 항고절차를 거칠 필요가 없는 경우에는 다시 불기소결정의 통지를 받거나 항고신청 후 3개월이 경과한 날로부터 10일 이내에, 공소시효 임박을 이유로 하는 재정신청은 공소시효 만료일 전날까지 재정신청서를 제출할 수 있다($\substack{제260조\\제 3 항}$). 고위공직자범죄등에 대하여 재정신청을 하려는 자는 공소를 제기하지 아니한다는 통지를 받은 날로부터 30일 이내에 재정신청서를 제출하여야 한다($\substack{공수처법 제29조\\제 2 항, 제30조 제 2 항}$). 이 기간은 불변기간이므로 기간을 도과한 신청은 허용되지 않는다.[1] 재정신청을 하려는 자는 재정신

---

1) 대법원 1998.12.14, 98모127, 「재정신청서에 대하여는 형사소송법에 제344조 제 1 항과 같은 특례규정이 없으므로 재정신청서는 같은 법 제260조 제 2 항이 정하는 기간 안에 불기소 처분을 한 검사가 소속한 지방검찰청의 검사장 또는 지청장에게 도달하여야 하고, 설령 구금중인 고소인이 재정신청서를 그 기간 안에 교도소장 또는 그 직무를 대리하는 사람에게 제출하였다 하더라도 재정신청서가 위의 기간 안에 불기소 처분을 한 검사가 소속한 지방검찰청의

청서를 불기소결정을 한 검사가 소속한 지방검찰청 검사장 또는 지청장에게 제출하여야 하고($\frac{제260조}{제3항}$), 수사처검사의 불기소결정에 대하여 재정신청을 하려는 고소인 · 고발인은 수사처장에게 재정신청서를 제출하여야 한다($\frac{공수처법 제}{29조 제2항}$). 재정신청서에는 재정신청의 대상이 되는 사건의 범죄사실과 증거 등 재정신청을 이유 있게 하는 사유를 기재하여야 한다($\frac{제260조 제4항, 공수처법}{제29조 제3항, 제30조 제3항}$).

고소인 또는 고발인이 수인인 경우에 공동신청권자 중 1인의 신청은 그 전원을 위하여 효력을 발생한다($\frac{제264조}{제1항}$). 재정신청이 있으면 그에 대한 결정이 확정될 때까지 공소시효의 진행이 정지된다($\frac{제262조의}{4 제1항}$).

(3) 재정신청의 취소

재정신청은 고등법원의 재정결정이 있을 때까지 취소할 수 있고 재정신청을 취소한 자는 다시 재정신청을 할 수 없다($\frac{제264조}{제2항}$). 재정신청의 취소는 재정신청의 경우와는 달리 다른 공동신청권자에게 효력이 미치지 않는다($\frac{동조}{제3항}$).

재정신청의 취소는 관할 고등법원에 서면으로 하여야 한다. 다만 기록이 관할 고등법원에 송부되기 전에는 그 기록이 있는 검찰청 검사장 또는 지청장에게 하여야 한다. 취소서를 받은 고등법원의 사무관은 즉시 고등검찰청 검사장 및 피의자에게 그 사유를 통지하여야 한다($\frac{규칙 제}{121조}$).

4. 지방검찰청 검사장 · 지청장 및 수사처장의 처리

재정신청서를 제출받은 지방검찰청검사장 또는 지청장은 재정신청서를 제출받은 날부터 7일 이내에 재정신청서 · 의견서 · 수사 관계서류 및 증거물을 관할 고등검찰청을 경유하여 관할 고등법원에 송부하여야 한다. 다만 검찰항고를 거치지 않고 재정신청을 할 수 있는 경우($\frac{제260조}{제2항 단서}$)에는 지방검찰청검사장 또는 지청장은 ① 신청이 이유 있는 것으로 인정하는 때에는 즉시 공소를 제기하고 그 취지를 관할 고등법원과 재정신청인에게 통지하고, ② 신청이 이유 없는 것으로 인정하는 때에는 30일 이내에 관할 고등법원에 송부한다($\frac{제261}{조}$).

재정신청서를 제출받은 공위공직자범죄수사처장은 재정신청서를 제출받은 날부터 7일 이내에 재정신청서, 의견서, 수사 관계 서류 및 증거물을 서울고등법원에

검사장 또는 지청장에게 도달하지 아니한 이상 이를 적법한 재정신청서의 제출이라고 할 수 없다.」

송부하여야 하고, 다만 재정신청이 이유 있는 것으로 인정하는 때에는 즉시 공소를 제기하고 그 취지를 서울고등법원과 재정신청인에게 통지한다(공수처법 제29조 제 4 항).

Ⅲ. 고등법원의 심리와 결정

1. 기소강제절차의 구조

재정신청의 당부를 심사하는 절차인 고등법원의 기소강제절차의 법적 성격 내지 구조를 어떻게 파악할 것인지가 문제된다. 재정신청에 대한 심리절차의 구조를 어떻게 파악하는가에 따라 피의자와 신청인의 절차참여의 범위가 달라지게 된다.

(1) 수 사 설

기소강제절차가 공소제기 전의 절차임을 이유로 이를 수사절차의 연장으로 보는 견해이다. 수사설에 의하면 재정법원의 심리절차의 밀행성이 강조되고 신청인의 절차관여는 허용되지 않게 된다. 그러나 법원에 의하여 심리와 결정이 이루어지는 기소강제절차를 공소제기의 여부를 결정한다는 것만으로 수사절차라고 볼 수는 없다.

(2) 항고소송설

기소강제절차를 검사의 불기소결정에 대한 당부를 심판의 대상으로 한다는 점에서 행정소송으로서의 항고소송에 준하는 절차로 파악하는 견해이다. 이에 의하면 신청인과 검사는 대립당사자로서의 지위를 가지고 절차에 관여할 수 있게 된다. 그러나 항고소송설에 대해서도 신청인은 검사에 대하여 공소제기를 청구할 권리가 없으므로 대립당사자의 지위를 가질 수 없고, 피의자와 신청인의 관계를 설명하기 어렵다는 비판이 제기된다.

(3) 중 간 설

기소강제절차는 수사와 항고소송으로서의 성격을 함께 가지는 것으로 보는 견해이다. 기소강제절차가 불기소결정의 당부를 심사하는 항고소송의 성격을 가지고 있으면서도 동시에 당해 절차에서 피의자신문·참고인조사·검증 등의 수사활동이 허용된다는 점을 근거로 한다. 이 견해는 기소강제절차와 통상의 형사소송절차가 서로 다른 성격의 절차임을 지적한 점에서는 의미가 있으나, 기소강제절차를 수사와 항고소송의 성격을 함께 가진 절차로 파악해서는 기소강제절차의 구조를 명확히 할 수 없을 뿐 아니라 기소강제절차의 특성을 형사소송 자체의 문제로서 파악하지 않고 행정소송이나 수사의 특수성을 통하여 설명하려고 한 점에 근본적인 문제가 있다.

(4) 형사소송유사설

기소강제절차를 수사절차가 아닌 형사소송 유사의 재판절차로서 파악하는 견해로서 현재 통설적인 지위를 차지하고 있다. 기소강제절차는 수사절차가 아닌 재판절차나 공소제기 전의 절차로서 수사와 유사한 성격도 가지고 있으므로 당사자가 대립하는 소송구조의 절차가 아니라 밀행성의 원칙과 직권주의가 지배하는 특수한 형사소송절차라고 한다. 형사소송법이 재정신청사건을 항고절차에 준하여 결정하도록 규정하고 있는 것($\frac{제262조}{제2항}$)도 이를 형사항고에 유사한 형사소송절차로 파악하고 있기 때문이라고 한다.

(5) 검 토

기소강제절차는 법원의 재판절차라는 점과 형사소송법이 항고의 절차에 준하여 재정결정을 한다고 명시하고 있는 점에 비추어 볼 때 형사소송유사설이 타당하다고 생각된다. 형사소송유사설에 의하면 기소강제절차는 밀행성의 원칙과 직권주의가 지배하는 소송절차로서 재정신청인이나 피의자에게는 대립당사자의 지위가 인정되지 않으므로 독자적인 증거신청권이나 절차에의 참여권 등이 인정되지 않는 것이 된다.

2. 재정신청사건의 심리

(1) 재정신청사건의 관할

재정신청사건은 불기소결정을 한 검사가 소속한 지방검찰청 소재지를 관할하는 고등법원이 관할한다($\frac{제260조}{제1항}$). 고등법원을 관할법원으로 한 것은 고등검찰청의 항고심사를 마친 불기소결정이 재정신청의 대상이 된다는 점을 고려한 것이다. 법원은 재정신청서를 송부받은 때에는 송부받은 날부터 10일 이내에 피의자와 재정신청인에게 그 사실을 통지하여야 한다($\frac{제262조 제1항,}{규칙 제120조}$).

(2) 재정신청사건의 심리방식

법원은 재정신청서를 송부받은 날부터 3개월 이내에 항고의 절차에 준하여 재정결정을 하여야 한다($\frac{제262조}{제2항}$). 3개월의 기간은 훈시기간이므로 그 기간을 경과한 후에 재정결정을 한 경우에도 결정 자체가 위법하게 되는 것은 아니다($\frac{대법원 1990.12.13,}{90모58}$).

(가) 항고절차의 준용

재정신청사건은 항고의 절차에 준하여 결정하여야 한다($\frac{제262조}{제2항}$). 재정신청에 대한 심리절차는 결정을 위한 절차이므로 고등법원은 재정신청서와 수사기록 등을 기초로 하여 구두변론 없이 서면심리만으로 절차를 진행할 수 있으며($\frac{제37조}{제2항}$), 결정을 할 때 필요하면 사실조사를 할 수도 있다($\frac{동조}{제3항}$). 또한 사실을 조사하는데 필요한 경우에는 형사소송법 및 형사소송규칙이 정하는 바에 따라 증인을 신문하거나 감정을 명할 수 있으며($\frac{규칙 제24}{조 제1항}$), 이 경우에는 검사, 피의자 또는 변호인을 참여하게 할 수 있다($\frac{규칙 동조}{제2항}$). 재정신청에 대한 심리는 공판심리절차가 아니므로 법정에서 행함을 요하지 않는다.

(나) 증거조사와 강제처분

1) 증거조사　　법원은 재정결정을 함에 필요한 때에는 증거조사를 할 수 있다($\frac{제262조}{제2항}$). 재정신청사건의 심리와 결정에는 항고절차가 준용되므로 재정법원은 필요한 사실조사를 할 수 있고 사실조사를 할 때 필요한 경우에는 증거조사를 할 수 있으나 형사소송법은 이를 다시 명문으로 규정하고 있다. 따라서 법원은 증인신문이나 감정·검증을 행할 수 있으며, 피의자신문을 할 수도 있다. 이 경우의 증거조사는 제도의 성격상 직권에 의한 증거조사에 해당하게 된다. 증거조사의 방법은 법원이 필요하다고 인정하는 방법에 의하면 족하다. 재정신청이 이유 있는가의 여부는 재정결정을 하는 시점을 기준으로 판단하여야 하므로 불기소처분 이후에 발견된 증거나 사실도 판단자료로 삼을 수 있다.

현행법상 재정신청인과 피의자의 증거신청권은 인정되지 않는다. 다만 검사는 항고사건에 대하여 의견을 진술할 수 있으므로($\frac{제412}{조}$) 재정신청사건에 대해서도 의견을 진술할 수 있을 것이다.

2) 강제처분　　기소강제절차에서 고등법원이 피의자를 구속하거나 압수·수색·검증 등의 강제처분을 하는 것이 가능한지에 대하여는 견해의 대립이 있다. 소극설은 피의자에 대하여 피고인 구속에 관한 규정($\frac{제68조}{이하}$)을 적용할 수 없고, 재정신청사건의 심리절차에서 강제처분이 허용된다는 명문의 규정이 없으며, 압수·수

색 등의 대물적 강제처분도 증거수집이지 증거조사가 아니라는 이유로 이를 부정한다. 그러나 기소강제절차는 항고절차에 준하는 절차이므로 재정신청사건을 심리하는 고등법원은 수소법원에 준하여 필요한 경우에는 직권에 의한 증거수집과 조사를 할 수 있다고 보아야 한다. 다만 피의자의 구속에 있어서는 피의자신문을 위한 구인 이외의 도망이나 증거인멸의 염려 등을 이유로 한 구속은 허용되지 않는 것으로 보는 것이 타당할 것이다. 수소법원의 구속기간은 공소제기시부터 기산될 뿐만 아니라 재정법원의 구속에 수사기관의 피의자에 대한 구속기간을 적용하는 것도 적합하지 않기 때문이다.

(다) 기피신청

재정신청을 한 고소인·고발인은 기소강제절차에서 법관에 대하여 기피신청을 할 수 있다($\genfrac{}{}{0pt}{}{대법원\ 1990.11.2,}{90모44\ 참조}$). 다만 기소강제절차에서 피의자가 법관에 대하여 기피신청을 할 수 있는지에 대해서는 다툼이 있다. 재정신청을 한 자는 검사의 불기소결정에 불복하는 고소인 등이고 재정결정은 당해 사건에 대한 실체판단이 아니므로 피의자는 법관에 대하여 기피신청을 할 수 없다는 견해가 있으나, 재정신청사건의 심리와 결정은 일종의 재판이므로 공정성의 확보를 위하여 피의자에게도 기피신청권이 인정되는 것으로 보아야 할 것이다.

(라) 심리의 비공개

재정신청사건의 심리는 특별한 사정이 없는 한 공개하지 아니한다($\genfrac{}{}{0pt}{}{제262조}{제3항}$). 심리를 비공개로 한 것은 심리의 보안을 유지하여 적정한 재정결정이 이루어지게 하고 무죄추정을 받는 관련자의 사생활 침해를 방지할 수 있도록 하기 위함이다($\genfrac{}{}{0pt}{}{헌재}{결}$ $\genfrac{}{}{0pt}{}{2011.11.24,}{2008헌마578}$).

(마) 열람·등사의 제한

재정신청사건의 심리 중에는 관련서류 및 증거물을 열람 또는 등사할 수 없다($\genfrac{}{}{0pt}{}{제262조의}{2\ 본문}$). 재정신청사건 기록에 대한 열람·등사의 금지는 민사소송 제출용 증거서류를 확보하려는 목적으로 재정신청을 남용하는 사태를 방지하기 위한 것이다($\genfrac{}{}{0pt}{}{헌재}{결}$ $\genfrac{}{}{0pt}{}{2011.11.24,}{2008헌마578}$). 다만 재정신청사건을 심리하는 고등법원이 증거조사를 행한 경우에는 그 증거조사과정에서 작성된 서류의 전부 또는 일부의 열람 또는 등사를 허가할 수 있다($\genfrac{}{}{0pt}{}{동조}{단서}$). 이것은 심리에 관여한 검사나 재정신청인 등 이해관계 있는 자의 이익을 고려한 조치이다.

3. 고등법원의 재정결정

(1) 기각결정

재정신청이 법률상의 방식에 위배되거나 이유 없는 때에는 신청을 기각한다($\genfrac{}{}{0pt}{}{제262조}{제2항 제1호}$). 재정신청이 법률상의 방식에 위배된 때란 신청권자가 아닌 자가 재정신청을 하거나 신청기간이 지난 후에 재정신청을 한 경우, 재정신청서에 범죄사실과 증거 등 재정신청을 이유 있게 하는 사유를 기재하지 않은 경우($\genfrac{}{}{0pt}{}{대법원 2002.2.23,}{2000모216}$) 등을 말한다. 다만 재정신청서를 직접 고등법원에 제출한 경우에는 그 신청을 기각할 것이 아니라 재정신청서를 관할 지방검찰청 검사장 또는 지청장에게 송부하여야 할 것이다. 한편 신청이 이유 없는 때란 검사의 불기소결정이 정당한 것으로 인정된 경우를 말한다. 검사의 무혐의 불기소결정에 대한 재정신청사건을 심리한 결과 범죄의 객관적 혐의는 인정되나 기소유예결정을 할 만한 사건이라고 인정되는 경우에도 재정신청을 기각할 수 있다($\genfrac{}{}{0pt}{}{대법원 1997.4.22,}{97모30}$).

법원의 재정신청 기각결정에 대하여는 재항고가 허용된다. 즉 재정신청을 기각하는 결정에 대하여는 헌법·법률·명령 또는 규칙에 위반한 경우에 대법원에 즉시항고할 수 있다($\genfrac{}{}{0pt}{}{제262조}{제4항 1문}$).[1]

재정신청의 기각이 확정된 사건에 대하여는 다른 중요한 증거를 발견한 경우를 제외하고는 소추할 수 없다($\genfrac{}{}{0pt}{}{동조}{제4항 2문}$). 다른 피해자의 고소가 있었던 경우에도 같다($\genfrac{}{}{0pt}{}{대법원 1967.7.25,}{66도1222}$). 재정신청의 기각결정이 확정된 사건은 재정신청사건을 담당하는 법원에서 심리와 판단이 현실적으로 이루어져 재정신청 기각결정의 대상이 된 사건만을 의미하므로, 재정신청 기각결정의 대상이 되지 않은 사건이 고소인의 고소 내용에 포함되어 있었더라도 이것은 재정신청의 기각결정이 확정된 사건이라고 할 수 없다($\genfrac{}{}{0pt}{}{대법원 2015.9.10,}{2012도14755}$). 고등법원의 판단을 존중하고 피의자의 이익을 보호하기 위하여 검사의 소추권행사를 제한한 것이다. 법원은 기각결정을 한 때에는 즉시 그 정본을 재정신청인·피의자와 관할 지방검찰청검사장 또는 지청장에게 송부하여야 한다($\genfrac{}{}{0pt}{}{동조}{제5항}$).

---

1) 헌법재판소는 재정결정에 대한 불복을 허용하지 않았던 (구)형사소송법 제262조 제4항에 대하여 청구인들의 재판청구권과 평등권을 침해한다는 이유로 위헌으로 결정하였다(헌재결 2011. 11. 24, 2008헌마578). 현행법은 이에 따라 재항고를 허용하는 규정을 두고 있다.

(2) 공소제기결정

재정신청이 이유 있는 때에는 사건에 대한 공소제기를 결정한다($^{제262조}_{제2항 제2호}$). 공소제기를 결정하는 때에는 죄명과 공소사실이 특정될 수 있도록 이유를 명시하여야 한다($^{규칙 제}_{122조}$). 법원이 공소제기결정을 한 때에는 즉시 그 정본을 재정신청인·피의자와 관할 지방검찰청검사장 또는 지청장에게 송부하여야 한다. 이 경우 관할 지방검찰청검사장 또는 지청장에게 사건기록을 함께 송부하여야 한다($^{제262조}_{제5항}$). 공소제기결정이 있는 때에는 공소시효에 관하여 그 결정이 있는 날에 공소가 제기된 것으로 본다($^{제262조의}_{4 제2항}$). 검사의 공소제기가 이루어진 시점과 관계없이 고등법원이 공소제기결정을 한 날에 공소시효의 진행이 정지되므로, 결과적으로 재정신청에 의하여 정지된 공소시효($^{동조}_{제1항}$)는 계속하여 정지되는 것이 된다.

고등법원의 공소제기결정에 대하여는 불복할 수 없다($^{제262조}_{제4항 1문}$). 검사는 물론이고 공소제기결정의 대상이 된 피의자도 불복할 수 없다. 고등법원의 공소제기결정에 잘못이 있더라도 이러한 잘못은 본안사건에서 공소사실 자체에 대하여 무죄, 면소, 공소기각 등을 할 사유에 해당하는지를 살펴 무죄 등의 판결을 함으로써 이를 바로잡을 수 있고, 또한 본안사건에서 심리한 결과 범죄사실이 유죄로 인정되는 때에는 이를 처벌하는 것이 오히려 형사소송의 이념인 실체적 정의를 구현하는데 보다 충실하다는 점도 고려해야 하기 때문이다($^{대법원 2010.11.11,}_{2009도224}$). 재정신청사건을 담당하는 법원이 재정신청 대상 사건이 아님에도 이를 간과한 채 공소제기결정을 하였더라도, 그에 따른 공소가 제기되어 본안사건의 절차가 개시된 후에는 다른 특별한 사정이 없는 한 본안사건에서 위와 같은 잘못을 다툴 수 없다($^{대법원 2017.11.14,}_{2017도13465}$).

(3) 비용부담

법원은 재정신청을 기각하는 결정을 하거나 재정신청인이 재정신청을 취소한 경우에는 결정으로 재정신청인에게 신청절차에 의하여 국가측에 생긴 비용의 전부 또는 일부를 부담하게 할 수 있다($^{제262조의}_{3 제1항}$). 또한 법원은 직권 또는 피의자의 신청에 따라 재정신청인에게 피의자가 재정신청절차에서 부담하였거나 부담할 변호인선임료 등 비용의 전부 또는 일부의 지급을 명할 수 있다($^{동조}_{제2항}$). 재정신청의 대상을 모든 범죄로 확대하면서 재정신청의 남용을 방지하기 위하여 규정한 제도이다. 법원의 비용부담결정에 대하여는 즉시항고를 할 수 있다($^{동조}_{제3항}$). 재정신청인이 부담할 비용의 지급범위와 절차 등에 대하여는 대법원규칙으로 정한다($^{동조}_{제4항}$).

Ⅳ. 검사의 공소제기와 공소유지

고등법원의 공소제기결정에 따른 재정결정서를 송부받은 관할 지방검찰청검사장 또는 지청장은 지체 없이 담당 검사를 지정하고 지정받은 검사는 공소를 제기하여야 한다($\frac{제262조}{제6항}$). 따라서 검사는 관할 지방법원에 공소장을 제출하여야 하며 공소유지도 검사가 담당한다. 수사처검사의 불기소결정에 대하여 고등법원이 공소제기결정을 한 경우에도 공수처장은 지체 없이 담당수사처검사를 지정하여 공소를 제기하도록 해야 한다($\frac{공수처법 제29조 제5항,}{형소법 제262조 제6항}$).

공소제기결정에 따라 공소를 제기한 검사는 통상의 공판절차에 있어서와 마찬가지로 권한을 행사한다. 검사는 공소장변경이 필요한 경우에는 동일성의 범위 내에서 공소사실과 적용법조를 변경할 수 있고 또한 상소를 제기할 수도 있다. 다만이 경우에 검사는 공소를 유지할 권한만을 가지므로 공소를 취소할 수 없다($\frac{제264}{조의2}$). 기소강제절차의 당연한 결과이다.

제 6 절 공소제기의 효과

Ⅰ. 공소제기의 의의

검사의 공소제기에 의하여 수사절차는 종결되고 법원의 공판절차가 개시된다. 공소제기에 의하여 수소법원은 피고사건에 대한 심판의 권한과 의무를 가지게 되고, 피의자는 피고인이 되어 소송의 주체로서의 지위에 있게 된다. 또한 검사의 공소제기에 의하여 법원의 심판의 범위가 공소장에 기재된 피고인과 공소사실에 한정된다. 그 밖에도 공소제기의 효과로서 공소시효의 진행이 정지된다. 따라서 공소제기의 소송법적 효과로는 소송계속과 심판범위의 한정 및 공소시효의 정지를 들수 있다.

Ⅱ. 공소제기의 소송법상 효과

1. 소송계속

(1) 소송계속의 의의

검사의 공소제기에 의하여 법원은 피고사건에 대한 심리와 재판을 행할 권한과 의무를 가지게 된다. 이와 같이 사건이 특정한 법원의 심리와 재판의 대상으로 되어 있는 상태를 소송계속이라고 한다.

검사의 공소제기가 소송조건을 구비하여 공소제기가 유효·적법한 경우의 소송계속을 실체적 소송계속이라고 한다. 실체적 소송계속이 발생한 경우에 법원은 공소사실의 존부에 관하여 유죄·무죄의 실체판결을 하여야 한다. 이에 대하여 실체적 소송조건 또는 형식적 소송조건의 불비로 인하여 공소제기가 부적법하거나 무효인 경우의 소송계속을 형식적 소송계속이라고 한다. 형식적 소송계속의 경우에 법원은 면소 또는 공소기각의 재판 등 형식재판으로 절차를 종결시켜야 한다. 형식적 소송계속은 검사의 공소제기가 없는데도 법원이 공소제기가 있는 것으로 오인하여 심리를 개시한 경우에도 발생한다. 이 경우에도 법원은 형식재판에 의하여 피고인을 소송관계에서 배제하여야 한다.

(2) 소송계속의 효과

(가) 적극적 효과

공소제기에 의하여 법원은 당해 사건을 심판할 권리와 의무를 가지며, 검사와 피고인은 당사자로서 당해 사건의 심리에 관여하고 법원의 심판을 받을 권리와 의무를 가지게 된다. 이러한 적극적 효과는 공소가 제기된 사건 자체에 대하여 발생하는 효과라는 점에서 공소제기의 내부적 효과라고도 한다.

(나) 소극적 효과

공소의 제기가 있는 때에는 동일사건에 대하여 다시 공소를 제기할 수 없다. 공소가 제기된 사건과 동일성이 인정되는 사건에 대하여 다시 공소를 제기하는 것을 허용하지 않는 소송계속의 이러한 효과를 이중기소금지의 효과라고 한다. 공소제기가 당해 피고사건 이외의 다른 형사사건에 대하여 소송장애의 사유로 기능한다는 의미에서 공소제기의 외부적 효과라고도 한다.

동일사건이 같은 법원에 이중으로 공소가 제기되었을 때에는 후소에 대하여 공소기각의 판결을 하여야 한다($\substack{제327조 \\ 제3호}$). 이중기소에 대하여 공소기각판결을 하도록 한 것은 동일사건에 대하여 피고인이 이중으로 처벌되는 위험을 방지하고 법원이 모순된 판결을 하지 않도록 하기 위한 것이다.

동일사건을 다른 법원에 이중으로 공소제기하는 것도 허용되지 않는다. 동일사건이 사물관할을 달리하는 수개의 법원에 계속된 때에는 법원합의부가 심판하며($\substack{제 \\ 12조}$), 심판할 수 없게 된 다른 법원은 공소기각의 결정으로 절차를 종결하여야 한다($\substack{제328조 \\ 제1항 제3호}$). 그러나 동일사건이 사물관할을 같이하는 수개의 법원에 계속된 때에는 먼저 공소를 받은 법원이 심판한다. 다만 각 법원에 공통되는 직근 상급법원은 검사 또는 피고인의 신청에 의하여 결정으로 뒤에 공소를 받은 법원으로 하여금 심판하게 할 수 있다($\substack{제 \\ 13조}$). 이 경우 심판할 수 없게 된 법원은 공소기각의 결정을 하여야 한다($\substack{제328조 \\ 제1항 제3호}$).

2. 공소시효의 정지

공소가 제기되면 공소시효의 진행이 정지되며, 공소기각 또는 관할위반의 재판이 확정된 때로부터 다시 진행한다($\substack{제253조 \\ 제1항}$). 공소제기가 있으면 비록 소송조건을 결여한 경우에도 공소시효는 정지된다. 그리고 공범의 1인에 대한 시효정지는 다른 공범자에 대하여도 효력이 미친다($\substack{동조 \\ 제2항}$).

3. 심판범위의 한정

불고불리의 원칙에 의하여 법원은 공소가 제기된 사건에 대하여만 심판할 수 있다. 따라서 공소제기는 법원의 심판범위 내지 심판대상을 한정하는 의미를 가진다. 법원의 심판범위가 검사가 공소를 제기한 피고인과 공소사실에 대하여 미치는 것은 탄핵주의 소송구조의 당연한 결과라고 할 수 있다.

(1) 공소제기의 주관적 효력범위

공소의 효력은 검사가 피고인으로 지정한 자에게만 미친다($\substack{제248조 \\ 제1항}$). 따라서 법원은 검사가 공소장에 특정하여 기재한 피고인만을 심판할 수 있고 그 밖의 사람에 대해서는 심판할 수 없다. 공소제기의 효력은 검사가 피고인으로 지정한 사람에게만 미치므로 공소제기 후에 진범인이 발견되어도 공소제기의 효력은 진범인에게 미치지 아니하며, 공범 중 1인에 대한 공소제기가 있어도 다른 공범자에 대하여는 그 효력이 미치지 않는다. 이 점에서 공소제기의 효력은 주관적 불가분의 원칙이 적용되는 친고죄의 고소의 효력($^{제233}_{조}$)과 구별된다.

피고인의 특정에 관해서는 소송주체로서의 피고인에 대한 설명부분에서 이미 검토하였다. 피고인특정의 기준으로서는 표시설을 원칙으로 하면서 의사설과 행위설을 함께 고려하는 실질적 표시설이 타당할 것이다. 성명모용의 경우에는 모용자만이 피고인이 되므로 공소제기의 효력은 피모용자에게는 미치지 않는다($^{대법원}_{1997.11.28,}$ $^{97도}_{2215}$). 위장출석의 경우에는 공소장에 기재된 자가 실질적 피고인이 되고 위장출석한 자가 형식적 피고인이 되나, 공소제기의 효력은 실질적 피고인에 대해서만 미친다.

(2) 공소제기의 객관적 효력범위

(가) 공소불가분의 원칙

범죄사실의 일부에 대한 공소의 효력은 범죄사실 전부에 미친다($^{제248조}_{제2항}$). 즉 공소제기의 효력은 공소장에 기재된 공소사실 및 그와 단일성·동일성이 인정되는 범죄사실 전체에 대하여 미친다. 이를 공소불가분의 원칙이라고 한다. 다만 법원은 현실적 심판의 대상인 공소장에 기재된 공소사실에 대하여만 심판할 수 있고, 공소장변경이 없는 한 공소사실과 단일성·동일성이 인정되는 사실이라도 법원의 잠재적 심판의 대상이 되는 데 그친다.

법원의 심판대상에 관한 구체적 논의 및 공소사실의 동일성 판단기준에 관해서는 공판절차의 '공판심리의 범위' 부분에서 자세히 검토하기로 한다.

(나) 일죄의 일부에 대한 공소제기

1) 의   의   일죄의 일부에 대한 공소제기란 소송상 일죄로 취급되는 단순일죄나 과형상 일죄의 일부에 대한 공소제기를 말한다. 예를 들면 강도상해의 혐의가 충분한데도 검사가 강도사실에 대하여만 공소를 제기하는 경우, 포괄일죄를 구성하는 다수의 범죄행위 가운데 일부에 대해서만 공소를 제기하는 경우, 강도죄나 강간죄의 경우에 그 수단인 폭행 또는 협박에 대해서만 공소를 제기하는 경우[1]

---

1) 강간죄 등의 성범죄가 친고죄로 규정되어 있었던 (구)형법하에서는 강간죄의 고소가 있는 경우에 폭행죄나 협박죄로 공소를 제기하는 것은 적법한 일부기소로서 인정되었으나, 강간의 고소가 없는 경우에 그 수단이 되는 폭행·협박에 대해서만 공소를 제기하는 것은 허용되지 않았다. 일부사실에 대한 기소를 인정할 때에는 강간죄를 친고죄로 한 취지와 고소불가분의 원칙에 반하는 결과를 초래하기 때문이었다. 따라서 검사가 강간죄의 수단인 폭행·협박

등이 여기에 해당한다.

일죄의 일부에 대한 공소제기의 문제는 일죄의 전부에 대하여 객관적 혐의가 인정되고 소송조건이 구비되어 있는 경우에도 검사가 일죄의 일부에 대해서만 공소를 제기할 수 있는가의 문제이다. 수개의 부분행위 가운데 일부의 행위에 대하여만 범죄의 객관적 혐의가 인정되고 소송조건이 갖추어져 있는 경우에 그 부분에 대해서만 공소를 제기하는 것은 처음부터 일부기소의 문제가 아니다.

2) 일부기소의 적법성 여부

① 소 극 설   일죄의 일부에 대한 공소제기를 허용하면 실체적 진실발견을 무시하고 검사의 자의를 인정하는 결과가 되기 때문에 일부기소가 허용되지 않는다는 견해이다. 소극설에 의하면 검사가 일죄의 전부에 대하여 공소를 제기할 수 있음에도 불구하고 일부에 대해서만 공소를 제기한 경우에는 제327조 제 2 호에 의하여 공소기각의 판결을 선고해야 하는 것이 된다.

② 적 극 설   기소독점주의와 기소편의주의하에서 공소제기는 검사의 권한이므로 가분적인 범죄사실의 일부에 대한 공소제기도 가능하다는 견해이다. 형사소송법 제248조 제 2 항은 일죄의 일부에 대한 공소제기를 허용한다는 전제하에 둔 규정이라는 점, 확정판결에 의한 일사부재리의 효력은 일죄의 전부에 대하여 미치므로 일부기소가 피고인에게 불리하지 않다는 점 등도 그 논거로 제시되고 있다. 판례는 과형상 일죄 가운데 일부 범죄에 대해서만 공소를 제기한 경우(대법원 2008.2.14, 2005도4202) 또는 중한 구성요건사실에 포함되는 경한 구성요건사실에 대하여 공소를 제기한 경우[1]를 적법한 공소제기로 인정함으로써 적극설의 입장을 취하고 있다.

③ 절 충 설   일죄의 일부에 대한 공소제기는 원칙적으로 허용되지 않으나 검사가 범죄사실의 일부를 예비적·택일적으로 기재한 경우에는 예외적으로 허용된다는 견해이다. 그러나 범죄사실의 일부가 예비적·택일적으로 기재되어 있는

부분에 대해서만 공소를 제기한 때에는 위법한 공소제기로서 공소기각의 판결이 선고되었다(대법원 2002. 5. 16, 2002도51 전원합의체 판결 참조).

1) 상습사기의 범죄사실을 단순사기의 사실로서 공소를 제기한 경우(대법원 1989. 6. 13, 89도582), 하나의 행위가 부작위범인 직무유기죄와 작위범인 범인도피죄의 구성요건을 동시에 충족하는 경우에 검사가 작위범인 범인도피죄로 공소를 제기하지 않고 부작위범인 직무유기죄로만 공소를 제기한 경우(대법원 1999. 11. 26, 99도1904), 하나의 행위가 부작위범인 직무유기죄와 작위범인 허위공문서작성·행사죄의 구성요건을 동시에 충족하는 경우에 검사가 작위범인 허위공문서작성·행사죄로 공소를 제기하지 않고 부작위범인 직무유기죄로만 공소를 제기한 경우(대법원 2008. 2. 14, 2005도4202) 등.

경우에는 이미 일죄의 전부에 대한 공소제기가 존재하는 것이므로 이것은 진정한 일부기소의 문제가 아니다. 따라서 일부기소의 허용 여부에 관해서는 절충설과 소극설은 그 결론이 같다고 할 수 있다.

④ 검 토 검사가 일죄의 전부에 대하여 공소를 제기할 수 있음에도 불구하고 정상참작 등의 이유로 일부에 대하여 기소유예하고 일부만을 기소하는 것은 원칙적으로 부당한 공소권행사라고 할 수 있다. 이 경우에 검사는 일죄의 전부에 대하여 공소제기 여부를 결정할 것이 요구된다고 보아야 하기 때문이다. 그러나 한편 기소편의주의를 취하고 있는 형사소송법상 공소권의 주체인 검사에게는 소추재량권이 인정되고 있으므로 일부기소 내지 일부기소유예가 소추재량권의 한계를 명백히 일탈한 것으로 볼 수 없는 한 그 적법성을 인정하여야 할 것이다.

3) 일부기소의 효력 일죄의 일부만을 기소한 경우에도 일죄의 전부에 대하여 공소제기의 효력이 미친다(제248조 제2항). 따라서 공소를 제기하지 않은 나머지 부분에 대해서 다시 공소를 제기할 수 없고, 만일 공소를 제기하게 되면 이중기소에 해당하므로 법원은 판결로서 공소를 기각하여야 한다. 다만 법원의 현실적 심판의 대상은 공소장에 기재되어 있는 일죄의 일부에 한정되므로 법원이 일죄의 전부에 대하여 심판하기 위해서는 공소장변경이 있어야만 한다.

제 **4** 편

공 판

제1장 공판절차

제2장 증 거

제3장 재 판

형 사 · 소 · 송 · 법

제1장

공판절차

제 1 절 공판절차 일반

Ⅰ. 공판절차의 의의

1. 개   념

공판절차란 공소가 제기되어 사건이 법원에 계속된 후부터 그 소송절차가 종료될 때까지의 절차, 즉 법원이 피고사건의 심리와 재판을 행하는 절차를 말한다. 그리고 이 가운데 특히 공판기일의 절차만을 가리켜 좁은 의미의 공판절차라고 한다.

2. 공판중심주의

공판기일의 심리절차가 형사절차의 중심을 이루고 있는 구조를 공판중심주의라고 한다. 공판중심주의는 피고사건의 실체에 대한 심증형성을 공판심리에 의할 것을 요구하므로 공소장일본주의는 공판중심주의의 전제가 되며, 공판절차에서 공개주의 · 구두변론주의 · 직접주의 · 집중심리주의가 인정되어 있는 것도 공판중심주의의 실현에 기여하게 된다.

또한 현행 형사소송법이 공판준비절차와 증거개시제도를 도입 · 정비하고 집

중심리주의를 명문으로 규정하는 등 공판중심주의를 강화하고 있는 것은 새로이
실시되고 있는 국민참여재판과도 밀접한 관련이 있다고 할 수 있다.

Ⅱ. 공판절차의 기본원칙

1. 공개주의

(1) 의   의

공개주의란 일반인에게 재판의 방청을 허용하는 원칙을 말한다. 공개주의는
심리나 재판의 방청을 일체 허용하지 않는 밀행주의나 일정한 소송관계인에게만
방청을 허용하는 당사자공개주의와 대립되는 개념이다. 헌법 제27조 제 3 항은 공
개재판을 받을 권리를 국민의 기본적 인권으로 보장하고 있고, 제109조에서 다시
재판공개의 원칙을 선언하고 있으며, 법원조직법 제57조도 「재판의 심리와 판결은
공개한다」고 하여 공개주의를 명시하고 있다.

공개주의는 법치국가원리에 기초한 제도로서 법원의 심판절차를 국민의 감시
하에 둠으로써 재판의 공정성을 보장하고 사법에 대한 국민의 신뢰를 높이는 기능
을 수행한다.

(2) 내   용

공개주의는 누구나 방청인으로서 공판절차에 참여할 수 있다는 것을 의미하는
데, 이를 일반공개주의라고 한다. 따라서 공개주의 원칙이 실현되기 위해서는 일반
인들이 특별한 어려움 없이 공판의 기일과 장소에 대한 충분한 정보를 얻을 수 있
어야 하고, 당해 재판에 관심 있는 사람들이 공판정에 출입할 수 있어야 한다. 다만
공개주의는 일반인들이 직접 공판절차에 참여할 수 있다는 것을 의미할 뿐 TV나
라디오 등 매스컴에 의한 간접공개를 허용한다는 의미는 아니다.

(3) 한   계

㈎ 방청인의 제한 및 배제

법정의 규모에 비하여 방청인이 너무 많을 경우 그 수를 제한하거나, 법정의
질서유지를 위하여 특정한 사람의 방청을 허용하지 않는 것은 공개주의에 위반되
지 않는다. 즉 방청석 수에 해당하는 방청권을 발행하여 그 소지자에 한하여 방청
을 허용하거나, 흉기 기타 질서를 파괴할 물건을 소지한 자의 출입을 금지하는 경

우가 여기에 해당한다(법정 방청 및 촬영 등에 관한 규칙 제 2 조 참조).

또한 재판장은 법정의 존엄과 질서를 유지하기 위하여 특정인에게 퇴정을 명할 수 있는데, 정당한 퇴정명령에 의하여 방청을 허용하지 않는 것도 공개주의에 반하는 것이 아니다(동규칙 제 3 조).

(나) 특정사건의 비공개

사건의 내용이 국가의 안전보장 또는 안녕질서를 방해하거나 선량한 풍속을 해할 염려가 있는 때에는 법원의 결정으로 심리를 공개하지 않을 수 있다(헌법 제109조 단서, 법원조직법 제57조 제 1 항 단서).[1] 다만 비공개는 심리에 한하고 판결의 선고는 반드시 공개하여야 한다. 심리를 비공개하는 결정은 이유를 밝혀 선고하여야 하며, 이 경우에도 재판장은 적당하다고 인정되는 사람에 대해서는 법정 안에 있을 것을 허가할 수 있다(법원조직법 제57조 제 2 항·제 3 항). 소년보호사건에 대한 심리는 비공개를 원칙으로 하고 있다(소년법 제24조 제 2 항).

(다) 매스컴 등에 의한 공개의 제한

공개주의라고 해서 법정에서의 중계방송이나 녹화·녹음 등을 통한 재판의 간접공개를 허용하는 것은 아니다. 간접공개는 여론재판을 초래할 염려가 있을 뿐만 아니라 피고인의 인격권을 침해하며 또한 피고인의 사회복귀에 지장을 초래한다. 따라서 법원조직법 제59조는 「누구든지 법정 안에서는 재판장의 허가 없이 녹화·촬영·중계방송 등의 행위를 하지 못한다」고 규정하여, 녹화·촬영·중계방송을 재판장의 허가사항으로 하고 있다. 그리고 법정 방청 및 촬영 등에 관한 규칙은 제 4 조에서 「법원조직법 제59조의 규정에 의한 허가를 받고자 하는 자는 녹화·촬영·중계방송 등의 목적·종류·대상·시간 및 소속기관명 또는 성명을 명시한 신청서를 재판기일 전날까지 제출하여야 한다. 재판장은 피고인의 동의가 있는 때에 한하여 신청에 대한 허가를 할 수 있다. 다만 피고인의 동의 여부에 불구하고 촬영 등 행위를 허가함이 공공의 이익을 위하여 상당하다고 인정되는 경우에는 그러하지 아니하다」고 규정하여, 피고인의 동의가 있거나 공공의 이익을 위한 경우로서

---

[1] 대법원 2013. 7. 26, 2013도2511, 「헌법 제27조 제 3 항 후문, 제109조와 법원조직법 제57조 제 1 항, 제 2 항의 취지에 비추어 보면, 헌법 제109조, 법원조직법 제57조 제 1 항에서 정한 공개금지사유가 없음에도 불구하고 재판의 심리에 관한 공개를 금지하기로 결정하였다면 그러한 공개금지결정은 피고인의 공개재판을 받을 권리를 침해한 것으로서 그 절차에 의하여 이루어진 증인의 증언은 증거능력이 없고, 변호인의 반대신문권이 보장되었더라도 달리 볼 수 없으며, 이러한 법리는 공개금지결정의 선고가 없는 등으로 공개금지결정의 사유를 알 수 없는 경우에도 마찬가지이다.」

재판장의 허가가 있는 경우에 한하여 매스컴 등에 의한 간접공개를 예외적으로 허용하고 있다.

2. 구두변론주의

구두변론주의란 법원이 당사자의 구두에 의한 공격·방어를 기초로 심판하여야 한다는 원칙을 말한다. 공판정에서의 변론은 구두로 하여야 하며($\substack{제275\\조의3}$), 특히 판결은 법률에 다른 규정이 없으면 구두변론에 의거하여야 한다($\substack{제37조\\제1항}$). 구두변론주의는 구두주의와 변론주의를 그 내용으로 한다.

(1) 구두주의

㈎ 의 의

구두주의란 구술에 의하여 제공된 주장이나 입증자료를 기초로 재판을 하여야 한다는 원칙을 말하며, 서면주의와 대립하는 개념이다. 구두주의는 법관에게 신선한 인상을 주고 진술자의 태도 등을 통하여 정확한 심증형성을 가능하게 할 뿐 아니라, 방청인에게 변론의 내용을 알릴 수 있다는 장점이 있다. 따라서 공판심리에서의 소송행위는 구두로 이루어져야 하며, 특히 실체형성행위에 대해서는 실체적 진실발견을 위하여 구두주의가 요구되고 있다.

㈏ 서면주의에 의한 보충

구두주의는 그 장점과 함께 시간의 경과에 따라 기억이 흐려지고 변론의 내용을 증명하기 어렵게 된다는 단점도 가지고 있다. 따라서 현행법은 공판기일의 소송절차에 관하여는 공판조서를 작성하도록 함으로써 이를 보완하고 있다($\substack{제51조\\제1항}$). 또한 형식적 확실성이 요구되는 절차형성행위에 대해서는 소송행위의 내용을 서면에 의하여 명확히 해 둘 필요가 있으므로 서면주의를 원칙으로 하고 있다.

(2) 변론주의

㈎ 의 의

변론주의란 당사자의 변론, 즉 당사자의 주장과 입증에 의하여 재판하는 원칙을 말하며, 법원이 아닌 당사자에게 공격·방어의 주도적 지위를 부여하는 당사자주의적 심리방식이다. 민사소송에서의 변론주의는 당사자가 제출한 소송자료만을 재판의 기초로 삼을 뿐만 아니라 당사자에게 심판대상에 대한 처분권까지 인정하는 당사자처분권주의를 취하고 있다. 그러나 형사소송에서의 변론주의는 당사자에게 공격과 방어를 행할 수 있는 기회를 최대한 부여하는 것을 그 내용으로 하고 있을 뿐 심판대상에 대한 당사자의 처분권은 이를 인정하지 않고 있다. 따라서 피고인의 자백이 있더라도 보강증거가 요구되며($^{제310}_{조}$), 증거동의도 증거의 진정성이 인정되는 경우에 한하여 그 효력이 있다($^{제318조}_{제1항}$).

(ᄂ) **변론주의의 실현**

현행법상 변론주의를 실현하는 규정으로는 공판정에의 당사자의 출석($^{제275조}_{제3항}$), 국선변호제도($^{제33}_{조}$)와 필요적 변호($^{제282}_{조}$), 검사의 모두진술($^{제285}_{조}$), 피고인의 모두진술($^{제286}_{조}$), 당사자의 증거신청권($^{제294}_{조}$), 증거조사에 대한 이의신청권($^{제296}_{조}$), 증인신문에서의 교호신문제도($^{제161}_{조의2}$), 공소장변경제도($^{제298}_{조}$), 검사의 의견진술권($^{제302}_{조}$), 피고인 및 변호인의 최후진술권($^{제303}_{조}$), 피고인의 심신상실 또는 질병으로 인한 공판절차의 정지($^{제306}_{조}$) 등을 들 수 있다.

한편 현행법은 변론주의를 보충하는 취지에서 일정한 법원의 개입을 아울러 인정하고 있는데, 법원의 직권에 의한 증거조사($^{제295}_{조}$), 법관에 의한 증인신문($^{제161}_{조의2}$), 법원의 공소장변경요구제도($^{제298조}_{제2항}$) 등이 그 대표적인 예라고 할 수 있다.

3. 직접주의

(1) 의 의

직접주의 또는 직접심리주의는 법원이 공판정에서 직접 조사한 원본증거만을 재판의 기초로 삼아야 한다는 원칙을 말한다. 구체적으로는 법원은 공판정에서 직접 조사한 증거를 토대로 심증을 형성해야 한다는 형식적 직접주의와 증명의 대상이 되는 사실과 가장 가까운 원본증거를 재판의 기초로 삼아야 한다는 실질적 직접주의를 그 내용으로 한다. 직접주의는 법관의 정확한 심증형성을 가능하게 함으로써 실체적 진실발견에 기여할 뿐만 아니라 피고인에게 반대신문의 기회를 주어 피고인의 이익을 보호한다는 의미도 가지고 있다.[1]

---

1) 대법원 2011. 11. 10, 2011도11115, 「우리 형사소송법은 형사사건의 실체에 대한 유죄·무죄의 심증 형성은 법정에서의 심리에 의하여야 한다는 공판중심주의의 한 요소로서, 법관의 면전에서 직접 조사한 증거만을 재판의 기초로 삼을 수 있고 증명 대상이 되는 사실과 가장 가까운 원본 증거를 재판의 기초로 삼아야 하며, 원본 증거의 대체물 사용은 원칙적으로 허용되어서는 안 된다는 실질적 직접심리주의를 채택하고 있다. 이는 법관이 법정에서 직접 원본 증거를 조사하는 방법을 통하여 사건에 대한 신선하고 정확한 심증을 형성할 수 있고 피고인에게 원본 증거에 관한 직접적인 의견진술의 기회를 부여함으로써 실체적 진실을 발견하고 공정한 재판을 실현할 수 있기 때문이다. 그러므로 형사소송절차를 주재하는 법원으로서는

(2) 제도적 표현

형사소송법이 공판개정 후에 판사의 경질이 있으면 공판절차를 갱신하도록 한 것($\frac{제301}{조}$)과 물적증거에 대한 증거조사를 위해 소송관계인이 서류나 물건을 개별적으로 지시·설명하도록 한 것($\frac{제291}{조}$) 등은 형식적 직접주의의 표현이라고 할 수 있다. 따라서 수소법원이 아닌 수명법관이나 수탁판사에 의한 증거조사($\frac{제167조,}{제177조}$)는 형식적 직접주의에 대한 예외에 해당한다.

한편 실질적 직접주의는 현행법상으로는 전문증거제도를 통하여 그 결과가 대체적으로 실현되고 있다. 이러한 의미에서 전문법칙과 직접주의는 내용적으로 밀접하게 관련되어 있는 매우 유사한 형태의 제도라고 할 수 있다.

4. 집중심리주의

(1) 의 의

집중심리주의란 법원이 공판기일에 하나의 사건을 집중적으로 심리하고, 1회의 심리로 종결할 수 없는 사건에 대해서는 가능한 한 시간적 간격을 두지 않고 계속적으로 심리할 것을 요구하는 원칙을 말한다. 집중심리주의는 심리의 중단으로 인해 법관의 심증형성이 약화되는 것을 방지하여 공정한 재판을 실현할 수 있고 또한 신속한 재판의 이념을 실현하는 데 기여한다. 심리가 지연되면 법관은 심리한 내용을 기억하지 못하고 심리의 결과를 기재한 서면에 의하여 심증을 형성하게 되므로 집중심리주의는 공판중심주의를 실현하기 위해서도 필수적으로 요구된다.

형사소송법 제267조의2는 「공판기일의 심리는 집중되어야 한다」고 규정하여 ($\frac{동조}{제1항}$), 집중심리주의가 공판절차의 기본원칙임을 밝히고 있다. 현행 형사소송법이 명문으로 집중심리주의를 선언하게 된 데에는 새로운 국민참여재판제도의 실시가 그 직접적인 계기로 되었다고 할 수 있다. 국민참여재판에 참여한 배심원이 정확한 심증을 형성할 수 있도록 하기 위해서는 집중심리주의가 필수적으로 요구되기 때문이다.

(2) 내 용

㈎ 심리의 집중

공판기일의 심리는 집중되어야 한다($\frac{제267조의}{2 제1항}$). 심리에 2일 이상이 필요한 경우에

절차의 진행과 심리 과정에서 법정을 중심으로 위와 같은 실질적 직접심리주의의 정신이 최대한 구현될 수 있도록 하여야 한다.」

는 부득이한 사정이 없는 한 매일 계속 개정하여야 한다($\frac{동조}{제2항}$). 재판장은 여러 공판기일을 일괄하여 지정할 수 있다($\frac{동조}{제3항}$). 재판장은 부득이한 사정으로 매일 계속 개정하지 못하는 경우에도 특별한 사정이 없는 한 전회의 공판기일부터 14일 이내로 다음 공판기일을 지정하여야 한다($\frac{동조}{제4항}$). 소송관계인은 기일을 준수하고 심리에 지장을 초래하지 아니하도록 하여야 하며, 재판장은 이에 필요한 조치를 할 수 있다($\frac{동조}{제5항}$).

특정강력범죄의 처벌에 관한 특례법에 의하면 법원은 특정강력범죄사건의 심리에 2일 이상이 소요되는 때에는 가능한 한 매일 계속 개정하여 집중심리를 하여야 하며, 재판장은 특별한 사정이 없는 한 이전의 공판기일로부터 7일 이내로 다음 공판기일을 지정하도록 하고 있다($\frac{동법}{제10조}$). 그러나 집중심리주의를 취하더라도 공판에 대한 준비활동을 충분히 보장함으로써 피고인의 방어권을 보호하는 것이 무엇보다도 중요하다. 신속한 집중심리가 피고인의 방어의 기회를 침해할 때에는 결과적으로 졸속재판이 되지 않을 수 없기 때문이다. 특히 강력범죄의 경우에는 국민여론을 의식하여 졸속재판을 할 우려가 존재하는데, 중범죄일수록 오히려 피고인의 방어권을 충분히 보장하면서 절차가 신중히 이루어질 필요가 있다는 점에서 문제가 있다고 할 수 있다.

(나) 판결의 즉일선고

형사소송법은 판결의 선고는 변론을 종결한 기일에 하여야 한다고 규정하여 즉일선고의 원칙을 선언하고 있다. 다만 특별한 사정이 있는 때에는 따로 선고기일을 지정할 수 있지만, 이 경우의 선고기일은 변론 종결 후 14일 이내로 지정되어야 한다($\frac{제318조의4}{제1항 \cdot 제3항}$). 그리고 변론을 종결한 기일에 판결을 선고하는 경우에는 판결의 선고 후에 판결서를 작성할 수 있다($\frac{동조}{제2항}$).

제 2 절 공판심리의 범위

Ⅰ. 심판의 대상

1. 의   의

형사소송에서의 심판의 대상은 검사의 공소제기에 의해서 결정되며, 이는 곧 형사소송에 있어서의 소송물을 의미한다. 검사가 공소를 제기함에는 법원에 공소장을 제출하여야 하는데, 공소장에는 공소사실을 기재하여야 하고 또한 공소사실의 기재는 범죄의 시일·장소와 방법을 명시하여 사실을 특정할 수 있도록 하여야 한다(제254조 제1항·제4항). 공소장에 공소사실을 특정하여 기재하도록 하는 것은 피고인의 방어권을 보장하여 당사자주의의 실효성을 확보하기 위한 것이다. 그리고 이와 같이 심판의 대상은 원칙적으로 소추기관의 판단과 활동에 의해서 결정된다고 하는 것을 불고불리의 원칙이라고 한다. 불고불리의 원칙에 의하여 법원의 심판의 대상은 검사가 공소장에 기재한 피고인과 공소사실에 한정되게 된다.

　　형사절차에서 심판의 대상에 관한 논의는 본래 법원에 소송이 계속되는 공소제기 후에 문제가 되나, 수사단계에서도 이미 특정한 피의사실을 대상으로 절차가 진행된다는 점에서 심판대상의 문제는 사건의 단위로서 소송절차 전 과정에서 그 의미를 가지게 된다. 우선 수사절차에서의 변호인선임의 효력은 특정한 피의사실을 대상으로 하며, 각종 영장의 효력이 미치는 범위도 마찬가지이다. 또한 공소사실은 피고인의 범죄사실에 대해 검사가 내린 일차적인 판단에 지나지 않는다는 점에서 피고사건의 실체가 판결을 통해 확정되기까지는 공판절차에서도 여전히 유동적인 성격을 가지나, 기본적으로 공소제기의 효력범위와 소송조건의 존부 등을 결정하는 기준이 될 뿐만 아니라 공소장변경의 한계, 이중기소금지의 한계 그리고 판결이 확정된 경우의 일사부재리의 효력범위를 결정하는 표준이 된다.

　　검사가 공소를 제기한 공소사실과 관련해서 법원의 심판대상을 무엇으로 볼 것이며 또한 법원이 현실적으로 심판할 수 있는 대상은 무엇인지 등의 문제가 제기되는데, 이를 심판대상론 내지 형사소송에 있어서의 소송물론이라고 부른다.

2. 심판대상에 관한 논의

(1) 기본개념의 정리

　　심판대상이 되는 사실과 관련하여 현행법은 범죄사실(제254조 제5항, 제325조, 제329조 등)이라는 개념과 공소사실(제254조 제3항 제3호, 제298조 등)이라는 개념을 사용하고 있으나, 한편 영미법의 영향을 받아 소인(count)이라는 개념을 사용하는 학자들도 보인다. 그러므로 현행법상의 심판의 대상을 논의하는데 있어서는 우선 이러한 개념들의 의미와 상호관계를 밝힐 필요가 있다.

　　범죄사실이란 과거의 일정한 시점에서 발생한 역사적 사실을 의미한다. 즉 검사가 심판을 구하는 공소사실의 기초가 되는 전체 범죄사실을 말한다.

그리고 공소사실이란 검사가 공소장에 기재하여 심판을 청구한 구체적인 범죄사실을 의미한다고 보아야 한다. 즉 공소사실이란 실제로 있었던 사실 자체가 아니라 검사가 수사절차를 통하여 밝힌 내용에 기초해서 법원에 심판을 구한 범죄사실이라고 할 수 있다.

한편 소인(訴因)이란 검사가 구체적인 범죄사실에 법률적 평가를 가미하여 법률적으로 재구성한 일정한 구성요건에 해당하는 사실을 의미한다. 즉 검사가 법률적으로 재구성하여 공소장에 기재한 공소의 원인이 된 범죄사실을 말한다고 할 수 있다. 이러한 소인개념은 일본 형사소송법이 당사자주의 내지 방어권보장이라는 차원에서 영미법상의 count개념을 도입하여 변형한 것이다. 미국 형사소송법에서는 형사사건의 심리를 용이하게 하기 위하여 문제되는 사건의 핵심적 논점을 요약·정리한 count가 공소장에 기재되며, 검사와 피고인은 이것을 중심으로 하여 공격·방어를 행하게 된다. 그러나 현행법은 소인이라는 개념을 명시적으로 사용하고 있지 않을 뿐만 아니라 실제로 검사는 공소장에 당해 범죄사실에 대한 적용법조와 죄명을 고려하여 법률적으로 재구성한 사실을 공소사실로 기재하게 되므로, 사실상 공소사실이 소인의 역할을 동시에 하고 있다고 할 수 있다. 일본 형사소송법 제256조 제3항은 공소장에 공소사실을 기재하도록 하면서「공소사실은 소인을 명시하여 기재하여야 한다. 소인을 명시함에는 가능한 한 일시·장소 및 방법으로써 범죄사실을 특정하지 않으면 안 된다」고 하여 특정대상을 공소사실이 아닌 소인으로 규정하고 있으나, 우리 형사소송법 제254조 제4항은 이와는 달리「공소사실의 기재는 범죄의 시일, 장소와 방법을 명시하여 사실을 특정할 수 있도록 하여야 한다」고 규정함으로써 특정의 대상이 소인이 아니라 바로 공소사실 자체임을 밝히고 있고, 또한 피고인의 방어권보장은 공소사실을 특정함으로써 그 목적을 이룰 수 있는 것이므로 현행법상으로는 구태여 소인개념을 인정할 필요가 없다고 생각된다.

(2) 학설의 개관

(가) 범죄사실대상설

범죄사실대상설은 공소장에 기재된 공소사실 및 그와 단일성·동일성이 인정되는 사실을 모두 법원의 현실적 심판의 대상으로 보는 견해이다. 공소가 제기된 이후에는 범죄사실에 대한 실체해명의 권한과 책임을 법원에 인정하는 직권주의적 소송구조를 기초로 하는 입장으로서, 이에 따르면 공소제기의 효력범위와 법원의 현실적 심판범위 및 확정판결의 효력범위가 일치하게 된다.

범죄사실대상설은 그 근거를 공소불가분의 원칙을 규정한 제248조 제 2 항에서 구하며, 범죄사실의 일부에 대한 공소의 효력이 전부에 미친다는 것은 바로 범죄사실 전체가 법원의 현실적 심판의 대상이 된다는 것을 의미한다고 본다. 범죄사실대상설에 의하면 법원은 현실적으로 범죄사실 전체에 대하여 심판할 수 있으므로 공소장변경에 의하여 비로소 동일성이 인정되는 사실이 법원의 심판의 대상이 되는 것은 아니다. 따라서 이 견해에서는 공소장변경제도를 형사절차의 소송물 자체에는 영향을 미치지 않는 피고인의 방어권보장을 위한 절차적 담보장치로 보게 된다.[1]

그러나 범죄사실대상설에 대해서는 법원의 심판범위를 이와 같이 공소사실과 동일성이 인정되는 범죄사실 전체로 보게 되면 피고인의 방어권행사에 불이익을 초래할 수 있고, 또한 현행법상의 공소장변경제도를 단순히 절차적 의미를 갖는 것으로 이해함으로써 공소장변경제도를 인정한 취지를 무의미하게 한다는 비판이 제기되고 있다.

(나) 소인대상설

법원의 심판대상은 범죄가 되는 사실, 즉 검사가 공소장의 기재를 통하여 주장하는 특별구성요건에 해당하는 구체적 사실을 의미하는 소인이고, 공소사실은 공소장변경의 한계가 되는 공소사실의 동일성을 판단할 때에만 의미를 가지는 일종의 기능개념에 불과하다는 견해이다. 소인대상설은 검사가 공소장에 기재한 사실적 측면뿐만 아니라 법률적 평가의 측면도 법원의 심판대상을 제한하는 요소로 보는 점에 그 특징이 있다고 할 수 있다.

그러나 소인이 영미의 당사자주의에서 유래하는 개념이고 또한 일본 형사소송법이 채택하고 있는 개념이기는 하나, 우리 형사소송법은 소인개념을 사용하지 않고 공소사실이라는 개념을 통하여 소인의 기능을 흡수하고 있으므로 소인개념을 전제로 한 소인대상설을 취할 현실적인 필요성은 거의 없다고 생각된다. 또한 소인

---

1) 직권주의적 소송구조를 채택하고 있는 독일의 경우 법원이 공소장에 기재된 형벌법규와 다른 벌조를 적용하여 처벌하기 위해서는 법적 견해의 변경을 피고인에게 고지하여 방어의 기회를 주어야 하고, 공소사실보다 중한 벌조가 적용되는 사실을 인정하는 경우 피고인의 요구가 있는 때에는 방어준비를 위하여 공판절차를 정지하여야 한다. 또한 그 밖에도 사실관계의 변화에 의해 공판절차를 정지할 필요가 있는 경우에는 직권 또는 신청에 의하여 공판절차를 정지하도록 하고 있다(독일 형사소송법 제265조 참조).

대상설은 공소사실이 아닌 소인을 심판의 대상으로 보기 때문에 공소불가분의 원칙과 확정판결의 효력범위가 공소사실의 동일성을 기준으로 하는 점을 설명하기 어렵다는 비판도 받고 있다.

㈎ 이 원 설

이원설은 공소장에 기재된 공소사실이 현실적 심판의 대상이고 공소사실과 동일성이 인정되는 사실이 잠재적 심판의 대상이며, 잠재적 심판대상은 공소장변경에 의하여 현실적 심판의 대상으로 된다는 견해이다. 현재 우리나라의 통설과 판례[1]의 입장이다. 이 견해에 의하면 공소장변경제도는 잠재적 심판대상을 현실적 심판대상으로 전환시킨다는 점에서 소송물의 처분으로서의 성격과 함께 피고인의 방어권보장이라는 성격을 아울러 가지게 된다. 그리고 공소제기의 효력과 공소장변경의 한계 및 확정판결의 효력범위는 모두 공소사실의 동일성이 인정되는 사실이 그 기준이 되게 된다.

그러나 이원설에 대해서는 형사소송법 제248조 제 2 항이 범죄사실의 일부에 대한 공소는 그 효력이 전부에 미친다고 규정하여 이른바 공소불가분의 원칙을 명시하고 있음에도 불구하고 잠재적 심판의 대상이라는 기교적인 개념을 사용하여 이를 제한하는 논거가 미흡하다는 비판이 있다.

㈏ 검 토

법원의 심판대상을 이원화하여 현실적 심판대상과 잠재적 심판대상으로 구분하는 이원설이 타당하다. 공소불가분의 원칙이란 법원의 심판가능성을 기초로 판결이 확정된 경우 그 효력이 범죄사실 전체에 대하여 미칠 수 있도록 하기 위한 원칙일 뿐 그 자체로서 현실적 심판의 대상을 정하는 의미를 가지는 것은 아니다. 그리고 현행법상의 공소장변경제도의 성격을 피고인의 방어권보장을 위한 단순한 절차적 보장책으로서 파악하는 것도 바람직하지 않다.

---

1) 대법원 1991. 5. 28, 90도1977, 「형사재판에 있어서 법원의 심판대상이 되는 것은 공소장에 기재된 공소사실과 예비적 또는 택일적으로 기재된 공소사실 그리고 소송의 발전에 따라 추가 또는 변경된 사실에 한하는 것이고, 공소사실과 동일성이 인정되는 사실이라 할지라도 위와 같은 공소장이나 공소장변경신청서에 공소사실로 기재되어 현실로 심판의 대상이 되지 아니한 사실은 법원이 그 사실을 인정하더라도 피고인의 방어에 실질적 불이익을 초래할 염려가 없는 경우가 아니면 법원이 임의로 공소사실과 다르게 인정할 수 없는 것이며 이와 같은 사실을 인정하려면 공소장변경을 요한다.」

Ⅱ. 공소장의 변경

1. 공소장변경의 의의

(1) 의   의

공소장변경이란 검사가 공소를 제기한 후에 공소사실의 동일성이 인정되는 범위 내에서 법원의 허가를 얻어 공소장에 기재한 공소사실 또는 적용법조를 추가·철회 또는 변경하는 것을 말한다($\substack{제298조\\제1항}$). 공소장변경은 공소사실의 동일성이 인정되는 범위 내에서 별도의 공소제기 없이 공소사실 및 적용법조를 변경하는 제도라는 점에서 새로운 범죄사실에 대하여 심판을 구하는 추가기소와 구별되며, 또한 소송절차를 유지하면서 심판대상만 변경하는 제도라는 점에서 수개의 공소사실이 경합범으로 기소된 상태에서 그 일부사실에 대해 법원의 소송계속을 종결시키는 공소취소($\substack{제255\\조}$)와도 다르다. 아울러 공소장변경은 법원의 심판대상에 실질적인 변경을 가하는 점에서 법원의 허가 없이 행하여지고 공소장의 명백한 오기나 누락을 보충하는 데 그치는 공소장정정이나 검사의 청구 없이 법원이 직권으로 행하는 하자의 보정과도 다르다.

공소장변경은 공소사실이나 적용법조를 추가·철회·변경하는 것을 내용으로 하는데, 공소사실과 적용법조는 별도로 변경할 수도 있고 함께 변경할 수도 있으며, 이때 죄명도 함께 변경하는 것이 일반적이다. 추가란 새로운 공소사실이나 적용법조를 덧붙이는 것을 말하는데, 예를 들면 상습절도의 공소사실에 대하여 다른 절도의 범죄사실을 추가하는 것과 같이 포괄일죄의 내용을 이루는 범죄사실의 일부를 추가하거나 또는 과형상 일죄를 이루는 사실을 공소사실에 추가하는 경우(단순추가)[1]와 동일성이 있는 범죄사실을 예비적 또는 택일적 관계에서 추가하는 경우(예비적 또는 택일적 추가)가 여기에 해당한다. 철회란 공소장에 기재된 공소사실이나 적용법조 중 일부를 심판대상에서 제외시키는 것을 말하며, 포괄일죄나 과형상

---

[1] 판례는 공소가 제기된 사실과 상상적 경합 또는 포괄일죄의 관계에 있는 사실에 대해 공소장변경절차를 거치지 않고 추가기소를 한 경우에도 이를 기존의 공소장에 누락된 것을 추가·보충하는 취지라고 해석하여 공소장변경신청으로 간주하고 있다. 즉 이러한 경우의 추가기소에는 전후에 기소된 각 공소사실 전부를 처벌할 것을 신청하는 취지가 포함되어 있다고 볼 수 있어 공소사실을 추가하는 등의 공소장변경과는 절차상 차이가 있을 뿐 실질에 있어서 별 차이가 없으므로, 법원은 석명을 거쳐서(대법원 1999. 11. 26, 99도3929; 대법원 2012. 6. 28, 2012도2087) 또는 석명을 거치지 않았다 하더라도(대법원 2007. 8. 23, 2007도2595; 대법원 2012. 1. 26, 2011도15356) 공소장변경이 이루어진 것으로 보아야 한다는 것이다.

일죄의 일부를 이루는 범죄사실을 철회하거나, 예비적 또는 택일적으로 기재된 공소사실의 일부를 철회하는 형식으로 이루어진다. 또한 변경은 공소사실이나 적용법조의 내용을 바꾸는 것으로서, 일부를 추가하면서 아울러 일부를 철회하는 것을 말한다.

(2) 제도적 가치

공소장에 기재된 공소사실은 검사가 수사결과를 기초로 구성한 구체적인 범죄사실의 주장이다. 그리고 공판에서는 공소사실을 중심으로 당사자의 주장과 입증이 행하여지며, 그 결과 공소장기재의 공소사실과 다른 범죄사실이 증명되는 경우도 있게 된다. 이러한 경우에 공소장변경제도는 공소장에 기재된 공소사실과 동일성이 인정되는 사실도 법원의 심판의 대상이 될 수 있는 길을 열어 적정한 형벌권 행사를 가능하게 하면서도, 한편으로 법원은 동일성이 인정되는 사실일지라도 공소장변경이 있는 경우에만 이를 심판할 수 있도록 함으로써 피고인의 방어권을 보장하는 역할을 수행하게 된다. 이와 같이 공소장변경제도는 피고인의 방어권 보장과 함께 실체적 진실발견과 국가형벌권의 적정한 행사를 가능하게 하는데 그 제도적 가치가 있다.

2. 공소장변경의 한계

(1) 공소사실의 동일성의 의의

공소장변경은 공소사실의 동일성을 해하지 않는 범위에서 허용되므로($\binom{제298조}{제1항}$), 여기서 공소사실의 동일성의 구체적 의미를 파악할 필요가 있게 된다. 공소사실의 동일성이란 공소사실의 단일성과 협의의 동일성을 포함하는 개념이라는 견해(광의설)와 공소사실의 단일성은 형법상의 죄수문제와 같으므로 형사소송법에서의 공소사실의 동일성은 좁은 의미의 동일성만을 의미한다고 보는 견해(협의설)가 있다.

공소사실의 단일성은 일정한 시점에서 공소범죄사실이 1개라는 것으로서 이는 사건의 객관적 자기동일성을 의미한다. 그리고 이러한 판단은 대부분 형법상의 죄수론에 의해 결정되는 것이 사실이나 그렇다고 반드시 양자가 일치하는 것은 아니다. 따라서 공소사실의 단일성을 결정하는 기준은 형법상의 죄수론이 아니라 형사소송법상의 독자적인 행위개념이며, 이는 당해절차에서 공소사실과 하나로 다루어져야 할 범죄사실이 무엇인가라는 관점에서 파악하여야 한다. 이렇게 볼 때 상상적 경합범이 형법에서는 수죄이지만 소송법상으로는 일죄가 되는 이유를 설명할 수 있게 된다. 또한 절도사실과 그 수단인 주거침입의 사실과 같이 실체법상 경합범의 관계에 있는 범죄사실이라도 소송법상으로는 하나의 공소사실로 보는 것이 가능할 수 있다. 이들 사실은 우리의 생활경험에 비추어 하나의 역사적 사실로서 평가할 수 있어 이른바 행위단일성을 인정할 수 있는 것이다. 이러한 의미에서 볼 때 다수설인 광의설이 타당하다고 생각된다.

그리고 공소사실의 동일성(협의의 동일성)이란 소송의 진행에 따른 사실관계의 변화에도 불구하고 비교되는 두 시점에서 범죄사실이 동일한 것으로 볼 수 있다는 의미로서 사건의 시간적 전후동일성의 문제가 된다.

(2) 공소사실의 동일성의 판단기준

㈎ 기본적 사실관계동일설

현재의 공소사실과 변경하려는 공소사실을 각각 그 기초가 되는 사회적 사실로 환원하여 그러한 사실 사이에 다소의 차이가 있더라도 기본적인 사실관계가 동일하면 동일성을 인정해야 한다는 견해로서, 종래 대법원도 이러한 입장을 취하고 있었다. 이 견해는 공소사실의 동일성을 판단하는 데 있어서 일체의 법률적 관점을 배제하고 순수하게 자연적·전법률적 관점에서 이를 판단하려는 점에 그 특색이 있으며, 범행의 일시와 장소·수단과 방법 그리고 범행객체 내지 피해자 등을 고려할 때 양자가 밀접한 관계에 있어 서로 양립할 수 없다고 볼 수 있는 때에는 기본적 사실관계가 동일하다고 보고 있다.

기본적 사실관계동일설에 대해서는 기본적 사실관계의 개념이 명확하지 않다는 비판이 있으나, 기본적 사실관계는 사회일반인의 생활경험을 바탕으로 자연적·전법률적으로 판단되는 것이므로 그 기준이 반드시 불분명하다고는 할 수 없다. 또한 공소사실에 대한 규범적 측면을 무시함으로써 공소사실의 동일성의 범위를 지나치게 확장한다는 비판도 있으나, 동일성의 범위를 넓게 인정하면 공소장변경의 허용범위가 넓어져 피고인의 방어권행사에는 지장을 초래하지만 반면에 일사부재리의 효력이 미치는 범위도 넓어져서 피고인에게 유리한 측면도 있으므로 그 장단점을 일률적으로 판단할 수는 없다.

㈏ 죄질동일설

공소사실은 자연적 사실이 아니라 구성요건의 유형적 본질, 즉 죄질에 의한 사실관계의 파악이므로 죄질이 동일한 경우에만 공소사실의 동일성이 인정된다는 견해이다. 그리고 구성요건의 유형적 본질은 주로 범죄사실에 대한 죄명이나 그 범죄의 법전 내에서의 체계적 위치를 통해서 파악된다고 한다. 죄질동일설에 의하면 절도죄와 강도죄, 사기죄와 공갈죄, 상해죄와 폭행죄 등과 같이 형법상 동일한 장에 속하는 범죄 사이의 동일성은 인정되지만, 수뢰죄와 공갈죄는 죄질을 달리하므로 비록 공무원이 직무를 빙자한 협박에 의하여 재물을 갈취한 사실이 인정되더라도 수뢰죄를 공갈죄로 변경하는 것은 허용되지 않게 된다.

이 견해는 공소사실의 동일성을 규범적으로 판단하여 그 범위를 지나치게 좁게 해석함으로써 공소장변경제도를 무의미하게 만들고, 일사부재리의 효력범위의 축소로 인하여 피고인에게 추가기소의 위험을 증가시킨다는 비판을 받고 있다.

㈐ 구성요건공통설

비교되는 두 사실이 구성요건적으로 상당한 정도 부합하는 때에는 공소사실의 동일성이 인정되고, 이때 양 구성요건이 죄질을 같이 하거나 공통된 특징을 가질 것을 요하지 않는다는 견해이다. 다시 말해서 A 사실이 甲 구성요건에 해당하고 B 사실이 乙 구성요건에 해당하는 경우에 B 사실이 甲 구성요건에도 상당한 정도 부합하는 때에는 공소사실의 동일성이 인정되고, 따라서 수뢰죄와 공갈죄, 재산죄 상호간, 공무집행방해죄와 소요죄 사이에도 동일성을 인정할 수 있다고 한다. 공소사실의 규범적 성격을 유지하면서 죄질동일설의 결함을 시정하여 동일성의 범위를 넓히고자 하는 구성요건공통설에 대해서는 구성요건이 상당한 정도 부합한다는 의미가 명확하지 않으며 또한 동일성을 여전히 규범적으로만 파악하고 있다는 점에 대하여 비판이 제기되고 있다.

㈑ 소인공통설

공소사실의 동일성은 공소장에 기재된 소인과 변경하고자 하는 소인의 비교에서 오는 사실상의 문제에 불과하므로 소인의 주요부분이 공통되면 동일성이 인정된다는 견해이다. 이 견해에서는 소인이란 구체적 사실을 의미하므로 공소사실의 동일성의 문제도 규범의 문제가 아닌 사실과 사실의 비교문제라고 하면서 한편 공소사실의 동일성을 결정하는데 절대적인 기준이 있는 것은 아니므로 이에 대한 구체적인 판단은 동일한 형사절차에서 해결해야 할 이익과 일사부재리효에 의하여 재소가 금지되는 이익을 비교하여 합목적적으로 결정해야 한다고 한다.[1] 그

---

1) 소인공통설의 입장에서 공소사실의 동일성에 대한 구체적인 기준을 제시하기 위하여 일본에

러나 소인공통설은 공소사실의 동일성을 판단함에 있어서 명확한 기준을 제시하지 못한다는 점 이외에도 소인 자체가 구성요건적으로 평가된 사실이라는 점에서 볼 때 소인의 비교에 있어서 법률적 평가로부터 완전히 자유로울 수 있을지는 의문이라고 할 수 있으며, 또한 이를 규범의 문제가 아닌 사실관계의 문제로 보는 경우에는 결과적으로 기본적 사실관계동일설과 차이를 인정할 수 없다는 점이 문제점으로 지적될 수 있다. 아울러 형사소송법은 소인개념을 사용하고 있지 않으며 현행법상 이를 인정할 필요성이 없다는 점도 이 견해의 근본적인 문제점이라고 할 수 있다.

㈒ 판례의 입장(수정된 기본적 사실관계동일설)과 그 검토

대법원은 종래 기본적 사실관계동일설의 입장에서 범행의 일시와 장소, 수단과 방법 그리고 범행객체 내지 피해자 등을 고려할 때 양자가 밀접한 관계에 있어서로 양립할 수 없는 관계에 있는 경우에는 기본적 사실관계가 동일하다고 보고 있었다(대법원 1990.2.13, 89도1457; 대법원 1986.7.8, 85도554 등).

그런데 1994년의 전원합의체 판결 이래 대법원은 기본적 사실관계동일설을 취하면서도 기본적 사실관계의 동일성을 판단하는 데 있어서는 범행의 일시·장소, 수단·방법, 범행객체 내지 피해자 등과 함께 피침해법익 등 죄질의 평가에 영향을 주는 규범적 요소도 고려하여야 한다는 입장을 취하고 있다. 판례에 의하면「공소사실이나 범죄사실의 동일성은 형사소송법상의 개념이므로 이것이 형사소송절차에서 가지는 의의나 소송법적 기능을 고려하여야 할 것이고, 따라서 두 죄의 기본적 사실관계가 동일한가의 여부는 그 규범적 요소를 전적으로 배제한 채 순수하게 사회적, 전법률적인 관점에서만 파악할 수는 없고, 그 자연적·사회적 사실관계나 피고인의 행위가 동일한 것인가 외에 그 규범적 요소도 기본적 사실관계 동일성의 실질적 내용의 일부를 이루는 것이라고 보는 것이 상당하다」고 한다(대법원 1994.3.22, 93도2080 전원합의체 판결). 그리하여 범행의 일시와 장소, 범행객체가 유사한 장물취득과 강도상해에

서는 다양한 학설들이 주장되고 있다. 1회의 형사절차에서 형벌권을 실현하고자 하는 국가적 관심을 기초로 동일성을 판단해야 한다는 견해(형벌관심동일설), 공소장변경 전후의 공소사실에 대하여 중요한 사회적 관심의 변화가 초래되지 않는 경우에는 동일성이 인정된다는 견해(사회적 혐의동일설), 소인의 요소인 피고인, 범죄의 일시·장소·방법, 피해법익의 내용, 피해자, 공범관계 등의 어느 하나만 변동이 있으면 동일성이 인정되지만, 2개 이상이 다른 때에는 그 요소들 간의 관계를 종합평가하여 동일성 여부를 판단해야 한다는 견해(종합평가설) 등이 그것이다.

대하여「그 수단, 방법, 상대방 등 범죄사실의 내용이나 행위가 별개이고, 행위의 태양이나 피해법익도 다르고 죄질에도 현저한 차이가 있어, 위 장물취득죄와 이 사건 강도상해죄 사이에는 동일성이 있다고 보기 어렵다」고 판시하고 있다(위 93도 2080 판결).

그러나 기본적 사실관계의 동일 여부를 판단하는 데 있어서 규범적 요소는 이를 고려하지 않는 것이 바람직하다고 생각된다. 공소사실의 동일성을 판단하는데 있어서 규범적 요소를 고려하게 되면 피침해법익 내지 보호법익의 동일 여부가 중요한 의미를 가지므로 이것이 죄질의 평가에 실질적인 영향을 주어, 장물취득죄는 피해자의 재산권을 침해하는 범죄인데 반하여 강도상해죄는 피해자의 재산권 이외에도 신체의 자유를 침해한다는 등의 이유로 양 범죄 사이에 동일성을 부정할 수 있게 되는 것이다. 이러한 이유로 결국 밀접관계와 비양립관계로 인하여 경합범이 성립될 수 없는 경우임에도 불구하고, 동일인의 강도상해죄와 장물취득죄의 범죄사실을 다른 사실로 보아 경합범으로 취급하는 불합리한 결과를 초래하게 된 것이다.

다만 판례는 공소사실의 동일성 판단에 있어서 기본적으로는 사실적 요소를 중시하는 태도를 취하고 있어 죄질의 차이가 현저한 경우에만 동일성을 부정하는 태도를 취하고 있는데, 이는 죄질이 경한 죄로 유죄판결이 확정된 후에 죄질이 중한 다른 사실이 드러나는 경우 국가형벌권의 정당한 행사라는 차원에서 사실관계의 동일성이 인정되더라도 이를 다시 심판의 대상으로 삼으려는 것이라고 할 수 있다. 그러나 헌법이 규정한 일사부재리의 효력은 이러한 경우라도 피고인의 이익이 정당한 국가형벌권의 행사에 우선한다는 내용을 포함한 것이라고 보아야 하고, 또한 기본적 사실관계의 동일성 판단에 규범적 요소를 고려하게 되면 자칫 법관의 자의가 개입될 여지마저 있다는 점을 고려할 때, 규범적 요소를 고려하지 않는 본래의 기본적 사실관계동일설의 입장에서 공소사실의 동일성 여부를 판단하는 것이 타당하다고 생각된다.

3. 공소장변경의 절차

(1) 공소장변경의 신청

공소장변경은 검사의 신청에 의한다. 공소장변경신청은 검사의 자발적 판단에 의하여 행하여지는 것이 원칙이나(제298조 제1항), 법원의 공소장변경요구에 의하여 행하여지는 경우(동조 제2항)도 있다. 검사가 공소장변경을 신청하는 경우에는 그 취지를 기재한 공소장변경허가신청서를 법원에 제출하여야 한다(규칙 제142 조 제1항). 검사가 공소장변경허가신청서를 제출하지 않고 공소사실에 대한 검사의 의견을 기재한 서면을 제출하였더라도 이를 곧바로 공소장변경허가신청서를 제출한 것으로 볼 수는 없다(대법원 2022.1.13, 2021도13108). 다만 법원은 피고인이 재정하는 공판정에서는 피고인에게 이익이 되거나 피고인이 동의하는 경우에는 구술에 의한 공소장변경을 허가할 수 있다(규칙 동조 제5항). 이와 같이 검사가 구술에 의한 공소장변경허가신청을 하는 경우에도 변경하고자 하는 공소사실의 내용은 서면에 의하여 신청을 할 때와 마찬가지로 구체적으로 특정하여 진술하여야 한다. 만일 검사가 구술로 공소장변경허가신청을 하면서 변경하려는 공소사실의 일부만 진술하고 나머지는 전자적 형태의 문서로 저장한 저장매체를 제출하였다면 공소사실의 내용을 구체적으로 진술한 부분에 한하여 공소장변경허가신청이 된 것으로 볼 수 있을 뿐이다. 그 경우 저장매체에 저장된 전자적 형태의 문서는 공소장변경허가신청이 된 것이라고 할 수 없고, 법원이 그 부분에 대해서까지 공소장변경허가를 하였다고 하더라도 적법하게 공소장변경이 된 것으로 볼 수 없다(대법원 2016.12.29, 2016도11138). 검사는 공소사실 등을 예비적·택일적으로 변경할 수도 있다.

공소장변경허가신청서에는 피고인의 수에 상응한 부본을 첨부하여야 한다(규칙 동조 제2항). 법원은 피고인의 방어준비를 위하여 공소장변경허가신청서의 부본을 피고인 또는 변호인에게 즉시 송달하여야 한다(규칙 동조 제3항).[1] 법원이 피고인 또는 변호인에게 공소장변경허가신청서의 부본을 송달·교부하지 않은 채 공소장변경허가신청서에 기재된 공소사실에 관하여 유죄판결을 하였다면, 공소장변경 내용이 피고인의 방어권과 변호인의 변호권 행사에 지장이 없는 것이거나 피고인과 변호인이 공판기일에서 변경된 공소사실에 대하여 충분히 변론할 기회를 부여받는 등 피고인의 방어권이나 변호인의 변호권이 본질적으로 침해되지 않았다고 볼 만한 특별한 사정이 없는 한 판결에 영향을 미친 법령 위반에 해당한다.[2]

---

1) 대법원 2013. 7. 12, 2013도5165, 「형사소송규칙 제142조 제 3 항은 공소장변경허가신청서가 제출된 경우 법원은 그 부본을 피고인 또는 변호인에게 즉시 송달하여야 한다고 규정하고 있는데, 피고인과 변호인 모두에게 부본을 송달하여야 하는 취지가 아님은 문언상 명백하므로, 공소장변경신청서 부본을 피고인과 변호인 중 어느 한 쪽에 대해서만 송달하였다고 하여 절차상 잘못이 있다고 할 수 없다.」

2) 대법원 2021. 6. 30, 2019도7217, 피고인이 강제추행죄로 기소되어 제 1 심에서 무죄가 선고되자 검사가 항소심에서 공연음란죄를 예비적으로 추가하는 공소장변경허가신청서를 제출하였는데 법원이 공소장변경허가신청서 부본을 피고인 또는 변호인에게 송달하거나 교부하지 않은 채 공판절차를 진행하여 제 1 심 판결을 파기하고 예비적 공소사실을 유죄로 판단한 것은 피고인의 방어권이나 변호인의 변호권을 본질적으로 침해한 것으로 볼 수 있다는 이유

(2) 법원의 결정

검사의 공소장변경신청이 있으면 법원은 공소사실의 동일성을 해하지 아니하는 한도에서 이를 허가하여야 한다($^{제298조}_{제1항}$). 신청이 적법한 경우 법원의 허가는 의무적이다($^{대법원 2018.10.25,}_{2018도9810}$). 다만 검사의 공소장변경신청이 현저히 시기에 늦은 경우에는 신청을 기각할 수 있다고 보아야 한다. 판례도 공판심리를 종결하고 선고기일까지 고지한 후에 검사가 공소장변경신청을 변론재개신청과 함께 한 경우에 법원이 종결한 공판의 심리를 재개하여 공소장변경을 허가할 의무는 없다고 판시하고 있다($^{대법원 2003.12.26,}_{2001도6484}$).

법원은 공소사실 또는 적용법조의 추가·철회 또는 변경이 있는 때에는 그 사유를 신속히 피고인 또는 변호인에게 고지하여야 한다($^{제298조}_{제3항}$). 이 고지는 법원의 허가결정 이전에 이루어진 공소장변경허가신청서의 부본송달과 함께 피고인의 방어권행사를 실질적으로 보장하기 위한 것이다.

공소장변경허가에 관한 법원의 결정은 판결 전의 소송절차에 관한 결정이므로 그 결정에 대하여 독립하여 항고할 수 없고($^{제403조}_{제1항}$), 다만 공소장변경허가에 관한 결정의 위법이 판결에 영향을 미친 경우에 한하여 그 판결에 대하여 상소를 제기할 수 있을 뿐이다($^{대법원 1987.3.28,}_{87모17}$). 법원이 공소장변경을 허가한 후 공소사실과 동일성이 인정되지 않는 등의 사유로 공소장변경이 위법하다고 인정한 경우에는 스스로 그 결정을 취소할 수 있다($^{대법원 2001.3.27,}_{2001도116}$).

(3) 공소장변경 이후의 공판절차

㈎ 검사의 낭독 또는 요지진술

공소장변경이 허가된 때에는 검사는 모두진술에 준하여 공판기일에 공소장변경허가신청서에 의하여 변경된 공소사실·죄명 및 적용법조를 낭독하여야 한다. 다만 재판장은 필요하다고 인정하는 때에는 공소장변경의 요지를 진술하게 할 수 있다($^{규칙 제142}_{조 제4항}$). 검사의 변경된 공소장의 낭독은 공판절차에서 변경된 쟁점을 명백히 함으로써 피고인의 방어권을 보장하고 공정한 재판을 실현하는 데 기여하는 제도라고 할 수 있다.

㈏ 공판절차의 정지

법원은 공소사실 또는 적용법조의 추가·철회 또는 변경이 피고인의 불이익을

로 원심판결을 파기환송한 사례이다.

증가시킬 염려가 있다고 인정한 때에는 직권 또는 피고인이나 변호인의 청구에 의하여 피고인으로 하여금 필요한 방어준비를 하게 하기 위하여 결정으로 필요한 기간 공판절차를 정지할 수 있다(제298조제4항). 공소장의 변경이 피고인의 불이익을 증가시킬 염려가 있는가 하는 점에 대한 판단은 기본적으로 법원의 재량에 속한다. 따라서 공소사실 등의 변경이 있더라도 공판절차의 진행상황에 비추어 그 변경이 피고인의 방어권 행사에 실질적 불이익을 주지 않는 것으로 인정되는 경우에는 법원이 공판절차를 정지하지 않았다고 하더라도 이를 위법하다고 할 수 없다(대법원2005.12.23, 2005도6402). 그리고 공소장변경으로 인하여 공판절차가 정지된 기간은 법원의 구속기간에 산입하지 않는다(제92조제3항,제298조제4항).

4. 공소장변경의 필요성

(1) 의   의

공소사실의 동일성이 인정되면 공소장변경이 가능하나, 공소장변경이 가능하다고 해서 공소사실의 사소한 변경에 대해서까지 언제나 공소장변경절차를 밟을 필요가 있는 것은 아니다. 이것을 요구하게 되면 심리의 지연을 초래하고 소송경제에도 반하므로 피고인의 방어권 행사에 지장을 주지 않는 범위 내에서 법원이 직권으로 공소장변경절차 없이 공소장에 기재된 공소사실과 다른 사실을 인정할 수 있도록 할 필요가 있다. 여기서 법원이 공소사실의 동일성이 인정되는 범위 내에서 구체적으로 어느 범위까지 공소장변경 없이 공소장에 기재된 사실과 다른 사실을 인정할 수 있는지가 문제로 된다.

(2) 판단기준

공소장변경 없이 공소사실과 다른 사실을 인정하더라도 기본적으로 공소사실의 동일성이 인정되어야 함은 물론이다. 공소장변경의 필요성을 결정하는 기준에 대하여는 동일벌조설, 법률구성설 및 사실기재설이 있으나, 사실기재설이 통설과 판례의 입장이다.

(가) 동일벌조설(동일구성요건설)

구체적인 사실관계가 다르더라도 그 적용법조 또는 구성요건에 변경이 없는 한 법원은 공소장변경 없이 공소장에 기재된 사실과 다른 사실을 인정할 수 있다는 견해이다. 이에 의하면 동일한 구성요건에 해당하는 한 범죄의 일시와 장소·방법 등이 달라지더라도 공소장변경을 요하지 않는다고 보게 되며, 예를 들면 법원이 살인죄에 있어서 교살을 독살로 인정하거나 강도죄에 있어서 폭행에 의한 강도를 협박에 의한 강도로 인정하는 것은 공소장변경 없이도 가능한 것이 된다.

(나) 법률구성설

구체적 사실관계가 다르더라도 그 법률구성에 영향을 미치지 않는 한 공소장변경절차 없이 공소장에 기재된 사실과 다른 사실을 인정할 수 있다는 견해로서, 공소사실의 법률적 평가에 중점을 둔다는 점에서는 동일벌조설과 유사하나 벌조나 구성요건의 동일성을 넘어서 범죄사실의 법률적 구성 전반에 걸친 동일성 여부를 그 판단의 기준으로 삼는다는 점에서 이와 구별된다. 법률구성설의 입장에서는 폭행에 의한 강도와 협박에 의한 강도, 사기에 있어서의 재물사기와 이익사기는 그 법적 유형을 달리하는 것으로 보므로 이 경우에 동일벌조설과는 달리 공소장변경을 요하는 것으로 보게 된다.

(다) 사실기재설(실질적 불이익설)

법원의 심판대상을 법률적 평가와는 관계없이 사실적 측면에서 판단하여 공소장에 기재되어 있는 사실과 실질적으로 다른 사실을 인정할 때에는 공소장변경을 필요로 한다는 견해이다. 그리고 사실 사이에 실질적 차이가 있느냐의 여부는 결국 사실관계의 변화가 피고인의 방어권 행사에 실질적으로 불이익을 초래하느냐를 기준으로 판단해야 한다고 한다.

(라) 검 토

현행법이 공소사실의 기재는 범죄의 시일·장소와 방법을 명시하여 사실을 특정할 수 있도록 할 것을 요구하고 있고($^{제254조}_{제4항}$), 또한 적용법조나 죄명과는 별개로 공소사실을 추가·철회·변경하는 경우에도 공소장변경절차를 밟도록 하고 있는 점($^{제298}_{조}$)에 비추어 볼 때, 사실관계가 변화되더라도 법률적 평가나 적용법조의 변화가 없으면 공소장변경이 필요하지 않다는 주장은 현행법의 태도와 일치하지 않는다. 공소장변경제도는 피고인의 방어권 보장에 그 존재의미가 있으므로 피고인의 방어에 불이익을 초래할 사실변경이 있으면 공소장변경을 요한다는 사실기재설이 타당하다고 할 것이다.

판례[1]도 사실기재설의 입장을 취하고 있다. 아울러 판례는 피고인의 방어권

---

[1] 대법원 2003. 7. 25, 2003도2252, 「법원이 공소장의 변경 없이 직권으로 공소장에 기재된 공소사실과 다른 범죄사실을 인정하기 위하여는 공소사실의 동일성이 인정되는 범위 내이어야

행사에 실질적인 불이익을 초래하는지는 공소사실의 기본적 동일성이라는 요소와 함께 법정형의 경중과 그러한 경중의 차이에 따라 피고인이 자신의 방어에 들일 노력·시간·비용에 관한 판단을 달리할 가능성이 뚜렷한지 여부 등의 여러 요소를 종합하여 판단해야 한다고 한다(대법원 2019.6.13, 2019도4608).

(3) 필요성판단의 구체적 기준

㈎ 구성요건이 동일한 경우

동일한 구성요건 내에서 사실관계만 변화된 경우에는 불일치하는 사실부분이 범죄의 일시·장소·방법과 같이 심판의 대상을 특정하기 위하여 불가결한 사항에 해당하는 경우와 다만 공소사실의 내용을 보다 명확히 하거나 명백한 오기를 바로 잡는 등의 경우를 나누어 살펴보아야 한다. 일반적으로 전자의 경우에는 공소장변경을 요하고 후자의 경우는 요하지 않는다고 할 수 있으나, 어느 경우이든 최종적인 기준은 그 변경이 피고인의 방어권행사에 실질적 불이익을 초래할 것인가의 여부에 있다고 할 수 있다.

　1) 범죄의 일시와 장소　　범죄의 일시와 장소는 공소사실을 특정하는 데 중요하고 그 변경은 피고인의 방어권행사에 직접적인 영향을 미치므로 명백한 오기를 정정하는 경우나 공소사실의 특정에 미치는 영향이 실질적으로 크지 않은 경우가 아니면 원칙적으로 공소장변경이 필요하다.[1] 특히 범죄의 일시나 장소의 변화가 알리바이의 증명 등에 관계되는 경우에는 공소장변경을 요한다고 해야 한다.

　2) 범죄의 수단과 방법　　범죄의 수단과 방법도 공소사실을 특정하기 위한 요소이고 피고인의 방어권행사에 실질적으로 영향을 미치는 사실이기 때문에 이를 달리 인정하기 위해서는 원칙적으로 공소장변경을 요한다고 해야 한다. 따라서 살인죄에 있어서 살해방법이나 강도죄에 있어서 폭행·협박의 수단을 변경하는 경우, 사기죄에 있어서 기망의 방법이 달라지는 경우, 작위에 의한 범행을 부작위에 의한

　　할 뿐더러 또한 피고인의 방어권 행사에 실질적 불이익을 초래할 염려가 없어야 한다.」

　1) 대법원 1992. 12. 22, 92도2596, 「일반적으로 범죄의 일시는 공소사실의 특정을 위한 요건이지 범죄사실의 기본적 요소는 아니므로 법원이 공소장변경절차를 거치지 않고 그 일시를 공소장기재와 다소 다르게 인정할 수도 있으나, 일시의 차이가 단순한 착오기재가 아니라 사안의 성질상 일시를 달리하는 각 범죄사실이 별개의 범죄사실로서 양립가능한 것이고 법원이 공소사실 기재 일시와 다른 일시의 범죄사실을 유죄로 인정하는 것이 피고인에게 예기치 않은 타격을 주어 그 방어권의 행사에 실질적인 불이익을 줄 우려가 있는 경우에는 공소장변경절차를 거쳐야 한다고 할 것이다.」

범행으로 인정하는 경우 등에는 공소장을 변경하여야 한다.

3) 범죄의 객체와 결과　　범죄의 객체나 범죄의 결과도 피고인의 방어권행사에 중요한 사실이므로 이를 달리 인정하기 위해서는 원칙적으로 공소장변경을 요한다. 예를 들면 살인죄에 있어서 피해자가 달라지는 경우, 절도죄에 있어서 범행객체가 달라지거나 피해액이 현저하게 증가한 경우 또는 상해죄에 있어서 피해자의 치료기간이 현저하게 길어진 경우[1] 등을 들 수 있다. 다만 피고인이 변경된 객체에 대하여 이미 시인하였거나($\binom{대법원\ 1984.9.25,}{84도312}$), 범행객체는 동일하고 피해자만 다른 경우($\binom{대법}{원}$ $\binom{1978.2.28,}{77도3522}$), 사기죄에 있어서 기망의 일시, 방법, 피해목적물 및 금액이 모두 동일하고 단지 피해자만 다른 경우($\binom{대법원\ 2002.8.23,}{2001도6876}$), 인과관계의 진행에 차이가 있는 경우($\binom{대법원\ 1989.12.26,}{89도1557}$), 법원이 공소사실에 포함된 객체 가운데 일부만을 인정하는 경우 등에 있어서는 피고인에게 실질적인 불이익이 없으므로 공소장변경을 요하지 않는다고 해야 한다.

(나) 구성요건이 다른 경우

공소사실과 법원이 인정하는 범죄사실 사이에 구성요건을 달리하는 때에는 사실의 변경과 함께 적용법조도 달라지게 되는데, 이는 피고인의 방어에 실질적 불이익을 초래하므로 원칙적으로 공소장변경이 필요하다고 해야 한다. 따라서 특수절도죄를 장물운반죄로($\binom{대법원\ 1965.1.26,}{64도681}$), 살인죄를 폭행치사죄로($\binom{대법원\ 2001.6.29,}{2001도1091}$), 명예훼손죄를 모욕죄로($\binom{대법원\ 1972.5.31,}{70도1859}$), 특수강도죄를 특수공갈죄로($\binom{대법원\ 1968.9.19,\ 68}{도995\ 전원합의체\ 판결}$), 강도상해교사죄를 공갈교사죄로($\binom{대법원\ 1993.4.27,}{92도3156}$) 변경하는 경우에는 공소장변경을 요한다. 또한 고의범의 공소사실은 과실범의 범죄사실을 포함한다고 볼 수 없으므로 장물보관죄를 업무상과실장물보관죄로($\binom{대법원\ 1984.2.28,}{83도3334}$) 변경하는 경우에도 공소장 변경이 필요하다.

그러나 구성요건을 달리하는 경우라도 다음의 두 가지 유형에 대해서는 개별적인 검토를 요한다.

1) 축소사실의 인정　　① 구성요건을 달리하는 사실이 공소사실에 이미 포함되어 있는 경우에는 「대는 소를 포함한다」는 논리에 따라 공소장변경을 요하지 않는다. 예를 들면 강간치상죄를 강간죄로($\binom{대법원\ 2002.7.12,}{2001도6777}$), 강제추행치상죄를 강제추

---

[1] 판례는 공소장에 약 4개월간의 치유를 요하는 상해라고 적시된 것을 법원이 공소장변경 없이 약 8개월간의 치료를 요하는 것으로 인정한 사안에서 이를 적법한 것으로 보고 있다(대법원 1984. 10. 23, 84도1803).

행죄로(대법원 1999.4.15, 96도 1922 전원합의체 판결), 강간죄를 폭행죄로(대법원 2002.7.12, 2001도6777), 강도강간죄를 강간죄로(대법원 1987.5.12, 87도792), 강간치상죄를 강제추행치상죄로(대법원 2001.10.30, 2001도3867), 강간치상죄를 준강제추행죄로(대법원 2008.5.29, 2007도7260), 강도상해죄를 절도죄와 상해죄(대법원 1965.10.26, 65도599) 또는 주거침입죄와 상해죄로(대법원 1996.5.10, 96도755), 특수절도죄를 절도죄로(대법원 1973.7.24, 73도1256), 수뢰 후 부정처사죄를 뇌물수수죄로(대법원 1999.11.9, 99도2530), 특정범죄 가중처벌 등에 관한 법률위반(도주차량)죄를 교통사고처리 특례법위반죄로(대법원 2007.4.12, 2007도828) 변경하는 경우에는 공소장변경을 요하지 않는다. 또한 포탈한 조세가액이나 수뢰한 액수에 의하여 형량의 차이가 생기는 범죄에 있어서 공소사실보다 적은 액수를 인정하여 경한 법조로 처벌하는 경우(대법원 1993.7.27, 93도658)에도 공소장을 변경할 필요가 없다.

그러나 공소사실 자체를 축소하는 것이 아니라 이에 대한 불법평가를 변경하는 경우, 즉 기본구성요건과 그 수정형식 사이에서의 변경에는 원칙적으로 공소장변경을 요한다고 보아야 한다. 따라서 기수, 미수, 예비·음모의 구성요건 사이에 있어서 공소사실보다 중한 사실을 인정하기 위해서는 당연히 공소장변경이 요구된다. 미수의 공소사실을 기수로 인정한다든지, 예비의 공소사실을 기수나 미수로 인정하는 경우가 여기에 해당한다. 또한 미수의 공소사실을 예비나 음모로 변경하는 경우에도 공소장변경을 요한다고 해야 한다(대법원 1983.4.12, 82도2939). 미수와 예비·음모는 행위의 태양을 달리하므로 피고인의 방어방법에 차이가 있기 때문이다.

마찬가지로 공동정범을 방조범으로 인정하거나 단독범으로 기소된 사건을 공동정범으로 인정하는 경우에도 공소장변경을 요한다고 해야 한다.[1] 그러나 기수의 공소사실을 미수로 인정하는 경우에는 공소장변경을 요하지 않는다. 미수의 공소사실은 기수의 공소사실에 포함되어 있기 때문이다.

② 축소사실이 인정되는 경우 법원은 의무적으로 이를 인정하여야 하는가의 문제에 대해서도 검토를 요한다. 판례는 공소장변경이 없는 경우에 반드시 축소사실을 인정해야 하는 것은 아니나, 축소사실의 사안이 중대하여 공소장이 변경되지 않았다는 이유로 이를 처벌하지 않으면 현저히 정의와 형평에 반하는 것으로 인정

---

[1] 다만 판례는 단독범을 공동정범으로 인정하는 경우에 피고인의 주장내용과 입증과정에 비추어 피고인의 방어권행사에 실질적 불이익을 주지 않는 경우에는 공소장변경을 요하지 않는 것으로 보고 있다(대법원 2007. 4. 26, 2007도309; 대법원 2013. 10. 24, 2013도5752). 또한 심리의 경과 등에 비추어 피고인의 방어에 실질적인 불이익을 주는 경우가 아니라면 공동정범으로 기소된 범죄사실을 공소장 변경 없이 방조사실로 인정하는 것도 가능하다고 한다(대법원 2004. 6. 24, 2002도995; 대법원 2011. 11. 24, 2009도7166).

되는 경우에는 직권으로 그 범죄사실을 인정해야 한다고 하고 있다($^{\text{대법원 2010.1.14,}}_{\text{2009도11601}}$).
따라서 허위사실적시 명예훼손($^{\text{형법 제307}}_{\text{조 제 2 항}}$)의 공소사실을 심리한 결과 사실적시 명예
훼손($^{\text{형법 동조}}_{\text{제 1 항}}$)의 범죄사실이 인정되는 경우($^{\text{대법원 2008.10.9,}}_{\text{2007도1220}}$)나 강간상해의 공소사실이
심리결과 상해로 인정되는 경우($^{\text{대법원 1997.8.26,}}_{\text{97도1452}}$)에 있어서 사실적시에 의한 명예훼손
죄나 상해죄에 대하여 유죄를 인정하지 않고 허위사실적시에 의한 명예훼손죄나
강간상해죄에 대하여 무죄를 선고하는 것은 위법하지 않다고 한다. 다만 도주차량
죄($^{\text{특정범죄 가중처벌 등에 관}}_{\text{한 법률 제 5 조의3 제 1 항}}$)의 공소사실에 대하여 업무상과실치상죄($^{\text{형법 제}}_{\text{268조}}$)의 범죄사실이
인정되는 경우($^{\text{대법원 1990.12.7,}}_{\text{90도1283}}$), 향정신성의약품을 제조·판매하여 영리를 취할 목적
으로 그 원료가 되는 물질을 소지한 것이라는 공소사실($^{\text{마약류 관리에 관한}}_{\text{법률 제58조 제 2 항}}$)에 대하여 영
리의 목적 없이 향정신성의약품을 제조하기 위하여 그 원료가 되는 물질을 소지한
범죄사실($^{\text{동법 제58조}}_{\text{제 1 항 제 2 호}}$)이 인정되는 경우($^{\text{대법원 2002.11.8,}}_{\text{2002도3881}}$), 향정신성의약품사용죄의 공소
사실($^{\text{동법 제60조}}_{\text{제 1 항 제 1 호}}$)에 대하여 그 미수의 범죄사실($^{\text{동법 제60}}_{\text{조 제 3 항}}$)이 인정되는 경우($^{\text{대법원 1999.11.9,}}_{\text{99도3674}}$)
에는 공소사실에 대하여 무죄를 선고할 것이 아니라 공소장변경이 없더라도 인정
된 범죄사실에 대하여 유죄판결을 해야 한다고 판시하고 있다.

축소사실에 대해서 유죄판결을 해야 하는지 또는 공소장변경이 없다는 이유로
무죄판결을 할 수 있는지의 문제는 근본적으로 축소사실이 법원의 현실적 심판의
대상인지의 여부에 따라 결정될 내용이라고 할 수 있다. 그런데 축소사실은 공소사
실에 포함된 사실이므로 이는 곧 법원의 현실적 심판의 대상이라고 보는 것이 타당
하다. 따라서 기소유예권한이 없는 법원으로서는 현실적 심판의 대상인 축소사실
에 대하여 심판할 의무가 있다고 해야 할 것이다.

2) 법률적 구성만을 달리하는 경우   ① 사실관계의 변화 없이 법률적 구성
만을 달리하는 경우에 공소장변경을 요하는가의 문제도 이러한 경우 피고인의 방어
권행사에 실질적 불이익을 초래할 우려가 있는지의 여부에 따라 결정되어야 한다.

공소사실에 대한 적용법조의 기재에 오기나 누락이 있는 경우에는 원칙적으로
공소장변경 없이 공소장에 기재되어 있지 않은 법조를 적용할 수 있다. 그리고 이
경우에 공소장의 적용법조에 규정된 법정형보다 법원이 그 공소장 적용법조의 오
기나 누락을 바로잡아 직권으로 적용한 법조에 규정된 법정형이 더 무겁더라도 법
령적용에 잘못이 있다고 할 수 없다($^{\text{대법원 2006.4.14,}}_{\text{2005도9743}}$).

그러나 검사가 형법의 법조를 적용하여 그 죄명으로 기소함으로써 일반법의 적
용을 청구하고 있음에도 불구하고 법원이 범죄사실에 대하여 공소장변경 없이 형이

무거운 특별법을 적용하는 것은 허용되지 않는다(_{대법원 2007.12.27,} _{2007도4749}).[1]

사실관계의 변화 없이 법적 평가만을 달리하는 경우에도 위탁된 포장물의 내용물을 영득한 사실을 횡령에서 절도로 변경하는 경우처럼 법정형이 중하게 변경되는 경우에는 피고인의 방어에 실질적 불이익을 초래하게 되므로 공소장을 변경하여야 한다. 그러나 공소가 제기된 구성요건보다 법정형이 같거나 가벼운 구성요건을 적용하는 것은 공소장변경 없이 할 수 있다. 예를 들면 장물취득죄로 공소가 제기된 사실에 대하여 장물보관죄를 인정하는 경우(_{대법원 2003.5.13,} _{2003도1366}), 뇌물수수죄를 뇌물약속죄로 인정하는 경우(_{대법원 1988.11.22,} _{86도1223}), 횡령죄에 해당한다고 공소가 제기된 사실에 대해서 배임죄를 인정하거나(_{대법원 2000.9.8,} _{2000도258}) 그 반대의 경우(_{대법원 1999.11.26,} _{99도2651}) 등이 여기에 해당한다.

② 죄수(罪數)에 대한 평가만을 달리하는 경우에는 비록 죄수의 변경이 피고인에게 불리하게 이루어지는 경우라도 이는 사실관계가 동일할 뿐만 아니라 피고인의 방어권행사에 실질적 불이익을 초래하는 것이 아니므로 공소장변경을 요하지 않는다는 것이 판례의 입장이다. 판례는 경합범으로 공소제기된 것을 포괄일죄나(_{대법원 2007.8.23,} _{2007도2595}) 상상적 경합으로 인정하는 경우뿐만 아니라(_{대법원 1980.12.9,} _{80도2236}) 포괄일죄를 경합범으로 인정하는 경우에도[2] 공소장변경을 요하지 않는다고 한다. 따라서 검사가 두 번에 걸친 뇌물수수행위를 포괄일죄로 공소제기한 사건에 대하여 법원이 이를 실체적 경합관계에 있는 두 죄로 인정하거나(_{대법원 1987.4.14,} _{86도2075 참조}), 강도가 하나의 강도범행을 하는 기회에 수명의 피해자에게 각 폭행을 가하여 각 상해를 입힌 행위를 포괄일죄로 기소한 사건에 대하여 법원이 이를 각 피해자별로 수개의 강도상해죄가 성립하는 것으로 인정하는 경우에도(_{대법원 1987.5.26,} _{87도527 참조}) 공소장변경을 요하지 않는다.

③ 축소사실의 인정이 법원의 의무인가에 관한 논의는 논리적으로 볼 때 사실관계의 변화 없이 법적 평가만을 달리하는 경우에 있어서도 그대로 적용되어야 한다. 따라서 법적 평가를 달리하는 사실의 인정에 의하여 피고인의 방어권행사에 실

---

1) 다만 형법상의 범죄와 똑같은 구성요건을 규정하면서 법정형만 상향 조정한 특별법 규정을 위헌으로 판단한 헌법재판소의 결정(2015. 2. 26, 2014헌가16 참조)에 의하여, 앞으로 이러한 문제가 발생할 가능성은 없어졌다고 할 수 있다.

2) 대법원 2005. 10. 28, 2005도5996, 「법원이 동일한 범죄사실을 가지고 포괄일죄로 보지 아니하고 실체적 경합관계에 있는 수죄로 인정하였다고 하여도 이는 다만 죄수에 관한 법률적 평가를 달리한 것에 불과할 뿐이지 소추대상인 공소사실과 다른 사실을 인정한 것도 아니고 또 피고인의 방어권행사에 실질적으로 불이익을 초래할 우려도 없어서 불고불리의 원칙에 위반되는 것이 아니(다).」

질적 불이익이 초래될 염려가 없다고 인정되는 때에는 공소장이 변경되지 않았더라도 법원은 직권으로 그 범죄사실을 인정하여야 할 것이다. 다만 판례는 이 경우에도 공소장변경 없이 반드시 법적평가를 달리하는 사실을 인정해야 하는 것은 아니나, 법적 평가를 달리하는 사실을 인정하지 않고 피고인에게 무죄를 선고하는 것이 현저히 정의와 형평에 반하는 경우에는 직권으로 그 범죄사실을 인정해야 한다고 판시하고 있다.[1]

5. 법원의 공소장변경요구

(1) 의   의

법원은 심리의 경과에 비추어 상당하다고 인정할 때에는 공소사실 또는 적용법조의 추가 또는 변경을 요구하여야 한다($\frac{제298조}{제2항}$). 이를 공소장변경요구제도라고한다. 법원은 공소장에 기재된 사실에 대해서만 현실적으로 심판할 수 있으므로 공소사실을 추가 또는 변경해야 할 경우에도 검사가 공소장변경을 신청하지 않으면 법원이 이를 현실적으로 심판할 수 없게 되고 이로 인해 형벌권의 적정한 실현이 어렵게 될 수 있다는 점을 고려한 제도이다. 즉 법원이 공소사실과 동일성이 인정되는 다른 사실에 대하여 확신을 가졌음에도 불구하고 피고사건에 대하여 무죄를 선고해야 하는 불합리한 결과를 막는 데 이 제도의 목적이 있다. 공소사실의 일부 철회가 제외된 것은 이러한 경우에는 공소사실에 대하여 무죄판결이 내려지는 것이 아니어서 판결에 영향이 없기 때문이다.

공소장변경요구는 소송지휘에 관한 결정의 성격을 가지므로 공판정에서 구두로 행하는 것이 보통이다. 공소장변경요구는 그 성질상 심리가 상당한 정도 진행된다음에 이루어져야 한다. 따라서 최소한 제 1 회 공판기일 이전에 법원이 공소장변경요구를 할 수는 없다. 그러나 제 1 심에서뿐만 아니라 항소심에서도 공소장변경요구는 허용되며, 변론을 종결한 이후라도 이를 재개하여 요구할 수 있다.

---

1) 대법원 2003. 5. 13, 2003도1366, 「이 사건 공소사실 중 장물취득의 점과 실제로 인정되는 장물보관의 범죄사실은 객관적 사실관계로서는 동일하고, 다만 이를 장물의 취득으로 볼 것인가 보관으로 볼 것인가 하는 법적 평가에 있어서만 차이가 있을 뿐이어서 피고인을 장물보관죄로 처단하더라도 피고인의 방어권 행사에 실질적인 불이익을 초래할 염려가 있다고는 보이지 아니하므로, 단순히 피고인이 위 신용카드들의 사실상 처분권을 취득한 것이 아니라는 이유만으로 피고인을 처벌하지 아니하는 것은 적정절차에 의한 신속한 실체적 진실의 발견이라는 형사소송의 목적에 비추어 현저히 정의와 형평에 반한다고 할 것이다.」

(2) 법적 성격

(가) 의 무 설

공소장변경요구가 법원의 의무라고 해석하는 견해이다. 그 논거로는 「법원은 … 요구하여야 한다」고 규정하고 있는 제298조 제2항의 문리해석상 당연하다는 점과 국가형벌권의 적정한 행사를 위하여 법원의 심판대상에 대한 직권개입을 보충적으로 인정한 제도의 취지에도 부합한다는 점을 들고 있다. 이 견해에 의하면 법원이 공소장변경을 요구해야 함에도 불구하고 이를 하지 않고 무죄판결을 선고하게 되면 검사는 심리미진의 위법을 이유로 상소할 수 있게 된다.

(나) 재 량 설

법원의 공소장변경요구는 권리일 뿐이고 의무는 아니라는 견해이다. 심판대상의 결정은 본래 검사의 권한에 속하는 것이므로 법원은 검사가 제시한 공소사실의 범위 안에서 판결하면 족하고 적극적으로 공소장변경을 요구할 의무는 없다는 것이다. 따라서 법원이 공소장변경을 요구하지 않고 무죄판결을 하더라도 검사는 이를 이유로 상소할 수 없다고 본다. 판례도 이 입장을 취하고 있다(대법원 2009.5.14, 2007도616).

(다) 예외적 의무설

공소장변경요구는 원칙적으로 법원의 재량에 속하지만 공소장변경요구를 하지 않고 무죄판결을 하는 것이 현저히 정의에 반하는 경우에는 예외적으로 법원의 의무가 된다는 견해이다. 현저히 정의에 반하는 기준으로서 증거의 명백성과 범죄의 중대성을 들고 있다. 그리고 범죄의 중대성은 법정형만을 기준으로 하는 것이 아니라 범죄의 죄질, 태양, 결과 등을 고려한 사회적 관심의 중대성을 가지고 판단할 것이라고 한다.

(라) 검　　토

의무설은 자칫하면 검사가 태만히 한 공소유지활동을 법원이 의무적으로 보완하게 함으로써 탄핵주의를 파괴하여 소추자와 심판자의 구분을 불분명하게 할 염려가 있으며, 공소장변경제도를 피고인의 방어권을 보호하기 위한 제도에서 피고인을 처벌하기 위한 제도로 변질시킬 위험이 있다. 또한 재량설은 제298조 제2항의 법문을 무시하게 될 뿐만 아니라 국가형벌권의 적정한 행사를 위하여 법원의 직권개입을 인정한 본 제도의 취지에도 반하는 문제점이 있다. 따라서 법원이 부담하고 있는 실체적 진실발견의 책무와 소추권자로서의 검사의 지위를 함께 고려할 때 현저히 정의와 형평에 반하는 것으로 인정되는 경우에 한하여 예외적으로 공소장변경요구가 법원의 의무가 된다고 해석하는 예외적 의무설이 가장 타당한 것으로 생각된다.

(3) 효   력

공소장변경요구의 효력과 관련해서는 법원의 공소장변경요구에 의해 검사에게 공소장변경신청의무가 발생하는지의 여부와 검사가 법원의 요구에 응하지 않는 경우에도 공소장변경의 효과가 자동적으로 발생하는지의 여부가 문제된다.

공소장변경요구가 검사에 대한 관계에서 어떠한 효과를 가질 것인가에 관하여는 공소장변경요구에 대한 검사의 복종의무 자체를 부정하는 권고적 효력설도 생각할 수 있지만, 공소장변경요구가 법원의 소송지휘권에 의한 결정이라는 점에 비추어 볼 때 검사에게 복종의무를 인정하는 명령적 효력설이 타당하다고 해야 한다. 다만 이 경우에 검사가 법원의 요구에 응하지 않는 경우의 효력이나 처리방법에 대하여는 다시 검토가 필요하게 된다.

검사가 법원의 공소장변경요구에 응하지 않는 경우에도 자동적으로 공소장변경의 효력이 생긴다고 보는 형성적 효력설은 현재 주장되고 있지 않다. 다만 공소장변경요구의 성격에 대한 예외적 의무설의 기준을 적용하여, 무죄판결을 내리는 것이 현저히 정의와 형평에 반하는 경우에는 예외적으로 법원의 변경요구에 따른 검사의 공소장변경신청이 없더라도 법원은 피고인에게 유죄판결을 선고해야 한다는 견해가 수정된 형태로서 주장되고 있을 뿐이다.

법원의 공소장변경요구에 형성적 효력을 인정하게 되면 사실상 복수의 공소장변경권자를 인정하는 것이 되어 공소사실의 설정과 변경에 있어서의 검사의 주도적 지위를 부정하는 결과를 가져온다. 반면 형성적 효력을 부정할 경우에는 법원의 공소장변경요구제도를 무의미하게 한다는 비판이 또한 가능하다. 그러나 심판의 대상에 대한 결정권은 기본적으로 검사의 권한으로 보아야 한다는 점과 공소장변경요구에 응하지 않음으로써 무죄판결을 받게 되는 것 자체가 검사에 대한 제재로서의 의미를 가진다는 점 등을 고려할 때, 법원이 공소장변경요구를 하였음에도 불구하고 검사가 공소장변경신청을 하지 않는 경우에는 법원은 공소사실에 대하여 심판할 수밖에 없다고 보는 것(형성적 효력 부정)이 타당할 것이다.

6. 항소심에서의 공소장변경

공소장변경은 법률심인 상고심에서는 허용되지 않는다. 상고심은 새로운 증거조사를 하지 않는 사후심이기 때문이다. 한편 항소심에서 공소장변경이 허용되는가의 문제는 항소심의 구조와 관련된다고 할 수 있다. 항소심은 원칙적으로 속심으로 보아야 하고 항소심의 사후심적 구조는 소송경제를 위하여 항소심의 속심적 성격에 제한을 가하고 있음에 불과하므로 항소심에서도 공소장변경이 허용된다고 해야 한다($\binom{\text{대법원 2014.1.16,}}{\text{2013도7101}}$). 이는 상고심에서 파기환송된 사건에 대한 항소심의 심리에 있어서도 마찬가지이다($\binom{\text{대법원 2004.7.22,}}{\text{2003도8153}}$).

제 3 절   공판준비절차

Ⅰ. 제도의 개관

1. 의   의

공판준비절차란 공판기일에서의 심리를 준비하기 위하여 수소법원이 행하는 각종의 절차를 말한다. 제1회 공판기일 전의 절차뿐만 아니라 제2회 공판기일 이후의 공판기일 전의 절차도 포함한다. 그러나 공판준비절차는 수소법원이 행하는 절차이므로 지방법원판사가 행하는 증거보전($\binom{\text{제184}}{\text{조}}$)이나 증인신문($\binom{\text{제221}}{\text{조의2}}$), 각종의 영장발부행위는 공판준비에 해당하지 않는다.

2. 공판중심주의와의 관계

공판중심주의가 실현되기 위해서는 실체형성은 공판정에서의 당사자의 주장과 입증을 통해 이루어져야 하므로 공판기일의 심리가 공판절차의 중심이 되게 된다. 한편 공판기일의 심리를 효율적으로 진행하기 위해서는 그 전제로서 이에 대한 준비절차가 필요하게 되는데, 공판준비절차가 바로 공판기일의 심리를 신속하고 능률적으로 하기 위한 절차인 것이다. 따라서 공판준비절차는 공판중심주의와 모순되는 것이 아니라 이를 실현하기 위한 수단이라고 할 수 있다.

다만 공판준비절차는 어디까지나 공판기일의 심리를 준비하는 절차이므로 공판준비절차에서의 실체심리는 엄격한 제한을 받는다. 공판준비절차에서 증거조사 등의 행위가 과도하게 이루어지게 되면 공판기일의 심리는 단순히 이를 확인하는 형식적인 절차로 전락하게 되어 공판중심주의를 유명무실하게 할 우려가 있기 때문이다.

3. 유　　　형

공판준비절차는 넓은 의미의 공판준비절차와 좁은 의미의 공판준비절차로 나눌 수 있다. 넓은 의미의 공판준비절차는 공판기일의 심리를 준비하는 일련의 모든 절차를 의미한다. 공소장부본의 송달($^{제266}_{조}$), 피고인의 의견서제출($^{제266}_{조의2}$), 공판기일의 지정($^{제267조}_{제1항}$), 피고인의 소환($^{동조}_{제2항}$), 증거개시절차($^{제266조}_{의3\ 이하}$) 등과 좁은 의미의 공판준비절차가 여기에 해당한다. 이에 대하여 좁은 의미의 공판준비절차는 공판기일의 집중심리를 위하여 법이 마련된 일정한 형식의 준비절차를 말한다($^{제266조}_{의5\ 이하}$). 좁은 의미의 공판준비절차는 「국민의 형사재판 참여에 관한 법률」에 의하여 도입된 국민참여재판과 밀접한 관련을 가지고 있다.

아래에서는 일반적인 공판준비절차에 대하여 설명한 후 증거개시제도와 좁은 의미의 공판준비절차에 대하여 살펴본다.

Ⅱ. 일반적 공판준비절차의 내용

1. 공소장부본의 송달

법원은 공소제기가 있는 때에는 지체 없이 공소장의 부본을 피고인 또는 변호인에게 송달하여야 한다. 단 제 1 회 공판기일 전 5일까지 송달하여야 한다($^{제266}_{조}$). 피고인이 공소장부본을 통해 공소사실을 확인하고 방어에 필요한 준비를 할 수 있도록 하기 위한 것이다.

공소제기된 사건이 국민참여재판의 대상사건인 경우에는 피고인 또는 변호인에게 공소장부본과 함께 국민참여재판 안내서, 국민참여재판 의사확인서를 송달하여야 한다($^{국민의\ 형사재판\ 참여}_{에\ 관한\ 규칙\ 제3\ 조}$).

공소장부본의 송달이 없거나 제 1 회 공판기일 전 5일의 유예기간을 두지 아니한 송달이 있는 경우에 피고인은 모두진술단계에서 심리개시에 대하여 이의신청을 할 수 있다. 이때 법원은 공소장을 송달하거나 공판기일을 변경하여야 한다. 다만 피고인이 이의를 제기함이 없이 공소사실에 관하여 충분히 진술할 기회를 부여받았다면 공소장부본 송달의 하자는 치유된다(대법원 2014.4.24, 2013도9498,).

2. 의견서의 제출

피고인 또는 변호인은 공소장 부본을 송달받은 날부터 7일 이내에 공소사실에 대한 인정 여부, 공판준비절차에 관한 의견 등을 기재한 의견서를 법원에 제출하여야 한다. 다만 피고인이 진술을 거부하는 경우에는 그 취지를 기재한 의견서를 제출할 수 있다. 법원은 피고인 또는 변호인으로부터 의견서가 제출된 때에는 이를 검사에게 송부하여야 한다(제266조의2).

이 제도는 피고인에게 공소사실에 대한 의견을 미리 밝힐 수 있도록 함으로써 법원의 심리계획의 수립을 용이하게 하기 위해서 현행법상 도입된 제도이다. 그러나 피고인은 진술거부권을 가지므로 의견서를 의무적으로 제출해야 하는 것은 아니며, 피고인이 의견서를 제출한 경우에도 공판기일에서 의견서와 다른 내용을 진술하는데 제한을 받는 것은 아니다. 피고인의 의견서는 공소사실에 대한 피고인의 의견을 밝힌 것에 불과하므로 이를 유죄의 증거로 사용하는 것은 허용되지 않는다.

또한 피고사건이 국민참여재판의 대상사건인 경우에는 피고인은 공소장 부본을 송달받은 날부터 7일 이내에 국민참여재판을 원하는지 여부에 관한 의사가 기재된 서면을 제출하여야 하며(국민의 형사재판 참여에 관한 법률 제8조 제2항), 피고인이 서면을 제출하지 아니한 때에는 국민참여재판을 원하지 아니하는 것으로 본다(동조 제3항).

3. 국선변호인선정에 관한 고지

국선변호인선정이 필요한 사건의 공소제기가 있으면 재판장은 변호인이 없는 피고인에게 법원이 국선변호인을 선정하게 된다는 취지 또는 법원에 국선변호인의 선정을 청구할 수 있다는 취지를 서면으로 고지하여야 한다(규칙 제17조 제1항·제2항). 법원은 국선변호인의 선정에 관한 고지를 받은 피고인이 변호인을 선임하지 아니한 때, 빈곤 등의 사유에 해당하는 피고인이 국선변호인의 선정청구를 한 때, 피고인의 권리보호를 위하여 법원이 재량으로 국선변호인을 선정하여야 할 때에는 지체 없이 국선변호인을 선정하고 피고인 및 변호인에게 그 뜻을 고지하여야 한다(규칙 동조 제3항).

4. 공판기일의 지정 · 변경 등

(1) 공판기일의 지정과 변경

재판장은 공소가 제기된 사건에 대하여 공판기일을 지정하여야 한다($\frac{제267조}{제1항}$). 공판기일은 가능한 한 각 사건에 대한 공판개정시간을 구분하여 정하여야 한다($\frac{규칙}{제124조}$). 공판기일이 지정되면 검사 · 변호인과 보조인에게 이를 통지하여야 한다($\frac{제267조}{제3항}$).

재판장은 직권 또는 검사 · 피고인이나 변호인의 신청에 의하여 공판기일을 변경할 수 있다($\frac{제270조}{제1항}$). 지정된 기일이 당사자나 법원의 사정에 의해 변경될 필요가 있다는 점을 고려한 것이다. 공판기일 변경신청에는 공판기일의 변경을 필요로 하는 사유와 그 사유가 계속되리라고 예상되는 기간을 명시하여야 하며 진단서 기타의 자료로써 이를 소명하여야 한다($\frac{규칙}{제125조}$). 공판기일 변경신청을 기각한 명령은 송달하지 아니한다($\frac{제270조}{제2항}$).

(2) 공판기일의 통지와 피고인 등의 소환

공판기일은 검사 · 변호인과 보조인에게 통지하여야 한다($\frac{제267조}{제3항}$). 공판기일에는 피고인 · 대표자 또는 대리인을 소환하여야 한다($\frac{동조}{제2항}$). 다만 법원의 구내에 있는 피고인에 대하여 공판기일을 통지한 때에는 소환장 송달의 효력이 있다($\frac{제268}{조}$). 제 1 회 공판기일은 소환장의 송달 후 5일 이상의 유예기간을 두어야 한다. 그러나 피고인의 이의가 없는 때에는 유예기간을 두지 아니할 수 있다($\frac{제269}{조}$). 공판기일에 소환 또는 통지서를 받은 자가 질병 기타의 사유로 출석하지 못할 때에는 의사의 진단서 기타의 자료를 제출하여야 한다($\frac{제271}{조}$).

5. 공판기일 전의 기타 절차

공판기일의 신속한 심리를 위해서는 공판기일 전에도 일정한 범위 내에서 증거를 수집 · 조사할 필요가 있다. 따라서 현행법은 공판기일 외에서도 공무소 등에 대한 조회나 법원의 증거조사 및 당사자의 증거제출을 허용하고 있다.

(1) 공무소 등에의 조회

법원은 직권 또는 검사 · 피고인이나 변호인의 신청에 의하여 공무소 또는 공사단체에 조회하여 필요한 사항의 보고 또는 그 보관서류의 송부를 요구할 수 있다($\frac{제272조}{제1항}$). 법원은 검사나 피고인 · 변호인의 신청이 부적법하거나 이유 없는 때에는 결정으로 그 신청을 기각하여야 한다($\frac{동조}{제2항}$). 보관서류의 송부요구신청은 법원, 검찰청, 기타의 공무소 또는 공사단체가 보관하고 있는 서류의 일부에 대하여도 할 수 있다($\frac{규칙 제132조}{의4 제1항}$). 보관서류의 송부요구신청을 받은 법원이 송부요구신청을 채택하는 경우에는 서류를 보관하고 있는 법원 등에 대하여 그 서류 중 신청인 또는 변호인이 지정하는 부분의 인증등본을 송부하여 줄 것을 요구할 수 있다($\frac{규칙 동조}{제2항}$). 보관기록의 송부요구를 받은 법원 등은 당해서류를 보관하고 있지 아니하거나 기타 송부요구에 응할 수 없는 사정이 있는 경우를 제외하고는 신청인 또는 변호인에게 당해서류를 열람하게 하여 필요한 부분을 지정할 수 있도록 하여야 하며, 정당한 이유 없이 이에 대한 협력을 거절하지 못한다($\frac{규칙 동조}{제3항}$). 서류의 송부요구를 받은 법원 등이 당해서류를 보관하고 있지 아니하거나 기타 송부요구에 응할 수 없는 사정이 있는 때에는 그 사유를 요구법원에 통지하여야 한다($\frac{규칙 동조}{제4항}$).

법원이 송부요구한 서류가 피고인의 무죄를 뒷받침할 수 있거나 적어도 법관의 유·무죄에 대한 심증을 달리할 만한 상당한 가능성이 있는 중요증거에 해당하는데도 정당한 이유 없이 피고인 또는 변호인의 열람·지정 내지 법원의 송부요구를 거절하는 것은, 피고인의 신속·공정한 재판을 받을 권리와 변호인의 조력을 받을 권리를 중대하게 침해하는 것이다. 따라서 이러한 경우 서류의 송부요구를 한 법원으로서도 해당 서류의 내용을 가능한 범위에서 밝혀보아 그 서류가 제출되면 유·무죄의 판단에 영향을 미칠 상당한 개연성이 있다고 인정될 경우에는 공소사실이 합리적 의심의 여지 없이 증명되었다고 보아서는 아니 된다($\genfrac{}{}{0pt}{}{대법원\ 2012.5.24,}{2012도1284}$).

법원의 사실조회나 문서송부요구에 응하여 보내온 회신서나 송부서류는 공판기일에 검사·피고인이나 변호인이 공판정에서 개별적으로 지시설명하여 조사하거나($\frac{제291조}{제1항}$) 또는 재판장이 직권으로 조사하여야($\frac{동조}{제2항}$) 증거로 사용될 수 있다.

(2) 법원의 증거조사 및 당사자의 증거제출

법원은 검사·피고인 또는 변호인의 신청에 의하여 공판준비에 필요하다고 인정한 때에는 공판기일 전에 피고인 또는 증인을 신문할 수 있고 검증·감정 또는 번역을 명할 수 있다($\frac{제273조}{제1항}$).[1] 공판기일 전의 증거조사는 당사자의 신청이 있는 때에만 할 수 있다. 재판장은 수명법관으로 하여금 증거조사를 하게 할 수 있고

---

1) 감정이나 번역뿐만 아니라 검증도 명할 수 있다고 규정하고 있으나, 검증은 법원 스스로 행하는 것이므로 법원이 이를 결정하여 시행할 수 있다는 의미로 해석하여야 할 것이다.

$\binom{동조}{제2항}$, 당사자 등의 증거신청이 부적법하거나 이유 없다고 인정한 때에는 결정으로 신청을 기각하여야 한다$\binom{동조}{제3항}$. 또한 검사·피고인 또는 변호인은 공판기일 전에 서류나 물건을 증거로 법원에 제출할 수 있다$\binom{제274}{조}$.

공판기일 전의 증거조사절차에서 작성된 피고인신문조서, 증인신문조서, 감정인의 감정서 및 감정인신문조서, 번역서와 공판기일 전에 소송관계인이 법원에 제출한 서류나 물건은 공판기일에서의 증거조사를 거쳐서 이를 증거로 할 수 있다$\binom{제291조 제 1}{항·제2항}$.

공판기일 전의 증거조사 및 증거제출이 제 1 회 공판기일 전에도 허용된다는 견해가 있으나, 이를 제 1 회 공판기일 전에도 허용한다면 법원의 예단을 배제하기 위하여 인정되고 있는 공소장일본주의가 유명무실해질 우려가 있다. 따라서 공판기일 전의 증거조사 및 증거제출이 가능한 공판기일이란 제 1 회 공판기일 이후의 공판기일을 의미한다고 해석하여야 한다.

Ⅲ. 증거개시제도

1. 증거개시의 의의

증거개시(證據開示, discovery)란 검사 또는 피고인·변호인이 자신이 보유하고 있는 증거를 상대방에게 열람·등사하도록 하는 것을 말한다. 형사소송법은 피고인의 방어권을 충실히 보장하고 신속한 재판을 가능하게 하기 위하여 피고인 또는 변호인이 관계서류나 증거물을 열람·등사할 수 있도록 하였으며$\binom{제266}{조의3}$, 이와 함께 일정한 경우에는 피고인 또는 변호인이 가지고 있는 증거에 대한 검사의 개시청구도 아울러 허용하고 있다$\binom{제266}{조의11}$.

형사소송법 제35조에 의하면 피고인과 변호인은 소송계속 중의 관계서류 또는 증거물을 열람하거나 복사할 수 있다. 그런데 여기서 규정하고 있는 열람·복사의 대상에 검사가 공소제기 후 아직 증거로 제출하지 아니한 서류·물건도 포함되는지 여부에 관해서는 견해의 대립이 있었다. 현행법은 공소제기 후 검사가 보관하고 있는 서류·물건에 대한 열람·등사권을 명문으로 인정함으로써 이러한 문제를 해결하였다. 따라서 현행법상 제35조에 의한 피고인과 변호인의 열람·복사권은 법원이 보관하고 있는 서류 또는 증거물을 그 대상으로 하는 것이 된다.

2. 검사의 증거개시

(1) 증거개시의 신청

피고인 또는 변호인은 검사에게 공소제기 된 사건에 관한 서류 또는 물건의 목록과 공소사실의 인정 또는 양형에 영향을 미칠 수 있는 서류 또는 물건의 열람·등사 또는 서면의 교부를 신청할 수 있다. 다만 피고인에게 변호인이 있는 경우에는 피고인은 열람만을 신청할 수 있다(제266조의 3 제 1 항). 열람 또는 등사뿐만 아니라 서류의 교부도 청구할 수 있으나, 변호인이 있는 피고인의 경우에는 열람만을 신청할 수 있는 제한을 받는다.

검사에 대한 증거개시의 신청은 ① 사건번호·사건명·피고인, ② 신청인 및 피고인과의 관계, ③ 열람 또는 등사할 대상을 기재한 서면으로 하여야 한다(규칙 제123 조의2). 다만 피고인 또는 변호인은 공판준비기일 또는 공판기일에서는 법원의 허가를 얻어 구두로 서류·물건의 열람 또는 등사를 신청할 수 있다(규칙 제123조 의5 제 1 항).

(2) 증거개시의 대상

증거개시에는 서류 또는 물건의 목록에 대한 개시와 서류 또는 물건 자체에 대한 개시가 포함되며, 검사가 증거조사를 신청할 예정인 증거뿐만 아니라 피고인에게 유리한 증거도 검사의 증거개시의 대상이 된다.

㈎ 증거목록

검사는 공소제기 된 사건에 관한 서류 또는 물건의 목록에 대한 피고인이나 변호인의 열람 또는 등사를 거부할 수 없다(제266조의 3 제 5 항). 증거목록을 필수적 증거개시 대상으로 한 것은 열람·등사 신청의 대상을 특정할 수 있도록 하여 증거개시제도의 실효성을 확보하기 위한 것이다. 증거목록은 공소제기 후 검사가 법원에 증거로 신청할 서류 등의 목록만을 의미하는 것이 아니라, 공소제기된 사건에 관한 수사자료 전부에 대한 기록목록 내지 압수물목록을 의미한다.

검사·사법경찰관리와 그 밖에 직무상 수사에 관계있는 자는 수사과정에서 수사와 관련하여 작성하거나 취득한 서류 또는 물건에 대한 목록을 빠짐없이 작성하여야 한다(제198조 제 3 항). 수사기관이 수사기록에 편철하지 아니하는 등의 방법으로 피고인에게 유리한 서류나 증거물 등을 증거개시의 대상에서 배제하는 것을 방지하기 위하여 둔 규정이다.

(나) 서류 또는 물건

증거개시의 대상이 되는 것은 공소사실의 인정 또는 양형에 영향을 미칠 수 있는 서류 또는 물건이다. 형사소송법은 서류 또는 물건을 '서류등'으로 규정하고 있다($\frac{제266조의}{3\ 제1항}$). 증거목록의 개시와는 다르게 서류 또는 물건에 대한 증거개시에는 제한이 가해질 수 있다($\frac{동조}{제2항}$).

증거개시의 대상이 되는 `서류등'에는 ① 검사가 증거로 신청할 서류·물건, ② 검사가 증인으로 신청할 사람의 성명·사건과의 관계 등을 기재한 서면 또는 그 사람이 공판기일 전에 행한 진술을 기재한 서류·물건, ③ 위 ① 및 ②의 서면 또는 서류·물건의 증명력과 관련된 서류·물건, ④ 피고인 또는 변호인이 행한 법률상·사실상 주장과 관련된 서류·물건($\frac{관련 형사재판확정기록,}{불기소처분기록 등을 포함}$)이 있다($\frac{제266조의}{3\ 제1항}$). 공소사실의 인정 또는 양형에 영향을 미칠 수 있는 위의 유형의 증거들을 증거개시의 대상으로 함으로써, 형사소송법은 사실상 전면적인 증거개시제도를 채택하였다고 할 수 있다.[1]

증거개시의 대상이 되는 서류 또는 물건에는 도면·사진·녹음테이프·비디오테이프·컴퓨터용디스크 그 밖에 정보를 담기 위하여 만들어진 물건으로서 문서가 아닌 특수매체가 포함된다. 다만 이러한 특수매체에 대한 등사는 필요 최소한의 범위에 한한다($\frac{동조}{제6항}$). 특수매체는 사생활 침해 및 전파가능성이 매우 높기 때문이다. 수사기관이 참고인의 진술($\frac{제221조}{제1항}$)이나 피의자의 진술($\frac{제244}{조의2}$)을 영상녹화한 영상녹화물에 대한 열람·등사는 원본과 함께 작성된 부본에 의하여 이를 행할 수 있다($\frac{규칙 제123}{조의3}$).

(3) 증거개시의 제한

검사는 국가안보, 증인보호의 필요성, 증거인멸의 염려, 관련 사건의 수사에 장애를 가져올 것으로 예상되는 구체적인 사유 등 열람·등사 또는 서면의 교부를 허용하지 아니할 상당한 이유가 있다고 인정하는 때에는 열람·등사 또는 서면의 교부를 거부하거나 그 범위를 제한할 수 있다($\frac{제266조의}{3\ 제2항}$). 그러나 서류 등의 목록에 대하여는 열람 또는 등사를 거부할 수 없다($\frac{동조}{제5항}$). 검사는 열람·등사 또는 서면의 교

---

1) 다만 수사기관이 가지고 있는 서류·물건 가운데 그 작성 목적이나 성격 등에 비추어 수사기관 내부의 의사결정과정 또는 검토과정에 있는 사항에 관한 문서 또는 그 공개로써 수사에 관한 직무의 수행을 현저하게 곤란하게 하는 것은 증거개시의 대상에서 제외된다(대법원 2012. 5. 24, 2012도1284 참조).

부를 거부하거나 그 범위를 제한하는 때에는 지체 없이 그 이유를 서면으로 통지하여야 한다(동조). 검사가 열람·등사를 거부 또는 제한하기 위해서는 대상이 된 수사기록의 내용을 구체적으로 확인·검토하여 어느 부분이 어떠한 사유에 해당하는지를 구체적으로 명시하여야 할 것이다. 피고인 또는 변호인은 검사가 신청을 받은 때부터 48시간 이내에 거부나 범위제한의 통지를 하지 아니하는 때에는 법원에 증거개시를 신청할 수 있다(동조).

성폭력범죄 또는 아동·청소년대상 성범죄의 수사 또는 재판을 담당하거나 이에 관여하는 공무원은 피해자의 주소·성명·나이·직업·학교·용모 그 밖에 피해자를 특정하여 파악할 수 있게 하는 인적사항과 사진 등 또는 그 피해자의 사생활에 관한 비밀을 공개하거나 다른 사람에게 누설해서는 안 되는데(성폭력범죄의 처벌 등에 관한 특례법 제24조 제1항, 아동·청소년의 성보호에 관한 법률 제31조 제1항), 이는 제3자에 대한 공개나 누설을 금지하는 규정이므로 이를 근거로 검사가 성범죄 피해자에 대한 일정한 사항의 열람·등사를 피고인 또는 변호인에게 거부할 수는 없다고 해야 한다.

(4) 증거개시의 남용금지

피고인 또는 변호인이나 피고인 또는 변호인이었던 자는 검사가 증거개시에 의해 열람 또는 등사하도록 한 서면 및 서류·물건의 사본을 당해 사건 또는 관련 소송의 준비에 사용할 목적이 아닌 다른 목적으로 다른 사람에게 교부 또는 제시하거나 전기통신설비를 이용하여 제공하여서는 아니 된다(제266조의16 제1항). 피고인 또는 변호인이 이에 위반하는 때에는 1년 이하의 징역 또는 500만원 이하의 벌금으로 처벌된다(동조 제2항).

(5) 증거개시에 관한 법원의 결정

㈎ 법원에 대한 증거개시신청

피고인 또는 변호인은 검사가 서류 등의 열람·등사 또는 서면의 교부를 거부하거나 그 범위를 제한한 때에는 법원에 그 서류 등의 열람·등사 또는 서면의 교부를 허용하도록 할 것을 신청할 수 있다(제266조의4 제1항). 법원에 대한 열람·등사의 신청은 열람 또는 등사를 구하는 서류·물건의 표목과 열람 또는 등사를 필요로 하는 사유를 기재한 서면으로 하여야 한다(규칙 제123조의4 제1항). 이 신청서에는 ① 검사에 대한 열람·등사신청서 사본, ② 검사의 열람·등사 불허 또는 범위제한 통지서(다만 검사가 서면으로 통지하지 않은 경우에는 그 사유를 기재한 서면), ③ 신청서 부본 1부를 첨부하여야 한다(동조 제2항). 법원에 대한 열람·

등사의 신청이 있는 경우에 법원은 즉시 신청서 부본을 검사에게 송부하여야 하고, 검사는 이에 대한 의견을 제시할 수 있다(동조).

(나) 법원의 결정

법원은 증거개시의 신청이 있는 때에는 열람·등사 또는 서면의 교부를 허용하는 경우에 생길 폐해의 유형·정도, 피고인의 방어 또는 재판의 신속한 진행을 위한 필요성 및 해당 서류·물건의 중요성 등을 고려하여 검사에게 열람·등사 또는 서면의 교부를 허용할 것을 명할 수 있다. 이 경우 열람 또는 등사의 시기·방법을 지정하거나 조건·의무를 부과할 수 있다(제266조의4 제2항). 법원은 증거개시결정을 하는 때에는 검사에게 의견을 제시할 수 있는 기회를 부여하여야 한다(동조 제3항). 법원은 필요하다고 인정하는 때에는 검사에게 해당 서류·물건의 제시를 요구할 수 있고, 피고인이나 그 밖의 이해관계인을 심문할 수 있다(동조 제4항).

검사가 주장하는 거부사유는 단순히 열람·등사로 인한 폐해의 발생이 우려된다는 정도로는 부족하고, 폐해발생의 구체적 위험성에 대한 소명이 있는 경우에만 인정될 수 있다. 그리고 검사·피고인 또는 변호인이 공판준비 또는 공판기일에서 법원의 허가를 얻어 구두로 상대방에게 서류·물건의 열람·등사를 신청한 경우에 상대방이 공판준비 또는 공판기일에서 서류·물건의 열람·등사를 거부하거나 그 범위를 제한한 때에는 법원은 그 기일에 서류·물건의 열람·등사 신청의 당부를 결정할 수 있다(제266조의9 제1항 제10호, 규칙 제123조의5 제2항).

(다) 법원의 결정에 대한 불복

법원의 증거개시에 관한 결정은 제403조에서 규정하고 있는 판결 전의 소송절차에 관한 결정에 해당한다. 그런데 형사소송법은 증거개시에 관한 법원의 결정에 대하여 특별히 즉시항고를 허용하는 규정을 두고 있지 않다. 따라서 법원의 증거개시에 관한 결정에 대하여는 제402조에 의한 항고의 방법으로 불복할 수 없다(대법원 2013.1.24, 2012모1393). 또한 이러한 법원의 결정에 대하여 집행정지의 효력이 있는 즉시항고가 허용되지 않기 때문에 법원의 열람·등사 허용 결정은 그 결정이 고지되는 즉시 집행력이 발생한다고 보아야 한다(헌재결 2010.6.24, 2009헌마257).

(라) 법원의 증거개시결정의 효력

검사는 열람·등사 또는 서면의 교부에 관한 법원의 결정을 지체 없이 이행하여야 하며, 이를 이행하지 아니하는 때에는 해당 증인 및 서류·물건에 대한 증거신청을 할 수 없다(제266조의4 제5항). 그러나 소위 실권효를 개시결정 불이행에 대한 제재수단으

로 사용하더라도 검사가 피고인에게 유리한 증거를 개시하지 않는 경우에는 그 실
효성을 확보하기 어렵다. 따라서 검사가 법원의 증거개시결정에 불복하는 경우에도
법원은 필요한 경우 직권으로 증거를 조사할 수 있다고 보아야 한다($^{제266조의13 \ 제 2 항,}_{제295조 \ 후단 \ 참조}$).

　　법원의 열람·등사 허용결정에도 불구하고 검사가 이를 신속하게 이행하지 아
니하는 것은 피고인의 신속하고 공정한 재판을 받을 권리 및 변호인의 조력을 받을
권리를 침해하여 헌법에 위반하는 것이 된다.[1]

3. 피고인 또는 변호인의 증거개시

(1) 증거개시의 범위

　　형사소송법은 검사의 증거개시와 함께 검사에게도 피고인 또는 변호인이 보유
하고 있는 일정한 서류 또는 물건에 대한 열람·등사권을 인정하고 있다. 즉 검사
는 피고인 또는 변호인이 공판기일 또는 공판준비절차에서 현장부재·심신상실 또
는 심신미약 등 법률상·사실상의 주장을 한 때에는 ① 피고인 또는 변호인이 증거
로 신청할 서류·물건, ② 피고인 또는 변호인이 증인으로 신청할 사람의 성명, 사
건과의 관계 등을 기재한 서면, ③ 위의 서류·물건 또는 서면의 증명력과 관련된
서류·물건, ④ 피고인 또는 변호인이 행한 법률상·사실상의 주장과 관련된 서
류·물건의 열람·등사 또는 서면의 교부를 요구할 수 있다($^{제266조의}_{11 \ 제1 항}$).

　　피고인 또는 변호인의 증거개시는 공판기일 또는 공판준비절차에서 현장부재,
심신상실, 심신미약과 관련하여 법률상·사실상 주장을 한 경우에 비로소 인정된

---

1) 헌재결 2010. 6. 24, 2009헌마257,「형사소송법 제266조의4 제 5 항은 검사가 수사서류의 열
　람·등사에 관한 법원의 허용 결정을 지체 없이 이행하지 아니하는 때에는 해당 증인 및 서
　류 등에 대한 증거신청을 할 수 없도록 규정하고 있다. 그런데 이는 검사가 그와 같은 불이
　익을 감수하기만 하면 법원의 열람·등사 결정을 따르지 않을 수도 있다는 의미가 아니라,
　피고인의 열람·등사권을 보장하기 위하여 검사로 하여금 법원의 열람·등사에 관한 결정을
　신속히 이행하도록 강제하는 한편, 이를 이행하지 아니하는 경우에는 증거신청상의 불이익
　도 감수하여야 한다는 의미로 해석하여야 할 것이므로, 법원이 검사의 열람·등사 거부처분
　에 정당한 사유가 없다고 판단하고 그러한 거부처분이 피고인의 헌법상 기본권을 침해한다
　는 취지에서 수사서류의 열람·등사를 허용하도록 명한 이상, 법치국가와 권력분립의 원칙
　상 검사로서는 당연히 법원의 그러한 결정에 지체 없이 따라야 할 것이다. 그러므로 법원의
　열람·등사 허용 결정에도 불구하고 검사가 이를 신속하게 이행하지 아니하는 경우에는 해
　당 증인 및 서류 등을 증거로 신청할 수 없는 불이익을 받는 것에 그치는 것이 아니라, 그러
　한 검사의 거부행위는 피고인의 열람·등사권을 침해하고, 나아가 피고인의 신속·공정한 재
　판을 받을 권리 및 변호인의 조력을 받을 권리까지 침해하게 되는 것이다.」

다. 진술거부권이 인정되고 거증책임을 부담하지 않는 피고인에게 검사와 동일한
정도의 증거개시의무를 부과하는 것은 타당하지 않기 때문에 피고인의 방어권보장
이라는 측면에서 검사의 경우와는 달리 증거개시의 사유를 제한하고 있는 것이다.
따라서 피고인 또는 변호인이 위의 세 가지 사유가 아닌 다른 사유를 주장할 경우
에는 검사는 증거개시를 요구할 수 없다.

피고인 또는 변호인은 검사가 서류·물건의 열람·등사 또는 서면의 교부를 거
부한 때에는 서류·물건의 열람·등사 또는 서면의 교부를 거부할 수 있다. 다만 법
원이 피고인 또는 변호인의 증거개시신청을 기각하는 결정을 한 때에는 그러하지
아니하다(동조 제2항).

(2) 증거개시에 관한 법원의 결정

검사는 피고인 또는 변호인이 증거개시를 거부한 때에는 법원에 그 서류·물
건의 열람·등사 또는 서면의 교부를 허용하도록 할 것을 신청할 수 있다(제266조의11 제3항).
검사의 증거개시신청에 대한 법원의 결정절차와 효력 및 특수매체의 증거개시에
관하여는 피고인 또는 변호인의 법원에 대한 증거개시신청에 관한 규정이 준용된
다(동조 제4항·제5항). 법원은 검사의 신청이 있는 경우 즉시 신청서 부본을 피고인 또는 변
호인에게 송부하여야 하고, 피고인 또는 변호인은 이에 대한 의견을 제시할 수 있
다(규칙 제123조의4 제4항).

피고인 또는 변호인이 열람·등사 또는 서면의 교부에 관한 법원의 결정을 지
체 없이 이행하지 아니하는 때에는 피고인 또는 변호인은 해당 증인 및 서류·물건
에 대한 증거신청을 할 수 없다(제266조의11 제4항, 제266조의4 제5항). 다만 법원은 이러한 경우에도 실체
적 진실발견을 위하여 필요한 때에는 직권으로 증거를 조사할 수 있다고 보아야 한
다(제266조의13 제2항, 제295조 후단 참조).

IV. 협의의 공판준비절차

1. 협의의 공판준비절차의 의의와 유형

(1) 의   의

재판장은 공판기일의 효율적이고 집중적인 심리를 위하여 사건을 공판준비절
차에 부칠 수 있다(제266조의5 제1항). 공판준비절차는 주장 및 입증계획 등을 서면으로 준비

하게 하거나 공판준비기일을 열어 진행한다($\substack{동조\\제2항}$). 넓은 의미의 공판준비절차 가운데 이와 같이 특히 일정한 형식적 절차에 따라 법원이 행하는 준비절차를 좁은 의미의 공판준비절차라고 부를 수 있다. 공소가 제기된 사건의 특성과 난이도에 따라 효율적으로 공판절차를 진행하기 위해서는 사전에 준비절차를 거칠 필요가 있다. 이러한 이유에서 현행법은 법원이 사건의 쟁점을 정리하고 당사자의 주장 및 입증계획 등을 파악하여 사건의 심리방향을 효율적으로 설정하기 위하여 공판준비기일을 열 수 있는 근거를 마련하였다. 그리고 그 실효성을 확보하기 위하여 검사·피고인 또는 변호인에게 협력의무를 부과하였다. 즉 검사·피고인 또는 변호인은 증거를 미리 수집·정리하는 등 공판준비절차가 원활하게 진행될 수 있도록 협력하여야 한다($\substack{동조\\제3항}$).

공판준비절차는 법원이 필요하다고 인정하는 경우에 부칠 수 있는 임의적인 절차이나, 「국민의 형사재판 참여에 관한 법률」에 따른 국민참여재판에 있어서는 필수적인 절차이다($\substack{동법 제36\\조 제1항}$). 따라서 이 경우 법원은 주장과 증거를 정리하고 심리계획을 수립하기 위하여 공판준비기일을 지정하여야 한다($\substack{동법 제37\\조 제1항}$). 국민참여재판에 있어서 공판심리를 신속하게 진행하여 배심원이 장기간에 걸쳐 재판에 관여하는 것을 막기 위한 것이다.

(2) 유 형

현행법상 공판준비절차는 주장 및 입증계획 등을 서면으로 준비하게 하는 경우와 공판준비기일을 열어 진행하는 경우의 두 가지 유형이 있다($\substack{제266조의\\5 제2항}$). 양자는 선택적 또는 중복적으로 사용될 수 있다.

또한 공판준비절차는 다시 제1회 공판기일 전에 열리는 기일전 공판준비절차와 제1회 공판기일 이후에 열리는 기일간 공판준비절차로 나누어 볼 수 있다. 공판준비절차는 공판기일에서의 집중심리를 위한 제도로서 제1회 공판기일 전에 행하는 것이 원칙이다. 기일간 공판준비절차에는 기일전 공판준비절차에 관한 규정이 준용된다($\substack{제266\\조의15}$).

2. 서면제출에 의한 공판준비

(1) 공판준비서면의 제출

검사·피고인 또는 변호인은 법률상·사실상 주장의 요지 및 입증취지 등이 기재된 서면을 법원에 제출할 수 있다($^{제266조의}_{6 \ 제1항}$). 또한 재판장은 검사·피고인 또는 변호인에 대하여 기한을 정하여 공판준비서면의 제출을 명할 수 있다($^{동조 \ 제2항, \ 규칙}_{제123조의9 \ 제2항}$). 공판준비서면에는 필요한 사항을 구체적이고 간결하게 기재하여야 하고, 증거로 할 수 없거나 증거로 신청할 의사가 없는 자료에 기초하여 법원에 사건에 대한 예단 또는 편견을 발생하게 할 염려가 있는 사항을 기재하여서는 아니 된다($^{규칙 \ 동조}_{제3항}$).

(2) 법원의 처분

법원은 당사자의 공판준비서면이 제출된 때에는 그 부본을 상대방에게 송달하여야 한다($^{제266조의}_{6 \ 제3항}$). 피고인이 공판준비서면을 제출할 때에는 1통의 부본을, 검사가 제출할 때에는 피고인의 수에 1을 더한 수에 해당하는 부본을 함께 제출하여야 한다($^{규칙 \ 제123조}_{의9 \ 제4항}$). 재판장은 검사·피고인 또는 변호인에게 공소장 등 법원에 제출된 서면에 대한 설명을 요구하거나 그 밖에 공판준비에 필요한 명령을 할 수 있다($^{제266조의}_{6 \ 제4항}$).

3. 공판준비기일의 공판준비

(1) 공판준비기일의 실시

㈎ 공판준비기일의 지정

법원은 검사·피고인 또는 변호인의 의견을 들어 공판준비기일을 지정할 수 있다($^{제266조의}_{7 \ 제1항}$). 검사·피고인 또는 변호인은 법원에 대하여 공판준비기일의 지정을 신청할 수 있다. 이 경우 당해 신청에 관한 법원의 결정에 대하여는 불복할 수 없다($^{동조}_{제2항}$). 검사·피고인 또는 변호인은 부득이한 사유로 공판준비기일을 변경할 필요가 있는 때에는 그 사유와 기간 등을 구체적으로 명시하여 공판준비기일의 변경을 신청할 수 있다($^{규칙 \ 제}_{123조의10}$). 법원은 검사·피고인 및 변호인에게 공판준비기일을 통지하여야 한다($^{제266조의}_{8 \ 제3항}$).

㈏ 소송관계인의 출석

공판준비기일에는 검사 및 변호인이 출석하여야 한다($^{제266조의}_{8 \ 제1항}$). 법원은 공판준비기일이 지정된 사건에 관하여 변호인이 없는 때에는 직권으로 변호인을 선정하여야 한다($^{동조}_{제4항}$). 공판준비기일이 지정된 후에 변호인이 없게 된 때에도 마찬가지이다($^{규칙 \ 제123조}_{의11 \ 제2항}$).

피고인의 출석이 반드시 요구되는 것은 아니다. 다만 법원은 필요하다고 인정하는 때에는 피고인을 소환할 수 있으며, 피고인은 법원의 소환이 없는 때에도 공판준비기일에 출석할 수 있다($\frac{제266조의}{8\ 제5항}$). 피고인이 출석하면 재판장은 피고인에게 진술을 거부할 수 있음을 알려주어야 한다($\frac{동조}{제6항}$).

그리고 법원은 피고인이 출석하지 아니하는 경우 상당하다고 인정하는 때에는 검사와 변호인의 의견을 들어 비디오 등 중계장치에 의한 중계시설을 통하거나 인터넷 화상장치를 이용하여 공판준비기일을 열 수 있다($\frac{제266조의}{17\ 제1항}$). 이에 따른 기일은 검사와 변호인이 법정에 출석하여 이루어진 공판준비기일로 본다($\frac{동조}{제2항}$).

(다) 공판준비기일의 진행

법원은 합의부원으로 하여금 공판준비기일을 진행하게 할 수 있다. 이 경우 수명법관은 공판준비기일에 관하여 법원 또는 재판장과 동일한 권한이 있다($\frac{제266조의}{7\ 제3항}$). 그리고 공판준비기일에는 법원사무관 등이 참여한다($\frac{제266조의}{8\ 제2항}$). 공판준비기일은 공개한다. 다만 공개하면 절차의 진행이 방해될 우려가 있는 때에는 공개하지 아니할 수 있다($\frac{제266조의}{7\ 제4항}$).

(2) 공판준비행위의 내용

법원은 공판준비절차에서 다음의 행위를 할 수 있다($\frac{제266조의}{9\ 제1항}$). 영상재판으로 진행하는 영상공판준비기일에서의 서류 등의 제시는 비디오 등 중계장치에 의한 중계시설이나 인터넷 화상장치를 이용하거나 모사전송, 전자우편, 그 밖에 이에 준하는 방법으로 할 수 있다($\frac{규칙\ 제123조}{의13\ 제4항}$).

(가) 공소장의 보완과 변경

법원은 검사에게 공소사실 또는 적용법조를 명확하게 하는 행위($\frac{동항}{제1호}$)와 공소사실 또는 적용법조의 추가 · 철회 또는 변경을 허가하는 행위($\frac{동항}{제2호}$)를 할 수 있다. 수명법관도 공판준비기일에 관하여 법원 또는 재판장과 동일한 권한이 있으므로 공소장변경을 허가할 수 있다.

(나) 쟁점의 정리

법원은 검사 · 피고인 또는 변호인에 대하여 공소사실과 관련하여 주장할 내용을 명확히 하여 사건의 쟁점을 정리하도록 하거나($\frac{동항}{제3호}$), 계산이 어렵거나 그 밖에 복잡한 내용에 관하여 설명하도록 하는 행위($\frac{동항}{제4호}$)를 할 수 있다.

(다) 증거의 신청 및 채부

법원은 공판준비절차에서 검사 · 피고인 또는 변호인에게 증거신청을 하도록 하는 행위($\frac{동항}{제5호}$), 신청된 증거와 관련하여 입증 취지 및 내용 등을 명확하게 하는 행위(동항 제6호), 증거신청에 관한 의견을 확인하는 행위(동항 제7호), 증거채부의 결정을 하는 행위(동항 제8호), 증거조사의 순서 및 방법을 정하는 행위(동항 제9호)를 할 수 있다.

사건이 공판준비절차에 부쳐진 때에는 검사는 증명하려는 사실을 밝히고 이를 증명하는 데 사용할 증거를 신청하여야 한다(규칙 제123조의7 제1항). 피고인 또는 변호인은 검사의 증명사실과 증거신청에 대한 의견을 밝히고, 공소사실에 관한 사실상·법률상 주장과 그에 대한 증거를 신청하여야 한다(동조 제2항). 검사·피고인 또는 변호인은 필요한 경우 상대방의 주장 및 증거신청에 대하여 필요한 의견을 밝히고, 그에 관한 증거를 신청할 수 있다(동조 제3항).

검사·피고인 또는 변호인은 특별한 사정이 없는 한 필요한 증거를 공판준비절차에서 일괄하여 신청하여야 한다(규칙 제123조의8 제2항). 법원은 증인을 신청한 자에게 증인의 소재, 연락처, 출석 가능성 및 출석이 가능한 일시 등 증인의 신문에 필요한 사항의 준비를 명할 수 있다(동조 제3항).

공판준비절차에서 법원이 증거채부를 결정하기 위해서는 당해 증거의 증거능력 유무를 판단하여야 하므로 증거능력과 관련된 조사는 공판준비기일에도 할 수 있다고 해야 한다. 따라서 피고인에 대한 피의자신문조서의 성립의 진정이나 임의성이 문제될 때에는 공판준비기일에서 영상녹화물 등의 조사를 통하여 실질적 진정성립 여부를 결정하거나, 조사 경찰관 등을 증인으로 신문하여 임의성 유무를 판단하는 것이 가능하다고 해야 한다.

(라) 증거개시에 관한 결정

법원은 서류·물건의 열람 또는 등사와 관련된 신청의 당부를 결정하는 행위를 할 수 있다(제266조의9 제1항 제10호). 증거개시의 신청은 서면으로 하는 것이 원칙이지만(규칙 제123조의2) 공판준비기일에서는 이를 구두로도 할 수 있다. 즉 검사·피고인 또는 변호인은 공판준비기일에서 법원의 허가를 얻어 구두로 상대방에게 서류·물건의 열람 또는 등사를 신청할 수 있다(규칙 제123조의5 제1항). 그리고 상대방이 공판준비기일에서 서류·물건의 열람 또는 등사를 거부하거나 그 범위를 제한한 때에는 법원은 열람·등사 또는 서면의 교부를 허용하는 결정을 할 수 있다(동조 제2항).

(마) 기타 준비행위

법원은 공판기일을 지정 또는 변경하는 행위(제266조의9 제1항 제11호)와 그 밖에 공판절차의 진행에 필요한 사항을 정하는 행위(동항 제12호)를 할 수 있다.

㈐ 이의신청

공판준비절차에서도 검사·피고인 또는 변호인은 증거조사에 관하여 이의신청을 할 수 있고($^{제266조의9 제 2 항,}_{제296조 제 1 항}$), 재판장의 처분에 대하여 이의신청을 할 수 있다($^{제266조의9 제 2 항,}_{제304조 제 1 항}$). 이 경우 법원은 이의신청에 대하여 결정을 하여야 한다($^{제299조의9}_{제 2 항, 제296}$조 제 2 항, 제)$_{304조 제 2 항}$.

(3) 공판준비기일의 종료

㈎ 종료의 사유

법원은 ① 쟁점 및 증거의 정리가 완료된 때, ② 사건을 공판준비절차에 부친 뒤 3개월이 지난 때, ③ 검사·변호인 또는 소환 받은 피고인이 출석하지 아니한 때에는 공판준비절차를 종결하여야 한다. 다만 ② 또는 ③에 해당하는 경우로서 공판의 준비를 계속하여야 할 상당한 이유가 있는 때에는 그러하지 아니하다($^{제266조}_{의12}$). 그리고 법원은 필요하다고 인정한 때에는 직권 또는 검사·피고인이나 변호인의 신청에 의하여 결정으로 종결한 공판준비기일을 재개할 수 있다($^{제266조의}_{14, 제305조}$).

㈏ 공판준비기일 결과의 고지와 조서의 작성

1) 정리결과의 고지   법원은 쟁점 및 증거의 정리가 완료된 때에는 공판준비절차를 종료하여야 한다($^{제266조의}_{12 제 1 호}$). 그리고 법원은 공판준비기일을 종료하는 때에는 검사·피고인 또는 변호인에게 쟁점 및 증거에 관한 정리결과를 고지하고, 이에 대한 이의의 유무를 확인하여야 한다($^{제266조의}_{10 제 1 항}$).

2) 공판준비기일조서   법원은 쟁점 및 증거에 관한 정리결과를 공판준비기일조서에 기재하여야 한다($^{제266조의}_{10 제 2 항}$). 공판준비기일조서에 확인된 쟁점 및 증거의 정리결과만을 기재하도록 한 것은 공판준비기일조서가 공판조서와 같이 자세하게 작성될 때에는 공판준비기일이 공판기일화하여 공판기일의 심리절차가 형식적인 절차로 유명무실하게 될 우려가 있기 때문이다.

공판준비기일조서에는 피고인·증인·감정인·통역인 또는 번역인의 진술의 요지와 쟁점 및 증거에 관한 정리결과 그 밖에 필요한 사항을 기재하여야 한다($^{규칙}_{제123}$조의12)$_{제 2 항}$). 증거개시에 관한 신청과 결정도 공판준비기일의 조서에 기재하여야 한다($^{규칙 제123조}_{의5 제 3 항}$). 공판준비기일조서는 형사소송법 제311조에 의하여 증거능력이 인정된다.

㈐ 종료의 효과

형사소송법은 공판준비절차의 실효성을 확보하기 위하여 공판준비기일에서 신청하지 못한 증거는 원칙적으로 공판기일에 신청할 수 없도록 하고 있다. 즉 공판준비기일에서 신청하지 못한 증거는 ① 그 신청으로 인하여 소송을 현저히 지연시키지 아니하는 때, ② 중대한 과실 없이 공판준비기일에 제출하지 못하는 등 부득이한 사유를 소명한 때에 한하여 공판기일에 신청할 수 있다($\frac{\text{제266조의}}{13 \text{ 제1항}}$). 다만 이러한 제한에도 불구하고 법원은 실체적 진실발견을 위하여 공판절차에서 직권으로 증거를 조사할 수 있다($\frac{\text{동조}}{\text{제2항}}$).

제 4 절   공판정의 심리

Ⅰ. 공판정의 구성

공판준비절차가 끝나면 공판기일의 심리에 들어가게 된다. 공판기일의 심리는 공판정에서 이루어진다($\frac{\text{제275조}}{\text{제1항}}$). 공판정은 공판을 행하는 법정을 말하며, 공판정에서의 심리는 공개하는 것이 원칙이다.

공판정은 판사와 검사, 법원사무관 등이 출석하여 개정한다($\frac{\text{동조}}{\text{제2항}}$). 검사의 좌석과 피고인 및 변호인의 좌석은 대등하며, 법대의 좌우측에 마주 보고 위치하고, 증인의 좌석은 법대의 정면에 위치한다. 다만 피고인신문을 하는 때에는 피고인은 증인석에 좌석한다($\frac{\text{동조}}{\text{제3항}}$).

Ⅱ. 소송관계인의 출석

1. 피고인의 출석

(1) 피고인의 출석권과 출석의무

피고인이 공판기일에 출석하지 아니한 때에는 특별한 규정이 없으면 개정하지 못한다($\frac{\text{제276}}{\text{조}}$). 피고인의 출석은 공판개정의 요건이므로 공판기일에 피고인이 출석하지 않으면 원칙적으로 공판기일을 연기하여야 한다. 피고인의 공판정출석은 권리인 동시에 의무로서의 성격을 가지며, 출석한 피고인에게는 재정의무(在廷義務)

가 인정된다. 따라서 피고인은 재판장의 허가 없이 심리 도중에 퇴정하지 못하며, 재판장은 피고인의 퇴정을 제지하거나 법정의 질서를 유지하기 위하여 필요한 처분을 할 수 있다(제281조).

(2) 피고인의 출석 없이 재판할 수 있는 경우

피고인의 출석은 공판개정의 요건이지만 예외적으로 피고인의 출석 없이 심판할 수 있는 경우가 있다. 피고인의 출석 없이 피고사건에 대하여 심판할 수 있는 경우는 다음과 같다.

㈎ 피고인이 의사무능력자이거나 법인인 경우

1) 의사무능력자   형법상 책임능력에 관한 규정의 적용을 받지 아니하는 범죄사건에 관하여 피고인이 의사능력이 없는 때에는 그 법정대리인이 소송행위를 대리하며(제26조), 법정대리인이 없으면 법원이 선임한 특별대리인이 법정대리인의 임무를 행한다(제28조). 따라서 이 경우에는 피고인의 출석이 공판개정의 요건이 아니라 그 법정대리인이나 특별대리인의 출석이 공판개정의 요건이 된다.

2) 법   인   피고인이 법인인 때에는 그 대표자가 소송행위를 대표하므로(제27조 제1항) 대표자가 공판정에 출석하여야 하며, 대표자가 없을 때에는 법원이 선임한 특별대리인이 대표자의 임무를 행한다(제28조). 이 경우에 대리인을 출석하게 할 수도 있다(제276조 단서). 대리인의 출석을 허용하는 것은 법인의 대표자보다도 사건의 내용을 잘 아는 실무자를 출석시키는 것이 효과적인 경우가 있다는 점을 고려한 것이다. 공판기일에 대리인을 출석하게 할 때에는 그 대리인에게 대리권을 수여한 사실을 증명하는 서면을 법원에 제출하여야 한다(규칙 제126조).

㈏ 경미사건이나 피고인에게 유리한 재판을 하는 경우 등

1) 경미사건의 경우   다액 500만원 이하의 벌금 또는 과료에 해당하는 사건의 공판에는 피고인의 출석을 요하지 않는다(제277조 제1호). 피고인에게 출석의무가 없다는 의미일 뿐이지 여전히 출석권은 보장되므로 법원은 피고인을 소환하여야 하며, 피고인은 대리인을 출석하게 할 수 있다(동조 단서).

2) 피고인에게 유리한 재판을 할 경우   공소기각 또는 면소의 재판을 할 것이 명백한 사건에 있어서도 피고인의 출석을 요하지 않는다(제277조 제2호). 이 경우 피고인은 대리인을 출석하게 할 수 있다(동조 단서). 또한 피고인이 사물의 변별 또는 의사의 결정을 할 능력이 없는 상태에 있는 때에는 원칙적으로 공판절차를 정지하여야 하

지만, 피고사건에 대하여 무죄·면소·형의 면제 또는 공소기각의 재판을 할 것으로 명백한 때에는 피고인의 출정 없이 재판할 수 있다($\frac{제306}{조}$).

3) 법원이 피고인의 불출석을 허가한 경우　　　장기 3년 이하의 징역 또는 금고, 다액 500만원을 초과하는 벌금 또는 구류에 해당하는 사건에서 피고인의 불출석허가신청이 있고 법원이 피고인의 불출석이 그의 권리를 보호함에 지장이 없다고 인정하여 이를 허가한 사건에 있어서는 피고인의 출석을 요하지 않는다($\frac{제277조}{제3호}$). 피고인은 대리인을 출석하게 할 수 있다($\frac{동조}{단서}$). 다만 이 경우에도 인정신문이나 판결선고시에는 피고인이 출석하여야 한다($\frac{동조 제3}{호 단서}$).

4) 피고인만이 정식재판을 청구하여 판결을 선고하는 경우　　　약식명령에 대하여 피고인만이 정식재판을 청구하여 공판절차가 진행된 사건에서 판결을 선고하는 경우에는 피고인의 출석을 요하지 않는다($\frac{제277조}{제4호}$). 피고인은 대리인을 출석하게 할 수 있다($\frac{동조}{단서}$).

5) 즉결심판사건　　　즉결심판에 의하여 피고인에게 벌금 또는 과료를 선고하거나, 피고인의 청구에 따라 법원이 피고인의 불출석심판을 허가한 경우에는 피고인이 출석하지 아니하더라도 심판할 수 있다($\frac{즉결심판에 관한}{절차법 제8조의2}$).

(다) 피고인이 불출석하는 경우

1) 구속피고인의 출석거부　　　피고인이 출석하지 아니하면 개정하지 못하는 경우에 구속된 피고인이 정당한 사유 없이 출석을 거부하고, 교도관에 의한 인치가 불가능하거나 현저히 곤란하다고 인정되는 때에는 피고인의 출석 없이 공판절차를 진행할 수 있다. 구속피고인의 출석 없이 공판절차를 진행할 경우에는 출석한 검사 및 변호인의 의견을 들어야 한다($\frac{제277}{조의2}$).

구속피고인에게 이러한 사유가 발생하는 경우에는 교도소장은 즉시 그 취지를 법원에 통지하여야 한다($\frac{규칙 제126}{조의4}$). 이때 법원이 피고인의 출석 없이 공판절차를 진행하고자 하는 경우에는 미리 그 사유가 존재하는가의 여부를 조사하여야 한다($\frac{규칙 제126조}{의5 제1항}$). 법원이 그 조사를 함에 있어서 필요하다고 인정하는 경우에는 교도관리 기타 관계자의 출석을 명하여 진술을 듣거나 그들로 하여금 보고서를 제출하도록 명할 수 있다($\frac{규칙 동조}{제2항}$). 법원은 합의부원으로 하여금 위의 조사를 하게 할 수 있다($\frac{규칙 동조}{제3항}$). 또한 구속피고인의 출석 없이 공판절차를 진행하는 경우에는 재판장은 공판정에서 소송관계인에게 그 취지를 고지하여야 한다($\frac{규칙 제126}{조의6}$).

2) 피고인의 소재불명　　　「소송촉진 등에 관한 특례법」은 일정한 경우에 피

고인의 소재불명을 이유로 피고인의 진술 없이 재판할 수 있음을 인정하고 있다. 즉 제 1 심 공판절차에서 피고인에 대한 송달불능보고서가 접수된 때부터 6개월이 지나도록 피고인의 소재를 확인할 수 없는 경우에는 대법원규칙으로 정하는 바에 따라 피고인의 진술 없이 재판할 수 있다. 다만 사형·무기 또는 장기 10년이 넘는 징역이나 금고에 해당하는 사건의 경우에는 그러하지 아니하다(동법제23조). 이는 미해결 사건의 적체를 방지하기 위한 목적의 제도라고 할 수 있다. 그러나 피고인에게 책임 없는 사유로 인한 불출석의 경우까지 불출석재판을 허용하는 것은 문제가 있으므로 특례법은 이러한 경우에 재심을 허용하는 규정을 두고 있다. 즉 불출석재판에 의하여 유죄판결을 받고 그 판결이 확정된 자가 책임질 수 없는 사유로 공판절차에 출석할 수 없었던 경우에는 제 1 심 법원에 재심을 청구할 수 있도록 하고 있으며, 재심청구가 있는 경우 법원은 재판의 집행을 정지하는 결정을 하여야 하고, 피고인의 구금을 요하는 때에는 구속영장을 발부하도록 하고 있다(동법 제23조의2).

또한 대법원규칙으로 제정된「소송촉진 등에 관한 특례규칙」은 이에 대한 세부적인 내용을 규정하고 있다. 즉 피고인에 대한 송달이 불능인 경우에 재판장은 그 소재를 확인하기 위하여 소재조사촉탁, 구인장의 발부 기타 필요한 조치를 취하여야 한다(동규칙 제18조 제 2 항). 또한 공소장에 기재된 피고인의 주소가 특정되어 있지 아니하거나 그 기재된 주소에 공소제기 당시 피고인이 거주하지 아니한 사실이 인정된 때에는 재판장은 검사에게 상당한 기간을 정하여 그 주소를 보정할 것을 요구하여야 한다(동조 제 3 항). 피고인에 대한 송달불능보고서가 접수된 때로부터 6월이 경과하도록 위의 조치에도 불구하고 피고인의 소재가 확인되지 아니한 때에는 그 후 피고인에 대한 송달은 공시송달의 방법에 의한다(동규칙 제19조 제 1 항). 피고인이 공시송달에 의한 공판기일의 소환을 2회 이상 받고도 출석하지 아니한 때에는「소송촉진 등에 관한 특례법」제23조의 규정에 의하여 피고인의 진술 없이 재판할 수 있다(동조 제 2 항). 공시송달의 방법으로 소환한 피고인이 불출석한 경우 법원은 다시 공판기일을 지정하고 공시송달의 방법으로 피고인을 재소환한 후 그 기일에도 피고인이 불출석하여야 비로소 피고인의 불출석 상태에서 재판절차를 진행할 수 있다(대법원 2011.5.13, 2011도1094).

3) 항소심에서의 불출석   피고인이 항소심의 공판기일에 출정하지 아니한 때에는 다시 기일을 정하여야 하며, 피고인이 정당한 사유 없이 다시 정한 기일에 출정하지 아니한 때에는 피고인의 진술 없이 판결을 할 수 있다(제365조 제 1 항·제 2 항). 이 경우에는 판결뿐만 아니라 심리도 가능하다. 상고심의 공판기일에는 피고인의 소환

을 요하지 않는다(제389조의2). 상고심은 법률심이므로 변호인이 아니면 변론할 수 없기 때문이다.

4) 약식명령에 대한 정식재판절차에서의 피고인의 불출석 약식명령에 대하여 정식재판을 청구한 피고인이 정식재판절차의 공판기일에 2회 출석하지 아니한 경우에는 피고인의 출석 없이 심판할 수 있다(제458조 제 2 항, 제365조).

5) 치료감호청구사건에 있어서의 피치료감호청구인의 불출석 치료감호법에 의하여 치료감호가 청구된 자가 형법 제10조 제 1 항에 따른 심신장애로 공판기일에의 출석이 불가능한 경우에는 법원은 피치료감호청구인의 출석 없이 개정할 수 있다(치료감호법 제 9 조).

(라) 피고인이 퇴정하거나 퇴정명령을 받은 경우

1) 임의퇴정 및 퇴정명령 피고인이 재판장의 허가 없이 퇴정하거나 재판장의 질서유지를 위한 퇴정명령을 받은 때에는 피고인의 진술 없이 판결할 수 있다(제330조). 본 규정의 해석과 관련해서 판결뿐만 아니라 심리도 가능한지에 대하여는 견해의 대립이 있다. 제330조는 재판부분에 위치하고 있어서 심리가 사실상 종료되어 판결선고만 남은 경우에 적용되는 것으로 보아야 하므로 증거조사나 최종변론과 같은 절차는 피고인의 출석 없이 진행할 수 없다는 견해가 있으나, 판결뿐만 아니라 심리도 할 수 있다고 보는 것이 이 제도의 취지에 맞을 것이다(대법원 1991.6.28, 91도865 참조).

2) 일시퇴정 재판장은 증인 또는 감정인이 피고인 또는 어떤 재정인의 면전에서 충분한 진술을 할 수 없다고 인정한 때에는 그를 퇴정하게 하고 진술하게 할 수 있다. 피고인이 다른 피고인의 면전에서 충분한 진술을 할 수 없다고 인정한 때에도 같다(제297조 제 1 항). 이는 증인 등의 진술의 자유를 보장하기 위한 것이다. 그러나 이로 인하여 피고인의 증인신문권을 침해할 우려가 있으므로 증인·감정인 또는 공동피고인의 진술이 종료한 때에는 퇴정한 피고인을 입정하게 한 후 법원사무관 등으로 하여금 진술의 요지를 고지하게 하여야 한다(동조 제 2 항). 또한 재판장이 피고인을 퇴정하게 하고 증인신문 등을 진행한 경우에도 피고인의 반대신문권을 배제하는 것은 허용되지 않는다(대법원 2010.1.14, 2009도9344).

2. 변호인의 출석

변호인이나 보조인은 소송주체가 아니므로 원칙적으로 그 출석이 공판개정의 요건은 아니다. 따라서 변호인이 공판기일의 통지를 받고 공판기일에 출석하지 않더라도 공판절차를 진행할 수 있다. 그러나 필요적 변호사건 및 변호인이 선정된 그 외의 국선변호사건에 관하여는 변호인 없이 개정하지 못하므로($\frac{제282조}{본문}$), 변호인이 출석하지 아니한 때에는 법원은 직권으로 변호인을 선정하여야 한다($\frac{제283}{조}$). 다만 판결만을 선고하는 경우에는 변호인 없이 개정할 수 있다($\frac{제282조}{단서}$).

필요적 변호사건에서 변호인이 없음에도 불구하고 법원이 직권으로 변호인을 선정하지 아니한 채 공판기일을 열어 심리하였다면 이러한 위법한 공판절차에서 이루어진 소송행위는 무효로 된다. 또한 변호인 없이 위법하게 진행된 필요적 변호사건의 공판절차에서 선고된 판결은 소송절차가 법령에 위반하여 판결에 영향을 미친 위법($\frac{제361조의5 \ 제1호,}{제383조 \ 제1호}$)을 범한 것으로서 상소심에 의한 파기의 대상이 된다($\frac{대법}{원}$ $\frac{2006.1.13,}{2005도5925}$). 다만 필요적 변호는 피고인의 이익을 위한 제도이므로 무죄판결이 선고된 경우는 필요적 변호사건에서 변호인 없이 공판절차가 진행되었더라도 판결에 영향을 미친 위법에는 해당하지 않는다($\frac{대법원 \ 2003.3.25,}{2002도5748}$). 필요적 변호사건의 제1심 공판절차가 변호인 없이 이루어졌다면 항소심법원은 제1심에서 무효로 된 소송행위를 변호인이 있는 상태에서 새로이 한 후 위법한 제1심판결을 파기하고 항소심에서의 증거조사 및 진술 등 심리결과에 기하여 다시 판결하여야 한다($\frac{대법원 \ 2011.9.8,}{2011도6325}$).

국선변호사건에서 변호인이 퇴정명령을 받거나 재판장의 허가 없이 임의로 퇴정한 경우에도 피고인의 퇴정에 관한 제330조의 규정을 준용하여 변호인 없이 심리와 판결을 할 수 있다고 보는 것이 타당할 것이다($\frac{대법원 \ 1991.6.28,}{91도865}$).

3. 검사의 출석

검사의 출석은 공판개정의 요건이다($\frac{제275조}{제2항}$). 따라서 검사의 출석이 없을 때에는 공판기일을 개정하지 못하며, 검사의 출석 없는 상태에서 개정하는 것은 소송절차에 관한 법령위반으로 상소이유가 된다($\frac{제361조의5 \ 제1호,}{제383조 \ 제1호}$). 그러나 검사가 공판기일의 통지를 2회 이상 받고 출석하지 아니하거나 판결만을 선고하는 때에는 검사의 출석 없이 개정할 수 있다($\frac{제278}{조}$). 이는 검사의 불출석으로 공판절차의 진행이 지연되는 것을 방지하기 위한 것이다. 따라서 검사가 2회에 걸쳐 출석하지 아니하면 그 기일에 바로 개정할 수 있다($\frac{대법원 \ 1967.2.21,}{66도1710}$). 검사의 2회 이상 불출석으로 검사의 출석 없이 공판절차를 진행하는 경우에는 재판장은 공판정에서 소송관계인에게 그 취지를 고지하여야 한다($\frac{규칙 \ 제}{126조의6}$).

4. 전문심리위원의 참여

(1) 의   의

법원은 소송관계를 분명하게 하거나 소송절차를 원활하게 진행하기 위하여 필요한 경우에는 직권으로 또는 검사·피고인 또는 변호인의 신청에 의하여 결정으로 전문심리위원을 지정하여 공판준비 및 공판기일 등 소송절차에 참여하게 할 수 있다($^{제279조의}_{2\,제1\,항}$). 전문심리위원제도란 건축, 의료, 지적재산권, 첨단산업분야 등과 관련된 사건을 심리할 때, 이들 분야에 대한 전문적인 지식과 경험을 가진 전문가를 소송절차에 참여하게 하여 법관의 충실하고 신속한 심리에 도움을 주기 위한 제도이다. 현행법은 법관이 전문적인 내용의 사건을 재판하는데 도움이 되도록 민사사건에 이어 형사사건의 심리에도 전문심리위원제도를 도입하였다.

(2) 전문심리위원의 지정

전문심리위원을 소송절차에 참여시키는 경우에 법원은 검사·피고인 또는 변호인의 의견을 들어 각 사건마다 1인 이상의 전문심리위원을 지정한다($^{제279조의}_{4\,제1\,항}$). 이 때 법원은 전문심리위원규칙에 따라 정해진 전문심리위원 후보자 중에서 전문심리위원을 지정하여야 한다($^{규칙\,제126}_{조의7}$). 전문심리위원에게는 대법원규칙으로 정하는 바에 따라 수당을 지급하고, 필요한 경우에는 그 밖의 여비·일당 및 숙박료를 지급할 수 있으며, 그 밖에 전문심리위원의 지정에 관하여 필요한 사항은 대법원규칙으로 정한다($^{제279조의4}_{제2\,항\cdot\,제3\,항}$).

(3) 심리에의 참여

전문심리위원은 전문적인 지식에 의한 설명 또는 의견을 기재한 서면을 제출하거나 기일에 전문적인 지식에 의하여 설명이나 의견을 진술할 수 있다. 다만 재판의 합의에는 참여할 수 없다($^{제279조의}_{2\,제2\,항}$). 법원은 전문심리위원이 제출한 서면이나 전문심리위원의 설명 또는 의견의 진술에 관하여 검사, 피고인 또는 변호인에게 구술 또는 서면에 의한 의견진술의 기회를 주어야 한다($^{동조}_{제4\,항}$). 또한 전문심리위원은 기일에 재판장의 허가를 받아 피고인 또는 변호인, 증인 또는 감정인 등 소송관계인에게 소송관계를 분명하게 하기 위하여 필요한 사항에 관하여 직접 질문할 수 있다($^{동조}_{제3\,항}$).

(4) 참여의 제한

법관이나 법원사무관 등에 대한 제척 및 기피에 관한 규정($^{제17조 내지 제}_{20조, 제23조}$)은 전문심리위원에게 준용된다($^{제279조의}_{5 제1항}$). 제척 또는 기피 신청이 있는 전문심리위원은 그 신청에 관한 결정이 확정될 때까지 그 신청이 있는 사건의 소송절차에 참여할 수 없다. 이 경우 전문심리위원은 해당 제척 또는 기피신청에 대하여 의견을 진술할 수 있다($^{동조}_{제2항}$).

법원은 상당하다고 인정하는 때에는 검사·피고인 또는 변호인의 신청이나 직권으로 전문심리위원의 참여결정을 취소할 수 있으며, 검사와 피고인 또는 변호인이 합의하여 참여결정을 취소할 것을 신청한 때에는 그 결정을 취소하여야 한다($^{제279}_{조의3}$).

(5) 비밀누설의 금지 등

전문심리위원 또는 전문심리위원이었던 자가 그 직무수행 중에 알게 된 다른 사람의 비밀을 누설한 때에는 2년 이하의 징역이나 금고 또는 1천만원 이하의 벌금에 처한다($^{제279}_{조의7}$). 또한 전문심리위원은 「형법」제129조부터 제132조까지의 규정에 따른 벌칙의 적용에서는 공무원으로 본다($^{제279}_{조의8}$).

Ⅲ. 소송지휘권과 법정경찰권

1. 소송지휘권

(1) 의 의

소송지휘란 소송의 진행을 질서 있게 하고 심리를 원활하게 하기 위한 법원의 합목적적 활동을 말한다. 소송지휘권은 원래 수소법원의 권한에 속하는 것이지만, 공판기일에 있어서의 신속하고 적절한 소송지휘를 위하여 법은 이를 포괄적으로 재판장에게 맡기고 있다($^{제279}_{조}$). 그러나 소송지휘권은 법률에 의하여 비로소 부여되는 권한이 아니라 질서 있고 효율적인 소송진행을 위하여 법원이 가지는 고유한 권한이며, 사법권에 내재하는 본질적인 권한이라고 할 수 있다. 따라서 법원은 법률이나 규칙에서 규정하고 있는 처분에 한하지 않고, 사건의 내용이나 심리의 진행상황에 따라 필요한 조치를 적절히 취할 수 있다.

소송지휘권은 소송구조와 직결되는 문제는 아니다. 당사자주의에서도 당사자의 원활한 소송활동을 위해서는 소송지휘가 필요하며, 실제로는 직권주의에 있어서 보다도 그 중요성이 크다고 할 수 있다.

(2) 내 용

(가) 재판장의 소송지휘권

공판기일의 소송지휘는 재판장이 한다($\frac{제279}{조}$). 재판장의 소송지휘권의 중요한 내용으로는 공판기일의 지정과 변경($\frac{제267조,}{제270조}$), 인정신문($\frac{제284}{조}$), 증인신문순서의 변경($\frac{제161조의}{2 제 3 항}$), 증인신문사항의 제출명령($\frac{규칙}{제66조}$), 불필요한 변론의 제한($\frac{제299}{조}$), 석명권의 행사($\frac{규칙 제141}{조 제 1 항}$) 등을 들 수 있다. 재판장의 소송지휘권 중에서 특히 중요한 의미를 가지는 것은 변론의 제한과 석명권의 행사이다.

1) 불필요한 변론의 제한 재판장은 소송관계인의 진술 또는 신문이 중복된 사항이거나 그 소송에 관계없는 사항인 때에는 소송관계인의 본질적 권리를 해하지 않는 한도에서 이를 제한할 수 있다($\frac{제299}{조}$). 여기에서 소송에 관계없는 사항이란 피고사건과 관련성이 없는 사항을 의미한다.

2) 석명권의 행사 재판장은 소송관계를 명료하게 하기 위하여 검사·피고인 또는 변호인에게 사실상과 법률상의 사항에 관하여 석명을 구하거나 입증을 촉구할 수 있고, 합의부원은 재판장에게 고하고 석명을 구하거나 입증을 촉구할 수 있다. 검사·피고인 또는 변호인은 재판장에 대하여 석명을 위한 발문을 요구할 수 있다($\frac{규칙}{제141조}$). 석명(釋明)이란 피고사건의 소송관계를 명확히 하기 위하여 소송관계인에게 사실상 및 법률상의 사항에 관하여 질문을 하여 그 진술 내지 주장을 보충 또는 정정할 기회를 주고 입증을 촉구하는 것을 말한다($\frac{대법원 2011.2.10,}{2010도14391}$).

(나) 법원의 소송지휘권

법원의 소송지휘권은 신속하고 적절한 소송지휘를 위하여 포괄적으로 재판장이 행사하고 있다. 그러나 공판기일에서의 소송지휘라 할지라도 피고인의 방어권보호나 실체적 진실발견을 위하여 중요한 의미가 있는 사항은 법률에 의하여 법원에 유보되어 있다. 국선변호인의 선임($\frac{제33조,}{제283조}$), 특별대리인의 선임($\frac{제28}{조}$), 증거신청에 대한 결정($\frac{제295}{조}$), 증거조사에 대한 이의신청의 결정($\frac{제296조}{제 2 항}$), 재판장의 처분에 대한 이의신청의 결정($\frac{제304조}{제 2 항}$), 공소장변경의 허가와 요구($\frac{제298조 제 1}{항 · 제 2 항}$), 공판절차의 정지($\frac{제298조 제 4 항, 제306}{조 제 1 항, 제 2 항}$), 변론의 분리·병합·재개($\frac{제300조,}{제305조}$) 등이 이에 해당한다.

(3) 소송지휘권의 행사와 불복

㈎ 소송지휘권의 행사방법

법원의 소송지휘는 결정의 형식을 취하며, 재판장의 소송지휘는 명령의 형식에 의하는 것이 일반적이다. 소송지휘에 대하여는 당해 사건의 소송관계인뿐만 아니라 방청인도 복종할 의무가 있다.

소송지휘권의 행사는 철회 또는 변경할 수 있다. 소송지휘권의 행사는 일정한 사항에 대한 최종적인 판단이 아니라 절차의 진행 내지 심리방법에 대한 조치이므로 일단 행사한 후라도 사정에 따라 이를 변경하는 것이 허용된다.

㈏ 소송지휘권 행사에 대한 불복

검사 · 피고인 또는 변호인은 재판장의 소송지휘에 관한 처분에 대하여 이의신청을 할 수 있으며, 이의신청이 있는 때에는 법원은 결정을 하여야 한다($\frac{제304}{조}$). 재판장의 처분에 대한 이의신청은 법령의 위반이 있음을 이유로 하여서만 이를 할 수 있다($\frac{규칙}{제136조}$). 이의신청은 개개의 행위 · 처분 또는 결정시마다 그 이유를 간결하게 명시하여 즉시 이를 하여야 하며, 이의신청에 대한 법원의 결정은 이의신청이 있은 후 즉시 이를 하여야 한다($\frac{규칙 제137}{조, 제138조}$).

법원의 소송지휘권 행사는 판결 전 소송절차에 관한 결정이므로 특히 즉시항고를 할 수 있는 경우 외에는 항고가 허용되지 않는다($\frac{제403조}{제1항}$).

2. 법정경찰권

(1) 의   의

법정경찰권이란 법정질서를 유지하고 심판의 방해를 예방 또는 제지하기 위하여 행하는 법원의 권력작용을 말한다. 법정경찰권도 본래 법원의 권한에 속하는 것이지만, 질서유지의 신속성과 기동성을 위하여 재판장이 행사하도록 하고 있다. 즉 법정의 질서유지는 재판장이 담당한다($\frac{법원조직법}{제58조 제1항}$). 다만 감치처분은 법원의 권한이다($\frac{동법}{제61조}$). 법정경찰권도 넓은 의미에서는 소송지휘권의 내용을 이루는 것이나, 사건의 심리내용이나 소송의 실질과는 무관하다는 점에서 소송지휘권과 구별된다.

(2) 내   용

㈎ 질서유지를 위한 재판장의 처분

재판장은 법정의 존엄과 질서를 해칠 우려가 있는 사람의 입정금지 또는 퇴정을 명할 수 있고, 그 밖에 법정의 질서유지에 필요한 명령을 할 수 있다(법원조직법 제58조 제 2 항). 또한 누구든지 법정 안에서는 재판장의 허가 없이 녹화·촬영·중계방송 등의 행위를 하지 못한다(동법 제59조).

피고인은 재판장의 허가 없이 퇴정하지 못하며, 재판장은 피고인의 퇴정을 제지하거나 법정의 질서를 유지하기 위하여 필요한 처분을 할 수 있다(제281조). 공판정에서는 피고인의 신체를 구속하지 못하는 것이 원칙이지만, 재판장은 피고인이 폭력을 행사하거나 도망할 염려가 있다고 인정하는 때에는 피고인의 신체의 구속을 명하거나 기타 필요한 조치를 할 수 있다(제280조).

재판장은 법정에 있어서의 질서유지를 위하여 필요하다고 인정할 때에는 개정전후에 상관없이 관할 경찰서장에게 국가경찰공무원의 파견을 요구할 수 있다. 재판장의 요구에 의하여 파견된 국가경찰공무원은 법정 내외의 질서유지에 관하여 재판장의 지휘를 받는다(법원조직법 제60조).

(나) 감치 또는 과태료의 제재

법원은 직권으로 법정 내외에서 법정의 질서유지를 위한 재판장의 명령 또는 녹화 등의 금지규정에 위배하는 행위를 하거나 폭언·소란 등의 행위로 법원의 심리를 방해하거나 재판의 위신을 현저하게 훼손한 사람에 대하여 결정으로 20일 이내의 감치에 처하거나 100만원 이하의 과태료를 부과할 수 있다. 이 경우 감치와 과태료는 병과할 수 있다(법원조직법 제61조 제 1 항). 이는 형법상의 법정모욕죄(제138조)와는 달리 검사의 공소제기를 기다리지 않고 법원이 직접 제재를 가하는 것으로서 사법행정상의 질서벌에 해당한다.

법원은 감치(監置)를 위하여 법원직원·교도관 또는 국가경찰공무원으로 하여금 즉시 행위자를 구속하게 할 수 있으며, 구속한 때로부터 24시간 이내에 감치에 처하는 재판을 하여야 하고 이를 하지 아니하면 즉시 석방을 명하여야 한다(법원조직법 제61조 제 2 항). 감치는 경찰서유치장·교도소 또는 구치소에 유치함으로써 집행한다(동조 제 3 항). 감치는 감치대상자에 대한 다른 사건으로 인한 구속 및 형에 우선하여 집행하며, 감치의 집행 중에는 감치대상자에 대한 다른 사건으로 인한 구속 및 형의 집행이 정지되고, 감치대상자가 당사자로 되어 있는 본래의 심판사건의 소송절차는 정지된다. 다만 법원은 상당한 이유가 있는 경우에는 소송절차를 계속하여 진행하도록 명할 수 있다(동조 제 4 항). 그리고 법원의 감치재판에 대하여는 항고 또는 특별항고를 할 수 있다(동조 제 5 항).

(3) 법정경찰권의 한계

법정경찰권의 행사는 심리의 방해를 제거하기 위한 것이므로 원칙적으로 심리가 개시된 때부터 종료될 때까지의 시간범위 내에 한하여 허용된다. 다만 심리와 직접 이어져 있는 전후의 시점은 이에 포함된다고 해야 한다.

법정경찰권은 심리가 진행되고 있는 법정 내에 미치는 것이 원칙이지만, 법정에서의 심리과 질서유지에 영향을 미치는 범위에서는 법정 외에 대하여도 미친다. 그리고 법관이 법정 이외의 장소에서 직무를 행하는 경우에는 그 장소에도 법정경찰권이 미친다($\binom{법원조직법}{제63조}$).

법정경찰권은 심리에 관계있는 모든 사람에게 미친다. 따라서 당사자나 변호인·방청인은 물론이고, 법원사무관이나 합의부원도 법정경찰권의 적용을 받는다.

제 5 절　공판기일의 절차

협의의 공판절차인 공판기일의 절차는 모두절차와 사실심리절차 그리고 판결선고절차로 나누어진다. 현행법은 공판중심주의 및 당사자주의의 요청에 따라 공판기일의 절차를 대폭 보충·정비한 점에 특색이 있다.

Ⅰ. 모두절차

1. 진술거부권의 고지

현행법은 피고인의 방어권을 강화하기 위하여 인정신문을 하기 전에 피고인에게 진술거부권을 고지하도록 하고 있다. 따라서 피고인은 인정신문에 대하여도 진술거부권을 행사할 수 있다고 해야 한다. 재판장은 인정신문을 하기 전에 피고인에게 진술하지 아니하거나 개개의 질문에 대하여 진술을 거부할 수 있음을 고지하여야 한다($\binom{제283조}{의2}$). 나아가서 재판장은 진술거부권의 고지와 함께 피고인에게 이익 되는 사실을 진술할 수 있음도 알려주어야 한다($\binom{규칙}{제127조}$).

2. 인정신문

인정신문이란 재판장이 피고인으로 출석한 자가 공소장에 기재된 피고인과 동일인인가를 확인하는 절차를 말한다. 재판장은 피고인의 성명·연령·등록기준지·주거와 직업을 물어서 피고인임에 틀림없음을 확인하여야 한다($^{제284}_{조}$). 피고인이 법인인 때에는 출석한 대표자, 특별대리인 또는 대리인에게 법인의 명칭·사무소·대표자의 성명·법인과의 관계 등을 물어서 확인하여야 할 것이다.

재판장은 피고인에 대한 인정신문을 마친 뒤 피고인에 대하여 그 주소의 변동이 있을 때에는 이를 법원에 보고할 것을 명하고, 피고인의 소재가 확인되지 않는 때에는 그 진술 없이 재판할 경우가 있음을 경고하여야 한다($^{소송촉진 등에 관한 특}_{례규칙 제18조 제1항}$).

3. 검사의 모두진술

인정신문이 끝나면 검사는 공소장에 의하여 공소사실·죄명 및 적용법조를 낭독하여야 한다. 다만 재판장은 필요하다고 인정하는 때에는 검사에게 공소의 요지를 진술하게 할 수 있다($^{제285}_{조}$). 검사의 모두진술은 사건의 심리에 들어가기 전에 사건의 개요와 쟁점을 명백히 하여 법원의 소송지휘를 가능하게 하고 피고인에게 방어준비의 기회를 제공할 뿐만 아니라, 방청인들이 실체의 윤곽을 파악하는 데 기여함으로써 공개주의에 부합하는 제도이다. 이러한 점을 고려하여 현행법은 검사의 모두진술을 필수적인 절차로 규정하고 있다.

4. 피고인의 모두진술

(1) 공소사실에 관한 진술

피고인은 검사의 모두진술이 끝난 뒤에 공소사실의 인정 여부를 진술하여야 한다. 다만 피고인이 진술거부권을 행사하는 경우에는 그러하지 아니하다($^{제286조}_{제1항}$). 이를 위하여 재판장은 검사의 모두진술 절차를 마친 뒤에 피고인에게 공소사실을 인정하는지 여부에 관하여 물어야 한다($^{규칙 제127조}_{의2 제1항}$).

형사소송법은 피고인 또는 변호인이 공소장 부본을 송달받은 날로부터 7일 이내에 공소사실에 대한 인정 여부 등을 기재한 의견서를 법원에 제출하도록 하고 있으므로, 여기서 공소사실에 대한 피고인의 모두진술은 법관이 공판정에서 의견서의 내용을 피고인에게 구두로 확인하고 공소사실과 관련된 총괄적인 진술의 기회를 제공함으로서 사건의 쟁점을 명확히 하고자 하는 목적을 가진다. 피고인이 모두진술단계에서 공소사실에 대하여 자백할 때에는 간이공판절차로의 이행이 이루어질 수 있다.

(2) 이익되는 사실 등에 관한 진술

피고인이 공소사실의 인정 여부를 진술한 후에 피고인 및 변호인은 피고인에게 이익이 되는 사실 등을 진술할 수 있다($\frac{제286조}{제2항}$). 이 경우 이익이 되는 사실에는 알리바이의 주장, 범행동기, 정상관계 등 피고인에게 유리한 모든 사정이 포함된다.

피고인은 모두절차를 이용하여 관할이전신청($\frac{제15}{조}$), 기피신청($\frac{제18}{조}$), 국선변호인의 선정청구($\frac{제33조}{제2항}$), 공판기일의 변경신청($\frac{제270}{조}$), 변론의 병합과 분리의 신청($\frac{제300}{조}$) 등을 할 수 있다. 또한 피고인은 모두절차를 통하여 그 이전에 이루어진 소송절차의 하자를 다툴 수 있다. 특히 토지관할위반의 신청($\frac{제320}{조}$), 공소장부본송달($\frac{제266}{조}$)에 대한 이의신청, 제 1 회 공판기일의 유예기간에 대한 이의신청($\frac{제269}{조}$) 등은 늦어도 이 단계까지는 하여야 한다. 피고인이 이때까지 이의신청을 하지 않을 경우에는 절차상의 하자가 치유되어 더 이상 다툴 수 없게 된다.

5. 재판장의 쟁점정리 및 검사·변호인의 증거관계 등에 대한 진술

재판장은 피고인의 모두진술이 끝난 다음에 피고인 또는 변호인에게 쟁점의 정리를 위하여 필요한 질문을 할 수 있고($\frac{제287조}{제1항}$), 증거조사를 하기에 앞서 검사 및 변호인으로 하여금 공소사실 등의 증명과 관련된 주장 및 입증계획 등을 진술하게 할 수 있다($\frac{동조 제2}{항 본문}$). 현행법하에서는 특히 피고인신문이 증거조사 이후에 이루어지므로 증거조사절차에서의 심리를 효율적으로 진행하기 위해서는 당사자의 진술을 통하여 사건의 쟁점을 정리하고 입증계획 등을 검토하는 절차가 중요한 의미를 가지게 된다. 그리고 여기의 진술내용에는 쟁점에 대한 입증방법 및 증거조사의 순서나 시기, 방법 등 전체적인 입증계획이 포함된다. 다만 검사 및 변호인은 증거로 할 수 없거나 증거로 신청할 의사가 없는 자료에 기초하여 법원에 사건에 대한 예단 또는 편견을 발생하게 할 염려가 있는 사항은 진술할 수 없다($\frac{동조 제2항}{단서}$).

Ⅱ. 사실심리절차

1. 증거조사

재판장의 쟁점정리 및 검사·변호인의 증거관계 등에 대한 진술이 끝나면 증거조사를 실시한다($\frac{제290}{조}$). 증거조사란 수소법원이 피고사건의 사실인정과 형의 양정에 관한 심증을 얻기 위하여 인증·서증·물증 등 각종의 증거방법을 조사하여 그 내용을 감지하는 소송행위를 말한다. 넓은 의미로는 증거조사의 시행과 관련되는 증거신청, 증거결정, 이의신청 등의 절차를 모두 포함한다. 법원은 증거조사를 통하여 사건에 대한 심증을 형성하므로 증거조사의 주체는 법원이 된다.

종래의 사실심리절차는 피고인신문을 먼저 한 후 증거조사를 하도록 하고 있어서 피고인신문을 중심으로 사실심리절차가 운영되고 당사자인 피고인을 마치 법원의 심리의 객체로 취급하는 듯한 인상마저 주고 있었다. 현행 형사소송법은 피고인의 진술에 의존하는 심증형성에서 벗어나 객관적인 증거자료를 통한 심증형성을 도모하기 위하여 증거조사를 먼저 실시하고 증거조사에서 불충분한 부분을 피고인신문에서 확인하도록 그 순서를 변경하였다.

증거조사에는 당사자의 신청에 의한 증거조사와 직권에 의한 증거조사가 있으나, 당사자의 신청에 의한 증거조사가 원칙적인 형태이다. 증거조사의 순서는 검사가 신청한 증거를 조사한 후 피고인 또는 변호인이 신청한 증거를 조사하며(제291조의제2항), 신청에 의한 증거의 조사가 끝난 후 직권으로 결정한 증거를 조사한다(동조제2항). 다만 법원은 직권 또는 검사, 피고인·변호인의 신청에 따라 양자의 순서를 변경할 수 있다(동조제3항). 증거조사는 증거로서의 자격을 갖춘 증거에 대해서만 허용되며, 증거조사의 방법도 증거의 종류에 따라 법에 엄격하게 규정되어 있다.

증거조사는 사실심리절차의 중심이므로 증거조사의 구체적인 절차와 방법 등에 대해서는 다음 절에서 별도로 설명하기로 한다.

2. 피고인신문

(1) 의   의

피고인신문이란 피고인에 대하여 공소사실과 그 정상에 관한 필요한 사항을 신문하는 절차를 말한다. 피고인은 당사자일 뿐만 아니라 증거방법으로서의 지위를 가지고 있음을 전제로 한 제도이다.[1] 그러나 이로 인하여 피고인의 당사자로서의 지위가 침해되어서는 안 되므로 피고인에게는 증인과는 달리 진술거부권이 인

---

1) 피고인을 신문의 대상으로 삼는 피고인신문절차는 직권주의적 성격의 제도로서, 검사와 피고인을 대등한 당사자로 보는 당사자주의적 소송구조와는 조화되기 어렵다. 영미법에서는 피고인의 지위를 유지시키면서 피고인에게 신문을 행하는 것을 허용하지 않으며, 당사자주의를 강화한 일본의 형사소송법이 피고인의 임의의 진술을 전제로 필요한 사항에 관한 법관, 검사, 변호인 등의 피고인에 대한 질문만을 허용하고 있는 것(동법 제311조)도 이러한 이유에서라고 할 수 있다.

정된다. 피고인이 명백히 묵비권을 행사할 의사를 표시하였음에도 불구하고 계속해서 질문하는 것은 그 자체가 피고인의 묵비권을 침해할 우려가 있으므로 허용되지 않는다고 해야 한다.

　　피고인신문은 검사가 피고인의 진술을 통하여 공소사실을 입증하는 절차임과 동시에 피고인이 자신에게 유리한 사실을 주장하는 절차로서의 성격도 가지고 있다. 이런 의미에서 피고인신문은 피고인에게 자기방어를 위한 진술의 기회를 충분히 부여하면서 이루어져야 할 것이다. 현행법상 피고인신문은 검사·변호인 및 재판장의 판단에 의해서 행하여지는 임의적인 절차로 보아야 한다($\binom{제296조의}{2\ 참조}$). 변호인이 피고인을 신문하겠다는 의사를 표시하였음에도 재판장이 변호인에게 일체의 피고인신문을 허용하지 않는 것은 변호인의 피고인신문권에 관한 본질적 권리를 해하는 것으로서 위법하다($\binom{대법원\ 2020.12.24,}{2020도10778}$).

(2) 신문순서

　　검사 또는 변호인은 증거조사 종료 후에 순차로 피고인에게 공소사실 및 정상에 관하여 필요한 사항을 신문할 수 있다. 다만 재판장은 필요하다고 인정하는 때에는 증거조사가 완료되기 전이라도 이를 허가할 수 있다($\binom{제296조의}{2\ 제1항}$).[1] 재판장은 필요하다고 인정하는 때에는 피고인을 신문할 수 있다($\binom{동조}{제2항}$). 따라서 당사자가 피고인신문을 하지 않는 경우에도 법원은 독자적으로 피고인을 신문할 수 있다.

　　피고인신문의 순서에는 증인신문에 관한 규정이 준용된다($\binom{동조}{제3항}$). 따라서 피고인은 신청한 검사 또는 변호인이 먼저 신문하고 다음에 다른 검사 또는 변호인이 신문한다($\binom{제161조의}{2\ 제1항}$). 검사와 변호인이 모두 신청한 경우에는 검사가 먼저 신문하여야 할 것이다. 재판장은 검사 또는 변호인의 신문이 끝난 뒤에 신문하지만($\binom{동조}{제2항}$), 필요하다고 인정하면 어느 때나 신문할 수 있고 또한 신문순서를 변경할 수도 있다($\binom{동조}{제3항}$). 합의부원은 재판장에게 고하고 피고인을 신문할 수 있다($\binom{동조}{제5항}$).

(3) 신문방법

　　피고인신문을 하는 때에는 피고인은 증인석에 좌석한다($\binom{제275조}{제3항\ 단서}$). 피고인신문에 있어서는 진술의 강요와 유도신문이 금지된다. 즉 피고인을 신문함에 있어서는

---

1) 증거조사의 진행 중 새로운 쟁점이 나타나 피고인의 답변이 필요한 경우나 증인신문 중 증인과 피고인의 대질신문이 필요한 경우 등이 증거조사가 완료되기 전에 피고인신문을 필요로 하는 경우에 해당할 것이다.

그 진술을 강요하거나 답변을 유도하거나 그 밖에 위압적·모욕적 신문을 하여서는 아니 된다(규칙 제140조의2).

　재판장은 피고인이 다른 피고인의 면전에서 충분한 진술을 할 수 없다고 인정한 때에는 그를 퇴정하게 하고 진술하게 할 수 있다(제297조제1항). 피고인을 퇴정하게 한 경우에 공동피고인의 진술이 종료한 때에는 퇴정한 피고인을 입정하게 한 후 법원사무관 등으로 하여금 진술의 요지를 고지하게 하여야 한다(동조제2항). 재판장은 피고인이 어떤 재정인의 앞에서 충분한 진술을 할 수 없다고 인정한 때에는 그 재정인을 퇴정하게 하고 진술하게 할 수 있다(규칙 제140조의3).

　재판장 또는 법관은 피고인을 신문하는 경우 ① 피고인이 신체적 또는 정신적 장애로 사물을 변별하거나 의사를 결정·전달할 능력이 미약한 경우, ② 피고인의 연령·성별·국적 등의 사정을 고려하여 그 심리적 안정의 도모와 원활한 의사소통을 위하여 필요한 경우의 어느 하나에 해당하는 때에는 직권 또는 피고인·법정대리인·검사의 신청에 따라 피고인과 신뢰관계에 있는 사람을 동석하게 할 수 있다(제276조의2 제1항). 피고인과 동석할 수 있는 신뢰관계에 있는 사람은 피고인의 배우자, 직계친족, 형제자매, 가족, 동거인, 고용주 그 밖에 피고인의 심리적 안정과 원활한 의사소통에 도움을 줄 수 있는 사람을 말한다(규칙 제126조의2 제1항). 신뢰관계 있는 사람의 동석 신청에는 동석하고자 하는 사람과 피고인 사이의 관계, 동석이 필요한 사유 등을 밝혀야 한다(동조제2항). 피고인과 동석한 신뢰관계에 있는 사람은 재판의 진행을 방해하여서는 아니 되며, 재판장은 동석한 신뢰관계 있는 사람이 부당하게 재판의 진행을 방해하는 때에는 동석을 중지시킬 수 있다(동조제3항).

3. 최종변론

　증거조사와 피고인신문이 끝나면 당사자의 의견진술이 행하여진다. 최종변론은 검사의 의견진술과 피고인과 변호인의 의견진술의 순서로 진행된다. 다만 재판장은 필요하다고 인정하는 경우 검사·피고인 또는 변호인의 본질적인 권리를 해치지 아니하는 범위 내에서 의견진술의 시간을 제한할 수 있다(규칙 제145조).

(1) 검사의 의견진술

　증거조사와 피고인신문이 종료한 때에는 검사는 사실과 법률적용에 관하여 의견을 진술하여야 한다. 이를 검사의 논고라고 하며, 특히 양형에 관한 검사의 의견을 구형이라고 한다. 단 검사의 출석 없이 개정한 경우에는 공소장의 기재사항에 의하여 검사의 의견진술이 있는 것으로 간주한다($\frac{제302}{조}$).

법원은 검사에게 의견진술의 기회를 부여하면 족하고, 검사가 사실과 법률적용에 관하여 의견을 진술하지 않더라도 공판절차가 무효로 되는 것은 아니다($\frac{대법}{원}$$\frac{2001.11.30,}{2001도5225}$). 또한 법원은 검사의 구형에 구속되지 않으므로 검사의 구형보다 높은 형을 선고할 수도 있다. 한편 검사는 객관의무에 기초하여 피고인의 무죄를 구하는 의견을 진술하는 것도 가능하다.

(2) 변호인과 피고인의 의견진술

재판장은 검사의 의견을 들은 후 피고인과 변호인에게 최종의 의견을 진술할 기회를 주어야 한다($\frac{제303}{조}$). 피고인과 변호인은 최종의견 진술의 기회에 사실관계 및 법률적용에 대하여 다투거나 유리한 양형사유 등을 주장할 수 있다. 최종의견 진술의 기회는 피고인과 변호인에게 모두 주어야 하며, 피고인과 변호인에게 최종의견 진술의 기회를 주지 않은 채 심리를 마치고 판결을 선고하는 것은 위법하다($\frac{대법원 2018.3.29,}{2018도327}$). 그러나 필요적 변호사건이 아닌 사건에서 변호인이 공판기일통지서를 받고도 공판기일에 출석하지 아니하여 변호인 없이 변론을 종결한 경우에는 변호인에게 변론의 기회를 주지 않았다고 할 수 없다($\frac{대법원 1977.7.26,}{77도835}$).

제303조는 「피고인과 변호인에게 최종의 의견을 진술할 기회를 주어야 한다」고 규정하고 있으나, 실무상으로는 변호인의 최종변론이 있은 후 피고인에게 최후진술의 기회를 주는 것이 일반적이다.

(3) 변론의 종결 및 재개

피고인의 최종의견진술이 끝나면 피고사건에 대한 구두변론이 종결되는데, 실무에서는 이를 결심(結審)이라고 부른다. 그러나 법원은 필요하다고 인정한 때에는 직권 또는 검사 · 피고인이나 변호인의 신청에 의하여 결정으로 종결한 변론을 재개할 수 있다($\frac{제305}{조}$). 변론의 재개 여부는 법원의 재량에 속하지만($\frac{대법원 1986.6.10,}{86도769}$), 사실심 변론종결 후 검사나 피해자 등에 의해 피고인에게 불리한 새로운 양형조건에 관한 자료가 법원에 제출되었다면 법원은 변론을 재개하여 양형자료에 대하여 피고인에게 의견진술 기회를 주는 등 피고인의 방어권을 실질적으로 보장해야 한다($\frac{대법원 2021.9.30,}{2021도5777}$).

Ⅲ. 판결의 선고

1. 판결선고기일

현행 형사소송법은 판결선고에 관하여 즉일선고의 원칙을 도입하였다. 판결의 선고는 변론을 종결한 기일에 하여야 한다. 다만 특별한 사정이 있는 때에는 따로 선고기일을 지정할 수 있다($^{제318조의}_{4 제1항}$). 이 경우 선고기일은 변론종결 후 14일 이내로 지정되어야 한다($^{동조}_{제3항}$).

2. 판결선고의 방식

판결의 선고는 법관이 작성한 판결서에 의하여 공판정에서 하여야 한다($^{제42조}_{본문}$). 그러나 변론을 종결한 기일에 판결을 선고하는 경우에는 판결의 선고 후에 판결서를 작성할 수 있다($^{제318조의}_{4 제2항}$). 이 경우에는 선고 후 5일 내에 판결서를 작성하여야 한다($^{규칙}_{제146조}$).

판결의 선고는 재판장이 하며 주문을 낭독하고 이유의 요지를 설명하여야 한다($^{제43}_{조}$). 판결을 선고한 사실은 공판조서에 기재하여야 한다($^{제51조 제2}_{항 제14호}$). 재판장은 판결을 선고함에 있어서 피고인에게 적절한 훈계를 할 수 있다($^{규칙}_{제147조}$). 그리고 보호관찰, 사회봉사 또는 수강명령을 하는 경우에는 그 취지 및 필요하다고 인정하는 사항이 적힌 서면을 교부하여야 한다($^{규칙 제147조}_{의2 제1항}$). 형을 선고하는 경우에는 재판장은 피고인에게 상소할 기간과 상소할 법원을 고지하여야 한다($^{제324}_{조}$).

3. 피고인의 출석

판결선고기일도 공판기일이므로 원칙적으로 피고인이 출석하여야 한다. 다만 피고인이 진술하지 아니하거나 재판장의 허가 없이 퇴정하거나 재판장의 질서유지를 위한 퇴정명령을 받은 때에는 피고인의 진술 없이 판결할 수 있다($^{제330}_{조}$). 피고인의 출석 없이 개정할 수 있는 경우에도 같다.

한편 판결선고기일에는 필요적 변호사건이라도 변호인의 출석을 요하지 않으며($^{제282조}_{단서}$), 검사의 출석도 이를 요하지 않는다($^{제278}_{조}$).

4. 판결선고 후의 조치

법원은 피고인에 대하여 판결을 선고한 때에는 선고일로부터 14일 이내에 피고인에게 그 판결서등본을 송달하여야 한다. 다만 불구속 피고인과 무죄, 면소, 형의 면제, 형의 선고유예, 형의 집행유예, 공소기각 또는 벌금이나 과료를 과하는 판결이 선고되어 구속영장의 효력이 상실된 구속피고인에 대하여는 피고인이 송달을 신청하는 경우에 한하여 판결서등본을 송달한다($\frac{규칙}{제148조}$).

　　판결선고 후에도 법원은 소송기록이 상소법원에 도달하기 전까지는 상소기간 중 또는 상소 중의 사건에 관하여 피고인의 구속, 구속기간의 갱신, 구속의 취소, 보석, 보석의 취소, 구속의 집행정지와 그 정지의 취소에 대한 결정 등을 하여야 한다($\frac{제105조,}{규칙 제57조}$).

제 6 절 증거조사

Ⅰ. 증거조사의 의의와 범위

1. 증거조사의 의의

　　증거조사란 수소법원이 피고사건의 사실인정과 양형에 관한 심증을 얻기 위하여 인증·서증·물증 등 각종의 증거방법을 조사하여 그 내용을 감지하는 소송행위를 말한다. 넓은 의미로는 증거조사의 시행과 관련되는 증거신청, 증거결정, 이의신청 등의 절차를 모두 포함한다. 증거조사는 피고사건에 대한 법원의 심증형성을 위하여 행하는 것이지만, 당사자에 대하여는 증거의 내용을 알게 하여 공격과 방어의 기회를 제공하는 역할도 담당한다.

　　증거조사는 그 대상에 대해 작위의무나 수인의무를 부과하게 된다는 점에서 강제처분적 성격을 가진다. 증인신문은 증인에게 출석의무·선서의무·증언의무를 부과하고, 검증은 상대방에게 수인의무를 부과하고 일정한 경우에는 실력행사가 허용된다.

2. 증거조사의 범위

(1) 증거조사의 주체

　　증거조사의 주체는 법원이다. 따라서 수소법원 이외의 법관이 공판정 외에서나 공판기일 외에 증거조사를 한 경우에는 그 결과를 기재한 서면이나 증거물을 법원에 제출하여 증거조사를 거쳐야 한다. 법원이 아닌 수사기관에 의한 증거수집이나 검증이 증거조사가 아님은 물론이다.

(2) 증거조사의 대상

증거조사는 엄격한 증명의 자료가 되는 증거에 대해서 뿐만 아니라 자유로운 증명의 자료가 되는 증거에 대해서도 행하여져야 한다. 다만 엄격한 증명의 경우에는 증거능력이 있는 증거에 의하여 법에서 정한 절차와 방식에 따라 증거조사가 이루어져야 하지만, 자유로운 증명의 경우에는 증거능력을 요하지 않을 뿐만 아니라 증거조사의 방법도 법원이 상당하다고 인정하는 방법으로 하면 된다는 점에서 차이가 있다.

(3) 공판정 외의 증거조사

증거조사는 공개주의와 공판중심주의 원칙상 공판기일에 공판정에서 법원이 직접 행하는 것이 원칙이나, 공판정 외에서의 증거조사도 허용된다. 증인의 법정 외의 신문이나 범행현장에서 행하는 검증 등이 여기에 해당한다. 이 경우 공판정 외에서의 증거조사의 결과를 기재한 증인신문조서나 검증조서에 대하여는 공판기일에 다시 증거조사를 하여야 한다.

3. 증거목록의 작성

증거조사의 내용을 일목요연하게 파악할 수 있도록 하기 위하여 실무상 공판조서의 일부로서 증거목록이 작성되고 있다(형사공판조서 중 증거조사부분의 목록화에 관한 예규 참조). 증거목록은 검사, 피고인, 직권 및 피해자(또는 배상신청인) 분으로 구분하여 별개의 용지를 사용한다. 피고인이 다수인 때에도 별개의 증거목록 용지를 사용하지 아니하고, 비고란에 제출 피고인을 표시한다. 증거목록은 형사소송기록 중 구속에 관한 서류의 목록 다음에 편철하되, ① 검사 증거서류등 목록, ② 검사 증인등 목록, ③ 피고인 증거서류등 목록, ④ 피고인 증인등 목록, ⑤ 직권 증거서류등 목록, ⑥ 직권 증인등 목록, ⑦ 배상신청인 증거서류등 목록, ⑧ 피해자(또는 배상신청인) 증인등 목록 순으로 편철한다(동예규 제2조). 항소심, 이송·환송사건, 재심사건의 증거목록은 종전 증거목록을 계속 사용하지 아니하고 새로 작성하여 증거목록 종류별로 종전 증거목록에 이어서 편철한다(동예규 제5조 제1항).

증거서류등 목록에는 증거서류와 증거물인 서면을 기재한다(동예규 제3조 제2항 제1호). 증인

등 목록에는 증인, 사실조회, 문서송부요구, 검증, 감정, 법정 외 피고인신문·증인 신문, 증거물 등 증거서류등 목록에 기재되지 아니하는 증거방법을 기재한다. 다만 사실조회나 문서송부요구에 따라 법원에 도착한 서류를 증거서류로 조사하는 경우에는 그 증거서류는 증거서류등 목록에 추가 기재한다($\binom{\text{동예규 제3조}}{\text{제4항 제1호}}$).

Ⅱ. 증거조사의 개시

1. 당사자의 증거신청

증거신청이란 법원에 대하여 특정한 증거조사의 시행을 구하는 당사자의 소송 행위를 말한다. 증거조사에는 당사자의 신청에 의한 증거조사와 직권에 의한 증거 조사가 있으나, 당사자의 신청에 의한 증거조사가 원칙적인 형태이다.

(1) 신청권자

검사·피고인 또는 변호인은 서류나 물건을 증거로 제출할 수 있고, 증인·감 정인·통역인 또는 번역인의 신문을 신청할 수 있다($\binom{\text{제294조}}{\text{제1항}}$).[1] 또한 당사자는 아니 지만 범죄로 인한 피해자 또는 그 법정대리인도 일정한 요건 아래 자신에 대한 증 인신문을 신청할 수 있다($\binom{\text{헌법 제27조}}{\text{제5항, 제294조의2}}$).

(2) 증거신청의 시기와 순서

증거조사는 재판장의 쟁점정리 등이 끝난 후에 실시하는 것이 원칙이지만 ($\binom{\text{제290}}{\text{조}}$), 공판준비기일이나($\binom{\text{제266}}{\text{조의9}}$) 공판기일 전에도($\binom{\text{제273조,}}{\text{제274조}}$) 증거신청을 할 수 있다. 다 만 법원은 검사·피고인 또는 변호인이 고의로 증거를 뒤늦게 신청함으로써 공판 의 완결을 지연하는 것으로 인정할 때에는 직권 또는 상대방의 신청에 따라 결정으 로 이를 각하할 수 있다($\binom{\text{제294조}}{\text{제2항}}$).

증거신청은 검사가 먼저 한 후에 피고인 또는 변호인이 한다($\binom{\text{규칙 제}}{\text{133조}}$). 검사가 거 증책임을 진다는 점을 고려한 것이다.

---

1) 형사소송법 제294조는 검증의 신청에 관하여 규정하고 있지 않으나, 공판기일 전에 검증신 청을 할 수 있다는 점에 비추어 볼 때(제273조) 공판기일에서의 검증신청도 당연히 허용되 는 것으로 보아야 할 것이다.

(3) 증거신청의 방식

㈎ 증거방법의 특정 및 입증취지의 명시

증거조사를 신청함에 있어서는 신청의 대상인 증거를 특정하여야 한다. 증인신문을 신청할 때에는 증인의 성명과 소환 가능한 주소 또는 전화번호를 제시하여야 하고, 서류나 물건의 경우에는 그 표목을 명시하여야 할 것이다. 또한 서류나 물건의 일부에 대한 증거신청을 함에 있어서는 증거로 할 부분을 특정하여 명시하여야 한다(규칙 제132조의2 제3항). 따라서 서류의 일부에 대하여 증거신청을 할 때에는 해당 면수를 표시하거나 해당 부분에 밑줄을 긋는 등의 방법으로 증거로 할 부분을 특정하여 명시하여야 할 것이다.

검사·피고인 또는 변호인이 증거신청을 함에 있어서는 그 증거와 증명하고자 하는 사실과의 관계를 구체적으로 명시하여야 한다(규칙 제132조의2 제1항). 여기서 증거와 증명하고자 하는 요증사실과의 관계를 입증취지(立證趣旨)라고 한다. 입증취지의 구체화는 법원이 증거결정을 하는 데 참고가 될 뿐만 아니라 상대방의 방어권행사에도 도움이 된다. 다만 법원은 당해 증거를 통하여 요증사실을 인정함에 있어서 신청자의 입증취지에 구속되지 않는다. 즉 입증취지에는 구속력이 인정되지 않으므로 당해 증거를 기초로 다른 사실을 인정하는 것이 허용된다. 그리고 피고인의 자백을 보강하는 증거나 정상에 관한 증거는 보강증거 또는 정상에 관한 증거라는 취지를 특히 명시하여 그 조사를 신청하여야 한다(규칙 동조 제2항). 탄핵증거를 제출하는 경우에도 상대방에게 이에 대한 공격방어의 수단을 강구할 기회를 사전에 부여하여야 한다는 점에서 그 증거와 증명하고자 하는 사실과의 관계를 미리 구체적으로 명시하여야 하며, 증명력을 다투고자 하는 증거의 어느 부분에 의하여 진술의 어느 부분을 다투려고 한다는 것을 사전에 상대방에게 알려야 한다(대법원 2005.8.19, 2005도2617).

증거신청은 구두 또는 서면에 의하여 할 수 있다. 그러나 법원은 필요하다고 인정할 때에는 증거신청을 한 자에게, 신문할 증인·감정인·통역인 또는 번역인의 성명·주소·서류나 물건의 표목 및 입증취지와 증거로 할 부분의 특정에 관한 사항을 기재한 서면의 제출을 명할 수 있다(규칙 동조 제4항).

㈏ 일괄신청과 분리신청

검사·피고인 또는 변호인은 특별한 사정이 없는 한 필요한 증거를 일괄하여 신청하여야 한다(규칙 제132조). 당사자 사이의 공격방어의 대상을 명확히 하고 효율적이고 집중적인 심리를 가능하게 하기 위한 것이다. 그러나 형사소송법 제311조부터 제

315조까지 또는 제318조의 규정에 따라 증거로 할 수 있는 서류나 물건이 수사기록의 일부인 때에는 검사는 이를 특정하여 개별적으로 제출함으로써 그 조사를 신청하여야 한다(규칙 제132조의3 제1항 전단). 따라서 검사가 신청한 증거 중 피고인이나 변호인이 동의하지 않은 전문증거는 분리하여 원진술자의 법정진술 등에 의해서 증거능력이 인정된 후 개별적으로 제출된다. 수사기록의 일부인 서류나 물건을 자백에 대한 보강증거나 피고인의 정상에 관한 증거로 낼 경우 또는 형사소송법 제274조의 규정에 의하여 공판기일 전에 서류나 물건을 낼 경우에도 이를 특정하여 개별적으로 제출함으로써 그 조사를 신청하여야 한다(규칙 동항 후단).

(대) 영상녹화물의 조사신청

검사는 피고인이 된 피의자의 진술을 영상녹화한 사건에서 피고인이 그 조서에 기재된 내용이 피고인이 진술한 내용과 동일하게 기재되어 있음을 인정하지 아니하는 경우 그 부분의 성립의 진정을 증명하기 위하여 영상녹화물의 조사를 신청할 수 있다(규칙 제134조의2 제1항). 검사는 서면에 의하여 영상녹화물의 조사를 신청하여야 한다. 즉 검사는 ① 영상녹화를 시작하고 마친 시각과 조사 장소, ② 피고인 또는 변호인이 진술과 조서 기재내용의 동일성을 다투는 부분의 영상을 구체적으로 특정할 수 있는 시각을 기재한 서면을 제출하여야 한다(규칙 동조 제2항). 조사를 신청한 영상녹화물은 조사가 개시된 시점부터 조사가 종료되어 피의자가 조서에 기명날인 또는 서명을 마치는 시점까지 전과정이 영상녹화된 것으로서 ① 피의자의 신문이 영상녹화되고 있다는 취지의 고지, ② 영상녹화를 시작하고 마친 시각 및 장소의 고지, ③ 신문하는 검사와 참여한 자의 성명과 직급의 고지, ④ 진술거부권 · 변호인의 참여를 요청할 수 있다는 점 등의 고지, ⑤ 조사를 중단 · 재개하는 경우 중단 이유와 중단 시각, 중단 후 재개하는 시각, ⑥ 조사를 종료하는 시각을 내용으로 포함하는 것이어야 한다(규칙 동조 제3항). 또한 영상녹화물은 조사가 행해지는 동안 조사실 전체를 확인할 수 있도록 녹화된 것으로 진술자의 얼굴을 식별할 수 있는 것이어야 하며, 영상녹화물의 재생 화면에는 녹화 당시의 날짜와 시간이 실시간으로 표시되어야 한다(규칙 동조 제4항 · 제5항).

검사는 피의자가 아닌 자가 공판준비 또는 공판기일에서 조서가 자신이 검사 또는 사법경찰관 앞에서 진술한 내용과 동일하게 기재되어 있음을 인정하지 아니하는 경우 그 부분의 성립의 진정을 증명하기 위하여 영상녹화물의 조사를 신청할 수 있다(규칙 제134조의3 제1항). 이 경우에 검사는 피의자가 아닌 자가 영상녹화에 동의하였다는 취지로 기재하고 기명날인 또는 서명한 서면을 첨부하여야 한다($\substack{\text{규칙 동} \\ \text{조 제 2 항}}$).

2. 직권에 의한 증거조사

(1) 의　　의

당사자의 신청이 없더라도 법원은 직권으로 증거조사를 할 수 있다($\substack{\text{제295} \\ \text{조 후단}}$). 법원의 직권에 의한 증거조사란 법원 스스로 증거로 될 서류나 물건을 수집하거나 증인·감정인·통역인 또는 번역인을 증거방법으로 선정하여 이를 조사하는 것을 말한다.

(2) 성　　격

법원의 직권에 의한 증거조사는 당사자의 신청에 의한 증거조사에 대하여 보충적·이차적 성격을 가진다. 따라서 법원이 당사자의 증거신청을 미루어 두고 처음부터 직권에 의한 증거조사를 하는 것은 허용되지 않는다. 법원은 당사자의 증거신청을 기다린 다음 당사자의 입증활동이 불충분한 경우에는 먼저 석명권의 행사에 의하여 입증을 촉구하고, 그것으로도 부족한 경우에 한하여 직권에 의한 증거조사를 하는 것이 타당할 것이다.

또한 직권에 의한 증거조사는 실체진실주의와 공정한 재판의 이념에 비추어 볼 때 법원의 권한임과 동시에 의무라고 보아야 한다. 따라서 법원이 직권에 의한 증거조사의 책무를 다하지 않은 경우에는 심리미진의 위법이 인정되어 상소이유가 된다($\substack{\text{대법원 1990.11.27,} \\ \text{90도2205 참조}}$).

(3) 양형조사

법원의 직권에 의한 증거조사에는 양형조사가 포함된다. 선고유예나 집행유예에 따른 보호관찰·사회봉사·수강을 명하기 위해서 필요한 경우에 보호관찰관에게 의뢰해서 행하는 판결 전 조사($\substack{\text{보호관찰} \\ \text{법 제19조}}$)와 달리, 양형조사는 각종 형벌의 종류와 정도를 선택하기 위해서 행하여진다. 법원은 범죄의 구성요건이나 법률상 규정된 형의 가중·감면의 사유가 되는 경우를 제외하고는, 법률이 규정한 증거로서의 자격이나 증거조사방식에 구애받지 않고 상당한 방법으로 조사하여 양형의 조건이 되는 사항을 인정할 수 있다($\substack{\text{대법원 2010.4.29,} \\ \text{2010도750}}$).

법원조직법에는 대법원과 각급 법원에 양형조사의 업무를 담당할 수 있는 조사관을 둘 수 있도록 규정하고 있는데($\substack{\text{법원조직법} \\ \text{제54조의3}}$), 이를 양형조사관이라고 한다. 법원

은 양형조사관에게 양형에 관한 자료를 수집·조사하게 하여 그 결과를 보고하게
하는 방식으로 양형조건에 관한 형법 제51조의 사항을 수집·조사한다.

3. 법원의 증거결정

(1) 의의 및 성격

법원은 당사자의 증거신청에 대하여 결정을 하여야 한다($^{제295}_{조}$). 당사자가 증거
조사를 신청한 경우에 당해 증거를 조사하기로 한 때에는 채택결정을 그리고 거부
하는 때에는 기각결정을 하게 된다. 법원이 직권으로 증거를 수집하여 조사하는 경
우에도 당사자에게 증거조사의 대상을 알리고 절차의 확실성을 확보한다는 의미에
서 이에 대한 증거결정이 필요하다고 보아야 한다.

증거결정은 법원의 소송지휘권에 근거한 것이므로 법원이 증거조사를 실시하
는가의 여부는 기본적으로 법원의 재량에 속하는 문제라고 할 수 있다. 그러나 법
원이 조사할 증거의 범위를 정하는 증거결정은 피고인의 방어권보장과 공정한 재
판의 실현이라는 관점에서 볼 때 매우 중요한 의미를 가진다. 이런 점 때문에 증거
결정을 법원의 자유재량으로 보지 않고 합리적인 기준에 따라 행하여져야 할 기속
재량으로 보는 것이 학설의 일반적인 태도이다. 증거결정의 중요성에 비추어 볼 때
법원의 증거결정에도 증명력 평가에 있어서의 자유판단의 기준이 마찬가지로 적용
된다고 보아야 할 것이다. 다만 판례는 증거신청의 채택 여부는 법원의 재량으로서
법원이 필요하지 않다고 인정할 때에는 조사하지 않을 수 있다고 함으로써 법원의
증거결정을 자유재량으로 보는 입장을 취하고 있다($^{대법원\ 2016.2.18,}_{2015도16586}$).

(2) 증거결정에 있어서의 검사·피고인 등의 의견진술

법원이 증거조사 여부를 결정함에 있어서는 증거결정에 앞서 이에 대한 검사
및 피고인 등의 의견진술이 행하여지게 된다. 증거결정에 대한 의견진술은 증거조
사가 시행되기 전의 단계에서 행해진다는 점에서 증거조사 실시 후 그 결과에 대하
여 피고인이 행하는 증거조사결과에 대한 의견진술($^{제293}_{조}$)과 구별된다. 증거결정에
대한 의견진술에는 임의적 의견진술과 필요적 의견진술이 있다.

㈎ 임의적 의견진술

법원은 증거결정을 함에 있어서 필요하다고 인정할 때에는 그 증거에 대한 검
사·피고인 또는 변호인의 의견을 들을 수 있다($^{규칙\ 제134}_{조\ 제1항}$). 이 경우 당사자의 의견진

술은 법원의 재량에 의한 임의적인 것이다. 임의적 의견진술은 증거신청이 이루어진 경우뿐만 아니라 법원이 직권으로 증거결정을 하는 경우에도 행하여질 수 있다. 임의적 의견진술은 예를 들면 증인이 요증사실을 알 수 있는 지위에 있는지 여부나 증인에 대한 소환가능 여부, 증거와 피고사건과의 관련성 여부 등에 관하여 행하여질 수 있다.

(나) 필요적 의견진술

법원은 서류 또는 물건이 증거로 제출된 경우에 이에 관한 증거결정을 함에 있어서는 제출한 자로 하여금 그 서류 또는 물건을 상대방에게 제시하게 하여 상대방으로 하여금 그 서류 또는 물건의 증거능력 유무에 관한 의견을 진술하게 하여야 한다(규칙 동조 제2항 본문). 이 경우는 법원이 반드시 상대방의 의견을 물어야 하는 필요적인 절차이다. 다만 간이공판절차의 결정에 의하여 동의가 있는 것으로 간주되는 경우에는 필요적으로 의견진술의 기회를 줄 필요가 없다(규칙 동조 제2항 단서).

필요적 의견진술의 경우에 진술되는 의견에는 ① 적법한 절차와 방식에 따라 작성되었는지의 여부, ② 실질적 진정성립의 인정 여부, ③ 내용의 인정 여부, ④ 진술의 임의성의 인정 여부, ⑤ 증거에 대한 동의 여부, ⑥ 위법수집증거인지의 여부 등이 있을 수 있다. 법원은 검사가 영상녹화물의 조사를 신청한 경우 이에 관한 결정을 함에 있어 피고인 또는 변호인으로 하여금 그 영상녹화물이 적법한 절차와 방식에 따라 작성되어 봉인된 것인지 여부에 관한 의견을 진술하게 하여야 한다(규칙 제134조의4 제1항). 신청대상 영상녹화물이 피고인 아닌 자의 진술에 관한 것인 때에는 원진술자인 피고인 아닌 자도 위와 같은 의견을 진술하여야 한다(규칙 동조 제2항).

(다) 증거목록의 기재방법

증거결정에 있어서의 의견진술의 내용은 증거목록에 기재된다. 증거서류와 증거물인 서면을 기재하는 증거목록(증거서류 등)의 '증거의견 내용'란에는 ① 당해 증거서류의 적법성·실질성립·임의성·내용을 모두 인정하거나 증거로 할 수 있음을 동의하는 경우에는 '○', ② 적법성·실질성립·임의성·내용을 모두 부인하거나 증거로 할 수 있음을 동의하지 않는 경우에는 '×'로 표시한다. ③ 적법성·실질성립·임의성·내용 중 일부를 부인하는 경우에는 적법성, 실질성립, 임의성, 내용의 순으로 연속하여 '○' 또는 '×'로 표시한다. ④ 증거서류에 기재된 진술이 특히 신빙할 수 있는 상태하에서 행하여졌음을 부인하는 경우에는 '비고'란에 '특신성 부인'이라고 기재한다(형사공판조서 중 증거조사부분의 목록 화에 관한 예규 제3조 제2항 제7호).

(3) 증거신청의 기각·각하

법원은 당사자의 증거신청을 거부하는 때에는 증거신청을 기각하거나 각하할 수 있다. 증거목록의 '증거결정 내용'란에는 당해 증거신청이 채택된 경우에는 'O', 채택되지 아니한 경우에는 '×'로 표시한다(동예규 제3조 제2항
제8호, 제4항 제5호). 법원은 증거신청을 기각·각하하거나 증거신청에 대한 결정을 보류하는 경우에는 증거신청인으로부터 당해 증거서류 또는 증거물을 제출받아서는 안 된다(규칙 제134
조 제4항). 법원이 증거신청을 기각하거나 각하하는 경우는 다음과 같다.

㈎ 신청방식의 법령위반

당사자의 증거신청이 법률에 정한 방식에 위반하여 부적법한 경우에는 법원은 증거신청을 기각할 수 있다(규칙 제132조
의2 제5항). 다만 부적법한 증거신청(규칙 동조 제1항
내지 제4항)이라도 진실발견을 위하여 필요한 경우에는 법원은 보정을 명하거나 직권으로 증거조사를 할 수 있다고 해야 한다.

㈏ 증거능력이 없는 증거

신청된 서류 또는 물건에 대하여 증거능력이 인정되지 않는 경우에는 기각결정을 하여야 한다. 예를 들면 임의성 없는 자백, 위법수집증거, 예외에 해당하지 않는 전문증거 등이 여기에 해당한다. 또한 증거조사를 위하여는 당해 증거가 요증사실을 증명하는 데 필요한 최소한도의 증명력을 가져야 한다. 따라서 요증사실과의 관계에서 자연적 관련성이 인정되지 않는 증거도 증거신청을 기각하여야 한다.

㈐ 증거조사의 가능성이나 필요성이 없는 경우

증거조사가 불가능한 경우에도 증거신청을 기각하여야 한다. 예를 들면 신청한 증인이 사망하거나 외국에 소재하고 있어 사실상 증거조사가 불가능한 경우가 여기에 해당한다. 또한 법원이 요증사실에 관하여 충분히 증명되었다고 인정하는 경우에도 같은 사실을 증명하기 위하여 중복하여 증거조사를 할 필요는 없다. 다만 이 경우 법원의 심증은 쌍방의 증거를 충분히 조사해서 이루어진 합리적인 결과일 것을 요한다. 공지의 사실에 대해서도 증거조사를 할 필요가 없으므로 증거신청을 기각해야 할 것이다.

㈑ 소송지연의 우려

법원은 검사·피고인 또는 변호인이 고의로 증거를 뒤늦게 신청함으로써 공판의 완결을 지연하는 것으로 인정할 때에는 직권 또는 상대방의 신청에 따라 결정으로 이를 각하할 수 있다(제294조
제2항). 또한 범죄피해자 등의 증인신문신청이 있는 때에도 피해자 등의 진술로 인하여 공판절차가 현저하게 지연될 우려가 있는 경우에는 증거신청을 기각할 수 있다($\frac{제294조의2}{제1항 제3호}$). 그러나 증거신청은 판결의 선고시까지 가능하므로 단지 신청이 늦어서 절차가 지연된다는 이유만으로 기각결정을 해서는 안 되고, 증거신청이 뒤늦게 이루어진 사유나 증거의 중요성 등을 종합적으로 고려하여 이를 판단하여야 할 것이다.

(4) 증거결정에 대한 불복

증거결정은 법원의 판결 전 소송절차에 관한 결정이므로 이에 대하여는 항고를 할 수 없고($\frac{제403조}{제1항}$), 법령의 위반이 있음을 이유로 이의신청을 할 수 있을 뿐이다($\frac{제296조, 규칙}{제135조의2 단서}$). 다만 법원의 증거채택 여부에 관한 결정으로 인해 사실을 오인하여 판결에 영향을 미치게 된 경우에는 판결 자체에 대하여 상소하는 방법으로 다툴 수 있다($\frac{대법원 1990.6.8,}{90도646}$).

Ⅲ. 증거조사의 실시

증거조사의 구체적인 실시방법은 증거방법의 종류에 따라 다르다. 형사소송법은 공판절차에서의 증거조사에 관한 규정에서는 서류와 물건에 대해서만 규정하고($\frac{제291}{조 이하}$), 증인신문과 감정·검증·통역·번역 등에 대해서는 제1편 총칙 제11장 내지 제14장에서 별도로 규정하고 있다.

증거방법의 종류에 따른 구체적인 증거조사의 방법에 대하여는 각 증거조사방법의 중요성과 검토할 내용의 양을 고려해서 아래에서 항목을 바꾸어 설명하기로 한다.

Ⅳ. 서류 및 물건에 대한 증거조사

1. 증거조사의 대상

법원의 증거결정을 거쳐 증거조사의 대상이 되는 서류와 물건에는($\frac{제291조}{제1항}$) 소송관계인이 공판기일에 증거로 제출하였거나($\frac{제294}{조}$) 공판기일 전에 증거로 제출한 서류나 물건($\frac{제274}{조}$), 공무소 또는 공사단체에 조회하거나 보관서류의 송부를 요구한 결과 법원에 송부되어 온 회보문서나 송부문서($\frac{제272}{조}$), 공판기일 전의 피고인신문,

증인신문, 검증, 감정, 번역 등 절차에 의하여 법원이 작성한 신문조서 · 검증조서, 감정인 등이 제출한 감정서, 번역서 등($\substack{제273 \\ 조}$)이 있다.

또한 형사소송법은 증거서류나 증거물이 아닌 특수한 증거인 도면 · 사진 · 녹음테이프 · 비디오테이프 · 컴퓨터용디스크 그 밖에 정보를 담기 위하여 만들어진 물건으로서 문서가 아닌 증거의 조사에 관하여 필요한 사항은 대법원규칙으로 정하도록 위임하였고($\substack{제292 \\ 조의3}$), 이와 관련하여 형사소송규칙은 수사기관이 작성한 영상녹화물에 대한 조사방식과 그 밖의 특수기록매체에 대한 조사방식을 규정하고 있다.

2. 증거조사의 순서

서류 및 물건에 대한 증거조사는 일반적인 순서에 따라 검사가 신청한 서류 및 물건을 조사한 후 피고인 또는 변호인이 신청한 서류 및 물건을 조사한다($\substack{제291 \\ 조의 \\ 제1항}$). 법원은 신청된 서류 및 물건에 대한 조사가 끝난 후 직권으로 결정한 서류 및 물건을 조사한다($\substack{동조 \\ 제2항}$). 법원은 직권 또는 검사, 피고인 · 변호인의 신청에 따라 증거조사의 순서를 변경할 수 있다($\substack{동조 \\ 제3항}$).

다만 형사소송법 제312조 및 제313조에 따라 증거로 할 수 있는 피고인 또는 피고인 아닌 자의 진술을 기재한 조서 또는 서류가 피고인의 자백 진술을 내용으로 하는 경우에는 범죄사실에 관한 다른 증거를 조사한 후에 이를 조사하여야 한다($\substack{규칙 제 \\ 135조}$). 자백진술에 의한 유죄의 예단을 배제하여 피고인의 충실한 방어권 행사를 보장하기 위한 규정이다.

3. 증거조사의 방법

(1) 서류 및 물건에 대한 지시설명

증거조사의 대상이 되는 서류나 물건은 검사 · 변호인 또는 피고인이 공판정에서 개별적으로 지시설명하여 조사하여야 한다($\substack{제291조 \\ 제1항}$). 지시설명의 주체는 서류나 물건을 증거로 신청한 소송관계인이지만 신청자가 스스로 이를 하지 않을 때에는 재판장이 직권으로 서류나 물건에 대하여 공판정에서 지시설명하여 조사할 수 있다($\substack{동조 \\ 제2항}$). 또한 법원이 직권으로 조사하는 증거에 대하여는 재판장이 지시설명하여야 할 것이다.

여기서 지시설명은 서류 또는 물건의 표목(標目)을 특정하여 증거별로 이루어져야 하므로 지시설명은 증거조사의 대상을 보다 명확히 하는 기능을 가진다. 따라서 지시설명은 '이것은 사법경찰관 작성의 피해자에 대한 진술조서이다', '이것은 피고인이 범행에 사용한 흉기이다' 등과 같이 개별적·구체적으로 행하여져야 한다.

또한 지시설명은 증거신청인이 자신이 제출한 개개의 증거를 특정하면서 서류 또는 물건과 당해 사건의 쟁점사항과의 관련성 및 입증취지 등을 진술한 뒤 각 증거방법에 따른 본격적인 증거조사방식을 진행하도록 하는 제도라는 점에서 전체로서의 증거조사절차의 일부분을 구성하는 것으로 볼 수 있다.

(2) 증거조사의 실시

법원의 증거결정을 거쳐 증거조사의 대상이 되는 서류와 물건은 그 성질에 따라 ① 증거서류 ② 증거물 ③ 증거물인 서면 ④ 기타 녹화물·전자정보로 나눌 수 있다.

(가) 증거서류의 조사방식

증거서류란 서류에 기재된 의미내용만이 증거로 되는 보고적 문서를 말하며, 서류 자체의 존재나 형상은 증거자료로서 의미를 갖지 않는다. 증거서류에 대한 원칙적인 조사방법은 낭독이나, 예외적으로 내용의 고지나 제시·열람이 허용된다.

검사·피고인 또는 변호인의 신청에 따라 증거서류를 조사하는 때에는 신청인이 이를 낭독하여야 한다(제292조 제1항). 법원이 직권으로 증거서류를 조사하는 때에는 소지인 또는 재판장이 이를 낭독하여야 한다(동조 제2항). 다만 재판장은 필요하다고 인정하는 때에는 낭독 대신 그 내용을 고지하는 방법으로 조사할 수 있다(동조 제3항). 증거서류의 내용의 고지는 그 요지를 고지하는 방법으로 한다(규칙 제134조 의6 제1항). 또한 재판장은 증거신청인이나 소지인 또는 재판장의 낭독 또는 내용의 고지에 대신하여 법원사무관 등으로 하여금 이를 행하게 할 수 있다(제292조 제4항).

증거서류에 대하여는 제시를 요하지 않는다. 그러나 재판장은 열람이 다른 방법보다 적절하다고 인정하는 때에는 증거서류를 제시하여 열람하게 하는 방법으로 조사할 수 있다(동조 제5항). 예를 들면 회계장부나 도표, 교통사고 실황조사서 등의 경우처럼 낭독이나 내용의 고지가 용이하지 아니하거나 부적절한 경우에는 당해 서류를 제시하여 열람하게 하는 방법이 보다 적절한 조사방법이 될 것이다.

(나) 증거물의 조사방식

증거물이란 물건의 존재 또는 상태가 증거자료로 되는 것을 말한다. 범행에 사용된 흉기·절도죄에 있어서의 장물 등이 이에 해당한다. 서류도 절도죄에 있어서의 장물인 서류는 단순히 물적 증거로서의 성질을 가진다. 이러한 증거물에 대한 조사는 제시의 방식으로 행한다.

검사·피고인 또는 변호인의 신청에 따라 증거물을 조사하는 때에는 신청인이 이를 제시하여야 한다($\substack{제292조의 \\ 2 제1항}$). 법원이 직권으로 증거물을 조사하는 때에는 소지인 또는 재판장이 이를 제시하여야 한다($\substack{동조 \\ 제2항}$). 재판장은 법원사무관 등으로 하여금 증거물의 제시를 하게 할 수 있다($\substack{동조 \\ 제3항}$).

(다) 증거물인 서면의 조사방식

증거물인 서면은 서류에 기재된 의미내용 외에 서류의 존재와 상태도 증거가 되는 것을 말한다. 증거물인 서면은 그 본질은 증거물이지만 증거서류로서의 성질도 아울러 가지고 있으므로 증거조사에 있어서는 제시와 낭독 등의 절차를 병행하여야 한다. 따라서 위조문서나 협박장 등 증거물인 서면에 대한 증거조사는 서류의 제시와 아울러 이를 낭독하거나 내용을 고지하는 방법 등으로 행하게 된다.

(라) 영상녹화물·정보저장매체 등에 대한 조사방식

1) 영상녹화물   법원은 공판준비 또는 공판기일에서 봉인을 해체하고 영상녹화물의 전부 또는 일부를 재생하는 방법으로 조사하여야 한다. 이 때 영상녹화물은 그 재생과 조사에 필요한 전자적 설비를 갖춘 법정 외의 장소에서 이를 재생할 수 있다($\substack{규칙 제134조 \\ 의4 제3항}$). 재판장은 조사를 마친 후 지체 없이 법원사무관 등으로 하여금 다시 원본을 봉인하도록 하고, 원진술자와 함께 피고인 또는 변호인에게 기명날인 또는 서명하도록 하여 검사에게 반환한다. 다만 피고인의 출석 없이 개정하는 사건에서 변호인이 없는 때에는 피고인 또는 변호인의 기명날인 또는 서명을 요하지 아니한다($\substack{규칙 동 \\ 조 제4항}$).

기억환기를 위한 영상녹화물의 재생($\substack{제318조의 \\ 2 제2항}$)은 검사의 신청이 있는 경우에 한하고, 기억의 환기가 필요한 피고인 또는 피고인 아닌 자에게만 이를 재생하여 시청하게 하여야 한다($\substack{규칙 제134조 \\ 의5 제1항}$). 그 밖의 기억환기를 위한 영상녹화물의 신청과 조사의 절차는 피고인이 된 피의자의 진술을 영상녹화한 영상녹화물의 경우와 대체로 같다($\substack{규칙 동 \\ 조 제2항}$).

2) 정보저장매체에 기억된 문자정보   컴퓨터용디스크 등 정보저장매체에 기억된 전자정보를 증거로 사용하는 경우에는 정보저장매체에 기록된 내용을 직접 조사할 것을 신청할 수 있고, 이 때 정보저장매체의 내용 자체에 대한 증거조사는

이를 컴퓨터 화면에 불러내어 조사하는 방법에 의하게 된다. 또한 정보저장매체에 기억된 내용을 조사하기 위해서는 정보저장매체에서 출력한 문건만을 독립한 증거로서 신청할 수도 있다. 다만 이 경우 출력된 문건을 증거로 사용하기 위해서는 저장매체 원본에 저장된 내용과 출력한 문건의 동일성이 검증 등의 절차를 통하여 인정되어야 하고, 그 동일성을 인정하기 위해서는 저장매체 원본이 압수된 이후 문건 출력에 이르기까지 변경되지 않았음이 담보되어야 한다($^{대법원\ 2013.7.26,}_{2013도2511}$).

컴퓨터용디스크 그 밖에 이와 비슷한 정보저장매체에 기억된 문자정보를 증거자료로 하는 경우에는 읽을 수 있도록 출력하여 인증한 등본을 낼 수 있다($^{규칙\ 제}_{134조의}$ ^{제7항}). 이것은 컴퓨터용디스크 등의 특성을 감안하여 증거조사에 편의를 도모하기 위한 것이다. 그러나 이때는 출력된 문서를 독립된 증거로 신청하는 경우와는 달리 증거자료가 되는 것은 문자정보 자체이므로 출력문서에 대하여 별도의 증거조사를 해야 하는 것은 아니다. 컴퓨터디스크 등에 기억된 문자정보를 증거로 하는 경우에 증거조사를 신청한 당사자는 법원이 명하거나 상대방이 요구한 때에는 컴퓨터디스크 등에 입력한 사람과 입력한 일시, 출력한 사람과 출력한 일시를 밝혀야 한다($^{규칙동}_{조\ 제2항}$). 이것은 출력문서의 진정성립과 내용의 정확성을 담보하고 이에 관하여 다툼이 있는 경우에 증인으로 신문하거나 감정에 필요한 정보를 제공하도록 하기 위한 것이다.

한편 컴퓨터디스크 등에 기억된 정보가 도면·사진 등에 관한 것인 때에도 문자정보에 관한 위와 같은 증거조사방법이 준용된다($^{규칙동}_{조\ 제3항}$).

3) 녹음·녹화매체 등　　녹음·녹화테이프, 컴퓨터용디스크 그 밖에 이와 비슷한 방법으로 음성이나 영상을 녹음 또는 녹화하여 재생할 수 있는 매체에 대한 증거조사는 녹음·녹화매체 등을 재생하여 청취 또는 시청하는 방법으로 한다($^{규칙\ 제}_{134조}$ $^{의8}_{제3항}$). 녹음·녹화매체 등에 대한 증거조사를 신청한 당사자는 법원이 명하거나 상대방이 요구한 때에는 녹음·녹화매체 등의 녹취서 그 밖에 그 내용을 설명하는 서면을 제출하여야 한다($^{규칙동}_{조\ 제2항}$). 신청인이 제출하는 녹취서 등은 발언자를 특정하고 그 내용을 명확하게 함으로써 법원의 증거조사를 용이하게 할 뿐만 아니라 상대방으로 하여금 증거조사에 효율적으로 대응할 수 있게 하는 효과가 있다.

그리고 녹음·녹화매체 등에 대한 증거조사를 신청하는 때에는 음성이나 영상이 녹음·녹화 등이 된 사람, 녹음·녹화 등을 한 사람 및 녹음·녹화 등을 한 일시·장소를 밝혀야 한다($^{규칙동}_{조\ 제1항}$).

4) 도면·사진 등   도면·사진 그 밖에 정보를 담기 위하여 만들어진 물건으로서 문서가 아닌 증거의 조사에 관하여는 특별한 규정이 없으면 형사소송법 제292조(증거서류에 대한 조사방식), 제292조의2(증거물에 대한 조사방식)의 규정을 준용한다($\frac{규칙 제}{134조의9}$). 따라서 조사대상인 도면 또는 사진 등의 성격이 증거서류인지 증거물인지 또는 증거물인 서면에 해당하는지에 따라 낭독·내용의 고지·열람이나 제시의 방법 또는 양자를 병행하는 방법으로 조사하면 된다. 서면을 촬영한 사진인 경우에는 서면의 사본에 준하여 증거조사를 하면 될 것이다.

V. 증인신문

1. 증인 및 증인신문의 의의

(1) 증인의 의의

증인이란 법원 또는 법관에 대하여 자기가 과거에 체험한 사실을 진술하는 제3자를 말한다. 체험사실 자체에 대한 진술뿐만 아니라 그 사실로부터 추측한 사실을 진술하는 자도 증인에 해당한다.

증인은 법원 또는 법관에 대하여 진술하는 자임을 요하므로 수사기관에 대하여 진술하는 제3자인 참고인과 구별된다. 또한 증인은 자기의 체험사실을 진술하는 자라는 점에서, 특별한 지식·경험에 속하는 법칙이나 이를 구체적인 사실에 적용하여 얻은 판단을 보고하는 감정인과도 다르다. 체험사실을 진술하는 자인 증인은 비대체적이지만, 감정인은 전문지식을 가진 자라면 누구든지 감정인이 될 수 있다는 점에서 대체가 가능하다. 이러한 차이로 인하여 증인의 경우에는 구인이 허용되지만($\frac{제152}{조}$), 감정인의 경우에는 그러하지 아니하다.

특별한 지식에 의하여 알게 된 과거의 사실을 진술하는 제3자인 감정증인도 대체성이 없다는 점에서 증인에 속한다고 할 수 있다. 예를 들면 피해자를 치료한 의사가 환자의 치료당시의 상태 등에 대하여 진술하는 경우가 여기에 해당한다. 따라서 감정증인에 대해서는 감정보고의 절차가 아닌 증인신문절차에 의해 신문하도록 하고 있다($\frac{제179}{조}$).

(2) 증인신문의 의의

증인신문이란 증인으로부터 그 체험사실의 진술을 듣는 증거조사절차를 말한다. 증인에 대한 증거조사는 증인의 진술내용과 함께 증인의 표정과 진술태도까지 법관의 심증형성에 영향을 미치는 매우 중요한 증거조사방법이라고 할 수 있다.

증인신문은 공판기일에 이루어지는 것이 원칙이다. 이러한 증인신문에는 검사·피고인 또는 변호인의 신청에 의하여 법원이 행하는 경우($^{제294}_{조}$), 법원이 직권으로 행하는 경우($^{제295}_{조}$) 그리고 범죄로 인한 피해자의 신청에 의해 행하여지는 경우($^{제294조}_{의2}$)가 있다. 증인신문은 그 밖에도 판사의 증거보전처분으로서 행하여지는 경우($^{제184조,}_{제221조의2}$), 공판기일 전에 검사·피고인 또는 변호인의 신청에 의하여 행하여지는 경우($^{제273}_{조}$)도 있다. 또한 법원은 증인의 연령, 직업, 건강상태 기타의 사정을 고려하여 검사·피고인 또는 변호인의 의견을 묻고 법정 외에 소환하거나 현재지에서 신문할 수도 있다($^{제165}_{조}$).

2. 증인적격

(1) 의   의

증인적격이란 증인이 될 수 있는 형식적인 자격, 즉 증인으로 선서하고 진술할 수 있는 자격을 말한다. 형사소송법 제146조는 「법원은 법률에 다른 규정이 없으면 누구든지 증인으로 신문할 수 있다」고 규정하고 있으므로 원칙적으로 누구에게나 증인적격이 인정된다. 따라서 어린 아이나 책임무능력자, 피고인의 배우자나 친족관계에 있는 자, 피고인과 우호관계 또는 적대관계에 있는 자 등도 모두 증인이 될 수 있다.

다만 예외적으로 법률의 규정에 의하여 일정한 자에게 증인거부권이 부여된 경우와 명문의 규정은 없으나 이론상 증인적격이 부인되는 경우가 있다. 후자의 경우는 주로 소송관계인의 증인적격이 문제로 된다.

(2) 증인거부권

공무원 또는 공무원이었던 자가 그 직무에 관하여 알게 된 사실에 관하여 본인 또는 당해 공무소가 직무상 비밀에 속한 사항임을 신고한 때에는 그 소속공무소 또는 감독관공서의 승낙 없이는 증인으로 신문하지 못한다($^{제147조}_{제1항}$). 다만 그 소속공무소 또는 당해 감독관공서는 국가의 중대한 이익을 해하는 경우를 제외하고는 승낙을 거부하지 못한다($^{동조}_{제2항}$). 이것은 형사소송의 실체적 진실발견의 이익과 국가의 비밀보호의 이익을 조화시키기 위한 성격의 규정이라고 할 수 있다.

(3) 법관·검사·변호인의 증인적격

㈎ 법관 및 법원사무관등

법관은 자신이 담당하고 있는 사건의 증인이 될 수 없다. 법관도 그 직무에서 탈퇴하면 증인이 될 수 있지만, 증인으로 된 후에는 제척사유에 해당하여(제17조 제4호) 당연히 당해 사건의 직무집행에서 배제된다.

피고사건의 공판절차에 관여하고 있는 법원사무관등도 그 지위에 있는 한 증인이 될 수 없다. 이들은 법관의 재판진행을 직접적으로 보조하는 지위에 있기 때문이다. 그러나 법원사무관등도 당해 지위에서 물러나면 증인이 될 수 있으며, 증인으로 된 후에는 그 사건의 직무집행에서 배제된다(제25조).

㈏ 검   사

공판검사가 아닌 수사검사 등이 증인이 될 수 있음은 물론이나, 당해 사건의 공판에 관여하고 있는 검사에게 증인적격이 인정되는가에 대하여는 학설의 대립이 있다. 이 문제는 특히 수사를 담당했던 검사가 공판검사로 직무를 수행하는 경우에 현실적인 의미를 가질 수 있다. 그러나 당해 사건의 공판에 관여하고 있는 검사는 소송의 당사자로서 제3자라고 할 수 없으며, 검사를 증인으로 신문하게 되면 검사가 공판검사로서의 직무를 제대로 수행할 수 없게 된다는 점 등에서 볼 때 공판검사의 증인적격은 이를 부정하는 다수설이 타당하다고 생각된다. 따라서 실체적 진실발견을 위하여 검사를 증인으로 신문할 필요가 있다면 그를 공판검사의 지위로부터 벗어나게 하여야 할 것이다.

증인으로 증언한 검사가 당해 사건의 공판검사가 될 수 있는가의 문제에 대해서도 ① 준사법기관인 검사에게는 객관의무가 인정되기 때문에 법관의 제척에 관한 규정을 유추적용하여 일단 증언한 검사는 공소유지에서 배제되어야 한다는 견해, ② 현행법상 검사에게는 법관과는 달리 제척제도가 인정되지 않으므로 자신이 증언한 사건에 관여하는 것이 허용된다는 견해, ③ 원칙적으로는 당해사건에의 관여가 허용되지 않지만 검사가 그 직무수행 내지 직무의 적법성을 증명하기 위하여 증언한 경우, 즉 자백의 임의성이나 검사작성조서의 증거능력을 증명하기 위하여 증언한 경우에는 예외가 인정된다는 견해가 대립되고 있다. 그러나 공판검사의 증인적격을 부정하는 입장에서 볼 때 공정한 재판을 실질적으로 보장하기 위해서는 이 경우에는 법관에 대한 제척규정을 검사에게도 유추적용하는 것이 타당하다고 생각된다.

⒟ 변 호 인

피고인의 변호인에게 증인적격이 인정되는가에 대해서도 견해의 대립이 있다. 긍정설은 변호인의 증인적격을 부정하는 법률의 규정이 없고, 실체적 진실발견과 피고인의 이익보호를 위하여 변호인에 대한 증인신문이 필요한 경우가 있다는 것을 그 이유로 들고 있다. 이에 반하여 부정설은 변호인은 피고인의 보호자로서 당해 소송에서 실질적으로 제 3 자의 지위에 있다고 볼 수 없을 뿐만 아니라 변호인에게 피고인에게 이익 되는 사실만을 진술하도록 하는 것도 타당하지 않으므로 변호인이 스스로 사임하거나 해임되지 않는 한 증인이 될 수 없다고 한다.

변호인은 피고인의 보호자로서 피고인의 이익을 위하여 활동해야 할 뿐만 아니라 변호인에게 증인적격을 인정하더라도 피고인에게 불리한 사실에 대해서는 증언거부권($\frac{제149}{조}$)을 행사할 수 있어 증인신문이 사실상 어렵게 된다는 점을 고려할 때 변호인의 증인적격은 이를 부정하는 것이 타당하다고 생각된다.

(4) 피고인의 증인적격

⑺ 피 고 인

피고인은 자신의 사건에 있어서 당사자이고 제 3 자가 아닐 뿐만 아니라 피고인에게 증인으로서 증언의무를 과하는 것은 피고인에게 보장된 진술거부권을 실질적으로 침해하게 된다는 점에 비추어 피고인의 증인적격은 이를 부정함이 타당하다. 영미법에서는 피고인도 자기에게 이익이 되는 진술을 증거로 하기 위해서 묵비권을 포기하고 증언을 할 수 있음을 인정하고 있으나, 묵비권의 포괄적 포기를 인정하지 않는 우리나라의 통설적 입장에서는 이를 부정하게 된다.

⑷ 공동피고인

공동피고인이란 2인 이상의 피고인이 동일한 형사절차에서 심판을 받게 된 경우에 있어서 각각의 피고인을 말한다. 공동피고인이 상피고인의 피고사건에 대하여 증인이 될 수 있는가에 대하여는 견해가 대립하고 있다.

1) 부 정 설   공동피고인이 공범관계에 있느냐의 여부와 상관없이 변론을 분리하지 않는 한 증인적격이 없다는 견해이다. 공동피고인도 당해 절차에서 피고인으로서 진술거부권을 가지는데, 증인적격을 인정하여 진술을 강제하게 되면 피고인의 진술거부권이 침해된다는 것이다. 결국 이 견해에 의하면 공동피고인을 증인으로 신문하기 위해서는 절차를 분리하여 공동피고인이었던 자를 피고인에 대

한 공판절차에서 증인으로 신문할 것이 요구된다.

2) 긍 정 설　　　공동피고인은 상피고인에 대한 관계에서 제3자이고 변론의 분리 여하에 따라 증인적격 유무를 달리하는 것도 부당하다는 점을 근거로 병합심리 중에 있는 공동피고인의 증인적격을 인정할 수 있다고 한다. 이 견해에 의하면 공동피고인은 반드시 증인으로서 선서하고 진술하여야 하며, 단순히 공동피고인의 지위에서 한 진술은 다른 공동피고인에 대한 관계에서는 증거로 사용할 수 없게 된다.

3) 절 충 설　　　공동피고인의 사건상호 간에 있어서의 실질적 관련성을 기준으로 공동피고인의 증인적격을 결정하려는 견해로서, 통설 및 판례의 입장이라고 할 수 있다. 절충설에 의하면 공범자인 공동피고인은 그들이 필요적 공범이든 임의적 공범이든 묻지 않고 증인적격이 없지만, 자기의 피고사건과 실질적 관련성이 없는 사건이거나 맞고소 사건과 같이 공동피고인 상호 간에 이해관계가 상반되는 경우에는 공동피고인이라도 증인으로 신문할 수 있다고 한다. 따라서 공동피고인들 간에 우연히 심리만 병합되어 있는 경우와 동시범이나 맞고소 사건 등의 경우에 있어서는 공동피고인에게 제3자성이 인정되므로 증인적격이 있고, 공동피고인이 병합심리된 당해 형사절차에서 다른 공동피고인의 범죄사실에 관하여 진술할 때에는 반드시 증인으로 선서하고 증언해야 하는 것이 된다.

판례도 절충설의 입장에서 「피고인과 별개의 범죄사실로 기소되어 병합심리 중인 공동피고인은 피고인의 범죄사실에 관하여는 증인의 지위에 있다 할 것이므로 선서 없이 한 공동피고인의 법정진술이나 피고인이 증거로 함에 동의한 바 없는 공동피고인에 대한 피의자신문조서는 피고인의 공소범죄사실을 인정하는 증거로 할 수 없다」고 판시하여($\frac{대법원 1982.9.14,}{82도1000}$) 실질적 관련성이 없는 사건에 있어서는 공동피고인의 증인적격을 인정하면서도, 「공범인 공동피고인은 당해 소송절차에서는 피고인의 지위에 있어 다른 공동피고인에 대한 공소사실에 관하여 증인이 될 수 없으나, 소송절차가 분리되어 피고인의 지위에서 벗어나게 되면 다른 공동피고인에 대한 공소사실에 관하여 증인이 될 수 있다」고 판시하여($\frac{대법원 2012.12.13,}{2010도10028}$), 실질적 관련성이 있는 공범사건에 있어서는 이를 부정하는 태도를 취하고 있다.

또한 판례는 「공동피고인인 절도범과 그 장물범은 서로 다른 공동피고인의 범죄사실에 관하여는 증인의 지위에 있다 할 것이므로, 피고인이 증거로 함에 동의한 바 없는 공동피고인에 대한 피의자신문조서는 공동피고인의 증언에 의하여 그 성립의 진정이 인정되지 아니하는 한 피고인의 공소범죄사실을 인정하는 증거로 할 수 없다」고 판시하여($\frac{대법원\ 2006.1.12,}{2005도7601}$), 절도범과 장물범 사이에는 실질적 관련성이 없는 것으로 보고 있다.

4) 검　　토　　법원이 임의적으로 행하는 변론의 분리 또는 병합이라는 기술적인 절차에 의하여 공동피고인의 증인적격 인정 여부가 달라질 뿐만 아니라, 실질적 관련성이 없는 공동피고인은 당해 절차에서 증인으로 신문할 필요성이 있다는 점에서 볼 때 부정설은 타당하지 않다. 또한 공동피고인 상호간에 이해관계가 공통되는 공범사건에 대하여도 일률적으로 증인적격을 인정하게 되면 공동피고인에게 진술을 강요하는 결과로 되어 진술거부권을 침해하게 된다는 점에 비추어 긍정설도 받아들이기 어렵다. 따라서 절충설이 가장 타당하다고 생각된다.[1]

3. 증인의 의무와 권리

(1) 증인의 소송법상 의무

증인으로 채택된 자는 공판정에 출석하여 선서를 한 다음 신문에 따라 진술하게 된다. 따라서 증인은 단계에 따라 출석과 선서 및 증언의 의무를 진다.

㈎ 출석의무

1) 의　　의　　증인은 법원이 소환하면 출석해야 할 의무가 있다. 출석의무는 공판기일의 증인신문에 소환 받은 증인뿐만 아니라 공판기일 전의 증거조사절차($\frac{제273}{조}$), 증거보전절차($\frac{제184}{조}$), 판사에 의한 증인신문절차($\frac{제221조}{의2}$)의 증인신문에 소환 받은 증인에게도 인정된다. 증인거부권을 가지는 자는 출석의무가 없으나, 증언거부권자는 증언을 거부할 수 있을 뿐이고 출석 자체를 거부할 수는 없다. 그리고 증인을 신청한 자에게도 증인이 지정된 기일에 출석하도록 합리적인 노력을 할 의무가 부과되고 있다($\frac{제150조의}{2\ 제2항}$).

2) 증인의 소환　　법원은 소환장의 송달·전화·전자우편·모사전송·휴대전화 문자전송 그 밖의 상당한 방법으로 증인을 소환할 수 있다($\frac{제150조의2\ 제1항,}{규칙\ 제67조의2\ 제1항}$). 증인을 신청하는 자는 증인의 소재, 연락처와 출석 가능성 및 출석 가능 일시 그 밖

---

1) 절충설에 따르면 공범관계에 있는 공동피고인은 변론을 분리하지 않는 한 서로의 사건에 대하여 증인이 될 수 없게 된다. 따라서 공범자인 공동피고인이 증인이 아닌 피고인의 지위에서 공판정에서 행한 진술을 다른 공동피고인의 피고사건에 대한 증거로 사용할 수 있는지의 문제가 다시 논의의 대상이 되게 된다. 이는 공범자의 공판정 진술 내지 자백의 증거능력의 문제로서 후술한다.

에 증인의 소환에 필요한 사항을 미리 확인하는 등 증인 출석을 위한 합리적인 노력을 다하여야 한다($\frac{규칙 동조}{제2항}$).

소환장에 의한 증인의 소환에 관하여는 피고인의 소환에 관한 규정이 준용된다($\frac{제153}{조}$). 증인에 대한 소환장에는 그 성명·피고인의 성명·죄명·출석일시 및 장소·정당한 이유 없이 출석하지 아니할 경우에는 과태료에 처하거나 출석하지 아니함으로써 생긴 비용의 배상을 명할 수 있고 또 구인할 수 있음을 기재하고 재판장이 기명날인하여야 한다($\frac{규칙 제68}{조 제1항}$). 증인에 대한 소환장은 급속을 요하는 경우가 아니면 늦어도 출석할 일시 24시간 이전에 송달하여야 한다($\frac{규칙}{제70조}$). 그러나 이미 증인이 법원의 구내에 있는 때에는 소환함이 없이 신문할 수 있다($\frac{제154}{조}$). 증인에 대한 소환장이 송달불능된 경우 증인을 신청한 자는 재판장의 명에 의하여 증인의 주소를 서면으로 보정하여야 하고, 이때 증인의 소재, 연락처와 출석가능성 등을 충분히 조사하여 성실하게 기재하여야 한다($\frac{규칙 제70}{조의2}$). 증인이 출석요구를 받고 기일에 출석할 수 없을 경우에는 법원에 바로 그 사유를 밝혀 신고하여야 한다($\frac{규칙 제68}{조의2}$). 증인의 출석의무는 소환이 적법한 경우에 한하여 인정된다. 따라서 소환의 방법이 위법하거나 무효인 때에는 증인에게 출석의무가 없다.

3) 증인의 동행명령   법원은 필요한 때에는 결정으로 지정한 장소에 증인의 동행을 명할 수 있다($\frac{제166조}{제1항}$). 이는 원래 법원 내에서 신문할 예정으로 소환한 증인을 법정 외에서 신문할 필요가 있을 경우에 행하는 것이다. 따라서 동행명령은 증인을 처음부터 법정 외로 소환한 경우와는 구별된다.

4) 출석의무위반에 대한 제재   증인이 출석의무에 위반한 때에는 다음과 같은 제재가 가능하다.

① 비용부담 및 과태료의 부과   법원은 소환장을 송달받은 증인이 정당한 사유 없이 출석하지 아니한 때에는 결정으로 당해 불출석으로 인한 소송비용을 증인이 부담하도록 명하고, 500만원 이하의 과태료를 부과할 수 있다. 이러한 제재는 소환장의 송달과 동일한 효력이 있는 경우에도 적용되므로($\frac{제151조}{제1항}$) 증인이 기일에 출석한다는 서면을 제출하거나 출석한 증인에 대하여 차회기일을 정하여 출석을 명하였음에도 불구하고 출석하지 아니한 때 또는 구금된 증인이 교도관으로부터 소환통지를 받고 출석하지 아니한 때에도 적용된다($\frac{제153조, 제76조}{제2항·제3항}$). 전화나 전자우편 등의 간이한 방법으로 증인소환이 이루어진 경우에는($\frac{제150조의}{2 제1항}$) 이러한 제재를 가할 수 없다. 소송비용과 과태료는 그 가운데 하나를 부과해도 되고 양자를 함께 부과

해도 된다. 비용부담 및 과태료의 제재는 증인의 소환불응에만 적용되고 동행명령에 의한 동행에 거부한 경우에는 적용되지 않는다.

② 증인에 대한 감치결정   법원은 증인이 출석불응에 따른 과태료 재판을 받고도 정당한 사유 없이 다시 출석하지 아니한 때에는 결정으로 증인을 7일 이내의 감치에 처한다($\frac{\text{동조}}{\text{제}2\text{항}}$). 감치재판절차는 법원의 감치재판개시결정에 따라 개시된다. 이 경우 감치사유가 발생한 날부터 20일이 지난 때에는 감치재판개시결정을 할 수 없다($\frac{\text{규칙 제}68\text{조}}{\text{의}4\text{ 제}1\text{항}}$). 감치재판절차를 개시한 후 감치결정 전에 그 증인이 증언을 하거나 그 밖에 감치에 처하는 것이 상당하지 아니하다고 인정되는 때에는 법원은 불처벌결정을 하여야 한다($\frac{\text{규칙 동조}}{\text{제}2\text{항}}$). 감치재판개시결정과 불처벌결정에 대하여는 불복할 수 없다($\frac{\text{규칙 동조}}{\text{제}3\text{항}}$). 법원은 감치재판기일에 증인을 소환하여 출석불응에 정당한 사유가 있는지의 여부를 심리하여야 한다($\frac{\text{제}151\text{조}}{\text{제}3\text{항}}$).

증인이 감치에 처해지면 감치는 그 재판을 한 법원의 재판장의 명령에 따라 사법경찰관리·교도관·법원경위 또는 법원사무관 등이 교도소·구치소 또는 경찰서유치장에 유치하여 집행한다($\frac{\text{동조}}{\text{제}4\text{항}}$). 감치에 처하는 재판을 받은 증인이 이러한 감치시설에 유치된 경우 당해 감치시설의 장은 즉시 그 사실을 법원에 통보하여야 한다($\frac{\text{동조}}{\text{제}5\text{항}}$). 법원은 감치시설의 장의 통보를 받은 때에는 지체 없이 증인신문기일을 열어야 하며, 감치의 재판을 받은 증인이 감치의 집행 중에 증언을 한 때에는 즉시 감치결정을 취소하고 그 증인을 석방하도록 명하여야 한다($\frac{\text{동조 제}6\text{항}\cdot}{\text{제}7\text{항}}$). 법원의 비용배상 및 과태료의 결정이나 감치결정에 대하여는 즉시항고를 할 수 있다. 다만 집행정지의 효력은 인정되지 않는다($\frac{\text{동조}}{\text{제}8\text{항}}$).

③ 증인의 구인   정당한 사유 없이 소환에 응하지 아니하는 증인은 구인할 수 있다($^{\text{제}152}$). 또한 증인이 정당한 사유 없이 동행을 거부하는 때에도 구인할 수 있다($\frac{\text{제}166\text{조}}{\text{제}2\text{항}}$). 증인의 구인에는 피고인의 구인에 관한 규정이 대부분 준용된다($\frac{\text{제}155\text{조, 규칙}}{\text{제}69\text{조 참조}}$). 증인에 대한 구속영장에는 그 성명, 주민등록번호(주민등록번호가 없거나 이를 알 수 없는 경우에는 생년월일), 직업 및 주거, 피고인의 성명, 죄명, 인치할 일시 및 장소, 발부 연월일 및 유효기간과 그 기간이 경과한 후에는 집행에 착수하지 못하고 구속영장을 반환하여야 한다는 취지를 기재하고 재판장이 서명날인하여야 한다($\frac{\text{규칙 제}68}{\text{조 제}2\text{항}}$).

(나) 선서의무

1) 선서의 의의   출석한 증인은 신문 전에 선서를 하여야 한다. 선서(宣誓)

란 증인 또는 감정인이 법원에 대하여 진실을 말할 것을 맹세하는 것을 말한다. 증인이 선서한 후에 거짓진술을 하면 위증죄로 처벌된다. 따라서 선서는 위증의 벌에 의한 심리적 강제를 통하여 증언의 진실성과 확실성을 담보하기 위한 절차라고 할 수 있다. 선서능력이 있는 증인이 선서 없이 증언한 때에는 그 증언은 증거능력이 없다(대법원 1982.9.14, 82도1000).

2) 선서무능력자　　선서무능력자에게는 선서의무가 없다. 즉 16세 미만의 자와 선서의 취지를 이해하지 못하는 자에 대하여는 선서 없이 신문하여야 한다(제159조). 선서의 취지를 이해하지 못하는 자란 정신능력의 결함으로 선서의 의미를 알지 못하는 자를 말한다. 증인이 선서의 취지를 이해할 수 있는가에 대하여 의문이 있는 때에는 선서 전에 그 점에 대하여 신문하고, 필요하다고 인정할 때에는 선서의 취지를 설명하여야 한다(규칙 제72조). 선서무능력자에게 선서시키고 증언하도록 하더라도 그의 선서는 효력이 없으며 위증죄는 성립하지 않는다. 그러나 증언능력이 있는 한 그 증언 자체의 효력이 부정되는 것은 아니다(대법원 2006.4.14, 2005도9561).

3) 선서의 방법　　선서는 증인신문에 앞서서 하여야 한다(제156조). 재판장은 선서할 증인에 대하여 선서 전에 위증의 벌을 경고하여야 한다(제158조).

선서는 선서서(宣誓書)에 따라 하여야 한다. 선서서에는 "양심에 따라 숨김과 보탬이 없이 사실 그대로 말하고 만일 거짓말이 있으면 위증의 벌을 받기로 맹서합니다"라고 기재하여야 한다. 재판장은 증인에게 선서서를 낭독하고 기명날인하거나 서명하게 하여야 한다. 다만 증인이 선서서를 낭독하지 못하거나 서명을 하지 못하는 경우에는 참여한 법원사무관등이 대행한다. 선서는 일어서서 엄숙하게 하여야 한다(제157조 제1항 내지 제4항).

선서는 각 증인마다 하여야 하고 소위 대표선서는 허용되지 않는다고 해야 한다.[1] 증인이 당해 피고사건에 대해 일단 선서를 한 경우에는 신문 도중에 신문을 중단하였다가 다시 속행하더라도 다시 선서하게 할 필요는 없다. 그러나 새로운 증거결정에 의하여 동일한 증인을 다시 신문할 때에는 별개의 증인이기 때문에 새로 선서하도록 해야 할 것이다.

4) 선서의무위반에 대한 제재　　증인이 정당한 이유 없이 선서를 거부한 때

---

1) 다만 실무에서는 동일 사건의 여러 증인을 한 기일에 신문하는 경우에 각 증인의 동일성을 확인하고 재판장이 한꺼번에 위증의 벌을 경고한 다음에 그 중 1인에게 대표로 선서서를 낭독하게 하는 것임을 고지한 후에 그 대표에게 선서서를 낭독하게 하는 것이 일반적이다.

에는 결정으로 50만원 이하의 과태료에 처할 수 있다. 이 결정에 대하여는 즉시항고를 할 수 있다($\frac{제161}{조}$).

(다) **증언의무**

1) **증언의무의 의의** 선서한 증인은 신문받은 사항에 대하여 증언할 의무가 있다. 증인은 법원이나 법관의 신문뿐만 아니라 검사와 변호인 또는 피고인의 신문에 대하여도 증언하여야 하며, 주신문뿐만 아니라 반대신문에 대해서도 증언하여야 한다. 증인이 주신문에 대하여만 증언하고 반대신문에 대하여는 증언을 거부한 때에는 반대신문권을 침해하는 것이 되므로 당해 증언을 증거로 사용할 수 없다고 보아야 한다.

2) **증언능력** 증인이 증인적격이 있는 자라 할지라도 증언능력이 없는 때에는 그 증언을 증거로 할 수 없다. 증언능력이란 자신이 과거에 체험한 사실에 대하여 기억에 따라 진술하고 표현할 수 있는 정신적 능력을 말한다. 따라서 증인적격이 있는 자라도 증언능력이 없는 경우가 있고, 형사미성년자나 선서무능력자라도 증언능력이 있을 수 있다. 유아의 증언능력에 관해서도 그 유무는 단지 진술자의 연령 만에 의할 것이 아니라 그의 지적수준에 따라 개별적이고 구체적으로 결정되어야 함은 물론 진술의 태도 및 내용 등을 구체적으로 검토하고, 경험한 과거의 사실이 진술자의 이해력, 판단력 등에 의하여 식별될 수 있는 범위 내에 속하는가의 여부도 충분히 고려하여 판단하여야 한다($\frac{대법원\ 2006.4.14,}{2005도9561}$). 판례는 사건 당시 만 4세 미만 또는 5세 미만의 유아에 대해서도 사안의 단순함 등을 이유로 증언능력을 긍정한 것이 있다($\frac{대법원\ 1999.11.26,\ 99도3786;}{대법원\ 2006.4.14,\ 2005도9561}$).

3) **증언의무위반에 대한 제재** 증인이 정당한 이유 없이 증언을 거부한 때에는 결정으로 50만원 이하의 과태료에 처할 수 있다. 이 결정에 대하여는 즉시항고를 할 수 있다($\frac{제161}{조}$). 정당한 이유란 법률상 증언을 거부할 수 있는 경우를 말한다.

(2) 증인의 소송법상 권리

(가) **증언거부권**

1) **증언거부권의 의의** 증언거부권이란 증언의무가 있는 증인이 일정한 사유를 근거로 하여 증언을 거부할 수 있는 권리를 말한다. 증언거부권을 가진 증인은 증언을 거부할 수 있을 뿐 출석 자체를 거부할 수는 없다는 점에서 공무원 등에게 인정되는 증인거부권과는 다르다.

2) 자기 또는 근친자의 형사책임과 증언거부권   누구든지 자기나 친족 또는 친족이었던 사람, 법정대리인·후견감독인의 관계에 있는 사람이 형사소추(刑事訴追) 또는 공소제기를 당하거나 유죄판결을 받을 사실이 드러날 염려가 있는 증언을 거부할 수 있다(제148조). 이 경우 자신을 위한 증언거부권은 헌법상의 진술거부권에 근거하는 것이며, 근친자를 위한 증언거부권은 신분관계의 보호와 함께 근친자로부터는 진실한 증언을 기대하기 어렵다는 현실적인 고려가 그 근거로 된다.

형사소추 또는 공소제기를 당할 염려 있는 증언이란 공소제기 전에 타인의 사건에 증인으로 증언하게 되면 자기나 근친자에 대하여 공소를 제기할 자료를 제공하는 경우를 말한다. 그리고 공소제기에는 정식기소뿐만 아니라 약식명령의 청구, 즉결심판의 청구, 재정신청에 의한 공소제기결정이 포함된다.

한편 유죄판결을 받을 사실이 드러날 염려가 있는 증언이란 기소는 되었어도 판결이 선고되기 전에 타인의 사건에 대하여 증언함으로써 자기나 근친자에게 유죄의 자료를 제공하게 되는 경우를 의미한다.

증언거부의 대상은 형사책임의 존부나 범위에 관하여 불이익을 초래할 수 있는 모든 사실을 포함한다. 따라서 구성요건에 관한 사실은 물론이고, 누범가중이나 상습범 인정의 기초가 되는 사실 등과 같은 형의 가중사유나, 형의 선고유예 또는 집행유예의 판결이 실효 또는 취소될 사유 등에 관한 진술도 모두 증언거부의 대상이 된다. 그러나 이미 유죄나 무죄 또는 면소의 판결이 확정된 경우에는 일사부재리의 효력에 의하여 다시 공소가 제기되거나 유죄판결을 받을 가능성이 없으므로 그에 관한 사실에 대하여는 증언을 거부할 수 없다. 따라서 자신에 대한 유죄판결이 확정된 증인은 공범에 대한 사건에서 증언을 거부할 수 없고, 공범에 대한 피고사건에서 증언할 당시 앞으로 재심을 청구할 예정이라고 하여도 허위의 진술에 대하여 위증죄의 성립을 부정할 수 없다(대법원 2011.11.24, 2011도11994).

3) 업무상 비밀과 증언거부권   변호사·변리사·공증인·공인회계사·세무사·대서업자·의사·한의사·치과의사·약사·약종상·조산사·간호사·종교의 직에 있는 자 또는 이러한 직에 있던 자가 그 업무상 위탁을 받은 관계로 알게 된 사실로서 타인의 비밀에 관한 것은 증언을 거부할 수 있다. 다만 본인의 승낙이 있거나 중대한 공익상 필요 있는 때에는 예외로 한다(제149조). 이는 직업의 성격상 위탁자와의 사이에 신뢰관계의 유지 및 이를 위한 비밀유지가 요구되는 일정한 업무에 종사하는 자와 그 상대방인 위탁자의 이익을 보호하기 위한 규정이다.

증언거부권자의 범위를 규정한 본조의 성격은 이를 제한적 열거규정으로 보는 것이 일반적인 견해이다. 실체적 진실발견의 요청을 희생하면서 업무를 보호하는 경우이기 때문이다. 다만 이러한 직업에 종사하는 자를 직무상 보조하는 자도 그 활동이 비밀보호와 직접 관련되는 경우에는 업무자와 마찬가지로 증언거부권을 가진다고 해석하여야 할 것이다. 따라서 변호사사무장 등의 직무보조자들에게도 업무상 알게 된 타인의 비밀에 대한 증언거부권이 인정될 수 있다고 본다.

4) 증언거부권의 고지　　증인이 증언거부권자에 해당하는 경우에는 재판장은 신문 전에 증언을 거부할 수 있음을 설명하여야 한다($\frac{제160}{조}$). 이 규정은 적법절차의 원리에 입각하여 증언거부권을 절차적으로 보장하기 위한 것이다. 따라서 증언거부권자에게 증언거부권을 고지하지 않고 신문하여 얻은 증언은 그 증거능력을 부정하는 것이 타당하며, 증언의 유효성을 전제로 하는 위증죄의 성립 또한 부정되어야 할 것이다.

그러나 판례는 증언거부권의 고지 여부는 증언의 효력에 영향이 없다는 태도를 취하면서, 다만 증언거부사유가 있음에도 증인이 증언거부권을 고지받지 못함으로 인하여 그 증언거부권을 행사하는 데 사실상 장애가 초래되었다고 볼 수 있는 경우에는 위증죄의 성립은 부정된다고 한다.[1]

5) 증언거부권의 행사와 포기　　증언거부권은 증인의 권리이지 의무는 아니므로 증인이 증언거부권을 행사할 것인가의 여부는 증인의 자유이다. 증인은 전체 신문에 대하여 증언을 거부할 수도 있고 개별신문에 대해 거부할 수도 있다. 그러나 증인이 주신문에 대하여 증언을 한 후에는 동일한 사항에 관한 반대신문에 대하

---

1) 대법원 2010. 1. 21, 2008도942 전원합의체 판결, 「증언거부권 제도는 증인에게 증언의무의 이행을 거절할 수 있는 권리를 부여한 것이고, 형사소송법상 증언거부권의 고지 제도는 증인에게 그러한 권리의 존재를 확인시켜 침묵할 것인지 아니면 진술할 것인지에 관하여 심사숙고할 기회를 충분히 부여함으로써 침묵할 수 있는 권리를 보장하기 위한 것임을 감안할 때, 재판장이 신문 전에 증인에게 증언거부권을 고지하지 않은 경우에도 당해 사건에서 증언 당시 증인이 처한 구체적인 상황, 증언거부사유의 내용, 증인이 증언거부사유 또는 증언거부권의 존재를 이미 알고 있었는지 여부, 증언거부권을 고지 받았더라도 허위진술을 하였을 것이라고 볼 만한 정황이 있는지 등을 전체적·종합적으로 고려하여 증인이 침묵하지 아니하고 진술한 것이 자신의 진정한 의사에 의한 것인지 여부를 기준으로 위증죄의 성립 여부를 판단하여야 한다. 그러므로 헌법 제12조 제 2 항에 정한 불이익 진술의 강요금지 원칙을 구체화한 자기부죄거부특권에 관한 것이거나 기타 증언거부사유가 있음에도 증인이 증언거부권을 고지받지 못함으로 인하여 그 증언거부권을 행사하는 데 사실상 장애가 초래되었다고 볼 수 있는 경우에는 위증죄의 성립을 부정하여야 할 것이다.」

여는 증언을 거부할 수 없다. 증인신문절차에서 증언거부권이 고지되었음에도 불구하고 증언거부권자가 이를 행사하지 않고 허위의 진술을 한 경우에는 위증죄가 성립된다(대법원 2012.10.11, 2012도6848).

증언을 거부하는 자는 거부사유를 소명하여야 한다(제150조). 증언거부권이 없는 증인이 부당하게 증언을 거부하는 것을 막기 위한 것이다.

(나) 비용청구권

소환 받은 증인은 법률의 규정한 바에 의하여 여비·일당과 숙박료를 청구할 수 있다. 다만 정당한 사유 없이 선서 또는 증언을 거부한 자는 예외로 한다(제168조). 소환 받은 증인에게만 인정되는 권리이므로 구내증인에게는 비용청구권이 없다. 여비 등의 액수에 관하여는 형사소송비용 등에 관한 법률에 규정되어 있다.

(다) 신변보호청구권

특정강력범죄사건의 증인은 피고인 기타의 사람으로부터 생명·신체에 해를 받거나 받을 염려가 있다고 인정되는 때에는 검사에게 신변안전을 위한 필요한 조치를 취해 줄 것을 청구할 수 있다(특정강력범죄의 처벌에 관한 특례법 제7조 제2항). 그리고 이러한 신변보호청구권은 성폭력범죄의 증인에게도 인정된다(성폭력범죄의 처벌 등에 관한 특례법 제22조 참조).

4. 증인신문의 절차와 방법

(1) 증인의 동일성 확인 등

증인이 출석하면 재판장은 먼저 증인의 동일성 여부를 확인하여야 한다. 재판장은 증인으로부터 주민등록증 등 신분증을 제시받거나 그 밖의 적당한 방법으로 증인임이 틀림없음을 확인하여야 한다(규칙 제71조). 현행법은 증인의 사생활 보호 등을 위하여 증인에 대한 인정신문을 요구하지 않고 주민등록증 등 신분증에 의해 증인의 동일성만을 확인하도록 하고 있다.

재판장은 증인의 동일성을 확인한 다음 선서할 증인에 대하여 선서 전에 위증의 벌을 경고하여야 한다(제158조). 다만 재판장이 선서할 증인에 대하여 선서 전에 위증의 벌을 경고하지 않았다는 등의 사유는 그 증인신문절차에서 증인 자신이 위증의 벌을 경고하는 내용의 선서서를 낭독하고 기명날인 또는 서명한 이상 위증의 벌을 몰랐다고 할 수 없을 것이므로 증인 보호에 사실상 장애가 초래되었다고 볼 수 없고, 따라서 위증죄의 성립에 영향을 미치지 않는다(대법원 2010.1.21, 2008도942 전원합의체 판결). 증인은 법률에 다른 규정이 있는 경우 외에는 신문 전에 선서하여야 한다(제156조). 그리고 증인이 형사소송법 제148조 또는 제149조에 해당하여 증언거부권을 가지는 경우에는 재판장은 신문 전에 증언을 거부할 수 있음을 설명하여야 한다($\frac{제160}{조}$).

(2) 당사자의 참여권

검사·피고인 또는 변호인은 증인신문에 참여할 권리를 가진다($\frac{제163조}{제1항}$). 따라서 법원은 이들에게 증인신문의 시일과 장소를 미리 통지하여야 한다. 다만 참여하지 아니한다는 의사를 명시한 때에는 예외로 한다($\frac{동조}{제2항}$). 당사자의 참여는 증인신문과 이의신청 등의 전제로서 중요한 의미를 가지며, 특히 피고인의 참여권은 방어권행사와 밀접한 관련이 있다. 증인신문에의 당사자의 참여권은 공판정 외에서의 증인신문에 있어서 특히 의미가 있다.

검사·피고인 또는 변호인이 증인신문에 참여하지 아니할 경우에는 법원에 대하여 필요한 사항의 신문을 청구할 수 있고, 법원은 피고인에게 예기하지 아니한 불이익한 증언이 진술된 때에는 반드시 그 진술내용을 피고인 또는 변호인에게 알려주어야 한다($\frac{제164}{조}$). 증인신문의 일시와 장소를 당사자에게 통지하지 않고 행한 증인신문절차는 위법하므로 당해 절차에서 행한 증언은 이를 증거로 사용할 수 없다고 해야 한다. 다만 판례는 당사자의 참여권을 침해한 증인신문은 위법하다고 하면서도, 이러한 경우라도 증인신문결과를 증인신문조서에 의하여 소송관계인에게 고지하였고 이에 대해 당사자가 이의를 신청하지 아니한 때에는 책문권의 포기로 보아 하자가 치유된다는 입장을 취하고 있다($\frac{대법원 1974.1.15,}{73도2967}$).

(3) 신뢰관계 있는 사람의 동석 및 진술조력인의 참여

㈎ 신뢰관계 있는 사람의 동석

법원은 범죄로 인한 피해자를 증인으로 신문하는 경우 증인의 연령·심신의 상태 그 밖의 사정을 고려하여 증인이 현저하게 불안 또는 긴장을 느낄 우려가 있다고 인정되는 때에는 직권 또는 피해자·법정대리인·검사의 신청에 따라 피해자와 신뢰관계에 있는 자를 동석하게 할 수 있다($\frac{제163조의}{2 제1항}$). 법원은 범죄로 인한 피해자가 13세 미만이거나 신체적 또는 정신적 장애로 사물을 변별하거나 의사를 결정할 능력이 미약한 경우에 재판에 지장을 초래할 우려가 있는 등 부득이한 경우가 아닌 한 피해자와 신뢰관계에 있는 자를 동석하게 하여야 한다($\frac{동조}{제2항}$). 증인신문에 동석할 수 있는 신뢰관계에 있는 자의 범위, 동석의 절차 및 방법 등에 관하여 필요한 사항은 대법원규칙으로 정한다($\frac{동조}{제4항}$).

피해자와 동석할 수 있는 신뢰관계에 있는 자는 피해자의 배우자·직계친족·형제자매·가족·동거인·고용주 그 밖에 피해자의 심리적 안정과 원활한 의사소통에 도움을 줄 수 있는 자를 말한다(규칙 제84조의3 제1항). 신뢰관계인의 동석을 신청할 때에는 동석하고자 하는 자와 피해자 사이의 관계, 동석이 필요한 사유 등을 명시하여야 한다(규칙 동조 제2항). 신뢰관계 있는 자로서 동석한 자는 법원·소송관계인의 신문 또는 증인의 진술을 방해하거나 그 진술의 내용에 부당한 영향을 미칠 수 있는 행위를 하여서는 아니 된다(제163조의2 제3항). 재판장은 신뢰관계인으로 동석한 자가 부당하게 재판의 진행을 방해하는 때에는 동석을 중지시킬 수 있다(규칙 제84조의3 제3항).

㈏ 진술조력인의 참여

법원은 성폭력범죄의 피해자가 13세 미만 아동이거나 신체적인 또는 정신적인 장애로 의사소통이나 의사표현에 어려움이 있는 경우 원활한 증인신문을 위하여 직권 또는 검사·피해자·그 법정대리인 및 변호사의 신청에 의한 결정으로 진술조력인으로 하여금 증인신문에 참여하여 중개하거나 보조하게 할 수 있다(성폭력범죄의 처벌 등에 관한 특례법 제37조 제1항). 법원은 증인이 위의 사유에 해당하는 경우에는 신문 전에 피해자·법정대리인 및 변호사에게 진술조력인에 의한 의사소통 중개나 보조를 신청할 수 있음을 고지하여야 한다(동조 제2항). 진술조력인의 소송절차 참여에 관한 구체적 절차와 방법은 대법원규칙으로 정한다(동조 제3항).

진술조력인은 정신건강의학, 심리학, 사회복지학, 교육학 등 아동·장애인의 심리나 의사소통 관련 전문지식이 있거나 관련 분야에서 상당 기간 종사한 사람으로 법무부장관이 정하는 교육을 이수하여야 한다(동법 제35조 제2항). 진술조력인은 수사 및 재판 과정에 참여함에 있어 중립적인 지위에서 상호 간의 진술이 왜곡 없이 전달될 수 있도록 노력하여야 한다(동법 제38조 제1항). 진술조력인은 그 직무상 알게 된 피해자의 주소·성명·나이·직업·학교·용모, 그 밖에 피해자를 특정하여 파악할 수 있게 하는 인적사항과 사진 및 사생활에 관한 비밀을 공개하거나 다른 사람에게 누설하여서는 아니 된다(동조 제2항).

(4) 증인에 대한 신문방식

㈎ 개별신문과 대질

증인신문은 각 증인에 대하여 개별적으로 하여야 하며, 신문하지 아니한 증인이 재정한 때에는 퇴정을 명하여야 한다(제162조 제1항·제2항). 그러나 필요한 때에는 다른 증인 또는 피고인과 대질하게 할 수 있다($\binom{동조}{제3항}$). 대질이란 증인 상호 간의 증언 또는 증인의 증언과 피고인의 진술이 일치하지 아니하는 경우에 수명의 증인 또는 증인과 피고인을 함께 재정시켜 서로 모순되는 부분에 대하여 설명하게 하는 신문방식이다. 증인신문시에 다른 증인을 퇴정시킬 것인가 여부의 판단은 법원의 재량이므로, 다른 증인의 면전에서 증인신문을 하였더라도 증인신문이 위법한 것은 아니다($\binom{대법원\ 1961.3.15,}{4292형상725}$).

(나) 피고인 등의 퇴정

재판장은 증인이 피고인 또는 어떤 재정인의 면전에서 충분한 진술을 할 수 없다고 인정한 때에는 그를 퇴정하게 하고 진술하게 할 수 있다. 피고인을 퇴정하게 한 경우에 증인의 진술이 종료한 때에는 퇴정한 피고인을 입정하게 한 후 법원사무관 등으로 하여금 진술의 요지를 고지하게 하여야 한다($\binom{제297조}{제1항\cdot 제2항}$).

피고인을 퇴정시키고 증인신문을 한 경우에도 피고인의 반대신문권을 배제하는 것은 허용될 수 없다. 다만 판례는 변호인이 없는 피고인을 일시 퇴정하게 하고 증인신문을 한 다음 진술의 요지를 고지하여 주었을 뿐 피고인에게 실질적인 반대신문의 기회를 부여하지 않은 증인신문은 위법하지만, 이 경우에도 다음 공판기일에 재판장이 증인신문결과 등을 공판조서에 의하여 고지하였고 이에 대해 피고인이 '변경할 점과 이의할 점이 없다'고 진술하였다면 책문권의 포기로서 증인신문절차의 하자가 치유된다는 입장을 취하고 있다($\binom{대법원\ 2010.1.14,}{2009도9344}$).

(다) 포괄적 신문 등의 금지

증인에 대한 신문은 원칙적으로 구두로 하여야 한다. 그러나 증인이 들을 수 없거나 말할 수 없는 때에는 서면으로 묻거나 서면으로 답하게 할 수 있다($\binom{규칙}{제73조}$). 재판장은 증인신문을 행함에 있어서 증명할 사항에 관하여 가능한 한 증인으로 하여금 개별적이고 구체적인 내용을 진술하게 하여야 한다($\binom{규칙\ 제74}{조\ 제1항}$). 따라서 증인신문은 일문일답식이어야 하며, 2개 이상의 사항을 하나의 질문으로 묻는 복합질문이나 포괄적이고 막연한 질문은 허용되지 않는다. 또한 증인에 대하여 위협적이고 모욕적인 신문을 해서는 안 되며, 중복되는 신문이나 의견을 묻거나 의논에 해당하는 신문 그리고 증인이 직접 경험하지 아니한 사항에 해당하는 신문도 원칙적으로 금지된다($\binom{규칙\ 동조}{제2항}$).

(라) 서류 또는 물건 등의 사용

증인에 대하여 서류 또는 물건의 성립, 동일성 기타 이에 준하는 사항에 관한 신문을 할 때에는 그 서류 또는 물건을 제시할 수 있다($^{규칙 제82}_{조 제 1 항}$). 그 서류 또는 물건이 증거조사를 마치지 않은 것일 때에는 먼저 상대방에게 이를 열람할 기회를 주어야 한다. 다만 상대방이 이의하지 아니할 때에는 그러하지 아니하다($^{규칙 동}_{조 제 2 항}$).

증인의 기억이 명백하지 아니한 사항에 관하여 기억을 환기시켜야 할 필요가 있을 때에도 재판장의 허가를 얻어 서류 또는 물건을 제시하면서 신문할 수 있다($^{규칙 제83}_{조 제 1 항}$). 이 경우에는 제시하는 서류의 내용이 증인의 진술에 부당한 영향을 미치지 아니하도록 하여야 한다($^{규칙 동}_{조 제 2 항}$). 이때 서류 또는 물건이 증거조사를 마치지 않은 것일 때에는, 상대방이 이의를 제기하지 않는 경우를 제외하고는, 먼저 상대방에게 이를 열람할 기회를 주어야 한다($^{규칙 동}_{조 제 3 항}$).

증인의 진술을 명확히 할 필요가 있을 때에는 도면·사진·모형·장치 등을 이용하여 신문할 수도 있다($^{규칙 제84}_{조 제 1 항}$). 이 경우에는 사용하는 도면·사진 등의 내용이 증인의 진술에 부당한 영향을 미치지 아니하도록 하여야 한다($^{규칙 동}_{조 제 2 항}$).

(5) 교호신문제도

(개) 의   의

증인은 신청한 검사·변호인 또는 피고인이 먼저 이를 신문하고 다음에 다른 검사·변호인 또는 피고인이 신문한다($^{제161조의}_{2 제 1 항}$). 재판장은 당사자의 신문이 끝난 뒤에 신문할 수 있다($^{동조}_{제 2 항}$). 이와 같이 재판장이 아닌 당사자의 상호신문을 통하여 증인신문을 행하는 방식을 가리켜서 교호신문이라고 한다. 따라서 교호신문제도에 있어서의 증인신문은 주신문 – 반대신문 – 재주신문의 순서로 행하여진다. 교호신문제도는 당사자주의적 증인신문방식으로서 당사자의 공격과 방어에 의하여 실체적 진실을 발견하고 당사자의 반대신문권을 보장하는데 그 취지가 있다.

(나) 교호신문의 방식

1) 주 신 문   주신문이란 증인을 신청한 당사자가 하는 신문을 말한다. 주신문은 증인을 신청한 당사자가 자신에게 유리한 증언을 얻으려는 데 목적이 있다. 주신문은 증명할 사항과 이와 관련된 사항에 관하여 한다($^{규칙 제75}_{조 제 1 항}$). 증명할 사항이란 증인신문을 신청한 입증취지를 의미하며, 이와 관련된 사항은 증언의 증명력을 보강하거나 다투기 위하여 필요한 사항을 말한다.

주신문에 있어서는 유도신문이 금지된다($^{규칙 동조}_{제 2 항 본문}$). 유도신문이란 신문자가 바라는 답을 증인에게 암시하면서 행하는 신문을 말한다. 주신문에서 증인은 보통 신문자와 우호적인 관계에 있기 때문에 유도신문을 허용하면 신문자의 질문에 영합하는 진술을 할 위험이 있게 된다. 그러나 ① 증인과 피고인과의 관계·증인의 경력·교우관계 등 실질적인 신문에 앞서 미리 밝혀둘 필요가 있는 준비적인 사항에 관한 신문의 경우, ② 검사·피고인 및 변호인 사이에 다툼이 없는 명백한 사항에 관한 신문의 경우, ③ 증인이 주신문을 하는 자에 대하여 적의 또는 반감을 보일 경우, ④ 증인이 종전의 진술과 상반되는 진술을 하는 때에 그 종전 진술에 관한 신문의 경우, ⑤ 기타 증인이 기억하고 있는 것을 적절히 표현하지 못하는 경우와 같이 유도신문을 필요로 하는 특별한 사정이 있는 경우에는 주신문에 있어서도 예외적으로 유도신문이 허용된다($\binom{규칙\ 동조}{제\ 2\ 항\ 단서}$).

검사·피고인 또는 변호인은 주신문에서 유도신문이 행하여질 경우에 이의신청을 할 수 있다($\binom{제296조}{제\ 1\ 항\ 참조}$). 법원은 이 이의신청에 대하여 결정을 하여야 한다($\binom{동조}{제\ 2\ 항}$). 재판장은 예외적 허용사유에 해당하지 아니하는 경우의 유도신문은 이를 제지하여야 하고, 허용되는 경우에도 유도신문의 방법이 상당하지 아니하다고 인정할 때에는 이를 제한할 수 있다($\binom{규칙\ 제75}{조\ 제\ 3\ 항}$).

판례는 허용되지 않는 유도신문에 의한 증언은 위법하지만, 그 다음 공판기일에 재판장이 증인신문결과 등을 공판조서에 의하여 고지하였는데 피고인과 변호인이 '변경할 점과 이의할 점이 없다'고 진술하였다면 이는 책문권의 포기의사를 명시한 것으로서 유도신문에 의하여 주신문이 이루어진 하자는 치유된다고 한다($\binom{대법}{월}$ $\binom{2012.7.26,}{2012도2937}$).

2) 반대신문   반대신문이란 주신문 후에 반대당사자가 하는 신문을 말한다. 반대신문은 주신문의 모순된 점을 지적하고 주신문에서 누락된 부분을 질문하여 반대당사자에게 유리한 사항을 이끌어내며, 증인의 신용성을 탄핵하여 증언의 증명력을 감쇄시키는 데 그 목적이 있다. 반대신문은 주신문에서 나타난 사항과 이와 관련된 사항 및 증언의 증명력을 다투기 위한 사항[1]에 대하여 할 수 있다($\binom{규칙\ 제}{76조}$ $\binom{제\ 1\ 항,\ 제}{77조\ 제\ 1\ 항}$). 반대신문의 기회에 주신문에 나타나지 아니한 새로운 사항에 관하여 신문하고자 할 때에는 재판장의 허가를 받아야 한다($\binom{규칙\ 제76}{조\ 제\ 4\ 항}$). 이 경우 허가받은 신문

---

1) 주신문 또는 반대신문의 경우에는 증언의 증명력을 다투기 위하여 필요한 사항에 관한 신문을 할 수 있다(규칙 제77조 제 1 항). 이 경우의 신문은 증인의 경험, 기억 또는 표현의 정확성 등 증언의 신빙성에 관한 사항 및 증인의 이해관계, 편견 또는 예단 등 증인의 신용성에 관한 사항에 관하여 한다. 다만 증인의 명예를 해치는 내용의 신문을 하여서는 아니 된다(규칙 동조 제 2 항).

은 그 사항에 관하여는 주신문으로 본다($\substack{규칙\ 동조 \\ 제5항}$).

반대신문에 있어서 필요할 때에는 유도신문을 할 수 있다($\substack{규칙\ 동 \\ 조\ 제2항}$). 반대신문에 있어서는 증인과 신문자 사이에 우호관계가 없는 것이 일반적이고, 주신문에서의 왜곡된 증언을 바로잡기 위해서는 유도신문의 필요성이 인정되기 때문이다.

3) 재주신문   주신문을 한 검사·피고인 또는 변호인은 반대신문이 끝난 후 반대신문에 나타난 사항과 이와 관련된 사항에 관하여 다시 신문을 할 수 있다($\substack{규칙\ 제78 \\ 조\ 제1항}$). 이를 재주신문이라고 한다. 재주신문은 주신문의 예에 의하지만($\substack{규칙\ 동조 \\ 제2항}$), 재주신문의 기회에 반대신문에 나타나지 아니한 새로운 사항에 관하여 신문하고자 할 때에는 재판장의 허가를 얻어야 한다($\substack{규칙\ 동조 \\ 제3항}$).

4) 추가신문   형사소송규칙은 교호신문의 절차가 일단 주신문과 반대신문을 거쳐 재주신문으로 끝나는 것으로 예정하고 있다. 따라서 재주신문 후 반대당사자가 재반대신문을 하기 위해서는 재판장의 허가를 얻어야 한다($\substack{규칙 \\ 제79조}$). 계속적인 신문으로 소송이 지연되는 것을 막기 위한 것이다. 재판장의 허가가 있는 때에는 더 이상의 추가신문도 가능하다.

⑶ **교호신문제도의 수정**

형사소송법은 교호신문제도를 원칙으로 하여 증인신문에 있어서 당사자의 주도적인 지위를 인정하고 있다. 그러나 교호신문방식은 피고인이 변호인의 조력을 제대로 받지 못하는 경우에는 오히려 피고인에게 불리한 결과를 가져올 수 있고, 당사자의 이해관계에 따른 신문으로 인하여 절차의 지연이나 증인에 대한 인격권 침해 등의 문제를 야기할 수 있다.

따라서 현행법은 효율적인 증인신문과 피고인 보호 등을 위하여 직권주의적으로 이를 수정할 수 있는 권한을 재판장에게 인정하고 있다. 이를 재판장의 개입권이라고도 부른다. 재판장은 필요하다고 인정하면 어느 때나 신문할 수 있으며 신문순서를 변경할 수도 있다($\substack{제161조의 \\ 2\ 제3항}$). 재판장이 필요하다고 인정하여 당사자에 앞서 증인신문을 한 경우에 그 후에 하는 검사·피고인 및 변호인의 신문에 관하여는 이를 신청한 자와 상대방의 구별에 따라 주신문·반대신문·재주신문 등의 순서로 신문을 행한다($\substack{규칙\ 제80 \\ 조\ 제1항}$). 재판장이 교호신문의 순서를 변경한 경우에 그 신문방법은 재판장이 정하는 바에 따른다($\substack{규칙\ 동조 \\ 제2항}$). 그 밖에 합의부원도 재판장에게 고하고 당사자가 신청한 증인에 대하여 신문할 수 있다($\substack{제161조의 \\ 2\ 제5항}$).

법원이 직권으로 신문할 증인이나 범죄로 인한 피해자의 신청에 의하여 신문할 증인의 신문방식은 재판장이 정하는 바에 의한다($\frac{제161조의}{2 제 4 항}$). 이 경우 증인에 대하여 재판장이 신문한 후 검사·피고인 또는 변호인이 신문하는 때에는 반대신문의 예에 의한다($\frac{규칙}{제81조}$). 간이공판절차에서의 증인신문은 교호신문방식에 의할 필요가 없고, 법원이 상당하다고 인정하는 방법으로 이를 할 수 있다($\frac{제297}{조의2}$).

⑷ 증인신문사항의 제출

재판장은 피해자·증인의 인적사항의 공개 또는 누설을 방지하거나 그 밖에 피해자·증인의 안전을 위하여 필요하다고 인정할 때에는 증인의 신문을 청구한 자에 대하여 사전에 신문사항을 기재한 서면의 제출을 명할 수 있다($\frac{규칙}{제66조}$). 제출된 증인신문사항 중에 피해자 등의 인적사항을 공개하는 내용이나 지나치게 모욕적인 신문사항이 포함되어 있는 경우 등에는 재판장은 소송지휘권의 행사로서 신문사항의 일부를 삭제하거나 수정할 것을 명할 수 있을 것이다. 법원은 재판장으로부터 신문사항의 제출명령을 받은 자가 신속히 그 서면을 제출하지 아니한 경우에는 증거결정을 취소할 수 있다($\frac{규칙}{제67조}$).

(6) 공판정 외의 증인신문

증인신문은 원칙적으로 공판기일에 공판정에서 하여야 한다. 그러나 부득이한 경우에는 범죄의 현장이나 병원 등의 장소에서 증인신문을 할 필요가 있다. 공판정 외에서 증인신문을 행하는 것은 공판중심주의와 공개주의에 대한 중대한 예외이므로 피고인의 증인신문권이 침해되지 않도록 주의하여야 한다.

법원은 증인의 연령·직업·건강상태 기타의 사정을 고려하여 검사·피고인 또는 변호인의 의견을 묻고 법정 외에 소환하거나 현재지에서 신문할 수 있다($\frac{제165}{조}$). 법원은 필요한 때에는 결정으로 지정한 장소에 증인의 동행을 명할 수 있다. 이 경우 증인이 정당한 사유 없이 동행을 거부하는 때에는 구인할 수 있다($\frac{제166}{조}$). 법원은 합의부원에게 법정 외의 증인신문을 명할 수 있고, 증인현재지의 지방법원판사에게 그 신문을 촉탁할 수 있다($\frac{제167조}{제1항}$). 수탁판사는 증인이 관할구역 내에 현재하지 아니한 때에는 그 현재지의 지방법원판사에게 전촉할 수 있다($\frac{동조}{제2항}$). 수명법관 또는 수탁판사는 증인의 신문에 관하여 법원 또는 재판장에 속한 처분을 할 수 있다($\frac{동조}{제3항}$).

(7) 비디오 등 중계장치나 차폐시설에 의한 증인신문

㈎ 의의 및 요건

형사소송법은 범죄피해자 등의 증인이 피고인이나 방청인 앞에서 증언하는 경우 입게 될 심리적·정신적 압박과 고통을 완화하기 위하여 일정한 범죄피해자 등의 증인에 대한 신문을 중계장치에 의한 중계시설을 통하여 행하거나 가림 시설 등을 설치하고 행할 수 있도록 하고 있다. 즉 법원은 ① 「아동복지법」 제71조 제 1 항 제 1 호·제 1 호의2·제 2 호·제 3 호에 해당하는 죄의 피해자, ② 「아동·청소년의 성보호에 관한 법률」 제 7 조부터 제12조까지의 규정에 해당하는 죄의 대상이 되는 아동·청소년 또는 피해자, ③ 범죄의 성질·증인의 나이·심신의 상태·피고인과의 관계 그 밖의 사정으로 인하여 피고인 등과 대면하여 진술할 경우 심리적인 부담으로 정신의 평온을 현저하게 잃을 우려가 있다고 인정되는 사람의 어느 하나에 해당하는 사람을 증인으로 신문하는 경우 상당하다고 인정할 때에는 검사와 피고인 또는 변호인의 의견을 들어 비디오 등 중계장치에 의한 중계시설을 통하여 신문하거나 가림 시설 등을 설치하고 신문할 수 있다(제165조의2 제 1 항). 또한 법원은 증인이 멀리 떨어진 곳 또는 교통이 불편한 곳에 살고 있거나 건강상태 등 그 밖의 사정으로 말미암아 법정에 직접 출석하기 어렵다고 인정하는 때에는 검사와 피고인 또는 변호인의 의견을 들어 비디오 등 중계장치에 의한 중계시설을 통하여 신문할 수 있다(동조 제 2 항).

법원은 신문할 증인이 위의 사유에 해당한다고 인정될 경우, 증인으로 신문하는 결정을 할 때 비디오 등 중계장치에 의한 중계시설 또는 가림 시설을 통한 신문 여부를 함께 결정하여야 한다. 이때 증인의 나이, 증언할 당시의 정신적·심리적 상태, 범행의 수단과 결과 및 범행 후의 피고인이나 사건관계인의 태도 등을 고려하여 판단하여야 한다(규칙 제84조의4 제 1 항). 법원은 증인신문 전 또는 증인신문 중에도 비디오 등 중계장치에 의한 중계시설 또는 가림 시설을 통하여 신문할 것을 결정할 수 있다(규칙 동조 제 2 항).

한편 형사소송법 규정과는 별도로 「성폭력범죄의 처벌 등에 관한 특례법」은 성폭력범죄의 피해자보호를 위하여 비디오 등 중계장치에 의한 증인신문의 방법을 규정하고 있다. 즉 법원은 일정한 성폭력범죄(동법 제 2 조 제 1 항 제 3 호 내지 제 5 호)의 피해자를 증인으로 신문하는 경우 검사와 피고인 또는 변호인의 의견을 들어 비디오 등 중계장치에 의한 중계를 통하여 신문할 수 있다(동법 제40조 제 1 항).

(나) 증인신문의 방법

법원은 비디오 등 중계장치에 의한 중계시설을 통하여 증인신문을 할 때 증인을 법정 외의 장소로서 비디오 등 중계장치가 설치된 증언실에 출석하게 하고, 영상과 음향의 송수신에 의하여 법정의 재판장·검사·피고인·변호인과 증언실의 증인이 상대방을 인식할 수 있는 방법으로 증인신문을 한다(규칙 제84조의5 제1항 본문). 이 경우 증언실은 법원 내에 설치하고, 필요한 경우 법원 외의 적당한 장소에 설치할 수 있다(규칙 동조 제2항). 다만 중계장치를 통하여 증인이 피고인을 대면하거나 피고인이 증인을 대면하는 것이 증인의 보호를 위하여 상당하지 않다고 인정되는 경우 재판장은 검사·변호인의 의견을 들어 증인 또는 피고인이 상대방을 영상으로 인식할 수 있는 장치의 작동을 중지시킬 수 있다(규칙 제84조의5 제1항 단서). 법원이 신뢰관계에 있는 자를 동석하게 할 때에는 그를 증언실에 동석하게 하며, 법원 직원으로 하여금 증언실에서 중계장치의 조작과 증인신문 절차를 보조하게 하여야 한다(규칙 제84조의7).

한편 가림 시설을 통한 증인신문이란 법정 안에서 증인과 피고인 등 사이에 차단장치를 설치하고 증인을 신문하는 방법을 말한다. 따라서 법원은 가림 시설을 설치함에 있어 피고인과 증인이 서로의 모습을 볼 수 없도록 필요한 조치를 취하여야 한다(규칙 제84조의9).

(다) 신문의 비공개 등

법원은 비디오 등 중계장치에 의한 중계시설 또는 가림 시설을 통하여 증인을 신문하는 경우, 증인의 보호를 위하여 필요하다고 인정하는 경우에는 결정으로 이를 공개하지 아니할 수 있다(규칙 제84조의6 제1항). 그리고 이 경우 증인은 증언을 보조할 수 있는 인형, 그림 그 밖에 적절한 도구를 사용할 수 있으며, 증언을 하는 동안 담요, 장난감, 인형 등 증인이 선택하는 물품을 소지할 수 있다(규칙 제84조의8).

증인으로 소환받은 증인과 그 가족은 증인보호 등의 사유로 증인신문의 비공개를 신청할 수 있으며, 재판장은 이러한 신청이 있는 때에는 그 허가 여부 및 법정 외의 장소에서의 신문 등 증인의 신문방식과 장소에 관하여 결정하여야 한다(규칙 제84조의6 제2항·제3항). 다만 비공개심리의 경우에도 재판장은 적당하다고 인정되는 자의 재정을 허가할 수 있다(규칙 동조 제4항).

(8) 증인신문조서의 작성과 열람·등사

법원이나 법관이 증인신문을 하는 때에는 그 증인신문에 참여한 법원사무관 등이 증인신문조서를 작성하여야 한다($^{제48조}_{제1항}$). 공판기일 외에서 증인신문이 행하여지는 경우에도 마찬가지이다. 다만 공판기일 외의 증인신문조서는 증거서류로서 공판기일에 공판정에서 다시 증거조사를 하여야 한다($^{제292조}_{참조}$).

피고인과 변호인은 증인신문조서를 열람 또는 등사할 수 있다($^{제35조,}_{제55조}$). 피해자도 소송기록 열람·등사권을 가지므로 재판장의 허가를 얻어 증인신문조서를 열람 또는 등사할 수 있다($^{제294조}_{의4}$). 또한 증인도 자신에 대한 증인신문조서 및 그 일부로 인용된 속기록, 녹음물, 영상녹화물 또는 녹취서의 열람·등사 또는 사본을 청구할 수 있다($^{규칙 제}_{84조의2}$). 증인의 증인신문조서에 대한 열람등사권은 자신의 증언이 법원에 정확하게 전달되었는지를 확인하고, 위증죄의 소추 등에 대비할 수 있도록 하기 위하여 필요한 제도이다.

5. 범죄피해자의 진술권

(1) 의 의

범죄피해자는 본래 증인의 자격으로 공판절차에 관여할 수 있다. 그러나 당사자와 법원이 피해자를 증인으로 신청하고 결정하지 않는 한 스스로 공판정에서 진술할 수 있는 기회가 피해자에게 주어지는 것은 아니다. 그러므로 헌법 제27조 제5항은 「형사피해자는 법률이 정하는 바에 의하여 당해 사건의 재판절차에서 진술할 수 있다」고 규정하여 피해자의 재판절차에서의 진술권을 기본권으로 보장하고 있고, 이에 따라 형사소송법도 법원은 범죄로 인한 피해자 또는 그 법정대리인의 신청이 있는 경우에는 그 피해자 등을 증인으로 신문하여야 한다($^{제294조의2}_{제1항 본문}$)고 규정하고 있다. 피해자에게 형사사법의 적정한 실현을 감시하게 하고 형사절차에서의 피해자의 지위를 강화하기 위한 제도이다.

이와 같이 피해자의 진술은 증인신문의 절차에 의하여 행하여지는 것이 원칙이나, 법원은 필요하다고 인정하는 경우에는 직권으로 또는 피해자 등의 신청에 따라 피해자 등을 공판기일에 출석하게 하여 형사소송법 제294조의2 제2항에 정한 사항으로서 범죄사실의 인정에 해당하지 않는 사항에 관하여 증인신문에 의하지 아니하고 의견을 진술하게 하거나($^{규칙 제134조}_{의10 제1항}$), 의견진술에 갈음하여 의견을 기재한 서면을 제출하게 할 수 있다($^{규칙 제134조}_{의11 제1항}$). 범죄사실의 인정에 해당하지 않는 사항에 대한 진술을 구태여 선서와 위증의 부담을 가지고 증인으로서 진술하게 할 것이 아니라 피해자의 지위에서 진술할 수 있도록 한 것이다.

(2) 범죄피해자의 형사절차상 지위

㈎ 형사절차상 피해자보호의 필요성

피고인에게는 묵비권·변호권·증인신문권 등 각종의 방어권이 보장되어 형사절차에서 중심적인 지위가 인정되고 있음에 반하여 피해자는 범죄의 직접적인 관계자임에도 불구하고 형사절차에서 소외된 이른바 주변적인 존재로서 취급되는 경향이 있었다. 그러나 오늘날 형사정책분야에서 피해자의 지위가 중요한 논점으로 등장하면서 형사절차에서도 피해자의 인격과 정당한 권리를 보호하는 방안이 모색되고 있으며, 특히 범죄피해자의 권익을 회복시켜 주는 것은 피해자 개인의 이익보호라는 차원을 넘어서 국가적 형사정책을 실효성 있게 추진하는데 있어서 매우 중요한 요소라는 점이 강조되고 있다.

㈏ 형사절차상 피해자의 권리

범죄피해자는 현행법상 공판절차에서의 진술권을 비롯하여 고소권 및 고소취소권을 가지며($^{제223조,}_{제232조}$), 재정신청권($^{제260조}_{제1항}$), 특정사건에 대한 배상명령신청권($^{소송촉}_{진 등에}$ $^{관한 특례법}_{제25조 제1항}$), 범죄피해구조청구권($^{헌법 제30조, 범죄피}_{해자 보호법 제16조}$), 유죄판결에 대한 판결공시청구권($^{형법 제58조}_{제1항}$) 등의 권리를 가지고 있다.

그러나 피해자가 범죄와 관련된 자신의 권리를 보호받기 위해서는 무엇보다도 피해사건의 절차적 진행상황과 그 내용을 아는 것이 필요하다는 점에서 형사소송법은 피해자에게 그 밖에도 일정한 정보권을 인정하고 있다. 먼저 검사는 범죄로 인한 피해자 또는 그 법정대리인 등의 신청이 있는 때에는 당해 사건의 공소제기 여부, 공판의 일시·장소, 재판결과, 피의자·피고인의 구속·석방 등 구금에 관한 사실 등을 신속하게 통지하도록 하고 있다($^{제259조}_{의2}$).[1]

또한 범죄피해자에게는 현행법상 소송기록 열람·등사권이 인정된다. 즉 소송계속 중인 사건의 피해자, 피해자 본인의 법정대리인 또는 이들로부터 위임을 받은 피해자 본인의 배우자·직계친족·형제자매·변호사는 소송기록의 열람 또는 등사를 재판장에게 신청할 수 있다($^{제294조의}_{4 제1항}$). 재판장은 위의 신청이 있는 때에는 지체 없이 검사·피고인 또는 변호인에게 그 취지를 통지하여야 하며($^{동조}_{제2항}$), 피해자 등의 권리구제를 위하여 필요하다고 인정하거나 그 밖의 정당한 사유가 있는 경우와 범

---

1) 범죄피해자 보호법은 범죄피해자의 해당 재판절차 참여진술권 등 형사절차상 범죄피해자의 권리에 관한 정보를 국가가 범죄피해자에게 의무적으로 제공하도록 규정하고 있다(동법 제8조의2 제1항 제1호).

죄의 성질·심리의 상황 그 밖의 사정을 고려하여 상당하다고 인정하는 때에는 열람 또는 등사를 허가할 수 있다(동조). 재판장은 등사를 허가하는 경우에 등사한 소송기록의 사용목적을 제한하거나 적당하다고 인정하는 조건을 붙일 수 있다(동조). 열람·등사의 허가 여부나 제한적 허용결정에 대하여는 불복할 수 없다(동조). 피해자는 열람 또는 등사에 의하여 알게 된 사항을 사용함에 있어서 부당하게 관계인의 명예나 생활의 평온을 해하거나 수사와 재판에 지장을 주지 아니하도록 하여야 한다(동조).

   형사소송법이 피해자의 보호를 위하여 많은 노력을 하고 있는 것은 사실이나, 한걸음 더 나아가서 피해자에게 공판정 출석권을 보장하고 이를 비공개심리의 경우에도 제한할 수 없도록 할 필요가 있으며, 또한 피해자가 법률전문가의 도움을 받을 수 있도록 피해자변호사제도를 도입하여 피해자에 대한 수사기관의 조사와 법원의 신문에 참여할 권리 및 증거보전청구권 등을 보장함으로써 피해자 보호의 실질화를 꾀할 필요가 있다고 생각된다.[1]

   현행 「성폭력범죄의 처벌 등에 관한 특례법」은 성폭력범죄의 피해자 및 그 법정대리인에게 형사절차상 입을 수 있는 피해를 방어하고 법률적 조력을 보장하기 위하여 변호사를 선임할 수 있는 권리를 인정하고 있으며(동법 제27조 제1항), 피해자에게 변호사가 없는 경우 검사가 국선변호사를 선정하여 형사절차에서 피해자의 권익을 보호할 수 있도록 하고 있다(동조). 이 경우 변호사는 검사 또는 사법경찰관의 피해자 등에 대한 조사에 참여하여 의견을 진술할 수 있고(동조), 피의자에 대한 구속전 피의자심문, 증거보전절차, 공판준비기일 및 공판절차에 출석하여 의견을 진술할 수 있으며(동조), 증거보전 후 관계 서류나 증거물, 소송계속 중의 관계 서류나 증거물을 열람하거나 등사할 수 있고(동조), 형사절차에서 피해자 등의 대리가 허

---

[1] 범죄피해자의 형사절차참여권을 실질적으로 보장하기 위한 방안으로서는 독일의 부대공소제도(독일 형사소송법 제395조 이하)나 일본의 피해자참가인제도(일본 형사소송법 제316조의33 내지 제316조의39)와 같은 피해자참가제도의 도입을 생각해 볼 수 있다. 독일의 부대공소제도는 피해자에게 증인신문이나 피고인신문에 참여할 권리, 증거신청권, 기피신청권, 상소권 등의 권리를 인정함으로써 검사에 준하는 적극적인 소송권한을 인정하고 있는 제도임에 반하여, 일본의 피해자참가인제도는 피해자에게 공판기일 출석권, 검사의 권한행사에 대한 의견진술권, 정상사실에 대한 증인신문권, 피고인에 대한 질문권, 사실 또는 법률의 적용에 관한 의견진술권 등을 인정함으로써 검사에 대한 보조참가자로서의 지위를 인정하는 제도라고 할 수 있다. 한편 이러한 피해자참가제도에 대하여는 피고인의 방어권을 제한할 뿐만 아니라 피해자의 응보적 감정이 실체적 진실발견에 지장을 초래할 우려가 있다는 점 등을 이유로 이를 비판하는 견해도 있다.

용될 수 있는 모든 소송행위에 대한 포괄적인 대리권을 가진다($\frac{동조}{제5항}$). 또한 「아동·청소년의 성보호에 관한 법률」 제30조 및 「아동학대범죄의 처벌 등에 관한 특례법」 제16조도 아동·청소년대상 성범죄 및 아동학대범죄의 피해자 및 그 법정대리인에게 동일한 권리를 인정하고 있다.

(3) 피해자 진술권의 행사절차

(가) 피해자 등의 증거신청

피해자의 진술권행사는 원칙적으로 증인신문절차에 의한다. 따라서 피해자가 진술권을 행사하려면 피해자의 진술신청과 이에 대한 법원의 증거결정이 필요하다($\frac{제295}{조}$). 피해자 진술의 신청권자는 피해자 또는 그 법정대리인이나, 피해자가 사망한 경우에는 배우자·직계친족·형제자매도 공판정에서의 진술을 신청할 수 있다($\frac{제294조의}{2\,제1항}$).

(나) 법원의 증거결정

피해자 등의 신청이 있으면 법원은 증거결정을 하여야 하는데, 피해자의 진술권은 헌법이 보장하고 있는 기본권이므로 법원은 증거결정과정에서 이 점을 충분히 고려할 필요가 있다. 그러나 한편 피해자의 진술권을 지나치게 허용할 때에는 재판이 지연되고 피해자의 개인적 감정에 의하여 재판이 영향을 받을 위험이 있다. 이러한 점들을 고려하여 형사소송법은 일정한 예외적인 경우에 한하여 피해자의 진술권을 제한하는 규정을 두고 있다. 즉 법원은 ① 피해자 등이 이미 당해 사건에 관하여 공판절차에서 충분히 진술하여 다시 진술할 필요가 없다고 인정되는 경우, ② 피해자 등의 진술로 인하여 공판절차가 현저하게 지연될 우려가 있는 경우에는 피해자의 진술신청을 기각할 수 있다($\frac{제294조의2}{제1항\,단서}$). 그리고 진술을 신청한 피해자가 출석통지를 받고도 정당한 이유 없이 출석하지 아니한 때에는 그 신청을 철회한 것으로 본다($\frac{동조}{제4항}$). 또한 법원은 동일한 범죄사실에서 신청인이 여러 명인 경우에는 진술할 자의 수를 제한할 수 있다($\frac{동조}{제3항}$).

(다) 피해자 등에 대한 증인신문

피해자에 대한 증인신문방식은 재판장이 정하는 바에 따르며($\frac{제161조의}{2\,제4항}$), 교호신문방식에 의할 필요가 없다. 그리고 법원은 피해자 등을 증인으로 신문하는 경우 피해의 정도 및 결과, 피고인의 처벌에 관한 의견 그 밖에 당해 사건에 관한 의견을 진술할 기회를 주어야 한다($\frac{제294조의}{2\,제2항}$). 범죄피해자는 본래 증인의 지위를 가지나, 재판절차에서의 진술권을 행사하는 피해자 등에게는 단순히 법원에 대하여 자신의 체험사실을 보고하는 지위를 넘어서 당해 사건에 대한 의견진술의 권리까지 부여하고 있는 점에 그 특색이 있다.

법원은 범죄로 인한 피해자를 증인으로 신문하는 경우 당해 피해자·법정대리인 또는 검사의 신청에 따라 피해자의 사생활의 비밀이나 신변보호를 위하여 필요하다고 인정하는 때에는 결정으로 심리를 공개하지 아니할 수 있다($\substack{제294조의 \\ 3 제1항}$). 이 결정은 이유를 붙여 고지하며, 이 경우에도 법원은 적당하다고 인정되는 자의 재정을 허가할 수 있다($\substack{동조 제2항· \\ 제3항}$).

법원은 범죄로 인한 피해자를 증인으로 신문하는 경우 증인의 연령, 심신의 상태 그 밖의 사정을 고려하여 증인이 현저하게 불안 또는 긴장을 느낄 우려가 있다고 인정되는 때에는 직권 또는 피해자·법정대리인·검사의 신청에 따라 피해자와 신뢰관계에 있는 자를 동석하게 할 수 있다($\substack{제163조의 \\ 2 제1항}$). 피해자와 동석할 수 있는 신뢰관계에 있는 사람은 피해자의 직계친족, 형제자매, 배우자, 가족, 동거인, 보호·교육시설의 보호·교육담당자 등 피해자의 심리적 안정과 원활한 의사소통에 도움을 줄 수 있는 사람으로 한다($\substack{수사준칙에 관한 규 \\ 정 제24조 제1항}$). 또한 법원은 검사와 피고인 또는 변호인의 의견을 들어 비디오 중계 등의 방식으로 피해자를 신문할 수 있다($\substack{제165 \\ 조의2}$).

Ⅵ. 검   증

1. 검증의 의의

검증이란 법원 또는 법관이 감각기관의 작용에 의하여 물건이나 신체 또는 장소의 존재와 상태를 직접 인식하는 증거조사방법을 말한다. 특히 범죄현장이나 법원 이외의 일정한 장소에서 행하는 검증을 현장검증이라고 한다. 검증은 그 상대방에게 일정한 수인의무를 부과하고 강제력을 수반하기도 한다는 점에서 강제처분의 성격도 함께 가지고 있다. 그러나 수사기관의 검증과는 달리 법원이 증거조사로써 행하는 검증에는 영장주의가 적용되지 않는다.

2. 검증의 주체와 대상

법원은 사실을 발견함에 필요한 때에는 검증을 할 수 있다($\substack{제139 \\ 조}$). 따라서 검증은 원칙적으로 수소법원이 행한다. 다만 법원은 검증을 합의부원에게 명할 수 있고 그 목적물의 소재지를 관할하는 지방법원판사에게 촉탁할 수 있다. 수탁판사는 검증의 목적물이 그 관할구역 내에 없는 때에는 그 목적물 소재지 지방법원판사에게 전촉할 수 있다. 수명법관·수탁판사가 행하는 검증에 관하여는 법원이 행하는 검증의 규정이 준용된다(제145조,제136조). 한편 증거보전청구를 받은 판사도 검증을 할 수 있는데, 이 경우에 증거보전을 행한 판사는 법원 또는 재판장과 동일한 권한을 가진다(제184조).

검증의 목적물에는 아무런 제한이 없다. 목적물의 존재·상태·성질이 증거자료로 되는 경우라면 유체물이건 무체물이건, 동산이건 부동산이건, 생물이건 무생물이건 모두 검증의 객체가 될 수 있다. 사람의 신체나 사체도 그 상태에 대한 인식이 필요한 경우에는 검증의 대상이 된다.

3. 검증의 절차와 방법

(1) 검증의 준비절차

(개) 검증기일의 지정과 통지

공판기일의 검증에는 별도의 절차를 요하지 않지만, 공판기일 외에 일정한 장소에게 검증을 하기 위해서는 검증기일을 지정하고 참여권자 및 관리권자에게 이를 통지하여야 한다. 검증기일의 지정은 공판기일의 지정에 준하여 재판장이 행하나, 수명법관 또는 수탁판사가 검증을 하는 경우에는 그 판사가 기일을 지정한다.

검사·피고인 또는 변호인은 검증에 참여할 권리를 가진다(제145조,제121조). 따라서 재판장은 미리 그들에게 검증의 일시와 장소를 통지하여야 한다. 다만 참여권자가 참여하지 아니한다는 의사를 명시한 때 또는 급속을 요하는 때에는 예외로 한다(제145조,제122조). 또한 공무소·군사용의 항공기 또는 선차(船車) 내에서 검증을 행할 때에는 그 책임자에게 참여할 것을 통지하여야 하며, 타인의 주거나 간수자가 있는 가옥 등에서 검증을 하는 경우에도 주거주·간수자 또는 이에 준하는 자를 참여하게 하여야 한다(제145조,제123조). 그리고 사체의 해부 또는 분묘의 발굴을 하는 때에도 미리 유족에게 통지하여야 한다(제141조 제4항).

(내) 신체검사와 소환

사람의 신체가 검증의 대상이 되는 경우를 신체검사라고 한다. 법원은 신체검사를 위하여 피고인 또는 피고인 아닌 자를 법원 기타의 장소에 소환할 수 있다(제68조,제142조). 피고인에 대한 소환장에는 신체검사를 하기 위하여 소환한다는 취지를 기재하여야 한다($\substack{규칙\\제64조}$). 그리고 피고인이 아닌 자에 대한 신체검사를 하기 위한 소환장에는 그 성명 및 주거·피고인의 성명·죄명·출석일시 및 장소와 신체검사를 하기 위하여 소환한다는 취지를 기재하고 재판장 또는 수명법관이 기명날인하여야 한다($\substack{규칙\\제65조}$).

(2) 검증의 절차

(가) 검증에 필요한 처분

검증을 함에는 신체의 검사·시체의 해부·분묘의 발굴·물건의 파괴 기타 필요한 처분을 할 수 있다($\substack{제140\\조}$). 시체의 해부 또는 분묘의 발굴을 하는 때에는 예(禮)에 어긋나지 아니하도록 주의하고 미리 유족에게 통지하여야 한다($\substack{제141조\\제 4 항}$).

검증의 집행 중에는 타인의 출입을 금지할 수 있고, 이에 위배한 자에게는 퇴거하게 하거나 집행종료시까지 간수자를 붙일 수 있다($\substack{제145조,\\제119조}$). 검증을 중지한 경우에 필요한 때에는 집행이 종료될 때까지 그 장소를 폐쇄하거나 간수자를 둘 수 있다($\substack{제145조,\\제127조}$). 또한 검증에 있어서는 자물쇠를 열거나 개봉 기타 필요한 처분을 할 수 있다($\substack{제145조,\\제120조}$). 법원은 검증을 함에 필요한 때에는 사법경찰관리에게 보조를 명할 수 있다($\substack{제144\\조}$).

(나) 검증의 제한

군사상 비밀을 요하는 장소에 대한 검증에는 그 책임자의 승낙이 있어야 한다. 그러나 책임자는 국가의 중대한 이익을 해하는 경우를 제외하고는 승낙을 거부하지 못한다($\substack{제145조,\\제110조}$).

일출 전·일몰 후에는 가주(家主)·간수자 또는 이에 준하는 자의 승낙이 없으면 검증을 하기 위하여 타인의 주거, 간수자 있는 가옥·건조물·항공기·선차 내에 들어가지 못한다. 다만 일출 후에는 검증의 목적을 달성할 수 없을 염려가 있는 경우에는 예외로 한다($\substack{제143조\\제 1 항}$). 일몰 전에 검증에 착수한 때에는 일몰 후라도 검증을 계속할 수 있다($\substack{동조\\제 2 항}$). 또한 도박장, 여관, 음식점 등 야간의 압수·수색이 허용되는 장소에서는 이러한 시각의 제한을 받지 않는다($\substack{제143조\\제 3 항, 제126조}$).

(다) 신체검사에 대한 특칙

신체검사는 피고인뿐만 아니라 피고인 아닌 사람에 대해서도 가능하지만, 피고인 아닌 사람의 신체검사는 증거가 될 만한 흔적을 확인할 수 있는 현저한 사유가 있는 경우에만 할 수 있다($\substack{제141조\\제 2 항}$). 그리고 신체의 검사에 관하여는 검사를 받는 사람의 성별·나이·건강상태, 그 밖의 사정을 고려하여 그 사람의 건강과 명예를 해하지 아니하도록 주의하여야 한다($^{동조}_{제1항}$). 또한 여자의 신체를 검사하는 경우에는 의사나 성년 여자를 참여하게 하여야 한다($^{동조}_{제3항}$).

4. 검증조서

검증에 관하여는 검증의 결과를 기재한 검증조서를 작성하여야 한다($^{제49조}_{제1항}$). 검증조서에는 검증목적물의 현상을 명확하게 하기 위하여 도화나 사진을 첨부할 수 있다($^{동조}_{제2항}$). 다만 공판정에서 행한 검증은 별도의 조서를 작성하지 않고 공판조서에 기재되며($^{제51조}_{제2항 제10호}$), 법원이 검증으로 취득한 결과는 바로 증거자료가 된다.

공판기일 외에서 행한 검증의 결과를 기재한 검증조서는 법원 또는 법관의 조서로서 무조건 증거능력이 인정되지만($^{제311}_{조}$), 공판중심주의와 공개주의·직접주의 원칙상 공판정에서 낭독 등의 방법으로 증거조사를 실시하여야 한다. 증거보전절차에서 작성된 검증조서의 경우에도 마찬가지이다.

Ⅶ. 감　　정

1. 감정의 의의와 기능

(1) 의　　의

감정이란 특수한 지식이나 경험을 가진 제 3 자가 그의 전문적인 지식이나 경험에 의하여 알 수 있는 법칙 또는 그 법칙을 적용하여 얻은 판단을 법원에 보고하는 것을 말한다. 그리고 법원 또는 법관으로부터 이러한 감정의 명을 받은 자를 감정인이라고 부른다. 감정인은 수사기관으로부터 감정을 위촉받은 감정수탁자($^{제221조}_{제2항}$)와 구별된다. 감정수탁자는 선서의무가 없어서 허위감정죄($^{형법 제}_{154조}$)로 처벌되지 않으며, 감정수탁자가 행하는 감정절차에는 소송관계인의 참여권이 인정되지 않는다.

감정인은 그의 진술이 증거로 되는 점에서 인적 증거방법이며, 이 점에서 증인과 유사하다. 따라서 구인에 관한 규정을 제외하고는 감정의 경우에도 증인신문에 관한 규정이 준용된다($^{제177}_{조}$).

(2) 기   능

감정인의 감정결과는 하나의 증거자료로서 법원은 이에 구속되지 않는다.[1] 그러나 감정의 결과가 과학적 증거방법에 해당하는 경우에는 감정인이 전문적인 지식·경험·기술을 가지고 공인된 표준 검사기법으로 분석하였을 뿐만 아니라 시료의 채취·보관·분석 등 모든 과정에서 시료의 동일성이 인정되고 인위적인 조작·훼손·첨가가 없었음이 담보되는 등 정확한 감정을 위한 전제조건이 갖추어져 있는 한 법관의 사실인정에 있어서 상당한 정도로 구속력을 가진다(대법원 2011.5.26, 2011도1902). 알코올 농도측정에 의한 음주운전의 판단, 유전자검사를 통한 동일성 확인, 지문을 통한 물건접촉확인 등이 이에 해당한다.

감정을 명할 것인가의 여부는 원칙적으로 법원의 재량에 속하는 사항이지만, 법률이 감정을 명하고 있는 경우(제306조 제3항)는 물론이고 사실인정을 위해서 전문가의 감정이 합리적으로 요구되는 경우에도 법원은 감정을 명할 의무가 있다고 해야 한다. 판례도 책임능력판단과 관련하여 심신장애의 의심이 있는 경우에 전문가의 정신감정을 받지 않았다면 법리오해 또는 심리미진의 위법을 인정할 수 있다고 한다(대법원 1999.4.27, 99도693).

2. 감정의 절차

(1) 감정인의 지정과 소환

㈎ 감정인의 지정

법원은 학식·경험 있는 자에게 감정을 명할 수 있다(제169조). 따라서 특별한 학식과 경험이 있는 자라면 누구든지 감정인이 될 수 있다. 감정인은 수인을 지정할 수도 있다. 다만 증인적격에 있어서의 이론상의 제약은 감정인적격에 있어서도 그대로 적용된다. 그리고 감정인에게도 증인과 마찬가지로 감정거부권이 인정된다. 따라서 감정인은 자기나 근친자가 형사책임을 지게 될 염려가 있는 사실 및 법에 정한 업무자로서 업무처리상 알게 된 타인의 비밀과 관련된 사실에 대하여는 감정을 거부할 수 있다(제177조, 제148조, 제149조).

감정인의 지정과 관련하여 당사자가 특정인을 감정인으로 지정하여 줄 것을

---

1) 대법원 2007. 11. 29, 2007도8333,「형법 제10조에 규정된 심신장애의 유무 및 정도의 판단은 법률적 판단으로서 반드시 전문감정인의 의견에 기속되어야 하는 것은 아니고, 정신질환의 종류와 정도, 범행의 동기, 경위, 수단과 태양, 범행 전후의 피고인의 행동, 반성의 정도 등 여러 사정을 종합하여 법원이 독자적으로 판단할 수 있다.」

법원에 신청할 수 있는 권리가 있는지가 문제로 된다. 감정인은 전문적인 지식과 경험에 의하여 법원을 보조하는 자로서 다른 증거방법과는 달리 대체성이 인정된다는 점을 고려할 때, 당사자가 특정한 감정인의 지정을 희망하는 경우에도 법원은 이에 구속되지 않고 직권으로 적절한 자를 감정인으로 지정할 수 있다고 보아야 한다.[1] 따라서 당사자의 특정인에 대한 감정인 지정신청이 있는 경우에도 법원은 이에 대하여 결정할 필요 없이 직권으로 감정인을 지정할 수 있다. 실무에서도 감정 자체에 대한 신청과 감정에 대한 결정이 있은 후의 감정인 지정은 별도로 이루어지고 있으며, 이때 법원은 당사자의 감정인 지정신청에 구속됨이 없이 감정인을 선정하고 있다.

감정은 개인에게 명하는 것이 원칙이나 일정한 기관에 의뢰하는 것도 가능하다. 즉 법원은 필요하다고 인정하는 때에는 공무소·학교·병원 기타 상당한 설비가 있는 단체 또는 기관에 대하여 감정을 촉탁할 수 있다(제179조의2 제1항 전문). 이 경우 감정을 촉탁받은 단체 또는 기관은 선서 없이 감정을 하게 되므로(동조 제1항 후문) 허위감정에 따른 처벌의 부담을 갖지 않고 감정을 할 수 있다.

㈏ 감정인의 소환

법원은 감정인이 지정되면 신문을 위하여 감정인을 출석시켜야 한다. 법원은 지정된 감정인의 출석을 위해 소환이나 동행명령을 발할 수 있으나, 증인과는 달리 대체성이 인정되므로 구인은 허용되지 않는다(제177조). 따라서 소환이나 동행명령에 불응한 때에도 과태료 및 비용배상을 명할 수 있는 데 그친다(제177조, 제151조).

단체 또는 기관에 대하여 감정을 촉탁한 경우에는 감정인의 소환은 행하여지지 않는다.

(2) 감정인의 선서와 신문

㈎ 감정인의 선서

출석한 감정인에 대해서는 인정신문을 한 후 허위감정죄(형법 제154조)를 경고하고, 선서서에 따라 선서하게 하여야 한다. 선서서에는 「양심에 따라 성실히 감정하고 만일 거짓이 있으면 허위감정의 벌을 받기로 맹서합니다」라고 기재하여야 한다(제170조). 선서의 취지를 이해할 수 없는 감정인이란 있을 수 없으므로 모든 감정인은

---

1) 형사소송법 제169조는 감정인적격을 규정한 조문일 뿐 반드시 법원의 감정인 지정권을 규정한 것으로 볼 수 없다는 점과 당사자의 변론활동을 최대한 보장할 필요가 있다는 점 등을 이유로 당사자의 감정인 지정권을 긍정하는 견해도 있다.

554 제4편 공 판

신문 전에 반드시 선서하여야 하며, 선서하지 않고 한 감정은 증거능력이 없다.

다만 공무소·학교·병원 기타 상당한 설비가 있는 단체 또는 기관에 대하여 감정을 촉탁한 경우에는 선서에 관한 규정이 적용되지 않는다($_{2\,제1항}^{제179조의}$). 따라서 선서 및 다음의 감정인신문을 위하여 공무소 등이 지정한 자가 법원에 출석할 필요가 없다.

㈏ 감정인신문

감정인에 대하여는 선서 후 감정인신문이 행하여지게 되는데, 이러한 감정인신문은 필요적인 절차이다.

감정인신문에는 증인신문에 관한 규정이 준용된다($_{조}^{제177}$). 다만 재판장이 직권으로 감정인의 학력·경력·감정경험의 유무 등 감정을 명함에 적합한 능력이 있는지를 확인하는 신문을 먼저 한 후에 검사·피고인 또는 변호인에게 신문의 기회를 부여하고 다시 재판장이 감정사항을 알리고 감정결과를 보고하도록 명하는 순서로 신문이 이루어진다는 점에서 증인신문과 차이가 있을 뿐이다.

(3) 감정의 실시

㈎ 법원 외에서의 감정과 감정물의 교부

법원은 필요한 때에는 감정인으로 하여금 법원 외에서 감정하게 할 수 있으며, 이 경우에는 감정을 요하는 물건을 감정인에게 교부할 수 있다($_{제1항·제2항}^{제172조}$). 그리고 재판장은 필요하다고 인정하는 때에는 감정인에게 소송기록에 있는 감정에 참고가 될 자료를 제공할 수 있다($_{89조의2}^{규칙\,제}$). 법원 외에서 감정을 하게 한다는 것은 감정에 필요한 사실행위를 법원 외에서 하게 한다는 의미이며, 실제로 감정에 필요한 사실행위를 법원 안에서 하는 경우란 거의 없으므로 오히려 이것이 원칙이라고 할 수 있다.

㈏ 감정인의 권한

1) 감정에 필요한 처분

① 감정처분허가장　　　감정인은 감정에 관하여 필요한 때에는 법원의 허가를 얻어 타인의 주거, 간수자 있는 가옥·건조물·항공기·선차(船車) 내에 들어 갈 수 있고 신체의 검사, 사체의 해부, 분묘의 발굴, 물건의 파괴를 할 수 있다($_{제1항}^{제173조}$). 감정인이 감정에 필요한 처분을 하기 위해서는 법원의 감정처분허가장을 발부받아야 한다. 감정처분허가장에는 피고인의 성명, 죄명, 들어갈 장소, 검사할 신체, 해부

할 사체, 발굴할 분묘, 파괴할 물건, 감정인의 성명과 직업, 유효기간, 유효기간을 경과하면 허가된 처분에 착수하지 못하며 허가장을 반환하여야 한다는 취지 및 발부연월일을 기재하고 재판장 또는 수명법관이 서명날인하여야 한다($^{제173조 제 2 항, 규}_{칙 제89조 제 1 항}$). 감정인은 처분을 받는 자에게 허가장을 제시하여야 한다($^{제173조}_{제 3 항}$). 다만 감정인이 공판정에서 행하는 처분에 대하여는 허가장을 요하지 아니한다($^{동조}_{제 4 항}$).

② 소송관계인의 참여권   검사·피고인 또는 변호인은 감정에 참여할 수 있다($^{제176조}_{제 1 항}$). 따라서 법원이 감정인에게 감정에 필요한 처분을 하도록 감정처분허가장을 발부한 경우에는 소송관계인에게 처분의 일시와 장소를 미리 통지하여야 한다. 다만 참여권자가 참여하지 아니한다는 의사를 명시한 때 또는 급속을 요하는 때에는 예외로 한다($^{제176조}_{제 2 항, 제122조}$).

2) 감정인의 절차참여권   감정인은 감정에 관하여 필요한 경우에는 재판장의 허가를 얻어 서류와 증거물을 열람 또는 등사하고 피고인 또는 증인의 신문에 참여할 수 있다($^{제174조}_{제 1 항}$). 신문에 참여한 경우에 감정인은 피고인 또는 증인의 신문을 구하거나 재판장의 허가를 얻어 직접 발문할 수 있다($^{동조}_{제 2 항}$).

3) 감정인의 비용청구권   감정인은 법률이 정하는 바에 의하여 여비·일당·숙박료 외에 감정료와 체당금의 변상을 청구할 수 있다($^{제178}_{조}$).

⒟ 감정유치

1) 의   의   피고인의 정신 또는 신체에 관한 감정에 필요한 때에는 법원은 기간을 정하여 병원 기타 적당한 장소에 피고인을 유치하게 할 수 있다($^{제172}_{조}$ $^{제3항}_{전단}$). 이를 감정유치라고 한다. 감정유치도 피고인의 신체의 자유를 제한하는 처분이라는 점에서 신체구속의 성격을 가지므로 보석에 관한 규정을 제외하고는 구속에 관한 규정이 준용된다($^{제172조}_{제 7 항}$).

2) 감정유치장의 발부와 집행   감정유치를 함에는 감정유치장을 발부하여야 한다($^{제172조}_{제 4 항}$). 감정유치장에는 피고인의 성명, 주민등록번호 등, 직업, 주거, 죄명, 범죄사실의 요지, 유치할 장소, 유치기간, 감정의 목적 및 유효기간과 그 기간 경과 후에는 집행에 착수하지 못하고 영장을 반환하여야 한다는 취지를 기재하고 재판장 또는 수명법관이 서명날인하여야 한다($^{규칙 제85}_{조 제 1 항}$).

감정유치장의 집행도 구속영장의 집행에 준한다. 법원의 감정유치에 관한 결정에 대하여는 항고할 수 있다($^{제403조}_{제 2 항}$).

3) 감정유치에 필요한 처분   감정유치를 함에 있어서 필요한 때에는 법원은

직권 또는 피고인을 수용할 병원 기타 장소의 관리자의 신청에 의하여 사법경찰관리에게 피고인의 간수를 명할 수 있다($^{제172조}_{제5항}$). 감정유치에는 구속에 관한 규정이 준용되므로 감정유치기간 중 피고인의 접견교통권 행사와 그 제한은 구속의 경우와 동일한 것으로 보아야 한다($^{제172조}_{제7항, 제89조}$).

4) 감정유치기간　　　법원은 필요한 때에는 유치기간을 연장하거나 단축할 수 있다($^{제172조}_{제6항}$). 감정유치기간의 연장이나 단축 또는 유치할 장소의 변경 등은 결정으로 한다($^{규칙 제85조}_{조 제2항}$). 법원은 감정이 완료되면 즉시 유치를 해제하여야 한다($^{제172조}_{제3항 후단}$). 감정유치기간은 미결구금일수의 산입에 있어서는 이를 구속으로 간주한다($^{동조}_{제8항}$).

그러나 구속 중인 피고인에 대하여 감정유치장이 집행되었을 때에는 피고인이 유치되어 있는 기간은 구속의 집행이 정지된 것으로 간주하며, 유치처분이 취소되거나 유치기간이 만료된 때에는 구속의 집행정지가 취소된 것으로 간주한다($^{제172}_{조의2}$). 따라서 구속피고인에 대한 감정유치기간은 피고인의 구속기간에 산입되지 않는다.

(4) 감정서의 제출 및 감정인신문

감정인은 감정을 실시한 후 감정의 경과와 결과를 기재한 서면을 제출하여야 한다($^{제171조}_{제1항}$). 감정의 결과에는 그 판단의 이유를 명시하여야 한다($^{동조}_{제3항}$). 형사소송에서는 서면에 의한 감정서의 제출만이 인정될 뿐 구술에 의한 보고는 인정되지 않는데, 이것은 민사소송의 경우($^{민사소송}_{법 제339조}$)와 다른 점이다. 감정인이 수인인 때에는 각각 또는 공동으로 감정서를 제출하게 할 수 있다($^{제171조}_{제2항}$).

법원은 감정서의 제출이 있는 경우에 필요하다고 인정한 때에는 감정인을 소환하여 감정의 경과와 결과를 설명하게 할 수 있는데($^{제171조}_{제4항}$), 이것도 감정인신문의 한 형태이므로 증인신문에 관한 규정이 준용된다($^{제177}_{조}$).[1] 이 경우의 감정인신문은 임의적이다.

기관감정을 촉탁한 경우 법원은 감정촉탁을 받은 당해 공무소·학교·병원·단체 또는 기관이 지정한 자로 하여금 감정서를 설명하게 할 수 있는데($^{제179조의}_{2 제2항}$), 이 설명에는 검사·피고인 또는 변호인을 참여하게 하여야 하며, 설명의 요지는 조서에 기재하여야 한다($^{규칙 제}_{89조의3}$).

감정인을 신문하는 때에는 참여한 법원사무관 등이 감정인신문조서를 작성하

---

1) 감정인신문에는 선서를 시키고 감정인의 능력을 확인한 후 감정사항을 알리고 서면에 의하여 감정결과를 보고하도록 명하는 절차와 이러한 법원의 감정명령에 따라 감정인이 감정서를 제출한 후 그 설명을 듣기 위하여 감정인을 신문하는 절차의 두 가지가 있다.

여야 한다($\binom{제48조}{제1항}$). 감정인신문이 공판기일 외에서 행하여지는 경우에도 마찬가지이다. 다만 공판기일 외의 감정인신문조서는 증거서류로서 공판기일에 공판정에서 다시 증거조사를 하여야 한다.

Ⅷ. 통역과 번역

법정에서는 국어를 사용한다($\binom{법원조직법}{제62조}$). 그러므로 외국인에게는 통역이 필요하고 외국어로 된 서류는 번역을 요한다. 통역이나 번역도 특별한 언어지식에 기하여 행하는 보고라는 점에서 감정과 유사하므로 감정에 관한 규정이 준용된다($\binom{제183}{조}$). 통역인이나 번역인이 허위의 통역이나 번역을 한 때에는 허위통역 또는 번역의 죄($\binom{형법}{제154조}$)가 성립한다.

1. 통   역

국어에 통하지 아니하는 자의 진술에는 통역인으로 하여금 통역하게 하여야 한다($\binom{제180}{조}$). 국어에 통하지 아니하는 자란 외국인을 의미하는 것은 아니다. 따라서 외국인이라고 할지라도 국어에 통할 때에는 통역을 요하지 않으며, 내국인이라도 듣거나 말하는 데 장애가 있는 사람의 진술에 대해서는 통역인으로 하여금 통역하게 할 수 있다($\binom{제181}{조}$).

법관의 제척·기피·회피에 대한 규정은 원칙적으로 통역인에게 준용된다($\binom{제}{25조}$).[1] 통역인은 재판과 밀접한 관련을 가진 직무를 수행하므로 간접적으로 재판에 영향을 미칠 우려가 있기 때문이다. 다만 전심재판에의 관여로 인한 제척원인($\binom{제17조}{제7호}$)은 통역인의 직무의 성질상 적용되지 않는다.

2. 번   역

국어 아닌 문자 또는 부호는 번역하게 하여야 한다($\binom{제182}{조}$). 국어 아닌 문자 또는 부호인가 여부는 한국에서 일반적으로 널리 통용되고 있는 문자 또는 부호인가에

---

1) 대법원 2011. 4. 14, 2010도13583,「형사소송법 제17조 제4호는 '법관이 사건에 관하여 증인, 감정인, 피해자의 대리인으로 된 때에는 직무집행에서 제척된다'고 규정하고 있고, 위 규정은 같은 법 제25조 제1항에 의하여 통역인에게 준용되므로, 통역인이 사건에 관하여 증인으로 증언한 때에는 직무집행에서 제척되고, 제척사유가 있는 통역인이 통역한 증인의 증인신문조서는 유죄 인정의 증거로 사용할 수 없다.」

따라 판단해야 한다. 따라서 방언이나 외래어라도 널리 통용되고 있는 문자나 부호
는 번역을 요하지 않는다.

Ⅸ. 증거조사에 대한 이의신청 및 증거조사 후의 조치

1. 증거조사에 대한 이의신청

(1) 의   의

검사·피고인 또는 변호인은 증거조사에 관하여 이의신청을 할 수 있다
($\binom{제296조}{제1항}$). 공판정에서의 증거조사에 한하지 않고 공판정 외 또는 공판기일 외에서
행한 증거조사에 대하여도 할 수 있다. 이의신청이란 소송관계인이 법원 또는 다른
소송관계인의 소송행위가 위법 또는 부당함을 주장하여 그 시정을 구하거나 다른
조치를 취할 것을 법원에 청구하는 소송행위를 말한다. 소송관계인의 이의신청은
증거조사의 적정을 도모하기 위하여 인정된 소송법상의 권리로서, 피고인의 방어
권행사에도 중요한 의미를 가진다. 피고인도 증거조사절차에 적극적으로 관여하여
적법절차에 의한 소송진행을 감시할 필요가 있기 때문이다.

(2) 이의신청의 대상과 사유

증거조사에 대한 이의신청은 증거신청, 증거결정, 증거조사의 순서와 방법, 증
거능력의 유무 등 증거조사에 관한 모든 절차와 처분에 대한 이의신청을 포함한다.
또한 여기서 이의신청의 대상이 되는 행위에는 재판장의 행위, 합의부원의 행위 기
타 소송관계인의 행위가 모두 포함되며, 작위이든 부작위이든 묻지 않는다.

이의신청의 사유에는 법령의 위반이 있다는 것(위법)과 상당하지 아니하다는
것(부당)의 두 가지가 있다. 그러나 증거결정에 대한 이의신청은 법령의 위반이 있
음을 이유로 하여서만 이를 할 수 있다($\binom{규칙 제135}{조의2}$).

(3) 이의신청의 시기와 방법

증거조사에 대한 이의신청은 개개의 행위, 처분 또는 결정시마다 그 이유를 간
결하게 명시하여 즉시 이를 하여야 한다($\binom{규칙}{제137조}$). 이의신청은 절차상의 하자를 즉석
에서 시정하여 절차를 공정·신속하게 진행시킬 목적으로 소송관계인에게 부여되
는 권리이기 때문에 이를 즉시 행사하지 않으면 실효성이 없게 되거나 절차의 혼란
을 초래할 우려가 있기 때문이다. 이의신청은 이유를 간결하게 명시하여, 서면 또

는 구술에 의하여 할 수 있다($\substack{규칙 제\\176조 참조}$).

(4) 이의신청에 대한 결정

법원은 이의신청에 대하여 그 신청이 있은 후 즉시 결정을 하여야 한다($\substack{제296조\\제2항,}$ $\substack{규칙\\제138조}$). 다만 증거조사를 마친 증거의 증거능력에 관한 이의신청이 있는 경우처럼 신청의 이유 유무의 판단에 시간을 요하는 경우에는 그 판단이 가능하게 된 때 결정을 하면 된다. 결정에 의하여 판단이 된 사항에 대하여는 다시 이의신청을 할 수 없다($\substack{규칙\\제140조}$). 또한 증거조사에 대한 결정 및 이의신청에 대한 결정은 법원의 판결 전 소송절차에 관한 결정이므로 이에 대하여는 항고를 할 수 없다($\substack{제403조\\제1항}$). 다만 증거조사에 관한 법원의 결정으로 말미암아 사실을 오인하여 판결에 영향을 미치게 된 경우에는 판결 자체에 대하여 상소하는 것이 가능하다($\substack{대법원 1990.6.8,\\90도646}$).

증거조사에 대한 이의신청에 대하여 법원이 내리는 결정에는 다음의 것들이 있다.

㈎ 기각결정

시기에 늦은 이의신청, 소송지연만을 목적으로 하는 것임이 명백한 이의신청은 결정으로 이를 기각하여야 한다. 다만 시기에 늦은 이의신청이 중요한 사항을 대상으로 하고 있는 경우에는 시기에 늦은 것만을 이유로 하여 기각하여서는 안 된다($\substack{규칙 제139\\조 제1항}$). 이의신청이 이유 없다고 인정되는 경우에는 결정으로 이를 기각하여야 한다($\substack{규칙 동조\\제2항}$).

㈏ 인용결정

이의신청이 이유 있다고 인정되는 경우에는 결정으로 이의신청의 대상이 된 행위, 처분 또는 결정을 중지·철회·취소·변경하는 등 그 이의신청에 상응하는 조치를 취하여야 한다($\substack{규칙 제139\\조 제3항}$).

㈐ 증거배제결정

증거조사를 마친 증거에 대하여 증거능력이 없다는 이유로 이의신청을 하는 경우가 있다. 이러한 이의신청에 대해 법원이 이유 있다고 인정할 경우에는 그 증거의 전부 또는 일부를 배제한다는 취지의 결정을 하여야 한다($\substack{규칙 제139\\조 제4항}$).

2. 증거조사 후의 조치

(1) 증거조사결과에 대한 피고인의 의견진술

재판장은 피고인에게 각 증거조사의 결과에 대한 의견을 물어야 한다($\substack{제293조\\전단}$). 이러한 증거조사결과에 대한 피고인의 의견진술은 증거조사가 종료한 후에 행하여지는 것이므로 증거조사에 들어가기에 앞서서 증거결정을 위하여 행하는 의견진술($\substack{규칙 제134\\조 제1항}$)이나 증거조사 전반에 관한 절차나 처분에 대하여 그 위법·부당함의 시정을 구하는 증거조사에 대한 이의신청과 구별된다.

증거조사의 결과에 대하여 피고인의 의견을 묻는 것은 법원이 그 증거조사에 의한 심증을 형성함에 있어서 피고인의 의견을 참고하기 위한 것이다. 피고인에게 각 증거조사의 결과에 대한 의견을 묻도록 하고 있으므로 재판장은 가능하면 개개의 증거조사가 끝날 때마다 피고인의 의견을 묻는 것이 바람직하다고 할 수 있다. 그러나 각 공판기일마다 당해 공판기일에서의 모든 증거조사가 끝난 후 피고인에게 일괄하여 그 증거조사결과에 대한 의견을 묻는 것도 가능하다고 해야 한다.

(2) 증거조사신청권의 고지

재판장은 피고인에게 권리를 보호함에 필요한 증거조사를 신청할 수 있음을 고지하여야 한다($\substack{제293조\\후단}$). 이는 피고인의 증거조사신청권($\substack{제294\\조}$)을 절차적으로 보장하기 위한 것으로서, 법률전문가가 아닌 피고인에 대한 안내의 의미를 가진다고 할 수 있다.

제7절   공판절차의 특칙

Ⅰ. 간이공판절차

1. 제도의 의의와 성격

(1) 의   의

간이공판절차란 피고인이 공판정에서 자백한 경우에 형사소송법이 규정한 증거조사절차를 간편하게 하고 증거능력에 대한 제한을 완화함으로써 신속한 재판과 소송경제를 도모하려는 제도를 말한다. 제286조의2는 「피고인이 공판정에서 공소사실에 대하여 자백한 때에는 법원은 그 공소사실에 한하여 간이공판절차에 의하여 심판할 것을 결정할 수 있다」고 하여 간이공판절차를 규정하고 있다.

사건을 간이한 절차에 의하여 신속히 처리하는 제도로는 간이공판절차 이외에도 약식절차와 즉결심판절차를 들 수 있다. 약식절차는 벌금·과료 및 몰수에 처할 경미한 사건에 대해 검사의 청구로 개시되고 비공개 서면심리로 진행되며, 즉결심판절차는 20만원 이하의 벌금·구류 또는 과료에 처할 경미한 사건에 대하여 경찰서장의 청구로 개시된다. 그러나 두 제도 모두 자백사건을 전제로 하지 않고 경미한 사건만을 대상으로 한다는 점에서 간이공판절차와 구별된다.

(2) 성   격

간이공판절차는 다툼이 없는 사건은 간이한 절차에 의하여 신속하게 처리하고 반면에 다툼이 있는 사건에 대하여는 신중한 심리를 행함으로써 재판의 효율성을 높이기 위한 제도라고 할 수 있다. 그러나 간이공판절차는 피고인이 자백한 사건에 대하여 증거능력의 제한을 완화하고 증거조사절차를 간이화하는 제도일 뿐 소송물에 대한 처분권을 당사자에게 인정하는 제도는 아니다. 이러한 점에서 형사소송법의 간이공판절차는 영미의 기소사실인부절차(Arraignment)와 다르다. 기소사실인부제도는 피고인이 유죄의 답변(guilty plea)을 하면 배심원에 의한 유죄평결이 있는 것과 같은 효력을 인정하여 증거조사를 포함한 사실심리절차를 생략하고 바로 양형절차로 넘어가는 특징을 가진다. 그러나 우리의 간이공판절차에서는 증거조사절차가 생략되지 않는다.

2. 간이공판절차개시의 요건

(1) 제1심 관할사건

간이공판절차는 지방법원 또는 지원의 제1심 관할사건에 대하여 인정된다. 따라서 상고심의 공판절차에서는 물론 제1심 판결에 대한 불복사건을 심리하는 항소심에서도 간이공판절차는 인정되지 않는다. 제1심 관할사건인 때에는 단독사건은 물론 합의부 관할사건에 대하여도 간이공판절차에 의한 심판이 가능하다.[1]

---

1) 1995년 개정 형사소송법이 단독판사의 제1심 관할사건에 대하여만 간이공판절차를 인정하였던 종래의 제도를 모든 자백사건에 확대한 것은 신속한 재판을 위하여 적정절차를 희생시킬 가능성이 있다는 점에서 문제가 있다. 중죄사건인 합의부 관할사건에 있어서는 신속한 재판을 위하여 적정한 재판이 희생되어서는 안 될 것이므로 단독사건에 대해서만 간이공판절

(2) 피고인의 공판정에서의 자백

㈎ 피고인의 자백

간이공판절차를 개시하려면 피고인이 공판정에서 공소사실에 대해 자백하여야 한다($^{제286조}_{의2}$). 여기서 자백이란 피고인 본인의 자백만을 의미한다. 따라서 변호인이 대신 자백하거나 피고인의 출석 없이 개정할 수 있는 사건에서 대리인이 자백한 경우는 여기에 해당하지 않는다. 다만 피고인이 법인인 경우에 법인의 대표자가 자백하는 것은 피고인의 자백이라고 할 수 있다. 피고인이 무능력자인 경우에 피고인의 법정대리인이나 특별대리인이 자백한 경우에도 간이공판절차가 개시될 수 있다고 보아야 한다.

㈏ 공소사실에 대한 자백

간이공판절차는 공소사실에 대하여 자백한 때에 한하여 허용된다. 공소사실에 대한 자백이란 공소장에 기재된 범죄사실을 전부 인정하고 위법성이나 책임을 다투지 않는 경우를 말한다. 따라서 피고인이 범의를 부인하거나($^{대법원 1998.2.27,}_{97도3421}$), 공소사실을 인정하면서 위법성조각사유나 책임조각사유를 주장하는 경우는 여기서 말하는 자백이 아니다. 폭행사실을 인정하면서 상습성을 부인하는 경우도 상습폭행죄의 공소사실에 대한 자백이 아니므로 간이공판절차에 의하여 심판할 수 없다($^{대법}_{원}$ $^{2006.5.11,}_{2004도6176}$). 그러나 자백은 공소사실을 인정하고 위법성이나 책임의 조각사유가 되는 사실을 진술하지 아니하는 것으로 충분하고 반드시 명시적으로 유죄임을 자인하는 진술이 있어야 하는 것은 아니다($^{대법원 1987.8.18,}_{87도1269}$). 피고인이 공소사실을 인정하고 죄명이나 적용법조만을 다투는 경우 또는 형면제사유나 정상에 관한 사유만을 다투는 경우도 자백에 해당한다.

경합범의 경우에 피고인이 수개의 공소사실 가운데 일부에 대해서만 자백한 경우에는 자백한 공소사실에 대해서만 간이공판절차를 개시할 수 있다. 그러나 상상적 경합 또는 포괄일죄의 관계에 있거나 예비적·택일적으로 기재된 공소사실의 일부를 자백한 경우에는 절차의 분리가 심리를 어렵게 하여 간이공판절차를 인정하는 취지에 반하게 되므로 그 부분만을 특정하여 간이공판절차에 의하여 심판할 수는 없다고 보아야 한다.

차에 의한 심판을 허용하는 입법이 바람직하다고 생각된다.

㈐ 공판정에서의 자백

자백은 공판정에서 할 것을 요한다. 따라서 수사절차나 공판준비절차에서 자백하였다는 사실만으로 간이공판절차에 의하여 심판할 수는 없다. 자백의 시기에 대해서는 ① 피고인의 모두진술이 종료될 때까지라는 견해와, ② 변론이 종결될 때까지라는 견해가 있다. 판례는 제 5 회 공판기일에 피고인이 이전의 부인 진술을 번복하고 공소사실 전부를 자백한 사안에서, 법원이 사건을 간이공판절차에 의하여 심판하기로 한 결정은 정당하다고 함으로써($^{대법원\ 1987.8.18,}_{87도1269}$) 후자의 견해를 취하고 있다.

형사소송법이 간이공판절차개시를 위한 자백의 시기를 명시하고 있지는 않으나 공판기일 전에 이미 피고인에게 공소사실에 대한 인정 여부 등을 기재한 의견서를 제출하도록 하고 있을 뿐만 아니라($^{제266조}_{의2}$) 피고인 자신의 모두진술절차에서 공소사실의 인정 여부를 진술하도록 하고 있는 점($^{제286조}_{제1항}$)에 비추어 볼 때, 증거조사절차에 있어서의 특칙을 그 내용으로 하는 간이공판절차의 개시를 위해서는 피고인이 자신의 모두진술절차에서는 공소사실을 인정해야 한다고 생각된다.

㈑ 신빙성 있는 자백

공판정에서의 자백이라고 할지라도 자백은 신빙성이 있어야 하며, 그 진실성에 의심이 있는 자백을 이유로 간이공판절차를 개시해서는 안 된다. 자백에 신빙성이 없는 때에는 간이공판절차의 취소사유에 해당하기 때문이다($^{제286}_{조의3}$).

3. 간이공판절차의 개시결정

(1) 법원의 재량

간이공판절차의 요건이 구비된 경우에 법원은 그 공소사실에 대하여 간이공판절차에 의하여 심판할 것을 결정할 수 있다($^{제286조}_{의2}$). 개시 여부의 결정은 법원의 재량에 속한다. 따라서 법원은 피고인의 자백의 신빙성과 간이공판절차에서의 심판이 상당한지 여부를 심사하여 재량으로 간이공판절차의 개시 여부를 결정하여야 한다.

(2) 결정의 방법

법원이 간이공판절차개시의 결정을 하고자 할 때에는 재판장은 미리 피고인에게 간이공판절차의 취지를 설명하여야 한다($^{규칙}_{제131조}$). 간이공판절차의 개시결정은 공판정에서 구술로 고지하면 족하다. 이 경우 결정의 취지는 공판조서에 기재하여야 한다($\frac{제38조, 제51조}{제 2 항 제14호}$).

(3) 결정에 대한 불복

간이공판절차의 개시결정은 판결 전 소송절차에 관한 결정이므로 항고할 수 없다($\frac{제403조}{제 1 항}$). 그러나 간이공판절차의 요건을 구비하지 못하였음에도 불구하고 이에 의하여 심판한 경우에는 판결에 영향을 미친 법령위반에 해당하므로 판결자체에 대한 상소이유가 된다($\frac{제361조의5 제 1 호,}{제383조 제 1 호}$).

4. 간이공판절차의 내용

간이공판절차에는 증거능력과 증거조사에 관한 특칙이 인정되는 이외에는 통상의 공판절차에 대한 규정이 그대로 적용된다. 따라서 간이공판절차에서도 공소장변경이 가능하며 형식재판이나 무죄판결도 선고할 수 있다.

(1) 증거능력에 관한 특칙

간이공판절차에서는 전문법칙이 적용되지 않는다. 즉 전문법칙에 의하여 증거능력이 부인되는 증거에 대하여 제318조 제 1 항의 동의가 있는 것으로 간주한다($\frac{제318조의}{3 본문}$). 피고인이 공판정에서 공소사실에 대하여 자백한 이상 공소사실을 증명하기 위한 개개의 증거에 대해서도 다툴 의사가 없는 것으로 추정되기 때문이다. 그러나 검사 · 피고인 또는 변호인이 증거로 함에 이의가 있는 때에는 증거동의의 효력이 인정되지 않는다($\frac{동조}{단서}$).

간이공판절차에서 증거능력의 제한이 완화되는 것은 전문증거에 한한다. 따라서 위법수집증거배제법칙이나 자백배제법칙에 의한 증거능력의 제한은 간이공판절차에서도 그대로 유지된다. 또한 증거능력에 관한 것이 아니라 증명력의 문제인 자유심증주의($\frac{제308}{조}$)나 자백의 보강법칙($\frac{제310}{조}$) 등은 간이공판절차에서도 그대로 적용된다.

(2) 증거조사에 관한 특칙

㈎ 상당하다고 인정하는 방법

간이공판절차에서도 증거조사를 생략할 수는 없다. 그러나 엄격한 증거조사방식에 의할 필요는 없고 법원이 상당하다고 인정하는 방법으로 증거조사를 할 수 있다($\frac{제297조}{의2}$). 여기서 상당하다고 인정하는 방법이란 공개주의 원칙에 비추어 볼 때 적어도 당사자나 방청인이 증거내용을 알 수 있도록 하는 것이어야 한다. 따라서 증거서류나 증거물인 서면의 증거조사에 있어서는 낭독이나 제시는 요하지 않지만 적어도 서면의 내용을 구두로 알려주는 것은 필요하다고 해야 한다.

간이공판절차에서 증거조사를 한 경우에 그에 관한 공판조서의 작성은 공판조서의 일부인 증거목록에 증거방법을 표시하고 증거조사 내용을 '증거조사함'이라고 표시하는 것으로 족하다($\binom{대법원\ 1980.4.22,}{80도333}$).

㈏ 적용이 배제되는 증거조사방식

간이공판절차에서의 증거조사에 있어서는 증인신문의 방식($\binom{제161조}{의2}$), 증거조사의 시기와 방식($\binom{제290조\ 내}{지\ 제292조}$), 증거조사결과와 피고인의 의견($\binom{제293}{조}$), 증인신문시의 피고인의 퇴정($\binom{제297조}{}$) 등에 관한 규정이 적용되지 않는다($\binom{제297조의}{2\ 전단}$). 따라서 증인신문을 함에 있어서 교호신문방식에 의할 필요가 없고, 피고인신문의 시기도 반드시 증거조사 종료 후일 필요가 없으며, 서류나 물건을 조사할 때에도 개별적으로 지시설명할 필요가 없고, 서류나 물건의 증거조사방법도 반드시 제시나 낭독 등의 방식을 취할 필요가 없으며, 증거조사의 종료시에 피고인에게 증거조사결과에 대한 의견을 묻거나 증거신청권을 알려 줄 필요가 없고, 증인·감정인·공동피고인을 신문할 때에 피고인을 퇴정시킬 필요도 없다.

그러나 그 밖의 규정인 증인의 선서($\binom{제156}{조}$), 당사자의 증인신문참여권($\binom{제163}{조}$), 당사자의 증거신청권($\binom{제294}{조}$), 증거조사에 대한 이의신청권($\binom{제296}{조}$)은 간이공판절차에서도 인정된다.

5. 간이공판절차의 취소

(1) 취소사유

법원은 간이공판절차에 의하여 심판할 것을 결정한 사건에 대하여 피고인의 자백이 신빙할 수 없다고 인정되거나, 간이공판절차로 심판하는 것이 현저히 부당하다고 인정할 때에는 검사의 의견을 들어 그 결정을 취소하여야 한다($\binom{제286조}{의3}$).

㈎ 피고인의 자백을 신빙할 수 없는 때

피고인의 자백이 신빙할 수 없다고 인정되는 때란 피고인이 한 자백에 대하여 그 진실성이 의심되는 경우라고 할 수 있다. 자백의 신빙성은 증거능력 있는 자백을 전제로 하므로 자백의 임의성이 부인되는 경우에도 당연히 간이공판절차를 취소하여야 한다. 그러나 자백에 보강증거가 없는 경우에는 간이공판절차에 의하여도 무죄판결이 가능하므로 취소사유에 해당하지 않는다고 보아야 한다.

㈏ 간이공판절차에 의하는 것이 현저히 부당한 때

간이공판절차로 심판하는 것이 현저히 부당한 때란 ① 간이공판절차의 요건을 갖추지 못한 경우와 ② 법정요건은 구비하였으나 간이공판절차에 의하여 심판하는 것이 제도의 취지에 비추어 현저히 부당하다고 인정되는 경우를 말한다.

간이공판절차의 요건을 구비하지 못한 경우에는 처음부터 요건을 갖추지 못한 경우는 물론이고 공소장변경절차에 의하여 변경된 공소사실에 대해 피고인이 이를 부인하거나 자백을 철회한 경우도 포함된다. 또한 간이공판절차에 의하여 심판하는 것이 제도의 취지상 부당한 경우로는 공범사건의 일부에 대해서만 간이공판절차를 개시하거나 또는 1인의 피고인에 대한 수개의 공소사실 가운데 일부에 대해서만 간이공판절차의 개시결정을 하였으나 오히려 증거조사절차가 더 복잡하게 된 경우나, 사형이나 무기징역 등 중한 형이 선고될 것으로 예상되는 사건에 대하여 간이공판절차가 개시된 경우와 같이 사건의 중요성에 비추어 간이공판절차에 의하는 것이 공정한 재판을 보장하는 데 적합하지 않은 경우 등을 들 수 있다.

(2) 취소의 절차

간이공판절차의 취소는 법원의 직권에 의한 결정으로 한다. 다만 취소하기 전에는 검사의 의견을 들어야 한다($\frac{제286조}{의3}$). 그러나 검사의 의견이 법원에 대하여 구속력을 가지는 것은 아니다. 취소사유가 인정되는 경우 법원은 반드시 취소결정을 하여야 한다.

(3) 취소의 효과

간이공판절차의 결정이 취소된 때에는 공판절차를 갱신하여야 한다($\frac{제301조}{의2}$). 공판절차를 갱신하면 통상의 공판절차에 의하여 다시 심판하여야 하므로 증거조사를 포함한 사실심리절차 전체를 새로이 진행하여야 한다.

다만 검사·피고인 또는 변호인이 이의가 없는 때에는 갱신을 요하지 아니한다($\frac{제301조}{의2 \ 단서}$). 이 경우에는 간이공판절차에서 행하여진 증거조사의 효력이 유지되고 이미 조사된 전문증거의 증거능력도 그대로 인정된다.

Ⅱ. 공판절차의 정지와 갱신

1. 공판절차의 정지

(1) 공판절차정지의 의의

㈎ 개   념

공판절차의 정지란 심리를 진행할 수 없는 일정한 사유가 발생한 경우에 법원이 결정으로 그 사유가 없어질 때까지 공판절차를 진행하지 않는 것을 말한다. 이 제도는 피고인의 방어권을 보장하는 데 그 기본취지가 있다.

㈏ 소송절차정지와의 구별

공판절차의 정지는 법원의 결정에 의한다는 점에서 특정한 사유가 발생하면 당연히 소송절차의 진행이 정지되는 경우와 구별된다. 예를 들면 기피신청이 있는 때에는 신청이 부적법하여 기각하는 경우와 급속을 요하는 경우를 제외하고는 소송진행을 정지하여야 하며($\frac{제22}{조}$), 소송이 계속 중인 사건에 관하여 토지관할의 병합심리신청·관할지정신청 또는 관할이전신청이 있는 때에는 급속을 요하는 경우를 제외하고는 그 신청에 대한 결정이 있기까지 소송절차를 정지하여야 한다($\frac{규칙}{제7조}$). 또한 재심청구가 경합된 경우에도 항소법원 또는 상고법원은 하급법원의 소송절차가 종료할 때까지 소송절차를 정지하여야 하며($\frac{규칙}{제169조}$), 법원이 위헌법률심판을 제청한 때에도 법원이 긴급하다고 인정하는 경우를 제외하고는 헌법재판소의 위헌 여부의 결정이 있을 때까지 당해 소송의 재판은 정지된다($\frac{헌법재판소법}{제42조 제1항}$).

(2) 공판절차정지의 사유

㈎ 피고인의 심신상실 또는 질병

피고인이 사물의 변별 또는 의사의 결정을 할 능력이 없는 상태에 있는 때에는 법원은 검사와 변호인의 의견을 들어서 결정으로 그 상태가 계속하는 기간 공판절차를 정지하여야 한다($\frac{제306조}{제1항}$). 피고인이 질병으로 인하여 출정할 수 없는 때에는 법원은 검사와 변호인의 의견을 들어서 결정으로 출정할 수 있을 때까지 공판절차를 정지하여야 한다($\frac{동조}{제2항}$). 그러나 피고사건에 대하여 무죄·면소·형의 면제 또는 공소기각의 재판을 할 것이 명백한 때에는 피고인의 출정 없이 재판할 수 있으며 ($\frac{동조}{제4항}$), 경미사건 등에 있어서 대리인이 출정할 수 있는 경우에도 공판절차를 정지하지 아니한다($\frac{동조}{제5항}$).

(나) 공소장의 변경

법원은 공소사실 또는 적용법조의 추가·철회 또는 변경이 피고인의 불이익을 증가할 염려가 있다고 인정한 때에는 직권 또는 피고인이나 변호인의 청구에 의하여 피고인으로 하여금 필요한 방어의 준비를 하게 하기 위하여 결정으로 필요한 기간 공판절차를 정지할 수 있다($\binom{\text{제298조}}{\text{제4항}}$).

(3) 공판절차정지의 절차와 효과

(가) 정지의 절차

공판절차의 정지는 법원의 결정으로 한다. 공소장변경의 경우에는 법원의 직권 또는 피고인이나 변호인의 청구에 의하여 공판절차를 정지할 수 있으나, 그 이외의 경우에는 법원의 직권에 의하여 정지가 이루어진다. 피고인의 심신상실이나 질병을 이유로 공판절차를 정지함에는 검사와 변호인의 의견 이외에 의사의 의견도 들어야 한다($\binom{\text{제306조}}{\text{제3항}}$).

공판절차를 정지하는 기간에는 제한이 없으나, 법원은 일정한 기간을 정하여 정지할 수도 있다. 기간이 명시되지 않은 경우에는 정지결정이 취소될 때까지 공판절차가 정지된다.

(나) 정지의 효과

공판절차의 정지결정이 있으면 정지기간이 만료되거나 정지결정이 취소될 때까지 공판절차를 진행할 수 없다. 정지사유가 있음에도 불구하고 공판절차를 진행한 경우에는 법령위반에 해당하므로 상소이유가 된다. 그러나 정지되는 것은 협의의 공판절차인 공판기일의 절차에 한정되므로, 구속 또는 보석에 관한 재판이나 공판준비는 이 기간 동안에도 할 수 있다. 또한 공판절차가 정지된 기간은 피고인에 대한 구속기간 및 구속갱신의 기간에 산입되지 않는다($\binom{\text{제92조}}{\text{제3항}}$).

공판절차정지의 결정이 취소되거나 정지기간이 만료되면 공판절차를 다시 진행하게 되는데, 다만 피고인의 심신상실을 이유로 공판절차가 정지된 때에는 사유가 소멸된 후에 공판절차를 갱신하여야 한다($\binom{\text{규칙}}{\text{제143조}}$).

2. 공판절차의 갱신

(1) 의   의

공판절차의 갱신이란 법원이 이미 진행된 공판절차를 일단 무시하고 다시 그

절차를 진행하는 것을 말한다. 이는 공판절차를 진행한 법원이 당해 피고사건에 대
한 판결선고 이전에 공판심리절차를 다시 진행하는 것이므로 상급법원의 파기환송
이나 이송판결 후에 하급법원이나 이송을 받은 법원이 다시 공판절차를 진행하는
경우는 여기에 해당하지 않는다.

이 제도는 이미 진행된 공판절차가 법원의 올바른 심증형성의 기초가 될 수
없는 특별한 사정이 있는 경우에 소송경제의 부담을 안고 실체적 진실발견을 위하
여 불가피하게 인정되는 것이다.

(2) 공판절차갱신의 사유

(가) 판사의 경질

공판개정 후 판사의 경질이 있는 때에는 공판절차를 갱신하여야 한다($^{제301조}_{본문}$).
단독판사가 바뀐 경우는 물론이고 합의부 구성원 중 일부가 교체된 경우도 포함한
다. 이는 구두변론주의와 직접주의의 요청에 따른 것이다. 따라서 재판이 내부적으
로 이미 성립되어 판결의 선고만을 하는 경우에는 공판절차를 갱신할 필요가 없다
($^{동조}_{단서}$). 판사의 경질이유는 묻지 않으며 전보, 퇴임, 질병 등을 모두 포함한다. 판사
의 경질이 있음에도 불구하고 공판절차를 갱신하지 않으면 절대적 항소이유($^{제361조의}_{5 제8호}$)
및 상대적 상고이유가 된다($^{제383조}_{제1호}$).

(나) 간이공판절차의 취소

간이공판절차의 결정이 취소된 때에는 공판절차를 갱신하여야 한다. 다만 검
사·피고인 또는 변호인이 이의가 없는 때에는 갱신을 요하지 아니한다($^{제301조}_{의2}$). 간
이공판절차가 취소되었음에도 불구하고 공판절차를 갱신하지 않으면 판결에 영향
을 미친 법령위반으로서 상대적 상소이유가 된다($^{제361조의5 제1호,}_{제383조 제1호}$).

(다) 공판절차정지 후의 심신상실 사유의 소멸

피고인의 심신상실을 이유로 공판절차가 정지된 경우에는 그 정지사유가 소멸
한 후의 공판기일에 공판절차를 갱신하여야 한다($^{규칙}_{제143조}$). 피고인이 정지 전의 소송
행위를 충분히 기억하지 못할 뿐만 아니라 정지 전에 행한 피고인의 소송행위가 무
효일 가능성이 높다는 점을 이유로 한다.

(3) 공판절차갱신의 절차

공판절차의 갱신은 공판절차를 다시 시작하는 것이므로 재판장은 공판절차를
모두절차부터 다시 진행하는 것이 원칙이다. 따라서 ① 재판장은 피고인에게 진술

거부권 등을 고지한 후 인정신문을 하여 피고인임에 틀림없음을 확인하여야 한다 ($\frac{규칙 제144조}{제1항 제1호}$). ② 재판장은 검사로 하여금 공소장 또는 공소장변경허가신청서에 의하여 공소사실, 죄명 및 적용법조를 낭독하게 하거나 그 요지를 진술하게 하여야 한다($\frac{규칙 동항}{제2호}$). ③ 재판장은 피고인에게 공소사실의 인정 여부 및 정상에 관하여 진술할 기회를 주어야 한다($\frac{규칙 동항}{제3호}$). ④ 재판장은 갱신 전의 공판기일에서의 피고인이나 피고인 아닌 자의 진술 또는 법원의 검증결과를 기재한 조서에 관하여 증거조사를 하여야 한다($\frac{규칙 동항}{제4호}$). ⑤ 재판장은 갱신 전의 공판기일에서 증거조사된 서류 또는 물건에 관하여 다시 증거조사를 하여야 한다. 다만 증거능력이 없다고 인정되는 서류 또는 물건과 증거로 함이 상당하지 아니하다고 인정되고 검사·피고인 또는 변호인이 이의를 하지 아니하는 서류 또는 물건에 대하여는 그러하지 아니하다 ($\frac{규칙 동항}{제5호}$). 재판장은 이상의 서류 또는 물건에 관하여 증거조사를 함에 있어서 검사·피고인 및 변호인의 동의가 있는 때에는 그 전부 또는 일부에 관하여 정식의 증거조사방법($\frac{제292조, 제292조}{의2, 제292조의3}$)에 갈음하여 상당하다고 인정하는 방법으로 이를 할 수 있다($\frac{규칙 제144조}{제2항}$).

그러나 형사소송규칙에서 규정하고 있는 이러한 갱신절차는 그 내용으로 보아 판사가 경질된 경우와 피고인이 심신상실 상태에서 회복된 경우에는 대체적으로 타당하나, 간이공판절차의 취소에 의한 공판절차의 갱신의 경우와는 부합하지 않는 부분이 있다. 따라서 형사소송규칙 제144조 제1항 제1호·제2호·제4호에 규정된 절차는 간이공판절차의 취소로 인한 공판절차의 갱신에 있어서는 요구되지 않는 것으로 보아야 한다.

(4) 공판절차갱신 전 소송행위의 효력

공판절차의 갱신은 종래의 절차진행을 무효로 하고 처음부터 공판절차를 다시 진행하는 것이므로 갱신 전의 소송행위는 그 효력을 상실하는 것이 원칙이다. 그러나 경우에 따라서는 갱신 전에 행하여진 소송행위라도 갱신 후의 공판절차에서 효력을 유지시킬 필요가 있는데, 그 범위는 갱신사유에 따라 개별적으로 검토하여야 한다.

판사의 경질에 의하여 공판절차를 갱신하는 경우에는 공판절차갱신의 이유가 직접주의와 구두변론주의에 있다는 점에 비추어 볼 때, 갱신 전의 실체형성행위는 그 효력을 잃게 되지만 절차형성행위는 영향을 받지 않는다고 해야 한다. 따라서 갱신 전의 공판절차에서 행한 소송관계인의 신청에 대하여는 갱신 후에도 법원은 결정을 내려야 한다. 또한 실체형성행위에 관한 것이더라도 종전 절차에서 증인신문·검증·피고인신문 등을 법원이 행한 경우에는 그 결과를 기재한 조서가 당연히 증거능력을 가지므로(제311조), 그 조서를 서증으로 조사하면 족하고 반드시 종전의 절차를 반복해야 하는 것은 아니다.

　간이공판절차의 취소에 의하여 공판절차가 갱신되었거나 피고인의 심신상실로 인하여 공판절차가 정지되었다가 그 후 갱신된 경우에는 간이공판절차 또는 종전의 절차에서 행한 소송행위는 실체형성행위와 절차형성행위가 모두 효력을 잃는다고 보아야 한다. 간이공판절차의 취소는 간이공판절차에 의한 심리가 부적법하거나 현저히 부당하다고 인정되는 경우에 행하여지며, 피고인의 심신상실로 공판절차가 정지되었다가 갱신된 때에는 정지 전에 행한 피고인의 소송행위가 무효일 가능성이 높기 때문이다. 따라서 이 경우에는 실체형성행위에 있어서도 갱신 전 절차에서의 신문 자체를 다시 행하여야 하고 그 신문결과를 기재한 조서를 증거서류로서 조사할 수는 없다고 보아야 한다.

Ⅲ. 변론의 병합·분리·재개

1. 변론의 병합과 분리

(1) 의   의

법원은 필요하다고 인정한 때에는 직권 또는 검사·피고인이나 변호인의 신청에 의하여 결정으로 변론을 분리하거나 병합할 수 있다(제300조).

　변론의 병합이란 수개의 관련사건이 사물관할을 같이 하는 동일한 법원 내의 동일 또는 별개의 재판부에 계속되어 있는 경우에 하나의 재판부가 하나의 공판절차에 수개의 사건을 병합하여 동시에 심리하는 것을 말한다. 여러 개의 관련사건이 조직법상의 법원을 달리하거나 사물관할을 달리하는 경우에는 관련사건의 병합심리(제6조, 제10조)의 문제가 되므로, 제300조의 규율대상에는 포함되지 않는다.

　한편 변론의 분리란 변론이 병합된 수개의 사건을 분리하여 동일 또는 수개의 재판부에서 수개의 절차로 심리하는 것을 말한다. 수개의 사건이 계속된 경우를 전제로 하므로 과형상 일죄나 포괄일죄와 같이 1개의 사건만이 존재하는 경우에는 변론의 분리가 허용되지 않는다.

변론의 병합·분리는 소송경제나 심리의 편의를 도모하기 위하여 마련된 제도이다. 특히 변론의 병합은 피고인의 경우에 경합범의 양형규정($\substack{형법\\제38조}$)이 적용됨으로써 과형상 이익을 얻을 수 있으므로 특별한 사정이 없는 한 변론을 병합하는 것이 필요할 것이다.

(2) 절   차

변론의 병합·분리는 법원의 직권이나 검사·피고인 또는 변호인의 신청에 의하여 법원의 결정으로 행하여진다. 여러 개의 관련사건이 하나의 공소장에 기재되어 기소된 경우 실무상으로는 병합결정 없이 병합심리하는 것이 관례이나, 이 경우에도 병합결정을 요한다고 보는 것이 논리적으로 타당하다. 검사가 동일한 피고인에 대하여 추가기소를 하는 경우에는 실무상 변론병합신청서를 첨부하고 있다. 병합대상사건이 동일한 재판부에 계속되어 있으면 별 문제가 없으나, 각각 다른 재판부에 배당되어 있는 경우에는 내부적으로 병합심리를 담당할 재판부를 정하고 사건의 재배당이 이루어져야 한다.

변론을 병합 또는 분리할 것인가의 여부는 법원의 재량에 속한다. 법원은 소송경제와 실체적 진실발견의 요청을 종합하여 구체적으로 변론의 병합과 분리 여부를 판단하여야 할 것이다. 따라서 동일한 피고인에 대하여 여러 개의 사건이 별도로 공소제기되었다고 하더라도 법원은 반드시 병합심리하여 동시에 판결을 선고해야 하는 것은 아니다($\substack{대법원\ 1994.11.4,\\94도2354}$).

2. 변론의 재개

법원은 필요하다고 인정한 때에는 직권 또는 검사·피고인이나 변호인의 신청에 의하여 결정으로 종결한 변론을 재개할 수 있다($\substack{제305\\조}$). 종결된 변론을 재개하느냐의 여부도 법원의 재량에 속한다($\substack{대법원\ 1983.12.13,\\83도2279}$). 따라서 법원이 변론종결 후 변호인의 변론재개신청을 받아들이지 아니하였다고 하여도 심리미진의 위법이 있는 것은 아니다($\substack{대법원\ 2014.4.24,\\2014도1414}$). 또한 적법하게 공판심리를 종결한 후 검사가 변론재개신청과 함께 공소장변경을 신청한 경우에도 법원이 반드시 공판심리를 재개하여 공소장변경을 허가해야 하는 것은 아니다($\substack{대법원\ 2003.12.26,\\2001도6484}$).

변론이 재개되면 사건은 별론종결 전 상태로 돌아가 재개된 변론이 이전의 변론과 일체를 이루게 된다. 변론이 재개되면 검사의 의견진술 이전의 상태로 돌아가게 되므로 필요한 증거조사를 마치고 다시 변론을 종결할 때에는 검사의 의견진술과 변호인의 최종변론 및 피고인의 최후진술이 다시 행하여지게 된다.

제 8 절   국민참여재판

Ⅰ. 개   관

1. 제도의 도입취지

2008년부터 시행되고 있는 「국민의 형사재판 참여에 관한 법률」은 일반 국민 중에서 선정된 배심원들이 직업법관과 함께 일정한 범죄에 관한 재판에 참여하는 국민참여재판을 인정하고 있다. 국민참여재판제도는 국민이 형사재판에 참여함으로써 사법의 민주적 정당성과 신뢰를 높이기 위한 목적을 가진다(동법 제1조 참조). 즉 ① 국민의 건전한 상식과 경험을 재판내용에 반영하여 일반인들의 법감정에 합치되는 재판결과를 얻음으로써 재판의 정당성에 대한 국민의 신뢰를 높이고, ② 일반국민이 재판에 참여함에 의하여 이른바 조서재판의 형태에서 벗어나 공판중심주의를 실현하려는 취지에서 도입된 제도라고 할 수 있다.

2. 제도적 특징

(1) 입 법 례

㈎ 배 심 제

배심제란 일반국민으로 구성된 배심원단이 직업법관과 독립하여 형사사건에 대하여 유죄·무죄의 평결을 하고 법관은 그 평결에 구속되는 제도를 의미한다. 배심원의 유죄평결이 있는 경우에는 법관은 양형심리절차를 별도로 진행하여 형을 선고하게 된다. 배심재판에 의할 것인가의 여부는 피고인이 선택할 수 있으며, 배심원은 구체적 사건마다 선임된다.[1] 배심원이 인정한 사실판단에 대하여는 상소로써 다툴 수 없으며, 무죄판결에 대한 검사의 상소 또한 허용되지 않는다. 따라서 배심재판에 있어서는 법령위반 또는 양형부당을 이유로 한 유죄판결에 대한 상소가

---

1) 미국의 경우 일반적으로 12명의 배심원이 재판에 참여하며, 범행을 부인하는 사건 중에서 법정형이 6월을 초과하는 사건을 그 대상으로 하고 있다.

인정될 수 있을 뿐이다.

배심제는 현재 미국 · 영국을 비롯하여 50여개 국가에서 실시되고 있는 재판제도라고 할 수 있으나, 많은 시간과 비용이 소요되는 제도라는 점과 법률전문가가 아닌 배심원들이 개인적인 선입관 등에 의해서 사실인정을 그르칠 염려가 있다는 점 등이 단점으로 지적되고 있다.

⑷ **참 심 제**

참심제는 일반국민인 참심원이 직업법관과 함께 재판에 관여하여 유죄 · 무죄 및 양형판단을 행하는 제도이다. 일정한 임기의 참심원이 법관과 함께 재판부를 구성한다는 점에서 배심제와 뚜렷한 차이가 있으며, 피고인에게는 참심재판을 받을 것인지 여부를 결정할 권한이 없다. 독일과 프랑스 등 유럽의 여러 나라에서 채택하고 있는 재판제도이다.

참심제도는 시간과 비용이 적게 들고 오판의 위험을 줄일 수는 있으나, 일반국민의 참여가 법관의 영향을 받아 명목적인 것에 그칠 수 있는 점 등이 문제점으로 지적되고 있다.

(2) 국민참여재판의 특징

현행 국민참여재판은 순수한 형태의 배심제나 참심제가 아닌 절충형의 제도라고 할 수 있으나, 배심원의 구성과 평결절차 등을 종합해 볼 때 기본적으로는 영미의 배심제에 가깝다고 할 수 있다.[1]

배심원은 개별적인 사건마다 선임된다. 배심원들은 원칙적으로 법관의 관여 없이 평의를 진행한 후 만장일치로 평결을 하여야 하며, 평결에 의하여 결정하는 것은 유죄 · 무죄의 판단이고 양형에 대한 것은 아니다. 양형에 대해서는 개개인이 의견을 개진할 수 있을 뿐이다.

다만 우리의 제도가 가지는 가장 큰 특징이자 문제점은 배심제도를 기본으로 하면서도 배심원의 평결이 법관을 구속하지 못하고 권고적 효력 내지 참고적 효력만을 가지는 데 있다고 할 수 있다. 이러한 점 때문에 현실적으로는 국민참여재판제도의 실효성이 크지 않아 그 이용률도 매우 낮은 상태이다.

---

1) 배심제와 참심제를 절충한 또 하나의 형태로는 일본의 재판원제도를 들 수 있다. 일본의 재판원제도는 무작위로 재판원을 선정하여 사건별로 재판부를 구성한다는 점에서 보면 배심제적 요소도 가지고 있으나, 재판원의 권한이나 평의방식 등을 전체적으로 볼 때 기본적으로는 대륙의 참심제도와 유사한 제도이다.

Ⅱ. 국민참여재판의 개시

1. 대상사건

(1) 대상사건의 범위

배심원이 참여하는 국민참여재판의 대상사건은 지방법원과 그 지원의 합의부가 제 1 심으로 심판하는 모든 형사사건이다. 즉 ① 합의부에서 심판할 것으로 합의부가 결정한 사건, ② 사형·무기 또는 단기 1년 이상의 징역 또는 금고에 해당하는 사건 및 이와 동시에 심판할 공범사건, ③ 다른 법률에 의하여 지방법원합의부의 권한에 속하는 사건이 여기에 해당한다(국민의 형사재판 참여에 관한 법률 제 5 조 제 1 항 제 1 호, 법원조직법 제32조 제 1 항). 또한 합의부 관할사건의 미수죄·교사죄·방조죄·예비죄·음모죄에 해당하는 사건(국민의 형사 재판 참여에 관한 법률 제 5 조 제 1 항 제 2 호) 및 합의부 관할사건과 형사소송법 제11조에 따른 관련사건으로서 병합하여 심리하는 사건(동항 제 3 호)도 국민참여재판의 대상이 된다.

(2) 공소사실의 변경

국민참여재판의 대상사건이 재판진행 중 공소사실의 일부 철회 또는 변경으로 인하여 대상사건에 해당하지 아니하게 된 경우에도 법원은 국민참여재판을 계속 진행한다. 다만 법원은 심리의 상황이나 그 밖의 사정을 고려하여 국민참여재판으로 진행하는 것이 적당하지 아니하다고 인정하는 때에는 결정으로 당해 사건을 지방법원 본원 합의부가 국민참여재판에 의하지 아니하고 심판하게 할 수 있다(동법 제 6 조 제 1 항). 이러한 법원의 결정에 대하여는 불복할 수 없으며(동조 제 2 항), 통상절차에 의한 재판의 결정이 있는 경우에는 당해 재판에 참여한 배심원과 예비배심원은 해임된 것으로 본다(동조 제 3 항). 다만 위의 결정 전에 행한 소송행위는 결정 이후에도 그 효력에 영향이 없다(동조 제 4 항).

(3) 필요적 변호사건

국민참여재판에 관하여 변호인이 없는 때에는 법원은 직권으로 변호인을 선정하여야 한다(동법 제 7 조). 따라서 국민참여재판에 의하여 심판이 이루어지는 사건은 모두 필요적 변호사건이 된다.

2. 개시절차

(1) 피고인 의사의 확인

국민참여재판은 피고인이 원하는 경우에 한하여 실시된다. 피고인이 국민참여재판을 원하지 않는 경우에는 국민참여재판을 할 수 없으므로($\binom{동법 제5조}{제2항}$), 법원은 대상사건의 피고인에 대하여 국민참여재판을 원하는지 여부에 관한 의사를 서면 등의 방법으로 반드시 확인하여 피고인의 국민참여재판을 받을 권리가 최대한 보장되도록 하여야 한다($\binom{동법 제8조}{제1항}$). 피고인의 의사를 구체적으로 확인하기 위해서 법원은 대상사건에 대한 공소의 제기가 있는 때에는 공소장 부본과 함께 피고인 또는 변호인에게 국민참여재판의 절차,「국민의 형사재판 참여에 관한 법률」제8조 제2항에 따른 서면의 제출, 동법 제8조 제4항에 따른 의사번복의 제한, 그 밖의 주의사항이 기재된 국민참여재판에 관한 안내서를 송달하여야 한다($\binom{국민의 형사재판 참여에}{관한 규칙 제3조 제1항}$). 제1심 법원이 국민참여재판 대상사건에 대하여 피고인의 의사를 확인하지 아니한 채 통상의 공판절차로 재판을 진행하였다면, 피고인이 항소심에서 제1심의 절차적 위법을 문제삼지 아니할 의사를 명백히 표시한 경우가 아닌 한, 그 절차는 위법하고 이러한 위법한 공판절차에서 이루어진 소송행위는 무효로 된다($\binom{대법원 2013.1.31,}{2012도13896}$).

한편 피고인은 공소장 부본을 송달받은 날부터 7일 이내에 국민참여재판을 원하는지 여부에 관한 의사가 기재된 서면을 제출하여야 하며, 이 경우 피고인이 서면을 우편으로 발송한 때 또는 교도소나 구치소에 있는 피고인이 서면을 교도소장·구치소장 또는 그 직무를 대리하는 자에게 제출한 때에 법원에 제출한 것으로 본다($\binom{동법 제8조}{제2항}$). 피고인이 공소장부본을 송달받은 날부터 7일 이내에 국민참여재판을 원하는지 여부에 관한 의사가 기재된 서면을 제출하지 아니한 때에는 국민참여재판을 원하지 아니하는 것으로 본다($\binom{동조}{제3항}$). 다만 대법원은 피고인의 국민참여재판을 받을 권리를 최대한 보장한다는 관점에서 피고인의 의사확인서 제출기간을 7일로 정한 현행법 규정의 해석과 관련하여, 7일 이내에 의사확인서를 제출하지 아니한 피고인도 제1회 공판기일이 열리기 전까지는 국민참여재판을 신청할 수 있고 법원은 그 의사를 확인하여 국민참여재판으로 진행할 수 있다는 입장을 취하고 있다($\binom{대법원 2009.10.23,}{2009모1032}$).

피고인이 서면을 제출한 때에는 법원은 검사에게 그 취지와 서면의 내용을 통지하여야 한다($\binom{동규칙}{제3조 제3항}$). 피고인이 제출한 서면만으로는 피고인의 의사를 확인할 수 없는 경우에는 법원은 심문기일을 정하여 피고인을 심문하거나 서면 기타 상당한 방법으로 피고인의 의사를 확인하여야 한다($\frac{\text{동규칙}}{\text{제 4 조 제 1 항}}$). 법원은 심문기일을 정한 때에는 검사·피고인 또는 변호인·피고인을 구금하고 있는 관서의 장에게 심문기일과 장소를 통지하여야 하고, 피고인을 구금하고 있는 관서의 장은 위 심문기일에 피고인을 출석시켜야 한다($\frac{\text{동규칙 동조}}{\text{제 2 항}}$).

피고인은 국민참여재판을 하지 아니하기로 하는 법원의 배제결정($\frac{\text{동법 제 9 조}}{\text{제 1 항}}$) 또는 지방법원 본원합의부로 이송한다는 지방법원 지원 합의부의 회부결정($\frac{\text{동법 제10}}{\text{조 제 1 항}}$)이 있거나 공판준비기일이 종결되거나 제 1 회 공판기일이 열린 이후에는 종전의 의사를 바꿀 수 없다($\frac{\text{동법 제 8 조}}{\text{제 4 항}}$).

(2) 법원의 결정

(가) 개시결정의 불요

제 1 심 법원이 국민참여재판 대상사건을 피고인의 의사에 따라 국민참여재판으로 진행하는 데에는 반드시 별도의 국민참여재판 개시결정을 할 필요가 없다. 또한 국민참여재판 개시결정을 하지 않는 데 대한 이의가 있어 제 1 심 법원이 국민참여재판으로 진행하기로 하는 결정에 이른 경우에도 이 결정은 판결 전의 소송절차에 관한 결정에 해당하며, 이에 대하여 법이 특별히 즉시항고를 허용하는 규정을 두고 있지도 않으므로 이 결정에 대하여는 항고할 수 없다($\frac{\text{대법원 2009.10.23,}}{\text{2009모1032}}$).

(나) 지원 합의부의 회부결정

피고인이 국민참여재판을 원하는 의사를 표시한 경우 지방법원 지원 합의부가 배제결정을 하지 아니하는 경우에는 국민참여재판절차 회부결정을 하여 사건을 지방법원 본원 합의부로 이송하여야 한다($\frac{\text{동법 제10}}{\text{조 제 1 항}}$). 국민참여재판사건에 대한 관할권을 지방법원 본원 합의부가 가지고 있기 때문이다($\frac{\text{동조}}{\text{제 2 항 참조}}$). 국민참여재판은 제 1 심 절차에 한하여 허용된다.

(다) 배제결정

법원이 국민참여재판으로 진행하는 것이 적절하지 아니하다고 인정하여 배제결정을 하는 경우에는 통상의 절차에 따라 재판하여야 한다($\frac{\text{동법 제 5 조}}{\text{제 2 항}}$). 법원은 공소제기 후부터 공판준비기일이 종결된 다음 날까지 ① 배심원·예비배심원·배심원후보자 또는 그 친족의 생명·신체·재산에 대한 침해 또는 침해의 우려가 있어서 출석의 어려움이 있거나 배심원으로서 직무를 공정하게 수행하지 못할 염려가 있다고 인정되는 경우, ② 공범관계에 있는 피고인들 중 일부가 국민참여재판을 원하지 아니하여 국민참여재판의 진행에 어려움이 있다고 인정되는 경우, ③ 성폭력범죄($\binom{성폭력범죄의 처벌 등}{에 관한 특례법 제2조}$)로 인한 피해자 또는 법정대리인이 국민참여재판을 원하지 아니하는 경우, ④ 그 밖에 국민참여재판으로 진행하는 것이 적절하지 아니하다고 인정되는 경우의 어느 하나에 해당하는 때에는 국민참여재판을 하지 아니하기로 하는 결정을 할 수 있다($\binom{동법 제9조}{제1항}$).

성폭력범죄 피해자나 법정대리인이 국민참여재판을 원하지 아니하는 경우 법원은 심리과정에서 피해자의 인격이나 명예손상, 사생활에 관한 비밀의 침해, 성적 수치심, 공포감 유발 등 피해자에 대한 추가적인 피해가 발생할 우려가 있는지 등의 사정을 고려하여 신중하게 판단하여야 하고, 단순히 성폭력범죄 피해자나 법정대리인이 국민참여재판을 원하지 아니한다는 이유만으로 국민참여재판 배제결정을 하는 것은 바람직하지 않다($\binom{대법원 2016.3.16,}{2015모2898}$).

법원이 배제결정을 함에 있어서는 검사·피고인 또는 변호인의 의견을 들어야 하고, 법원의 배제결정에 대해서는 즉시항고를 할 수 있다($\binom{동조 제2항·}{제3항}$). 피고인이 법원에 국민참여재판을 신청하였음에도 불구하고 법원이 이에 대한 배제결정도 하지 않은 채 통상의 공판절차로 재판을 진행하는 것은 피고인의 국민참여재판을 받을 권리 및 법원의 배제결정에 대한 항고권 등의 중대한 절차적 권리를 침해한 것으로서 위법하고, 국민참여재판제도의 도입 취지나 배제결정에 대해 즉시항고권을 보장한 취지 등에 비추어 이와 같이 위법한 공판절차에서 이루어진 소송행위는 무효라고 보아야 한다($\binom{대법원 2011.9.8,}{2011도7106}$).

3. 통상절차 회부

법원은 피고인의 질병 등으로 공판절차가 장기간 정지되거나 피고인에 대한 구속기간의 만료, 성폭력범죄 피해자의 보호, 그 밖에 심리의 제반 사정에 비추어 국민참여재판을 계속 진행하는 것이 부적절하다고 인정하는 경우에는 직권 또는 검사·피고인·변호인이나 성폭력범죄 피해자 또는 법정대리인의 신청에 따라 결정으로 사건을 지방법원 본원 합의부가 국민참여재판에 의하지 아니하고 심판하게 할 수 있다($\binom{동법 제11}{조 제1항}$). 법원은 이러한 결정을 하기 전에 검사·피고인 또는 변호인의 의견을 들어야 하며($\binom{동조}{제2항}$), 법원의 통상절차 회부결정에 대하여는 불복할 수 없다($\binom{동조}{제3항}$). 통상절차에 의한 재판의 결정이 있는 경우에는 당해 재판에 참여한 배심원과 예비배심원은 해임된 것으로 본다($\binom{동조 제4항, 동}{법 제6조 제3항}$). 다만 통상절차 회부결정 전에 행한 소송행위는 결정 이후에도 그 효력에 영향이 없다($\binom{\text{동법 제11조 제 4 항,}}{\text{동법 제 6 조 제 4 항}}$).

Ⅲ. 배 심 원

1. 배심원의 의의

배심원이란「국민의 형사재판 참여에 관한 법률」에 따라 형사재판에 참여하도록 선정된 사람을 말한다($\binom{\text{동법 제 2 조}}{\text{제 1 호}}$). 국민참여재판이 순수한 배심제도의 형태를 취하고 있지는 않지만, 배심원의 구성과 평결절차면에서 볼 때 영미의 배심제도가 현행 국민참여재판제도의 기초를 이룬다고 할 수 있다. 따라서 법은 형사재판에 참여하는 사람의 명칭을 '배심원'으로 규정하였다.

2. 배심원의 권한과 의무

배심원은 국민참여재판을 하는 사건에 관하여 사실의 인정, 법령의 적용 및 형의 양정에 관한 의견을 제시할 권한이 있다($\binom{\text{동법 제12}}{\text{조 제 1 항}}$). 다만 배심원의 유·무죄에 관한 평결과 양형에 관한 의견은 법원을 기속하지 못한다($\binom{\text{동법 제46}}{\text{조 제 5 항}}$). 배심원이 심리에 관여한 판사와 함께 양형에 관하여 토의하고 의견을 제시하도록 한 것이나 배심원의 평결에 법원이 구속되지 않도록 한 것은 국민참여재판이 전통적인 배심제와 다른 점이라 할 수 있다.

한편 배심원은 법령을 준수하고 독립하여 성실히 직무를 수행하여야 하며, 직무상 알게 된 비밀을 누설하거나 재판의 공정을 해하는 행위를 하여서는 아니 될 의무를 지고 있다($\binom{\text{동법 제12조}}{\text{제 2 항·제 3 항}}$).

3. 배심원의 선정

(1) 배심원의 자격 및 배심원단의 구성

㈎ 배심원의 자격

배심원은 만 20세 이상의 대한민국 국민 중에서 선정된다($\binom{\text{동법}}{\text{제16조}}$). 그러나 배심원이 되는 것이 상당하지 않은 사람, 즉 피성년후견인 등 법이 정한 일정한 결격사유에 해당하는 사람($\binom{\text{동법}}{\text{제17조}}$)과 대통령·국회의원·법관·검사·변호사 및 법무사 등의 직업에 종사하는 사람($\binom{\text{동법}}{\text{제18조}}$) 및 법관의 제척사유에 준하여 당해 사건과 일정한 관계에 있는 사람($\binom{\text{동법}}{\text{제19조}}$)은 배심원으로 선정될 수 없다. 그리고 만 70세 이상인 사람, 법령에 의하여 체포 또는 구금되어 있는 사람, 중병·상해 또는 장애로 인하여 법원에 출석하기 곤란한 사람 기타 부득이한 사유로 배심원 직무를 수행하기 어려운 사람에 대하여는 배심원 직무의 수행을 면제할 수 있다($\binom{동법}{제20조}$).

(나) 배심원단의 구성

배심원은 법정형이 사형·무기징역 또는 무기금고에 해당하는 사건의 경우에는 9인이 참여하고, 그 이외의 대상사건에 있어서는 7인이 참여한다. 다만 법원은 피고인 또는 변호인이 공판준비절차에서 공소사실의 중요내용을 인정한 때에는 5인의 배심원이 참여하게 할 수 있다($\binom{동법 제13}{조 제1항}$). 법원은 사건의 내용에 비추어 특별한 사정이 있다고 인정되고 검사·피고인 또는 변호인의 동의가 있는 경우에 한하여 결정으로 배심원의 수를 7인과 9인 중에서 위의 기준과 달리 정할 수 있다($\binom{동조}{제2항}$). 법원은 배심원의 결원 등에 대비하여 5인 이내의 예비배심원을 둘 수 있다($\binom{동법 제14}{조 제1항}$).

(2) 배심원의 선정절차

(가) 배심원후보자의 결정

지방법원장은 배심원후보예정자명부를 작성하기 위하여 행정안전부장관에게 매년 그 관할 구역 내에 거주하는 만 20세 이상 국민의 주민등록정보에서 일정한 수의 배심원후보예정자의 성명·생년월일·주소 및 성별에 관한 주민등록정보를 추출하여 전자파일의 형태로 송부하여 줄 것을 요청할 수 있다($\binom{동법 제22}{조 제1항}$). 이 요청을 받은 행정안전부장관은 30일 이내에 주민등록자료를 지방법원장에게 송부하여야 한다($\binom{동조}{제2항}$). 지방법원장은 매년 주민등록자료를 활용하여 배심원후보예정자명부를 작성한다($\binom{동조}{제3항}$).

법원은 배심원후보예정자명부 중에서 필요한 수의 배심원후보자를 무작위 추출 방식으로 정하여 배심원과 예비배심원의 선정기일을 통지하여야 한다($\binom{동법 제23}{조 제1항}$). 통지를 받은 배심원후보자는 선정기일에 출석하여야 한다($\binom{동조}{제2항}$). 법원은 선정기일의 2일 전까지 검사와 변호인에게 배심원후보자의 성명·성별·출생연도가 기재된 명부를 송부하여야 한다($\binom{동법 제26}{조 제1항}$).

(나) 선정기일의 절차

1) 선정기일의 진행   법원은 검사·피고인 또는 변호인에게 선정기일을 통지하여야 한다($\binom{동법 제27}{조 제1항}$). 검사와 변호인은 선정기일에 출석하여야 하며, 피고인은 법원의 허가를 받아 출석할 수 있다($\binom{동조}{제2항}$). 법원은 변호인이 선정기일에 출석하지

아니한 경우 국선변호인을 선정하여야 한다(동조 제3항).

법원은 합의부원으로 하여금 선정기일의 절차를 진행하게 할 수 있다. 이 경우 수명법관은 선정기일에 관하여 법원 또는 재판장과 동일한 권한이 있다(동법 제24조 제1항). 선정기일은 공개하지 아니한다(동조 제2항). 선정기일에서는 배심원후보자의 명예가 손상되지 아니하고 사생활이 침해되지 아니하도록 배려하여야 한다(동조 제3항).

2) 배심원후보자에 대한 질문 및 질문표의 사용　　법원은 배심원후보자에 대하여 결격사유·제외사유·제척사유·면제사유 및 불공평한 판단을 할 우려가 있는가를 판단하기 위하여 질문할 수 있다. 검사·피고인 또는 변호인은 법원으로 하여금 필요한 질문을 하도록 요청할 수 있고, 법원도 검사 또는 변호인으로 하여금 직접 질문하게 할 수 있다(동법 제28조 제1항). 배심원후보자는 질문에 대하여 정당한 사유 없이 진술을 거부하거나 거짓 진술을 하여서는 아니 된다(동조 제2항).

법원은 배심원후보자가 제척·기피사유 등에 해당하는지의 여부를 판단하기 위하여 필요한 때에는 질문표를 사용할 수 있다(동법 제25조 제1항). 배심원후보자는 정당한 사유가 없는 한 질문표에 기재된 질문에 답하여 이를 법원에 제출하여야 한다(동조 제2항). 법원은 선정절차에 질문표를 사용하는 때에는 선정기일을 진행하기 전에 배심원후보자가 제출한 질문표 사본을 검사와 변호인에게 교부하여야 한다(동법 제26조 제2항).

3) 기피신청 등에 의한 불선정결정　　법원은 배심원후보자에게 결격사유 등이 있거나 불공평한 판단을 할 우려가 있다고 인정되는 때에는 직권 또는 검사·피고인·변호인의 기피신청에 의하여 불선정결정을 하여야 한다. 검사·피고인 또는 변호인의 기피신청을 기각하는 경우에는 이유를 고지하여야 한다(동법 제28조 제3항). 기피신청을 기각하는 결정에 대하여는 즉시 이의신청을 할 수 있다(동법 제29조 제1항). 이의신청에 대한 결정은 기피신청 기각결정을 한 법원이 한다(동조 제2항). 이의신청에 대한 결정에 대하여는 불복할 수 없다(동조 제3항).

또한 검사와 변호인은 각자 배심원이 9인인 경우는 5인, 7인인 경우는 4인, 5인인 경우는 3인의 범위 내에서 배심원후보자에 대하여 이유를 제시하지 아니하는 무이유부기피신청을 할 수 있다(동법 제30조 제1항). 법원은 검사·피고인 또는 변호인에게 순서를 바꿔가며 무이유부기피신청을 할 수 있는 기회를 주어야 하며(동조 제3항), 이러한 무이유부기피신청이 있는 때에는 당해 배심원후보자를 배심원으로 선정할 수 없다(동조 제2항).

(다) 배심원의 선정

법원은 출석한 배심원후보자 중에서 당해 재판에서 필요한 배심원과 예비배심원의 수에 해당하는 배심원후보자를 무작위로 뽑고 이들을 대상으로 직권, 기피신청 또는 무이유부기피신청에 의한 불선정결정을 한다($\binom{동법 제31}{조 제 1 항}$). 이때 불선정결정이 있으면 그 수만큼 선정절차를 반복하여 필요한 수의 배심원과 예비배심원후보자를 선정한다($\binom{동조}{제2항}$). 필요한 수의 배심원과 예비배심원 후보자가 확정되면 법원은 무작위의 방법으로 배심원과 예비배심원을 선정하며, 예비배심원이 2인 이상인 경우에는 그 순번을 정하여야 한다($\binom{동조}{제3항}$). 법원은 배심원과 예비배심원에게 누가 배심원으로 선정되었는지 여부를 알리지 아니할 수 있으며($\binom{동법 제31}{조 제 4 항}$),[1] 검사·피고인 또는 변호인에게 누가 배심원 또는 예비배심원으로 선정되었는지를 변론종결시까지 알리지 아니할 수 있다($\binom{동규칙}{제22조}$).

(3) 배심원의 해임과 사임

법원은 배심원 또는 예비배심원이 그 의무를 위반하거나 직무를 행하는 것이 적당하지 아니한 때 또는 불공평한 판단을 할 우려가 있는 등 일정한 사유가 있는 때에는 직권 또는 검사·피고인·변호인의 신청에 의하여 해임할 수 있다($\binom{동법 제32}{조 참조}$).

배심원과 예비배심원도 직무를 계속 수행하기 어려운 사정이 있는 때에는 법원에 사임을 신청할 수 있고($\binom{동법 제33}{조 제 1 항}$), 법원은 신청에 이유가 있다고 인정하는 때에는 당해 배심원 또는 예비배심원을 해임하는 결정을 할 수 있다($\binom{동조}{제2항}$).

(4) 배심원의 보호

누구든지 배심원·예비배심원 또는 배심원후보자인 사실을 이유로 해고하거나 그 밖의 불이익한 처우를 하여서는 안 되고($\binom{동법}{제50조}$), 당해 재판에 영향을 미치거나 배심원 또는 예비배심원이 직무상 취득한 비밀을 알아낼 목적으로 배심원 또는 예비배심원과 접촉하여서도 안 되며($\binom{동법}{제51조}$), 법령으로 정하는 경우를 제외하고는 배심원·예비배심원 또는 배심원후보자의 성명·주소와 그 밖의 개인정보를 공개하여서도 안 된다($\binom{동법}{제52조}$). 또한 재판장은 배심원 또는 예비배심원이 피고인이나 그 밖의 사람으로부터 위해를 받거나 받을 염려가 있다고 인정하는 때 또는 공정한 심리나 평의에 지장을 초래하거나 초래할 염려가 있다고 인정하는 때에는 배심원 또는 예

---

[1] 자신이 예비배심원이라는 사실을 알게 되면 공판절차에서 성실성이 결여될 우려가 있다는 점을 고려한 것이다.

비배심원의 신변안전을 위하여 보호, 격리, 숙박 그 밖에 필요한 조치를 취할 수 있고, 검사·피고인·변호인·배심원 또는 예비배심원도 재판장에게 신변보호조치를 취하도록 요청할 수 있다($\frac{동법}{제53조}$).

Ⅳ. 국민참여재판의 공판절차

1. 공판준비절차

재판장은 피고인이 국민참여재판을 원하는 의사를 표시한 경우에 사건을 공판준비절차에 회부하여야 한다. 다만 공판준비절차에 회부하기 전에 법원의 배제결정이 있는 때에는 그러하지 아니하다($\frac{동법 제36}{조 제1항}$). 공판준비절차는 일반 공판절차에서는 재판장이 필요하다고 인정할 경우에 행하는 임의적 절차이나 국민참여재판에서는 필수적 절차이다. 공판준비절차를 국민참여재판에서 필수적 절차로 한 것은 공판준비를 통한 신속한 집중심리에 의하여 배심원의 출석 부담을 줄이고, 배심원들이 사건의 내용을 쉽게 이해할 수 있도록 쟁점을 정리하며, 공정한 재판을 위하여 배심원들이 증거능력 없는 증거에 노출되지 않도록 하기 위한 것이다. 공판준비절차에 회부된 이후 피고인이 국민참여재판을 원하지 아니하는 의사를 표시하거나 법원의 배제결정이 있는 때에는 공판준비절차를 종결할 수 있다($\frac{동조}{제2항}$). 법원은 주장과 증거를 정리하고 심리계획을 수립하기 위하여 반드시 공판준비기일을 지정하여야 하며($\frac{동법 제37}{조 제1항}$), 이때 합의부원으로 하여금 공판준비기일을 진행하게 할 수 있다($\frac{동조}{제2항}$). 공판준비기일은 이를 공개함으로써 절차의 진행이 방해될 우려가 있는 경우를 제외하고는 원칙적으로 공개하며($\frac{동조}{제3항}$), 공판준비기일에는 배심원이 참여하지 않는다($\frac{동조}{제4항}$).

2. 공판기일의 심리

(1) 공판정의 구성

배심원과 예비배심원은 공판기일에 출석하여야 한다. 따라서 공판기일은 배심원과 예비배심원에게 통지하여야 한다($\frac{동법}{제38조}$). 공판정은 판사·배심원·예비배심원·검사·변호인이 출석하여 개정한다($\frac{동법 제39}{조 제1항}$). 검사와 피고인 및 변호인은 대등하게 마주 보고 위치한다. 다만 피고인신문을 하는 때에는 피고인은 증인석에 위치한다($\frac{동조}{제2항}$). 배심원과 예비배심원은 재판장과 검사·피고인 및 변호인의 사이 왼쪽에 위치한다($\frac{동조}{제3항}$). 증인석은 재판장과 검사·피고인 및 변호인의 사이 오른쪽에 배심원과 예비배심원을 마주 보고 위치한다($\frac{동조}{제4항}$).

(2) 배심원의 선서 및 재판장의 필요사항 설명

배심원과 예비배심원은 법률에 따라 공정하게 그 직무를 수행할 것을 다짐하는 취지의 선서를 하여야 한다($\frac{동법\ 제42}{조\ 제1항}$). 재판장은 배심원과 예비배심원에 대하여 배심원과 예비배심원의 권한·의무·재판절차, 그 밖에 직무수행을 원활히 하는 데 필요한 사항을 설명하여야 한다($\frac{동조}{제2항}$).

(3) 배심원의 절차상 권리와 의무

㈎ 신문요청권

배심원과 예비배심원은 피고인·증인에 대하여 필요한 사항을 신문하여 줄 것을 재판장에게 요청할 수 있다($\frac{동법\ 제41조}{제1항\ 제1호}$). 신문요청을 허용함으로써 배심원이 재판에 더 집중할 수 있고, 검사·피고인 또는 변호인도 배심원이 중점을 두고 있는 부분을 확인하여 효과적인 변론을 할 수 있다는 것을 이유로 한다. 그러나 배심원의 부적절한 신문요청권의 행사는 심리의 원활한 진행을 방해하고 다른 배심원들의 편견을 야기할 우려가 있다는 점을 고려하여 신문요청은 피고인 또는 증인에 대한 신문이 종료된 직후 서면에 의하도록 하고, 재판장은 공판의 원활한 진행을 위하여 필요한 때에는 배심원 또는 예비배심원에 의하여 요청된 신문 사항을 수정하여 신문하거나 신문하지 아니할 수 있도록 하고 있다($\frac{동규칙}{제33조}$).

㈏ 배심원의 필기 등

배심원과 예비배심원은 필요하다고 인정되는 경우 재판장의 허가를 받아 각자 필기를 하여 이를 평의에 사용하는 행위를 할 수 있다($\frac{동법\ 제41조}{제1항\ 제2호}$). 필기를 통하여 배심원의 심리에 대한 집중도와 기억력이 향상된다는 점을 고려한 것이다. 그러나 배심원이 필기를 하다가 중요한 진술을 놓치거나 증인의 신빙성을 판단하는데 필요한 증인의 태도에 덜 집중할 수도 있으므로 재판장은 공판 진행에 지장을 초래하는 등 필요하다고 인정되는 경우에는 허용한 필기를 언제든지 다시 금지할 수 있고, 필기를 하여 이를 평의에 사용하도록 허용한 경우에는 배심원과 예비배심원에게 평의 도중을 제외한 어떤 경우에도 자신의 필기 내용을 다른 사람이 알 수 없도록 할 것을 주지시켜야 한다($\frac{동규칙}{제34조}$).

㈐ 배심원의 절차상 의무

배심원과 예비배심원은 ① 심리 도중에 법정을 떠나거나 평의·평결 또는 토의가 완결되기 전에 재판장의 허락 없이 평의·평결 또는 토의 장소를 떠나는 행위, ② 평의가 시작되기 전에 당해 사건에 관한 자신의 견해를 밝히거나 의논하는 행위, ③ 재판절차 외에서 당해 사건에 관한 정보를 수집하거나 조사하는 행위, ④ 평의·평결 또는 토의에 관한 비밀을 누설하는 행위를 하여서는 안 된다(동법 제41조 제2항).

(4) 공판절차의 특칙

㈎ 간이공판절차의 배제

국민참여재판에는 간이공판절차에 관한 규정이 적용되지 않는다(동법 제43조). 국민참여재판을 간이공판절차로 진행하여 법원이 상당하다고 인정하는 방법으로 증거조사를 하게 되면 배심원과 예비배심원이 증거의 내용을 제대로 파악하기 어렵게 되기 때문이다.

㈏ 배심원의 증거능력 판단 배제

배심원 또는 예비배심원은 법원의 증거능력에 관한 심리에 관여할 수 없다(동법 제44조). 법률전문가가 아닌 배심원과 예비배심원이 증거능력에 관한 심리에 관여하는 경우 증거능력이 인정되지 않는 증거의 영향을 받을 우려가 있기 때문이다.

㈐ 공판절차의 갱신

국민참여재판의 공판절차가 개시된 후 새로 재판에 참여하는 배심원 또는 예비배심원이 있는 때에는 공판절차를 갱신하여야 한다(동법 제45조 제1항). 갱신절차는 새로 참여한 배심원 또는 예비배심원이 쟁점 및 조사한 증거를 이해할 수 있도록 하되 그 부담이 과중하지 아니하도록 하여야 한다(동조 제2항).

3. 배심원의 평의·평결 및 양형토의

(1) 재판장의 설명

재판장은 변론종결 후 법정에서 배심원에게 공소사실의 요지와 적용법조, 피고인과 변호인의 주장의 요지, 증거능력 그 밖에 유의할 사항에 관하여 설명하여야 한다. 이 경우 필요한 때에는 증거의 요지에 관하여 설명할 수 있다(동법 제46조 제1항). 재판장의 설명에는 ① 피고인의 무죄추정(제275조의2), 증거재판주의(제307조), 자유심증주의(제308조)의 각 원칙, ② 피고인의 증거제출 거부나 법정에서의 진술거부가 피고인의 유죄를 뒷받침하는 것으로 해석될 수 없다는 점, ③ 증거에 관한 형사소송법의 규정에 의하여 증거능력이 배제된 증거를 무시하여야 한다는 점, ④ 배심원의 절차상의 의무(동법 제41조 제 2 항), ⑤ 평의 및 평결의 방법, ⑥ 배심원 대표를 선출하여야 하는 취지 및 그 방법 등이 포함되어야 한다(동규칙 제37조 제 1 항). 또한 검사·피고인 또는 변호인은 재판장에게 당해 사건과 관련하여 설명이 필요한 법률적 사항을 특정하여 재판장의 설명에 포함하여 줄 것을 서면으로 요청할 수 있다(동조 제 2 항).

재판장이 설명의무가 있는 사항을 설명하지 않는 것은 원칙적으로 위법한 조치이다. 다만 재판장의 최종 설명이 미흡하더라도 이것이 절차상 아무런 하자가 없던 그 전까지의 소송행위 전부를 무효로 할 정도로 판결에 영향을 미친 위법에 해당하는지의 여부는 그 잘못이 배심원의 평결에 직접적인 영향을 미쳐 피고인의 국민참여재판을 받을 권리 등을 본질적으로 침해하고 판결의 정당성마저 인정받기 어려운 정도에 이르게 한 것인지를 여러 사정을 종합적으로 고려하여 신중하게 판단하여야 한다(대법원 2014.11.13, 2014도8377).

(2) 배심원의 평의와 평결

심리에 관여한 배심원은 재판장의 설명을 들은 후 유·무죄에 관하여 평의하고, 전원의 의견이 일치하면 그에 따라 평결한다. 다만 배심원 과반수의 요청이 있으면 심리에 관여한 판사의 의견을 들을 수 있다(동법 제46조 제 2 항).

배심원은 유·무죄에 관하여 전원의 의견이 일치하지 아니하는 때에는 평결을 하기 전에 심리에 관여한 판사의 의견을 들어야 한다. 이 경우에 유·무죄의 평결은 다수결의 방법으로 한다(동조 제 3 항). 심리에 관여한 판사는 의견을 진술하는 경우에도 유·무죄에 관한 의견을 진술하여서는 아니 되며(동규칙 제41조 제 5 항), 평의에 참석하여 의견을 진술한 경우에도 평결에는 참여할 수 없다(동법 제46조 제 3 항).

(3) 양형의 토의

평결이 유죄인 경우 배심원은 심리에 관여한 판사와 함께 양형에 관하여 토의하고 그에 관한 의견을 개진한다(동법 제46조 제 4 항). 이때 배심원은 양형에 관하여 평결하는 것은 아니고 개별적 양형 의견을 법관에게 개진하는 데 그친다. 재판장은 양형에 관한 토의 전에 처벌의 범위와 양형의 조건 등을 설명하여야 한다(동조 제 4 항).

배심원의 평결결과와 양형에 관한 의견을 집계한 서면은 소송기록에 편철한다(동조 제 6 항). 배심원은 평의·평결 및 토의 과정에서 알게 된 판사 및 배심원 각자의 의견과 그 분포 등을 누설하여서는 아니 된다($^{동법}_{제47조}$).

(4) 평결의 권고적 효력

배심원의 평결과 의견은 법원을 기속하지 아니한다($^{동법 제46}_{조 제5항}$). 다만 재판장은 판결선고시 피고인에게 배심원의 평결결과를 고지하여야 하며, 배심원의 평결결과와 다른 판결을 선고하는 때에는 피고인에게 그 이유를 설명하여야 하고($^{동법 제48}_{조 제4항}$), 판결서에도 그 이유를 기재하도록 하고 있으므로($^{동법 제49}_{조 제2항}$), 이러한 절차를 통하여 간접적으로 법원에 영향을 미칠 수 있을 뿐이다. 배심원의 평결에 구속력을 부여할 경우 헌법상의 법관에 의한 재판을 받을 권리를 침해할 수 있다는 우려와 함께 아직 일반 국민들에 대한 교육이 미흡한 상태에서 오판의 위험성이 있음을 염려한 결과라고 할 수 있다. 그러나 배심원의 평결에 권고적 효력 내지 참고적 효력만을 인정한다면 시민적 감각과 가치를 사법제도에 반영시켜 형사사법에 대한 신뢰도를 높인다고 하는 국민참여재판제도의 본래의 취지는 실현되기 어려울 것이다.

4. 판결의 선고

(1) 판결의 선고기일

판결의 선고는 변론을 종결한 기일에 하여야 한다. 다만 특별한 사정이 있는 때에는 변론종결 후 14일 이내에 따로 선고기일을 지정할 수 있다($^{동법 제48조}_{제1항·제3항}$). 변론을 종결한 기일에 판결을 선고하는 경우에는 판결서를 선고 후에 작성할 수 있다($^{동조}_{제2항}$).

(2) 평결결과의 고지와 이유설명

재판장은 판결선고시 피고인에게 배심원의 평결결과를 고지하여야 하며, 배심원의 평결결과와 다른 판결을 선고하는 때에는 피고인에게 그 이유를 설명하여야 한다($^{동조}_{제4항}$).

(3) 판결서의 기재사항

판결서에는 배심원이 재판에 참여하였다는 취지를 기재하여야 하고, 배심원의 의견을 기재할 수 있다. 배심원의 평결결과와 다른 판결을 선고하는 때에는 판결서에 그 이유를 기재하여야 한다($^{동법}_{제49조}$).

5. 상 소

「국민의 형사재판 참여에 관한 법률」은 상소에 관하여 특별한 규정을 두고 있지 않다. 따라서 제 1 심이 국민참여재판으로 진행된 사건의 경우에도 항소와 상고 절차는 통상의 형사재판과 마찬가지로 진행된다.

그러나 국민참여재판과 관련해서는 현행 항소심절차의 속심적 구조가 그 문제점으로 지적될 수 있다. 무죄판결에 대한 검사의 항소를 인정하지 않고 또한 유죄판결에 대한 항소가 이루어진 경우에도 항소심은 사후적 법률심으로서 원심의 사실판단을 심사의 대상으로 하지 않는 미국의 제도와는 달리, 우리의 항소심은 제 1 심에 이어서 증거조사와 사실심리를 하므로 항소심에서의 공소장변경도 허용되고 원심판결을 파기하는 경우에는 파기자판을 원칙으로 하고 있다. 이러한 항소심의 성격으로 인하여 국민참여재판의 결과가 항소심의 직업법관에 의하여 비교적 쉽게 달라질 수 있게 되어 국민참여재판제도의 실효성을 확보하기 어렵게 한다. 따라서 국민참여재판이 배심원의 평결에 구속력을 인정하는 본래의 배심제도로 되는 시점에는 이와 함께 항소심도 사후적 법률심으로 구조를 변경하여야 할 것이다. 대법원도 이러한 문제점을 인식하여 「사법의 민주적 정당성과 신뢰를 높이기 위해 도입된 국민참여재판의 형식으로 진행된 형사공판절차에서, 엄격한 선정절차를 거쳐 양식 있는 시민으로 구성된 배심원이 사실의 인정에 관하여 재판부에 제시하는 집단적 의견은 실질적 직접심리주의 및 공판중심주의하에서 증거의 취사와 사실의 인정에 관한 전권을 가지는 사실심 법관의 판단을 돕기 위한 권고적 효력을 가지는 것인바, 배심원이 증인신문 등 사실심리의 전 과정에 함께 참여한 후 증인이 한 진술의 신빙성 등 증거의 취사와 사실의 인정에 관하여 만장일치의 의견으로 내린 무죄의 평결이 재판부의 심증에 부합하여 그대로 채택된 경우라면, 이러한 절차를 거쳐 이루어진 증거의 취사 및 사실의 인정에 관한 제 1 심의 판단은 실질적 직접심리주의 및 공판중심주의의 취지와 정신에 비추어 항소심에서의 새로운 증거조사를 통해 그에 명백히 반대되는 충분하고도 납득할 만한 현저한 사정이 나타나지 않는 한 한층 더 존중될 필요가 있다」고 판시함으로써($\frac{\text{대법원 2010.3.25,}}{\text{2009도14065}}$), 일반 항소심에 비하여 국민참여재판에 대한 항소심의 증거가치판단에 대하여 보다 엄격한 제한을 가하고 있다.

제2장

증   거

제 1 절 증거법의 기초개념

Ⅰ. 증거의 의의와 종류

1. 증거 및 증거법

형사절차는 사실관계를 확정하고 이에 형벌규정을 적용함으로써 국가형벌권을 실현하는 과정이다. 따라서 형벌권 실현을 위해서는 무엇보다도 형벌법규 적용의 전제가 되는 사실관계의 확정이 필요하다. 이러한 사실관계를 인정하는 데 사용되는 자료를 증거라고 한다.

형사소송법상 증거라는 용어는 보통 증거방법과 증거자료의 두 가지 의미로 사용되고 있다. 증거방법이란 사실인정에 사용되는 유형물 자체를 말한다. 따라서 증거조사의 대상이 되는 수단·방법으로서의 증인, 증거물, 증거서류 등이 여기에 해당한다. 이에 대하여 증거자료란 증거방법을 조사하여 얻어진 내용을 의미한다. 즉 증인의 증언, 증거물을 조사하여 알게 된 증거물의 성질·형상, 증거서류의 내용 등이 그것이다.

그리고 증거를 통한 사실관계의 확정을 내용으로 하는 법규범의 총체를 증거법이라고 한다. 실체적 진실발견이라는 형사소송의 임무는 바로 증거법에 의하여 수행된다고 할 수 있다. 이러한 증거법은 증거를 조사하는 절차에 관한 규정과 개별적인 증거의 증거능력과 증명력에 관한 규정으로 크게 나누어진다. 증거의 증거능력과 증명력에 대하여 규율하고 있는 형사소송법 제307조 이하의 규정들을 협의의 증거법이라고 부른다.

2. 증거의 종류

(1) 직접증거와 간접증거

증거는 요증사실, 즉 증명을 요하는 사실과의 관계에 따라 직접증거와 간접증거로 분류된다. 요증사실을 직접적으로 증명하는 증거가 직접증거이고, 요증사실을 간접적으로 추인하게 하는 사실, 즉 간접사실을 증명하는 증거가 간접증거이다. 간접증거는 요증사실을 추인하게 하는 각종의 정황에 관한 사실을 증명하는 증거라는 점에서 정황증거라고도 한다. 예를 들면 범행현장을 직접 목격한 증인의 증언이나 피고인의 자백은 직접증거이나, 범행현장에서 채취된 피고인의 지문은 피고인이 범행현장에 간 적이 있다는 간접사실을 증명하는 간접증거이다.

동일한 증거도 요증사실에 따라 직접증거일 수도 있고 간접증거일 수도 있다. 예를 들어 피고인이 도망가는 피해자에게 흉기를 휘두르며 쫓아가는 것을 보았다는 증언은 피고인의 특수폭행이 요증사실인 경우라면 직접증거이나, 피고인의 살인이 요증사실인 경우라면 간접증거이다.

직접증거와 간접증거의 구별은 직접증거에 높은 증명력을 인정하였던 규문절차의 법정증거주의 아래에서는 의미가 있었으나, 이를 인정하지 않고 증거의 증명력을 법관의 자유판단에 맡기는 자유심증주의에서는 그 구별의 의미를 상실하게 되었다. 살인죄와 같이 법정형이 무거운 범죄의 경우라도 각각의 간접사실 사이에 모순이나 저촉이 없고 간접사실이 논리·경험칙·과학법칙에 의하여 뒷받침된다면 간접증거만으로 유죄를 인정할 수 있다(대법원 2011.5.26,
2011도1902). 현행 형사소송법하에서는 자백에 대한 증거능력 및 증명력의 제한, 피의자 및 피고인의 진술거부권, 강제처분의 제한 등으로 간접증거에 의하여 범죄사실을 입증하여야 할 경우가 많아졌고, 특히 과학적 증거수집방법의 발달에 따라 간접증거는 더욱 그 중요성을 더해 가고 있다.

(2) 인적 증거·물적 증거·증거서류

(개) 인적 증거와 물적 증거

인적 증거는 사람이 언어로 진술하는 내용이 증거로 되는 경우를 말하며, 인증이라고도 한다. 증인의 증언, 피고인의 진술, 감정인의 진술 등이 여기에 해당한다. 인적증거를 얻기 위한 조사는 신문의 방법에 의한다.

물적 증거는 물건의 존재 또는 상태가 증거로 되는 경우를 말하며, 물증이라고도 한다. 범행에 사용된 흉기, 절도죄에 있어서의 장물, 범행현장에 남긴 지문 등이 여기에 해당한다. 서류도 절도죄에 있어서의 장물인 서류는 단순히 물적 증거로서의 성질을 가진다. 물적 증거에 대한 조사는 검증의 방법에 의한다. 사람의 신체도 그 상태가 증거로 되는 경우, 즉 상해의 부위 등에 대하여 신체검사가 행하여지는 경우에는 일종의 물적 증거라고 할 수 있다.

(내) 증거서류와 증거물인 서면

서류에 기재된 의미내용만이 증거로 되는 것을 증거서류라고 한다. 법원의 공판조서·검증조서, 수사기관이 작성한 피의자신문조서·진술조서·검증조서, 감정서·진술서 등이 여기에 해당한다. 한편 서류에 기재된 의미내용 외에 서류의 존재 또는 상태도 증거가 되는 것을 증거물인 서면이라고 한다. 문서위조죄의 위조문서, 무고죄의 허위고소장, 협박죄나 공갈죄에 있어서 협박편지, 명예훼손죄에 있어서 명예훼손의 사실이 기재된 인쇄물, 부정수표단속법위반죄의 당좌수표[1] 등이 그것이다.

이러한 증거물인 서면과 증거서류를 함께 서증이라고 부르는데, 양자는 증거조사의 방식에서 차이가 나타난다. 증거서류에 대한 원칙적인 조사방법은 낭독이며, 예외적으로 내용의 고지나 제시·열람이 허용된다(제292조). 그러나 증거물인 서면은 이러한 증거서류에 대한 증거조사방법 이외에도 제시를 필요로 한다(제292조의2). 증거물인 서면은 기본적으로 증거물로서의 성질을 가지므로 그 존재와 상태도 증거로 되기 때문이다.

---

1) 대법원 2015. 4. 23, 2015도2275, 「피고인이 수표를 발행하였으나 예금부족 또는 거래정지처분으로 지급되지 아니하게 하였다는 부정수표단속법위반의 공소사실을 증명하기 위하여 제출되는 수표는 그 서류의 존재 또는 상태 자체가 증거가 되는 것이어서 증거물인 서면에 해당(한다).」

㈐ 본증과 반증

증거는 거증책임과 관련하여 본증과 반증으로 구분된다. 본증이란 거증책임을 지는 당사자가 제출하는 증거이고, 반증이란 그 반대당사자가 본증에 의하여 증명하려는 사실의 존재를 부정하기 위하여 제출하는 증거를 말한다. 형사소송법상 거증책임은 원칙적으로 검사에게 있으므로 보통 검사가 제출하는 증거는 본증이고, 피고인측에서 제출하는 증거는 반증이라고 할 수 있다. 그러나 피고인에게 거증책임이 있는 경우에는 피고인이 제출하는 증거가 본증이 된다.

㈑ 진술증거와 비진술증거

진술증거란 사람의 진술내용이 증거로 되는 경우를 말한다. 진술증거에는 진술과 진술을 기재한 서면이 포함된다. 이에 대하여 진술을 내용으로 하지 않는 서면과 물적 증거를 비진술증거라고 한다. 진술증거와 비진술증거의 구별의 실익은 전문법칙이 진술증거에 대해서만 적용된다는 점에 있다.

㈒ 실질증거와 보조증거

실질증거란 요증사실의 존부를 직접·간접으로 증명하기 위하여 사용되는 증거를 말하고, 보조증거는 실질증거의 증명력을 증가시키거나 감소시키기 위하여 사용되는 증거를 말한다.

Ⅱ. 증거능력과 증명력

1. 증거능력

증거능력이란 증거가 엄격한 증명의 자료로 사용될 수 있는 법률상의 자격을 말한다. 따라서 자유로운 증명의 자료가 되기 위해서는 증거능력을 요하지 않는다. 제307조 제1항이 규정하고 있는 증거재판주의는 이러한 엄격한 증명의 법리를 입법화한 것이라고 할 수 있다. 증거능력은 미리 법률에 의하여 형식적으로 결정되어 있으며, 증거능력이 없는 증거는 실질적으로 아무리 증거가치가 높더라도 이를 사실인정의 자료로 삼을 수 없다. 증거능력이 없는 증거는 구성요건 사실을 추인하게 하는 간접사실이나 구성요건 사실을 입증하는 직접증거의 증명력을 보강하는 보조사실의 인정자료로서도 허용되지 않는다(대법원 2005.1.27, 2004도5493). 또한 증거능력이 없는 증거에 대하여는 증거조사가 허용되지 않는다. 증거로 사용할 수 없는 증거를 조사하는 것은 무의미할 뿐만 아니라 이를 조사하는 때에는 사실상 법관의 심증형성에 영향을 미칠 수 있다는 점에서 유해하기 때문이다.

증거능력의 제한에는 절대적인 것과 상대적인 것이 있다. 자백배제법칙과 위법수집증거배제법칙에 의한 증거능력의 제한은 절대적 제한에 해당하나, 전문법칙에 의한 증거능력의 제한은 당사자의 동의가 있는 때에는 해제되므로 상대적 제한에 속한다.

2. 증 명 력

증명력은 증거의 실질적 가치를 의미한다. 증거능력이 법률에 의하여 형식적으로 결정되어 있음에 반하여, 증명력은 법관의 자유판단에 맡겨져 있다. 제308조는 「증거의 증명력은 법관의 자유판단에 의한다」고 규정함으로써 자유심증주의를 증거법의 원칙으로 선언하고 있다.

증거능력과 증명력은 구별되는 개념이나 증거로 사용함에 필요한 최소한의 증명력이 없으면 자연적 관련성이 부정되어 증거능력이 인정되지 않는다. 또한 자백의 보강법칙(제310조)과 공판조서의 증명력(제56조)에 관한 규정은 법관의 자유로운 증명력 판단을 제한하는 예외에 해당한다.

제 2 절 증명의 기본원칙

I. 증거재판주의

1. 증거재판주의의 의의

사실의 인정은 증거에 의하여야 한다는 원칙을 증거재판주의라고 한다. 이는 형사소송에서 법관의 자의에 의한 사실인정을 배제하고 공정한 재판을 실현하기 위하여 요구되는 원칙이다. 형사소송법 제307조 제 1 항은 「사실의 인정은 증거에 의하여야 한다」고 규정함으로써 이 원칙을 선언하고 있으며, 다시 제 2 항에서 「범죄사실의 인정은 합리적인 의심이 없는 정도의 증명에 이르러야 한다」고 규정하여 사실인정을 위한 심증형성의 엄격성을 요구하고 있다.

증거재판주의를 규정한 제307조는 근대 형사소송법의 자명한 원리를 확인한 역사적·선언적 의미를 가지는 데 그치는 것이 아니라, 구체적인 규범적 의미를 가진다고 해석되고 있다. 즉 이 규정은 국가형벌권의 존부와 범위에 관한 사실은 증거능력이 있고 법에서 정한 증거조사절차를 거친 증거를 통해 합리적 의심이 없는 정도의 증명(proof beyond a reasonable doubt)에 이르렀을 때 비로소 인정할 수 있다는 엄격한 증명의 법리를 표현하고 있는 것이다.

2. 증 명

(1) 증명의 의의

증명이란 요증사실의 존부에 관하여 법관이 합리적인 의심이 없을 정도의 확실한 심증을 형성하거나 법관으로 하여금 이러한 심증을 형성하게 하는 소송관계인의 활동을 말한다. 증거재판주의의 요청에 따라 이러한 심증형성은 증거를 통하여 이루어져야 하므로 결국 증거에 의해 일정한 사실을 밝히는 것을 증명이라고 할 수 있다.

한편 소송법적 사실 중에서 특별히 신속한 처리가 요구되는 사항 등에 대하여는 소명으로 족한 경우가 있다. 소명이란 법관에게 요증사실에 대하여 확신을 갖도록 할 필요 없이 사실일 것이라는 일응의 심증형성 내지 추측을 하게 함으로써 족한 경우를 말한다. 예를 들면 기피사유의 소명($\frac{제19조}{제2항}$), 증언거부사유의 소명($\frac{제150}{조}$), 증거보전청구사유의 소명($\frac{제184조}{제3항}$), 판사에 대한 증인신문청구사유의 소명($\frac{제221조의}{2 제3항}$), 상소권회복원인사유의 소명($\frac{제346조}{제2항}$) 등이 여기에 해당하며, 소명의 대상은 법률에 개별적으로 규정되어 있다. 또한 소명을 위해서는 엄격한 방식이나 절차가 요구되지 않는다.

(2) 증명의 정도

범죄사실의 인정은 합리적인 의심이 없는 정도의 증명에 이르러야 한다($\frac{제307조}{제2항}$). 형사재판에 있어서 유죄의 사실인정을 하려면 법관이 증거의 증명력을 자유롭게 판단하여 얻은 심증형성이 합리적인 의심의 여지가 없는 정도에 이르러야 한다.[1] 여기에서 합리적 의심이란 모든 의문·불신을 포함하는 것이 아니라 논리와

---

1) 대법원 2011. 4. 28, 2010도14487, 「형사재판에서 범죄사실의 인정은 법관으로 하여금 합리적인 의심을 할 여지가 없을 정도의 확신을 가지게 하는 증명력을 가진 엄격한 증거에 의하여야 하는 것이므로, 검사의 입증이 위와 같은 확신을 가지게 하는 정도에 충분히 이르지 못한 경우에는 비록 피고인의 주장이나 변명이 모순되거나 석연치 않은 면이 있는 등 유죄의 의심이 간다고 하더라도 피고인의 이익으로 판단하여야 한다. 그리고 위와 같은 엄격한 증명의 대상에는 검사가 공소장에 기재한 구체적 범죄사실이 모두 포함되고, 특히 공소사실에 특

경험칙에 기하여 요증사실과 양립할 수 없는 사실의 개연성에 대한 합리성 있는 의문을 의미하는 것으로서, 단순히 관념적인 의심이나 추상적인 가능성에 기초한 의심은 합리적 의심에 포함된다고 할 수 없다(대법원 2014.5.16,). 그리고 사실인정을 위하여 요구되는 심증형성의 정도는 엄격한 증명과 자유로운 증명에 있어서 차이가 없다. 법원이 범죄사실의 존부에 대하여 심리를 다하였음에도 불구하고 합리적인 의심을 할 여지가 없을 정도의 심증형성에 이르지 못한 경우에는 '의심스러운 때에는 피고인의 이익으로(in dubio pro reo)'의 원칙에 의하여 무죄를 선고하여야 한다.

　합리적인 의심이 없는 정도의 확신을 요구한다는 점에서 형사재판에 있어서의 사실인정은 증거우위의 원칙이 적용되는 민사재판에 있어서의 사실인정과 차이가 있다. 사적 분쟁의 해결을 목적으로 하는 민사소송과는 달리, 피고인의 생명·신체의 자유·재산·명예 등을 침해하거나 제한하는 국가형벌권의 행사는 엄격하게 이루어져야 하며, 비록 열 사람의 범인을 놓치는 한이 있더라도 한 사람의 죄 없는 사람을 벌하여서는 안 되기 때문이다. 따라서 민사재판에서 인정된 사실관계에 기초하여 공소가 제기되었다고 하더라도 민사재판에서의 사실판단을 합리적인 의심 없이 받아들이기 어려운 경우에는 법원은 피고인에게 무죄를 선고하여야 한다.

(3) 엄격한 증명과 자유로운 증명

　엄격한 증명이란 법률상 증거능력이 있고 법에서 정한 증거조사절차를 거친 증거에 의한 증명을 말한다. 따라서 살인을 목격한 사람의 수사기관에서의 진술을 기재한 조서를 피고인의 살인사실을 증명하기 위한 증거로 사용하기 위해서는 당해 조서가 제312조 제 4 항의 요건을 갖추어야 하고 제292조에 따른 증거조사를 거쳐야 한다. 이에 대하여 자유로운 증명이란 증거능력이나 법률이 규정한 증거조사 방식을 요하지 않는 증거에 의한 증명을 말한다. 자유로운 증명의 경우에는 증거능력을 요하지 않을 뿐만 아니라 증거조사의 방법도 법원의 재량에 맡겨져 있으므로 반드시 공판정에서의 증거조사가 요구되는 것은 아니다. 따라서 법원은 변론종결 후에 접수된 서류에 의해서도 사실을 인정할 수 있다.

　정된 범죄의 일시는 피고인의 방어권 행사의 주된 대상이 되므로 엄격한 증명을 통해 그 특정한 대로 범죄사실이 인정되어야 하며, 그러한 증명이 부족한데도 다른 시기에 범행을 하였을 개연성이 있다는 이유로 범죄사실에 대한 증명이 있다고 인정하여서는 아니 된다.」

3. 엄격한 증명의 대상

(1) 공소범죄사실

공소장에 기재된 범죄사실은 형사처벌의 기초를 이루는 주요사실이므로 공소범죄사실의 존재는 엄격한 증명의 대상이 된다. 여기서 공소범죄사실이란 범죄의 특별구성요건을 충족하는 구체적 사실로서 위법하고 유책한 것을 말한다.

공소범죄사실의 부존재를 증명하기 위하여 피고인이 제출하는 증거인 반증도 본증과 마찬가지로 증거능력이 있고 법에서 정한 증거조사절차를 거친 증거일 것을 요한다는 견해가 일반적이다. 다만 판례는 반증의 경우에는 성립의 진정이나 증거로 함에 대한 상대방의 동의가 없어도 증거로 할 수 있다고 판시하고 있어($\frac{대법}{원}$ $\frac{1981.12.22,}{80도1547}$) 반증에는 전문법칙의 적용이 없는 것으로 보고 있다. 그러나 반증과 탄핵증거는 구별되어야 하므로 이러한 판례의 태도는 타당하다고 볼 수 없다. 아울러 판례는 한 걸음 더 나아가 검사가 유죄의 자료로 제출한 증거들에 대하여 그 진정성립이 인정되지 아니하고 이를 증거로 함에 대한 상대방의 동의가 없더라도 이를 유죄사실을 인정하는 증거로 사용하는 것이 아닌 이상 공소사실과 양립할 수 없는 사실을 인정하는 자료로는 쓸 수 있다고 보고 있다($\frac{대법원 1994.11.11,}{94도1159}$).

(가) 구성요건해당사실

특별구성요건에 해당하는 사실은 객관적 구성요건요소인가 주관적 구성요건요소인가를 묻지 않고 모두 엄격한 증명의 대상이 된다. 따라서 행위의 주체와 객체·행위·결과의 발생·인과관계 등의 객관적 구성요건요소를 이루는 사실뿐만 아니라, 고의·과실·목적·공모공동정범의 공모 등과 같은 주관적 구성요건요소인 사실도 엄격한 증명의 대상이 된다. 판례도 공모사실($\frac{대법원 2012.8.30,}{2012도5220}$)이나 고의($\frac{대법}{원}$ $\frac{2013.9.12,}{2013도6570}$) 또는 목적($\frac{대법원 2014.9.26,}{2014도9030}$)에 대하여 엄격한 증명을 요한다고 판시하고 있다. 다만 고의나 목적은 내심의 사실이므로 피고인이 이를 부정하는 경우에는 사물의 성질상 이와 상당한 관련성이 있는 간접사실을 통하여 증명할 수밖에 없다.[1]

---

1) 대법원 2006. 4. 14, 2006도734, 「살인죄에서 살인의 범의는 반드시 살해의 목적이나 계획적인 살해의 의도가 있어야 인정되는 것은 아니고, 자기의 행위로 인하여 타인의 사망이라는 결과를 발생시킬 만한 가능성 또는 위험이 있음을 인식하거나 예견하면 족한 것이며 그 인식이나 예견은 확정적인 것은 물론 불확정적인 것이라도 이른바 미필적 고의로 인정되는 것인바, 피고인이 범행 당시 살인의 범의는 없었고 단지 상해 또는 폭행의 범의만 있었을 뿐이라고 다투는 경우에 피고인에게 범행 당시 살인의 범의가 있었는지 여부는 피고인이 범행에 이르게 된 경위, 범행의 동기, 준비된 흉기의 유무·종류·용법, 공격의 부위와 반복성, 사망의

(나) 위법성과 책임의 기초사실

구성요건에 해당하는 사실이 증명되면 위법성과 책임의 기초가 되는 사실은 사실상 추정된다. 그러나 다툼이 있어 증명이 필요한 경우에는 위법성조각사유와 책임조각사유의 부존재도 엄격한 증명에 의하여 입증되어야 한다. 따라서 정당방위, 긴급피난, 자구행위, 책임무능력, 강요된 행위 등의 사유에 해당하는 사실의 부존재는 엄격한 증명의 대상이 된다.

(다) 처벌조건

처벌조건은 그 자체가 공소범죄사실은 아니지만 형벌권의 발생에 직접 관련되는 사실이므로 엄격한 증명을 요한다. 따라서 파산범죄에 있어서 파산선고의 확정이나 친족상도례에 있어서 일정한 친족관계의 존부는 모두 엄격한 증명의 대상이 된다.

(2) 형벌권의 범위에 관한 사실

(가) 법률상 형의 가중 · 감면사유인 사실

법률상 형의 가중 · 감면의 근거가 되는 사실은 공소범죄사실은 아니지만 법정형의 범위를 변경시키는 중대한 사유이므로 엄격한 증명을 요한다고 보는 것이 통설이다. 누범전과 · 상습범가중에 있어서 상습성 · 심신미약 · 장애미수 · 중지미수 · 불능미수 · 자수 · 자복 등에 관한 사실이 여기에 해당한다.

(나) 몰수 · 추징에 관한 사실

몰수나 추징은 부가형으로서 형벌의 일종이므로 엄격한 증명의 대상으로 보아야 한다(통설). 다만 판례는 몰수나 추징의 대상이 되는지 여부나 추징액의 인정은 자유로운 증명으로 족하다고 한다(대법원 2014.7.10, 2014도4708).

(3) 간접사실

간접사실이란 요증사실을 간접적으로 추인하게 하는 사실을 말한다. 요증사실이 엄격한 증명을 요하는 사실인 경우에는 간접사실도 엄격한 증명의 대상이 된다.

범죄구성요건사실의 존부를 알아내기 위해 과학공식 등의 경험칙을 이용하는 경우에는 그 법칙 적용의 전제가 되는 개별적이고 구체적인 사실에 대하여 엄격한 증명을 요한다. 위드마크 공식을 적용하기 위해서는 그 자료로서 피고인이 섭취한

결과발생가능성 정도 등 범행 전후의 객관적인 사정을 종합하여 판단할 수밖에 없다.」

알코올의 양, 음주 시각, 체중 등이 필요한데 그런 전제사실에 대해서는 엄격한 증명이 요구된다(대법원 2008.8.21,).
2008도5531

알리바이의 증명에 대하여 엄격한 증명을 요하는가에 관하여는 학설의 대립이 있다. 피고인의 알리바이 주장은 구성요건해당사실의 존재에 대한 검사의 주장을 탄핵하는 것이므로 자유로운 증명으로 족하고 이에 기초하여 검사가 다툼이 있는 구성요건해당사실의 존재를 엄격한 증명에 의하여 입증해야 한다는 견해도 있으나, 알리바이의 증명은 주요사실에 대한 반대간접사실의 증명이라는 점에서 엄격한 증명을 요한다고 보아야 한다. 본증에 의하여 증명하려고 하는 사실의 존재를 부인하기 위하여 제출하는 증거인 반증도 본증과 마찬가지로 증거능력이 있고 법에서 정한 증거조사방식을 거친 증거임을 요하기 때문이다. 다만 판례는 앞에서 살펴본 바와 같이 반증에는 전문법칙의 적용이 없는 것으로 보고 있다.

(4) 보조사실

보조사실이란 증거의 증명력에 영향을 미치는 사실을 말한다. 보조사실에 대하여는 이를 두 가지 경우로 나누어 보조사실이 적극적으로 증거의 증명력을 증강시키는 사실인 경우에는 엄격한 증명을 요하나, 보조사실이 증거의 증명력을 감쇄시키는 사실인 경우에는 자유로운 증명으로 족하다고 보는 것이 일반적이다. 판례도 진술의 증명력을 감쇄하기 위해서 사용되는 탄핵증거는 엄격한 증거조사를 거쳐야 할 필요가 없다고 한다(대법원 1998.2.27,).
97도1770

그러나 자기모순의 진술에 의하여 공판정에서의 진술의 증명력을 다투는 경우를 제외하고는 보조사실이 증거의 증명력을 감쇄시키는 사실인 경우에도 이에 대하여는 엄격한 증명을 요한다고 해야 한다. 따라서 범죄사실이나 간접사실에 관한 보조사실은 물론 증인의 능력이나 편견, 이해관계 등 증인의 신빙성을 감쇄시키는 보조사실도 엄격한 증명의 대상이 된다. 증인의 신빙성에 관한 보조사실도 간접적으로 범죄사실의 증명에 영향을 미치는 사실이기 때문이다.

(5) 경험법칙

경험법칙이란 사실을 판단하는 전제가 되는 지식을 말한다. 일반적인 경험법칙은 공지의 사실이기 때문에 증명을 요하지 않으나, 전문지식을 요하는 과학적 경험법칙은 엄격한 증명의 대상이 된다. 따라서 범죄구성요건에 해당하는 사실을 증명하기 위한 근거가 되는 과학적인 연구결과는 적법한 증거조사를 거친 증거능력 있는 증거에 의하여 엄격한 증명으로 증명되어야 한다(대법원 2010.2.11,/2009도2338).

(6) 법   규

법규의 존재와 그 내용은 법원의 직권조사사항에 속하므로 증명의 대상이 되지 않는다. 그러나 외국법이나 관습법, 자치법규와 같이 법규의 내용이 명확하지 아니한 때에는 증명을 요하고, 그것이 엄격한 증명을 요하는 사실을 인정하는 전제가 되는 때에는 엄격한 증명의 대상이 된다. 대법원도「행위지의 법률에 의하여 범죄를 구성하는지 여부에 대해서는 엄격한 증명에 의하여 검사가 이를 입증하여야 한다」고 판시하여(대법원 2011.8.25,/2011도6507), 외국법규의 존재를 엄격한 증명의 대상으로 보고 있다.

4. 자유로운 증명의 대상

자유로운 증명은 증거능력이 없는 증거를 사용하거나 또는 법률이 규정한 증거조사방식을 거치지 아니하고 사실을 증명하는 방법이다. 피고사건과 관련되는 모든 사실의 인정을 엄격한 증명에 의하도록 요구하면 절차의 지연을 가져와 소송경제의 요청에 반하게 되므로 피고인 보호와 소송경제의 요청을 조화하는 범위에서 일정한 사실들에 대해서는 자유로운 증명을 허용할 필요가 있게 된다. 자유로운 증명의 대상이 되는지 여부가 문제되는 경우를 살펴보면 다음과 같다.

(1) 정상관계사실

피고인의 경력 · 성격 · 환경 · 범죄 후의 정황 등 형의 선고유예나 집행유예 또는 양형의 기초가 되는 사실은 자유로운 증명으로 족하다는 것이 통설 및 판례(대법원 2010.4.29,/2010도750)의 입장이다. 양형의 기초가 되는 정상관계사실은 형벌권의 범위와 관련된 사실이긴 하지만 복잡하고 비유형적이므로 소송경제의 관점을 무시할 수 없다는 것과 양형은 그 성질상 법관의 재량사항이라는 것을 그 이유로 한다. 따라서 전과사실이라고 하더라도 누범전과나 상습범가중의 사유로 되는 전과는 법률상 형의 가중사유에 해당하여 엄격한 증명을 요하지만, 그 이외의 전과는 정상관계사실로서 자유로운 증명으로 족하다고 할 것이다.

(2) 소송법적 사실

소송법적 사실이란 범죄사실이나 양형사실 이외의 것으로서 형사절차와 관련된 사실을 말한다. 소송법적 사실에는 소송조건의 존부 및 절차진행의 적법성에 관한 사실과 증거의 증거능력 인정을 위한 기초사실 등이 있다.

㈎ 순수한 소송법적 사실

소송조건의 존부 및 절차진행의 적법성에 관한 사실은 자유로운 증명으로 족하다. 따라서 친고죄에 있어서 고소 및 그 취소의 유무, 반의사불벌죄에 있어서 처벌희망 의사표시 및 그 철회의 유무, 피고인의 구속기간의 경과 여부, 증거조사가 적법하게 행하여졌는지의 여부 등은 엄격한 증명을 요하지 않는다.

㈏ 증거능력의 기초사실

증거의 증거능력을 인정하기 위한 기초사실도 소송법적 사실로서 기본적으로 자유로운 증명의 대상이 된다. 따라서 제313조 제1항 단서의 「특히 신빙할 수 있는 상태」는 증거능력의 요건에 해당하므로 이에 대해서는 엄격한 증명을 요하지 아니하고 자유로운 증명으로 족하다(대법원 2001.9.4, 2000도1743).

다만 증거의 증거능력 인정을 위한 기초사실 중에서 자백의 임의성에 관한 사실에 대해서는 학설의 대립이 있다. ① 자백의 임의성에 관한 사실은 소송법적 사실에 불과하므로 자유로운 증명으로 족하다는 견해와 ② 피고인에게 중대한 불이익을 초래하는 사실이므로 피고인의 이익보호를 위하여 엄격한 증명을 요한다는 견해가 그것이다. 판례는 자유로운 증명으로 족하다는 입장을 취하고 있으나(대법원 2003.5.30, 2003도705), 피고인의 이익보호라는 관점에서 볼 때 임의성의 기초사실에 대한 증명은 엄격한 증명에 의하여야 한다고 해석하는 것이 타당하다.

5. 불요증사실

(1) 의 의

재판의 기초가 되는 사실은 그것이 실체법적 사실이든 절차법적 사실이든 증명을 요하는 것이 원칙이다. 그러나 일정한 경우에는 사실 자체의 성질에 비추어 별도의 증명이 필요 없는 경우가 있는데, 이러한 사실을 불요증사실이라고 한다.

불요증사실과 구별하여야 할 개념으로서 거증금지사실이 있다. 거증금지사실이란 증명으로 인하여 얻는 소송법적 이익보다 증명을 통해 침해되는 다른 이익이 더 크기 때문에 증명의 대상으로 삼지 못하도록 하는 사실을 말한다. 예를 들면 공무원 또는 공무원이었던 자의 직무상의 비밀에 속하는 사실(제147조)이 여기에 해당한다. 거증금지사실은 일정한 사실에 대한 증명이 금지된다는 것이지 증명 없이 당해 사실을 인정할 수 있다는 의미는 아니므로 불요증사실과는 다르다.

(2) 공지의 사실

㈎ 개   념

공지의 사실이란 일반적으로 널리 알려져 있는 사실, 즉 보통의 지식·경험이 있는 사람이면 누구나 의심하지 않는 사실을 말한다. 예를 들면 역사상 명백한 사실, 자연계의 현저한 사실이 여기에 해당한다. 공지의 사실은 증거에 의하여 인정하지 않아도 공정한 사실인정을 해하지 않으므로 증명을 요하지 않는다. 그리고 공지의 사실인지의 여부는 상대적인 성격을 가지므로 반드시 모든 사람에게 알려져 있는 사실임을 요하지 않고, 특정한 지역에 살거나 특정한 직업에 종사하는 사람들이 일반적으로 알고 있는 사실이라도 공지의 사실이 될 수 있다.

㈏ 법원에 현저한 사실

공지의 사실과 구별되는 것으로 법원에 현저한 사실이 있다. 법원에 현저한 사실이란 당해 재판부에서 이전에 판단하였던 사건의 결과와 같이 수소법원이 직무상 명백히 알고 있는 사실을 말한다. 법원이 직무상 명백히 알고 있는 사실이라도 공정한 재판과 재판에 대한 국민의 신뢰확보를 위해서 증명을 요한다는 것이 일반적인 견해이다. 법관이 개인적으로 알고 있는 사실이 증명의 대상이 됨은 물론이다.

(3) 추정된 사실

㈎ 법률상 추정된 사실

법률상 추정이란 전제사실이 인정되면 반대증명이 없는 한 일정한 사실을 인정하도록 법률에 규정되어 있는 경우를 말한다. 따라서 추정된 사실이 반대증거에 의해서 부인되지 않는 한 법원은 추정사실의 존재를 인정하여야 한다. 현행법상으로는「마약류 불법거래방지에 관한 특례법」에 따른 불법수익의 추정(동법 제17조),「환경범죄의 단속에 관한 특별조치법」에 따른 불법배출과 위험발생간의 인과관계의 추정(동법 제6조) 등이 법률상 추정에 해당한다. 그러나 법률상 추정을 인정하는 것은 실체진실주의와 자유심증주의에 반할 뿐만 아니라 무죄추정의 법리에도 어긋나므로 법률상 추정은 이를 인정할 합리적·정책적 이유가 있는 경우에 한하여 예외적으로 인정될 수 있다고 할 것이다.

⑷ **사실상 추정된 사실**

사실상 추정이란 전제사실로부터 일정한 사실을 추정하는 것이 경험법칙이나 논리법칙에 비추어 합리적인 경우를 말한다. 예를 들면 검사가 구성요건해당사실의 존재를 증명하면 그 행위의 위법성과 행위자의 책임은 사실상 추정되어 증명을 요하지 않는다. 그러나 사실상 추정된 사실에 대하여 당사자의 다툼이 있어 의심이 생긴 때에는 추정의 효과는 상실되고 검사는 그 행위가 위법하거나 유책하다는 사실을 증명하여야 한다. 다만 사실상 추정된 사실에 대하여는 반드시 법률상 추정에 있어서와 같이 반증의 형식에 의하여 다툴 필요는 없다.

Ⅱ. 거증책임

1. 의   의

거증책임이란 일정한 요증사실의 존부에 대하여 증명이 불충분한 경우에 그로 인하여 불이익을 받을 당사자의 법적 지위를 말한다. 법원은 당사자가 제출한 증거와 직권으로 조사한 증거에 의하여 사실의 존부에 관한 심증을 형성한다. 그러나 이러한 증거에 의하여도 법원이 확신을 갖지 못할 때에는 증명곤란으로 인한 불이익을 당사자의 어느 일방에게 부담시킴으로써 재판불능의 상태를 해결할 수밖에 없다. 이때 불이익한 판단을 받을 위험부담을 거증책임이라고 하며, 입증의 부담을 의미하는 형식적 거증책임과 구별하여 실질적 거증책임이라고도 한다. 거증책임은 종국판결시에 존재하는 위험부담을 의미하므로 요증사실에 따라 소송의 개시부터 종결시까지 고정되어 있고 소송의 진행에 따라 달라지는 것이 아니다. 또한 증명이 불충분한 상태는 어느 소송구조에서도 발생할 수 있으므로 거증책임은 당사자주의에 있어서 뿐만 아니라 직권주의에서도 필요한 개념이라고 할 수 있다.

2. 거증책임의 분배

본래 거증책임은 형평의 관념에 기하여 당사자 사이에 분배하는 것이 원칙이다. 그러나 형사소송에서는 법치국가의 원리에 따라 무죄추정의 원칙 내지 의심스러운 때에는 피고인의 이익으로(in dubio pro reo)의 원칙이 적용되는 결과 검사가 거증책임을 부담하는 것이 원칙이다. 따라서 형벌권의 존부와 범위에 관한 사실에 대하여는 원칙적으로 소추관인 검사가 거증책임을 진다고 해야 한다. 구체적인 내용을 살펴보면 다음과 같다.

(1) 공소범죄사실

공소범죄사실에 대한 거증책임은 검사에게 있다. 공소범죄사실에 속하는 사실에 대해서는 구성요건에 해당하는 사실은 물론이고, 위법성과 책임의 기초가 되는 사실에 대하여도 검사에게 거증책임이 있다(대법원 2006.4.27, 2006도735). 따라서 피고인이 위법성조각사유나 책임조각사유를 주장하는 때에는 검사가 그 부존재에 대하여 거증책임을 진다고 해야 한다.

문제는 알리바이(현장부재사실)에 대한 거증책임이 누구에게 있는가이다. 알리바이의 증명에 대하여는 ① 알리바이는 그것이 증명된 때에만 의의를 가지는 것이고, 증명되지 않은 알리바이로 법관에게 무죄를 강요하는 것은 타당하지 않으므로 피고인에게 거증책임이 있다는 견해와 ② 알리바이의 주장은 구성요건해당사실의 존재에 대한 다툼이므로 검사가 공소사실의 일부로서 알리바이가 인정되지 않음을 증명해야 한다는 견해가 대립하고 있다. 알리바이의 주장은 구성요건해당사실을 부인하는 진술이므로 범죄사실의 존재를 합리적인 의심이 없는 정도로 증명해야 할 검사에게 그 거증책임이 있다고 보아야 한다.

(2) 처벌조건인 사실

처벌조건인 사실은 인적 처벌조각사유이건 객관적 처벌조건이건 모두 형벌권 발생의 요건이 되므로 검사가 거증책임을 진다.

(3) 형의 가중·감면의 사유가 되는 사실

누범전과사실과 같이 형의 가중사유가 되는 사실에 대한 거증책임은 in dubio pro reo의 원칙에 비추어 볼 때 당연히 검사에게 있다. 또한 심신장애나 친족상도례, 자수와 같이 형의 감면사유가 되는 사실도 형벌권의 범위에 영향을 미치는 사유이므로 그 부존재에 대하여 검사에게 거증책임이 있다는 것이 통설이다.

(4) 소송법적 사실

(가) 소송조건인 사실

소송조건은 공소제기의 적법·유효요건이므로 실체법적 사실과 마찬가지로 in dubio pro reo의 원칙을 적용하여 검사에게 거증책임이 있다는 것이 일반적인 견해이다. 따라서 친고죄의 고소나 공소시효의 완성, 사면 등에 관한 사실의 증명이 불분명한 경우에는 검사에게 불이익이 돌아간다. 다만 소송조건인 사실은 법원의 직권조사사항일 뿐만 아니라 자유로운 증명으로 족한 사실이므로 실제로 거증책임의 문제가 발생하는 경우는 드물다고 할 수 있다.

(나) 증거능력의 기초사실

증거능력의 전제되는 사실에 대한 거증책임은 그 증거를 제출한 당사자에게 있다고 해야 한다. 증거를 자기의 이익으로 이용하려는 당사자가 이에 대한 거증책임을 부담하는 것이 공평의 이념에 합치하기 때문이다. 따라서 검사가 의사의 진단서 또는 그 밖의 서증을 증거로 제출한 경우에 그 증거능력을 부여할 거증책임은 검사에게 있으며(대법원 1969.3.31, 69도179; 대법원 1970.11.24, 70도2109), 자백의 임의성의 기초사실에 대하여도 자백을 피고인의 유죄인정의 자료로 사용하고자 하는 검사가 거증책임을 지게 된다(대법원 2012.11.29, 2010도3029). 반면에 피고인이 비밀녹음한 녹음테이프를 증거로 제출한 경우에 그 녹음테이프가 위법하게 수집된 증거가 아니라는 사실에 대해서는 피고인이 거증책임을 부담하는 것으로 보아야 한다.

3. 거증책임의 전환

(1) 의   의

거증책임의 전환이란 검사가 부담하는 거증책임이 예외적으로 피고인에게 이전되는 경우를 말한다. 거증책임의 전환은 무죄추정의 원칙에 대한 예외를 인정하는 것이므로 합리적인 요구가 있고 법률적 근거가 있는 경우에 한하여 예외적으로 인정된다고 해야 한다. 거증책임의 전환이 문제되는 경우는 다음과 같다.

(2) 상해죄의 동시범

형법 제263조는 「독립행위가 경합하여 상해의 결과를 발생하게 한 경우에 원인된 행위가 판명되지 아니한 때에는 공동정범의 예에 의한다」고 규정하고 있다. 이 조문의 법적 성격에 대해서는 이를 거증책임의 전환규정으로 보는 것이 일반적이다.

형법 제263조는 상해죄의 동시범의 경우 검사가 그 인과관계를 증명하는 것이 곤란하다는 이유에서 피고인에게 정책적으로 거증책임을 전환한 규정이라고 보는 것이 타당하다. 따라서 피고인이 자신의 행위로 상해의 결과가 발생하지 않았다는 점을 증명하지 못하면 공동정범에 준해서 처벌되는 결과가 된다.

(3) 명예훼손죄에 있어서 사실의 증명

형법 제310조는 명예훼손죄에 대하여 「형법 제307조 제 1 항의 행위가 진실한 사실로서 오로지 공공의 이익에 관한 때에는 처벌하지 아니한다」고 규정하고 있다. 형법 제310조의 법적 성격에 대하여는 이를 거증책임의 전환규정으로 보는 견해가 있으나, 다수설은 이를 명예훼손죄에 대한 특수한 정당화 사유를 규정한 것일 뿐 거증책임의 전환에 관한 규정은 아니라고 해석하고 있다. 형법 제310조는 적시된 사실이 진실이고 공공의 이익에 관한 때에는 벌하지 아니한다고 하여 위법성조각의 요건을 규정하고 있을 뿐 증명에 관하여는 아무런 내용도 규정하고 있지 않다. 그리고 위법성조각사유의 부존재에 대하여는 검사가 거증책임을 부담하므로 명예훼손죄의 경우에도 적시된 사실이 진실하지 않고 공공의 이익에 관한 것이 아니라는 사실에 대한 거증책임은 검사에게 있다고 해야 한다.

다만 판례는 「공연히 사실을 적시하여 사람의 명예를 훼손한 행위가 형법 제310조의 규정에 따라서 위법성이 조각되어 처벌대상이 되지 않기 위하여는 그것이 진실한 사실로서 오로지 공공의 이익에 관한 때에 해당된다는 점을 행위자가 증명하여야 하는 것이나, 그 증명은 유죄의 인정에 있어 요구되는 것과 같이 법관으로 하여금 의심할 여지가 없을 정도의 확신을 가지게 하는 증명력을 가진 엄격한 증거에 의하여야 하는 것은 아니므로, 이때에는 전문증거에 대한 증거능력의 제한을 규정한 형사소송법 제310조의2는 적용될 여지가 없다」고 판시하여($\begin{smallmatrix} \text{대법원 1996.12.25,} \\ \text{95도1473} \end{smallmatrix}$), 제310조의 성격을 거증책임전환규정으로 보면서 다만 적시된 사실의 진실성과 공익성에 대하여는 피고인이 행하는 증명이라는 점에서 엄격한 증명을 요하지 않는다는 입장을 취하고 있다.

(4) 양벌규정에 있어서 사업주의 책임

종업원의 범죄행위에 대하여 사업주를 함께 처벌하는 소위 양벌규정의 경우에는 사용자인 사업주에 대한 면책조항을 두고 있다.[1] 법을 위반한 종업원과 함께 사업주를 처벌하는 규정을 두면서, 단서에서 '다만 사업주가 그 위반행위를 방지하기 위하여 해당 업무에 관하여 상당한 주의와 감독을 게을리하지 아니한 경우에는 그

---

1) 헌법재판소는 사업주에게 비난받을 만한 행위가 있었는지 여부에 관계없이 종업원 등의 범죄행위가 있으면 자동적으로 사업주를 처벌하도록 규정하는 것, 즉 양벌규정을 두어 처벌하면서 면책조항을 두지 않는 것은 책임주의에 위반하여 위헌이라고 결정하였다(헌재결 2009. 7. 30, 2008헌가10; 헌재결 2013. 7. 25, 2011헌가26 등).

러하지 아니하다'고 규정하고 있는 것(근로기준법 제115조, 전/력기술관리법 제29조의2)이 일반적이다. 이러한 면책 조항의 성격과 관련하여 이를 무과실에 대한 거증책임을 피고인에게 전환하는 규정이라고 해석할 여지가 있다. 그러나 양벌규정의 단서조항은 사업주의 처벌을 위한 요건으로서 과실을 요구하고 있을 뿐이므로 이를 거증책임의 전환을 규정한 것으로 볼 이유가 없다. 따라서 양벌규정에 있어서도 사업주의 과실에 대한 거증책임은 검사에게 있다고 보아야 한다. 판례도 같은 입장이라고 할 수 있다(대법원 2010.7.8,/2009도6968).

4. 입증의 부담과 증거제출책임

(1) 입증의 부담

입증의 부담이란 증거를 제출하지 아니하면 현실적으로 불이익한 판단을 받을 염려가 있는 상황에 처한 당사자가 그 불이익을 면하기 위하여 당해 사실을 증명할 증거를 제출할 사실상의 부담을 말하며, 이를 형식적 거증책임이라고도 한다. 거증책임이 사항의 성질에 따라 고정되어 있음에 반하여, 입증의 부담은 소송의 진행에 따라 당사자들 사이에서 변경될 수 있는 특징을 가지고 있다. 예를 들면 검사가 구성요건해당사실을 입증하면 위법성과 책임은 사실상 추정되므로 위법성조각사유와 책임조각사유에 대하여는 피고인이 입증의 부담을 가지며, 피고인이 알리바이를 입증할 만한 증거를 제출하는 경우에는 검사가 이를 번복할 입증의 부담을 갖게 된다.

입증의 부담은 법원이 직권으로 실체적 진실을 발견해야 할 책무를 지고 있는 직권주의에서 보다는 당사자의 소송활동이 증명의 중심을 이루고 있는 당사자주의에서 더 중요성이 크다고 할 수 있다. 따라서 당사자주의적 요소를 많이 도입하고 있는 현행 형사소송법하에서는 당사자의 입증의 부담이 실제로 중요한 의미를 가지게 된다. 다만 피고인이 입증의 부담을 지는 경우에 필요한 입증의 정도는 법관에게 확신을 갖게 할 것을 요하지 않고 법관의 심증형성을 방해할 정도면 족하다.

(2) 증거제출책임

입증의 부담과 유사한 개념으로서 영미 증거법상의 증거제출책임이 있다.[1] 배

---

1) 영미 증거법상의 거증책임 내지 증명책임(burden of proof)은 설득책임(burden of persua-sion)과 증거제출책임(burden of producing evidence)으로 나누어지는데, 설득책임은 실질적 거증책임과 같은 의미인 데 대하여 증거제출책임이란 배심의 판단에 붙이기 위하여 일응의 증거를 제출할 책임을 말한다.

심재판을 전제로 하고 있는 영미의 형사절차에서는 검사가 일반적으로 유죄를 입증할 증거를 제출할 책임을 지지만, 피고인도 심신상실이나 함정수사의 항변, 위법수집증거의 배제신청 등과 같이 중요한 사실을 주장하는 경우에는 적극적으로 증거를 제출하지 않으면 배심에 의한 심판의 대상이 되지 않는다. 이와 같이 일정한 사실의 존부에 대한 배심의 판단을 가능하게 하기 위하여 일응의 증거를 제출하여야 할 책임을 증거제출책임이라고 하며, 배심재판을 전제로 하는 쟁점형성의 책임을 그 본질로 한다.

우리 형사소송법상으로도 피고인의 무책임한 주장의 남용에 의한 절차의 혼란을 방지하기 위해서는 증거제출책임을 인정할 필요가 있다는 주장이 있으나, 입증의 부담을 넘어 쟁점형성책임을 본질로 하는 증거제출책임을 인정하는 것은 피고인의 방어권을 제약하는 결과를 가져올 뿐만 아니라 법원의 직권조사의무를 인정하고 있는 현행법의 입장과도 어울리지 않는다고 생각된다.

Ⅲ. 자유심증주의

1. 의   의

자유심증주의란 증거의 증명력을 적극적 또는 소극적으로 법률로 정하지 아니하고 이를 법관의 자유판단에 맡기는 증거법상의 원칙을 말한다. 즉 증거의 실질적 가치에 대한 판단을 법관이 개별적·구체적으로 행하도록 하는 제도이며, 형사소송법 제308조는 「증거의 증명력은 법관의 자유판단에 의한다」고 규정함으로써 이를 명시하고 있다.

자유심증주의는 중세 및 근대초기의 규문주의 형사절차에 있어서의 법정증거주의와 대립되는 개념이다. 법정증거주의는 각종 증거의 증명력을 법률로 미리 정해 두고, 일정한 증거가 있으면 법관의 심증 여하와 관계없이 반드시 유죄를 인정하도록 하거나 반대로 일정한 유형의 증거가 없으면 유죄를 인정할 수 없도록 함으로써 법관의 증명력 평가에 일정한 법률적 구속을 가하는 원칙이다. 법정증거주의는 증거가치판단에 있어서 법관의 개인차와 자의를 배제함으로써 법적 안정성을 보장하는 데는 의미가 있으나, 그 가치가 각기 다른 증거의 증명력을 획일적으로 법률로 규정함으로써 구체적 사안에 있어서는 타당한 사실인정을 어렵게 한다. 더구나 역사적 경험에 비추어 보더라도 법정증거주의는 자백을 '증거의 왕'으로서 그

가치를 높게 인정한 결과 자백을 얻기 위한 강요·고문의 폐해도 초래하였다. 결국 법정증거주의는 프랑스 혁명 이후 인간의 합리적인 이성에 대한 신뢰를 그 기초로 하는 자유심증주의로 바뀌어 대륙법계 형사소송법의 기본원칙이 되었으며, 영미 증거법에서도 자유심증주의는 그 전제가 되고 있다고 할 수 있다.

2. 자유심증주의의 내용

(1) 자유판단의 주체

증거의 증명력을 판단하는 주체는 개개의 법관이다. 자유심증주의는 증거가치의 판단에 있어서 개별 법관의 이성에 대한 신뢰를 법률의 규제에 우선시키는 제도이기 때문이다. 합의부에 있어서는 그 구성원인 개별 법관의 자유심증의 결과를 기초로 합의를 통하여 결정을 하게 되므로, 합의에 의한 결론과 개별 법관의 심증내용이 달라질 수가 있다. 그러나 이것은 합의제의 필연적 결과이므로 자유심증주의에 위반되는 것은 아니다.

(2) 자유판단의 대상

법관의 자유판단의 대상은 증거의 증명력이다. 증거의 증명력이란 사실의 인정을 위한 증거의 실질적 가치를 의미하며, 증거로 될 수 있는 법률적·형식적 자격을 의미하는 증거능력과는 구별된다. 증명력은 신용력과 협의의 증명력, 즉 추인력으로 구별된다. 신용력은 요증사실과의 관계를 떠나 증거 그 자체가 진실한가를 판단하는 것을 말하고, 협의의 증명력 내지 추인력이란 신용력을 전제로 하여 그 증거가 요증사실과의 관계에서 그 존부를 어느 정도까지 증명할 수 있는가를 판단하는 것을 말한다. 양자가 모두 법관의 자유판단의 대상이 됨은 물론이다.

형사소송에서는 민사소송과는 달리 변론의 전 취지에 입각하여 사실인정을 하는 것은 허용되지 않는다. 민사소송에 있어서의 자유심증주의는 법관이 변론의 전 취지와 증거조사의 결과를 참작하여 사실주장의 진실 여부를 판단하는 것을 의미하지만(민사소송법 제202조 참조), 증거재판주의 원칙상 형사소송에서는 증거조사를 거친 개별 증거에 대한 판단의 형식으로 사실인정이 이루어지기 때문이다. 그러나 이는 형사재판에 있어서 변론의 전체취지를 직접 사실인정의 기초로 삼는 것이 허용되지 않는다는 것이지, 증거조사의 결과를 판단함에 있어서 변론의 전 취지를 고려할 수 없다는 의미는 아니다. 법관은 증거의 증명력을 판단함에 있어서 증거 자체뿐만 아니라 증인의 표정이나 피고인의 반응 등 심리의 전체 과정에서 얻어진 정보를 그 기초로 삼을 수 있는 것이다.

(3) 자유판단의 의미와 내용

제308조에서 말하는 자유판단이라 함은 사실을 인정함에 있어서 법관이 형식적인 법률적 제한을 받지 않는다는 것을 의미한다. 다시 말해서 어떤 증거를 취사선택하여 사실을 인정할 것인가가 법관의 자유판단에 맡겨져 있다는 것이다. 따라서 증거능력이 있는 증거라도 증명력이 없다고 하여 이를 채용하지 않는 것은 자유이고, 모순되는 증거가 있는 경우에 그 어느 것을 채택할 것인가의 판단도 자유이다. 또한 증거의 내용이 가분적인 경우에는 그 가운데 일부에 대해서만 증명력을 인정할 수 있고, 수개의 증거를 결합한 종합증거에 의하여 사실을 인정할 수도 있다. 인적증거와 물적증거의 증명력에 차이가 있는 것도 아니며, 법원은 신청자의 입증취지에 구속되지 않으므로 증거가 제출자에게 불리하게 사용될 수도 있다.

법관의 증명력 판단과 관련하여 문제가 되는 경우들을 살펴보면 다음과 같다.

㈎ 피고인의 진술

피고인의 진술도 증거자료로서 증명력 판단의 대상이 된다. 법관은 피고인이 자백한 때에도 이와 모순되는 다른 증거에 의해 사실을 인정할 수 있고, 법정에서의 진술을 배척하고 수사기관 앞에서의 진술을 믿을 수도 있다. 피고인의 진술에 증거능력이 인정되어 증명력 판단의 세계로 들어오면 그 진술의 증명력에 있어서의 형식적 차이는 양자 사이에 존재하지 않게 되는 것이다.

자백의 신빙성 유무를 판단함에 있어서는 자백내용의 객관적 합리성, 자백의 동기나 이유, 자백에 이르게 된 경위 그리고 자백 이외의 정황증거 중 자백과 저촉되거나 모순되는 것의 유무 등을 고려해야 한다(대법원 2016.10.13, 2015도17869). 공소사실에 부합하는 진술 중 주요한 부분을 그대로 믿을 수 없는 객관적 사정이 밝혀진 경우에는 진술 전체의 신빙성이 전체적으로 상당히 약해졌다고 보아야 할 것이므로, 나머지 진술 부분의 신빙성을 인정할 수 있으려면 신빙성이 인정되지 않는 진술 부분과 달리 나머지 부분 진술만 신뢰할 수 있는 충분한 근거나 그 진술을 보강하는 다른 증거가 제시되는 등과 같이 합리적 의심을 배제할 만한 사정이 있어야 한다(대법원 2023.1.12, 2022도11245).

⑷ 증인의 증언

법관은 증인의 연령이나 책임능력 유무 등과 관계없이 합리적으로 증언의 증명력을 판단할 수 있다. 그러므로 사안에 따라서는 만 4세 가량의 연소자의 증언에 의해서도 사실을 인정할 수 있다(대법원 2006.4.14, 2005도9561). 또한 선서한 증인의 증언이라도 이를 채택하지 않을 수 있을 뿐만 아니라, 선서한 증인의 증언과 선서하지 않고 행한 선서무능력자의 증언이 상호 모순되는 경우에 후자를 신뢰할 수도 있다. 증인의 증언 가운데 일부에 대해서만 증명력을 인정하는 것도 가능하다.

진술자의 진술에 신빙성이 있는지 여부를 판단할 때에는 그 진술 내용 자체의 합리성, 객관적 상당성, 전후의 일관성뿐만 아니라 그의 인간됨, 그 진술로 얻게 되는 이해관계 유무 등을 아울러 살펴보아야 한다. 특히 그에게 어떤 범죄의 혐의가 있고 그 혐의에 대하여 수사가 개시될 가능성이 있거나 수사가 진행 중인 경우에는, 이를 이용한 협박이나 회유 등의 의심이 있어 그 진술의 증거능력이 부정되는 정도에까지 이르지 않는 경우에도, 그로 인한 궁박한 처지에서 벗어나려는 노력이 진술에 영향을 미칠 수 있는지 여부 등을 살펴보아야 한다(대법원 2014.4.10, 2014도1779).

성폭력범죄의 경우에는 피해자의 진술 이외의 증거가 없는 경우가 많아 피해자의 진술에 대한 신빙성 판단이 매우 중요하다. 미성년자인 피해자가 자신을 보호·감독하는 지위에 있는 친족으로부터 강간이나 강제추행 등 성범죄를 당하였다는 진술의 신빙성을 판단함에 있어서는 피해자가 자신의 진술 이외에는 달리 물적 증거 또는 직접 목격자가 없음을 알면서도 보호자의 형사처벌을 무릅쓰고 스스로 수치스러운 피해 사실을 밝히고 있고, 허위로 그와 같은 진술을 할 만한 동기나 이유가 분명하게 드러나지도 않고, 그 진술 내용이 사실적·구체적이고, 주요 부분이 일관되며, 경험칙에 비추어 비합리적이거나 진술 자체로 모순되는 부분이 없다면, 그 진술의 신빙성을 함부로 배척해서는 안 된다. 특히 친족관계에 의한 성범죄를 당하였다는 미성년자 피해자의 진술은 피고인에 대한 이중적인 감정, 가족들의 계속되는 회유와 압박 등으로 인하여 번복되거나 불분명해질 수 있는 특수성을 갖고 있으므로, 피해자가 법정에서 수사기관에서의 진술을 번복하는 경우, 수사기관에서 한 진술 내용 자체의 신빙성 인정 여부와 함께 법정에서 진술을 번복하게 된 동기나 이유, 경위 등을 충분히 심리하여 어느 진술에 신빙성이 있는지를 신중하게 판단하여야 한다(대법원 2020.5.14, 2020도2433).

㈐ 감정인의 감정결과

감정인의 감정의견에 대해서도 법관은 이에 구속되지 않는다. 전문분야에 관한 감정의 증거가치가 일반적으로 큰 것은 사실이지만 법관은 감정결과에 반하는 사실을 인정할 수 있다. 따라서 정신감정의 결과 심신상실의 의견이 제시되었다고 할지라도 법관은 범행의 경위·수단·범행 전후의 피고인의 행동 등 기록에 나타난 관계 자료와 피고인의 법정 태도 등을 종합하여 피고인에게 유죄판결을 할 수 있으며 그 반대의 경우도 가능하다(대법원 2007.11.29, 2007도8333). 또한 감정의견이 일치하지 않는 경우에 소수의견을 따르거나 여러 의견 가운데 각각 일부를 채택할 수도 있다(대법원 1976.3.23, 75도2068).

그러나 감정결과가 과학적 증거방법에 해당하는 경우에는 법관의 사실인정에 있어서 상당한 구속력을 가진다. 유전자검사나 혈액형검사 등 과학적 증거방법은 그 전제로 하는 사실이 모두 진실임이 입증되고 그 추론의 방법이 과학적으로 정당하여 오류의 가능성이 전무하거나 무시할 정도로 극소한 것으로 인정되는 경우에는 법관이 사실인정을 함에 있어 상당한 정도로 구속력을 가진다 할 것이므로, 비록 사실의 인정이 사실심의 전권이라 하더라도 아무런 합리적 근거 없이 함부로 이를 배척하는 것은 자유심증주의의 한계를 벗어나는 것으로서 허용될 수 없다(대법원 2007.5.10, 2007도1950). 그리고 이를 위해서는 그 증거방법이 전문적인 지식·기술·경험을 가진 감정인에 의하여 공인된 표준 검사기법으로 분석을 거쳐 법원에 제출된 것이어야 할 뿐만 아니라 그 채취·보관·분석 등 모든 과정에서 자료의 동일성이 인정되고 인위적인 조작·훼손·첨가가 없었음이 담보되어야 한다(대법원 2011.5.26, 2011도1902).

다만 마약류 투약사실을 밝히기 위한 모발감정은 검사 조건 등 외부적 요인에 의한 변수가 작용할 수 있고, 동일인이라도 모발의 채취부위, 건강상태 등에 따라 모발의 성장속도에 편차가 있으므로 모발감정결과만을 토대로 마약류 투약기간을 추정하고 유죄로 판단하는 것은 신중하여야 한다(대법원 2017.3.15, 2017도44).

㈑ 증거서류

증거서류의 증명력 평가에 있어서도 법률적 제한은 없다. 공판정에서의 증언이 공판정 외에서 작성된 동일인에 대한 조서의 기재내용보다 증명력이 강한 것은 아니며(대법원 1986.9.23, 86도1547), 피고인의 공판정에서의 진술이 증거서류에 기재된 내용에 비하여 우월한 증명력을 가지는 것도 아니다. 또한 법관은 증거보전절차에서의 증인신문조서의 기재내용을 배척하고 수사기관에서의 진술을 기재한 조서의 기재내용

을 채택할 수도 있다(대법원 1980.4.8,
79도2125).

(마) 간접증거

법관은 간접증거 내지 정황증거에 의해서도 사실의 존부에 관한 심증을 형성할 수 있으며, 직접증거를 배척하고 간접증거를 채택하는 것도 가능하다. 다만 목격자의 진술 등 직접증거가 없어 간접증거만으로 심증을 형성하는 경우에는 이를 통한 사실인정이 논리법칙과 경험법칙에 반하지 않아야 한다(대법원 2011.1.13,
2010도13226). 즉 간접증거에 의하여 주요사실의 전제가 되는 간접사실을 인정함에 있어서는 그 증명이 합리적인 의심을 허용하지 않을 정도에 이르러야 하고, 그 하나하나의 간접사실은 그 사이에 모순·저촉이 없어야 함은 물론 논리칙과 경험칙, 과학법칙에 의하여 뒷받침되어야 한다(대법원 2011.5.26,
2011도1902).

또한 간접증거가 개별적으로는 범죄사실에 대한 완전한 증명력을 가지지 못하더라도 전체 증거를 상호 관련하여 종합적으로 고찰할 경우 그 단독으로는 가지지 못하는 종합적 증명력이 있는 것으로 판단되면 그에 의하여 범죄사실을 인정할 수 있다(대법원 2013.6.27,
2013도4172).

(4) 자유판단의 기준

증거의 증명력 판단을 법관의 자유판단에 맡기는 것은 이러한 방법이 증명력 판단을 법률로 구속하는 것보다 실체적 진실발견에 더 적합하다는 사고를 기초로 한다. 그리고 실체적 진실의 발견은 인간 이성에 기한 합리적인 증거평가에 의하여 비로소 가능하므로 자유심증주의에 있어서의 자유가 법관의 자의를 의미할 수는 없다. 이와 같이 자유판단은 사실인정의 객관적 합리성을 전제로 하며 자유심증주의는 합리적이고 과학적인 심증주의여야 하기 때문에 법관의 심증형성은 논리법칙과 경험법칙에 어긋나지 않아야 한다(대법원 2018.10.25,
2018도7709).

논리법칙이란 인간의 추론능력에 비추어 보아 명백한 사고법칙을 말한다. 따라서 일정한 증거로부터 일정한 판단을 도출하고 그 판단을 전제로 하여 다시 다른 판단에 도달하는 전체과정이 명백하고 모순이 없어야 한다. 계산착오·개념의 혼동·판결이유에 모순이 있는 경우 등에 있어서는 논리법칙에 위반한 것이 된다.

경험법칙이란 개별적인 현상의 관찰과 일반화에 의해 경험적으로 얻어진 판단법칙을 의미한다. 경험법칙은 개별적인 체험으로부터 귀납적으로 얻어진 법칙이므로 그 확실성에 있어서 차이가 있다. 과학적 경험법칙은 학문적으로 확립된 과학적 법칙으로서 정확한 감정을 위한 전제조건이 갖추어져 있는 한 법관의 심증형성을 상당한 정도로 구속하는데, 혈액감정에 의한 친자관계의 확인 · 유전자검사를 통한 동일성 확인 · 혈중 알코올농도 측정에 의한 음주운전의 판단 · 계기에 의한 속도위반의 측정 · 지문을 통한 물건접촉확인 등이 여기에 해당한다. 따라서 법관은 개인적으로 그 법칙을 신뢰하지 않는다는 이유 등으로 합리적인 근거 없이 이들 증거의 증명력을 부인할 수 없다. 이에 비해서 일반적 경험법칙은 비록 규칙성은 있으나 예외가 발생할 수 있는 사회생활상의 경험법칙을 말한다. 이러한 일반적 · 개연적 경험법칙에 대하여는 증거자료에 의하여 경험법칙과 달리 인정할 수 있는가의 여부를 심사하여야 하고 그 결과에 따라 법관의 판단이 달라질 수 있으나, 합리적인 이유 없이 경험법칙을 적용하지 않는 것은 허용되지 않는다. 따라서 자동차로 1시간 걸리는 곳을 평일에 특별한 사정없이 10시간 걸렸다고 인정하는 것은 경험칙위반으로 볼 수 있으나, 정체로 인하여 2시간이 걸렸다는 진술을 신용할 것인가는 자유판단의 허용범위 내의 문제로서 어떤 판단을 하여도 경험칙위반이라고 하기는 어려울 것이다.

3. 증명력 판단의 합리성을 보장하기 위한 제도

(1) 증거능력의 제한

증거능력이란 증거가 엄격한 증명의 자료로 사용될 수 있는 법률상의 자격을 말한다. 증거능력이 없는 증거는 엄격한 증명을 요하는 공소범죄사실 등의 인정에 있어서 심증형성의 자료로 삼을 수 없을 뿐만 아니라 공판정에서의 증거조사도 허용되지 않는다. 이와 같이 자백배제법칙, 전문법칙 등을 통하여 신용성 · 합리성이 없는 증거를 증명력 판단의 대상에서 제외시키고 있는 것은 자유심증주의를 간접적으로 억제하여 그 합리성을 보장하는 효과를 가진다.

(2) 증거조사과정에의 당사자의 참여

현행법상 법관의 심증형성은 당사자주의적인 증거조사절차를 전제로 하여 이루어지고 있다. 즉 재판장은 피고인에게 증거의 증명력을 다툴 수 있는 기회를 주기 위하여 증거조사의 결과에 대해 의견을 묻고($\frac{제293}{조}$) 경우에 따라서는 이의신청($\frac{제296조}{제1항}$)을 할 수 있도록 하고 있는데, 이와 같이 증거조사과정에 당사자의 의견을 반영함으로써 법관의 심증형성의 합리성을 담보할 수 있게 된다.

(3) 유죄판결의 이유에 증거요지의 기재

법관의 유죄판결에는 반드시 이유가 기재되어야 하고, 그 이유에는 사실인정의 기초가 된 증거요지를 명시하여야 한다($\frac{제323}{조}$). 판결이유에 증거의 요지를 기재하도록 요구하는 것은 당사자에게 증거평가의 오류를 시정할 수 있는 기회를 제공하고 상소심 법원에 심사의 자료를 제공함으로써 궁극적으로 법관에 의한 사실인정의 합리성을 담보하는 데 그 목적이 있다.

(4) 상소제도

기본적으로 증거의 증명력은 자유심증주의에 의하여 법관의 자유판단의 대상이나, 현행법은 법관이 논리법칙과 경험법칙에 위반하여 불합리한 판단을 할 경우를 예상하여 증거판단에 대한 상소심의 통제방법을 마련하고 있다.

유죄판결에 증거요지를 명시하지 않았거나 불충분한 경우에는 '판결에 이유를 붙이지 아니한 때'에 해당하여, 그리고 판결이유에 명시한 증거로부터 당해 범죄사실을 인정하는 것이 불합리한 경우에는 '판결이유에 모순이 있는 때'에 해당하여 절대적 항소이유가 된다($\frac{제361조의}{5\ 제11호}$). 또한 증거의 취사선택에 있어서 불합리한 점이 존재하여 사실인정의 합리성이 의심되고 그 오인이 판결에 영향을 미친 것임이 판명된 경우에는 '사실의 오인이 있어 판결에 영향을 미친 때'의 항소이유에 해당한다($\frac{동조}{제14호}$).

한편 대법원은 증거의 취사와 이를 근거로 한 사실인정은 특단의 사정이 없는 한 사실심 법원의 전권에 속한다고 하면서($\frac{대법원 1988.4.12,}{87도2709}$), 다만 법관의 심증형성이 논리법칙과 경험법칙에 반하여 불합리한 때에는 채증법칙위반으로서 법령위반에 해당하므로 상고이유가 된다고 한다($\frac{대법원 2006.11.24, 2006도4994;}{대법원 2016.10.13, 2015도17869}$). 상고심에서도 사실심의 증명력 평가의 합리성 여부를 판단할 수 있고, 판단결과 사실심의 사실인정이 논리법칙과 경험법칙에 반하여 합리성을 잃은 경우에는 사실심판결을 파기할 수 있다는 것이다. 그리고 이러한 결과는 법원이 직권에 의한 증거조사의무를 게을리하는 등 자신에게 부과된 실체적 진실발견의 의무를 다하지 않은 경우에 인정되는 심리미진의 위법의 경우에도 마찬가지라고 한다.[1]

---

1) 대법원은 채증법칙위반과 심리미진의 위법을 동시에 또는 선택적으로 인정하여 사실심 법원의 판결을 파기하고 있다. 예를 들면「원심판결에는 증거의 증명력을 판단함에 있어 경험칙과 논리법칙에 어긋나는 판단을 함으로써 자유심증주의에 관한 법리를 오해하거나 심리미진 또는 채증법칙 위배로 인하여 판결 결과에 영향을 미친 잘못이 있다고 할 것이다(대법원

(5) 국민참여재판에서의 배심원의 평결

국민참여재판에서 배심원이 한 유·무죄의 평결은 법원을 기속하지는 않으나 $\binom{\text{국민의 형사재판 참여에}}{\text{관한 법률 제46조 제5항}}$, 재판장은 판결선고시 피고인에게 배심원의 평결결과를 고지하여야 하고 배심원의 평결결과와 다른 판결을 선고하는 때에는 피고인에게 그 이유를 설명하여야 하며$\binom{\text{동법 제48}}{\text{조 제4항}}$, 판결서에도 그 이유를 기재하도록 하고 있다$\binom{\text{동법 제49}}{\text{조 제2항}}$.

4. 자유심증주의의 제한

(1) 자백의 증명력 제한

피고인의 자백이 피고인에게 불이익한 유일한 증거일 때에는 이를 유죄의 증거로 하지 못한다$\binom{\text{제310}}{\text{조}}$. 자백에 대한 보강증거가 없을 때에는 법관이 자백에 의하여 유죄의 심증을 얻은 경우에도 유죄를 선고할 수 없다는 점에서 자백의 증명력 제한은 자유심증주의의 중요한 제한원리가 된다.

(2) 공판조서의 증명력

공판기일의 소송절차로서 공판조서에 기재된 것은 법관의 심증 여하를 불문하고 그 기재된 대로 인정하여야 한다$\binom{\text{제56}}{\text{조}}$. 이와 같이 공판조서의 기재사항에 배타적 증명력이 인정된다는 점에서 이는 자유심증주의를 제한하는 사유에 해당한다. 공판기일의 소송절차에 법령위반이 있었는가의 여부를 상소심에서 심판하는 경우에 원심의 법관이나 법원사무관 등을 증인으로 신문하는 절차의 번잡을 피하기 위한 제도이나, 공판조서의 배타적 증명력은 공판조서 기재의 정확성이 보장될 것을 그 전제조건으로 한다.

(3) 법률상의 추정

법률상 추정이란 甲사실이 인정되면 반증이 없는 한 乙사실을 인정하도록 법이 규정하고 있는 경우를 말한다. 특별법에서 드물게 정책적 이유에 의하여 두고 있는 법률상 추정조항은 전제사실의 증명이 있으면 반대사실의 증명이 없는 한 추정사실을 인정하게 하므로 자유심증주의를 제한하게 된다.

(4) 피고인의 진술거부권 행사

피고인이 진술거부권을 행사하는 경우에 법관은 피고인의 진술거부권 행사나

2010. 3. 11, 2009도5858)」라고 판시하는 경우 등이 그것이다.

그 동기를 피고인에게 불리한 간접증거로 사용해서는 안 된다. 그렇지 않다면 피고인이 사실상 진술을 강요당할 위험이 있기 때문이다. 이 점에서 피고인의 진술거부권 행사는 자유심증주의를 제한하는 결과를 가져오게 된다. 이는 증언거부권을 가진 증인이 증언을 거부한 경우에도 마찬가지라고 할 수 있다.

제 3 절   위법수집증거의 증거능력

Ⅰ. 위법수집증거배제법칙의 의의

1. 의   의

위법수집증거배제법칙(exclusionary rule of illegally obtained evidence)이란 위법한 절차에 의하여 수집된 증거의 증거능력을 부정하는 증거법상의 원칙을 말한다. 형사소송법은 제308조의2에서 「적법한 절차에 따르지 아니하고 수집한 증거는 증거로 할 수 없다」고 규정하여 위법수집증거배제법칙을 명문으로 인정하고 있다. 위법수집증거는 법원의 증거수집 및 증거조사절차에 위법이 있는 경우를 포함하여 다양한 형태로 나타날 수 있지만, 주로 문제가 되는 것은 수사기관이 압수·수색 등의 대물적 강제수사과정에서 법정절차에 위반하여 증거를 수집한 경우라고 할 수 있다.

2. 비교법적 고찰

이 법칙은 판례를 통해 형성된 미국 증거법상의 원칙이다. 보통법에서는 본래 증거수집방법의 위법이 증거의 허용성에 영향을 미치지 않았으며, 이러한 경향은 미국에서도 20세기 초까지 계속되었다. 그 후 1914년의 Weeks사건($\binom{\text{Weeks v.}}{\text{U.S., 232}}$ $\binom{\text{U.S.}}{\text{383(1914)}}$)에서 위법하게 압수한 물건을 증거로 사용하는 것을 인정한다면 불합리한 압수·수색을 받지 않을 권리를 보장하는 수정헌법 제 4 조를 무의미하게 한다는 이유로 그 사용을 배제하는 연방법칙을 확립하였으며, 다시 1961년의 Mapp사건($\binom{\text{Mapp v. Ohio,}}{\text{367 U.S. 643(1961)}}$)을 통하여 법원은 위법행위에 가담하지 않는다는 입장에서 이를 주(州) 사건에 대하여도 적용함으로써 위법수집증거배제법칙이 미국 증거법의 확고한 원칙으로서 자리 잡게 되었다. 그러나 1970년대에 들어와서는 범죄의 증가에 따라 이에 대한 비판이 강하게 제기되었고, 판례도 배제법칙에 대하여 「선의의 예외 이론」($^{Massachusetts\ v.\ Sheppard,}_{468\ U.S.\ 981(1984)}$)을 인정하고, 독수의 과실이론에도 제약을 가하여 「불가 피한 발견의 예외」($^{Nix\ v.\ Williams,}_{467\ U.S.\ 431(1984)}$) 등을 인정함으로써 그 적용범위를 점차 제한하는 방향으로 나아가고 있다.

한편 독일에서는 일정한 증거의 수집과 사용을 제한하는 증거금지(Beweis-verbot)라는 개념을 통하여 위법수집증거배제법칙을 실질적으로 실현하고 있다. 독일에서의 증거사용금지는 형사소송법 제136조의a에서 규정하고 있는 「금지된 신문방법」의 경우처럼 법률에 그 근거를 두고 있는 경우는 물론이고, 그 이외의 경우에도 학설이나 판례를 통하여 그 적용범위를 점차 확대해 나가고 있다.

일본의 학설은 미국 판례의 영향을 받아 위법수집증거배제법칙을 주장해 왔으나, 판례는 압수물은 압수절차가 위법하다고 할지라도 물건 자체의 성질이나 형상에는 변경이 없고 따라서 그 형상 등에 관한 증거가치에는 변화가 없다는 것을 이유로 위법수집증거의 증거능력을 인정해 왔었다. 그러나 1978년 최고재판소도 판결을 통해 배제법칙을 선언하기에 이르렀으며($^{최판\ 1978.9.7,\ 형}_{집\ 32-6,\ 1672}$), 그 이후에는 배제법칙의 적용범위에 관한 해석론으로 논쟁의 초점이 바뀌게 되었다.

Ⅱ. 우리나라에서의 논의 및 입법

판례는 종래 변호인의 접견교통권을 침해하거나($^{대법원\ 1990.9.25,}_{90도1586}$), 진술거부권을 고지하지 아니한($^{대법원\ 1992.6.23,}_{92도682}$) 상태에서 작성한 피의자신문조서 또는 위법한 긴급체포에 의한 유치 중에 작성된 피의자신문조서($^{대법원\ 2002.6.11,}_{2000도5701}$)의 증거능력은 부정하면서도, 영장주의에 위반하여 압수한 비진술증거인 증거물에 관하여는 「압수물은 압수절차가 위법하다 하더라도 물건 자체의 성질·형상에 변경을 가져오는 것은 아니므로 그 형상 등에 대한 증거가치에는 변함이 없다 할 것이므로 증거능력이 있다」고 판시하여($^{대법원\ 1987.6.23,\ 87도705;}_{대법원\ 1994.2.8,\ 93도3318}$), 그 증거능력을 인정하는 태도를 취하여 왔다. 이것은 ① 비진술증거는 자백과 같은 진술증거와는 달리 설령 그 수집절차에 위법이 있더라도 증거가치에 영향을 미치지 않고, ② 증거물의 압수절차에 위법이 있다고 하여 그 증거능력을 부정하게 되면 당연히 처벌되어야 할 자가 처벌을 면하게 되어 형사소송에 있어서의 실체적 진실주의의 요청에 반하며, ③ 위법하게 증거를 수집한 수사기관에 대해서는 형사·민사·행정상의 책임을 물으면 된다는 사고를 기초로 한 것이었다. 그러나 학설은 ① 헌법이 규정하고 있는 적법절차와 인권보장의 정신을 실현하고 수사기관에 의한 위법수사를 억제하기 위해서는 위법수집증거의 증거능력을 부정해야 하고, ② 임의성 없는 자백의 증거능력을 부정하는 취지는 비진술증거인 증거물에 대하여도 적용되어야 한다는 점에 의견이 일치하고 있었다.

현행 형사소송법은 이러한 학설의 입장에 따라 2007. 6. 1. 개정을 통해 명문으로 이 원칙을 규정하게 되었으며, 대법원도 종전의 입장을 변경하여 「헌법과 형사소송법이 정한 절차에 따르지 아니하고 수집한 증거는 기본적 인권 보장을 위해 마련된 적법한 절차에 따르지 않은 것으로서 원칙적으로 유죄 인정의 증거로 삼을 수 없다」고 판시함으로써(대법원 2007.11.15, 2007
도3061 전원합의체 판결), 비진술증거에 대해서도 위법수집증거배제법칙의 적용을 인정하게 되었다.

Ⅲ. 위법수집증거의 배제범위

1. 증거배제의 기준

(1) 적법절차의 실질적인 내용의 침해

위법수집증거배제의 기준은 기본적으로 이 법칙의 근거인 적법절차의 보장과 위법수사의 억제에서 찾을 수 있다. 즉 증거물의 압수 등의 절차에 헌법과 형사소송법상 허용될 수 없는 중대한 위법이 존재하고 이를 증거로서 허용하는 것이 적법절차의 보장과 장래의 위법수사의 억제라는 견지에서 볼 때 상당하지 않다고 인정되는 경우에 그 증거능력이 부정되게 된다.

대법원은 2007. 11. 15, 2007도3061 전원합의체 판결에서 「기본적 인권 보장을 위하여 압수·수색에 관한 적법절차와 영장주의의 근간을 선언한 헌법과 이를 이어받아 실체적 진실 규명과 개인의 권리보호 이념을 조화롭게 실현할 수 있도록 압수·수색절차에 관한 구체적 기준을 마련하고 있는 형사소송법의 규범력은 확고히 유지되어야 한다. 그러므로 헌법과 형사소송법이 정한 절차에 따르지 아니하고 수집한 증거는 기본적 인권 보장을 위해 마련된 적법한 절차에 따르지 않은 것으로서 원칙적으로 유죄 인정의 증거로 삼을 수 없다. 수사기관의 위법한 압수·수색을 억제하고 재발을 방지하는 가장 효과적이고 확실한 대응책은 이를 통하여 수집한 증거는 물론 이를 기초로 하여 획득한 2차적 증거를 유죄 인정의 증거로 삼을 수 없도록 하는 것이다. 다만 법이 정한 절차에 따르지 아니하고 수집된 압수물의 증거능력 인정 여부를 최종적으로 판단함에 있어서는, 실체적 진실 규명을 통한 정당한 형벌권의 실현도 헌법과 형사소송법이 형사소송절차를 통하여 달성하려는 중요한 목표이자 이념이므로, 형식적으로 보아 정해진 절차에 따르지 아니하고 수집된 증거라는 이유만을 내세워 획일적으로 그 증거의 증거능력을 부정하는 것 역시 헌법과 형사소송법이 형사소송에 관한 절차조항을 마련한 취지에 맞는다고 볼 수 없다는 것을 고려해야 한다. 따라서 수사기관의 증거수집 과정에서 이루어진 절차 위반행위와 관련된 모든 사정 즉, 절차조항의 취지와 그 위반의 내용 및 정도, 구체적인 위반경위와 회피가능성, 절차조항이 보호하고자 하는 권리 또는 법익의 성질과 침해정도 및 피고인과의 관련성, 절차위반행위와 증거수집 사이의 인과관계 등 관련성의 정도, 수사기관의 인식과 의도 등을 전체적·종합적으로 살펴 볼 때, 수사기관의 절차위반행위가 적법절차의 실질적인 내용을 침해하는 경우에 해당하지 아니하고, 오히려 그 증거의 증거능력을 배제하는 것이 헌법과 형사소송법이 형사소송에 관한 절차조항을 마련하여 적법절차의 원칙과 실체적 진실 규명의 조화를 도모하고 이를 통하여 형사사법정의를 실현하려 한 취지에 반하는 결과를 초래하는 것으로 평가되는 예외적인 경우라면, 법원은 그 증거를 유죄인정의 증거로 사용할 수 있다고 보아야 할 것이다. 이는 적법한 절차에 따르지 아니하고 수집된 증거를 기초로 하여 획득된 2차적 증거의 경우에도 마찬가지여서, 절차에 따르지 아니한 증거수집과 2차적 증거수집 사이의 인과관계 희석 또는 단절 여부를 중심으로 2차적 증거수집과 관련된 모든 사정을 전체적·종합적으로 고려하여 예외적인 경우에는 유죄인정의 증거로 사용할 수 있는 것이다」라고 판시하여, 종전의 이른바 성질·형상불변론을 폐기하고 위법수집증거배제를 원칙으로 선언함과 동시에 위법수집증거의 판단기준 및 그에 대한 예외적인 허용기준도 아울러 제시하고 있다.

위의 판례에서 대법원은 위법수집증거 및 2차적 증거의 증거능력의 유무를 수사기관의 압수·수색 등의 절차위반행위를 행위당시의 사정하에서 전체적·종합적으로 검토하여 이것이 헌법 및 형사소송법이 정한 적법절차의 실질적인 내용을 침해한 점이 있는지의 여부에 따라 판단하고 있다(같은 취지로는, 대법원 2009.3.12, 2008도11437; 대법원 2011.3.10, 2010도9127 등). 따라서 수사기관의 위법행위가 있더라도 이것이 적법절차의 실질적인 내용을 침해하지 않는 경우에는 증거능력이 부정되지 아니한다.[1] 대법원이 제시하는 수사기관의 절

---

1) 수사기관이 외국인을 체포하거나 구속하면서 지체없이 영사통보권 등이 있음을 고지하지 않

차위반행위가 적법절차의 실질적인 내용을 침해하는 경우라는 기준은 그 의미와 내용이 명확한 것은 아니나, 결국 수사기관의 증거수집 과정에 중대한 위법이 존재하고 이를 증거로서 허용하는 것이 적법절차의 보장 내지 위법수사의 억제라는 관점에서 상당하지 않은 경우라고 할 수 있을 것이다.

(2) 주장적격

위법수사의 직접적인 상대방만이 위법수집증거배제를 주장할 수 있는 자격, 즉 주장적격을 가지는 것은 아니다. 따라서 피고인이 위법수집증거의 증거능력을 부인하기 위해서는 수사기관의 위법수사가 반드시 피고인에 대하여 행하여졌을 필요는 없다. 수사기관이 피고인 아닌 제 3 자를 상대로 위법하게 수집한 증거라고 하더라도 이를 피고인의 유죄를 인정하기 위한 증거로 사용할 수 없다.[1]

(3) 거증책임

수사기관이 법에 정한 절차에 위반하여 수집한 증거를 유죄 인정의 증거로 사용하기 위해서는 그러한 증거를 유죄 인정의 증거로 사용할 수 있는 예외적인 경우에 해당한다고 볼 만한 구체적이고 특별한 사정의 존재를 검사가 증명하여야 한다 $\left(\begin{smallmatrix} 대법원 2011.4.28, \\ 2009도10412 \end{smallmatrix}\right)$. 따라서 수사기관이 영장 발부의 사유로 된 범죄 혐의사실과 무관한 별개의 증거를 압수하였을 경우 별개의 증거를 피압수자 등에게 환부하고 후에 임의제출 받아 다시 압수하였다면 증거를 압수한 최초의 절차 위반행위와 최종적인 증거수집 사이의 인과관계가 단절되었다고 평가할 수 있으나, 제출에 임의성이 있다는 점에 관하여는 검사가 합리적 의심을 배제할 수 있을 정도로 증명하여야 한다 $\left(\begin{smallmatrix} 대법원 2016.3.10, \\ 2013도11233 \end{smallmatrix}\right)$.

앞다면 체포나 구속 절차는 국내법과 같은 효력을 가지는 영사관계에 관한 비엔나협약을 위반한 것으로 위법하지만, 피고인이 영사통보권 등을 고지받았더라도 영사의 조력을 구하였으리라고 보기 어렵고 수사기관이 피고인에게 영사통보권 등을 고지하지 않았더라도 그로 인해 피고인에게 실질적인 불이익이 초래되었다고 볼 수 없다면 체포나 구속 이후 수집된 증거와 이에 기초한 증거들은 증거능력이 인정된다(대법원 2022. 4. 28, 2021도17103).

1) 대법원 2011. 6. 30, 2009도6717, 「형사소송법 제308조의2는 "적법한 절차에 따르지 아니하고 수집한 증거는 증거로 할 수 없다"고 규정하고 있는바, 수사기관이 헌법과 형사소송법이 정한 절차에 따르지 아니하고 수집한 증거는 유죄 인정의 증거로 삼을 수 없는 것이 원칙이므로, 수사기관이 피고인이 아닌 자를 상대로 적법한 절차에 따르지 아니하고 수집한 증거는 원칙적으로 피고인에 대한 유죄 인정의 증거로 삼을 수 없다.」

2. 개별적 검토

(1) 영장주의에 위반하여 수집한 증거

영장주의에 실질적으로 위반하여 수집한 증거물은 그 증거능력이 부정된다. 따라서 영장 없이 압수·수색·검증한 증거물이나 영장에 기재되지 않은 물건에 대한 압수·수색·검증 그리고 체포현장의 요건을 결여한 압수·수색·검증이나 불심검문에 수반하여 허용된 한계를 벗어난 소지품검사 등에 의하여 수집한 물건에 대해서는 증거능력을 인정할 수 없다. 사후에 압수수색영장을 청구하여 발부받아야 할 경우임에도 불구하고 이를 하지 아니한 채 즉시 반환하지 않은 압수물이나($^{제216}_{조}$ $^{제1항 제2호·}_{제2항·제3항, 제217조}$) 소유자, 소지자 또는 보관자가 아닌 자로부터 제출받아 영장 없이 압수한 물건($^{대법원 2010.1.28,}_{2009도10092}$) 그리고 통신비밀보호법상의 요건을 구비하지 못한 도청행위의 결과도 마찬가지이다. 영장에 압수대상물이 특정되지 않은 경우에도 압수한 물건을 증거로 사용할 수 없다. 다만 영장의 기재방식이나 집행방식에 있어서의 단순한 위법은 증거능력에 영향이 없다.

(2) 그 밖에 적법절차에 위반하여 수집한 증거

적법절차나 법치국가원리에 위반하여 수집한 증거는 영장주의 위반 이외의 경우에도 위법수집증거로서 증거능력이 인정되지 않는다. 당사자의 참여권과 신문권을 침해한 증인신문($^{제163}_{조}$)의 결과, 당사자의 참여권을 보장하지 않은 검증($^{제121조}_{제145조}$)과 감정($^{제176}_{조}$)의 결과, 의사나 성년 여자를 참여시키지 않고 행한 여자의 신체검사($^{제141조}_{제3항}$)의 결과, 야간압수·수색금지규정($^{제125조}_{제219조}$)에 위반한 압수·수색의 결과도 증거로 할 수 없다. 위법한 함정수사의 결과로 수집한 증거는 증거능력의 유무를 논하기 이전에 이미 당해 공소제기 자체가 공소권남용에 해당하여 무효로 된다. 그러나 범행 현장에서 지문채취 대상물에 대한 지문채취가 먼저 이루어진 이상, 수사기관이 그 이후에 지문채취 대상물을 적법한 절차에 의하지 아니한 채 압수하였더라도, 채취된 지문은 위법하게 압수한 지문채취 대상물로부터 획득한 2차적 증거에 해당하지 아니하므로 증거로 할 수 있다($^{대법원 2008.10.23,}_{2008도7471}$).

증거수집절차에 관한 형사소송법의 효력규정을 위반한 경우에도 당해 증거의 증거능력이 부정된다. 따라서 증거조사절차가 위법하여 무효인 경우에는 그 결과를 증거로 사용할 수 없다. 선서 없이 행한 증인신문($^{제156}_{조}$)·감정·통역·번역($^{제170조}_{제183조}$)의 결과 및 압수·수색 거부권($^{제110조 내지 제}_{112조, 제219조}$)을 침해한 압수·수색의 결과도 증거로 할 수 없다. 다만 단순히 증인의 소환절차에 잘못이 있거나 위증의 벌을 경고하지 않고 선서한 증인의 증언은 증거능력에 영향이 없다고 해야 한다.

위법수집증거로서 증거능력 인정 여부가 문제되는 그 밖의 경우는 각각 관련되는 곳에서 개별적으로 검토하기로 한다.

3. 독수의 과실이론

(1) 의   의

독수의 과실이론(Doctrine of the fruit of the poisonous tree)이란 위법하게 수집된 증거에 의하여 발견된 제 2 차 증거의 증거능력을 부인하는 이론을 말한다. 예를 들면 임의성 없는 자백이나 불법도청에 의한 정보를 이용하여 수집한 증거물이나 진술증거의 증거능력도 그 기초가 된 자백이나 도청의 결과와 마찬가지로 부정된다는 것이다. 이는 위법수사로 인한 제 1 차적 증거에 대해서만 증거능력을 부인하고 파생적 증거에 대하여 증거능력을 인정할 경우에 위법수집증거배제법칙이 무의미해지는 것을 막기 위한 원칙이라고 할 수 있다. 미국에서는 1920년 Silverthorne 사건($^{Silverthorne\ Lumber}_{Co.\ v.\ U.S.,\ 251\ U.S.\ 385}$)의 판결과 1939년 Nardone사건($^{Nardone\ v.\ U.S.,}_{308\ U.S.\ 338}$)의 판결을 통해서 이 원칙이 확립되었으며, 독일에서는 증거금지이론을 기초로 한 증거사용금지의 파급효 내지 먼거리 효과(Fernwirkung)의 문제로서 논의되고 있다.

대법원도 「수사기관의 위법한 압수·수색을 억제하고 재발을 방지하는 가장 효과적이고 확실한 대응책은 이를 통하여 수집한 증거는 물론 이를 기초로 하여 획득한 2차적 증거를 유죄인정의 증거로 삼을 수 없도록 하는 것이다」라고 판시하여($^{대법원\ 2007.11.15,\ 2007}_{도3061\ 전원합의체\ 판결}$), 이 이론을 원칙적으로 인정하고 있다. 적법절차의 보장과 위법수사의 억제를 목표로 하는 위법수집증거배제법칙의 실효성을 확보하기 위해서는 위법수집증거뿐만 아니라 그 파생증거의 증거능력도 함께 부정하여야 할 것이다.

(2) 독수의 과실이론의 예외

위법하게 수집된 증거에 의하여 수집된 증거라고 할지라도 독수의 과실이론이 적용되지 않는 경우가 있다. 미국의 판례는 다음의 경우에 예외적으로 파생증거를 증거로 사용할 수 있도록 하고 있다. 우리 판례도 파생증거의 증거능력 인정 여부는 증거수집과 관련된 제반 사정들을 전체적·종합적으로 고려하여 판단하여야 한

다는 입장을 취하면서, 다음의 예외이론들을 그 판단기준으로 활용하고 있다.[1]

㈎ 오염순화에 의한 예외(purged taint exception)

피고인이 사후에 자유의사에 의하여 행한 행위는 위법수사로 인한 증거의 오염을 희석시킨다는 이론이다. 예를 들면 경찰관이 위법하게 피의자의 집에 침입하여 자백을 얻은 경우에도 피의자가 며칠 후에 경찰서에 출석하여 경찰의 위법수사를 알면서 자백서에 서명한 때에는 새로운 자백이 행하여진 것으로 볼 수 있어 자백의 증거능력이 인정된다는 것이다$\left(\substack{\text{Wong Sun v. U.S.,}\\ \text{371 U.S. 471(1963)}}\right)$. 이를 희석이론이라고도 한다.

판례도 이 이론을 반복자백 등에 대한 예외인정의 중요한 기준으로 사용하고 있다. 수사기관이 진술거부권을 고지하지 않았거나 위법하게 구속집행이 이루어진 상태에서 피의자의 자백을 획득한 후 이 자백을 기초로 반복자백이나 그 밖의 증거가 수집된 경우에, 판례는 진술거부권을 고지하지 않은 것이 수사기관의 실수에 의한 것인지 아니면 의도적으로 자백을 이끌어내기 위한 수단으로 이를 고지하지 않은 것인지, 자백 이후 이루어진 신문에서는 곧 진술거부권을 고지하여 잘못이 시정된 상태에서 수사가 진행되었는지, 최초 자백 이후 구금되었던 피고인이 석방되었거나 변호인으로부터 충분한 조력을 받은 가운데 상당한 시간이 경과하였음에도 다시 자발적으로 계속하여 동일한 내용의 자백을 하였는지 등의 사정을 인과관계의 희석 또는 단절을 인정하기 위한 사항으로 고려하고 있다.[2]

---

1) 대법원 2009. 3. 12, 2008도11437, 「수사기관이 진술거부권을 고지하지 않은 상태에서 임의로 이루어진 피의자의 자백을 기초로 수집한 2차적 증거들, 예컨대 반복된 자백, 물적 증거나 증인의 증언 등이 유죄 인정의 증거로 사용될 수 있는지 역시 위와 같은 법리에 따라 판단되어야 할 것이다. 구체적인 사안에서 위와 같은 2차적 증거들의 증거능력 인정 여부는 제반 사정을 전체적·종합적으로 고려하여 판단하여야 할 것인데, 예컨대 진술거부권을 고지하지 않은 것이 단지 수사기관의 실수일 뿐 피의자의 자백을 이끌어내기 위한 의도적이고 기술적인 증거확보의 방법으로 이용되지 않았고, 그 이후 이루어진 신문에서는 진술거부권을 고지하여 잘못이 시정되는 등 수사 절차가 적법하게 진행되었다는 사정, 최초 자백 이후 구금되었던 피고인이 석방되었다거나 변호인으로부터 충분한 조력을 받은 가운데 상당한 시간이 경과하였음에도 다시 자발적으로 계속하여 동일한 내용의 자백을 하였다는 사정, 최초 자백 외에도 다른 독립된 제3자의 행위나 자료 등도 물적 증거나 증인의 증언 등 2차적 증거 수집의 기초가 되었다는 사정, 증인이 그의 독립적인 판단에 의해 형사소송법이 정한 절차에 따라 소환을 받고 임의로 출석하여 증언하였다는 사정 등은 통상 2차적 증거의 증거능력을 인정할만한 정황에 속한다고 볼 수 있을 것이다.」
2) 대법원 2009. 3. 12, 2008도11437, 「비록 피고인의 제1심 법정에서의 자백은 진술거부권을 고지받지 않은 상태에서 이루어진 피고인의 최초 자백과 같은 내용이기는 하나, 피고인의 제1심 법정에서의 자백에 이르게 되기까지의 앞서 본 바와 같은 모든 사정들, 특히 최초 자백이 이루어진 이후 몇 시간 뒤 바로 수사기관의 진술거부권 고지가 이루어졌을 뿐 아니라

(나) **독립된 증거원의 예외**(independent source exception)

위법수사로 인하여 취득한 제1차 증거와 제2차 증거 사이에 조건설적 인과관계가 인정되는 경우라도 수사기관이 그러한 위법수사를 이용하여 제2차 증거를 수집한 것으로 볼 수 없는 때에는 제2차 증거를 증거로 사용할 수 있다는 이론이 독립된 증거원의 예외이론이다. 따라서 위법한 수색에 의하여 피고인의 집에서 유괴된 소녀를 발견한 경우에도 유괴된 소녀의 진술은 위법한 수색과는 별개의 독립된 증거이므로 이를 증거로 사용할 수 있고(State v. O'Bremski, 423 p.2d 530(1967)), 위법한 체포 이후 공판정에서 이루어진 피해자의 범인확인진술은 피고인에 대한 위법체포와는 독립된 증거로서 증거능력이 있다(U.S. v. Crews, 445 U.S. 463(1980)).

우리 판례도 진술거부권을 고지하지 아니한 채 얻은 피고인의 자백을 기초로 피해자를 알아내고 그 피해자를 증인으로 신문한 사안에서, 증인이 그의 독립적인 판단에 의해 형사소송법이 정한 절차에 따라 소환을 받고 임의로 출석하여 증언하였다는 사정 등은 피해자의 증언을 증거로 사용할 수 있을 만한 정황에 속한다고 하고 있다(대법원 2009.3.12,/2008도11437).

(다) **불가피한 발견의 예외**(inevitable discovery exception)

위법수사로 인한 제1차 증거가 없었더라도 제2차 증거가 다른 경로를 통하여 결국은 발견되었을 것을 증명할 수 있을 경우에는 제2차 증거의 증거능력을 인정할 수 있다는 이론이다. 예를 들면 경찰관이 피의자에 대한 위법한 신문에 의하

그 후 신문시마다 진술거부권 고지가 모두 적법하게 이루어졌고, 제1심 법정 자백은 최초 자백 이후 약 40여 일이 지난 후 공개된 법정에서 변호인의 충분한 조력을 받으면서 진술거부권을 고지받는 등 적법한 절차를 통해 임의로 이루어진 사정 등을 전체적·종합적으로 고려해 볼 때, 이를 유죄 인정의 증거로 사용할 수 있는 경우에 해당한다고 할 것이다.」

대법원 2009. 4. 23, 2009도526,「사전에 구속영장을 제시하지 아니한 채 구속영장을 집행하고, 그 구속 중 수집한 피고인의 진술증거 중 피고인의 제1심 법정진술은, 피고인이 구속집행절차의 위법성을 주장하면서 청구한 구속적부심사의 심문 당시 구속영장을 제시받은 바 있어 그 이후에는 구속영장에 기재된 범죄사실에 대하여 숙지하고 있었던 것으로 보이고, 구속 이후 원심에 이르기까지 구속적부심사와 보석의 청구를 통하여 구속집행절차의 위법성만을 다투었을 뿐, 그 구속 중 이루어진 진술증거의 임의성이나 신빙성에 대하여는 전혀 다투지 않았을 뿐만 아니라, 변호인과의 충분한 상의를 거친 후 공소사실 전부에 대하여 자백한 것이라면, 유죄 인정의 증거로 삼을 수 있는 예외적인 경우에 해당한다.」

한편 위법하게 수집된 녹음파일을 제시받거나 그 대화 내용을 전제로 한 신문에 답변한 내용이 일부 포함되어 있는 피고인의 법정진술에 대하여, 그 법정진술과 녹음파일 수집과정에서의 절차적 위법과의 사이에는 여전히 직접적 인과관계가 있다고 볼 여지가 있어 증거능력이 없다고 한 사례도 있다(대법원 2014. 1. 16, 2013도7101).

여 자백을 얻고 사체의 소재를 알게 되었으나, 경찰관이 다른 방법에 의하여도 사체를 발견하였을 것이라는 점이 증명된 때에는 증거로 할 수 있다는 것이다(Nix v. Williams, 467 U.S. 431(1984)). 다만 이 예외이론이 수사기관의 위법행위에 대한 회피수단으로 이용되어서는 안 되므로, 여기서 파생증거의 발견에 대한 불가피성의 정도는 고도의 개연성이 인정될 것을 요한다고 해야 한다.

(라) 선의의 예외(good faith exception)

미국의 판례는 독수의 과실이론에 대한 예외와 함께 위법수집증거배제법칙에 대하여 선의의 예외를 인정하고 있다(Massachusetts v. Sheppard, 468 U.S. 981(1984)). 선의의 예외이론이란 수사기관이 아닌 다른 사람에 의하여 위법이 행하여졌으나 수사기관이 이를 적법한 것으로 믿고 수사한 경우에 그렇게 믿을 만한 합리적인 근거가 있는 경우에는 당해 증거를 증거로 사용할 수 있다는 법리를 말한다. 구체적으로는 요건을 구비하지 못한 위법한 영장발부가 수사기관이 아닌 법관이나 법원직원에 의하여 행하여진 경우, 경찰관이 자신을 가옥에 들어오게 한 사람이 동의할 권한이 있다고 이성적으로 믿은 경우, 경찰관의 행위가 후에 위헌으로 결정된 법률에 근거하였던 경우 등에 인정되고 있다.

그러나 위법수사의 억제와 함께 적법절차의 보장도 배제법칙의 중요한 근거가 된다는 점과 선의의 신뢰를 빙자하여 위법수집증거배제법칙을 회피하는 것을 막을 필요가 있다는 점 등을 고려할 때 이 이론을 받아들이는 데는 신중을 기하여야 할 것이다.

Ⅳ. 사인이 위법하게 수집한 증거의 증거능력

1. 사인이 수집한 증거와 위법수집증거배제법칙

사인이 위법하게 수집한 증거에 대하여도 위법수집증거배제법칙이 적용될 것인지가 문제된다. 증거의 수집은 통상 수사기관에 의하여 이루어지므로 위법수집증거의 문제도 국가기관인 수사기관의 행위와 관련해서 생기는 것이 일반적이기 때문이다. 위법하게 수집된 증거의 증거능력 배제가 수사기관에 의한 위법수사의 억제에만 그 근거가 있다고 보면 사인에 의한 위법수집증거의 증거증력은 이를 배제할 필요가 없는 것이 된다. 물론 이 경우에도 수사기관의 의뢰에 의해 사인이 증거를 수집한 경우에는 실질적으로 수사기관 자신의 행위에 준해서 취급하여야 하므로, 수사기관이 사인을 시켜서 증거물을 절취한 경우에는 영장 없이 증거물을 압수한 경우와 마찬가지로 그 증거능력을 부정하여야 한다.

한편 위법수사의 억제와 함께 적법절차의 보장을 증거능력 배제의 중요한 근거로 보는 입장에서는 사인이 위법하게 수집한 증거에 대해서도 위법수집증거배제법칙을 적용하여 그 증거능력을 부정해야 하는 것이 된다. 따라서 피해자가 피고인이나 제 3 자에게 폭행·협박을 가하여 진술을 얻어내거나, 사취·절취 등의 방법으로 증거물을 취득한 경우에는 원칙적으로 이를 사실인정의 자료로 사용할 수 없다고 보게 된다.

위법수집증거배제법칙이 위법수사의 억제만을 목적으로 하는 것은 아니므로 사인이 위법하게 수집한 증거에 대해서도 기본적으로 이 법칙이 적용되어야 할 것이다.

2. 사인의 위법수집증거에 대한 증거능력 판단기준

(1) 원칙적 동일기준설

사인의 증거수집행위에 중대한 위법이 존재하고 그 결과 적법절차의 실질적 내용을 침해한 것으로 인정되는 때에는 수사기관이 위법하게 수집한 증거와 마찬가지로 이를 증거로 사용할 수 없고, 다만 공권력을 사용하여 증거를 수집할 수 없는 사인의 증거수집행위에 있어서는 수사기관의 경우와 비교해서 위법성이 조각되는 정당한 사유의 범위를 상대적으로 넓게 인정할 수 있다는 입장이다.

(2) 권리범위설

침해되는 권리의 중요성을 기준으로 증거배제 여부를 결정하는 견해로서, 사인의 위법행위가 기본권의 핵심적 영역을 침해하는 경우에는 사인이 수집한 증거의 증거능력이 부정된다고 한다.

(3) 이익형량설

실체적 진실발견이라는 공익과 사인의 위법행위에 의한 이익침해를 비교형량하여 사인이 수집한 증거에 대하여 위법수집증거배제법칙의 적용 여부를 결정하려는 견해이다. 판례도 사인이 수집한 증거물[1]이나 사인이 촬영한 사진 등에 대한 위

---

1) 대법원 2008. 6. 26, 2008도1584, 「사문서위조·위조사문서행사 및 소송사기로 이어지는 일련의 범행에 대하여 피고인을 형사소추하기 위해서는 이 사건 업무일지가 반드시 필요한 증

법수집증거배제법칙의 적용에 있어서 이익형량설을 취하고 있다.

(4) 검   토

사인이 수집한 증거에 대한 위법수집증거배제법칙의 적용에 있어서도 원칙적으로 수사기관의 위법수집증거에 대한 배제기준을 그대로 적용하고, 다만 사인의 경우에는 위법성이 조각되는 정당한 사유의 범위를 상대적으로 넓게 인정하는 첫 번째 견해가 타당하다고 생각된다. 따라서 피해자가 긴급한 사정하에서 타인의 주거의 자유를 침해하여 증거물을 수집한 경우 등에 있어서는 그 증거를 사실인정의 자료로 사용할 수 있을 것이다.

3. 사인이 촬영한 사진의 증거능력

상대방 몰래 또는 동의 없이 사진이나 비디오를 촬영하는 경우에도 기본적으로 사인이 위법하게 수집한 증거의 증거능력에 대한 일반적인 논리를 적용할 수 있다. 상대방이 범죄행위에 사용된다는 사실을 모르고 동의한 경우에도 마찬가지이다. 이러한 경우의 사진촬영은 헌법이 보장하는 기본권인 초상권 내지 프라이버시의 권리를 정면으로 침해하는 것이므로 수사기관이 아닌 사인이 촬영한 경우에도 원칙적으로 그 촬영한 내용을 증거로 사용할 수 없다고 해야 한다. 다만 증거수집의 필요성 및 긴급성이 인정되는 상황하에서 피해자 등이 자신에게 유리한 증거를 스스로 수집하는 것은 예외적으로 사회상규에 위배되지 않는 행위로서 허용될 수 있을 것이다.

한편 대법원은 사인이 촬영한 사진의 증거능력에 대하여도 이를 이익형량설의 입장에서 파악하고 있다.[1]

거로 보이므로, 설령 그것이 제 3 자에 의하여 절취된 것으로서 위 소송사기 등의 피해자측이 이를 수사기관에 증거자료로 제출하기 위하여 대가를 지급하였다 하더라도, 공익의 실현을 위하여는 이 사건 업무일지를 범죄의 증거로 제출하는 것이 허용되어야 하고, 이로 말미암아 피고인의 사생활 영역을 침해하는 결과가 초래된다 하더라도 이는 피고인이 수인하여야 할 기본권의 제한에 해당된다.」

1) 대법원 1997. 9. 30, 97도1230, 「모든 국민의 인간으로서의 존엄과 가치를 보장하는 것은 국가기관의 기본적인 의무에 속하는 것이고, 이는 형사절차에서도 당연히 구현되어야 하는 것이기는 하나 그렇다고 하여 국민의 사생활 영역에 관계된 모든 증거의 제출이 곧바로 금지되는 것으로 볼 수는 없고, 법원으로서는 효과적인 형사소추 및 형사소송에서의 진실발견이라는 공익과 개인의 사생활의 보호이익을 비교형량하여 그 허용 여부를 결정하고, 적절한 증거조사의 방법을 선택함으로써 국민의 인간으로서의 존엄성에 대한 침해를 피할 수 있다고 보

628 제 4 편 공   판

4. 사인이 비밀녹음한 녹음테이프의 증거능력

통신비밀보호법은 제 3 조 제 1 항에서 「누구든지 … 전기통신의 감청 … 을 하거나 공개되지 아니한 타인 간의 대화를 녹음 또는 청취하지 못한다」고 규정하고, 다시 제14조 제 1 항에서 「누구든지 공개되지 아니한 타인 간의 대화를 녹음하거나 전자장치 또는 기계적 수단을 이용하여 청취할 수 없다」고 규정함으로써 수사기관이 아닌 사인에 의한 타인 간의 대화비밀침해행위에 대해서도 통신비밀보호법이 적용됨을 명백히 하고 있다.[1] 따라서 사인이 타인 간의 통화내용을 불법감청하여 녹음하거나 공개되지 아니한 타인 간의 대화를 비밀녹음한 경우에는 녹음내용을 재판 또는 징계절차에서 증거로 사용할 수 없으며($\binom{동법 제4조,}{제14조 제 2 항}$), 또한 비밀녹음을 한 자는 형사처벌의 대상이 된다($\binom{동법 제16조}{제1항 제1호}$). 그리고 여기서 타인 간의 대화를 녹음하는 행위에는 대화당사자의 동의 없이 이를 녹음한 경우뿐만 아니라($\binom{대법원 2001.10.9,}{2001도3106}$), 대화당사자 일방의 동의를 얻어 제 3 자가 대화내용을 녹음한 경우도 포함된다. 제 3 자 녹음의 경우에는 당사자 일방의 동의를 얻었다고 하더라도 타인 간의 통신의 비밀을 침해한 것이므로 통신비밀보호법에 위반한 것이 되어 증거능력이 없다($\binom{대법원}{2010.10.14,}$ $\binom{2010}{도9016}$).

문제는 대화의 일방당사자가 비밀리에 녹음을 한 경우이다. 대화당사자의 일방에 의한 비밀녹음의 경우는 비록 통신비밀보호법을 위반한 것은 아니지만 상대방의 프라이버시를 침해한 중대한 위법이 있으므로 역시 위법수집증거라고 보아야 할 것이다. 다만 대화당사자의 일방이 범죄의 직접적인 관련자, 즉 피의자ㆍ피고인

아야 할 것이므로, 피고인의 동의하에 촬영된 나체사진의 존재만으로 피고인의 인격권과 초상권을 침해하는 것으로 볼 수 없고, 가사 사진을 촬영한 제 3 자가 그 사진을 이용하여 피고인을 공갈할 의도였다고 하더라도 사진의 촬영이 임의성이 배제된 상태에서 이루어진 것이라고 할 수는 없으며, 그 사진은 범죄현장의 사진으로서 피고인에 대한 형사소추를 위하여 반드시 필요한 증거로 보이므로, 공익의 실현을 위하여는 그 사진을 범죄의 증거로 제출하는 것이 허용되어야 하고, 이로 말미암아 피고인의 사생활의 비밀을 침해하는 결과를 초래한다 하더라도 이는 피고인이 수인하여야 할 기본권의 제한에 해당된다.」

1) 다만 통신비밀보호법이 보호하는 타인 간의 대화는 원칙적으로 현장에 있는 당사자들이 육성으로 말을 주고받는 의사소통행위를 가리키므로, 사물에서 발생하는 음향이나 상대방에게 의사를 전달하는 말이 아닌 단순한 비명소리나 탄식 등은 특별한 사정이 없는 한 타인 간의 대화에 해당한다고 볼 수 없다. 따라서 이러한 소리를 비밀녹음한 녹음내용을 증거로 사용할 수 있는지의 여부는 개별적인 사안에서 효과적인 형사소추와 형사절차상 진실발견이라는 공익과 개인의 인격적 이익 등의 보호이익을 비교형량하여 결정하여야 한다(대법원 2017. 3. 15, 2016도19843 참조).

이나 피해자로서 자신의 범죄관련대화를 비밀녹음한 경우에는 예외적으로 위법하지 않다고 볼 수 있다. 이 경우에는 비록 상대방의 프라이버시를 침해한 위법이 존재하지만 재현이 용이하지 않은 긴급상황하에서 녹음자가 자신에게 유리한 증거를 스스로 수집하는 것이고, 이러한 행위는 사회상규에 위배되지 않는 행위라고 볼 수 있기 때문이다.

그러나 대법원은 대화당사자의 일방이 피고인과의 대화내용을 몰래 녹음한 경우뿐만 아니라(대법원 1997.3.28, 97도240), 사인이 피고인 아닌 사람과의 대화내용을 비밀녹음한 경우에도(대법원 1999.3.9, 98도3169) 대화내용이 녹음된 녹음테이프의 적법성을 널리 인정하는 입장을 취하고 있다. 또한 3인 간의 대화에 있어서 그 중 한 사람이 대화내용을 비밀녹음한 경우에도 다른 두 사람의 발언은 그 녹음자에 대한 관계에서 타인 간의 대화로 볼 수 없다는 이유로 그 녹음행위의 적법성을 인정하고 있다(대법원 2014.5.16, 2013도16404). 판례는 대화의 당사자가 행한 비밀녹음에 대하여 전문법칙에 의한 증거능력의 제한을 인정할 뿐 위법수집증거배제법칙을 적용하여 그 증거능력을 제한하지는 않는다.

Ⅴ. 위법수집증거와 증거동의 및 탄핵증거

1. 위법수집증거에 대한 증거동의

위법수집증거에 대하여 당사자가 동의한 경우에 그 증거능력을 인정할 수 있는지가 문제된다.

제한적 긍정설은 증거수집절차의 위법이 본질적인 위법에 해당하는 경우에는 증거동의가 허용되지 않으나 본질적 위법에 해당하지 않는 경우에는 동의에 의하여 증거능력을 인정할 수 있다는 견해이다. 이 견해에 의하면 고문에 의한 자백강요·영장주의의 위반·선서의 결여 등의 위법사유가 존재하는 경우에는 동의를 하더라도 증거능력이 부정되나, 진술거부권이나 증언거부권의 불고지·증인신문참여권의 침해 등의 경우에는 동의에 의하여 증거능력을 인정할 수 있다고 한다.

그러나 증거수집절차의 위법이 중대한 경우에 한하여 위법수집증거배제법칙이 적용됨에도 불구하고 이를 다시 본질적 위법과 비본질적 위법 등의 기준으로 구별하여 당사자의 동의에 의한 예외를 인정하는 것은 방법론적으로 타당하지 않을 뿐만 아니라 그 적용기준을 불명확하게 하여 위법수집증거배제법칙의 운용을 어렵게 할 염려가 있다. 따라서 위법수집증거에 대하여는 당사자의 동의가 있더라도 증거능력을 인정할 수 없다고 보아야 한다. 판례도 부정설의 입장을 취하고 있다.[1]

2. 위법수집증거와 탄핵증거

위법수집증거를 탄핵증거로 사용하는 것을 허용할 때에는 사실상 증거배제의 효과를 회피하는 결과를 초래하게 된다. 따라서 위법수집증거배제법칙에 의하여 증거능력이 배제된 진술증거를 탄핵증거로 사용하는 것은 허용되지 않는다고 해야 한다(통설).

제 4 절 자백의 증거능력과 증명력

Ⅰ. 자백의 의의

1. 자백의 개념

자백이란 피의자 또는 피고인이 자신의 범죄사실의 전부 또는 일부를 인정하는 진술을 말한다.

(1) 자백의 주체

자백은 진술을 하는 자의 법률상의 지위는 문제되지 않는다. 제309조나 제310조가 「피고인의 자백이 …」라는 표현을 사용하고 있으나, 이는 현재 피고인의 지위에 있는 자의 자백이라는 의미에 불과하고, 그 피고인의 진술이 어떠한 절차와 지위에서 이루어졌는가는 불문한다. 따라서 피고인이 피고인·피의자·증인·참고인 등의 지위에서 행한 자백은 물론이고 일반인의 입장에서 행한 자백도 모두 여기서 말하는 피고인의 자백에 포함된다.

---

1) 대법원 2009. 12. 24, 2009도11401, 「형사소송법 제217조 제 2 항·제 3 항에 위반하여 압수수색영장을 청구하여 이를 발부받지 아니하고도 즉시 반환하지 아니한 압수물은 이를 유죄인정의 증거로 사용할 수 없는 것이고, 헌법과 형사소송법이 선언한 영장주의의 중요성에 비추어 볼 때 피고인이나 변호인이 이를 증거로 함에 동의하였다고 하더라도 달리 볼 것은 아니다.」
대법원 1997. 9. 30, 97도1230, 「이 사건 사진이 위법하게 수집된 증거로 볼 수 없는 이상 형사소송법 제318조 제 1 항에 의한 증거동의의 대상이 될 수 있다.」

(2) 자백의 형식

자백은 진술의 형식이나 상대방을 묻지 않는다. 구두에 의한 진술은 물론이고 서면에 의한 진술도 자백에 해당한다. 또한 자백은 반드시 법원이나 수사기관에 대한 것임을 요하지 아니하므로, 사인에 대한 것이든 상대방 없이 단지 일기장이나 메모지에 기재해 놓은 것이든 상관이 없다.

공판정에서 법원에 대하여 한 자백을 재판상의 자백이라고 하고 그 밖의 자백을 재판 외의 자백이라고 한다.

(3) 자백의 내용

자백은 범죄사실을 인정하는 진술이면 족하고 형사책임까지 인정하는 진술임을 요하지 않는다. 본래 영미법에서는 단지 자기에게 불이익한 사실을 인정하는 것을 자인(admission)이라고 하여 자기의 형사책임을 인정하는 자백(confession)과 구별하고 있으나, 우리 형사소송법은 자백과 자인을 구별하지 않고 있으므로 자백에는 모두가 포함된다. 따라서 구성요건에 해당하는 사실을 긍정하면서 위법성조각사유나 책임조각사유의 존재를 주장하는 경우에도 자백에 해당한다.

2. 자백의 성격

자기에게 불리한 사실을 인정하는 자백은 인간의 자기보호의 본능에 비추어 볼 때 그것이 진실일 가능성이 크다. 그러나 한편 자백이 가지고 있는 높은 가치 때문에 수사기관은 무리한 방법으로라도 자백을 얻고자 하여 부당한 인권침해 등의 문제를 야기할 위험성이 있다. 또한 인간은 영웅심이나 의리 또는 대가를 얻기 위하여 허위로 자백하거나 중대한 범죄를 숨기기 위하여 혐의를 받고 있는 가벼운 범죄에 대하여 허위자백하는 경우도 있는데, 이 때에는 오히려 자백이 가지는 높은 신용성 때문에 오판의 위험성이 커지게 된다.

이러한 점을 고려하여 형사소송법은 자백이라는 증거에 대하여 증거능력과 증명력의 양면에서 각각 제한을 가하고 있다. 먼저 제309조에서 임의성에 의심이 있는 자백의 증거능력을 부정하고 있으며, 제310조는 임의성 있는 자백에 대하여 다시 증명력을 제한하고 있다.

Ⅱ. 자백배제법칙

1. 자백배제법칙의 의의

(1) 의   의

헌법은 제12조 제 7 항에서 「피고인의 자백이 고문·폭행·협박·구속의 부당한 장기화 또는 기망 기타의 방법에 의하여 자의로 진술된 것이 아니라고 인정될 때 … 에는 이를 유죄의 증거로 삼거나 이를 이유로 처벌할 수 없다」고 규정하여 자백배제법칙을 헌법상의 원칙으로 선언하고 있고, 이에 따라 형사소송법 제309조는 「피고인의 자백이 고문·폭행·협박·신체구속의 부당한 장기화 또는 기망 기타의 방법으로 임의로 진술한 것이 아니라고 의심할 만한 이유가 있는 때에는 이를 유죄의 증거로 하지 못한다」고 규정하고 있다. 이와 같이 위법한 방법에 의하여 얻어낸 자백을 유죄인정의 증거로 사용할 수 없도록 하는 원칙을 자백배제법칙이라고 한다.

(2) 자백배제법칙의 발전

자백의 배제법칙은 영미 형사증거법에서 발전한 증거법칙이다. 영국에서는 17세기에 이르기까지 자백이 아무런 제약을 받지 않고 증거로 허용되었다. 그러나 18세기 후반부터 이익에 의하여 유인되거나 협박에 의한 자백에 제한을 가하기 시작하여[1] 그 후 약 반세기에 걸쳐 조그만 유인이라도 있는 자백은 모두 배제되기에 이르렀다. 그러나 이러한 입장은 그 후 경찰에 의한 피의자신문절차를 규정하고 있는 1984년의 「경찰 및 형사증거법(Police and Criminal Evidence Act)」과 1985년의 실무규정(Codes of Practice)에 의하여 상당한 변화를 겪게 되었는데, 그 결과 경찰의 불법수사로 얻은 자백이라고 하더라도 무조건 증거능력이 부정되는 것이 아니라 전체적인 상황을 종합하여 임의성이 없다고 인정되는 경우에 한하여 증거능력이 부정되며, 다만 법관은 자백을 획득한 상황 등을 고려할 때 증거로서의 사용을 인정하는 것이 절차의 공정성을 해할 염려가 있다고 인정되면 임의성의 유무와 관계없이 자백의 증거능력을 부인하도록 하고 있다.

이러한 영국의 자백배제법칙은 미국법에 수용되었으나 그 전개과정에서 점차

---

1) 초기의 판례로서는 1783년의 Warickshall사건 판결이 있는데, 동 판결에서는 약속(promises) 또는 협박(threats)에 의한 자백에 대하여 자백의 신뢰성(reliability)이 없다는 이유로 증거의 허용성을 부인하였다(The King v. Warickshall, 1 Leach Cr. Cases, 263, 264).

허위배제보다는 적법절차의 원리를 기초로 그 적용범위를 확대시켰다는 점에 특징
이 있다. 미국에서의 이러한 전환의 선구가 된 연방대법원 판례가 1936년의 Brown
사건 판결[1]이라고 할 수 있는데, 이 판결은 주법원의 사건에 대하여 적법절차위반
의 논리로서 자백배제법칙의 적용범위를 확대하고 있다. 그 후 1943년의 McNabb
사건(McNabb v. United States, 318 U.S. 332(1943))에서도 경찰관리가 체포한 피의자를 지체 없이 치안판사에
게 데리고 갈 것을 요구하는 연방형사소송규칙(Federal Rules of Criminal Procedure)
제 5 조 (a)에 위반하여 이를 불법으로 구금하면서 그 기간 중에 획득한 자백에 대
하여 자백획득절차가 위법하다는 이유로 증거로서의 사용을 허용하지 않고 있다.
이어서 연방대법원은 몇 개의 판결을 통하여 이러한 입장을 강화하는 방향으로 나
아갔는데, 특히 1957년의 Mallory판결(Mallory v. United States, 354 U.S. 449(1957))에 의해서 재확인됨으로써
불법구속 중에 획득한 자백을 배제하는 이른바 McNabb-Mallory Rule이 확립되었
다. Mallory판결에서 연방대법원은 경찰은 상당한 이유(probable cause)가 있을 때
피의자를 체포하는 것이지 마음대로 체포하여 상당한 이유를 밝히기 위하여 경찰
신문절차를 이용해서는 안 된다는 점을 명백히 밝히고 있다.[2]

그 후 1960년대에 이르러서 연방대법원은 적법절차조항(due process clause)과
관련시켜 이러한 자백배제법칙을 더욱 명확히 하고 있다. 1961년의 Rogers사건
(Rogers v. Richmond, 365 U.S. 534(1961))에서 연방대법원은 임의성 없는 자백이 배제되는 이유는 그러한 자
백이 허위일 가능성이 있기 때문이 아니라, 자백을 얻기 위하여 사용한 수단이 형
벌권의 실현에 있어서의 기본원칙을 침해하였기 때문이라고 하면서 자백에 대한
위법배제법칙을 명확히 하였다. 또한 연방대법원은 피의자신문과 헌법상의 변호권
및 자기부죄거부의 특권을 결부시켜 적법절차조항의 위반을 이유로 한 자백의 위
법배제법칙을 확립하였는데, 1964년의 Escobedo사건(Escobedo v. Illinois, 378 U.S. 478(1964))과 1966년의
Miranda사건(Miranda v. Arizona, 384 U.S. 436(1966))에 대한 판결이 바로 그것이다. 먼저 Escobedo판결은
경찰이 피의자를 신문하는 과정에서 변호인의 조력을 구하는 피의자의 요청을 거
절한 것은 연방수정헌법 제 6 조의 변호인의 조력을 받을 권리를 침해한 것이라는

---

1) Brown v. Mississippi, 297 U.S. 278(1936). 백인지주를 살해한 흑인소작인을 고문하여 자백
   을 얻고 그 자백을 근거로 유죄를 선고한 주법원의 판결에 대하여 연방대법원은 주의 형사절
   차도 연방수정헌법 제14조의 적법절차의 원칙에 따라야 한다고 하면서 주법원의 판결을 파
   기하였다.
2) Wayne R. LaFave/Jerold H. Israel/Nancy J. King, Criminal Procedure, 3rd ed.(2000),
   p. 318.

이유로 자백을 배제하고 있다. 또한 1966년의 Miranda판결은 피의자에게 변호인선임권과 접견교통권 및 진술거부권을 고지하지 않은 상태에서 이루어진 자백은 그 피의자신문절차가 적법절차조항에 위반되었으므로 증거로서 허용되지 않음을 선언하고 있다. 즉 이 사건의 판결에서 연방대법원은 경찰신문을 받는 피의자는 진술을 거부할 수 있는 권리가 있다는 사실, 경찰신문에 대한 자백이 법정에서 자신에게 불리한 증거로 사용될 수 있다는 사실 그리고 그는 자기가 의뢰한 자이건 또는 지명된 자이건 변호인과 접견할 권리를 갖는다는 것을 고지받아야 한다는 점을 명시하여 소위 Miranda Rule이 형성되기에 이르렀다. 이와 같이 미국의 자백배제법칙은 common law의 임의성의 원칙을 초월하여 임의성과 관계없이 채취과정에 위법이 있는 자백을 배제하는 의미를 가지게 되었으며, 이에 의하여 자백배제법칙의 적용범위는 현저히 확대되었다고 할 수 있다.

한편 독일의 경우에는 1950년 형사소송법 개정을 통하여 비로소 증거금지의 하나로서 피의자신문과정에서 진술의 자유를 침해하여 얻은 자백의 증거사용을 금지하는 규정을 명문화하였는데, 제136조의a에서 규정하고 있는 금지된 신문방법(verbotene Vernehmungsmethoden)이 그것이다.[1] 이러한 증거금지는 진술거부권의 보장에 목적이 있는 것이며, 이는 곧 피의자·피고인의 인권보장에 그 근거를 두고 있다고 할 수 있다. 따라서 독일 형사소송법 제136조의a는 피의자·피고인의 의사결정 및 의사활동의 자유를 보장함으로써 형사소송의 윤리화를 실현하기 위한 규정이라는 평가를 받고 있다.

우리나라의 경우 고문이 법적으로 허용되었던 조선왕조의 형사절차에서는 임의성 없는 자백의 증거능력 제한이라는 관념은 처음부터 성립할 여지가 없었다. 한일합방 후 우리나라에 적용되었던 일본 형사소송법도 자백의 증거능력을 제한하는 규정을 두고 있지 않았으므로 법관이 그 자백의 증명력을 인정하기만 하면 유죄의 증거로 사용할 수 있었고, 그 자백이 유일한 증거인 경우에도 유죄의 선고가 가능

---

1) 독일 형사소송법 제136조의a(금지된 신문방법) ① 피의자·피고인의 의사결정 및 의사표현의 자유는 폭행·피로·신체침해·약물의 투여·고통·기망 또는 최면술에 의하여 침해되어서는 안 된다. 강제는 형사소송법이 허용하는 한도에서만 사용할 수 있다. 형사소송법의 규정에 의해 허용되지 않는 처분에 의한 강요나 법률에 규정되어 있지 않은 이익을 약속하는 것은 금지된다. ② 피의자·피고인의 기억력이나 판단능력을 침해하는 처분은 허용되지 않는다. ③ 제1항 및 제2항의 금지는 피의자·피고인의 승낙 여부와 관계없이 유효하다. 이 금지에 위반하여 행하여진 진술은 피의자·피고인이 동의한 경우라도 이를 사용할 수 없다.

하였다. 우리나라는 1954년에 제정된 현행 형사소송법에 의해서 비로소 임의성에 의심이 있는 자백의 증거능력을 부정하게 된다.

2. 자백배제법칙의 이론적 근거

임의성에 의심이 있는 자백은 증거로 사용할 수 없다는 자백배제법칙의 근거에 대하여는 다양한 견해들이 제시되고 있다. 자백배제법칙의 이론적 근거를 어떻게 파악하느냐에 따라 제309조의 적용범위가 달라지게 된다.

(1) 학   설

㈎ 허위배제설

허위배제설은 임의성이 의심되는 자백은 허위일 가능성이 크고 따라서 이를 증거로 사용하는 것은 실체적 진실발견을 저해하기 때문에 증거능력이 부정된다는 견해이다. 피고사건의 실체적 진실을 규명해야 할 법원의 입장에서 자백배제법칙을 고찰하는 견해라고 할 수 있다. 이에 의하면 임의성에 의심이 있는 자백이란 허위의 진술을 할 염려가 있는 상황하에서 행하여진 자백을 의미하게 되고, 그 구체적인 판단에 있어서는 자백을 행할 때의 사정이 피의자나 피고인의 심리에 어떠한 영향을 미쳤는가를 판단할 필요가 있게 된다. 따라서 허위배제설의 입장에서는 자백의 임의성에 영향을 미칠 수 있는 사유가 있음이 확인되더라도 그것만으로 족하지 않고 그 사유와 임의성이 의심되는 자백 사이에 인과관계가 인정될 것을 요구하게 된다.

과거 영미법에서 지배적인 지위를 차지하기도 했던 이 견해는 자백에 이르게 한 여러 사정이 피의자의 내심에 어떤 영향을 미쳤는지를 알아내서 이것이 허위자백을 유발할 우려가 있었다고 인정될 때에는 그 자백의 증거능력을 배제하고자 하는 것이나, 이 판단은 실제에 있어서 매우 어렵기 때문에 결국 자백의 내용이 진실하냐 아니냐를 먼저 판단한 뒤에 자백의 허용성을 결정하는 형태로 되어 사실상 자백의 증거능력과 증명력을 혼동하는 결과를 초래하게 된다. 또한 허위배제설은 허위자백의 위험성 때문에 임의성에 의심이 있는 자백의 증거능력이 배제되는 것으로 보기 때문에 자백의 진실성이 입증된 경우에는 이를 배제해야 할 실질적 근거를 제시하는 데도 어려움이 있다.

㈏ 인권옹호설

인권옹호설은 임의성이 의심되는 자백에 증거능력을 인정한다면 고문 등 강제에 의한 인권침해를 조장하게 되고 피고인이 불이익한 진술을 강요당할 위험성이 있기 때문에 인권보장적 견지에서 자백의 임의성을 요구한다고 본다. 자백배제법칙을 진술거부권의 증거법적 보호수단으로 파악하는 견해라고 할 수 있다. 따라서 이 견해에 의하면 임의성에 의심이 있는 자백이란 범죄사실의 인부에 대한 의사결정 및 진술의 자유를 침해한 위법·부당한 압박하에서 행하여진 자백을 의미하게 된다. 인권옹호설은 자백배제법칙의 의미내용을 파악함에 있어서 피고인을 그 고찰의 중심에 두는 견해이며, 허위배제설에 있어서와 마찬가지로 진술의 자유에 영향을 미칠 수 있는 사유와 임의성이 의심되는 자백 사이에 인과관계를 요구하는 입장인 것이다.

그러나 인권옹호설에 대하여는 다음과 같은 비판이 제기되고 있다. 먼저 자백배제법칙이 진술거부권의 침해에 의하여 진술의무가 강제되는 경우에만 제한되는 것은 아니라고 한다. 즉 약속이나 기망에 의한 자백의 경우는 진술의 자유와 직접적인 관련이 없으므로 인권옹호설에 의하여 그 증거능력을 부정하기 어렵게 되고 그로 인하여 자백배제법칙의 적용범위가 지나치게 제한될 수 있다는 것이다. 또한 임의성에 의심이 있는 자백이 되기 위해서는 진술의 자유가 침해되어야 하는데 그러한 점은 자백자의 내면적 상태에 관한 사항으로서 그 판단이 주관적일 수밖에 없는 한계가 있다는 점도 지적되고 있다.

㈐ **절 충 설**

허위배제설과 인권옹호설이 모두 자백의 증거능력을 제한하는 근거가 된다는 견해이다. 이에 의하면 허위의 진술을 할 염려가 있거나 위법·부당한 압박하에서 행하여진 자백은 모두 임의성에 의심이 있는 자백으로서 증거로 사용할 수 없게 된다. 절충설을 취할 경우에도 논리적으로 임의성을 침해하는 사유와 자백 사이에 인과관계를 요하는 것으로 보게 된다.

그러나 절충설에 대하여는 허위배제설과 인권옹호설의 결함을 모두 가지고 있을 뿐만 아니라, 임의성의 유무가 전체상황을 고려하여 자백자의 주관을 기준으로 판단될 수밖에 없다는 점에서 비판이 가해진다.

㈑ **위법배제설**

이 견해는 자백배제법칙을 기본적으로 자백취득과정에 있어서의 적법절차를 보장하기 위한 장치로 이해하는 입장이다. 즉 자백배제법칙은 허위의 자백을 배제하기 위해서나 진술거부권 등을 보장하기 위해서가 아니라 자백취득과정에서의 적법절차를 담보하기 위한 실천적인 증거법상의 원칙으로서 존재하는 것이라고 한다. 따라서 위법배제설에 의하면 자백의 임의성이라는 관점을 탈피하여 자백배제법칙을 논하게 되고, 일정한 자백은 그것이 위법수집증거이기 때문에 위법수집증거배제법칙의 자백에 대한 특칙인 제309조에 의해서 그 증거능력이 부정되는 것이된다.

위법배제설은 자백배제법칙을 수사기관 등의 위법활동에 대한 제재수단으로 파악하기 때문에 고문·폭행·협박 등 자백의 임의성에 영향을 미칠 사유가 확인되면 바로 자백의 증거능력을 부인하고 그 사유과 자백 사이에 별도로 인과관계를 묻지 않는다. 위법배제설은 자백배제법칙에 의하여 배제할 수 있는 자백의 범위를 확대할 뿐만 아니라 자백배제의 기준을 객관화·명료화하여 장래의 인권침해와 위법수사에 대한 보다 확실한 억제력을 발휘할 수 있다는 점에서 그 실익이 인정되는 견해라고 할 수 있다.

그러나 이러한 위법배제설에 대하여도 다음과 같은 점에서 비판이 가해지고 있다. 첫째, 위법배제설은 자백의 임의성이라는 면을 도외시하고 있다는 점에서 자백의 임의성을 증거능력의 요건으로 규정한 제309조에 대한 해석론으로는 받아들이기 어려운 이론이라고 한다. 즉 제309조가 임의성을 증거능력의 요건으로 하고 있으므로 자백의 증거능력을 부정하는 이유는 임의성이 없다는 자체에서 찾아야 함에도 불구하고 위법배제설은 자백의 임의성이라는 관점을 떠나 이 문제를 고찰하고 있다는 점에서 부당하다는 것이다. 둘째, 위법배제설은 임의성을 중심으로 자백배제법칙을 논하지 않기 때문에 결과적으로 자백의 임의성이 없는 경우와 자백의 임의성은 인정되나 단지 그 획득절차가 위법인 경우의 질적 차이를 무시하게 된다고 한다. 수사기관이 고문을 하여 자백을 얻어낸 경우와 진술거부권을 고지하지 않고 신문을 하여 자백을 얻은 경우는 위법하다는 점에서는 동일하지만 양자 사이에는 증거능력의 유무와 관련하여 고려해야 할 질적인 차이가 있다는 것이다.

㈔ 종 합 설

형사소송법 제309조가 자백의 증거능력을 배제하는 근거를 허위배제설, 인권옹호설 또는 위법배제설의 어느 한 입장에서 파악하지 않고 이들 모두가 종합적으로 자백배제법칙의 근거가 된다고 보는 견해이다. 종합설은 허위배제설과 위법배제설 및 인권옹호설을 서로 배척·상충하는 이론이 아니라 보완관계에 서서 자백배제법칙의 적용범위를 확장하는 데 기여하는 이론으로 본다.

그러나 종합설에 대하여는 기본적으로 절충설에 대한 비판이 그대로 적용될 수 있다.

(2) 판 례

판례는 자백배제법칙의 근거에 대하여 허위배제설과 인권옹호설을 결합한 절충설의 입장을 취하고 있다. 대법원은 이와 관련하여 「임의성 없는 자백의 증거능력을 부정하는 취지가 허위진술을 유발 또는 강요할 위험성이 있는 상태하에서 행하여진 자백은 그 자체가 실체적 진실에 부합하지 아니하여 오판의 소지가 있을 뿐만 아니라, 그 진위 여부를 떠나서 자백을 얻기 위하여 피의자의 기본적 인권을 침해하는 위법·부당한 압력이 가해지는 것을 사전에 막기 위한 것」이라고 판시하고 있다(대법원 1998.4.10, 97도3234; 대법원 2012.11.29, 2010도3029).

(3) 검 토

자백배제법칙의 근거에 관한 위의 여러 이론 중 위법배제설의 입장이 우리 형사소송법 제309조의 해석 및 적용범위와 관련해서 가장 실효성 있는 결론을 가져온다는 점에서 타당하다고 생각된다.

다만 위법배제설에 대하여는 제309조가 임의성을 증거능력의 요건으로 하고 있음에도 불구하고 자백의 임의성이라는 관점을 떠나 이 문제를 고찰하고 있다는 점에서 부당하다는 비판이 제기된다. 그러나 위법배제설이 모든 절차의 위법을 제309조의 적용대상에 포함시키는 것은 아니라는 점에서 볼 때 이러한 비판은 타당하다고 할 수 없다. 즉 위법배제설의 입장에서 증거능력을 배제해야 할 자백이라면 그러한 자백은 이미 중대한 절차상의 위법이 인정되는 경우로서 임의성에 의심이 있는 경우라고 보는 것이 가능하기 때문이다.

3. 자백배제법칙의 적용범위

자백의 임의성을 판단함에 있어서는 자백이 이루어진 상황을 종합적으로 고려하여야 한다. 형사소송법 제309조는 「피고인의 자백이 고문·폭행·협박·신체구속의 부당한 장기화 또는 기망 기타의 방법으로 임의로 진술한 것이 아니라고 의심할 만한 이유가 있는 때에는 이를 유죄의 증거로 하지 못한다」고 규정하여 정형적·유형적 사정뿐만 아니라 비유형적 사정도 임의성 판단의 사유가 될 수 있음을 명시하고 있다.

(1) 고문 · 폭행 · 협박에 의한 자백

(개) 의   의

고문이란 신체적 또는 정신적으로 위해를 가하여 고통을 주는 것을 말한다. 폭행은 신체에 대한 유형력의 행사이며, 협박은 해악을 고지하여 상대방에게 공포심을 일으키는 행위를 말한다. 그러나 고문과 폭행 · 협박은 개념상 구별이 명확하지 않을 뿐만 아니라 실제로는 함께 이루어지는 것이 보통이므로 이를 엄격하게 구별할 실익은 없다. 수사기관이 때리거나 발로 차는 행위는 물론이고 잠을 재우지 않거나 음식물을 공급하지 않는 행위 그리고 수사기관에서 피의자를 신문하면서 다른 공범자가 고문당하는 장면을 보여주는 것도 여기에 해당한다. 다만 단순히 경고를 한 사실만으로는 위법절차에 의한 자백으로 볼 수 없으므로 경고와 협박은 구별하여야 한다.

(내) 경찰고문과 검사에게 한 자백의 증거능력

피의자가 경찰에서 고문에 의하여 자백을 한 후 다시 검사에게 동일한 자백을 한 경우에 검사 앞에서 한 자백의 증거능력이 문제가 된다. 이 경우 판례는「피고인이 검사 이전의 수사기관에서 고문 등 가혹행위로 인하여 임의성 없는 자백을 하고 그 후 검사의 조사단계에서도 임의성 없는 심리상태가 계속되어 동일한 내용의 자백을 하였다면 검사의 조사단계에서 고문 등 자백의 강요행위가 없었다고 하여도 검사 앞에서의 자백도 임의성 없는 자백이라고 보아야 한다」고 하여($\binom{대법원 2011.10.27,}{2009도1603}$), 임의성 없는 심리상태가 검사의 조사단계까지 계속되었는지의 여부에 따라 그 증거능력을 판단하고 있다.

그리고 이러한 논리는 피고인이 수사기관에서 임의성 없는 자백을 하고 그 후 임의성 없는 심리상태가 계속되는 가운데 법정에서 동일한 내용의 자백을 한 경우에도 마찬가지로 적용된다($\binom{대법원 2015.9.10, 2012도9879;}{대법원 2012.11.29, 2010도3029}$).

(2) 신체구속의 부당한 장기화에 의한 자백

신체구속의 부당한 장기화에 의한 자백은 증거능력이 인정되지 않는다. 구속기간이 만료되었음에도 불구하고 위법하게 구금된 상태에서 행한 자백이나 처음부터 불법으로 구속이 행하여진 경우의 자백도 여기에 해당하는 것으로 보아야 하나, 이 경우에는 구속기간의 장단을 묻지 않고 이미 불법구속 중의 자백임을 이유로 증거능력을 부정하게 될 것이다. 따라서 이 규정의 의미는 적법하게 구속되었으나,

후에 구속을 계속할 필요가 없게 된 상태에서 행한 자백의 증거능력을 부정하는데 있다고 볼 수 있다. 증거능력을 부정하기 위한 부당한 장기간의 구속으로 인한 자백인가의 여부는 구체적 사정을 고려하여 구속의 필요성과 비례성을 기준으로 개별적으로 판단하여야 할 것이다.

(3) 기망에 의한 자백

기망에 의한 자백이란 기망 또는 위계를 사용하여 상대방을 착오에 빠뜨려서 얻은 자백을 말한다. 다만 기망이라고 하기 위해서는 적극적인 사술(詐術)이 사용되어야 하고 단순히 상대방의 착오를 이용하는 것으로는 족하지 않다.

기망에 의한 자백에 해당하는 경우로는 예를 들면 공범자가 이미 자백하였다고 거짓말을 하거나 범행현장에서 피의자를 본 사람이 있다고 속여서 자백을 받는 경우 또는 거짓말탐지기의 검사결과 피의자의 진술이 허위임이 판명되었다고 속이거나 피의자의 범행을 입증할 만한 증거가 발견되었다고 기망하여 자백을 받은 경우 등이 여기에 해당한다. 또한 피의자신문에 참여한 검찰주사가 피의사실을 자백하면 피의사실 부분을 가볍게 처리하고 보호감호의 청구를 하지 않겠다는 각서를 작성하여 주면서 자백을 유도한 경우도 기망에 의한 자백에 해당한다(대법원 1985.12.10,
85도2182). 기망의 대상에는 사실뿐만 아니라 법률문제도 포함된다. 자백을 하더라도 그 진술이 공판절차에서 증거로 사용될 수 없다고 속이는 것은 법률문제에 대한 기망에 해당한다.

(4) 기타 방법에 의한 자백

(가) 약속에 의한 자백

약속에 의한 자백은 피고인이 자백하는 대가로 일정한 이익을 제공할 것을 약속하여 얻은 자백을 말한다. 다만 이익을 제공할 의사가 없이 약속한 경우에는 기망에 의한 자백에 해당한다. 그리고 이익의 약속은 자백에 영향을 미치는 데 적합한 것이어야 하고, 구체적이고 개별적일 것을 요한다. 그러나 약속의 내용이 반드시 형사처벌에 관련된 것임을 요하지 않고 일반적·세속적 이익도 포함한다. 다만 자백하면 담배나 커피를 주겠다는 약속은 통상적인 편의의 제공에 불과하여 자백의 임의성을 해하지 않는다.

약속에 의한 자백으로서 증거능력이 배제되기 위해서는 그것이 적법절차의 관점에서 볼 때 국가의 행위로서 부적절한 것이어야 한다. 따라서 국가기관이 자백의 대가로서 제공하기로 한 이익은 법률상 허용되지 않는 것이어야 한다. 사회적 상당성을 인정할 수 있는 정도의 이익의 제공은 허용된다. 약속에 의한 자백의 예로서는 검사가 자백을 하면 기소유예를 해 주겠다고 하여 한 자백이나,[1] 특정범죄가중처벌 등에 관한 법률을 적용하지 않고 형법상의 단순수뢰죄를 적용하겠다고 약속하여 한 자백,[2] 그리고 가족의 중대한 범죄사실에 대한 수사중단을 약속하고 얻은 자백 등을 들 수 있다. 검사가 피고인의 중한 범죄사실에 대하여는 불기소처분하고 경한 범죄사실에 대해서만 기소하기로 약속하고 피고인으로부터 다른 피고인에게 뇌물을 주었다는 자백을 획득한 사안에서 판례는 자백의 증명력만을 문제로 삼고 있으나(대법원 2002.6.11, 2000도5701), 이 경우의 검찰자백에 대해서도 그 신빙성 이전에 임의성을 부정하는 것이 타당할 것이다.

또한 이익의 약속은 수사기관이 그 사실상의 권한 범위 내에서 이익을 제공할 것을 약속하는 것이므로 검사가 보석이나 집행유예를 약속하는 것, 경찰이 기소유예를 약속하는 것은 보통은 기망에 해당한다고 보아야 한다.

(나) 야간신문에 의한 자백

야간신문(밤샘조사)을 한 경우라도 야간에 신문을 할 필요성이 있는 경우가 있으므로 그 자체만으로 위법한 수사라고 할 수는 없으나, 그로 인하여 진술의 임의성에 의심이 있는 경우, 즉 피의자가 피로로 인하여 정상적인 진술을 할 수 없었던 경우에는 자백을 증거로 사용할 수 없다고 보아야 한다. 대법원도「피고인의 검찰에서의 자백은 피고인이 검찰에 연행된 때로부터 약 30시간 동안 잠을 재우지 아니한 채 검사 2명이 교대로 신문을 하면서 회유한 끝에 받아낸 것으로 임의로 진술한 것이 아니라고 의심할 만한 이유가 있는 때에 해당한다고 할 것이므로 형사소송법

---

1) 판례는「일정한 증거가 발견되면 피의자가 자백하겠다고 한 약속이 검사의 강요나 위계에 의하여 이루어졌다던가 또는 불기소나 경한 죄의 소추 등 이익과 교환조건으로 된 것으로 인정되지 않는다면 위와 같은 자백의 약속하에 된 자백이라 하여 곧 임의성 없는 자백이라고 단정할 수는 없다(대법원 1983. 9. 13, 83도712)」고 판시하여, 불기소 등의 이익과 교환조건으로 획득한 자백은 배제되어야 한다는 입장을 간접적으로 표시하고 있다. 유죄인부협상(plea bargaining)이나 사법협조자 형벌감면제도를 가지고 있지 않는 현행법하에서는 이러한 자백의 증거능력을 부정하는 것이 타당할 것이다.
2) 대법원 1984. 5. 9, 83도2782,「피고인이 처음 검찰조사시에 범행을 부인하다가 뒤에 자백을 하는 과정에서 금 200만원을 뇌물로 받은 것으로 하면 특정범죄 가중처벌 등에 관한 법률위반으로 중형을 받게 되니 금 200만원 중 금 30만원을 술값을 갚은 것으로 조서를 허위작성한 것이라면 이는 단순수뢰죄의 가벼운 형으로 처벌되도록 하겠다고 약속하고 자백을 유도한 것으로 위와 같은 상황하에서 한 자백은 그 임의성에 의심이 간다.」

제309조에 의하여 그 피의자신문조서는 증거능력이 없다」고 판시하고 있다(대법원 1997.6.27, 95도1964).

(다) 진술거부권을 고지하지 않고 얻은 자백

진술거부권의 고지는 헌법이 보장하는 진술거부권의 행사를 위한 불가결한 전제이므로 수사기관이 피의자에게 진술거부권을 고지하지 않고 자백을 얻은 경우에는 제309조에 의하여 그 증거능력을 부정하여야 한다(위법배제설). 다만 판례는 위법하게 수집된 증거라는 이유로 제308조의2에 의하여 그 증거능력을 부정하고 있다.[1]

(라) 변호인선임권·접견교통권의 침해에 의한 자백

헌법은 변호인의 조력을 받을 권리(헌법 제12조 제4항)를 보장하고 있는데, 이는 피고인의 방어권의 불가결한 요소이며 변호인선임권과 접견교통권은 그 핵심적 내용이 되는 것이므로 이를 침해하여 얻은 자백에 대하여는 자백배제법칙이 적용된다(위법배제설). 다만 변호권 침해에 의한 자백과 진술거부권을 고지하지 않은 경우의 자백을 절차의 위법은 있으나 임의성이 인정되는 자백으로 보는 견해에 의하면 이러한 경우에는 제309조가 적용되는 것이 아니라 제308조의2의 위법수집증거배제법칙에 따라 증거능력이 인정되지 않는 것으로 보게 된다. 판례도 이러한 입장을 취하고 있다(대법원 1990.9.25, 90도1586).

(마) 거짓말탐지기의 사용과 자백

피검사자의 동의가 없으면 거짓말탐지기의 사용이 허용되지 않으므로 동의 없이 거짓말탐지기를 사용하여 얻은 자백은 그 증거능력이 부정된다. 피검사자의 동의가 있는 경우에도 거짓말탐지기의 사용은 피검사자의 인격권 또는 진술거부권을 침해하는 것으로서 위법하다고 보는 견해에서도 거짓말탐지기를 사용하여 얻은 자백의 증거능력을 부정하게 된다. 그러나 피검사자가 자발적으로 동의한 경우라면 거짓말탐지기의 사용이 인격권 내지 진술거부권을 침해하는 것으로 볼 수 없으므로 거짓말탐지기를 사용한 상태에서 얻은 자백의 증거능력을 인정하여야 할 것이다. 거짓말탐지기 검사결과를 가지고 추궁하여 피의자의 자백을 얻어 내거나, 피의

---

[1] 대법원 2010. 5. 27, 2010도1755, 「형사소송법이 보장하는 피의자의 진술거부권은 헌법이 보장하는 형사상 자기에 불리한 진술을 강요당하지 않는 자기부죄거부의 권리에 터잡은 것이므로 수사기관이 피의자를 신문함에 있어서 피의자에게 미리 진술거부권을 고지하지 않은 때에는 그 피의자의 진술은 위법하게 수집된 증거로서 진술의 임의성이 인정되는 경우라도 증거능력이 부인되어야 한다.」

자가 거짓말탐지기 검사결과가 거짓으로 나오면 자백하겠다고 약속하여 자백한 경우에도 거짓말탐지기 검사가 피의자의 동의를 기초로 하는 한 그 증거능력을 인정하여야 한다.

㈐ 마취분석에 의한 자백

마취분석이란 피분석자에게 약물을 투여하여 진술을 얻는 수사방법이다. 마취분석은 인간의 의사지배능력을 배제하고 인간의 존엄과 가치를 부정하는 위법한 수사방법이므로, 피분석자가 동의한 경우라도 제309조에 의하여 자백의 증거능력이 부정된다.

4. 인과관계의 요부와 임의성의 입증

(1) 인과관계의 요부

㈎ 학   설

형사소송법 제309조가 규정하고 있는 고문·폭행·협박 등 임의성에 영향을 미치는 사유와 자백과의 사이에 인과관계를 요하는가에 관하여는 학설이 대립하고 있다. 적극설은 임의성이 없다고 의심하게 된 사유와 자백과의 사이에는 인과관계가 있어야 하며 이러한 인과관계가 인정되지 않는 경우에는 자백을 증거로 사용할 수 있다고 한다. 이 견해에 의하면 제309조의 적용범위는 사실상 좁아지게 된다. 허위배제설과 인권옹호설이 취하는 입장이며, 절충설을 취할 경우에도 임의성을 침해하는 사유와 자백과의 사이에 인과관계를 요한다고 보게 된다. 한편 소극설은 일단 임의성을 의심할 만한 사정이 존재하기만 하면 인과관계의 존부와 관계없이 자백을 증거로 사용할 수 없다는 견해로서, 주로 위법배제설이 취하는 입장이다. 위법배제설은 자백배제법칙을 수사기관 등의 위법활동에 대한 정책적인 제재수단으로 파악하기 때문에, 고문·폭행·협박 등 자백의 임의성에 영향을 미칠 사유가 확인되면 이러한 사유가 자백에 영향을 미쳤는가의 여부를 묻지 않고 자백의 증거능력을 부정해야 한다고 본다.

㈏ 판   례

판례는 「피고인의 자백이 임의성이 없다고 의심할 만한 사유가 있는 때에 해당한다 할지라도 그 임의성이 없다고 의심하게 된 사유들과 피고인의 자백과의 사이에 인과관계가 존재하지 않은 것이 명백한 때에는 그 자백은 임의성이 있는 것으로 인정된다」고 판시하여 양자 사이에 인과관계가 존재할 것을 요구하면서, 다만

「임의성이 없다고 의심할 만한 이유가 있는 자백은 그 인과관계의 존재가 추정되는 것이므로 이를 유죄의 증거로 하려면 적극적으로 그 인과관계가 존재하지 아니하는 것이 인정되어야 할 것」이라고 하여 인과관계가 추정된다는 입장을 취하고 있다(대법원 1984.11.27,
84도2252).

(다) 검   토

제309조는 위법배제설에 따라 해석하는 것이 타당하므로 임의성을 의심하게 하는 위법사유가 존재하면 인과관계의 존부와 관계없이 자백의 증거능력을 부인하는 것이 옳다고 본다. 어떤 형태로든 인과관계를 요구하게 되면 그만큼 제309조의 적용범위는 제한되는 결과를 가져오게 될 것이다.

(2) 임의성의 입증

(개) 임의성에 대한 거증책임

피고인이 자백의 임의성에 대하여 의심을 갖게 하는 위법사유의 존재를 주장하는 경우에 자백의 임의성에 대한 거증책임이 누구에게 있는가 하는 것도 문제가 될 수 있다. 그러나 증거능력의 기초되는 사실에 대한 거증책임은 증거의 제출자가 진다고 보는 것이 공평의 이념에 합치할 뿐만 아니라, 제309조가 「자백이 임의로 진술한 것이 아니라고 의심할 만한 이유가 있는 때에는 유죄의 증거로 하지 못한다」고 규정하고 있음을 볼 때 자백의 임의성에 대한 거증책임은 당연히 검사가 진다고 해석하여야 할 것이다. 판례도 「임의성에 다툼이 있을 때에는 그 임의성을 의심할 만한 합리적이고 구체적인 사실을 피고인이 입증할 것이 아니고 검사가 그 임의성의 의문점을 없애는 증명을 하여야 한다」고 판시함으로써(대법원 2015.9.10,
2012도9879), 피고인이 자백의 임의성을 다투는 경우에는 임의성에 영향을 미치는 사유의 부존재를 검사로 하여금 입증하도록 하고 있다.

(내) 임의성의 기초사실에 대한 증명방법

자백의 임의성을 입증함에 있어서 엄격한 증명을 요하는가 아니면 자유로운 증명으로 족한가 하는 문제가 다투어지고 있다.

1) 엄격증명설   자백의 임의성에 대한 입증은 엄격한 증명을 요한다고 해석하는 견해이다. 임의성의 기초가 되는 사실은 순수한 소송법적 사실과는 질적으로 차이가 있고, 임의성이 인정되는 자백은 피고인에게 불이익한 증거가 된다는 점을 근거로 한다.

2) 자유로운 증명설   자백의 임의성은 자유로운 증명으로 족하다는 견해이다. 자백의 임의성은 소송법적 사실에 불과하고 일정한 소송법적 사실이 피고인에게 불리한가의 여부에 따라 증명방법이 달라져서는 안 된다는 점을 그 이유로 들고 있다. 판례도 「법원은 구체적인 사건에 따라 피고인의 학력, 경력, 직업, 사회적 지위, 지능 정도, 진술의 내용, 피의자신문조서의 경우 그 조서의 형식 등 제반사정을 참작하여 자유로운 심증으로 진술이 임의로 된 것인지의 여부를 판단하면 된다」고 판시함으로써($\binom{대법원 2012.11.29,}{2010도3029}$), 자백의 임의성의 기초가 되는 사실에 대해서는 자유로운 증명으로 족하다는 입장을 취하고 있다.

3) 검   토   임의성의 기초가 되는 사실은 기본적으로 소송법적 사실에 해당하나, 이러한 사유의 존재 여부는 자백의 증거능력 유무를 결정하는 것에 의해 피고인의 유죄인정에 결정적인 역할을 하게 된다. 따라서 피고인의 이익보호라는 관점에서 임의성의 기초사실에 대한 증명은 엄격한 증명에 의하여야 한다고 본다.

5. 자백배제법칙의 효과

(1) 증거능력의 절대적 배제

임의성에 의심이 있는 자백은 증거능력이 없으므로 이를 유죄인정의 자료로 사용하지 못한다. 그리고 이러한 증거능력의 제한은 절대적이므로 피고인이 이를 유죄의 증거로 함에 동의하더라도 증거능력이 인정되지 않는다($\binom{대법원 2006.11.23,}{2004도7900 참조}$). 또한 임의성에 의심이 있는 자백은 탄핵증거로도 사용할 수 없다($\binom{대법원 2005.8.19,}{2005도2617}$). 임의성에 의심이 있는 자백을 기초로 유죄를 인정하게 되면 이는 자백배제법칙($\binom{제309}{조}$) 및 증거재판주의($\binom{제307조}{제1항}$)에 반하는 법령위반으로서 상대적 상소이유가 된다($\binom{제361조의}{5 제1호,}$ $\binom{제383조}{제1호}$).

(2) 임의성이 의심되는 자백에 의하여 수집된 2차적 증거의 증거능력

임의성이 의심되는 자백에 기초하여 수집한 제2차 증거의 증거능력을 인정할 수 있는지가 문제된다. 수사기관이 피고인을 고문하여 얻은 자백에 의하여 사체나 범행에 사용한 흉기의 소재를 알아내고 이를 찾아서 증거로 제출한 경우를 예로 들 수 있다. 임의성에 의심이 있는 자백에 의하여 수집된 증거의 증거능력을 인정하는 경우에는 이러한 자백의 증거능력을 부정한 제309조의 취지가 무의미하게 될 염려가 있으므로 임의성이 의심되는 자백에 의하여 수집된 파생적 증거는 그 증거능력이 부정되어야 한다. 요컨대 임의성이 의심되는 자백에 의하여 수집된 증거의 증거능력의 문제는 위법수집증거에 의하여 발견된 파생증거의 증거능력의 문제의 하나로서 독수의 과실이론에 의하여 해결하여야 할 것이다. 따라서 독수의 과실이론의 예외에 해당하지 않는 한 임의성이 의심되는 자백에 의하여 수집된 증거는 증거로 사용할 수 없다.

Ⅲ. 자백보강법칙

1. 자백보강법칙의 의의와 필요성

(1) 자백보강법칙의 의의

자백보강법칙이란 증거능력과 신용성이 있는 피고인의 자백을 통하여 법관이 유죄의 심증을 얻은 경우에도 자백에 대한 보강증거가 없으면 유죄로 인정할 수 없다는 증거법상의 원칙을 말한다. 헌법 제12조 제 7 항 후단은 「정식재판에 있어서 피고인의 자백이 그에게 불리한 유일한 증거인 때에는 이를 유죄의 증거로 삼거나 이를 이유로 처벌할 수 없다」고 규정하여 자백보강법칙을 헌법상의 원칙으로 선언하고 있고, 형사소송법 제310조도 「피고인의 자백이 그 피고인에게 불이익한 유일의 증거인 때에는 이를 유죄의 증거로 할 수 없다」고 규정하여 이를 확인하고 있다.

증거능력이 인정되는 자백에 의하여 법관이 유죄의 심증을 얻었음에도 불구하고 자백한 사실의 진실성을 담보할 만한 보강증거가 없으면 유죄판결을 할 수 없다는 의미에서 자백보강법칙은 자유심증주의의 예외가 된다. 그러나 자백의 증명력이 불충분한 경우의 사실상의 보강의 요청은 증명의 문제일 뿐이고 자백보강법칙과는 관계가 없다.

(2) 자백보강법칙의 필요성

자백보강법칙의 필요성 내지 근거는 허위자백으로 인한 오판의 방지와 자백편중에 의한 인권침해의 방지에 있다.

(가) 오판의 방지

자백보강법칙의 직접적인 근거는 자백의 진실성을 담보하여 허위자백으로 인한 오판을 방지하는 데 있다. 합리적인 인간이 자기에게 불리한 사실을 인정하는 자백은 인간의 자기보호본능에 비추어 볼 때 진실일 가능성이 크며, 따라서 전통

적으로 자백은 증거의 왕으로서 높은 신용성을 인정받아 왔다. 그러나 한편 인간
은 영웅심이나 의리 또는 대가를 얻기 위하여 허위로 자백하거나 중대한 범죄를 숨
기기 위하여 혐의를 받고 있는 가벼운 범죄에 대하여 허위자백하는 경우도 있는데,
이 때에는 자백이 가지는 높은 신용성 때문에 오판의 위험성을 더욱 커지게 한다.
그러므로 자백보강법칙은 자백의 진실성에 대한 검토를 강화함으로써 허위자백으
로 인한 오판의 위험을 방지하는 데 그 주된 목적이 있다고 할 수 있다.

㈏ 인권침해의 방지

자백편중적인 수사에 의한 인권침해의 방지는 자백의 증거능력을 부정함으로
써 달성되는 것이나, 그럼에도 불구하고 현실적으로는 자백위주의 절차진행으로
인한 인권침해의 소지가 여전히 남아있다고 할 수 있다. 따라서 자백보강법칙은 자
백의 증거능력을 제한하는 외에 자백의 증거가치를 다시 제한함으로써 자백편중의
경향에 제동을 걸어 자백편중으로 인한 인권침해를 간접적으로 방지하는 역할을
수행한다고 할 수 있다.

2. 자백보강법칙의 적용범위

(1) 형사소송법에 의한 절차

헌법 제12조 제7항은 자백보강법칙이 적용되는 대상을 정식재판이라고 규정하
고 있다. 여기서 정식재판이란 검사의 공소제기에 의하여 공판절차가 진행되는 형
사소송절차를 의미하므로 정식공판절차에서는 물론이고 간이공판절차나 약식절차
에서도 자백보강법칙이 적용된다. 그러나 「즉결심판에 관한 절차법」에 따른 즉결
심판절차는 경찰서장의 청구에 의하여 심리가 개시되는 간이절차로서 자백보강법
칙이 적용되지 않으며($^{동법}_{제10조}$), 「소년법」의 적용을 받는 소년보호사건은 형벌이 아닌
소년보호처분의 부과에 관한 절차로서 일반 형사소송절차와는 다르므로 자백보강
법칙이 적용되지 않는다($^{대법원\ 1982.10.15,}_{82모36}$). 따라서 이러한 사건에 있어서는 피고인의
자백만으로 사실을 인정하는 것이 가능하다.

(2) 피고인의 자백

자백보강법칙은 피고인의 자백에 대하여만 적용된다. 피고인의 자백이 어떠한
절차와 지위에서 이루어졌는가는 불문한다. 따라서 피고인이 피고인·피의자·증
인·참고인 등의 지위에서 행한 자백은 물론이고 일반인의 입장에서 행한 자백도

자백을 한 자가 피고인이 된 경우에 증거로 사용하게 되면 자백보강법칙이 적용된다. 제 3 자의 진술도 피고인의 자백을 내용으로 하는 경우에는 자백보강법칙이 적용되므로 제 3 자가 법정에 증인으로 출석하여 '피고인이 자신에게 범행을 고백하였다'라고 증언한 경우에는 보강증거를 필요로 한다. 또한 구두에 의한 진술은 물론이고 서면에 의한 진술도 자백에 해당한다. 따라서 진술서나 일기장·메모지 등에 자신의 범죄사실을 기재해 놓은 것도 자백이다.

자백의 보강법칙은 증거능력이 있는 자백을 전제로 한다. 임의성이 의심되는 자백 또는 전문법칙의 예외요건을 충족하지 못한 자백조서는 보강증거가 있어도 유죄의 증거가 될 수 없다.

(3) 공판정에서의 자백

공판정에서의 자백은 신체를 구속당하지 않고 강제수단에 의하여 자백을 강요당할 염려가 없는 상태에서 공판정에서의 신문 등의 절차를 통하여 이루어진다는 점에서 다른 자백에 비하여 임의성과 신용성에 있어서 우월하다. 그러나 자백보강법칙은 자백의 임의성이나 신용성과는 별개로 오판방지를 위해 인정되는 또 하나의 제도이므로 공판정에서 한 피고인의 자백에 대해서도 보강증거가 요구된다. 공판정에서의 자백인 경우에도 허위자백으로 인한 오판의 위험성은 여전히 남아있기 때문이다.

영미법에는 기소사실인부절차(arraignment)가 있어 피고인이 법정에서 유죄의 답변(plea of guilty)을 한 경우에는 사실심리 없이 바로 양형절차로 넘어가게 된다. 따라서 공판정에서의 피고인의 자백에 대하여는 보강법칙이 적용되지 않는다. 만일 우리 형사소송법상으로도 공판정에서의 자백에 보강증거를 요하지 않는 것으로 보게 되면, 이는 사실상 해석에 의하여 기소사실인부제도를 도입하는 것과 마찬가지의 결과가 된다. 그러나 이러한 중요한 제도의 도입은 그것이 필요하다면 입법에 의하여야 하며 해석에 의하여 인정할 수 있는 성질의 것이 아니다. 현재 공판정에서의 자백이라고 하더라도 보강증거가 필요하다는 데 학설은 일치하고 있다.[1] 판례도 형사소송법 제310조의 자백은 공판정의 자백과 공판정 외의 자백을 모두 포함하는 것으로 보고 있다(대법원 1981.7.7, 81도1314).

---

1) 일본 형사소송법 제319조 제 2 항은 「피고인은 공판정에서의 자백인가의 여부를 묻지 않고 그 자백이 자기에게 불이익한 유일한 증거인 경우에는 유죄로 되지 않는다」고 이를 명문으로 규정하고 있다.

(4) 공범자의 자백

공범자의 자백에도 보강증거를 요하는가에 대하여는 견해가 대립하고 있다. 이에 대하여는 공범자의 자백을 피고인의 자백에 포함시켜 공범자의 자백에도 보강증거가 있어야 한다는 견해, 공범자의 자백은 피고인 자신의 자백이 아니므로 공범자의 자백으로 피고인의 범죄사실을 인정함에 있어서는 보강증거를 요하지 않는다는 견해, 공범자의 자백이 공판정에서 행하여진 경우에는 보강증거를 요하지 않지만 공판정 외에서의 공범자의 자백에는 보강증거가 필요하다는 견해 등이 주장되고 있다. 이 문제에 대하여는 '공범자의 자백의 증거능력과 증명력' 부분에서 보다 자세히 살펴보기로 한다.

3. 보강증거의 자격

보강증거의 자격 내지 성질이란 어떤 증거가 자백에 대한 보강증거가 될 수 있는지의 문제이다. 보강증거로서의 자격을 인정받기 위해서는 증거능력이 있는 증거일 것과 자백과는 별개의 독립증거일 것을 요한다. 또한 보강증거의 자격과 관련해서는 공범자의 자백이 보강증거로 사용될 수 있는지의 문제도 검토할 필요가 있다.

(1) 증거능력

보강증거는 자백과 함께 일정한 범죄사실을 증명하기 위하여 사용되는 증거이므로 그 전제로서 증거능력이 있는 증거임을 요한다. 따라서 위법하게 수집된 증거나 전문법칙의 예외에 해당하지 않는 전문증거는 보강증거로 될 수 없다.

(2) 독립증거

㈎ 자백 이외의 증거

자백을 보강하는 보강증거는 피고인의 자백과는 별개의 독립된 증거라야 한다. 자백은 다른 형태로 아무리 반복되어도 결국 자백만 있는 것이 된다. 따라서 수사기관에서 행한 자백을 공판정의 자백에 대한 보강증거로 사용할 수 없으며, 제 1 심에서 행한 자백을 기재한 조서를 항소심에서 행한 자백의 보강증거로 사용할 수 없다. 또한 진술내용이 자백인 이상 그 형태가 서면이나 소송서류인 경우에도 보강증거로 사용할 수 없고, 피고인의 자백을 내용으로 하는 피고인 아닌 자의 진술도 보강증거가 될 수 없다(대법원 2008.2.14, 2007도10937). 피고인이 범행장면을 재현하는 것을 촬영한 사진도 독립증거가 아니므로 자백에 대한 보강증거가 되지 못한다.

피고인이 범죄혐의를 받기 전에 자신의 사무처리내역이나 거래내용을 그때 그때 기계적·계속적으로 일기장·수첩·메모·상업장부 등에 기입한 경우에 그 기재내용을 피고인의 자백에 대한 보강증거로 사용할 수 있는지가 문제된다. 이에 대하여는 수첩이나 상업장부 등의 기재내용이 범죄사실을 인정하는 피고인의 진술에 해당하는 경우에는 이는 자백이라고 보아야 하므로 보강증거가 될 수 없다는 부정설과 피고인이 범행사실을 기재한 서면이라고 할지라도 그것이 업무상 통상의 문서로 작성되는 경우에는 업무의 계속성·반복성에 비추어 볼 때 누구든지 그 상황에서 정확한 내용을 기재할 것으로 예상되므로 자백 이외의 독립증거로 보아야 한다는 긍정설이 대립하고 있다. 긍정설에 따르면 이러한 수첩 등의 기재내용은 자백에 대한 보강증거가 될뿐만 아니라, 자백이 없어도 피고인이 작성한 수첩 등의 기재내용만으로 피고인의 유죄를 인정할 수 있는 것이 된다. 판례는 피고인이 업무상 사무처리내역을 기재한 수첩 등의 기재내용은 별개의 독립된 증거로서 자백에 대한 보강증거가 될 수 있다고 판시하고 있다.[1]

피고인이 범죄혐의와 관계없이 작성하였다고 하더라도 범죄사실을 기재한 수첩 등의 내용은 피고인의 자백이라는 실질에 있어서 차이가 없고, 기재내용이 허위일 가능성도 여전히 존재한다는 점에서 볼 때 보강증거자격을 부정하는 것이 타당할 것이다.

(나) 독립증거의 성질

자백 이외의 독립증거로서 증거능력이 인정되는 경우에는 그것이 물증이든 인증이든 증거서류이든 묻지 않고 보강증거가 될 수 있다. 또한 보강증거는 직접 범죄사실을 증명하는 직접증거에 한하지 않고 간접증거 내지 정황증거도 보강증거가 될 수 있다(대법원 2010.12.23, 2010도11272). 따라서 ① 위조공문서행사사건에서 피고인이 위조신분증을 행사한 사실을 자백하는 경우에 그 위조신분증의 현존이 자백을 보강하는 정

---

1) 대법원 1996. 10. 17, 94도2865 전원합의체 판결, 「상법장부나 항해일지, 진료일지 또는 이와 유사한 금전출납부 등과 같이 범죄사실의 인정 여부와는 관계없이 자기에게 맡겨진 사무를 처리한 사무내역을 그때 그때 계속적·기계적으로 기재한 문서 등의 경우는 사무처리내역을 증명하기 위하여 존재하는 문서로서 그 존재 자체 및 기재가 그러한 내용의 사무가 처리되었음의 여부를 판단할 수 있는 별개의 독립된 증거자료이고, 설사 그 문서가 우연히 피고인이 작성하였고 그 문서의 내용 중 피고인의 범죄사실의 존재를 추론해 낼 수 있는, 즉 공소사실에 일부 부합되는 사실의 기재가 있다고 하더라도 이를 일컬어 피고인이 범죄사실을 자백하는 문서라고 볼 수는 없다.」

황증거가 되고($^{대법원\ 1983.2.22,}_{82도3107}$), ② 사기사건에서 피고인이 반지를 편취하여 매도하였다고 자백한 경우에 피고인으로부터 그 반지를 매입하였다는 참고인의 진술은 편취물품의 소재 내지 행방에 부합하는 진술로서 보강증거가 되며($^{대법원\ 1985.11.12,}_{85도1838}$), ③ 뇌물공여의 상대방인 공무원이 뇌물을 수수한 사실을 부인하면서도 그 일시경에 뇌물공여자를 만났던 사실 및 공무에 관한 청탁을 받았던 사실을 시인하였다면, 그의 진술은 뇌물을 공여하였다는 뇌물공여자의 자백에 대한 보강증거가 된다($^{대법}_{원}$ $^{1995.6.30,}_{94도993}$). 또한 ④ 도로교통법위반사건에서 자동차등록증에 차량의 소유자가 피고인으로 기재된 것은 무면허운전사실에 대한 피고인의 자백에 대한 보강증거가 되고($^{대법원\ 2000.9.26,}_{2000도2365}$), ⑤ 마약류 관리에 관한 법률위반사건에서 피고인이 필로폰투약사실을 자백하는 경우에 위 투약행위가 있기 바로 전날 피고인으로부터 돈을 받고 필로폰이 든 주사기를 건네주었다는 필로폰 판매자의 진술은 자백에 대한 보강증거가 된다($^{대법원\ 2008.11.27,}_{2008도7883}$). 그러나 정황증거는 공소사실과 직접 관련이 있는 것이어야 하고, 단지 범행동기에 관한 것인 때에는 보강증거가 될 수 없다($^{대법원\ 1990.12.7,}_{90도2010}$).

(3) 공범자의 자백

공범자의 자백을 피고인의 자백에 대한 보강증거로 사용할 수 있는지가 문제된다. 공범자의 자백을 피고인의 자백으로 볼 수 없다는 견해에 따르면 공범자의 자백은 독립된 증거이므로 당연히 보강증거로 될 수 있으나, 공범자의 자백을 피고인의 자백에 포함시키는 견해에 의하면 공범자의 자백은 보강증거가 될 수 없는 것이 된다. 이에 대한 보다 자세한 내용은 '공범자의 자백의 증거능력과 증명력' 부분에서 살펴보기로 한다.

4. 보강증거의 범위

(1) 보강증거를 필요로 하는 범위

자백한 범죄사실의 전부에 대한 보강증거를 요구하는 것은 자백의 증거가치를 무의미하게 하고, 반대로 어떠한 보강증거라도 있기만 하면 된다는 것은 자백보강법칙을 무의미하게 한다. 보강증거가 자백한 사실을 어느 범위까지 보강할 필요가 있는가에 대해서는 죄체설과 진실성담보설이 대립되고 있다.

㈎ 죄 체 설

자백한 사실의 죄체(body of the crime)의 전부 또는 적어도 중요부분에 대하여 보강증거가 필요하다는 견해이다. 죄체란 객관적 범죄구성사실, 즉 누군가의 범죄행위로 인하여 법익침해가 발생한 사실을 의미하는데, 우리나라에서는 대부분 범죄의 객관적 측면인 죄체의 중요부분에 대해서 보강증거가 있으면 족하다는 입장을 취하고 있다. 자백보강법칙의 취지를 살리기 위해서는 보강의 범위를 가능한 한 객관화하여 명확한 기준에 의해 처리하는 것이 바람직하다고 한다.

(내) 진실성담보설

자백에 대한 보강증거는 자백의 진실성을 담보할 수 있는 정도면 족하다는 견해로서 실질설이라고도 한다. 자백에 보강증거를 요구하는 이유가 오판의 방지에 있다는 점에서 볼 때 자백의 진실성이 담보되면 오판의 위험성은 없어진다는 것을 근거로 한다. 판례도 「자백에 대한 보강증거는 범죄사실의 전부 또는 중요부분을 인정할 수 있는 정도가 되지 않더라도 피고인의 자백이 가공적인 것이 아닌 진실한 것임을 인정할 수 있는 정도만 되면 충분하고, 자백과 보강증거가 서로 어울려서 전체로서 범죄사실을 인정할 수 있으면 유죄의 증거로 충분하다」고 판시함으로써 $\left(\begin{smallmatrix} \text{대법원 2018.3.15,} \\ \text{2017도20247} \end{smallmatrix}\right)$ 이러한 입장을 취하고 있다.

(다) 검　　토

보강법칙의 직접적 근거가 오판의 방지에 있다는 점에서 볼 때 보강증거가 자백의 진실성을 담보할 수 있으면 오판의 위험이 없어진다고 할 것이므로 진실성담보설이 타당하다. 죄체설이 보강법칙의 취지를 충실히 실현하고자 하는 의도는 이해할 수 있으나, 죄체는 본래 공판정 외의 자백에 대하여 엄격한 보강증거를 요구하고 있는 미국 증거법에서 사용되는 개념으로서 공판정의 자백과 공판정 외의 자백을 구별하고 있지 않는 우리 형사소송법에서는 사정이 다르다고 할 수 있다. 또한 현행법이 과거와는 달리 원칙적으로 증거조사 후에 피고인신문을 하도록 하고 있고($\begin{smallmatrix} \text{제296} \\ \text{조의2} \end{smallmatrix}$), 증거조사에 있어서도 먼저 자백이 아닌 다른 증거들을 조사한 다음에 자백조서 등을 조사할 것을 요구하고 있는 점($\begin{smallmatrix} \text{규칙} \\ \text{제135조} \end{smallmatrix}$)에 비추어 볼 때 보강증거의 역할이 과거보다 실제로 커졌다고 할 수는 있으나, 보강증거는 형식적인 관점에서 범죄사실의 어떤 부분에 대해 필요한지가 중요한 것이 아니라 실질적으로 오판의 위험을 막는 데 충분한 정도인지 여부가 보다 중요하다고 할 것이므로 결론에 있어서 달라질 것은 아니라고 생각한다.[1]

---

1) 강도상해사건에 있어서 피고인이 자백하였으나 상해부분에 대해서만 목격자의 증언이 있는 상태에서 피해자도 행방불명인 경우에 법원은 피고인을 강도상해죄로 처벌할 수 있을까. 강

(2) 보강증거의 요부

범죄의 어느 부분에 대하여 보강증거가 있어야 하는지의 문제는 죄체설과 진실성담보설에 따라 결론이 달라진다. 진실성담보설에 따르면 죄체설에 비해서 보강증거를 필요로 하지 않는 범위가 넓어진다. 또한 범죄에 대한 증명은 자백과 보강증거를 종합하여 판단하게 되므로 보강증거를 요하는 범위와 정도는 실제로 보강을 요하는 자백의 신용성에 따라 달라질 수 있다. 구체적으로 보강증거가 있어야 하는지가 문제되는 경우는 다음과 같다.

(가) 범죄의 주관적 요소

고의나 목적 등의 범죄의 주관적 요소에 대해서는 보강을 요하지 않는다는 것이 일반적인 견해이다. 범죄의 주관적 요소에 대해서는 현실적으로 보강증거를 얻기가 어렵다는 점과 자백만으로 이를 인정하여도 사실인정에 있어서 오류를 범할 위험성이 적다는 점을 고려한 것이다. 판례도 범의는 자백만으로 인정할 수 있다고 판시하고 있다(대법원 2006.6.27, 2006도2864).

(나) 범죄구성요건사실 이외의 사실

범죄구성요건사실 이외의 사실, 즉 객관적 처벌조건인 사실, 누범가중의 원인사실, 전과 및 정상 등에 관한 사실은 엄격한 의미에서 범죄사실과 구별되므로 이는 보강증거 없이 피고인의 자백만으로 인정할 수 있다. 판례도 전과에 관한 사실은 피고인의 자백만으로 인정할 수 있다고 판시하고 있다(대법원 1981.6.9, 81도1353).

(다) 범인과 피고인의 동일성

범인과 피고인의 동일성에 관하여 보강증거를 요하는가에 대하여는 ① 피고인이 범인이라는 사실은 공소범죄사실의 핵심에 해당하므로 피고인의 자백에 대한 보강증거가 필요하다는 견해와 ② 범죄사실에 대한 보강증거가 있는 이상 그 범인이 피고인이라는 것은 자백만으로 인정할 수 있다는 견해가 있다. 현실적으로 목격자 없는 범죄의 경우에 범인과 피고인의 동일성을 확보할 수 있는 보강증거를 구하는 것이 매우 곤란하다는 점을 고려할 때 범인과 피고인의 동일성은 피고인의 자백만으로 인정할 수 있다고 보아야 할 것이다.

도상해죄의 객관적 구성요건사실은 크게 ① 폭행·협박에 의한 재물탈취의 사실과 ② 상해의 사실이라고 할 수 있다. 따라서 죄체설에 따르면 상해부분에 대한 증언만을 가지고 강도상해죄의 죄체에 대해 보강증거가 있다고 보기는 어려울 것이다. 그러나 진실성담보설에 의하면 피고인의 강도상해사실에 대한 자백과 그 일부인 상해사실에 대한 보강증거에 의해서도 피고인의 강도상해사실에 대한 유죄를 인정하는 것이 가능할 수 있다고 생각된다.

㈑ 죄 수

1) 경 합 범 경합범은 수죄이므로 개별 범죄사실에 대하여 각각 보강증거가 필요하다는 점에 대해서 이론이 없다.

2) 상상적 경합범 상상적 경합범에 대하여는 ① 실체법상 수죄이므로 각 범죄에 대하여 보강증거가 필요하다는 견해와 ② 실체법상으로는 수죄이지만 소송법상 일죄이므로 중한 죄에 대한 보강증거가 있으면 족하다는 견해가 대립하고 있다. 상상적 경합범은 실체법상 수죄이지만 소송법상 하나의 범죄로 취급된다는 점에서 중한 죄에 대한 보강증거가 있으면 족하다고 본다. 다만 상상적 경합은 하나의 행위가 수개의 죄에 해당하는 경우이므로 통상 하나의 결과에 대한 보강증거는 다른 결과에 대해서도 보강증거가 되는 것이 일반적일 것이다.

3) 포괄일죄 포괄일죄에 대해서는 ① 포괄성 또는 집합성을 인정할 수 있는 범위에서 보강증거가 있으면 된다는 견해와 ② 각각의 범죄에 대하여 보강증거를 요한다는 견해 및 ③ 포괄일죄의 개별행위가 구성요건상 독립된 의미를 가지는 경우에는 개별 범죄사실에 대한 보강증거가 필요하나, 그렇지 않은 경우에는 개개의 행위에 대한 보강증거를 요하지 않는다는 견해가 주장되고 있다. 상습범과 같이 개별행위가 특정되는 포괄일죄의 경우에는 각각의 행위에 대하여 보강증거가 필요하나, 침해법익과 범죄행위의 유사성 등으로 수개의 행위가 일죄를 구성할 뿐 개별행위가 독립적인 의미를 가지지 않는 포괄일죄에 있어서는 개개의 행위에 대한 보강증거를 요하지 않는다는 견해가 타당하다. 따라서 영업범과 같이 시간적 포괄성을 가지는 포괄일죄의 경우에는 그 포괄성을 인정할 수 있는 범위 내에서 보강증거가 있으면 족하다. 판례는 상습범에 대하여 개별 행위별로 보강증거를 요한다고 판시하고 있다(대법원 1996.2.13, 95도1794).

5. 보강법칙위반의 효과

자백만을 유일한 증거로 하여 유죄를 인정한 경우에는 헌법 제12조 제 7 항과 형사소송법 제310조에 위반한 것으로서 법령위반에 해당하므로 상소이유가 된다(제361조의5 제 1 호, 제383조 제 1 호). 유죄판결이 확정된 경우에는 비상상고를 통한 구제가 가능하다(제441조).

Ⅳ. 공범자의 자백의 증거능력과 증명력

1. 논   점

공범자의 자백에 대하여는 크게 두 가지 내용이 검토의 대상이 된다. 먼저 공범자의 자백이 피고인의 범죄사실을 인정하기 위한 증거로 사용되기 위해서는 어떠한 요건을 구비하여야 하는지가 문제된다. 이것이 공범자의 자백의 증거능력의 문제이다. 다음으로 문제가 되는 것은 공범자의 자백이 제310조에 규정된 '피고인의 자백'에 포함되는가의 여부이다. 이것은 공범자의 자백의 증명력의 문제로서, 공범자가 자백한 경우에 이것을 증거로 하여 피고인에게 유죄를 인정할 수 있는지 아니면 이 경우에도 보강증거가 필요한지의 여부가 논의의 대상이 된다. 이와 함께 피고인이 자백한 경우에 공범자의 자백이 피고인의 자백에 대한 보강증거가 될 수 있는가 하는 점도 살펴볼 필요가 있다. 그리고 여기서 공범에는 공동정범, 교사범, 방조범은 물론이고 합동범이나 필요적 공범도 포함된다.

2. 공범자의 자백의 증거능력

(1) 공범자의 공판정 자백의 증거능력

공동피고인인 공범자의 공판정 자백을 피고인의 공소사실에 대한 증거로 사용하기 위해서는 어떠한 요건이 필요한지가 문제된다. 공범자라도 공동피고인이 아니면 기본적으로 제 3 자인 증인의 지위에 있다고 할 것이므로 증인으로 신문하지 않는 한 그의 자백을 다른 공범자인 피고인의 범죄사실에 대한 증거로 사용할 수 없다.

㈎ 증인적격과의 관련성

공범자의 공판정 자백이 다른 공범자인 피고인의 범죄사실에 대한 증거로 될수 있는가의 문제는 우선 공동피고인의 증인적격과 관련된다고 할 수 있다. 공동피고인의 증인적격에 관하여는 절차를 분리하지 않는 한 공동피고인을 증인으로 신문할 수 없다는 부정설과 공동피고인은 다른 피고인에 대하여 제 3 자로 볼 수 있으므로 증인적격이 인정된다는 긍정설 및 공범자인 공동피고인은 증인적격이 없지만 자기의 피고사건과 실질적 관련성이 없는 사건으로 병합심리 되고 있는 공동피고인은 증인적격이 있다는 절충설이 주장되고 있다. 절충설이 통설 및 판례의 입장이다. 공범자의 공판정 자백의 증거능력의 유무는 공동피고인의 증인적격에 대하여

부정설이나 절충설을 취하는 경우에 문제가 된다. 이들 견해에 의하면 공범관계에 있는 공동피고인은 그들이 필요적 공범이든 임의적 공범이든 묻지 않고 변론을 분리하지 않는 한 서로의 사건에 대하여 증인이 될 수 없기 때문이다. 따라서 이 경우에는 공범자가 증인이 아닌 피고인의 지위에서 공판정에서 행한 자백을 다른 공동피고인의 피고사건에 대한 증거로 사용할 수 있는지의 여부가 다시 문제로 된다.[1)]

(나) 학설 및 판례

공범자인 공동피고인의 공판정 자백이 다른 공동피고인의 공소사실에 대하여 증거능력이 인정되기 위해서는 어떠한 요건이 필요한지에 관하여 견해의 대립이 있다.

1) 적 극 설   공범자인 공동피고인의 공판정에서의 자백은 다른 공동피고인의 공소사실에 관하여 당연히 증거능력이 인정된다는 견해이다. 피고인신문절차에서 피고인은 공동피고인에 대해서 사실상 반대신문권을 행사할 수 있다는 점과 공동피고인의 자백은 법관 앞에서 행하여질 뿐만 아니라 공동피고인 자신에 대해서도 유죄의 증거로 사용된다는 점 등을 근거로 한다. 그러나 현행법상 피고인신문절차에서 피고인이 다른 공동피고인에 대하여 반대신문을 할 수 있는 권리가 법적으로 보장되어 있지 않고, 사실상 기회가 주어진다고 하더라도 피고인이 진술거부권을 행사하는 경우에는 반대신문은 불가능하게 되며, 공범자인 공동피고인은 책임전가적 자백을 할 위험성이 있다는 점에서 자백이 자신의 범죄사실에 대해서 증거로 사용된다는 것과 다른 공동피고인의 범죄사실에 대하여 증거가 된다는 것은 다른 의미를 가진다고 할 수 있다. 판례는 공범인 공동피고인 상호간에 있어서는 반대신문의 기회가 사실상 보장된다고 보는 입장에서 적극설을 취하고 있다.[2)]

2) 소 극 설   공동피고인의 재판상 자백을 피고인의 공소사실에 대한 증거로 사용할 수 없다는 견해이다. 공동피고인에게는 반대신문권이 보장되어 있지 않을 뿐만 아니라 반대신문을 하여도 진술을 거부하면 목적을 달성할 수 없다는 점과 증언과는 달리 공동피고인의 자백은 그 진실성이 선서에 의하여 담보되지 않으

---

1) 긍정설에 의하면 공범자는 피고인의 사건에 대한 증인이므로 반드시 증인으로서 선서하고 진술하여야 하며, 단순히 공동피고인의 지위에서 한 자백은 다른 공동피고인의 범죄사실에 대한 증거로 사용할 수 없게 된다.

2) 대법원 1992. 7. 28, 92도917, 「형사소송법 제310조의 피고인의 자백에는 공범인 공동피고인의 진술은 포함되지 않으며, 이러한 공동피고인의 진술에 대하여는 피고인의 반대신문권이 보장되어 있어 독립한 증거능력이 있다.」

므로 허위자백의 위험이 있다는 점 등을 근거로 한다. 따라서 소극설에 의하면 공동피고인에 대하여 변론을 분리하여 증인신문절차에 의하여 신문하지 않는 한 공범자의 법정자백을 피고인의 공소사실에 대한 증거로 사용할 수 없게 된다. 그러나 공동피고인의 자백을 피고인의 공소사실에 대한 증거로 사용하기 위해서는 사실상 조서상의 기재에 불과하다고 볼 수 있는 변론의 분리와 병합이라는 방법을 사용할 수밖에 없도록 하는 것은 지나치게 기교적이라는 비판을 받는다.

3) 절 충 설　피고인이 공범자인 공동피고인에 대하여 공판정에서 실제로 충분히 반대신문을 하였거나 반대신문의 기회가 주어졌던 경우에 한하여 공동피고인의 자백을 피고인의 공소사실에 대한 증거로 사용할 수 있다는 견해이다. 절충설에 의하면 피고인이 공동피고인에 대하여 사실상 반대신문의 기회를 가지지 못하였거나, 공동피고인이 피고인의 반대신문에 대해서 진술거부권을 행사하여 반대신문이 현실적으로 효과를 거두지 못한 경우에는 공범자인 공동피고인의 진술을 피고인의 범죄사실에 대한 증거로 사용할 수 없게 된다.

(다) 검　　토

공범자인 공동피고인이 공판정에서 피고인과의 공동범행사실을 자백하는 경우에 공범자의 자백으로 인하여 불이익을 받을 피고인에게 반대신문의 기회도 주지 아니한 채 공범자의 자백을 그의 공소사실에 대한 유죄의 증거로 사용하도록 하는 것은 불합리하다고 할 수 있다. 특히 공범자의 책임전가적 자백의 위험성을 고려할 때 불이익을 받을 피고인에게 반대신문의 기회를 준다는 것은 현실적으로 매우 중요한 의미를 가진다. 이런 점에서 볼 때 공범자인 공동피고인의 공판정자백의 증거능력에 대해서는 피고인의 반대신문권 보장과 공동피고인의 진술거부권 불행사를 요건으로 그 증거능력을 인정하는 절충설의 입장이 타당하다고 할 것이다.[1]

(2) 공범자에 대한 사법경찰관작성 피의자신문조서의 증거능력

사법경찰관이 작성한 피의자신문조서에 기재된 공범자의 자백을 피고인의 공소사실에 대한 증거로 사용하기 위해서는 어떠한 요건을 필요로 하는지가 문제

---

1) 다만 공동피고인에 대한 피고인의 반대신문권을 보장한다고 하더라도 변론을 분리하여 공동피고인을 증인으로 신문하는 경우에 인정될 수 있는 허위진술에 대한 위증죄의 성립은 인정되지 않는다. 따라서 공동피고인 사이에 이해가 첨예하게 대립되어 서로 허위의 진술을 할 위험성이 크다고 판단되는 경우에는 변론을 분리하여 공범자를 증인으로 신문할 필요성도 있을 수 있다.

된다.

이와 관련해서는 먼저 공범자에 대한 사법경찰관작성 피의자신문조서의 증거능력을 인정하는 데 있어서 어느 규정을 적용할 것인지가 검토의 대상이 된다. 공범자의 피의자신문조서를 제312조 제 4 항의 '피고인이 아닌 자의 진술을 기재한 조서'로 보아 공범자의 진정성립인정을 기본요건으로 하여 증거능력을 인정할 수 있다고 보는 견해가 있으나, 사법경찰관작성의 피의자신문조서는 공범자가 공동피고인인가의 여부를 묻지 않고 제312조 제 3 항을 적용하여 그 증거능력을 판단하여야 할 것이다. 그렇지 않으면 법이 사법경찰관작성의 피의자신문조서에 대해서 내용의 인정이라는 엄격한 요건을 요구하고 있는 취지가 공범관계에 있는 자들 사이에서는 퇴색할 우려가 있기 때문이다.

다만 문제는 형사소송법 제312조 제 3 항을 적용함에 있어서 그 내용인정의 주체를 누구로 볼 것인가에 있다고 할 수 있다. 사법경찰관이 작성한 공범자에 대한 피의자신문조서를 피고인에 대한 유죄의 증거로 제출한 경우에 대하여는 원진술자인 공범자 또는 그의 변호인이 공판정에서 내용을 인정하면 증거능력이 인정된다는 원진술자내용인정설과 자백한 공범자가 아닌 피고인 또는 그의 변호인이 그 내용을 인정하여야 증거로 사용할 수 있다는 피고인내용인정설이 주장되고 있다. 판례는 「형사소송법 제312조 제 3 항은 검사 이외의 수사기관이 작성한 당해 피고인에 대한 피의자신문조서를 유죄의 증거로 하는 경우뿐만 아니라, 검사 이외의 수사기관이 작성한 당해 피고인과 공범관계에 있는 다른 피고인이나 피의자에 대한 피의자신문조서를 당해 피고인에 대한 유죄의 증거로 채택할 경우에도 적용된다. 따라서 당해 피고인과 공범관계가 있는 다른 피의자에 대하여 검사 이외의 수사기관이 작성한 피의자신문조서는 그 피의자의 법정진술에 의하여 그 성립의 진정이 인정되는 등 형사소송법 제312조 제 4 항의 요건을 갖춘 경우라고 하더라도 당해 피고인이 공판기일에서 그 조서의 내용을 부인한 이상 이를 유죄 인정의 증거로 사용할 수 없다」고 판시하여($\binom{대법원\ 2009.7.9,}{2009도2865}$), 피고인내용인정설의 입장을 취하고 있다. 또한 이러한 법리는 공동정범이나 교사범, 방조범 등 공범관계에 있는 자들 사이에서뿐만 아니라, 종업원 등 행위자의 위반행위에 대하여 행위자가 아닌 법인 또는 개인이 양벌규정에 따라 기소된 경우, 행위자와 법인 또는 개인 사이의 관계에서도 마찬가지로 적용된다고 한다($\binom{대법원\ 2020.6.11,}{2016도9367}$).

사법경찰관이 작성한 공범자에 대한 피의자신문조서의 증거능력을 인정함에 있어서는 피고인이 불이익을 당하지 않도록 그 요건을 엄격히 제한할 필요가 있고, 공범자와 피고인에 대한 재판이 각각 별도로 이루어지는 경우 자기의 사건에서는 내용을 부인하여 증거능력이 인정되지 않는 피의자신문조서를 공범관계에 있는 다른 피고인에 대한 재판에서는 내용을 인정하여 유죄의 증거로 할 수 있는 불합리하고 불공평한 결과가 생길 수 있다는 점을 고려할 때($\binom{대법원 1986.11.1,}{86도1783 참조}$), 피고인내용인정설이 타당하다고 생각된다.

(3) 공범자에 대한 검사작성 피의자신문조서의 증거능력

공범자가 검사 앞에서 피고인과의 공동범행사실을 자백하고 그 내용이 피의자신문조서에 기재된 경우에 당해 자백조서가 피고인의 공소사실에 대한 증거로 사용되기 위해서는 어떠한 요건을 구비해야 하는지가 문제된다.

검사작성 피의자신문조서와 사법경찰관작성 피의자신문조서의 증거능력의 요건이 동일하므로($\binom{제312조 제1항}{및 제3항 참조}$), 공범자에 대한 검사작성 피의자신문조서의 증거능력 인정에 있어서도 공범자에 대한 사법경찰관작성 피의자신문조서의 증거능력 인정 요건이 동일하게 적용되게 된다.

(4) 공범자의 법정 외 자백과 제314조의 적용 여부

제314조는 「제312조 또는 제313조의 경우에 공판준비 또는 공판기일에 진술을 요하는 자가 사망·질병·외국거주·소재불명, 그 밖에 이에 준하는 사유로 인하여 진술할 수 없는 때에는 그 조서 및 그 밖의 서류(피고인 또는 피고인 아닌 자가 작성하였거나 진술한 내용이 포함된 문자·사진·영상 등의 정보로서 컴퓨터용디스크, 그 밖에 이와 비슷한 정보저장매체에 저장된 것을 포함한다)를 증거로 할 수 있다. 다만 그 진술 또는 작성이 특히 신빙할 수 있는 상태하에서 행하여졌음이 증명된 때에 한한다」고 규정하고 있다.

검사 또는 사법경찰관이 작성한 공범자에 대한 피의자신문조서의 증거능력에 대하여 제312조 제4항을 적용해야 한다는 견해에 의할 때에는 수사기관작성의 공범자에 대한 피의자신문조서에 대해서도 제314조를 적용할 수 있는 결과가 된다.

그러나 검사 또는 사법경찰관이 작성한 공범자에 대한 피의자신문조서가 피고인의 범죄사실에 대한 증거로 사용되기 위해서는 제312조 제1항과 제3항에 따라 그 내용을 인정할 것이 요구되므로, 이에 대하여 제314조를 적용할 수 있는지의 여부는 당해 조서의 내용인정의 주체를 누구로 볼 것인가에 따라 달라지게 된다. 피고인내용인정설에 의하면 피고인이나 변호인이 내용인정의 주체가 되므로 비록 원진술자인 공범자에게 필요성과 특신상태의 요건이 갖추어진 경우라도 이를 이유로 피의자신문조서의 증거능력을 인정할 수는 없는 것이 된다. 그러나 진술자인 공범자를 내용인정의 주체로 보는 원진술자내용인정설에 따르면 원진술자인 공범자가 사망·질병 등으로 공판정에 출석할 수 없고 특신상태가 인정되는 경우에는 제314조를 적용할 수 있게 된다. 이때는 내용인정의 주체가 피고인이 아니라 공판정에 출석할 수 없는 공범자이기 때문이다. 판례는 피고인내용인정설의 입장에서 「당해 피고인과 공범관계가 있는 다른 피의자에 대한 검사 이외의 수사기관 작성의 피의자신문조서는 그 피의자의 법정진술에 의하여 그 성립의 진정이 인정되더라도 당해 피고인이 공판기일에서 그 조서의 내용을 부인하면 증거능력이 부정되므로 그 당연한 결과로 그 피의자신문조서에 대하여는 사망 등 사유로 인하여 법정에서 진술할 수 없는 때에 예외적으로 증거능력을 인정하는 규정인 형사소송법 제314조가 적용되지 아니 한다」고 판시하고 있다(대법원 2004.7.15, 2003 도7185 전원합의체 판결).

3. 공범자의 자백의 증명력

공범자의 자백의 증명력과 관련해서는 공범자의 자백만으로 보강증거 없이 피고인을 유죄로 인정할 수 있는지의 문제와 피고인이 자백한 경우에 공범자의 자백이 피고인의 자백에 대한 보강증거가 될 수 있는지의 문제가 검토의 대상이 된다.

(1) 보강증거의 필요성 여부

공범자의 자백이 피고인의 자백에 포함되어 공범자의 자백이 있는 때에도 보강증거가 있어야 유죄로 인정할 수 있는가에 대하여는 견해가 대립하고 있다.

㈎ 학설 및 판례

1) 보강증거필요설   공범자의 자백을 피고인의 자백에 포함시켜 공범자의 자백에도 보강증거가 있어야 한다는 견해이다. 공범자는 다른 공범자에게 책임을 전가하려고 허위의 진술을 할 위험이 있고, 공범자 가운데 한 사람만 자백한 경우에 보강증거가 없다면 자백한 공범자는 무죄가 되고 부인한 공범자는 유죄로 되는 불합리한 결과가 발생할 수 있다는 점 등을 이유로 한다.

2) 보강증거불요설   공범자의 자백은 피고인 자신의 자백이 아니므로 공범자의 자백으로 피고인의 범죄사실을 인정함에 있어서는 보강증거를 요하지 않는다

는 견해이다. 공범자의 자백은 피고인과의 관계에서 제 3 자의 진술에 해당하고, 자백보강법칙은 자유심증주의에 대한 예외이므로 엄격하게 해석할 필요가 있다는 점에서 제310조의 '피고인의 자백'을 '피고인 또는 공범자의 자백'으로 확장해석하는 것은 타당하지 않으며, 보강증거가 없는 경우에 공범자의 자백으로 인하여 부인한 피고인이 유죄가 되는 것은 법관의 자유심증에 기한 증명력 평가의 결과이며 자백한 공범자가 무죄로 되는 것은 보강법칙이 적용된 결과이므로 불합리한 것이 아니라고 한다. 판례의 태도이기도 하다.[1]

3) 절 충 설   공범자의 자백이 공판정에서 행하여진 경우에는 보강증거를 요하지 않지만 공판정 외에서의 공범자의 자백에는 보강증거가 필요하다는 견해이다. 공범자가 법관의 면전에서 자백하였다면 비록 별개의 사건으로 심리되어 그 절차에 피고인이 관여하지 아니하였더라도 보강증거를 요하지 않으나, 공범자의 자백이 수사서류 등에 기재되어 증거로 사용되는 경우에는 보강증거가 필요하다는 것이다.

(나) 검   토

절충설은 공범자의 공판정자백은 법관이 직접 그 진술상황을 관찰할 수 있기 때문에 신뢰할 수 있다는 점과 자백편중의 수사실무를 견제하기 위해서는 공판정 외에서의 공범자 자백의 증명력을 제한할 필요가 있다는 점을 그 이유로 하는 것 같으나, 공범자의 자백을 공판정에서의 자백인가 아닌가에 따라 특별히 달리 취급할 필요는 없다고 생각된다.

공범자는 피고인에 대한 관계에서 제 3 자에 해당하여 피고인 자신과는 다르다고 해야 하고, 공범자의 자백에 대한 허위개입의 여지는 그 증거능력 인정을 위한 피고인의 반대신문권 보장과 공범자의 허위자백의 가능성을 고려한 법관의 합리적이고도 신중한 증명력 평가에 맡길 수밖에 없으며, 공범자의 자백에 보강증거능력을 인정할 논리적·현실적 필요성이 있다는 점 등을 고려할 때 공범자의 자백에는 보강증거를 요하지 않는다고 해석하는 보강증거불요설이 타당하다고 할 것이다.

---

1) 대법원 1990. 10. 30, 90도1939,「형사소송법 제310조 소정의 "피고인의 자백"에 공범인 공동피고인의 진술은 포함되지 아니하므로 공범인 공동피고인의 진술은 다른 공동피고인에 대한 범죄사실을 인정하는 증거로 할 수 있는 것일 뿐만 아니라 공범인 공동피고인들의 각 진술은 상호간에 서로 보강증거가 될 수 있다.」

(2) 공범자의 자백의 보강증거능력

이것은 피고인이 자백한 경우에 공범자의 자백이 피고인의 자백에 대한 보강 증거가 될 수 있느냐의 문제이다. 공범자의 자백을 피고인의 자백으로 볼 수 없다는 보강증거불요설에 따르면 공범자의 자백은 독립된 증거이므로 당연히 보강증거로 될 수 있다. 이에 반하여 공범자의 자백을 피고인의 자백이라고 해석하는 견해에 의하면 논리적으로 공범자의 자백은 보강증거가 될 수 없는 것이 된다. 그러나 보강증거필요설이나 절충설을 취하는 학자들도 공범자의 자백만으로 유죄를 인정할 수는 없지만 피고인의 자백에 대한 보강증거로는 사용할 수 있다는 견해를 일반적으로 취하고 있다. 공범자의 자백만으로 유죄를 인정할 수 없다고 하는 것과 공범자의 자백을 이미 존재하는 피고인의 자백에 대한 보강증거로 사용한다는 것은 별개이며, 독립된 2인 이상의 복수의 진술이 있을 때에는 제310조가 예상하는 정형적인 오판의 위험이 해소될 수 있고, 공범자의 자백에 보강증거능력을 부정하게 되면 법관의 실체해명의무를 지나치게 제약하게 된다는 점 등을 이유로 들고 있다. 공범자의 자백은 피고인에 대한 관계에서 제3자의 진술에 해당하므로 당연히 보강증거가 될 수 있다고 해석하여야 한다.

제 5 절 전문법칙

I. 전문증거의 의의

전문증거(hearsay evidence)란 요증사실을 직접 체험한 자의 진술을 내용으로 하는 타인의 진술이나 진술을 기재한 서면을 말한다. 다시 말해서 전문증거란 사실인정의 기초가 되는 경험적 사실을 경험자 자신이 직접 법원에 진술하지 않고 다른 형태에 의하여 간접적으로 보고하는 것을 말한다. 예를 들면 피고인 A가 B를 살해한 혐의로 기소된 사건에서 범행현장을 목격한 甲이 증인으로 법정에 출석하여 증언하였다면 이는 보통의 증언으로서 원본증거가 되지만, 甲이 목격한 사실을 乙에게 말하고 乙이 증인으로 법정에 출석하여 "나는 甲으로부터 A가 B를 살해하는 것을 보았다는 말을 들었다"라고 증언한 경우나 甲의 진술을 기재한 참고인진술조서를 증거로 제출한 경우에는 이들 모두가 간접적 형태의 증거인 전문증거에 해당하게 된다.

전문증거에는 ① 경험자의 진술을 들은 타인이 전문한 내용을 법원에 진술하는 전문진술, ② 경험자 자신이 경험사실을 기재한 서면인 진술서, ③ 경험자가 경험사실을 진술한 것을 타인이 서면에 기재한 진술녹취서가 포함된다. 따라서 현행법상의 전문증거는 전문진술과 진술서 및 진술녹취서를 기본형태로 하며, 진술을 기재한 서류인 진술서와 진술녹취서를 합하여 전문서류라고 한다.

Ⅱ. 전문법칙의 의의와 근거

1. 전문법칙의 의의

전문법칙(hearsay rule)이란 전문증거에는 증거능력이 인정되지 않는다는 원칙을 말한다. 제310조의2는 「제311조 내지 제316조에 규정한 것 이외에는 공판준비 또는 공판기일에서의 진술에 대신하여 진술을 기재한 서류나 공판준비 또는 공판기일 외에서의 타인의 진술을 내용으로 하는 진술은 이를 증거로 할 수 없다」고 규정하여, 전문증거의 증거능력을 원칙적으로 부정하고 있다.

전문법칙은 배심제도와 관련하여 영미 증거법에서 발전한 제도이다. 배심원들은 직업법관에 비하여 증거가치를 평가하는 능력이 낮으므로 배심원들이 증명력에 결함이 있는 증거를 통하여 사실인정을 그르치는 일이 없도록 하기 위하여 마련된 장치이다. 그러나 직업법관도 신용성이 약한 증거에 의해 사실인정을 그르칠 가능성은 여전히 있으므로 직업법관에 의한 재판에 있어서도 그 필요성이 인정된다고 할 것이다.

2. 전문법칙의 이론적 근거

(1) 문제의 소재

형사소송법 제310조의2에서 규정하고 있는 전문법칙은 영미 증거법에서 유래한 제도라고 할 수 있다. 그러나 전문법칙의 예외를 규정하고 있는 제311조 내지 제316조의 규정은 영미의 전문법칙에서는 인정되지 않는 형태를 포함하고 있다. 여기서 형사소송법의 전문법칙의 이론적 근거를 어떻게 파악할 것인지가 문제된다. 이에 대하여는 반대신문의 결여를 포함하여 넓게 신용성의 결여에서 그 근거를 찾는 견해와 반대신문의 결여와 함께 직접주의를 그 근거로 드는 견해가 주장되고 있다.

전문법칙이나 직접주의가 모두 공판중심주의를 통한 공정한 재판의 실현에 기여하는 제도이며 양자는 유사한 적용결과를 얻을 수 있다는 점도 사실이다.[1] 그러나 대륙법의 제도인 직접주의와 영미법의 제도인 전문법칙은 서로 연혁과 원리를 달리하는 구별되는 개념이므로 구태여 형사소송법 제310조의2가 규정하고 있는 전문법칙의 근거를 이원적으로 설명할 필요는 없다고 생각된다. 현행법상의 전문법칙의 근거는 전문증거는 신용성이 없는 증거라는 전문증거의 일반적인 속성에서 찾아야 할 것이다.

(2) 신용성의 결여

전문증거의 신용성의 결여는 복합적 요소에 의하여 설명될 수 있다.

(가) 반대신문의 결여

전문증거의 증거능력을 부인하는 가장 중요한 이유는 반대신문의 결여에 있다. 즉 진술증거에 의하여 불이익을 받게 될 당사자에게 반대신문권을 보장하는 데 전문법칙의 주된 목적이 있는 것이다. 전문증거에 있어서는 원진술자를 법정에서 직접 진술하게 하는 것을 생략한 것이므로 원진술의 진실성을 당사자의 반대신문(cross-examination)에 의하여 음미(test)할 수 없어 잘못을 시정할 기회를 가질 수 없다. 이것은 전문서류를 증거로 사용하는 경우는 물론이고 범행현장을 목격한 자로부터 그 내용을 전해들은 자가 공판정에서 증인으로 증언하는 경우에도 마찬가지이다. 피고인의 전문증인에 대한 반대신문에 의해서는 목격자인 원진술자의 진술의 진실성을 다툴 수 없기 때문이다. 따라서 원진술자에 대한 반대신문의 기회가 없는 증거는 사실인정의 기초가 될 수 없도록 증거능력을 배제한 것이 전문법칙이다.

(나) 원진술자의 공판정불출석

자신의 경험사실을 공개된 법정에서 그리고 진술에 의하여 불이익을 받을 사람의 면전에서 거짓으로 진술하는 것은 심리적으로 어려운 일이다. 공판정에 출석

---

1) 직접주의 또는 직접심리주의는 법원이 공판정에서 직접 조사한 원본증거만을 재판의 기초로 삼아야 한다는 원칙을 말한다. 법원은 공판정에서 직접 조사한 증거를 토대로 심증을 형성해야 한다는 형식적 직접주의와 증명의 대상이 되는 사실과 가장 가까운 원본증거를 재판의 기초로 삼아야 한다는 실질적 직접주의를 그 내용으로 한다.

하지 아니한 상태에서 행한 원진술을 내용으로 하는 전문증거는 이러한 진실담보
장치를 결여하고 있으므로 신용성 결여의 원인이 된다.

㈐ 태도증거의 결여

원진술자의 진술이 공판정에서 행하여질 때에는 법관은 진술자의 진술내용
뿐만 아니라 진술자의 태도를 관찰하여 정확한 심증을 형성할 수 있다. 그러나 전
문증거를 증거로 사용하는 경우에는 이러한 태도증거를 얻을 수 없다. 태도증거의
결여는 전문증거의 신용성 결여의 중요한 원인이 되며, 특히 현행법상 피고인의
진술을 원진술로 하는 전문증거에 대한 증거능력배제의 유력한 근거가 된다고 할
수 있다.[1]

㈑ 선서의 결여

전문증거를 증거로 사용하면 선서에 의하여 진실성이 담보되지 않은 경험자의
원진술을 사실인정의 기초로 삼게 된다는 문제점이 있다. 이것은 전문서류를 증거
로 사용하는 경우뿐만 아니라 공판정에서의 전문진술을 증거로 하는 경우에도 마
찬가지이다. 전문증언자의 선서는 자신이 전문한 내용을 법원에 정확하게 전달한
다는 점에 있어서는 효과가 있지만, 선서 없이 이루어진 원진술자의 진술의 진실성
을 담보할 수는 없기 때문이다.

Ⅲ. 전문법칙의 적용범위

1. 진술증거

전문법칙은 진술증거에 대하여만 적용되며, 증거물과 같은 비진술증거에는 전
문법칙의 적용이 없다. 진술증거인 이상 전문진술인가 또는 진술을 기재한 서류인
가는 불문한다.

전문증거는 진술증거이므로 원진술은 언어적 표현에 의하여 진술자의 체험사
실을 외부에 전달하는 것이어야 한다. 이때 언어적 표현은 행동의 형태로서 표현될
수도 있는데, 甲이 범인으로 A를 지적하거나 사건현장을 가리키는 경우가 그것이

---

1) 형사소송법 제310조의2의 적용대상 가운데 피고인의 진술을 내용으로 하는 전문증거에 대
한 증거능력 부정의 근거를 반대신문권 보장에서 찾을 수 없음은 물론이다. 그러나 이를 설
명하기 위해서 현행법상의 전문법칙의 근거를 반대신문권의 보장과 직접주의로 이원화하여
설명할 필요는 없다고 생각한다. 태도증거에 의하여 정확한 심증을 얻을 수 없다는 점도 전
문증거에 신용성이 없다는 이유의 하나이기 때문이다.

다. 甲의 이러한 행동은 언어적 진술과 마찬가지로 보아야 하므로 甲의 행동을 보고 乙이 공판정에서 한 증언은 전문증거에 해당한다. 이에 반하여 도망이나 침묵과 같이 행동에 의하여 특정한 사실을 추론하는 것이 가능한 경우에는 이러한 행동에 행위자의 진술이 포함된 것으로 보아 전문법칙을 적용해서는 안 된다.[1] 도망이나 침묵과 같이 특정한 의사를 표현하려는 의도를 가지지 않은 행동에까지 전문법칙을 적용하게 되면 지나치게 사실인정의 자료를 제한하는 결과가 되기 때문이다. 따라서 이러한 행동은 정황증거로 파악하는 것이 타당하다고 생각된다.

2. 요증사실과의 관계

전문법칙의 적용 여부는 그 증거에 의하여 증명하려는 사실인 요증사실과의 관계에 따라 정하여진다. 이런 의미에서 어떤 증거가 전문증거인가 원본증거인가의 여부는 상대적인 개념이라고 할 수 있다.

(1) 판단기준

전문법칙은 타인의 진술이나 서류에 포함된 원진술자의 진술내용의 진실성이 요증사실로 된 경우에만 적용된다. 즉 전문한 증거로서 원진술의 내용인 사실을 증명하고자 하는 경우에 한하여 전문법칙이 적용된다. 이에 반하여 원진술의 존재 자체가 요증사실인 경우에는 전문법칙의 적용이 없고 당해 증거는 증거능력을 가지게 된다(대법원 2014.2.27, 2013도12155).

(2) 전문법칙이 적용되지 않는 경우

형식적으로는 전문증거인 것처럼 보이지만 전문법칙이 적용되지 않는 경우가 있다. 기본적으로 원진술의 존재 자체가 요증사실인 경우라고 할 수 있다.

㈎ 요증사실의 일부를 이루는 진술

원진술자의 진술내용이 요증사실의 구성요소를 이루는 경우에는 전문법칙이 적용되지 않는다. 예를 들면 A가 절도하는 것을 보았다는 말을 甲으로부터 전해들은 乙의 증언은 A에 대한 절도피고사건에 있어서는 전문증거가 되지만, 甲에 대한

---

[1] 참고로 미국 연방증거법 제801조 (a)는 「진술이란 (1) 구두 또는 서면에 의한 주장, 또는 (2) 주장의 의도로 행하여진 어떤 사람의 비언어적 행동을 말한다(A statement is (1) an oral or written assertion or (2) nonverbal conduct of a person, if it is intended by the person as an assertion)」라고 규정하고 있다.

명예훼손피고사건에 있어서는 원본증거가 된다. 후자의 경우에는 요증사실이 甲이 명예훼손적인 말을 하였다는 사실이므로 그 사실을 체험한 자는 증인 乙 자신인 것이다.

또한 피고인에 대한 사기죄 피고사건에서 피해자 甲이 법정에 출석하여 "피고인이 A 체육관부지를 공시지가로 매입하게 해주고 B사와의 시설이주 협의도 2개월 내에 완료하겠다고 말하였다"고 진술한 경우, 피고인의 원진술의 존재자체가 사기죄에 있어서의 요증사실이므로 이를 직접 경험한 甲의 진술은 전문증거가 아니라 원본증거에 해당한다(대법원 2012.7.26, 2012도2937).

(나) 정황증거로 사용된 진술

원진술자의 진술을 그 내용의 진실성과 관계없는 간접사실에 대한 정황증거로 사용하는 경우에도 전문법칙이 적용되지 않는다(대법원 2013.6.13, 2012도16001). 대표적인 경우로는 ① 행동에 수반된 언어(verbal part of act), 즉 의미내용이 애매한 행동에 부수하여 그 행위의 의미를 설명하기 위하여 제출되는 진술에 대하여는 전문법칙이 적용되지 않는다. 예를 들면 甲이 乙을 붙잡고 흔들은 행위가 폭행인지 또는 우정의 표현인지를 설명하기 위하여 그 당시에 甲이 乙에게 「이 나쁜 놈」이라고 한 말을 증거로 제출하는 경우가 여기에 해당한다. 또한 ② 전문진술을 원진술자의 심리적·정신적 상태를 추론하기 위한 정황증거로 사용하는 경우에도 전문법칙이 적용되지 않는다. 예를 들면 「나는 우주에서 온 화성인이다」라는 말을 들은 사람의 진술로써 원진술자의 정신이상을 추인하는 경우가 그것이다. 마찬가지로 피해자가 피고인을 만난 직후 「피고인은 정말 무서운 사람이야」라고 말하는 것을 들었다는 증인의 증언에 대해서도 전문법칙이 적용되지 않는다. 피고인이 정말 무서운 사람인지의 여부가 요증사실인 것이 아니라 피해자가 피고인을 두려워하는 마음을 가지고 있었다는 피해자의 심리상태가 요증사실인 경우이기 때문이다. 이러한 경우들도 역시 원진술내용의 진실성이 아닌 진술의 존재 자체가 요증사실인 경우의 하나라고 할 수 있다.

(다) 탄핵증거로 사용된 진술

증인의 증언의 신용성을 탄핵하기 위하여 공판정 외에서의 자기모순의 진술을 증거로 제출하는 경우에도 적극적으로 원진술의 진실성을 증명하기 위한 경우가 아니므로 전문법칙이 적용되지 않는다.

Ⅳ. 전문법칙의 예외이론

1. 예외인정의 필요성

전문증거는 당사자의 반대신문의 결여 등으로 신용성이 결여되어 있기 때문에 증거능력이 부정된다. 그러나 전문법칙을 엄격하게 적용할 때에는 증거로서의 가치가 있는 증거가 공판정에 제출되지 못함으로써 재판의 지연을 초래하고 실체적 진실발견을 저해할 염려가 있다. 따라서 일정한 경우에는 전문증거라고 하더라도 예외적으로 증거능력을 인정할 필요가 있다. 다만 예외를 지나치게 넓게 인정하게 되면 전문법칙 자체를 무의미하게 할 우려가 있으므로 예외인정의 기준을 명확하게 한정하여야 한다.

2. 예외인정의 기준

전문법칙의 예외를 인정하기 위해서는 신용성의 정황적 보장과 필요성이라는 두 가지 요건이 필요하다. 이는 영미 증거법에서 판례를 통하여 형성된 원칙이지만 우리 형사소송법의 해석에 있어서도 이러한 요건이 필요하다는 점에 견해가 일치하고 있다.

(1) 신용성의 정황적 보장

신용성의 정황적 보장(circumstantial guarantee of trustworthiness)이란 진술 당시의 외부적 상황에 비추어 공판정 외에서의 진술의 진실성을 인정할 수 있는 경우를 말한다. 형사소송법은 원진술이「특히 신빙할 수 있는 상태하에서 행하여진 때」라는 표현을 사용하여 신용성의 정황적 보장을 예외인정의 요건으로 규정하고 있다. 다만 여기서 신용성은 증거능력과 관련된 것이므로 진술내용의 진실성 자체를 의미하는 것이 아니라 그 진술의 진실성을 담보할 만한 구체적이고 외부적인 정황이 있음을 의미하는 것이다(대법원 2014.8.26, 2011도6035).

영미법상 신용성의 정황적 보장이 인정되는 대표적인 경우로는 ① 사건 중 또는 사건 직후의 충동적 진술과 같은 자연적·반사적 진술, ② 죽음에 직면한 자의 임종의 진술, ③ 진술자의 이익에 반하는 진술, ④ 원진술이 공문서 또는 업무의 통상의 과정에서 작성된 문서에 기재된 경우 등을 들 수 있다.

(2) 필 요 성

필요성(necessity)이란 원진술자의 진술과 같은 가치의 증거를 얻는 것이 불가능하거나 현저히 곤란하기 때문에 전문증거라도 이를 증거로 사용할 필요가 있는 경우를 말한다. 형사소송법은 필요성을「진술을 요하는 자가 사망 · 질병 · 외국거주 · 소재불명 그 밖에 이에 준하는 사유로 인하여 진술할 수 없는 때」라고 규정하고 있다($^{제314}_{조}$).

(3) 양자의 관계

전문증거에 증거능력을 부여하기 위해서는 신용성의 정황적 보장과 필요성이라는 두 가지 요건이 필요하다. 다만 신용성의 정황적 보장과 필요성은 모든 경우에 동등한 정도의 엄격성이 요구되는 것이 아니라 상호보완관계 또는 반비례의 관계에 있다. 따라서 일방의 요건이 강하게 충족되면 그만큼 다른 요건은 엄격성이 완화될 수 있다.

3. 전문법칙의 예외규정

형사소송법은 제311조 내지 제316조에서 전문법칙의 예외를 규정하고 있다. 이들 예외규정 가운데 제311조 내지 제315조는 서류인 전문증거에 대한 예외규정이고, 제316조는 전문진술에 대한 예외규정이다. 전문서류에 있어서도 제311조(법원 또는 법관의 조서)와 제315조(당연히 증거능력이 있는 서류)는 별도의 요건 없이 당연히 증거능력이 인정되는 경우이고, 제312조(검사 또는 사법경찰관의 조서 등)와 제313조(진술서 등)는 일정한 요건하에 증거능력이 인정되는 경우이다. 그리고 제314조는 제312조 또는 제313조의 요건을 충족하지 못한 전문증거라도 전문법칙의 예외에 대한 일반이론에 따라 보충적으로 증거능력이 인정되는 경우를 규정한 것이다.

한편 형사소송법에 명문규정이 없는 경우라도 전문법칙과 관련하여 검토해야 할 증거들이 있다. 예를 들면 사진, 녹음테이프, 비디오테이프, 컴퓨터용디스크 등에 저장된 전자적 정보, 거짓말탐지기 검사결과 등이 여기에 해당한다. 이러한 증거들을 검토함에 있어서는 우선 당해 증거가 전문증거인가의 여부를 판단하고 전문증거라면 현행법상 어느 규정을 적용해서 전문법칙의 예외를 인정할 것인가를 결정하여야 한다.

V. 전문서류의 증거능력

1. 법원 또는 법관의 조서

(1) 의   의

제311조는 「공판준비 또는 공판기일에 피고인이나 피고인 아닌 자의 진술을 기재한 조서와 법원 또는 법관의 검증의 결과를 기재한 조서는 증거로 할 수 있다. 제184조(증거보전절차) 및 제221조의2(증인신문의 청구)의 규정에 의하여 작성한 조서도 또한 같다」고 규정하여, 법원 또는 법관이 주재하는 절차에서 작성된 조서의 증거능력을 인정하고 있다. 이러한 조서는 그 성립이 진정하고 신용성의 정황적 보장이 높기 때문에 특별한 요건 없이 증거능력이 부여되고 있는 것이다.

이들 중 법원 또는 법관의 검증의 결과를 기재한 검증조서에 대하여는 수사기관 작성의 검증조서와 함께 살펴보기로 하고, 여기서는 먼저 법원 또는 법관의 면전에서의 진술을 기재한 이른바 법원 또는 법관의 면전조서 등에 대해서 살펴보기로 한다.

(2) 공판준비 또는 공판기일에 피고인의 진술을 기재한 조서

공판준비에 있어서 피고인의 진술을 기재한 조서란 공판기일 전에 피고인을 신문한 조서($\frac{제273조}{제1항}$)나 공판준비기일조서($\frac{제266조의}{10\ 제2항}$), 공판기일 전의 법원의 검증조서 중 피고인의 진술을 기재한 부분을 말한다. 그리고 공판기일에 피고인의 진술을 기재한 조서란 공판조서를 의미한다. 그런데 당해 사건의 공판기일에 피고인이 행한 진술은 그 자체가 증거로 되므로, 여기서 공판조서가 증거로 사용되는 경우란 공판절차갱신 전의 공판조서나 파기환송·이송 전의 공판조서, 관할위반의 판결이 확정된 후 재기소된 경우의 공판조서 등을 의미한다고 할 수 있다.

(3) 공판준비 또는 공판기일에 피고인 아닌 자의 진술을 기재한 조서

공판준비에서의 피고인 아닌 자의 진술을 기재한 조서란 당해 사건의 공판준비절차에서 증인·감정인·통역인·번역인 등을 신문한 조서를 말한다. 공판기일에서의 증인 등의 진술을 기재한 조서가 이전 공판절차에서 작성된 공판조서를 의미함은 피고인의 진술을 기재한 공판조서에 있어서와 같다.

다만 여기서 피고인 아닌 자에 공동피고인을 포함시킬 것인지에 대해서는 검토를 요한다. 피고인과 별개의 범죄사실로서 기소되고 다만 병합심리된 것뿐인 공동피고인은 피고인에 대한 관계에서 증인의 지위에 불과하므로 선서 없이 공동피고인의 지위에서 행한 공판정에서의 진술을 피고인에 대한 공소사실을 인정하는 증거로는 쓸 수 없고(대법원 1982.9.14, 82도1000), 따라서 공판조서 중 공범자가 아닌 공동피고인의 진술이 기재된 부분에 대해서는 제311조가 적용될 수 없다. 그러나 공범자인 공동피고인의 공판정에서의 진술에 대하여는 반대신문의 기회가 사실상 보장된다는 전제에서 당연히 증거능력을 인정하는 판례의 입장에 의하면(대법원 2006.5.11, 2006도1944) 이러한 공동피고인의 진술을 기재한 공판조서는 제311조에 의하여 증거능력이 인정된다.

(4) 당해 사건의 공판준비조서와 공판조서

여기의 공판준비조서와 공판조서는 당해 사건에 대한 조서를 의미한다고 보는 것이 일반적인 견해이다. 이에 대하여 피고인의 진술이 기재된 공판조서인 경우에는 다른 사건의 공판조서라도 여기에 해당한다고 보는 견해가 있다. 이 견해에 의하면 다른 사건의 공판에서 한 피고인의 증언을 기재한 공판조서도 제311조에 의하여 증거능력이 인정되는 것이 된다. 판례는 「다른 피고인에 대한 형사사건의 공판조서는 형사소송법 제315조 제 3 호에 정한 서류로서 당연히 증거능력이 있는 바, 공판조서 중 일부인 증인신문조서 역시 형사소송법 제315조 제 3 호에 정한 서류로서 당연히 증거능력이 있다」고 판시하여(대법원 2005.4.28, 2004도4428), 다른 피고사건의 공판조서를 제315조 제 3 호의 적용대상으로 보고 있다.[1]

(5) 증거보전절차와 판사에 의한 증인신문절차에서 작성한 조서

증거보전절차(제184조)와 판사에 의한 증인신문절차(제221조의2)에서 작성한 증인신문조서 등도 신용성이 높아 공판조서와 마찬가지로 당연히 증거능력이 인정된다. 따라서 통상의 증인신문조서는 물론 공동피의자나 공범관계에 있지 않은 공동피고인이 증거보전절차에서 증언한 내용을 기재한 증인신문조서도 당연히 증거능력을 가진다.[2]

---

1) 다만 법원의 공판조서라는 이유만으로 다른 사건의 공판조서에 대하여 당연히 증거능력을 인정하는 것은 피고인의 방어권 보장의 관점에서 볼 때 문제가 있다. 다른 사건의 공판조서에 기재된 공범자의 진술을 피고인에게 불리한 증거로 사용하는 것은 피고인의 반대신문권을 침해하는 것이기 때문이다.
2) 공범관계에 있는 공동피고인에 대해서도 증거보전의 방법으로 증인신문을 청구할 수 있다고 보는 견해가 있으나, 공범자인 공동피고인은 피고인의 범죄사실에 관하여 증인적격이 없을 뿐만 아니라 증거보전절차에서 증인신문을 한다고 해서 변론이 분리된 것도 아니므로 부정적으로 해석하여야 할 것이다. 다만 공동피의자에 대한 증거보전절차에서의 증인신문은 가능하다(대법원 1988. 11. 8, 86도1646).

다만 증인신문조서가 증거보전절차에 참여한 피의자·피고인이 증인을 반대
신문하는 과정에서 그 피의자·피고인이 행한 진술을 기재한 것이라면 그 진술부
분에 대하여는 형사소송법 제311조가 적용되지 않는다(대법원 1984.5.15, 84도508). 반대신문을
행하는 피의자·피고인의 진술은 증인의 증언이 아니기 때문이다.

2. 피의자신문조서

(1) 의 의

㈎ 피의자신문조서의 의의

피의자신문조서는 수사기관인 검사 또는 사법경찰관이 피의자를 신문하여 그
진술을 기재한 조서를 말한다. 피의자의 진술을 기재한 서류 또는 문서가 수사기관
에서의 조사과정에서 작성된 것이라면 그것이 진술조서, 진술서, 자술서라는 형식
을 취하였다고 하더라도 피의자신문조서와 달리 볼 수 없다(대법원 2015.10.29, 2014도5939).

㈏ 증거능력의 제한

형사소송법은 수사기관이 작성한 피의자신문조서가 공평한 제 3 자의 지위에
있는 법관의 면전조서에 비해서 신용성이 약하다는 점을 고려하여 일정한 요건 하
에 그 증거능력을 인정하고 있다. 현행법상 검사가 작성한 피의자신문조서와 검사
이외의 수사기관인 사법경찰관이 작성한 피의자신문조서는 그 증거능력 인정요건
에 있어서 동일하다.

법원은 피의자신문조서가 증거로 제출된 경우에 이에 관한 증거결정을 함에
있어서는 검사로 하여금 피고인에게 이를 제시하게 하여 조서의 증거능력 유무에
관한 의견을 진술하게 하여야 한다(규칙 제134조 제 2 항).

(2) 사법경찰관이 작성한 피의자신문조서

㈎ 의 의

검사 이외의 수사기관 작성의 피의자신문조서는 적법한 절차와 방식에 따라
작성된 것으로서 공판준비 또는 공판기일에 그 피의자였던 피고인 또는 변호인이
그 내용을 인정할 때에 한하여 증거로 할 수 있다(제312조 제 3 항). 여기서 검사 이외의 수사
기관에는 공수처법상의 수사처수사관도 포함된다(동법 제21조, 제47조 참조). 수사기관이 작성한
피의자신문조서에 대하여 피의자나 변호인이 내용을 인정한 때에만 증거능력을 인
정하여 그 증거능력을 엄격히 제한한 이유는 수사기관에 의한 위법수사를 억제하

여 피의자의 인권을 보호하기 위한 것이다.

형사소송법 제312조 제3항이 적용되는 검사 이외의 수사기관이 피의자를 신문하는 경우 그 주체는 사법경찰관이나($\frac{제243}{조}$), 판례는 사법경찰리가 사법경찰관사무취급의 자격으로 작성한 피의자신문조서도 여기에 포함되는 것으로 보고 있다($\frac{대법원\ 1982.12.28,}{82도1080}$). 그리고 검사 이외의 수사기관에는 미국의 연방수사국(FBI)이나 범죄수사대(CID) 등 외국의 권한 있는 수사기관도 여기에 포함된다($\frac{대법원\ 2006.1.13,}{2003도6548}$).[1)]

(내) 적용대상

제312조 제3항은 사법경찰관이 피고인으로 된 피의자에 대하여 작성한 피의자신문조서에 한하지 않고 공범자에 대하여 작성한 피의자신문조서에 대해서도 적용되므로($\frac{대법원\ 2009.7.9,}{2009도2865}$), 공범자의 법정진술에 의하여 성립의 진정이 인정되는 등 제312조 제4항의 요건을 갖춘 경우라도 당해 조서의 내용이 인정되지 않으면 이를 유죄의 증거로 사용할 수 없다. 다만 내용인정의 주체가 누구인가와 관련하여 논의가 있으나, 통설과 판례는 공범자가 아니라 피고인 또는 그의 변호인이 내용을 인정해야 증거로 사용할 수 있다는 입장을 취하고 있다.

(다) 증거능력의 요건

1) **적법한 절차와 방식**   사법경찰관이 작성한 피의자신문조서는 적법한 절차와 방식에 따라 작성된 것이어야 한다. 적법한 절차와 방식이란 피의자의 간인(間印)과 기명날인 또는 서명의 진정을 의미하는 형식적 진정성립을 포함하는 이것보다 넓은 개념이다. 따라서 이것은 피의자의 간인과 기명날인 또는 서명($\frac{제244조}{제3항}$)의 진정 이외에도 피의자신문과 참여자($\frac{제243}{조}$), 변호인의 참여 등($\frac{제243}{조의2}$), 피의자신문조서의 작성방법($\frac{제244}{조}$), 진술거부권의 고지방식($\frac{제244}{조의3}$), 수사과정의 기록($\frac{제244}{조의4}$) 등 형사소송법이 정한 절차와 방식에 따라 조서가 작성되어야 함을 의미한다. 그리고 이러한 내용은 피고인의 진술에 의하거나 영상녹화물·필적감정 등의 방식으로 증명이 가능하다. 다만 진술거부권의 고지 없이 행한 신문이나 변호인선임권·접견교통권을 침해하여 행한 신문 등에 의해 작성된 피의자신문조서는 이미 자백배제법칙 또는

---

1) 그러나 조세범칙조사를 담당하는 세무공무원이 피고인이 된 혐의자 또는 참고인에 대하여 심문한 내용을 기재한 조서는, 비록 그의 소관 업무의 성질이 수사업무와 유사하거나 이에 준하더라도 사법경찰직무법에 사법경찰관리의 직무를 수행할 자로 명시되지 않은 이상 형사소송법 제312조가 아니라 제313조에 따라 증거능력의 존부를 판단하여야 한다(대법원 2022. 12. 15, 2022도8824).

위법수집증거배제법칙에 의하여 그 증거능력이 부정된다.

    2) 내용의 인정   내용의 인정이란 피의자신문조서의 기재내용이 객관적으로 진실하다는 사실을 인정하는 것을 의미한다($\frac{\text{대법원 2010.6.24,}}{\text{2010도5040}}$). 따라서 내용의 인정은 조서의 기재내용과 진술자의 진술내용이 일치한다고 진술하는 실질적 진정성립의 인정과 구별된다. 사법경찰관작성 피의자신문조서는 그 실질적 진정성립을 부인하는 경우는 물론이고, 실질적 진정성립을 인정하면서 내용을 부인하는 때에도 증거능력이 인정되지 않는다.

    내용의 인정은 피의자였던 피고인 또는 변호인의 진술에 의하여야 한다. 피고인 또는 변호인이 사법경찰관작성 피의자신문조서에 대하여 공판정에서의 피고인의 진술내용과 배치되는 기재부분은 부인한다고 진술한 때에는 내용을 인정한 것이라고 볼 수 없다. 또한 내용의 인정은 그 성격상 피고인의 진술을 녹화한 영상녹화물이나 그 밖의 객관적 방법에 의하여 증명할 수 없다.

    ㈃ 제314조와의 관계

    제314조는 「제312조 또는 제313조의 경우에 공판준비 또는 공판기일에 진술을 요하는 자가 사망·질병·외국거주·소재불명, 그 밖에 이에 준하는 사유로 인하여 진술할 수 없는 때에는 그 조서 및 그 밖의 서류($\frac{\text{피고인 또는 피고인 아닌 자가 작성하였거나}}{\text{진술한 내용이 포함된 문자·사진·영상 등}}$ $\frac{\text{의 정보로서 컴퓨터용디스크, 그 밖에 이와 비}}{\text{슷한 정보저장매체에 저장된 것을 포함한다}}$)를 증거로 할 수 있다. 다만 그 진술 또는 작성이 특히 신빙할 수 있는 상태하에서 행하여졌음이 증명된 때에 한한다」고 규정하고 있다.

    제314조가 그 적용대상을 '제312조 또는 제313조의 경우'라고 규정하고 있으므로 피고인의 경우에도 제314조가 적용된다는 견해가 존재할 수 있다. 그러나 피고인이 된 피의자의 경우에 있어서 필요성의 요건을 충족하는 경우란 예상하기 어렵다. 피고인의 출석은 공판개정의 요건이고($\frac{\text{제276}}{\text{조}}$), 피고인이 심신상실의 상태에 있거나 질병으로 인하여 출정할 수 없는 경우에는 공판절차 정지사유에 해당하며($\frac{\text{제306}}{\text{조}}$), 피고인의 출석 없이 재판할 수 있는 경우에는 증거동의가 의제되기 때문이다($\frac{\text{제318}}{\text{조 2항}}$). 또한 피고인이 증거서류의 진정성립을 묻는 검사의 질문에 대하여 진술거부권을 행사하여 진술을 거부한 경우도 형사소송법 제314조의 '그 밖에 이에 준하는 사유로 인하여 진술할 수 없는 때'에 해당하지 않는다($\frac{\text{대법원 2013.6.13,}}{\text{2012도16001}}$). 따라서 제312조 제 3 항에 의하여 증거능력을 인정받지 못한 사법경찰관작성의 피의자신

문조서를 제314조에 의하여 증거능력을 인정할 수는 없다고 해야 한다. 판례도 같은 입장이다(대법원 2009.11.26, 2009도6602).

또한 사법경찰관이 작성한 공범자에 대한 피의자신문조서에 대해서도 피고인 또는 변호인이 내용을 인정하여야 이를 유죄인정의 증거로 사용할 수 있으므로 원진술자인 공범자가 사망·질병 등으로 공판정에 출석할 수 없고 특신상태가 인정되는 경우라도 제314조를 적용할 수 없다.

(3) 검사가 작성한 피의자신문조서

㈎ 의   의

과거 검사가 작성한 피의자신문조서는 적법한 절차와 방식에 따라 작성된 것으로서 실질적 진정성립이 인정되고 진술의 특신상태가 인정되면 증거능력이 인정되었으며, 피고인이 조서의 실질적 진성성립을 부인하더라도 조서에 기재된 진술이 피고인이 진술한 내용과 동일하게 기재되어 있음이 영상녹화물 등 객관적 방법으로 증명되고 진술의 특신상태가 증명되면 증거능력이 인정되었다(구 형사소송법 제312조 제1항, 제2항). 그러나 2020년 검경수사권조정에 따른 형사소송법의 개정 과정에서 공판중심주의를 강화하고 피의자신문조서의 작성주체에 따라 증거능력 인정요건의 차이를 두지 않기로 하여, 현재는 사법경찰관이 작성한 피의자신문조서와 마찬가지로 검사가 작성한 피의자신문조서도 적법한 절차와 방식에 따라 작성된 것으로서 공판준비, 공판기일에 그 피의자였던 피고인 또는 변호인이 그 내용을 인정할 때에 한정하여 증거로 할 수 있다(제312조 제1항).

㈏ 검사작성의 의미

1) **작성의 주체**   제312조 제1항에 의하여 증거능력이 인정되려면 그 피의자신문조서가 검사에 의하여 작성된 것이어야 한다. 검사에는 공수처법상의 수사처검사도 포함되며(동법 제20조, 제47조 참조), 판례는 검찰청법 제32조에서 검사의 직무대리로 인정하고 있는 검찰사무관 등이 검사의 직무대리로서 작성한 피의자신문조서도 검사에 의하여 작성된 것으로 본다(대법원 2010.4.15, 2010도1107).

2) **작성의 시기**   피의자신문조서의 작성 시기와 관련해서 사건이 검찰에 송치되기 전에 피의자의 자백의사가 번복될 것을 우려하여 검사가 사법경찰관의 요청에 따라 경찰서 또는 검찰청에서 작성한 피의자신문조서를 검사가 작성한 피의자신문조서로 볼 수 있는가 하는 점이 문제되었다. 이에 대하여 판례는 「검찰에

송치되기 전에 구속피의자로부터 받은 검사작성의 피의자신문조서는 극히 이례에
속하는 것이고, 그와 같은 상태에서 작성된 피의자신문조서는 내용만 부인하면 증
거능력을 상실하게 되는 사법경찰관 작성의 피의자신문조서상의 자백 등을 부당하
게 유지하려는 수단으로 악용될 가능성이 있어, 그렇게 했어야 할 특별한 사정이
보이지 않는 한 송치 후에 작성된 피의자신문조서와 마찬가지로 취급하기는 어렵
다」고 판시하였다(대법원 1994.8.9, 94도1228). 다만 피의자신문조서는 검사가 작성한 경우와 사
법경찰관이 작성한 경우에 있어서 그 증거능력 인정요건이 동일하게 되었으므로
이에 대한 논의의 실익은 없어졌다.

㈐ 증거능력의 요건

검사가 작성한 피의자신문조서도 적법한 절차와 방식에 따라 작성된 것이어
야 하고, 피의자였던 피고인이나 변호인이 공판준비기일이나 공판기일에 그 내용
을 인정할 때 증거능력이 인정된다. 그 의미는 사법경찰관이 작성한 피의자신문조
서에 있어서와 같다.

㈑ 제314조와의 관계

사법경찰관이 작성한 피의자신문조서와 마찬가지로 검사가 작성한 당해 피고
인에 대한 피의자신문조서에 대해서도 제314조는 적용되지 않는다. 검사가 작성한
공범자에 대한 피의자신문조서에 대하여는 피고인 또는 변호인이 내용을 인정해야
하므로 원진술자인 공범자가 사망·질병 등으로 공판정에 출석할 수 없고 특신상
태가 인정되는 경우라도 제314조를 적용할 수 없다.

3. 진술조서

(1) 의 의

진술조서란 검사 또는 사법경찰관이 피고인 아닌 자의 진술을 기재한 조서를
말한다. 참고인진술조서가 대표적인 예이다. 피고인이 된 피의자의 진술을 기재한
조서는 진술조서의 형식을 취하더라도 피의자신문조서로 보아야 한다(대법원 2010.5.27, 2010도1755).
그러나 공범자에 대한 검사작성의 피의자신문조서는 공범자가 공동피고인인가의
여부를 묻지 않고 진술조서에 해당한다. 또한 피고인 아닌 자가 검사 또는 사법경
찰관의 수사과정에서 작성한 진술서는 진술조서와 동일한 요건하에 증거능력이 인
정된다(제312조 제5항).

(2) 증거능력의 요건

검사 또는 사법경찰관이 피고인이 아닌 자의 진술을 기재한 조서는 적법한 절차와 방식에 따라 작성된 것으로서 그 조서가 검사 또는 사법경찰관 앞에서 진술한 내용과 동일하게 기재되어 있음이 원진술자의 공판준비 또는 공판기일에서의 진술이나 영상녹화물 또는 그 밖의 객관적인 방법에 의하여 증명되고, 피고인 또는 변호인이 공판준비 또는 공판기일에 그 기재내용에 관하여 원진술자를 신문할 수 있었던 때에는 증거로 할 수 있다. 다만 그 조서에 기재된 진술이 특히 신빙할 수 있는 상태하에서 행하여졌음이 증명된 때에 한한다(제312조 제4항).

㈎ 적법한 절차와 방식

검사 또는 사법경찰관이 작성한 진술조서는 적법한 절차와 방식에 따라 작성된 것이어야 한다. 적법한 절차와 방식이란 진술자의 간인과 서명 또는 기명날인의 진정이라는 형식적 진정성립뿐만 아니라 조서의 작성방법(제48조), 제 3 자의 출석요구에 관한 규정(제221조), 수사과정의 기록에 관한 규정(제244조의4) 등에 따라 작성된 것임을 의미한다.

㈏ 실질적 진정성립

진술조서가 검사 또는 사법경찰관 앞에서 진술한 내용과 동일하게 기재되어 있음이 원진술자의 공판준비 또는 공판기일에서의 진술이나 영상녹화물 또는 그 밖의 객관적인 방법에 의하여 증명되어야 한다. 조서의 기재내용과 진술자의 진술내용이 일치한다는 것을 실질적 진정성립이라고 한다. 원진술자가 조서의 실질적 진정성립을 인정한 이상 내용을 부인하거나 내용과 다른 진술을 하여도 증거능력이 인정된다.

진술조서의 실질적 진정성립을 인정하기 위한 원진술자의 진술은 증인신문과정에서 당해 진술조서의 내용을 열람하거나 고지 받은 다음 그 진술조서의 내용이 자기가 진술한 대로 작성된 것이라는 점을 인정하는 것이어야 한다. 따라서 원진술자가 공판기일에 증인으로 출석하여 검사의 신문에 대하여 수사기관에서 사실대로 진술하고 그 내용을 확인한 후 서명날인하였다는 취지로 증언한 것만으로는 실질적 진정성립을 인정할 수 없다(대법원 1996.10.15, 96도1301).

원진술자가 진술조서의 성립의 진정을 부인하는 경우에는 그 조서에 기재된 진술이 원진술자가 진술한 내용과 동일하게 기재되어 있음이 영상녹화물 또는 그 밖의 객관적인 방법에 의하여 증명되어야 하는데, 여기서 영상녹화물이란 형사소송법($\binom{제221조}{제1항}$)과 형사소송규칙($\binom{제134조}{의2, 3}$)에 규정된 방식과 절차에 따라 제작되어 조사신청된 영상녹화물을 의미한다. 따라서 검사가 영상녹화물의 조사를 신청하려면 영상녹화를 시작하기 전에 피고인 아닌 자의 동의를 받고 그에 관해서 피고인 아닌 자가 기명날인 또는 서명한 영상녹화동의서를 첨부하여야 하고, 조사가 개시된 시점부터 조사가 종료되어 참고인이 조서에 기명날인 또는 서명을 마치는 시점까지 조사의 전 과정이 영상녹화되어야 하므로 이를 위반한 영상녹화물에 의해서는 특별한 사정이 없는 한 피고인 아닌 자의 진술을 기재한 조서의 실질적 진정성립을 증명할 수 없다($\binom{대법원 2022.6.16,}{2022도364}$).

또한 그 밖의 객관적 방법이라 함은 영상녹화물에 준하는 과학적·기계적 특성을 가지는 객관적 형태의 증거방법을 의미하는 것으로서 녹음테이프 등이 이에 해당한다고 할 수 있다.

(다) 반대신문의 기회부여

진술조서에 증거능력이 인정되려면 피고인 또는 변호인이 공판준비 또는 공판기일에 진술조서의 기재내용에 관하여 원진술자를 신문할 수 있었어야 한다. 피고인 또는 변호인에게 반대신문의 기회가 제공되면 족하고, 반드시 반대신문이 행해져야 하는 것은 아니다.

(라) 특신상태

진술조서에 기재된 진술이 특히 신빙할 수 있는 상태하에서 행하여졌음이 증명되어야 한다. 특신상태의 의미는 검사가 작성한 피고인이 된 피의자에 대한 신문조서의 경우와 같다.

(3) 피고인 또는 증인에 대한 진술조서

(가) 피고인에 대한 진술조서

공소제기 후 검사가 피고인을 신문하여 그 진술을 기재한 피고인에 대한 진술조서의 증거능력을 인정할 수 있는지가 문제된다. 판례는 검사작성의 피고인에 대한 진술조서가 공소제기 후에 작성된 것이라는 이유만으로 곧 증거능력이 없는 것은 아니라고 한다($\binom{대법원 1984.9.25,}{84도1646}$). 아울러 판례는 공소제기 후의 피고인에 대한 검사작성 진술조서가 진술조서의 형식을 취하였다고 하더라도 그 내용은 피의자의 진술을 기재한 피의자신문조서와 실질적으로 같다고 함으로써($\binom{대법원 2009.8.20,}{2008도8213}$), 검사작성의 피고인에 대한 진술조서가 진술거부권의 고지 및 검사작성 피의자신문조서로서의 요건을 구비하면 증거능력이 있는 것으로 보고 있다.

그러나 공소제기 후에 검사가 대등한 당사자인 피고인을 신문하는 것은 피고인을 피의자와 동일시하는 것으로서 당사자주의와 일치할 수 없고, 피고인의 방어권을 침해하여 공정한 재판의 이념에도 반하는 것이 된다. 따라서 공소제기 후 검사가 피고인을 신문하여 작성한 진술조서는 위법하게 수집된 증거로서 증거능력을 부정하여야 한다. 다만 피고인이 자발적으로 검사의 면접을 요구한 경우 등과 같이 예외적으로 피고인신문이 허용되는 경우에는 피고인에 대한 진술조서의 증거능력이 인정될 수 있다.

⒩ 증인에 대한 진술조서

참고인조사는 임의수사의 일종이므로 원칙적으로 공소제기 후에도 허용된다. 다만 피고인에게 유리한 증언을 한 증인을 수사기관이 법정 외에서 다시 참고인으로 조사하여 공판정에서의 진술을 번복하게 하는 것은 당사자주의·공판중심주의·직접주의에 반하는 수사방법일 뿐만 아니라, 헌법 제27조가 보장하는 기본권 즉 법관의 면전에서 모든 증거자료가 조사·진술되고 이에 대하여 피고인이 공격·방어할 수 있는 기회가 실질적으로 부여되는 재판을 받을 권리를 침해하는 것이므로 이러한 진술조서는 피고인이 증거로 할 수 있음에 동의하지 아니하는 한 증거능력이 없다($\binom{대법원\ 2013.8.14,}{2012도13665}$).

(4) 제314조에 의한 증거능력의 인정

⒢ 의   의

제312조 또는 제313조의 경우에 공판준비 또는 공판기일에 진술을 요하는 자가 사망·질병·외국거주·소재불명 그 밖에 이에 준하는 사유로 인하여 진술할 수 없는 때에는 그 조서 및 그 밖의 서류(피고인 또는 피고인 아닌 자가 작성하였거나 진술한 내용이 포함된 문자·사진·영상 등의 정보로서 컴퓨터용디스크, 그 밖에 이와 비슷한 정보저장매체에 저장된 것을 포함한다)를 증거로 할 수 있다. 다만 그 진술 또는 작성이 특히 신빙할 수 있는 상태하에서 행하여졌음이 증명된 때에 한한다($\binom{제314}{조}$).

수사기관이 작성한 참고인 등에 대한 진술조서는 제312조 제 4 항에서 정한 요건을 갖추어야 예외적으로 증거능력이 인정된다. 따라서 원진술자가 공판정에 나와서 성립의 진정을 인정할 수 없는 경우에는 비록 신빙성이 있는 진술조서라도 증거로 사용할 수 없는 결과가 된다. 그러나 이것은 실체적 진실발견과 소송경제의 측면에서 바람직하지 않으므로 형사소송법은 다시 필요성과 신용성의 정황적 보장을 요건으로 보충적으로 진술조서의 증거능력을 인정하고 있다.[1] 여기서 제314조가 적용되는 진술조서에는 외국의 수사기관이 작성한 서류도 포함되는 것으로 보아야 한다.[2]

(나) 필 요 성

1) 원진술자의 사망·질병·외국거주·소재불명   원진술자의 질병이란 신체적 질환뿐만 아니라 정신적 질환도 포함한다. 따라서 노인성치매로 인하여 기억력에 장애가 있거나 분별력을 상실한 경우($^{대법원\ 1992.3.13,}_{91도2281}$)는 여기에 해당한다. 또한 질병은 진술을 요할 자가 공판이 계속되는 동안 임상신문이나 출장신문도 불가능할 정도의 중병임을 요하므로($^{대법원\ 2006.5.25,}_{2004도3619}$), 피해자인 증인이 출산을 앞두고 있다는 이유로 출석하지 아니한 것은 특별한 사정이 없는 한 여기에 해당하지 않는다($^{대법}_{원}$

---

1) 다만 원진술자가 출석하지 않아 피고인이 반대신문권을 행사할 수 없는 경우임을 고려하여, 판례는 「수사기관이 원진술자의 진술을 기재한 조서는 원본증거인 원진술자의 진술에 비하여 본질적으로 낮은 정도의 증명력을 가질 수밖에 없다는 한계를 지니는 것이고, 특히 원진술자의 법정출석 및 반대신문이 이루어지지 못한 경우에는 그 진술이 기재된 조서는 법관의 올바른 심증 형성의 기초가 될 만한 진정한 증거가치를 가진 것으로 인정받을 수 없는 것이 원칙이다. 따라서 피고인이 공소사실 및 이를 뒷받침하는 수사기관이 원진술자의 진술을 기재한 조서내용을 부인하였음에도 불구하고, 원진술자의 법정출석과 피고인에 의한 반대신문이 이루어지지 못하였다면, 그 조서에 기재된 진술이 직접 경험한 사실을 구체적인 경위와 정황의 세세한 부분까지 정확하고 상세하게 묘사하고 있어 구태여 반대신문을 거치지 않더라도 진술의 정확한 취지를 명확히 인식할 수 있고 그 내용이 경험칙에 부합하는 등 신빙성에 의문이 없어 조서의 형식과 내용에 비추어 강한 증명력을 인정할 만한 특별한 사정이 있거나, 그 조서에 기재된 진술의 신빙성과 증명력을 뒷받침할 만한 다른 유력한 증거가 따로 존재하는 등의 예외적인 경우가 아닌 이상, 그 조서는 진정한 증거가치를 가진 것으로 인정받을 수 없는 것이어서 이를 주된 증거로 하여 공소사실을 인정하는 것은 원칙적으로 허용될 수 없다. 이는 원진술자의 사망이나 질병 등으로 인하여 원진술자의 법정출석 및 반대신문이 이루어지지 못한 경우는 물론 수사기관의 조서를 증거로 함에 피고인이 동의한 경우에도 마찬가지이다」라고 판시하여(대법원 2006. 12. 8, 2005도9730), 제314조에 의하여 증거능력이 인정되는 서류에 대한 증명력 평가에 있어서 일정한 제한을 가하고 있다.

2) 대법원 1997. 7. 25, 97도1351, 「형사소송법 제312조 소정의 조서나 같은 법 제313조 소정의 서류 등은 원진술자가 사망, 질병 기타 사유로 인하여 공판정에 출석하여 진술을 할 수 없고, 그 진술 또는 서류의 작성이 특히 신빙할 수 있는 상태하에서 행하여진 경우에는 원진술자의 진술 없이도 형사소송법 제314조에 의하여 이를 유죄의 증거로 삼을 수 있는 것인 바, 여기서 형사소송법 제312조 소정의 조서나 같은 법 제313조 소정의 서류를 반드시 우리나라의 권한 있는 수사기관 등이 작성한 조서 및 서류에만 한정하여 볼 것은 아니고, 외국의 권한 있는 수사기관 등이 작성한 조서나 서류도 같은 법 제314조 소정의 요건을 모두 갖춘 것이라면 이를 유죄의 증거로 삼을 수 있다.」

1999.4.23,
99도915).

　외국거주의 경우에는 원진술자가 외국에 있다는 사정만으로는 부족하고 그를 공판정에 출석시켜 진술하게 할 가능하고 상당한 수단을 다하더라도 원진술자를 법정에 출석하게 할 수 없는 사정이 있어야 한다(대법원 2016.2.18,
2015도17115).

　소재불명이라고 하기 위해서는 원진술자에 대한 소환장이 송달불능이고 소재탐지촉탁을 하여도 소재를 확인할 수 없는 경우(대법원 2010.9.9,
2010도2602) 또는 진술을 요할 자가 일정한 주거를 가지고 있더라도 법원의 소환에 계속 불응하고 구인하려고 하여도 구인장이 집행되지 아니하는 경우 등에 해당하여야 한다(대법원 1995.6.13,
95도52). 따라서 원진술자가 단순히 소환에 응하지 않은 경우(대법원 1972.6.27,
72도969), 소재탐지촉탁을 통한 소재확인을 하지 않았거나 주거지가 아닌 곳에 소재탐사를 한 경우(대법원 1973.10.31,
73도2124) 등은 소재불명에 해당하지 않는다.

　또한 증인의 법정 출석을 위한 가능하고도 충분한 노력을 다하였음에도 불구하고 부득이 증인의 법정 출석이 불가능하게 되었다는 사정은 검사가 입증하여야 한다(대법원 2013.4.11,
2013도1435).

　2) 그 밖에 이에 준하는 사유　　　그 밖에 이에 준하는 사유로는 원진술자가 기억상실이나 피해의 충격으로 진술하지 못하는 경우 등을 들 수 있다. 판례는 수사기관에서 진술한 피해자인 유아가 공판정에서 진술하였으나 증인신문 당시 일정한 사항에 관하여 기억이 나지 않는다는 취지로 진술하여 그 진술의 일부가 재현불가능하게 된 경우도 진술불능의 사유에 포함되는 것으로 보고 있다(대법원 2006.4.14,
2005도9561).

　문제는 법정에 출석한 원진술자가 증언거부권을 행사하여 서류의 진정성립 등에 대하여 증언을 거부한 경우에도 「그 밖에 이에 준하는 사유로 진술할 수 없는 때」에 해당한다고 볼 수 있는가에 있다. 대법원은 법정에 출석한 증인이 법에서 정한 바에 따라 정당하게 증언거부권을 행사하여 증언을 거부한 경우는 형사소송법 제314조의 그 밖에 이에 준하는 사유로 인하여 진술할 수 없는 때에 해당하지 않는다고 한다(대법원 2012.5.17, 2009
도6788 전원합의체 판결). 또한 대법원은 증인이 자신에 대한 관련 형사판결이 확정되었음에도 정당한 이유 없이 법정 증언을 거부한 경우에도 피고인이 그러한 증언거부 상황을 초래하였다는 등 특별한 사정이 없는 한 형사소송법 제314조의 그 밖에 이에 준하는 사유로 인하여 진술할 수 없는 때에 해당하지 않는다고 한다(대법원 2019.11.21, 2018
도13945 전원합의체 판결). 전문법칙의 예외규정은 가능한 한 제한적으로 해석해야 한다는 점과 증언을 거부한 경우를 그 밖에 이에 준하는 사유로 진술할 수 없는 때에 해당하는 것으로 보게 되면 증언거부권의 행사가 무의미해진다는 점을 고려할 때 판례의 입장이 타당하다고 생각된다.

그리고 이는 피고인의 진술을 기재한 서류의 진정성립 등에 대하여 피고인이 진술거부권을 행사하여 진술을 거부한 경우도 마찬가지이다(대법원 2013.6.13, 2012도16001).

(대) 특신상태

특신상태란 신용성의 정황적 보장과 같은 의미이며, 그 진술내용이나 조서 또는 서류의 작성에 허위개입의 여지가 거의 없고 그 진술내용의 신빙성이나 임의성을 담보할 구체적이고 외부적인 정황이 있는 경우를 말한다(대법원 2014.8.26, 2011도6035). 특히 신빙할 수 있는 상태에서 원진술자의 진술이나 서류의 작성이 이루어졌는가의 여부는 진술 당시의 구체적 상황, 진술의 동기와 방법, 진술내용 등을 종합적으로 고려하여 판단하여야 하며, 검사가 이러한 특신상태의 존재를 증명하여야 한다. 또한 이러한 특신상태의 존재에 대한 증명은 합리적인 의심의 여지를 배제할 정도에 이르러야 한다.[1]

4. 진 술 서

(1) 진술서의 의의와 종류

(가) 의   의

진술서란 서류의 작성자가 스스로 자신이 하고자 하는 진술을 기재한 서면을 말한다. 진술서는 피고인·피의자·참고인 등이 작성의 주체라는 점에서 법원 또는 수사기관이 작성하는 진술조서와 구별된다. 진술서·자술서·시말서·보고서 등 명칭의 여하는 문제되지 않는다. 또한 진술서는 당해 사건의 수사절차나 공판절차에서 작성된 것임을 요하지 않으며, 사건과 관계없이 범행내용을 기재한 일기, 메모, 편지나 고소인이 작성한 고소장 등도 여기에 포함된다. 제313조 제 1 항은 명문으

---

1) 대법원 2014. 4. 30, 2012도725, 「형사소송법 제314조가 참고인의 소재불명 등의 경우에 그 참고인이 진술하거나 작성한 진술조서나 진술서에 대하여 증거능력을 인정하는 것은, 형사 소송법이 제312조 또는 제313조에서 참고인 진술조서 등 서면증거에 대하여 피고인 또는 변호인의 반대신문권이 보장되는 등 엄격한 요건이 충족될 경우에 한하여 증거능력을 인정할 수 있도록 함으로써 직접심리주의 등 기본원칙에 대한 예외를 인정한 데 대하여 다시 중대한 예외를 인정하여 원진술자 등에 대한 반대신문의 기회조차 없이 증거능력을 부여할 수 있도록 한 것이므로, 그 경우 참고인의 진술 또는 작성이 '특히 신빙할 수 있는 상태하에서 행하여졌음에 대한 증명'은 단지 그러할 개연성이 있다는 정도로는 부족하고 합리적인 의심의 여지를 배제할 정도에 이르러야 한다.」

로 피고인 또는 피고인 아닌 자가 작성한 문자·사진·영상 등의 정보로서 컴퓨터용디스크, 그 밖에 이와 비슷한 정보저장매체에 저장된 것을 진술서에 포함시키고 있다.

(내) 종   류

진술서는 작성의 주체에 따라 피고인의 진술서와 피고인 아닌 자의 진술서로 구분된다. 피고인이 다른 사건과 관련하여 작성한 진술서도 피고인의 진술서에 포함되나, 공동피고인의 진술서는 피고인 아닌 자의 진술서에 해당한다. 피해신고서나 의사의 진단서도 피고인 아닌 자의 진술서의 일종이다. 또한 진술서는 그 작성과정에 따라 공판심리 중에 작성된 진술서와 검사 또는 사법경찰관의 수사단계에서 작성된 진술서로 구분할 수 있다. 그러나 현행법상 가장 의미 있는 진술서의 분류는 수사과정에서 작성한 진술서와 수사과정 이외에서 작성한 진술서라고 할 수 있다.

(2) 제313조의 적용범위와 수사과정에서 작성한 진술서

형사소송법은 제312조 제 1 항에서 제 4 항까지의 규정은 피고인 또는 피고인이 아닌 자가 수사과정에서 작성한 진술서에 관하여 준용한다고 규정하고 있다($\binom{제312조}{제5항}$). 진술서라는 형식으로 제312조의 적용을 배제하는 것을 방지하기 위한 것이다.

형사소송법 제312조 제 5 항의 적용대상인 수사과정에서 작성한 진술서란 수사가 시작된 이후에 수사기관의 관여 아래 작성된 것이거나, 개시된 수사와 관련하여 수사과정에 제출할 목적으로 작성한 것으로, 작성 시기와 경위 등 여러 사정에 비추어 그 실질이 이에 해당하는 이상 명칭이나 작성된 장소 여부를 불문한다($\binom{대법}{원}$ $\binom{2022.10.27,}{2022도9510}$). 현행범으로 체포 당시 임의제출 방식으로 압수된 피고인 소유 휴대전화기에 대한 압수조서에 사법경찰관이 기재한 압수경위는 피고인이 범행을 저지르는 현장을 직접 목격한 사람의 진술이 담긴 것으로서 형사소송법 제312조 제 5 항에서 정한 '피고인이 아닌 자가 수사과정에서 작성한 진술서'에 준하는 것으로 본다($\binom{대법}{원}$ $\binom{2019.11.14,}{2019도13290}$).

따라서 제313조 제 1 항·제 2 항에 의하여 증거능력이 인정되는 진술서는 수사과정 이외에서 작성한 진술서에 한정되게 된다. 수사과정 이외에서 작성된 진술서란 수사기관의 영향력이 미치는 시간적·장소적 범위 외에서 작성된 진술서를 말하며, 행정기관에 제출된 진술서, 수사개시 이전에 작성되어 후에 수사기관이나 법원에 제출된 진술서, 공판심리 중에 작성되어 법원에 제출된 진술서 등이 이에 해당한다. 또한 수사진행 중에 작성된 진술서라도 수사기관의 요구 없이 수사기관 이외의 장소에서 작성되어 수사기관에 제출된 것이라면 수사과정 이외에서 작성된 진술서로 보아야 한다.

(3) 증거능력의 요건

(가) 성립의 진정

수사과정 이외에서 작성된 진술서로서 그 작성자의 자필이거나 그 서명 또는 날인이 있는 것(피고인 또는 피고인 아닌 자가 작성한 문자·사진·영상 등의 정보로서 컴퓨터용디스크, 그 밖에 이와 비슷한 정보저장매체에 저장된 것을 포함한다)은 공판준비나 공판기일에서의 작성자의 진술에 의하여 성립의 진정함이 증명된 때에는 증거로 할 수 있다($^{제313조}_{제1항 본문}$). 다만 진술서의 작성자가 공판준비나 공판기일에서 그 성립의 진정을 부인하는 경우에는 과학적 분석결과에 기초한 디지털포렌식 자료, 감정 등 객관적 방법으로 성립의 진정함이 증명되는 때에는 증거로 할 수 있다($^{동조 제2}_{항 본문}$).

형사소송법 제313조 제1항은 진술서에 작성자의 자필이거나 그 서명 또는 날인이 있는 서면뿐만 아니라, 컴퓨터용디스크 등 정보저장매체에 저장된 문자 등의 정보도 포함시키고 있다. 따라서 정보저장매체에 저장된 진술서에 대해 제313조를 적용함에 있어서는 작성자의 서명 또는 날인은 요구되지 않는다.

진술서의 성립의 진정은 원칙적으로 공판준비나 공판기일에서의 작성자의 진술에 의하여 인정되어야 한다. 그러나 작성자가 진술서의 성립의 진정을 부인하는 경우에는 과학적 분석결과에 기초한 디지털포렌식 자료, 감정 등 객관적 방법으로 이를 증명할 수 있다. 따라서 정보저장매체의 사용자 및 소유자, 로그기록 등 정보저장매체에 남은 흔적, 초안 문서의 존재, 작성자만의 암호사용 여부, 전자서명의 유무 등을 통해서 진정성립을 증명할 수 있다.

(나) 반대신문의 기회부여

피고인 아닌 자가 작성한 진술서에 증거능력이 인정되려면 피고인 또는 변호인이 공판준비 또는 공판기일에 그 기재 내용에 관하여 작성자를 신문할 수 있었을 것을 요한다($^{동조 제2}_{항 단서}$). 피고인 또는 변호인에게 반대신문의 기회가 제공되면 족하고, 반드시 반대신문이 행해져야 하는 것은 아니다.

⒟ 특신상태의 요부

특신상태를 요구하는 제313조 제 1 항 단서는 그 적용대상을 '피고인의 진술을 기재한 서류'라고 규정하고 있어서 피고인의 진술서가 여기에 포함되는지가 문제된다. 만약 제313조 제 1 항 단서에서 규정하고 있는 피고인의 진술을 기재한 서류에 피고인의 진술서를 포함시키면 피고인의 진술서는 피고인의 진술에 의하여 성립의 진정함이 증명되고 특신상태가 인정되면 피고인이 그 내용을 부인하더라도 증거능력이 인정된다는 의미가 된다(대법원 2001.9.4, 2000도1743 참조). 그러나 이러한 해석은 제313조 제 1 항 단서에서 규정하고 있는 피고인의 진술에 불구하고 증거로 할 수 있다는 말의 의미를 원진술자인 피고인이 그 성립의 진정을 부인하더라도 증거로 할 수 있다는 의미로 해석하는 다른 판례들의 입장과 모순된다(대법원 2012.9.13, 2012도7461 등 참조). 따라서 제313조 제 1 항 단서는 피고인의 진술을 기재한 진술기재서에 대해서 적용되는 것으로 보고 피고인의 진술서에 대해서는 특신상태가 별도로 요구되지 않는다고 해야 한다.

(4) 제314조의 적용

진술서도 피고인 아닌 원진술자가 사망·질병·외국거주·소재불명 그 밖에 이에 준하는 사유로 인하여 진술할 수 없는 때에는 그 작성이 특히 신빙할 수 있는 상태에서 행하여졌음이 증명된 때에 한하여 증거로 할 수 있다.

5. 진술기재서

(1) 의   의

진술기재서란 제 3 자가 피고인 또는 피고인 아닌 자의 진술을 기재한 서면을 말한다. 행정기관의 청문절차에서의 진술이 기재된 서면이나 변호인이 피고인 등의 진술을 기재한 서면도 여기에 포함된다. 또한 검사가 피해자와의 전화통화 내용을 기재한 수사보고서는 피고인 아닌 자의 진술을 기재한 서류에 해당한다(대법원 2010.10.14, 2010도5610, 2010전도31). 진술기재서는 제 3 자가 작성한 서류라는 점에서 진술서와 구별된다. 형사소송법 제313조 제 1 항은 진술서 이외에 진술기재서에 대하여도 규정하고 있다. 또한 형사소송법은 명문으로 피고인 또는 피고인 아닌 자가 진술한 내용이 포함된 문자·사진·영상 등의 정보로서 컴퓨터용디스크, 그 밖에 이와 비슷한 정보저장매체에 저장된 것을 진술기재서에 포함시키고 있다.

(2) 증거능력의 요건

㈎ 제313조 제1항 본문의 규정

피고인 또는 피고인 아닌 자의 진술을 기재한 서류로서 그 진술자의 서명 또는 날인이 있는 것(피고인 또는 피고인 아닌 자가 진술한 내용이 포함된 문자·사진·영상 등의 정보로서 컴퓨터용디스크, 그 밖에 이와 비슷한 정보저장매체에 저장된 것을 포함한다)은 공판준비나 공판기일에서의 그 진술자의 진술에 의하여 그 성립의 진정함이 증명된 때에는 증거로 할 수 있다. 따라서 진술기재서가 증거능력을 인정받으려면 진술기재서에 그 진술자인 피고인이나 피고인 아닌 자의 서명 또는 날인이 있어야 하고, 공판준비 또는 공판기일에서 그 진술자인 피고인 또는 피고인 아닌 자의 진술에 의하여 그 성립의 진정함이 증명되어야 한다.[1] 다만 컴퓨터용디스크 등 정보저장매체에 저장된 진술기재서에 대하여 제313조를 적용함에 있어서는 작성자의 서명 또는 날인은 요구되지 않는다.

진술서는 원진술자인 작성자가 성립의 진정을 부인하더라도 과학적 분석결과에 기초한 디지털 포렌식 자료, 감정 등 객관적 방법으로 성립의 진정을 인정할 수 있으나($\substack{제313조 \\ 제2항}$), 진술기재서는 그렇지 않다.

㈏ 제313조 제1항 단서의 규정

피고인의 진술을 기재한 서류는 공판준비 또는 공판기일에서의 그 작성자의 진술에 의하여 그 성립의 진정함이 증명되고 그 진술이 특히 신빙할 수 있는 상태하에서 행하여진 때에 한하여 피고인의 공판준비 또는 공판기일에서의 진술에 불구하고 증거로 할 수 있다. 여기서 작성자는 피고인의 진술을 기재한 서류의 작성자를 의미하므로 원진술자인 피고인이 성립의 진정을 부인하는 진술기재서가 증거능력을 인정받기 위해서는 서류의 작성자가 그 서류의 진정성립을 인정하고 또한 특신상태가 존재하여야 한다. 특신상태는 진술 내용이나 서류의 작성에 허위개입의 여지가 거의 없고, 진술 내용의 신빙성이나 임의성을 담보할 구체적이고 외부적인 정황이 있는 것을 말한다. 이렇게 볼 때 제313조 제1항 단서에서 피고인의 진술에 불구하고 증거로 할 수 있다는 것은 원진술자인 피고인이 그 성립의 진정을 부인하더라도 서류작성자의 진술에 의하여 서류의 기재내용이 피고인이 진술한 대로 기재된 것이라는 점이 증명되고 그 진술이 특히 신빙할 수 있는 상태하에서 행

---

1) 제313조 제1항 본문 후단의 작성자는 전단의 진술서에, 후단의 진술자는 전단의 진술을 기재한 서류에 각각 연결되는 것으로 풀이된다.

하여진 것으로 인정되면 증거로 할 수 있다는 것을 의미하게 된다.[1]

요컨대 피고인의 진술을 기재한 서류 또는 정보저장매체는 피고인의 진술에 의하여 그 성립의 진정함이 증명되거나 또는 그 서류 등의 작성자의 진술에 의하여 그 성립의 진정함이 증명되고 특신상태의 요건이 존재하는 경우에 이를 증거로 사용할 수 있다.

(3) 제314조의 적용

진술기재서도 피고인 아닌 원진술자가 사망·질병·외국거주·소재불명 그 밖에 이에 준하는 사유로 인하여 진술할 수 없는 때에는 그 작성이 특히 신빙할 수 있는 상태에서 행하여졌음이 증명된 때에 한하여 증거로 할 수 있다.

6. 감 정 서

(1) 의   의

감정서란 감정의 경과와 결과를 기재한 서류를 말한다. 감정은 법원의 명령에 의한 경우($^{제169}_{조}$)와 수사기관의 위촉에 의한 경우($^{제221}_{조}$)가 있다. 법원의 명령을 받은 감정인은 감정의 경과와 결과를 서면으로 제출하여야 하며($^{제171}_{조}$), 수사기관의 위촉을 받은 감정수탁자도 통상 서면으로 그 감정의 결과를 보고한다.

(2) 감정서의 증거능력

감정서는 진술서에 준하여 증거능력이 인정된다($^{제313조}_{제3항}$). 따라서 감정인의 자필이거나 그 서명 또는 날인이 있는 감정서 또는 감정인이 작성한 감정의 경과와 결과에 대한 정보로서 정보저장매체에 저장된 내용은 공판준비 또는 공판기일에서의 감정인의 진술에 의하여 그 성립의 진정함이 증명된 때에는 증거로 할 수 있다

---

1) 대법원 2012. 9. 13, 2012도7461, 「피고인과 상대방 사이의 대화 내용에 관한 녹취서가 공소사실의 증거로 제출되어 그 녹취서의 기재 내용과 녹음테이프의 녹음 내용이 동일한지 여부에 대하여 법원이 검증을 실시한 경우에, 증거자료가 되는 것은 녹음테이프에 녹음된 대화 내용 그 자체이고, 그 중 피고인의 진술 내용은 실질적으로 형사소송법 제311조, 제312조의 규정 이외에 피고인의 진술을 기재한 서류와 다름없어, 피고인이 그 녹음테이프를 증거로 할 수 있음에 동의하지 않은 이상 그 녹음테이프에 녹음된 피고인의 진술 내용을 증거로 사용하기 위해서는 형사소송법 제313조 제 1 항 단서에 따라 공판준비 또는 공판기일에서 그 작성자인 상대방의 진술에 의하여 녹음테이프에 녹음된 피고인의 진술 내용이 피고인이 진술한 대로 녹음된 것임이 증명되고 나아가 그 진술이 특히 신빙할 수 있는 상태하에서 행하여진 것임이 인정되어야 한다.」

($\substack{\text{동조 제1} \\ \text{항 본문}}$). 다만 감정인이 공판준비나 공판기일에서 감정서 등의 성립의 진정을 부인하는 경우에는 과학적 분석결과에 기초한 디지털포렌식 자료, 감정 등 객관적 방법으로 성립의 진정함이 증명되는 때에는 증거로 할 수 있다($\substack{\text{동조 제2} \\ \text{항 본문}}$). 또한 감정서는 피고인 아닌 자가 작성한 진술서에 해당하므로 피고인 또는 변호인이 공판준비 또는 공판기일에 그 기재 내용에 관하여 감정인을 신문할 수 있었을 것을 요한다($\substack{\text{동조} \\ \text{제2} \\ \text{항} \\ \text{단서}}$). 감정서에 대하여 당사자가 증거로 함에 동의한 경우에도 증거능력이 인정된다($\substack{\text{제318} \\ \text{조}}$).

법원의 명령에 의하여 감정인이 제출하는 감정서가 여기에 해당함은 물론이다. 또한 수사기관에 의하여 감정을 위촉받은 감정수탁자가 작성한 감정서도 제313조 제3항에 의하여 증거능력을 판단해야 할 것이다. 형사소송법은 수사기관의 위촉에 의한 감정도 법원의 명에 의한 감정에 준하는 것으로 취급하고 있기 때문이다($\substack{\text{제221조의3,} \\ \text{제221조의4}}$).

다만 사인이 의뢰하여 의사가 작성한 진단서는 감정서라고 할 수 없으므로 제313조 제3항이 적용되지 않는다. 결과적으로 사인인 의사가 작성한 진단서는 일반적인 진술서로서 제313조 제1항·제2항의 적용을 받게 되나, 감정서도 진술서에 준하여 증거능력이 인정되므로 양자 사이에 실질적인 차이는 없다.

(3) 제314조의 적용

감정인이 사망·질병·외국거주·소재불명 그 밖에 이에 준하는 사유로 진술할 수 없을 때에는 감정서의 작성이 특히 신빙할 수 있는 상태하에서 행하여졌음이 증명된 때에 한하여 증거로 할 수 있다($\substack{\text{제314} \\ \text{조}}$).

7. 검증조서

(1) 의　　의

검증조서란 법원 또는 수사기관이 검증을 행한 결과를 기재한 서면을 말한다. 즉 검증을 한 자가 오관의 작용에 의하여 사람, 장소, 물건의 성질·형상 등에 대하여 인식한 것을 기재한 서면을 말한다. 법원이나 수사기관이 검증을 한 때에는 조서를 작성하여야 한다($\substack{\text{제49조} \\ \text{제1항}}$). 검증조서는 검증 당시에 인식한 바를 객관적으로 기재한 서면이므로 기억에 따라 진술하는 것보다 정확성이 있고, 검증 그 자체가 가치판단을 포함하지 않는 기술적인 성격을 가지므로 허위가 개입될 여지가 적다는 점을 고려하여 전문법칙에 대한 예외를 인정하고 있다. 검증조서의 증거능력은 검증의 주체가 법원 또는 법관인가 수사기관인가에 따라 차이가 있다.

(2) 법원 또는 법관의 검증조서

㈎ 검증조서의 증거능력

공판준비 또는 공판기일에 법원 또는 법관의 검증의 결과를 기재한 조서는 증거능력이 있다($\substack{제311 \\ 조}$). 수소법원이 검증을 행한 경우는 물론이고, 수명법관이나 수탁판사가 검증을 행한 경우 그리고 증거보전절차에서 판사가 검증을 행한 경우의 검증조서는 모두 증거로 할 수 있다.

법원 또는 법관의 검증조서에 당연히 증거능력이 인정되는 이유는 공평한 제 3 자인 법원 또는 법관이 검증의 주체이므로 검증결과에 신용성이 인정되고, 현실적으로 법원 또는 법관이 검증의 결과를 증인으로 보고할 수도 없기 때문이라고 할 수 있다.

형사소송법 제311조에 의해 당연히 증거능력이 인정되는 법원 또는 법관의 검증조서는 당해 사건의 검증조서만을 의미하고 다른 사건의 검증조서는 이에 포함되지 않는다고 해야 한다. 다른 사건의 검증에는 당사자의 참여권이 보장되어 있지 않기 때문이다. 다만 당사자의 참여권 등이 보장된 적법한 절차에서 작성된 다른 사건에 대한 검증조서는 제315조 제 3 호에 따라 그 증거능력이 인정될 수 있을 것이다.

㈏ 검증조서에 기재된 진술의 증거능력

검증조서에는 검증의 결과 이외에 피해자·목격자·피고인 등 검증현장에 참여한 자의 진술을 기재하는 경우가 있는데, 여기에는 현장지시와 현장진술의 두 가지 형태가 있다.

1) **현장지시의 증거능력**   현장지시란 검증의 대상을 지시하는 진술로서, 진술 자체가 범죄사실을 인정하기 위한 독립된 진술증거로서 사용되는 경우가 아닌 것을 말한다. 이와 같이 특정한 장소나 목적물을 지적하는 데 중점이 있는 참여인 진술은 검증의 정확성을 보조하는 역할을 하는 검증조서의 구성부분으로서 조서와 일체를 이루고 있으므로 검증조서로서 증거능력이 인정된다고 보아야 한다. 현장지시를 다시 나누어 이것이 법원의 검증활동의 동기를 설명하는 비진술증거로 이용되는 때에는 검증조서와 일체성을 가지지만, 진술 자체가 범죄사실을 인정하

기 위한 진술증거로 이용되는 때에는 현장진술과 같이 취급해야 한다는 견해가 있으나, 후자의 경우에는 처음부터 현장진술로 보는 것이 타당하다고 생각된다.

2) 현장진술의 증거능력   현장진술이란 검증의 기회를 이용하여 현장에서 행하여진 현장지시 이외의 진술을 말하며, 참여인의 과거의 체험사실에 대한 진술이 공소사실 인정의 증거로서 사용되는 경우라고 할 수 있다. 참여인의 이와 같은 진술은 검증의 결과 자체와는 구별되어야 하므로 검증조서로서 증거능력을 가질 수는 없다고 해야 한다.

현장진술의 증거능력에 대하여는 이는 법원 또는 법관 면전에서의 진술이므로 모두 제311조 1문 전단에 따라 증거능력이 인정된다는 것이 다수설의 입장이다. 그러나 참여인의 현장진술 모두에 대해서 제311조를 적용하는 것은 타당하지 않다고 생각된다. 검증현장에서 법원 또는 법관이 당사자가 아닌 제 3 자에게 질문하고 그 제 3 자의 진술내용을 검증조서에 기재하는 경우의 제 3 자의 진술은 비록 법원 또는 법관 면전의 진술이기는 하지만 선서 없는 진술이고 반대당사자의 반대신문권도 보장되어 있지 않는 상태에서의 진술이다. 따라서 이를 법원 또는 법관 면전의 진술로서 증거능력을 인정하게 되면, 이는 본래 증인으로서 진술하여야 할 자의 증인신문절차를 거치지 않고 한 진술에 대하여 증거능력을 인정하는 결과가 된다. 그러므로 피의자나 피고인의 현장진술은 제311조 1문 전단에 의해 증거로 할 수 있지만, 제 3 자의 진술이 검증조서에 기재된 경우에는 수소법원이나 증거보전을 하는 판사가 증인으로서 신문한 경우가 아닌 한 이를 증거로 할 수 없다고 보아야 한다.

⒟ 검증조서에 첨부된 사진과 도화의 증거능력

검증조서에는 검증목적물의 현상을 명확하게 하기 위하여 도화나 사진을 첨부할 수 있다($\substack{제49조\\제2항}$). 이러한 도화나 사진은 검증조서와 일체를 이루므로 제311조의 검증조서에 관한 규정에 따라 증거능력이 인정된다.

(3) 검사 또는 사법경찰관의 검증조서

수사기관은 영장에 의하거나($\substack{제215\\조}$) 영장에 의하지 아니한 강제처분($\substack{제216}{조}$)에 의해서 검증을 할 수 있는데, 어느 경우이든 검증의 결과를 조서에 기재하여야 한다($\substack{제49조\\제1항}$).[1] 피검자의 승낙에 의한 검증이나 실황조사도 임의수사로서 인정될 수 있으

---

1) 검증은 사실인정의 주체인 수소법원에 의하여 이루어지는 것이 가장 바람직하나, 검증목적물은 그 성질에 따라 멸실·훼손의 염려가 있어 법원에 의한 검증을 기다릴 여유가 없는 경우가 많다. 따라서 형사소송법은 엄격한 절차를 규정하여(제215조, 제219조) 수사기관에 의

므로 그 결과를 기재한 서면은 검증의 결과를 기재한 조서로 보아야 할 것이다. 그 외에 음주운전 단속 중 작성한 음주측정서의 알코올농도의 검사결과나 속도위반 단속 중 스피드건으로 측정한 속도결과를 기재한 서류도 검증조서에 준하여 증거 능력을 판단하게 된다.

(가) 검증조서의 증거능력

수사기관이 검증의 결과를 기재한 검증조서에 대해서 형사소송법은 그 작성주체가 검사인가 사법경찰관인가를 묻지 않고 동일한 요건하에 증거능력을 인정하고 있다. 즉 검사 또는 사법경찰관이 검증의 결과를 기재한 조서는 적법한 절차와 방식에 따라 작성된 것으로서 공판준비 또는 공판기일에서의 작성자의 진술에 따라 그 성립의 진정함이 증명된 때에는 증거로 할 수 있다(제312조 제6항).

1) **적법한 절차와 방식**   적법한 절차와 방식에 의한 조서작성의 의미는 형식적 진정성립을 포함하는 개념으로서 기본적으로 다른 조서의 경우와 같다. 검증조서의 작성자는 검증의 주체가 되는 검사 또는 사법경찰관을 말하며, 검증에 참여한 데 불과한 사법경찰리는 이에 포함되지 않는다(대법원 1976.4.13, 76도500).

2) **실질적 진정성립**   검사 또는 사법경찰관의 검증조서가 증거능력을 인정받으려면 공판준비 또는 공판기일에서의 작성자의 진술에 따라 그 성립의 진정함이 증명되어야 한다. 여기에서 성립의 진정이란 실질적 진정성립을 의미하며, 검증의 대상인 범죄현장 등의 객관적 상황에 관한 검증조서의 기재가 검증 당시의 검증자의 체험과 일치한다는 것을 인정하는 것을 말한다. 수사기관이 작성한 검증조서는 법원 또는 법관의 검증조서에 비해서 신용성이 낮다는 점을 고려하여 성립의 진정을 요건으로 증거능력을 인정하고 있다. 이와 같이 수사기관의 검증조서에 대해서는 성립의 진정을 통해 그 신용성을 확보할 수 있으므로 당해 사건에 관하여 작성된 검증조서에 한하지 않고 다른 사건의 검증조서도 제312조 제6항의 적용을 받는다고 해석하는 데 이론이 없다. 또한 검증조서에 첨부된 도화나 사진은 검증조서와 일체를 이루므로 검증조서로서 그 증거능력이 인정된다.

3) **수사보고서에 기재된 검증결과**   검증조서에는 조서작성의 법적근거가 있어야 하며, 검증과 관련된 구체적인 내용이 기재되어야 한다. 실무상 작성되는 수사보고서는 수사기관이 수사의 경위와 결과를 내부적으로 보고하기 위하여 작성하

___

한 검증을 인정하면서, 일정한 요건하에 이들의 검증의 결과를 기재한 조서에 증거능력을 인정하고 있다.

는 서류로서 이를 검증조서나 실황조사서로 볼 수 없다. 따라서 수사보고서에 검증의 결과에 해당하는 기재가 있는 경우라도 그러한 수사보고서를 제312조 제 6 항의 검증의 결과를 기재한 조서나 제313조의 진술서에 해당하는 것으로 보아 그 기재 부분을 증거로 할 수는 없다(대법원 2001.5.29, 2000도2933).

(나) 검증조서에 기재된 진술의 증거능력

이미 법원의 검증조서에서 살펴본 바와 같이 현장지시에 해당하는 진술은 검증조서와 일체로 보아 제312조 제 6 항이 적용된다고 보아야 한다. 그러나 검증현장을 이용하여 행하여진 현장지시 이외의 진술인 현장진술의 경우에는 검증조서와 분리하여 진술증거로서 별도로 그 증거능력을 판단하여야 할 것이다. 즉 작성주체와 진술자에 따라 검증조서에 기재된 현장진술이 검사의 검증현장에서 피의자가 한 진술이라면 제312조 제 1 항 또는 제 2 항에 의하여 검사작성 피의자신문조서로서 취급하여야 하고, 검사 또는 사법경찰관이 참고인의 진술을 기재한 경우라면 제312조 제 4 항에 의하여, 그리고 사법경찰관이 피의자의 진술을 기재하였으면 제312조 제 3 항에 의하여 각각 그 증거능력을 판단하여야 한다.

그러므로 검증조서의 진술기재가 피의자신문조서 또는 진술조서로서 증거능력이 인정되기 위해서는 검증조서상의 진술에 원진술자의 서명 또는 기명날인이 있어야 하고, 그것이 피의자의 진술인 경우에는 진술거부권의 고지는 물론 변호인의 참여권 보장 등의 적법요건을 갖추고 있는 경우라야 할 것이다.

검증현장에서의 피의자의 범행재연은 행동적 진술로서 자백에 해당하므로 이를 촬영하여 검증조서에 첨부한 범행재연사진에 대하여는 검증의 주체가 누구인가에 따라 제312조 제 1 항 내지 제 3 항을 적용하여야 한다. 따라서 사법경찰관이 작성한 검증조서에 피의자였던 피고인이 자백한 범행내용이 기재되어 있고 또한 현장에서 이를 재연하는 과정을 촬영한 사진이 첨부되어 있는 경우 이들에 대해서는 제312조 제 3 항이 적용된다.[1]

---

1) 대법원 2007. 4. 26, 2007도1794, 「사법경찰관이 작성한 검증조서 중 피고인의 진술 부분을 제외한 기재 및 사진의 각 영상에는 이 사건 범행에 부합되는 피의자이었던 피고인이 범행을 재연하는 사진이 첨부되어 있으나, 기록에 의하면 행위자인 피고인이 위 검증조서에 대하여 증거로 함에 부동의하였고 공판정에서 검증조서 중 범행을 재연한 부분에 대하여 그 성립의 진정 및 내용을 인정한 흔적을 찾아 볼 수 없고 오히려 이를 부인하고 있으므로 그 증거능력을 인정할 수 없는 바, 원심으로서는 위 검증조서 중 피고인의 진술 부분뿐만 아니라 범행을 재연한 부분까지도 제외한 나머지 부분만을 증거로 채용하여야 함에도 이를 구분하지 아니한 채 피고인의 진술 부분을 제외한 나머지를 유죄의 증거로 인용한 조치는 위법하다.」

⑶ **실황조사서의 증거능력**

1) **의   의**   실황조사서란 범죄의 현장 기타 장소에서 수사기관이 임의수사로서 행한 실황조사의 결과를 기재한 서면을 말한다(검찰사건사무규칙 제51조 참조). 협의의 검증이 원칙적으로 영장에 의해서 행하여지는 강제처분임에 대하여, 실황조사는 승낙에 의한 검증과 함께 임의수사의 방법으로 교통사고 현장 등에서 주로 행하여진다. 그러나 그 결과를 기재한 실황조사서는 그 내용과 형식에 있어서 실질적으로 검증조서와 동일하다.

2) **증거능력**   실황조사서의 증거능력과 관련해서는 실황조사서에 제312조 제 6 항을 적용할 수 있는지가 문제된다. 이에 대하여는 ① 수사기관의 검증은 강제수사로서만 허용된다고 보는 입장에서 형사소송법의 근거 없이 행하여지는 실황조사는 강제수사법정주의 내지 영장주의에 반하는 것이어서 그 결과를 기재한 실황조사서는 증거로 할 수 없다는 부정설과 ② 검증은 임의수사의 형식으로도 행하여질 수 있고 검증이 강제수사인가 임의수사인가에 따라 검증조서로서의 성격과 정확성에 차이가 있는 것이 아니라는 이유로 실황조사서에 대해서도 검증조서와 마찬가지로 제312조 제 6 항을 적용하여야 한다는 긍정설이 대립하고 있다.

생각건대 실황조사서는 수사기관이 오관의 작용에 의하여 사고현장 등의 상태를 인식하여 기재한 서류이므로 실질적으로 검증조서와 동일한 성질을 가진다. 따라서 교통사범의 조사 등을 목적으로 도로에서 행하는 실황조사의 경우처럼 개인의 기본권침해가 문제되지 않는 경우라면 이는 임의수사로서 인정될 수 있고, 그 결과를 기재한 실황조사서는 이를 검증조서로 보아야 할 것이다. 다만 임의수사로서 허용되는 것은 피검자의 승낙에 의한 검증과 개인의 법익을 실질적으로 침해하지 않는 장소에서 행하여지는 실황조사의 경우만을 의미하므로, 개인의 법익을 침해하는 형태로서 실황조사가 이루어졌다면 이는 이미 임의수사로서 허용될 수 없고 강제처분으로서의 검증의 요건을 구비한 경우에만 그 적법성을 인정받게 될 것이다. 판례도 작성자의 공판기일에서의 진술에 의하여 그 성립의 진정함이 증명된 실황조사서의 증거능력을 인정함으로써 긍정설의 입장을 취하고 있다(대법원 1982.9.14, 82도1504). 다만 실황조사가 실질적으로 형사소송법 제216조 제 3 항에 의한 검증에 해당하는 경우에는 사후영장을 받지 않는 한 당해 사고현장에서 작성된 실황조사서를 유죄의 증거로 사용할 수 없게 된다(대법원 1989.3.14, 88도1399).

⒧ 압수조서 · 수색조서의 증거능력

수사기관은 압수 · 수색을 한 경우에는 그 취지를 압수조서 · 수색조서에 기재하여야 한다(규칙 제62조, 제109조 참조). 압수조서 · 수색조서에는 압수 · 수색처분의 연월일시와 장소를 기재하고 그 압수 · 수색을 행한 자와 참여한 사법경찰관리가 기명날인 또는 서명하여야 한다(제50조 본문 참조). 특히 압수조서에는 품종, 외형상의 특징과 수량을 기재하여야 한다(제49조 제3항 참조). 압수조서는 압수절차의 적법성 또는 압수 당시 압수물의 존재상황을 증명하기 위하여 증거로 사용되는 경우가 있다. 압수절차의 적법성 여부는 소송법적 사실로서 자유로운 증명으로 족하므로 압수조서의 증거능력의 문제는 압수조서가 압수 당시 압수물의 존재상황을 증명하기 위하여 사용되는 경우에 발생한다. 예를 들면 피고인이 압수물을 소지하였다는 사실이 공소사실 또는 간접사실인 경우가 여기에 해당한다.[1]

형사소송법은 검증조서와는 다르게 압수조서와 수색조서의 증거능력요건에 대하여 규정하고 있지 않다. 그러나 검사 또는 사법경찰관의 압수조서 · 수색조서의 증거능력은 수사기관작성 검증조서의 증거능력요건을 규정한 제312조 제6항에 따라 판단하는 것이 타당하다고 생각된다. 압수 · 수색의 주체도 검증의 주체와 마찬가지로 수사기관일 뿐만 아니라, 압수조서 · 수색조서에는 검사 또는 사법경찰관이 체험한 압수 · 수색의 경위 및 결과가 기재된다는 점에서 압수조서 · 수색조서는 검증조서와 유사한 성질을 가지기 때문이다. 따라서 수사기관의 압수조서 · 수색조서는 적법한 절차와 방식에 따라 작성된 것으로서 공판준비 또는 공판기일에서의 작성자의 진술에 따라 그 성립의 진정함이 증명된 때에는 증거능력이 인정된다. 판례도 같은 입장이다.[2]

⒨ 제314조의 적용

검증조서나 실황조사서 등의 작성자가 사망 · 질병 · 외국거주 · 소재불명 그 밖에 이에 준하는 사유로 진술할 수 없게 된 때에는 그 작성이 특히 신빙할 수 있는

---

1) 피고인의 무기불법소지사실이 공소사실인 경우에는 피고인으로부터 그 소지 중인 무기를 압수하였다는 사실이 기재된 압수조서는 공소사실을 인정하는 직접증거이며, 피고인이 총기로 사람을 살해하였다는 사실이 공소사실인 경우에는 피고인으로부터 총기를 압수하였다는 사실이 기재된 압수조서는 그 공소사실에 대한 간접증거가 된다.

2) 대법원 1995. 1. 24, 94도1476, 「사법경찰리가 작성한 '피고인이 임의로 제출하는 별지 기재의 물건(공소장에 기재된 물건)을 압수하였다'는 내용의 압수조서는, 피고인이 공판정에서 증거로 함에 동의하지 아니하였고 원진술자의 공판기일에서의 증언에 의하여 그 성립의 진정함이 인정된 바도 없다면 증거로 쓸 수 없다.」

상태하에서 행하여졌음이 증명된 때에 한하여 증거로 할 수 있다($\stackrel{\text{제}314}{\text{조}}$).

8. 당연히 증거능력이 인정되는 서류

제315조는 일정한 서류에 대하여 당연히 증거능력을 인정하고 있다. 본래 공무원이 직무상 작성하는 문서 또는 업무자가 업무상 작성하는 문서 등은 진술서로서 제313조에 따라 증거능력이 판단되어야 한다. 그러나 진술서 가운데 특히 신용성이 높고 그 작성자를 증인으로 신문하는 것이 부적당하거나 의미가 없어 그 자체만으로 필요성이 인정되는 경우에는 서류작성자에 의한 진정성립의 인정 없이도 이를 증거로 사용할 필요가 있다. 제315조가 규정하고 있는 서류는 다음과 같다.

(1) 공권적인 증명문서

가족관계기록사항에 관한 증명서, 공정증서등본 기타 공무원 또는 외국공무원의 직무상 증명할 수 있는 사항에 관하여 작성한 문서는 당연히 증거능력이 있다($\stackrel{\text{제}315조}{\text{제}1호}$). 이러한 공권적 증명문서는 그 성질상 고도의 신용성이 보장되고, 원본을 제출하거나 공무원을 증인으로 신문하는 것이 부적당하므로 필요성이 인정되기 때문이다.

공권적 증명문서에는 위에 예시된 서류 이외에도 등기부등본 및 초본, 인감증명, 전과조회회보, 신원증명서, 세관공무원이 작성한 시가감정서($\stackrel{\text{대법원 1985.4.9,}}{\text{85도225}}$), 법원의 판결서사본 등이 포함된다. 그러나 수사기관이 작성한 문서는 여기에 해당하지 않는다. 외국의 수사기관이 작성한 조서나 서류의 경우도 마찬가지이다.

(2) 업무상 작성된 통상문서

상업장부, 항해일지 기타 업무상 필요로 작성한 통상문서는 당연히 증거능력이 있다($\stackrel{\text{동조}}{\text{제}2호}$). 일상적인 업무과정에서 작성되는 문서는 업무의 기계적 반복성으로 인하여 허위가 개입할 여지가 적다는 점과 작성자를 일일이 소환하여 진술하도록 하는 것이 번거롭고 불편하다는 점에 그 근거가 있다. 금전출납부, 전표, 통계표, 영업용 컴퓨터기록[1] 등은 업무상 통상문서로서 증거능력이 인정된다. 의사가 작성

---

1) 대법원 2007. 7. 26, 2007도3219,「메모리카드에 기재된 내용은 성매매업소의 업주가 고용한 성매매 여성들이 성매매를 업으로 하면서 영업에 참고하기 위하여 성매매를 전후하여 상대 남성의 아이디와 전화번호 및 성매매 방법 등을 메모지에 적어두었다가 직접 또는 업주가 고용한 또 다른 여직원이 입력하여 작성된 것임을 알 수 있는 바, 이는 실질적으로 형사소송법 제315조 제 2 호 소정의 영업상 필요로 작성된 통상문서로서 그 자체가 당연히 증거능력 있

한 진료기록부도 여기에 해당한다.

그러나 의사가 작성한 진단서는 업무상 필요에 의하여 순차적·계속적으로 작성되는 것이 아니라 전문지식에 의하여 그때 그때 개별적으로 작성되는 것이므로 특히 신용할 수 있는 정황에 의하여 작성된 문서라고 볼 수 없고, 따라서 제313조 제 1 항·제 2 항에 해당하는 경우에 한하여 증거로 사용할 수 있다(대법원 1969.3.31,
69도179). 또한 탈세 등의 목적으로 이중장부를 작성한 경우에 바르게 작성된 비밀장부는 여기에 해당하지만 외부에 보이기 위한 표면장부는 당연히 증거능력이 인정되는 통상문서에 해당하지 않는다.

(3) 기타 특히 신용할 만한 정황에 의하여 작성된 문서

공권적 증명문서나 업무상 통상문서에 해당하지 않는 경우라도 이에 준할 정도의 고도의 신용성이 인정되는 문서는 당연히 증거능력이 인정된다(동조
제3호). 공공기록·역서(曆書)·보고서·학술논문·정기간행물의 시장가격표·스포츠 기록·공무소 작성의 각종 통계와 연감 등이 여기에 해당한다. 다른 피고사건에 대한 공판조서(대법원 2005.4.28,
2004도4428), 구속적부심사절차에서 피의자를 심문하고 그 진술을 기재한 구속적부심문조서(대법원 2004.1.16,
2003도5693), 영장실질심사절차에서 작성된 구속 전 피의자심문조서도 제315조 제 3 호에 의하여 증거능력이 인정된다.

자연적 진술이나 임종의 진술 등이 기재된 문서도 본호의 적용대상으로 보는 견해가 있으나, 제315조는 주로 공공성이나 업무성을 가진 문서를 대상으로 하고 있는 점과 전문법칙의 예외는 되도록 제한적으로 해석해야 한다는 점에 비추어 이들 진술이 기재된 문서들은 일반적 진술서면으로서 제314조 등에 의하여 증거능력을 판단하는 것이 타당하다고 생각된다.

VI. 전문진술의 증거능력

1. 의   의

공판준비 또는 공판기일 외에서의 타인의 진술을 내용으로 하는 진술은 이를 증거로 할 수 없다(제310
조의2). 본래 영미법상의 전문법칙과 그 예외이론은 타인의 진술을 내용으로 하는 증언인 전문진술과 관련하여 발전하여 왔다고 할 수 있다. 형사

────────────

는 문서에 해당한다.」

소송법은 전문진술에 대하여 제316조에서 그 예외를 인정하고 있다. 제316조는 전문진술에 대한 전문법칙의 예외를 피고인의 진술을 내용으로 하는 경우와 피고인 아닌 자의 진술을 내용으로 하는 경우로 나누어 규정하고 있다.

2. 피고인의 진술을 내용으로 하는 전문진술

(1) 예외의 요건

피고인 아닌 자(공소제기 전에 피고인을 피의자로 조사하였거나 그 조사에 참여하였던 자를 포함한다)의 공판준비 또는 공판기일에서의 진술이 피고인의 진술을 그 내용으로 하는 것인 때에는 그 진술이 특히 신빙할 수 있는 상태하에서 행하여졌음이 증명된 때에 한하여 이를 증거로 할 수 있다($\substack{제316조\\제1항}$). 원진술자인 피고인은 공판정에 출석해 있어 필요성은 문제되지 않으므로 신용성의 정황적 보장을 조건으로 증거능력을 인정한 것이다. 여기서 '그 진술이 특히 신빙할 수 있는 상태하에서 행하여진 때'라 함은 피고인이 그 진술을 하였다는 것에 허위 개입의 여지가 거의 없고, 그 진술 내용의 신빙성이나 임의성을 담보할 구체적이고 외부적인 정황이 있는 경우를 가리킨다($\substack{대법원\ 2010.11.25,\\2010도8735}$).

(2) 적용범위

형사소송법 제316조 제 1 항의 적용대상이 되는 것은 피고인 아닌 자의 공판준비 또는 공판기일에서의 진술로서 피고인의 진술을 내용으로 하는 것이어야 한다.

(가) 피고인의 진술

여기서 피고인이란 당해 피고인만을 의미하므로 공동피고인이나 공범자는 피고인 아닌 자에 해당한다. 피고인의 진술은 반드시 피고인의 지위에서 행하여진 것에 한하지 않고, 피의자·참고인 등 어떤 지위에서 이루어진 것이라도 상관없으며, 피고인이 수사를 받기 전에 진술한 내용이라도 피고인의 진술에 속한다. 피고인의 진술이 자백에 해당하는 경우에는 자백보강법칙이 적용되므로 피고인 아닌 자의 법정에서의 증언이 피고인의 자백을 내용으로 하는 때에는 보강증거를 필요로 한다($\substack{대법원\ 2008.2.14,\\2007도10937\ 참조}$).

(나) 피고인 아닌 자의 진술

피고인이 아닌 자에는 공소제기 전에 피고인을 피의자로 조사하였거나 그 조사에 참여하였던 자를 포함한다고 하여 형사소송법은 제 3 자뿐만 아니라 피고인을 조사한 수사기관이나 그 조사에 참여하였던 자가 조사받을 때 범행을 자백한 피고인의 진술내용을 증언하는 경우에도 제316조 제1항을 적용하고 있다.

이러한 조사자증언제도에 의하여 수사기관 등이 수사절차에서 획득한 피의자의 진술을 증언의 형태로 법정에 현출하는 것이 가능하게 된다. 그러나 형사소송법에서 규정하고 있는 조사자 증언제도는 논리적 모순점을 가지고 있다. 사법경찰관 작성의 피의자신문조서는 그 성립의 진정이 인정되더라도 피고인 또는 변호인이 내용을 부인하면 증거로 할 수 없는데 반하여, 피고인의 수사절차에서의 진술을 내용으로 하는 사법경찰관의 증언은 피고인에 대한 유죄의 증거로 사용될 수 있기 때문이다. 조사자 증언에 의하여 공판정에 나타나는 것은 피고인이 피의자신문시에 수사기관 앞에서 조서에 기재된 바와 같이 진술하였다는 사실뿐이므로 이러한 사법경찰관의 전문증언에 제316조 제1항을 적용하여 증거능력을 인정하면 제312조 제3항의 입법취지는 무시될 수밖에 없게 된다.

3. 피고인 아닌 자의 진술을 내용으로 하는 전문진술

(1) 예외의 요건

피고인 아닌 자의 공판준비 또는 공판기일에서의 진술이 피고인 아닌 타인의 진술을 그 내용으로 하는 것인 때에는 원진술자가 사망·질병·외국거주·소재불명 그 밖에 이에 준하는 사유로 인하여 진술할 수 없고, 그 진술이 특히 신빙할 수 있는 상태하에서 행하여졌음이 증명된 때에 한하여 이를 증거로 할 수 있다(제316조 제2항). 전문법칙의 예외에 대한 전형적인 경우를 규정한 것으로서 필요성과 신용성의 정황적 보장을 요건으로 전문진술의 증거능력을 인정한 것이다.

(2) 적용범위

피고인 아닌 자에는 제3자는 물론 공범자와 공동피고인이 포함된다(대법원 2011.11.24, 2011도7173). 따라서 피고인 甲의 공범자인 A가 B에게 피고인과의 공동범행사실을 말하고, B가 공판정에서 A로부터 들은 내용을 진술하는 경우에는 B의 진술에 대하여 제316조 제2항이 적용된다. A가 공동피고인인 경우에도 마찬가지이다.

또한 공판준비 또는 공판기일에서 진술하는 피고인 아닌 자에는 공소제기 전에 피고인 아닌 자를 조사하였거나 그 조사에 참여하였던 자가 포함된다. 피고인 아닌 자에 대하여 '공소제기 전에 피고인을 피의자로 조사하였거나 그 조사에 참여하였던 자를 포함한다. 이하 이 조에서 같다'라고 규정하고 있는 제316조 제 1 항과 관련하여 제 2 항을 해석하면, 제 2 항의 피고인 아닌 자의 범위에는 공소제기 전에 피고인 아닌 자를 조사하였거나 그 조사에 참여한 자가 포함되는 것으로 보아야 하기 때문이다.[1)]

(3) 증거능력의 요건

제316조 제 2 항에 의하여 전문진술에 증거능력이 인정되려면 원진술자의 진술불능과 특신상태의 존재라는 두 가지 요건이 구비되어야 한다.

필요성의 요건은 제314조와 동일한 의미를 가진다. 판례는 원진술자가 제 1 심 법원에 출석하여 진술하였다가 항소심에 이르러 진술할 수 없게 된 경우에 제 1 심 법원에서 증거로 할 수 있었던 증거는 항소심 법원에서도 증거로 할 수 있다는 점을 이유로 필요성을 부정하였으며(대법원 2001.9.28, / 2001도3997), 피해자로부터 범죄사실에 관하여 들었다는 증인의 증언은 원진술자인 피해자가 법정에 출석하여 증언을 한 사건에 있어서는 원진술자가 진술할 수 없는 때에 해당되지 아니하므로 증거능력이 없다고 판시하였다(대법원 2011.11.24, / 2011도7173).

제316조 제 2 항에 의하여 증거능력이 인정되려면 필요성과 함께 특신상태가 증명되어야 한다. 특히 신빙할 수 있는 상태에서 원진술자의 진술이 이루어졌는가의 여부는 진술 당시의 구체적 상황, 진술의 동기와 방법, 진술내용 등을 종합적으로 고려하여 판단하여야 한다. 원진술자의 불출석을 전제로 하면서 전문진술의 증거능력을 인정하고 있는 형사소송법 제316조 제 2 항의 특신상태에 대해서는 형사소송법 제314조와 마찬가지로 엄격하게 해석하여야 하므로, 이러한 특신상태의 존재에 대한 증명은 단지 그러할 개연성이 있다는 정도로는 부족하고 합리적인 의심의 여지를 배제할 정도에 이르러야 한다(대법원 2014.4.30, / 2012도725).

---

1) 대법원 2008. 9. 25, 2008도6985, 「형사소송법 제316조 제 2 항은 "피고인 아닌 자의 공판준비 또는 공판기일에서의 진술이 피고인 아닌 타인의 진술을 그 내용으로 하는 것인 때에는 원진술자가 사망, 질병, 외국거주, 소재불명, 그 밖에 이에 준하는 사유로 인하여 진술할 수 없고, 그 진술이 특히 신빙할 수 있는 상태하에서 행하여졌음이 증명된 때에 한하여 이를 증거로 할 수 있다"고 규정하고 있고, 같은 조 제 1 항에 따르면 위 '피고인 아닌 자'에는 공소제기 전에 피고인 아닌 타인을 조사하였거나 그 조사에 참여하였던 자(이하 '조사자'라고 한다)도 포함된다. 따라서 조사자의 증언에 증거능력이 인정되기 위해서는 원진술자가 사망, 질병, 외국거주, 소재불명, 그 밖에 이에 준하는 사유로 인하여 진술할 수 없어야 하는 것이라서, 원진술자가 법정에 출석하여 수사기관에서 한 진술을 부인하는 취지로 증언한 이상 원진술자의 진술을 내용으로 하는 조사자의 증언은 증거능력이 없다.」

4. 피고인의 전문진술

형사소송법은 피고인이 공판준비 또는 공판기일에 피고인 아닌 자의 진술을 내용으로 하는 진술을 하는 경우에 대하여 명문의 규정을 두고 있지 않다. 피고인의 진술이 제 3 자의 진술을 내용으로 하는 경우에 대하여는 ① 원진술의 내용이 피고인에게 불이익한 경우에는 반대신문권을 포기한 것으로 보아 증거능력을 인정하고, 피고인에게 이익이 되는 경우에는 제316조 제 2 항을 유추적용해야 한다는 견해와 ② 형사소송법은 진술내용의 불이익을 증거능력의 요건으로 하고 있지 아니하므로 원진술이 피고인에게 유리한 것인가의 여부를 불문하고 제316조 제 2 항을 유추적용해야 한다는 견해가 제시되고 있다.

전문법칙에 대한 예외규정은 원진술의 내용과 관계없이 제한적으로 해석하는 것이 타당하다는 점에서 타인의 진술을 내용으로 하는 피고인의 진술에 대하여는 제316조 제 2 항을 유추적용하는 것이 타당하다고 생각된다(다수설). 따라서 피고인의 전문진술은 진술내용이 피고인에게 유리한지 여부와 관계없이 필요성과 특신상태가 인정되는 경우에 한하여 증거로 할 수 있다고 해야 한다.

Ⅶ. 재전문증거의 증거능력

1. 재전문증거의 의의

재전문증거는 전문증거가 그 내용에 다시 전문증거를 포함하는 경우를 말한다. 타인의 진술을 내용으로 하는 진술을 다시 전문하여 진술이나 서면의 형태로 제출하는 경우라고 할 수 있다. 구체적으로 보면 ① 원진술자 A의 진술을 들은 B가 C에게 다시 전달하여 C가 법원에 원진술자 A의 진술내용을 보고하는 경우, ② 원진술자 A의 진술을 들은 B가 원진술자의 진술내용을 서면에 기재하거나[1] 또는 C에게 원진술내용을 진술하여 C로 하여금 서류에 기재하게 하는 경우가 재전문증거에 해당한다. ①은 재전문진술의 경우이고, ②는 재전문서류의 경우이다.

---

1) 원진술자 A의 진술을 들은 B가 그 내용을 그대로 기재하거나 녹음한 경우는 전문증거인 진술기재서에 해당하여 제313조 제 1 항이 적용된다. 그러나 B가 A로부터 들은 내용을 기억에 따라 자신의 진술로서 기재한 경우는 재전문서류가 된다. 진술기재서는 원진술자인 A의 서명 또는 날인이 있어야 하나, 재전문서류는 B의 진술서로서 B의 서명 또는 날인이 있어야 한다.

2. 증거능력에 대한 학설 및 판례

(1) 부 정 설

재전문증거에 대하여 전문법칙의 예외를 인정하지 않는 견해이다. ① 재전문은 이중의 예외로서 단순한 전문증거에 비하여 범죄사실과의 관련성이나 증명력이 약하여 오류개입의 가능성이 높고, ② 통상의 전문증거는 제311조 이하의 명문규정을 통하여 예외적으로 증거능력을 인정받고 있는데 재전문증거는 그 증거능력을 인정하는 명문규정이 법에 없다는 것을 근거로 한다.

(2) 긍 정 설

재전문증거에 포함된 진술 하나 하나가 전문법칙의 예외의 요건을 충족하는 때에는 증거능력이 인정된다는 견해로서 다수설의 입장이다. ① 전문증거와 재전문증거는 타인의 원진술이 요증사실의 증거자료로 된다는 점에서 차이가 없고, ② 전문법칙의 본고장인 미국에서도 연방증거법이 재전문증거의 증거능력을 인정하고 있다는 점을 그 근거로 들고 있다. 긍정설에 따르면 전문진술이 기재된 서면과 재전문진술은 이중의 전문이라는 점에서 동일하므로 재전문진술의 경우에도 진술 하나 하나가 필요성과 신용성의 정황적 보장이라는 요건을 충족하는 때에는 증거능력이 인정된다고 한다.

(3) 제한적 긍정설(판례)

제한적으로 재전문증거에 대하여 전문법칙의 예외를 인정하는 견해로서, 재전문진술에 대하여는 예외를 인정할 수 없으나 전문진술이 기재된 서류에 대하여는 전문법칙의 예외를 인정할 수 있다는 입장이다.

판례는 재전문진술이나 재전문진술을 기재한 서류에 대하여는 현행법상 그 증거능력을 인정하는 규정을 두고 있지 않음을 이유로 당사자가 증거로 하는 데 동의하지 않는 한 증거로 할 수 없다고 하면서, 다만 전문진술이 기재된 서류에 대하여는 형사소송법 제312조 내지 제314조의 규정과 제316조의 규정에 의하여 각각 증거능력이 인정되는 경우에 그 증거능력을 인정하는 입장을 취하고 있다.[1] 따라서

---

1) 대법원 2000. 3. 10, 2000도159, 「(1) 전문진술이 기재된 조서는 형사소송법 제312조 또는 제314조의 규정에 의하여 각 그 증거능력이 인정될 수 있는 경우에 해당하여야 함은 물론 나아가 형사소송법 제316조 제 2 항의 규정에 따른 요건을 갖추어야 예외적으로 증거능력이 있다. (2) 형사소송법은 전문진술에 대하여 제316조에서 실질상 단순한 전문의 형태를 취하는 경

타인의 진술을 내용으로 하는 참고인진술조서는 제312조 제 4 항 또는 제314조에 의한 진술조서로서의 예외의 요건과 제316조 제 2 항에 의한 전문진술로서의 예외의 요건을 모두 충족하는 경우에 이를 증거로 할 수 있다고 한다.

(4) 검   토

당사자의 동의가 있으면 재전문증거라도 증거능력이 인정된다는 것이 학설과 판례의 입장이다. 그러나 동의가 없는 경우에도 재전문증거는 그것이 재전문서류인가 재전문진술인가를 묻지 않고 개개의 예외의 요건을 충족하는 경우에 이를 증거로 할 수 있다고 보아야 한다. 전문증거와 재전문증거는 타인의 원진술이 요증사실의 증거로 사용된다는 점에서 실질적인 차이가 없을 뿐만 아니라 재전문서류와 재전문진술도 이중의 전문이라는 점에서 차이가 없기 때문이다.

Ⅷ. 특수한 증거방법과 전문법칙

과학기술의 발달로 인하여 새로운 형태의 증거방법들이 등장하면서 이들의 증거능력이나 증거조사방법과 관련하여 다양한 문제가 발생하고 있다. 새로운 증거방법으로는 사진, 영상녹화물, 녹음테이프, 비디오테이프, 전자정보, 거짓말탐지기검사보고서 등을 들 수 있으며, 전문법칙과의 관계에서 그 증거능력의 유무 및 요건이 논의의 대상이 되고 있다.

1. 사진의 증거능력

(1) 사진의 성격

사진은 과거에 발생한 역사적 사실을 렌즈에 비친 대로 필름 또는 인화지에 기계적으로 재생시킨 증거방법이다. 사진은 기계적인 방법으로 대상을 특정한다는 점에서 신용성이 매우 높은 증거라고 할 수 있다. 그러나 사진은 이를 촬영하고 현상·인화하는 과정에서 인위적인 조작이 가해질 위험성도 가지고 있다. 여기서 사진을 비진술증거로 볼 것인가 아니면 진술증거로서 전문법칙이 적용된다고 볼 것

우에 한하여 예외적으로 그 증거능력을 인정하는 규정을 두고 있을 뿐, 재전문진술이나 재전문진술을 기재한 조서에 대하여는 달리 그 증거능력을 인정하는 규정을 두고 있지 아니하므로 피고인이 증거로 하는 데 동의하지 아니하는 한 형사소송법 제310조의2의 규정에 의하여 이를 증거로 할 수 없다.」

인가의 문제가 제기되게 된다. 사진의 증거능력은 그 성질과 용법에 따라 유형별로 살펴볼 필요가 있다.

(2) 사본인 사진

본래 증거로 제출될 자료의 대체물로 사진이 사용되는 경우를 말한다. 문서의 사본이나 범행에 사용된 흉기의 사진 등이 여기에 해당한다. 사본인 사진의 증거능력은 최우량증거의 법칙(best evidence rule)에 의하여 원본증거를 공판정에 제출하기 불가능하거나 곤란함이 인정되고, 원본의 정확한 사본임이 증명되는 경우에 한하여 인정된다. 따라서 휴대전화기에 전송된 문자정보를 촬영한 사진을 증거로 사용하려면 문자정보가 저장된 휴대전화기를 법정에 제출할 수 없거나 그 제출이 곤란한 사정이 있고, 그 사진의 영상이 휴대전화기의 화면에 표시된 문자정보와 정확하게 같다는 사실이 증명되어야 한다($\binom{\text{대법원 2008.11.13,}}{\text{2006도2556}}$).

사본으로서의 사진은 원본증거가 증거물이면 사진도 비진술증거가 되고, 본래 제출할 증거가 서류 등 진술증거이면 사진도 진술증거로서의 성격을 가지게 된다. 따라서 전자의 경우에는 사진이 사본으로서의 요건을 갖추는 것으로서 족하나,[1] 후자의 경우에는 사본으로서의 요건과 전문증거로서의 예외의 요건을 모두 구비하여야 증거로 할 수 있다.[2]

(3) 진술의 일부인 사진

진술자의 진술내용을 정확하게 표현하기 위하여 사진이 진술증거의 일부로 사용되는 경우이다. 예를 들면 참고인이 사진을 이용하여 진술하고 이를 진술조서에 첨부하거나, 검증조서나 감정서에 사진이 첨부된 경우가 여기에 해당한다. 이 경

---

1) 대법원 2008. 11. 13, 2006도2556, 「정보통신망을 통하여 공포심이나 불안감을 유발하는 글을 반복적으로 상대방에게 도달하게 하는 행위를 하였다는 공소사실에 대하여 휴대전화기에 저장된 문자정보가 그 증거가 되는 경우와 같이, 그 문자정보가 범행의 직접적인 수단이 될 뿐 경험자의 진술에 갈음하는 대체물에 해당하지 않는 경우에는 형사소송법 제310조의2에서 정한 전문법칙이 적용될 여지가 없다.」

2) 대법원 2002. 10. 22, 2000도5461, 「피고인에 대한 검사작성의 피의자신문조서가 그 내용 중 일부를 가린 채 복사를 한 다음 원본과 상위 없다는 인증을 하여 초본의 형식으로 제출된 경우에, 위와 같은 피의자신문조서 초본은 피의자신문조서 원본 중 가려진 부분의 내용이 가려지지 않은 부분과 분리 가능하고 당해 공소사실과 관련성이 없는 경우에만, 그 피의자신문조서의 원본이 존재하거나 존재하였을 것, 피의자신문조서의 원본제출이 불능 또는 곤란한 사정이 있을 것, 원본을 정확하게 전사하였을 것 등 3가지 요건을 전제로 피고인에 대한 검사작성의 피의자신문조서 원본과 동일하게 취급할 수 있다 할 것이다.」

우에 사진은 진술증거의 일부를 이루는 보조수단에 불과하므로 사진의 증거능력도 진술증거인 진술조서나 검증조서, 감정서와 일체적으로 판단된다.

또한 피고인이 사진의 촬영일자 부분에 대하여 조작된 것이라고 다투는 경우 촬영일자 부분은 전문증거에 해당하므로 전문법칙이 적용된다(대법원 1997.9.30, 97도1230).

(4) 현장사진

현장사진이란 범행과정이나 범행장소의 상황 등을 촬영한 사진으로서 이것이 독립증거로 사용되는 경우를 말한다. 현장을 촬영한 비디오테이프의 영상부분도 여기에 해당한다고 할 수 있다.[1] 현장사진과 현장비디오테이프의 증거능력에 관하여는 다음과 같은 견해들이 있다.

㈎ 비진술증거설

현장사진은 렌즈의 체험에 의한 결과이지 사람의 지각에 의한 진술이 아니므로 독립된 비진술증거라고 보는 견해이다. 즉 현장사진에는 진술증거에서 나타나는 지각·기억·서술·표현의 과정이 없으므로 허위개입의 여지가 적고 반대신문이 불필요하므로 전문법칙의 적용이 없다고 한다. 따라서 현장사진은 요증사실과의 관련성, 즉 현장의 정확한 영상이라는 사실이 인정되면 증거로 할 수 있으며, 작성과정에 인위적인 조작이 있었는지의 여부가 문제로 되면 감정절차를 거쳐 사진이 진정한 것인지의 여부를 판단하면 되고 또한 요증사실과의 관련성을 다투는 경우에도 반드시 촬영자를 원진술자로서 소환할 필요가 없고 제3자의 증언이나 다른 방법에 의해서도 그 증명이 가능하다고 한다. 다수설의 입장이다.

㈏ 진술증거설

현장사진도 기계적 방법을 사용하여 과거사실을 재현하는 것이므로 사실의 보고라는 기능면에서 진술증거와 동일하다고 할 수 있고, 작성과정에 인위적인 조작의 위험성도 있으므로 진술증거로서 전문법칙이 적용된다고 보는 견해이다. 이 견해에 따르면 수사기관이 촬영한 사진에 대하여는 검증조서에 준하여 제312조 제6항을 적용하고, 사인이 촬영한 경우에는 진술서에 준하여 제313조 제1항·제2항을 적용하여 증거능력을 판단하게 된다. 또한 촬영자가 진술할 수 없는 특별

---

1) 일반적으로 비디오테이프는 영상과 음향을 동시에 녹취한 것이라는 점에서 사진과 녹음테이프를 결합시킨 증거방법이라고 할 수 있다. 따라서 그 내용이 진술인가 또는 범행현장의 촬영인가에 따라 증거능력을 달리 판단하여야 한다. 비디오테이프가 범행 당시의 현장상황을 촬영한 것이라면 현장사진이나 현장녹음과 마찬가지로 증거능력을 판단하면 된다.

한 사정이 있는 때에는 제314조에 의하여 증거능력이 인정될 수도 있다.

㈐ 검증조서유추설

현장사진은 비진술증거이지만 조작가능성을 고려하여 예외적으로 검증의 결과를 기재한 조서에 준하여 증거로 할 수 있다는 견해이다. 이 견해에 따르면 현장사진은 그 촬영주체가 수사기관인 경우뿐만 아니라 사인인 경우라도 제312조 제 6 항을 유추적용하여 그 증거능력의 유무를 판단하게 된다.

㈑ 검 토

현장사진은 기계적 방법에 의한 사실의 보고라는 점에서 진술증거의 일종이라고 할 수 있을 뿐만 아니라 촬영과 작성과정에 조작의 가능성이 있다는 점을 고려할 때 전문법칙이 적용된다고 보는 것이 타당하다. 따라서 수사기관이 촬영한 현장사진에는 제312조 제 6 항이 적용되고, 사인이 촬영한 현장사진에는 제313조 제 1 항·제 2 항이 적용된다고 보는 진술증거설이 타당할 것이다.

(5) 증거조사의 방법

도면·사진 그 밖에 정보를 담기 위하여 만들어진 물건으로서 문서가 아닌 증거의 조사에 관하여는 특별한 규정이 없으면 법 제292조(증거서류에 대한 조사방식), 법 제292조의2(증거물에 대한 조사방식)의 규정을 준용한다(규칙 제134 조의9). 따라서 조사대상인 사진의 성격이 증거서류인지 증거물인지 또는 증거물인 서면에 해당하는지에 따라 낭독·내용의 고지·열람 또는 제시의 방법으로 조사하면 된다. 증거물의 사본인 사진에 대한 증거조사는 이를 제시하여 보여주는 방법으로 하여야 하며, 현장사진도 신청인이나 법원이 이를 제시하여 열람하게 하는 방법으로 조사하면 될 것이다.

2. 수사기관의 영상녹화물의 증거능력

(1) 영상녹화물의 의의

수사기관이 피의자나 참고인의 진술을 영상녹화하여 기록해 놓은 것을 영상녹화물이라고 한다(제312조 제 4 항 참조). 형사소송법은 수사기관 이외의 사람이 자신이나 타인의 진술을 녹화한 영상기록물을 비디오테이프라고 표현하여 이와 구별하고 있다(제292조 의3 참조).

수사기관은 피의자의 진술을 영상녹화할 수 있다. 이 경우 미리 영상녹화사실을 알려주어야 하며, 조사의 개시부터 종료까지의 전 과정 및 객관적 정황을 영상녹화하여야 한다($\substack{제244조의\\2 제 1 항}$). 검사 또는 사법경찰관은 참고인의 동의를 얻어 참고인진술을 영상녹화할 수 있다($\substack{제221조\\제 1 항}$). 형사소송법은 수사절차의 적법성을 보장하여 인권침해를 방지하고, 수사기관작성 참고인진술조서의 진정성립을 인정하는 방법으로서($\substack{제312조\\제 4 항}$) 그리고 기억이 불명확한 경우의 기억환기용 수단으로서($\substack{제318조의\\2 제 2 항}$) 영상녹화제도를 인정하고 있다.

(2) 영상녹화물의 독립적 증거능력의 문제

영상녹화물의 증거로서의 사용범위와 관련해서는 ① 영상녹화물에 조서의 실질적 진정성립의 증명수단으로서의 보충적 지위를 인정하는 데 그치지 않고 영상녹화물도 진술을 기록하는 매체라는 점에서 조서와 성질을 같이한다고 보아 조서의 증거능력에 관한 규정을 준용하여 영상녹화물에 독립적인 증거능력을 인정해야 한다는 견해(본증긍정설)와 ② 영상녹화물에 증거능력을 인정하는 명문규정을 두고 있지 않는 현행법하에서는 형사소송법 제312조 제 4 항의 해석상 영상녹화물에 본증으로서의 지위를 인정할 수 없다는 견해(본증부정설)가 주장되고 있다. 판례는 영상녹화물에 독립적인 증거로서의 지위를 인정할 수 없다는 입장이다.[1]

본증긍정설에 따르면 수사기관의 영상녹화물이 독립적인 증거로서 직접 범죄사실의 증명에 사용될 수 있게 된다. 그러나 영상녹화제도가 본래 수사절차의 적법성을 보장하여 피의자를 보호하기 위한 제도로서 도입되었다는 점을 생각하면 영상녹화물을 피고인의 범죄사실을 인정하는 본증으로 사용하도록 하는 것은 바람직하지 않다. 또한 수사기관의 영상녹화물 등에 서류에 준하여 증거능력을 인정하는 것은 영상녹화물 등의 사용방법에 대하여 아무런 규정을 두고 있지 않았던 과거의 형사소송법하에서는 가능한 해석이었으나($\substack{대법원 2007.10.25,\\2007도6129 등 참조}$), 수사기관의 영상녹화물을 참고인진술조서의 실질적 진정성립을 인정하기 위한 수단으로써만 규정하고 있는 현행법의 해석론으로는 타당하지 않다.

---

1) 대법원 2014. 7. 10, 2012도5041, 「2007. 6. 1. 법률 제8496호로 개정되기 전의 형사소송법에는 없던 수사기관에 의한 참고인 진술의 영상화를 새로 정하면서 그 용도를 참고인에 대한 진술조서의 실질적 진정성립을 증명하거나 참고인의 기억을 환기시키기 위한 것으로 한정하고 있는 현행 형사소송법의 규정 내용을 영상물에 수록된 성범죄 피해자의 진술에 대하여 독립적인 증거능력을 인정하고 있는 성폭법 제30조 제 6 항 또는 아청법 제26조 제 6 항의 규정과 대비하여 보면, 수사기관이 참고인을 조사하는 과정에서 형사소송법 제221조 제 1 항에 따라 작성한 영상녹화물은, 다른 법률에서 달리 규정하고 있는 등의 특별한 사정이 없는 한, 공소사실을 직접 증명할 수 있는 독립적인 증거로 사용될 수는 없다고 해석함이 타당하다.」

수사기관의 영상녹화물에 독립적 증거능력을 인정하기 어려운 것은 영상녹화물을 탄핵증거로도 사용하지 못하게 그 용도를 명백히 제한하고 있는 형사소송법의 태도를 보더라도 알 수 있다. 형사소송법은 제318조의2 제 2 항에서「제 1 항에도 불구하고 피고인 또는 피고인 아닌 자의 진술을 내용으로 하는 영상녹화물은 공판준비 또는 공판기일에 피고인 또는 피고인 아닌 자가 진술함에 있어서 기억이 명백하지 아니한 사항에 관하여 기억을 환기시켜야 할 필요가 있다고 인정되는 때에 한하여 피고인 또는 피고인 아닌 자에게 재생하여 시청하게 할 수 있다」고 규정하여, 영상녹화물을 일반적인 탄핵증거로는 사용할 수 없도록 규제하고 있다.

신문과정의 영상녹화는 수사기관의 위법수사를 감시하는 기능을 수행하고 피의자의 진술을 담은 영상녹화물이 피의자의 진술의 증거가치를 높이는 효과가 있는 것도 사실이지만, 한편 영상녹화 전에 피의자에게 가해진 회유·협박·강압 등 그 진술의 임의성을 침해할 수 있는 상황은 전혀 영상녹화물에 기록되지 않을 뿐만 아니라 영상녹화물은 시각적·청각적으로 매우 생생한 이미지와 음향을 재생하기 때문에 수사기관의 주도하에 이루어진 진술에 의하여 법관의 심증형성이 왜곡될 위험성도 아울러 가지고 있다. 이는 영상녹화물이 본증으로 사용되는 경우뿐만 아니라 탄핵증거로 현출되는 경우에도 마찬가지라고 할 수 있다. 따라서 현행법상의 영상녹화물은 참고인진술조서의 실질적 진정성립을 인정하는 방법 및 기억환기용 수단으로서의 지위를 가짐에 그치고, 그 이외에 조서에 준하여 본증으로서 요증사실을 증명하거나 탄핵증거로서 사용될 수는 없다고 해야 한다.

(3) 특별법에 의한 영상녹화물의 본증 사용

수사기관작성 영상녹화물의 사용범위를 엄격히 제한하고 있는 형사소송법의 태도와는 달리「성폭력범죄의 처벌 등에 관한 특례법」은 일정한 성폭력범죄의 피해자의 진술을 녹화한 영상녹화물을 본증으로 사용할 수 있도록 허용하고 있다. 성폭력범죄의 피해자가 19세 미만이거나 신체적인 또는 정신적인 장애로 사물을 변별하거나 의사를 결정할 능력이 미약한 경우에는 피해자의 진술 내용과 조사 과정을 비디오녹화기 등 영상물 녹화장치로 촬영·보존하여야 한다(동법 제30조 제 1 항). 이 경우 영상물 녹화는 피해자 또는 법정대리인이 이를 원하지 아니하는 의사를 표시한 경우에는 촬영을 하여서는 아니 된다. 다만 가해자가 친권자 중 일방인 경우는 그러하지 아니하다(동조 제 2 항). 촬영한 영상물에 수록된 피해자의 진술은 공판준비기일 또는

공판기일에 피해자나 조사 과정에 동석하였던 신뢰관계에 있는 사람 또는 진술조
력인의 진술에 의하여 그 성립의 진정함이 인정된 경우에 증거로 할 수 있다(동조제6항).
또한 「아동·청소년의 성보호에 관한 법률」도 아동·청소년대상 성범죄 피해자의
진술을 녹화한 영상녹화물에 대하여 같은 내용을 규정하고 있다(동법제26조).

(4) 증거조사의 방법

법원은 공판준비 또는 공판기일에서 봉인을 해체하고 영상녹화물의 전부 또는
일부를 재생하는 방법으로 조사하여야 한다. 이 때 영상녹화물은 그 재생과 조사에
필요한 전자적 설비를 갖춘 법정 외의 장소에서 이를 재생할 수 있다(규칙 제134조의4 제3항). 기
억환기를 위한 영상녹화물의 재생(제318조의2 제2항)은 검사의 신청이 있는 경우에 한하고,
기억의 환기가 필요한 피고인 또는 피고인 아닌 자에게만 이를 재생하여 시청하게
하여야 한다(규칙 제134조의5 제1항).

3. 녹음테이프의 증거능력

(1) 녹음테이프의 성격

녹음테이프는 사람의 음성이나 음향을 기계적 장치를 통하여 기록하여 재생할
수 있도록 한 것으로서, 기록과 재생의 정확성이 인간의 지각과 기억에 의한 경우
보다 우월하고 음성과 음향이 직접 법정에 제공된다는 점에서 높은 증거가치를 가
진 증거방법이라고 할 수 있다. 그러나 한편 녹음테이프는 녹음자나 편집자의 주관
적 의도에 의하여 녹음과 편집과정에서 그 내용이 인위적으로 조작될 위험성도 가
지고 있다. 따라서 녹음테이프의 증거능력을 판단하는 데 있어서는 녹음테이프가
가지는 이러한 양면적인 성격을 함께 고려하여야 한다. 녹음테이프의 증거능력은
테이프에 녹음된 내용이 무엇인가에 따라 진술녹음과 현장녹음으로 나누어 살펴볼
필요가 있다. 여기서 논의되는 녹음테이프의 증거능력의 문제는 녹음테이프가 위
법수집증거가 아닌 것을 전제로 한다.[1]

---

1) 수사기관이 법령에 정한 절차를 따르지 아니하고 타인간의 대화를 도청·녹음하거나 사인이
   타인 간의 대화를 청취·녹음한 때에는 통신비밀보호법 위반으로 녹음한 내용을 증거로 사
   용할 수 없다. 대화당사자 일방의 동의하에 제3자가 녹음한 경우에도 마찬가지이다.

(2) 진술녹음의 증거능력

(개) 사인의 진술녹음

진술녹음에 의하여 녹음테이프에 녹음되어 있는 진술내용의 진실성을 증명하고자 하는 때에는 녹음테이프가 진술증거로서 사용되는 것이므로 전문법칙의 적용대상이 된다.

진술을 녹음한 주체가 사인인 경우에는 녹음테이프가 진술서 또는 진술기재서로서의 실질을 가지므로 제313조를 적용해야 할 것이다. 따라서 사인이 자신의 경험사실을 녹음한 녹음테이프는 진술서로서 녹음자의 진술이나 디지털포렌식 자료, 감정 등 객관적 방법에 의하여 성립의 진정함이 증명되는 때에는 증거로 할 수 있다. 다만 피고인 아닌 자가 녹음한 녹음테이프는 피고인 또는 변호인이 공판준비 또는 공판기일에 그 기재 내용에 관하여 녹음자를 신문할 수 있었을 것을 요한다.

또한 피해자가 피고인의 진술을 녹음한 녹음테이프는 피고인의 진술을 기재한 진술기재서로서 원진술자인 피고인이 그 성립의 진정함을 인정하거나 또는 녹음자의 진술에 의하여 녹음테이프의 성립의 진정함이 증명되고 그 진술이 특히 신빙할 수 있는 상태하에서 행하여진 경우에 증거로 할 수 있다(대법원 2012.9.13, 2012도7461). 사인이 피고인 아닌 사람과의 대화내용을 녹음한 녹음테이프는 제313조 제 1 항 본문에 의하여 공판준비나 공판기일에서 원진술자의 진술에 의하여 그 녹음테이프에 녹음된 진술내용이 자신이 진술한 대로 녹음된 것이라는 점이 인정되면 증거로 할 수 있다(대법원 2011.9.8, 2010도7497).

한편 사인이 피고인 아닌 자와의 전화대화를 녹음한 녹음테이프에 대하여 법원이 실시한 검증의 내용이 녹음테이프에 녹음된 전화대화의 내용이 검증조서에 첨부된 녹취서에 기재된 내용과 같다는 것에 불과한 경우에는 증거자료가 되는 것은 녹음테이프에 녹음된 대화 내용이므로, 피고인이 그 녹음테이프를 증거로 할 수 있음에 동의하지 않은 이상 그 녹음테이프 검증조서의 기재 중 피고인 아닌 자의 진술내용을 증거로 사용하기 위해서는 형사소송법 제313조 제 1 항에 따라 공판준비나 공판기일에서 원진술자의 진술에 의하여 그 녹음테이프에 녹음된 진술내용이 자신이 진술한 대로 녹음된 것이라는 점이 인정되어야 하고, 다만 녹음테이프에 대한 검증의 내용이 그 진술 당시 진술자의 상태 등을 확인하기 위한 것인 경우라면 검증조서는 법원의 검증의 결과를 기재한 조서로서 형사소송법 제311조에 의하여 당연히 증거능력이 있다(대법원 2008.7.10, 2007도10755).

⑷ 수사기관의 진술녹음

수사기관의 녹음테이프에 대해서는 사인이 녹음한 녹음테이프와는 다른 관점에서 그 증거능력을 검토할 필요가 있다. 먼저 수사기관이 자신과 타인과의 전화통화 내용을 녹음하거나 통신비밀보호법상의 적법한 통신제한조치로서 타인 간의 대화를 비밀녹음한 경우에는 사인이 녹음한 경우와 마찬가지로 제313조 제 1 항을 적용하여 녹음테이프의 증거능력을 판단해야 할 것이다.[1]

그러나 수사기관이 수사과정에서 피의자나 참고인의 진술을 녹음한 녹음테이프에 대하여는 영상녹화물에 있어서와 마찬가지로 이에 독자적인 증거능력을 인정할 수는 없다고 해야 한다. 수사기관의 영상녹화물이나 그 밖의 객관적 방법의 사용을 참고인진술조서의 실질적 진정성립을 인정하기 위한 수단으로서만 규정하고 있는 현행법의 태도에 비추어 볼 때, 영상녹화물에 준하는 과학적·객관적 증거방법의 대표적인 형태인 녹음테이프를 수사기관의 조서에 준하여 취급하는 것은 타당하지 않기 때문이다. 또한 여기서 독립증거로서 사용할 수 없는 녹음테이프에는 수사기관이 본래 녹음의 방법으로 진술을 녹취한 경우뿐만 아니라 수사기관이 영상녹화한 영상녹화물의 녹음부분도 포함된다고 해야 한다(대법원 2014.7.10, 2012도5041 참조).

⑸ 서명·날인

전문서류의 증거능력을 인정하기 위하여는 기본적으로 원진술자의 서명 또는 날인이 있어야 한다. 녹음테이프의 경우에도 녹음테이프에 서명·날인을 하거나 적어도 다른 조서에 서명날인을 하여 녹음테이프와 간인을 하거나 녹음테이프를 용기에 넣어 서명·날인한 종이로 봉인할 것을 요한다는 견해가 과거에는 있었으나, 녹음테이프는 서명·날인에 적합하지 않은 증거방법이므로 진술자의 음성과 녹음된 음성이 일치하고 녹음이 정확하다는 점을 인정할 수 있으면 별도의 서명·날인이 없더라도 증거능력을 인정할 수 있다는데 현재 이론이 없다. 판례도 작성자나 진술자의 서명 또는 날인이 없더라도 그것이 대화내용을 녹음한 원본이거나 원본의 내용을 그대로 복사한 사본임이 입증되고, 녹음테이프의 작성자 등의 진술에 의하여 그 성립의 진정함이 증명되면 녹음테이프에 녹음된 진술내용을 증거로 사용

---

1) 수사기관이 통신비밀보호법상의 적법한 통신제한조치로써 행한 녹음은 미리 영장심사절차를 밟았다는 점에서 통상의 진술녹음과는 질적으로 다르므로 이 경우에는 녹음내용을 비진술증거로 보아야 한다는 견해가 있다. 이러한 입장에서는 녹음내용과 요증사실과의 관련성만 입증되면 녹음테이프의 증거능력을 인정하게 된다.

할 수 있다고 한다(대법원 2008.12.24, \
2008도9414).

(3) 현장녹음의 증거능력

범행현장에서의 관련자의 말이나 음향 등을 녹음한 현장녹음의 성격에 관하여
는 현장사진의 경우와 같이 견해가 대립하고 있다.

㈎ 비진술증거설

현장녹음은 비진술증거이므로 전문법칙이 적용되지 않으며 요증사실과의 관
련성만 증명되면 증거로 할 수 있다는 견해이다.

㈏ 진술증거설

현장녹음의 경우에도 사실을 보고하는 성질을 가지고 있고 녹음과 편집과정
에서의 조작의 위험성도 있으므로 진술증거로서 제312조 제 6 항 또는 제313조
제 1 항·제 2 항이 적용된다는 견해이다.

㈐ 검증조서유추설

현장녹음은 비진술증거이지만 검증조서에 준하여 증거능력이 인정된다는 견
해이다.

㈑ 검   토

현장녹음도 진술증거로서 전문법칙이 적용된다고 보아야 한다. 따라서 수사
기관의 현장녹음은 제312조 제 6 항의 검증조서에 준하여 증거능력이 인정될 수 있
고, 사인의 현장녹음은 제313조 제 1 항·제 2 항의 진술서에 준하여 이를 증거로
할 수 있다.

(4) 증거조사의 방법

녹음·녹화테이프, 컴퓨터용디스크 그 밖에 이와 비슷한 방법으로 음성이나
영상을 녹음 또는 녹화하여 재생할 수 있는 매체에 대한 증거조사는 녹음·녹화매
체 등을 재생하여 청취 또는 시청하는 방법으로 한다(규칙 제134조 \
의8 제 3 항). 따라서 녹음테이
프에 대한 증거조사는 녹음테이프를 재생하여 청취하는 방법으로 실시한다.

4. 전자정보의 증거능력

(1) 의   의

전자정보 또는 전자기록이란 전자적 방식, 자기적 방식 기타 사람의 지각에 의
하여 그 존재 및 상태를 인식할 수 없는 방식으로 작성된 디지털 신호의 집합체로

서 컴퓨터에 의한 정보처리의 용도에 제공되는 것을 말한다. 컴퓨터용디스크 등 정보저장매체에 기록·보전된 정보는 가시성·가독성이 없다는 특성을 가지고 있다.

(2) 증거능력

전자정보의 증거능력은 컴퓨터용디스크 등 정보저장매체에 저장된 내용이 음성이나 영상을 녹음·녹화한 파일인가 또는 문자정보를 기록한 파일인가에 따라 그 판단이 달라지게 된다.

컴퓨터용디스크 등에 저장된 정보가 음성이나 영상을 녹음·녹화한 것을 내용으로 하는 경우에는 녹음테이프·사진 및 비디오테이프의 예에 따라 증거능력을 인정할 수 있을 것이다.

정보저장매체에 저장된 정보가 문자정보를 내용으로 하는 것이고 그것에 의하여 정보저장매체에 저장되어 있는 기재내용의 진실성을 증명하고자 하는 경우에는 문자정보가 진술증거로서 사용되는 것이므로 전문법칙이 적용되게 된다(대법원 2013.7.26, 2013도2511). 따라서 이러한 문자정보는 제313조에서 규정하고 있는 진술서 또는 진술기재서로서의 요건을 갖추는 경우에 이를 증거로 할 수 있다.

또한 전자기록 가운데 공무원이 작성한 증명문서로서 컴퓨터로 작성한 서면 및 업무의 통상과정에서 업무목적의 원활한 수행을 위하여 컴퓨터로 작성한 서면이나 그에 준하는 컴퓨터기록들은 제315조에 의하여 당연히 증거능력이 인정될 수 있다.

정보저장매체로부터 출력한 문서가 증거로 사용되기 위해서는 정보저장매체 원본에 저장된 내용과 출력문건의 동일성이 인정되어야 하고, 이를 위해서는 정보저장매체 원본이 압수 시부터 문건 출력 시까지 변경되지 않았다는 점이 담보되어야 한다(대법원 2013.7.26, 2013도2511).

(3) 증거조사의 방법

컴퓨터용디스크 등 정보저장매체에 기억된 전자기록을 증거로 사용하는 경우에는 정보저장매체에 기록된 내용을 직접 증거로 신청할 수도 있고, 당해 정보저장매체에서 출력한 문건만을 독립한 증거로서 신청할 수도 있다.

컴퓨터용디스크 그 밖에 이와 비슷한 정보저장매체에 기억된 문자정보를 증거자료로 하는 경우에는 읽을 수 있도록 출력하여 인증한 등본을 낼 수 있다(규칙 제134조의7 제1항).

컴퓨터디스크 등에 기억된 문자정보를 증거로 하는 경우에 증거조사를 신청한 당사자는 법원이 명하거나 상대방이 요구한 때에는 컴퓨터디스크 등에 입력한 사람과 입력한 일시, 출력한 사람과 출력한 일시를 밝혀야 한다(규칙 동조 제 2 항).

5. 거짓말탐지기 검사결과의 증거능력

(1) 의   의

사람이 진실에 반하는 허위의 진술을 하면 진술자의 심리에 혼란이 발생하고, 그것이 호흡·맥박·혈압 등의 생리현상에 변화를 가져오는 것이 보통이다. 거짓말탐지기 검사란 피의자 등 피검사자에 대하여 질문을 하여 진술하게 하고 그때 나타나는 생리적 변화를 거짓말탐지기로 기록하여 이를 분석함으로써 진술의 진위나 사실에 대한 인식유무를 판단하는 것을 말한다.

거짓말탐지기 검사는 과학적 수사방법의 하나로서 현재 사용되고 있으나, 그 기계적 성능의 신뢰도나 기본권 침해와 관련하여 적지 않은 문제를 내포하고 있기 때문에 검사결과의 증거로서의 사용에 대하여는 신중한 검토가 요구된다.

(2) 증거능력의 문제

피검사자의 동의를 얻어 행하여진 거짓말탐지기 검사결과를 증거로 할 수 있는가에 대하여는 견해가 대립되고 있다.

㈎ 증거능력 부정설

1) **자연적 관련성의 결여를 이유로 하는 견해**　　거짓말탐지기 검사결과는 다른 법의학적 감정결과와는 달리 최량의 조건에서도 증거로서 허용될 수 있는 신빙성을 결여하고 있기 때문에 증거능력을 인정할 수 없다는 견해이다. 자연적 관련성이란 증거가 요증사실에 대하여 최소한의 증명력을 가지고 있음을 의미한다. 증명하려는 사실에 대한 최소한의 증명력이 없다면 그 증거와 요증사실 사이의 관련성도 부정하여야 하므로 이를 증명력의 심사단계에 맡길 것이 아니라 아예 증거능력을 배제해야 한다는 것이 자연적 관련성을 증거능력의 기초로 보는 논리이다. 그런데 거짓말탐지기 검사결과는 그 기계적·기술적 정확성을 신뢰할 수 없으므로 증거로 할 수 없다는 것이다.

2) **인격권의 침해를 이유로 하는 견해**　　거짓말탐지기에 의한 검사는 인간의 인격을 침해하는 것이므로 허용될 수 없다는 견해이다. 거짓말탐지기의 사용은 인격권에 대한 중대한 침해를 의미하므로 거짓말탐지기 검사결과는 위법수집증거로

서 증거로 할 수 없다는 것이다.

(나) 증거능력 긍정설

거짓말탐지기 검사결과는 피검사자의 동의 또는 적극적인 요구가 있을 것을 요건으로 증거능력이 인정된다는 견해이다. 피검사자가 거짓말탐지기 검사에 진지하게 동의한 때에는 인격권 침해 또는 진술거부권 침해가 있다고 볼 수 없고, 최근의 거짓말탐지기 조작과 분석기술의 비약적 발전에 비추어 볼 때 자연적 관련성을 부정하는 것도 타당하지 않으며, 검사결과 피의자의 진술이 진실이라고 인정될 때에는 피의자가 신속히 혐의를 벗을 수 있는 장점도 있으므로 동의가 있으면 증거로 사용할 수 있도록 해야 한다는 것이다. 이 견해에 따르면 거짓말탐지기 검사보고서는 감정서의 성격을 가지므로 제313조 제 3 항에 의하여 증거능력을 인정할 수 있게 된다.

(다) 판   례

대법원은 「거짓말탐지기의 검사 결과에 대하여 사실적 관련성을 가진 증거로서 증거능력을 인정할 수 있으려면, 첫째로 거짓말을 하면 반드시 일정한 심리상태의 변동이 일어나고, 둘째로 그 심리상태의 변동은 반드시 일정한 생리적 반응을 일으키며, 셋째로 그 생리적 반응에 의하여 피검사자의 말이 거짓인지 아닌지가 정확히 판정될 수 있다는 세 가지 전제요건이 충족되어야 할 것이며, 특히 마지막 생리적 반응에 대한 거짓 여부 판정은 거짓말탐지기가 검사에 동의한 피검사자의 생리적 반응을 정확히 측정할 수 있는 장치이어야 하고, 질문사항의 작성과 검사의 기술 및 방법이 합리적이어야 하며, 검사자가 탐지기의 측정내용을 객관성 있고 정확하게 판독할 능력을 갖춘 경우라야만 그 정확성을 확보할 수 있는 것이므로, 이상과 같은 여러 가지 요건이 충족되지 않는 한 거짓말탐지기 검사 결과에 대하여 형사소송법상 증거능력을 부여할 수는 없다」고 판시하여($\binom{\text{대법원 }2005.5.26,}{2005도130}$), 자연적 관련성의 결여를 이유로 사실상 부정설을 취하고 있는 것으로 생각된다. 판례가 제시하고 있는 거짓말탐지기 허용기준의 엄격성에 비추어 현실적으로 이를 충족하기란 매우 어려운 일이기 때문이다. 판례는 또한 거짓말탐지기의 사용에 더욱 제한을 가하여 자연적 관련성이 예외적으로 인정되어 그 검사결과에 증거능력이 부여되는 경우라 하더라도 그 검사결과는 피검사자의 진술의 신빙성 유무를 판단하는 정황증거로서의 기능을 하는 데 그친다는 점을 명확히 하고 있다($\binom{\text{대법원 }1984.2.14,}{83도3146}$).

㈜ 검   토

거짓말탐지기 검사결과에는 증거능력을 인정하지 않는 것이 타당하다고 생각된다. 다만 거짓말탐지기에 의한 검사는 마취분석과는 달리 정상적인 생리적 반응을 검사하는 것이므로 동의가 있는 경우에는 인격권을 침해하는 것으로 볼 수 없고, 진술거부권에 대한 침해도 피검사자가 동의한 경우에는 인정하기 어렵다는 점에서 이들 권리의 침해를 이유로 거짓말탐지기 검사결과의 증거능력을 부정하는 것은 타당하다고 할 수 없다. 요컨대 거짓말탐지기 검사결과는 그 기계적·기술적 정확성을 신뢰할 수 없으므로 증거로 할 수 없다고 보아야 한다.

Ⅸ. 진술의 임의성

1. 의   의

(1) 제317조의 의의

제317조는 「① 피고인 또는 피고인 아닌 자의 진술이 임의로 된 것이 아닌 것은 증거로 할 수 없다. ② 전항의 서류는 그 작성 또는 그 내용인 진술이 임의로 되었다는 것이 증명된 것이 아니면 증거로 할 수 없다. ③ 검증조서의 일부가 피고인 또는 피고인 아닌 자의 진술을 기재한 것인 때에는 그 부분에 한하여 전 2항의 예에 의한다」고 규정하여 진술 및 진술서면의 작성에 대하여 임의성을 요구하고 있다.

제317조의 의미에 대하여는 ① 진술의 임의성이 증거능력의 요건임을 선언한 규정이라고 보는 견해와 ② 진술의 임의성에 대한 조사의무와 증거능력의 요건을 함께 규정한 것이라고 보는 견해가 있다. 법원은 증거능력의 요건을 조사할 직무상의 의무가 있으므로 진술의 임의성이 의심되는 사정이 있으면 직권으로 임의성 여부를 조사하여야 한다.[1] 따라서 제317조의 입법취지를 특별히 진술의 임의성에 대한 법원의 조사의무를 규정한 것으로 볼 필요는 없다.

(2) 제317조의 적용범위

제317조에 의하여 임의성이 요구되는 진술에는 일체의 진술증거가 포함된다.

---

[1] 대법원 2006. 11. 23, 2004도7900, 「기록상 진술증거의 임의성에 관하여 의심할 만한 사정이 나타나 있는 경우에는 법원은 직권으로 그 임의성 여부에 관하여 조사를 하여야 하고, 임의성이 인정되지 아니하여 증거능력이 없는 진술증거는 피고인이 증거로 함에 동의하더라도 증거로 삼을 수 없다 할 것이다.」

다만 자백에 대해서는 본조의 특별규정인 제309조가 적용되므로 제317조는 자백 이외의 모든 진술증거를 그 대상으로 한다.

따라서 증인의 증언에 임의성이 없는 경우에는 제317조 제1항에 의하여 증거 능력이 부정되고, 서류의 경우에는 그 서류에 기재된 진술내용뿐만 아니라 서류작 성의 임의성이 없는 경우에도 본조 제2항에 의하여 증거능력이 부정되며, 검증조 서에 기재된 자백 이외의 진술의 임의성이 인정되지 않는 경우에는 본조 제3항이 적용된다.

2. 임의성판단의 대상

제317조는 진술증거의 증거능력을 인정하기 위한 요건으로서 진술의 임의성 과 서류작성의 임의성을 요구하고 있다.

(1) 진술의 임의성

여기서 진술의 임의성은 자백의 임의성과 같은 의미로 보아야 한다. 따라서 진 술이 임의로 된 것이 아닌 때에는 증거능력이 없다. 임의성 없는 진술증거는 자백 의 경우와 마찬가지로 피고인이 증거로 함에 동의하더라도 증거로 사용할 수 없다 ($\binom{\text{대법원 2006.11.23,}}{\text{2004도7900}}$).

(2) 서류작성의 임의성

진술을 기재한 서류의 경우에는 진술의 임의성뿐만 아니라 서류작성의 임의성 도 인정되어야 한다. 그러나 법원이나 수사기관이 작성한 조서나 공적인 증명문서, 업무의 통상과정에서 작성된 문서의 경우에는 보통은 서류작성의 임의성이 인정되 므로 서류작성의 임의성이 문제되는 것은 주로 피의자나 참고인이 작성한 진술서 의 경우라고 할 수 있다.

3. 임의성의 조사와 증명

(1) 임의성의 조사

㈎ 직권조사

진술의 임의성은 증거능력의 요건이므로 피고인이 진술의 임의성을 다투지 않 더라도 진술증거의 임의성에 관하여 의심할 만한 사정이 나타나 있는 경우에는 법 원은 직권으로 이를 조사하여야 한다($\binom{\text{대법원 2006.11.23,}}{\text{2004도7900}}$).

(나) 조사시기

진술의 임의성은 증거능력의 요건이므로 원칙적으로 증거조사 전에 조사가 이루어져야 한다. 그러나 임의성이 있다고 판단하여 증거조사에 들어간 후에도 임의성에 의문이 있을 때에는 증거조사과정에서 다시 임의성을 조사하여야 한다.

(다) 조사방법

진술의 임의성은 소송법적 사실로서 자유로운 증명으로 족하다. 따라서 법원은 적당하다고 인정되는 방법으로 임의성을 조사하면 된다. 판례에 따르면 법원은 구체적인 사건에 따라 피고인의 학력, 경력, 직업, 사회적 지위, 지능 정도, 진술의 내용, 피의자신문조서의 경우 그 조서의 형식 등 제반 사정을 참작하여 자유로운 심증으로 진술이 임의로 된 것인지의 여부를 판단하면 된다고 한다($\binom{대법원\ 2012.11.29,}{2010도3029}$).

(2) 임의성의 거증책임

국가기관인 검사의 소추능력과 피고인의 방어능력을 비교해 볼 때 형평성의 관점에서 검사에게 임의성에 대한 거증책임을 지우는 것이 타당하다는 견해도 있으나, 임의성에 대한 거증책임은 증거를 제출하는 당사자에게 있다고 해야 한다. 증거능력의 전제되는 사실에 대한 거증책임은 그 증거를 제출한 당사자에게 있기 때문이다. 따라서 검사가 제출한 진술증거에 대하여 피고인이 임의성을 다툰 경우에는 검사가 임의성의 존재에 대하여 합리적인 의심이 없도록 이를 입증하여야 하며, 피고인이 자신에게 유리한 타인의 진술서를 증거로 제출한 경우에는 피고인이 그 임의성의 의문점을 해소하는 입증을 하여야 할 것이다.

제 6 절   당사자의 동의와 증거능력

I. 증거동의의 의의와 성질

1. 증거동의의 의의

제318조 제1항은 「검사와 피고인이 증거로 할 수 있음을 동의한 서류 또는 물건은 진정한 것으로 인정한 때에는 증거로 할 수 있다」고 규정하고 있다. 전문법칙에 의하여 증거능력이 없는 증거라고 할지라도 당사자가 증거로 하는데 동의한

경우에는 원진술자나 서류작성자를 공판기일에 소환하여 신문하지 않고도 증거능력을 인정하여 신속한 재판과 소송경제를 도모하기 위한 제도라고 할 수 있다. 증거로 함에 대한 당사자의 동의는 증거능력이 없는 전문증거에 대하여 증거능력을 부여하기 위한 당사자처분권주의적 성격이 강한 소송행위이다. 다만 형사소송법은 당사자의 동의가 있다고 하여 바로 증거능력을 인정하지 않고 법원이 진정한 것으로 인정한 경우에만 비로소 증거능력을 인정하고 있다. 이런 의미에서 현행법의 증거동의제도는 당사자주의와 직권주의를 조화한 제도라고 할 수 있다.

2. 증거동의의 본질

당사자의 동의의 본질, 즉 증거동의의 실질적 의미가 무엇인지에 대하여는 학설이 대립하고 있다. 증거동의의 본질을 어떻게 파악하느냐에 따라 증거동의의 대상·범위가 달라진다.

(1) 반대신문권포기설

제318조의 증거동의를 반대신문권의 포기로 보는 견해이다. 전문법칙은 당사자의 반대신문권을 보장하기 위한 제도이므로 동의는 형식적으로는 증거로 함에 대한 동의이나 실질적으로는 반대신문권의 포기를 의미하는 것이라고 한다. 이 견해에 의하면 당사자의 반대신문권과 관계없는 증거는 당사자의 동의가 있더라도 증거로 할 수 없다. 따라서 임의성 없는 자백이나 위법하게 수집된 증거뿐만 아니라 진술증거가 아닌 모든 물적증거는 증거동의의 대상에서 제외된다.

(2) 처분권설

제318조를 증거의 증거능력에 대한 당사자의 처분권을 인정한 규정으로 보는 견해이다. 현행법이 동의의 대상을 「서류 또는 물건」이라고 규정하고 있는 점에 비추어 모든 증거의 증거능력제한은 당사자의 동의를 해제조건으로 하는 것으로 보아야 한다는 것이다. 이 견해에 의하면 반대신문과 관계없는 증거라도 증거동의의 대상이 되므로 전문증거뿐만 아니라 위법한 절차에 의하여 수집된 증거 등 모든 증거물이 기본적으로 동의의 대상에 포함된다.

(3) 병 합 설

제318조에 의한 증거동의는 한편으로는 반대신문권의 포기를 의미하고 다른

한편으로는 직접심리주의의 예외를 의미한다고 보는 견해이다. 제310조의2가 규정하고 있는 전문법칙은 반대신문의 결여와 함께 직접주의도 그 근거로 하고 있다고 보는 입장에서 피고인의 진술을 내용으로 하는 전문증거에 대한 증거동의의 의미를 무리 없이 설명하기 위한 의도에서 주장되고 있다. 다만 병합설에 있어서도 증거동의의 대상을 전문증거에 한정되는 것으로 보는 견해와 증거동의의 대상은 원칙적으로 전문증거이지만 그 밖에 위법수집증거 이외의 증거물도 동의의 대상이 된다고 보는 견해가 존재한다. 후자의 견해는 특히 현장사진이나 현장녹음을 비진술증거로 보는 경우에 이를 증거동의의 대상으로 할 수 있다는 점에서 의미가 있다고 한다.

(4) 검 토

증거로 함에 대한 당사자의 동의는 증거로 할 수 없는 증거에 대하여 증거능력을 부여하는 소송행위이므로 그 대상이 되는 증거도 당사자의 의사에 따라 증거사용 여부가 좌우될 수 있는 성질의 증거에 한정된다고 보아야 한다. 또한 모든 증거가 동의의 대상이 된다고 하는 것은 증거에 대한 당사자처분권주의를 인정하는 결과가 되어 바람직하지 못하다. 따라서 증거동의는 전문증거에 대해서만 제한적으로 허용되는 것으로 해석하여야 한다. 그리고 전문법칙의 주된 이유는 반대신문권의 보장에 있으므로 동의의 본질을 반대신문권의 포기로 보는 반대신문권포기설이 타당하다고 생각된다.

판례는 「형사소송법 제318조 제 1 항은 전문증거금지의 원칙에 대한 예외로서 반대신문권을 포기하겠다는 피고인의 의사표시에 의하여 서류 또는 물건의 증거능력을 부여하려는 규정」이라고 판시하여($\frac{대법원 1983.3.8,}{82도2873}$) 서로 모순되는 내용을 포함하고 있다.[1]

---

1) 실무상 피고인의 진술을 기재한 서류나 피고인이 작성한 서류에 대한 증거능력 유무를 판단함에 있어서는 적법한 절차와 방식에 따라 작성되었는지의 여부, 실질적 진정성립의 인정 여부 및 임의성 유무에 관한 의견을 피고인으로 하여금 진술하게 하고 있으며, 나아가 그것이 수사기관이 작성하였거나 그 수사과정에서 작성된 것인 때에는 추가로 내용인정 여부에 관하여도 의견을 진술하도록 하고 있다. 이와 같이 피의자신문조서나 피고인이 작성한 서류에 대하여는 동의 또는 부동의의 형태로 의견을 진술하게 하지 않고 성립의 진정 등에 대하여 구체적인 의견을 묻고 있는 실무의 방식은 현실적으로 반대신문권포기설의 입장과 부합한다고 볼 수 있다.

II. 증거동의의 주체와 대상

1. 증거동의의 주체와 상대방

(1) 증거동의의 주체

㈎ 검사와 피고인

동의의 주체는 당사자인 검사와 피고인이다. 일방당사자가 신청한 증거에 대하여는 반대편 당사자의 동의가 있으면 족하다($\binom{대법원 1989.10.10.,}{87도966}$). 그러나 법원이 직권으로 수집한 전문증거에 대하여는 양 당사자의 동의가 있어야 한다.

㈏ 변호인의 동의

변호인은 포괄적 대리권을 가지고 있으므로 피고인을 대리하여 동의할 수 있다고 해야 한다. 다만 이 경우의 변호인의 대리권은 종속대리권으로 해석하여야 하므로 피고인의 명시 또는 묵시의 의사에 반하여 증거동의를 하는 것은 허용되지 않는다. 그러나 판례는 변호인의 동의가 피고인의 명시의 의사에 반하지 않는 한 변호인은 피고인을 대리하여 동의할 수 있다고 판시함으로써($\binom{대법원 2013.3.28.,}{2013도3}$), 변호인의 동의권을 독립대리권으로 보는 태도를 취하고 있다. 어느 견해에 의하더라도 피고인의 명시의 의사에 반하는 변호인의 증거동의는 효력이 없으므로 피고인이 동의하지 않는다는 의사를 표시한 증거에 대하여 변호인이 동의를 한 경우 또는 변호인의 동의에 대하여 피고인이 즉시 이의를 제기하거나 철회한 경우에는 동의의 효력은 발생하지 않는 것이 된다.

(2) 증거동의의 상대방

증거동의의 상대방은 법원이다. 동의의 본질은 반대신문권의 포기이며 동의는 법원에 대하여 증거능력이 없는 증거에 대하여 증거조사를 허용한다는 의사표시이기 때문이다. 따라서 법정 외에서 반대당사자에게 증거로 함에 동의하더라도 증거동의로서의 효력은 발생하지 않는다.

2. 증거동의의 대상

(1) 서류 또는 진술

증거능력이 없는 전문증거는 모두 증거동의의 대상이 된다. 증거능력이 없는 전문증거라면 전문서류뿐만 아니라 전문진술도 동의의 대상이 된다는 점에 대하여 학설과 판례($\frac{대법원\ 1983.9.27,}{83도516}$)가 일치하고 있다. 동의의 대상이 되는 서류에는 진술조서·진술서·검증조서·압수조서·감정서 등은 물론 조서나 서류의 사본과 사진도 포함되며, 공동피고인 또는 공범자에 대한 피의자신문조서도 동의의 대상이 된다.

한편 판례는 유죄증거에 대하여 반대증거로 제출된 서류는 성립의 진정이 증명되지 않거나 동의가 없더라도 증거판단의 자료로 삼을 수 있다고 판시함으로써 피고인이 무죄입증을 위하여 제출하는 반대증거는 증거동의의 대상이 되지 않는 것으로 보고 있다($\frac{대법원\ 1981.12.22,}{80도1547}$). 그러나 반증도 본증과 마찬가지로 증거능력이 있는 증거일 것을 요하므로 증거동의의 대상이 된다고 보아야 할 것이다.

(2) 물   건

제318조는 물건도 동의의 대상으로 규정하고 있기 때문에 장물이나 범행도구인 흉기 등의 증거물에 대해서도 증거동의가 가능한지의 여부가 다투어지고 있다. 증거동의의 본질을 증거능력에 대한 당사자의 처분권 행사로 파악하는 처분권설의 입장에서는 증거물도 동의의 대상이 되는 것으로 보고 있다. 또한 병합설의 입장에서도 증거물이 진정한 것으로 인정되는 경우에는 증거동의의 대상이 된다고 보는 것이 일반적이다. 판례는 피해자의 상해부위를 촬영한 사진은 비진술증거로서 전문법칙이 적용되지 않지만 피고인의 증거동의에 의하여 증거능력이 인정된다고 보고 있어 증거물에 대해서도 증거동의를 인정하는 것으로 판단된다($\frac{대법원\ 2007.7.26,}{2007도3906}$).

그러나 동의는 실질적으로 반대신문권의 포기를 의미하는 것이므로 반대신문과 관계없는 증거물은 동의의 대상에서 제외하는 것이 타당하다. 따라서 제318조가 물건을 규정하고 있는 것은 입법의 오류이며, 「서류 또는 물건」은 「서류 또는 진술」로 개정하여야 한다.

Ⅲ. 증거동의의 시기와 방식

1. 증거동의의 시기

동의는 원칙적으로 증거조사 전에 하여야 한다. 동의는 증거능력의 요건이고 증거능력이 없는 증거에 대해서는 증거조사가 허용되지 않기 때문이다. 법원은 증거결정을 위한 필요적 의견진술절차($\frac{규칙\ 제134}{조\ 제2항}$)에서 증거에 대한 동의 여부를 확인하게 된다. 다만 증거조사를 하는 도중이나 증거조사 후에 전문증거임이 밝혀진 경우에는 증거조사 후에도 동의할 수 있다고 해야 한다. 사후동의는 변론종결시까지 가능하며 사후에 동의가 있는 때에는 하자가 치유되어 증거능력이 소급적으로 인정된다. 동의는 공판기일에서 뿐만 아니라 공판준비기일에서도 할 수 있다.

2. 증거동의의 방식

증거동의는 증거에 유죄인정의 자료로 사용될 수 있는 자격을 인정하는 중요한 소송행위이므로 명시적 의사표시를 요한다고 해야 한다. 따라서 묵시적 동의도 가능한 것으로 보아 피고인의 발언태도에 비추어 반대신문권을 포기하였다고 해석할 수 있는 정도면 된다는 견해는 타당하지 않다. 반드시 동의라는 용어를 사용할 필요는 없으나 반대신문권을 포기하는 의사 또는 증거능력을 부여하는 의사가 명시적으로 표현되어야 하며, 단순히 증거조사에 대하여 이의를 하지 않거나 이견이 없다는 소극적인 의사표시를 한 것만으로는 동의라고 할 수 없다. 다만 판례는 피고인이 피고인 아닌 자의 진술조서에 대하여 이견이 없다고 진술하거나(대법원 1972.6.13, 72도922) 피고인이 신청한 증인의 전문진술에 대하여 별 의견이 없다고 진술한 경우(대법원 1983.9.27, 83도516)에 이를 증거동의로 볼 수 있다고 한다.

증거동의의 의사표시가 개개의 증거에 대하여 이루어져야 하는지도 문제된다. 개개의 증거에 대하여 동의하지 않고 검사가 제시한 모든 증거에 대하여 동의하는 경우에도 동의의 효력이 인정된다는 견해가 있으나, 동의의 의사표시는 개개의 증거에 대하여 이루어져야 하고 포괄적 증거동의는 허용되지 않는다고 해야 한다. 다만 판례는「개개의 증거에 대하여 개별적인 증거조사방식을 거치지 아니하고 검사가 제시한 모든 증거에 대하여 피고인이 증거로 함에 동의한다는 방식으로 이루어진 것이라 하여도 증거동의로서의 효력을 부정할 이유가 되지 못한다」고 판시하여 (대법원 1983.3.8, 82도2873), 포괄적 동의의 효력을 긍정하는 태도를 취하고 있다.

Ⅳ. 증거동의의 의제

1. 피고인의 불출석

피고인의 출정 없이 증거조사를 할 수 있는 경우에 피고인이 출정하지 아니한 때에는 증거동의가 있는 것으로 간주한다. 다만 피고인의 대리인 또는 변호인이 출정한 때에는 예외로 한다(제318조 제 2 항). 피고인이 공판정에 출석하지 아니한 경우에 전문증거의 증거능력을 결정하지 못함으로써 절차가 지연되는 것을 방지하기 위한 제도이다.

(1) 불출석재판

피고인의 출정 없이 증거조사를 할 수 있는 경우란 현행법이 피고인의 출석 없이 재판할 수 있도록 인정하고 있는 경우를 말한다. ① 피고인이 법인인 사건에 있어서 법인의 대표자가 출석하지 아니하고 대리인도 출석하지 아니한 경우($\binom{제27조}{제1항,}$ $\binom{제276조}{단서 참조}$), ② 다액 500만원 이하의 벌금이나 과료에 해당하는 사건, 공소기각 또는 면소의 재판을 할 것이 명백한 사건, 장기 3년 이하의 징역 또는 금고에 해당하거나 다액 500만원을 초과하는 벌금 또는 구류에 해당하는 사건에서 피고인의 불출석허가신청이 있고 법원이 피고인의 불출석이 그의 권리를 보호함에 지장이 없다고 인정하여 이를 허가한 사건의 경우($\binom{제277}{조}$), ③ 피고인이 출석하지 아니하면 개정하지 못하는 경우에 구속된 피고인이 정당한 사유 없이 출석을 거부하고 교도관에 의한 인치가 불가능하거나 현저히 곤란하다고 인정되는 경우($\binom{제277}{조의2}$), ④ 피고인이 항소심의 공판기일에 2회 출석하지 아니한 경우($\binom{제365}{조}$), ⑤ 약식명령에 대하여 정식재판을 청구한 피고인이 정식재판절차의 공판기일에 2회 출석하지 아니한 경우($\binom{제458}{조}$ $\binom{제2항,}{제365조}$) 등이 여기에 해당한다. 「즉결심판에 관한 절차법」은 즉결심판절차에 있어서 동법에 특별한 규정이 없는 한 그 성질에 반하지 아니한 것은 형사소송법의 규정을 준용하도록 하고 있으므로($\binom{동법}{제19조}$) 즉결심판에 대하여 피고인이 정식재판을 청구한 사건에 대하여도 약식명령에 관한 규정이 준용되어 2회 불출석에 따른 증거동의의 효과가 인정된다고 보아야 한다.

문제는 「소송촉진 등에 관한 특례법」에 의하여 피고인의 진술 없이 재판할 수 있는 경우에도 증거동의를 의제할 수 있는가 하는 점이다. 동법 제23조는 사형·무기 또는 장기 10년이 넘는 징역이나 금고에 해당하는 사건을 제외하고, 제 1 심 공판절차에서 피고인에 대한 송달불능보고서가 접수된 때부터 6개월이 지나도록 피고인의 소재를 확인할 수 없는 경우에는 대법원규칙으로 정하는 바에 따라 피고인의 진술 없이 재판할 수 있도록 규정하고 있다. 이 경우에는 피고인이 반대신문권을 포기한 것으로 볼 수 없고 증거동의를 의제하는 것은 피고인에게 가혹하다는 이유로 동의를 의제해서는 안 된다는 견해가 있으나, 동법은 피고인의 소재를 확인할 수 없는 때에 대법원 규칙이 정하는 일정한 요건하에 피고인의 진술 없이 재판할 수 있도록 규정하고 있으므로 이 경우에도 증거동의가 의제되는 것으로 보아야 한다. 판례는 이 경우 피고인의 증거동의를 간주하고 있다($\binom{\text{대법원 2011.3.10,}}{\text{2010도15977}}$).

(2) 피고인의 퇴정

피고인이 재판장의 허가 없이 퇴정하거나 재판장의 퇴정명령에 의하여 재정하지 않은 때에도 동의가 의제되는지가 문제된다. 이에 대하여는 ① 재판장의 퇴정명령을 받은 경우에는 동의를 의제할 수 없으나, 피고인이 허가 없이 퇴정한 때에는 반대신문권을 포기한 것으로 보아 동의를 의제할 수 있다는 견해, ② 피고인이 재판장의 허가 없이 퇴정한 경우뿐만 아니라 피고인의 귀책사유로 퇴정명령을 받은 때에도 증거동의가 의제된다는 견해, ③ 동의의 의제는 소송진행의 편의를 위한 것이지 불출석에 대한 제재는 아니라는 점, 허가 없이 퇴정하는 경우에도 그것만으로 반대신문권의 포기를 인정하기 어렵다는 점, 증거동의를 의제하게 되면 피고인이 재정하지 않은 상황을 이용하여 증거능력이 없는 증거들이 제출될 염려가 있다는 점, 피고인을 재차 소환하면 증거조사를 할 수 있다는 점 등을 들어 두 경우 모두 증거동의가 의제되지 않는다는 견해가 주장되고 있다. 세 번째 견해가 타당하다고 생각된다. 판례는 피고인과 변호인이 재판을 거부하고 퇴정한 사안에 대하여 증거동의를 의제하고 있다($\binom{\text{대법원 1991.6.28,}}{\text{91도865}}$).

2. 간이공판절차에서의 특칙

간이공판절차에서는 전문법칙에 의하여 증거능력이 부인되는 증거에 대하여 동의가 있는 것으로 간주한다($\binom{\text{제318조의}}{\text{3 본문}}$). 피고인이 공판정에서 공소사실에 대하여 자백한 이상 공소사실을 증명하기 위한 개개의 증거에 대해서도 다툴 의사가 없는 것으로 추정되기 때문이다. 그러나 검사·피고인 또는 변호인이 증거로 함에 이의가 있는 때에는 증거동의의 효력이 인정되지 않는다($\binom{\text{동조}}{\text{단서}}$).

V. 진정성의 조사와 증거동의의 효과

1. 진정성의 조사

당사자가 증거로 함에 동의한 경우라도 법원이 이를 진정한 것으로 인정한 때에 한하여 증거로 할 수 있다($\binom{\text{제318조}}{\text{제1항}}$). 따라서 법원은 증거동의가 있으면 직권으로 진정성 여부를 조사하여야 한다. 진정성의 의미에 대하여는 견해가 나뉘어져 있다.

(1) 임의성설

진정성을 증거수집과정의 임의성에 대한 판단을 의미하는 것으로 보는 견해이다. 따라서 임의성 없는 진술을 내용으로 하는 증거는 당사자의 동의가 있더라도 진정성이 인정되지 않으므로 증거능력이 부정된다고 한다. 그러나 진정성을 진술이나 서류작성의 임의성과 같은 의미로 보는 것은 임의성이 있는 전문증거에 대하여 다시 증거능력의 요건으로서 진정성을 요구하고 있는 법의 취지에 반하는 해석이라고 할 수 있다.

(2) 유형적 상황설

진정성이란 서류 또는 진술의 신용성을 의심스럽게 하는 유형적 상황이 없는 것을 의미한다고 보는 견해이다. 그리고 진술서에 서명·날인이 없거나 진술서의 기재내용이 진술과 상이한 경우, 진술내용이 객관적 사실과 다른 경우, 현장사진이나 현장녹음의 작성과정이 의심스러운 경우 등은 진정성이 인정되지 않는 대표적인 상황이라고 한다. 이 견해가 타당하다고 생각된다.

진정성은 증거능력의 요건이므로 법원은 자유로운 증명으로 그 유무를 판단하면 족하다. 그리고 진정성은 전문법칙의 예외요건인 특신상태보다는 완화된 요건으로 볼 수 있으며, 진정성의 조사에 있어서는 증거의 내용을 판단의 기초로 삼을 수 있다고 해야 할 것이다.

2. 증거동의의 효과

(1) 증거능력의 인정

당사자가 동의한 서류나 진술은 제311조 내지 제316조의 요건을 갖추지 못한 경우라도 그 진정성이 인정되면 증거능력을 가지게 된다. 다만 증거동의를 한 당사자가 동의한 증거의 증명력을 다툴 수 있는가 하는 문제가 있다. 증거동의를 증거의 증거능력과 증명력을 다툴 권리를 포기하는 것으로 보는 견해에서는 당사자는 동의한 증거의 증명력을 다툴 수 없다고 한다. 그러나 동의는 증거능력에 관한 문제이므로 다른 증거를 통하여 당사자가 자신이 동의한 증거의 증명력을 다투는 것은 가능하다고 해야 한다. 다만 증거동의의 본질은 반대신문권의 포기에 있으므로 동의한 당사자가 반대신문의 방법으로 증명력을 다투는 것은 허용되지 않는다. 당

사자는 반대신문 이외의 방법으로 증명력을 다투어야 하므로 동의한 증거의 증명
력을 다투기 위하여 원진술자를 증인으로 신청하거나 법원이 진정성 조사를 위해
증인으로 신문하는 원진술자에 대하여 반대신문을 하는 것은 허용되지 않는다.

(2) 증거동의의 효력이 미치는 범위

(가) 물적 범위

동의의 효력은 원칙적으로 동의의 대상으로 특정된 서류나 진술의 전체에 대
하여 미친다. 따라서 일부에 대한 동의는 허용되지 않는다. 다만 서류 또는 진술의
내용이 가분인 경우에는 그 일부에 대해서도 동의할 수 있다.[1]

(나) 인적 범위

동의의 효력은 동의를 한 피고인에 대해서만 미친다. 피고인이 수인인 경우에
도 공동피고인은 각자 독립하여 반대신문권을 가지므로 공동피고인 1인이 행한 동
의의 효력은 다른 공동피고인에게 미치지 않는다.

(다) 시간적 범위

증거조사가 완료된 후에는 증거동의에 대한 철회가 허용되지 않으므로 증거동
의는 공판절차의 갱신이 있거나 심급을 달리하여도 그 효력에 영향이 없다.[2]

Ⅵ. 증거동의의 철회와 취소

1. 증거동의의 철회

증거동의는 절차형성행위이므로 절차의 안정성을 해하지 않는 범위 내에서 철
회가 허용될 수 있다. 증거동의를 철회할 수 있는 시기에 대해서는 ① 증거조사를
실시하기 전까지라는 견해, ② 증거조사를 완료할 때까지라는 견해, ③ 구두변론이
종결될 때까지라는 견해가 주장되고 있다. 판례는 증거조사가 완료되기 전까지 철회

---

1) 대법원 1990. 7. 24, 90도1303, 「피고인들은 제1심에서 경찰의 검증조서 가운데 범행부분만
   부동의하고 현장상황부분에 대해서는 모두 증거로 함에 동의하였고, 제1심 또한 위 검증조
   서 중 범행상황 부분만 채용하였음이 그 판시 자체에 의하여 명백하므로 이를 증거로 채용한
   데에 잘못이 없다.」
2) 대법원 1990. 2. 13, 89도2366, 「피고인들이 제1심 법정에서 경찰작성 조서들에 대하여서
   증거로 함에 동의하였음을 인정할 수 있고, 그 후 항소심에서 범행인정 여부를 다투고 있다
   하여도 이미 동의한 효과에 아무런 영향을 가져오지 아니한다.」

가 가능하다는 입장이다.[1] 절차의 확실성과 소송경제를 고려할 때 증거조사가 완료될 때까지 철회가 가능하다고 해석하는 통설과 판례의 입장이 타당하다.

2. 증거동의의 취소

소송행위의 하자를 이유로 하는 협의의 취소가 증거동의에 있어서 허용될 수 있는가에 대해서는 ① 피고인에게 귀책사유가 없는 중대한 착오나 수사기관의 강박에 의한 경우에는 동의의 취소가 가능하다는 견해와 ② 절차의 형식적 확실성에 비추어 착오나 강박을 이유로 한 동의의 취소는 허용되지 않는다는 견해가 주장되고 있다.

형사소송의 형식적 확실성의 요구에 비추어 하자를 이유로 동의의 효력을 소급적으로 상실시키는 취소는 허용될 수 없다고 해야 한다. 다만 중대한 착오가 피고인이 책임질 수 없는 사유로 인하여 발생하였고 그와 같은 증거동의를 유효로 하는 것이 현저히 정의에 반한다고 인정되는 때에는 예외적으로 동의를 무효라고 해야 하고(대법원 1992.3.13, 92모1), 수사기관의 사기 · 강박에 의한 증거동의도 적법절차의 원칙에 비추어 무효로 보는 것이 타당하다.

제 7 절   탄핵증거

Ⅰ. 탄핵증거의 의의 및 성격

1. 탄핵증거의 의의

탄핵증거란 진술의 증명력을 다투기 위한 증거를 말한다. 예를 들면 甲이 검찰측 증인으로서 공판정에서 '피고인의 살인현장을 목격하였다'고 증언한 경우에, 甲으로부터 '피고인의 살인현장을 목격한 적이 없다'는 말을 들은 乙을 피고인측에서 증인으로 신청하여 그의 증언을 甲의 증언의 증명력을 다투기 위한 증거로 사용

---

1) 대법원 2004. 10. 15, 2003도3472, 「증거동의의 의사표시는 증거조사가 완료되기 전까지 취소 또는 철회할 수 있으나, 일단 증거조사가 완료된 뒤에는 취소 또는 철회가 인정되지 아니하므로 제 1 심에서 한 증거동의를 제 2 심에서 취소할 수 없고, 일단 증거조사가 종료된 후에 증거동의의 의사표시를 취소 또는 철회하더라도 취소 또는 철회 이전에 이미 취득한 증거능력이 상실되지 않는다.」

하는 경우가 여기에 해당한다. 형사소송법 제318조의2 제 1 항은 「제312조부터 제316조까지의 규정에 의하여 증거로 할 수 없는 서류나 진술이라도 공판준비 또는 공판기일에서의 피고인 또는 피고인이 아닌 자(공소제기 전에 피고인을 피의자로 조사하였거나 그 조사에 참여하였던 자를 포함한다)의 진술의 증명력을 다투기 위하여 증거로 할 수 있다」고 규정하고 있다. 탄핵증거는 범죄사실 등 주요사실을 인정하기 위한 증거가 아니므로 증거능력이 없는 증거라도 이를 증거로 사용할 수 있도록 한 것이다.

이러한 탄핵증거는 증언의 신빙성을 다투기 위한 증거를 의미하는 미국 증거법상의 개념이다. 미국의 연방증거법은 증인의 자기모순의 진술 내지 불일치진술이 실질증거가 아닌 탄핵증거로 사용되는 한 전문법칙이 적용되지 않는다는 태도를 취하고 있다.

진술증거의 증명력을 다투는 방법으로는 탄핵증거 외에도 증거조사과정에서 반대신문을 행하는 방법과 독립된 증거로서 반대증거를 제출하는 방법이 있다. 반대신문이란 증인을 신문함에 있어서 주신문에 이어서 이해관계가 대립하는 반대당사자가 구두신문의 형태로서 행하는 신문을 말하며, 반대신문에 있어서는 증언의 증명력을 다투기 위하여 필요한 사항을 신문할 수 있다. 또한 반대증거는 진술증거에 의하여 증명하려고 하는 사실의 존재를 부인하기 위하여 제출하는 실질증거로서 범죄사실 또는 반대사실의 증명에 사용되는 것이므로 증거능력이 있고 적법한 증거조사를 거친 증거임을 요한다. 다만 판례는 피고인이 제출하는 반대증거인 반증의 경우에는 성립의 진정이나 증거로 함에 대한 상대방의 동의가 없어도 증거로 할 수 있다고 판시하고 있어($\binom{대법원 1981.12.22,}{80도1547}$) 반증에는 전문법칙의 적용이 없는 것으로 보고 있다. 그러나 반증과 탄핵증거는 구별되어야 하므로 이러한 판례의 태도는 타당하지 않다고 생각된다.

2. 탄핵증거제도의 필요성과 문제점

탄핵증거제도는 기본적으로 법관의 증명력 판단의 합리성과 소송경제를 도모하기 위하여 인정되는 것이다. 즉 탄핵증거는 범죄사실을 인정하는데 사용되는 것이 아니고 단순히 증명력을 다투기 위한 증거에 불과하므로 이를 인정하여도 전문증거를 배제하는 취지에 반하지 않고 오히려 당사자의 반대신문권을 효과적으로 보장할 수 있으며, 또한 증거능력을 가진 별도의 증거에 의한 증명의 어려움으로부터 당사자를 구제할 수 있어 소송경제에도 도움을 주게 된다.

반면에 전문증거가 진술의 증명력을 다툰다는 명목하에 탄핵증거로서 법원에 제출되고 이에 대한 증거조사가 이루어지면 자칫 증거능력이 없는 전문증거가 진술증거의 증명력 판단의 자료로 사용되는 정도를 넘어서 실질적으로 범죄사실의 존부에 관한 법관의 심증형성에 영향을 미칠 가능성이 있다. 여기서 법관의 증명력 판단에 적정을 기하려는 목적을 가진 탄핵증거제도와 증거능력이 있는 증거만을 사용하여 범죄사실을 증명하도록 함으로써 피고인을 보호하려고 하는 엄격한 증명의 법리가 충돌할 수가 있다. 따라서 양자의 요청을 조화시켜 탄핵증거의 범위 등을 결정하는 데 있어서 이를 적절히 고려할 필요성이 있게 된다.

3. 탄핵증거의 성격

탄핵증거는 전문법칙의 예외가 아니라 처음부터 전문법칙의 적용이 없는 경우에 해당한다는 것이 일반적인 견해이다. 탄핵증거는 ① 원진술자의 진술내용의 진실성을 증명하려는 것이 아니라 원진술의 존재에 의하여 동일인의 법정에서의 진술의 증명력을 다투려는 목적으로 진술증거를 사용하는 경우이고, ② 전문법칙의 예외요건인 신용성의 정황적 보장과 필요성이라는 요건을 갖추지 않고도 증거로서의 사용이 허용되는 경우이기 때문이다.

Ⅱ. 탄핵증거의 허용범위

1. 탄핵증거의 범위

탄핵증거로서 제출할 수 있는 전문증거의 범위에 대하여는 견해가 대립하고 있다.

(1) 학   설
㈎ 한 정 설
자기모순의 진술, 즉 동일인의 법정에서의 진술과 상이한 법정 외의 진술에 한하여 탄핵증거로 사용할 수 있다고 보는 견해이다. 따라서 전문법칙에 의하여 증거능력이 부정되는 타인의 진술을 이용하여 공판정에서의 진술의 증명력을 다툴 수는 없는 것이 된다. 이 견해는 진술자 자신의 진술로 증명력을 다투는 경우와 타인의 진술에 의하여 증명력을 다투는 경우는 질적으로 차이가 있다는 점을 이유로 한다. 즉 전자가 동일인이 다른 진술을 한 사실 자체를 가지고 진술의 증명력을 다투는 경우임에 반하여, 후자의 경우에는 타인의 진술을 신용할 수 있어야 공판정에서의 진술의 증명력이 감쇄될 수 있다는 점에서 후자를 탄핵증거로 허용하는 것은 현행법이 전문증거의 증거능력을 제한하고 있는 취지에 실질적으로 반한다는 것이다.

(나) 비한정설

자기모순의 진술이든 제 3 자의 진술이든 묻지 않고 증명력을 다투기 위한 증거라면 모든 전문증거를 사용할 수 있다는 견해이다. 제318조의2 제 1 항이 진술의 증명력을 다투기 위한 전문증거의 범위에 아무런 제한을 두고 있지 않으며 또한 직업법관에 의해 증명력 판단이 이루어지는 법제하에서는 널리 전문증거의 사용을 인정하여도 특별한 문제가 없다고 주장하는 견해이나, 우리나라에서 현재 이를 따르는 학자는 없다.

(다) 절 충 설

자기모순의 진술 이외에 증인의 신빙성에 관한 순수한 보조사실을 입증하는 증거도 탄핵증거로 사용될 수 있다는 견해이다. 즉 범죄사실에 대한 진술의 증명력을 직접 다투기 위해서는 자기모순의 진술만이 탄핵증거로 사용될 수 있지만, 증인의 신빙성에 관한 순수한 보조사실을 증명하기 위해서는 제 3 자의 진술이나 그 진술을 기재한 서류도 탄핵증거로 사용될 수 있다는 것이다. 이 견해에서는 공판정에서의 범죄사실에 대한 진술의 증명력을 다투기 위해서 널리 전문증거의 사용을 허용하게 되면 실질적으로 주요사실이나 간접사실이 전문증거에 의하여 입증되는 결과가 되어 부당하지만, 증인의 신빙성에 관한 순수한 보조사실을 증명하기 위하여 탄핵증거를 사용하는 것은 그 의미가 다르다고 한다. 증인의 신빙성에 관한 보조사실로는 증인의 능력 및 성격, 당사자에 대한 편견 및 이해관계, 증인에 대한 평판 및 전과사실 등을 들고 있다.

(라) 이 원 설

피고인의 경우에는 모든 전문증거를 탄핵증거로 사용할 수 있지만 검사의 경우에는 자기모순의 진술만을 탄핵증거로 사용할 수 있다는 견해이다. 검사는 범죄수사를 위한 강력한 조직과 권한을 가지고 있어 피고인에 비하여 우월한 지위에 있으므로 실질적 당사자주의의 실현을 위해서는 탄핵증거의 허용범위도 피고인에게 이익이 되는 방향으로 해석할 필요가 있다고 한다.

(2) 검   토

비한정설에 의하면 진술의 증명력을 다툰다는 명목으로 범죄사실에 관한 제 3 자의 공판정 외에서의 진술이나 진술을 기재한 서류도 널리 탄핵증거로서 사용되게 되어 실질적으로 지나치게 넓게 전문법칙의 예외를 인정하는 결과가 된다. 또한 절충설이 탄핵증거로 사용되는 범죄사실에 관한 전문증거를 자기모순의 진술로 제한한 것은 타당하다고 하겠으나, 증인의 신빙성에 관한 보조사실의 입증에 엄격한 증명을 요하지 않는다고 보는 점에는 문제가 있다. 이 견해는 증거의 증명력을 감쇄시키는 보조사실은 자유로운 증명의 대상이라는 관점을 기초로 하고 있으나, 범죄사실이나 그 간접사실에 관한 보조사실을 엄격한 증명의 대상으로 보아야 하는 것처럼 증인의 신빙성에 관한 보조사실도 엄격한 증명의 대상으로 보는 것이 타당할 것이다. 증인의 신빙성에 관한 보조사실도 간접적으로 범죄사실의 증명에 영향을 미치는 사실이기 때문이다. 또한 이원설도 탄핵증거의 허용범위를 피고인과 검사에 따라 다르게 정할 근거가 없다는 점과 직권에 의하여 증거를 수집한 경우에는 어느 범위까지 탄핵증거를 허용할 것인가에 대한 기준을 제시할 수 없다는 점에서 문제점을 가지고 있다.

이러한 의미에서 볼 때 법관의 부당한 심증형성을 억제하고 전문법칙의 취지를 살리기 위해서는 탄핵증거의 범위를 자기모순의 진술에 제한하는 한정설이 타당하다고 생각된다.

2. 탄핵증거의 제한

탄핵증거로 제출된 전문증거라도 다음의 경우에는 일정한 제한이 따르게 된다.

(1) 입증취지와의 관계

형사소송법 제318조의2에 의하여 증거로 할 수 있는 탄핵증거는 진술의 증명력을 다투기 위한 경우에 한정되며 범죄사실이나 간접사실을 인정하기 위한 목적으로 사용할 수 없다(대법원 2012.10.25, 2011도5459).

한편 탄핵증거로서 제출된 증거가 범죄사실의 인정을 위한 증거능력도 갖추고 있는 경우에 이를 범죄사실을 인정할 증거로 사용할 수 있는지가 문제된다. 일정한 증거를 통해 증명하려는 사실, 즉 입증취지는 법원의 증거결정에 대한 편의를 제공하는 자료에 불과하고 구속력을 가지는 것은 아니라고 할 것이므로, 탄핵증거가 범죄사실을 인정하기 위한 증거능력을 갖춘 경우에는 당사자의 이익을 부당하게 침해하지 않는 한 범죄사실을 증명하기 위한 증거로도 사용할 수 있다고 보아야 할 것이다. 따라서 이 경우에 법원은 당사자에게 그 증거에 관하여 의견을 진술할 기회를 주는 등의 조치를 취하여야 하며, 또한 엄격한 증거조사절차를 거쳐야 한다($\binom{대법원\ 1989.10.10,}{87도966\ 참조}$).

(2) 임의성 없는 진술과 탄핵증거

임의성 없는 자백이나 진술은 탄핵증거로도 사용할 수 없다. 임의성 없는 자백이나 진술을 증거의 세계에서 완전히 배제하려는 것이 우리 증거법의 취지라고 볼 수 있기 때문이다. 판례도 같은 입장이다($\binom{대법원\ 2005.8.19,}{2005도2617}$).

(3) 성립의 진정이 인정되지 않는 진술증거

탄핵증거로 제출된 진술기재서면은 성립의 진정이 인정되어야 하는지가 특히 서명 또는 기명날인이 없는 서류를 탄핵증거로 사용할 수 있는지와 관련하여 문제된다. 판례는 탄핵증거에 대하여는 성립의 진정이 인정될 것을 요하지 않는다는 입장이다($\binom{대법원\ 1994.11.11,}{94도1159}$). 그러나 진술자의 서명 또는 기명날인이 없는 전문서류는 진술자가 그 내용을 확인하지 않은 것으로서 진술내용의 진실성이나 정확성을 확인할 수 없으므로 탄핵증거로 사용할 수 없다고 해야 한다. 따라서 전문서류를 탄핵증거로 사용하기 위해서는 적어도 진술자의 서명 또는 기명날인의 진정이라는 형식적 진정성립이 증명되어야 할 것이다.

(4) 공판정에서의 진술 이후에 이루어진 자기모순의 진술

증인의 공판정에서의 증언을 탄핵하기 위하여 증언 이후에 수사기관에서 작성한 진술조서를 탄핵증거로서 제출하는 것이 허용되는지가 문제된다. 증언 후에 작성된 진술조서의 증거능력을 부정하는 이유가 공판중심주의와 공정한 재판의 이념에 반하는 수사방법에 의하여 수집된 증거라는 점에 있으므로 이를 탄핵증거로 사용하는 것은 허용되지 않는다고 보아야 한다.

(5) 영상녹화물과 탄핵증거

수사기관이 피고인 또는 피고인 아닌 자의 진술을 기록한 영상녹화물을 탄핵증거로 사용하기 위해서는 우선 영상녹화물을 조서에 준하는 독립된 증거로 볼 수 있어야 할 것이다. 그러나 형사소송법 제318조의2 제 2 항은 「제 1 항에도 불구하고 피고인 또는 피고인 아닌 자의 진술을 내용으로 하는 영상녹화물은 공판준비 또는 공판기일에 피고인 또는 피고인 아닌 자가 진술함에 있어서 기억이 명백하지 아니한 사항에 관하여 기억을 환기시켜야 할 필요가 있다고 인정되는 때에 한하여 피고인 또는 피고인 아닌 자에게 재생하여 시청하게 할 수 있다」고 규정하여, 영상녹화물에 대하여 탄핵증거로서의 사용을 허용하지 않고 있다. 전문증거라도 진술의 증명력을 다투기 위한 탄핵증거로는 사용할 수 있다는 원칙에도 불구하고(제1항에 도 불구하고) 현행법이 영상녹화물의 탄핵증거로의 사용을 허용하지 않는 것은 영상녹화물을 탄핵증거로 사용하는 경우에도 실제 재판에서 법관의 심증형성에 실질적인 영향을 줄 수 있다는 점을 고려한 것이다. 따라서 피고인이 내용을 부인하는 사법경찰관작성 피의자신문조서에 대신하여 신문과정을 녹화한 영상녹화물을 탄핵증거로 제출하여 이를 법정에서 증거로서 조사하는 것은 허용되지 않는다.

수사기관의 영상녹화물을 탄핵증거로 사용할 수 있다고 보는 견해와 영상녹화물을 탄핵증거로도 제출할 수 없게 한 것은 입법론상 타당하지 않다고 보는 견해도 있으나, 영상녹화물의 사용을 제한적으로 허용하고 있는 현행법의 태도가 타당하다고 생각된다. 영상녹화물을 기억환기용으로 재생하는 경우에 원진술자인 피고인 또는 피고인 아닌 자만이 시청하도록 하고 있는 것도 법관이 영상녹화물에 의하여 심증형성에 영향을 받는 것을 방지하기 위한 것이라고 할 수 있다(규칙 제 134조의5 제1항 참조).

III. 탄핵의 범위와 대상

1. 탄핵의 범위

전문증거라도 진술의 증명력을 다투기 위해서는 증거로 사용할 수 있는데, 여기서 증명력을 다투기 위한다는 말의 의미와 관련하여 견해의 대립이 있다. 증명력을 다툰다는 것은 증인의 신빙성을 공격하는 것을 의미하므로 기본적으로 진술의 증명력을 감쇄시키는 경우를 말하고, 처음부터 공판정에서의 진술의 증명력을 지지·보강하는 경우는 이에 포함되지 않는다는 데는 의문이 없다. 만일 이를 허용하게 되면 증거능력이 없는 일치진술에 의해서 처음부터 법관이 사실의 존재를 인정하는 것이 되기 때문이다.

문제는 이미 감쇄된 증명력을 회복시키기 위하여 탄핵증거를 사용하는 것이

가능한가에 있다. 이에 대해서는 일방 당사자가 탄핵증거를 사용해서 증명력을 감
쇄시킨 경우에 반대당사자에게 감쇄된 증명력을 회복시키기 위한 기회를 부여하지
않으면 형평의 원칙에 어긋나므로 감쇄된 증명력을 회복시키기 위한 탄핵증거의
사용은 허용된다는 견해가 일반적이다. 탄핵증거에 의하여 감쇄된 증명력을 회복
하기 위한 경우는 처음부터 증거의 증명력을 지지·증강하기 위한 경우와는 달리
범죄사실 또는 간접사실을 전문증거에 의하여 입증하려는 경우는 아니라고 볼 수
있으므로 공평의 관점에서 이를 허용하는 것이 타당하다고 생각된다. 따라서 이 경
우에는 예외적으로 자기모순의 진술이 아닌 동일인의 일치진술이 탄핵증거로 사용
되는 것이 된다.

2. 탄핵의 대상

제318조의2 제 1 항은 탄핵의 대상으로서 「공판준비 또는 공판기일에서의 피
고인 또는 피고인 아닌 자의 진술의 증명력」이라고 규정하고 있다. 여기서 피고인
아닌 자의 진술의 대표적인 경우인 증인의 증언이 탄핵의 대상이 된다는 점은 의
문의 여지가 없다. 또한 형사소송법은 공판준비 또는 공판기일에 행한 진술만을 탄
핵의 대상으로 명시하고 있으나, 공판정 외에서 한 진술이 서면형식으로 증거가 된
경우에도 탄핵의 대상이 된다고 보아야 한다. 탄핵의 대상과 관련해서는 다음의 경
우가 문제된다.

(1) 피고인의 진술

피고인의 진술이 탄핵의 대상이 될 수 있는가에 대하여는 이를 허용하면 진술
의 증명력을 다툰다는 명목으로 피고인의 수사절차에서의 진술이 폭넓게 법정에
현출되어 전문법칙이 유명무실하게 될 염려가 있다는 이유로 부정하는 견해가 있
으나, 현행법이 명문으로 이를 규정하고 있는 이상 부정할 수는 없다고 본다. 판례
도 피고인이 공판정에서 내용을 부인하는 사법경찰관작성의 피고인에 대한 피의자
신문조서를 피고인의 법정진술을 탄핵하기 위한 증거로 사용할 수 있다고 판시하
고 있다(대법원 2014.3.13, 2013도12507).

현행법의 해석상 피고인의 진술을 탄핵의 대상에서 제외할 수 없으나, 본래 탄
핵증거가 증인의 진술의 신빙성을 다투기 위한 제도라는 점, 피고인의 수사절차에
서의 진술을 탄핵증거로 사용할 수 있도록 하면 자백편중의 수사관행을 조장할 우

려가 있다는 점 등에서 볼 때 입법론적으로는 재검토를 요한다고 할 것이다.

(2) 자기측 증인의 탄핵

당사자가 자기측 증인에 대해서도 탄핵할 수 있느냐가 문제된다. 자기측 증인의 증언은 통상 자신에게 유리한 진술을 내용으로 하고 있으므로 탄핵할 필요가 없을 것이나, 예상 외로 신청자에게 적대적이거나 불리한 증언을 할 경우에는 탄핵할 수 있다고 보아야 할 것이다(통설).

Ⅳ. 탄핵증거의 조사방법

탄핵증거는 범죄사실의 존부를 직접 또는 간접으로 증명하기 위한 증거가 아니므로 엄격한 증거조사절차를 거쳐야 할 필요가 없다. 다만 공판정에서의 증거조사는 필요하므로 탄핵증거를 제출하는 경우에는 그 탄핵증거와 증명하고자 하는 사실과의 관계를 미리 구체적으로 명시하여야 하며, 증명력을 다투고자 하는 증거의 어느 부분에 의하여 진술의 어느 부분을 다투려고 한다는 것을 사전에 밝혀야 한다(대법원 2005.8.19, 2005도2617). 따라서 법정에 제출되지 않아서 전혀 증거조사를 거치지 않은 채 수사기록에만 편철되어 있는 서류는 증거로 사용할 수 없다(대법원 1998.2.27, 97도1770).

제 8 절 공판조서의 증명력

Ⅰ. 의   의

1. 공판조서의 의의 및 성격

공판조서란 공판기일의 소송절차에 관하여 법원사무관 등이 작성한 조서를 말한다(제51조 제1항). 공판조서는 공판기일의 소송절차가 법에서 정한 방식에 따라 적법하게 행하여졌는가를 인증하기 위하여 작성된다. 형사소송법은 공판조서의 정확성을 담보하기 위하여 재판장과 공판에 참여한 법원사무관 등이 기명날인이나 서명을 하도록 하고 있고(제53 조), 변호인과 피고인에게 공판조서의 열람·등사권을 인정하고 있으며(제35조, 제55조), 다음 회의 공판기일에 있어서는 전회의 공판심리에 관한 주요사항의 요지를 조서에 의하여 고지하게 하고, 검사·피고인 또는 변호인에게 공판조서에 대한 변경을 청구하거나 이의를 제기할 수 있게 하고 있으며(제54조), 공판심리의 속기·녹음·영상녹화를 인정하고 있다(제56조의2).

공판기일에 있어서의 소송절차의 경과를 기재한 조서인 공판조서는 전문법칙의 예외로서 당연히 증거능력이 인정된다. 즉 당해 피고사건에 대한 공판조서는 제311조에 의하여 증거능력이 인정되고, 다른 피고사건에 대한 공판조서는 제315조 제3호에 의하여 그 증거능력이 인정된다.

2. 배타적 증명력

공판조서의 기재의 정확성을 기초로 공판조서에는 배타적 증명력이 인정된다. 형사소송법은 「공판기일의 소송절차로서 공판조서에 기재된 것은 그 조서만으로써 증명한다」고 규정하고 있다(제56조). 여기서 공판조서만으로써 증명한다는 것은 공판절차의 진행에 관하여 공판조서 이외의 다른 자료에 의한 반증을 허용하지 않는다는 의미이다(대법원 1995.4.14, 95도110; 대법원 2005.12.22, 2005도6557). 법관은 심증내용과 상관없이 공판조서로써 공판기일의 소송절차에 관한 사실을 인정하여야 하므로 공판조서에 배타적 증명력을 인정한 것은 자유심증주의에 대한 예외가 된다고 할 수 있다.

공판조서에 배타적 증명력을 인정한 것은 상소심에서 원심의 소송절차에 관한 분쟁이 발생할 경우 이로 인하여 상소심의 심리가 지연되거나 심리의 초점이 흐려지는 것을 방지하기 위한 목적을 가진다. 원심의 소송절차의 법령위반 여부를 상소심에서 심리하기 위하여 원심의 법관이나 법원사무관 등을 증인으로 신문하는 것은 적절하지 않을 뿐만 아니라 전체 법원의 업무처리에 지장을 초래하게 된다. 따라서 형사소송법은 공판조서의 기재에 정확성을 보장할 수 있는 장치를 마련하고 상소심의 판단자료를 공판조서에 한정함으로써 소송경제를 도모하고 있다.

Ⅱ. 배타적 증명력의 범위

공판조서의 배타적 증명력은 공판기일의 소송절차로서 공판조서에 기재된 것에 대해서만 인정된다.

1. 공판기일의 소송절차

(1) 공판기일의 절차

공판조서의 배타적 증명력은 피고사건에 관한 공판기일의 절차에 대하여만 미친다. 따라서 공판준비절차, 공판기일 전의 증인신문청구나 증거보전절차, 공판기일 외에서의 증인신문이나 검증 등의 절차에서 작성된 조서는 배타적 증명력을 가지지 못한다.

(2) 소송절차

공판조서의 배타적 증명력은 소송절차, 즉 피고사건의 절차면에 관련된 사항에 대해서만 인정된다. 예를 들면 피고인의 출석 여부($\frac{대법원 1987.4.8,}{87모19}$), 변호인의 출석 여부($\frac{대법원 1996.4.9,}{96도173}$), 진술거부권의 고지 여부($\frac{대법원 2002.7.12,}{2002도2134}$), 피고인에게 증거조사결과에 대한 의견을 묻고 증거조사를 신청할 수 있음을 고지하고 최종의견진술의 기회를 주었는지의 여부($\frac{대법원 1993.11.26,}{93도2505}$), 증거동의 여부($\frac{대법원 2008.4.24,}{2007도10058}$), 판결선고의 유무 및 일자($\frac{대법원 1996.9.10,}{96도1252}$), 판결서에 의한 판결의 선고 여부($\frac{대법원 1995.6.13,}{95도826}$) 등이 여기에 해당한다. 그리고 소송절차에 관한 공판조서의 배타적 증명력은 행하여진 소송절차의 적법성은 물론 그 절차의 존부에 대해서도 미친다.

공판조서에 기재된 진술의 존재 자체에 대해서도 배타적 증명력이 미치는 것으로 보아야 한다. 따라서 공판조서에 기재된 피고인이나 증인의 진술내용의 정확성에 대해서는, 공판조서의 기재의 정확성에 대한 이의신청($\frac{제54조}{제3항}$)이 없는 한, 배타적 증명력이 인정된다. 이에 반하여 공판조서에 기재된 피고인의 진술이나 증인의 증언내용의 진실성은 실체면에 관한 사항이므로 배타적 증명력의 대상이 아니다. 공판조서에 기재된 진술내용의 증명력을 다른 증거로 다투는 것은 허용된다.

2. 공판조서에 기재된 소송절차

(1) 기재된 사항의 증명

공판조서의 배타적 증명력은 공판기일의 소송절차로서 공판조서에 기재된 것에 한하여 미친다. 공판조서에 기재된 것이라면 그것이 필요적 기재사항인지의 여부를 불문한다. 다만 기재사항에 대한 공판조서의 배타적 증명력은 그 공판조서가 위조·변조 또는 허위작성되었음이 다른 형사절차에 의하여 증명된 경우에는 부인된다고 할 것이다. 여기서 공판조서란 당해 사건의 공판조서를 의미하므로 다른 사

건의 공판조서에는 배타적 증명력이 인정되지 않는다.[1]

(2) 기재되지 않은 사항의 증명

공판조서에 기재되지 않은 소송절차는 공판조서에 의한 증명이 불가능하므로 공판조서 이외의 다른 자료에 의한 인정이 허용된다. 그리고 이것은 소송법적 사실에 관한 증명이므로 자유로운 증명으로 족하다. 공판조서에 기재되지 않았다고 하여 소송절차의 부존재가 증명되는 것은 아니다. 판례는 법원이 통상 행하는 소송절차인 경우에는 공판조서에 기재되지 않았더라도 그러한 절차가 적법하게 행하여진 것으로 사실상 추정된다고 보고 있다.[2]

(3) 불명확하거나 모순이 있는 사항의 증명

공판조서에 기재된 사항이라고 할지라도 기재가 불명확하거나 모순이 있는 경우에는 공판조서의 배타적 증명력이 인정되지 않는다. 공판조서의 기재의 정확성에 대하여 이의신청이 있거나(제54조 제3항) 이의신청이 방해된 경우에도 그 공판조서의 배타적 증명력을 인정할 수 없다고 해야 한다.

공판조서의 기재가 명백한 오기인 경우에는 공판조서의 배타적 증명력이 인정되지 않는다(대법원 2015.8.27, 2015도3467). 공판조서의 기재에 명백한 오기가 있는 경우에는 정확한 내용에 대하여 배타적 증명력이 인정된다(대법원 1995.4.14, 95도110).

공판조서의 기재가 명백한 오기인지 여부는 원칙적으로는 공판조서만으로 판단하여야 할 것이다. 다만 공판조서가 아니더라도 당해 공판절차에 제출되어 공판기록에 편철되어 있거나 법원이 직무상 용이하게 확인할 수 있는 자료 중에 신빙성 있는 객관적 자료가 있는 경우에는 예외적으로 이 자료를 이용하여 공판조서의 명백한 오기 여부를 판단할 수 있다고 보아야 한다(대법원 2010.7.22, 2007도3514). 따라서 공판기록에 편철된 서류뿐만 아니라 공판정에서의 심리에 대한 속기록이나 영상녹화물 등도 공판조서의 명백한 오기 여부를 판단하는데 있어서 보조자료로 이용될 수 있을 것

---

1) A사건에서 증언한 증인이 위증죄로 재판을 받는 경우에 A사건의 공판기일에서 선서한 사실이 있는가 하는 점에 대해서는 A사건의 공판조서가 배타적 증명력을 가지는 것은 아니다. 따라서 A사건에 대한 공판조서의 기재에도 불구하고 다른 증거로서 선서의 존부를 다툴 수 있다.

2) 대법원 1972. 12. 26, 72도2421, 「공판조서에 피고인에 대하여 인정신문을 한 기재가 없다 하여도 같은 조서에 피고인이 공판기일에 출석하여 공소사실신문에 대하여 이를 시인하고 있는 기재가 있으니 인정신문이 있었던 사실이 추정된다 할 것이고, 다만 조서의 기재에 이 점에 관한 누락이 있었을 따름인 것이 인정된다.」

이다.

Ⅲ. 공판조서의 무효 및 멸실

공판조서의 배타적 증명력은 유효한 공판조서의 존재를 전제로 한다. 따라서 공판조서가 무효이거나 멸실된 경우에는 배타적 증명력을 논할 여지가 없다. 공판조서가 무효인 경우란 공판조서 작성자인 법원서기관 등의 서명날인이 없거나 공판정에 열석하지 아니한 법관이 재판장으로 서명날인 한 경우와 같이 중대한 절차상의 오류가 있는 경우를 말한다(대법원 1983.2.8, 82도2940).

공판조서가 무효이거나 멸실된 경우에 상급심에서 다른 자료에 의하여 원심공판절차의 위법 여부를 판단할 수 있는지가 문제된다. 공판조서가 무효이거나 멸실된 경우에 상소심은 다른 자료를 사용할 수 없고 사건을 원심법원에 파기환송해야 한다는 견해도 있으나, 공판조서의 증명력은 유효한 공판조서를 전제로 할 뿐만 아니라 형사소송법이 항소심의 심판에 대하여 파기자판을 원칙으로 하고 있는 점에 비추어 볼 때에도 다른 자료에 의한 사실인정을 허용하는 통설의 태도가 타당하다고 생각된다.

제3장

재 판

제 1 절   재판의 기본개념

I. 재판의 의의와 종류

1. 재판의 의의

재판이란 좁은 의미로는 법원의 피고사건의 실체에 대한 공권적 판단, 즉 유죄와 무죄의 실체적 종국재판을 의미한다. 그러나 소송법적 의미 내지 넓은 의미의 재판은 법원 또는 법관의 법률행위적 소송행위 모두를 가리킨다. 재판은 법원 또는 법관의 소송행위이므로 사건의 송치, 공소제기 등의 검사 또는 사법경찰관의 소송행위와 다르고, 의사표시를 내용으로 하는 법률행위적 소송행위이므로 법원의 증거조사나 판결의 선고와 같은 사실행위적 소송행위와도 구별된다.

2. 재판의 종류

(1) 재판의 기능에 따른 분류

㈎ 종국재판

종국재판이란 소송을 당해 심급에서 종결시키는 재판을 말하며, 유죄·무죄의 판결과 관할위반의 판결, 면소판결, 공소기각의 판결, 공소기각의 결정이 여기에 해당한다. 상소심에서 행하는 파기판결이나 상소기각의 재판도 종국재판의 일종이다. 종국재판은 당해 심급의 절차를 종결시키는 재판이라는 점에서 법적 안정성이 요구되므로 재판을 한 법원이 이를 취소 또는 변경할 수 없고 상소를 통하여 다툴 수 있을 뿐이다.

(나) 종국 전의 재판

종국 전의 재판이란 종국재판에 이르기까지의 절차에 관한 재판을 말하며, 중간재판이라고도 한다. 종국재판을 제외한 결정이나 명령이 여기에 해당한다. 종국 전의 재판은 절차진행과정에서 행하여지는 재판으로서 합목적성이 강조되므로 법원 스스로 이를 취소 또는 변경할 수 있다. 그리고 종국 전의 재판에는 원칙적으로 상소가 허용되지 않는다(제403조 제1항).

(2) 재판의 형식에 따른 분류

(가) 판   결

판결은 법원의 가장 중요한 재판형식으로서 종국재판은 원칙적으로 판결의 형식을 취한다. 판결에는 실체재판인 유죄·무죄의 판결과 형식재판인 관할위반·공소기각 및 면소의 판결이 있다. 판결은 법률에 다른 규정이 없으면 구두변론을 거쳐서 하여야 하고(제37조 제1항), 이유를 명시하여야 한다(제39조). 판결에 대한 상소방법은 항소 또는 상고이며, 판결에 대해서만 재심과 비상상고가 허용된다.

(나) 결   정

결정은 법원이 행하는 종국 전 재판의 원칙적 형식이며, 절차에 관한 재판은 원칙적으로 결정에 의한다. 다만 공소기각의 결정, 상소기각의 결정은 종국재판에 해당한다. 결정을 함에는 구두변론을 거치지 아니할 수 있으며(제37조 제2항), 결정을 할 때 필요하면 사실을 조사할 수 있다(동조 제3항). 사실조사를 위해 필요한 때에는 증인을 신문하거나 감정을 명할 수 있고, 이 경우에는 검사·피고인·피의자 또는 변호인을 참여하게 할 수 있다(규칙 제24조). 상소를 불허하는 결정을 제외하고는 결정에도 이유를 명시하여야 한다(제39조). 결정에 대한 상소방법은 항고(제402조) 및 재항고(제415조)이다.

(다) 명   령

명령은 법원이 아닌 재판장·수명법관·수탁판사가 행하는 재판을 말한다. 다만 수명법관·수탁판사가 그의 직무집행에 관하여 법원의 권한을 행사할 수 있는 경우(제136조 제3항, 제145조, 제167조 제3항, 제177조 등)에는 수명법관·수탁판사의 재판도 결정에 해당한다. 법관의 명령은 모두 종국 전의 재판이다. 그리고 약식명령은 명령이라는 명칭을 사용하고 있으나 명령과는 다른 독립된 형식의 재판이다. 명령은 결정과 마찬가지로 구두변론을 거치지 아니할 수 있고 명령을 할 때 필요하면 사실조사를 할 수 있다($\frac{\text{제}37}{\text{조}}$ $\frac{\text{제}2\text{항}\cdot}{\text{제}3\text{항}}$). 명령에 대한 일반적인 상소방법은 없다. 다만 특수한 경우에 이의신청($\frac{\text{제}304}{\text{조등}}$)이나 준항고($\frac{\text{제}416}{\text{조}}$)가 허용된다.

(3) 재판의 내용에 따른 분류

(가) 실체재판

실체재판이란 피고사건의 실체, 즉 실체적 법률관계를 판단하는 재판을 말한다. 유죄판결과 무죄판결이 여기에 해당하는데, 실체재판은 모두 종국재판이며 판결의 형식을 취한다.

(나) 형식재판

형식재판은 피고사건의 실체가 아닌 절차적·형식적 법률관계를 판단하는 재판을 말한다. 종국 전의 재판은 모두 형식재판이며, 종국재판 중에서도 관할위반·면소·공소기각의 재판은 형식재판에 해당한다.

Ⅱ. 재판의 성립과 방식

1. 재판의 성립

재판은 법원 또는 법관의 의사표시적 소송행위이므로, 재판의 성립은 의사의 내부적 결정과 결정된 의사의 외부적 표시라는 두 단계를 거쳐서 이루어진다. 전자를 내부적 성립, 후자를 외부적 성립이라고 한다.

(1) 내부적 성립

재판의 의사표시의 내용이 재판기관의 내부에서 결정되는 것을 말한다. 여기서 재판기관이란 당해 사건의 심리에 관여한 재판기관을 말하며, 당해 사건의 심리에 관여하지 않은 법관이 재판의 내부적 성립에 관여한 때에는 절대적 항소이유($\frac{\text{제}361\text{조의}}{5\text{제}8\text{호}}$) 또는 상대적 상고이유($\frac{\text{제}383\text{조}}{\text{제}1\text{호}}$)가 된다. 재판의 내부적 성립이 있은 후 선고 또는 고지만 하는 때에는 법관이 경질되어도 공판절차를 갱신할 필요가 없다. 내부적 성립의 시기는 합의부와 단독판사의 경우가 다르다.

(개) 합의부의 재판

합의부의 재판은 그 구성원인 법관의 합의에 의하여 내부적으로 성립한다. 재판의 합의는 헌법 및 법률에 다른 규정이 없으면 과반수로 결정하며($\genfrac{}{}{0pt}{}{\text{법원조직법}}{\text{제66조 제 1 항}}$), 만약 합의에 관한 의견이 3설 이상 분립하여 각각 과반수에 달하지 못할 때에는 과반수에 달하기까지 피고인에게 가장 불리한 의견의 수에 순차 유리한 의견을 가하여 그 중 가장 유리한 의견에 의한다($\genfrac{}{}{0pt}{}{\text{동조 제2항}}{\text{제 2 호}}$). 재판의 합의는 공개하지 아니한다($\genfrac{}{}{0pt}{}{\text{동법}}{\text{제65조}}$). 다만 대법원의 재판서에는 합의에 관여한 모든 대법관의 의견을 표시하여야 한다($\genfrac{}{}{0pt}{}{\text{동법}}{\text{제15조}}$). 따라서 대법원의 판결에는 소수의견이 표시된다.

(나) 단독판사의 재판

단독판사의 재판에는 합의의 단계가 없으므로 절차갱신의 요부라는 목적론적 관점에서 재판서의 작성시, 즉 법관이 재판서에 서명날인하여 작성을 마친 때에 내부적으로 성립한다고 보아야 한다. 다만 재판서를 작성하지 아니하고 재판을 선고 또는 고지하는 경우에는 재판의 선고 또는 고지에 의하여 내부적 성립과 외부적 성립이 동시에 이루어지게 된다.

(2) 외부적 성립

재판은 판결의 선고 또는 결정·명령의 고지에 의하여 외부적으로 인식될 수 있는 상태에 이르렀을 때 외부적으로 성립한다.

(개) 재판의 선고 또는 고지의 방법

재판의 선고란 공판정에서 재판의 내용을 구술로 선언하는 행위이고, 고지란 선고 외의 적당한 방법으로 재판의 내용을 소송관계인에게 알려주는 행위이다. 재판의 선고나 고지는 공판정에서는 재판서에 의하여야 하고 기타의 경우에는 재판서등본의 송달 또는 다른 적당한 방법으로 하여야 한다. 다만 법률에 다른 규정이 있는 때에는 예외로 한다($\genfrac{}{}{0pt}{}{\text{제}}{\text{42조}}$).

재판의 선고나 고지는 재판장이 한다. 판결을 선고함에는 주문을 낭독하고 이유의 요지를 설명하여야 하며($\genfrac{}{}{0pt}{}{\text{제43}}{\text{조}}$), 필요한 때에는 피고인에게 적절한 훈계를 할 수 있다($\genfrac{}{}{0pt}{}{\text{규칙}}{\text{제147조}}$). 형을 선고하는 경우에는 재판장은 피고인에게 상소할 기간과 상소할 법원을 고지하여야 한다($\genfrac{}{}{0pt}{}{\text{제324}}{\text{조}}$). 판결의 선고는 전체로서의 선고절차를 모두 마쳤을 때 비로소 종료되므로 재판장이 주문을 낭독한 이후라도 판결선고가 종료되기 전까지는 재판서에 기재된 주문과 이유를 잘못 낭독하거나 설명하는 등 실수가 있거나 판결 내용에 잘못이 있음이 발견된 경우와 같이 특별한 사정이 있는 경우라면 선고의 변경이 허용된다(대법원 2022.5.13, 2017도3884).

(나) 외부적 성립의 효력

종국재판이 외부적으로 성립하면 법적 안정성의 요구에 의하여 그 재판을 한 법원이 이를 철회하거나 변경하는 것은 허용되지 않는데, 이를 재판의 구속력이라고 한다. 다만 대법원은 그 판결내용에 오류가 있음을 발견한 때에는 직권이나 당사자의 신청에 의하여 판결로써 이를 정정할 수 있다(제400조 제1항).

한편 종국 전의 재판에 있어서는 합목적성의 요구에 의하여 재판의 철회와 변경이 널리 허용된다. 증거결정의 취소, 보석허가결정의 취소, 보석조건의 변경 등이 그 예에 해당한다.

재판이 외부적으로 성립하면 그 때로부터 상소기간이 진행된다(제343조 제2항 참조). 또한 무죄·면소·형의 면제·형의 선고유예와 집행유예·공소기각·벌금 또는 과료의 재판이 선고된 때에는 구속영장의 효력이 상실된다(제331조).

2. 재판의 내용과 방식

(1) 재판내용의 구성

(가) 주   문

주문이란 재판의 대상이 된 사실에 대한 최종적 결론을 말한다. 형을 선고하는 판결의 경우에는 구체적인 선고형을 주문에 기재하여야 하며, 그 밖에 형의 집행유예, 노역장유치기간, 재산형의 가납명령 및 소송비용의 부담 등도 주문에 기재된다. 미결구금일수의 산입범위가 법원의 재량에 맡겨져 있었던 이른바 재정통산은 형법 제57조 제1항에 대한 헌법재판소의 위헌결정에 의하여 허용되지 않게 되었다. 이에 따라 미결구금일수의 산입에 관한 사항은 판결에서 더 이상 판단할 필요가 없다는 것이 판례의 입장이다.[1] 형을 선고하는 판결의 주문은 판결의 집행과 전과기록의 기초가 된다. 또한 판결은 판결원본의 기재에 의하여 효력을 발생하는 것이 아니므로 선고된 형과 기재된 형이 다른 경우에는 검사는 선고된 형을 집행하여

---

1) 대법원 2009. 12. 10, 2009도11448, 「형법 제57조 제1항 중 "또는 일부" 부분은 헌법재판소 2009. 6. 25. 선고 2007헌바25 사건의 위헌결정으로 효력이 상실되었다. 그리하여 판결선고 전 미결구금일수는 그 전부가 법률상 당연히 본형에 산입하게 되었으므로, 판결에서 별도로 미결구금일수 산입에 관한 사항을 판단할 필요가 없다고 할 것이다.」

야 한다($\frac{\text{대법원 1981.5.14,}}{81도8}$).

(나) 이   유

이유는 주문에 이르게 된 법률적 및 사실적 근거를 말한다. 상소를 불허하는 결정이나 명령을 제외하고는 재판에는 이유를 명시하여야 한다($제39조$). 재판에 이유를 명시하도록 한 것은 법관의 자의적인 재판을 억제하여 재판의 공정성을 담보하고, 재판을 받은 자에게 당해 재판의 당부를 심사할 기초를 제공함으로써 상소제기 여부에 대한 타당한 판단을 가능하게 하기 위한 것이다.

판결에 이유를 붙이지 아니하거나 이유에 모순이 있는 때에는 절대적 항소이유($\frac{제361조의}{5\ 제11호}$) 및 상대적 상고이유가 된다($\frac{제383조}{제1호}$).

(2) 재판의 방식

(가) 재판서의 작성

재판은 법관이 작성한 재판서에 의하여야 한다. 다만 결정 또는 명령을 고지하는 경우에는 재판서를 작성하지 아니하고 조서에만 기재하여 할 수 있다($\frac{제38}{조}$). 재판서는 재판의 형식에 따라 판결서 · 결정서 · 명령서로 구분된다.

(나) 재판서의 기재사항

재판서에는 법률에 다른 규정이 없으면 재판을 받는 자의 성명 · 연령 · 직업과 주거를 기재하여야 한다($\frac{제40조}{제1항}$). 재판을 받는 자가 법인인 때에는 그 명칭과 사무소를 기재하여야 한다($\frac{동조}{제2항}$). 특히 판결서에는 기소한 검사와 공판에 관여한 검사의 관직 · 성명과 변호인의 성명을 기재하여야 한다($\frac{동조}{제3항}$). 현행법이 공판에 관여한 검사 외에 기소한 검사의 관직과 성명을 판결서에 기재하도록 하는 기소검사실명제를 도입한 것은 수사검사의 무책임한 공소제기를 방지하기 위한 목적이라고 할 수 있다. 또한 재판서에는 재판을 한 법관이 서명날인하여야 한다($\frac{제41조}{제1항}$). 재판장이 서명날인을 할 수 없는 때에는 다른 법관이 그 사유를 부기하고 서명날인하여야 하며, 다른 법관이 서명날인을 할 수 없는 때에는 재판장이 그 사유를 부기하고 서명날인을 하여야 한다($\frac{동조}{제2항}$).[1] 다만 판결서 기타 대법원규칙이 정하는 재판서를 제외

---

[1] 대법원 2021. 4. 29, 2021도2650,「군사법원법 제72조에 의하면 재판은 재판관인 군판사가 작성한 재판서로 하여야 하고, 제75조에 의하면 재판서에는 재판한 재판관이 서명날인하여야 하며(제1항), 재판장 외의 재판관이 서명날인할 수 없을 때에는 재판장이 그 사유를 부기하고 서명날인하여야 하므로(제2항), 이러한 재판관의 서명날인이 없는 재판서에 의한 판결은 군사법원법 제442조 제1호가 정한 '판결에 영향을 미친 법률의 위반이 있는 때'에

한 재판서에 대하여는 서명날인에 갈음하여 기명날인을 할 수 있다($\substack{동조 \\ 제3항}$). 형사소송규칙은 이를 구체화하여 재판서 가운데 판결과 각종 영장(감정유치장 및 감정처분허가장을 포함) 이외에는 서명날인을 기명날인으로 갈음할 수 있도록 하고 있다($\substack{규칙 제25 \\ 조의2}$).

검사의 집행지휘를 요하는 재판은 재판서 또는 재판을 기재한 조서의 등본 또는 초본을 재판의 선고 또는 고지한 때로부터 10일 이내에 검사에게 송부하여야 한다. 단 법률에 다른 규정이 있는 때에는 예외로 한다($\substack{제44 \\ 조}$). 피고인 기타 소송관계인은 비용을 납입하고 재판서 또는 재판을 기재한 조서의 등본 또는 초본의 교부를 청구할 수 있다($\substack{제45 \\ 조}$). 재판서 또는 재판을 기재한 조서의 등본 또는 초본은 원본에 의하여 작성하여야 하나, 부득이한 경우에는 등본에 의하여 작성할 수 있다($\substack{제46 \\ 조}$).

제 2 절   종국재판

종국재판이란 소송을 당해 심급에서 종결시키는 재판을 말한다. 종국재판 가운데 유죄판결과 무죄판결은 실체재판이며, 면소판결·관할위반의 판결·공소기각의 판결과 결정은 형식재판이다. 판결의 형식을 취하는 종국재판은 공판기일에서의 구두변론을 거쳐서 행하여진다($\substack{제37조 \\ 제1항}$).

Ⅰ. 유죄판결

1. 유죄판결의 의의와 종류

(1) 의   의

유죄판결이란 법원이 피고사건에 대하여 범죄의 증명이 있는 경우에 선고하는 실체재판을 말한다. 여기서 피고사건이란 공소장에 특정되어 있는 범죄사실 및 이에 대응하는 적용법조를 의미하며, 범죄의 증명이 있는 때란 공판정에서 조사한 적법한 증거에 의하여 법관이 범죄사실의 존재에 대하여 합리적인 의심이 없는 정도의 확신을 가진 경우를 말한다.

해당하여 파기되어야 한다(대법원 2020. 11. 26. 선고 2020도12358 판결 참조). 이는 서명한 재판관의 인영이 아닌 다른 재판관의 인영이 날인되어 있는 경우에도 마찬가지이다.」

(2) 종 류

유죄판결에는 형선고의 판결, 형면제의 판결 그리고 선고유예의 판결이 있다. 집행유예의 판결은 형을 선고하면서 그 집행만을 일정기간 유예하는 것이므로 형선고의 판결에 속한다. 피고사건에 대하여 범죄의 증명이 있는 때에는 판결로서 형을 선고하는 것이 원칙이다($\frac{제321조}{제1항}$). 형선고 판결의 기본적인 주문은 '피고인을 일정한 종류 및 양의 형벌에 처한다'는 형태를 취한다. 예를 들면 '피고인을 징역 1년에 처한다' 또는 '피고인을 벌금 3,000,000원에 처한다'라는 형식으로 형을 선고한다. 형의 집행유예·노역장유치기간도 형의 선고와 동시에 판결로서 선고하여야 하므로($\frac{제321조}{제2항}$) 주문에 표시하여야 하며, 가납명령($\frac{제334}{조}$)·압수장물의 피해자환부($\frac{제333}{조}$)·소송비용의 부담($\frac{제191}{조}$) 등도 주문에 표시하여야 한다.

형면제의 판결은 과잉방위·과잉피난·과잉자구행위·중지미수·불능미수·친족상도례 등과 같이 형벌법규에 형을 면제하는 규정이 있는 경우에만 선고할 수 있으며, '피고인에 대한 형을 면제한다'라는 형식을 취한다.

형의 선고유예의 판결은 1년 이하의 징역이나 금고, 자격정지 또는 벌금의 형을 선고할 경우에 형법 제51조의 사항을 참작하여 개전의 정상이 현저할 때에 선고할 수 있다($\frac{형법 제59}{조 제1항}$). 판결주문은 '피고인에 대한 형의 선고를 유예한다'라는 형식을 취한다. 선고유예의 판결에서는 그 판결이유에서 선고할 형의 종류와 양 즉 선고형을 정해 놓아야 하고, 그 선고를 유예하는 형이 벌금형일 경우에는 그 벌금액뿐만 아니라 환형유치처분까지 해 두어야 한다($\frac{대법원 1988.1.19,}{86도2654}$). 선고유예가 실효되어 유예한 형을 선고하는 경우($\frac{형법}{제61조}$)에 대비하기 위한 것이다.

2. 유죄판결에 명시할 이유

유죄판결은 피고인의 형사책임을 인정하는 불이익한 재판이기 때문에 주문은 물론이고 판결이유도 구체적으로 명시해야 한다. 형사소송법은 「형의 선고를 하는 때에는 판결이유에 범죄될 사실, 증거의 요지와 법령의 적용을 명시하여야 한다. 법률상 범죄의 성립을 조각하는 이유 또는 형의 가중·감면의 이유되는 사실의 진술이 있은 때에는 이에 대한 판단을 명시하여야 한다」고 규정하고 있다($\frac{제323조}{제1항·제2항}$). 이것은 유죄판결에는 어떤 범죄사실에 대하여 어떤 법률을 적용하였는지를 객관적으로 알 수 있도록 분명하게 기재해야 한다는 의미이다. 그러나 제323조의 규정에 의하여 유죄판결에 명시해야 할 이유가 여기에 제한된다고 보아서는 안 된다. 재판의 공정성을 담보하고 피고인의 상소권보호 등을 위하여 필요하다고 생각되는 사항에 대해서는 역시 그 이유를 명시하여야 할 것이다. 유죄판결이라도 형을 면제하거나 형의 선고를 유예하는 판결에 대해서는 제323조가 적용되지 않으며, 이 경우에는 형을 면제하는 사유나 형의 선고를 유예하는 사유 등을 법률적으로나 사실적으로 적시하면 될 것이다.

형사소송법 제323조 제 1 항의 규정에 위반하여 판결이유에 범죄될 사실, 증거의 요지 및 법령의 적용을 명시하지 않은 경우에는 판결에 이유를 붙이지 아니하거나 이유에 모순이 있는 때에 해당하여 절대적 항소이유($\frac{제361조의}{5 제11호}$)가 되며, 또한 판결에 영향을 미친 법령위반으로서 상대적 상고이유($\frac{제383조}{제1호}$)가 된다.

법률상 범죄의 성립을 조각하는 이유 또는 형의 가중·감면의 이유되는 사실의 진술이 있었음에도 불구하고 이에 대한 판단을 명시하지 않은 경우에 대하여는 상대적 항소이유가 된다는 견해와 절대적 항소이유가 된다는 견해가 대립하고 있다. 상대적 항소이유로 보는 견해에서는 제323조 제 2 항의 위반은 유죄판결의 이유 자체에 대한 판단을 결여한 것이 아니므로 단순한 소송절차의 법령위반($\frac{제361조의}{5 제1호}$)이 되는데 그친다고 한다. 그러나 법률상 범죄의 성립을 조각하는 이유 또는 형의 가중·감면의 이유되는 사실에 대한 판단은 피고인의 방어권 보호를 위하여 중요한 의미를 가지므로 이에 대한 판단을 누락한 것은 범죄사실 등의 기재를 결여한 것에 준하여 절대적 항소이유($\frac{제361조의}{5 제11호}$)가 된다고 해야 할 것이다. 또한 항소심 판결에 이러한 사유가 있는 경우에는 상대적 상고이유($\frac{제383조}{제1호}$)가 된다.

(1) 범죄될 사실

㈎ 의 의

범죄될 사실이란 특정한 구성요건에 해당하는 위법하고 유책한 구체적 사실로서 피고인에 대한 형사처벌의 근거를 이루는 사실을 말한다. 유죄판결에 범죄될 사실을 기재하도록 한 것은 이를 통하여 형벌법규의 적용대상을 명확히 하고 피고인에게 어떤 사실로 처벌되는지를 알게 할 뿐만 아니라 일사부재리의 효력이 미치는 범위를 확정하는 의미를 가진다.

㈏ 범죄될 사실의 범위

1) **구성요건해당사실**   구성요건에 해당하는 구체적 사실은 범죄될 사실이다. 그러므로 객관적 구성요건요소가 되는 행위의 주체·객체·태양·결과·인과관

계 등의 사실과 주관적 구성요건요소인 고의·과실·목적범의 목적·재산범죄에 있어서의 불법영득의 의사 등의 사실은 명시해야 할 범죄사실에 해당한다. 다만 객관적 구성요건요소에 대한 인식을 의미하는 구성요건적 고의는 보통은 객관적 구성요건요소의 존재에 의하여 인정되는 것이므로 특히 이를 명시할 것을 요하지 않으나, 구성요건에 해당하는 사실만으로 고의가 인정되지 않을 때에는 고의를 인정한 근거인 간접사실을 명시하여야 한다. 또한 과실범의 경우에는 주의의무발생의 전제가 되는 구체적 상황, 주의의무의 내용, 주의의무위반의 구체적 행위 등을 명시해야 한다.

구성요건해당사실은 기본적 구성요건에 해당하는 경우뿐만 아니라 그 수정형식인 예비·음모·미수·공범 등에 해당하는 경우도 포함한다. 따라서 미수범의 경우 실행의 착수에 해당하는 사실은 물론 장애미수, 중지미수, 불능미수의 구별도 명시하여야 한다. 공범의 경우에는 공동정범과 교사범 및 방조범을 명확히 구별하여야 한다. 공모공동정범의 경우에는 공모도 범죄될 사실로서 명시하여야 한다.[1]

유죄판결에 명시하여야 할 범죄될 사실은 과거의 역사적 사실을 의미하므로 그 범위를 확정하기 위한 범죄의 일시와 장소도 범죄될 사실에 포함된다는 견해가 있다. 그러나 범죄의 일시와 장소는 그것이 구성요건요소로 되어 있는 경우를 제외하고는 범죄사실 그 자체라고 할 수 없고 범죄사실을 특정하기 위한 요소로 볼 수 있으므로 범죄사실을 특정하기 위하여 필요한 범위 내에서 명시하면 족할 것이다 $\left(\begin{smallmatrix} 대법원 1986.8.19, \\ 86도1073 \end{smallmatrix}\right)$.

2) 위법성과 책임   범죄될 사실은 구성요건에 해당하는 위법하고 유책한 행위이나, 구성요건해당사실이 인정되면 위법성과 책임은 사실상 추정되므로 별도의 판단을 요하지 않는다. 다만 피고인이 위법성이나 책임을 조각하는 사실을 주장하는 경우에는 제323조 제 2 항에 의해 소송관계인의 주장에 대한 판단으로서 명시하여야 한다.

3) 처벌조건   처벌조건인 사실은 범죄사실 자체는 아니지만 형벌권 발생의 조건이므로 범죄사실에 준해서 판결이유에 명시하여야 한다.

4) 형의 가중·감면사유   결과적 가중범과 같이 중한 결과가 이미 구성요건

---

1) 대법원 2008. 11. 13, 2006도755, 「공모공동정범에 있어 그 공모에 관하여는 모의의 구체적인 일시, 장소, 내용 등을 상세하게 설시하여야 할 필요는 없고, 범행에 관하여 의사가 합치되었다는 것만 설시하면 된다.」

요소로 되어 있는 때에는 그것은 당연히 범죄사실에 포함된다. 누범전과와 같은 법률상 형의 가중사유나 중지미수와 같은 법률상 형의 감면사유도 범죄사실 자체는 아니지만 형벌권의 범위와 관련된 중요사실이므로 범죄사실에 준하여 이를 명시하여야 한다.

다만 단순한 양형사유인 정상에 관한 사실은 이들과는 달리 명시할 필요가 없다($\binom{대법원 1994.12.13,}{94도2584}$). 양형이 현실적으로 피고인에게 중요한 의미를 가지는 것은 사실이나, 특히 사형을 선고하거나($\binom{대법원 2016.2.19,}{2015도12980}$) 이례적인 양형을 하는 경우에 한해서 그 판단을 명시하면 된다고 보는 것이 일반적이다. 법원이 대법원 양형위원회의 양형기준을 벗어난 판결을 하는 경우에도 당해 양형을 하게 된 사유를 합리적이고 설득력 있게 표현하는 방식으로 그 이유를 기재하여야 한다($\binom{대법원 2010.12.9,}{2010도7410}$).[1]

(다) 명시의 방법

1) 명시의 정도   범죄될 사실은 적어도 특정형벌법규를 적용하기에 족할 만큼 구체적으로 사실을 명시할 것을 요한다. 따라서 예를 들면 폭행치사를 유죄로 인정하면서 판결이유에서 범죄사실을 '피고인이 불상의 방법으로 피해자를 가격하여 그 충격으로 피해자가 뒤로 넘어지면서 우측 후두부가 도로바닥에 부딪쳐 사망에 이르렀다'고 기재한 경우에는 범죄사실을 명시한 것으로 볼 수 없다($\binom{대법원 1999.12.28,}{98도4181}$). 또한 공범인 교사범과 방조범의 범죄사실을 적시함에 있어서는 그 전제조건이 되는 정범의 범죄구성요건이 되는 사실도 적시하여야 한다($\binom{대법원 1981.11.24,}{81도2422}$).

2) 죄수와 명시방법   경합범의 경우에는 각개의 범죄사실을 구체적으로 특정하여 명시하여야 하며, 과형상 일죄도 실체법상 수죄이므로 각개의 범죄사실을 구체적으로 명시하여야 한다. 그러나 포괄일죄는 일죄이므로 전체범행에 대하여 그 시기와 종기, 범행방법, 범행횟수, 피해액의 합계, 피해자나 상대방 등을 포괄적으로 명시하면 족하다.

3) 범죄사실의 택일적 인정의 문제   범죄될 사실의 적시와 관련해서는 이른

---

1) 양형의 적정성 및 균형성을 확보하기 위하여 대법원에 양형위원회가 설치되어 있다(법원조직법 제81조의2). 양형위원회는 법관이 합리적인 양형을 도출하는데 참고할 수 있는 구체적이고 객관적인 양형기준을 설정하거나 변경한다(동법 제81조의6 제 1 항). 법관은 형의 종류를 선택하고 형량을 정함에 있어서 양형기준을 존중하여야 한다. 다만 양형기준은 법적 구속력을 갖지 아니한다(동법 제81조의7 제 1 항). 법원이 양형기준을 벗어난 판결을 하는 경우에는 판결서에 양형의 이유를 기재하여야 한다. 다만 약식절차 또는 즉결심판절차에 의하여 심판하는 경우에는 그러하지 아니하다(동조 제 2 항).

바 범죄사실의 택일적 인정을 허용할 수 있는가 하는 문제가 있다. 택일적 사실인
정이란 구성요건을 달리하는 양 사실 중 그 어느 하나에 해당함은 명백하나 피고
인의 범죄사실을 구체적으로 확정할 수 없는 경우에 유죄판결의 이유에 두 개의
범죄사실을 기재하여 그 가운데 하나로 유죄를 인정하는 것을 말한다. 현실적으로
는 예를 들면 피고인의 행위가 절도와 장물취득의 어느 하나에는 해당함이 명백하
나 그 어느 것인가가 명백하지 않은 경우에 이들 중 피고인에게 유리한 사실을 인
정하는 것이 가능한가의 문제로서 논의가 되고 있다. 독일에서는 이를 인정하고
있으나, 만일 이러한 택일적 인정에 의해 피고인을 유죄로 하게 되면 법관은 양
범죄사실의 어느 것에 대해서도 합리적인 의심을 넘는 확신에 이르지 않은 상태에
서 피고인에게 유죄를 선고하는 것이 되어 '의심스러울 때는 피고인의 이익으로'
의 원칙에 반할뿐만 아니라, 명문의 규정도 없이 '절도 또는 장물취득'이라고 하는
합성적 구성요건을 새로이 창설하는 것이 되어 죄형법정주의에도 반하는 것이 된
다. 따라서 우리 형사소송법에서는 범죄될 사실의 택일적 기재 및 택일적 인정은
허용되지 않고 양 사실을 모두 부정하여 무죄를 선고하여야 한다(대법원 1993.5.25,
93도558).

　　다만 횡령행위인지 업무상 횡령행위인지가 명확하지 않은 경우에 단순횡령을
인정한다든가, 살인의 의사를 인정하는 데 의문이 있어 살인인가 상해치사인가가
판명되지 않는 경우에 상해치사를 인정하는 것, 그리고 기수와 미수의 관계에서 미
수를 인정하는 것 등과 같이 양 사실이 포섭관계에 있는 경우에는 중한 사실은 경
한 사실을 포함하므로 중한 사실에 의심이 있어서 경한 사실을 인정하는 것은 '의
심스러울 때는 피고인의 이익으로'의 원칙이 적용되는 하나의 경우에 불과하다. 따
라서 이러한 경우는 택일적 사실인정의 문제와는 구별되어야 한다.

(2) 증거의 요지

㈎ 의　　의

　　증거의 요지란 판결이유에 나타난 범죄사실을 인정하는 자료가 된 증거의 개
요를 말한다. 판결이유에 증거의 요지를 기재할 것을 요구하는 취지는 법관에 의
한 사실인정의 합리성을 담보하고, 당사자에게 판결내용의 타당성을 설득시키며,
상소심에 심사의 자료를 제공하는 데 있다. 다만 증거에 의하여 범죄사실을 인정한
이유를 설명할 것을 요하지 않고 증거의 요지만을 기재하도록 한 것은 소송경제와
의 조화를 고려한 것이라 할 수 있다.

(나) 명시를 요하는 범위

증거의 요지는 범죄사실의 내용을 이루는 사실에 대해서만 명시하면 충분하다. 따라서 유죄판결의 증거는 범죄사실을 증명할 적극적 증거를 명시하면 족하고, 범죄사실을 인정하는 데 배치되는 소극적인 증거까지 들어 이를 배척한다는 취지의 판단이나 이유를 설시할 필요는 없다($\binom{대법원 1987.10.13,}{87도1240}$). 따라서 피고인이 알리바이를 주장하는 증거에 대하여는 이를 배척하는 판단을 할 필요가 없다($\binom{대법원 1982.9.28,}{82도1798}$).

범죄의 원인과 동기는 범죄사실이 아니므로 증거요지를 명시할 필요가 없다. 범죄의 일시와 장소에 대해서는 그것이 범죄사실의 특정을 위하여 중요한 요소이므로 증거요지의 명시가 필요하다는 견해가 있으나, 일시와 장소는 범죄사실이 아니므로 증거요지의 명시를 요하지 않는다고 보아야 할 것이다. 고의는 범죄사실의 내용을 이루지만 보통은 객관적 구성요건요소의 존재에 의하여 인정되는 것이므로 증거요지의 명시를 요하지 않으나, 예외적으로 구성요건에 해당하는 사실만으로 고의가 인정되지 않을 때에는 고의를 인정한 근거인 간접사실을 범죄사실로서 명시하여야 하는데 이 경우에는 이를 뒷받침할 간접증거를 명시해야 할 것이다. 누범에 해당하는 전과에 대해서는 증거의 요지를 명시하여야 한다. 누범전과는 범죄사실에 준하는 사실이기 때문이다. 또한 자백사건의 경우에는 자백 외에 보강증거를 명시하여야 한다.

그러나 소송법적 사실인 자백의 임의성이나 소송조건의 존부 등에 관한 사실에 대하여는 증거의 요지를 명시할 필요가 없다. 양형에 관한 사실이나 소송비용의 부담에 대해서도 마찬가지이다.

(다) 명시의 방법

증거의 요지를 명시함에 있어서는 어떤 증거로부터 어떤 사실을 인정하였는가를 알 수 있도록 증거의 중요부분을 표시하면 족하다($\binom{대법원 2010.2.11,}{2009도2338}$). 따라서 당해 증거를 통해 사실을 인정한 이유나 증거를 취사선택한 이유를 밝힐 필요는 없고, 어느 증거의 어느 부분에 의하여 어느 범죄사실을 인정하였는가를 구체적으로 설시할 필요도 없다($\binom{대법원 2001.7.27,}{2000도4298}$). 요컨대 법원이 인정한 범죄사실의 내용과 명시된 증거의 요지를 대조하여 어떠한 증거자료에 의하여 범죄사실을 인정하였는가를 짐작할 수 있을 정도로 기재하면 충분하다. 따라서 증거의 표목만을 기재하거나 '피고인의 법정진술과 적법하게 채택되어 조사된 증거들'이라고만 증거요지를 기재한 것은 적법하다고 볼 수 없으나($\binom{대법원 2000.3.10,}{99도5312}$), '증인 갑이 이 법정에서 한 이에 들

어맞는 진술' 또는 '검사작성 피의자신문조서 중 판시사실에 부합하는 진술기재' 등
과 같이 진술이나 서증내용의 일부분을 명시하는 것은 적법한 증거설시에 해당한다.

수개의 사실을 인정하는 경우에는 개개의 인정사실마다 증거의 요지를 명시하
는 것이 원칙이나, 전체로 보아 동일 또는 일련의 자연적·사회적 사실에 기한 경
우에는 각 사실의 증거가 공통되므로 일괄적으로 명시할 수도 있다. 공범, 상상적
경합범, 포괄일죄, 문서 등의 위조죄와 행사죄, 위조문서 등의 행사죄와 사기죄 등
의 경우가 그것이다.

판결이유에 적시된 증거로부터 범죄사실을 인정하는 것이 객관적으로 불합리
한 경우에는 판결이유에 모순이 있는 경우에 해당하므로 절대적 항소이유가 되며
$\left(\substack{제361조의 \\ 5 \ 제11호}\right)$, 또한 판결에 영향을 미친 법령위반으로서 상대적 상고이유$\left(\substack{제383조 \\ 제1호}\right)$가 된다.

(3) 법령의 적용

법령의 적용이란 인정된 범죄사실에 대하여 적용한 구체적인 형벌법규를 밝히
는 것을 말한다. 죄형법정주의의 원칙에 따라 범죄사실이 어떠한 범죄구성요건에
해당되고, 주문에 나타난 형이 어떠한 형벌법규에 근거하고 있는지를 명확히 하기
위한 것이다. 따라서 법령의 적용은 어떤 범죄사실에 대하여 어떤 법령을 적용하였
는가를 객관적으로 알 수 있도록 분명하게 기재하여야 한다$\left(\substack{대법원 1974.7.26, \\ 74도1477}\right)$.

법령은 형사처벌의 직접적 근거가 되는 형법각칙 또는 특별법의 각 본조를
명시하여야 한다. 조문이 수개의 항으로 나누어져 있을 경우에는 원칙적으로 항을
특정하여 기재하여야 한다. 다만 형법각칙의 본조만 기재하고 항을 기재하지 않았
다고 하더라도 판결에 영향이 없으면 상소이유가 되지 않는다$\left(\substack{대법원 1971.8.31, \\ 71도1334}\right)$.

형법총칙의 규정도 형사책임의 기초를 명백히 하기 위하여 중요한 의미를 가
진 규정은 명시해야 한다. 미수·공범에 관한 규정, 누범·심신장애 등의 형의 가
중·감면사유에 관한 규정, 경합범·상상적 경합범 등 죄수에 관한 규정 등이 여기
에 속한다. 다만 판례는 공동정범의 성립을 인정하면서 형법 제30조를 적시하지 않
았다고 하더라도, 형법 제30조를 적용하고 있음이 판결서에 비추어 명백한 이상 법
령을 잘못 적용하여 판결에 영향을 미친 위법이 있다고 볼 수 없다고 판시하고 있
다$\left(\substack{대법원 1990.4.27, \\ 90도527}\right)$.

또한 몰수, 추징, 형의 집행유예, 노역장유치선고, 피해자 환부, 가납명령 등의
부수처분에 대해서도 법령의 근거를 밝혀야 할 것이다. 이러한 부수처분도 피고인

의 지위와 권리에 중대한 영향을 미친다는 점에서 볼 때 그 근거법령을 명시할 필요가 있기 때문이다. 다만 판례는 몰수와 압수장물환부를 선고하면서 적용법령을 명시하지 않은 경우에도 이 규정을 적용한 취지가 인정되는 이상 위법이 아니라고 판시하고 있다($\binom{\text{대법원 1971.4.30,}}{\text{71도510}}$).

실무상 법령의 적용을 표시하는 방법으로는 범죄사실과의 관련성을 문장체로서 설명하는 문장식과 적용법령을 순차적으로 열거하고 그 적용이유와 결과를 간략하게 기재하는 나열식이 사용되고 있다. 나열방식에 의하는 경우라도 범죄사실과 적용법령 사이의 형식적 관련성을 알 수 있도록 이를 기재하여야 한다.

(4) 소송관계인의 주장에 대한 판단

㈎ 의   의

1) 제도의 취지   법률상 범죄의 성립을 조각하는 이유 또는 형의 가중·감면의 이유되는 사실의 진술이 있은 때에는 이에 대한 판단을 명시하여야 한다($\binom{\text{제323조}}{\text{제 2 항}}$). 이 규정은 법원이 소송관계인의 주장을 무시하지 않고 명백히 판단하였음을 표시하여 재판의 객관적 공정성을 담보하는데 그 취지가 있다. 다만 이 규정은 법원이 소송관계인의 주장을 배척하는 경우에 의미를 가진다. 소송관계인의 주장을 인용한 경우에는 무죄판결을 하거나 동조 제 1 항의 범죄될 사실로서 기재될 것이기 때문이다.

2) 주장과 판단의 방법   소송관계인의 주장은 공판절차에서 사실에 대한 진술의 형식으로 이루어져야 한다. 진술이 심리의 어느 단계에서 있었는가는 문제되지 않으며, 반드시 증거를 들어서 주장할 것을 요하는 것도 아니다. 법원은 소송관계인의 주장이 명확하지 않은 경우에는 석명권을 행사하여 이를 분명하게 한 후 판단하여야 한다.

소송관계인의 주장에 대한 법원의 판단은 명시적이어야 한다. 다만 법원이 이에 대한 판단을 어느 정도 구체적으로 기재해야 하는지가 문제된다. 법원은 그 주장에 대한 판단만을 명시하면 된다는 견해도 있으나, 제323조 제 2 항을 특별히 규정한 형사소송법의 취지에 비추어 볼 때 법원은 소송관계인의 주장에 대하여 이유를 들어 판단하는 것이 필요하다고 할 것이다.

㈏ 법률상 범죄의 성립을 조각하는 이유되는 사실의 진술

법률상 범죄의 성립을 조각하는 이유되는 사실에 위법성조각사유와 책임조각사유가 포함된다는 것은 명백하다. 구성요건해당성조각사유의 진술도 그것이 구성요건해당성을 조각시키는 특수사정을 주장하는 경우에는 여기에 포함시켜 판단해야 한다는 견해가 있으나, 구성요건해당성조각사유의 진술은 범죄의 부인에 불과하므로 여기에 포함되지 않는다고 보아야 한다($\binom{\text{대법원 1982.6.22,}}{\text{82도409}}$). 따라서 피고인이 적극적으로 범죄사실을 부인하거나($\binom{\text{대법원 1997.7.11,}}{\text{97도1180}}$), 고의가 없다고 주장하는 것($\binom{\text{대법}}{\text{원}}$ $\binom{\text{1987.12.8,}}{\text{87도2068}}$), 공소권이 소멸되었다고 주장하는 것 등은 범죄의 성립을 조각하는 이유되는 사실의 진술이라고 할 수 없다.

위법성조각사유에 해당하는 사실의 진술로는 정당방위·긴급피난·정당행위·자구행위에 해당한다는 주장을 들 수 있으며, 책임조각사유에 해당하는 사실의 진술로는 형사미성년자·심신상실·강요된 행위 또는 기대가능성이 없다는 주장을 들 수 있다. 따라서 범행당시에 음주만취되어 전혀 기억이 나지 않는다는 피고인의 주장은 심신상실의 주장이므로 법원은 이에 대해 유죄판결의 이유에서 판단하여야 한다($\binom{\text{대법원 1990.2.13,}}{\text{89도2364}}$).

⑷ **법률상 형의 가중·감면의 이유되는 사실의 진술**

법률상 형의 가중·감면의 이유되는 사실의 범위에 대해서는 누범·중지미수·위증죄 및 무고죄의 자수·자백의 경우와 같은 필요적 가중·감면사유만을 의미한다는 견해와, 과잉방위·과잉피난·심신미약·불능미수·자수·자복과 같은 임의적 감면사유도 포함한다는 견해가 대립하고 있다. 판례는 임의적 감면사유의 주장에 대해서는 유죄판결의 이유에서 판단할 필요가 없다는 입장을 취하고 있다($\binom{\text{대법원 2018.3.13,}}{\text{2017도12150}}$). 그러나 당사자의 주장에 대한 판단을 통하여 재판의 공정성을 확보한다는 취지에서 볼 때, 필요적 가중·감면사유인 사실뿐만 아니라 임의적 감면사유에 해당하는 사실에 대해서도 유죄판결의 이유에서 판단하는 것이 타당하다고 생각된다.

Ⅱ. 무죄판결

1. 의   의

무죄판결이란 피고사건에 대하여 국가의 형벌권이 존재하지 않음을 확인하는 실체적 종국재판이다. 피고사건이 범죄로 되지 아니하거나 범죄사실의 증명이 없는 때에는 판결로써 무죄를 선고하여야 한다($\text{제325}_{\text{조}}$). 무죄판결은 피고인에게 가장 유리한 재판으로서 구두변론을 거쳐서 선고되며, 실체재판이므로 무죄판결을 하려면 소송조건이 구비되어야 한다(대법원 2004.11.26, 2004도4693).

2. 무죄판결의 사유

(1) 피고사건이 범죄로 되지 아니하는 때

'피고사건이 범죄로 되지 아니하는 때'란 공소제기된 사실 자체는 인정되지만 이러한 사실이 구성요건에 해당하지 않거나 위법성조각사유 또는 책임조각사유의 존재로 위법하지 않거나 책임이 없는 경우를 말한다. 공소제기된 사건의 적용법조가 헌법재판소의 위헌결정으로 소급하여 효력을 상실한 경우에 당해 형벌법규를 적용하여 기소한 피고사건도 여기에 해당하게 된다(대법원 2013.5.16, 2011도2631 전원합의체 판결). 헌법재판소의 헌법불합치결정도 법률조항에 대한 위헌결정이므로 당해 형벌법규를 적용하여 공소가 제기된 피고사건은 범죄로 되지 않은 때에 해당하며(대법원 2018.10.25, 2015도17936), 헌법불합치 결정이 이루어지고 개정시한이 도과하지 않은 경우에도 헌법불합치 결정으로 당해 형벌법규는 소급하여 효력을 상실하게 되므로 법원은 그러한 형벌법규를 적용하여 공소를 제기한 피고사건에 대하여 무죄를 선고하여야 한다(대법원 2020.7.9, 2019도2757). 또한 헌법불합치결정의 취지나 위헌심판의 구체적 규범통제 실효성 보장이라는 측면을 고려할 때, 헌법불합치결정을 하게 된 당해 사건뿐만 아니라 헌법불합치결정 당시에 헌법불합치결정의 대상인 법률규정의 위헌 여부가 쟁점이 되어 법원에 계속 중인 다른 사건에 대해서도 헌법불합치결정의 소급효가 미친다(대법원 2021.5.27, 2018도13458).

다만 '피고사건이 범죄로 되지 아니하는 때'란 실체심리를 통해 이러한 사실이 밝혀진 경우에 한하고, 공소장기재 자체만으로 이미 범죄로 되지 않음이 명백한 때에는 '공소장에 기재된 사실이 진실하다 하더라도 범죄가 될 만한 사실이 포함되지 아니한 때'에 해당하므로 결정으로 공소를 기각해야 한다(제328조 제1항 제4호).

(2) 범죄사실의 증명이 없는 때

'범죄사실의 증명이 없는 때'란 법원의 심리결과 공소범죄사실의 부존재가 적극적으로 증명된 경우와 공소범죄사실의 존부에 대하여 증거가 불충분하여 법관이 유죄의 확신을 갖지 못한 경우를 말한다. 증거불충분으로 인한 무죄판결은 '의심스러운 때에는 피고인의 이익으로(in dubio pro reo)'의 원칙의 당연한 귀결이다. 자백에는 보강법칙이 적용되므로 피고인의 자백에 의하여 법관이 유죄의 심증을 얻은 경우에도 보강증거가 없는 때에는 증거불충분으로 범죄사실의 증명이 없는 때에 해당하게 된다.

3. 무죄판결의 판시방법

(1) 주　　문

무죄판결의 주문은 '피고인은 무죄'라는 형식을 취한다. 일죄의 경우에는 하나의 주문만 있으므로 이를 분리하여 일부유죄, 일부무죄라는 두 개의 주문으로 판시할 수 없다. 따라서 일죄의 일부만 무죄인 경우에는 주문에는 유죄판결만 명시하고 무죄부분은 판결이유에서 판단하면 된다. 즉 유죄부분과 상상적 경합관계 또는 포괄일죄의 관계에 있는 부분사실이 무죄에 해당하더라도 판결의 이유에서 그 취지의 판단을 하면 되고 주문에서 따로 무죄를 선고하지 아니한다($\binom{\text{대법원 1993.10.12,}}{93도1512}$). 또한 포괄일죄의 일부가 무죄, 나머지가 면소 또는 공소기각에 해당하는 경우에는 피고인에게 유리한 실체재판인 무죄를 주문에서 표시하여야 하고, 면소 부분이나 공소기각 부분은 이유에서 설시하면 된다($\binom{\text{대법원 1977.7.12,}}{77도1320}$).

경합범에 해당하는 수개의 공소사실이 모두 무죄인 경우에는 이를 통괄하여 '피고인은 무죄'라고 기재한다. 수개의 공소사실 중 일부가 무죄인 경우에는 유죄판단과 함께 이를 주문에 명시하여야 한다($\binom{\text{대법원 1978.9.26,}}{78도1787}$).

택일적으로 공소가 제기된 경우에 법원이 어느 범죄사실에 대하여 유죄를 인정하면 다른 범죄사실에 대한 무죄의 판단은 주문뿐만 아니라 판결이유에서도 행할 필요가 없다. 예비적 공소제기의 경우에 본위적 공소사실을 유죄로 인정하는 때에도 예비적 공소사실에 대한 무죄판단은 판결이유에서도 이를 설시할 필요가 없다. 그러나 예비적 공소사실에 대하여 유죄를 인정한 경우에는 판결주문에서 유죄를 선고하고 판결이유에서 본위적 공소사실에 대한 무죄판단을 밝혀야 한다($\binom{\text{대법}}{\text{원}}$ $\binom{\text{1976.5.26,}}{76도1126}$). 법원은 예비적 공소제기의 경우 심판의 순서에 제한을 받기 때문이다. 다만 예비적·택일적으로 공소가 제기된 모든 공소사실에 대하여 무죄를 선고하는 경우에는 주문에서는 무죄로 표시하고 이유에서는 양자 모두에 대한 판단을 하여야 한다($\binom{\text{대법원 2006.12.22,}}{2004도7232}$).

(2) 이　　유

무죄판결의 경우에 명시해야 할 이유에 대해서는 유죄판결의 경우와는 달리

명문규정이 없으나, 무죄판결도 재판의 일반원칙에 따라 이유를 명시하지 않으면
안 된다. 다만 무죄판결은 피고인에게 가장 유리한 판결이라는 점에서 유죄판결에
비하여 그 이유설시의 정도를 완화하여도 무방하므로, 무죄판결의 이유는 검사가
상소제기 여부를 검토할 수 있을 정도로 기재하면 될 것이다. 따라서 증거불충분을
이유로 하는 무죄의 경우에 개개의 증거를 채용하지 아니한 이유를 개별적·구체
적으로 설명할 필요는 없다(대법원 1979.1.23, 75도3546). 실무상으로는 검사의 상소를 의식하여
무죄판결의 이유를 매우 상세하게 기재하고 있으나, 유죄판결의 경우와 같은 상세
한 이유의 기재가 요구되는 것은 아니라고 해야 한다.

Ⅲ. 면소판결

1. 의   의

면소판결이란 피고사건에 대하여 소송을 추행할 이익이 없는 경우에 소송을
종결시키는 형식재판을 말한다. 면소판결은 피고사건에 대하여 ① 확정판결이 있
은 때, ② 사면이 있은 때, ③ 공소의 시효가 완성되었을 때, ④ 범죄 후의 법령개
폐로 형이 폐지되었을 때에 선고한다.

실체재판, 즉 유죄·무죄의 판결이 확정된 경우에는 동일사건에 대해 다시 실
체심리를 행하는 것이 허용되지 않는다. 일사부재리의 효력이 인정되기 때문이다.
한편 공소기각이나 관할위반과 같은 형식재판에 있어서는 그것이 확정되어도 일사
부재리의 효력은 생기지 않는다. 그런데 면소판결은 실체재판이 아님에도 불구하
고 일사부재리의 효력이 인정된다는 점에 대해 학설이 일치하고 있다. 면소판결이
일사부재리의 효력을 가지는 근거에 대해서는 면소판결의 본질과 관련하여 논의가
이루어진다. 면소판결의 본질론은 그 밖에 공소권이론, 소송조건이론 등과도 직접
적인 관련을 가지는 중요한 문제라고 할 수 있다.

2. 면소판결의 본질

(1) 실체관계적 형식재판설

면소판결은 실체적 소송조건이 결여된 경우, 즉 피고사건에 대하여 소송을 추
행할 이익이 없는 경우에 선고되는 재판으로서, 실체적 소송조건의 존부를 심사하
기 위해서는 필연적으로 어느 정도까지 사건의 실체에 들어가지 않을 수 없고 따라

서 면소판결은 실체에 관련된 형식재판이라는 견해이다. 이 입장에서는 면소판결이 실체에 대한 심리를 전제로 하므로 실체재판과 마찬가지로 일사부재리의 효력을 인정할 수 있다고 한다. 그러나 실체관계적이라는 것은 실체 자체를 판단한 것은 아니므로 이에 대하여 일사부재리의 효력을 인정해야 할 근거가 명백하지 않으며, 면소판결 이외의 다른 형식재판의 경우에도 소송조건이 존재하는가 여부를 판단하기 위해서 어느 정도 실체에 대해 심리를 요하는 경우가 있으므로 실체심리가 면소판결에 고유한 문제는 아니라는 점 등이 문제점으로 지적되고 있다.

(2) 형식재판설

면소판결은 피고사건에 대하여 실체적 소송조건이 결여된 경우에 공소권이 없음을 이유로 선고하는 형식재판이라는 견해이다. 형식재판설에 의하면 면소사유가 있으면 실체심리가 허용되지 않고, 피고인은 면소판결에 대하여 무죄를 주장하여 상소할 수도 없게 된다. 현재의 통설이며, 판례도 같은 입장이다($\frac{대법원\ 2010.7.15,}{2007도7523}$). 다만 형식재판설에 대하여는 형식재판인 면소판결이 어떻게 일사부재리의 효력을 가지는지를 설명하기가 어렵다는 비판이 제기된다.

(3) 기타의 학설

일본에서는 그 밖에도 실체재판설 및 이분설이 주장되기도 한다. 실체재판설은 면소판결을 범죄에 의해 일단 발생한 형벌권이 그 후 일정한 사정에 따라 소멸한 경우에 선고하는 재판이라고 한다. 면소판결을 실체재판으로 보면 일사부재리의 효력이 인정되는 이유를 설명하기에는 용이하나, 이 견해는 무죄의 확정판결이 있는 경우에는 범죄가 성립되지 않아 형벌권이 존재하지 않는 것이 확실하므로 무죄판결을 해야 할 것임에도 불구하고 면소판결을 해야 하는 이유를 설명할 수 없고, 확정판결이 있어도 실체심리를 허용하는 것은 일사부재리의 원칙에 반한다는 점에서 비판을 받고 있다.

한편 이분설은 이러한 결점을 보완하기 위해 주장되는 견해로서 확정판결을 이유로 하는 면소판결은 형식재판이고, 사면·공소시효의 완성·형의 폐지를 이유로 하는 면소판결은 실체재판이라고 보는 입장이다. 그러나 이 견해에 대해서도 법이 통일적으로 규정하고 있는 면소판결의 성격에 대하여 통일적 설명을 하지 못한다는 점에서 비판이 가해지게 된다.

3. 면소판결과 관련된 논점

(1) 면소판결과 일사부재리의 효력

형식재판의 경우에는 원칙적으로 일사부재리의 효력이 인정되지 않는다. 그러나 형식재판설을 취하는 경우에도 면소판결에 대하여 일사부재리의 효력을 인정하는데 의견이 일치하고 있으며, 다만 이를 어떻게 설명할 것인가에 대하여는 형식적 본안재판설과 소송추행이익결여설이 주장되고 있다. 형식적 본안재판설은 면소판결은 형식재판이지만 동시에 형벌권의 존부에 대한 판단을 내리는 재판, 즉 공소의 이유 유무를 판단하는 본안재판이기 때문에 일사부재리의 효력이 인정된다는 견해이다. 결국 이 견해는 면소판결이 실체에 대한 심리 후에 행하여진다는 것을 이유로 일사부재리의 효력을 인정하는 것이므로 실체관계적 형식재판설과 실질적으로 다르지 않게 된다. 한편 소송추행이익결여설은 면소판결의 사유인 소송조건은 실체심리를 행할 필요성 내지 소송추행의 이익이 없는 경우에 해당하고, 또한 이는 공소기각의 경우와는 달리 사후에 보완할 수 있는 경우가 없다는 점에서 일사부재리의 효력이 인정된다고 한다.

결론적으로 볼 때 공소기각의 재판은 단순한 절차적인 하자를 이유로 하는 것이어서 후에 공소기각의 사유가 된 소송조건을 구비하면 재소가 가능하고 또한 이를 허용할 필요가 있지만, 면소판결은 그것이 단순한 절차상의 하자를 이유로 하는 것이 아니라 중대한 내용상의 하자라고 할 수 있는 실체형성의 이익의 결여를 이유로 하는 것이고 또한 결여된 실체형성의 이익은 사후에 새로이 보완될 수도 없다는 점을 고려할 때 법적 안정성의 요구에 의하여 면소판결에는 일사부재리의 효력을 인정할 필요가 있다고 할 것이다. 면소판결이 형식재판이면서도 일사부재리의 효력이 인정되는 이유는 이와 같이 소송추행이익결여설의 입장에서 이해하는 것이 타당하다(통설). 따라서 면소판결이 확정된 사건에 대하여 검사가 공소를 제기한 경우에는 법원은 실체심리를 하지 않고 면소의 판결로서 사건을 종결시켜야 한다.

(2) 실체심리와의 관계

면소판결을 위해서는 일정한 범위에서 실체심리가 필요한 경우가 있다. 공소장에 기재된 범행일시를 기준으로 공소사실에 대한 공소시효의 완성을 인정할 수 있는 경우와 같이 공소장에 기재된 범죄사실로부터 명백히 면소사유가 인정되는 때에는 실체심리에 들어갈 필요가 없으나, 가령 피고인이 공소장에 기재된 범죄사실보다 경한 범죄사실을 주장하거나 범행일자를 다투면서 공소시효의 완성을 주장하는 경우 또는 당해 범죄사건에 대해 확정판결이 있었는가의 여부가 문제되는 경우 등에 있어서는 이를 판단하기 위하여 어느 정도 실체심리가 요구되게 된다.

그러나 일정한 경우에 실체심리가 필요한 것은 형식적 소송조건의 판단에 있어서도 기본적으로 동일하므로 이것을 공소기각의 재판과 구별되는 면소판결의 본질이라고 할 수도 없고, 이것을 이유로 면소판결을 실체와 관련된 판결이라고 보기도 어렵다. 형식적 소송조건에 있어서도, 가령 명예훼손의 공소사실에 대하여 자신의 범죄사실은 친고죄인 모욕에 해당한다고 피고인이 주장하는 경우에는 친고죄의 고소와 관련하여 사건의 실체에 대한 심리가 일정한 정도 요구되기 때문이다.

(3) 면소판결에 대한 피고인의 상소

면소판결에 대하여 피고인이 무죄를 주장하여 상소할 수 있는가 그리고 법원은 면소사유가 있는 경우에도 무죄판결을 선고할 수 있는가의 문제가 있다. 실체관계적 형식재판설의 입장에서는 면소판결도 일정한 정도 실체심리에 들어가는 것이라는 전제 아래 면소사유가 존재하더라도 이와 함께 피고인이 무죄인 사실이 인정되면 법원은 피고인에게 유리한 무죄판결을 할 수 있고 또한 피고인도 무죄를 주장하여 상소할 수 있다고 한다.

그러나 면소사유의 존부를 확인하기 위하여 실체심리가 필요한 경우라고 하더라도 이를 위해 실체의 핵심까지 들어가는 것은 아니다. 또한 면소판결의 확정에 의해 피고인은 실체재판을 기다리지 않고 바로 절차에서 벗어날 수 있으므로 면소판결이 무죄판결보다 불리하다는 것은 사회적 평가의 문제이고 피고인의 법적 지위에 불이익을 주는 것은 아니다. 대법원도 형식재판설의 입장에서 면소판결의 사유가 있는 경우에 무죄를 선고하거나($^{대법원\ 2010.7.15,}_{2007도7523}$), 적법하게 면소판결이 선고된 경우에 무죄를 주장하여 상소하는 것은($^{대법원\ 2005.9.29,}_{2005도4738}$) 허용되지 않는 것으로 보고 있다.

다만 면소판결에 대한 상소라고 하더라도 형벌에 관한 법령이 헌법재판소의 위헌결정으로 인하여 소급하여 그 효력을 상실하였거나 법원에서 위헌·무효로 선언된 경우에는 당해 법령을 적용하여 공소가 제기된 피고사건에 대하여 면소를 할 수 없고 무죄를 선고하여야 하므로, 이 경우에 면소판결이 선고되었다면 면소판결에 대하여 상소가 가능하다($^{대법원\ 2010.12.16,\ 2010}_{도5986\ 전원합의체\ 판결}$).

4. 면소판결의 사유

면소판결의 사유를 규정하고 있는 제326조를 소송추행이익이 없는 경우를 예시한 것으로 보아 다른 소송장애사유가 있는 경우에도 이 규정을 유추적용하는 것이 가능하다는 견해가 있으나, 제326조는 특히 소추를 금지할 우월적 이익이 있는 경우를 법이 명문으로 규정한 제한규정으로 해석하여야 한다.

(1) 확정판결이 있은 때

동일한 사건에 대하여 이미 일사부재리의 효력이 미치는 확정판결이 존재하는 경우이다. 따라서 여기의 확정판결에는 유죄와 무죄의 실체판결과 면소판결이 포함되며, 공소기각이나 관할위반의 재판과 같은 형식재판은 여기에 해당되지 않는다.

확정판결은 정식재판을 통하여 확정된 것임을 요하지 않고 약식명령 또는 즉결심판이 확정된 경우도 포함한다. 약식명령($^{제}_{457조}$)과 즉결심판($^{즉결심판에 관한}_{절차법 제16조}$)이 확정된 때에는 확정판결과 동일한 효력이 인정되기 때문이다. 또한 경범죄처벌법($^{동법 제8조 제3항 ·}_{제9조 제3항}$) 및 도로교통법($^{동법 제164}_{조 제3항}$)은 일정한 범칙사건에 대한 범칙금납부에도 확정판결에 준하는 효력을 인정하고 있으므로 이 경우의 범칙금납부는 확정판결에 포함된다. 다만 과태료는 행정벌에 지나지 않으므로 과태료의 부과처분은 확정판결에 해당하지 않는다.

소년에 대한 보호처분이 확정된 경우에 다시 동일한 사건에 대하여 공소를 제기한 때에도 면소판결을 선고하여야 할 것이다. 소년법 제53조는 소년보호처분을 받은 사실을 단순한 소송장애사유로 규정한 것이 아니라 보호처분결정을 받은 소년에 대하여 일사부재리의 효력을 인정한 것으로 보아야 하기 때문이다. 다만 판례는 소년에 대한 보호처분결정에 확정판결의 효력이 인정되는 것은 아니라고 보아, 보호처분사건과 동일한 사건에 대하여 공소가 제기되었다면 법원은 면소판결이 아니라 공소기각의 판결에 의하여 형사절차를 종결시켜야 한다는 입장을 취하고 있다($^{대법원 1996.2.23,}_{96도47}$).

면소판결을 할 수 있는 범위는 확정판결의 일사부재리의 효력이 미치는 범위와 동일하다. 따라서 시간적으로는 사실심리의 가능성이 있는 최후의 시점인 사실심 판결선고시까지 행하여진 범죄사실이어야 하며($^{대법원 2014.1.16,}_{2013도11649}$), 객관적으로는 확정판결이 있었던 범죄사실과 동일성이 인정되는 사실이어야 한다($^{대법원 2003.7.11,}_{2002도2642}$). 포괄일죄의 관계에 있는 범행 일부에 대하여 판결이 확정된 경우에는 사실심 판결선고시를 기준으로 그 이전에 이루어진 범행에 대하여는 확정판결의 기판력이 미쳐 면소의 판결을 선고하여야 한다($\binom{\text{대법원 2020.5.14,}}{\text{2020도1355}}$).

(2) 사면이 있은 때

사면에 의하여 형벌권이 소멸한 경우에는 실체심판의 이익이 없기 때문에 이를 면소사유로 한 것이다. 따라서 여기서 면소사유가 되는 사면은 일반사면만을 의미한다($\binom{\text{대법원 2015.5.21, 2011}}{\text{도1932 전원합의체 판결}}$). 일반사면이 있으면 형의 선고를 받은 자에 대하여는 그 선고의 효력이 상실되고 형의 선고를 받지 않은 자에 대하여는 공소권이 상실되므로($\binom{\text{사면법 제5조}}{\text{제1항 제1호}}$) 아직 형의 선고가 없는 피고인에 대하여 면소판결의 가능성이 있으나, 특별사면은 형을 선고받아 확정된 특정인을 대상으로 하는 사면이므로($\binom{\text{동법 제3조}}{\text{제2호}}$) 면소판결의 여지가 없기 때문이다.

(3) 공소시효가 완성되었을 때

공소시효가 완성되면 국가의 형사소추권 및 형벌권이 소멸되므로 소송추행이익이 없다는 점에서 이를 면소사유로 한 것이다. 따라서 공소제기시에 이미 공소시효가 완성된 경우나 판결의 확정 없이 공소가 제기된 때로부터 25년이 경과하여 공소시효가 완성된 것으로 간주되는 때에는($\binom{\text{제249조}}{\text{제2항}}$) 면소판결을 선고하여야 한다. 공소장변경에 의하여 공소사실이 변경된 경우에는 변경된 공소사실에 대한 법정형을 기준으로 하여 공소제기시에 공소시효가 완성되었는지의 여부를 판단하여야 한다.

(4) 범죄 후의 법령개폐로 형이 폐지되었을 때

형의 폐지는 법령상 명문으로 벌칙이 폐지된 경우뿐만 아니라 법령에 규정된 유효기간이 경과하거나 전법과 후법의 저촉에 의하여 실질적으로 법규의 효력이 상실된 경우를 포함한다. 그러나 폐지 전의 행위에 대하여 종전의 벌칙을 적용한다는 취지의 경과규정이 새로운 법령에 명시되어 있는 경우는 여기에 해당하지 않는다.

과거의 판례는 단순한 사실관계의 변화가 법률변경의 동기인 경우와 구별하여 종래의 처벌 자체가 부당하였다는 반성적 고려에서 법령을 개폐하여 형이 폐지된 경우만을 면소사유로 보아서($\binom{\text{대법원 2011.9.8,}}{\text{2011도7635}}$), 법적 안정성의 요구와 피고인 보호에 반한다는 비판을 받았다. 현재는 판례가 변경되어 종전 법령이 범죄로 정하여 처벌한 것이 부당하였다거나 과형이 과중하였다는 반성적 고려에 따라 변경된 것인지를 따지지 않고 범죄의 성립과 처벌에 관하여 규정한 형벌법규 자체 또는 그로부터 수권 또는 위임을 받은 법령의 변경에 따라 범죄를 구성하지 아니하게 된 경우는 원칙적으로 형법 제 1 조 제 2 항과 형사소송법 제326조 제 4 호가 적용되어 면소사유에 해당된다고 본다(대법원 2022.12.22, 2020 도16420 전원합의체 판결). 다만 해당 형벌법규 자체 또는 그로부터 수권 또는 위임을 받은 법령이 아닌 다른 법령이 변경된 경우는 법령의 변경이 해당 형벌법규에 따른 범죄의 성립 및 처벌과 직접적으로 관련된 형사법적 관점의 변화를 주된 근거로 한다고 해석할 수 있어야 형사소송법 제326조 제 4 호가 적용된다고 한다(대법원 2023.2.23, 2022도6434).

5. 심리와 판단의 특칙

피고인이 공판기일에 출석하지 아니한 때에는 원칙적으로 공판기일을 개정하지 못하지만(제276조), 면소의 판결을 할 것이 명백한 사건에 관하여는 피고인의 출석을 요하지 아니한다. 다만 이 경우에 피고인은 대리인을 출석하게 할 수 있다(제277조). 그리고 피고인이 사물의 변별 또는 의사의 결정을 할 능력이 없는 상태에 있거나 질병으로 인하여 출정할 수 없는 때에는 공판절차를 정지하여야 하나, 피고사건에 대하여 면소판결을 할 것이 명백한 때에는 피고인의 출정 없이 재판할 수 있다(제306조 제 4 항).

과형상 일죄 또는 포괄일죄의 일부에 면소사유가 있고 나머지 부분에 대하여 실체판결을 하는 경우에 판결주문에는 유죄·무죄의 판단만 표시하고 면소판결에 해당하는 부분은 판결이유에 기재하면 족하다(대법원 1996.4.12, 95도2312).

Ⅳ. 공소기각의 재판

1. 의   의

공소기각의 재판은 피고사건에 대하여 관할권 이외의 형식적 소송조건이 결여된 경우에 절차상의 하자를 이유로 사건의 실체에 대한 심리를 하지 않고 소송을 종결시키는 형식재판이다.

공소기각의 재판에는 공소기각의 결정(제328조)과 공소기각의 판결(제327조)이 있다. 절차상의 하자가 중대하고 명백하여 구두변론 없이도 소송조건의 존부를 판단할 수 있는 경우에는 결정의 형식을 취하고, 그렇지 않은 때에는 판결의 형식을 취하게 된다.

2. 공소기각의 결정

제328조 제 1 항은 공소기각결정의 사유로서 다음의 네 가지를 규정하고 있다. ① 공소가 취소되었을 때(제1호), ② 피고인이 사망하거나 피고인인 법인이 존속하지 아니하게 되었을 때(제2호), ③ 제12조 또는 제13조의 규정에 의하여 재판할 수 없는 때(제3호), ④ 공소장에 기재된 사실이 진실하다고 하더라도 범죄가 될 만한 사실이 포함되지 아니한 때(제4호)가 그것이다.

제 3 호는 관할의 경합에 해당하는 경우이다. 동일사건이 토지관할이나 사물관할을 달리 하는 수개의 법원에 계속된 경우에는 제12조와 제13조에 의하며 심판할 법원이 정해지며, 이때 재판을 할 수 없게 된 법원은 공소기각의 결정을 하여야 한다. 이중기소의 경우 나중에 기소된 사건에 대하여 판결선고가 있었더라도 그 사건이 확정되기 전이라면 먼저 기소된 사건을 심판하고 후에 기소된 사건은 공소기각 판결을 하여야 한다($\binom{\text{대법원 1969.6.24,}}{\text{68도858}}$).

제 4 호의 '공소장에 기재된 사실이 진실하다고 하더라도 범죄가 될 만한 사실이 포함되지 아니한 때'라 함은 공소장 기재사실 자체에 대한 판단으로 그 사실 자체가 죄가 되지 아니함이 명백한 경우를 말한다($\binom{\text{대법원 2014.5.16,}}{\text{2013도929}}$). 따라서 공소사실이 범죄를 구성하는가에 대하여 의문이 있는 경우에는 실체에 대한 심리를 거쳐 유죄 또는 무죄의 실체판결을 선고하여야 한다.

3. 공소기각의 판결

제327조에 의하여 판결로써 공소를 기각하여야 하는 경우는 다음과 같다. ① 피고인에 대하여 재판권이 없을 때(제1호), ② 공소제기의 절차가 법률의 규정을 위반하여 무효일 때(제2호), ③ 공소가 제기된 사건에 대하여 다시 공소가 제기되었을 때(제3호), ④ 공소취소 후 다른 중요한 증거를 발견하지 않았음에도 불구하고 공소가 제기되었을 때(제4호), ⑤ 친고죄에 대하여 고소가 취소되었을 때(제5호), ⑥ 반의사불벌죄에 대하여 처벌을 원하지 아니하는 의사표시를 하거나 처벌을 원하는 의사표시를 철회하였을 때(제6호)가 그것이다.

제 1 호의 '피고인에 대하여 재판권이 없을 때'라 함은 외교사절의 국내범죄나 외국인의 국외범죄 등의 경우처럼 법원이 재판을 할 수 없는 경우를 말한다.[1] 또한

---

1) 대법원 2011. 8. 25, 2011도6507,「캐나다 시민권자인 피고인이 캐나다에서 위조사문서를 행

군사범죄에 대해서는 군사법원이 전속적인 재판권을 가지므로 일반 법원이 이에 대하여 재판권을 행사할 수 없지만, 군사범죄에 대하여 일반법원에 공소가 제기된 경우에도 소송경제의 측면에서 공소기각의 판결이 아니라 재판권이 있는 같은 심급의 군사법원에 사건을 이송하도록 하고 있다(제16 조의2).

제 2 호의 '공소제기의 절차가 법률의 규정을 위반하여 무효일 때'라 함은 공소사실의 불특정과 같이 공소제기의 방식에 중대한 하자가 있거나, 고소가 없는 친고죄에 대하여 공소가 제기된 경우 등과 같이 공소제기 당시 일정한 소송조건이 결여되어 있는 경우를 말한다. 제327조 제 2 호의 성격에 대하여는 ① 제327조 제 2 호의 사유도 다른 공소기각사유와 마찬가지로 이를 제한적 열거로 보는 견해와 ② 제327조 제 2 호의 사유는 소송조건 전반에 대한 일반조항으로서의 성질을 가진다고 보는 견해가 대립되고 있다. 제327조 제 2 호를 소송조건 전반에 대한 일반조항으로 해석하여 이것을 광범위하게 활용함으로써 함정수사 등 중대한 위법수사에 기한 공소제기나 기타 공소권남용의 형태로 파악할 수 있는 사항을 소송조건으로 유형화하여 형사재판에 반영할 수 있다는 점에서 볼 때 후설이 타당하다고 생각된다. 대법원도 공소권남용을 이론적으로 인정하고 있을 뿐만 아니라, 위법한 함정수사를 기초로 공소가 제기된 사건에 대해서 제327조 제 2 호를 적용하여 공소기각의 판결을 선고하고 있다(대법원 2005.10.28, 2005도1247).

제 3 호는 동일한 사건이 토지관할과 사물관할을 같이 하는 동일한 법원에 이중으로 공소가 제기된 경우를 말한다. 이중기소인지 여부는 공소사실의 동일성을 기준으로 판단하는데, 기소당시에는 이중으로 기소되었더라도 그 후 공소사실과 적용법조가 적법하게 변경되어 새로운 사실의 소송계속상태가 있게 된 때에는 이중기소가 아니다(대법원 1989.2.14, 85도1435).

제 4 호에서 공소취소 후 다시 공소를 제기하기 위한 요건으로서 규정하고 있는 다른 중요한 증거를 발견한 경우란 공소취소 전의 증거만으로는 증거불충분으로 무죄가 선고될 가능성이 있으나 새로 발견된 증거를 추가하면 충분히 유죄의 확신을 가질 수 있을 정도의 증거가 발견된 때를 말한다(대법원 1977.12.27, 77도1308).

제 5 호는 친고죄에 있어서 유효한 고소가 있어 공소가 제기되었으나 제 1 심 판결선고 전에 고소가 취소된 경우(제232조 제 1 항)에 적용된다. 공소제기 당시부터 유효한

사한 행위에 대하여는 우리나라에 재판권이 없다고 할 것이다.」

고소가 없었던 때에는 공소제기의 절차가 법률의 규정에 위반하여 무효인 경우로서 제2호에 의하여 공소기각의 판결을 하여야 한다.

제6호도 반의사불벌죄에 있어서 처벌을 원하지 아니하는 의사표시 또는 처벌을 원하는 의사표시의 철회가 제1심 판결선고 전에 이루어진 경우에 적용된다. 공소제기 이전에 이러한 사유가 존재함에도 불구하고 공소가 제기된 경우에는 제2호에 의하여 공소기각의 판결을 선고하여야 한다.

4. 심리와 판단의 특칙

공소기각의 재판을 할 것이 명백한 경우에는 피고인의 출석을 요하지 않으며 $\left(\begin{smallmatrix}제277조\\제2항\end{smallmatrix}\right)$, 피고인에게 공판절차의 정지사유가 있는 경우에도 피고인의 출석 없이 공소기각의 재판을 할 수 있다$\left(\begin{smallmatrix}제306조\\제4항\end{smallmatrix}\right)$.

과형상 일죄 또는 포괄일죄의 일부에 공소기각의 사유가 있고 나머지 부분에 대하여 유죄·무죄의 실체판결을 하는 경우에 판결주문에서 유죄·무죄의 판단만 표시하고 일부에 대한 공소기각은 판결이유에 기재하면 족하다$\left(\begin{smallmatrix}대법원\ 1988.10.11,\\88도4\end{smallmatrix}\right)$.

V. 관할위반의 판결

1. 의   의

피고사건이 법원의 관할에 속하지 아니한 때에는 판결로서 관할위반의 선고를 하여야 한다$\left(\begin{smallmatrix}제319\\조\end{smallmatrix}\right)$. 관할위반의 판결은 관할권이 없는 경우에 선고되는 것이고, 그 전제가 되는 재판권이 없는 경우에는 공소기각의 판결을 선고하게 된다$\left(\begin{smallmatrix}제327조\\제1호\end{smallmatrix}\right)$. 관할위반의 판결은 형식재판에 속하는 종국재판이므로 당해 심급에서의 소송계속을 종결시키는 효력을 가지나 일사부재리의 효력은 생기지 않는다.

2. 관할위반의 사유

피고사건이 법원의 관할에 속하지 않는 경우에 관할위반의 판결을 한다. 여기의 관할에는 토지관할과 사물관할을 포함한다. 다만 사물관할은 공소제기시뿐만 아니라 재판시에도 존재해야 하지만, 토지관할은 공소제기시에만 존재하면 족하다. 관할권의 존재는 소송조건이므로 법원은 직권으로 관할유무를 조사하여야 한다$\left(\begin{smallmatrix}제1\\조\end{smallmatrix}\right)$.

사물관할의 유무에 대한 판단은 공소장에 기재된 공소사실을 기준으로 하며,

공소장이 변경된 경우에는 변경된 공소사실을 기준으로 한다($\frac{\text{대법원 1987.12.22,}}{\text{87도2196}}$). 따라서 단독판사의 관할사건이 공소장변경에 의하여 합의부 관할사건으로 변경된 경우에는 결정으로 사건을 관할권이 있는 합의부에 이송하여야 한다($\frac{\text{제8조}}{\text{제2항}}$). 항소심에서 공소장변경에 의하여 단독판사의 관할사건이 합의부 관할사건으로 된 경우에도 제1심에서의 사건의 이송에 관한 제8조 제2항을 준용하여 사건을 제1심 합의부 관할사건에 대한 항소법원인 고등법원으로 이송하여야 한다($\frac{\text{대법원 1997.12.12,}}{\text{97도2463}}$). 한편 합의부 관할사건이 공소장변경에 의하여 단독판사 관할사건으로 변경되는 경우에 대하여 형사소송법은 아무런 규정을 두고 있지 않다. 그러나 피고사건은 공소제기 당시부터 합의부 관할사건이었고, 설령 합의부가 공소장변경을 허가하는 결정을 하였다고 하더라도 그러한 사정은 합의부의 관할에 아무런 영향을 미치지 않는다. 그러므로 합의부로서는 마땅히 피고사건에 관하여 그 실체에 들어가 심판하여야 한다($\frac{\text{대법원 2013. 4.}}{\text{25, 2013도1658}}$).

피고사건이 당해 법원의 관할에 속하지 않는 경우에도 토지관할에 관하여는 피고인의 신청이 없으면 관할위반의 선고를 할 수 없다($\frac{\text{제320조}}{\text{제1항}}$). 토지관할은 주로 피고인의 편의를 위하여 인정된 것이기 때문이다. 피고인이 관할위반의 신청을 하려면 피고사건에 대한 진술 전에 하여야 한다($\frac{\text{동조}}{\text{제2항}}$). 따라서 피고인은 적어도 모두진술의 기회에는 토지관할위반에 대한 신청을 하여야 할 것이다. 피고사건에 대한 진술이 있으면 토지관할위반의 하자가 치유되어 관할위반의 판결을 선고할 수 없게 된다.

3. 관할위반의 효력

관할위반이 인정되는 경우에도 소송행위의 효력에는 영향이 없다($\frac{\text{제2}}{\text{조}}$). 따라서 관할위반의 판결을 선고한 법원의 공판절차에서 작성된 공판조서·검증조서·증인신문조서 등은 당해 사건에 대하여 다시 공소가 제기되었거나 관할권 있는 법원으로 사건이 이송된 경우에 이를 이후의 법원의 공판절차에서 증거로 사용할 수 있다.

관할위반의 판결에는 면소 또는 공소기각의 재판과는 달리 구속영장의 효력을 상실시키는 효력은 인정되지 않는다($\frac{\text{제331조}}{\text{참조}}$). 그러나 관할위반의 판결이 확정되면 공소기각의 재판이 확정된 경우와 마찬가지로 공소제기에 의하여 정지되었던 공소시효가 다시 진행된다($\frac{\text{제253조}}{\text{제1항}}$).

Ⅵ. 종국재판의 부수적 효과

1. 구속영장의 효력

무죄, 면소, 형의 면제, 형의 선고유예, 형의 집행유예, 공소기각 또는 벌금이나 과료를 과하는 판결이 선고된 때에는 구속영장은 그 효력을 잃는다($\frac{제331}{조}$). 판결의 선고와 동시에 구속영장은 효력을 상실하므로 검사는 그 판결의 확정을 기다리지 않고 즉시 석방을 지휘하여야 한다.

2. 압수물의 처분

압수한 서류 또는 물품에 대하여 몰수의 선고가 없는 때에는 압수를 해제한 것으로 간주한다($\frac{제332}{조}$). 압수한 장물로서 피해자에게 환부할 이유가 명백한 것은 판결로써 피해자에게 환부하는 선고를 하여야 한다($\frac{제333조}{제1항}$). 이 경우에 장물을 처분하였을 때에는 판결로써 그 대가로 취득한 것을 피해자에게 교부하는 선고를 하여야 한다($\frac{동조}{제2항}$). 가환부한 장물에 대하여 별단의 선고가 없는 때에는 환부의 선고가 있는 것으로 간주한다($\frac{동조}{제3항}$). 이러한 경우에 이해관계인이 민사소송절차에 의하여 그 권리를 주장함에 영향을 미치지 않는다($\frac{동조}{제4항}$). 환부도 판결의 형태로 이루어지므로 이에 대한 불복방법은 종국판결에 대한 상소 또는 상고의 형태로 이루어지게 된다.

3. 가납의 재판

법원은 벌금·과료 또는 추징의 선고를 하는 경우에 판결의 확정 후에는 집행할 수 없거나 집행하기 곤란할 염려가 있다고 인정한 때에는 직권 또는 검사의 청구에 의하여 피고인에게 벌금·과료 또는 추징에 상당한 금액의 가납을 명할 수 있다. 가납의 재판은 형의 선고와 동시에 판결로써 선고하여야 한다. 이 판결은 즉시 집행할 수 있다($\frac{제334}{조}$). 가납의 재판은 상소에 의하여 정지되지 아니한다. 약식명령에 대하여도 가납명령을 할 수 있고($\frac{제448}{조}$), 벌금 또는 과료를 선고하는 즉결심판에도 가납명령을 할 수 있다($\frac{즉결심판에 관한 절}{차법 제17조 제3항}$). 그리고 부정수표단속법에 의하여 벌금을 선고하는 경우에는 반드시 가납을 명하여야 한다($\frac{부정수표단}{속법 제6조}$).

Ⅶ. 특수한 종국재판의 변경에 관한 절차

1. 형의 집행유예의 취소절차

(1) 집행유예취소의 요건

피고인이 집행유예를 선고받은 범죄가 금고 이상의 형을 선고한 판결이 확정된 때로부터 그 집행을 종료하거나 면제된 후 3년까지의 기간에 범한 죄라는 것이 발각된 때에는 집행유예의 선고를 취소한다(형법 제64조 제1항). 또한 보호관찰이나 사회봉사 또는 수강을 명한 집행유예를 받은 자가 준수사항이나 명령을 위반하고 그 정도가 무거운 때에는 집행유예의 선고를 취소할 수 있다(동조 제2항).

집행유예의 취소는 전과의 발각이나 준수사항 등의 불이행이 있는 경우에 법원의 재판에 의하여 집행유예선고의 효력이 상실되는 것으로서, 집행유예의 선고를 받은 자가 유예기간 중 고의로 범한 죄로 금고 이상의 실형의 선고를 받아 그 판결이 확정된 때에 당연히 집행유예선고의 효력이 상실되는 집행유예의 실효(형법 제63조)와는 다르다.

(2) 집행유예취소의 절차

㈎ 청   구

형의 집행유예를 취소할 경우에는 검사는 피고인의 현재지 또는 최후의 거주지를 관할하는 법원에 청구하여야 한다(제335조 제1항). 취소청구는 취소의 사유를 구체적으로 기재한 서면으로 하여야 하며(규칙 제149조), 취소의 사유가 있다는 것을 인정할 수 있는 자료를 제출하여야 한다(규칙 제149조의2). 보호관찰이나 사회봉사 또는 수강을 명한 집행유예를 받은 자에 대해 집행유예취소청구를 한 때에는 검사는 청구와 동시에 청구서의 부본을 법원에 제출하여야 한다(규칙 제149조 의3 제1항). 법원은 이 부본을 받은 때에는 지체없이 집행유예의 선고를 받은 자에게 송달하여야 한다(동조 제2항).

㈏ 심리 및 결정

청구를 받은 법원은 피고인 또는 그 대리인의 의견을 물은 후에 결정을 하여야 한다(제335조 제2항). 법원은 의견을 묻기 위하여 필요하다고 인정할 경우에는 집행유예의 선고를 받은 자 또는 그 대리인의 출석을 명할 수 있다(규칙 제150조). 법원은 취소사유의 존부를 조사하기 위하여 검사가 제출한 자료 및 당해 집행유예의 판결기록을 검토하고 필요한 경우에는 전과조회 등의 조사를 하여야 할 것이다. 집행유예취소청구에 대한 법원의 결정에 대하여는 즉시항고를 할 수 있다($\binom{제335조}{제3항}$).

집행유예취소청구에 대한 재판이 확정되기 전에 집행유예기간이 경과되는 경우에는 집행유예를 취소할 수 없으므로($\binom{대법원 1999.1.12,}{98모151}$), 집행유예취소청구에 대한 재판은 신속히 진행되어야 할 것이다.

2. 선고유예된 형을 선고하는 절차

(1) 선고유예실효의 요건

형의 선고유예를 받은 자가 유예기간 중 자격정지 이상의 형에 처한 판결이 확정되거나 자격정지 이상의 형에 처한 전과가 발견된 때에는 유예한 형을 선고한다($\binom{형법 제61조}{제1항}$). 또한 보호관찰을 명한 선고유예를 받은 자가 보호관찰기간 중에 준수사항을 위반하고 그 정도가 무거운 때에는 유예한 형을 선고할 수 있다($\binom{동조}{제2항}$).

(2) 유예된 형의 선고절차

형의 선고유예를 받은 자에 대해 유예된 형을 정할 경우에는 검사는 그 범죄사실에 대한 최종판결을 한 법원에 청구하여야 한다($\binom{제336조}{제1항}$). 이 청구는 유예된 형을 선고할 사유를 구체적으로 기재한 서면으로 하여야 한다($\binom{규칙 제150조}{의2, 제149조}$). 그 밖에도 유예된 형의 선고를 청구하는 절차에 대해서는 집행유예취소청구에 관한 규정이 준용된다($\binom{규칙 제}{150조의2}$).

선고유예의 실효에 대한 형법 제61조의 규정에 의하여 유예한 형을 선고할 때에는 판결이유에 범죄될 사실, 증거의 요지와 법령의 적용, 법률상 범죄의 성립을 조각하는 이유 또는 형의 가중·감면의 이유되는 사실의 진술이 있은 때에는 이에 대한 판단을 명시하여야 하고, 선고유예를 해제하는 이유를 명시하여야 한다($\binom{제336조}{제1항 단서, 제323조}$). 유예한 형을 선고한 결정에 대하여는 즉시항고를 할 수 있다($\binom{제335조}{제4항·제3항}$).

3. 누범발각 등의 경우에 다시 형을 정하는 절차

판결선고 후에 누범인 것이 발각된 때에는 그 선고한 형을 통산하여 다시 형을 정할 수 있다. 다만 선고한 형의 집행을 종료하거나 그 집행이 면제된 후에는 예외로 한다($\binom{형법}{제36조}$). 경합범에 의한 판결의 선고를 받은 자가 경합범 중의 어떤 죄에 대하여 사면 또는 형의 집행이 면제된 때에는 다른 죄에 대하여 다시 형을 정한다($\binom{형법 제39조}{제3항}$).

위의 사유로 형을 다시 정하는 경우에는 검사는 그 범죄사실에 대한 최종판결을 한 법원에 이를 청구하여야 한다($\frac{제336조}{제1항}$). 형을 다시 정하기 위한 청구는 청구의 사유를 구체적으로 기재한 서면으로 하여야 하며($\frac{규칙 제151}{조, 제149조}$), 청구의 사유가 있다는 것을 인정할 수 있는 자료를 제출하여야 한다($\frac{규칙 제151조,}{제149조의2}$).

4. 형의 소멸의 재판

징역 또는 금고의 집행을 종료하거나 집행이 면제된 자가 피해자의 손해를 보상하고 자격정지 이상의 형을 받음이 없이 7년을 경과한 때에는 본인 또는 검사의 신청에 의하여 그 재판의 실효를 선고할 수 있다($\frac{형법}{제81조}$). 형의 실효는 재판에 의하는 경우 이외에도 일정기간의 경과로 인하여 자동적으로 발생한다($\frac{형의 실효 등에 관}{한 법률 제7조 참조}$). 그리고 자격정지의 선고를 받은 자가 피해자의 손해를 보상하고 자격정지 이상의 형을 받음이 없이 정지기간의 2분의 1을 경과한 때에는 본인 또는 검사의 신청에 의하여 자격의 회복을 선고할 수 있다($\frac{형법}{제82조}$).

형의 실효 및 복권에 관한 재판의 선고는 그 사건에 관한 기록이 보관되어 있는 검찰청에 대응하는 법원에 대하여 신청하여야 한다($\frac{제337조}{제1항}$). 형실효신청 및 복권신청에 대한 선고는 결정으로 하며($\frac{동조}{제2항}$), 신청을 각하하는 결정에 대하여는 즉시항고를 할 수 있다($\frac{동조}{제3항}$).

제 3 절 재판의 확정과 효력

I. 재판의 확정

1. 의   의

재판의 확정이란 재판이 통상의 불복방법에 의해서는 더 이상 다툴 수 없게 되어 그 내용을 변경할 수 없게 된 상태를 말하며, 이러한 상태에 있는 재판을 확정재판이라고 한다. 재판이 외부적으로 성립하면 종국재판에 있어서는 구속력이 발생하고 상소를 허용하는 재판에 있어서는 상소권이 발생하는 등 일정한 효력이 발생하지만, 이것은 정책적 고려에 의해서 재판의 성립시에 인정되는 재판의 부수적 효력에 불과하며 재판 본래의 효력은 확정에 의하여 비로소 발행한다. 따라서 재판확정의 시기는 곧 재판의 본래적 효력발생시기가 된다. 그리고 재판의 확정에 따른 재판의 본래의 효력을 재판의 확정력이라고 한다.

형사재판에서 실체적 진실발견이 중요한 목표인 것은 부인할 수 없으나, 이를 위하여 절차의 계속적인 반복을 허용하게 되면 법적 안정성을 해하는 결과가 된다. 따라서 법적 안정성의 확보를 위해서 일정한 단계가 지나면 더 이상 재판의 내용을 다툴 수 없게 하는 것이 바로 재판의 확정이다.

2. 재판확정의 시기

(1) 불복신청이 허용되지 않는 재판

불복이 허용되지 않는 재판은 선고 또는 고지와 동시에 확정된다. 법원의 관할 또는 판결 전의 소송절차에 관한 결정에 대하여는 특히 즉시항고를 할 수 있는 경우 외에는 항고를 하지 못하므로($\substack{제403조\\제1항}$), 이러한 결정은 원칙적으로 그 고지와 동시에 확정된다. 항고법원 또는 고등법원의 결정이나 법관의 명령에 대해서는 재판에 영향을 미친 헌법·법률·명령 또는 규칙의 위반이 있음을 이유로 하는 때에 한하여 대법원에 즉시항고를 할 수 있으므로($\substack{제415\\조}$), 이러한 결정이나 명령도 예외사유가 인정되지 않는 한 고지와 동시에 확정된다.

대법원의 결정에 대해서도 불복이 허용되지 않으므로 대법원의 공소기각결정은($\substack{제382조, 제\\328조 제1항}$) 그 고지와 동시에 확정되는 것이 된다. 다만 대법원판결에 대하여는 판결의 정정이 허용된다는 점에서($\substack{제400조,\\제401조}$) 정정신청기간의 경과나 정정판결 또는 정정신청기각의 결정에 의하여 판결이 확정된다고 보는 견해가 있으나, 판결의 정정은 오기·오산과 같이 예외적인 경우에 그 오류를 정정하는 데 불과하므로 대법원 판결은 선고와 동시에 확정된다고 보는 통설과 판례의 입장이 타당하다($\substack{대법\\원\\1979.9.11,\\79초54}$).

(2) 불복신청이 허용되는 재판

불복신청이 허용되는 재판은 상소기간 기타 불복신청기간의 도과, 상소 기타 불복신청의 포기 또는 취하, 불복신청을 기각하는 재판의 확정 등에 의하여 확정된다. 제1심판결과 항소심판결은 판결이 선고된 날로부터 7일의 상소제기기간을 경과하면 판결이 확정되고($\substack{제358조,\\제374조}$), 약식명령이나 즉결심판은 재판의 고지를 받은 날로부터 7일을 경과하면 재판이 확정된다($\substack{제453조, 즉결심판\\법 제14조, 제16조}$). 또한 즉시항고가 허용되는 결정의 경우에도 이를 고지받은 날로부터 7일을 경과하면 재판이 확정된다($\frac{제405}{조}$). 한편 보통항고가 허용되는 결정은 그 항고기간의 제한이 없으므로 결정을 취소하여도 실익이 없게 된 때에 확정된다($\frac{제404}{조}$).

Ⅱ. 재판의 확정력

재판의 확정은 형식적 확정과 내용적 확정으로 구분할 수 있으며, 이에 따라 재판확정의 효력도 형식적 확정력과 내용적 확정력으로 구별된다.

1. 형식적 확정력

(1) 형식적 확정력의 의의

재판이 통상의 불복방법에 의하여 다툴 수 없는 상태에 이른 것을 형식적 확정이라고 하며, 이에 따른 효력을 형식적 확정력이라고 한다. 형식적 확정력이란 재판의 대상이 된 사안을 더 이상 동일한 절차에서 다툴 수 없다는 재판의 불가쟁적 효력을 의미한다. 재판의 형식적 확정력은 소송의 절차면에 있어서의 효력으로서 종국재판인가 종국 전 재판인가, 실체재판인가 형식재판인가를 묻지 않고 모든 재판에 대하여 발생한다.

(2) 형식적 확정의 효과

재판의 형식적 확정력은 소송의 절차면에 있어서의 효력으로서 종국재판의 경우에는 당해 사건에 대한 소송계속이 종결되며, 그 시점이 재판집행의 기준이 된다($\frac{제459}{조}$). 그리고 유죄판결의 경우에는 재판의 형식적 확정은 누범가중, 집행유예의 실효, 선고유예의 실효 등에 관한 기준시점이 된다. 또한 재판의 형식적 확정은 재판의 내용적 확정의 전제가 된다.

2. 내용적 확정력

(1) 내용적 확정력의 의의

재판이 형식적으로 확정되면 이에 따라 그 의사표시적 내용도 확정되는데 이를 내용적 확정이라고 하며, 재판의 내용적 확정에 의하여 그 판단내용인 법률관계를 확정하는 효력을 내용적 확정력 또는 실질적 확정력이라고 한다.

여기서 확정되는 법률관계는 절차적인 것과 실체적인 것을 포함하므로 형식재판에 대해서도 내용적 확정력이 인정된다. 그리고 유죄·무죄의 실체재판이 확정되면 이에 따라 형벌권의 존부와 범위가 정해지는데 이를 실체적 확정력이라고 부른다.

(2) 내용적 확정의 효과

(가) 대내적 효과

재판이 확정되면 집행할 수 있는 내용의 재판에 있어서는 집행력이 발생하며 ($\frac{제459}{조}$), 특히 형을 선고하는 판결의 경우에는 형벌집행력이 발생한다. 이러한 효력은 당해사건 자체에 대한 효력이라는 의미에서 내용적 확정력의 대내적 효과 또는 내부적 효력이라고 한다.

집행력은 원칙적으로 형을 선고하는 실체재판의 경우에 발생하지만, 형식재판 중에서도 보석허가결정이나 구속취소결정, 구속영장의 발부 등은 석방이나 구속이라는 집행을 요하므로 집행력이 발생한다.

(나) 대외적 효과

재판이 확정되면 그 판단내용이 다른 법원을 구속하여 후소법원도 동일한 사정하에서는 동일한 사항에 대하여 다른 판단을 할 수 없는 효과가 발생한다. 이러한 효과를 재판의 내용적 구속력이라고 부르며, 더 이상 재판의 내용을 변경할 수 없다는 후소법원에 대한 재판의 불가변적 효력을 의미한다. 일사부재리의 효력과 기판력의 개념을 후술하는 구별설의 입장에서 파악하면 내용적 구속력은 기판력과 동일한 의미를 가지는 것이 된다.

재판의 내용적 구속력은 실체재판뿐만 아니라 형식재판에서도 인정된다. 그러나 실체재판에는 공소사실의 동일성의 범위 내에서는 일사부재리의 효력이 인정되어 동일 사건에 대한 후소는 이 효력에 의해 차단되므로 내용적 구속력은 그다지 문제되지 않는다. 따라서 내용적 구속력은 일사부재리의 효력이 인정되지 않는 형식재판에서 그 의미가 크다고 할 수 있다. 형식재판에 일사부재리의 효력이 인정되지 않는 것은 이중위험금지의 법리에 기초하는데, 이중의 위험이란 실체심리·형벌의 위험을 말하는 것으로서 형식재판에는 이러한 위험이 없기 때문이다.

1) **형식재판의 내용적 구속력** 재판의 내용적 구속력은 법원이 현실적으로 심판한 사실의 범위에서만 발생하며, 이것은 실체재판과 형식재판에 있어서 차이

가 없다. 따라서 실체재판뿐만 아니라 형식재판에 있어서도 재판이 확정된 후 동일한 사정하에서 동일한 사항에 대해 재차 심리·판결하는 것은 허용되지 않는다. 사후에 새로운 증거가 나타나 그 판단이 잘못된 것임이 밝혀진 경우에도 마찬가지이다. 형식재판의 내용적 구속력과 관련해서는 다음과 같은 내용들이 검토의 대상이 된다.

① 사정변경의 의미   형식재판이 확정된 경우라고 하더라도 판단의 기초가 되었던 사정에 변경이 있는 경우에는 이제는 동일한 사건으로 볼 수 없기 때문에 내용적 구속력이 인정되지 않고 재기소가 허용되게 된다. 그리고 이때 구속력이 미치지 않는 사정의 변경이란 새로운 증거의 발견을 말하는 것이 아니라 사실 자체의 변화를 의미한다. 즉 사실과 증거를 구별하여 새로운 사실이 있으면 재기소를 허용하나, 새로운 증거의 제출은 허용되지 않는다는 것이 된다.

따라서 친고죄에 있어서 고소가 없거나 고소가 무효임을 이유로 한 공소기각의 판결이 확정된 경우에 고소가 있었다거나 유효하다는 주장을 하여 재기소하는 것은 허용되지 않으며, 이 경우에 법원은 제327조 제 2 호에 기하여 다시 공소기각의 판결을 선고하여야 한다. 그러나 공소기각의 판결이 확정된 후라도 다시 고소기간 내에 유효한 고소가 이루어진 경우에는 사정변경이 있는 경우에 해당하여 공소제기가 가능하다.

② 내용적 구속력이 미치는 객관적 범위   내용적 구속력은 공소가 제기되어 법원의 현실적 심판의 대상이 된 범죄사실에 대하여만 미친다. 따라서 모욕사건에 대하여 고소가 없거나 무효라는 이유로 공소기각의 판결이 확정된 후 검사가 그 모욕행위와 상상적 경합관계에 있는 폭행행위를 대상으로 공소를 제기하는 것은 허용된다.

만일 형식재판인 공소기각의 판결에도 일사부재리의 효력이 인정된다면 모욕행위와 동일성이 인정되는 폭행행위에 대한 검사의 공소제기는 허용되지 않게 될 것이나, 공소기각의 판결에는 이러한 효력이 인정되지 않으므로 확정재판의 효력은 그 대상이 된 모욕부분에 대해서만 미치고 법원에서 판단한 사항이 아닌 폭행부분에 대해서는 미치지 않게 된다.

마찬가지로 폭행죄에 대하여 처벌을 희망하는 의사표시가 철회되었다는 이유로 공소기각의 판결이 확정된 후 폭행치상죄의 범죄사실로 공소를 제기하는 것도 허용된다.

③ 재판의 오류와 내용적 구속력   이른바 위장사망의 경우, 즉 피고인의 사망을 이유로 한 공소기각의 결정이 확정된 후에 피고인의 생존사실이 판명된 경우와 같이 재판내용의 오류가 명백하고 그러한 오류가 피고인의 적극적인 기망행위로 인한 것이었음이 밝혀진 경우에도 내용적 구속력을 인정할 수 있는지의 여부가 문제로 된다.

이에 대하여는 내용적 구속력은 재판의 오류 여부를 묻지 않고 확정재판에 따라 발생하는 것이므로 이 경우에도 재기소가 허용되지 않는다는 견해와 오류가 명백하고 피고인에게 귀책사유가 있는 경우에는 금반언의 법리를 원용하여 재기소를 허용해야 한다는 견해가 대립되고 있다. 후자의 견해는 이러한 경우에는 내용적 구속력이 미치는 범위를 제한하여서라도 실체적 진실을 발견하고자 하는데 그 목적이 있다고 할 수 있다.

본래 구속력이 미치지 않는 사정변경이라는 것은 새로운 증거의 발견이 아니라 사실 자체의 변화를 말하는 것이다. 그런데 위장사망의 경우에는 사실은 피고인이 살아있었다고 하는 새로운 증거가 발견된 것에 불과하고, 피고인이 사망하였다가 살아 돌아온 것과 같은 사실의 변화가 있었던 것은 아니다. 재판의 오류가 피고인의 적극적인 기망행위에 의해 이루어진 경우에는 피고인은 재소금지의 이익을 받을 자격이 없으므로 예외적으로 구속력을 배제하여야 한다는 주장도 이해할 수 없는 것은 아니다. 그러나 피고인의 귀책사유의 유무에 따라 내용적 구속력의 발생을 좌우하게 하는 것은 재판의 안정성을 해치고, 나아가서 피고인에게 불이익한 재심을 인정하는 결과가 되어 바람직하지 않다. 어떠한 새로운 증거의 발견이 있어도 피고인에게 불이익한 재심을 인정하지 않는 현행법의 입장에서 볼 때, 피고인의 위장사망의 경우에도 내용적 구속력을 인정하여 재기소를 허용하지 않는 것이 타당하다고 생각된다.

2) 실체재판의 내용적 구속력   실체재판에 있어서도 확정재판의 효력으로서 내용적 구속력이 발생한다. 따라서 법원이 현실적으로 심판한 사실에 대한 확정재판의 내용은 후소법원을 구속한다. 다만 실체재판에 있어서의 내용적 구속력은 보통은 일사부재리의 효력의 일부로서 다루어지므로 별도로 논할 실익은 적다고 할 수 있다.

실체재판에 있어서의 내용적 구속력을 독자적으로 논할 실익이 있는 것은 확정재판의 내용 자체를 변경하는 문제가 아니라, 실체재판에 의하여 확정된 사실이 별개의 사실을 대상으로 하는 다른 절차의 선결문제로 되어 있는 경우라고 할 수 있다. 실체재판에 의하여 확정된 사실이 다른 사건의 선결문제로 되어 있는 경우에는 법적안정성의 보호를 위해서 확정된 내용에 구속력을 인정할 필요가 있을 것이다. 따라서 피고인이 방화죄에 대하여 무죄판결을 선고받아 확정된 후 보험금을 청구하였는데 검사가 피고인을 사기죄로 다시 기소한 경우에는 후소법원은 방화행위를 인정하여 사기죄에 대하여 유죄판결을 선고할 수는 없다고 해야 한다. 그리고 이러한 확정판결의 구속력은 그것이 피고인에게 유리한 경우뿐만 아니라 불리한 경우에도 인정된다고 보아야 한다.

그러나 대법원은 피고인이 과실로 교통사고를 발생시켰다는 사실을 인정한 확정판결의 효력은 피고인이 고의로 교통사고를 낸 후 보험금을 청구하였다는 사실의 판단에는 미치지 않는다고 함으로써, 선결문제인 사실에 대한 확정판결의 내용적 구속력을 인정하지 않는 입장을 취하고 있다.[1] 즉 이러한 경우 판례는 양 사실사이에 동일성이 인정되는지의 여부를 규범적 요소를 고려한 기본적사실관계동일설의 입장에서 판단하고 있을 뿐이다.

Ⅲ. 일사부재리의 효력과 기판력

1. 의   의

일사부재리의 효력이란 유죄·무죄의 실체판결이나 면소판결이 확정되면 동일한 범죄사실에 대하여 다시 심리·판단하는 것이 허용되지 않는다는 효력을 말한다. 헌법 제13조 제 1 항은 「모든 국민은 동일한 범죄에 대하여 거듭 처벌받지 아니한다」고 규정하여 이 원칙을 명시하고 있다. 한편 기판력은 일찍이 로마법에서 유래하여 독일에서의 논의를 거쳐 사용되고 있는 개념으로서 현재에도 다양한 형태로서 정의되고 있으나, 통상 확정판결의 소송법적 효력의 문제로서 파악되고 있다.

---

1) 대법원 2010. 2. 25, 2009도14263, 「과실로 교통사고를 발생시켰다는 각 교통사고처리 특례법 위반죄와 고의로 교통사고를 낸 뒤 보험금을 청구하여 수령하거나 미수에 그쳤다는 사기 및 사기미수죄는 서로 행위 태양이 전혀 다르고, 각 교통사고처리 특례법 위반죄의 피해자는 교통사고로 사망한 사람들이나, 사기 및 사기미수죄의 피해자는 피고인과 운전자보험계약을 체결한 보험회사들로서 역시 서로 다르며, 따라서 위 각 교통사고처리 특례법 위반죄와 사기 및 사기미수죄는 그 기본적 사실관계가 동일하다고 볼 수 없으므로, 위 전자에 관한 확정판결의 기판력이 후자에 미친다고 할 수 없다.」

2. 일사부재리의 효력과 기판력과의 관계

일사부재리의 효력과 기판력의 관계를 구체적으로 어떻게 이해할 것인가에 대하여는 다음과 같은 견해가 대립하고 있다.

(1) 일 치 설

일사부재리의 효력과 기판력을 동일한 개념으로 파악하는 견해로서, 일사부재리의 효력 내지 기판력을 실체적 확정력의 외부적 효력으로 보는 입장이다. 실체판결이 형식적으로 확정되면 형식적 확정력과 함께 실체적 확정력이 생기는데, 실체적 확정력의 내부적 효력으로서는 집행력이 그 외부적 효력으로서는 일사부재리의 효력, 즉 기판력이 발생한다는 것이다. 그러나 이와 같이 일사부재리의 효력을 확정된 실체판결 자체의 효력이라고 한다면 그 효력은 현실적으로 재판에서 판단된 내용에 대해서만 발생하여야 하고 그 동일성이 있는 이른바 잠재적 심판의 대상에는 미치지 않는다고 해야 하는 것은 아닌지 하는 점에서 문제가 제기된다.

(2) 포 함 설

기판력의 의미를 실체재판의 내용적 확정에 따른 대외적 효과와 동일한 의미로 보는 견해로서, 기판력을 재판내용의 후소에 대한 구속력인 내용적 구속력과 일사부재리의 효력을 포함하는 넓은 개념으로 이해한다. 이 견해와 일치설과의 차이는 실체재판에 있어서도 일사부재리의 효력과는 별도로 내용적 구속력이 독자적인 의미를 가진다고 보는 점에 있다. 또한 포함설은 일사부재리의 효력의 근거를 헌법 제13조 제 1 항에서 구하면서도 이 규정은 대륙법계의 일사부재리의 원칙과 영미법계의 이중위험금지의 법리를 포함하는 넓은 의미의 이중위험금지를 규정하고 있다고 보는 점에 특징이 있다. 따라서 이 견해에 의하면 일사부재리의 효력은 이중위험 금지의 정책적 효력일 뿐만 아니라 확정된 실체재판 자체의 효력으로서의 의미도 아울러 가지는 것이 될 것이다. 일종의 중간설이라고 할 수 있다.

(3) 구 별 설

이는 기판력과 일사부재리의 효력을 별개의 개념으로 보는 견해로서, 기판력은 확정된 종국재판의 판단내용이 후소에 대하여 가지는 불가변경적 효력을 의미하는데 대하여, 일사부재리의 효력은 기판력 또는 재판의 효력과는 직접적인 관계 없이 피고인은 이중의 위험을 부담하지 않는다는 헌법상의 권리에 기초한 정책적인 효력이라고 한다. 우리 헌법 제13조 제 1 항은 이중위험 금지를 규정하고 있으므로 검사는 공소사실의 동일성의 범위 내에 있는 범죄사실에 대하여는 1회의 소송에서 해결할 의무를 부담하게 되며, 또한 그 범위에서 일사부재리의 효력이 발생하게 된다는 것이다. 일사부재리의 효력의 근거를 이와 같이 파악하게 되면 일사부재리의 효력이 미치는 범위를 반드시 공소사실의 동일성의 범위로 엄격하게 제한하지 않고, 검사의 동시소추의 의무를 인정하는 것이 피고인의 이익보호를 위해서 필요한 경우에는 그 범위를 확대하는 것이 가능하게 된다.

(4) 검   토

일사부재리의 효력과 기판력은 별개의 의미로 파악하는 것이 타당하다. 일사부재리의 효력은 피고인의 보호를 위해 정책적으로 인정된 절차적 효력으로서의 의미를 가지며, 따라서 재판의 권위와 안정성의 유지를 위한 확정력이론과는 그 성격이 다르기 때문이다. 기판력은 확정된 재판의 내용을 후소에 의하여 변경할 수 없다는 종국재판의 후소에 대한 불가변경적 효력, 즉 내용적 구속력을 의미한다. 따라서 기판력은 실체재판뿐만 아니라 공소기각과 같은 형식재판이 확정된 경우에도 인정되는 것이 된다. 그러나 일사부재리의 효력은 본래 실체재판에 인정되는 효력으로서 심판대상과 동일성이 인정되는 사실 전부에 미치며, 경우에 따라서는 그보다 넓게 해석하는 것도 가능한 효력인 것이다.

3. 기판력의 본질

확정된 종국재판의 후소에 대한 불가변경적 효력을 의미하는 기판력의 본질과 관련하여 실체법설과 구체적 규범설 및 소송법설의 대립이 있다. 이것은 특히 오판이 확정되었을 때 그 확정재판의 법적 효과를 어떻게 설명할 것인가의 문제와 관련하여 논의가 된다.

(1) 실체법설

실체법설은 확정판결이 실체형법의 법률관계를 변경시켜 새로운 실체법을 만들어낸다는 견해로서, 기판력의 본질을 확정판결이 실체법률관계를 형성·변경하는 효력으로서 파악한다. 따라서 실체적 진실 여부를 불문하고 기판력에 의하여 범죄가 성립되고 국가형벌권이 발생하므로 오판의 문제는 발생하지 않는다고 보게 된다.

그러나 절도범이 아닌 자가 절도죄로 유죄판결이 확정되었다고 하여 절도죄를

범한 것으로 보는 것은 일반인의 의식에 반하고, 실체법설에 의하면 재심이나 비상
상고에 의하여 기판력이 배제될 수 있는 경우를 설명하기도 어렵다.

(2) 구체적 규범설

구체적 규범설은 기판력을 일반적·추상적 규범인 실체법을 소송을 통해 개별
적·구체적인 법률관계로 형성하는 힘이라고 보는 견해이다. 이에 따르면 기판력에
의하여 범죄의 성립 자체가 인정되는 것은 아니지만, 확정판결에 의하여 생기는 당
해 사건에 대한 구체적 실체법의 효력으로서 피고인은 유죄판결을 받은 자의 지위
에 놓이게 되고, 집행력이나 구속력 등의 효력이 발생한다고 한다.

그러나 이 견해에 대해서는 구체적 실체법이라는 의미가 불명확하여 실체법설
과의 구별이 어렵고, 일반적 법체계 이외에 법원의 재판에 의하여 형성되는 또 하
나의 구체적 규범체계를 인정하는 것 자체가 법질서의 통일을 해치게 된다는 등의
비판이 가해지고 있다.

(3) 소송법설

소송법설은 기판력을 실체법률관계에는 영향을 미치지 않고 후소법원의 실체
심리만을 차단하는 확정판결의 소송법적 효력이라고 보는 견해이다. 이 견해에 따
르면 기판력은 다툼이 있는 법률관계를 공권적인 법원의 판단에 의해 종국적으로
해결하고자 하는 목적에서 인정되는 효력이며, 이는 법적 안정성과 재판의 신뢰보
호라는 재판제도 자체의 요청에 바탕을 둔 제도적 효력이라고 보게 된다.

(4) 결   론

기판력을 동일사건에 대한 후소법원의 심판을 금지하는 확정판결의 소송법적
효력으로서 해석하는 소송법설(통설)이 타당하다고 생각한다. 소송법설에 의하면
확정판결은 실체법률관계를 변경하지는 않지만 소송법적으로 후소법원을 구속하
기 때문에 재심이나 비상상고 등의 특별한 절차를 거치지 않으면 그 확정판결을 파
기할 수 없고, 오판에 기한 형집행에 대해서도 정당방위가 허용되지 않는 것이 된다.

4. 일사부재리의 효력이 미치는 범위

(1) 일사부재리의 효력이 인정되는 재판

(개) 실체재판

유죄·무죄의 판결이 확정되면 일사부재리의 효력이 발생한다. 따라서 유죄·무죄의 판결이 확정된 후에 동일한 범죄사실에 대하여 재차 공소가 제기된 경우에는 법원은 면소의 판결을 선고하여야 한다($\binom{제326조}{제1호}$). 약식명령이나 즉결심판이 확정된 경우에도 유죄의 확정판결과 동일한 효력이 발생하므로($\binom{제457조, 즉결심판에}{관한 절차법 제16조}$) 일사부재리의 효력이 인정된다.

그러나 일사부재리의 효력은 형사재판에 인정되는 것이므로 행정법상의 징계처분이나 과태료 등 행정벌($\binom{대법원 1992.2.11,}{91도2536}$) 또는 관세법상의 통고처분에는 미치지 않는다. 다만 경범죄 처벌법이나 도로교통법에 따른 범칙행위로 통고처분을 받고 범칙금을 납부한 사람은 그 범칙행위에 대하여 다시 처벌받지 아니하므로($\binom{경범죄 처벌법}{제8조 제3항·}$ $\binom{제9조 제3항, 도로교}{통법 제164조 제3항}$) 이 경우에는 예외적으로 범칙금납부에 확정판결에 준하는 효력이 인정되게 된다. 따라서 범칙금을 납부한 경우 범칙금 통고의 이유에 기재된 당해 범칙행위 자체 및 그 범칙행위와 동일성이 인정되는 행위에 대해서는 일사부재리의 효력이 미친다($\binom{대법원 2012.9.13,}{2012도6612}$).[1]

(내) 면소판결

공소기각과 관할위반의 형식재판에 대해서는 일사부재리의 효력이 인정되지 않는다. 그러나 면소판결은 형식재판의 일종임에도 불구하고 일사부재리의 효력이 발생한다는 것이 통설적인 견해이다.

면소판결에 일사부재리의 효력을 인정하는 이유는 그것이 단순한 절차상의 하자를 이유로 하는 것이 아니라 중대한 내용상의 하자인 실체형성의 이익의 결여를

---

1) 피의자가 성명을 모용한 탓으로 공소장에 피모용자가 피고인으로 표시되었더라도, 검사는 모용자에 대하여 공소를 제기한 것이므로 모용자가 피고인이 되고 피모용자에게 공소의 효력이 미친다고는 할 수 없다는 법리는 「경범죄 처벌법」에 따른 경찰서장의 통고처분의 효력에도 마찬가지로 적용된다. 피고인이 무전취식을 하고 출동한 경찰관에게 친형의 인적사항을 모용함에 따라 친형 이름으로 「경범죄 처벌법」상 경찰서장의 통고처분을 받았다가 모용사실이 적발되어 경찰관이 내부적으로 통고처분 오손처리 경위서를 작성하였고, 이후 납부 통고 등 후속절차는 중단된 상태에서 무전취식의 범칙행위와 동일성이 인정되는 사기의 공소사실로 재차 기소된 경우, 이미 발령된 통고처분의 효력이 기소된 사기의 공소사실에도 미쳐 이 부분 공소제기의 절차가 법률의 규정을 위반하여 무효인 때에 해당한다(대법원 2023. 3. 16, 2023도751).

이유로 하는 것이고, 또한 결여된 실체형성의 이익은 사후에 보완될 수도 없다는 점을 고려한 결과라고 할 수 있다.

(다) 당연무효의 판결

당연무효의 판결이란 판결로서 성립은 하였으나 명백하고 중대한 하자가 있기 때문에 상소 기타 불복신청을 하지 않아도 그 본래의 효력이 발생하지 않는 재판을 말한다. 예를 들면 동일사건에 대하여 이미 확정판결이 있음에도 불구하고 다시 실체판결이 선고된 경우, 사망한 자나 형사미성년자에 대하여 형을 선고한 경우, 법률상 인정되지 않는 형벌을 선고한 경우, 항소를 취하한 후에 선고된 항소심판결 등이 여기에 해당한다.

이 경우에도 재판은 성립하여 존재하는 것이므로 그 확정에 의하여 소송절차를 종결시키는 효력으로서의 형식적 확정력은 인정할 수 있다. 그러나 재판이 당연무효이므로 그 의사표시적 내용의 확정에 따른 효과인 집행력은 발생하지 않는다. 다만 당연무효의 판결도 일단 확정되면 그 판결은 법원이 심리를 종결하여 최종적인 판단을 한 결과이고, 이에 따라 피고인은 당해 절차에서 처벌의 위험에 처해 있었다는 점에서 일사부재리의 효력을 인정하여 재소를 금지하는 것이 타당할 것이다(통설).

(2) 주관적 범위

일사부재리의 효력은 공소가 제기된 피고인에 대해서만 발생한다. 공동피고인의 경우에도 1인의 피고인에 대한 판결의 효력은 다른 피고인에게 미치지 않는다. 공범자의 한 사람에 대한 무죄판결이 다른 공범자에 대한 증거자료로 사용될 수는 있지만 이것은 일사부재리의 효력과는 관계가 없다. 따라서 공범자들 사이에 서로 모순되는 판결이 선고될 수도 있다.

피고인이 타인의 성명을 모용한 경우에 판결의 효력은 피모용자에게 미치지 않는다. 그러나 위장출석의 경우에는 판결의 효력이 위장출석자에게 미친다고 해석하여야 한다.

(3) 객관적 범위

(가) 동일한 범죄

1) 공소사실의 동일성　　　일사부재리의 효력은 법원의 현실적 심판의 대상인 공소장에 기재된 공소사실뿐만 아니라 그 사실과 단일성·동일성이 인정되는

잠재적 심판의 대상에 대하여도 미친다. 일사부재리의 효력이 공소사실과 동일성이 인정되는 사실에까지 미치는 근거에 대해서는 여러 가지 견해가 제시되고 있으나, 피고인의 이익보호를 위하여 이중위험을 금지하고자 하는 일사부재리의 원칙의 취지에 비추어 볼 때 공소사실과 동일성이 인정되는 범위에서는 피고인이 유죄로 처벌될 위험성이 있었기 때문이라고 해석하는 것이 타당하다. 우리 헌법 제13조 제 1 항은 이중위험 금지를 규정하고 있으므로 검사는 공소사실의 동일성이 인정되는 범죄사실에 대하여는 이를 1회의 소송에서 해결해야 할 의무를 부담하게 되며, 따라서 그 범위에서는 당연히 일사부재리의 효력이 발생한다고 보아야 한다.

공소사실의 동일성은 기본적 사실관계의 동일성이 있는가 여부에 따라 결정된다. 판례는 기본적 사실관계의 동일성 여부를 판단하는 데 있어서 규범적 요소도 함께 고려하여야 한다는 입장이다(대법원 1994.3.22, 93도 2080 전원합의체 판결).

2) 포괄일죄   일사부재리의 효력은 하나의 범죄사실의 전부에 대하여 미치므로 포괄일죄나 과형상 일죄(대법원 1990.1.25, 89도252)의 일부분에 대한 확정판결의 효력은 현실적 심판의 대상이 되지 않았던 부분에까지 미친다. 따라서 포괄일죄인 상습범의 일부에 대한 확정판결의 효력은 상습범을 구성하는 범죄사실의 전부에 대하여 미친다고 보아야 한다.

다만 판례는 상습범으로서 포괄적 일죄의 관계에 있는 여러 개의 범죄사실 중 일부에 대하여 유죄판결이 확정된 경우, 그 확정판결의 사실심 판결선고 전에 행한 나머지 범죄에 대하여 면소판결을 선고하기 위해서는 피고인이 상습범으로 처벌되었을 것을 요한다고 판시하고 있다(대법원 2004.9.16, 2001도3206 전원합의체 판결). 따라서 상습사기죄의 범인이 포괄일죄의 일사부재리의 효력을 인정받으려면 범인이 처음부터 상습사기죄로 기소되어 판결이 확정되었을 것을 요하고, 단순사기죄로 기소되어 유죄판결이 확정된 범인은 상습성이 인정되는 다른 사기범행에 대하여 일사부재리의 효력을 주장하지 못하게 된다. 대법원은 그에 대한 논거로서 ① 확정판결의 일사부재리의 효력이 미치는 범위를 정함에 있어서는 그 확정된 사건 자체의 범죄사실과 죄명을 기준으로 하는 것이 원칙이라는 점, ② 비상습범으로 기소되어 판결이 확정된 이상 그 사건의 범죄사실이 상습범이 아닌 기본구성요건의 범죄라는 점에 관하여 일사부재리의 효력이 발생하였다고 보아야 한다는 점, ③ 뒤에 드러난 다른 범죄사실이나 그 밖의 사정을 부가하여 전의 확정판결의 효력을 검사의 기소내용보다 무거운 범죄유형인 상습범에 대한 판결로 바꾸어 적용하는 것은 형사소송법의 기본원칙에 비추어 적절하지 않다는 점 등을 제시하고 있다.

그러나 일죄의 일부에 대한 확정판결의 효력은 그 전부에 미친다는 점에서 볼 때, 포괄일죄에 있어서 일사부재리의 효력범위를 제한하고자 하는 판례의 태도는 타당하지 않다. 포괄일죄를 구성하는 각 범죄행위는 단일한 범죄로서 공소장변경에 의하여 추가되어 동시심판을 받을 가능성이 존재했을 뿐만 아니라 포괄일죄를 구성하는 범죄사실에 대하여 검사가 포괄일죄로 공소제기한 것인가 단순일죄로 공소제기한 것인가에 따라 일사부재리의 효력범위를 달리 해석하게 되면 피고인에게 불리한 결과가 초래될 수 있기 때문이다.

⑷ 일사부재리의 효력의 확장적용의 문제

경합범의 관계에 있기 때문에 공소사실의 동일성이 인정되지 않는 사실에 대해서 예외적으로 일사부재리의 효력을 인정할 수 있는지에 관하여 검토해 보기로 한다. 살인죄로 기소되어 유죄판결이 확정된 피고인에 대해서 검사가 다시 살인에 사용한 권총의 불법소지를 이유로 기소하거나, 음주운전에 의한 교통사고로 피해자를 사망하게 한 피고인에 대한 업무상과실치사죄의 확정판결이 있은 후 검사가 피고인을 도로교통법상의 음주운전죄로 다시 기소한 경우와 같이 양 사실 사이에 동일성은 인정되지 않으나 서로 밀접한 관계가 인정되는 경우에 후소법원은 어떠한 조치를 취해야 할 것인가의 문제이다.

일사부재리의 효력의 근거를 재판의 내용적 확정력에서 구하는 견해에 의할 때에는 경합범의 관계에 있는 하나의 범죄사실에 대한 확정판결의 효력이 다른 범죄사실에까지 미친다고 하기는 어려울 것이다. 그러나 일사부재리의 효력의 근거를 이중위험에서 구하는 견해를 취할 때에는 공소사실의 동일성이 인정되지 않는 사실에 대해서도 예외적으로 그 효력을 확장적용할 가능성이 있게 된다.

요컨대 경합범인 수죄 사이라도 서로 밀접한 관계에 있어 일반적인 생활경험에 비추어 하나의 사실로 볼 수 있고 또한 동시수사·동시소추가 통상이라고 할 수 있는 범죄사실의 경우에는 일사부재리의 효력을 확장적용하여 그 효력을 인정하는 것이 타당하다고 생각된다. 이와 같이 자연적·사회적 관점에서 행위가 서로 밀접하게 관련되어 있거나 공소사실과 수단·결과의 관계에 있는 사실에 대해서는 검사의 동시소추의무를 인정하여 일사부재리의 효력을 긍정하는 것이 피고인 보호의 목적에 부합하게 된다. 이러한 경우에는 행위가 서로 밀접하게 관련되어 있기 때문에 하나의 사실에 대한 판결확정 후에 다른 사실을 소추하는 것은 실질적으로 피고

인을 이중의 위험에 처하게 하는 것이 되기 때문이다.[1]

(대) 보충소송의 문제

판결이 행위의 불법내용을 모두 판단하지 않은 경우에 그 부분에 대하여 새로운 공소제기를 하는 것을 보충소송 또는 수정소송이라고 한다. 예를 들면 피고인이 상해죄로 유죄판결을 선고받아 그 판결이 확정된 후 피해자가 사망한 경우에, 전소에서 판단하지 못한 치사의 결과에 대해 재판받도록 하기 위하여 상해치사죄로 다시 공소를 제기하는 것을 말한다. 보충소송을 인정하게 되면 법원은 확정된 유죄판결의 내용을 새롭게 변경할 수 있고, 따라서 위의 예에서 상해죄가 아닌 상해치사죄로 피고인을 처벌하는 것이 가능하게 된다.

그러나 판결의 내용이 불법내용을 모두 판단하지 않은 경우라도 동일성이 있는 사실 전부에 대해 일사부재리의 효력이 미치므로 확정판결 후에 변경된 부분에 대하여 별도로 공소를 제기하는 것은 허용되지 않는다. 또한 보충소송을 인정하는 것은 실질적으로 판결확정 후에 나타난 새로운 증거에 의한 재심을 피고인에게 불이익하게 인정하는 결과로 되어 제420조의 취지에도 어긋난다. 피고인보호를 위하여 일사부재리의 원칙을 헌법상 기본권으로 보장하고 있는 헌법 제13조 제 1 항에 비추어 볼 때에도 현행법상 일단 확정판결에 의하여 일사부재리의 효력이 발생한 범죄사실에 대하여 다시 보충소송을 허용할 수는 없다고 해야 한다. 판례도 같은 입장이다(대법원 1990.3.9, 89도1046).

(4) 시간적 범위

일사부재리의 효력은 사실심리가 가능한 최후의 시점까지 미친다. 이와 관련하여 특히 상습범·영업범·계속범과 같은 포괄일죄에 있어서 범죄가 확정판결의 전후에 걸쳐서 행하여진 경우에 어느 시점까지 일사부재리의 효력이 미치는지가 문제로 된다. 이에 대해서는 변론종결시설, 판결선고시설, 판결확정시설을 생각해 볼 수 있으나, 통설과 판례(대법원 1993.5.25, 93도836)는 판결선고시설을 취하고 있다. 사실심리가 가능한 최후의 시점은 원칙적으로 변론종결시로 볼 수 있지만 변론의 재개를 인

---

1) 이러한 형태의 공소제기에 대해서는 공소권남용이론을 적용하는 것도 가능하리라고 생각한다. 그러나 대법원은 공소권남용의 인정요건으로서 최소한 검사에게 미필적 의도의 존재를 요구하고 있고 이러한 검사의 주관적 의사를 입증함에는 현실적 어려움이 따른다는 점을 고려할 때, 객관적 사실관계를 기초로 일사부재리의 효력을 확장하여 적용하는 방법이 피고인보호를 위하여 보다 바람직하다고 생각된다.

정하고 있는 현행법의 해석에 있어서는 사실심 판결선고시를 기준으로 일사부재리의 효력을 인정하지 않을 수 없다.

따라서 포괄일죄의 경우에 그 일부에 대하여 확정판결이 있으면 사실심 판결선고 이후에 범하여진 나머지 부분은 별개의 범죄를 구성하게 되어 별도로 기소하는 것이 가능하게 된다. 상고심의 파기환송에 의하여 포괄일죄가 항소심에 다시 계속되었다면 그 판결의 일사부재리의 효력범위는 사실심리가 가능한 환송 후 항소심의 판결선고시가 그 기준이 된다.

약식명령의 경우에도 일사부재리의 효력이 미치는 시간적 범위는 약식명령의 송달시가 아니라 사실심리가 가능한 최후의 시점인 발령시를 그 기준으로 하여야 한다($\binom{대법원\ 2013.6.13,}{2013도4737}$).

5. 일사부재리의 효력의 적용배제

일사부재리의 효력은 법적 안정성과 피고인의 지위를 보호하기 위하여 인정되는 것이다. 그러나 확정판결에 중대하고 명백한 오류가 있는 경우에도 이러한 요청만을 강조한다면 실질적 정의의 실현이라는 형사재판의 본질적 요구에 반하는 결과를 초래하게 된다. 형사소송법은 예외적으로 일사부재리의 효력을 배제하기 위한 제도로서 상소권의 회복, 재심 및 비상상고를 인정하고 있다.

상소권의 회복($\binom{제345조}{이하}$)이란 재판의 확정 자체가 당사자 특히 피고인의 이익을 부당하게 박탈하는 경우의 구제제도이고, 재심($\binom{제420}{조}$)은 확정판결에 명백한 사실오인이 있는 경우에 이를 시정하여 유죄판결을 받은 자의 불이익을 구제하는 제도이며, 비상상고($\binom{제441}{조}$)는 확정판결의 법령위반을 시정하여 법령해석의 통일을 기함과 동시에 피고인의 이익을 구제하는 데 목적이 있는 제도이다.

제 4 절   소송비용

I. 소송비용의 의의 및 성격

소송비용이란 소송절차를 진행함에 있어서 발생한 비용으로서 「형사소송비용 등에 관한 법률」에서 특히 소송비용으로 규정한 것을 말한다. ① 증인·감정인·통역인 또는 번역인의 일당, 여비 및 숙박료, ② 감정인·통역인 또는 번역인의 감정료·통역료·번역료 그 밖의 비용, ③ 국선변호인의 일당·여비·숙박료 및 보수가 여기에 해당한다(통법 제2조). 이 범위에 속하지 않는 비용은 실제로 지출된 것이라고 할지라도 소송비용에 포함되지 않는다. 따라서 송달비용이나 법원의 검증비용 등에 대해서는 비용부담을 명해서는 안 된다.

소송비용의 부담은 이것이 재산적 이익의 박탈이라는 점에서 벌금형과 유사한 결과를 가져오는 것은 사실이나 그렇다고 형벌은 아니다. 판례도「소송비용의 부담은 형이 아니고 실질적인 의미에서 형에 준하여 평가되어야 할 것도 아니므로 불이익변경금지원칙의 적용이 없다」고 판시하고 있다(대법원 2008.3.14, 2008도488).

Ⅱ. 소송비용의 부담자

소송비용은 모두 국가가 부담하는 것이 원칙이나, 일정한 경우에는 이를 피고인 또는 기타의 자에게 부담하게 할 수 있다. 다만 검사의 책임으로 인하여 발생한 소송비용은 국가가 부담하여야 할 것이므로 형사소송법은 피고인 기타 고소인·고발인 등이 부담하는 경우에 대해서만 명문규정을 두고 있다.

1. 피 고 인

형을 선고하는 때에는 피고인에게 소송비용의 전부 또는 일부를 부담하게 하여야 한다. 다만 피고인의 경제적 사정으로 소송비용을 납부할 수 없는 때에는 그러하지 아니하다(제186조 제1항). 형의 선고가 있는 경우에 한하므로 형의 집행유예는 포함되지만, 형의 면제나 선고유예의 경우는 제외된다. 다만 피고인에게 책임지울 사유로 발생된 비용은 형의 선고를 하지 아니하는 경우에도 피고인에게 부담하게 할 수 있다(동조 제2항). 예를 들면 피고인이 정당한 이유 없이 공판기일에 출석하지 않았기 때문에 증인을 재소환하게 된 경우가 여기에 해당한다.

공범의 소송비용은 공범인에게 연대부담하게 할 수 있다(제187조). 여기의 공범에는 임의적 공범뿐만 아니라 필요적 공범도 포함되나, 공범자가 공동심리를 받은 경우에 한한다. 검사만이 상소 또는 재심의 청구를 한 경우에 상소 또는 재심의 청구가 기각되거나 취하된 때에는 그 소송비용을 피고인에게 부담하게 하지 못한다(제189조).

2. 고소인 · 고발인

고소 또는 고발에 의하여 공소를 제기한 사건에 관하여 피고인이 무죄 또는 면소의 판결을 받은 경우에 고소인 또는 고발인에게 고의 또는 중대한 과실이 있는 때에는 그 자에게 소송비용의 전부 또는 일부를 부담하게 할 수 있다($^{제188}_{조}$). 무죄 또는 면소판결에 한하므로 형의 면제, 선고유예 또는 공소기각의 재판을 받은 경우는 제외된다.

3. 상소권자 또는 재심청구권자

검사 아닌 자가 상소 또는 재심의 청구를 한 경우에 상소 또는 재심의 청구가 기각되거나 취하된 때에는 그 자에게 소송비용을 부담하게 할 수 있다($^{제190조}_{제1항}$). 여기서 검사 아닌 자에는 피고인도 포함된다. 피고인 아닌 자가 피고인이 제기한 상소 또는 재심의 청구를 취하한 경우에도 같다($^{동조}_{제2항}$). 그러나 변호인이 피고인을 대리하여 상소 또는 재심의 청구를 취하한 때에는 피고인을 대리하여 한 것이므로 변호인에게 소송비용을 부담하게 할 수 없다.

Ⅲ. 소송비용부담의 절차

1. 재판으로 소송절차가 종료되는 경우

재판으로 소송절차가 종료되는 경우에 피고인에게 소송비용을 부담하게 하는 때에는 직권으로 재판하여야 한다. 이 재판에 대하여는 본안의 재판에 관하여 상소하는 경우에 한하여 불복할 수 있다($^{제191}_{조}$). 여기서 본안의 재판이란 피고사건에 관한 종국재판을 말하고 실체재판인가 형식재판인가는 묻지 않는다.

소송비용의 재판에 대한 불복은 본안의 재판에 대한 상소의 전부 또는 일부가 이유 있는 경우에 한하여 허용되고, 본안의 상소가 이유 없는 때에는 소송비용부담의 재판에 관하여만 독립하여 다투는 것은 허용되지 않는다($^{대법원 2008.7.24,}_{2008도4759}$). 또한 상소심에서 소송비용부담 부분은 본안 부분과 한꺼번에 심판되어야 하고 분리 확정될 수 없는 것이므로 상급심이 하급심의 본안 부분을 파기하는 경우에는 소송비용부담 부분까지 함께 파기하여야 한다($^{대법원 2009.4.23,}_{2008도11921}$).

재판으로 소송절차가 종료되는 경우에 피고인 아닌 자에게 소송비용을 부담하게 하는 때에는 직권으로 결정하여야 한다. 그 결정에 대하여는 즉시항고를 할 수 있다($\frac{제192}{조}$).

2. 재판에 의하지 않고 소송절차가 종료되는 경우

재판에 의하지 않고 소송절차가 종료되는 경우에 소송비용을 부담하게 하는 때에는 사건의 최종계속법원이 직권으로 결정을 하여야 한다($\frac{제193조}{제1항}$). 재판에 의하지 아니하고 소송절차가 종료되는 경우란 상소·재심 또는 정식재판의 청구를 취하하는 때를 말하며, 피고인에게 소송비용을 부담시키는 경우와 제 3 자에게 부담시키는 경우를 모두 포함한다. 이 결정에 대하여는 즉시항고를 할 수 있다($\frac{동조}{제2항}$).

3. 소송비용부담액의 산정

소송비용의 부담액을 법원이 반드시 확정하여 선고할 필요는 없다. 따라서 소송비용의 부담에 관한 재판을 함에 있어서 법원은 부담시킬 소송비용의 액을 산정하여 표시할 수도 있고 추상적으로 부담자 및 부담 부분만을 지정하여 표시할 수도 있다. 소송비용의 부담을 명하는 재판에 그 금액을 표시하지 아니한 때에는 집행을 지휘하는 검사가 산정한다($\frac{제194}{조}$).

4. 소송비용부담재판의 집행

소송비용의 재판은 검사의 명령에 의하여 집행한다($\frac{제477조}{제1항}$). 검사의 명령은 집행력 있는 집행권원과 동일한 효력이 있다($\frac{동조}{제2항}$). 소송비용재판의 집행에는 민사집행법의 집행에 관한 규정을 준용한다. 단, 집행 전에 재판의 송달을 요하지 않는다($\frac{동조}{제3항}$). 소송비용의 재판은 민사집행법에 따른 집행의 원칙에도 불구하고 국세징수법에 따른 국세체납처분의 예에 의하여 집행할 수 있다($\frac{동조}{제4항}$). 검사는 소송비용의 재판을 집행하기 위하여 필요한 조사를 할 수 있다. 이 경우 검사는 공무소 기타 공사단체에 조회하여 필요한 사항의 보고를 요구할 수 있다($\frac{동조\ 제5항,}{제199조\ 제2항}$). 재판집행에 따른 비용은 집행을 받은 자의 부담으로 하고 「민사집행법」의 규정에 준하여 집행과 동시에 징수하여야 한다($\frac{제493}{조}$).

소송비용부담의 재판을 받은 자가 빈곤으로 인하여 이를 완납할 수 없는 때에는 그 재판의 확정 후 10일 이내에 재판을 선고한 법원에 소송비용의 전부 또는 일부에 대한 집행면제를 신청할 수 있다($\frac{제487}{조}$). 이 신청이나 그 취하의 서면을 제출받은 경우에는 즉시 그 취지를 검사에게 통지하여야 한다(규칙 제175조). 소송비용집행면제의 신청기간내와 그 신청이 있는 때에는 소송비용부담의 재판의 집행은 그 신청에 대한 재판이 확정될 때까지 정지된다(제472조).

소송비용부담재판의 집행을 받은 자 또는 그 법정대리인이나 배우자는 집행에 관한 검사의 처분이 부당함을 이유로 재판을 선고한 법원에 이의신청을 할 수 있다(제489조). 이의신청에 대하여 법원은 결정을 하여야 하며, 이 결정에 대하여는 즉시항고가 허용된다(제491조 제2항).

Ⅳ. 무죄판결에 대한 비용보상

1. 비용보상의 의의

형사소송법은 무죄판결이 확정된 경우에 국가가 당해 사건의 피고인이었던 자에 대하여 그 재판에 소요된 비용을 보상하도록 하고 있다(제194조의2 내지 제194조의5). 국가의 잘못된 형사사법권의 행사로 인한 재판에서 피고인이 무죄를 선고받기 위해서 변호사 보수 등을 지출한 경우, 국가의 형사사법작용에 내재한 위험성 때문에 불가피하게 비용을 지출한 피고인의 방어권 및 재산권을 보장하기 위한 것이다(대법원 2019.7.5, 2018모906). 무죄판결에 대한 비용보상은 형사보상과 구별된다. 형사보상은 미결구금이나 형 집행에 대한 보상임에 대하여, 무죄판결에 대한 비용보상은 재판에 소요된 비용 자체에 대한 보상으로 구속 여부와 관계없이 무죄 판결을 받은 피고인이 청구할 수 있다.

2. 비용보상의 요건

국가는 무죄판결이 확정된 경우에는 당해 사건의 피고인이었던 자에 대하여 그 재판에 소요된 비용을 보상하여야 한다(제194조의2 제1항). 판결주문에서 무죄가 선고된 경우뿐만 아니라 판결 이유에서 무죄로 판단된 경우에도 재판에 소요된 비용 가운데 무죄로 판단된 부분의 방어권 행사에 필요하였다고 인정된 재판비용에 대해서는 비용보상을 청구할 수 있다(대법원 2019.7.5, 2018모906).

그러나 ① 피고인이었던 자가 수사 또는 재판을 그르칠 목적으로 거짓 자백을 하거나 다른 유죄의 증거를 만들어 기소된 것으로 인정된 경우, ② 1개의 재판으로써 경합범의 일부에 대하여 무죄판결이 확정되고 다른 부분에 대하여 유죄판결이 확정된 경우, ③「형법」제 9 조 및 제10조 제 1 항의 사유에 따른 무죄판결이 확정된 경우, ④ 그 비용이 피고인이었던 자에게 책임지울 사유로 발생한 경우의 어느 하나에 해당하는 경우에는 재판비용의 전부 또는 일부를 보상하지 아니할 수 있다($\genfrac{}{}{0pt}{}{\text{동조}}{\text{제2항}}$).

3. 비용보상의 절차

무죄판결이 확정된 경우의 비용보상은 피고인이었던 자의 청구에 따라 무죄판결을 선고한 법원의 합의부에서 결정으로 한다($\genfrac{}{}{0pt}{}{\text{제194조의}}{\text{3 제1항}}$). 비용보상의 청구는 무죄판결이 확정된 사실을 안 날부터 3년, 무죄판결이 확정된 때부터 5년 이내에 하여야 한다($\genfrac{}{}{0pt}{}{\text{동조}}{\text{제2항}}$). 비용보상의 결정에 대하여는 즉시항고를 할 수 있다($\genfrac{}{}{0pt}{}{\text{동조}}{\text{제3항}}$).

무죄판결의 확정에 따른 비용보상의 범위는 피고인이었던 자 또는 그 변호인이었던 자가 공판준비 및 공판기일에 출석하는데 소요된 여비·일당·숙박료와 변호인이었던 자에 대한 보수에 한한다. 이 경우 보상금액에 관하여는 「형사소송비용 등에 관한 법률」을 준용하되, 피고인이었던 자에 대하여는 증인에 관한 규정을, 변호인이었던 자에 대하여는 국선변호인에 관한 규정을 준용한다($\genfrac{}{}{0pt}{}{\text{제194조의}}{\text{4 제1항}}$). 법원은 공판준비 또는 공판기일에 출석한 변호인이 2인 이상이었던 경우에는 사건의 성질, 심리 상황, 그 밖의 사정을 고려하여 변호인이었던 자의 여비·일당 및 숙박료를 대표변호인이나 그 밖의 일부 변호인의 비용만으로 한정할 수 있다($\genfrac{}{}{0pt}{}{\text{동조}}{\text{제2항}}$).

비용보상청구, 비용보상절차, 비용보상과 다른 법률에 따른 손해배상과의 관계, 보상을 받을 권리의 양도·압류 또는 피고인이었던 자의 상속인에 대한 비용보상에 관하여 이 법에 규정한 것을 제외하고는 「형사보상법」에 따른 보상의 예에 따른다($\genfrac{}{}{0pt}{}{\text{제194}}{\text{조의5}}$).

제 5 편

상소 · 비상구제절차 · 특별절차 · 재판의 집행

제1장 상　　소

제2장 비상구제절차

제3장 특별절차

제4장 재판의 집행과 형사보상 · 명예회복

형 · 사 · 소 · 송 · 법

제1장

상   소

제 1 절   상소 일반

I. 상소의 의의와 종류

1. 상소의 의의

(1) 상소의 개념

상소(上訴)란 미확정의 재판에 대하여 상급법원에 구제를 구하는 불복신청제도를 말한다. 재판에 대한 불복신청이라는 점에서 불기소결정에 대한 검찰항고나 재정신청과 같은 검사의 처분에 대한 불복신청과 구별되며, 미확정의 재판을 전제로 한다는 점에서 확정판결에 대한 비상구제절차인 재심 또는 비상상고와 다르다. 그리고 상소는 상급법원에 대한 구제신청이므로 당해 법원에 대한 이의신청이나 약식명령 또는 즉결심판에 대한 정식재판의 청구는 여기에 해당하지 않는다. 또한 법관의 재판이나 수사기관의 처분에 대한 준항고($\frac{제416조,}{제417조}$)도 상소에 포함되지 않지만 입법의 편의상 항고와 함께 규정하고 있다.

(2) 상소제도의 목적 내지 기능

상소제도는 원판결의 잘못을 시정하여 이에 의하여 불이익을 받는 당사자를 구제하고 아울러 법령해석의 통일을 기하는 것을 목적으로 한다. 원심법원의 사실인정 · 법령적용 · 양형판단에 잘못이 있거나 소송절차에 오류가 있는 경우에는 이를 시정하여 당해 재판에 의하여 불이익을 받게 될 당사자, 그 중에서도 특히 피고인의 이익을 보호할 필요가 있다. 재판의 권위와 법적 안정성을 강조하여 잘못된 재판을 유지하는 것은 구체적 타당성을 해치고 재판에 대한 국민의 신뢰를 떨어뜨리는 결과를 가져오게 된다. 따라서 원판결에 의하여 불이익을 받는 당사자를 구제하는데 상소의 주된 목적이 있다고 할 수 있다. 한편 유사한 사안에 대하여 하급법원들 사이에 법령해석이 서로 다른 경우에 상급법원의 해석에 의하여 이를 통일하는 것이 법적 안정성과 정의의 실현을 위하여 필요한데, 상급법원 특히 대법원에 의한 법령해석의 통일은 당사자의 구제와 함께 상소제도가 가지는 또 하나의 중요한 기능이라고 할 수 있다.

2. 상소의 종류

상소에는 항소 · 상고 · 항고의 세 종류가 있다. 항소와 상고는 판결에 대한 불복방법인 데 대하여 항고는 결정에 대한 불복방법이라는 점에서 차이가 있다. 항소는 제 1 심 판결에 대한 상소이며, 상고는 제 2 심 판결에 대한 상소이다. 다만 제 1 심 판결에 대해서도 예외적으로 상고가 허용되는데, 이를 비약적 상고라고 한다. 항소는 지방법원본원 합의부나 고등법원이 관할하고, 상고는 대법원이 이를 관할한다. 항고는 보통항고와 즉시항고로 나누어지는데, 그 대상 · 항고기간 · 효력 등에 있어서 차이가 있다. 그리고 항고법원 또는 고등법원의 결정에 대하여는 일정한 경우에 예외적으로 대법원에의 즉시항고가 허용되는데, 이를 재항고라고 한다.

Ⅱ. 상 소 권

1. 상소권자

(1) 고유의 상소권자

검사와 피고인은 소송의 주체로서 당연히 상소권을 가진다($\substack{제338조 \\ 제1항}$). 특히 검사는 공익의 대표자로서 피고인의 이익을 위해서도 상소할 수 있다($\substack{대법원 1993.3.4, \\ 92모21}$).

검사 또는 피고인 아닌 자로서 법원의 결정을 받은 자는 항고를 할 수 있다($\substack{제339 \\ 조}$). 과태료의 결정을 받은 증인 또는 감정인($\substack{제151조, 제161 \\ 조, 제177조}$), 소송비용부담의 재판을 받은 피고인 이외의 자($\substack{제190\\조}$), 보석보증금의 몰수결정을 받은 피고인 이외의 자($\substack{제100조,\\제102조}$) 등이 여기에 해당한다.

(2) 그 밖의 상소권자

피고인의 법정대리인은 피고인을 위하여 상소할 수 있다($\substack{제340\\조}$). 피고인의 배우자·직계친족·형제자매 또는 원심의 대리인이나 변호인은 피고인을 위하여 상소할 수 있다($\substack{제341조\\제1항}$). 피고인의 법정대리인은 피고인의 명시한 의사에 반하여도 상소할 수 있으나, 그 외의 상소권자는 피고인의 명시한 의사에 반하여 상소를 제기할 수 없다($\substack{동조\\제2항}$). 또한 형사소송법 제341조는 상소권자로서 원심의 변호인만을 규정하고 있으나, 피고인보호를 위하여 원심판결선고 후 상소심에서의 변호를 위하여 선임된 변호인도 원판결에 대하여 상소를 제기할 수 있다고 보아야 한다.

법정대리인의 상소권을 고유권으로 보는 견해가 있으나, 법정대리인을 포함한 이들의 상소권은 독립대리권으로 보아야 한다. 따라서 이들 상소대리권자는 피고인이 사망하거나 상소의 포기·취하 등으로 피고인의 상소권이 소멸한 후에는 상소를 제기할 수 없다.

2. 상소기간

상소는 상소기간 내에 제기되어야 한다. 상소기간이 경과하면 상소권이 소멸된다. 상소기간은 상소의 종류에 따라 다르다. 항소와 상고는 판결이 선고된 날로부터 7일($\substack{제358조,\\제374조}$), 즉시항고는 결정을 고지받은 날로부터 7일($\substack{제405\\조}$)이다. 보통항고의 경우에는 기간의 제한이 없으므로 항고의 이익이 있는 한 언제든지 할 수 있다($\substack{제404\\조}$).

상소기간은 재판이 선고 또는 고지된 날로부터 진행한다($\substack{제343조\\제2항}$). 다만 상소가 허용되지 아니하는 결정은 고지되더라도 상소권이 발생하지 않는다. 상소기간은 기간계산의 일반원칙($\substack{제66\\조}$)에 따라 재판을 선고 또는 고지한 다음날부터 기산한다.

상소권자가 상소기간 내에 상소권을 포기하거나 일단 상소기간 내에 제기한 상소를 사후에 취하하는 경우에도 상소권은 소멸한다. 따라서 상소를 포기하거나 취하한 자 또는 상소의 포기나 취하에 동의한 자는 그 사건에 대하여 다시 상소하지 못한다($\substack{제354\\조}$).

3. 상소권의 회복

(1) 의   의

상소권회복은 상소권자가 책임질 수 없는 사유로 상소기간이 경과하여 소멸된 상소권을 법원의 결정으로 회복시키는 제도를 말한다($\frac{제345}{조}$). 상소권자의 책임 없는 사유로 인하여 상소기간이 경과한 경우에도 그대로 재판을 확정시키면 상소권자, 특히 피고인의 상소권을 부당하게 제약하는 결과가 된다. 이러한 경우에 구체적 타당성의 관점에서 상소권자에게 상소의 기회를 부여함으로써 상소권자를 보호하려는 장치가 상소회복의 제도이다.

(2) 상소권회복의 사유

상소권자 또는 그 대리인이 책임질 수 없는 사유로 상소 제기기간 내에 상소를 하지 못한 경우에는 상소권회복이 인정된다. 상소권자에는 상소대리권자가 포함되므로, 여기서 대리인이란 피고인 등의 상소권자를 대신해서 상소에 필요한 사실행위를 대신하는 사람을 말한다. 예를 들면 변호인의 사무원이나 피고인의 종업원 등이 본인의 부탁을 받고 상소에 관한 서면을 작성하여 제출하는 경우 등이 여기에 해당한다.

책임질 수 없는 사유란 상소권자 본인 또는 대리인에게 기간을 준수하지 못한 데 대하여 고의나 과실이 없는 경우를 말한다. 예를 들면 천재지변과 같은 불가항력의 사유로 상소하지 못한 경우나, 상소권자의 대리인이 상소장을 제출하기 위하여 법원으로 가던 도중 교통사고로 사망하고 상소권자는 상소 제기기간이 지난 후에야 그 사실을 알았던 경우 등이 여기에 해당한다. 이 외에도 소송촉진 등에 관한 특례법 및 시행규칙에서 정한 요건을 구비하지 아니한 상태에서 이루어진 위법한 공시송달로 피고인의 출석 없이 재판이 진행되어 유죄판결이 선고되었는데 피고인이 이를 모른 채 상소기간이 경과한 경우($\frac{대법원\ 2014.10.16,}{2014모1557}$), 교도소장이 법원의 결정정본을 송달받고 1주일이 지난 뒤에 그 사실을 피고인에게 알렸기 때문에 항고장을 제출하지 못한 경우($\frac{대법원\ 1991.5.6,}{91모32}$) 등은 상소권자 또는 대리인이 책임질 수 없는 사유로 상소기간 내에 상소를 제기하지 못한 경우에 해당한다.

그러나 피고인이나 대리인이 질병으로 입원하였거나 거동불능으로 상소를 하지 못한 경우($\frac{대법원\ 1986.9.17,}{86모46}$), 피고인이 법원에 주소변경사실을 신고하지 아니함으로써 공시송달절차에 의하여 판결이 선고되고 이를 알지 못하여 상소기간을 도과한 경우($\binom{대법원 1991.8.27,}{91모17}$), 기망에 의하여 항소권을 포기하였다는 사실을 항소 제기기간이 경과한 후에 알게 된 경우($\binom{대법원 1984.7.11,}{84모40}$), 법정소란으로 실형선고를 집행유예의 선고로 잘못 들어 항소기간 내에 항소를 제기하지 못한 경우($\binom{대법원 1987.4.8,}{87모19}$) 등은 책임질 수 없는 사유라고 볼 수 없으므로 상소권회복이 허용되지 않는다.

(3) 상소권회복의 절차

㈎ 회복청구

상소권이 있는 자, 즉 고유의 상소권자와 상소대리권자는 상소권회복의 청구를 할 수 있다($^{제345}_{조}$). 상소권회복을 청구할 때에는 그 사유가 해소된 날부터 상소제기기간에 해당하는 기간 내에 서면으로 원심법원에 제출하여야 하며, 책임질 수 없는 사유를 소명하여야 한다. 그리고 상소권회복을 청구한 자는 그 청구와 동시에 상소를 제기하여야 한다($^{제346}_{조}$). 상소권회복의 청구가 있는 때에는 법원은 지체 없이 그 사유를 상대방에게 통지하여야 한다($^{제356}_{조}$).

㈏ 법원의 결정

상소권회복의 청구를 받은 법원은 청구의 허용 여부에 관한 결정을 하여야 한다($^{제347조}_{제1항}$). 결정에 대해서는 즉시항고를 할 수 있다($^{동조}_{제2항}$). 청구가 부적법하거나 이유 없는 때에는 결정으로 그 청구를 기각하여야 하며, 이 경우에는 상소권회복의 청구와 동시에 한 상소제기에 대해서 상소제기기간경과 후의 상소제기라는 이유로 상소기각의 결정을 하여야 한다.

상소권회복의 청구가 있는 때에는 법원은 상소권회복청구에 대한 결정을 할 때까지 재판의 집행을 정지하는 결정을 할 수 있다($^{제348조}_{제1항}$). 집행정지의 결정을 한 경우에 피고인의 구금을 요하는 때에는 구속영장을 발부하여야 한다. 다만 구속사유가 구비될 것을 요한다($^{동조}_{제2항}$). 상소권회복의 결정이 확정되면 상소권회복의 청구와 동시에 한 상소제기는 적법하게 되며, 이미 확정된 재판은 미확정의 상태로 돌아간다.

Ⅲ. 상소의 이익

1. 의   의

(1) 개   념

상소의 이익이란 상소권자에게 불복할 만한 이익이 존재하는지 여부의 문제를
말한다. 상소는 원판결의 잘못을 시정하여 이에 의하여 불이익을 받는 당사자를 구
제하는 데 주된 목적이 있으므로 상소권자가 상소를 하기 위해서는 상소를 할 만한
이익이 있어야 한다. 이러한 의미에서 상소의 이익은 상소의 적법요건이 된다.

상소의 이익은 상소의 이유와는 구별되는 개념이다. 상소의 이유는 원심재판
의 사실인정, 법령적용, 양형 등에 있어서 구체적으로 어떠한 오류가 있는가를 판
단하는 문제이다. 따라서 상소의 이익이 있음을 전제로 상소의 이유가 있는지 여부
를 판단하게 된다. 다만 상소이유가 상소이익을 판단하는 중요한 자료가 된다는 점
에서 양자는 밀접한 관련을 가진다고 할 수 있다.

(2) 상소이익의 인정근거

상소가 재판에 대한 불복신청이므로 그 재판이 자기에게 불이익할 것을 전제
로 하는 것은 상소권 자체에 내재한 당연한 요청이라 할 수 있다. 그 밖에도 피고인
이 자기에게 불이익한 상소를 한 경우에는 상소심에서 원심판결보다 불이익한 재
판을 할 수 없다는 점에서 불이익변경금지의 원칙에 대한 제368조 및 제396조의
규정도 피고인의 상소이익의 근거가 되며, 원심재판에 대한 '불복이 있으면' 상소
할 수 있도록 규정한 제357조·제371조·제402조도 그 근거가 된다고 볼 수 있다.

2. 검사의 상소의 이익

(1) 피고인에게 불이익한 상소

검사는 피고인과 대립하는 소송의 당사자이므로 피고인에게 불이익한 상소를
할 수 있다.[1] 따라서 검사는 무죄판결에 대한 상소는 물론 유죄판결에 대해서도 중
한 죄나 중한 형을 구하는 상소를 제기할 수 있다. 다만 검사가 당사자로서 행사하

---

[1] 영미법에서는 이중위험금지의 법리에 근거하여 무죄판결에 대한 검사의 상소가 금지되고 있
다. 그러나 우리나라에서는 공소제기에 의하여 발생한 하나의 위험이 상소심 종결시까지 계
속되는 것으로 보아, 무죄판결에 대한 검사의 상소도 이중위험금지의 원칙에 어긋나지 않는
다는 것이 일반적인 견해이다.

는 이러한 상소권도 검사의 개인적 이익을 위한 것은 아니라는 점에서 볼 때 검사
의 상소권은 피고인의 상소권과는 실질적으로 차이가 있다고 할 수 있다.

(2) 피고인의 이익을 위한 상소

검사는 공익의 대표자로서 법령의 정당한 적용을 청구할 임무가 있으므로 피
고인에게 이익이 되는 상소도 할 수 있다는 것이 통설과 판례($\frac{\text{대법원 1993.3.4.}}{\text{92모21}}$)의 입장
이다. 다만 이 경우에 불이익변경금지의 원칙이 적용되는가에 대하여는 학설의 대
립이 있으나, 피고인의 이익을 위한 검사의 상소에도 피고인에 대한 불이익변경금
지의 원칙이 적용된다고 보는 것이 타당하다($\frac{\text{대법원 1971.5.24.}}{\text{71도574}}$).

3. 피고인의 상소의 이익

피고인은 원심재판이 자신에게 불이익한 경우에만 상소를 제기할 수 있고, 원
심재판을 불이익하게 변경하는 상소는 허용되지 않는다. 따라서 피고인이 벌금형
을 선고한 원심재판에 대하여 징역형의 집행유예를 구하여 상소하는 것은 허용되
지 않는다. 피고인의 상소이익을 판단하는 기준에 관해서는 견해가 일치하지 않
는다.

(1) 상소이익의 판단기준
(가) 주 관 설

상소는 오판을 받은 당사자의 구제를 목적으로 하므로 당사자인 피고인의 주
관적 측면을 고려하여 판단해야 한다는 견해이다. 그러나 피고인의 주관을 기준으
로 상소의 이익을 판단하는 경우에는 피고인이 형의 집행을 지연시키기 위하여 상
소한 경우에도 상소의 이익을 인정할 수밖에 없게 되고, 피고인이 상소한 이상 언제
나 상소의 이익이 있는 결과로 되어 상소의 이익을 특별히 논할 실익이 없게 된다.

(나) 사회통념설

피고인의 상소이익 여부를 사회윤리적 입장에서 사회통념에 따라 판단해야 한
다는 견해이다. 이에 의하면 가벼운 법정형에 해당하는 파렴치범죄에 대해 중한 법
정형에 해당하는 비파렴치범죄를 주장하여 상소하는 것도 허용되게 된다. 그러나
피고인의 명예회복만으로 상소의 이익을 인정하기 어려울 뿐만 아니라 파렴치범과
비파렴치범의 구별 역시 명확하지 않다는 점에서 볼 때, 사회통념설은 상소의 이익
에 대한 명확한 판단기준을 제시하지 못한다고 할 수 있다.

㈐ 객 관 설

피고인의 주관이나 사회통념이 아니라 법익박탈의 대소라는 법률적·객관적 표준에 의하여 상소이익 여부를 판단해야 한다는 견해이다. 객관설이 현재의 지배적인 입장이다. 이 견해에 의하면 형의 경중을 정한 형법 제50조와 불이익변경금지의 원칙에 있어서의 이익과 불이익의 판단기준이 상소의 이익에 대한 중요한 기준이 된다고 할 수 있다. 원판결에 대한 피고인의 불이익 여부는 법익박탈의 대소라는 법률적·객관적 기준에 의하여 판단하는 것이 합리적이라고 생각된다.

(2) 구체적인 내용

㈎ 유죄판결에 대한 상소

유죄판결은 피고인에게 가장 불리한 재판이므로 피고인이 무죄를 주장하거나 경한 형을 선고할 것을 주장하여 상소하는 경우에는 상소의 이익이 있다. 형을 선고하는 경우는 물론이고 형면제의 판결이나 형의 선고유예판결에 대하여도 피고인은 무죄를 주장하여 상소할 수 있다. 또한 유죄판결을 받은 피고인이 소송조건의 결여를 주장하여 형식재판을 구하는 것도 가능하다.

그러나 유죄판결에 대하여 피고인이 상소한 경우라도 상소의 구체적인 내용이 피고인에게 불리한 경우에는 상소가 허용되지 않는다. 예를 들면 벌금의 실형에 대하여 징역형의 집행유예를 구하는 경우($\frac{헌재결\ 2005.3.31,}{2004헌가27}$), 원판결이 인정한 죄보다 중한 죄에 해당한다고 주장하는 경우($\frac{대법원\ 1968.9.17,}{68도1038}$), 원판결이 누범가중을 하지 않은 것을 다투는 경우($\frac{대법원\ 1994.8.12,}{94도1591}$), 정상에 관하여 불이익한 사실을 주장하는 경우 등이 여기에 해당한다. 단순일죄나 상상적 경합범에 대하여 수죄인 실체적 경합범을 주장하는 경우에도 보통은 상소의 이익을 결여하게 될 것이나, 특별법이 적용되는 포괄일죄를 형법상의 경합범으로 인정하는 것이 피고인에게 유리한 예외적인 경우에는 상소의 이익을 인정할 수 있을 것이다.

㈏ 무죄판결에 대한 상소

무죄판결은 피고인에게 가장 유리한 재판이므로 피고인은 무죄판결에 대하여 다른 판결을 구하는 상소를 제기할 수 없다($\frac{대법원\ 2013.10.24,}{2013도5752}$). 유죄판결은 물론이고 면소나 공소기각의 재판을 구하는 상소도 허용되지 않는다.

다만 무죄판결 자체는 다투지 않으면서 그 이유를 다투는 상소가 허용될 수 있는지가 문제된다. 피고인에게 증거불충분으로 무죄가 선고된 경우에 공소범죄사

실의 부존재의 증명을 구하여 상소할 수 없다는 점에 대하여는 이론이 없다. 그러
나 피고인의 심신상실을 이유로 무죄가 선고된 경우에 다른 범죄성립조각사유에
기한 무죄를 주장하여 상소할 수 있는가에 대하여는 견해가 대립하고 있다. ① 심
신상실을 이유로 무죄판결이 선고된 경우에는 무죄판결인 경우에도 피고인이 사회
적으로 불이익을 받을 수 있으므로 상소의 이익을 인정해야 한다는 긍정설, ② 상
소는 판결주문에 대하여만 허용될 뿐 아니라 무죄판결은 법익박탈을 내용으로 하
는 것이 아니므로 심신상실을 포함하여 판결이유만을 대상으로 무죄판결에 대해서
상소하는 것은 허용되지 않는다는 부정설, ③ 심실상실을 이유로 무죄판결을 선고
하면서 치료감호가 선고된 경우에는 상소의 이익이 인정되고, 치료감호의 선고 없
이 단순히 무죄판결만 선고된 경우에는 상소의 이익이 부정된다는 제한적 긍정설
이 그것이다. 판례는 불복은 재판의 주문에 관한 것이어야 하고 재판의 이유만을
다투기 위하여 상소하는 것은 허용되지 않는다고 함으로써 부정설의 입장을 취하
고 있다($\binom{대법원\ 1993.3.4,}{92모21}$).

　무죄판결은 법적인 이익을 박탈하는 재판이 아니므로 그 이유만을 다투기 위
한 상소는 허용되지 않는 것으로 보아야 한다. 무죄판결과 동시에 치료감호가 선고
된 경우에도 치료감호에 대한 독자적인 상소가 가능하므로($\binom{치료감호법}{제14조\ 제1항}$) 이 경우에도
무죄판결에 대한 상소를 허용할 필요는 없다고 볼 수 있다.

　㈐ 형식재판에 대한 상소

　공소기각·관할위반 및 면소판결에 대하여 피고인이 무죄를 주장하여 상소하
는 경우에 상소의 이익을 인정할 수 있는가의 문제이다. 면소나 공소기각과 같은
형식재판에 비하여 무죄판결이 사회적으로 피고인에게 유리하고 무죄판결이 확정
되면 일사부재리의 효력이 발생하며 형사보상 등을 받을 수 있다는 점에서 무죄를
주장하여 상소할 수 있다는 긍정설과 형식재판이 선고된 경우에 무죄판결을 구하
여 상소를 할 수 없다고 보는 부정설이 있다. 다만 상소를 허용하지 않는 이유에 대
하여는 이 경우에는 소송조건이 결여되어 있어 상소법원이 실체판결을 할 수 없으
므로 상소의 이익 여부를 논할 필요도 없이 실체판결청구권이 없어 상소가 허용되
지 않는다는 실체판결청구권결여설과 상소의 이익이 없기 때문에 상소가 허용되지
않는다는 상소이익결여설이 대립하고 있다. 한편 면소판결의 경우에는 일사부재리
의 효력이 인정됨을 이유로 무죄판결을 구할 상소의 이익을 부정하면서, 이러한 효
력이 없는 공소기각의 재판에 대하여는 상소의 이익을 인정하는 구분설도 주장되

고 있다.

형식재판에 비하여 무죄판결이 피고인의 주관적 이익이나 사회적 평가면에서 볼 때 피고인에게 유리한 점이 있음을 부정할 수는 없다. 그러나 이것은 형사재판에 의한 법익박탈이라고 할 수 없고, 상소에 의하여 구제해야 할 이익도 아니다. 또한 형식재판을 받은 경우에도 무죄의 재판을 받을 만한 현저한 사유가 있었을 때에는 형사보상의 사유가 되므로(형사보상법 제25조), 이 점에서도 형식재판이 무죄판결보다 불리하다고 보기 어렵다. 형식재판과 무죄판결은 모두 피고인에게 가장 유리한 재판이며 더구나 형식재판에 의하여 피고인은 절차에서 보다 빨리 해방되어 공소제기 전의 상태로 돌아간다는 점을 고려할 때, 피고인이 적법하게 선고된 형식재판에 대하여 무죄판결을 주장하여 상소하는 것은 상소의 이익이 없기 때문에 허용되지 않는다고 하여야 한다.

판례는 공소기각판결에 대하여는 상소의 이익이 없다는 이유로(대법원 2008.5.15, 2007도6793), 면소판결에 대해서는 피고인에게 실체판결청구권이 없다는 이유로(대법원 2005.9.29, 2005도4738) 각각 무죄를 주장하는 상소를 허용하지 않고 있다. 다만 면소판결에 대한 상소라고 하더라도 형벌에 관한 법령이 헌법재판소의 위헌결정으로 인하여 소급하여 그 효력을 상실하였거나 법원에서 위헌 · 무효로 선언된 경우에는 당해 법령을 적용하여 공소가 제기된 피고사건에 대하여 면소를 할 수 없고 무죄를 선고하여야 하므로, 이 경우에 면소판결이 선고되었다면 면소판결에 대하여 상소가 가능하다(대법원 2010.12.16, 2010도5986 전 원합의체 판결).

(라) 항소기각판결에 대한 피고인의 상고

피고인이 항소를 제기하였다가 기각된 경우에 피고인에게 상고제기의 이익이 있음은 물론이다. 다만 제1심의 유죄판결에 대하여 피고인은 항소를 제기하지 않고 검사만 양형부당을 이유로 항소하였으나 항소가 기각되었다면 그 항소심의 기각판결은 피고인에게 제1심 판결보다 불이익한 판결이 아니므로 항소기각판결에 대하여 피고인은 상고의 이익이 없다.

4. 상소이익이 없는 상소제기에 대한 재판

상소이익은 상소의 적법요건이므로 상소의 이익이 없는 상소가 있는 때에는 상소를 기각하여야 한다.

(1) 무죄판결 및 형식재판에 대한 상소

무죄·면소·공소기각·관할위반의 재판에 대하여 무죄를 구하는 상소와 같이 상소의 이익이 없다는 사실이 상소장의 기재에 의하여 명백히 나타나는 경우에는 원심법원이 결정으로 상소를 기각하여야 한다($^{제360조 제1항, 제}_{376조 제1항, 제407조}$). 원심법원이 이러한 결정을 하지 아니한 때에는 상소법원이 결정으로 상소를 기각하여야 한다($^{제362조}_{제1항, 제}$ $^{381조,}_{제413조}$). 이 경우의 상소기각결정에 대해서는 원심재판의 선고에 의하여 피고인의 상소권이 소멸되었다고 보아 상소의 제기가 상소권소멸 후인 것이 명백한 때($^{제360}_{조}$ $^{제1항}_{후단 참조}$)에 해당한다고 하는 견해가 있으나, 상소권소멸 후인 것이 명백한 경우란 상소제기기간의 도과나 상소의 포기 및 취하의 경우와 같이 그 사유가 유형적으로 개별화된 것을 의미한다고 해야 하므로 상소이익의 흠결은 상소의 제기가 법률상의 방식에 위반한 것이 명백한 때($^{동항 전}_{단 참조}$)에 해당하는 것으로 보아야 할 것이다($^{대법원}_{2008.5.15,}$ $^{2007}_{도6793}$).

(2) 유죄판결에 대한 상소

유죄판결에 대한 상소의 경우에는 상소의 이익이 없다는 사실이 보통은 상소이유에 의해서 비로소 밝혀지게 되므로 이 경우에는 상소이유 없음을 이유로 판결로서 상소를 기각하여야 한다($^{제364조 제4항, 제}_{399조, 제414조 제1항}$). 다만 항소심에서 상소이익 없음이 명백하게 밝혀진 경우에는 항소이유가 없음이 명백한 사유에 포함시켜 항소장, 항소이유서 기타의 소송기록에 의하여 변론 없이 판결로써 항소를 기각할 수 있을 것이다($^{제364조}_{제5항}$).

Ⅳ. 상소의 제기와 포기·취하

1. 상소의 제기

(1) 상소제기의 방식

㈎ 상소장의 제출

상소는 상소제기기간 내에 상소장을 원심법원에 제출함으로써 한다($^{제359조,}_{제375}$ $^{조, 제}_{406조}$). 상소는 불복을 판단하는 상급법원에 하는 것이 아니라 불복의 대상인 재판을 한 원심법원에 제기하여야 한다. 형을 선고하는 경우에는 재판장은 피고인에게 상소할 기간과 상소할 법원을 고지하여야 한다($^{제324}_{조}$). 상소장은 상소의 종류에 따라 항소장 · 상고장 · 항고장으로 구분된다. 상소제기의 효력은 상소장이 원심법원에 접수된 때에 발생한다. 다만 교도소 또는 구치소에 있는 피고인이 상소제기기간 내에 상소장을 교도소장 또는 구치소장 또는 그 직무를 대리하는 자에게 제출한 때에는 상소의 제기기간 내에 상소한 것으로 간주한다(제344조). 이 경우에 교도소장 등은 상소장을 제출받은 연월일을 상소장에 명기하여 즉시 원심법원에 송부하여야 한다(규칙 제152조 제 1 항). 상소의 제기가 있는 때에는 법원은 지체 없이 그 사유를 상대방에게 통지하여야 한다(제356조).

(나) 상소장의 기재사항

상소장의 기재사항에 대해서는 명문의 규정이 없으나, 상소제기의 목적에 비추어 볼 때 불복의 대상과 취지를 명시하여야 할 것이다. 불복의 대상인 원판결은 이를 특정할 수 있을 정도로 명시하면 족하므로 판결의 주문, 판결선고의 연월일, 사건번호 등을 기재하지 아니한 경우라도 원판결이 특정되어 있는 한 상소제기는 유효하다고 보아야 한다. 판결을 선고한 원심법원의 표시는 원판결을 특정함에 있어서 중요한 사항에 해당한다. 일부상소의 경우에는 일부상소의 취지와 불복의 대상을 상소장에 명시하여야 한다.

(다) 방식위반의 상소제기

상소를 제기함에는 법률상의 방식을 준수하여야 한다. 상소의 제기가 법률상의 방식에 위반한 경우에는 원심법원이 상소기각결정을 하거나(제360조 제 1 항, 제376조 제 1 항, 제407조 제 1 항), 상소법원이 상소기각결정을 하게 된다(제362조 제 1 항, 제381조, 제413조).

(2) 상소제기의 효력

상소장이 원심법원에 제출되면 상소제기의 효력이 발생하는데, 상소제기의 효력에는 정지의 효력과 이심의 효력이 있다.

(가) 정지의 효력

상소를 제기하면 이와 동시에 재판의 확정과 그 집행이 정지된다. 재판의 확정이 정지되는 효력은 상소에 의하여 언제나 발생하지만, 재판의 집행이 정지되는 효력에 대하여는 예외가 인정된다. 즉 ① 항고는 즉시항고 외에는 재판의 집행을 정지하는 효력이 없다. 다만 원심법원 또는 항고법원은 결정으로 항고에 대한 결정이 있을 때까지 집행을 정지할 수 있다(제409조). ② 벌금, 과료 또는 추징에 대한 가납재판의 집행도 상소제기에 의하여 정지되지 않는다(제334조 제 3 항). ③ 무죄, 면소, 형의 면

제, 형의 선고유예, 형의 집행유예, 공소기각 또는 벌금이나 과료를 과하는 판결이 선고된 때에는 구속영장은 효력을 잃는데($제331조$), 이러한 구속영장의 실효는 상소의 제기로 영향을 받지 않는다.

⑷ 이심의 효력

상소의 제기에 의하여 소송계속은 원심법원에서 상소심으로 넘어가게 되는데, 상소제기의 이러한 효력을 이심의 효력이라고 한다. 상소는 상소법원에 의한 구제를 목적으로 하는 제도이므로 이심의 효력은 상소제기의 본질적 효력이라고 할 수 있다. 다만 이심의 효력이 발생하는 구체적인 시기에 대하여는 학설의 대립이 있다.

1) 상소제기기준설   상소장이 원심법원에 제출된 때에 이심의 효력이 발생한다고 보는 견해이다. 상소장의 제출시기를 기준으로 이심의 효력발생시기를 명확히 함으로써 이심의 효력이 소송기록송달의 지연 등에 의해서 좌우되는 것을 방지할 수 있다는 점을 강조한다. 이 견해에 의하면 상소장이 원심법원에 제출된 이후에는 원심법원이 수소법원으로서 스스로 피고인의 신체구속에 관한 판단을 할 수 없고, 형사소송법 제105조의 규정에 의하여 상소법원의 판단권한을 대행할 수 있을 뿐이라고 한다. 판례는 상소제기기준설의 입장으로 해석된다.[1]

2) 소송기록송부기준설   원심법원으로부터 상소법원에 상소장과 증거물 및 소송기록이 송부된 때에 이심의 효력이 발생한다고 보는 견해이다. ① 상소가 법률상의 방식에 위배되거나 상소권의 소멸 후인 것이 명백한 때에는 원심법원이 상소를 기각하는 결정을 하여야 하고($제360조, 제376조, 제407조$), ② 소송기록이 상소법원에 도달할 때까지는 원심법원이 구속기간의 갱신을 비롯한 구속에 관한 결정을 하여야 하며($제105조$), ③ 항고의 경우에는 원심법원이 항고의 이유가 있는 것으로 인정한 때에는 원심법원이 결정을 스스로 경정하여야 하는 점($제408조 제1항$) 등을 논거로 한다.

3) 검   토   이심의 효력발생시기에 관한 견해의 대립은 소송기록이 상소법원에 도달하기 전에 원심법원이 하는 구속기간의 갱신 등 구속에 관한 결정의

---

1) 대법원 1985. 7. 23, 85모12,「형사사건에 있어 항소법원의 소송계속은 제 1 심판결에 대한 항소에 의하여 사건이 이심된 때로부터 그 법원의 판결에 대하여 상고가 제기되거나 그 판결이 확정되는 때까지 유지된다 할 것이니, 항소법원은 항소피고사건의 심리 중 또는 판결선고 후 상고제기 또는 판결확정에 이르기까지 수소법원으로서 형사소송법 제70조 제 1 항 각호의 사유 있는 불구속피고인을 구속할 수 있다 할 것이고 이것은 이미 구속되어 있던 피고인에 대하여 상소기간 중 또는 상소 중의 사건에 관한 소송기록이 있는 원심법원이 상소법원의 권한을 대행하여 구속기간의 갱신 등을 하도록 한 형사소송법 제105조, 형사소송규칙 제57조의 각 규정과 아무런 관계가 없다.」

성격을 어떻게 볼 것인가 하는 문제와 논리적으로 관련을 가진다. 상소제기기준설의 입장에서는 상소장이 원심법원에 제출되면 상소법원에 소송계속이 이루어지므로 상소제기 이후에는 원심법원이 수소법원으로서 피고인의 신체구속에 관한 결정을 할 수 없고, 다만 형사소송법 제105조의 규정에 의하여 비로소 상소법원의 판단권한을 대행하는 것으로 보게 된다. 한편 소송기록송부기준설에 의하면 소송기록이 상소심에 도달하기까지는 사건이 원심법원에 계속되므로 원심법원은 수소법원으로서 피고인의 신체구속에 관한 결정을 스스로 할 수 있으나, 다만 제105조에 의하여 상소기간 중 또는 상소 중의 사건에 관한 원심법원의 구속에 관한 결정은 기본적으로 원심법원이 상소법원의 권한을 대행해서 행사하는 것으로 보게 된다. 그러나 구속에 관한 결정 가운데 제105조에서 규정하고 있지 않은 불구속 피고인에 대한 구속이나 보석을 취소하는 결정은 원심법원이 자신의 권한행사로서 할 수 있는 것이 된다.

생각건대 이심의 효력은 상소장과 증거물 및 소송기록이 원심법원으로부터 상소법원에 송부된 때에 발생한다고 보는 소송기록송부기준설이 타당하다고 본다. 따라서 상소가 제기된 후라도 소송기록이 송부되기 전에는 원심법원이 불구속재판을 받았던 피고인을 구속하거나 보석을 취소하는 결정을 스스로 할 수 있다. 다만 원심법원이 구속기간을 갱신하는 등의 판단을 하는 것은 형사소송법 제105조의 규정에 의하여 상소법원의 결정을 대행하는 것이므로 소송기록이 상소법원에 도달하기 전에 원심법원이 구속기간을 갱신한 경우에는 상소법원은 자신의 2차 이후의 구속기간갱신만을 할 수 있는 것이 된다.

2. 상소의 포기 및 취하

(1) 의   의

상소의 포기는 상소권자가 상소의 제기기간 내에 법원에 대하여 행하는 상소권을 행사하지 않겠다는 적극적인 의사표시를 말한다. 상소를 포기하면 상소제기기간의 경과 전에 재판이 확정되고 형의 집행이 가능해진다. 이에 대하여 상소의 취하는 일단 제기한 상소를 철회하는 의사표시를 말한다.

(2) 상소의 포기권자 및 취하권자

검사나 피고인 또는 항고권자는 고유의 상소권자로서 상소의 포기 또는 취하를 할 수 있다($\frac{제349}{조}$). 다만 피고인과 상소대리권자는 사형 또는 무기징역이나 무기금고가 선고된 판결에 대하여는 상소의 포기를 할 수 없다($\frac{동조}{단서}$). 중형이 선고된 경우에 경솔하게 상소를 포기하는 것을 억제하여 피고인을 보호하기 위한 제도이다. 법정대리인이 있는 피고인이 상소의 포기 또는 취하를 함에는 법정대리인의 동의를 얻어야 한다. 다만 법정대리인의 사망 기타 사유로 인하여 그 동의를 얻을 수 없는 때에는 예외로 한다($\frac{제350}{조}$). 따라서 미성년자인 피고인이 법정대리인의 동의 없이 상소를 포기하거나 취하한 때에는 효력이 없다($\frac{대법원 1983.9.13,}{83도1774}$). 피고인의 법정대리인·배우자·직계친족·원심의 대리인이나 변호인은 피고인의 동의를 얻어 상소를 취하할 수 있다($\frac{제351}{조}$). 여기서 상소취하권은 종속대리권의 성격을 가지며, 피고인이 상소를 포기 또는 취하하면 변호인은 상소하지 못한다.

(3) 상소의 포기 및 취하의 시기와 방식

상소의 포기는 상소의 제기기간 내이면 언제든지 할 수 있다. 상소의 취하는 상소심의 종국재판 전까지 가능하다. 상소의 포기 또는 취하는 서면으로 하여야 한다. 다만 공판정에서는 구술로써 할 수 있다($\frac{제352조}{제1항}$). 구술로써 상소의 포기 또는 취하를 한 경우에는 그 사유를 조서에 기재하여야 한다($\frac{동조}{제2항}$).

상소의 포기는 원심법원에 하여야 하며, 상소의 취하는 상소법원에 하여야 한다. 단 소송기록이 상소법원에 송부되지 아니한 때에는 상소의 취하도 원심법원에 할 수 있다($\frac{제353}{조}$). 교도소 또는 구치소에 있는 구금된 피고인에 대하여는 상소의 제기의 경우와 마찬가지로 특칙이 인정된다($\frac{제355}{조}$).

(4) 상소의 포기 및 취하의 효력

상소를 포기 또는 취하하면 상소권이 소멸하고 재판이 확정된다. 다만 검사와 피고인이 모두 상소한 경우에는 일방의 포기나 취하만으로 재판이 확정되지 않는다. 상소취하의 효력은 상소취하서의 접수시에 발생한다. 그리고 상소의 포기나 취하가 있는 때에는 법원은 지체 없이 그 사유를 상대방에게 통지하여야 한다($\frac{제356}{조}$).

상소의 포기 또는 취하에 따른 상소권의 소멸은 당해 심급의 재판에 관한 상소권에 한정된다고 보아야 하므로, 항소를 포기 또는 취하한 자라도 상대방의 항소에 기한 항소심판결에 새로이 불복하여 상고하는 것은 상소의 이익이 있는 한 가능하다고 해야 한다. 또한 판례는 피고인의 착오에 의한 상소의 포기 또는 취하가 무효로 되기 위해서는 첫째 통상인의 판단을 기준으로 하여 만일 착오가 없었다면 그러한 소송행위를 하지 않았으리라고 인정되는 중요한 점에 관하여 착오가 있고, 둘째 착오가 행위자 또는 대리인이 책임질 수 없는 사유로 인하여 발생하였으며, 셋째 그 행위를 유효로 하는 것이 현저히 정의에 반한다고 인정될 것을 요한다고 판시하고 있다(대법원 1992.3.13, 92모1; 대법원 1995.8.17, 95모49).

상소의 포기 또는 취하가 부존재 또는 무효임을 주장하는 자는 그 포기 또는 취하 당시 소송기록이 있었던 법원에 절차속행의 신청을 할 수 있다(규칙 제154 조 제1항). 상소의 포기나 취하가 없음에도 있는 것으로 오인되거나, 상소의 포기나 취하의 효력이 없음에도 불구하고 그 효력이 있는 것으로 인정되어 재판 없이 상소절차가 종결된 경우에 구제를 받을 수 있도록 한 제도이다. 절차속행의 신청을 받은 법원은 신청이 이유 있다고 인정하는 때에는 신청을 인용하는 결정을 하고 절차를 속행하여야 하며, 신청이 이유 없다고 인정하는 때에는 결정으로 신청을 기각하여야 한다(규칙 동조 제2항). 신청기각결정에 대하여는 즉시항고가 허용된다(규칙 동조 제3항).

V. 일부상소

1. 일부상소의 의의

일부상소란 재판의 일부에 대한 상소를 말한다(제342조 제1항). 여기서 재판의 일부라 함은 하나의 사건의 일부를 말하는 것이 아니라, 수개의 사건이 병합심리되고 그 결과 판결주문이 수개인 경우의 재판의 일부를 의미한다. 그리고 일부상소의 대상인 재판의 일부란 재판의 객관적 범위의 일부를 말하는 것이므로 공동피고인의 일부가 자신의 범죄사실에 대하여 상소하는 경우는 일부상소가 아니다.

일부상소는 상소이유의 개별화와 구별된다. 사실오인·법령적용·양형 등의 상소이유 가운데 일부만을 다투는 상소, 예를 들면 피고인이 유죄를 인정하면서 양형만을 다투어 항소를 제기하는 것은 일부상소가 아니다. 이와 같이 판결내용 가운데 일부만을 상소이유로 한 경우에는 하나의 사건 전부에 대해서 상소심에 소송계속이 이루어진다. 또한 이 경우에는 상소이유에 기재되지 않은 부분도 상소심의 심판대상이 되므로 이 부분에 대한 재판이 먼저 확정되는 것도 아니다.

2. 일부상소의 허용범위

(1) 경합범의 일부에 대한 상소

경합범의 각 부분에 대하여 각각 다른 수개의 재판이 선고된 때에는 재판내용이 가분인 경우에 해당하므로 일부상소가 가능하다. 그러나 경합범이라고 하더라도 그 전부에 대하여 하나의 형이 선고된 때에는 재판의 내용이 불가분인 것으로 되어 이에 대한 일부상소는 허용되지 않는다. 이 경우에는 수개의 범죄사실이 전부의 형과 유기적으로 관련되어 있기 때문이다.

일부상소가 허용되는 경우로는 ① 경합범 가운데 일부에 대하여 유죄, 다른 일부에 대하여 무죄·면소·공소기각·관할위반이 선고된 경우, ② 경합범 전부에 대하여 유죄가 선고되었더라도 일부는 징역형, 다른 일부는 벌금형이 선고된 경우와 같이 판결주문에 2개 이상의 다른 형이 병과된 경우, ③ 경합범의 관계에 있는 공소사실의 전부에 대하여 무죄가 선고된 경우, ④ 수개의 공소사실이 확정판결 전후에 범한 죄이기 때문에 수개의 형이 선고된 경우($\binom{형법 제37}{조 후단}$) 등을 들 수 있다.

(2) 일죄의 일부에 대한 상소

일부상소가 허용되려면 재판내용의 가분성이 요구되므로 일죄의 일부에 대한 상소는 허용되지 않는다. 따라서 일죄의 일부에 대하여 상소가 제기된 경우에도 상소의 효력은 그 전부에 대하여 미친다($\binom{제342조}{제 2 항 참조}$). 이를 상소불가분의 원칙이라고 한다. 여기서 일죄란 협의의 단순일죄는 물론 포괄일죄도 포함하며, 과형상 일죄도 소송법상 일죄이므로 일부상소가 허용되지 않는다고 해야 한다. 따라서 포괄일죄 또는 과형상 일죄로 기소된 공소사실 중 일부는 유죄, 일부는 무죄로 판단한 원심판결에 대하여 검사만이 무죄부분에 대하여 상소하였다 하여도 유죄부분도 상소심의 심판대상이 되며($\binom{대법원 2007.6.1,}{2005도7523}$), 피고인만 유죄부분에 대하여 상소한 경우에도 무죄부분 역시 상소심의 심판대상으로 된다.

다만 대법원은 피고인만이 포괄일죄의 유죄부분에 대하여 상소한 경우에는 비록 상소불가분의 원칙에 의하여 무죄부분도 상소심에 이심되기는 하나, 그 부분은 이미 당사자의 공격방어 대상으로부터 벗어나 사실상 심판대상에서 제외되게 되므로 상소심은 무죄부분을 판단할 수 없다고 판시함으로써($\binom{대법원 2010.1.14,}{2009도12934}$), 피고인의 실질적 이익을 고려하여 포괄일죄에 있어서 상소불가분의 원칙의 적용범위를 제한하고 있다. 이에 대해서는 피고인 보호의 관점에서 판례에 찬성하는 견해와, 상소심에의 소송계속을 인정하면서 심판의 대상에서 제외시키는 것은 논리적으로 모순일 뿐만 아니라 검사가 상소하였는가 피고인이 상소하였는가에 따라 상소의 효과가 미치는 범위를 달리 볼 수는 없다는 이유에서 이에 반대하는 견해가 있다.

생각건대 논리적 일관성에 문제가 없는 것은 아니지만, 피고인만이 유죄부분에 대하여 상소한 경우에는 피고인 보호를 위하여 무죄부분에 대한 판결의 부분적 확정을 인정하는 것이 바람직하다고 본다.[1]

(3) 주형과 일체가 된 부가형

일죄의 경우에는 주문의 내용이 서로 불가분적으로 관련되어 있으므로 주형과 분리하여 몰수 또는 추징·집행유예·환형처분 등에 대하여만 상소할 수 없다. 종래 판례는 몰수나 추징의 선고는 본안 종국판결에 부수되는 처분에 불과한 것이므로 몰수나 추징에 대하여만 상소를 제기하는 것은 부적법하고 따라서 상소를 기각해야 한다고 하였으나(대법원 2007.11.15, 2007도6775,), 그 후 견해를 변경하여 이 경우에는 상소불가분의 원칙에 따라 부가형에 관한 부분과 함께 주형에 관한 부분도 상소심으로 이심된다는 입장을 취하고 있다.[2]

다만 배상명령에 대하여는 독립하여 즉시항고가 허용된다. 즉 피고인은 유죄판결에 대하여 상소를 제기함이 없이 배상명령에 대하여만 상소제기기간 내에 형

---

1) 같은 취지에서 대법원은 상상적 경합관계에 있는 수죄에 대하여 모두 무죄가 선고되자 검사가 무죄부분 전부에 대해 상소하면서 일부 무죄부분에 대해서는 이를 상소이유로 삼지 않은 경우에 대하여, 이러한 경우에는 무죄부분 모두가 상소심에 이심되나 상소이유로 삼지 않은 부분은 이미 당사자 간의 공격·방어의 대상으로부터 벗어나 사실상 심판의 대상에서 이탈하게 되므로 상소심은 상소이유가 제시되지 아니한 무죄부분에까지 판단할 수 없다는 입장을 취하고 있으며(대법원 2008. 12. 11, 2008도8922), 유죄로 인정된 축소사실에 대하여 피고인만이 상소한 경우에도 무죄로 판단된 공소사실은 상소심의 심판대상이 아니라고 보고 있다(대법원 2008. 9. 25, 2008도4740).

2) 대법원 2008. 11. 20, 2008도5596 전원합의체 판결, 「(몰수 또는 추징은) 피고사건 본안에 관한 판단에 따른 주형 등에 부가하여 한 번에 선고되고 이와 일체를 이루어 동시에 확정되어야 하고 본안에 관한 주형 등과 분리되어 이심되어서는 아니 되는 것이 원칙이므로, 피고사건의 주위적 주문과 몰수 또는 추징에 관한 주문은 상호 불가분적 관계에 있어 상소불가분의 원칙이 적용되는 경우에 해당한다. 따라서 피고사건의 재판 가운데 몰수 또는 추징에 관한 부분만을 불복대상으로 삼아 상소가 제기되었다 하더라도, 상소심으로서는 이를 적법한 상소제기로 다루어야 하는 것이지 몰수 또는 추징에 관한 부분만을 불복대상으로 삼았다는 이유로 그 상소의 제기가 부적법하다고 보아서는 아니 되고, 그 부분에 대한 상소의 효력은 그 부분과 불가분의 관계에 있는 본안에 관한 판단 부분에까지 미쳐 그 전부가 상소심으로 이심되는 것이다.」

사소송법의 규정에 의한 즉시항고를 할 수 있다(소송촉진 등에 관한 특례법 제33조 제5항). 이는 형사절차에서의 민사재판이라는 배상명령의 성격을 고려하여 배상명령에 대하여 상소불가분의 원칙에 대한 예외를 인정한 것이다. 그리고 소송비용부담의 재판은 본안의 재판에 관하여 상소하는 때에 한하여 불복할 수 있다(제191조 제2항).

3. 일부상소의 방식

일부상소를 할 때에는 일부상소를 한다는 취지를 상소장에 명시하고 불복부분을 특정하여야 한다. 불복부분을 특정하지 아니한 상소는 전부상소로 보아야 한다. 다만 일부무죄·일부유죄의 판결에 대하여 피고인이 상소한 때에는 무죄판결에 대하여는 피고인에게 상소의 이익이 없으므로 유죄부분에 대한 상소로 보아야 하며, 반대로 검사가 일부상소의 취지를 밝힌 경우에는 무죄부분에 대한 상소로 보아야 할 것이다.

일부상소인가 전부상소인가는 상소이유를 참작할 필요 없이 상소장을 기준으로 판단해야 할 것이다. 일부상소 여부를 결정하는 데 있어서 상소이유를 참작하게 되면 상소이유서 제출기간이 경과할 때까지 잔여부분에 대한 재판의 확정 여부가 불명확한 상태에 놓이게 되어 절차의 확실성을 해치기 때문이다. 다만 판례는 전부상소인가 일부상소인가를 판단함에 있어서 상소이유서의 내용을 고려해야 한다는 입장을 취하고 있다.[1]

4. 상소심의 심판범위

(1) 원   칙

경합범에 대하여 일부상소를 한 경우에 상소를 제기하지 않은 부분은 상소제기기간의 경과로 확정되고, 상소를 제기한 부분에 대해서만 상소심은 심판을 할 수 있다. 따라서 일부유죄·일부무죄의 경합범에 있어서 피고인만 유죄부분에 대하여 상소한 경우에는 무죄부분은 확정되고 유죄부분만이 상소심의 심판의 대상이 되

---

1) 대법원 2004. 12. 10, 2004도3515,「현행 법규상 항소장에 불복의 범위를 명시하라는 규정이 없고 또 상소는 재판의 전부에 대하여 하는 것을 원칙으로 삼고 다만 재판의 일부에 대하여도 상소할 수 있다고 규정한 형사소송법 제342조의 규정에 비추어 볼 때, 비록 항소장에 경합범으로서 2개의 형이 선고된 죄 중 일죄에 대한 형만을 기재하고 나머지 일죄에 대한 형을 기재하지 아니하였다 하더라도 항소이유서에서 그 나머지 일죄에 대하여도 항소이유를 개진한 경우에는 판결 전부에 대한 항소로 봄이 상당하다.」

며, 유죄부분에 대해 상소이유가 인정되는 경우에는 그 부분에 대해서만 파기하면
된다. 또한 상소심의 파기환송에 의하여 사건을 환송받은 법원도 일부상소된 사건
에 대하여만 심판해야 하고 확정된 사건을 심판할 수는 없다($\binom{\text{대법원 1990.7.24,}}{\text{90도1033}}$).

　다만 경합범에 대하여 일부유죄 · 일부무죄가 선고된 경우에 있어서도 검사만
무죄부분에 대해서 상소하였는데 상소심의 심리결과 상소이유가 인정되어 원심을
파기해야 할 경우와 원심이 경합범의 관계로 보고 두 개의 공소사실에 대하여 일부
유죄 · 일부무죄를 선고하였는데 일부상소에 대한 상소심의 심리결과 양 사실이 일
죄로 판명된 경우에 있어서 상소심의 구체적인 심판범위가 문제된다. 이는 결국 상
소심의 심판범위에 있어서의 원칙을 피고인의 이익보호라는 관점에서 어느 정도
제한할 수 있는가의 문제라고 할 수 있다.

(2) 검사의 상소이유가 인정되는 일부유죄 · 일부무죄의 경합범

㈎ 검사만 무죄부분에 대하여 일부상소하고 상소이유가 인정되는 경우

　1) 전부파기설　　　검사만 무죄부분에 대하여 상소한 경우에도 원심판결을
파기하는 경우에는 상소심은 유죄부분까지 전부를 파기해야 한다는 견해이다. 이
경우에 검사가 상소한 무죄부분만을 파기하게 되면 피고인의 입장에서는 이미 확
정된 유죄판결과 함께 두 개의 유죄판결을 받게 되어 결과적으로 형법 제38조의 적
용에 따른 과형상의 이익을 박탈당하는 결과로 되기 때문이라고 한다.

　2) 일부파기설　　　일부상소에 있어서는 상소를 제기하지 않은 부분은 상소
제기기간이 지남으로써 확정되고 상소를 제기한 부분에 대해서만 상소심이 심판을
할 수 있는 것이 원칙이므로 이 경우에도 당사자가 상소하지 않은 유죄부분은 분리
확정되고 상소심은 검사가 상소한 무죄부분에 대해서만 파기할 수 있다는 견해(통
설)이다. 판례가 취하는 입장이기도 하다($\binom{\text{대법원 2010.11.25,}}{\text{2010도10985}}$).

　3) 검　　토　　　일부상소의 효력에 대한 원칙에 따라 현실적으로 상소가 이
루어진 부분에 대해서만 상소의 효력이 미친다고 해석하는 일부파기설이 타당하다
고 생각된다. 이렇게 해석하는 경우에 하나의 형이 선고될 수 없다는 점에서 피고
인에게 불이익이 초래될 수도 있으나, 이는 형법 제39조 제 1 항에 의하여 그 형을
감경 또는 면제하는 방법으로 해결하는 것이 가능할 것이다.[1]

―――――――――
　1) 형법 제39조 제 1 항은 「경합범 중 판결을 받지 아니한 죄가 있는 때에는 그 죄와 판결이 확
　　 정된 죄를 동시에 판결할 경우와 형평을 고려하여 그 죄에 대하여 형을 선고한다. 이 경우 그
　　 형을 감경 또는 면제할 수 있다」고 규정하고 있다.

(나) **당사자가 모두 일부상소하였으나 검사의 상소만이 이유 있는 경우**

검사와 피고인이 각각 일부상소한 경우는 각자로서는 일부상소이지만 전체로서는 전부상소한 것이 되어 원심판결 전부의 확정이 차단되게 된다. 따라서 설령 피고인의 유죄부분에 대한 상소는 이유가 없고 검사의 무죄부분에 대한 상소만이 이유가 있는 경우라도 이들 범죄가 형법 제37조 전단의 경합범 관계에 있다면 상소심은 원심판결의 유죄부분도 함께 파기하여 피고인에게 하나의 형을 선고하여야 한다(대법원 2009.12.10, 2009도1166).

(3) 상소심에서 죄수에 대한 판단이 달라진 경우

원심이 두 개의 공소사실을 경합범의 관계로 판단하여 각각에 대하여 유죄판결과 무죄판결을 선고하였고, 이에 대하여 검사 또는 피고인만이 상소를 제기하였는데 상소심의 심리결과 양 사실이 포괄일죄 또는 과형상 일죄를 이룬다는 사실이 판명된 경우에 상소심의 심판범위가 문제로 된다.

(가) **피고인만 유죄부분에 대하여 상소한 경우**

이에 대해서는 ① 무죄부분의 확정으로 양 사실은 소송법상 두 개의 사실로 나누어지므로 상소심의 심리결과 일죄로 밝혀졌다고 하더라도 유죄부분만이 상소심에 계속된다는 견해(일부이심설)와 ② 상소불가분의 원칙에 따라 무죄부분도 상소심에 계속된다는 견해(전부이심설)가 주장되고 있다.

소송의 동적·발전적 성격과 피고인의 이익을 종합적으로 고려할 때 일부이심설이 타당하다고 생각된다. 이렇게 보면 유죄부분만이 상소심에 계속되고 따라서 상소가 이유 있는 경우에는 유죄부분만을 파기하면 되고, 상소가 이유 없는 때에는 원심대로 판결을 확정하게 될 것이다.

(나) **검사만 무죄부분에 대하여 상소한 경우**

이 경우에 대해서는 ① 피고인만 유죄부분에 대하여 상소한 경우와 동일한 근거에서 유죄부분은 확정되고 무죄부분만 상소심에 계속된다는 견해(일부이심설)와 ② 유죄부분이 확정되고 무죄부분만 상소심에 계속된다면 피고인에게 불리하므로 유죄부분도 상소심의 대상이 된다는 견해(전부이심설)가 대립하고 있다. 판례는 전부이심설의 입장을 취하고 있다.[1] 일부상소의 효력범위에 대한 원칙론에서 볼 때

---

1) 대법원 1980. 12. 9, 80도384 전원합의체 판결, 「원심이 두개의 죄를 경합범으로 보고 한죄는 유죄, 다른 한죄는 무죄를 각 선고하자 검사가 무죄부분만에 대하여 불복상고 하였다고 하더라도 위 두죄가 상상적 경합관계에 있다면 유죄부분도 상고심의 심판대상이 된다.」

에는 일부이심설이 논리적이라고 할 수 있다. 그러나 소송의 동적·발전적 성격 내지 형식적 확실성을 희생하더라도 이 경우에는 피고인보호의 목적을 실현하는 것이 보다 중요하다고 생각된다. 따라서 피고인이 일부상소한 경우와는 달리 이때는 검사가 상소하지 않은 유죄부분도 상소심의 심판의 대상이 되고 상소심 법원은 양 사실 전부에 대하여 파기해야 할 것이다.

피고인과 검사가 각각 일부상소한 경우에는 전부이심의 효력이 발생하므로 상소심 법원이 그 전부에 대하여 파기할 수 있음은 물론이다.

Ⅵ. 불이익변경금지의 원칙

1. 의   의

(1) 개   념

불이익변경금지의 원칙이란 피고인이 항소 또는 상고한 사건이나 피고인을 위하여 항소 또는 상고한 사건에 대해서는 상소심이 원심판결의 형보다 무거운 형을 선고할 수 없다는 원칙을 말한다($\binom{제368조,}{제396조}$). 불이익변경금지의 원칙은 상소심에서의 일체의 불이익한 변경을 금지하는 것이 아니라 원심판결의 형보다 무거운 형으로 변경하는 것이 허용되지 않는다는 것이며, 이런 점에서 중형변경금지의 원칙을 의미한다고 할 수 있다.

(2) 인정근거

불이익변경금지의 원칙은 피고인의 상소권을 보장하기 위한 제도로서, 피고인이 상소로 인하여 오히려 원심보다 무거운 형을 선고받을 것을 우려하여 상소를 포기하는 일이 없도록 정책적으로 배려하기 위한 것이라고 보는 것이 다수설 및 판례($\binom{대법원\ 1999.11.26,}{99도3776}$)의 입장이다. 견해에 따라서는 이러한 피고인의 상소권보장의 근거를 단순한 정책적 이유에서 찾지 않고 헌법상의 적법절차의 원칙($\binom{헌법\ 제12}{조\ 제1항}$)에 기초한 피고인의 권리로서 보다 적극적으로 파악하기도 하나, 이 원칙의 근거 내지 존재이유가 피고인의 상소권보장에 있다고 보는 점에서는 실질적으로 차이가 없다.

또한 당사자주의 상소제도하에서 상소심의 심리는 당사자가 불복신청한 범위에 한정되어야 하므로 불이익변경금지의 원칙은 당사자주의의 당연한 결과라고 보는 견해도 있으나, 이 원칙이 상소심에서의 일체의 불이익한 변경을 금지하는 것이 아니라 중형변경금지만을 내용으로 하고 있고, 항소법원은 판결에 영향을 미친 사유에 관하여 항소이유서에 포함되지 아니한 것도 심판할 수 있으며($^{제364조}_{제2항}$), 검사가 상소한 경우에는 가벼운 형이 선고될 수도 있다는 점에 비추어 볼 때 타당하다고 할 수 없다.

2. 원칙의 적용범위

(1) 피고인이 상소한 사건

불이익변경금지의 원칙은 피고인만이 상소한 사건에 대하여 적용된다. 피고인만이 상소한 경우에는 양형부당의 경우는 물론이고 사실오인이나 법령위반을 이유로 상소한 경우에도 이 원칙이 적용된다. 피고인만이 항소한 항소심에서 공소장변경으로 공소사실이 추가·철회·변경된 경우에도 형의 불이익변경은 허용되지 않는다($^{대법원 2021.4.15,}_{2021도1140}$).

검사만이 상소한 사건이나 검사와 피고인 쌍방이 상소한 사건에 대해서는 이 원칙이 적용되지 않는다. 다만 제 1 심 판결에 대해 피고인만이 항소한 사건에서 항소심 판결에 대하여 검사가 다시 상고한 경우에는 이 원칙이 적용된다. 따라서 이 경우에 상고심이나 파기환송 후의 항소심은 제 1 심판결이 선고한 형보다 무거운 형을 피고인에게 선고할 수 없다. 또한 검사와 피고인이 모두 상소한 경우라도 검사의 상소가 상소이유서 미제출로 인하여 기각된 때에는 피고인만 상소한 것과 같은 결과가 되므로 이 원칙이 적용된다($^{대법원 1998.9.25,}_{98도2111}$).

한편 검사만 상소하였다고 하여 피고인에게 이익변경금지의 원칙이 적용되는 것은 아니므로 상소심은 이 경우에도 피고인에게 이익이 되는 판결을 할 수 있다.

(2) 피고인을 위하여 상소한 사건

피고인을 위하여 상소한 사건이란 고유의 상소권자 이외의 상소대리권자, 즉 피고인의 법정대리인($^{제340}_{조}$), 피고인의 배우자·직계친족·형제자매 또는 원심의 대리인이나 변호인($^{제341}_{조}$)이 상소한 사건을 말한다.

여기서 검사가 피고인의 이익을 위하여 상소한 경우도 피고인을 위하여 상소한 사건으로 보아 불이익변경금지의 원칙을 적용할 수 있는지에 대하여는 견해의 대립이 있다. 소극설은 검사가 상소한 경우는 피고인의 상소권보장과 아무런 관계가 없으며, 검사의 상소는 단순히 피고인의 이익만을 위한 것이 아니라 공익을 위한 것으로 보아야 한다는 점을 근거로 하고 있다. 그러나 검사가 피고인을 위하여 상소한 때에는 피고인의 상소대리권자가 피고인을 위하여 상소한 경우와 구별할 이유가 없으므로 검사가 공익적 지위 내지 피고인에 대한 후견적 지위에서 피고인의 이익을 위하여 상소한 경우에도 불이익변경금지의 원칙이 적용된다고 보는 적극설이 타당하다. 판례도 적극설의 입장으로 볼 수 있다.[1]

(3) 상소한 사건

불이익변경금지의 원칙은 피고인의 상소권보장을 위한 제도이므로 상소사건, 즉 항소심과 상고심의 재판에 적용된다. 이 원칙의 적용범위와 관련하여 다음과 같은 경우들이 문제로 된다.

(개) 항고사건

현행법은 피고인이 항소 또는 상고한 사건에 대하여 불이익변경금지의 원칙이 적용된다고 규정하고 있다. 여기서 피고인만이 항고한 항고사건의 경우에도 이 원칙을 적용할 수 있는가 하는 문제가 제기된다. 집행유예의 취소나 선고유예의 실효결정에 대한 항고와 같이 예외적으로 형의 선고에 준하는 경우에는 이 원칙을 준용해야 한다는 견해가 있으나, 이 경우에 항고심은 하급심의 결정을 취소할 것인가의 여부를 결정할 뿐 새로이 형을 정하는 것은 아니므로 피고인만이 항고한 경우라도 불이익변경금지의 문제는 생기지 않을 것이다. 다만 판결선고 후에 누범인 것이 발각되거나 경합범에 의하여 형의 선고를 받은 자가 경합범 중 어떤 죄에 대하여 일반사면을 받거나 형의 집행이 면제됨에 따라 다시 형을 정하는 경우(형법 제36조·제39조 제3항, 제336조)에는 법원이 다시 결정한 형에 대하여 항고심이 불이익하게 형을 변경할 수 없도록 이 원칙을 적용할 필요가 있다. 보호처분결정에 대한 항고와 같이 형벌과 유사한 처분을 선고한 경우에도 마찬가지이다. 이와 같은 경우에는 항고사건에 대해서도 항소 또는 상고에 준하여 불이익변경금지의 원칙이 적용된다고 해야 한다. 따라서 항고심은 항소심이나 상고심이 아니고 항고심에서는 형을 선고하는 경우가 없으므로 불이익변경금지의 원칙이 적용되지 않는다는 견해는 타당하지 않다.

(내) 정식재판청구사건

약식명령이나 즉결심판에 대한 정식재판의 청구는 상소가 아니므로 이 원칙이

---

1) 대법원 1971. 5. 24, 71도574, 「검사의 항소가 특히 피고인의 이익을 위하여 한 취지라고 볼 수 없다면 항소심에서 중한 형을 선고할 수 있다.」

적용되지 않게 된다. 다만 형사소송법은 약식명령에 대하여 피고인만이 정식재판을 청구한 사건에 대하여 이른바 형종상향금지의 원칙을 규정하여 피고인의 정식재판청구권을 상대적으로 보장하고 있다. 즉 피고인이 정식재판을 청구한 사건에 대하여는 정식재판절차에서 약식명령의 형보다 중한 종류의 형을 선고하지 못하고 $\binom{제457조의}{2 제 1 항}$, 약식명령의 형보다 중한 형을 선고하는 경우에는 판결서에 양형의 이유를 적어야 한다$\binom{동조}{제 2 항}$. 또한 즉결심판절차에는 원칙적으로 형사소송법의 규정이 준용되므로$\binom{동법}{제19조}$ 약식명령에 대한 정식재판절차에 적용되는 형종상향금지의 원칙은 즉결심판에 대한 정식재판절차에도 적용되는 것으로 보아야 한다$\binom{대법원 1999.1.15,}{98도2550 참조}$.

(다) 파기환송 또는 파기이송된 사건

파기환송 또는 파기이송을 받은 법원은 다시 원판결을 계속하는 것이므로 상소심이라고 할 수 없다. 그러나 상소심이 파기한 판결을 자판하는가 또는 파기환송 또는 이송하는가에 따라 이 원칙의 적용이 달라지면 우연한 사정에 의하여 원칙의 적용 여부가 결정되는 것이 되어 피고인의 상소권을 충분히 보장할 수 없게 된다. 따라서 상소심이 파기자판하는 경우뿐만 아니라 환송 또는 이송을 받은 법원이 형을 선고하는 경우에도 이 원칙이 적용된다고 하여야 한다. 판례도 불이익변경금지 원칙은 환송 전 원심판결과의 관계에서도 적용되어 환송 후 원심법원은 파기된 환송 전 원심판결보다 중한 형을 선고할 수 없다고 본다$\binom{대법원 2021.5.6,}{2021도1282}$.

(라) 병합사건

항소심이 제 1 심에서 별개의 사건으로 따로 두 개의 형을 선고 받고 항소한 피고인에 대하여 사건을 병합심리한 후 경합범으로 처단하면서 제 1 심의 각 형량보다 중한 형을 선고한 것은 불이익변경금지의 원칙에 어긋나지 아니한다$\binom{대법원}{2001.9.18,}$ $\binom{2001}{도3448}$. 그러나 이 경우에도 제 1 심에서 선고된 각 형을 합산한 범위 내에서 형법상 경합범의 처벌례에 따라 형량이 정해져야 함은 물론이다. 결국 피고인이 상소한 사건과 다른 사건이 병합·심리된 후 경합범으로 처단되는 경우에도 전체적으로는 불이익변경금지의 원칙이 적용되며, 그 판단은 병합된 다른 사건에 대한 법정형·선고형 등 피고인의 법률상 지위를 결정하는 객관적 사정을 전체적·실질적으로 고찰하여 병합심판된 선고형이 불이익한 변경에 해당하는지를 판단하여야 한다.

3. 불이익변경금지원칙의 내용

(1) 불이익변경금지의 대상

㈎ 중형선고의 금지

불이익변경이 금지되는 것은 형의 선고에 한한다. 따라서 선고한 형이 중하게 변경되지 않는 한 피고인의 범죄사실을 불리하게 인정하거나($\binom{대법원 1996.3.8,}{95도1738}$) 죄명이나 적용법조를 불이익하게 변경하는 경우($\binom{대법원 2013.2.28,}{2011도14986}$) 또는 일죄를 경합범으로 변경하는 경우($\binom{대법원 1988.7.26,}{88도936}$)라도 이 원칙에 반하지 않는다. 그 결과 항소심에서 공소장을 변경하여 원심판결보다 중한 죄나 중한 사실을 인정하는 것이 가능할 뿐만 아니라 경우에 따라서는 항소심은 자신이 인정한 범죄사실에 대해 법정형 이하의 형을 선고해야 할 경우도 있게 된다. 예를 들면 절도죄로 벌금형을 선고한 원심판결에 대하여 피고인만이 항소한 경우에 항소심에서 강도죄를 인정하여도 징역형을 선고할 수 없으므로 벌금형을 선고할 수밖에 없다.

또한 불이익변경금지의 원칙은 경한 사실을 인정하거나 경한 법령을 적용한 경우에 형까지 유리하게 변경할 것을 요구하는 것은 아니다. 따라서 원심이 인정한 범죄사실의 일부를 무죄로 인정하면서도 원심과 동일한 형을 선고한 경우($\binom{대법원 2003.2.11,}{2002도5679}$), 원심의 경합범인정을 파기하고 일죄로 처단하면서 원심과 동일한 형을 선고한 경우($\binom{대법원 1966.10.18,}{66도567}$)에도 이 원칙에 반하는 것은 아니다.

㈏ 형의 범위

여기서 형은 형법 제41조가 규정하고 있는 형에 한정되지 않는다. 피고인의 상소권보호라는 이 제도의 취지에 비추어 볼 때 피고인에게 실질적으로 형벌과 같은 불이익을 주는 처분은 모두 이 원칙의 적용대상이 된다고 보아야 한다. 따라서 추징이나 노역장유치기간 등을 중하게 변경하는 것은 형선고의 불이익변경과 마찬가지로 금지된다.

소송비용의 부담을 피고인에게 불이익하게 변경하는 경우에도 이 원칙이 적용되는가에 대하여는 소송비용의 부담이 재산형과 동일한 불이익을 초래한다는 점에서 이 원칙이 적용된다는 견해도 있으나, 소송비용의 부담이 피고인에게 불이익을 준다고 할지라도 실질적으로 형의 선고로 볼 수는 없으므로 불이익변경금지의 원칙이 적용되지 않는다는 것이 다수설 및 판례($\binom{대법원 2008.3.14,}{2008도488}$)의 입장이다. 또한 상소심이 주형을 감축하고 원판결에서 선고하지 않은 압수물의 피해자환부를 선고한 경우에도 압수물의 피해자환부는 형의 일종이 아니므로 불이익변경에 해당하지 않는다(^{대법원 1990.4.10,}_{90도16}).

그러나 불이익변경금지의 원칙은 형벌뿐만 아니라 보안처분에도 적용된다고 보아야 한다. 보안처분은 법적 효과에 있어서 사실상 형벌과 유사한 성질을 가지고 있기 때문이다.

(2) 불이익변경의 판단기준

선고형의 경중에 관해서는 법정형의 경중을 규정하고 있는 형법 제50조가 원칙적인 기준이 된다. 따라서 형의 경중은 형법 제41조에 기재된 순서에 의한다. 다만 무기금고와 유기징역은 금고를 중한 것으로 하고, 유기금고의 장기가 유기징역의 장기를 초과하는 때에는 금고를 중한 것으로 한다(^{형법 제50}_{조 제1항}). 동종의 형은 장기가 긴 것과 다액이 많은 것을 중한 형으로 한다(^{동조}_{제2항}).

그러나 형법 제50조와 제41조는 추상적인 법정형 상호간의 경중을 규정한 데 지나지 않으므로 구체적인 선고형의 경중을 비교하는 기준으로는 충분하지 않다. 따라서 이러한 기준에 의하여 선고형의 경중을 판단할 수 없는 때에는 원심판결과 상소심판결의 형을 전체적 · 실질적으로 고찰하여 불이익변경 여부를 결정하여야 한다. 즉 원심법원이 선고한 형과 상소법원이 선고한 형에 의해 가해지는 피고인의 자유구속과 법익박탈의 대소를 종합적으로 판단하여 이를 결정해야 한다. 그리고 이때 주형은 물론 병과형, 부가형, 집행유예, 노역장유치일수 등도 판단의 기준이 된다(^{대법원 2013.12.12,}_{2012도7198}).

(3) 형의 경중의 구체적 비교

㈎ 형의 추가와 형의 종류의 변경

상소심에서 동종의 형을 과하면서 무거운 형을 선고하거나, 원심판결이 선고한 형 이외에 다른 형을 추가하는 것은 불이익변경에 해당한다. 따라서 상소심에서 유기징역의 형기를 늘리거나 유기징역을 무기징역으로 변경하는 것 또는 원심의 징역형의 형기를 그대로 유지하면서 벌금형을 추가하거나 자격정지를 병과하는 것은 불이익변경으로서 허용되지 않는다. 다만 징역형의 형기를 줄이면서 벌금형을 추가하는 경우에는 피고인에게 실질적으로 불이익을 초래하였는지 여부를 기준으로 그 형의 경중을 판단하여야 할 것이다.

형의 종류의 변경과 관련하여 문제가 되는 경우들을 보면 다음과 같다.

1) 징역형과 금고형　　　 징역형을 금고형으로 변경하면서 형기를 높이거나 형기를 그대로 두고 금고형을 징역형으로 변경하는 것은 불이익변경에 해당한다. 그러나 금고형을 징역형으로 변경하면서 형기를 단축하는 것은 형법 제50조 제1항 단서 규정의 취지에 비추어 볼 때 불이익변경에 해당하지 않는다고 해야 한다.

2) 자유형과 벌금형　　　 벌금형을 자유형으로 변경하는 것은 불이익변경이 된다. 자유형을 벌금형으로 변경하면서 벌금형에 대한 노역장유치기간이 자유형의 기간을 초과하는 경우에 불이익변경이 되는지에 대하여는 견해가 일치하지 않는다. 노역장유치는 실질적으로 피고인에게 자유형과 동일한 불이익을 준다는 이유로 이 경우도 불이익변경에 해당한다는 견해가 있으나, 노역장유치는 환형처분으로서 벌금을 완납하지 않은 경우에만 집행되는 벌금형의 특수한 집행방법인 점과 벌금형이 자유형에 비해 가벼운 형벌인 점을 고려할 때 불이익변경에 해당하지 않는다고 생각된다. 판례도 같은 입장이다($\binom{대법원\ 2000.11.24,}{2000도3945\ 참조}$).

3) 벌금형과 노역장유치　　　 벌금액은 같은데 노역장유치기간이 길어진 경우에는 불이익변경이 된다($\binom{대법원\ 1976.11.23,}{76도3161}$). 다만 벌금액이 감경되면서 노역장유치기간이 증가한 경우에 대해서는 견해가 대립하고 있다. 이 경우에도 불이익변경에 해당하지 않는 것으로 보는 견해가 있다. 판례도 같은 입장이다($\binom{대법원\ 2000.11.24,}{2000도3945}$). 그러나 노역장유치가 비록 벌금을 납부하지 않은 경우에 실행되는 보충적인 형의 집행방법이라고 하더라도 이것이 자유형의 실질을 가진 집행방법이라는 점을 고려할 때 그 기간이 증가하였다면 벌금액이 감소하였더라도 자유형을 벌금형으로 변경하는 경우와는 달리 실질적으로 불이익변경에 해당한다고 보아야 할 것이다.

4) 부정기형과 정기형　　　 부정기형을 정기형으로 변경하는 경우에 부정기형의 단기를 기준으로 하여 형의 경중을 판단해야 한다는 것이 종래 판례의 입장이었다($\binom{대법원\ 2006.4.14,}{2006도734\ 등}$). 피고인이 부정기형을 선고받은 때에는 단기가 경과하면 석방될 가능성이 있기 때문이라는 것이다.

그러나 최근의 판례는 부정기형과 실질적으로 동등하다고 평가될 수 있는 정기형은 부정기형이 정기형으로 변경되는 과정에서 피고인의 상소권 행사가 위축될 우려가 있는지 여부 및 소년법이 부정기형 제도를 채택한 목적과 책임주의 원칙을 종합적으로 고려하여 판단하여야 하며, 이 경우에 선고할 수 있는 정기형의 기준은 부정기형의 장기와 단기의 중간형이라고 한다.[1]

---

1) 대법원 2020. 10. 22, 2020도4140 전원합의체 판결,「부정기형과 실질적으로 동등하다고 평

⒩ **집행유예와 선고유예**

형의 집행유예는 형식적으로는 형이 아니지만 실질적으로 형의 내용을 좌우하는 것이므로 형의 경중을 비교하는 중요한 요소가 된다. 형의 집행유예를 선고받은 경우에는 형의 집행을 현실적으로 받을 필요가 없고 유예기간이 경과되면 형의 선고는 효력을 잃게 되기 때문이다(형법 제65조). 따라서 집행유예를 붙인 자유형판결에 대하여 집행유예만 없애거나 유예기간을 연장하는 경우에는 불이익변경에 해당한다(대법원 1983.10.11, 83도2034). 또한 징역형 또는 금고형의 형기를 줄이면서 집행유예를 박탈한 경우에도 불이익변경이 된다(대법원 1970.3.24, 70도33; 대법원 1986.3.25, 86모2).

징역형이나 금고형의 형기를 늘리면서 집행유예를 붙이는 것이 불이익변경에 해당하는지가 문제된다. 이에 대해서는 형기를 늘리더라도 집행유예를 선고하는 것이 피고인에게 실질적으로 유리하므로 불이익변경에 해당하지 않는다는 견해가 있으나, 형의 집행유예가 취소되거나 실효되는 경우의 불이익도 고려하여야 하므로 불이익변경에 해당한다고 해야 한다(대법원 1966.12.8, 66도1319 전원합의체 판결). 같은 이유에서 판례는 징역형에 집행유예를 붙이면서 벌금형을 병과하거나 벌금액을 늘린 경우(대법원 1981.1.27, 80도2977; 대법원 2013.12.12, 2012도7198)에도 이를 불이익변경으로 보고 있다. 다만 같은 기간의 금고형을 징역형으로 변경하면서 집행유예를 선고하는 경우는 불이익변경에 해당하지 않는다(대법원 2013.12.12, 2013도6608).

집행유예를 붙인 자유형판결에 대하여 자유형의 형기를 줄이면서 유예기간을 길게 하는 것도 불이익변경에 해당한다고 보는 견해가 있으나, 선고된 형 자체가 가볍게 되기 때문에 비록 유예기간을 길게 하더라도 전체적으로 볼 때 불이익변경이 되지 않는다는 견해가 타당하다고 본다.

자유형에 대한 집행유예판결을 벌금형으로 변경하는 것은 불이익변경이 아니다(대법원 1990.9.25, 90도1534). 그러나 자유형의 선고유예를 벌금형으로 변경하는 것은 불이익변

가될 수 있는 정기형을 정할 때에는 형의 장기와 단기가 존재하는 특수성으로 인해 발생하는 요소들, 즉 부정기형이 정기형으로 변경되는 과정에서 피고인의 상소권 행사가 위축될 우려가 있는지 여부, 소년법이 부정기형 제도를 채택한 목적과 책임주의 원칙이 종합적으로 고려되어야 한다. 이러한 법리를 종합적으로 고려하면, 부정기형과 실질적으로 동등하다고 평가될 수 있는 정기형은 부정기형의 장기와 단기의 정중앙에 해당하는 형(예를 들어 징역 장기 4년, 단기 2년의 부정기형의 경우 징역 3년의 형이다. 이하 '중간형'이라 한다)이라고 봄이 적절하므로, 피고인이 항소심 선고 이전에 19세에 도달하여 제1심에서 선고한 부정기형을 파기하고 정기형을 선고함에 있어 불이익변경금지 원칙 위반 여부를 판단하는 기준은 부정기형의 장기와 단기의 중간형이 되어야 한다.」

경에 해당한다($\genfrac{}{}{0pt}{}{\text{대법원 1999.11.26,}}{\text{99도3776}}$,). 선고유예는 현실적으로 형을 선고하는 것이 아니고 기간이 경과하면 면소로 간주됨에 반하여 벌금형은 현실로 선고되어 집행을 면할 수 없기 때문이다.

형의 집행면제의 판결에 대하여 집행유예를 선고한 경우에 집행유예의 판결은 그 유예기간이 경과한 때에 형의 선고의 효력이 상실되지만 형의 집행면제는 그 형의 집행만을 면제하는데 불과하므로 불이익변경에 해당하지 않는다는 것이 판례의 입장이다($\genfrac{}{}{0pt}{}{\text{대법원 1985.9.24, 84도}}{\text{2972 전원합의체 판결}}$). 그리고 항소심에서 제 1 심의 징역형에 대하여는 집행유예를 하고 제 1 심에서 선고를 유예한 벌금형을 병과한 것은 불이익변경에 해당하지 않는다($\genfrac{}{}{0pt}{}{\text{대법원 1976.10.12,}}{\text{74도1785}}$,).

(다) 몰수와 추징

원심의 징역형을 그대로 두면서 새롭게 몰수 또는 추징을 추가하거나 원심보다 추징액수를 늘렸다면 불이익변경에 해당한다. 그러나 추징과 몰수는 실질적으로 차이가 없는 처분이므로 추징을 몰수로 변경하는 것은 불이익변경에 해당하지 않는다($\genfrac{}{}{0pt}{}{\text{대법원 2005.10.28,}}{\text{2005도5822}}$,).

자유형인 주형을 가볍게 하면서 몰수나 추징을 추가하거나 액수를 증가시킨 경우에 대하여는 학설의 다툼이 있다.[1] 주형이 경하게 변경되더라도 피고인에게 새로운 몰수나 추징이 선고되면 불이익변경에 해당한다고 보는 견해와 불이익변경인가의 여부는 부가형이 아닌 주형을 기준으로 판단하여야 하므로 불이익변경에 해당하지 않는다고 보는 견해 그리고 불이익변경인가는 피고인에게 실질적으로 불이익을 초래하느냐를 기준으로 결정해야 한다는 견해의 대립이 그것이다. 주형을 가볍게 하면서 몰수나 추징을 추가하거나 액수를 증가시킨 경우에는 원칙적으로 불이익변경에 해당하지 않지만, 액수가 현저히 증가함으로써 피고인에게 실질적으로 불이익한 결과로 되는 때에는 불이익변경에 해당한다고 보아야 할 것이다. 판례는 원심판결과 상소심판결의 주문을 전체적·실질적으로 고찰하여 피고인에게 가해지는 법익박탈을 포함한 사실상의 불이익이 어느 편이 큰지를 결정해야 한다는 입장을 취하고 있다(실질설).[2] 이러한 기준은 주형을 중하게 변경하면서 부가형을

---

1) 다만 주형인 벌금형을 줄이면서 몰수나 추징을 추가한 때에는 벌금액의 차액과 몰수·추징액의 차액을 각각 비교하여 불이익변경 여부를 결정하면 될 것이다.

2) 대법원 1998. 3. 26, 97도1716 전원합의체 판결,「환송 전 원심은 제 1 심판결을 파기하고 징역 1년 형의 선고를 유예하였으며, 이에 대하여 피고인만이 상고하여 당원이 원심판결을 파기하고 사건을 원심에 환송하자, 환송 후 원심은 제 1 심판결을 파기하고, 벌금 40,000,000

감경하는 경우에도 논리적으로는 적용될 수 있을 것이나, 이 경우에는 언제나 불이익변경이 된다고 보아야 할 것이다. 따라서 벌금형을 자유형으로 변경시키는 경우에는 부가형을 감경하더라도 불이익변경으로 된다.

㈜ 보안처분

제 1 심 판결에서 치료감호만 선고되고 피고인만 항소한 경우에 항소심에서 징역형을 선고하는 것은 징역형이 치료감호보다 피고인에게 실질적으로 불이익하다는 점에서 볼 때 불이익변경이 된다($\binom{대법원 1983.6.14,}{83도765}$). 원심의 형을 그대로 유지하면서 보호관찰이나 사회봉사명령 또는 수강명령을 부가하는 것도 불이익변경에 해당한다. 또한 전자장치 부착명령기간만을 장기로 변경하거나($\binom{대법원 2014.3.27, 2013}{도9666, 2013전도199}$) 원심과 동일한 벌금형을 선고하면서 성폭력 치료프로그램 이수명령을 병과하는 것도 ($\binom{대법원 2015.9.15,}{2015도11362}$) 불이익변경금지의 원칙에 위배된다.

그러나 본형을 감경하거나 집행유예기간을 줄이면서 보호관찰이나 사회봉사명령 등을 부가하거나 제 1 심에서 선고한 사회봉사명령의 내용을 변경하는 것은 피고인에게 실질적으로 불이익한 경우에만 불이익변경에 해당한다고 보아야 할 것이다. 판례는 항소심이 피고인에게 장기 7년, 단기 5년의 징역형 및 5년 동안의 위치추적 전자장치 부착을 명한 제 1 심 판결을 파기한 후 피고인에 대하여 장기 5년, 단기 3년의 징역형 및 20년 동안의 위치추적 전자장치 부착명령을 선고한 사건에 대해서도 형벌과 보안처분은 그 본질을 달리하는 것이어서 이는 피고인에게 실질적으로 불이익한 경우가 아니므로 불이익변경금지의 원칙에 어긋나지 않는다고 판시하고 있다($\binom{대법원 2010.11.11,}{2010도7955}$).

(4) 불이익변경금지원칙위반의 효과

항소심판결이 불이익변경금지의 원칙에 위반한 경우에는 판결에 영향을 미친 법령위반으로서 상고이유가 된다($\binom{제383조}{제 1 호}$). 상고심판결이 불이익변경에 해당하는 경우에는 확정판결의 법령위반을 이유로 비상상고를 할 수 있다($\binom{제441}{조}$).

원 형과 금 16,485,250원의 추징의 선고를 모두 유예하였다면, 환송 후 원심이 제 1 심이나 환송 전 원심보다 가볍게 그 주형을 징역 1년 6월 형의 집행유예 또는 징역 1년 형의 선고유예에서 벌금 40,000,000원 형의 선고유예로 감경한 점에 비추어, 그 선고를 유예한 금 16,485,250원이 추징을 새로이 추가하였다고 하더라도, 전체적·실질적으로 볼 때 피고인에 대한 형이 제 1 심판결이나 환송 전 원심판결보다 불이익하게 변경되었다고 볼 수는 없다.」

Ⅶ. 파기판결의 구속력

1. 의의 및 성격

(1) 의   의

상소심이 원심판결을 파기하여 사건을 하급심으로 환송 또는 이송하는 경우에 상급심의 판단이 환송 또는 이송 받은 하급심을 구속하는 효력을 파기판결의 구속력 또는 기속력이라고 한다. 법원조직법 제8조는 「상급법원 재판에서의 판단은 해당 사건에 관하여 하급심을 기속한다」고 규정하고 있다. 파기판결의 구속력은 파기환송 또는 이송된 판결의 하급심에 대한 효력으로서, 판결을 선고한 법원이 그 판결의 내용을 철회 또는 변경할 수 없음을 의미하는 일반적인 재판의 구속력과는 구별된다. 그리고 현행법상 항소심 법원은 파기자판을 원칙으로 하고 있어서 파기판결의 구속력이 가지는 의미는 그리 크지 않기 때문에, 파기판결의 구속력은 주로 상고심 법원의 판단이 하급법원을 구속하는 효력을 의미하게 된다.

파기판결에 구속력을 인정하는 이유는 심급제도를 합리적으로 유지하고 효율적으로 운영하려는데 있다. 즉 이러한 구속력을 인정하지 않게 되면 상급심과 하급심 간의 불필요한 절차반복이 이루어져 사건의 종국적인 해결이 불가능하게 되므로 심급제도의 본질상 파기판결에 구속력을 인정하게 된 것이다.

(2) 법적 성격

파기판결의 구속력의 법적 성격에 대해서는 ① 파기판결을 일종의 중간판결로 보고 그 구속력을 상급심의 중간판결의 효력으로 보는 중간판결설, ② 파기판결의 구속력을 확정판결의 기판력이라고 보는 기판력설, ③ 파기판결의 구속력은 심급제도의 합리적 유지를 위하여 인정된 특수한 효력이라고 이해하는 특수효력설의 대립이 있다.

파기판결은 원심에 대하여 새로운 심리를 명하는 종국판결이라는 점에서 중간판결설은 타당하지 않고, 파기판결의 구속력은 동일한 소송 내의 심급 간의 효력이라는 점에서 확정판결의 후소에 대한 효력을 의미하는 기판력과는 구별되므로 기판력설도 옳지 않다. 따라서 파기판결의 구속력은 심급제도의 합리적인 유지를 위해 정책적으로 인정한 특수한 효력이라고 보는 통설이 가장 타당할 것이다.

2. 구속력의 범위

(1) 구속력이 미치는 법원

㈎ 하급법원

상소심의 파기판결은 하급법원에 대하여 구속력을 가지므로 상고법원이든 항소법원이든 파기판결을 하게 되면 그 판결은 하급법원을 구속한다. 상고심에서 제 2 심 판결을 파기하여 사건을 제 1 심에 환송하는 경우가 있다. 예를 들면 제 1 심이 공소가 부적법하다는 이유로 공소기각의 판결을 선고하였고 원심판결이 이에 대한 검사의 항소를 기각한 사건에 대하여 대법원이 원심판결 및 제 1 심 판결을 모두 파기한 경우가 여기에 해당한다. 이때 제 1 심 재판에 대하여 다시 항소가 제기된 경우 제 2 심 법원도 당해 사건의 하급심이므로 상고심의 판단에 구속된다.

㈏ 파기한 상급법원

상소심의 파기판결은 그 판결을 한 상급법원 자신도 구속한다. 상소심의 판단에 따라 이루어진 하급법원의 판결을 상소법원이 다시 변경하는 것을 허용한다면 불필요한 절차가 반복되어 파기판결의 구속력을 인정한 취지가 무의미해지기 때문이다. 따라서 대법원도 자신의 파기판결에 스스로 구속된다.

그러나 예외적으로 대법원이 전원합의체 판결로서 자신이 내린 파기환송판결의 법률상 판단을 변경하는 경우에는 종전의 파기판결에 구속되지 않는다. 판례는 「대법원은 법령의 정당한 해석적용과 그 통일을 주된 임무로 하는 최고법원이고, 대법원의 전원합의체는 종전에 대법원에서 판시한 법령의 해석적용에 관한 의견을 스스로 변경할 수 있는 것인바($^{법원조직법 제7조}_{제1항 제3호}$), 환송판결이 파기이유로 한 법률상 판단도 여기에서 말하는 대법원에서 판시한 법령의 해석적용에 관한 의견에 포함되는 것이므로 대법원의 전원합의체가 종전의 환송판결의 법률상 판단을 변경할 필요가 있다고 인정하는 경우에는, 그에 기속되지 아니하고 통상적인 법령의 해석적용에 관한 의견의 변경절차에 따라 이를 변경할 수 있다고 보아야 할 것이다」라고 판시하여($^{대법원 2001.3.15,}_{98두15597}$), 이를 명백히 인정하고 있다.

(2) 구속력이 미치는 판단

㈎ 법률판단과 사실판단

법령해석의 통일이라는 관점에서 볼 때 파기판결의 구속력이 법률판단에 미친다는 점에 대해서는 이론이 없다. 다만 상급법원이 내린 사실판단이 하급심을 구속하는지에 대해서는 특히 법률심인 대법원의 사실판단이 사실심인 하급법원을 구속할 수 있는가의 문제로서 논의가 된다. 그러나 법원조직법 제 8 조가 구속력이 미치는 판단을 법률적 판단에 국한하고 있지 않은 점과 현행법상 항소심뿐만 아니라 상고심도 일정한 경우($\binom{제383조}{제3호 \cdot 제4호}$) 사실오인을 상소이유로 하고 있는 점에 비추어 볼 때 상급법원의 사실에 관한 판단은 하급심을 구속하는 것으로 보아야 할 것이다 $\binom{대법원\ 2009.4.9,}{2008도10572}$.

(나) 소극적 · 부정적 판단과 적극적 · 긍정적 판단

사실판단에 있어서 파기판결의 구속력이 파기의 직접적 이유인 소극적 · 부정적 판단 부분에 미치는 점에는 의문이 없다. 그러나 파기판결의 구속력이 그 소극적 · 부정적 판단의 이면에 있는 적극적 · 긍정적 판단에 대하여도 미치는가에 대해서는 견해가 대립하고 있다. 긍정하는 견해는 사실판단에 있어서 부정적 판단과 긍정적 판단은 일체불가분의 관계에 있다는 점에 비추어 긍정적 판단이 직접적 파기이유인 부정적 판단과 불가분의 관계에 있거나 필연적인 논리적 전제관계에 있는 때에는 적극적 · 긍정적 판단부분에 대해서도 구속력이 미친다고 보고 있다. 그러나 현행법상 파기판결의 구속력은 파기자판이 원칙인 항소심 판결에서가 아니라 파기환송이 원칙인 대법원 판결에서 주로 문제가 되는데, 상고심은 사후심으로서 상고심에서 새로운 증거를 제출하거나 증거조사를 하는 것은 허용되지 않으며, 예외적으로 파기자판을 하는 경우에도 소송기록과 원심법원 및 제 1 심 법원이 조사한 증거만을 기초로 제한적인 형태로 사실판단이 이루어진다는 점에 비추어 볼 때, 상고법원의 파기판결은 소극적 · 부정적 판단부분에 대해서만 구속력을 가지고, 그 소극적 · 부정적 판단의 이유 내지 근거가 되는 적극적 · 긍정적 판단부분에 대해서는 구속력이 미치지 않는다고 보아야 할 것이다. 따라서 '원심에 이르기까지 조사한 증거들만에 의해서는 공소사실이 인정되지 않는다고 한 원심의 판단은 잘못이다'라고 한 상고심의 판단부분에 대해서는 구속력이 미치나, 그러한 판단의 이유가 되는 '피고인과 공범자의 자백조서는 신용할 수 있기 때문이다'라고 한 상고심의 판단부분에 대해서는 구속력이 미치지 아니한다. 대법원도 부정설의 입장을 취하고 있다 $\binom{대법원\ 2004.4.9,}{2004도340}$.

(3) 구속력의 배제

파기판결의 구속력은 파기판결의 전제가 된 사실관계의 동일성을 전제로 한다. 파기판결 후에 새로운 사실과 증거에 의하여 사실관계가 변경된 경우에는 파기판결의 구속력은 배제된다. 따라서 하급심에서 환송 전후의 증거를 종합하여 환송전의 판단을 유지한 경우에는 환송판결의 판단에 반하는 것이라고 할 수 없으며,[1] 파기환송 후 하급심에서 공소장변경이 이루어진 경우에도 이에 대하여는 파기판결의 구속력이 미치지 않는다.[2]

또한 파기판결의 구속력은 적용법령의 동일성을 전제로 한다. 따라서 파기판결 후에 법령이 변경된 경우에는 구속력이 배제된다. 파기판결 후에 대법원판례가 변경된 경우에도 사실상 법령의 변경에 준하는 효과를 가진다는 점에서 구속력이 배제된다고 해석하는 것이 일반적이다.

제 2 절   항   소

Ⅰ. 항소심의 구조

1. 입법주의

항소는 제 1 심 판결에 대한 제 2 심 법원에의 상소를 말한다. 항소는 제 1 심 판결의 오판으로 인하여 불이익을 받는 당사자의 권리를 구제하는 것을 주된 목적으로 하는 상소제도이다. 항소제기에 의하여 진행되는 항소법원에서의 심리절차를

---

1) 대법원 1987. 8. 18, 87누64,「상고심 법원의 파기환송 판결의 기속력은 파기의 이유가 된 원심판결의 사실상 및 법률상의 판단이 정당하지 않다는 소극적인 면에서만 발생하는 것이므로 환송 후의 심리과정에서 제시된 새로운 증거에 의하여 혹은 환송 전의 증거와 환송 후 제시된 새로운 증거를 결합하여 환송판결의 기속적 판단의 기초가 된 사실관계에 변동이 있었다면 환송판결의 기속력은 이에 미치지 아니하고 환송 후의 원심이나 그에 대한 상고심에서 변동된 사실관계에 따라 환송판결과 다른 결론을 낸다고 하여도 환송판결의 기속력에 관한 법원조직법 제 7 조의2에 저촉된다고 할 수 없다.」
2) 대법원 2004. 4. 9, 2004도340,「출판물에 의한 명예훼손의 공소사실을 유죄로 인정한 환송 전 원심판결에 위법이 있다고 한 파기환송판결의 사실판단의 기속력은 파기의 직접 이유가 된 환송 전 원심에 이르기까지 조사한 증거들만에 의하여서는 출판물에 의한 명예훼손의 공소사실이 인정되지 아니한다는 소극적인 부정 판단에만 미치는 것이므로, 환송 후 원심에서 이 부분 공소사실이 형법 제307조 제 2 항의 명예훼손죄의 공소사실로 변경되었다면 환송 후 원심은 이에 대하여 새롭게 사실인정을 할 재량권을 가지게 되는 것이고 더 이상 파기환송판결이 한 사실판단에 기속될 필요는 없다.」

항소심이라고 하는데, 항소심의 구조에 관하여는 그 심판대상 및 방식과 관련하여
세 가지 입법주의가 있다.

(1) 복   심

원심의 심리와 판결이 없었던 것처럼 항소심에서 피고사건에 대하여 전반적
으로 다시 심리하는 제도를 말한다. 현행 독일 형사소송법이 취하고 있는 항소심의
구조이며,[1] 제정당시에는 우리 형사소송법도 이러한 복심제를 취하고 있었다.

복심제의 특징은 ① 항소심의 심판대상은 피고사건 자체이고 항소심 판결의
주문은 피고사건에 대한 파기자판의 형식을 취하며, ② 원판결에 불복하는 이상 항
소이유에 제한이 없으며, ③ 항소심의 심리는 기소요지의 진술부터 다시 시작하고
사실심리나 증거조사에 제한을 받지 않고, ④ 일사부재리의 효력의 시간적 범위도
항소심 판결선고시를 기준으로 한다.

이 제도는 항소심의 심리를 철저히 한다는 장점이 있으나, 소송경제에 반하고
상소권남용의 위험이 있다.

(2) 속   심

제 1 심의 심리를 전제로 제 1 심의 소송자료를 이어받아 항소심의 심리를 속
행하는 제도를 말한다. 따라서 항소심은 제 1 심의 변론이 재개된 것처럼 원심의 심
리절차를 인계하고 새로운 증거를 보충하여 피고사건의 실체에 대해 판단을 행하
게 된다.

속심제의 특징은 ① 항소심의 심판대상은 피고사건의 실체이고, ② 항소이유
에 제한이 없으며, ③ 항소심의 심리는 변론이 재개된 것과 같이 사실심리와 증거
조사를 행하므로 제 1 심 판결 이후에 발생한 사실이나 증거도 판결의 자료가 되며,
④ 항소심에서도 공소장변경이 허용되고, ⑤ 일사부재리의 효력은 항소심 판결선
고시를 기준으로 하여 발생하며, ⑥ 판결은 원칙적으로 파기자판의 형식을 취한다
는 점에 있다.

속심에 대해서는 원판결의 심리를 필요한 범위에서 속행한다는 점에서는 복심

---

[1] 독일법상 단독의 형사판사(Strafrichter)나 1명의 직업법관과 2명의 참심원으로 구성된 참심
재판부(Schöffengericht)가 재판한 사건에 대한 항소(Berufung)는 3명의 직업법관과 2명의
참심원으로 구성된 항소심 재판부가 담당한다. 3명의 직업법관과 2명의 참심원으로 구성된
대형사재판부(große Strafkammer)가 제 1 심으로 심판한 중요 범죄사건에 대해서는 항소가
허용되지 않으며 연방대법원(Bundesgericht)에 상고(Rivision)하는 것이 가능할 뿐이다.

에 비하여 소송경제에 도움이 되지만, 원심의 소송자료에 대한 심증을 이어받는 것은 구두변론주의와 직접주의에 반할 뿐 아니라 소송지연과 남상소의 위험도 여전히 남아 있다는 것이 단점으로 지적되고 있다.

(3) 사 후 심

사후심이란 원판결 자체를 심판대상으로 삼아 원판결의 당부를 사후에 심사하는 제도를 말한다. 대표적으로 미국과 일본의 형사소송법이 취하고 있는 항소심의 구조이다.[1]

사후심제의 특징은 ① 항소심의 심판대상은 원판결의 당부이고, ② 항소이유에 제한이 있어 항소이유서를 제출하여야 할 뿐만 아니라 항소심의 심판범위도 항소이유에 기재된 것에 한하며, ③ 원판결시를 기준으로 원심에 나타난 증거만으로 원판결의 당부를 판단할 뿐 원판결 후에 발생한 자료를 증거로 할 수 없으며, ④ 항소심에서는 공소장변경이 허용되지 않고, ⑤ 항소이유가 있을 때에는 원칙적으로 파기환송을 하게 되며, ⑥ 일사부재리의 효력의 시간적 범위도 원심판결 선고시라는 데 있다.

사후심제는 소송경제와 신속한 재판의 이념에 부합하는 장점이 있으나, 제 1 심에서 철저한 심리가 이루어지지 못한 경우에는 실체적 진실발견과 당사자의 구제라는 상소제도 본래의 취지를 살리기 어렵다는 단점을 가진다.

2. 현행법상의 항소심의 구조

(1) 사후심설

현행 항소심의 구조를 사후심으로 보거나 사후심을 원칙으로 하고 있다고 해석하는 견해이다. 그 근거로는 ① 제 1 심 절차에서 공판중심주의·구두변론주의 및 직접심리주의가 철저히 이루어지고 있기 때문에 항소심에서의 반복심리는 소송

---

1) 배심제도를 가지고 있는 미국의 경우 제 1 심의 유죄판결에 대한 항소사건은 직업법관으로 구성된 항소법원이 담당하며, 항소법원은 원심판결의 법령위반 여부만을 판단한다. 항소법원은 사후적으로 원심판결의 적법 여부를 심사한 후 법령위반으로 판단되면 사건을 사실심 법원에 파기환송한다. 이때 환송받은 법원은 새로운 배심원단을 구성하여 다시 피고사건에 대한 사실판단을 행하게 된다. 재판원제도를 시행하고 있는 일본의 경우 사실오인 등을 이유로 재판원재판을 파기하는 것이 가능하나, 항소심은 사후심으로서 파기환송이 원칙이기 때문에 제 1 심에서 다시 새로운 재판원을 선임하여 공판절차를 갱신하여 심리 및 재판이 이루어지게 된다.

경제와 신속한 재판의 이념에 반하고, ② 현행법이 항소이유를 원판결의 법령위반·사실오인 및 양형부당에 제한하고 있으며($\frac{제361}{조의5}$), ③ 항소법원은 원칙적으로 항소이유서에 기재된 사유에 관하여만 심판해야 하고($\frac{제364조}{제1항}$), ④ 항소법원은 항소이유가 없음이 명백한 때에는 변론 없이 항소를 기각할 수 있으며($\frac{동조}{제5항}$), ⑤ 항소이유가 없다고 인정하는 때에는 판결로 항소를 기각하고($\frac{동조}{제4항}$), 항소이유가 있다고 인정하는 때에는 원심판결을 파기하도록 한 점($\frac{동조}{제6항}$) 등을 들고 있다.

(2) 속 심 설

현행 항소심의 구조를 원칙적으로 속심이라고 해석하는 견해이다. 그 근거로서는 ① 항소이유 중에서 판결 후 형의 폐지나 변경 또는 사면이 있는 때($\frac{제361조의}{5 제 2 호}$)와 재심청구의 사유가 있는 때($\frac{동조}{제13호}$)는 속심적 성격의 항소이유이고, ② 현행법상의 중요한 항소이유인 사실오인($\frac{동조}{제14호}$)과 양형부당($\frac{동조}{제15호}$)은 순수한 사후심에서는 찾아보기 어려운 항소이유이며, ③ 항소심의 심리에 관하여 제 1 심 법원에서 증거로 할 수 있었던 증거는 항소법원에서도 증거로 할 수 있고($\frac{제364조}{제3항}$), ④ 항소심의 심판범위는 원칙적으로 항소이유에 포함된 사유에 제한되지만 항소법원은 판결에 영향을 미친 사유에 관해서는 항소이유에 포함되지 아니한 경우에도 직권으로 심판할 수 있으며($\frac{제364조}{제2항}$), ⑤ 항소심이 파기판결을 하는 경우에는 파기자판을 원칙으로 하고 있다는 점 등을 들고 있다.

(3) 검 토

현행 항소심은 속심적 요소와 사후심적 요소를 모두 가지고 있다. 그러나 항소심은 원판결을 기초로 하면서 원판결에 나타난 자료와 관계없이 증거조사와 사실심리를 행하고 자신의 심증에 의하여 피고사건의 실체를 심판하여 항소이유의 유무를 판단하는 법원이라는 점에서 볼 때 속심적인 요소가 현행 항소심의 중심을 이루고 있다고 할 수 있다. 또한 항소제도의 본래의 목적이 오판의 방지와 당사자의 구제에 있다는 점에서 볼 때에도 항소심의 사실심으로서의 성격이 강조될 필요가 있다. 이런 점을 고려하면 현행 항소심은 원칙적으로 속심의 성격을 가지며, 다만 사후심적 성격을 가진 규정들은 소송경제와 남상소(濫上訴)의 폐단을 방지하기 위하여 항소심의 속심적 성격에 제한을 가하고 있는 것으로 보아야 할 것이다(원칙적 속심·보충적 사후심).

판례도「형사소송법상 항소심은 속심을 기반으로 하되 사후심의 요소도 상당부분 들어 있는 이른바 사후심적 속심의 성격을 가지므로, 항소심에서 제 1 심판결의 당부를 판단할 때에는 이러한 심급구조의 특성을 고려해야 한다」고 판시하여 (대법원 2022.5.26, 2017도11582) 항소심은 원칙적으로 속심이라는 입장이다.

3. 항소심구조와 관련된 문제

(1) 항소심에서의 공소장변경

항소심에서 공소장변경이 허용되는가의 문제는 항소심의 구조와 관련된다. 항소심을 사후심으로 파악하는 입장에서는 공소장변경이 허용되지 않는 것으로 보고 있으나, 항소심을 속심으로 파악하는 입장에서는 당연히 항소심에서도 공소장변경이 허용되는 것으로 본다. 항소심의 구조는 원칙적으로 속심으로 보아야 하므로 항소심에서도 공소장변경이 허용된다고 하여야 한다(대법원 2014.1.16, 2013도7101). 이는 파기환송 후의 항소심에서도 마찬가지이다(대법원 2004.7.22, 2003도8153).

(2) 일사부재리의 효력의 시간적 범위

일사부재리의 효력은 사실심리가 가능한 최후의 시점까지 미치므로 사후심설에 의하면 그 시간적 범위는 원심의 판결선고시가 되나, 속심설에 의하면 항소심의 판결선고시가 된다. 항소심의 구조는 원칙적으로 속심으로 보아야 하므로 일사부재리의 효력의 시간적 범위는 항소심 판결선고시를 기준으로 해야 한다. 그리고 이는 항소심에서 파기자판하는 경우뿐만 아니라 항소기각의 재판을 하는 경우에도 같다(대법원 1993.5.25, 93도836). 따라서 포괄일죄의 일부에 대한 판결의 효력은 항소심 판결선고시까지 범하여진 다른 범죄사실에 대해서도 미친다.

또한 항소심을 속심으로 볼 때에는 항소심 판결선고시를 기준으로 판단이 이루어지게 되므로, 제 1 심 판결선고시에는 소년이었기 때문에 부정기형을 선고받은 사람이 항소심 계속 중에 성년(19세)에 달하였을 때에는 원판결을 파기하고 정기형을 선고하여야 한다(대법원 2009.5.28, 2009도2682).

(3) 파기자판 또는 파기환송

항소심 구조를 사후심으로 보면 항소심의 심판대상은 원판결의 당부이므로 항소이유가 있을 때에는 항소심은 원칙적으로 원판결을 파기환송하게 된다. 그러나 항소심은 속심이므로 항소심 판결은 원칙적으로 파기자판의 형식을 취하게 된다.

Ⅱ. 항소이유

1. 의의 및 분류

(1) 항소이유의 의의

항소이유란 항소권자가 적법하게 항소를 제기할 수 있는 법률상의 근거를 말한다. 항소이유는 형사소송법 제361조의5에 제한적으로 열거되어 있다. 항소이유를 제한한 것은 남상소의 방지와 소송경제를 위하여 속심인 항소심에 사후심적 요소를 가미한 것이다.

(2) 항소이유의 분류

항소이유는 그 내용에 따라 법령위반을 이유로 하는 것과 법령위반 이외의 사유를 이유로 하는 것으로 나눌 수 있다. 또한 각각에 대하여 일정한 사유가 있으면 당연히 항소이유가 되는 절대적 항소이유와 그 사유의 존재가 판결에 영향을 미친 경우에 한하여 항소이유로 되는 상대적 항소이유로 구분될 수 있다.

2. 법령위반

법령위반은 원칙적으로 상대적 항소이유에 해당하나, 판결에 미치는 영향이 중대하거나 그 영향 여부의 입증이 곤란한 경우는 이를 절대적 항소이유로 하고 있다. 법령위반은 항소이유 외에도 상고이유($\binom{제383조}{제1호}$) 및 재항고이유($\binom{제415}{조}$)로 된다는 점에서 상소제도 전반에 걸쳐서 중요한 의미를 가지고 있다.

(1) 상대적 항소이유

판결에 영향을 미친 헌법·법률·명령 또는 규칙의 위반이 있는 때이다($\binom{제361}{조의}$ $\binom{5}{제1호}$). 법령위반은 실체법령의 위반과 소송절차에 관한 법령의 위반으로 나누어 볼 수 있다.

실체법령의 위반은 원심판결이 인정한 사실관계를 전제로 하여 형법 기타 실체법의 해석과 적용에 잘못이 있는 것을 의미한다. 여기에서 법령에는 헌법, 법률, 명령, 규칙이 모두 포함된다. 헌법재판소의 위헌결정으로 소급적으로 효력을 상실한 법령을 적용한 경우도 실체법령의 위반에 해당한다($\binom{대법원 1991.8.13,}{90도637}$).

소송절차에 관한 법령위반은 원심의 심리 및 판결절차가 소송법규에 위반한 것을 말한다. 위반한 법령은 형사소송법에 한정하지 않고 헌법, 법률, 명령, 규칙을 포함한다. 따라서 대법원규칙에 위반한 경우도 여기에 해당한다. 또한 소송절차에 관한 법령위반은 원심절차에 관한 법령위반을 의미하므로 수사절차에 관한 법령위반은 그 자체로는 항소이유가 되지 않는다. 소송절차에 관한 법령위반의 예로는 불고불리의 원칙에 반하여 공소제기가 되지 않은 범죄사실에 대하여 판결한 경우($^{대법}_{원}$ $^{2001.12.27,}_{2001도5304}$), 필요적 변호사건을 변호인 없이 개정하여 심리한 경우($^{대법원\ 2006.1.13,}_{2005도5925}$), 보강증거 없이 피고인의 자백만을 근거로 유죄판결을 선고한 경우($^{대법원\ 2007.11.29,}_{2007도7835}$), 피고인이나 검사의 출정 없이 개정한 경우, 증거능력이 없는 증거에 대하여 증거조사를 한 경우, 증인신문을 하면서 피고인에게 반대신문의 기회를 주지 않은 경우, 판결서의 방식이나 판결선고의 방식이 법률의 규정에 위반한 경우 등을 들 수 있다. 그리고 소송절차의 법령위반에는 원심법원이 자신에게 부과된 실체적 진실발견의 의무를 다하지 않아서 발생하는 심리미진의 위법이 포함된다.

상대적 항소이유로서의 법령위반은 그것이 판결에 영향을 미쳤다고 인정되는 경우에 한하여 항소이유로 된다. '판결에 영향을 미친 때'라 함은 판결내용에 영향을 미친 것을 말하고, 법령위반 때문에 판결의 주문이나 이유에 변화가 생긴 것을 의미한다.[1] 따라서 법령위반과 판결결과 사이에는 인과관계가 있어야 한다. 양자 사이의 인과적 관련성은 당해 법령위반이 판결결과에 영향을 미쳤을 가능성이 있다고 인정되는 것으로 족하다.

(2) 절대적 항소이유

(가) 관할규정의 위반

관할 또는 관할위반의 인정이 법률에 위반한 때이다($^{제361조의}_{5\ 제3\ 호}$). 관할권이 존재하지 않는 경우뿐만 아니라 관할권이 있음에도 불구하고 관할위반의 선고를 한 경우도 포함된다. 여기서 관할이라 함은 토지관할과 사물관할을 의미한다.

(나) 법원구성의 위법

법원구성이 위법한 경우라 함은 ① 판결법원의 구성이 법률에 위반한 때($^{제361}_{조의}$ $^{제5}_{제4\ 호}$), 예를 들면 합의법원이 구성원을 충족하지 못하거나 결격사유 있는 법관이

---

1) 대법원 2005. 5. 26, 2004도1925, 「판결내용 자체가 아니고, 피고인의 신병확보를 위한 구속 등 조치와 공판기일의 통지, 재판의 공개 등 소송절차가 법령에 위반되었음에 지나지 아니한 경우에는, 그로 인하여 피고인의 방어권, 변호인의 변호권이 본질적으로 침해되고 판결의 정당성마저 인정하기 어렵다고 보여지는 정도에 이르지 아니하는 한, 그것 자체만으로는 판결에 영향을 미친 위법이라고 할 수 없다.」

구성원이 된 경우, ② 법률상 그 재판에 관여하지 못할 판사가 그 사건의 심판에 관여한 때($\frac{동조}{제7호}$), 예를 들면 제척사유에 해당하거나 기피신청이 이유 있다고 인정된 판사가 재판의 내부적 성립에 관여한 경우, ③ 사건의 심리에 관여하지 아니한 판사가 그 사건의 판결에 관여한 때($\frac{동조}{제8호}$), 예를 들면 공판심리 도중에 판사의 경질이 있었음에도 불구하고 공판절차를 갱신하지 않고 판결의 내부적 성립에 관여한 경우 등을 말한다.

(다) 공개재판에 관한 규정위반

재판의 공개에 관한 헌법($\frac{제109}{조}$)과 법원조직법($\frac{제57}{조}$)의 규정에 위반하여 판결의 선고를 공개하지 않은 경우, 심리비공개의 결정 없이 심리를 비공개하거나 심리비공개의 결정에 이유가 없는 경우 등을 말한다($\frac{제361조의}{5 \ 제 9 호}$).

(라) 이유불비 또는 이유모순

판결에 이유를 붙이지 아니하거나 이유에 모순이 있는 때이다($\frac{제361조의}{5 \ 제11호}$). 이유를 붙이지 아니한 때란 이유를 전혀 붙이지 않은 경우뿐만 아니라 이유가 불충분한 경우를 포함하며, 이유에 모순이 있는 때란 주문과 이유 또는 이유 상호간에 모순이 있는 때를 의미한다. 이유모순도 이유불비의 일종이라고 할 수 있다.

이유불비는 법령위반과 구별되어야 한다. 법령의 적용이 없거나 적용된 법령이 주문과 모순되는 것과 같이 그 잘못이 명백한 경우는 이유불비에 해당하나, 법령해석의 잘못이나 다른 법령의 적용은 법령위반에 해당한다.

3. 법령위반 이외의 항소이유

법령위반 이외의 항소이유는 항소심의 속심적 성격을 나타내는 이유인데, 역시 상대적 항소이유와 절대적 항소이유로 구분할 수 있다.

(1) 상대적 항소이유

사실의 오인이 있어 판결에 영향을 미친 때가 여기에 해당한다($\frac{제361조의}{5 \ 제14호}$). 사실오인이란 원심법원이 인정한 사실과 객관적 사실 사이에 차이가 있는 것을 말한다. 즉 원심법원의 증거에 의한 사실인정이 논리법칙과 경험법칙에 비추어 합리성이 결여된 경우라고 할 수 있다. 그리고 여기에서의 사실이란 재판의 기초가 된 모든 사실을 말하는 것이 아니고, 피고인의 구제라는 항소심의 기능에 비추어 볼 때 형벌권의 존부와 범위에 관한 사실, 즉 엄격한 증명을 요하는 사실을 의미한다고 해석하여야 한다. 따라서 구성요건해당사실, 위법성과 책임의 기초사실, 처벌조건인 사실, 법률상 형의 가중·감면사유인 사실 등은 사실오인의 대상인 사실에 포함된다. 그러나 소송법적 사실이나 양형의 기초되는 정상관계사실은 여기에 해당되지 않는다.

한편 증거능력이 없는 증거나 법에서 정한 증거조사절차를 거치지 않은 증거에 의하여 엄격한 증명을 요하는 사실을 인정하는 것은 사실오인이 아니라 소송절차의 법령위반에 해당하며($\frac{동조}{제1호}$), 판결이유에 설시된 증거로부터 판결이유에 적시된 사실을 인정하는 것이 불합리한 경우는 사실오인이 아니라 절대적 항소이유인 이유모순($\frac{동조}{제11호}$)에 해당하는 것이 된다.

(2) 절대적 항소이유

(가) 판결 후 형의 폐지·변경, 사면

판결 후 형의 폐지나 변경 또는 사면이 있는 때($\frac{제361조의}{5 제2호}$)이다. 여기에서 형의 변경이란 경한 형으로의 변경만을 의미한다. 판결 후 형의 폐지나 사면이 있으면 면소판결을 해야 하고 형이 경하게 변경된 경우에는 피고인에게 경한 형을 부과해야 하므로 피고인의 이익을 위해서 항소이유로 한 것이다.

(나) 재심청구의 사유

재심청구의 사유가 있는 경우에는 판결확정 후에 재심을 청구할 수 있지만, 그렇게 하도록 하는 것은 소송경제에 반한다는 고려에서 이를 항소이유로 한 것이다($\frac{제361조의}{5 제13호}$). 여기서 검사가 재심청구의 사유를 항소이유로 하여 피고인에게 불이익한 항소를 제기하는 것이 허용되는지가 문제된다. 항소는 피고인의 이익뿐만 아니라 실체적 진실발견도 목적으로 한다는 점에서 재심사유를 이유로 하는 검사의 항소도 인정된다고 보는 견해가 있으나, 재심이 피고인의 이익을 위한 경우에 한정되어 있는 점을 고려한다면 재심사유의 존재를 이유로 한 항소는 피고인의 이익을 위한 경우에만 허용된다고 해석하는 것이 타당할 것이다. 다만 이 경우에도 검사는 '판결에 영향을 미친 사실오인'($\frac{동조}{제14호}$)을 이유로 항소를 제기할 수 있을 것이므로 실질적인 면에서는 차이가 없다고 할 수 있다.

(다) 양형부당

형의 양정이 부당하다고 인정할 사유가 있는 때($\frac{제361조의}{5 제15호}$)도 항소이유가 된다. 양형부당이란 원판결의 선고형이 구체적인 사안의 내용에 비추어 너무 중하거나 너무 경하여 합리적인 양형의 범위를 넘어선 경우를 말한다. 양형부당 여부를 판단함에 있어서는 비록 권고적 효력을 갖는 것이기는 하나 대법원의 양형위원회가 설정한 양형기준이 중요한 지침으로 고려되어야 할 것이다(법원조직법 제81조의2 이하 참조).[1] 그리고 여기서 형이란 주형뿐만 아니라 부가형 · 환형유치 또는 집행유예의 여부를 포함한다. 다만 법정형이나 처단형의 범위를 넘어서 형을 선고하거나 법정형으로부터 처단형을 산출하는 기준을 위반한 경우에는 양형부당이 아니라 법령위반에 해당한다.

양형부당의 사유는 법령위반이나 사실오인의 사유에 비하여 부차적 지위를 갖는다. 따라서 제 1 심 판결에 대하여 양형부당만을 이유로 항소한 경우에는 항소심 판결에 대하여 법령위반이나 사실오인을 주장하여 상고할 수 없다(대법원 2011.3.24, 2010도14817). 제 1 심 판결에 대하여 양형부당과 함께 다른 항소이유를 주장하여 항소하였으나 그 후 원심판결 선고 전에 양형부당 이외의 항소이유를 철회한 경우에도 마찬가지이다(대법원 2011.2.10, 2010도15986). 양형부당만을 주장한 것은 사실인정이나 법률적용에 불복이 없음을 인정한 것이 되기 때문이다. 또한 제 1 심 판결에 대하여 검사만이 양형부당을 이유로 항소한 경우에도 피고인은 항소심 판결에 대하여 법령위반이나 사실오인을 주장하여 상고할 수 없다(대법원 2009.5.28, 2009도579).

Ⅲ. 항소심의 절차

1. 항소의 제기

(1) 항소제기의 방식

항소는 7일의 항소기간 이내에 항소권자가 항소장을 원심법원에 제출함으로써 이루어진다(제358조, 제359조). 항소장에는 항소를 제기한다는 취지와 항소의 대상인 판결만 기재하면 족하고, 항소이유를 기재할 것을 요하지 않는다. 다만 항소장에 항소이유를 기재한 경우에는 별도로 항소이유서를 제출하지 않아도 된다(제361조의4 단서).

항소법원은 제 1 심 법원이 지방법원 단독판사인 때에는 지방법원본원 합의부이고, 지방법원 합의부가 제 1 심 법원인 때에는 고등법원이다(제357조). 상소장의 제출에는 재소자에 대한 특칙이 적용되므로 교도소 또는 구치소에 있는 피고인이 항

---

1) 양형위원회의 양형기준은 법적 구속력을 가지지 않는다(법원조직법 제81조의7 제 1 항). 다만 법원이 양형기준을 벗어난 판결을 하는 경우에는 판결서에 양형의 이유를 기재하여야 한다(동조 제 2 항).

소의 제기기간 내에 항소장을 교도소장 또는 구치소장 등에게 제출한 때에는 항소의 제기기간 내에 항소한 것으로 간주된다($\substack{\text{제344조}\\\text{제1항}}$).

(2) 원심법원과 항소법원의 조치

㈎ 원심법원의 조치

원심법원은 항소장을 심사하여 항소의 제기가 법률상의 방식에 위반하거나 항소권이 소멸된 후인 것이 명백한 때에는 결정으로 항소를 기각하여야 한다($\substack{\text{제360조}\\\text{제1항}}$). 이 결정에 대하여는 즉시항고를 할 수 있다($\substack{\text{동조}\\\text{제2항}}$). 항소기각의 결정을 하지 않은 경우에는 원심법원은 항소장을 받은 날로부터 14일 이내에 소송기록과 증거물을 항소법원에 송부하여야 한다($\substack{\text{제361}\\\text{조}}$).

㈏ 항소법원의 조치

항소법원이 기록의 송부를 받은 때에는 즉시 항소인과 상대방에게 그 사유를 통지하여야 한다($\substack{\text{제361조의}\\\text{2 제1항}}$). 기록접수통지 전에 변호인의 선임이 있는 때에는 변호인에게도 통지하여야 한다($\substack{\text{동조}\\\text{제2항}}$). 변호인의 항소이유서 제출기간은 피고인의 제출기간과는 별도로 변호인이 통지를 받은 때를 기준으로 산정하여야 한다($\substack{\text{제361조의}\\\text{3 제1항}}$). 다만 피고인에게 소송기록접수통지를 한 후에 사선변호인이 선임된 경우에는 변호인에게 다시 같은 통지를 할 필요가 없고, 설령 사선변호인에게 같은 통지를 하였다 하여도 항소이유서의 제출기간은 피고인이 그 통지를 받은 날로부터 계산한다($\substack{\text{대법}\\\text{원}\\\text{2013.6.27,}\\\text{2013도4114}}$).

기록의 송부를 받은 항소법원은 필요적 변호사건에 있어서 변호인이 없는 경우에는 지체 없이 국선변호인을 선정한 후 그 변호인에게 소송기록접수통지를 하여야 한다($\substack{\text{규칙 제156}\\\text{조의2}}$). 변호인선임의 효력은 당해 심급에 한하여 미치므로($\substack{\text{제32조}\\\text{제1항}}$) 필요적 변호사건($\substack{\text{제33조,}\\\text{제282조}}$)의 경우에는 항소심에서 새로이 국선변호인을 선정하여야 한다. 또한 피고인이 교도소 또는 구치소에 있는 경우에는 원심법원에 대응한 검찰청 검사는 소송기록 접수의 통지를 받은 날로부터 14일 이내에 피고인을 항소법원 소재지의 교도소 또는 구치소에 이송하여야 한다($\substack{\text{제361}\\\text{조의2}}$).

(3) 항소이유서와 답변서의 제출

㈎ 항소이유서의 제출

1) 제출기간　　항소인 또는 변호인은 항소법원의 소송기록의 접수통지를 받은 날로부터 20일 이내에 항소이유서를 항소법원에 제출하여야 한다($\substack{\text{제361조의}\\\text{3 제1항}}$). 항

소법원이 피고인에게 소송기록 접수통지를 함에 있어 2회에 걸쳐 그 통지서를 송달하였다고 하더라도 항소이유서 제출기간의 기산일은 최초 송달의 효력이 발생한 날의 다음 날이다(대법원 2010.5.27,\n2010도3377).

  항소법원이 항소이유서 제출기간의 경과를 기다리지 않고 항소사건을 심판하는 것은 허용되지 않는다. 피고인 또는 변호인이 항소이유서 제출기간 내에 항소이유서를 제출한 경우에도 마찬가지이다(대법원 2014.8.28,\n2014도4496). 피고인과 변호인은 항소이유서 제출기간 만료시까지 항소이유서를 제출하거나 추가 · 변경 · 철회할 수 있는 권리를 가지므로 항소이유서 제출기간 내에 변론이 종결되었더라도 그 후 위 제출기간 내에 다시 항소이유서가 제출되었다면, 특별한 사정이 없는 한 항소법원으로서는 변론을 재개하여 그 항소이유의 주장에 대해서도 심리하여야 한다(대법원 2015.4.9,\n2015도1466).

  항소이유서 제출기간에 대해서도 재소자에 대한 특칙이 적용되므로, 교도소 또는 구치소에 있는 피고인이 항소이유서 제출기간 내에 항소이유서를 교도소장 또는 구치소장 또는 그 직무를 대리하는 자에게 제출한 때에는 항소이유서 제출기간 내에 항소이유서를 제출한 것으로 본다(동조 제 1 항,\n제344조 제 1 항).

  2) 항소이유의 기재   항소이유서는 원심판결에 대한 불복의 이유를 기재한 서면을 말한다. 피고인이나 변호인이 항소이유서에 포함시키지 아니한 사항을 항소심 공판정에서 진술한다고 하더라도 그러한 사정만으로 그 진술에 포함된 주장과 같은 항소이유가 있다고 볼 수 없다(대법원 2007.5.31,\n2006도8488).

  항소이유서에는 항소이유를 구체적으로 간결하게 명시하여야 한다(규칙\n제155조). 그러나 항소는 상고와는 달리 사실심의 성격을 가지고 있고 또한 항소이유서는 상고이유서의 경우와는 달리 법에서 기재사항을 구체적으로 명시하고 있지 않으므로 (제379조\n제 2 항 참조), 단지 항소이유가 추상적으로 기재되었다는 이유만으로 항소를 기각해서는 안 될 것이다. 따라서 피고인이 항소이유서에 '위 사건에 대한 원심판결은 도저히 납득할 수 없는 억울한 판결이므로 항소를 한 것입니다'라고 기재하였다고 하더라도 항소심으로서는 이를 제 1 심 판결에 사실의 오인이 있거나 양형부당의 위법이 있다는 항소이유를 기재한 것으로 피고인에게 유리하게 해석하여 그 항소이유에 대하여 심리를 하여야 한다(대법원 2002.12.3,\n2002모265). 그러나 검사가 제 1 심 무죄판결에 대하여 항소하면서 항소이유를 '사실오인 및 심리미진, 양형부당'이라고만 기재한 경우에는 피고인의 경우와는 달리 이를 적법한 항소이유의 기재가 있는 것으로 볼 수 없다(대법원 2008.4.24,\n2006도2536).

3) 항소이유서 부본의 송달   항소이유서의 제출을 받은 항소법원은 지체 없이 그 부본 또는 등본을 상대방에게 송달하여야 한다(제361조의 3 제 2 항). 항소이유서에는 상대방의 수에 2를 가한 수의 부본을 첨부해야 한다(규칙 제156조). 등본은 부본이 제출되지 아니하였거나 분실 또는 멸실된 경우에 법원사무관 등이 작성한 서류를 말한다. 항소이유서 부본이 상대방에게 송달되지 아니하였고 이로 인해 상대방이 답변서를 제출할 기회를 갖지 못하였더라도 이 점에 대하여 아무런 이의를 제기하지 않았다면 그 하자는 치유된다(대법원 2001.12.27, 2001도5810).

4) 항소이유서의 미제출   항소인이나 변호인이 그 제출기간 내에 항소이유서를 제출하지 않은 때에는 결정으로 항소를 기각하여야 한다. 다만 직권조사사유가 있거나 항소장에 항소이유의 기재가 있는 때에는 항소를 기각해서는 안 된다(제361조의 4 제 1 항). 여기서 직권조사사유가 있는 경우란 법령적용이나 법령해석의 착오 여부 등 당사자가 주장하지 아니하는 경우에도 법원이 직권으로 조사하여야 할 사유가 존재하는 경우를 말한다(대법원 2006.3.30, 2005모564). 일부 유죄, 일부 무죄가 선고된 제 1 심판결 전부에 대하여 검사가 항소하였더라도 검사가 유죄 부분에 대하여는 아무런 항소이유도 주장하지 아니하였다면 유죄 부분에 대하여는 법정기간 내에 항소이유서를 제출하지 아니한 경우에 해당한다(대법원 2008.1.31, 2007도8117). 항소이유서 미제출을 이유로 한 항소기각의 결정에 대하여는 즉시항고할 수 있다(동조 제 2 항).

5) 국선변호인 선정과 제출기간   필요적 변호사건에서 피고인에게 변호인이 없는 때에는 항소이유서 제출기간이 경과한 것만으로 항소를 기각해서는 안 되고, 항소법원은 국선변호인을 선임한 후 국선변호인에게 다시 소송기록접수통지를 하여 그 통지를 받은 날로부터 기산한 소정의 기간 내에 변호인이 항소이유서를 제출할 수 있도록 하여 피고인의 변호인의 조력을 받을 권리를 보호하여야 한다(대법원 2006.3.9, 2005모304). 필요적 변호사건에서 법원이 정당한 이유 없이 국선변호인을 선정하지 않고 있는 사이에 피고인 스스로 사선변호인을 선임하였으나 이미 피고인에 대한 항소이유서 제출기간이 경과해 버린 경우에도 마찬가지이다(대법원 2009.2.12, 2008도11486). 또한 피고인과 국선변호인이 모두 법정기간 내에 항소이유서를 제출하지 아니하였다고 하더라도, 국선변호인이 항소이유서를 제출하지 아니한 데 대하여 피고인에게 귀책사유가 있음이 특별히 밝혀지지 않는 한, 항소법원은 종전 국선변호인의 선정을 취소하고 새로운 국선변호인을 선정하여 다시 소송기록접수통지를 함으로써 새로운 국선변호인으로 하여금 그 통지를 받은 때로부터 20일 이내에 피고인을 위하여 항소

이유서를 제출하도록 하여야 한다(대법원 2012.2.16, 2009/도1044 전원합의체 결정).

다만 필요적 변호사건에서 항소법원이 국선변호인을 선정하고 피고인과 그 변호인에게 소송기록접수통지를 한 다음 피고인이 사선변호인을 선임함에 따라 항소법원이 국선변호인의 선정을 취소한 경우에는 새로 선임된 사선변호인에게 다시 소송기록접수통지를 할 필요가 없다(대법원 2018.11.22, 2015/도10651 전원합의체 판결).

㈏ 답변서의 제출

상대방은 항소이유서의 부본 또는 등본을 송달받은 날로부터 10일 이내에 답변서를 항소법원에 제출하여야 한다(제361조의3 제3항). 답변서는 항소이유에 대한 상대방의 반론을 기재한 서면을 말하는데, 답변서의 내용도 항소이유서와 마찬가지로 구체적으로 간결하게 명시하여야 한다(규칙 제155조). 답변서에도 상대방의 수에 2를 가한 수의 부본을 첨부하여야 하며(규칙 제156조), 답변서를 제출받은 항소법원은 지체 없이 그 부본 또는 등본을 항소인 또는 변호인에게 송달하여야 한다(제361조의3 제4항). 답변서의 제출은 항소이유서와는 달리 의무적인 것이 아니므로 미제출에 대한 제재(제361 조의4) 등의 효력은 발생하지 않는다.

2. 항소심의 심리

항소심 공판절차에 대해서는 제1심 공판절차에 관한 규정을 원칙적으로 준용한다(제370 조). 따라서 항소심 공판절차에서는 먼저 모두절차에서 피고인에 대한 진술거부권고지와 인정신문을 행하고, 검사의 모두진술에 대신한 '항소인의 항소이유진술'과 피고인의 모두진술에 대신한 '상대방의 답변진술'이 이루어지며(규칙 제156조의3 참조), 항소법원은 항소이유와 답변에 기초하여 해당 사건의 사실상·법률상 쟁점을 정리하고 그 증명되어야 하는 사실을 명확히 하게 된다(규칙 제156조의4). 그리고 다음으로 사실심리절차에서 증거조사와 피고인신문이 행하여지며, 항소심의 증거조사와 피고인신문절차가 종료한 때에는 원심판결의 당부와 항소이유에 대하여 검사의 의견진술 및 피고인과 변호인의 의견진술이 있게 된다(규칙 제156조의7). 최종진술이 끝나면 마지막으로 판결이 선고되게 된다.

다만 항소심의 심리에 관하여는 다음과 같은 몇 가지 특칙이 인정되고 있다.

(1) 공판절차의 특칙

(가) 피고인의 불출석재판

피고인이 공판기일에 출정하지 아니한 때에는 다시 기일을 정하여야 한다. 피고인이 정당한 사유 없이 다시 정한 기일에 출정하지 아니한 때에는 피고인의 진술 없이 판결을 할 수 있다($^{제365}_{조}$). 피고인이 불출석한 상태에서 그 진술 없이 판결하기 위해서는 피고인이 적법한 공판기일 통지를 받고서도 2회 연속으로 정당한 사유 없이 출정하지 않은 경우이다. 이때 적법한 공판기일 통지란 소환장의 송달($^{제}_{76조}$) 및 소환장 송달의 의제($^{제268}_{조}$)의 경우뿐만 아니라 피고인의 이름·죄명·출석 일시·출석 장소가 명시된 공판기일 변경명령을 송달받은 경우($^{제270}_{조}$)도 포함된다 ($^{대법원\ 2022.11.10,}_{2022도7940}$).

다만 이러한 불출석재판은 피고인이 적법한 공판기일 소환장을 받고도 정당한 이유 없이 출정하지 않은 경우에 한하여 인정된다($^{대법원\ 2012.6.28,}_{2011도16166}$). 따라서 제 1 심에서 사기죄로 징역 2년을 선고받고 불구속 상태에서 항소한 피고인이 항소심 제 2 회 공판기일 전날 합의를 위한 기일연기신청을 한 것이 받아들여지지 않자 항소심 제 2 회 공판기일에 코로나19 검사를 받을 예정이라는 이유의 불출석 사유서를 제출하고 공판에 출석하지 않은 후, 5주 후의 제 3 회 공판기일까지 코로나19 검사결과 등의 자료를 제출하지 않고 제 3 회 공판기일에도 출석하지 않은 상황에서 법원이 피고인의 출석 없이 판결을 선고한 것은 위법하지 않다($^{대법원\ 2020.10.29,}_{2020도9475}$).

(나) 무변론 항소기각의 판결

항소이유가 없음이 명백한 때에는 항소장·항소이유서 기타의 소송기록에 의하여 변론 없이 항소기각의 판결을 선고할 수 있다($^{제364조}_{제5항}$). 판결은 구두변론을 거쳐서 선고하는 것이 원칙이나, 제 1 심에서 최하한의 형을 선고받고도 양형부당을 이유로 항소한 경우나 벌금형의 납부기간만을 유예받기 위하여 항소한 것이 명백한 경우 등에는 무변론 항소기각 판결을 할 수 있도록 법률상 예외를 인정한 것이다.

(다) 증거조사

제 1 심 법원에서 증거로 할 수 있었던 증거는 항소심에서도 증거로 할 수 있다($^{제364조}_{제3항}$). 따라서 제 1 심 법원에서 증거능력이 있었던 증거는 항소법원에서도 그 증거능력이 유지되어 재판의 기초로 사용될 수 있고, 원심에서의 증거결정의 위법 여부가 항소이유인 경우가 아니라면 항소심에서 별도로 증거능력의 유무를 심사할 필요가 없다. 제 1 심에서 피고인이 증거로 함에 동의하거나 불출석으로 증거동의가 간주된 경우에 피고인이 항소심에 출석하여 이를 취소 또는 철회하더라도 그로 인하여 적법하게 부여된 증거능력이 상실되지 않는다($\binom{\text{대법원 2010.7.15,}}{\text{2007도5776}}$).

다만 문제는 항소심에서 증거조사까지 생략할 수 있는가 하는 점에 있다. 이에 대하여는 제364조 제 3 항을 항소심에서 증거능력의 검토만을 생략할 수 있도록 한 규정으로 제한적으로 해석하여, 증거물의 제시나 증거서류의 낭독은 항소심 공판기일에도 이루어져야 한다고 보는 견해가 있다. 항소심에서도 공판중심주의 및 구두변론주의를 강화할 필요가 있다고 점을 그 주된 논거로 든다. 그러나 항소심의 속심적 성격에 비추어 볼 때 제 1 심 법원에서 증거로 할 수 있었던 증거는 항소심에서 다시 증거조사를 할 필요가 없고, 재판장이 증거조사절차에 들어가기 전에 제 1 심의 증거관계와 증거조사결과의 요지를 고지하면($\binom{\text{규칙 제156조}}{\text{의5 제 1 항}}$) 된다고 보는 통설 및 판례 ($\binom{\text{대법원 2005.3.11,}}{\text{2004도8313}}$)의 입장이 타당하다고 생각된다.

항소심은 제 1 심이 조사한 증인을 다시 신문하지 아니하고 조서의 기재만으로 그 증언의 신빙성 유무를 판단할 수 있다. 따라서 항소심 절차에서의 증인신문에는 일정한 제한이 따른다. 항소심 법원에서의 증인신문은 ① 제 1 심에서 조사되지 아니한 데에 대하여 고의나 중대한 과실이 없고 그 신청으로 인하여 소송을 현저하게 지연시키지 아니하는 경우, ② 제 1 심에서 증인으로 신문하였으나 새로운 중요한 증거의 발견 등으로 항소심에서 다시 신문하는 것이 부득이하다고 인정되는 경우, ③ 그 밖에 항소의 당부에 관한 판단을 위하여 반드시 필요하다고 인정되는 경우의 어느 하나에 해당하는 경우에 한하여 허용된다($\binom{\text{규칙 동조}}{\text{제 2 항}}$).

또한 우리 형사소송법이 채택하고 있는 실질적 직접심리주의의 취지 및 정신을 고려해 볼 때, 항소심 법원은 제 1 심 증인이 한 진술의 신빙성을 판단함에 있어서 제 1 심 법원의 판단을 가능한 한 존중하여야 한다. 따라서 항소심 법원은 ① 제 1 심 판결내용과 제 1 심에서 적법하게 증거조사를 거친 증거들에 비추어 제 1 심 증인이 한 진술의 신빙성 유무에 대한 제 1 심의 판단이 명백하게 잘못되었다고 볼 특별한 사정이 있거나, ② 제 1 심의 증거조사결과와 항소심 변론종결시까지 추가로 이루어진 증거조사결과를 종합하면 제 1 심 증인이 한 진술의 신빙성 유무에 대한 제 1 심의 판단을 그대로 유지하는 것이 현저히 부당하다고 인정되는 예외적인 경우가 아니라면, 항소심으로서는 제 1 심 증인이 한 진술의 신빙성 유무에 관한 제 1 심의 판단이 항소심의 판단과 다르다는 이유만으로 이에 대한 제 1 심의 판단을 함부로 뒤집어서는 안 된다($\binom{\text{대법원 2019.7.24,}}{\text{2018도17748}}$). 특히 공소사실을 뒷받침하는 증거의 경우에는, 증인신문 절차를 진행하면서 진술에 임하는 증인의 모습과 태도를 직접 관찰한 제 1 심이 증인의 진술에 대하여 그 신빙성을 인정할 수 없다고 판단하였음에도 불구하고, 항소심이 이를 뒤집어 그 진술의 신빙성을 인정할 수 있다고 판단할 수 있으려면, 진술의 신빙성을 배척한 제 1 심의 판단을 수긍할 수 없는 충분하고도 납득할 만한 현저한 사정이 나타나는 경우이어야 할 것이다(대법원 2013.1.31, 2012도2409).

항소심은 속심적 구조를 가지므로 항소심에서도 새로운 증거조사가 가능하다. 그러나 제 1 심에서와 마찬가지로 항소심에서도 당사자가 고의로 증거를 뒤늦게 신청함으로써 공판의 완결을 지연하는 것으로 인정할 때에는 결정으로 이를 각하할 수 있다(제294조 제2항).

(라) 피고인신문

검사 또는 변호인은 항소심의 증거조사가 종료한 후 항소이유의 당부를 판단함에 필요한 사항에 한하여 피고인을 신문할 수 있다(규칙 제156조 의6 제1항). 재판장은 이 경우에 제 1 심의 피고인신문과 중복되거나 항소이유의 당부를 판단하는 데 필요 없다고 인정하는 때에는 그 신문의 전부 또는 일부를 제한할 수 있다(동조 제2항). 다만 항소심에서도 변호인의 피고인신문권에 관한 본질적 권리를 해할 수는 없으므로(제370 조, 제299 조 참조), 변호인이 피고인을 신문하겠다는 의사를 표시하였음에도 재판장이 변호인에게 일체의 피고인신문을 허용하지 않는 것은 소송절차의 법령위반에 해당한다(대법 원 2020.12.24, 2020도10778). 재판장은 필요하다고 인정하는 때에는 피고인을 신문할 수 있다(동조 제3항).

(2) 항소심의 심판범위

항소법원은 항소이유에 포함된 사유, 즉 항소이유서에 기재된 항소이유에 관하여 심판하여야 한다(제364조 제1항). 그러나 판결에 영향을 미친 사유에 관하여는 항소이유서에 포함되지 아니한 경우에도 직권으로 심판할 수 있다(동조 제2항). 여기서 판결에 영향을 미친 사유에는 법령위반, 사실오인, 양형부당이 모두 포함된다. 따라서 피고인이 사실오인만을 이유로 항소한 경우에도 항소심은 직권으로 양형부당을 이유로 제 1 심 판결을 파기할 수 있고(대법원 1990.9.11, 90도1021), 제 1 심이 실체적 경합범 관계에 있는 공소사실 중 일부에 대하여 재판을 누락한 경우에는 항소심으로서는 당사자의 주장이 없더라도 직권으로 제 1 심의 누락부분을 파기하고 그 부분에 대하여 재판하여야 한다(대법원 2013.3.14, 2011도7259). 또한 검사만이 제 1 심 양형이 너무 가벼워 부당하다는 이유로 항소한 경우에도 항소심이 직권으로 제 1 심의 양형보다 가벼운 형을 정하여 선고할 수 있고($\binom{대법원 2010.12.9,}{2008도1092}$), 반의사불벌죄에서 제 1 심판결 선고 전까지 할 수 있는 처벌불원의 의사표시의 부존재는 소극적 소송조건으로서 직권조사사항에 해당하므로 당사자가 항소이유로 주장하지 않았더라도 항소심은 이를 직권으로 조사·판단하여야 한다($\binom{대법원 2019.12.13,}{2019도10678}$).

항소이유는 공판정에서 구두변론을 통해서 심리되어야 한다. 따라서 검사의 항소이유가 실질적으로 구두변론을 거쳐 심리되지 않았다고 평가될 경우에는, 그 것이 직권심판사항에 해당하지 않는 한, 항소심법원이 이러한 검사의 항소이유 주장을 받아들여 피고인에게 불리하게 제 1 심판결을 변경하는 것은 허용되지 않는 다. 그리고 이러한 법리는 검사가 유죄 부분에 대하여 아무런 항소이유를 주장하지 않은 경우뿐만 아니라 검사가 항소장이나 법정기간 내에 제출된 항소이유서에서 유죄 부분에 대하여 양형부당 주장을 하였으나, 그러한 항소이유 주장이 실질적으로 구두변론을 거쳐 심리되지 아니한 경우에도 마찬가지로 적용된다($\binom{대법원 2015.12.10,}{2015도11696}$). 항소이유서를 제출한 자는 항소심의 공판기일에 항소이유서에 기재된 항소이유의 일부를 철회할 수 있다.

3. 항소심의 재판

(1) 공소기각의 결정

공소기각의 결정($\binom{제328조}{제1항}$)에 해당하는 사유가 있는 때에는 항소법원은 결정으로 공소를 기각하여야 한다($\binom{제363조}{제1항}$). 원심법원이 공소기각결정의 사유를 간과하여 실체판결을 한 경우뿐만 아니라 원심판결 후에 공소기각결정의 사유가 발생한 경우도 포함한다. 이 결정에 대하여는 즉시항고를 할 수 있다($\binom{동조}{제2항}$).

(2) 항소기각의 재판

㈎ 항소기각의 결정

항소의 제기가 법률상의 방식에 위반하거나 항소권소멸 후인 것이 명백한 데도 원심법원이 항소기각의 결정($\binom{제360}{조}$)을 하지 않은 때에는 항소법원은 결정으로 항소를 기각하여야 한다($\binom{제362조}{제1항}$). 이 결정에 대하여는 즉시항고를 할 수 있다($\binom{동조}{제2항}$).

항소인이나 변호인이 항소이유서 제출기간 내에 항소이유서를 제출하지 아니한 때에는 결정으로 항소를 기각하여야 한다. 단 직권조사사유가 있거나 항소장에 항소이유의 기재가 있는 때에는 예외로 한다($\binom{제361조의}{4 제1항}$). 이 결정에 대하여도 즉시항고를 할 수 있다(동조).
(제2항)

(나) 항소기각의 판결

항소제기의 적법요건은 구비되었으나 실질적인 항소이유가 없다고 인정한 때에는 판결로써 항소를 기각하여야 한다(제364조). 여기서 항소이유가 없다는 것은 항
(제4항)
소이유에 포함된 사항에 관하여 이유가 없을 뿐만 아니라 직권조사의 결과에 의하여도 판결에 영향을 미칠 사유가 없다는 것을 말한다.

항소이유가 없음이 명백한 때에는 항소장·항소이유서 기타의 소송기록에 의하여 변론 없이 항소기각의 판결을 선고할 수 있다(동조). 이와 같은 무변론 항소기
(제5항)
각판결은 상소권남용을 억제하고 소송경제를 도모하기 위한 제도이다. 항소인이 범죄사실을 다투는 주장을 한 경우에도 이유 없음이 명백한 때에는 변론 없이 항소를 기각할 수 있다(대법원 1982.6.22.,).
(82도1177)

검사와 피고인 모두 상소를 제기한 경우, 어느 일방의 상소는 이유 없으나 다른 일방의 상소가 이유 있어 원판결을 파기하고 다시 판결하는 때에는 이유 없는 상소에 대해서는 판결이유 중에서 그 이유가 없다는 점을 적으면 충분하고 주문에서 그 상소를 기각해야 하는 것은 아니다(대법원 2020.6.25.,).
(2019도17995)

(3) 원심판결의 파기판결

(가) 파기사유

항소이유가 있다고 인정한 때에는 판결로써 원심판결을 파기하여야 한다
(제364조). 항소이유에 포함된 사유에 관하여는 항소이유가 인정되지 않더라도 직권
(제6항)
조사의 결과 판결에 영향을 미친 사유가 있다고 인정할 때에는 원심판결을 파기하여야 한다. 항소법원은 항소제기가 적법하다면 항소이유서가 제출되었는지 또는 항소이유서에 포함되었는지를 가릴 필요 없이 직권조사사유에 관하여 반드시 심판하여야 한다(대법원 2007.5.31.,).
(2006도8488)

피고인을 위하여 원심판결을 파기하는 경우에 파기의 이유가 항소한 공동피고인에게 공통되는 때에는 그 공동피고인에 대하여도 원심판결을 파기하여야 한다
(제364조). 이러한 공동파기제도는 피고인에 대한 원심판결의 파기이유를 공동피고
(의2)
인이 항소이유로서 주장하지 않은 경우에도 이를 공동피고인에 대한 원심판결의 파기사유로 함으로써 항소를 제기한 공동피고인 사이의 공평을 실현하기 위한 것이다. 여기서 공동피고인이란 원심에서 병합심리되어 공동피고인이었던 자로서 항

소한 자를 말하고($\frac{대법원 2019.8.29,}{2018도14303}$), 항소심에서의 병합심리 여부는 불문한다. 다만 어느 법원의 판단이 다른 법원의 판단을 구속하는 것은 있을 수 없으므로 항소심 법원은 동일 재판부일 것을 요한다. 또한 공동파기의 효력은 항소법원이 피고인을 위하여 원심판결을 파기하는 경우에 인정되는 것이므로 검사가 항소한 사건에서도 공동파기가 가능하다.

공동피고인의 항소는 적법한 것이어야 한다. 원심의 공동피고인이 항소를 적법하게 제기한 이상 항소이유서를 제출하지 아니하거나($\frac{대법원 2014.2.13,}{2013도9605}$) 항소이유가 부적법한 경우에도 공동파기를 허용해야 할 것이다. 항소하지 아니한 원심의 공동피고인에 대해서는 원심판결이 확정되므로 이를 파기할 수 없다.

㈏ 파기자판

파기자판이란 항소법원이 원심판결을 파기하고 피고사건에 대해 직접 다시 판결하는 것을 말한다. 항소심이 원심판결을 파기하는 경우에는 원칙적으로 자판하여야 한다($\frac{제364조}{제6항}$). 이를 파기자판의 원칙이라고 한다. 이것은 파기된 피고사건을 원심법원에 환송하지 않고 항소법원이 직접 판결하게 함으로써 소송의 신속과 소송경제를 도모하려는 데 그 이유가 있으며, 현행법이 항소심의 성격을 속심으로 파악하고 있음을 보여주는 대표적인 규정이라고 할 수 있다.

파기자판을 하는 경우에는 언제나 구두변론을 요한다고 보는 것이 통설과 판례($\frac{대법원 1994.10.21,}{94도2078}$)의 입장이다. 파기자판의 경우에는 항소기각의 경우($\frac{제364조}{제5항}$)와는 달리 무변론재판을 허용하는 특별규정이 없으므로 제37조 제 1 항에 따라 반드시 구두변론을 거쳐야 한다는 것이다. 따라서 원심이 소송조건의 불비를 간과하여 실체판결을 한 경우나 원판결의 하자가 원심의 소송기록에 의하여 명백한 경우라도 무변론파기자판은 허용되지 않는다. 항소법원이 원심판결을 파기하고 자판하는 경우의 판결에는 유죄 · 무죄의 실체판결과 공소기각 및 면소판결이 포함된다.

㈐ 파기환송

공소기각 또는 관할위반의 재판이 법률에 위반됨을 이유로 원심판결을 파기하는 때에는 판결로써 사건을 원심법원에 환송하여야 한다($\frac{제366}{조}$). 원심법원이 공소기각의 사유가 없는 데도 공소기각의 판결을 하거나 관할권 있는 원심법원이 관할위반의 판결을 한 경우에는 제 1 심에서 실체에 관하여 심리가 행하여지지 않았기 때문에 예외로 환송을 인정한 것이다. 따라서 이 경우에 항소심 법원이 파기자판을 하면 당사자의 심급의 이익을 침해하게 되어 위법하다. 사건을 환송받은 원심법원은 제 1 심 공판절차에 따라 처음부터 다시 사건을 심판하여야 한다.

⒧ 파기이송

관할인정이 법률에 위반됨을 이유로 원심판결을 파기하는 때에는 판결로써 사건을 관할법원에 이송하여야 한다. 여기서 관할인정이 법률에 위반되는 경우란 원심법원이 사건에 관하여 관할권이 없음에도 불구하고 관할위반의 선고를 하지 않고 실체판결을 행한 경우를 말한다. 다만 항소법원이 그 사건의 제 1 심 관할권이 있는 때에는 제 1 심으로 심판하여야 한다($^{제367}_{조}$). 따라서 단독판사가 합의부 관할사건에 대해 실체판결을 하여 그 판결에 대한 항소사건이 지방법원본원 합의부에 계속된 경우 당해 합의부가 당해 사건에 대하여 제 1 심 법원으로서 토지관할권이 있는 때에는 원심판결을 파기하고 제 1 심으로서 심판하여야 한다.

(4) 재판서의 기재방식

항소법원의 재판서에는 항소이유에 대한 판단을 기재하여야 한다($^{제369}_{조}$). 항소를 인용하는 경우뿐만 아니라 항소를 기각하는 경우에도 판단하여야 하며, 검사와 피고인 쌍방이 항소한 경우에 쌍방의 항소가 이유 없는 경우에는 이를 모두 판단하여야 한다. 다만 여러 개의 항소이유 중에서 일부를 이유로 원심판결을 파기하는 경우에는 배척한 나머지 항소이유는 판단하지 않아도 되며($^{대법원 2011.6.24,}_{2011도5690}$), 또한 항소심이 항소이유에 포함되지 아니한 사유를 직권으로 심리하여 제 1 심 판결을 파기하고 다시 판결하는 경우에는 항소인이 주장하는 항소이유에 대한 판단을 별도로 하지 않아도 된다($^{대법원 2008.7.24,}_{2007도6721}$).

항소를 기각하는 경우에는 항소이유에 대한 판단을 기재하면 충분하고, 판결이유에 범죄될 사실이나 증거의 요지, 법령의 적용을 기재할 필요가 없다($^{대법원}_{2002.7.12,}$ $^{2002}_{도2134}$). 따라서 양형부당을 이유로 한 항소를 기각하는 경우에 그 이유 없다고만 기재한 판결도 적법하다($^{대법원 1982.12.28,}_{82도2642}$). 그러나 원심판결을 파기하여 유죄의 선고를 하는 경우에는 판결이유에서 항소이유에 대한 판단과 함께 범죄될 사실과 증거의 요지 및 법령의 적용을 명시하여야 하며, 소송관계인의 주장에 대해서도 판단하여야 한다($^{제370조,}_{제323조}$). 다만 이 경우에 원심판결에 기재한 사실과 증거를 인용할 수 있으므로($^{제369}_{조}$), 항소심 판결에서 제 1 심 판결에 기재한 범죄될 사실과 증거의 요지를 인용할 수 있다. 그러나 유죄판결에 명시할 이유 가운데 법령의 적용에 대해서는 인용규정이 없으므로 이를 인용할 수는 없다($^{대법원 2000.6.23,}_{2000도1660}$).

제 3 절   상   고

Ⅰ. 상고의 의의와 상고심의 구조

1. 상고의 의의

상고란 판결에 불복하여 대법원에 상소를 제기하는 것을 말한다. 상고는 원칙적으로 제2심 판결에 대한 불복이지만($\genfrac{}{}{0pt}{}{제371}{조}$), 예외적으로 제1심 판결에 대하여 상고가 인정되는 경우도 있다($\genfrac{}{}{0pt}{}{제372}{조}$). 이를 비약적 상고 또는 비약상고라고 한다.

현행법상 상고심의 주된 기능은 법령해석의 통일에 있다. 그러나 상고도 상소의 일종이라는 점에서 상고심은 항소심의 오판을 시정함에 의하여 당사자의 권리를 구제하는 기능도 아울러 수행한다.

2. 상고심의 구조

(1) 원칙적 법률심

상고심은 원칙적으로 법률문제를 심리 · 판단하는 법률심이라고 할 수 있다. 따라서 상고법원은 원심판결의 실체법령적용이나 소송절차에 관한 법령위반 여부에 대하여 판단하며, 판결에 영향을 미친 헌법 · 법률 · 명령 · 규칙의 위반이 있는 때($\genfrac{}{}{0pt}{}{제383조}{제1호}$)가 가장 중요한 상고이유가 된다. 다만 중형이 선고된 사건에 있어서는 사실오인과 양형부당을 상고이유로 하고 있고($\genfrac{}{}{0pt}{}{동조}{제4호}$), 상고심에서도 파기자판을 허용하고 있는 점($\genfrac{}{}{0pt}{}{제396조}{제1항}$) 등에서 볼 때, 상고심은 예외적으로 사실심으로서의 성격도 함께 가진다고 할 수 있다.[1]

(2) 원칙적 사후심

상고심의 구조는 원칙적으로 사후심이다. 현행법이 상고이유를 원칙적으로 법령위반에 엄격히 제한하고 있고($\genfrac{}{}{0pt}{}{제383}{조}$), 파기환송 또는 파기이송을 원칙으로 하고

---

[1] 또한 대법원은 원심의 사실인정이 논리법칙이나 경험법칙에 따른 자유심증주의의 한계를 일탈하여 위법하게 이루어졌는지의 여부 및 증거조사와 관련하여 심리미진의 위법이 있었는지의 여부를 판단하는 것에 의해서 사실상 원심법원의 사실인정의 당부를 실질적으로 심사하고 있다는 점에도 유의할 필요가 있다(대법원 2010. 3. 11, 2009도5858; 대법원 2016. 10. 13, 2015도17869 등 참조).

있으며($\substack{제397\\조}$), 변론 없이 서면심리에 의하여 판결할 수 있도록 한 것($\substack{제390\\조}$) 등은 이러한 상고심의 사후심적 성격을 명백히 한 것으로 볼 수 있다. 따라서 사후심인 상고심은 원심의 소송자료만을 기초로 삼아 원판결의 당부를 판단하여야 하고 상고심에서 새로운 증거를 제출하거나 증거조사를 하는 것은 허용되지 않으며 또한 공소장변경도 할 수 없다. 원판결의 당부도 상고심 판결시점이 아니라 원판결시점을 기준으로 판단하여야 한다. 그러므로 항소법원이 판결을 할 당시 피고인이 소년이었기 때문에 부정기형이 선고되었다면 그 후 상고심에서 성년이 되었다 하더라도 부정기형을 선고한 항소심판결을 파기하고 정기형을 선고할 수 없고($\substack{대법원 1998.2.27,\\97도3421}$), 피고인이 항소이유로 삼거나 항소심이 직권으로 심판대상으로 삼은 사항 이외의 사유를 상고이유로 삼을 수 없다($\substack{대법원 2018.4.26,\\2018도2624}$).

　　다만 상고심도 예외적으로 원심판결 이후에 나타난 사실이나 증거를 사용함으로써 속심적 성격을 가지는 경우가 있다. 판결 후 형의 폐지나 변경 또는 사면이 있는 때($\substack{제383조\\제2호}$)나 원심판결 후에 재심청구의 사유가 판명된 때($\substack{동조\\제3호}$)에는 원심판결 후에 발생한 사실이나 증거가 상고심의 판단대상이 된다.

3. 상고심의 개편과 관련된 논의

　　상고법원인 대법원의 업무경감과 심리의 효율성 확보를 위하여 몇 가지 방안이 제시되고 있다. 대표적으로 ① 상고허가제를 실시하여 상고사건을 제한하는 방안, ② 일정한 범위의 경한 사건에 대하여 고등법원에 상고심의 기능을 부여하는 방안, ③ 대법관의 수를 증원하여 대법원의 재판부를 대폭 늘리는 방안 등이 그것이다. 첫 번째 방안에 대해서는 국민의 재판을 받을 권리를 침해하고 대법원이 최종심으로서의 자신의 역할을 포기하는 것이라는 비판이 가능하고, 두 번째 방안에 대해서는 다수의 상고법원 사이에 법령해석의 모순이 발생할 염려가 있다는 점과 최고법원인 대법원의 심판을 받고자 하는 피고인의 의사를 무시하게 된다는 점을 문제점으로 지적할 수 있으며, 세 번째 방안에 대해서는 현재의 폭주하는 상고사건을 효율적으로 처리할 수 있을 정도로 장관급의 대법관을 증원한다는 것 자체가 현실적으로 어려울 뿐만 아니라 단순히 대법관의 숫자를 늘리는 방법만으로 현재와 같이 증가하는 상고사건에 효율적으로 대처할 수 있을지에 대한 의문이 제기될 수 있다.

Ⅱ. 상고이유

1. 의   의

형사소송법 제383조는 상고이유로서 ① 판결에 영향을 미친 헌법·법률·명령 또는 규칙의 위반이 있는 때($\frac{제}{호}$1), ② 판결 후 형의 폐지나 변경 또는 사면이 있는 때($\frac{제}{호}$2), ③ 재심청구의 사유가 있는 때($\frac{제}{호}$3), ④ 사형·무기 또는 10년 이상의 징역 이나 금고가 선고된 사건에 있어서 중대한 사실의 오인이 있어 판결에 영향을 미친 때 또는 형의 양정이 심히 부당하다고 인정할 현저한 사유가 있는 때($\frac{제}{호}$4)의 네 가 지를 규정하고 있다.

형사소송법은 상고이유를 엄격히 제한하고 있는데, 이것은 상고심을 사후심으 로 규정한 결과이다($\frac{대법원\ 2019.3.21,}{2017도16593-1}$). 상고이유 가운데 ② 형의 폐지·변경이나 사면 또는 ③ 재심청구사유가 있는 경우에는 절대적 상고이유로서 판결에 영향을 미치 지 않은 경우라도 상고이유로 되나, 이 두 가지의 예외적 상고이유를 제외하면 형 사소송법이 인정하고 있는 상고이유는 모두 상대적 상고이유에 해당한다고 할 수 있다.

2. 상고이유의 검토

형사소송법 제383조가 규정하고 있는 상고이유 가운데 앞의 세 가지 사유는 항소이유의 경우와 동일하다.

형사소송법 제383조 제 4 호는 상고이유로서 사형·무기 또는 10년 이상의 징 역이나 금고가 선고된 사건에 있어서 중대한 사실의 오인이 있어 판결에 영향을 미 친 때 또는 형의 양정이 심히 부당하다고 인정할 현저한 사유가 있는 때를 규정하 고 있다. 사실오인이나 양형부당은 항소이유의 경우($\frac{제361조의5\ 제}{14호,\ 제15호}$)와 대체로 같은 내 용이지만 특히 중한 형이 선고된 사건을 대상으로 중대한 사실오인과 현저한 양형 부당을 이유로 하고 있다는 점에서 항소이유와는 다른 특징을 가지고 있다.

제 4 호는 특히 중한 형이 선고된 사건에 있어서 중대한 사실오인이나 현저한 양형부당이 있는 경우에 피고인의 이익을 구제하는 데 그 목적이 있다. 따라서 이 규정은 특히 중한 형을 선고받은 피고인의 이익을 위하여 상고하는 경우에만 적용 된다. 사형·무기 또는 10년 이상의 징역이나 금고가 선고된 사건에서 검사가 사실 오인이나 양형부당을 이유로 피고인에게 불이익한 상고를 제기하는 것은 허용되지 않는다($\substack{대법원 2022.4.28,\\2021도16719}$). 10년 이하의 형이 선고된 사건에서 검사가 원심의 형의 양정이 지나치게 가볍다는 이유로 상고할 수 없음은 물론이다($\substack{대법원 2019.1.10,\\2018도17083}$).

중대한 사실의 오인이 있어 판결에 영향을 미친 때라 함은 중대한 사실의 오인이 있어 판결에 영향을 미친 것을 상고법원이 확인한 경우뿐만 아니라 판결에 영향을 미칠 중대한 사실의 오인이 있음을 의심하기에 족한 현저한 사유가 있는 경우를 포함한다($\substack{대법원 1960.5.6,\\4293형상1}$). 범행의 인정 여부와 관계없는 범행시기에 관한 단순한 착오는 중대한 사실오인이라 볼 수 없다($\substack{대법원 1990.4.10,\\90도337}$).

형의 양정이 심히 부당하다고 인정할 현저한 사유가 있는 때라 함은 원판결의 형이 합리적인 양형의 범위를 현저히 일탈하여 중하게 선고된 경우를 말한다. 현저한 양형부당도 사형·무기 또는 10년 이상의 징역이나 금고가 선고된 사건을 전제로 하므로 이에 해당하지 않는 사건에 대한 양형부당의 상고이유는 부적법할 뿐만 아니라, 이러한 경우 사실심인 원심이 피고인에 대한 양형조건이 되는 범행의 동기 및 수법이나 범행 전후의 정황 등의 제반 정상에 관하여 심리를 제대로 하지 아니하였음을 들어 상고이유로 삼을 수도 없다($\substack{대법원 2010.2.11,\\2009도12627}$).[1]

대법원은 특히 사형의 선고에 신중을 기하도록 하기 위하여 이에 대한 엄격한 양형판단의 기준을 제시하고 있다.[2]

---

[1] 다만 대법원은 사형·무기 또는 10년 이상의 징역이나 금고가 선고되지 않은 사건의 경우에도 양형판단의 부당을 상고이유로 인정하는 경우가 있다. 사실심법원의 양형에 관한 재량도 죄형균형원칙이나 책임주의원칙에 비추어 내재적 한계가 있으므로, 사실심법원이 형법 제51조가 정한 양형조건으로 포섭되지 않는 범죄사실에 관하여 합리적인 의심을 배제할 정도의 증명력을 갖춘 증거에 따라 증명되지 않았는데도 핵심적인 형벌가중적 양형조건으로 삼아 형의 양정을 함으로써 피고인에 대하여 사실상 공소가 제기되지 않은 범행을 추가로 처벌한 것과 같은 실질에 이른 경우라면, 단순한 양형판단의 부당성을 넘어 죄형균형의원칙 내지 책임주의원칙의 본질적 내용을 침해한 것이고 그 부당성을 다투는 피고인의 주장은 이러한 사실심법원의 양형심리 및 양형판단 방법의 위법성을 지적하는 취지로 보아 대법원은 적법한 상고이유로 인정한다(대법원 2020. 9. 3, 2020도8358).

[2] 대법원 2009. 2. 26, 2008도9867,「사형은 인간의 생명 자체를 영원히 박탈하는 냉엄한 궁극의 형벌로서 문명국가의 이성적인 사법제도가 상정할 수 있는 극히 예외적인 형벌이라는 점을 감안할 때, 사형의 선고는 범행에 대한 책임의 정도와 형벌의 목적에 비추어 그것이 정당화될 수 있는 특별한 사정이 있다고 누구라도 인정할 만한 객관적인 사정이 분명히 있는 경우에만 허용되어야 하고, 따라서 사형을 선고함에 있어서는 형법 제51조가 규정한 사항을 중심으로 한 범인의 연령, 직업과 경력, 성행, 지능, 교육정도, 성장과정, 가족관계, 전과의 유무, 피해자와의 관계, 범행의 동기, 사전계획의 유무, 준비의 정도, 수단과 방법, 잔인하고 포악한 정도, 결과의 중대성, 피해자의 수와 피해감정, 범행 후의 심정과 태도, 반성과 가책의 유무, 피해회복의 정도, 재범의 우려 등 양형의 조건이 되는 모든 사항을 철저히 심리하여 위

Ⅲ. 상고심의 절차

1. 상고의 제기

(1) 상고제기의 방식

상고권자가 제 2 심 판결에 불복이 있는 때에는 7일의 상고제기기간 내에 상고 장을 원심법원에 제출하여야 한다($^{제374조,}_{제375조}$). 지방법원본원 합의부의 항소심판결이나 고등법원의 항소심판결이 대법원에의 상고대상이 된다. 상소장의 제출에는 재소자 에 대한 특칙이 적용되므로 교도소 또는 구치소에 있는 피고인이 상고의 제기기간 내에 상고장을 교도소장 또는 구치소장 등에게 제출한 때에는 상고의 제기기간 내 에 상고한 것으로 간주된다($^{제344}_{조}$).

(2) 원심법원과 상고법원의 조치

⑺ 원심법원의 조치

원심법원은 상고장을 심사하여 상고의 제기가 법률상의 방식에 위반하거나 상 고권이 소멸된 후인 것이 명백한 때에는 결정으로 상고를 기각하여야 한다. 이 결 정에 대해서는 즉시항고를 할 수 있다($^{제376}_{조}$). 상고기각의 결정을 하지 않은 경우에 는 원심법원은 상고장을 받은 날로부터 14일 이내에 소송기록과 증거물을 상고법 원에 송부하여야 한다($^{제377}_{조}$).

⑴ 상고법원의 조치

상고법원이 소송기록의 송부를 받은 때에는 즉시 상고인과 상대방에게 그 사 유를 통지하여야 한다. 기록이 접수되었다는 통지를 하기 전에 변호인의 선임이 있 는 때에는 변호인에 대하여도 이를 통지하여야 한다($^{제378}_{조}$). 기록의 송부를 받은 상 고법원은 필요적 변호사건에 있어서 변호인이 없는 경우에는 지체 없이 국선변호 인을 선정한 후 그 변호인에게 소송기록접수통지를 하여야 한다($^{규칙 제164조,}_{제156조의2}$).

와 같은 특별한 사정이 있음을 명확하게 밝힌 후 비로소 사형의 선택 여부를 결정하여야 할 것이고, 이를 위하여 법원으로서는 마땅히 기록에 나타난 양형조건들을 평면적으로만 참작 하는 것에서 더 나아가, 피고인의 주관적인 양형요소인 성행과 환경, 지능, 재범의 위험성, 개선교화 가능성 등을 심사할 수 있는 객관적인 자료를 확보하여 이를 통하여 사형선택 여부 를 심사하여야 할 것은 물론이고, 피고인이 범행을 결의하고 준비하며 실행할 당시를 전후한 피고인의 정신상태나 심리상태의 변화 등에 대하여서도 정신의학이나 심리학 등 관련 분야 의 전문적인 의견을 들어 보는 등 깊이 있는 심리를 하여 본 다음에 그 결과를 종합하여 양 형에 나아가야 한다.」

(3) 상고이유서와 답변서의 제출

상고인 또는 변호인은 상고법원으로부터 소송기록의 접수통지를 받은 날로부터 20일 이내에 상고이유서를 상고법원에 제출하여야 한다. 교도소 또는 구치소에 있는 피고인이 상고이유서 제출기간 내에 상고이유서를 교도소장·구치소장 또는 그 직무를 대리하는 자에게 제출한 때에는 상고이유서의 제출기간 내에 제출한 것으로 간주된다($\frac{제379조}{제1항, 제344조}$). 상고이유서에는 소송기록과 원심법원의 증거조사에 표현된 사실을 인용하여 그 이유를 명시하여야 한다($\frac{제379조}{제2항}$). 이와 같이 상고이유서에는 상고이유를 특정하여야 하고 구체적이고 명시적인 이유의 설시가 있어야 하므로, 단순히 원심판결에 사실오인 또는 법리오해의 위반이 있다고만 기재한 것으로는 적법한 상고이유가 기재된 것이라고 볼 수 없다($\frac{대법원\ 2009.4.9,}{2008도5634}$). 상고이유서의 제출을 받은 상고법원은 지체 없이 그 부본 또는 등본을 상대방에게 송달하여야 한다($\frac{동조}{제3항}$).

상대방은 이 송달을 받은 날로부터 10일 이내에 답변서를 상고법원에 제출할 수 있다($\frac{동조}{제4항}$). 답변서의 제출을 받은 상고법원은 지체 없이 그 부본 또는 등본을 상고인 또는 변호인에게 송달하여야 한다($\frac{동조}{제5항}$).

2. 상고심의 심리

항소심의 규정은 특별한 규정이 없는 한 상고심의 심판에 준용된다($\frac{제399}{조}$). 그러나 상고심은 항소심과는 다르게 법률심이라는 점에서 다음과 같은 특칙이 인정된다.

(1) 상고심의 변론

상고심에서는 변호사 아닌 자를 변호인으로 선임하지 못한다($\frac{제386}{조}$). 따라서 특별변호인은 인정되지 않는다. 상고심은 법률심으로서 주로 법률적인 점에 대한 주장이 문제된다는 점에서 법률전문가에게만 변론을 허용하고 있는 것이다. 또한 상고심에서는 변호인이 아니면 피고인을 위하여 변론하지 못하므로($\frac{제387}{조}$), 피고인의 변론도 허용되지 않는다. 따라서 피고인은 수동적으로 재판부의 질문에 대하여 답변할 수 있으나, 적극적으로 이익되는 사실을 진술하거나 최종의견을 진술할 권리는 없다. 상고심의 공판절차에서 피고인에게 변론능력이 인정되지 않으므로 상고심의 공판기일에는 피고인을 소환할 필요가 없다($\frac{제389}{조의2}$). 다만 법원사무관 등은 공판기일통지서를 피고인에게 송달하여야 한다(규칙 제161조 제1항).

검사와 변호인은 상고이유서에 의하여 변론하여야 한다(제388조). 변호인의 선임이 없거나 변호인이 공판기일에 출정하지 아니한 때에는 직권으로 변호인을 선정해야 하는 경우를 제외하고는 검사의 진술을 듣고 판결을 할 수 있다. 이 경우에 적법한 상고이유서의 제출이 있는 때에는 그 진술이 있는 것으로 간주한다(제389조).

(2) 상고심의 심판범위

상고심은 상고이유서에 포함된 사유에 관하여 심판하여야 한다. 그러나 ① 판결에 영향을 미친 헌법 · 법률 · 명령 또는 규칙의 위반이 있는 때, ② 판결 후 형의 폐지나 변경 또는 사면이 있는 때, ③ 재심청구의 사유가 있는 때에는 상고이유서에 포함되지 아니한 때에도 직권으로 심판할 수 있다(제384조). 사실오인과 양형부당을 제외하고 법령위반만을 직권조사사유로 규정한 것은 상고심이 항소심과는 달리 법률심이기 때문이다. 따라서 원심판결이 법령해석을 잘못한 경우나 항소심 판결 이후에 형의 변경이나 재심청구사유가 생긴 경우 등에는 직권으로 원심판결을 파기할 수 있다.

(3) 서면심리에 의한 판결의 허용

판결은 구두변론에 의하는 것이 원칙이므로 상고심 재판도 공판정에서의 검사와 변호인의 구두변론을 거쳐 이루어져야 한다. 다만 상고심의 사후심으로서의 성격과 소송경제를 고려하여 현행법은 이에 대한 예외를 인정하고 있다. 즉 상고법원은 상고장 · 상고이유서 기타의 소송기록에 의하여 변론 없이 판결할 수 있다(제389조). 서면심리는 상고기각의 판결을 하는 경우뿐만 아니라 원심판결을 파기하는 경우에도 적용된다. 실제로 상고심에서는 서면심리가 대부분이고 공판기일에 변론이 행하여지는 경우는 예외적이라고 할 수 있다.

(4) 참고인의 진술을 위한 변론

상고법원은 필요한 경우에는 특정한 사항에 관하여 변론을 열어 참고인의 진술을 들을 수 있다(제390조 제2항). 참고인의 진술을 위한 변론은 상고법원의 판단에 필요한 전문가의 의견을 듣기 위한 제도로서 상고심에서 변호인 아닌 자의 진술이 허용된 것이라는 점에 그 특징이 있다.

참고인의 진술을 위한 변론절차에 관하여는 「대법원에서의 변론에 관한 규칙」

에서 규정하고 있다. 대법원은 특정한 사항에 관하여 전문적 식견을 가진 참고인을 직권으로 지정하여 그 진술을 요청할 수 있고($_{제4조 제1항}^{동규칙}$), 참고인은 의견서를 변론기일 10일 전까지 대법원에 제출하여야 하며($_{제2항}^{동조}$), 당사자는 참고인의 진술이 끝난 후 그에 관한 의견을 진술할 수 있다($_{제6항}^{제5조}$).

3. 상고심의 재판

(1) 공소기각의 결정

공소기각결정의 사유($_{제1항}^{제328조}$)가 있는 때에는 상고법원은 결정으로 공소를 기각하여야 한다($_{조}^{제382}$).

(2) 상고기각의 재판

㈎ 상고기각의 결정

상고의 제기가 법률상의 방식에 위반하거나 상고권소멸 후인 것이 명백함에도 불구하고 원심법원이 상고기각의 결정을 하지 아니한 때에는 상고법원은 결정으로 상고를 기각하여야 한다($_{조}^{제381}$). 상고인이나 변호인이 상고이유서제출기간 내에 상고이유서를 제출하지 아니한 때에도 결정으로 상고를 기각하여야 한다. 다만 상고장에 이유의 기재가 있는 때에는 예외로 한다($_{제1항}^{제380조}$). 상고장 및 상고이유서에 기재된 상고이유의 주장이 제383조 각 호의 어느 하나의 사유에 해당하지 아니함이 명백한 때에는 결정으로 상고를 기각하여야 한다($_{제2항}^{동조}$).

㈏ 상고기각의 판결

심리결과 상고이유가 없다고 인정한 때에는 판결로써 상고를 기각하여야 한다($_{364조 제4항}^{제399조, 제}$). 피고인이 양형부당만을 이유로 항소한 경우에 피고인은 항소심 판결에 대하여 법리오해나 사실오인의 위법이 있다는 것을 이유로 상고할 수 없으므로($_{2010도14817}^{대법원~2011.3.24,}$) 이 경우에도 상고기각의 판결을 선고하여야 한다.

(3) 원심판결의 파기판결

상고법원은 상고이유가 있다고 인정한 때에는 원심판결을 파기하여야 한다($_{조}^{제391}$). 피고인의 이익을 위하여 원심판결을 파기하는 경우에 파기의 이유가 상고한 공동피고인에 공통되는 때에는 그 공동피고인에 대하여도 원심판결을 파기하여야 한다($_{조}^{제392}$). 원심판결을 파기하는 경우에는 파기와 동시에 환송·이송의 판결이나 자판을 하고, 그 취지를 판결주문에 표시하여야 한다.

(개) 파기환송

적법한 공소를 기각하였다는 이유로 원심판결 또는 제1심 판결을 파기하는 경우에는 판결로써 사건을 원심법원 또는 제1심 법원에 환송하여야 한다($\substack{제393\\조}$). 관할위반의 인정이 법률에 위반됨을 이유로 원심판결 또는 제1심 판결을 파기하는 경우에는 판결로써 사건을 원심법원 또는 제1심 법원에 환송하여야 한다($\substack{제395\\조}$). 여기서 제1심 법원에 환송하는 경우란 제1심이 공소기각이나 관할위반의 판결을 선고하였고 원심판결이 이에 대한 검사의 항소를 기각하였으나, 상고심에서 원심판결 및 제1심 판결을 모두 파기한 경우를 말한다.

이 이외의 이유로 원심판결을 파기하는 때에도 자판하는 경우 이외에는 원심법원에 환송하거나 그와 동등한 다른 법원에 이송하여야 한다($\substack{제397\\조}$). 이와 같이 상고심에서 원심판결을 파기하는 경우에는 파기환송이나 파기이송이 원칙이고, 파기자판은 예외에 속한다.

(내) 파기이송

관할의 인정이 법률에 위반됨을 이유로 원심판결 또는 제1심 판결을 파기하는 경우에는 판결로써 사건을 관할 있는 법원에 이송하여야 한다($\substack{제394\\조}$). 관할 항소법원으로 이송할 것인가 또는 제1심 법원으로 이송할 것인가는 관할위반이 어느 심급에 있었는가에 따라 결정된다. 관할은 직권조사사항이므로 관할위반의 점이 상고이유로 적시되었는가는 묻지 않는다.

(대) 파기자판

상고법원은 원심판결을 파기한 경우에 그 소송기록과 원심법원과 제1심 법원이 조사한 증거에 의하여 판결하기 충분하다고 인정한 때에는 피고사건에 대하여 직접 판결을 할 수 있다($\substack{제396조\\제1항}$). 즉 더 이상 사실심의 변론절차에서 심리할 필요 없이 상고법원이 소송기록과 원심의 증거만으로 사건을 심판할 수 있는 경우에는 자판할 수 있도록 한 것이다. 따라서 상고법원이 새로운 증거를 조사하여 그 결과를 자판의 자료로 사용하는 것은 허용되지 않는다.

파기자판에 의하여 형을 선고하는 경우에는 불이익변경금지의 원칙이 적용되며($\substack{제396조\\제2항}$), 이 원칙을 위반한 경우에는 비상상고의 이유($\substack{제441\\조}$)가 된다. 자판의 내용으로는 유죄·무죄의 실체판결뿐만 아니라 공소기각이나 면소의 형식재판이 포함된다.

(4) 재판서의 기재방식

상고심의 재판서에는 재판서의 일반적인 기재사항($^{제38조}_{이하}$) 이외에 상고이유에 관한 판단을 기재하여야 한다($^{제398}_{조}$). 상고인이 주장한 상고이유에 대한 판단을 명백히 함으로써 법령해석의 통일이라는 상고심의 기능을 수행하도록 하기 위한 것이다. 또한 대법원의 재판서에는 합의에 관여한 모든 대법관의 의견을 표시하여야 한다($^{법원조직법}_{제15조}$).

4. 상고심판결의 정정

(1) 판결정정의 의의

상고심 판결의 정정이란 상고심 판결에 명백한 오류가 있는 경우에 이를 시정하는 것을 말한다. 상고법원은 그 판결의 내용에 오류가 있음을 발견한 때에는 직권 또는 검사·상고인이나 변호인의 신청에 의하여 판결을 정정할 수 있다($^{제400조}_{제1항}$). 상고심은 최종심으로서 그 판결은 선고와 동시에 확정되므로 이를 정정할 수 없는 것이 원칙이다. 그러나 상고심판결의 내용에 명백한 오류가 있음에도 불구하고 확정판결이라는 이유로 이를 시정할 수 없게 하는 것은 불합리하다. 따라서 법은 판결의 적정을 위해서 상고법원이 일정한 경우에 자체적으로 그 판결내용을 정정할 수 있도록 하고 있다.

(2) 판결정정의 사유

상고심의 판결내용에 오류가 있는 경우이다($^{제400조}_{제1항}$). 여기서 오류라 함은 판결의 내용에 계산잘못, 오기 기타 이에 유사한 것이 있는 경우를 의미한다($^{대법원 1981.10.5,}_{81초60}$). 상고심판결에 나타난 단순한 오자의 정정은 재판서경정($^{규칙}_{제25조}$)의 방법에 의해서도 가능하므로 반드시 판결정정의 방법에 의할 필요는 없다. 재판서경정은 대법원뿐만 아니라 모든 법원이 직권 또는 당사자의 신청에 따라 결정으로 재판의 명백한 오류를 정정하는 제도이다.

판결정정은 판결내용의 오류를 시정하는 데 그치므로 유죄판결이 잘못되었으니 무죄판결로 정정해 달라는 주장($^{대법원 1981.10.5,}_{81초60}$)이나, 채증법칙위반으로 판단을 잘못하였다는 주장($^{대법원 1987.7.31,}_{87초40}$)과 같이 상고심 판결의 결론을 다투는 것은 판결정정사유에 해당하지 않는다. 이때에는 재심이나 비상상고의 방법에 의한 구제가 가능할 수 있다.

(3) 판결정정의 절차

상고법원은 직권 또는 검사 · 상고인이나 변호인의 신청에 의하여 판결을 정정할 수 있다($\frac{제400조}{제1항}$). 신청은 판결의 선고가 있은 날로부터 10일 이내에 신청의 이유를 기재한 서면으로 하여야 한다($\frac{동조 제2항 \cdot}{제3항}$).

정정은 판결에 의하여 한다. 정정의 판결은 변론 없이 할 수 있다. 정정할 필요가 없다고 인정할 때에는 지체 없이 결정으로 신청을 기각하여야 한다($\frac{제401}{조}$).

Ⅳ. 비약적 상고

1. 의   의

비약적 상고란 상소권자가 제 1 심 판결에 불복하는 경우에 항소를 거치지 않고 직접 상고법원인 대법원에 상고하는 것을 말한다($\frac{제372}{조}$). 법령해석에 관한 중요한 사항을 포함하고 있다고 인정되는 사건에 관하여 신속한 법령해석의 통일과 피고인의 이익보호를 위하여 제 2 심을 생략한 제도라고 할 수 있다.

2. 비약적 상고의 이유

(1) 원심판결이 인정한 사실에 대하여 법령을 적용하지 아니하였거나 법령의 적용에 착오가 있는 때($\frac{제372조}{제1호}$)

원심판결이 인정한 사실에 대하여 형법을 비롯한 실체법규를 적용하지 않았거나 잘못 적용한 경우를 말한다. 법령적용의 착오에는 형법각칙의 개별 구성요건을 잘못 적용한 경우뿐만 아니라 총칙에 관한 규정이나 형벌에 관한 규정을 잘못 적용한 경우가 포함된다. 그러나 채증법칙의 위배와 같은 소송절차에 관한 법령위반이나($\frac{대법원 1983.12.27,}{83도2792}$), 중대한 사실오인($\frac{대법원 1994.5.13,}{94도458}$) 또는 양형부당($\frac{대법원 1984.2.14,}{83도3236}$)은 여기에 포함되지 않는다.

(2) 원심판결이 있은 후 형의 폐지나 변경 또는 사면이 있는 때($\frac{동조}{제2호}$)

항소이유와 동일하나($\frac{제361조의}{5 제2호}$), 상고심을 통해 판결을 신속히 확정하기 위한 것이다.

3. 비약적 상고의 제한

비약적 상고로 인하여 상대방은 심급의 이익을 잃게 될 우려가 있으므로 상대방의 이익을 보호할 필요가 있다. 따라서 형사소송법은 비약적 상고를 한 사건에 대하여 항소가 제기된 때에는 비약적 상고의 효력을 잃도록 하고 있다($^{제373}_{조}$). 즉 비약적 상고를 한 경우에도 상대방은 항소를 제기할 수 있고, 이 경우에는 비약적 상고는 그 효력을 상실하게 되어 결국 항소심에 의한 심판이 행하여지게 된다. 판례도 제 1 심판결에 대하여 피고인은 비약적 상고를 제기하고 검사는 항소를 제기하여 이들이 경합한 경우, 피고인의 비약적 상고에 상고의 효력이 인정되지는 않더라도 피고인의 비약적 상고가 항소기간 준수 등 항소로서의 적법요건을 모두 갖추었고 피고인이 항소심에서는 제 1 심판결을 다툴 의사가 없었다고 볼 만한 특별한 사정이 없다면, 피고인의 비약적 상고에 항소의 효력이 인정된다고 본다($^{대법원}_{2022.5.19,}$ $^{2021도}_{17131}$). 다만 항소제기 후라도 항소의 취하 또는 항소기각의 결정이 있는 때에는 비약적 상고는 그 효력이 유지된다($^{동조}_{단서}$).

제 4 절   항   고

I. 항고의 의의와 종류

1. 의   의

항고란 법원의 결정에 대한 상소를 말한다. 여기서 법원은 수소법원을 말한다($^{대법원 1997.6.16,}_{97모1}$). 항고는 상소방법이지만 판결에 대한 상소인 항소 또는 상고와는 성격이 다르다. 판결은 종국재판의 본래의 형식이고 가장 중요한 재판이므로 이에 대해서는 언제나 상소를 허용할 필요가 있지만, 결정은 원칙적으로 판결에 이르는 과정에 있어서의 절차상의 사항에 관한 종국 전의 재판이므로 모든 결정에 대하여 상소를 인정할 필요는 없다. 따라서 항고는 법이 필요하다고 인정하는 일정한 경우에 한하여 허용되며, 그 절차도 항소나 상고에 비하여 간단하다.

2. 항고의 종류

항고는 크게 보통항고와 즉시항고로 나눌 수 있다. 즉시항고는 제기기간이 7일로 제한되어 있고($\frac{제405}{조}$) 항고의 제기가 있으면 재판의 집행이 정지되는 효력을 가지며($\frac{제410}{조}$) 법률에 즉시항고를 할 수 있다는 명문의 규정이 있을 때에 한하여 허용되는 항고이다. 보통항고는 법원의 결정에 대한 즉시항고 이외의 불복방법을 말한다.

즉시항고는 다시 통상의 즉시항고와 대법원에 제기하는 즉시항고인 재항고로 구별된다. 재항고는 항고법원, 고등법원 또는 항소법원의 결정에 대한 대법원에의 즉시항고를 말한다($\frac{법원조직법}{제14조 제 2 호}$).

아래에서는 먼저 보통항고와 통상의 즉시항고를 포함하는 일반항고의 내용과 절차를 살펴보고, 다음으로 재항고, 준항고에 대하여 살펴보기로 한다.

Ⅱ. 일반항고

1. 보통항고와 즉시항고

(1) 보통항고

보통항고란 법원의 결정에 대한 일반적인 불복방법을 말하며, 불복기간의 제한이 없어 원결정을 취소할 실익이 있는 한 언제든지 제기할 수 있다($\frac{제404}{조}$). 법원의 결정에 대하여 불복이 있으면 항고할 수 있으나, 다만 형사소송법에 특별한 규정이 있는 때에는 보통항고가 허용되지 않는다($\frac{제402}{조}$). 보통항고가 허용되지 않는 경우는 다음과 같다.

㈎ 판결 전 소송절차 등에 관한 결정

법원의 관할 또는 판결 전의 소송절차에 관한 결정에 대하여는 특히 즉시항고를 할 수 있는 경우 외에는 항고를 하지 못한다($\frac{제403조}{제 1 항}$). 일반적으로 관할이나 소송절차에 관한 결정에 대하여는 종국재판에 대한 상소를 허용하면 충분하고 개개의 결정에 대하여 독립한 상소를 인정할 필요가 없기 때문이다. 따라서 위헌제청신청을 기각하는 하급심의 결정($\frac{대법원 1986.7.18,}{85모49}$), 국선변호인청구를 기각하는 결정($\frac{대법원 1993.12.3,}{92모49}$), 공소장변경허가에 관한 결정($\frac{대법원 1987.3.28,}{87모17}$), 증거개시에 관한 결정($\frac{대법원 2013.1.24,}{2012모1393}$), 국민참여재판으로 진행하기로 한 결정($\frac{대법원 2009.10.23,}{2009모1032}$) 등은 판결 전 소송절차에 관한 결정으로서 독립하여 항고할 수 없다.

그러나 구금·보석·압수나 압수물의 환부에 관한 법원의 결정 또는 감정하기 위한 피고인의 유치에 관한 법원의 결정에 대해서는 보통항고를 할 수 있다($\substack{동조\\제2항}$). 이러한 강제처분에 의한 권리침해의 구제는 신속을 요하여 종국재판에 대한 상소에 의해서는 실효를 거두기 어렵기 때문이다. 다만 체포·구속적부심사청구에 대한 법원의 기각결정과 석방결정에 대하여는 항고가 허용되지 않는다($\substack{제214조의\\2\ 제8항}$).

㈔ 성질상 항고가 허용되지 않는 결정

최종심인 대법원의 결정에 대하여는 항고가 허용되지 않는다($\substack{대법원 1987.1.30,\\87모4}$). 항고법원 또는 고등법원의 결정에 대하여도 재항고($\substack{제415\\조}$)만이 허용되므로 보통항고는 허용되지 않는다.

(2) 즉시항고

즉시항고는 제기기간이 7일로 제한되어 있고, 항고의 제기가 있으면 재판의 집행이 정지되는 효력을 가진 항고를 말한다($\substack{제405조,\\제410조}$). 즉시항고는 형사소송법에 명문의 규정이 있는 경우에만 허용된다.

종국재판으로서의 결정에 대해서는 즉시항고가 허용된다. 공소기각의 결정($\substack{제328조 제2항,\\제363조 제2항}$), 상소기각결정($\substack{제360조 제2항, 제362조\\제2항, 제376조 제2항}$), 약식명령에 대한 정식재판청구의 기각결정($\substack{제455조\\제2항}$)이 여기에 속한다. 또한 피고인에게 중대한 불이익을 주는 집행유예취소결정($\substack{제335조\\제3항}$)이나 선고유예한 형의 선고결정($\substack{동조\\제4항}$) 등도 즉시항고의 대상이 되며, 재심청구를 기각하는 결정($\substack{제433조, 제434조\\제1항, 제436조 제1항}$)이나 재심개시결정($\substack{제435조\\제1항}$)에 대해서도 즉시항고가 허용된다($\substack{제437\\조}$). 그리고 기피신청기각결정($\substack{제\\23조}$), 재정신청인에 대한 비용부담결정($\substack{제262조의\\3 제3항}$), 소송비용부담결정($\substack{제192조 제2항,\\제193조 제2항}$) 등과 같이 신속한 구제를 요하는 결정에 대하여도 즉시항고가 인정되고 있다.

2. 항고심의 절차

(1) 항고의 제기

㈎ 항고의 제기방법

항고의 제기는 항고장을 원심법원에 제출함으로써 이루어진다($\substack{제406\\조}$). 항고제기기간은 즉시항고의 경우에는 7일이나 보통항고의 경우에는 그 제한이 없다. 항고에 대하여는 항고이유서의 제출이 명문으로 요구되고 있지 않으나, 항고장 자체에 항고이유를 기재하거나 별도로 항고이유서를 제출하여야 할 것이다. 항고이유에는 제한이 없으므로 원결정의 법령위반과 사실오인이 모두 항고이유가 된다.

㈏ 원심법원의 조치

1) 항고기각결정   항고의 제기가 법률상의 방식에 위반하거나 항고권소멸 후인 것이 명백한 때에는 원심법원은 결정으로 항고를 기각하여야 한다. 항고기각 결정에 대하여는 즉시항고를 할 수 있다($\frac{제407}{조}$).

2) 경정결정   원심법원은 항고가 이유 있다고 인정한 때에는 결정을 경정 하여야 한다($\frac{제408조}{제1항}$). 결정의 경정이란 원결정 자체를 취소하거나 변경하는 것을 말 한다. 원심법원이 스스로 재판을 경정할 수 있도록 한 점은 항소 및 상고의 경우에 원심법원이 항소기각($\frac{제360}{조}$) 또는 상고기각($\frac{제376}{조}$)의 결정만을 할 수 있는 것과 구별 된다. 그리고 법원의 결정인 이상 공소기각, 항소기각, 상고기각과 같은 종국재판 에 대해서도 원심법원은 경정결정을 할 수가 있다.

3) 항고장 · 소송기록의 송부   원심법원은 항고의 전부 또는 일부가 이유 없 다고 인정한 때에는 항고장을 받은 날로부터 3일 이내에 의견서를 첨부하여 항고 장을 항고법원에 송부하여야 한다($\frac{제408조}{제2항}$). 또한 원심법원은 필요하다고 인정한 때 에는 소송기록과 증거물을 항고법원에 송부하여야 한다($\frac{제411조}{제1항}$).

㈐ 항고제기의 효과

즉시항고의 제기기간 내에 그 제기가 있는 때에는 재판의 집행은 정지된다. 또 한 즉시항고가 제기되지 아니한 경우에도 즉시항고를 제기할 수 있는 기간 내에는 집행정지의 효력이 인정된다($\frac{제410}{조}$).

보통항고에는 재판의 집행을 정지하는 효력이 없다. 다만 원심법원 또는 항고 법원은 결정으로 항고에 대한 결정이 있을 때까지 집행을 정지할 수 있다($\frac{제409}{조}$). 따 라서 피고인에 대한 보석허가결정에 대하여 검사가 항고하더라도 피고인을 석방하 여야 하나, 법원이 항고심의 재판결과를 기다려서 집행할 필요가 있다고 판단할 때 에는 결정으로 피고인을 석방하지 않고 구금상태에 둘 수도 있다.

(2) 항고심의 심판

㈎ 항고심의 심리

원심법원이 필요하다고 인정한 때에는 소송기록과 증거물을 항고법원에 송부 하여야 한다($\frac{제411조}{제1항}$). 항고법원은 소송기록과 증거물의 송부를 요구할 수 있다($\frac{동조}{제2항}$). 항고법원은 소송기록과 증거물의 송부를 받은 날로부터 5일 이내에 당사자에게 그 사유를 통지하여야 한다($\binom{통조}{제3항}$). 소송기록 접수통지는 항소 또는 상고의 경우와는 달리 항고인에게 항고이유서 제출의무를 발생시키지 않는다. 그러나 당사자에게 통지를 요하는 것은 당사자에게 항고에 관하여 그 이유서를 제출하거나 의견을 진술하고 유리한 증거를 제출할 기회를 부여하기 위한 것이므로 항고법원이 당사자에게 소송 기록 송부의 통지를 하지 않고 항고기각결정을 하는 것은 위법하다($\binom{대법원 2006.7.25,}{2006모389}$).

항고심은 사실문제와 법률문제를 모두 심사할 수 있으며, 항고이유로 주장한 사유뿐만 아니라 그 이외의 사유에 대해서도 직권으로 심사할 수 있다고 보아야 한다. 항고심은 결정을 위한 심리절차이므로 구두변론에 의할 필요가 없지만, 결정을 하는 데 필요한 경우에는 사실조사를 할 수 있으며($\binom{제37조}{제2항·제3항}$), 증인신문이나 감정을 명할 수도 있다($\binom{규칙 제24}{조 제1항}$). 검사는 항고사건에 대하여 의견을 진술할 수 있다($\binom{제412}{조}$).

(나) 항고심의 재판

1) 항고기각의 결정   항고의 제기가 법률상의 방식에 위반하거나 항고권소멸 후인 것이 명백함에도 원심법원이 항고기각의 결정을 하지 아니한 때에는 항고 법원은 결정으로 항고를 기각하여야 한다($\binom{제413}{조}$). 항고가 이유 없다고 인정한 때에도 결정으로 항고를 기각하여야 한다($\binom{제414조}{제1항}$).

2) 항고인용의 결정   항고가 이유 있다고 인정한 때에는 결정으로 원심결정을 취소하고 필요한 경우에는 항고사건에 대하여 직접 재판을 하여야 한다($\binom{제414조}{제2항}$). 원심결정을 취소하면 족한 경우로는 예를 들면 원심의 구속취소결정이나 구속집행 정지결정을 취소하는 경우, 증인·감정인에 대한 과태료나 비용배상의 결정을 취소하는 경우, 소송비용부담의 결정을 취소하는 경우 등을 들 수 있다. 또한 원심결정을 취소함과 동시에 직접 재판을 해야 하는 경우로는 원심의 보석청구기각결정을 취소하고 항고법원이 직접 보석허가결정을 하는 경우, 원심의 보석허가결정 중 보석보증금 부분을 취소하고 보석보증금액을 변경하는 경우, 원심의 구속피고인에 대한 접견금지결정($\binom{제}{91조}$)을 취소하고 그 내용을 변경하는 경우 등을 들 수 있다.

항고법원은 필요한 경우에는 원심결정을 취소하고 직접 자판할 수 있을 뿐만 아니라, 원심결정이 취소되는 경우에 본안사건에 대한 심급의 이익을 고려하여 원심법원에서 다시 본안사건을 심리·재판하게 할 필요가 있는 때에는 사건을 원심법원에 환송할 수 있다고 해야 한다. 원심결정을 취소하고 사건을 원심법원에 환송하여야 할 경우로는 원심의 공소기각결정이나 정식재판청구기각결정을 취소하는 경우 등을 들 수 있다.

항고법원이 항고기각 또는 항고인용의 결정을 한 때에는 즉시 그 결정의 등본을 원심법원에 송부하여야 한다(_{규칙}
제165조). 그리고 항고법원의 결정에 대하여는 제415조에 의하여 대법원에 재항고할 수 있다.

Ⅲ. 재 항 고

1. 의   의

재항고는 항고법원, 고등법원 또는 항소법원의 결정에 대한 항고를 말한다 (법원조직법
제14조 제 2 호). 항고법원의 결정에 대한 상소가 아닌 고등법원이나 항소법원이 항소심절차에서 내린 결정에 대한 항고는 사전의 항고를 전제로 하지 않는다는 점에서 엄밀한 의미에서는 재항고라고 할 수 없지만, 관할법원이 모두 대법원이고 절차와 효과가 동일하다는 점에서 일반적으로 양자를 모두 재항고라고 부르고 있다. 또한 준항고에 대한 법원의 결정도 재항고의 대상이 된다(제419
조).

2. 재항고의 이유

항고법원, 고등법원 또는 항소법원의 결정에 대하여는 원칙적으로 항고가 허용되지 않는다. 대법원의 업무부담을 고려한 결과라고 할 수 있다. 다만 재판에 영향을 미친 헌법 · 법률 · 명령 또는 규칙의 위반이 있음을 이유로 하는 때에 한하여 대법원에 즉시항고를 할 수 있다(제415
조). 따라서 원심법원의 재량범위에 속하는 사실판단을 다투는 것은 적법한 재항고 이유가 되지 못한다(대법원 1987.2.3,
86모57).

3. 재항고심의 절차

재항고의 제기 및 심판절차에 관하여는 일반항고에 관한 규정과 상고심 심판에 관한 규정이 준용되는 것으로 보아야 한다. 재항고를 함에는 재항고장을 원심법원에 제출하여야 하며, 재항고장 자체에 재항고이유를 기재하거나 별도로 재항고이유서를 제출하여야 한다. 재항고는 즉시항고의 형태로서 허용되므로(제415
조) 재항고의 절차는 즉시항고의 절차에 따라 진행된다. 따라서 재항고의 제기기간은 7일이며(제405
조), 재항고가 제기되면 재판의 집행이 정지된다(제410
조).

대법원의 재항고심은 법률심이면서 동시에 사후심으로서의 성격을 가진다. 따라서 재항고심은 원심의 소송자료에 의하여 원결정의 법령위반 여부를 심사하여야 하며, 재항고심에서 새로운 증거를 제출하거나 증거조사를 하는 것은 허용되지 않는다. 또한 원결정 후에 생긴 사유를 원결정의 법령위반 여부를 판단하는 자료로 사용할 수 없다.

대법원은 재항고가 부적법한 경우 또는 이유 없다고 인정하는 경우에는 결정으로 재항고를 기각하여야 한다($\frac{\text{제413조, 제414}}{\text{조 제1항}}$). 재항고가 이유 있다고 인정한 때에는 대법원은 결정으로 원심결정을 취소하고 필요한 경우에는 항고사건에 대하여 직접 재판을 하여야 한다($\frac{\text{제414조}}{\text{제2항}}$).

Ⅳ. 준 항 고

1. 의　　의

준항고는 재판장 또는 수명법관의 재판과 검사 또는 사법경찰관의 처분에 대하여 그 소속법원 또는 관할법원에 그 취소 또는 변경을 청구하는 불복신청방법을 말한다. 준항고는 상급법원에 대한 구제신청이 아니라는 점에서 본래의 상소방법은 아니라고 할 수 있다. 그러나 준항고도 재판 등의 취소와 변경을 청구하는 제도라는 점과 법관의 재판에 대한 준항고의 경우에는 합의부에 의하여 심사를 받는다는 점에서 실질적으로 항고에 준하는 성질을 가진다고 할 수 있다. 이런 이유에서 준항고에는 항고에 관한 여러 규정들이 준용되고 있다($\frac{\text{제419}}{\text{조}}$).

형사소송법이 인정하고 있는 준항고의 형태로는 ① 재판장 또는 수명법관의 일정한 재판을 대상으로 하는 준항고($\frac{\text{제416}}{\text{조}}$)와 ② 수사기관의 일정한 처분을 대상으로 하는 준항고($\frac{\text{제417}}{\text{조}}$)의 두 가지가 있다.

2. 대　　상

(1) 재판장 또는 수명법관의 재판

재판장 또는 수명법관의 일정한 재판에 대하여 불복이 있으면 준항고를 할 수 있다. 준항고는 재판장 또는 수명법관의 재판에 한하여 허용되므로 수소법원 이외의 법관이 행한 재판에 대해서는 준항고를 제기할 수 없다. 따라서 수탁판사의 재판에 대하여는 준항고가 아닌 본래의 항고가 문제될 뿐이다. 또한 수사절차에서 지방법원판사가 행한 영장기각재판도 수소법원을 전제로 한 재판장 또는 수명법관이 행하는 재판이 아니므로 준항고가 허용되지 않는다($\frac{\text{대법원 2006.12.18,}}{\text{2006모646}}$).

　　재판장 또는 수명법관의 재판에 대하여 준항고가 허용되는 경우로서 형사소송법 제416조 제 1 항은 ① 기피신청을 기각한 재판($\frac{제1}{호}$), ② 구금 · 보석 · 압수 또는 압수물환부에 관한 재판($\frac{제2}{호}$), ③ 감정하기 위하여 피고인의 유치를 명한 재판($\frac{제3}{호}$), ④ 증인 · 감정인 · 통역인 또는 번역인에 대하여 과태료 또는 비용의 배상을 명한 재판($\frac{제4}{호}$)의 네 가지를 들고 있다.

　　① 기피신청을 기각한 결정에 대해서는 즉시항고를 할 수 있으므로($\frac{제23조}{제1항}$), 준항고가 허용되는 기피신청을 기각한 재판은 기피신청을 당한 법관이 소송의 지연을 목적으로 함이 명백하거나 형식적 요건을 구비하지 못하여 부적법한 기피신청에 대하여 간이기각결정을 한 경우($\frac{제20조}{제1항}$)를 말한다.

　　②의 재판 가운데 보석이나 압수물의 환부에 관한 재판은 재판장이 아니라 수소법원의 권한에 속하므로 준항고가 아니라 일반적인 항고의 대상이 된다고 보아야 한다. 따라서 제416조 제 1 항 제 2 호에서 규정하고 있는 사유 중에서는 재판장이나 수명법관이 급속을 요하는 경우에 예외적으로 행하는 피고인의 구속에 관한 처분($\frac{제}{80조}$)과 수명법관이 행하는 압수($\frac{제136}{조}$)만이 준항고의 대상이 된다. 즉결심판절차에서 행해지는 유치명령($\frac{즉결심판에 관한}{절차법 제17조}$)은 재판부로서의 단독판사의 구금에 관한 재판이므로 보통항고의 대상이나, 시일 지체 등의 이유로 실무상 준항고로 처리하고 있다.

　　③의 재판은 예외적으로 재판장이나 수명법관이 감정유치를 명하는 경우($\frac{제175}{조, 제}$ $\frac{}{172조 제7항,}$ $\frac{}{제80조}$)를 말한다. 그리고 ④의 재판에는 법원이 수명법관에게 법정 외의 증인신문($\frac{제167}{조}$)이나 감정인신문($\frac{제177조,}{제167조}$)을 명한 경우가 이에 해당한다. 제416조 제 1 항 제 4 호의 재판에 대하여는 청구기간 내에 청구가 있으면 그 재판의 집행이 정지된다($\frac{제416조}{제4항}$).

(2) 수사기관의 처분

　　검사 또는 사법경찰관의 구금 · 압수 또는 압수물의 환부에 관한 처분과 제243조의2에 따른 변호인의 참여 등에 관한 처분에 대하여 불복이 있으면 그 직무집행지의 관할법원 또는 검사의 소속검찰청에 대응한 법원에 그 처분의 취소 또는 변경을 청구할 수 있다($\frac{제417}{조}$).

㈎ 구금에 관한 처분

　　검사 또는 사법경찰관의 구금에 관한 처분이란 피의자나 피고인에 대한 체포영장 또는 구속영장의 집행과 관련된 처분을 말한다. 신체구속 중인 피의자 또는 피고인의 접견교통권을 부당하게 제한한 경우($\binom{\text{대법원 2007.1.31,}}{\text{2006모656}}$), 구금된 피의자의 신문에 변호인의 참여를 불허한 경우($\binom{\text{대법원 2003.11.11,}}{\text{2003모402}}$), 구금장소를 임의로 변경한 경우($\binom{\text{대법원}}{\text{1996.5.15,}}$ $\binom{95모}{94}$), 피의자 또는 변호인으로부터 구금된 피의자의 보호장비를 해제해 달라는 요구를 받고도 거부한 경우($\binom{\text{대법원 2020.3.17,}}{\text{2015모2357}}$) 등이 여기에 해당된다.

수사기관의 구금처분에는 부작위도 포함된다. 따라서 체포 또는 구속된 피의자에 대하여 변호인 등이 접견을 신청하였으나 접견신청일로부터 상당한 기간이 경과하도록 접견을 허용하지 않고 있다면 이는 실질적으로 접견불허처분이 있는 것과 동일시된다($\binom{\text{대법원 1990.2.13,}}{\text{89모37}}$). 다만 수사기관의 구금에 관한 처분에 대하여 취소 또는 변경을 구할 수 있는 청구권자는 피의자 · 피고인 등 일반국민이므로, 구속영장을 신청한 사법경찰관은 검사의 구속영장신청기각처분에 대하여 준항고를 제기할 수 없다.[1]

(내) 압수 또는 압수물의 환부에 관한 처분

압수 또는 압수물의 환부에 관한 처분에 대한 불복은 수사기관의 압수절차에 위법이 있거나 압수물의 환부에 관한 권한행사에 위법이 인정되는 경우에 허용된다. 따라서 수사기관이 압수영장 집행으로서 하는 집행처분적 성질을 가진 압수에 관한 처분 자체에 대하여 불복이 있거나($\binom{\text{대법원 1970.5.12,}}{\text{70모13}}$) 압수물의 환부에 관하여 처분을 할 권한을 가진 수사기관의 환부관련 처분에 대하여 불복이 있는 경우에는 준항고로써 이를 다툴 수 있다. 그러나 검사가 법원의 재판에 대한 집행지휘자로서 강제처분을 집행하는 가운데 행한 처분이나($\binom{\text{대법원 1974.5.30,}}{\text{74모28}}$) 압수한 물건에 대하여 몰수의 선고가 없어 압수가 해제된 것으로 간주되는 압수물($\binom{\text{제332}}{\text{조}}$)에 대한 검사의 인도거부조치에 대하여는($\binom{\text{대법원 1984.2.6,}}{\text{84모3}}$) 준항고가 허용되지 않는다.

압수물의 환부에 관한 처분에는 압수물의 가환부에 관한 처분도 포함된다($\binom{\text{대법}}{\text{원}}$ $\binom{\text{1971.11.12,}}{\text{71모67}}$). 다만 검사가 압수 · 수색영장의 청구 등 강제처분을 위한 조치를 취하지 아니한 것 그 자체를 형사소송법 제417조 소정의 압수에 관한 처분으로 보아 고소인 · 고발인 등이 이에 대해 준항고로써 불복할 수는 없다($\binom{\text{대법원 2007.5.25,}}{\text{2007모82}}$).

---

1) 서울북부지방법원 2007. 1. 16, 2006보1(확정), 「형사소송법 제417조의 규정상, 검사 또는 사법경찰관의 처분에 대하여 그 취소 또는 변경을 구할 수 있는 청구권자는 그 처분의 대상자인 국민이고, 그 청구권자가 위와 같은 범위로 제한되는 것은 형사소송법 제417조의 행정소송 절차적 성질상 당연하고, 그 결과 수사권을 행사하는 사법경찰관은 준항고의 청구권자가 될 수 없다.」

한편 「디엔에이신원확인정보의 이용 및 보호에 관한 법률」에서는 디엔에이감식시료채취영장에 의한 디엔에이감식시료의 채취에 관하여 형사소송법의 압수에 관한 규정을 준용하면서도($\frac{\text{동법 제 8 조}}{\text{제10항}}$), 채취에 관한 처분에 대한 피채취자의 불복절차는 형사소송법의 준항고에 관한 규정이 아니라 항고에 관한 규정을 준용하고 있다($\frac{\text{동법 제 8 조}}{\text{의2 제 3 항}}$).

(다) 변호인의 참여 등에 관한 처분

제243조의2에 따른 변호인의 참여 등에 관한 수사기관의 처분도 준항고의 대상이 된다. 변호인의 참여 등에 관한 수사기관의 처분에는 피의자와 변호인 사이의 접견을 제한하는 처분과 피의자신문시에 변호인의 참여를 제한하는 처분이 포함된다. 다만 신체구속 중인 피의자의 접견교통권을 제한하는 처분이나 이러한 피의자의 신문에 변호인의 참여를 불허하는 처분은 수사기관의 구금에 관한 처분으로서도 준항고의 대상이 되므로, 본조의 실질적인 의미는 체포 또는 구속되지 않은 피의자를 신문하는 경우에 변호인의 참여를 제한하는 처분에 대해서도 준항고를 할 수 있다는 점에 있다. 따라서 수사기관이 피의자신문을 하면서 정당한 사유가 없는데도 변호인에 대하여 피의자로부터 떨어진 곳으로 옮겨 앉으라고 지시를 한 다음 이러한 지시에 따르지 않았음을 이유로 변호인의 피의자신문 참여권을 제한하는 것은 허용될 수 없다($\frac{\text{대법원 2008.9.12,}}{\text{2008모793}}$).

3. 준항고의 절차

(1) 준항고의 제기

준항고의 청구는 서면으로 관할법원에 제출하여야 한다($\frac{\text{제418}}{\text{조}}$). 재판장 또는 수명법관의 재판에 대한 준항고의 경우에는 그 법관이 소속한 법원의 합의부에서 관할한다($\frac{\text{제416조}}{\text{제 1 항, 제 2 항}}$). 법관의 재판에 대하여 준항고를 청구하는 경우에는 재판의 고지가 있은 날로부터 7일 이내에 하여야 한다($\frac{\text{동조}}{\text{제 3 항}}$).

수사기관의 처분에 대한 준항고의 경우에는 검사 또는 사법경찰관의 직무집행지의 관할법원 또는 검사의 소속검찰청에 대응한 법원이 관할법원이 된다($\frac{\text{제417}}{\text{조}}$). 재판장 또는 수명법관의 재판에 대한 준항고의 경우와는 달리 합의부에서 관할한다는 명문규정이 없으므로 이 경우에는 단독판사가 관할한다고 보아야 할 것이다.

준항고도 보통항고와 마찬가지로 집행정지의 효력이 없으나, 관할법원은 결정으로 준항고에 대한 결정이 있을 때까지 집행을 정지할 수 있다($\frac{\text{제419조,}}{\text{제409조}}$). 다만 증인·감정인·통역인 또는 번역인에 대하여 과태료 또는 비용의 배상을 명한 재판에 대하여는 준항고청구기간 내의 청구가 있는 때에는 그 재판의 집행이 정지된다$\left(\substack{\text{제416조}\\\text{제4항}}\right)$.

(2) 준항고에 대한 결정 및 불복

준항고의 청구에 대하여 관할법원은 결정을 해야 한다. 관할법원은 결정을 위하여 필요한 경우에는 사실을 조사할 수 있다$\left(\substack{\text{제37조}\\\text{제3항}}\right)$. 준항고의 사유에는 제한이 없으므로 법령위반과 사실오인이 모두 준항고의 대상이 된다. 항고에 있어서와 마찬가지로 법원은 준항고의 이유로 주장된 것 이외의 사유에 대해서도 직권으로 심사할 수 있다고 보아야 한다. 준항고에 대한 결정은 구두변론에 의할 필요가 없으므로 서면심리로 행할 수 있다$\left(\substack{\text{동조}\\\text{제2항}}\right)$.

관할법원은 준항고의 이유를 심사하여 이유 없다고 인정한 때에는 결정으로 준항고를 기각하여야 하고$\left(\substack{\text{제419조, 제}\\\text{414조 제1항}}\right)$, 이유 있다고 인정한 때에는 준항고의 대상이 된 법관의 재판이나 검사 또는 사법경찰관의 처분을 취소 또는 변경하여야 하며 필요한 경우에는 직접 재판할 수 있다$\left(\substack{\text{제419조, 제}\\\text{414조 제2항}}\right)$. 준항고인이 참여의 기회를 보장받지 못하였다는 이유로 압수·수색 처분에 불복하는 때에는 준항고인으로서는 불복하는 압수·수색 처분을 특정하는 데 한계가 있는데, 이처럼 준항고인이 불복의 대상이 되는 압수 등에 관한 처분을 구체적으로 특정하기 어려운 사정이 있는 경우에 법원은 압수·수색 처분을 한 주체로 지정한 검사가 압수·수색 처분을 한 사실이 인정되지 않는다는 이유만으로 준항고를 배척할 것은 아니며, 석명권 행사 등을 통해 준항고인에게 불복하는 압수 등에 관한 처분을 특정할 기회를 부여하여야 한다$\left(\substack{\text{대법원 2023.1.12,}\\\text{2022모1566}}\right)$. 보통항고와 집행정지$\left(\substack{\text{제409}\\\text{조}}\right)$, 항고기각의 결정$\left(\substack{\text{제413}\\\text{조}}\right)$, 항고기각과 항고이유인정$\left(\substack{\text{제414}\\\text{조}}\right)$ 및 재항고$\left(\substack{\text{제415}\\\text{조}}\right)$의 규정은 준항고의 청구에 대하여 준용된다$\left(\substack{\text{제419}\\\text{조}}\right)$.

준항고에 대한 법원의 결정에 대하여는 재판에 영향을 미친 헌법·법률·명령 또는 규칙의 위반이 있음을 이유로 하는 때에는 대법원에 재항고할 수 있다$\left(\substack{\text{제419조,}\\\text{제415조}}\right)$.

제2장

비상구제절차

제1절 재   심

Ⅰ. 재심의 의의와 근거

1. 재심의 의의와 대상

(1) 의   의

재심은 유죄의 확정판결에 중대한 사실인정의 오류가 있는 경우에 판결을 받은 자의 이익을 위하여 이를 시정하는 비상구제절차를 말한다. 확정판결에 대한 비상구제절차라는 점에서 미확정재판에 대한 구제절차인 상소와 구별되고, 사실오인을 시정하기 위한 비상구제절차라는 점에서 법령위반을 이유로 하는 비상구제절차인 비상상고와도 다르다. 재심은 판결이 확정된 이상 판결의 집행 전이거나 집행 중인 경우는 물론 집행한 후에도 가능하다. 사형이 집행된 후에도 유죄판결을 받은 자의 명예회복이 필요하고 무죄판결을 받으면 형사보상을 청구할 수 있으므로 재심의 실익이 인정된다.

(2) 입 법 례

재심은 로마법에서 유래한 제도로서 대륙법에 계수되어 프랑스주의와 독일주의로 형태가 나누어졌다. 프랑스 형사소송법상의 재심은 피고인의 이익을 위한 이익재심을 그 내용으로 하고 있으며 상고법원이 관할권을 가지고 있다. 이에 반하여 독일 형사소송법상의 재심은 불이익재심도 인정하고 있으며 재심관할권을 원판결법원이 가지고 있다. 우리 형사소송법은 피고인의 이익재심만을 인정한 점에서는 프랑스주의를 취하면서, 재심을 원판결법원의 관할로 한 점에서는 독일주의를 취한 절충적 구조를 택하고 있다.

(3) 재심제도의 근거

현행법상의 재심제도의 기능 및 근거에 대하여는, 특히 형사소송법이 이익재심만을 인정하고 있는 점과 관련해서 견해가 일치하지 않고 있다.

㈎ 입법정책설

재심은 형사소송에 있어서 법적 안정성과 정의의 이념이 충돌하는 경우에 법적 안정성을 위태롭게 하지 않는 범위 안에서 실질적 정의를 실현하는 제도라고 보는 견해이다. 따라서 불이익재심을 포함하여 어느 범위에서 재심을 허용할 것인가는 입법자의 합리적 재량에 맡겨져 있는 문제이고, 현행법이 이익재심만을 인정하고 있는 것은 유죄판결이 확정된 자에 대한 구제는 법적 안정성을 희생해서라도 실현하여야 할 정의의 요청인데 대하여 불이익재심의 경우에는 그렇지 않다는 입법자의 판단의 결과라고 한다.

㈏ 헌법적 근거설

헌법 제12조 제 1 항의 적법절차의 원칙과 제13조 제 1 항의 일사부재리의 원칙에서 재심제도의 근거를 구하는 견해이다. 이에 따르면 재심은 적정한 절차에 따라 공정한 재판을 받을 피고인의 헌법상의 권리에 기초를 두고 있는 피고인의 인권보장이념을 실현하기 위한 제도이며, 현행법상의 이익재심은 피고인을 동일한 범죄로 거듭 처벌할 수 없다는 이중위험금지의 원칙의 당연한 귀결이라고 한다.

㈐ 검 토

재심제도의 근거에 대해서는 기본적으로 헌법적 근거설이 타당하다고 생각된다. 잘못된 유죄의 확정판결에 대한 적절한 구제수단이 존재하지 않는 형사절차라면 이는 헌법이 보장하고 있는 적정한 형사절차라고 볼 수 없을 뿐만 아니라, 이중위험금지의 원칙상 불이익재심을 인정할 수 없다는 것도 명백하므로 이를 단순한 입법정책의 문제로 돌리는 것은 옳지 않기 때문이다. 또한 재심제도를 피고인의 이익보호를 위한 제도로서 가능한 한 확대운영할 필요가 있다는 점에서 볼 때에도, 이 제도의 범위를 엄격히 해석하는 입법정책설보다는 이를 피고인의 인권보장을 위한 제도로서 폭넓게 이해하는 헌법적 근거설의 입장이 보다 바람직하다고 생각 된다.

2. 재심의 구조와 대상

(1) 재심절차의 구조

재심은 유죄의 확정판결에 사실오인이 있다고 판단되는 경우에 이를 공판절차 에서 다시 심판하는 절차이다. 따라서 재심은 재심이유의 유무를 심사하여 다시 심 판할 것인가의 여부를 결정하는 재심개시절차와 그 이후의 재심심판절차의 2단계 의 구조를 취하고 있다. 다만 재심심판절차는 재차 심판이 진행되는 심급의 공판절 차와 동일하므로 결국 재심절차의 중심은 재심청구의 이유 유무를 심사하여 다시 심판할 것인가를 결정하는 재심개시절차에 놓여지게 된다.

(2) 재심의 대상

(개) 유죄의 확정판결

현행법은 이익재심만을 인정하고 있으므로 재심의 대상은 원칙적으로 유죄의 확정판결에 한정된다($^{제420}_{조}$). 따라서 무죄판결은 물론이고 면소·공소기각·관할위 반의 확정판결은 그 판결에 중대한 사실오인이 있다고 하더라도 재심의 대상이 되 지 않는다. 또한 판결만 재심의 대상이 되므로 결정이나 명령의 경우에도 재심청구 가 허용되지 않는다.

유죄의 확정판결이란 형선고의 판결 및 형면제의 판결이 확정된 경우를 말한 다. 제 1 심의 유죄판결이나 상소심에서의 파기자판 등에 의한 유죄판결뿐만 아니 라 확정판결의 효력이 부여되는 약식명령, 즉결심판, 경범죄 처벌법 및 도로교통법 에 의한 범칙금 납부도 여기에 포함된다. 또한 유죄판결 확정 후에 형 선고의 효력 을 상실케 하는 특별사면이 있었다고 하더라도, 형 선고의 법률적 효과만 장래를 향하여 소멸될 뿐이고 확정된 유죄판결에서 이루어진 사실인정과 그에 따른 유죄 판단까지 없어지는 것은 아니므로, 특별사면으로 형 선고의 효력이 상실된 유죄의 확정판결도 형사소송법 제420조의 '유죄의 확정판결'에 해당하여 재심청구의 대상 이 될 수 있다($^{대법원 2015.5.21, 2011}_{도1932 전원합의체 판결}$).

(나) 상소기각의 판결

재심은 항소 또는 상고의 기각판결도 그 대상으로 한다($^{제421}_{조}$). 여기서 상소기각의 판결이란 당해 판결로 인하여 확정된 하급심 판결을 의미하는 것이 아니라, 항소기각판결 또는 상고기각판결 그 자체를 의미한다($^{대법원 1984.7.27,}_{84모48}$). 상소기각의 판결은 유죄판결 자체는 아니지만 그 확정에 의하여 원심의 유죄판결도 확정된다는 점에서 유죄판결과는 별도로 이를 재심의 대상으로 한 것이다. 다만 상소기각의 판결에 대한 재심청구는 제420조 제 1 호, 제 2 호, 제 7 호의 재심이유에 해당하는 경우에 한하여 허용되고 있다($^{제421조}_{제1항}$).

Ⅱ. 재심이유

1. 유죄의 확정판결에 대한 재심이유

유죄의 확정판결에 사실오인이 있는 경우에 재심이 허용되는데, 재심은 예외적인 비상구제절차이므로 제420조는 구체적인 재심이유를 제한적으로 규정하고 있다.[1] 이러한 재심이유는 크게 허위증거에 의한 재심이유($^{falsa형의}_{재심이유}$)와 신증거에 의한 재심이유($^{nova형의}_{재심이유}$)로 나누는 것이 일반적이다. 제420조 제 5 호가 신증거에 의한 재심이유이고, 나머지는 허위증거에 의한 재심이유에 해당한다.

(1) 허위증거에 의한 재심이유

원판결이 사실을 인정하는 자료로 사용한 증거가 허위였음을 이유로 하는 재심이유이다. 이러한 재심이유들은 모두 확정판결에 의하여 증명될 것이 요구된다. 그리고 형사확정판결의 경우는 그것이 반드시 유죄판결임을 요하지 않고, 구성요건에 해당하는 사실이 증명된 때에는 위법성 또는 책임이 조각된다는 이유로 무죄판결이 선고된 경우도 포함된다고 해야 한다.

---

1) 형사소송법 이외의 특별법에 의하여 재심이 허용되는 경우가 있는데 ① 헌법재판소에서 위헌결정을 받은 법률 또는 법률의 조항에 근거해서 이루어진 유죄의 확정판결에 대한 재심청구(헌법재판소법 제47조), ② 피고인에 대한 송달불능을 이유로 불출석재판이 행하여져 유죄판결이 확정되었으나 유죄판결의 선고를 받은 자가 책임질 수 없는 사유로 공판절차에 출석할 수 없었던 경우의 재심청구(소송촉진 등에 관한 특례법 제23조의2), ③ 5 · 18 민주화운동과 관련된 행위 또는 일정한 헌정질서파괴범죄의 범행을 저지하거나 반대한 행위로 유죄의 확정판결을 선고받은 자에 의한 재심청구(5 · 18 민주화운동 등에 관한 특별법 제 4 조)가 여기에 해당한다.

㈎ 원판결의 증거가 된 서류 또는 증거물이 확정판결에 의하여 위조되거나 변조된 것임이 증명된 때(제420조 제1호)

원판결의 증거가 된 서류 또는 증거물이란 원판결이 범죄사실을 인정하기 위하여 증거의 요지에 기재한 증거를 말하므로, 증거조사를 하였더라도 판결에 인용하지 아니한 증거는 여기에 포함되지 않는다. 다만 원판결의 증거가 진술증거인 경우에는 그 증거능력을 인정하기 위한 증거도 포함된다.

㈏ 원판결의 증거가 된 증언 · 감정 · 통역 또는 번역이 확정판결에 의하여 허위임이 증명된 때(동조 제2호)

원판결의 증거가 된 증언이란 원판결의 이유 중에서 증거로 채택되어 범죄될 사실을 인정하는 데 인용된 증거를 말한다(대법원 2012.4.13, 2011도8529). 증언은 법률에 의하여 선서한 증인의 증언을 의미하고, 따라서 공동피고인의 공판정에서의 진술은 여기에 포함되지 않는다(대법원 1985.6.1, 85모10). 또한 재심대상이 된 피고사건과 별개의 사건에서의 증언내용을 기재한 증인신문조서나 진술조서가 서증으로 제출되어 이것이 채용된 경우는 여기에 포함되지 않는다(대법원 1999.8.11, 99모93). 다만 경우에 따라서는 제5호의 재심이유가 될 수 있을 것이다.

확정판결에 의하여 허위임이 증명된 때라 함은 증인 등이 위증죄 등의 죄로 처벌되어 그 판결이 확정된 경우를 말한다(대법원 2005.4.14, 2003도1080). 한편 증언이 확정판결에 의하여 허위임이 증명되면 허위증언 부분을 제외하고서도 다른 증거에 의하여 그 범죄사실이 유죄로 인정될 것인지의 여부와 관계없이 재심이유로 인정된다(대법원 2012.4.13, 2011도8529).

㈐ 무고(誣告)로 인하여 유죄를 선고받은 경우에 그 무고의 죄가 확정판결에 의하여 증명된 때(동조 제3호)

무고로 인하여 유죄를 선고받은 경우란 고소장 또는 고소조서의 기재가 원판결의 증거로 된 경우뿐만 아니라 무고의 진술이 증거로 된 때를 포함한다. 그러나 단순히 무고로 수사가 개시되었다는 이유만으로는 재심이유가 될 수 없다.

㈑ 원판결의 증거가 된 재판이 확정판결에 의하여 변경된 때(동조 제4호)

원판결의 증거가 된 재판이란 원판결의 이유 중에서 증거로 채택되어 범죄될 사실을 인정하는 데 인용된 다른 재판을 말한다(대법원 1986.8.28, 86모15). 재판에는 형사재판뿐만 아니라 민사재판도 포함된다.

(마) 저작권 · 특허권 · 실용신안권 · 디자인권 또는 상표권을 침해한 죄로 유죄의 선고를 받은 사건에 관하여 그 권리에 대한 무효의 심결 또는 무효의 판결이 확정된 때(동조 제6호)

권리무효의 심결 또는 판결이 확정되면 그 권리는 처음부터 존재하지 않는 것으로 인정되기 때문에 재심이유로 인정한 것이다.

(바) 원판결 · 전심판결 또는 그 판결의 기초된 조사에 관여한 법관, 공소의 제기 또는 그 공소의 기초된 수사에 관여한 검사나 사법경찰관이 그 직무에 관한 죄를 지은 것이 확정판결에 의하여 증명된 때(동조 제7호)

형사사법기관의 직무범죄가 증명된 경우에는 원판결에 사실오인이 있을 가능성이 크다는 점과 재판의 공정성에 대한 국민의 신뢰를 보호할 필요성이 있다는 점을 고려하여 관련 공무원의 직무상 범죄를 재심이유로 인정한 것이다. 여기서 직무에 관한 죄는 기본적으로 형법 제 2 편 제 7 장에 규정된 공무원의 직무에 관한 죄(제122조 내지 제133조), 즉 뇌물수수 · 폭행 · 가혹행위의 죄를 말하지만, 특별형법에 직무상 범죄에 대한 규정이 있으면 그러한 죄도 여기에 포함된다. 그러나 법관이 증거서류를 위조 · 변조한 경우는 여기에 포함되지 않고 제 1 호에 해당하게 된다. 그리고 직무상의 범죄를 이유로 재심을 청구하기 위해서는 원판결이 이들 공무원의 범죄행위로 얻어진 것이라는 점에 관하여 별도의 확정판결이나 제422조에 의한 확정판결에 대신하는 증명이 있는 경우라야 한다(대법원 1996.8.29, 96모72). 다만 원판결의 선고 전에 법관 · 검사 또는 사법경찰관에 대하여 공소가 제기되었을 경우에는 원판결의 법원이 그 사유를 알지 못한 때로 한정한다(제420조 제7호 단서). 또한 유죄의 선고를 받은 자가 공무원의 직무에 관한 죄를 범하게 한 때에는 검사만이 재심을 청구할 수 있다(제425조).

검사나 사법경찰관이 범한 직무에 관한 죄가 사건의 실체관계에 관계된 것인지 여부나 당해 검사나 사법경찰관이 직접 피의자에 대한 조사를 담당하였는지 여부는 재심사유를 판단함에 있어서 고려의 대상이 되지 않는다(대법원 2008.4.24, 2008모77). 따라서 공소제기된 형사사건의 수사과정에서 직접 피의자에 대한 조사를 담당한 경우는 물론, 수사과정에서 비록 피의자를 직접 조사하지는 않았으나 검사에게 수사지휘 품신을 하고, 피의자에게 구속통지를 하였으며, 검찰에 사건송치를 함에 있어 의견서를 작성한 경우도 공소의 기초된 수사에 관여한 경우에 포함된다(대법원 2006.5.11, 2004모16).

또한 판례는 수사기관이 영장주의를 배제하는 위헌적 법령에 따라 영장 없는 체포 · 구금을 한 경우에도 불법체포 · 감금의 직무범죄가 인정되는 경우에 준하는 것으로 보아, 과거의 긴급조치 제 9 호에 의하여 행하여진 수사에 기초한 유죄의 확정판결에 대하여 형사소송법 제420조 제 7 호의 재심사유의 존재를 인정하고 있다 $\left(\begin{smallmatrix} \text{대법원 2018.5.2,} \\ \text{2015모3243} \end{smallmatrix}\right)$.

(2) 새로운 증거에 의한 재심이유

형사소송법 제420조 제 5 호는 유죄의 선고를 받은 자에 대하여 무죄 또는 면소를, 형의 선고를 받은 자에 대하여 형의 면제 또는 원판결이 인정한 죄보다 가벼운 죄를 인정할 명백한 증거가 새로 발견된 때를 재심이유로 규정하고 있다. 새로운 증거에 의한 재심은 그로 인하여 사실인정에 오류가 생긴 경우에 한하고 법률적용에 오류가 생긴 경우는 포함하지 않는다. 따라서 확정판결 후의 법령의 개폐나 대법원의 판례변경은 재심이유가 되지 않는다. 이것은 이른바 nova형의 재심이유를 규정한 것으로서 재심이유 가운데 실제로 가장 중요한 비중을 차지하고 있다.

(가) 적용범위

1) 유죄의 선고를 받은 자에 대하여 무죄 또는 면소를 인정할 명백한 증거가 새로 발견된 때   유죄의 선고를 받은 자에 대하여 무죄 또는 면소를 인정할 경우와 관련하여 공소기각을 인정할 경우도 여기에 포함되는지가 문제된다. 부정설의 입장에서는 법이 유죄의 선고를 받은 자에 대하여 무죄 또는 면소를 선고할 경우에 한하여 재심을 허용하고 있으므로 공소기각판결을 선고할 명백한 증거가 새로 발견된 경우는 재심이유에 포함되지 않는다고 한다. 판례도 같은 입장이다 $\left(\begin{smallmatrix} \text{대법원 1997.1.13,} \\ \text{96모51} \end{smallmatrix}\right)$. 그러나 공소기각의 판결도 피고인에게 매우 유리한 판결이라는 점을 고려할 때, 제420조 제 5 호를 유추적용하여 공소기각의 판결을 선고할 경우도 무죄 또는 면소판결을 선고할 경우에 준해서 재심이유에 포함시키는 것이 피고인의 이익보호를 위하여 타당하다고 생각한다.

2) 형의 선고를 받은 자에 대하여 형의 면제 또는 원판결이 인정한 죄보다 가벼운 죄를 인정할 명백한 증거가 새로 발견된 때   이 경우 형의 면제란 필요적 면제만을 의미하고 임의적 면제는 포함되지 않는다 $\left(\begin{smallmatrix} \text{대법원 1984.5.30,} \\ \text{84모32} \end{smallmatrix}\right)$. 따라서 절도죄의 범인과 피해자가 동거가족이었다는 사실 $\left(\begin{smallmatrix} \text{형법 제344조,} \\ \text{제328조 제 1 항} \end{smallmatrix}\right)$이 밝혀진 경우는 여기에 해당하나, 자수 · 자복 $\left(\begin{smallmatrix} \text{형법} \\ \text{제52조} \end{smallmatrix}\right)$과 같은 임의적 면제사유의 발견은 재심이유로 되지 않는다.

가벼운 죄란 원판결이 인정한 죄와 다른 죄로서 법정형이 가벼운 죄를 말한다. 따라서 심신미약이나 종범과 같이 형의 감경사유가 인정되는데 그치는 경우 $\left(\begin{smallmatrix} \text{대법} \\ \text{원} \end{smallmatrix}\right.$

2007.7.12,
2007도3496)나 원판결에서 인정한 죄 자체에는 변함이 없이 양형상의 자료에 변동을 가져올 사유에 불과한 경우(대법원 2017.11.9, 2017도14769,)는 여기에 포함되지 않는다.

㈏ 새로운 증거의 범위

새로운 증거가 증거능력이 있는 증거임을 요하는가에 대하여는 견해의 대립이 있다. 증거능력이 있는 증거만을 의미한다는 견해와 재심을 폭넓게 인정하기 위해서 증거능력 있는 증거에 한정할 필요가 없다는 견해 및 엄격한 증명을 필요로 하는 사실에 관한 증거는 증거능력 있는 증거임을 요하지만 자유로운 증명으로 족한 사실에 관한 증거는 증거능력 있는 증거임을 요하지 않는다는 견해가 그것이다. 엄격한 증명의 대상인 사실의 증명을 위해서는 증거능력이 요구된다는 점에서 볼 때 구별설인 마지막 견해가 타당하다. 따라서 재심이유인 사실이 소송법적 사실에 해당하는 경우에는 새로운 증거는 반드시 증거능력이 있는 증거일 것을 요하지 않는다.

또한 제420조 제5호의 새로운 증거에는 범죄사실에 관한 증거뿐만 아니라 증거의 증거능력이나 증명력의 기초가 되는 사실에 관한 증거도 포함된다. 따라서 자백의 임의성을 의심하게 하는 새로운 증거나 보강증거를 배제하는 새로운 증거가 발견된 경우에는 자백이나 보강증거를 배제하여 무죄판결을 할 수 있다.

㈐ 증거의 신규성

1) 의　　의　　증거의 신규성이란 증거가 새로 발견된 것이어야 한다는 의미이다. 새로운 증거는 원판결 당시에 이미 존재하고 있었으나 후에 새로이 발견된 경우와 원판결 후에 새로 생긴 증거 및 원판결 당시 그 존재를 알았으나 조사나 제출이 불가능하였던 증거를 모두 포함한다(대법원 2015.10.29, 2013도14719,). 형벌에 관한 법령이 당초부터 헌법에 위배되어 법원에서 위헌·무효라고 선언한 경우도 여기에 해당한다(대법원 2013.4.18, 2010모363,).

2) 신규성의 판단기준　　당해 증거가 법원에 대하여 새로운 것이어야 한다는 것은 당연하다. 따라서 원판결에서 증명력 평가를 거친 증거가 그 내용이 달라졌더라도 이를 새로운 증거라고 할 수 없다. 그러므로 유죄를 인정한 원판결의 증거로 되었던 자백(대법원 1967.5.15, 67모30,)이나 증인의 증언(대법원 1984.2.20, 84모2,) 또는 공동피고인의 진술(대법원 1993.5.17, 93모33,)이 단순히 번복되었다는 것만으로는 새로운 증거라고 할 수 없다.

문제는 법원 이외에 피고인에게도 증거의 신규성이 요구되는가 하는 점에 있다. 이에 대하여는 재심은 비상구제절차로서 무고하게 처벌받은 피고인을 구제하는 데 목적이 있으므로 피고인을 폭넓게 보호하기 위하여 법원에 대해서 새로운 것이면 족하다는 불필요설과 피고인에 대해서는 원칙적으로 새로운 것일 필요가 없으나 피고인이 고의 또는 과실로 제출하지 않은 증거에 대해서는 신규성을 인정할 수 없다는 귀책사유설이 주장되고 있다. 판례는 귀책사유설을 취하고 있다.[1]

생각건대 재심제도를 두고 있는 취지가 사실오인으로 인하여 무고하게 처벌받는 피고인을 구제하는데 있다는 점에서 볼 때, 피고인의 귀책사유 유무와 관계없이 법원에 대하여 새로운 것이면 족하다고 해석하는 불필요설이 타당하다고 본다(다수설). 따라서 당사자가 과실로 당해 증거의 존재를 알지 못했거나 제출하지 못한 경우뿐만 아니라 여죄가 발각될 것을 두려워하여 유리한 증거를 제출하지 않은 경우라도 재심이유가 되며, 심지어 피고인이 적극적으로 범인임을 자처하여 유죄판결을 받은 경우에도 재심청구는 허용된다고 해석하여야 할 것이다.

㈑ 증거의 명백성

1) **명백성의 의미**   제420조 제5호에 의한 재심청구가 가능하기 위해서는 증거의 신규성과 함께 증거의 명백성이 요구된다. 증거의 명백성은 유죄의 확정판결을 파기할 고도의 가능성 내지 개연성이 인정되는 경우에 긍정된다(대법원 2010.10.14, 2009도4894).

2) **명백성의 판단방법**   증거의 명백성을 판단함에 있어서 새로운 증거만을 기준으로 할 것인지 기존의 구증거를 포함하여 종합적으로 판단해야 할 것인지 또한 종합적으로 판단한다고 할 때 그 구체적인 내용은 무엇인지에 대하여 견해의 대립이 있다.

① 단독평가설   단독평가설은 증거의 명백성을 새로운 증거만으로 판단해야 한다는 견해로서, 명백한 증거를 그 증거가치에서 다른 증거와 비교하여 객관적으로 우위성이 인정되는 증거로 보았던 종래의 판례의 입장이 여기에 해당한다(대법원

---

1) 대법원 2009. 7. 16, 2005모472 전원합의체 결정, 「증거의 신규성을 누구를 기준으로 판단할 것인지에 대하여 제420조 제5호가 그 범위를 제한하고 있지 않으므로 그 대상을 법원으로 한정할 것은 아니다. 그러나 재심은 당해 심급에서 또는 상소를 통한 신중한 사실심리를 거쳐 확정된 사실관계를 재심사하는 예외적인 비상구제절차이므로, 피고인이 판결확정 전 소송절차에서 제출할 수 있었던 증거까지 거기에 포함된다고 보게 되면, 판결의 확정력이 피고인이 선택한 증거제출시기에 따라 손쉽게 부인될 수 있게 되어 형사재판의 법적 안정성을 해치고, 헌법이 대법원을 최종심으로 규정한 취지에 반하여 제4심으로서의 재심을 허용하는 결과를 초래할 수 있다. 따라서 피고인이 재심을 청구한 경우 재심대상이 되는 확정판결의 소송절차 중에 그러한 증거를 제출하지 못한 데에 과실이 있는 경우에는 그 증거는 이 사건 조항에서의 '증거가 새로 발견된 때'에서 제외된다고 해석함이 상당하다.」

$^{1999.8.11,}_{99모93}$). 그러나 단독평가설을 취하여 명백성 인정에 새로운 증거 자체의 객관적 우위성을 요구하게 되면 재심개시결정은 예를 들면 살인사건에서 피해자의 생존, 진범의 발견, 명백한 알리바이의 성립 등의 경우로 그 범위가 지나치게 제한되지 않을 수 없게 된다.

　② 전면적 종합평가설　　　새로 발견된 증거와 확정판결의 소송절차에서 조사된 모든 구증거를 함께 고려하여 종합적으로 명백성 유무를 판단해야 한다는 견해이다. 이 입장에서는 재심제도가 사실인정의 오류를 바로잡아 피고인을 구제하기 위한 제도라는 점, 증거는 본래 상호관련성을 가지고 요증사실에 대한 법관의 심증형성에 작용한다는 점, 제한적 종합평가설과 같이 새로운 증거와 유기적으로 밀접하게 관련·모순되는 것으로 평가의 대상을 제한하게 되면 그 구별기준이 모호하게 된다는 점 등을 그 논거로 들고 있다. 전면적 종합평가설에 의하면 원심법원이 유죄의 증거로서 채택한 적극증거와 배척한 소극증거를 모두 새로운 증거와 함께 평가하여 명백성 여부를 판단하게 된다.

　③ 제한적 종합평가설　　　재심대상인 확정판결의 기초가 된 모든 증거를 새로운 증거와 함께 명백성 평가의 대상으로 삼는 것이 아니라, 새로 발견된 증거와 유기적으로 밀접하게 관련되고 모순되는 증거들만을 명백성 평가의 대상으로 고려하는 견해이다. 즉 확정판결의 기초가 된 유죄증거들 가운데 신증거와 유기적으로 밀접하게 관련·모순되는 것들만을 신증거와 함께 제한적으로 고려하여 명백성 유무를 판단해야 한다는 것으로서, 현재 판례가 취하고 있는 입장이다.[1]

　④ 검　　토　　　새로운 증거만으로 증거의 명백성을 판단할 때에는 재심이

---

1) 대법원 2009. 7. 16, 2005모472 전원합의체 결정,「형사소송법 제420조 제 5 호에 정한 '무죄 등을 인정할 명백한 증거'에 해당하는지 여부를 판단할 때에는 법원으로서는 새로 발견된 증거만을 독립적·고립적으로 고찰하여 그 증거가치만으로 재심의 개시 여부를 판단할 것이 아니라, 재심대상이 되는 확정판결을 선고한 법원이 사실인정의 기초로 삼은 증거들 가운데 새로 발견된 증거와 유기적으로 밀접하게 관련되고 모순되는 것들은 함께 고려하여 평가하여야 하고, 그 결과 단순히 재심대상이 되는 유죄의 확정판결에 대하여 그 정당성이 의심되는 수준을 넘어 그 판결을 그대로 유지할 수 없을 정도로 고도의 개연성이 인정되는 경우라면 그 새로운 증거는 위 조항의 '명백한 증거'에 해당한다. 만일 법원이 새로 발견된 증거만을 독립적·고립적으로 고찰하여 명백성 여부를 평가·판단하여야 한다면, 그 자체만으로 무죄 등을 인정할 수 있는 명백한 증거가치를 가지는 경우에만 재심개시가 허용되어 재심사유가 지나치게 제한되는데, 이는 새로운 증거에 의하여 이전과 달라진 증거관계 아래에서 다시 살펴 실체적 진실을 모색하도록 하기 위해 '무죄 등을 인정할 명백한 증거가 새로 발견된 때'를 재심사유의 하나로 정한 재심제도의 취지에 반하기 때문이다.」

허용되는 범위가 지나치게 제한될 위험이 있다는 점에서 단독평가설은 타당하지 않다. 또한 구증거들 가운데 새로운 증거와 유기적으로 밀접하게 관련 · 모순되는 증거들만을 명백성 판단에 고려하는 제한적 종합평가설에 대하여는 새로운 증거와 유기적으로 밀접하게 관련 · 모순되는 증거의 구별기준이 모호하다는 점과 제한된 유죄의 구증거만을 신증거와 함께 명백성 평가의 대상으로 삼게 되면 실질적으로 종합평가로서의 의미가 상실된다는 점에서 비판을 가할 수 있다.

증거의 명백성에 대한 판단방법으로서는 신증거와 구증거를 전면적으로 재평가하여 종합적으로 증거의 명백성을 판단하는 전면적 종합평가설이 타당하다고 본다(다수설). 전면적 종합평가설은 만일 새로운 증거가 원판결법원의 심리 중에 제출되었다면 과연 원판결과 같은 사실인정에 도달하였겠는가라는 관점에서 명백성 여부를 판단하려는 견해라고 할 수 있다.

3) 공범자에 대한 모순된 판결   공범자 사이에 모순된 판결이 있는 경우에 유죄의 확정판결을 받은 공범자가 후에 내려진 다른 공범자에 대한 무죄판결 자체를 가지고 무죄를 인정할 새로운 명백한 증거로 삼을 수 있는지 여부가 문제된다. 이에 대하여는 공범자 사이의 모순된 판결이 형벌법규의 해석의 차이로 인한 것이 아니라 사실인정에 관하여 결론을 달리한 때에는 모순판결 자체를 명백한 증거로 보아야 한다는 견해와 유죄의 확정판결 이후에 무죄의 확정판결이 내려졌다는 사실 그 자체가 아니라 무죄의 확정판결에 사용된 증거가 다른 공범자에 대하여 먼저 확정된 유죄판결을 파기할 만한 고도의 개연성이 있는 경우에 한하여 명백한 증거가 된다는 견해가 주장되고 있다. 판례는 후자의 입장을 취하고 있다($\binom{\text{대법원 1984.4.13,}}{\text{84모14}}$).

공범자에 대한 무죄판결이 법령의 개폐나 판례의 변경으로 인한 것이라면 사실인정의 오류에 해당하지 않으므로 재심이유가 될 수 없음은 명백하다. 또한 유죄와 무죄의 모순된 판결이 있다는 사실 자체만으로 이를 제420조 제 5 호의 명백한 증거에 해당한다고 보는 것은 곤란하다고 생각된다. 유죄판결은 범죄의 적극적 증명을 기초로 하는 것임에 반하여 무죄판결은 무죄의 증명뿐만 아니라 유죄의 증명이 없다는 소극적 판단도 그 기초로 하고 있기 때문이다. 따라서 공범자의 무죄판결 그 자체가 아니라 무죄의 확정판결의 기초가 된 증거가 재심사건과 관련하여 신규성과 명백성의 요건을 구비하는 경우에 한하여 재심이유로 된다고 보는 견해가 타당하다.

2. 상소기각의 확정판결에 대한 재심이유

(1) 의   의

항소 또는 상고의 기각판결에 대하여는 제420조 제 1 호, 제 2 호, 제 7 호에 해당하는 사유가 있는 경우에 한하여 그 선고를 받은 자의 이익을 위하여 재심을 청구할 수 있다($^{제421조}_{제1항}$). 원심의 유죄판결에 재심이유가 없는 경우에도 상소기각판결 자체에 재심이유가 있을 수 있으므로, 그러한 경우에 상소기각판결의 확정력을 배제하여 소송을 상소심에 계속된 상태로 되돌림으로써 사건의 실체를 다시 심판할 수 있게 하기 위한 것이다. 여기서 항소 또는 상고의 기각판결이라고 하는 것은 상소기각판결로 인하여 확정된 하급심 판결을 의미하는 것이 아니라 항소기각판결 또는 상고기각판결 그 자체를 의미한다.

(2) 재심이유

재심이유는 ① 원판결의 증거된 서류 또는 증거물이 확정판결에 의하여 위조 또는 변조된 것이 증명된 때($^{제420조}_{제1호}$), ② 원판결의 증거된 증언·감정·통역 또는 번역이 확정판결에 의하여 허위인 것이 증명된 때($^{동조}_{제2호}$), ③ 원판결, 전심판결 또는 그 판결의 기초된 조사에 관여한 법관, 공소의 제기 또는 그 공소의 기초된 수사에 관여한 검사나 사법경찰관이 그 직무에 관한 죄를 범한 것이 확정판결에 의하여 증명된 때($^{동조}_{제7호}$)에 인정된다. 그리고 ③의 경우에는 원판결의 선고 전에 법관, 검사 또는 사법경찰관에 대하여 공소의 제기가 있는 경우에는 원판결의 법원이 그 사유를 알지 못한 때에 한한다($^{동조}_{제7호 단서}$).

따라서 범죄사실에 대하여 증거에 의한 사실인정을 하지 않았던 상고심 판결에 대하여 원판결에 사실오인이 있다거나 무죄를 선고할 증거가 새로 발견되었다는 사유나($^{대법원 1976.3.}_{24, 75소4}$) 원판결 후 진범이 검거되어 공판진행 중이라는 사유를($^{대법}_{원}$ $^{1986.5.14,}_{86소1}$) 내세워 재심청구를 할 수 없다.

(3) 재심청구의 제한

확정된 하급심판결에 대한 재심청구사건의 판결이 있은 후에는 상급심에 의한 상소기각판결에 대하여 다시 재심을 청구하지 못한다($^{제421조 제2}_{항·제3항}$). 이 경우에는 원판결 자체에 대한 종전의 재심판결로 이미 상소기각판결에 대하여 재심청구를 인정할 필요성이 없어졌고, 재심판결 그 자체에 대하여도 상소를 제기할 수 있기 때문

이다. 여기서 재심청구사건의 판결이란 재심개시결정에 의하여 진행된 재심심판절
차에서 내려진 판결을 의미한다. 따라서 하급심의 확정판결에 대하여 재심청구를
기각하는 결정이 있었던 경우에는 상소기각의 확정판결에 대하여도 재심청구가 허
용된다고 해야 한다.

3. 확정판결에 대신하는 증명

확정판결로써 범죄가 증명됨을 재심청구의 이유로 할 경우에 그 확정판결을
얻을 수 없는 때에는 그 사실을 증명하여 재심의 청구를 할 수 있다. 다만 증거가
없다는 이유로 확정판결을 얻을 수 없는 때에는 예외로 한다($\frac{제422}{조}$). 본조는 제420
조 및 제421조에 대한 보충규정으로서 확정판결에 의하여 범죄나 증거의 허위 등
을 증명할 수 없는 경우에 다른 방법으로 사실을 증명하여 재심을 청구할 수 있도
록 한 것이다.

여기서 확정판결을 얻을 수 없다는 것은 유죄판결의 선고를 할 수 없는 사실
상 또는 법률상의 장애가 있는 경우를 말한다. 예를 들면 범인이 사망하였거나 행
방불명이 된 경우, 범인이 현재 심신상실상태에 있는 경우, 사면이 있었던 경우, 공
소시효가 완성된 경우, 범인을 기소유예결정한 경우 등이 여기에 해당한다. 또한
본조에 의하여 재심을 청구하려면 확정판결을 얻을 수 없다는 사실뿐만 아니라 재
심이유로 된 범죄행위 등이 행하여졌다는 사실도 증명하여야 한다. 따라서 공소시
효완성을 이유로 한 검사의 불기소결정이 있었다는 사실만으로는 확정판결에 대신
하는 증명으로서 부족하고 이를 위해서는 불기소결정의 대상이 된 범죄사실의 존
재가 적극적으로 입증되어야 한다($\frac{대법원\ 1994.7.14,}{93모66}$). 사법경찰관이 불법감금죄로 고소
되었으나 검사에 의하여 무혐의 불기소결정이 되어 그 당부에 관한 재정신청이 있
자, 재정신청을 받은 고등법원이 불법감금사실을 인정하면서 여러 사정을 참작하
여 사법경찰관에 대하여 기소유예의 불기소결정을 할 수 있었다는 이유로 재정신
청기각결정을 하여 확정된 경우에는 확정판결에 대신하는 증명이 있다고 할 수 있
으므로 제420조 제7호의 재심이유가 된다($\frac{대법원\ 1997.2.26,}{96모123}$).

Ⅲ. 재심개시절차

1. 재심의 관할

재심의 청구는 원판결을 한 법원이 관할한다($\frac{제433}{조}$). 여기서 원판결이란 재심청구인이 재심이유가 있다고 하여 재심청구의 대상으로 삼은 판결을 말한다($\frac{대법원}{1986.6.12,}$ $\frac{86모}{17}$). 따라서 재심청구인이 제 1 심 판결을 재심청구의 대상으로 하는 경우에는 제 1 심 법원이 관할권을 가지며, 항소법원이나 대법원이 제 1 심 판결이나 제 2 심 판결을 파기하고 자판한 경우에는 항소법원이나 대법원에 재심을 청구하여야 한다. 상소심에서 파기자판한 경우 하급심 판결은 재심청구의 대상인 원판결에 해당하지 않기 때문이다. 한편 상소기각판결을 대상으로 하는 경우에는 상소법원이 재심청구사건을 관할한다. 그리고 군사법원의 판결이 확정된 후 피고인에 대한 재판권이 더 이상 군사법원에 없게 된 경우 군사법원의 판결에 대한 재심사건의 관할은 원판결을 한 군사법원과 같은 심급의 일반법원에 있다($\frac{대법원 2020.6.26,}{2019모3197}$).

재심청구가 원판결을 한 법원이 아닌 다른 법원에 잘못 제기된 경우 당해 법원은 그 재심청구를 기각할 것이 아니라 관할법원에 이송하여야 한다. 재심청구를 받은 관할권 없는 법원이 기각결정을 하고 이에 대하여 재심청구인이 항고를 제기하였는데 마침 항고를 받은 법원이 재심관할법원인 경우에는 당해 법원은 형사소송법 제367조를 유추적용하여 관할권 없는 법원의 결정을 파기하고 재심관할법원으로서 그 절차를 취하여야 한다($\frac{대법원 2003.9.23,}{2002모344}$).

2. 재심의 청구

(1) 재심청구권자

㈎ 검   사

검사는 공익의 대표자로서 유죄의 선고를 받은 자의 이익을 위하여 재심을 청구할 수 있다($\frac{제424조}{제1호}$). 또한 법관·검사 또는 사법경찰관의 직무상 범죄를 이유로 하는 재심의 청구는 유죄의 선고를 받은 자가 그 죄를 범하게 한 경우에는 검사가 아니면 청구하지 못한다($\frac{제425}{조}$). 검사는 유죄의 선고를 받은 자의 의사에 반해서도 재심을 청구할 수 있다고 보아야 한다.

㈏ 유죄의 선고를 받은 자

유죄의 선고를 받은 자와 그 법정대리인은 재심을 청구할 수 있다($\frac{제424조}{제2호·제3호}$).

본인이 사망하거나 심신장애가 있는 경우에는 그 배우자·직계친족 또는 형제자매가 청구할 수 있다($\frac{동조}{제4호}$).

검사 이외의 자가 재심을 청구하는 경우에는 변호인을 선임할 수 있고($\frac{제426조}{제1항}$), 이 경우에 변호인도 대리권에 기하여 재심을 청구할 수 있다. 변호인의 선임은 재심의 판결이 있을 때까지 효력이 있다($\frac{동조}{제2항}$). 변호인선임의 효력은 당해 심급에 한하여 미치므로 재심판결이 있은 후 상소하는 경우에는 심급마다 변호인을 선임하여야 한다.

(2) 재심청구의 기간

재심청구의 기간에는 제한이 없다. 재심의 청구는 형의 집행 중에는 물론이고 형의 집행을 종료하거나 형의 집행을 받지 않게 된 때에도 할 수 있다($\frac{제427}{조}$). 따라서 형의 시효가 완성되거나 형의 집행유예기간이 경과한 경우에도 재심청구가 가능하고, 본인이 사망한 때에도 재심청구를 할 수 있다. 본인이 사망한 경우라도 명예회복의 이익이 있고 또한 무죄판결을 받은 경우에는 판결의 공시($\frac{제440}{조}$), 형사보상 그리고 집행된 벌금, 몰수된 물건 또는 추징금액의 환부와 같은 법률적 이익이 있기 때문이다.

(3) 재심청구의 방식

재심청구를 함에는 재심청구의 취지 및 이유를 구체적으로 기재한 재심청구서에 원판결의 등본 및 증거자료를 첨부하여 관할법원에 제출하여야 한다($\frac{규칙}{제166조}$). 여기서 원판결의 등본이란 재심의 대상이 될 판결의 등본을 말한다. 상소기각판결에 대한 재심청구의 경우에는 상소기각판결의 등본뿐만 아니라 유죄를 선고한 원심판결의 등본도 함께 첨부해야 할 것이다. 그리고 재심청구서에 첨부할 증거자료는 확정판결에 의하여 재심이유를 증명하여야 할 경우에는 그 확정판결의 등본을 말하고, 새로운 증거의 발견을 이유로 하는 경우에는 그 새로운 증거의 사본이나 증거의 요지를 명시한 것을 말한다. 증거보전절차는 제 1 심 제 1 회 공판기일 전에 한하여 허용되는 것이므로($\frac{제184조}{제1항}$) 재심청구사건에서 증거보전청구는 허용되지 않는다($\frac{대법원\ 1984.3.29,}{84모15}$).

재소자의 경우에는 재심청구서를 교도소장이나 구치소장 또는 그 직무를 대리하는 자에게 제출한 때에 재심을 청구한 것으로 간주된다($\frac{제430조,}{제344조}$). 교도소장 등이 재심청구서를 제출받은 때에는 그 제출받은 연월일을 재심청구서에 부기하여 즉시 이를 재심청구법원에 송부하여야 한다($\frac{규칙 제168조,}{제152조 제 1 항}$).

(4) 재심청구의 효과

재심을 청구하더라도 형의 집행이 정지되지는 않는다. 다만 관할법원에 대응한 검찰청 검사는 재심청구에 대한 재판이 있을 때까지 형의 집행을 정지할 수 있다($\frac{제428}{조}$). 이러한 검사에 의한 형의 집행의 정지는 법원이 재심개시결정을 할 때에 형의 집행을 임의적으로 정지할 수 있는 것($\frac{제435조}{제 2 항}$)과는 구별된다.

(5) 재심청구의 취하

재심의 청구는 취하할 수 있다($\frac{제429조}{제1항}$). 재심청구의 취하는 서면으로 하여야 한다. 다만 공판정에서는 구술로 할 수 있고, 구술로 재심청구를 취하한 때에는 그 사유를 조서에 기재하여야 한다($\frac{규칙}{제167조}$). 재소자가 교도소장 등에게 취하서를 제출한 때에는 재심청구를 취하한 것으로 간주된다($\frac{제430조,}{제344조}$).

재심청구를 취하할 수 있는 시기는 재심개시결정이 있을 때까지가 아니라 재심의 제 1 심 판결선고시까지라고 보는 것이 타당하다. 재심개시결정 이후에도 청구를 취하할 실익이 있을 뿐만 아니라 형사소송규칙이 공판정에서 구술로 재심청구를 취하할 수 있다고 규정하고 있기 때문이다.

재심의 청구를 취하한 자는 동일한 이유로써 다시 재심을 청구하지 못한다($\frac{제429조}{제 2 항}$).

3. 재심청구에 대한 심리와 재판

(1) 재심청구의 심리

㈎ 사실조사

재심청구의 심리절차는 판결절차가 아니라 결정절차이므로 구두변론에 의할 필요가 없고 절차를 공개할 필요도 없다. 다만 재심청구를 받은 법원은 필요한 경우에는 사실을 조사할 수 있고($\frac{제37조}{제3항}$), 필요하다고 인정한 때에는 합의부원에게 재심청구의 이유에 대한 사실조사를 명하거나 다른 법원 판사에게 이를 촉탁할 수 있다($\frac{제431조}{제1항}$). 수명법관 또는 수탁판사가 사실조사를 하는 경우에 이들은 법원 또는 재판장과 동일한 권한이 있다($\frac{동조}{제2항}$). 재심청구에 대한 재판에서는 소송당사자에게 사실조사신청권이 없으므로 당사자가 재심청구의 이유에 관한 사실조사신청을 한 것은 단지 법원의 직권발동을 촉구하는 의미이고 법원이 사실조사신청을 배척하더라도 당사자에게 이를 고지할 필요가 없다$\left(\substack{\text{대법원 2021.3.12,}\\\text{2019모3554}}\right)$.

사실조사의 범위는 재심청구인이 재심청구이유로 주장한 사실의 유무 판단에 제한된다. 그러므로 재심청구의 심리에 있어서는 직권조사사항이 인정되지 않는다. 그러나 조사의 대상이 되는 사실에는 재심청구이유와 직접 관련된 사실뿐만 아니라 그 사실에 부수하는 사실이나 그와 밀접한 관련을 가지는 사실도 포함된다고 해야 한다.

재심개시절차에서는 형사소송법이 규정하고 있는 재심이유의 존부만을 판단하여야 하고, 당해 재심이유가 재심대상판결에 영향을 미칠 가능성이 있는가 하는 실체적 사유는 고려해서는 안 된다. 그리고 법원은 사실을 조사하는 데 필요한 경우에는 압수 · 수색 · 검증 · 증인신문 · 감정 등의 방법으로 직권에 의한 증거수집과 조사를 행할 수 있다. 다만 재심청구사건에 대한 사실조사는 공판절차에서의 증거조사와는 달리 반드시 엄격한 증거조사의 방법에 의할 것을 요하지 않는다. 사실조사는 재심청구의 이유 유무를 판단하기 위한 것이지 유죄 · 무죄의 입증을 위한 것은 아니기 때문이다.

재심청구의 대상이 된 원판결은 재심청구사건과의 관계에 있어서 전심에 해당하지 않으므로 원판결의 심리에 관여한 법관이 재심청구사건을 심판하더라도 제척 또는 기피사유에 해당하지 않는다$\left(\substack{\text{대법원 1982.11.15,}\\\text{82모11}}\right)$.

⑷ 당사자의 의견

재심의 청구에 대하여 결정을 함에는 청구한 자와 상대방의 의견을 들어야 한다. 단 유죄의 선고를 받은 자의 법정대리인이 청구한 경우에는 유죄의 선고를 받은 자의 의견을 들어야 한다$\left(\substack{\text{제432}\\\text{조}}\right)$. 재심청구사건에 대한 심리는 결정으로 종결되는 절차이지만 이해관계자에게 의견을 진술할 기회를 부여함으로써 심리의 신중과 결정의 합리성을 도모하기 위한 것이다. 따라서 이해관계자에게 의견진술의 기회를 주지 않고 청구기각결정을 한 경우에는 결정에 영향을 미친 중대한 위법에 해당하므로 즉시항고의 이유가 된다$\left(\substack{\text{대법원 1991.10.22,}\\\text{91모61}}\right)$. 그러나 재심을 청구한 자와 상대방에게 의견진술의 기회를 주면 족하고 반드시 의견진술이 있어야 할 필요는 없다$\left(\substack{\text{대법원 1997.1.16,}\\\text{95모38}}\right)$.

(2) 재심청구에 대한 재판

㈎ 청구기각의 결정

1) 재심청구가 부적법한 경우   재심의 청구가 법률상의 방식에 위반하거나 청구권의 소멸 후인 것이 명백한 때에는 결정으로 기각하여야 한다($\frac{제433}{조}$). 재심청구권이 없는 자가 재심을 청구한 경우, 재심청구의 취지 및 재심청구의 이유를 구체적으로 기재하지 않았거나 원판결의 등본 및 증거자료를 첨부하지 않은 경우, 재심청구가 이유 없음을 이유로 기각결정된 사건에 대하여 다시 재심을 청구한 경우 등이 여기에 해당한다. 또한 재심청구인이 재심의 청구를 한 후 그 청구에 대한 결정이 확정되기 전에 사망한 경우에도 재심청구절차는 종료된다($\frac{대법원\ 2014.5.30,}{2014모739}$).

2) 재심청구가 이유 없는 경우   재심청구가 이유 없다고 인정한 때에는 결정으로 그 청구를 기각하여야 한다. 이 결정이 있는 때에는 누구든지 동일한 이유로 다시 재심을 청구하지 못한다($\frac{제434}{조}$). 청구사유가 동일한 사실의 주장인 이상 그 법률적 구성을 달리하여 청구한 경우에도 마찬가지이다.

3) 청구가 경합된 경우   상소를 기각하는 확정판결과 이에 따라 확정된 하급심의 판결에 대하여 각각 재심청구가 있는 경우에 상소법원은 결정으로 하급심법원의 소송절차가 종료할 때까지 소송절차를 정지하여야 한다($\frac{규칙}{제169조}$). 하급심 법원이 재심청구를 받아들여 재심의 판결을 한 때에는 상소기각판결을 한 법원은 재심청구를 기각하여야 한다($\frac{제436}{조}$). 하급심의 유죄판결에 대해 재심판결이 있으면 재심청구의 목적을 달성한 것이 되어 상소심판결에 대한 재심청구가 무의미해지기 때문이다.

㈏ 재심개시결정

1) 재심청구가 이유 있는 경우   재심의 청구가 이유 있다고 인정한 때에는 재심개시의 결정을 하여야 한다($\frac{제435조}{제1항}$). 그리고 재심개시결정을 할 때에는 결정으로 형의 집행을 정지할 수 있다($\frac{동조}{제2항}$).

2) 경합범의 일부에만 재심청구가 이유 있는 경우   경합범의 관계에 있는 수개의 범죄사실을 유죄로 인정하여 하나의 형을 선고한 확정판결에서 그 중 일부의 범죄사실에 대해서만 재심청구의 이유가 있는 것으로 인정되는 경우에도 법원은 경합범 전부에 대하여 재심개시결정을 하여야 한다.

다만 이 경우에 법원은 경합범의 어느 범위에서 재심심판을 할 수 있는지가 문제된다. 이에 대하여는 경합범의 경우에 1개의 형이 선고되면 재심청구가 이유 없는 부분과 재심이유가 인정되는 부분은 서로 불가분의 관계를 이루게 되므로 경합범 전체가 실질적으로 법원의 재심심판의 대상이 된다는 견해(전부재심설)와 이경우에는 경합범 전체에 대하여 재심개시결정을 해야 하지만 그 효력은 재심이유가 없는 범죄사실에 대해서는 형식적인 것에 그치고 그 부분은 재심심판법원이 양형을 위하여 필요한 범위 내에서 심리할 수 있을 뿐이라는 견해(일부재심설)가 주장되고 있다. 일부재심설이 통설과 판례[1]의 입장이다.

경합범 관계에 있는 수개의 범죄사실에 대하여 1개의 형이 선고된 경우에는 그 전체에 대하여 재심개시결정을 해야 하지만 재심이유가 있다고 인정된 범죄사실만이 실질적으로 재심의 대상이 되고 재심이유가 인정되지 않는 범죄사실은 형식적으로 심판의 대상이 되는 데 그치므로, 재심심판법원은 재심이유 없는 범죄사실에 대한 유죄인정을 파기할 수 없고 다만 양형을 위하여 필요한 범위에서 이를 심리할 수 있을 뿐이라고 해석하는 일부재심설이 타당하다.

(3) 결정에 대한 불복

재심의 청구를 기각하는 결정과 재심개시결정에 대하여는 즉시항고를 할 수 있다($\frac{제437}{조}$). 이러한 불복이 없이 확정된 재심개시결정의 효력에 대하여는 더 이상 다툴 수 없다($\frac{대법원 2013.4.11,}{2012도13171}$). 최종심인 대법원의 결정에 대하여는 즉시항고가 허용되지 않는다.

Ⅳ. 재심심판절차

1. 재심의 공판절차

재심개시의 결정이 확정된 사건에 대하여는 법원은 그 심급에 따라 다시 심판하여야 한다($\frac{제438조}{제1항}$). 법원은 심급에 따라 심판하여야 하므로 제1심의 확정판

---

1) 대법원 2021. 7. 8, 2021도2738, 「경합범 관계에 있는 수개의 범죄사실을 유죄로 인정하여 한 개의 형을 선고한 불가분의 확정판결에서 그 중 일부의 범죄사실에 대하여만 재심청구의 이유가 있는 것으로 인정된 경우에는 형식적으로는 1개의 형이 선고된 판결에 대한 것이어서 그 판결 전부에 대하여 재심개시의 결정을 할 수밖에 없지만, 비상구제수단인 재심제도의 본질상 재심사유가 없는 범죄사실에 대하여는 재심개시결정의 효력이 그 부분을 형식적으로 심판의 대상에 포함시키는데 그치므로 재심법원은 그 부분에 대하여는 이를 다시 심리하여 유죄인정을 파기할 수 없고, 다만 그 부분에 관하여 새로이 양형을 하여야 하므로 양형을 위하여 필요한 범위에 한하여만 심리를 할 수 있을 뿐이다.」

결에 대한 재심의 경우에는 제 1 심의 공판절차에 따라, 항소심에서 파기자판된 확정판결에 대해서는 항소심의 절차에 따라, 그리고 항소기각 또는 상고기각의 확정판결에 대한 재심의 경우에는 항소심 또는 상고심의 절차에 따라 각각 심판하여야 한다. 따라서 재심청구의 대상이 된 확정판결이 제 1 심 유죄판결인 경우에는 진술거부권의 고지, 인정신문, 검사의 모두진술, 피고인의 모두진술, 증거조사, 피고인신문, 최종변론 등의 절차가 재심의 공판절차에서 새로 행하여져야 할 것이다. 재심의 판결에 대해서는 일반원칙에 따라 상소가 허용된다.

재심의 심판은 사건 자체를 대상으로 다시 심판하는 것이고 원판결의 당부를 심사하는 것이 아니므로 심리결과 원판결과 동일한 결론에 도달한 경우에도 사건에 대하여 새로이 판단하여야 한다(대법원 2015.5.14, 2014도2946 참조).

2. 재심심판과 적용법령

재심이 개시된 사건에서 범죄사실에 대하여 적용하여야 할 법령은 재심판결 당시의 법령이다. 따라서 재심대상판결 당시의 법령이 변경된 경우 법원은 그 범죄사실에 대하여 재심판결 당시의 법령을 적용하여야 하며, 법령을 해석함에 있어서도 재심판결 당시를 기준으로 하여야 한다(대법원 2013.7.11, 2011도14044).

재심이 개시된 사건에서 범죄사실에 대하여 적용해야 할 법령이 폐지된 경우에는 형사소송법 제326조 제 4 호를 적용하여 그 범죄사실에 대하여 면소를 선고하여야 한다. 다만 형벌에 관한 법령이 헌법재판소의 위헌결정으로 인하여 소급하여 그 효력을 상실하였거나 법원에서 위헌·무효로 선언된 경우에는 당해 법령을 적용하여 공소가 제기된 피고사건에 대하여 면소를 할 수 없고 무죄를 선고하여야 하며, 나아가 형벌에 관한 법령이 재심판결 당시 폐지되었다 하더라도 그 폐지가 당초부터 헌법에 위배되어 효력이 없는 법령에 대한 것이었다면 형사소송법 제325조 전단이 규정하는 '범죄로 되지 아니하는 때'의 무죄사유에 해당하는 것이지, 형사소송법 제326조 제 4 호의 면소사유에 해당한다고 할 수 없다(대법원 2010.12.16, 2010 도5986 전원합의체 판결).

3. 재심심판절차의 특칙

(1) 심리의 특칙

재심의 심판절차에 대해서는 당해 심급의 공판절차에 관한 규정이 준용되지만 재심의 특수성에 비추어 다음과 같은 특칙을 인정하고 있다.

(개) 피고인의 불출석과 필요적 변호

재심의 공판절차에서는 피고인의 공판정 출석에 대한 특칙이 인정된다. 즉 재심피고인이 사망하거나 회복할 수 없는 심신장애인인 경우에는 피고인의 출정 없이 심판할 수 있다. 다만 변호인이 출정하지 아니하면 개정하지 못한다(제438조 제2항·제3항). 이 경우에 재심청구인이 변호인을 선임하지 아니한 때에는 재판장은 직권으로 변호인을 선임하여야 한다(동조 제4항).

(내) 공판절차의 정지

회복할 수 없는 심신장애인을 위하여 재심의 청구를 한 때 또는 유죄의 선고를 받은 자가 재심의 판결 전에 회복할 수 없는 심신장애인으로 된 때에는 공판절차를 정지할 필요 없이 심리를 계속하여야 한다(동조 제2항, 제306조 제1항).

(대) 공소취소와 공소장변경

공소취소는 제 1 심 판결의 선고 전까지 가능하므로, 최소한 제 1 심 판결이 선고되어 확정된 사실을 전제로 하는 재심공판절차에서 공소취소는 할 수 없다고 해야 한다(대법원 1976.12.28, 76도3203). 따라서 비록 제 1 심의 유죄판결에 대해 재심심판을 하는 경우라도 공소취소는 할 수 없다.

한편 재심의 공판절차에서 공소장변경이 제한 없이 허용되는가 하는 것도 문제가 된다. 재심공판절차에 대하여는 당해 심급의 공판절차에 관한 규정이 준용될 뿐만 아니라 불이익변경금지의 원칙이 적용되므로 공소장변경이 전면적으로 허용된다는 견해도 있으나, 현행법이 이익재심만을 허용하는 취지에 비추어 볼 때 원판결의 죄보다 중한 죄를 인정하기 위한 공소사실의 추가·변경은 허용되지 않는다고 해석하는 것이 타당하다. 판례도 재심심판절차에서는 특별한 사정이 없는 한 검사가 재심대상사건과 별개의 공소사실을 추가하는 내용으로 공소장을 변경하는 것이 허용되지 않고, 일반 절차로 진행 중인 별개의 형사사건을 재심대상사건에 병합하여 심리하는 것도 허용되지 않는다는 입장이다(대법원 2019.6.20, 2018도20698 전원합의체 판결).

(2) 재판의 특칙

(개) 피고인 사망의 경우

통상의 공판절차에서는 피고인이 사망한 경우에 법원은 공소기각의 결정을 해야 한다(제328조 제1항 제2호). 그러나 사망자를 위하여 재심청구를 하였거나 재심피고인이 재심의 판결 전에 사망한 경우에는 공소기각의 결정을 할 수 없고 실체판결을 하여야 한다($\frac{\text{제438조}}{\text{제 2 항}}$).

㈏ 불이익변경의 금지

재심의 경우에는 원판결의 형보다 무거운 형을 선고할 수 없다($\frac{\text{제439}}{\text{조}}$). 유죄판결을 받은 자의 이익을 위한 재심만이 인정되고 있기 때문이다. 불이익변경금지의 원칙은 검사가 재심을 청구한 경우에도 마찬가지로 적용된다.

㈐ 무죄판결의 공시

재심에서 무죄의 선고를 한 때에는 그 판결을 관보와 그 법원소재지의 신문에 기재하여 공고하여야 한다($\frac{\text{제440}}{\text{조}}$). 다만 재심에서 무죄의 선고를 받은 사람 또는 사망자나 심신장애인을 위한 재심청구의 경우에 재심을 청구한 사람이 이를 원하지 아니하는 의사를 표시한 경우에는 그러하지 아니하다($\frac{\text{제440}}{\text{조}}$). '재심에서 무죄를 선고한 때'의 의미를 무죄판결이 확정된 때로 보는 견해가 있으나, 문언대로 무죄판결이 선고된 때로 보는 것이 조속한 피고인의 명예회복을 위한 공시제도의 취지에 부합하는 해석이라고 생각된다.

㈑ 원판결의 효력

재심개시결정이 확정된 후 재심심판절차가 진행 중이라는 것만으로는 확정판결의 존재 내지 효력을 부정할 수 없지만, 재심판결이 확정되면 원판결은 당연히 그 효력을 잃는다. 재심판결이 확정되면 원판결이나 그 부수처분의 법률적 효과가 상실되고 형선고가 있었다는 기왕의 사실 자체의 효과가 소멸한다($\frac{\text{대법원 2019.2.28,}}{\text{2018도13382}}$). 그러나 재심판결이 확정된 경우에도 원판결에 의한 형의 집행이 무효로 되는 것은 아니며, 원판결에 의한 자유형의 집행은 재심판결에 의한 자유형의 집행에 통산된다.

㈒ 재심판결의 효력

상습범으로 유죄의 확정판결을 받은 사람이 그 후 동일한 습벽에 의해 범행을 범하였는데 유죄의 확정판결에 대하여 재심이 개시된 경우, 동일한 습벽에 의한 후행범죄가 선행범죄에 대한 재심판결 선고 전에 범하여졌다 하더라도 재심심판절차에서는 후행범죄에 대하여 사실심리를 할 가능성이 없으므로 재심판결의 확정력은 후행범죄에 미치지 않는다. 또한 유죄의 확정판결을 받은 사람이 그 후 별개의 후행범죄를 저질렀는데 유죄의 확정판결에 대하여 재심이 개시된 경우, 후행범죄가 재심대상판결에 대한 재심판결 확정 전에 범하여졌다 하더라도 재심심판절차에서는 후행범죄를 재심대상이 된 선행범죄와 함께 심리하여 판결할 수 없으므로, 아직 판결을 받지 아니한 후행범죄와 재심판결이 확정된 선행범죄 사이에는 형법 제37조 후단에서 정한 경합범 관계가 성립하지 않는다(대법원 2019.6.20, 2018 도20698 전원합의체 판결).

제 2 절 비상상고

Ⅰ. 비상상고의 의의와 기능

1. 의   의

비상상고는 확정판결에 대하여 확정판결이 인정한 사실을 전제로 하여 그 심판의 법령위반을 이유로 이를 시정하기 위하여 인정된 비상구제절차이다. 비상상고는 확정판결에 대한 구제절차라는 점에서 미확정판결의 시정제도인 상소와 구별된다. 그리고 비상상고는 법령위반을 이유로 하는 비상구제절차라는 점에서 사실인정의 잘못을 이유로 하는 재심과 다르다. 비상상고는 신청권자가 검찰총장이라는 점, 관할법원이 원판결을 한 법원이 아니라 대법원이라는 점, 판결의 효력이 원칙적으로 피고인에게 미치지 않는다는 점 등에서도 재심과 구별된다.

2. 기   능

(1) 법령의 해석 · 적용의 통일

비상상고는 법령의 해석 · 적용의 통일을 목적으로 하는 제도이다. 재심청구가 확정판결 자체를 대상으로 함에 비하여 비상상고는 확정판결과 그 판결이 확정되기까지의 절차 가운데 법령위반부분을 대상으로 하고 있으며, 유죄 · 무죄 등 판결의 종류와 관계없이 법령적용의 오류를 시정하는 기능을 수행하고 있다. 다시 말해서 비상상고는 원판결에 구체적인 법령의 해석과 적용의 잘못이 있는 경우에 정당한 법령의 해석 · 적용을 선언하는 의미를 가진다.

(2) 피고인의 불이익구제

비상상고가 이유 있어 원판결의 법령위반이 인정되고, 법령위반의 원판결이 피고인에게 불이익한 경우에는 대법원은 피고사건에 대하여 다시 판결하여야 한다(제446조 제1호 단서). 따라서 비상상고는 법령의 해석 · 적용의 통일과 함께 피고인을 구제하는 기능도 가지고 있다. 다만 비상상고의 기능인 법령의 해석·적용의 통일과 피고인 구제의 관계에 대하여는 견해가 일치하지 않고 있다. 우리의 비상상고제도를 프랑스 형사소송법상의 '법률의 이익을 위한 상고'에서 유래한 것으로 보는 견해에서는 비상상고는 법령의 해석·적용의 통일을 목적으로 하는 제도이고 피고인의 구제는 법령의 해석·적용의 오류를 시정함으로써 얻어지는 부차적인 효과에 불과하다고 한다. 판례도 같은 입장인 것으로 보인다($\binom{대법원\ 2005.3.11,}{2004오2}$). 이에 대하여 비상상고를 프랑스법상의 '법률의 이익을 위한 상고'와 '공익을 위한 상고'의 양자에서 유래한 것으로 보는 견해에서는 법령의 해석·적용의 통일과 함께 피고인의 구제도 비상상고의 중요한 기능으로 파악하고 있다.

피고인의 이익이 부당하게 침해되는 것은 법의 이념인 정의의 요청에 반하는 것이므로 비상상고는 법령의 해석·적용의 통일과 함께 피고인의 구제를 목적으로 하는 제도라고 보아야 할 것이다. 그리고 이와 같이 피고인 구제의 기능을 법령의 해석·적용의 통일과 대등한 관계에 있는 비상상고의 또 다른 기능이라고 해석할 때, 비상상고의 이유인 원판결의 법령위반 여부를 판단함에 있어서도 피고인 구제의 목적을 실현하는 방향으로 이를 보다 적극적으로 해석하는 것이 가능하게 될 것이다.

Ⅱ. 비상상고의 대상

비상상고의 대상은 모든 확정판결이다. 재심의 경우와는 달리 유죄의 확정판결에 제한되지 않는다. 따라서 유죄·무죄의 판결은 물론 관할위반의 판결·공소기각판결·면소판결과 같은 형식재판도 비상상고의 대상이 된다. 공소기각의 결정과 상소기각의 결정도 결정의 형식을 취하고는 있으나 그 사건에 대한 종국재판이라는 점에서 비상상고의 대상이 된다고 할 것이다($\binom{대법원\ 1963.1.10,}{62오4}$). 또한 판결의 형식은 아니더라도 확정판결의 효력이 인정되는 약식명령이나($\binom{대법원\ 2006.10.13,}{2006오2}$) 즉결심판도 ($\binom{대법원\ 1994.}{10.14,\ 94오1}$) 확정되면 비상상고의 대상이 된다.

당연무효의 판결도 비상상고의 대상이 된다는 것이 통설의 입장이다. 판결이 당연무효라고 할지라도 판결은 확정되어 형식적으로 존재하므로 법적 안정성의 관점에서 비상상고에 의하여 당연무효를 확인할 필요가 있기 때문이다.

Ⅲ. 비상상고의 이유

비상상고의 이유는 사건의 심판이 법령에 위반한 때이다. 여기서 심판이란 심리와 판결을 의미하므로, 심판의 법령위반은 심리 및 판결에 있어서의 실체법과 소송법위반을 말한다. 따라서 비상상고의 이유에는 판결의 법령위반과 소송절차의 법령위반이 포함된다. 형사소송법도 비상상고에 대한 파기판결을 원판결이 법령에 위반한 경우와 소송절차가 법령에 위반한 경우로 나누어 규율하고 있다($^{제446}_{조}$).

판결의 법령위반과 소송절차의 법령위반의 구별의 문제와 사실오인으로 인하여 법령을 위반한 때에도 비상상고가 허용되는지의 문제가 비상상고의 이유와 관련해서 논의의 대상이 된다.

1. 판결의 법령위반과 소송절차의 법령위반

(1) 구별의 필요성

판결의 법령위반과 소송절차의 법령위반을 구별하는 실익은 판결의 법령위반의 경우에는 원판결을 파기하여야 할 뿐만 아니라 원판결이 피고인에게 불이익한 때에는 피고사건에 대하여 다시 판결을 하여야 하지만, 소송절차의 법령위반의 경우에는 위반된 절차를 파기하는 것으로 충분하다는 점에 있다($^{제446조}_{참조}$). 따라서 원판결에 대하여 인정된 법령위반이 판결의 법령위반인가 아니면 소송절차의 법령위반인가 하는 문제는 피고인의 입장에서는 매우 중요한 의미를 가지게 된다.

(2) 구별의 기준

㈎ 실질적 구별설

판결의 법령위반이란 판결내용에 직접 영향을 미치는 법령위반을 의미하고, 소송절차의 법령위반은 판결내용에 직접 영향을 미치지 않는 소송절차상의 법령위반을 의미한다는 견해이다. 이 견해에 따르면 범죄의 성립 여부나 형벌에 관한 실체법령의 적용위반과 소송조건이 존재하지 않는 데도 불구하고 실체판결을 한 소송법령의 적용위반의 경우는 모두 판결의 법령위반에 해당하는 것이 된다. 또한 그밖의 소송절차상의 법령위반 중에서도 판결 내용에 직접 영향을 미치는 법령위반의 경우는 판결의 법령위반에 해당하는 것으로 보게 된다. 따라서 공소장변경절차에 위법이 있음에도 불구하고 이를 간과하여 피고인에게 불이익한 형을 선고한 경우에는 대법원은 원판결을 파기하고 자판해야 하는 것이 된다.

(나) 형식적 구별설

판결의 법령위반은 판결내용의 법령위반을 의미하고, 소송절차의 법령위반은 판결 전 소송절차와 판결절차의 법령위반을 의미한다는 견해이다. 이 견해에서도 판결의 법령위반에는 실체법령의 적용위반과 소송조건에 관한 법령위반이 포함되는 것으로 보고 있다.[1] 따라서 원판결에 적용된 실체법령에 오류가 있는 경우나 소송조건이 없음에도 불구하고 유죄·무죄의 실체판결을 한 경우는 판결내용의 법령위반에 해당하여 피고인에게 불이익한 경우에는 파기자판을 하게 되나, 판결 전 소송절차와 판결절차의 법령위반의 경우에는 이것이 판결의 내용에 직접 영향을 미친 경우에도 그 위반된 절차를 파기하는 것으로 족하게 된다.

(다) 검   토

비상상고에 대한 파기판결의 이유로서 판결의 법령위반과 소송절차의 법령위반을 구별하는 것은 원판결을 파기하고 자판하는 것이 가능한지의 여부를 판단하는데 그 실익이 있다. 따라서 판결의 법령위반과 소송절차의 법령위반은 판결을 파기해야 할 법령위반인가 아닌가에 따라 실질적으로 구별하는 것이 타당하다고 생각된다. 제444조 제 2 항이 법원의 관할, 공소의 수리와 소송절차를 구별하고 있는 점도 제446조 제 2 호의 원심소송절차라는 의미 속에는 소송조건인 법원의 관할, 공소의 수리에 관한 사항은 포함되지 않는다는 의미로 해석할 수 있다. 결국 판결내용의 실체법이나 소송법위반 여부 또는 판결 전 소송절차나 판결선고절차의 소송법위반 여부를 묻지 않고, 판결의 주문이나 이유에 직접 영향을 미치는 법령위반은 판결의 법령위반이고 그 이외의 법령위반은 소송절차의 법령위반이 된다고 보는 실질적 구별설이 타당하다고 할 것이다.

(3) 법령위반의 구체적 내용

(가) 판결의 법령위반

1) 판결의 실체법위반   이미 폐지된 법령을 적용하여 유죄판결을 선고한 경우나 법정형이나 처단형을 초과하여 형을 선고한 경우 등이 이에 해당한다. 원판결이 실체법령에 위반하여 피고인에게 무죄판결을 선고한 경우도 원판결의 법령위

---

1) 소송조건은 전체로서의 형사절차가 생성·유지·발전하기 위한 기본조건으로서 법원의 직권조사사항에 속하므로 소송조건에 관한 법령적용의 위반은 실체법령의 위반에 준하는 중요한 사항이라는 점을 강조한다.

반에 해당하지만, 무죄판결은 유죄판결보다 피고인에게 불이익하지 않으므로 대법원은 원판결을 파기하는 데 그쳐야 한다.

　　2) 판결의 절차법위반　　　소송조건의 존부에 대하여 오인을 한 경우에도 판결내용에 영향을 미친다는 점에서 판결의 법령위반에 해당하므로 원판결이 피고인에게 불이익한 때에는 파기자판하여야 한다. 공소시효가 완성되었음에도 공소가 제기되어 유죄판결을 한 경우, 친고죄에 있어서 고소가 취소되었음에도 불구하고 유죄판결을 한 경우 등이 여기에 해당한다.

　　자백에 대한 보강증거가 없음에도 불구하고 유죄판결을 선고한 경우나 임의성 없는 자백을 기초로 하여 유죄판결을 선고한 경우 등도 사실인정에 관한 소송법위반으로서 판결내용에 영향을 미친 판결의 법령위반에 해당한다.

　　3) 직권조사사항에 관하여 심판하지 아니한 경우　　　상소법원은 판결에 영향을 미친 사유에 관하여는 상소이유서에 포함되지 아니한 경우에도 직권으로 심판할 수 있는데($\substack{제364조 제 2 항,\\제384조 후문}$), 이러한 직권조사사항을 상소법원이 심판하지 아니한 경우를 판결의 법령위반으로 볼 수 있는지가 문제된다. 상소법원의 직권조사는 국가형벌권의 적정한 실현과 피고인보호를 위하여 인정되는 것이므로 직권조사사항이 존재하는 경우에는 상소심은 의무적으로 직권조사를 해야 하고 직권조사사항을 심리하지 않은 것은 판결의 법령위반에 해당한다고 보아야 한다.

　　(내) 소송절차의 법령위반

　　소송절차에 관한 법령위반은 판결내용에 영향을 준 경우가 아니라면 판결 전 소송절차는 물론이고 판결절차의 법령위반도 소송절차의 법령위반으로 보아야 한다. 그리고 법령위반으로 인하여 피고인이 불이익을 받는다는 것은 그러한 법령위반이 판결의 주문이나 이유에 직접 영향을 미친다는 것을 전제로 한다. 따라서 상소할 기간과 법원을 고지하지 않은 판결의 선고는 판결의 내용에 직접 영향을 미친 위법이 있는 경우가 아니므로 단순한 소송절차의 법령위반으로서 그 판결선고절차만을 파기하면 된다. 공판개정요건이나 증인신문방식이 위법한 경우, 적법한 증거조사절차를 거치지 않고 증거능력이 없는 증거를 유죄의 증거로 채택하였으나 다른 증거로도 충분히 유죄를 인정할 수 있는 경우($\substack{대법원 1964.6.\\16, 64오2}$) 등의 경우에도 마찬가지이다.

2. 사실오인으로 인한 법령위반

　　비상상고는 원판결의 심판이 법령에 위반하였음을 이유로 하므로 사실오인을 이유로 비상상고를 신청할 수는 없다. 문제는 사실오인의 결과로 발생한 법령위반이 비상상고의 이유가 될 수 있는가에 있다.

(1) 소 극 설

실체법적 사실에 관한 오인인가 소송법적 사실에 관한 오인인가를 묻지 않고 법령위반이 사실오인으로 인한 때에는 비상상고를 인정할 수 없다는 견해이다. 비상상고가 법령해석의 통일을 목적으로 하는 제도라는 점을 강조하는 입장으로서 사실오인으로 인하여 발생하는 법령적용의 위법은 재심을 통하여 구제하면 족하다고 한다.

(2) 적 극 설

법령위반의 전제가 된 사실오인이 소송법적 사실에 관한 경우뿐만 아니라 실체법적 사실에 관한 때에도 그것이 소송기록을 조사함으로써 용이하게 인정할 수 있는 사항인 경우에는 비상상고의 대상이 된다는 견해이다. 비상상고의 기능이 법령의 해석·적용의 통일뿐만 아니라 피고인의 실질적 구제와 하급법원의 오류에 대한 경고에도 있다는 것을 논거로 한다.

(3) 절 충 설

법령위반의 전제가 된 사실오인을 소송법적 사실에 관한 오인과 실체법적 사실에 관한 오인으로 구분하여 법령위반이 소송법적 사실의 오인으로 인한 때에는 비상상고의 이유가 되지만, 실체법적 사실의 오인으로 인한 때에는 비상상고를 할 수 없다는 견해이다. 소송법적 사실인정은 판결이유에도 명시되지 않기 때문에 소송법적 사실오인과 법령위반을 구별하기가 용이하지 않고, 소송법적 사실오인으로 인한 법령위반을 지적하는 것은 하급심 법원의 장래의 소송에 대한 경고로서의 의미를 가지며, 형사소송법 제444조 제 2 항이 법원의 관할, 공소의 수리와 소송절차에 관하여 사실조사를 허용함으로써 소송절차의 법령위반에 대해 사실오인 여부를 검토할 여지를 마련하고 있다는 점을 그 논거로 한다.

(4) 판례의 태도

판례는 전과가 없음에도 불구하고 누범가중을 하였다는 것을 이유로 한 비상상고에 대하여 법령위반에 해당하지 않는다고 함으로써 실체법적 사실오인으로 인한 비상상고는 허용되지 않는다는 입장을 취하고 있다(대법원 1962.9.27, 62오1). 한편 판례는 실체법적 성격과 소송법적 성격을 모두 가진다고 볼 수 있는 피고인의 성년 여부에 대한 사실오인과 관련해서, 과거에는 소년의 연령을 오인하여 정기형을 선고한 경우($^{대법원 1963.4.4,}_{63오1}$)나 반대로 성년에게 부정기형을 선고한 경우($^{대법원 1963.4.11,}_{63오2}$)에 모두 비상상고를 허용하는 입장을 취하고 있었다. 그러나 그 후 판례는「비상상고 제도는 법령적용의 오류를 시정함으로써 법령의 해석·적용의 통일을 도모하려는 데에 주된 목적이 있는 것이므로, 그 사건의 심판이 법령에 위반한 것이라고 함은 확정판결에서 인정한 사실을 변경하지 아니하고 이를 전제로 한 실체법의 적용에 관한 위법 또는 그 사건에 있어서의 절차법상의 위배가 있음을 뜻하는 것이라고 할 것이다. 따라서 단순히 그 법령 적용의 전제사실을 오인함에 따라 법령위반의 결과를 초래한 것과 같은 경우는 법령의 해석적용을 통일한다는 목적에 유용하지 않으므로 그 사건의 심판이 법령에 위반한 것에 해당하지 않는다고 해석함이 상당하다」고 판시함으로써($^{대법원 2021.3.11, 2018오2;}_{대법원 2005.3.11, 2004오2}$), 피고인이 이미 사망한 사실을 알지 못하여 공소기각의 결정을 하지 않고 유죄판결을 한 사건에 대한 비상상고를 허용하지 않고 있다. 이런 점에서 볼 때 현재의 판례의 태도는 소극설의 입장인 것으로 이해된다.

(5) 검   토

비상상고의 심리절차에서 소송법적 사실에 대하여는 사실조사를 허용하고 있는 점에 비추어 볼 때($^{제444조}_{제2항}$), 소송법적 사실오인으로 인한 법령위반의 경우에는 비상상고가 허용된다고 해야 한다. 따라서 친고죄의 고소나 고소취소에 관한 사실의 오인, 이중기소사실의 오인, 피고인 사망사실의 오인 등에 의한 법령적용의 오류는 비상상고의 이유에 해당한다고 보아야 할 것이다.

문제는 실체법적 사실의 오인으로 인한 법령위반의 경우라고 할 수 있다. 현행법이 실체법적 사실의 오인에 대해서는 비상상고절차에서 사실조사를 허용하지 않고 있으나, 사실조사를 하지 않아도 소송기록을 통하여 법령위반을 쉽게 알 수 있는 경우에는 실체법적 사실의 오인에 의한 법령위반에 대하여도 비상상고를 허용해야 한다고 본다. 따라서 적극설이 타당하다. 비상상고의 기능이 법령의 해석·적용의 통일과 함께 피고인의 불이익을 구제하는 데 있다는 점을 고려한다면, 실체법적 사실의 오인으로 인한 경우라도 법령위반이 명백히 인정되는 때에는 비상상고를 허용함이 타당하기 때문이다. 따라서 누범전과가 없음에도 불구하고 누범가중을 한 판결에 대하여는 비상상고가 허용된다고 보아야 한다. 누범가중의 전과는 실체법적 사실이지만 사실조사를 하지 않아도 소송기록을 통하여 인정할 수 있는 명백한 잘못으로 볼 수 있기 때문이다. 그 밖의 실체법적 사실의 오인의 경우에는 원칙적으로 재심을 통하여 구제가 이루어지게 될 것이다.

Ⅳ. 비상상고의 절차

1. 비상상고의 신청

비상상고의 신청권자는 검찰총장이다. 검찰총장은 판결이 확정된 후 그 사건의 심판이 법령에 위반한 것을 발견한 때에는 대법원에 비상상고를 할 수 있다 ($\frac{제441}{조}$). 따라서 확정판결을 받은 자가 검찰총장에게 비상상고의 신청을 요청하는 경우에도 이는 검찰총장의 직권발동을 촉구하는 사실상의 의미를 가질 뿐이다.

비상상고를 신청할 때에는 그 이유를 기재한 서면을 대법원에 제출하여야 한다 ($\frac{제442}{조}$). 비상상고의 신청에는 기간의 제한이 없다. 형의 시효가 완성되었거나 형이 소멸한 경우 또는 원판결을 받은 자가 사망한 경우에도 비상상고의 신청이 허용된다.

비상상고의 취하에 대하여는 재심의 경우와는 달리 명문규정이 없다. 그러나 검찰총장은 필요한 경우 비상상고에 대한 대법원의 판결이 있을 때까지 이를 취하할 수 있다고 보는 것이 타당하다(통설).

2. 비상상고의 심리

(1) 공　판

비상상고를 심리하기 위해서는 공판기일을 열어야 한다. 따라서 공판기일을 열지 않고 신청서만으로 판결하는 것은 위법하다. 검사는 공판기일에 출석하여 신청서에 의하여 진술하여야 한다($\frac{제443}{조}$).

비상상고의 공판기일에는 피고인의 출석을 요하지 않으므로 피고인을 소환할 필요가 없다. 상고심 공판절차에서는 피고인의 진술권이 인정되지 않기 때문이다. 문제는 피고인의 변호인이 공판기일에 출석하여 의견을 진술할 수 있는가 하는 점이다. 이에 대하여는 피고인의 구제는 비상상고의 반사적 효과에 지나지 않으므로 변호인도 피고인과 마찬가지로 출석 및 의견진술의 권리가 없다고 보는 견해와 비상상고의 결과는 피고인이었던 자의 이해에 직접 영향을 미치므로 법률적 의견을 들을 필요가 있다는 점에서 이를 긍정하는 견해가 주장되고 있다. 피고인 구제의 기능도 비상상고의 중요한 기능이라는 점을 고려할 때, 변호인의 공판기일 출석권 및 의견진술권은 이를 긍정하는 것이 타당하다고 본다.

(2) 사실조사

대법원은 신청서에 포함된 이유에 한하여 조사하여야 한다($\frac{제444조}{제1항}$). 비상상고에는 법원의 직권조사사항이 인정되지 않으므로 법원은 그 이외의 사항에 관하여는 조사할 의무도 권한도 없다. 대법원은 법원의 관할, 공소의 수리와 소송절차에 관하여는 사실조사를 할 수 있다($\frac{동조}{제2항}$). 이때 대법원은 필요하다고 인정한 때에는 합의부원에게 비상상고신청의 이유에 대한 사실조사를 명하거나 다른 법원 판사에게 이를 촉탁할 수 있다. 이 경우에 수명법관 또는 수탁판사는 법원 또는 재판장과 동일한 권한이 있다($\frac{동조 제3항,}{제431조}$).

3. 비상상고의 판결

(1) 기각판결

비상상고가 이유 없다고 인정한 때에는 판결로써 이를 기각하여야 한다($\frac{제445}{조}$). 비상상고의 신청이 부적법한 경우에도 기각판결을 하여야 한다. 검찰총장 이외의 자가 비상상고를 신청한 경우나 신청서에 이유의 기재가 없는 경우 등이 여기에 해당한다.

(2) 파기판결

(가) 판결의 법령위반

1) 부분파기　　원판결이 법령에 위반한 때에는 그 위반된 부분을 파기하여야 한다. 이 경우 원판결은 부분적으로 파기되는데, 이러한 결과는 비상상고의 목적이 법령의 해석·적용의 통일에 있다는 점에서 비롯된다. 형면제가 규정되지 아니한 도로교통법 위반죄를 인정하면서 형면제를 선고한 원판결에 대해 형면제의 주문 부분만을 파기하는 경우($\frac{대법원 1994.10.14,}{94오1}$), 구류형을 선고하면서 선고유예를 한 원판결에 대해 선고유예의 주문만을 파기하는 경우($\frac{대법원 1993.6.22,}{93오1}$) 등이 여기에 해당한다.

2) 파기자판　　원판결이 법령에 위반하여 파기하는 경우에 원판결이 피고인에게 불이익한 때에는 원판결을 파기하고 그 피고사건에 대하여 다시 판결을 하

여야 한다($\frac{제446조}{제1호}$). 이 경우에는 원판결의 전부가 파기된다. 파기자판은 법령의 해석·적용의 통일과 함께 피고인의 구제도 비상상고제도가 가지는 중요한 기능이기 때문에 인정되는 것이다. 자판하는 판결은 원판결보다 피고인에게 유리할 것을 요한다는 점에서 파기자판의 경우에는 불이익변경금지의 원칙이 적용되는 것과 비슷한 효과가 발생한다.

① 파기자판의 요건　　파기자판의 요건으로 '원판결이 피고인에게 불이익한 때'란 원판결의 잘못을 시정하여 다시 선고할 판결이 원판결보다 피고인에게 이익이 될 것이 명백한 경우를 말한다. 예를 들면 친고죄에 있어서 고소가 없었음에도 불구하고 유죄판결을 선고한 경우($\frac{대법원\ 2000.10.13,}{99오1}$), 반의사불벌죄에 있어서 처벌을 희망하지 아니하는 피해자의 의사표시가 있었음에도 유죄판결을 선고한 경우($\frac{대법원}{2010.1.28,\ 2009오1}$), 공소시효가 완성된 사실을 간과한 채 약식명령을 발령한 경우($\frac{대법원}{2006.10.13,\ 2006오2}$) 등이 여기에 해당한다.

② 파기자판의 재판형식　　대법원이 파기자판하는 경우의 재판에는 유죄·무죄·면소의 판결뿐만 아니라 공소기각의 판결·결정이 포함된다. 다만 파기판결을 하는 경우에 대법원이 사건을 다른 법원에 환송하거나 이송할 수 있는지가 문제된다. 피고사건에 대하여 관할권이 없음에도 불구하고 유죄판결을 선고한 위법이 있는 경우에 비상상고심에서 관할위반을 이유로 사건을 관할법원에 파기환송 또는 파기이송하는 것이 가능한가의 문제이다. 이에 대하여는 비상상고심에서는 보통의 상고심의 심판과는 달리 파기자판만이 허용되고 파기환송이나 파기이송은 허용되지 않는다는 견해와 불이익변경금지의 원칙을 적용하는 한도에서 파기환송 또는 파기이송도 가능하다는 견해가 대립하고 있다. 피고인의 이익을 고려할 때 관할위반의 경우에는 원판결을 파기하고 사건을 관할법원에 이송 또는 환송할 수 있다고 보는 것이 타당할 것이다. 피고인의 이익을 위하여 파기하는 경우이므로 환송 또는 이송을 받은 법원은 피고인에 대하여 원판결보다 중한 형을 선고할 수 없다. 판례는 군인에 대하여 일반법원이 심판한 사안에 대하여 원판결을 파기하고 사건을 군사법원에 이송하도록 하고 있다($\frac{대법원\ 2006.4.14,}{2006오1}$).

③ 파기자판이 기준법령　　법령위반을 이유로 원판결을 파기하고 자판하는 경우에 기준으로 하여야 할 법령에 관하여는 파기자판시의 법령이라는 견해도 있으나, 원판결시의 법령이라고 보는 것이 타당하다(통설). 비상상고는 기본적으로 법령에 위반하여 원판결이 선고되고 확정되었을 때 그 오류를 시정하는 절차이고,

파기자판시의 법령을 기준으로 원판결의 법령위반 여부를 판단하게 되면 비상상고가 재차의 상고심과 같은 형태를 가지게 되며, 원판결 이후에 우연히 발생한 이익되는 사정까지 피고인에게 적용할 이유가 없기 때문이다. 따라서 원판결이 확정된후에 일반사면이 있거나 형이 폐지되더라도 이를 파기자판의 자료로 삼을 수 없다.

㈏ 소송절차의 법령위반

원심소송절차가 법령에 위반한 때에는 그 위반된 절차를 파기한다($\substack{제446조 \\ 제2호}$). 이경우에는 원판결 자체가 파기되는 것이 아니라 위반된 절차만이 파기된다. 다만 소송절차의 법령위반은 판결내용에 직접 영향을 미치지 않는 절차상의 법령위반만을의미하므로, 소송절차에 관한 법령위반이 판결내용에 영향을 준 경우에는 이는 판결의 법령위반에 해당하게 된다.

(3) 비상상고의 판결의 효력

비상상고의 판결은 파기자판의 경우 외에는 그 효력이 피고인에게 미치지 않는다($\substack{제447 \\ 조}$). 즉 확정판결의 위법부분을 파기하고 자판하지 않은 경우나 소송절차만이 파기된 경우에는 원판결의 주문은 그대로 효력을 가지며 소송계속은 부활하지않는다. 이러한 의미에서 비상상고의 판결은 원칙적으로 이론적 효력을 가진다거나, '재판의 옷을 입은 학설'이라고 불리기도 한다. 그러나 원판결이 피고인에게 불이익함을 이유로 파기자판하는 경우에는 원판결이 파기되고 비상상고에 대한 판결의 효력이 피고인에게 미치게 된다.

제3장

특별절차

제 1 절   약식절차

Ⅰ. 약식절차의 의의

1. 의   의

약식절차란 지방법원의 관할사건에 대하여 공판절차를 거치지 아니하고 서면 심리만으로 벌금·과료 또는 몰수의 형을 과하는 간이한 형사절차를 말한다($\frac{제448조}{제1항}$). 약식절차에 의한 재판을 약식명령이라고 하나, 법원의 판결·결정·명령과는 다른 특별한 형식의 재판이다. 약식절차는 공판절차를 거치지 않는다는 점에서 공판정에서 자백한 때에 행하여지는 간이공판절차($\frac{제286}{조의2}$)와 구별된다. 또한 약식절차는 검사의 청구에 의하여 벌금·과료 또는 몰수를 부과하는 것을 내용으로 한다는 점에서, 경찰서장의 청구에 의하여 벌금·과료뿐만 아니라 구류도 과할 수 있는 즉결심판절차와도 다르다.

2. 기능 및 문제점

약식절차는 비교적 경미한 범죄를 신속하게 처리하여 소송경제의 이념을 실현함과 동시에 공개재판에 따른 피고인의 사회적·심리적 부담을 덜어주기 위한 제도라고 할 수 있다. 약식절차는 현재 실무적인 활용도가 매우 높은 중요한 제도이다.

다만 약식절차는 검사가 제출한 자료를 기초로 서면심리를 통해 진행되는 절차이므로 헌법이 보장하는 공정한 재판을 받을 권리 및 피고인의 신속한 공개재판을 받을 권리($^{헌법 제27조}_{제1항·제3항}$)를 침해하는 것이 아닌가 하는 문제가 있다. 그러나 ① 약식명령에 불복하는 경우에는 정식재판을 청구할 수 있을 뿐만 아니라 이러한 권리를 포기할 수 없도록 하고 있으며, ② 약식명령에 대하여 피고인이 정식재판을 청구한 경우에는 형종상향이 금지되고, ③ 약식명령의 판단주체가 법관일 뿐만 아니라 법관이 정식재판회부권을 행사하여 검사의 부당한 약식명령청구를 통제할 수 있다는 점 등에 비추어 볼 때 약식절차가 헌법에 위반되는 것은 아니라고 해야 한다($^{헌재결 2005.3.31,}_{2004헌가27 참조}$).

3. 약식전자문서법

형사절차에서 정보화를 촉진하고 신속성을 높이기 위해서 서류를 전자적으로 작성·제출·송달할 수 있는 제도(형사절차의 전자화)의 필요성이 제기되었는데, 우선은 서면심리주의로 간이·신속하게 약식절차에 따라 정형적으로 처리되는 음주·무면허 운전 등 도로교통법 위반 사건에 한정하여 형사절차의 전자화를 실시하기로 하였다. 이에 따라 약식절차에서의 전자문서의 이용방법 및 효력 등에 관하여 규정한 「약식절차 등에서의 전자문서 이용 등에 관한 법률」(이하 약식전자문서법)이 2010. 1. 25. 제정되어 2010. 5. 1. 시행되었다.

도로교통법상 음주운전사건($^{제148조의}_{2 제1호}$)·자동차무면허운전사건($^{제152조}_{제1호}$)·원동기장치자전거무면허운전사건($^{제154조}_{제2호}$)·이와 관련된 사용자에 대한 양벌규정사건($^{제159}_{조}$)에 있어서 피의자가 동의하면 형사사법정보시스템을 통한 전자적 처리절차에 의하여 약식절차가 진행된다($^{약식전자문서법}_{제3조 제1항}$).

Ⅱ. 약식명령의 청구

1. 청구의 대상

약식명령을 청구할 수 있는 것은 지방법원관할에 속하는 사건으로서 벌금·과료 또는 몰수에 처할 수 있는 사건에 한한다($^{제448조}_{제1항}$). 벌금·과료 또는 몰수의 형은 법정형에 선택적으로 규정되어 있으면 족하다. 법정형에 벌금·과료 또는 몰수의 형이 선택적으로 규정되어 있으면 지방법원 합의부의 사물관할에 속하는 사건일지라도 약식명령의 청구대상이 된다. 약식절차는 공판절차와는 구분되는 절차이므로 약식명령이 청구된 사건이 합의부 관할사건인 경우에도 약식절차에서는 지방법원 단독판사가 심판하게 된다(법원조직법 제7조 제4항 참조). 다만 약식명령에 대하여 정식재판청구가 있거나 공판절차회부가 있는 때에는 사건을 합의부에 배당하여 합의부가 심판하도록 해야 할 것이다.

약식사건은 간이공판절차의 경우와는 달리 자백사건에 국한되지 않는다. 다만 벌금·과료 또는 몰수 이외의 형을 선고해야 하는 사건이나 또는 다른 형과 병과하여 벌금·과료 또는 몰수의 형을 선고해야 하는 사건에 대해서는 약식명령을 청구할 수 없다.

2. 청구의 방식

약식명령의 청구는 검사가 공소제기와 동시에 서면으로 하여야 한다(제449조). 약식명령청구서에는 검사가 청구하는 벌금 또는 과료의 액수를 미리 기재한다. 약식명령의 청구와 공소제기는 별개의 소송행위이지만, 실무에서는 공소장에 약식명령의 청구취지를 부기하고 검사의 구형을 기재한 특수한 양식으로 약식명령청구가 이루어지고 있다.

검사가 약식명령을 청구할 때에는 약식명령을 하는 데 필요한 증거서류 및 증거물을 법원에 제출하여야 한다(규칙 제170조). 따라서 약식명령을 청구하는 경우에는 공소장일본주의가 적용되지 않는다. 또한 약식명령의 청구에 있어서는 약식명령청구서의 부본을 첨부할 필요가 없다. 서면심리에 의하는 약식절차에서는 약식명령청구서의 부본을 피고인에게 송달하지 않기 때문이다.

구속된 피의자에 대해 약식명령을 청구하는 경우에는 검사는 피의자에 대한 구속을 취소하고 피의자를 석방하여야 한다(검찰사건사무규칙 제109조 제3항). 벌금이나 과료 등이 선고될 사건에 대하여 피의자를 계속 구금하는 것은 부당하기 때문이다.

3. 청구의 취소

약식명령의 청구는 공소제기와 동시에 행하여지므로 공소를 취소하면 약식명령의 청구도 그 효력을 잃게 된다. 다만 공소를 취소하지 않고 약식명령의 청구만을 취소할 수 있는가에 대하여는 견해의 대립이 있다. 약식명령의 청구와 공소제기는 별개의 소송행위이므로 약식명령청구만을 취소하는 것이 가능하고 약식명령청구를 취소하여도 공소제기의 효력에는 영향을 미치지 않는다는 견해와 약식명령청구만을 취소할 수 있도록 하는 명문의 규정이 없을 뿐만 아니라 약식절차에서 공판절차로의 이행 여부는 법관이 결정하는 것이 바람직하다는 이유에서 약식명령청구만을 취소하는 것은 허용되지 않는다는 견해가 그것이다. 후자의 견해가 타당하다.

Ⅲ. 약식사건의 심판

1. 법원의 심리

(1) 서면심리의 원칙

약식명령의 청구가 있으면 법원은 검사가 제출한 서류와 증거물에 대한 서면심리를 하게 된다. 약식절차는 공판절차와는 달리 서면심리에 의하므로 원칙적으로 공판기일의 심판절차에 관한 규정이 적용되지 않는다. 약식절차에는 구두변론주의나 직접주의가 적용되지 않고, 따라서 제310조의2 이하의 전문증거에 관한 규정도 적용되지 않는다. 공소장변경도 공판절차를 전제로 하는 것이므로 약식절차에서는 허용되지 않는다. 약식명령을 청구한 후 검사가 공소장변경을 신청하는 경우에는 공판절차에 의하여 심리하여야 한다.

그러나 공판절차와 직접 관련이 없는 증거재판주의, 자유심증주의, 위법수집증거배제법칙, 자백배제법칙 등의 증거법칙은 약식절차에도 적용된다. 또한 약식절차는 형사소송법이 적용되는 형사절차이므로 즉결심판절차와는 다르게 약식절차에도 자백보강법칙이 적용된다.

(2) 사실조사의 한계

약식절차에 있어서도 서면심리에 의하여 약식명령의 당부를 판단하기 어려운 경우에는 법원이 사실조사를 할 수 있는지가 문제로 된다. 약식명령은 특별한 형식의 재판으로서 결정에 준하는 성격을 가진다고 보아야 하므로 법원은 필요한 때에는 사실조사를 할 수 있다고 하여야 한다. 다만 약식절차에서 사실조사가 허용된다고 하더라도 이는 약식절차의 본질을 해하지 않는 범위 내에서 제한적으로 인정되는 것으로 보아야 할 것이다. 예를 들면 검증조서에 기재된 거리측정 또는 장소의 형상에 대한 오류가 간단한 검증으로 보정될 수 있는 경우라든가, 합의서에 기재된 위자료가 지급되었는가를 피해자의 신문에 의하여 쉽게 확인할 수 있는 경우 등이 여기에 해당한다고 할 수 있다.

약식절차에서의 조사를 위하여 검사나 피고인이 필요한 범위 내에서 증거를 제출하는 것도 허용된다고 해야 한다. 약식절차에서 피고인이 증거를 제출하거나 검사가 보충증거를 제출하는 것은 약식절차의 본질에 반하여 허용되지 않는다고 보는 견해가 있으나, 그렇게 되면 약식명령이 발해지고 그 등본이 송달되어 정식재판을 청구할 수 있을 때까지 피고인은 아무런 조치를 취할 수 없게 되기 때문이다. 다만 당해 증거에 대한 조사가 약식절차에서는 상당하지 않다고 인정되는 때에는 통상의 공판절차로 이행하여 심판하여야 할 것이다. 따라서 약식절차에서 피고인 신문이나 증인신문·감정·검증 등의 통상의 증거조사 또는 압수·수색 등의 강제처분이 필요한 경우에는 통상의 공판절차에서 심리하는 것이 타당하다.

2. 공판절차회부

(1) 회부사유

약식명령의 청구가 있는 경우에 그 사건이 약식명령으로 할 수 없거나 약식명령으로 하는 것이 적당하지 아니하다고 인정한 때에는 공판절차에 의하여 심판하여야 한다($\frac{\text{제}450}{\text{조}}$).

약식명령으로 할 수 없는 경우란 법정형으로 벌금 또는 과료가 규정되어 있지 않거나 벌금 또는 과료가 다른 형의 병과형으로 규정되어 있는 죄에 대하여 약식명령의 청구가 있는 경우, 소송조건이 결여되어 사건에 대하여 무죄·면소·공소기각 또는 관할위반의 재판을 선고해야 할 경우 등을 말한다. 약식명령을 하는 것이 적당하지 않은 경우는 법률상 약식명령을 하는 것이 불가능하지는 않아도 벌금·과료 또는 몰수 이외의 형을 선고하는 것이 적당하다고 인정되는 경우나 사안이 복잡하여 공판절차에서 신중히 심판할 필요가 있다고 인정되는 경우를 말한다.

그 밖에도 약식명령을 청구한 후 치료감호청구가 있는 때에는 약식명령청구는 그 치료감호청구가 있는 때로부터 공판절차에 의하여 심판하여야 한다($\frac{\text{치료감호법}}{\text{제}10\text{조 제}3\text{항}}$).

(2) 회부결정

회부사유가 있는 경우에 별도의 법원의 결정을 요하는가에 대하여는 바로 통상의 공판절차에 따라 심리를 진행하면 족하고 특별한 형식상의 결정을 할 필요가 없다는 것이 판례의 입장이나(대법원 2003.11.14, 2003도2735), 절차의 명확성 확보를 위해서는 정식 재판회부결정을 요한다고 보는 것이 타당할 것이다. 실무에서도 법원의 판단을 기록상 명백히 해두기 위하여 공판절차회부서를 작성하여 기록에 편철하는 방식을 취하고 있다.

약식명령이 공판절차에 회부된 후에는 이를 취소하고 다시 약식절차에 따라 심리하는 것은 허용되지 않는다.

(3) 회부결정 후의 절차

약식명령을 청구할 때에는 공소장부본이 피고인에게 송달되지 않으므로 법원이 약식명령청구사건을 공판절차에 의하여 심판하기로 결정한 경우에는 즉시 그 취지를 검사에게 통지하여야 하며, 이 통지를 받은 검사는 5일 이내에 피고인 수에 상응한 공소장부본을 법원에 제출하여야 한다(규칙 제172조 제1항 · 제2항). 법원은 공소장부본을 지체 없이 피고인 또는 변호인에게 송달하여야 한다(규칙 동조 제3항).

이때는 공소장일본주의의 취지에 비추어 검사가 제출한 증거서류나 증거물은 다시 검사에게 반환해야 한다는 것이 다수설의 입장이다. 그러나 판례는 성격이 동일하다고 볼 수 있는 약식명령에 대한 정식재판청구사건에 대하여「약식명령에 대한 정식재판청구가 제기되었음에도 법원이 증거서류 및 증거물을 검사에게 반환하지 않고 보관하고 있다고 하여 그 이전에 이미 적법하게 제기된 공소제기의 절차가 위법하게 된다고 할 수는 없다」고 판시하고 있다(대법원 2007.7.26, 2007도3906).

약식사건을 심사한 법관이 공판절차에 관여한 경우라도 전심절차에 관여한 것은 아니므로 제척사유에 해당하지는 않지만(대법원 2002.4.12, 2002도944), 이미 당해 사건에 관한 서류나 증거물에 의하여 예단을 가질 수 있으므로 기피사유에는 해당할 수 있을 것이다.

3. 약식명령의 발령

(1) 약식명령의 고지

법원은 약식명령청구를 심사한 결과 공판절차에 회부할 사유가 없다고 판단되는 경우에는 그 청구한 날로부터 14일 이내에 약식명령을 고지하여야 한다(규칙 제171조). 약식사건의 신속한 처리를 위한 제한이지만 훈시규정에 불과하므로 그 기간이 경과하더라도 약식명령은 유효하다. 약식명령의 고지는 검사와 피고인에 대한 재판서의 송달에 의하여야 한다($\frac{제452}{조}$).

(2) 약식명령의 내용

약식명령에는 범죄사실·적용법조·주형·부수처분과 약식명령의 고지를 받은 날로부터 7일 이내에 정식재판을 청구할 수 있음을 명시하여야 한다($\frac{제451}{조}$). 따라서 약식명령에는 일반적인 유죄판결의 경우와는 달리 증거의 요지를 기재할 필요가 없다.

약식명령으로 과할 수 있는 주형은 벌금·과료·몰수에 한하며, 징역이나 금고 등의 자유형은 물론 무죄판결이나 관할위반·면소·공소기각 등 형식재판도 약식명령에 의하여 할 수가 없다. 검사의 약식명령청구서에는 벌금과 과료의 액이 기재되어 있는데, 법원은 검사가 약식명령청구서에 기재한 액수에 구속되지 않고 이를 변경할 수 있다. 또한 약식명령에 기재하는 부수처분에는 추징 이외에 압수물의 환부나 벌금·과료 또는 추징에 대한 가납재판이 포함된다고 보아야 한다. 약식명령은 판결과 같은 효력을 가질 뿐만 아니라, 약식절차에서 가납재판의 필요성이 적지 않기 때문이다.

약식명령의 부수처분으로서 벌금에 대해 선고유예를 할 수 있는가에 대하여 견해의 대립이 있다. 피고인에게 유리한 처분이라는 점에서 이를 긍정하는 견해가 있으나, 선고유예가 범죄인의 정상에 관한 사항을 참작하여 내려지는 판결임을 고려할 때 서면심리로 진행되는 약식절차에서는 선고유예가 허용되지 않는다고 보는 것이 타당하다. 따라서 선고유예의 필요성이 인정되는 경우에는 사건을 통상재판에 회부하여야 할 것이다.

(3) 약식명령의 효력

약식명령은 정식재판의 청구기간이 경과하거나 그 청구의 취하 또는 청구기각의 결정이 확정한 때에는 확정판결과 동일한 효력이 있다($\frac{제457}{조}$). 유죄의 확정판결과 동일한 효력이 있으므로 확정력과 일사부재리의 효력이 발생하며, 재심 또는 비상상고의 대상이 될 수 있다.

약식명령에 대한 일사부재리의 효력의 시간적 범위는 약식명령의 송달시가 아니라 약식사건에 대한 실체심리가 가능했던 시점인 약식명령의 발령시를 기준으로 한다($^{대법원\ 2013.6.13,}_{2013도4737}$). 따라서 영업범 등의 포괄일죄의 일부에 대해서 약식명령이 확정된 때에는 약식명령이 발령된 때까지 행하여진 행위에 대하여는 일사부재리의 효력이 미치므로 그 행위에 대하여 공소의 제기가 있으면 면소의 판결을 선고하여야 한다.

Ⅳ. 정식재판의 청구

1. 청구권자

약식명령에 불복하는 검사와 피고인은 정식재판을 청구할 수 있다. 피고인은 정식재판의 청구를 포기할 수 없다(제453조 제1항). 피고인의 법정대리인은 피고인의 의사와 관계없이 정식재판을 청구할 수 있고, 피고인의 배우자 · 직계친족 · 형제자매 또는 약식명령의 대리인 또는 변호인도 피고인의 명시적 의사에 반하지 않는 범위 내에서 정식재판을 청구할 수 있다(제458조 제1항, 제340조, 제341조).

성명을 모용당한 피모용자에게 약식명령이 송달된 경우 피모용자에게 정식재판청구권이 있는지가 문제된다. 약식명령이 피모용자에게 송달된 이상 송달을 받은 피모용자는 정식재판을 청구하여 무죄를 주장해야 한다는 견해가 있으나, 약식명령의 효력은 모용자에게 미치고 피모용자에게는 미치지 않으므로 피모용자에게는 정식재판청구권이 없다고 해야 한다. 다만 피모용자가 정식재판을 청구하여 사실상의 소송계속이 발생한 경우에는 피모용자에 대한 공소제기의 절차가 법률의 규정에 위반하여 무효인 때에 해당함을 이유로 제327조 제2호에 의하여 공소기각의 판결을 선고하여야 할 것이다.

2. 청구의 절차

정식재판의 청구는 약식명령의 고지를 받은 날로부터 7일 이내에 약식명령을 한 법원에 서면으로 제출하여야 하며, 정식재판의 청구가 있는 때에는 법원은 지체 없이 검사 또는 피고인에게 그 사유를 통지하여야 한다(제453조).정식재판의 청구는 독립성이 인정되는 한 약식명령의 일부에 대하여도 할 수 있다(제458조 제1항, 제342조).

정식재판의 청구에 관하여는 상소권회복에 대한 규정이 준용된다(제458조 제1항, 제345조 내지 제348조). 따라서 청구권자가 자기 또는 대리인이 책임질 수 없는 사유로 7일 이내에 정식재판을 청구하지 못한 때에는 정식재판청구권의 회복을 구할 수 있다. 정식재판청구권의 회복청구를 하는 경우에는 회복청구와 동시에 정식재판청구를 하여야 한다. 정식재판청구권회복청구를 인용하는 결정이 확정된 때에는 정식재판청구권회복청구와 동시에 행한 정식재판청구는 적법하게 되며 일단 발생하였던 재판의 확정력이 배제된다. 따라서 공범 중 1인에 대하여 약식명령이 확정된 후라도 그에 대한 정식재판청구권회복결정이 확정된 경우에는 다시 다른 공범자에 대한 공소시효의 진행이 정지된다. 다만 공범의 1인에 대하여 약식명령이 확정된 후 그에 대한 정식재판청구권회복결정이 확정될 때까지의 기간 동안은 다른 공범자에 대한 공소시효의 진행이 정지되지 않는다(대법원 2012.3.29, 2011도15137).

정식재판청구가 있는 때에는 법원은 지체없이 검사 또는 피고인에게 그 사유를 통지하여야 한다(제453조 제3항). 정식재판의 청구가 있는 경우에는 공판절차회부의 경우와는 달리 법원은 공소장부본을 송달할 필요가 없다. 피고인에게 이미 약식명령서가 송달되어 있으므로 공소장부본을 송달하지 않아도 피고인의 방어에 불이익이 없기 때문이다.

3. 청구의 취하

정식재판의 청구는 제1심 판결선고 전까지 취하할 수 있다(제454조). 정식재판청구를 취하한 자는 그 사건에 대하여 다시 정식재판을 청구하지 못한다(제458조 제1항, 제354조). 이 경우에 취하의 방법 등에 관하여는 상소의 취하에 관한 규정이 준용된다(제458조 제1항, 제350조 내지 제352조).

4. 정식재판청구에 대한 재판

(1) 기각결정

정식재판의 청구가 법령상의 방식에 위반하거나 청구권의 소멸 후인 것이 명백한 때에는 결정으로 기각하여야 한다(제455조 제1항). 이 결정은 약식명령을 발한 판사가 할 수도 있고 공판재판부가 할 수도 있으며, 결정은 청구인 및 통지를 받은 상대방에게만 고지하면 된다. 이 기각결정에 대하여는 즉시항고를 할 수 있다(동조 제2항).

(2) 공판절차에 의한 심판

정식재판의 청구가 적법한 때에는 공판절차에 의하여 심판하여야 한다(제455조 제3항). 이 경우에 공판절차는 약식명령의 당부를 판단하는 것이 아니라 공소사실에 대하여 새로이 심리하는 것이므로 공판법원은 약식명령에 구속받지 않고 사실인정·법령적용·양형에 관하여 자유롭게 판단할 수 있다. 또한 당해 공판절차에서 공소장 변경이나 공소취소 등이 허용되는 것도 물론이다. 약식절차와 정식재판절차는 동일한 심급이므로 약식절차에서의 변호인선임의 효력은 정식재판절차에서도 계속된다($\binom{제32조}{제1항}$).

정식재판청구에 의한 공판절차에 있어서는 일정한 경우 궐석재판의 특례가 인정된다. 즉 정식재판절차의 공판기일에 피고인이 출석하지 않은 경우에는 다시 기일을 정하여야 하고, 피고인이 정당한 사유 없이 다시 정한 기일에 출정하지 않으면 피고인의 진술 없이 판결을 할 수 있다($\binom{제458조}{제2항, 제365조}$). 그리고 이 경우에는 피고인의 증거동의가 있는 것으로 간주된다($\binom{제318조}{제2항}$).

(3) 형종상향금지

약식명령에 대하여 피고인만이 정식재판을 청구한 경우에는 형종상향금지의 원칙이 적용된다. 따라서 이 경우에는 정식재판절차에서 약식명령의 형보다 중한 종류의 형을 선고하지 못하고($\binom{제457조의}{2 제1항}$), 약식명령의 형보다 중한 형을 선고하는 경우에는 판결서에 양형의 이유를 적어야 한다($\binom{동조}{제2항}$). 검사가 정식재판을 청구한 경우와 검사와 피고인이 모두 정식재판을 청구한 경우에는 이 기준이 적용되지 않는다.

종래 약식명령에 대하여 피고인만이 정식재판을 청구한 경우에는 피고인의 정식재판청구권을 보장하기 위하여 불이익변경금지의 원칙을 그대로 적용하였으나, 현행법은 영업범 등 포괄일죄로 기소된 피고인이 일사부재리의 효력의 시간적 범위를 연장하기 위하여 정식재판청구권을 남용하는 문제점을 해결하기 위하여 제457조의2 제2항을 신설하였다. 따라서 피고인만이 정식재판을 청구한 사건에 대하여 약식명령의 벌금형을 징역형으로 변경하는 것은 허용되지 않으나,[1] 법정형의 범위 내에서 약식명령의 벌금형을 보다 중한 벌금형으로 변경하는 것은 형종상향의 금지에 어긋나지 않으므로 허용된다.

---

1) 피고인이 절도죄 등으로 벌금 300만 원의 약식명령을 발령받은 후 이에 대해 피고인만이 정식재판을 청구하자, 제1심 법원이 정식재판청구 사건을 통상절차에 의해 공소가 제기된 다른 점유이탈물횡령 등 사건들과 병합한 후 각 죄에 대해 모두 징역형을 선택한 다음 경합범 가중하여 피고인에게 징역 1년 2월을 선고한 것은 형사소송법 제457조의2 제1항에서 정한 형종상향금지의 원칙을 위반한 잘못이 있다(대법원 2020. 1. 9, 2019도15700).

(4) 약식명령의 실효

약식명령은 정식재판의 청구에 의한 판결이 있는 때에는 그 효력을 잃는다 ($\frac{제456}{조}$). 여기서 판결이란 종국재판을 말하므로 공소기각의 결정도 포함하며, 판결이 있는 때란 판결이 선고된 때가 아니라 판결이 확정된 때를 의미한다. 따라서 검사의 공소취소에 의하여 공소기각결정이 확정된 때에도 약식명령은 효력을 잃는다.

제 2 절 즉결심판절차

Ⅰ. 즉결심판절차의 의의

1. 즉결심판의 의의

즉결심판이란 즉결심판절차에 의한 재판을 의미한다. 즉결심판절차란 범증이 명백하고 죄질이 경미한 범죄사실을 지방법원, 지방법원지원 또는 시·군법원의 판사로 하여금 신속하게 심판하도록 하기 위한 간략한 형사절차이다. 즉 20만원 이하의 벌금·구류 또는 과료에 처할 경미한 범죄에 대하여 공판절차에 의하지 아니하고 신속하게 심판하는 절차를 말한다. 즉결심판절차는 「즉결심판에 관한 절차법」(이하 즉결심판법)에 의한다.

즉결심판은 경미사건을 신속하게 심판하기 위한 절차라는 점에서 약식절차와 기능이 유사하지만, ① 즉결심판은 그 청구권자가 검사가 아니라 경찰서장이라는 점, ② 심리가 서면심리의 형태를 취하지 않고 원칙적으로 공개된 법정에서 판사가 피고인을 직접 신문하는 형태로 이루어진다는 점, ③ 약식절차에서는 원칙적으로 재산형의 부과만 가능하지만 즉결심판절차에서는 30일 미만의 구류형 선고가 가능하다는 점 등에서 차이가 있다.

즉결심판제도는 범증이 명백하고 죄질이 경미한 형사사건의 신속·적정한 처리를 통하여 소송경제를 도모하려는 데 주된 목적이 있다. 그러나 형사절차를 신속하게 진행하게 되면 피고인의 시간적·정신적 부담을 덜어준다는 의미에서 피고인의 이익보호도 고려한 제도라고 할 수 있다.

2. 즉결심판절차의 성격

즉결심판절차는 법관이 공개된 법정에서 피고인을 직접 심리하는 재판절차이다. 그러나 피고인의 정식재판청구에 의하여 공판절차로 이행될 뿐만 아니라 판사가 즉결심판청구에 대하여 기각결정을 내린 경우에는 경찰서장이 당해 사건을 검사에게 송치하게 된다는 점에서 볼 때, 이는 형사소송법상의 공판절차가 아니라 어디까지나 공판 전의 절차라고 해야 한다. 다만 약식절차와 마찬가지로 즉결심판절차도 형법상의 형벌을 과하는 절차이고, 즉결심판절차에서는 피고인의 출석을 전제로 구두주의와 직접주의를 원칙으로 하고 있으며, 즉결심판이 확정된 때에는 확정판결과 동일한 효력을 가진다는 점에 비추어 보면 즉결심판절차는 공판절차와 매우 유사한 성격을 가지고 있다.

Ⅱ. 즉결심판의 청구

1. 즉결심판의 대상

즉결심판절차에 의하여 처리할 수 있는 사건은 20만원 이하의 벌금 또는 구류나 과료에 처할 범죄사건이다(법원조직법 제34조 제1항 제3호·제3항, 즉결심판법 제2조). 이와 같이 즉결심판의 대상은 선고형을 기준으로 결정된다는 점이 법정형을 기준으로 결정되는 심급관할과는 다른 특징이라고 할 수 있다. 법적 안정성의 관점에서 볼 때 즉결심판절차의 대상도 선고형이 아닌 법정형을 기준으로 결정하는 입법이 바람직하다고 생각된다.

즉결심판대상사건은 경범죄 처벌법 및 도로교통법 위반사범들이 그 중심을 이루지만, 벌금·구류 또는 과료가 단일형 또는 선택형으로 규정되어 있는 경우에는 일반 형사범도 그 대상이 된다. 경범죄처벌법의 범칙금납부통고를 받은 사람이 법이 정한 기간 내에 범칙금을 납부하지 아니한 경우 경찰서장은 지체 없이 즉결심판을 청구하여야 한다(경범죄처벌법 제9조 제1항).[1]

---

1) 경찰서장이 범칙행위에 대하여 통고처분을 한 이상, 범칙자의 절차적 지위를 보장하기 위하여 통고처분에서 정한 범칙금 납부기간까지는 원칙적으로 경찰서장은 즉결심판을 청구할 수 없고, 검사도 동일한 범칙행위에 대하여 공소를 제기할 수 없다(대법원 2020. 4. 29, 2017도13409).

2. 청구권자

즉결심판의 청구권자는 경찰서장이다. 경찰서장은 관할경찰서장과 관할해양 경찰서장을 포함한다($\frac{즉결심판법}{제3조 제1항}$). 즉결심판의 청구는 통상의 공판절차에서 검사가 행하는 공소제기와 동일한 성격의 소송행위이다. 즉결심판의 청구는 그 청구 자체로서 족하며 공소제기와 동시에 할 것을 요구하지 않기 때문이다. 이러한 의미에서 경찰서장의 즉결심판청구는 검사의 기소독점주의에 대한 예외가 된다.

3. 청구의 방식

즉결심판을 청구하는 경우에 경찰서장은 관할법원에 즉결심판청구서를 제출하여야 하며, 여기에는 피고인의 성명 기타 피고인을 특정할 수 있는 사항·죄명·범죄사실과 적용법조를 기재하여야 한다($\frac{동법 제3조}{제2항}$). 즉결심판이 공소제기와 동일한 성격을 가지므로 청구서의 기재사항도 공소장과 동일하게 한 것이다. 그러나 즉결심판청구서에는 약식명령청구의 경우와는 달리 즉결심판에 의하여 선고할 벌금 등의 액수를 미리 기재하지 않는다. 즉결심판을 청구할 때에는 사전에 피고인에게 즉결심판의 절차를 이해하는 데 필요한 사항을 서면 또는 구두로 알려주어야 한다($\frac{동조}{제3항}$). 다만 즉결심판은 그 청구가 있는 때에 즉시 심판하여야 하므로 경찰서장은 청구시에 즉결심판청구서의 부본을 첨부할 필요가 없다.

경찰서장은 즉결심판을 함에 필요한 서류 또는 증거물을 판사에게 제출하여야 한다($\frac{동법}{제4조}$). 따라서 즉결심판절차에서는 약식절차의 경우와 마찬가지로 공소장일본주의가 적용되지 않는다.

4. 관할법원

즉결심판사건의 관할법원은 지방법원, 지원 또는 시·군법원의 판사이다($\frac{동법}{제2조}$). 지방법원 또는 그 지원의 판사는 소속지방법원장의 명령을 받아 소속법원의 관할사무와 관계없이 즉결심판청구사건을 심판할 수 있다($\frac{동법}{제3조의2}$).

Ⅲ. 즉결심판청구사건의 심리

1. 판사의 기각결정과 경찰서장의 사건송치

즉결심판의 청구가 있는 경우에 판사는 먼저 사건이 즉결심판을 함에 적당한지 여부를 심사하여야 한다. 심사결과 사건이 즉결심판을 할 수 없거나 즉결심판절차에 의하여 심판함이 적당하지 아니하다고 인정할 때에는 결정으로 즉결심판의 청구를 기각하여야 한다. 기각결정이 있는 때에는 경찰서장은 지체 없이 사건을 관할지방검찰청 또는 지청의 장에게 송치하여야 한다(즉결심판
법 제5조).

여기서 즉결심판을 할 수 없는 경우란 즉결심판을 하기 위한 실체법상 또는 절차법상의 적법요건을 구비하지 않은 경우를 말한다. 예를 들면 청구된 사건에 대하여 벌금·구류 또는 과료의 형이 규정되어 있지 않거나, 징역형 또는 금고형과 병과형으로 규정되어 있는 경우, 관할위반에 해당하는 경우 등이 여기에 해당한다. 또한 즉결심판절차에 의하여 심판함이 적당하지 아니한 경우란 즉결심판을 위한 전제조건을 충족하고 있더라도 청구된 사건에 대하여 20만원 이하의 벌금·구류·과료 이외의 형을 선고함이 적당하다고 인정되는 경우나 사건의 성질이나 양형의 특수성을 고려하여 정식공판절차에서 심리하는 것이 타당하다고 인정되는 경우를 말한다.

판사의 기각결정에 의하여 경찰서장이 사건을 송치한 경우에 검사는 적법하게 공소를 제기할 수 있다. 이때 검사는 공소장을 법원에 제출하여야 한다. 또한 즉결심판청구에 대한 기각결정에 의하여 사건은 즉결심판청구 이전의 상태로 돌아가므로 검사는 경찰서장으로부터 송치받은 사건에 대하여 불기소처분을 하는 것이 가능하다고 보아야 한다.

2. 심리의 특칙

「즉결심판에 관한 절차법」은 즉결심판사건의 간이·신속한 처리를 위하여 여러 가지 특칙을 규정하고 있으며, 당사자나 증인 등의 재판관계인이 교통의 불편 등으로 법정에 직접 출석하기 어려운 경우에 법원은 재판관계인이 다른 원격지의 법정에 출석하여 진행하는 원격영상재판을 할 수 있다(원격영상재판에 관
한 특례법 제3조). 즉결심판절차에 있어서 「즉결심판에 관한 절차법」에 특별한 규정이 없는 한 그 성질에 반하지 아니하는 것은 형사소송법의 규정을 준용한다(동법
제19조).

(1) 심판기일의 절차

(가) 즉시심판

판사는 즉결심판의 청구가 적법하고 상당하다고 인정할 때에는 즉시 심판을 하여야 한다(동법/제6조). 따라서 공소장부본송달, 제 1 회 공판기일의 유예기간과 같은 제 1 회 공판기일 전의 준비절차는 생략된다. 즉시 심판한다는 것은 즉시 기일을 열어 심판해야 한다는 의미이고, 심리 후 재판의 선고까지를 즉시하여야 한다는 의미는 아닌 것으로 해석하여야 한다. 따라서 필요에 따라 기일을 속행하거나 변경하는 것은 허용된다고 해야 한다.

(나) 개 정

즉결심판의 심리는 약식절차의 경우와는 달리 공개된 법정에서 이루어져야 하며, 그 법정은 경찰관서 외의 장소에 설치되어야 한다(동법 제7조/제1항). 법정은 판사와 법원사무관 등이 열석하여 개정한다(동조/제2항).

그러나 상당한 이유가 있는 경우에 판사는 피고인의 진술서와 경찰서장이 송부한 서류 또는 증거물에 의하여 개정 없이 심판할 수 있다. 이를 서면심리 또는 불개정심판이라고 한다. 다만 구류에 처하는 경우에는 불개정심판을 할 수 없다(동조/제3항). 불개정심판은 실무상 피고인의 출석이 가능하더라도 무죄·면소 또는 공소기각을 함이 명백한 사건이나 벌금이나 과료에 처할 사건임이 명백하고 피고인이 소재불명인 경우 등에 주로 사용된다.

(다) 피고인의 출석

즉결심판에 있어서도 피고인의 출석은 개정의 요건이다. 그러나 벌금 또는 과료를 선고하는 경우에는 직권으로 피고인이 출석하지 않더라도 심판할 수 있다(동법 제8조/의2 제1항). 피고인이 불출석심판을 청구하지 아니한 채 즉결심판 기일에 출석하지 아니한 경우에 대비하기 위한 규정이다. 또한 피고인 또는 즉결심판출석통지서를 받은 자가 불출석재판을 청구하여 법원이 이를 허가한 때에는 피고인의 출석 없이 심판할 수 있다(동조/제2항). 경찰서장의 출석은 이를 요하지 않는다. 다만 불출석심판은 불개정심판과는 달리 개정한 상태에서의 심판이므로 반드시 공개된 법정에서 법원사무관 등의 참여하에 행하여져야 한다.

(라) 심리의 방법

즉결심판절차에는 그 성질에 반하지 않는 한 형사소송법의 규정이 준용되므로(동법/제19조), 공개법정에서의 구두변론주의와 직접심리주의에 의한 심리가 요구된다. 그러나 한편 즉결심판절차는 사건의 신속한 처리를 위한 절차라는 점에서 정식공판 절차에 비하여 직권주의적 성격이 강하다.

개정하여 심리하는 경우 판사는 피고인에 대하여 인정신문을 하여 피고인임이 틀림없음을 확인하여야 한다. 경찰서장의 출석은 개정의 요건이 아니므로 경찰서 장의 모두진술은 요하지 않는다. 그리고 판사는 피고인에게 피고사건의 내용과 진 술거부권이 있음을 알리고 변명할 기회를 주어야 한다(동법 제9조제1항). 판사는 필요하다 고 인정할 때에는 적당한 방법에 의하여 재정하는 증거에 한하여 조사할 수 있다 (동조제2항). 변호인은 기일에 출석하여 증거조사에 참여할 수 있으며 의견을 진술할 수 있다(동조제3항).

(2) 증거법상의 특칙

즉결심판절차의 증거조사에서도 원칙적으로 형사소송법의 규정이 준용되나 (동법제19조), 제도의 특성에 의하여 증거법에 대한 몇 가지 특칙이 인정되고 있다.

㈎ 증거조사의 범위

즉결심판절차에서는 신속한 심리를 위하여 통상의 증거조사방법에 의할 것을 요하지 않는다. 증거조사의 객체도 경찰서장이 즉결심판청구와 함께 제출한 서류 또는 증거물 및 재정하는 증거에 한정된다.

여기서 피고인이나 변호인이 즉결심판법정에서 증거조사를 신청할 수 있는지 가 문제된다.「즉결심판에 관한 절차법」제9조 제2항은 재정하는 증거에 대하여 조사할 수 있다고 하고 있을 뿐 조사대상인 증거를 수사기관이 제출한 증거에 한정 하고 있지 않으므로 재정하는 증거에 대한 피고인이나 변호인의 증거신청은 허용 된다고 해야 할 것이다.

㈏ 증거능력에 대한 특칙

즉결심판절차에 대하여는 사법경찰관이 작성한 피의자신문조서의 증거능력을 제한한 형사소송법 제312조 제3항과 각종 진술서면의 증거능력을 제한한 제313 조가 적용되지 않는다(동법제10조). 따라서 즉결심판절차에서는 사법경찰관이 작성한 피 의자신문조서에 대하여 피고인이 그 내용을 부인하는 경우나 그 밖의 진술서면에 대하여 피고인이 성립의 진정을 인정하지 않는 등의 경우에도 이를 유죄의 증거로 사용할 수 있다. 전문법칙의 적용과 관련하여 이러한 예외를 인정한 것은 즉결심판 사건을 간이·신속하게 처리하기 위한 것이다.

그러나 그 밖에는 자백배제법칙과 위법수집증거배제법칙은 물론 제312조 제 3 항 및 제313조를 제외한 전문증거에 대한 규정도 즉결심판절차에 그대로 적용된다. 다만 피고인의 출석 없이 즉결심판을 할 수 있는 경우에는 전문증거에 대한 증거동의가 의제된다고 보아야 한다.

㈐ 자백보강법칙의 적용배제

즉결심판절차에서는 보강법칙도 적용되지 않으므로($\frac{\text{동법}}{\text{제10조}}$) 보강증거가 없더라도 피고인의 자백만으로 유죄를 인정할 수 있다. 이 경우 피고인의 자백은 법관 앞에서의 자백에 한하지 아니하므로 경찰관이 작성한 피의자신문조서를 유일한 증거로 하여 피고인의 유죄를 인정하는 것도 가능하다.

Ⅳ. 즉결심판의 선고와 효력

1. 즉결심판의 선고

(1) 선고의 방식 및 선고할 수 있는 형

즉결심판의 선고는 피고인이 출석한 경우에는 선고의 방식에 의하고, 피고인 없이 심리한 경우에는 즉결심판서 등본의 교부에 의한다. 즉결심판으로 유죄를 선고할 때에는 형·범죄사실과 적용법조를 명시하고, 피고인은 7일 이내에 정식재판을 청구할 수 있다는 것을 고지하여야 한다($\frac{\text{즉결심판법 제}}{\text{11조 제 1 항}}$). 또한 유죄의 즉결심판서에는 피고인의 성명 기타 피고인을 특정할 수 있는 사항·주문·범죄사실과 적용법조를 명시하고 판사가 서명·날인한다. 다만 피고인이 범죄사실을 자백하고 정식재판의 청구를 포기한 때에는 선고한 주문과 적용법조를 명시하고 판사가 기명·날인하면 된다($\frac{\text{동법}}{\text{제12조}}$). 판사가 상당한 이유가 있다고 인정하여 개정 없이 심판한 경우($\frac{\text{동법 제7 조}}{\text{제3 항}}$)와 피고인이 출석 없이 심판한 경우에는 법원사무관 등은 7일 이내에 정식재판을 청구할 수 있음을 부기한 즉결심판서 등본을 피고인에게 송달하여 고지한다. 다만 피고인에 대하여 불출석재판을 허가한 경우에 피고인 등이 미리 즉결심판서의 등본송달을 요하지 아니한다는 뜻을 표시한 때에는 송달을 요하지 아니한다($\frac{\text{동법 제11}}{\text{조 제 4 항}}$).

즉결심판에서 선고할 수 있는 형은 20만원 이하의 벌금·구류 또는 과료이다($\frac{\text{동법}}{\text{제 2 조}}$). 그러나 즉결심판에서는 약식명령의 경우와는 달리 사건이 무죄·면소 또는 공소기각을 함이 명백하다고 인정할 때에는 판사는 이를 선고·고지할 수 있다($\frac{\text{동법}}{\text{제11}}$

제5항). 또한 즉결심판에 있어서도 압수된 물건이 있는 경우에는 이를 몰수할 수 있다(동법 제18조 제3항 참조). 실무상으로는 도박죄로 즉결심판이 청구된 경우에 몰수를 선고하는 경우가 많다.

(2) 유치명령과 가납명령

(가) 유치명령

판사는 구류의 선고를 받은 피고인이 일정한 주거가 없거나 도망할 염려가 있을 때에는 5일을 초과하지 아니하는 기간 경찰서유치장에 유치할 것을 명령할 수 있다. 다만 그 기간이 선고기간을 초과할 수는 없으며, 집행된 유치기간은 본형의 집행에 산입한다(동법 제17조 제1항·제2항). 유치명령은 선고와 동시에 집행력이 발생하므로 유치명령이 있는 구류가 선고된 경우에는 피고인은 정식재판을 청구하더라도 석방되지 않는다.

즉결심판절차에서 행하여지는 유치명령은 재판부로서의 단독판사의 구금에 관한 재판이므로 준항고(제416조 제1항)가 아닌 보통항고(제403조 제2항)의 대상이 된다고 보아야 한다. 준항고의 방법에 의하여 불복할 수 있는 재판은 재판장이나 수명법관의 재판에 한하기 때문이다. 다만 현실적으로 유치명령에 대한 불복을 보통항고에 의하게 하면 항고법원에의 기록송부 등으로 인한 시일의 지체로 불복의 실익이 없게 될 염려가 있으므로 실무상으로는 이를 준항고로서 파악하여 당해 판사의 소속법원에서 심리하게 하고 있다.

(나) 가납명령

판사가 벌금 또는 과료를 선고하는 경우에는 노역장유치기간을 정하여 동시에 선고하여야 하고(형법 제70조), 재판의 확정 후에는 집행할 수 없거나 집행하기 곤란한 염려가 있다고 인정한 때에는 피고인에게 벌금 또는 과료에 상당한 금액의 가납을 명할 수 있다. 가납처분은 벌금 또는 과료의 선고와 동시에 하여야 하며 그 재판은 즉시 집행할 수 있다(즉결심판법 제17조 제3항, 형소법 제334조). 그리고 가납명령이 있는 벌금이나 과료를 납부하지 않을 때에는 노역장유치를 명할 수 있다(형법 제69조 제1항).

2. 즉결심판의 효력

(1) 즉결심판의 확정

즉결심판이 확정된 때에는 확정판결과 동일한 효력이 있다(즉결심판법 제16조). 따라서 즉결심판이 확정되면 확정력과 일사부재리의 효력이 발생하며, 재심이나 비상상고의 대상이 된다. 즉결심판은 정식재판의 청구기간이 경과, 정식재판청구권의 포기 또는 그 청구의 취하에 의하여 확정된다. 정식재판청구를 기각하는 재판이 확정된 경우에도 같다. 즉결심판의 판결이 확정된 때에는 즉결심판서 및 관계서류와 증거는 관할경찰서 또는 지방해양경찰관서가 이를 보존한다(동법제13조).

(2) 형의 집행

즉결심판에 의한 형의 집행은 경찰서장이 하고 그 집행결과를 지체 없이 검사에게 보고하여야 한다(동법 제18조 제1항). 구류는 경찰서 유치장·구치소 또는 교도소에서 집행하며, 구치소 또는 교도소에서 집행할 때에는 검사가 이를 지휘한다(동조 제2항). 벌금·과료와 몰수는 그 집행을 종료하면 지체 없이 검사에게 이를 인계하여야 한다(동조 제3항). 경찰서장이 형의 집행을 정지하고자 할 때에는 사전에 검사의 허가를 얻어야 한다(동조 제4항).

V. 정식재판의 청구

1. 정식재판청구의 절차

정식재판의 청구권자는 즉결심판을 받은 피고인 또는 경찰서장이다. 피고인은 유죄를 선고받은 경우에 정식재판을 청구할 수 있고, 경찰서장은 판사가 무죄·면소·공소기각을 선고 또는 고지한 경우에 정식재판을 청구할 수 있다(즉결심판법 제14조 제1항·제2항). 피고인의 법정대리인(제340조) 및 피고인의 배우자·직계친족·형제자매 또는 즉결심판절차의 대리인이나 변호인(제341조)은 피고인을 위하여 정식재판을 청구할 수 있다(동법 제14조 제4항).

정식재판을 청구하고자 하는 피고인은 즉결심판이 선고된 날 또는 심판서 등본이 송달된 날로부터 7일 이내에 정식재판청구서를 경찰서장에게 제출하여야 하고, 경찰서장은 지체 없이 이 청구서를 판사에게 송부하여야 한다(동조 제1항). 경찰서장이 정식재판을 청구하는 경우에는 관할지방검찰청 또는 지청의 검사의 승인을 얻어 정식재판청구서를 판사에게 제출하여야 한다(동조 제2항). 경찰서장은 검사의 승인을 얻는 것을 요건으로 직접 법원에 정식재판을 청구할 수 있는데, 이러한 경찰서장의 정식재판청구는 검사의 기소독점주의에 대한 예외에 해당하게 된다.

2. 정식재판청구 후의 절차

판사는 정식재판청구서를 받은 날로부터 7일 이내에 경찰서장에게 정식재판 청구서를 첨부한 사건기록과 증거물을 송부하고, 경찰서장은 지체 없이 관할지방 검찰청 또는 지청의 장에게 이를 송부하여야 하며, 그 검찰청 또는 지청의 장은 지체 없이 관할법원에 이를 송부하여야 한다(동법 제14 조 제3항). 다만 이 경우에 검사가 법원 에 송부하는 것은 정식재판청구서와 즉결심판청구서에 한하며, 공소장일본주의 원칙상 사건기록과 증거물은 공판기일에 제출해야 한다고 해석하는 것이 타당하 다. 그러나 판례는 정식재판청구에 의한 제1회 공판기일 전에 사건기록 및 증거물 을 법원에 송부하더라도 위법하지 않다고 한다(대법원 2011.1.27, 2008도7375).

정식재판청구의 포기나 취하에 대하여는 상소 및 약식절차에 관한 규정을 준 용한다(동조 제4항). 따라서 피고인이나 경찰서장은 정식재판의 청구를 포기할 수 있고 (제349 조), 제1심 판결선고 전까지 이를 취하할 수 있다(제349조, 제454조). 정식재판청구권을 포 기하거나 정식재판의 청구를 취하한 자는 다시 정식재판을 청구하지 못한다(제354 조).

3. 공판절차에 의한 심판

정식재판의 청구가 법령상의 방식에 위반하거나 청구권의 소멸 후인 것이 명 백한 때에는 결정으로 기각하여야 한다. 이 결정에 대하여는 즉시항고를 할 수 있 다(즉결심판법 제14조 제4항, 형 소법 제455조 제1항·제2항). 정식재판의 청구가 적법할 때에는 공판절차에 의하여 심 판하여야 한다(동법 제14조 제4항, 형소법 제455조 제3항). 즉결심판절차에는 원칙적으로 형사소송법의 규정 이 준용되고(동법 제19조) 형사소송법은 약식명령에 대한 정식재판절차에 형종상향의 금 지를 규정하고 있으므로(제457 조의2) 즉결심판에 대한 정식재판절차에도 이 기준이 적용 된다고 하여야 한다(대법원 1999.1.15, 98도2550 참조). 따라서 피고인만이 정식재판을 청구한 경우에 즉결심판의 벌금형을 20만원의 범위 내에서 중하게 변경하거나 구류형의 형기를 30일 미만의 범위 내에서 중하게 변경하는 것은 허용되나, 즉결심판의 구류형이나 과료형을 벌금형으로 변경하는 것은 허용되지 않는다(형법 제41 조 참조).

즉결심판은 정식재판의 청구에 의한 판결이 있는 때에는 그 효력을 잃는다(즉결 심판 법 제 15조). 여기서 판결이란 적법한 정식재판의 청구에 의하여 통상의 공판절차에서 행 하여진 판결로서 확정판결을 의미한다. 다만 종국재판의 의미를 가진다는 점에서 공소기각의 재판도 포함되는 것으로 보아야 한다.

제 3 절 소년형사범에 대한 형사절차

Ⅰ. 소년법과 소년범죄자

「소년법」은 반사회성이 있는 소년의 환경 조정과 품행 교정을 위한 보호처분 등의 필요한 조치를 하고, 형사처분에 관한 특별조치를 함으로써 소년이 건전하게 성장하도록 돕는 것을 목적으로 제정된 법률이다(동법 제1조).

「소년법」은 19세 미만의 자를 소년으로 규정하고 있으며(동법 제2조), ① 죄를 범한 소년(범죄소년), ② 형벌법령에 저촉되는 행위를 한 10세 이상 14세 미만의 소년(촉법소년), ③ 집단적으로 몰려다니며 주위 사람들에게 불안감을 조성하는 성벽이 있거나, 정당한 이유 없이 가출하거나, 술을 마시고 소란을 피우거나 유해환경에 접하는 성벽이 있고, 그의 성격이나 환경에 비추어 앞으로 형벌 법령에 저촉되는 행위를 할 우려가 있는 10세 이상의 소년(우범소년)을 그 규율대상으로 하고 있다(동법 제4조 제1항).

「소년법」에 의한 소년범죄자는 14세 이상 19세 미만의 죄를 범한 소년이다. 그러나 모든 소년범죄자가 형사처분의 대상인 것은 아니고 수사결과 보호처분에 해당하는 사유가 있다고 인정될 경우에는 소년보호사건으로서 보호처분의 대상이 된다(동법 제49조 제1항). 소년범죄자에 대한 보호처분은 형벌을 대체하는 수단으로서 보안처분의 일종이라 할 수 있다. 이에 반하여 동기와 죄질이 형사처분을 할 필요가 있다고 인정되는 금고 이상의 형에 해당하는 범죄사실이 발견된 경우에는 소년형사범으로서 형사처벌의 대상이 된다(동법 제7조 제1항, 제49조 제2항).

Ⅱ. 소년형사범에 대한 형사절차상의 특칙

소년에 대한 형사사건에도 원칙적으로 일반 형사사건의 예에 따라 형사소송법이 적용되나(동법 제48조), 개선가능성이 큰 소년의 특성을 고려하여 「소년법」은 일정한 특칙을 규정하고 있다.

1. 수사상의 특칙

(1) 검사선의주의와 조사제도

범죄소년 이외의 비행소년은 경찰서장이 직접 관할 소년부에 송치하도록 하고 있으나($\frac{동법 제4조}{제2항}$), 범죄소년은 일단 검사에게 송치되어 검사의 판단을 받도록 하고 있다. 이를 검사선의주의(檢事先議主義)라고 한다.

이 경우에 검사는 소년 피의자에 대한 적합한 처분을 위하여 보호관찰소의 장 등에게 필요한 조사를 요구할 수 있다. 즉 검사는 소년 피의사건에 대하여 소년부 송치, 공소제기, 기소유예 등의 처분을 결정하기 위하여 필요하다고 인정하면 피의자의 주거지 또는 검찰청 소재지를 관할하는 보호관찰소의 장, 소년분류심사원장 또는 소년원장에게 피의자의 품행, 경력, 생활환경이나 그 밖에 필요한 사항에 관한 조사를 요구할 수 있다($\frac{동법 제49조}{의2 제1항}$). 조사요구를 받은 보호관찰소장 등은 지체 없이 이를 조사하여 서면으로 해당 검사에게 통보하여야 하며, 조사를 위하여 필요한 경우에는 소속 보호관찰관·분류심사관 등에게 피의자 또는 관계인을 출석하게 하여 진술요구를 하는 등의 방법으로 필요한 사항을 조사하게 할 수 있다($\frac{동조}{제2항}$).

(2) 검사의 소년부송치

검사는 소년에 대한 피의사건을 수사한 결과 보호처분에 해당하는 사유가 있다고 인정한 경우에는 사건을 지방법원 또는 가정법원의 관할 소년부에 송치하여야 한다($\frac{동법 제49}{조 제1항}$). 그러나 소년부는 검사가 송치한 사건을 조사 또는 심리한 결과 그 동기와 죄질이 금고 이상의 형사처분을 할 필요가 있다고 인정할 때에는 결정으로써 해당 검찰청 검사에게 송치할 수 있다($\frac{동조}{제2항}$). 이 경우에 검사는 송치된 사건을 다시 소년부에 송치할 수 없다($\frac{동조}{제3항}$).

(3) 소년부의 검찰송치

소년부는 소년보호사건을 조사 또는 심리한 결과 금고 이상의 형에 해당하는 범죄 사실이 발견된 경우 그 동기와 죄질이 형사처분을 할 필요가 있다고 인정하면 결정으로써 사건을 관할 지방법원에 대응한 검찰청 검사에게 송치하여야 한다($\frac{동법 제7조}{제1항}$). 또한 소년부는 조사 또는 심리한 결과 사건의 본인이 19세 이상인 것으로 밝혀진 경우에는 결정으로써 사건을 관할 지방법원에 대응하는 검찰청 검사에게 송치하여야 한다($\frac{동조}{제2항}$).

(4) 검찰송치사건과 기소유예

법원 소년부가 소년형사범이라고 판단하여 송치한 사건에 대하여 검사가 기소유예를 할 수 있는지가 문제된다. 「소년법」 제 7 조 제 1 항 또는 제49조 제 2 항에 의한 송치사건에 대하여는 소년비행사건의 주도적 심판기관인 법원 소년부의 판단을 존중해야 한다는 의미에서 이에 대한 검사의 기소유예는 허용되지 않는다고 보아야 할 것이다. 다만 지방법원 또는 가정법원 소년부의 조사결과 19세 이상의 성인범이라고 판단되어 검찰에 송치된 사건에 대하여는 여전히 기소유예가 가능하다고 해야 한다.

(5) 선도조건부 기소유예

검사는 소년 피의자에 대하여 ① 범죄예방자원봉사위원의 선도, ② 소년의 선도·교육과 관련된 단체·시설에서의 상담·교육·활동 등의 선도를 받게 하고, 피의사건에 대한 공소를 제기하지 아니할 수 있다. 이 경우 검사는 소년과 소년의 친권자·후견인 등 법정대리인의 동의를 받아야 한다(동법 제49조의3).

(6) 공소제기의 제한과 공소시효의 정지

소년부 판사에 의하여 보호처분을 받은 사건은 다시 공소를 제기하거나 소년부에 송치할 수 없다. 다만 보호처분의 계속 중일 때에 사건 본인이 처분 당시 19세 이상인 것이 밝혀져서 소년부 판사가 그 보호처분을 취소하고 사건을 검사에게 송치한 경우에는 공소를 제기할 수 있다(동법 제53조, 제38조 제 1 항 제 1 호).

소년부 판사는 송치서와 조사관의 조사보고에 따라 사건을 보호사건으로 심리할 필요가 있다고 인정하면 심리개시의 결정을 하게 되는데(동법 제20조 제 1 항), 그 심리개시의 결정이 있었던 때로부터 그 사건에 대한 보호처분의 결정이 확정될 때까지 공소시효는 그 진행이 정지된다(동법 제54조).

(7) 구속의 제한과 분리수용

소년범에 대한 형사절차에 있어서 구속영장은 부득이한 경우가 아니면 발부하지 못하며(동법 제55조 제 1 항), 소년을 구속하는 경우에는 특별한 사정이 없으면 다른 피의자나 피고인과 분리하여 수용하여야 한다(동조 제 2 항).

2. 심리상의 특칙

(1) 법원의 소년부송치

수소법원은 소년에 대한 피고사건을 심리한 결과 보호처분에 해당할 사유가 있다고 인정하면 결정으로써 사건을 관할 소년부에 송치하여야 한다($\frac{동법}{제50조}$). 소년부는 수소법원으로부터 송치 받은 사건을 조사 또는 심리한 결과 사건의 본인이 19세 이상인 것으로 밝혀지면 결정으로써 송치한 법원에 사건을 다시 이송하여야 한다($\frac{동법}{제51조}$).

(2) 조사관제도와 심리절차의 분리

수소법원은 소년에 대한 형사사건에 관하여 필요한 사항을 조사하도록 조사관에게 위촉할 수 있다($\frac{동법}{제56조}$). 그리고 소년에 대한 형사사건의 심리는 다른 피고사건과 관련된 경우에도 심리에 지장이 없으면 그 절차를 분리하여야 한다($\frac{동법}{제57조}$). 소년은 미성년자이므로 변호인이 없는 경우에는 법원은 국선변호인을 선임하여야 한다($\frac{형사소송법 제33조}{제1항 제2호, 제283조}$).

(3) 심리의 방침

소년에 대한 형사사건의 심리는 친절하고 온화하게 하여야 하며, 그 심리에는 소년의 심신상태, 품행, 경력, 가정상황 그 밖의 환경 등에 대하여 정확한 사실을 밝힐 수 있도록 특별히 유의하여야 한다($\frac{소년법}{제58조}$).

3. 형의 선고상의 특칙

(1) 사형 · 무기형의 완화

죄를 범할 당시 18세 미만인 소년에 대하여 사형 또는 무기형으로 처할 경우에는 15년의 유기징역으로 한다($\frac{동법}{제59조}$). 다만 18세 미만인 소년이 특정강력범죄를 범한 때에는 「소년법」의 규정에도 불구하고 사형 또는 무기형을 20년의 유기징역으로 한다($\frac{특정강력범죄 처벌에 관한}{특례법 제4조 제1항}$). 형을 완화하는 연령은 범죄시를 기준으로 판단하므로 재판시에 18세가 되었더라도 특례가 인정된다.

(2) 상대적 부정기형

소년이 법정형으로 장기 2년 이상의 유기형에 해당하는 죄를 범한 경우에는 그 형의 범위에서 장기와 단기를 정하여 선고한다. 다만 장기는 10년, 단기는 5년을 초과하지 못한다($\scriptsize{소년법 제60 \atop 조 제 1 항}$). 특정강력범죄를 범한 소년에 대하여 부정기형을 선고할 때에는 「소년법」의 규정에도 불구하고 장기는 15년, 단기는 7년으로 상향된다($\scriptsize{특정강력범죄 처벌에 관한 \atop 특례법 제 4 조 제 2 항}$). 소년의 특성에 비추어 상당하다고 인정되는 때에는 그 형을 감경할 수 있다($\scriptsize{소년법 제60 \atop 조 제 2 항}$). 형의 집행유예나 선고유예를 선고할 때에는 부정기형의 규정을 적용하지 아니한다($\scriptsize{동조 \atop 제 3 항}$).

부정기형을 선고함에 있어서 소년의 기준시점은 사실심의 재판시가 된다. 따라서 소년이었던 피고인이 제 1 심 판결선고시 또는 항소심 판결선고시에 19세에 이른 경우에는 법원은 부정기형을 선고하지 못한다($\scriptsize{대법원 1990.4.24, \atop 90도539}$). 그러나 항소심 판결선고 당시 19세 미만자로서 부정기형을 선고받은 피고인이 상고심 계속 중 19세에 이른 경우에는 상고심은 부정기형을 정기형으로 고칠 수 없다($\scriptsize{대법원 1990.11.27, \atop 90도2225}$).

상소심 계속 중 소년이 19세가 된 경우에 불이익변경금지의 원칙의 구체적인 적용기준이 문제로 된다. 이 경우에 선고할 수 있는 정기형의 기준은 부정기형의 장기와 단기의 중간형이라고 보는 것이 판례의 입장이다($\scriptsize{대법원 2020.10.22, 2020 \atop 도4140 전원합의체 판결}$).

(3) 환형처분의 금지와 미결구금일수의 산입

18세 미만인 소년에게 벌금 또는 과료를 선고하는 경우에는 이를 납부하지 않을 경우에 대비한 노역장유치를 선고하지 못한다($\scriptsize{동법 제62조 \atop 본문}$). 다만 판결선고 전에 구속되었거나 보호사건의 조사·심리를 위하여 소년분류심사원에 위탁되었던 경우에는 그 구속 또는 위탁의 기간에 해당하는 기간은 노역장에 유치된 것으로 보아 미결구금일수에 통산된다($\scriptsize{동법 제62조 단 \atop 서, 형법 제57조}$).

4. 형의 집행상의 특칙

(1) 집행장소의 분리

징역 또는 금고를 선고받은 소년에 대하여는 특별히 설치된 교도소 또는 일반교도소 안에 특별히 분리된 장소에서 그 형을 집행한다. 다만 소년이 형의 집행 중에 23세가 되면 일반 교도소에서 집행할 수 있다($\scriptsize{소년법 \atop 제63조}$). 그리고 보호처분이 계속 중일 때에 징역·금고 또는 구류를 선고받은 소년에 대하여는 먼저 그 형을 집행한다($\scriptsize{동법 \atop 제64조}$).

(2) 가석방요건의 완화

소년범의 가석방 요건은 성인범죄자에 비하여 완화되어 있다. 즉 징역 또는 금고를 선고받은 소년에 대하여는 ① 무기형의 경우에는 5년, ② 15년 유기형의 경우에는 3년, ③ 부정기형의 경우에는 단기의 3분의 1이 각각 경과하면 가석방을 허가할 수 있다(동법 제65조).

그리고 징역 또는 금고를 선고받은 소년이 가석방된 후 그 처분이 취소되지 아니하고 가석방 전에 집행을 받은 기간과 같은 기간이 지난 경우에는 형의 집행을 종료한 것으로 한다. 다만 사형 또는 무기형이 15년의 유기형으로 감경된 경우에 15년의 기간이 먼저 지난 경우 또는 부정기형을 선고받아 장기의 기간이 먼저 지난 경우에는 그 때에 형의 집행을 종료한 것으로 한다(동법 제66조).

(3) 자격에 관한 법령의 적용

소년이었을 때 범한 죄에 의하여 형을 선고받은 자가 그 집행을 종료하거나 면제받은 경우 자격에 관한 법령을 적용할 때에는 장래에 향하여 형의 선고를 받지 아니한 것으로 본다(동법 제67조). 소년의 사회복귀를 고려한 배려라고 할 수 있다.

제 4 절   형사피해자의 보호를 위한 특별절차

Ⅰ. 형사조정절차

1. 형사조정절차의 의의 및 대상사건

「범죄피해자 보호법」은 수사 중인 일정한 형사사건에 대한 조정절차를 규정하고 있다. 이러한 형사조정절차는 범죄피해자의 피해회복을 위한 수사절차상의 제도라는 점에서 공판절차에서 행하여지는 배상명령제도나 형사상 화해제도와 구별된다.

검사는 피의자와 범죄피해자 사이에 형사분쟁을 공정하고 원만하게 해결하여 범죄피해자가 입은 피해를 실질적으로 회복하는 데 필요하다고 인정하면 당사자의 신청 또는 직권으로 수사 중인 형사사건을 형사조정에 회부할 수 있다(범죄피해자 보호법 제41조 제1항). 형사조정에 회부할 수 있는 형사사건은 ① 차용금, 공사대금, 투자금 등 개인 간 금전거래로 인하여 발생한 분쟁으로서 사기, 횡령, 배임 등으로 고소된 재산범죄 사건, ② 개인 간의 명예훼손 · 모욕, 경계 침범, 지식재산권 침해, 임금체불

등 사적 분쟁에 대한 고소사건, ③ 위에서 규정한 사항 외에 형사조정에 회부하는 것이 분쟁 해결에 적합하다고 판단되는 고소사건, ④ 고소사건 외에 일반 형사사건 중 위의 ①부터 ③까지에 준하는 사건이다(동법 시행 령 제46조). 다만 여기에 해당하는 형사사건이라고 하더라도 ① 피의자가 도주하거나 증거를 인멸할 염려가 있는 경우, ② 공소시효의 완성이 임박한 경우, ③ 불기소처분의 사유에 해당함이 명백한 경우 (다만 기소유예처분의 사유에 해당하는 경우는 제외한다)에는 형사조정에 회부하여서는 아니 된다(동법 제41 조 제 2 항).

2. 형사조정위원회

검사가 회부한 형사사건에 대한 형사조정을 담당하기 위하여 각급 지방검찰청 및 지청에 형사조정위원회를 둔다(동법 제42 조 제 1 항). 형사조정위원회는 2명 이상의 형사조정 위원으로 구성한다(동조 제 2 항). 형사조정위원은 형사조정에 필요한 법적 지식 등 전문성과 덕망을 갖춘 사람 중에서 관할 지방검찰청 또는 지청의 장이 미리 위촉한다(동조 제 3 항).

형사조정위원회는 당사자 사이의 공정하고 원만한 화해와 범죄피해자가 입은 피해의 실질적인 회복을 위하여 노력하여야 한다(동법 제43 조 제 1 항). 형사조정위원회는 형사조정이 회부되면 지체 없이 형사조정 절차를 진행하여야 한다(동조 제 2 항). 다만 형사조정절차를 개시하기 위해서는 당사자의 동의가 있어야 하며, 당사자가 형사조정절차에 동의하지 않을 뜻을 명확히 한 경우에는 형사조정위원회는 담당 검사에게 사건을 회송하여야 한다(동법 시행 령 제52조). 형사조정위원회는 필요하다고 인정하면 형사조정의 결과에 이해관계가 있는 사람의 신청 또는 직권으로 이해관계인을 형사조정에 참여하게 할 수 있다(동법 제43 조 제 3 항).

형사조정위원회는 형사사건을 형사조정에 회부한 검사에게 해당 형사사건에 관하여 당사자가 제출한 서류, 수사서류 및 증거물 등 관련 자료의 사본을 보내 줄 것을 요청할 수 있다(동법 제44 조 제 1 항). 요청을 받은 검사는 그 관련 자료가 형사조정에 필요하다고 판단하면 형사조정위원회에 보낼 수 있다. 다만 당사자 또는 제 3 자의 사생활의 비밀이나 명예를 침해할 우려가 있거나 수사상 비밀을 유지할 필요가 있다고 인정하는 부분은 제외할 수 있다(동조 제 2 항). 당사자는 해당 형사사건에 관한 사실의 주장과 관련된 자료를 형사조정위원회에 제출할 수 있다(동조 제 3 항). 형사조정위원회는 자료의 제출자 또는 진술자의 동의를 받아 그 자료를 상대방 당사자에게 열람하게 하거나 사본을 교부 또는 송부할 수 있다(동조 제 4 항).

형사조정위원회는 조정기일마다 형사조정의 과정을 서면으로 작성하고, 형사
조정이 성립되면 그 결과를 서면으로 작성하여야 한다($\substack{동법 제45 \\ 조 제1항}$). 형사조정위원회는
조정 과정에서 증거위조나 거짓 진술 등의 사유로 명백히 혐의가 없는 것으로 인정
하는 경우에는 조정을 중단하고 담당 검사에게 회송하여야 한다($\substack{동조 \\ 제2항}$). 형사조정위
원회는 형사조정 절차가 끝나면 그 과정 및 결과를 적은 서면을 붙여 해당 형사사
건을 형사조정에 회부한 검사에게 보내야 한다($\substack{동조 \\ 제3항}$). 검사는 형사사건을 수사하고
처리할 때 형사조정 결과를 고려할 수 있다. 다만 형사조정이 성립되지 아니하였다
는 사정을 피의자에게 불리하게 고려하여서는 아니 된다($\substack{동조 \\ 제4항}$).

Ⅱ. 배상명령절차

1. 배상명령의 의의

배상명령절차란 법원이 직권 또는 피해자의 신청에 의하여 피고인에게 피고인
의 범죄행위로 인하여 발생한 손해의 배상을 명하는 절차를 말한다. 배상명령절
차는 형사절차에서 민사소송에 의한 손해배상판결과 동일한 재판을 할 수 있는 제
도라는 점에 특색이 있으며, 「소송촉진 등에 관한 특례법」($\substack{이하 소 \\ 송촉진법}$)에서 규정하고
있다.

배상명령절차의 취지는 피해자의 신속한 권리구제에 있다. 범죄행위로 인한
손해배상의 문제를 형사절차에서 함께 판단하도록 함으로써 별개의 민사소송절차
에 따른 번잡과 소송비용 부담을 피하고 신속하게 피해배상을 받을 수 있도록 하
기 위한 것이다. 그러나 한편 민사소송과는 이념과 절차가 다르고, 사실인정을 위
한 증거법칙에 차이가 있는 형사소송절차에서 손해의 배상을 명하도록 한 것은 법
관에서 지나친 부담을 주고 재판의 지연을 초래할 염려가 있다는 점 등이 문제로
지적되고 있다. 또한 형사절차에서 민사상의 손해배상청구권을 철저하게 파악하는
것이 현실적으로 어렵기 때문에 손해배상의 범위에 제한이 가해질 수밖에 없다는
점도 이 제도의 한계라고 할 수 있다. 이러한 점 때문에 배상명령제도의 현실적인
활용도는 그리 크지 않은 형편이다.

2. 배상명령의 요건

(1) 배상명령의 대상

배상명령은 일정한 유형의 범죄에 한하여 인정된다. 배상명령은 상해죄($\frac{형법}{제257}$ $\frac{조}{제1항}$), 중상해죄($\frac{형법 제258조}{제1항·제2항}$), 상해치사죄($\frac{형법 제259}{조 제1항}$), 존속폭행치사상죄를 제외한 폭행치사상죄($\frac{형법}{제262조}$), 과실치사상의 죄($\frac{형법}{제26장}$), 강간과 추행의 죄($\frac{형법}{제32장}$), 절도와 강도의 죄($\frac{형법}{제38장}$), 사기와 공갈의 죄($\frac{형법}{제39장}$),[1] 횡령과 배임의 죄($\frac{형법}{제40장}$), 손괴의 죄($\frac{형법}{제42장}$)에 대하여 할 수 있으며($\frac{소촉법 제25조}{제1항 제1호}$), 이러한 범죄를 가중처벌하는 죄 및 그 죄의 미수범을 처벌하는 경우 미수의 죄도 배상명령의 대상이 된다($\frac{동항}{제3호}$). 또한 「성폭력범죄의 처벌 등에 관한 특례법」에서 규정하고 있는 업무상 위력 등에 의한 추행죄($\frac{동법}{제10조}$), 공중밀집장소에서의 추행($\frac{동법}{제11조}$), 성적 목적을 위한 공공장소 침입행위($\frac{동법}{제12조}$), 통신매체를 이용한 음난행위($\frac{동법}{제13조}$), 카메라 등을 이용한 촬영행위 및 그 미수범($\frac{동법 제14}{조·제}{15조}$)도 배상명령의 대상이 되며, 「아동·청소년의 성보호에 관한 법률」에 규정된 아동·청소년 매매행위($\frac{동법}{제12조}$), 아동·청소년에 대한 강요행위 등($\frac{동법}{제14조}$)에 대해서도 배상명령이 가능하다($\frac{소송촉진법 제}{25조 제1항}$).

피고인과 피해자 사이에 합의된 손해배상액에 관해서는 위의 범죄뿐만 아니라 그 이외의 범죄에 대하여도 배상명령을 할 수 있다($\frac{동조}{제2항}$). 이것은 이미 합의에 이른 배상액에 대하여 배상명령에 의한 집행력을 부여하여 즉시 강제집행을 할 수 있도록 하기 위한 것이다. 또한 「소송촉진 등에 관한 특례법」에 따라 시행되고 있는 형사상 화해절차의 취지에 비추어 볼 때($\frac{동법 제36}{조 이하}$), 배상신청 후의 심리절차에서 배상명령을 청구한 피해자와 피고인 사이에 청구의 인낙이나 화해가 있을 경우에는 합의가 있는 것으로 보고 합의된 손해배상액에 대하여 배상명령을 하여야 할 것이다.

배상명령은 제1심 또는 제2심의 형사공판절차에서 위의 범죄에 대하여 유죄판결을 선고하는 경우에 가능하다($\frac{동법 제25}{조 제1항}$). 따라서 무죄·면소 또는 공소기각의 재판을 할 때에는 배상명령을 할 수 없다.

(2) 배상명령의 범위

배상명령은 피고사건의 범죄행위로 인하여 발생한 직접적인 물적 피해, 치료

---

1) 피고인이 사기 피해자와 합의하여 합의서가 법원에 제출된 후 실제 피해변제를 하지 않은 경우, 유죄판결을 선고하는 법원은 피고인에게 합의금에 대한 배상명령을 할 수 있다(대법원 2021. 7. 8, 2021도4944).

비 손해 및 위자료의 배상에 한한다($\frac{동조}{제1항}$). 따라서 간접적 손해는 배상명령의 범위에 포함되지 않는다. 생명·신체를 침해하는 범죄에 의하여 발생한 기대이익의 상실이 배상명령의 범위에 속하는가도 문제로 되나,「소송촉진 등에 의한 특례법」이 배상명령의 범위를 물적 피해와 치료비 손해 및 위자료로 명시하고 있다는 점과 기대이익의 상실액을 배상명령의 대상으로 할 경우 그 산정과 관련하여 재판의 지연이 초래될 염려가 있다는 점 등을 고려할 때 이는 배상명령이 범위에 포함되지 않는 것으로 보아야 할 것이다.

(3) 배상명령의 제외사유

법원은 다음의 사유에 해당하는 경우에는 배상명령을 해서는 안 된다. 즉 ① 피해자의 성명·주소가 분명하지 아니한 경우, ② 피해금액이 특정되지 아니한 경우, ③ 피고인의 배상책임의 유무 또는 그 범위가 명백하지 아니한 경우, ④ 배상명령으로 인하여 공판절차가 현저히 지연될 우려가 있거나 형사소송절차에서 배상명령을 함이 상당하지 아니하다고 인정되는 경우가 여기에 해당한다($\frac{동조}{제3항}$).

3. 배상명령의 절차

(1) 직권에 의한 배상명령

법원은 직권으로 피고인에 대하여 배상명령을 할 수 있다($\frac{동조}{제1항}$). 사법상의 손해배상청구권에 대해 법원이 직권으로 배상명령을 하는 것은 민사소송의 당사자처분권주의에 대한 예외라고 할 수 있다. 따라서 피해자가 배상신청을 하지 않았지만 심리 도중 피고인의 재산이 발견되어 배상명령을 함이 상당하다고 인정되거나 피해자가 의도적으로 배상금수령을 거부하는 경우 등 예외적인 때에 한하여 직권에 의한 배상명령은 인정되어야 할 것이다. 그리고 이 경우에도 신청에 의한 배상명령에 준하여 피고인에게 배상책임의 유무와 범위를 설명하고 의견을 진술할 기회를 주어야 할 것이다.

(2) 신청에 의한 배상명령

⑺ 신청권자

배상명령의 신청은 피해자 또는 그 상속인이 할 수 있다($\frac{동조}{제1항}$). 다만 피해자는 법원의 허가를 받아 그 배우자·직계혈족 또는 형제자매에게 배상신청에 관하여 소송행위를 대리하게 할 수 있다($\frac{동법 제27}{조 제1항}$).

⑷ 신청기간과 관할법원

배상신청은 제 1 심 또는 제 2 심 공판의 변론종결시까지 사건이 계속된 법원에 신청할 수 있다. 이 경우 신청서에 인지를 붙이지 아니한다(동법 제26조 제1항). 따라서 배상신청은 상고심에서는 허용되지 않는다. 배상명령사건은 피고사건이 계속된 법원의 전속관할에 속한다. 배상청구액이 민사소송에 있어서 합의부의 사물관할에 속하는지의 여부는 문제되지 않는다.

⑷ 신청방법

피해자가 배상신청을 할 때에는 신청서와 상대방 피고인의 수에 상응한 신청서부본을 제출하여야 한다(동조 제2항). 법원은 신청서부본을 지체 없이 피고인에게 송달하여야 한다(동법 제28조). 배상명령신청서에는 ① 피고사건의 번호·사건명 및 사건이 계속된 법원, ② 신청인의 성명·주소, ③ 대리인이 신청하는 때에는 그 성명·주소, ④ 상대방 피고인의 성명·주소, ⑤ 배상의 대상과 그 내용, ⑥ 배상을 청구하는 금액을 기재하고 신청인 또는 그 대리인이 서명·날인하여야 하며(동법 제26조 제3항), 필요한 증거서류를 첨부할 수 있다(동조 제4항). 다만 피해자가 증인으로 법정에 출석한 때에는 구술로 배상을 신청할 수 있고, 이때에는 공판조서에 그 취지를 기재하여야 한다(동조 제5항).

⑷ 신청의 효과

배상신청은 민사소송에 있어서의 소의 제기와 동일한 효력이 있다(동조 제8항). 따라서 피해자는 피고사건의 범죄행위로 인하여 발생한 피해에 관하여 다른 절차에 의한 손해배상청구가 법원에 계속 중인 때에는 배상신청을 할 수 없다(동조 제7항). 신청인은 배상명령이 확정되기 전까지는 언제든지 배상신청을 취하할 수 있다(동조 제6항).

(3) 배상신청사건의 심리

법원은 배상신청이 있을 때에는 신청인에게 공판기일을 통지하여야 한다(동법 제29조 제1항). 신청인이 공판기일의 통지를 받고도 출석하지 아니한 때에는 그 진술 없이 재판할 수 있다(동조 제2항).

신청인 및 그 대리인은 공판절차를 현저히 지연시키지 않는 범위 안에서 재판장의 허가를 받아 소송기록을 열람할 수 있고 공판기일에 피고인 또는 증인을 신문할 수 있으며 기타 필요한 증거를 제출할 수 있다(동법 제30조 제1항). 이를 허가하지 않는 재판장의 재판에 대하여는 불복을 신청하지 못한다(동조 제2항). 피고인의 변호인은 배상신청에 관하여 피고인의 대리인으로서 소송행위를 할 수 있다(동법 제27조 제2항).

법원은 필요한 때에는 언제든지 피고인의 배상책임 유무와 그 범위를 인정함에 필요한 증거를 조사할 수 있다(소송촉진 등에 관한 특례규칙 제24조 제1항). 법원은 피고사건의 범죄사실에 관한 증거를 조사할 경우 피고인의 배상책임 유무와 그 범위에 관련된 사실을 함께 조사할 수 있다(동조 제2항). 피고사건의 범죄사실을 인정할 증거는 피고인의 배상책임 유무와 그 범위를 인정할 증거로 할 수 있다(동조 제3항). 위의 증거 이외의 증거를 조사할 경우 증거조사의 방식 및 증거능력에 관하여는 형사소송법의 관계규정에 의한다(동조 제4항).

4. 배상신청에 대한 재판

(1) 배상신청의 각하

법원은 배상신청이 부적법하거나 그 신청이 이유 없거나 배상명령을 함이 타당하지 아니하다고 인정될 때에는 결정으로 이를 각하하여야 한다(소송촉진법 제32조 제1항). 배상명령을 함이 상당하지 아니한 때란 피해금액이 특정되지 않거나 공판절차가 현저히 지연될 우려가 있는 경우 등을 들 수 있다. 피고인이 재판과정에서 배상신청인과 민사적으로 합의하였다는 내용의 합의서를 제출하였는데 합의서 기재 내용만으로는 배상신청인이 변제를 받았는지 등 피고인의 민사책임에 관한 구체적인 합의 내용을 알 수 없다면, 법원은 배상신청인이 처음 신청한 금액을 바로 인용할 것이 아니라 구체적인 합의 내용에 관하여 심리하여 피고인의 배상책임의 유무 또는 그 범위에 관하여 살펴보아야 한다(대법원 2013.10.11, 2013도9616).

유죄판결의 선고와 동시에 신청각하의 재판을 할 때에는 이를 유죄판결의 주문에 표시할 수 있다(동조 제2항). 신청을 각하하거나 그 일부를 인용한 재판에 대하여 신청인은 불복을 신청하지 못하며, 다시 동일한 배상신청을 할 수 없다(동조 제4항). 제1심에서 변론이 종결된 후 배상신청인이 배상신청을 하여 각하된 경우(동법 제26조 제1항, 제32조 제1항 제1호) 배상신청인은 그 판단에 대하여 불복하지 못하므로(동법 제32조 제4항), 피고인 등의 불복으로 항소가 제기된 항소심에서도 다시 동일한 배상신청을 할 수 없다(대법원 2022.1.14, 2021도13768).

(2) 배상명령의 선고

배상명령은 유죄판결의 선고와 동시에 하여야 한다(동법 제31조 제1항). 배상명령은 일정액의 금전지급을 명함으로써 하고, 배상의 대상과 금액을 유죄판결의 주문에 표시하여야 한다. 배상명령의 이유는 특히 필요하다고 인정되는 경우가 아니면 이를 기재하지 아니한다($\frac{동조}{제2항}$). 배상명령은 가집행할 수 있음을 선고할 수 있다($\frac{동조}{제3항}$). 이
경우에 가집행의 선고방식, 선고의 실효와 원상회복, 강제집행정지 등에 관하여는
민사소송법을 준용한다($\frac{동조}{제4항}$). 배상명령을 한 때에는 유죄판결서의 정본을 피고인
과 피해자에게 지체 없이 송달하여야 한다($\frac{동조}{제5항}$). 배상명령의 절차비용은 특별히
그 비용을 부담할 자를 정한 경우를 제외하고는 국고의 부담으로 한다($\frac{동법}{제35조}$).

(3) 배상명령에 대한 불복

㈎ 신청인의 불복

배상신청을 각하하거나 그 일부를 인용한 재판에 대하여 신청인은 불복을 신
청하지 못한다($\frac{동법 제32}{조 제3항}$). 따라서 배상명령이 각하된 경우 그 각하결정은 즉시 확정
된다. 이 경우 신청인은 민사소송에 의하여 손해배상을 청구할 수 있다.

㈏ 피고인의 불복

1) 유죄판결에 대한 상소   배상명령은 유죄판결을 전제로 하므로 유죄판결
에 대한 상소의 제기가 있는 때에는 배상명령에 대하여 따로 불복하지 않더라도 배
상명령은 확정되지 않고 피고사건과 함께 상소심에 이심된다($\frac{동법 제33}{조 제1항}$). 이 경우 상
소에는 검사가 제기한 상소도 포함된다.

상소심에서 원심의 유죄판결을 파기하고 피고사건에 대하여 무죄·면소 또는
공소기각의 재판을 할 때에는 원심의 배상명령을 취소하여야 한다. 이 경우 상소심
에서 원심의 배상명령을 취소하지 아니한 때에는 이를 취소한 것으로 본다($\frac{동조}{제2항}$).
그러나 원심에서 피고인과 피해자 사이에 합의된 배상액에 대하여 배상명령을 한
때에는 유죄판결을 파기하더라도 배상명령은 효력이 상실되지 않는다($\frac{동조}{제3항}$). 한편
상소심에서 원심판결을 유지하는 경우에도 배상명령에 대하여는 이를 취소·변경
할 수 있다($\frac{동조}{제4항}$).

2) 즉시항고   피고인은 유죄판결에 대하여 상소를 제기함이 없이 배상명
령에 대하여만 상소제기기간 내에 형사소송법의 규정에 의한 즉시항고를 할 수 있
다($\frac{동조}{제5항 본문}$). 다만 즉시항고를 제기한 후 상소권자의 적법한 상소가 있는 때에는
즉시항고는 취하된 것으로 본다($\frac{동항}{단서}$). 여기의 상소권자에는 검사가 포함되지 않는
다. 검사는 형사사건에 대해서만 상소할 수 있고, 민사상 손해배상청구권의 존부와
범위를 다투는 배상명령사건에 있어서는 당사자가 될 수 없기 때문이다.

(4) 배상명령의 효력

배상명령은 민사판결과 유사한 효력을 가지므로 확정에 따른 효과는 원칙적으로 민사소송의 경우와 유사하다. 즉 확정된 배상명령 또는 가집행선고 있는 배상명령이 기재된 유죄판결서의 정본은 민사집행법에 의한 강제집행에 관하여는 집행력 있는 민사판결의 정본과 동일한 효력이 있다(동법 제34조 제1항). 따라서 별도의 집행문 부여를 받을 필요 없이 확정된 배상명령 또는 가집행선고 있는 배상명령에 대해서는 집행력이 인정된다. 그러나 배상명령에 확정력이나 일사부재리의 효력이 인정되는 것은 아니다. 따라서 배상명령이 확정된 때에는 그 인용금액의 범위 안에서 피해자는 다른 절차에 의한 손해배상을 청구할 수 없으나(동조 제2항), 인용금액을 넘어선 부분에 대하여는 별소를 제기할 수 있다. 그리고 이때 청구에 대한 이의의 주장에 관하여는 그 원인이 변론종결 전에 생긴 때에도 할 수 있다(동조 제4항, 민사집행법 제44조 제2항).

Ⅲ. 형사상 화해절차

1. 형사상 화해절차의 의의

형사상 화해절차란 형사피고사건의 피고인과 피해자가 손해배상 등에 관하여 합의한 경우에 이들의 신청에 의하여 합의한 내용을 공판조서에 기재하면 그 공판조서에 대하여 민사재판상의 화해조서와 같은 효력을 인정하는 제도를 말한다. 형사상 화해절차는 「소송촉진 등에 관한 특례법」에서 규정하고 있는 제도로서, 배상명령제도와 마찬가지로 범죄행위로 인한 피해를 별개의 민사소송절차에 의하여 않고 신속하게 해결할 수 있도록 하기 위한 제도이다.

2. 형사상 화해의 요건과 절차

(1) 화해신청의 요건

형사피고사건의 피고인과 피해자 사이에 해당 피고사건과 관련된 피해에 관한 다툼을 포함하는 민사상의 다툼이 존재하고, 이에 관하여 피고인과 피해자가 합의한 경우라야 한다(소송촉진법 제36조 제1항). 민사소송법에 따른 소송상 화해(제145조)의 경우에는 법원이 소송진행 중 화해를 권고하거나 화해권고를 위하여 당사자 본인이나 그 법정대리인의 출석을 명할 수 있지만, 형사상 화해의 경우에는 이러한 절차가 없이 사전에 당사자 사이에 합의가 존재해야 한다.

(2) 화해신청의 절차

⑺ 신청권자

민사상 다툼에 관하여 합의한 형사피고사건의 피고인과 피해자는 그 합의 사실을 공판조서에 기재하여 줄 것을 법원에 공동으로 신청할 수 있다(동조). 또한 민사상 다툼에 대한 합의가 피고인의 피해자에 대한 금전 지불을 내용으로 하는 경우에 피고인 외의 자가 피해자에 대하여 그 지불을 보증하거나 연대하여 의무를 부담하기로 합의하였을 때에는 피고인 및 피해자의 신청과 동시에 그 피고인 외의 자는 피고인 및 피해자와 공동으로 그 취지를 공판조서에 기재하여 줄 것을 신청할 수 있다(동조).

⑴ 신청방법

형사상 화해신청은 피고사건이 계속 중인 제 1 심 또는 제 2 심 법원에 당해 사건의 변론종결 전까지 할 수 있으며, 신청권자가 직접 공판기일에 출석하여 서면으로 신청하여야 한다(동조 제1항·). 화해신청서면에는 해당 신청과 관련된 합의 및 그 합의가 이루어진 민사상 다툼의 목적인 권리를 특정할 수 있는 충분한 사실을 적어야 한다(동조).

3. 형사상 화해의 효력

합의가 기재된 공판조서는 확정판결과 같은 효력을 가진다(동조 제5항,). 따라서 합의한 내용이 이행되지 않을 경우 피해자는 새로이 민사소송을 제기할 필요 없이 피고사건을 심리한 법원의 화해조서를 가지고 강제집행을 실행함으로써 피고인과의 합의내용을 효율적으로 실현할 수 있게 된다. 화해가 성립한 경우에 화해비용은 특별한 합의가 없으면 당사자들이 각자 부담한다(소송촉진법 제36조).

Ⅳ. 국가에 의한 범죄피해자구조제도

1. 범죄피해자구조의 의의

국가는 범죄로부터 국민을 보호해야 할 의무가 있으며 이를 위하여 형사소추와 처벌의 권한을 독점하고 있을 뿐만 아니라 범죄로 인하여 국민이 피해를 입은 경우에는 피해자를 구제할 의무도 지게 된다. 따라서 헌법과 형사소송법은 피해자의 원상회복을 위하여 여러 가지 장치를 마련하고 있는데, 형사조정 · 배상명령 · 화

해절차도 그러한 목적의 제도라고 할 수 있다. 그러나 이러한 배상명령 등에 의한
피해자의 구제는 피고인이 무자력이거나 범인이 검거되지 아니한 때에는 아무런
의미가 없다. 여기서 헌법 제30조는 「타인의 범죄행위로 인하여 생명 · 신체에 대한
피해를 받은 국민은 법률이 정하는 바에 의하여 국가로부터 구조를 받을 수 있다」
고 규정하여 범죄피해자의 국가에 대한 범죄피해자구조청구권을 보장하고 있다.
그리고 이를 구체화하여 「범죄피해자 보호법」이 제정되어 시행되고 있다.

　　국가에 의한 피해자구조는 범죄에 대한 투쟁과 형사소추권을 독점하고 있는
국가는 범죄로 인하여 야기된 피해를 구조할 책임이 있을 뿐만 아니라, 국가가 잠
정적으로 피해자구조를 맡아 행위자의 사회복귀를 촉진하는 것이 합리적인 형사정
책으로 될 수 있다는 점에 근거가 있다고 볼 수 있다.

2. 범죄피해자구조의 요건

(1) 구조대상 범죄피해의 범위

　　구조대상 범죄피해는 대한민국의 영역 안에서 또는 대한민국의 영역 밖에 있
는 대한민국의 선박이나 항공기 안에서 행하여진 사람의 생명 또는 신체를 해치는
죄에 해당하는 행위로 인한 사망 또는 장해 · 중상해이다($\substack{\text{범죄피해자 보호법}\\\text{제3조 제1항 제4호}}$). '장해'란
범죄행위로 입은 부상이나 질병이 치료된 후에 남은 신체의 장해를 말하고, '중상
해'란 범죄행위로 인하여 신체나 그 생리적 기능에 손상을 입은 것을 말하는데, 양
자 모두 대통령령으로 정한 것이어야 한다($\substack{\text{동항 제5호 ·}\\\text{제6호}}$). 범죄피해자구조의 대상이 되
는 범죄를 생명 또는 신체를 해치는 범죄로 제한한 것은 이를 재산범죄나 기타의
범죄에까지 확장할 때에는 제도의 남용과 사기의 위험이 있음을 고려한 것이라 할
수 있다.

　　사람의 생명 · 신체를 해치는 죄에 해당하는 행위로 인한 범죄피해라도 그 피
해가 형법상의 정당방위($\substack{\text{제}\\\text{20조}}$)나 정당행위($\substack{\text{제21조}\\\text{제1항}}$)에 해당하여 처벌되지 아니하는 행
위 및 과실에 의한 행위로 인한 경우에는 범죄피해자구조의 대상이 되지 않는다.
그러나 행위가 형사미성년자($\substack{\text{제9}\\\text{조}}$), 심신상실($\substack{\text{제10조}\\\text{제1항}}$), 강요된 행위($\substack{\text{제}\\\text{12조}}$) 등의 사유로
처벌되지 아니하는 경우에는 그로 인한 피해는 범죄피해자구조의 대상에 포함된다
($\substack{\text{범죄피해자 보호법}\\\text{제3조 제1항 제4호}}$).

(2) 범죄피해구조의 요건

범죄피해자로서 구조를 받기 위해서는 사람의 생명 또는 신체를 해치는 죄에 해당하는 행위로 인하여 사망하거나 장해 또는 중상해를 입은 경우여야 한다($\binom{\text{동조 제1항}}{\text{제4호}}$). 그리고 ① 구조피해자가 피해의 전부 또는 일부를 배상받지 못하거나, ② 범죄피해자가 자기 또는 타인의 형사사건의 수사 또는 재판에 있어서 고소·고발 등 수사단서를 제공하거나 진술, 증언 또는 자료제출을 하다가 구조피해자가 된 경우의 어느 하나에 해당하여야 한다($\binom{\text{동법}}{\text{제16조}}$).

(3) 구조배제사유

범죄행위 당시 구조피해자와 가해자 사이에 부부($\binom{\text{사실상의 혼인관}}{\text{계를 포함한다}}$), 직계혈족, 4촌 이내의 친족, 동거친족의 어느 하나에 해당하는 친족관계가 있는 경우에는 구조금을 지급하지 아니한다($\binom{\text{동법 제19}}{\text{조 제1항}}$). 그리고 범죄행위 당시 구조피해자와 가해자 사이에 위의 어느 하나에 해당하지 아니하는 친족관계가 있는 경우에는 구조금의 일부를 지급하지 아니한다($\binom{\text{동조}}{\text{제2항}}$).

구조피해자가 ① 해당 범죄행위를 교사 또는 방조하는 행위, ② 과도한 폭행·협박 또는 중대한 모욕 등 해당 범죄행위를 유발하는 행위, ③ 해당 범죄행위와 관련하여 현저하게 부정한 행위, ④ 해당 범죄행위를 용인하는 행위, ⑤ 집단적 또는 상습적으로 불법행위를 행할 우려가 있는 조직에 속하는 행위($\binom{\text{다만 그 조직에 속하고 있는 것}}{\text{이 해당 범죄피해를 당한 것과}}$ $\binom{}{\text{관련이 없다고 인정되}}$ $\binom{}{\text{는 경우는 제외한다}}$), ⑥ 범죄행위에 대한 보복으로 가해자 또는 그 친족이나 그 밖에 가해자와 밀접한 관계가 있는 사람의 생명을 해치거나 신체를 중대하게 침해하는 행위 중의 어느 하나에 해당하는 행위를 한 때에는 구조금을 지급하지 아니한다($\binom{\text{동조}}{\text{제3항}}$). 구조피해자가 ① 폭행·협박 또는 모욕 등 해당 범죄행위를 유발하는 행위, ② 해당 범죄피해의 발생 또는 증대에 가공한 부주의한 행위 또는 부적절한 행위 중의 어느 하나에 해당하는 행위를 한 때에는 구조금의 일부를 지급하지 아니한다($\binom{\text{동조}}{\text{제4항}}$).

또한 구조피해자 또는 그 유족과 가해자 사이의 관계, 그 밖의 사정을 고려하여 구조금의 전부 또는 일부를 지급하는 것이 사회통념에 위배된다고 인정될 때에는 구조금의 전부 또는 일부를 지급하지 아니할 수 있다($\binom{\text{동조}}{\text{제6항}}$). 다만 구조금을 지급하지 아니하는 것이 사회통념에 위배된다고 인정할 만한 특별한 사정이 있는 경우에는 구조금의 전부 또는 일부를 지급할 수 있다($\binom{\text{동조}}{\text{제7항}}$).

3. 범죄피해자구조금의 신청과 지급

(1) 범죄피해자구조금의 종류

범죄피해에 대한 국가의 구조금은 유족구조금·장해구조금 및 중상해구조금으로 구분된다. 유족구조금은 피해자가 사망한 경우에 그의 사망 당시 피해자의 수입에 의하여 생계를 유지하고 있던 사람에게 지급되는 구조금이다. 한편 장해구조금 및 중상해구조금은 범죄피해자에게 지급하는 구조금이다. 유족구조금·장해구조금 및 중상해구조금은 모두 일시금으로 지급한다(범죄피해자 보호 법 제17조, 제18조).

(2) 관할기관

범죄피해자구조금의 지급에 관한 사항을 심의·결정하기 위하여 각 지방검찰청에 범죄피해구조심의회를 두고, 법무부에 범죄피해구조본부심의회를 둔다(동법 제24조 제1항). 지구심의회 및 본부심의회는 법무부장관의 지휘·감독을 받는다(동조 제4항).

(3) 범죄피해자구조금의 신청

구조금을 받으려는 사람은 법무부령으로 정하는 바에 따라 그 주소지·거주지 또는 범죄발생지를 관할하는 지구심의회에 범죄피해의 발생을 안 날로부터 3년 또는 범죄피해가 발생한 날로부터 10년이 경과하기 전에 신청하여야 한다(동법 제25조).

(4) 범죄피해자구조금의 지급

지구심의회는 구조금 지급에 관한 사항을 심의하기 위하여 필요하면 신청인이나 그 밖의 관계인을 조사하거나 의사의 진단을 받게 할 수 있고 행정기관, 공공기관이나 그 밖의 단체에 조회하여 필요한 사항을 보고하게 할 수 있다(동법 제29조 제1항). 지구심의회는 신청인이 정당한 이유 없이 이러한 조사에 따르지 아니하거나 의사의 진단을 거부하면 그 신청을 기각할 수 있다(동조 제2항).

구조신청을 받으면 지구심의회는 신속하게 구조금을 지급하거나 지급하지 아니한다는 결정을 하여야 하며, 지급한다는 결정을 하는 경우에는 그 금액을 정해야 한다(동법 제26조). 지구심의회는 구조신청이 있는 경우에 피해자의 장해 또는 중상해의 정도가 명확하지 아니하거나 그 밖의 사유로 인하여 신속하게 결정을 할 수 없는 사정이 있으면 신청 또는 직권으로 대통령령이 정하는 금액의 범위에서 긴급구조금을 지급하는 결정을 할 수 있다(동법 제28조 제1항).

제4장

재판의 집행과 형사보상 · 명예회복

제 1 절 재판의 집행

Ⅰ. 재판집행의 일반원칙

1. 재판집행의 의의

재판의 집행이란 재판의 의사표시 내용을 국가권력에 의하여 강제적으로 실현하는 작용을 말한다. 재판의 집행에는 형의 집행 이외에 ① 추징이나 소송비용 등 부수처분의 집행, ② 과태료 · 보증금몰수 · 비용배상 등 형 이외의 제재의 집행, ③ 강제처분을 위한 영장의 집행 등이 포함된다. 그러나 재판의 집행으로서 가장 중요한 것은 유죄판결의 집행인 형의 집행이라고 할 수 있다. 형의 집행에 의하여 국가형벌권의 구체적 실현이 이루어지기 때문이다. 재판 가운데에도 그 의사표시만으로 족하고 그 내용의 강제적 실현을 요하지 않는 무죄판결이나 형식재판 등에 대하여는 재판의 집행이 문제될 여지가 없다.

2. 재판집행의 기본원칙

(1) 재판집행의 시기

㈎ 즉시집행의 원칙

재판은 형사소송법에 특별한 규정이 없으면 확정한 후에 집행한다($\frac{제459}{조}$). 재판은 확정된 후 즉시 집행하는 것이 원칙이다. 따라서 집행유예의 판결이 확정된 경우에도 그 유예기간의 시기는 판결확정일로 하여야 하고 법원이 확정일 이후의 시점을 임의로 정할 수는 없다($\frac{대법원\ 2002.2.26,}{2000도4637}$). 다만 이와 같은 재판의 확정 후 즉시집행의 원칙에 대해서는 일정한 예외가 인정된다.

㈏ 확정 전의 재판집행

재판이 확정되기 전이라도 집행할 수 있는 경우가 있다. 먼저 결정이나 명령은 즉시항고 또는 이에 준하는 불복신청이 허용되는 경우를 제외하고는 즉시 집행할 수 있다($\frac{제409조,\ 제416}{조,\ 제419조}$). 그리고 벌금·과료 또는 추징을 선고하는 경우에 가납명령이 있는 때에도 확정을 기다리지 않고 바로 집행할 수 있다($\frac{제334}{조}$).

㈐ 확정 후 즉시 집행할 수 없는 경우

재판이 확정되더라도 즉시 집행할 수 없는 경우가 있다. 소송비용부담의 재판은 소송비용집행면제의 신청기간 내 또는 그 신청에 대한 재판이 확정될 때까지 집행할 수 없고($\frac{제472}{조}$), 노역장유치는 벌금 또는 과료의 재판이 확정된 후 30일 이내에는 집행할 수 없는 것이 원칙이며($\frac{형법\ 제69}{조\ 제1항}$), 사형은 법무부장관의 명령 없이는 집행할 수 없고($\frac{제463}{조}$), 보석허가결정은 보증금의 납입 등 일정한 보석조건을 이행한 후가 아니면 집행하지 못한다($\frac{제100조}{제1항}$).

(2) 재판집행의 지휘

㈎ 검사주의의 원칙

재판의 집행은 공익의 대표자인 검사가 지휘·감독하는 것이 원칙이다. 검사가 재판의 집행기관으로 되는 것은 대륙법계의 일반적인 특징이다. 재판의 집행은 재판을 한 법원에 대응하는 검찰청 검사가 지휘한다($\frac{제460조}{제1항}$). 상소의 재판 또는 상소의 취하로 인하여 하급법원의 재판을 집행할 경우에는 상소법원에 대응한 검찰청검사가 지휘한다. 다만 소송기록이 하급법원 또는 그 법원에 대응한 검찰청에 있는 때에는 그 검찰청검사가 지휘한다($\frac{동조}{제2항}$).

(나) 예 외

법률의 규정에 의하여 또는 재판의 성질상 법원 또는 법관이 재판의 집행을 지휘해야 하는 경우가 있다. 급속을 요하는 경우의 재판장, 수명법관 또는 수탁판사에 의한 구속영장의 집행지휘($\substack{제81조\\제1항 단서}$), 필요한 경우에 재판장이 법원사무관 등에게 행하는 압수 · 수색영장의 집행지휘($\substack{제115조\\제1항 단서}$), 법원에서 보관하고 있는 압수장물의 환부 · 매각 · 보관 등의 조치($\substack{제333조}$), 법정경찰권에 의한 퇴정명령의 집행지휘 ($\substack{제281조\\제2항}$) 등이 여기에 해당한다.

(3) 집행지휘의 방식

재판의 집행지휘는 신중을 기하기 위하여 서면에 의할 것이 요구된다. 재판의 집행지휘는 재판서 또는 재판을 기재한 조서의 등본 또는 초본을 첨부한 서면으로 하여야 한다($\substack{제461조\\본문}$). 이 서면을 재판집행지휘서라고 한다. 이를 위하여 검사의 집행지휘를 요하는 재판은 재판서 또는 재판을 기재한 조서의 등본 또는 초본을 재판의 선고 또는 고지를 한 때로부터 10일 이내에 검사에게 송부하여야 한다($\substack{제44조}$). 다만 형의 집행을 지휘하는 경우가 아니면 재판서의 원본 · 등본이나 초본 또는 조서의 등본이나 초본에 인정하는 날인으로 할 수 있다($\substack{제461조\\단서}$).

그러나 천재지변 등에 의하여 재판서의 원본이 멸실되어 그 등본 또는 초본을 작성할 수 없어 이를 재판지휘서에 첨부할 수 없게 된 경우에는 형의 종류 및 범위를 구체적으로 명확하게 할 수 있는 다른 증명자료를 첨부하여 형의 집행을 지휘할 수 있다($\substack{대법원 1961.1.27,\\4293형항20}$).

(4) 형의 집행을 위한 소환

사형 · 징역 · 금고 또는 구류의 선고를 받은 자가 구금되지 아니한 때에는 검사는 형을 집행하기 위하여 이를 소환하여야 한다($\substack{제473조\\제1항}$). 벌금형에 따르는 노역장유치는 실질적으로 자유형과 동일한 것으로서 그 집행에 대하여는 자유형의 집행에 관한 규정이 준용되므로($\substack{제492조}$) 노역장유치의 대상자도 형집행을 위한 소환의 대상이 된다.

소환에 응하지 아니한 때에는 검사는 형집행장을 발부하여 구인하여야 한다 ($\substack{제473조\\제2항}$). 형의 집행은 검사의 직무에 속하기 때문에 형집행을 위한 구인은 법관의 영장에 의하지 않고 검사의 형집행장에 의하도록 한 것이다. 형의 선고를 받은 자가 도망하거나 도망할 염려가 있는 때 또는 현재지를 알 수 없는 때에는 소환함이 없이 형집행장을 발부하여 구인할 수 있다($\frac{동조}{제3항}$). 사형 및 자유형의 집행을 위한 형 집행장에는 형의 선고를 받은 자의 성명 · 주거 · 연령 · 형명 · 형기 기타 필요한 사항을 기재하여야 한다($\frac{제474조}{제1항}$).

　검사가 발부한 형집행장은 구속영장과 동일한 효력이 있다($\frac{동조}{제2항}$). 형집행장의 집행에는 피고인의 구속에 관한 규정이 준용된다($\frac{제475}{조}$). 여기서 피고인의 구속에 관한 규정이란 구속영장의 제시와 사본의 교부($\frac{제85조}{제1항 · 제3항}$) 등 구속영장의 집행에 관한 규정을 의미하므로, 구속의 사유($\frac{제}{70조}$)나 구속이유의 고지($\frac{제}{72조}$)에 관한 규정은 준용되지 않는다($\frac{대법원\ 2013.9.12,}{2012도2349}$).

II. 형의 집행

1. 형의 집행순서

(1) 무거운 형의 우선집행

　유죄의 확정판결을 근거로 한 형의 집행이 재판의 집행에 있어서 가장 중요한 의미를 가진다. 이러한 형의 집행에는 사형의 집행, 자유형의 집행, 자격형의 집행 및 재산형의 집행이 있다. 몰수 · 소송비용 · 비용배상의 집행은 재산형의 집행에 준하여 다루어진다.

　2이상의 형을 집행하는 경우에 자격상실 · 자격정지 · 벌금 · 과료와 몰수 외에는 무거운 형을 먼저 집행한다($\frac{제462}{조}$). 자격상실과 자격정지는 병과형이고, 몰수는 부가형이며, 벌금과 과료는 재산형이므로 자유형과 동시집행이 가능하기 때문이다. 형의 경중은 형법 제41조 및 제50조에 의한다. 따라서 사형 · 징역 · 금고 · 구류의 순서로 집행된다. 동일한 형기의 자유형에 있어서는 금고보다 징역을 먼저 집행하고, 형기가 다른 때에는 징역 또는 금고 중에서 장기인 것이 무거운 형이 된다. 사형이나 무기형과 다른 형 사이에는 집행순서의 문제가 생기지 않는다. 또한 형의 집행순서에 관한 규정은 2이상의 주형의 집행을 동시에 개시하는 경우에 적용되므로 가벼운 형을 집행하는 도중에 무거운 형을 집행하게 된 경우에 가벼운 형의 집행을 중단해야 하는 것은 아니다.

(2) 집행순서의 변경

　검사는 소속 장관의 허가를 얻어 무거운 형의 집행을 정지하고 다른 형의 집행을 할 수 있다(제462조단서). 이 규정은 기본적으로 수형자가 가석방의 요건을 빨리 구비할 수 있도록 하려는 취지에서 둔 것이다. 무거운 형의 가석방기간이 경과한 후에 그 형의 집행을 정지하고 가벼운 형의 집행에 착수하면 가벼운 형의 가석방기간이 경과함으로써 양자의 형에 대해 동시에 가석방을 인정할 수 있기 때문이다.

그리고 자유형과 벌금형은 그 집행순서를 결정할 필요 없이 동시에 집행할 수 있다. 그러나 자유형과 노역장유치가 병존하는 경우에 검사는 자유형의 집행을 정지하고 노역장유치를 먼저 집행할 수 있다. 이 경우 노역장유치의 집행을 먼저 하는 것은 벌금형의 시효완성을 방지하는 데 주된 이유가 있다.

2. 사형의 집행

(1) 집행의 절차

사형은 법무부장관의 명령에 의하여 집행한다(제463조). 사형을 선고한 판결이 확정된 때에는 검사는 지체 없이 소송기록을 법무부장관에게 제출하여야 한다(제464조). 사형의 집행을 법무부장관의 명령에 의하도록 한 것은 사형집행의 절차를 보다 신중하게 진행하고, 재심·비상상고 또는 사면의 기회를 주기 위한 배려라고 볼 수 있다.

사형집행명령은 판결이 확정된 날로부터 6월 이내에 하여야 한다(제465조제1항). 다만 상소권회복이나 재심의 청구 또는 비상상고의 신청이 있는 경우에는 그 절차가 종료할 때까지의 기간은 이 기간에 산입하지 아니한다(동조제2항). 이 6개월의 기간규정을 훈시규정으로 보는 견해가 있으나, 법무부장관은 확정된 재판의 내용을 집행하는 집행기관에 불과하므로 본 기간규정에 구속된다고 보아야 한다. 법무부장관이 사형의 집행을 명한 때에는 5일 이내에 집행하여야 한다(제466조).

(2) 집행의 방법

사형은 교도소 또는 구치소 내에서 교수(絞首)하여 집행한다(형법제66조). 사형의 집행에는 검사와 검찰청서기관과 교도소장 또는 구치소장이나 그 대리자가 참여하여야 한다(제467조제1항). 검사 또는 교도소장 또는 구치소장의 허가가 없으면 누구든지 형의 집행장소에 들어가지 못한다(동조제2항). 사형의 집행에 참여한 검찰서기관은 집행조서를 작성하고 검사와 교도소장 또는 구치소장이나 그 대리자와 함께 기명날인 또는 서명하여야 한다(제468조).

(3) 사형의 집행정지

사형선고를 받은 사람이 심신의 장애로 의사능력이 없는 상태이거나 임신 중인 여자인 때에는 법무부장관의 명령으로 집행을 정지한다($\frac{제469조}{제1항}$). 형의 집행을 정지한 경우에는 심신장애의 회복 또는 출산 후에 법무부장관의 명령에 의하여 형을 집행한다($\frac{동조}{제2항}$).

3. 자유형의 집행

(1) 집행의 방법

자유형, 즉 징역·금고 또는 구류의 집행은 검사가 형집행지휘서에 의하여 지휘한다($\frac{제460조,}{제461조}$). 징역은 교도소 내에 구치하여 정역(定役)에 복무하게 하여 집행하며($\frac{형법}{제67조}$), 금고와 구류는 교도소에 구치하여 집행한다($\frac{형법}{제68조}$). 검사는 자유형의 집행을 위하여 형집행장을 발부할 수 있다($\frac{제473}{조}$). 자유형의 집행에 관하여는 「형의 집행 및 수용자의 처우에 관한 법률」에서 상세히 규정하고 있다.

(2) 형기의 계산

자유형의 형기는 판결이 확정된 날로부터 기산한다($\frac{형법 제84}{조 제1항}$). 다만 불구속 중인 자에 대한 형기는 형집행지휘서에 의하여 수감된 날로부터 기산하여야 한다($\frac{동조}{제2항}$). 형집행의 초일은 시간을 계산함이 없이 1일로 산정하며($\frac{동법}{제85조}$), 석방은 형기종료일에 하여야 한다($\frac{동법}{제86조}$).

(3) 미결구금일수의 산입

미결구금일수란 구금당한 날로부터 판결확정 전일까지 실제로 구금된 일수를 말한다. 미결구금일수를 본형에 산입하는 것은 미결구금도 신체의 자유를 제한한다는 점에서 자유형의 집행과 유사하기 때문이다.

피의자나 피고인을 구금한 경우 그 판결선고 전의 구금일수는 그 전부가 유기징역·유기금고·벌금이나 과료에 관한 유치 또는 구류에 산입된다($\frac{형법 제57}{조 제1항}$). 미결구금일수의 산입에 있어서 구금일수의 1일은 징역, 금고, 벌금이나 과료에 관한 유치 또는 구류의 기간의 1일로 계산한다($\frac{동조}{제2항}$).

미결구금일수는 판결선고 전의 구금일수뿐만 아니라 상소제기와 관련된 미결구금일수도 전부 본형에 산입된다. 판결선고 후 판결확정 전 구금일수는 판결선고 당일의 구금일수를 포함하여 전부를 본형에 산입한다($\frac{제482조}{제1항}$). 또한 상소기각 결정시에 송달기간이나 즉시항고기간 중의 미결구금일수도 전부를 본형에 산입한다($\substack{동조\\제2항}$). 그러나 무죄가 확정된 다른 사건에서의 미결구금일수는 유죄가 확정된 사건의 형기에 산입되지 않는다($\substack{대법원\ 1997.12.29,\\97모112}$).

(4) 자유형의 집행정지

(가) 필요적 집행정지

징역·금고 또는 구류의 선고를 받은 자가 심신의 장애로 의사능력이 없는 상태에 있는 때에는 형을 선고한 법원에 대응한 검찰청 검사 또는 형의 선고를 받은 자의 현재지를 관할하는 검찰청 검사의 지휘에 의하여 심신장애가 회복될 때까지 형의 집행을 정지한다($\substack{제470조\\제1항}$). 이 경우에 검사는 형의 선고를 받은 자를 감호의무자 또는 지방공공단체에 인도하여 병원 기타 적당한 장소에 수용하게 할 수 있다($\substack{동조\\제2항}$). 형의 집행이 정지된 자는 이러한 처분이 있을 때까지 교도소 또는 구치소에 구치하고 그 기간을 형기에 산입한다($\substack{동조\\제3항}$).

(나) 임의적 집행정지

징역·금고 또는 구류의 선고를 받은 자가 ① 형의 집행으로 인하여 현저히 건강을 해하거나 생명을 보전할 수 없을 염려가 있는 때, ② 연령 70세 이상인 때, ③ 잉태 후 6월 이상인 때, ④ 출산 후 60일을 경과하지 아니한 때, ⑤ 직계존속이 연령 70세 이상 또는 중병이나 장애인으로 보호할 다른 친족이 없는 때, ⑥ 직계비속이 유년으로 보호할 다른 친족이 없는 때, ⑦ 기타 중대한 사유가 있는 때 가운데 어느 하나에 해당하는 경우에는, 형을 선고한 법원에 대응한 검찰청 검사 또는 형의 선고를 받은 자의 현재지를 관할하는 검찰청 검사의 지휘에 의하여 형의 집행을 정지할 수 있다($\substack{제471조\\제1항}$). 검사가 형의 집행정지를 지휘함에는 소속 고등검찰청 검사장 또는 지방검찰청 검사장의 허가를 얻어야 한다($\substack{동조\\제2항}$).

징역·금고 또는 구류의 선고를 받은 자가 형의 집행으로 인하여 현저히 건강을 해하거나 생명을 보전할 수 없을 염려가 있는 때에 해당하는지의 여부를 심의하기 위하여 각 지방검찰청에 형집행정지 심의위원회를 두며($\substack{제471조의\\2\ 제1항}$), 심의위원회는 위원장 1명을 포함한 10명 이내의 위원으로 구성하고, 위원은 학계, 법조계, 의료계, 시민단체 인사 등 학식과 경험이 있는 사람 중에서 각 지방검찰청 검사장이 임명 또는 위촉한다($\substack{동조\\제2항}$).

4. 자격형의 집행

자격형에는 자격상실과 자격정지가 있다. 자격상실이란 ① 공무원이 되는 자격, ② 공법상의 선거권과 피선거권, ③ 법률로 요건을 정한 공법상의 업무에 관한 자격, ④ 법인의 이사, 감사 또는 지배인 기타 법인의 업무에 관한 검사역이나 재산관리인이 되는 자격 등을 상실하게 하는 형벌로서 사형, 무기징역 또는 무기금고의 판결을 받은 자에 대하여 부과된다(형법 제43조 제1항). 이에 대하여 자격정지는 이러한 자격을 일정기간 정지시키는 형벌을 말한다. 자격정지는 유기징역 또는 유기금고의 판결을 받은 자에게 그 형의 집행이 종료하거나 면제될 때까지 부과되는 것이 원칙이지만(동조 제2항) 일정한 기간을 정하여 병과형 또는 선택형으로 부과되는 경우도 있다.

자격상실 또는 자격정지의 선고를 받은 자에 대하여는 이를 수형자원부에 기재하고 지체 없이 그 등본을 형의 선고를 받은 자의 등록기준지와 주거지의 시·구·읍·면장에게 송부하여야 한다(제476조). 여기서 수형자원부란 「형의 실효 등에 관한 법률」이 규정한 수형인명부, 즉 자격정지 이상의 형을 받은 수형인을 기재한 명부로서 검찰청 및 군검찰부에서 관리하는 것을 말한다(동법 제2조 제2호). 이에 대하여 자격정지 이상의 형을 받은 수형인을 기재한 명표로서 수형인의 등록기준지 시·구·읍·면 사무소에서 관리하는 것을 수형인명표라고 한다(동조 제3호). 지방검찰청 및 그 지청과 보통검찰부에서는 자격정지 이상의 형을 선고한 재판이 확정되면 지체 없이 그 형을 선고받은 수형인을 수형인명부에 기재하여야 하며(동법 제3조), 또한 자격정지 이상의 형을 선고받은 수형인에 대한 수형인명표를 작성하여 수형인의 등록기준지 시·구·읍·면 사무소에 송부하여야 한다(동법 제4조 제1항).[1]

---

1) 「형의 실효 등에 관한 법률」이 규정하고 있는 범죄관련 자료에는 검찰청이 작성·관리하거나 송부한 기록인 수형인명부와 수형인명표 이외에도 경찰청이 작성·관리하는 기록인 수사자료표가 있다. 수사자료표란 수사기관이 피의자의 지문을 채취하고 피의자의 인적사항과 죄명 등을 기재한 표(전산입력되어 관리되거나 자기테이프, 마이크로필름, 그 밖에 이와 유사한 매체에 기록·저장된 표를 포함한다)로서 경찰청에서 관리하는 것을 말한다(동법 제2조 제4호). 수사자료표는 다시 범죄경력자료와 수사경력자료로 구분되는데, 범죄경력자료는 수사자료표 중 ① 벌금 이상의 형의 선고, 면제 및 선고유예, ② 보호감호, 치료감호, 보호관찰, ③ 선고유예의 실효, ④ 집행유예의 취소, ⑤ 벌금 이상의 형과 함께 부과된 몰수, 추징, 사회봉사명령, 수강명령 등의 선고 또는 처분에 해당하는 사항에 관한 자료를 말하고(동조 제5호), 수사경력자료는 수사자료표 중 벌금 미만의 형의 선고 및 검사의 불기소처분에 관한 자료 등 범죄경력자료를 제외한 나머지 자료를 말한다(동조 제6호). 그리고 이러한 자료들 가운데 수형인명부, 수형인명표 및 범죄경력자료를 합하여 전과기록이라고 부른다

5. 재산형의 집행

(1) 재산형의 집행방식

(가) 민사집행법에 따른 집행

벌금·과료·몰수·추징·과태료·소송비용·비용배상 또는 가납의 재판은 검사의 명령에 의하여 집행한다($\binom{제477조}{제1항}$). 이 명령은 집행력 있는 집행권원과 동일한 효력이 있다($\binom{동조 제2항, 민사}{집행법 부칙 제7조}$). 이 재판의 집행에는 민사집행법의 집행에 관한 규정을 준용한다. 다만 집행 전에 재판의 송달을 요하지 아니한다($\binom{제477조}{제3항}$).

(나) 국세징수법에 따른 집행

재산형 등의 집행은 국세징수법에 따른 국세체납처분의 예에 따라 집행할 수도 있다($\binom{동조}{제4항}$). 따라서 벌금 등 재산형의 집행을 위해서는 집행의 신속성·효율성을 고려하여 민사집행법상의 강제집행절차와 국세징수법상의 체납처분절차를 선택적으로 활용할 수 있다. 국세징수법에 의하는 경우에는 집행공무원이 벌금 등을 납부하지 않는 자의 재산에 대하여 직접 압류 또는 공매처분을 할 수 있다.

(다) 재판집행을 위한 사실조회 등

검사는 벌금 등의 집행을 위하여 필요한 조사를 할 수 있다. 이 경우에 검사는 공무소 기타 공사단체에 조회하여 필요한 사항의 보고를 요구할 수 있다($\binom{동조}{제5항}$). 벌금 등의 집행을 위해서는 납부의무자의 소재, 자력 유무 기타 필요한 사항에 대하여 공사단체에 사실조회를 할 필요가 있다는 점을 고려하여 둔 규정이다.

(라) 분할납부·납부연기 등

벌금, 과료, 추징, 과태료, 소송비용 또는 비용배상의 분할납부, 납부연기 및 납부대행기관을 통한 납부 등 납부방법에 필요한 사항은 법무부령으로 정한다($\binom{동조}{제6항}$).

(마) 재판집행비용의 징수

재산형 등의 집행비용은 집행을 받는 자의 부담으로 하고, 민사집행법의 규정에 준하여 집행과 동시에 징수하여야 한다($\binom{제493}{조}$).

(2) 집행의 대상

재산형도 다른 형의 집행과 마찬가지로 재판을 선고받은 본인, 즉 재판을 받은 자의 재산에 대하여만 집행할 수 있다. 그러나 이 원칙에는 다음과 같은 예외가

(동조 제 7 호).

있다.

(가) 상속재산에 대한 집행

몰수 또는 조세 · 전매 기타 공과에 관한 법령에 의하여 재판한 벌금 또는 추징은 그 재판을 받은 자가 재판확정 후 사망한 경우에는 그 상속재산에 대하여 집행할 수 있다($\substack{제478 \\ 조}$). 몰수는 대상물 자체에 대하여 집행하는 것이고, 조세 · 전매 기타 공과에 관한 법령에 의하여 재판한 벌금 또는 추징은 국고수입으로 귀속되므로 그 이행을 강제할 필요가 있기 때문이다. 그리고 상속재산에 대한 집행은 재판을 받은 자가 재판확정 후에 사망하였을 것을 요건으로 하므로 확정 전에 사망한 때에는 상속재산에 대하여 집행할 수 없다.

(나) 합병 후 법인에 대한 집행

법인에 대하여 벌금 · 과료 · 몰수 · 추징 · 소송비용 또는 비용배상을 명한 경우에 법인이 그 재판확정 후 합병에 의하여 소멸한 때에는 합병 후 존속한 법인 또는 합병에 의하여 설립된 법인에 대하여 집행할 수 있다($\substack{제479 \\ 조}$).

법인이 합병하는 경우에는 합병 후 존속한 법인 또는 합병에 의하여 설립된 법인이 소멸한 법인의 권리의무를 승계한다는 점을 고려한 것이다. 다만 재판이 확정된 후 법인이 합병되었을 것을 요건으로 하므로 재판확정 전에 법인이 합병에 의하여 소멸한 경우에는 적용되지 않는다.

(3) 가납재판의 집행조정

제 1 심 가납의 재판을 집행한 후에 제 2 심 가납의 재판이 있는 때에는 제 1 심 재판의 집행은 제 2 심 가납금액의 한도에서 제 2 심 재판의 집행으로 간주한다($\substack{제480 \\ 조}$). 또한 가납의 재판을 집행한 후 벌금 · 과료 또는 추징의 재판이 확정된 때에는 그 금액의 한도에서 형의 집행이 된 것으로 간주한다($\substack{제481 \\ 조}$).

가납금액이 확정재판의 금액보다 큰 경우에는 초과액을 환부하여야 한다. 또한 상소심에서 원심사건에 대해 무죄나 자유형을 선고하는 판결이 확정된 때에는 그 이전에 가납재판에 의하여 집행된 금액을 전액 환부하여야 한다.

(4) 노역장유치의 집행

벌금과 과료는 판결확정일로부터 30일 내에 납입하여야 한다($\substack{형법 제69 \\ 조 제 1 항}$). 벌금 또는 과료를 선고할 때에는 납입하지 아니한 경우의 노역장유치기간을 정하여 동시에 선고하여야 한다($\substack{동법 제70 \\ 조 제 1 항}$). 벌금을 납입하지 아니한 자는 1일 이상 3년 이하, 과료를 납입하지 아니한 자는 1일 이상 30일 미만의 기간 노역장에 유치하여 작업에 복무하게 한다(동법 제69조 제 2 항). 이때 선고하는 벌금이 1억원 이상 5억원 미만인 경우에는 300일 이상, 5억원 이상 50억원 미만인 경우에는 500일 이상, 50억원 이상인 경우에는 1,000일 이상의 유치기간을 정하여야 한다(동법 제70조 제 2 항).

벌금 또는 과료를 완납하지 못한 자에 대한 노역장유치의 집행에는 형의 집행에 관한 규정이 준용된다(제492조). 이 경우 준용되는 규정은 집행의 일반원칙과 자유형의 집행에 관한 규정들이다. 판결선고 전의 구금일수의 1일은 벌금이나 과료에 관한 유치기간의 1일로 계산한다(형법 제57조 제 2 항).

6. 몰수형의 집행과 압수물의 처분

(1) 몰수형의 집행

몰수의 재판확정시 몰수물이 이미 압수되어 있는 경우에는 검사의 집행지휘만으로 몰수재판의 집행이 종료되며, 몰수물이 압수되어 있지 아니한 때에는 검사가 몰수선고를 받은 자에게 그 제출을 명하고 이에 불응할 경우 몰수집행명령서를 작성하여 집달관에게 강제집행을 명하는 방법으로 몰수재판을 집행하게 된다(대법원 1995.5.9, 94도2990).

몰수물은 검사가 처분하여야 한다(제483조). 「검찰압수물사무규칙」이 규정하고 있는 몰수물의 처분방법에는 ① 공매처분, ② 국고납입처분, ③ 폐기처분, ④ 인계처분, ⑤ 특별처분이 있다(동규칙 제28조 이하). 몰수를 집행한 후 3월 이내에 그 몰수물에 대하여 정당한 권리가 있는 자가 몰수물의 교부를 청구한 때에는 검사는 파괴 또는 폐기할 것이 아니면 이를 교부하여야 한다. 몰수물을 처분한 후 교부의 청구가 있는 경우에는 검사는 취득한 대가를 교부하여야 한다(제484조).

(2) 압수물의 처분

압수한 서류나 물품에 대하여 몰수의 선고가 없는 때에는 압수를 해제한 것으로 간주하므로(제332조), 압수물은 정당한 권리자에게 환부하여야 한다. 그러나 당해 서류나 물품이 위조 또는 변조된 물건인 경우에는 그 물건의 전부 또는 일부에 위조나 변조된 것이라는 점을 표시하여야 한다(제485조 제 1 항). 위조 또는 변조한 물건이 압수되지 아니한 경우에는 그 물건을 제출하게 하여 그 사실을 표시한 후 환부하여야 한다.[1] 다만 그 물건이 공무소에 속한 것인 때에는 위조나 변조의 사유를 공무소에

---

1) 대법원 1984. 7. 24, 84모43, 「형사소송법 제133조의 규정에 의하면 압수를 계속할 필요가

통지하여 적당한 처분을 하게 하여야 한다($\frac{동조}{제2항}$).

압수물의 환부를 받을 자의 소재가 불명하거나 기타 사유로 인하여 환부를 할 수 없는 경우에는 검사는 그 사유를 관보에 공고하여야 한다. 공고한 후 3월 이내에 환부의 청구가 없는 때에는 그 물건은 국고에 귀속한다. 이 기간 내에도 가치 없는 물건은 폐기할 수 있고, 보관하기 어려운 물건은 공매하여 그 대가를 보관할 수 있다($\frac{제486}{조}$).

Ⅲ. 재판집행에 대한 구제방법

1. 재판해석에 대한 의의신청

형의 선고를 받은 자는 집행에 관하여 재판의 해석에 대한 의의(疑義)가 있는 때에는 재판을 선고한 법원에 의의신청을 할 수 있다($\frac{제488}{조}$). 재판해석에 대한 의의신청은 주문의 취지가 불명확하여 주문의 해석에 의문이 있는 경우에 한하여 제기할 수 있다. 따라서 판결이유의 모순이나 불명확 또는 부당을 주장하는 의의신청은 허용되지 않는다($\frac{대법원\ 1985.8.20,}{85모22}$).

재판해석에 대한 의의신청의 관할법원은 재판을 선고한 법원이다. 여기서 재판을 선고한 법원이란 형을 선고한 법원을 말한다. 따라서 상소에 대하여 기각결정을 한 법원은 관할법원이 될 수 없고 원심법원이 관할법원이 된다.

재판해석에 대한 의의신청이 있는 때에는 법원은 결정을 하여야 하며, 이 결정에 대하여는 즉시항고를 할 수 있다($\frac{제491}{조}$). 법원의 결정이 있을 때까지 재판해석의 의의신청은 취하할 수 있고($\frac{제490조}{제1항}$), 재판해석의 의의신청과 그 취하에 대해서는 재소자에 대한 특칙이 준용된다($\frac{제490조}{제2항,\ 제344조}$).

───────────

없다고 인정되는 압수물 또는 증거에 공할 압수물은 환부 또는 가환부할 수 있도록 되어 있는 바, 이 사건 약속어음은 재항고인의 위 주장자체에 의하더라도 범죄행위로 인하여 생긴 위조문서로서 아무도 이를 소유하는 것이 허용되지 않는 물건임이 분명하므로 몰수의 대상이 되고 환부나 가환부를 할 수 없다고 보아야 할 것이다. 다만 위조문서의 소유가 허용되지 않는 것은 진정한 문서인 것처럼 통용됨을 금지하고자 하는 데에 그 뜻이 있으므로, 몰수의 선고가 있은 뒤에 검사가 형사소송법 제485조에 의하여 위조의 표시를 하여 환부한 경우에는 이를 적법하게 소지할 수 있을 뿐 아니라 민법상 권리행사의 자료로도 사용할 수 있음은 물론이다.」

2. 재판집행에 대한 이의신청

재판의 집행을 받은 자 또는 그 법정대리인이나 배우자는 집행에 관한 검사의 처분이 부당함을 이유로 재판을 선고한 법원에 이의신청을 할 수 있다($^{제489}_{조}$). 재판해석에 대한 의의신청(疑義申請)은 확정재판에 있어서 주문의 취지가 불명확하여 주문의 해석에 의문이 있는 경우에 제기하는 불복방법임에 대하여, 재판집행에 대한 이의신청(異議申請)은 확정재판의 집행기관인 검사가 그 집행과 관련하여 행하는 처분이 부당함을 이유로 제기하는 불복방법이라는 점에서 구별된다.

검사의 집행에 대한 이의신청은 검사의 집행처분이 부적법한 경우뿐만 아니라 부당한 경우에도 허용된다. 재판의 집행에 대한 검사의 처분이란 검사의 형집행지휘($^{제460}_{조}$), 검사의 재산형 등의 집행명령($^{제477}_{조}$) 등 검사가 형사소송법의 규정에 의하여 한 재판의 집행에 관한 일체의 처분을 그 대상으로 하며, 소송비용의 재판을 집행하기 위해 발한 징수명령의 효력을 다투기 위해서도 이의신청을 할 수 있다. 그러나 재판의 집행에 관한 것이 아니라 재판의 내용 자체의 부당함을 주장하는 경우는 이의신청의 대상이 되지 않는다($^{대법원 1987.8.20,}_{87초42}$).

검사의 재판집행에 대한 이의신청은 확정판결에 대한 집행을 전제로 하는 것이 원칙이지만, 재판확정 전에 검사가 형의 집행지휘를 하는 경우에도 이의신청이 인정될 수 있다($^{대법원 1964.6.23,}_{64모14}$). 그러나 이의신청이 집행종료 후에 있는 경우에는 그러한 이의신청은 실익이 없으므로 집행종료 후의 이의신청은 허용되지 않는다($^{대법원 2001.8.23,}_{2001모91}$). 관할법원과 절차는 재판해석에 대한 의의신청의 경우와 같다.

3. 소송비용집행면제의 신청

소송비용부담의 재판을 받은 자가 빈곤으로 인하여 이를 완납할 수 없는 때에는 그 재판의 확정 후 10일 이내에 재판을 선고한 법원에 소송비용의 전부 또는 일부에 대한 재판의 집행면제를 신청할 수 있다($^{제487}_{조}$). 소송비용부담의 재판의 집행은 집행면제신청기간 내와 그 신청이 있는 때에는 그 신청에 대한 재판이 확정될 때까지 정지된다($^{제472}_{조}$).

관할법원과 절차는 재판해석에 대한 의의신청의 경우와 같다.

Ⅳ. DNA신원확인정보의 수집 · 관리

1. DNA신원확인정보의 의의

생명과학과 감식기술의 발달에 따라 사람의 DNA정보를 수사 및 재판과정에서 활용할 필요성이 커지게 되었다. 이에 따라 2010년에 시행된 「디엔에이 신원확인정보의 이용 및 보호에 관한 법률」은 살인, 강도 · 절도, 강간 · 추행, 약취 · 유인, 방화 · 실화, 마약범죄 등을 대상으로 DNA신원확인정보 데이터베이스를 구축할 수 있게 하였다(동법 제5조, 제1항 참조). 이 법률에 의해서 이제는 개별 형사사건에서 피의자로부터 채취한 DNA와 범죄현장이나 피해자의 신체 · 물건에서 채취한 DNA를 감정하여 그 동일성을 확인하는 데 그치지 않고, 일정한 대상자의 DNA신원확인정보를 미리 데이터베이스화하여 보관하고 있다가 필요한 경우에 이를 신원확인을 위한 자료로 활용하는 것이 가능하게 되었다. DNA구조는 화학적으로 안정적이고 사람의 일생을 통하여 구조의 변화가 없으며, 신체 어느 부위에서 추출하든 그 내용이 같다는 점에서 DNA정보의 확보와 이용은 과학수사의 방법으로서 오늘날 충분한 가치를 인정받고 있다.

'디엔에이'란 생물의 생명현상에 대한 정보가 포함된 화학물질인 디옥시리보핵산(Deoxyribonucleic acid, DNA)을 말한다(동법 제2조, 제1호). 그리고 '디엔에이감식시료'란 사람의 혈액, 타액, 모발, 구강점막 등 DNA감식의 대상이 되는 것을 말하며 (동법 제2조, 제2호), '디엔에이감식'이란 개인 식별을 목적으로 디엔에이 중 유전정보가 포함되어 있지 아니한 특정 염기서열 부분을 검사 · 분석하여 DNA신원확인정보를 취득하는 것을 말한다(동조 제3호). 또한 '디엔에이신원확인정보'란 개인 식별을 목적으로 DNA감식을 통하여 취득한 정보로서 일련의 숫자 또는 부호의 조합으로 표기된 것을 말하며(동조 제4호), '디엔에이신원확인정보데이터베이스'란 이 법에 따라 취득한 DNA신원확인정보를 컴퓨터 등 저장매체에 체계적으로 수록한 집합체로서 개별적으로 그 정보에 접근하거나 검색할 수 있도록 한 것을 말한다(동조 제5호).

2. DNA신원확인정보의 수집

(1) DNA감식시료의 채취

「디엔에이신원확인정보의 이용 및 보호에 관한 법률」은 DNA감식시료를 수형인 등, 구속피의자 등, 범죄현장 등으로부터 채취할 수 있도록 하고 있다.

(개) 수형인 등으로부터의 채취

검사는 「디엔에이신원확인정보의 이용 및 보호에 관한 법률」이 규정하고 있는 대상범죄에 대하여 형의 선고, 보호관찰명령, 치료감호선고, 보호처분결정을 받아 확정된 사람으로부터 DNA감식시료를 채취할 수 있다. 다만 구속피의자 등의 지위에서 DNA감식시료가 채취되어 DNA신원확인정보가 이미 수록되어 있는 경우는 제외한다($\frac{동법 제5조}{제1항}$).

(나) 구속피의자 등으로부터의 채취

검사 또는 사법경찰관은 「디엔에이신원확인정보의 이용 및 보호에 관한 법률」이 규정하고 있는 대상범죄를 범하여 구속된 피의자 또는 「치료감호법」에 따라 보호구속된 치료감호대상자로부터 DNA감식시료를 채취할 수 있다. 다만 수형자 등의 지위에서 DNA감식시료가 채취되어 디엔에이신원확인정보가 이미 수록되어 있는 경우는 제외한다($\frac{동법}{제6조}$).

(다) 범죄현장 등으로부터의 채취

검사 또는 사법경찰관은 ① 범죄현장에서 발견된 것, ② 범죄의 피해자 신체의 내·외부에서 발견된 것, ③ 범죄의 피해자가 피해 당시 착용하거나 소지하고 있던 물건에서 발견된 것, ④ 범죄의 실행과 관련된 사람의 신체나 물건의 내·외부 또는 범죄의 실행과 관련한 장소에서 발견된 것의 어느 하나에 해당하는 것에서 DNA감식시료를 채취할 수 있다($\frac{동법 제7조}{제1항}$). 이 경우 채취한 DNA감식시료에서 얻은 DNA신원확인정보는 그 신원이 밝혀지지 아니한 것에 한정하여 데이터베이스에 수록할 수 있다($\frac{동조}{제2항}$).

(2) DNA감식시료의 채취 절차

사람의 혈액, 타액, 모발, 구강점막 등 DNA감식시료를 채취하는 데는 두 가지 방법이 있다. 어느 경우이든 DNA감식시료를 채취할 때에는 구강점막에서의 채취 등 채취대상자의 신체나 명예에 대한 침해를 최소화하는 방법을 사용하여야 한다($\frac{동법 제9조}{제1항}$).

(개) 채취대상자의 동의에 의한 경우

수사기관은 수형인 등 또는 구속피의자 등의 채취대상자가 동의하는 경우에는 영장 없이 DNA감식시료를 채취할 수 있다. 이 경우 미리 채취대상자에게 채취를 거부할 수 있음을 고지하고 서면으로 동의를 받아야 한다($\frac{동법 제8조}{제3항}$).

(나) DNA감식시료채취영장에 의한 경우

DNA감식시료의 채취대상자가 동의하지 않는 경우에는 수사기관은 DNA감식시료채취영장을 발부받아 DNA감식시료를 채취하여야 한다. 검사는 관할 지방법원판사에게 청구하여 발부받은 영장에 의하여 수형자 및 구속피의자 등 DNA감식시료의 채취대상자로부터 DNA감식시료를 채취할 수 있다(동법 제8조제1항). 사법경찰관은 검사에게 신청하여 검사의 청구로 관할 지방법원판사가 발부한 영장에 의하여 구속피의자 등 DNA감식시료의 채취대상자로부터 DNA감식시료를 채취할 수 있다(동조제2항).

DNA감식시료채취영장을 청구할 때에는 채취대상자의 성명·주소·청구이유·채취할 시료의 종류 및 방법·채취할 장소 등을 기재한 청구서 및 채취에 관한 채취대상자의 의견이 담긴 서면을 제출하여야 하며, 청구이유에 대한 소명자료를 첨부하여야 한다. 이 경우 채취대상자의 의견이 담긴 서면을 제출하기 곤란한 사정이 있는 때에는 그에 대한 소명자료를 함께 제출하여야 한다(동조제4항). 관할 지방법원판사는 DNA감식시료채취영장 발부여부를 심사하는 때에 채취대상자에게 서면에 의한 의견진술의 기회를 주어야 한다. 다만 제4항에 따라 채취대상자의 의견이 담긴 서면이 제출된 때에는 의견진술의 기회를 부여한 것으로 본다(동조제5항). DNA감식시료채취영장에는 대상자의 성명·주소·채취할 시료의 종류 및 방법·채취할 장소·유효기간과 그 기간을 경과하면 집행에 착수하지 못하며 영장을 반환하여야 한다는 취지를 적고 지방법원판사가 서명날인하여야 한다(동조제6항).

DNA감식시료채취영장은 검사의 지휘에 의하여 사법경찰관리가 집행한다. 다만 수용기관에 수용되어 있는 사람에 대한 DNA감식시료채취영장은 검사의 지휘에 의하여 수용기관 소속 공무원이 행할 수 있다(동조제7항). DNA감식시료를 채취할 때에는 채취대상자에게 미리 DNA감식시료의 채취 이유, 채취할 시료의 종류 및 방법을 고지하여야 한다(동조제9항). DNA감식시료채취영장에 의한 DNA감식시료의 채취에 관하여는 형사소송법 제116조, 제118조, 제124조부터 제126조까지 및 제131조를 준용한다(동조제10항).

DNA감식시료채취영장에 의하여 DNA감식시료가 채취된 대상자는 검사 또는 사법경찰관의 채취에 관한 처분에 대하여 불복이 있으면 채취가 이루어진 날부터 7일 이내에 그 직무집행지의 관할법원 또는 검사의 소속검찰청에 대응한 법원에 서면으로 그 처분의 취소를 청구할 수 있다(제8조의2제1항·제2항).

3. DNA신원확인정보의 관리

(1) DNA신원확인정보의 수록 · 관리

수형인 등으로부터 채취한 DNA감식시료로부터 취득한 DNA신원확인정보에 관한 사무는 검찰총장이 총괄하며($^{동법 제 4 조}_{제 1 항}$), 구속피의자 등으로부터 채취한 DNA감식시료 및 범죄현장 등으로부터 채취한 DNA감식시료로부터 취득한 DNA신원확인정보에 관한 사무는 경찰청장이 총괄한다($^{동조}_{제 2 항}$). 검찰총장 및 경찰청장은 데이터베이스를 서로 연계하여 운영할 수 있다($^{동조}_{제 3 항}$).

검찰총장 및 경찰청장은 대통령령으로 정하는 사람이나 기관(DNA신원확인정보담당자)에게 대상자로부터 채취된 DNA감식시료의 감식 및 데이터베이스에의 DNA신원확인정보의 수록 및 데이터베이스의 관리를 위임 또는 위탁할 수 있다($^{동법 제10}_{조 제 1 항}$).

DNA신원확인정보담당자는 ① 데이터베이스에 새로운 DNA신원확인정보를 수록하는 경우, ② 검사 또는 사법경찰관이 범죄수사 또는 변사자 신원확인을 위하여 요청하는 경우, ③ 법원이 형사재판에서 사실조회를 하는 경우, ④ 데이터베이스 상호간의 대조를 위하여 필요한 경우의 어느 하나에 해당하는 경우에 DNA신원확인정보를 검색하거나 그 결과를 회보할 수 있다($^{동법 제11}_{조 제 1 항}$).

DNA신원확인정보담당자가 DNA신원확인정보를 데이터베이스에 수록한 때에는 채취된 DNA감식시료와 그로부터 추출한 DNA를 지체 없이 폐기하여야 한다($^{동법 제12}_{조 제 1 항}$).

데이터베이스의 관리 · 운영에 관한 사항을 심의하기 위하여 국무총리 소속으로 DNA신원확인정보데이터베이스관리위원회를 둔다. 위원회에서는 ① DNA감식시료의 수집 · 운반 · 보관 및 폐기에 관한 사항, ② DNA감식의 방법 · 절차 및 감식기술의 표준화에 관한 사항, ③ DNA신원확인정보의 표기 · 데이터베이스 수록 및 삭제에 관한 사항, ④ 그 밖에 대통령령으로 정하는 사항을 심의하여 검찰총장 또는 경찰청장에게 의견을 제시할 수 있다($^{동법 제14조}_{제 1 항 · 제 6 항}$).

(2) DNA신원확인정보의 삭제

㈎ 수형인 등의 경우

DNA신원확인정보담당자는 수형인 등에 대하여 재심에서 무죄, 면소, 공소기각 판결 또는 공소기각 결정이 확정된 경우에는 직권 또는 본인의 신청에 의하여 법에 따라 채취되어 데이터베이스에 수록된 DNA신원확인정보를 삭제하여야 한다(동법 제13 조 제1항).

⑷ 구속피의자 등의 경우

DNA신원확인정보담당자는 구속피의자 등에 대하여 ① 검사의 혐의 없음, 죄가 안 됨 또는 공소권 없음의 처분이 있거나, 채취대상범죄로 구속된 피의자의 죄명이 수사 또는 재판 중에 대상범죄 외의 죄명으로 변경되는 경우, ② 법원의 무죄, 면소, 공소기각 판결 또는 공소기각 결정이 확정된 경우, ③ 법원의「치료감호법」에 따른 치료감호의 독립청구에 대한 청구기각 판결이 확정된 경우의 어느 하나에 해당하는 경우에는 직권 또는 본인의 신청에 의하여 법에 따라 채취되어 데이터베이스에 수록된 DNA신원확인정보를 삭제하여야 한다(동조 제2항). 또한 DNA신원확인정보담당자는 수형인 등 또는 구속피의자 등의 불복절차에서 검사 또는 사법경찰관의 DNA감식시료의 채취에 관한 처분 취소결정이 확정된 경우에는 직권 또는 본인의 신청에 의하여 법에 따라 채취되어 데이터베이스에 수록된 DNA신원확인정보를 삭제하여야 한다(동조 제3항).

⒟ 사망자의 경우

DNA신원확인정보담당자는 수형인 등 또는 구속피의자 등이 사망한 경우에는 법에 따라 채취되어 데이터베이스에 수록된 DNA신원확인정보를 직권 또는 친족의 신청에 의하여 삭제하여야 한다(동조 제4항).

⒠ 범죄현장 등에서 채취한 정보의 경우

DNA신원확인정보담당자는 범죄현장 등에서 채취되어 데이터베이스에 수록된 DNA신원확인정보에 관하여 그 신원이 밝혀지는 등의 사유로 더 이상 보존 · 관리가 필요하지 아니한 경우에는 직권 또는 본인의 신청에 의하여 그 DNA신원확인정보를 삭제하여야 한다(동조 제5항). DNA신원확인정보담당자는 위의 어느 경우에 해당하여 DNA신원확인정보를 삭제한 경우에는 30일 이내에 본인 또는 신청인에게 그 사실을 통지하여야 한다(동조 제6항).

(3) 업무목적 외 사용 등의 금지

DNA신원확인정보담당자는 업무상 취득한 DNA감식시료 또는 DNA신원확인정보를 업무목적 외에 사용하거나 타인에게 제공 또는 누설하여서는 아니 되며(동법 제15조), 이에 위반한 때에는 법에 따라 처벌된다(동법 제17 조 참조).

제 2 절   형사보상과 명예회복

Ⅰ. 형사보상제도

1. 형사보상의 의의와 성격

(1) 형사보상의 의의

형사보상이란 국가의 잘못된 형사사법권의 행사로 인하여 억울하게 구금되었거나 형의 집행을 받은 사람에 대하여 국가가 그 피해를 보상해 주는 제도를 말한다. 헌법 제28조는 「형사피의자 또는 형사피고인으로서 구금되었던 자가 법률이 정하는 불기소처분을 받거나 무죄판결을 받은 때에는 법률이 정하는 바에 의하여 국가에 정당한 보상을 청구할 수 있다」고 규정하여 형사보상청구권을 국민의 기본권으로 보장하고 있다. 헌법은 구금되었던 자의 형사보상만을 규정하고 있으나, 사형 또는 재산형의 집행을 받은 자에 대한 형사보상도 헌법이 예정하고 있는 형사보상청구권의 범위에 당연히 포함되는 것으로 보아야 한다.

이러한 헌법상의 형사보상청구권은 「형사보상 및 명예회복에 관한 법률」에 의하여 구체적으로 실현되고 있으며, 이 법에는 형사보상의 요건과 절차 및 내용이 자세히 규정되어 있다. 또한 군사법원에서 무죄재판 등을 받아 확정된 자나 군검찰부 검찰관으로부터 공소를 제기하지 아니하는 처분을 받은 자 등에 대한 형사보상에 관해서도 「형사보상 및 명예회복에 관한 법률」이 준용된다(동법 제29조 제 2 항 참조).

(2) 형사보상의 법적 성격

(가) 법률의무설과 공평설

형사보상의 본질에 관하여는 법률의무설과 공평설이 대립하고 있다. 법률의무설은 형사보상을 국가의 구속 또는 형집행처분이 객관적·사후적으로 위법한 경우에 위법한 처분에 대한 법률적 의무로서 국가가 이를 배상하여 주는 무과실손해배상으로 파악하는 견해인 데 반해서, 공평설은 형사보상을 공평의 견지에서 국가가 행하는 조절보상으로 보아 이를 공법상의 손실보상에 가까운 성질을 갖는 제도로서 이해하는 견해이다.

현행법상의 형사보상이 비록 공무원의 고의·과실을 묻지 않고 이를 국가가 배상하여 주는 제도이기는 하나 객관적 · 사후적인 국가기관의 위법을 이유로 하는 제도라는 점에서 볼 때, 형사보상의 성질을 국가가 지는 일종의 공법상의 손해배상 책임으로서 파악하는 법률의무설이 타당하다고 생각된다.

(나) 형사보상과 손해배상과의 관계

형사보상은 국가가 공권력의 행사로 인하여 발생한 손해를 공무원의 고의 · 과실을 묻지 않고 배상하여 주는 공법상의 손해배상이다. 따라서 형사보상의 청구는 국가배상법 또는 민법에 의한 손해배상청구와 경합하는 경우가 있을 수 있고, 이 경우에 어느 사유에 의하여 배상을 청구하는가는 피해자가 자유로이 결정할 수 있다. 「형사보상 및 명예회복에 관한 법률」도 형사보상을 받을 자가 다른 법률에 따라 손해배상을 청구하는 것을 금하지 않고 있다($\frac{동법 제6조}{제1항}$). 따라서 이 법에 의해서 형사보상을 받은 자도 정신적 피해에 대한 위자료의 청구나 기대이익의 상실에 대한 손해배상청구를 할 수 있다.

그러나 보상을 받을 자가 같은 원인으로 다른 법률에 따라 손해배상을 받았을 경우에는 그 배상액수가 「형사보상 및 명예회복에 관한 법률」에 의하여 받을 보상금의 액수와 같거나 그보다 많을 때에는 보상하지 않고, 그 손해배상의 액수가 「형사보상 및 명예회복에 관한 법률」에 따라 받을 보상금의 액수보다 적을 때에는 그 손해배상 금액을 빼고 보상금의 액수를 정하여야 한다($\frac{동조}{제2항}$). 또한 다른 법률에 따라 손해배상을 받을 자가 같은 원인에 대하여 「형사보상 및 명예회복에 관한 법률」에 의한 보상을 받았을 경우에는 그 보상금의 액수를 빼고 손해배상의 액수를 정하여야 한다($\frac{동조}{제3항}$). 이러한 제한은 공평의 관점에서 이중배상을 배제하기 위한 것이다.

2. 형사보상의 요건

형사보상은 피의자로서 기소유예결정 이외의 불기소결정을 받은 자에게 미결구금으로 인한 피해를 보상하는 경우와 피고인으로서 무죄판결을 받은 자나 그에 준하는 자에게 미결구금 및 형의 집행으로 인한 피해를 보상하는 경우로 나누어진다. 검사는 「형사보상 및 명예회복에 관한 법률」에 따른 보상청구 자격이 인정된다고 판단되는 피의자나 피고인에게 보상을 청구할 수 있도록 제도를 안내해야 한다($\frac{인권보호수사}{규칙 제68조}$).[1]

---

1) 재판장이 피고사건에 대하여 무죄 · 면소 · 공소기각의 판결을 선고(판결의 이유에서 무죄 ·

(1) 피의자보상의 요건

(개) 협의의 불기소결정

피의자로서 구금되었던 자 중 검사로부터 불기소결정을 받거나 사법경찰관으로부터 불송치결정을 받은 자는 국가에 대하여 그 구금에 관한 보상을 청구할 수 있다. 다만 구금된 이후 불기소결정 또는 불송치결정의 사유가 있는 경우와 해당 불기소결정 또는 불송치결정이 종국적인 것이 아니거나 기소유예결정을 받은 경우에는 피의자보상이 허용되지 않는다(형사보상 및 명예회복에 관한 법률 제27조 제 1 항).

(내) 보상제한사유

미결구금의 집행을 받은 피의자라도 ① 본인이 수사 또는 재판을 그르칠 목적으로 거짓 자백을 하거나 다른 유죄의 증거를 만듦으로써 구금된 것으로 인정되는 경우, ② 구금기간 중에 다른 사실에 대하여 수사가 이루어지고 그 사실에 관하여 범죄가 성립한 경우, ③ 보상을 하는 것이 선량한 풍속이나 그 밖에 사회질서에 위배된다고 인정할 특별한 사정이 있는 경우에는 보상의 전부 또는 일부를 하지 아니할 수 있다(동조 제2항).

(2) 피고인보상의 요건

(개) 무죄판결 및 기타 재판

1) **무죄판결**   형사소송법에 따른 일반절차 또는 재심이나 비상상고절차에서 무죄재판을 받아 확정된 사건의 피고인이 미결구금을 당하였을 때에는 국가에 대하여 그 구금에 대한 보상을 청구할 수 있다(동법 제2조 제1항). 또한 상소권회복에 의한 상소, 재심 또는 비상상고의 절차에서 무죄재판을 받아 확정된 사건의 피고인이 원판결에 의하여 구금되거나 형 집행을 받았을 때에는 구금 또는 형의 집행에 대한 보상을 청구할 수 있다(동조 제2항). 이와 같이 피고인보상의 요건으로서의 무죄판결은 일반형사절차에서 선고되어 확정된 경우뿐만 아니라 상소권회복에 의한 상소, 재심, 비상상고의 절차에서 선고되어 확정된 경우를 모두 포함한다.

2) **면소 및 공소기각의 재판**   형사소송법에 따라 면소 또는 공소기각의 재판을 받아 확정된 피고인은 면소 또는 공소기각의 재판을 할 만한 사유가 없었더라면 무죄재판을 받을 만한 현저한 사유가 있었을 경우에는 국가에 대하여 구금에 대

면소·공소기각으로 판단하는 경우를 포함한다)하거나 공소기각의 결정을 고지하는 때에는 법정에 출석한 피고인에게 형사보상청구 안내문을 교부한다(형사재판서 등본 송부 및 확정 통보 등에 관한 예규 제 1 조의2 제 1 항).

한 보상을 청구할 수 있다($_{제1항 제1호}^{동법 제26조}$). 면소 또는 공소기각의 재판의 경우에 그 보상에 대하여는 무죄재판을 받아 확정된 사건의 피고인에 대한 보상규정이 준용된다($_{제2항}^{동조}$).

3) 치료감호사건에 대한 청구기각의 판결　　검사는 피의자가 심신상실($_{조 제1항}^{형법 제10}$)에 해당하여 벌할 수 없는 경우, 고소 · 고발이 있어야 논할 수 있는 죄에서 그 고소 · 고발이 없거나 취소된 경우 또는 피해자의 명시적인 의사에 반하여 논할 수 없는 죄에서 피해자가 처벌을 원하지 아니한다는 의사표시를 하거나 처벌을 원한다는 의사표시를 철회한 경우, 피의자에 대하여 기소유예($_{조}^{제247}$)의 결정을 한 경우의 어느 하나에 해당하는 경우에는 공소를 제기하지 아니하고 치료감호만을 청구할 수 있다($_{법 제7조}^{치료감호}$). 이때 치료감호의 독립 청구를 받은 피치료감호청구인의 치료감호 사건이 범죄로 되지 아니하거나 범죄사실의 증명이 없는 때에 해당되어 청구기각의 판결을 받아 확정된 경우에는 국가에 대하여 구금에 대한 보상을 청구할 수 있다($_{법률 제26조 제1항 제2호}^{형사보상 및 명예회복에 관한}$).

(나) 미결구금 또는 형의 집행

피고인보상을 청구할 수 있는 대상은 미결구금과 형의 집행이다. 피고인이 무죄판결을 받을 당시에 구금되어 있을 필요는 없다. 형의 집행은 확정판결에 의하여 개시되므로 확정판결의 효력을 다툴 수 있는 경우, 즉 상소권회복에 의한 상소 · 재심 또는 비상상고절차에서 무죄판결을 받은 경우에만 형의 집행에 대한 형사보상이 가능하다.

자유형의 집행이 심신장애의 사유로 정지된 경우에 병원 기타 적당한 장소에 수용할 수 있을 때까지 교도소 또는 구치소에 구치하는 경우($_{제3항}^{제470조}$)는 이를 구금으로, 확정판결 후 검사가 사형이나 자유형을 집행하기 위하여 형집행장을 발부하여 형의 선고를 받은 자를 구금한 경우($_{지 제475조}^{제473조 내}$)는 이를 형의 집행으로 본다($_{예회복에 관한}^{형사보상 및 명}$ 법률 제2조 $_{제3항}$).

(다) 보상제한사유

피고인보상은 ① 피고인이 책임능력이 없음을 이유로 무죄판결을 받은 경우, ② 본인이 수사 또는 심판을 그르칠 목적으로 거짓 자백을 하거나 다른 유죄의 증거를 만듦으로써 기소 · 미결구금 또는 유죄재판을 받게 된 것으로 인정된 경우, ③ 1개의 재판으로써 경합범의 일부에 대하여 무죄재판을 받고 다른 부분에 대하여 유죄재판을 받았을 경우에는 법원의 재량에 의하여 보상청구의 전부 또는 일부를 기각할 수 있다($\substack{\text{동법} \\ \text{제4조}}$).

3. 형사보상의 내용

(1) 구금에 대한 보상

구금에 대한 보상을 할 때에는 그 구금일수에 따라 1일당 보상청구의 원인이 발생한 연도의 「최저임금법」에 따른 일급 최저임금액 이상 대통령령으로 정하는 금액 이하의 비율에 의한 보상금을 지급한다($\substack{\text{동법 제5조} \\ \text{제1항}}$). 법원이 보상금액을 산정할 때에는 ① 구금의 종류 및 기간의 장단, ② 구금기간 중에 입은 재산상의 손실과 얻을 수 있었던 이익의 상실 또는 정신상의 고통과 신체 손상, ③ 경찰·검찰·법원의 각 기관의 고의 또는 과실 유무, ④ 그 밖에 보상금액 산정과 관련되는 모든 사정을 고려하여야 한다($\substack{\text{동조} \\ \text{제2항}}$). 여기의 구금에는 미결구금과 형의 집행에 의한 구금이 포함된다. 노역장유치의 집행을 하였을 때에도 이에 준한다($\substack{\text{동조} \\ \text{제5항}}$).

(2) 형의 집행에 대한 보상

(개) 사형집행의 경우

사형집행에 대한 보상을 할 때에는 집행 전 구금에 대한 보상금 외에 3천만원 이내에서 모든 사정을 고려하여 법원이 타당하다고 인정하는 금액을 더하여 보상한다. 이 경우 본인의 사망으로 인하여 발생한 재산상의 손실액이 증명되었을 때에는 그 손실액도 보상한다($\substack{\text{동조} \\ \text{제3항}}$).

(내) 벌금·과료의 경우

벌금 또는 과료의 집행에 대한 보상을 할 때에는 이미 징수한 벌금 또는 과료의 금액에 징수일의 다음 날부터 보상 결정일까지의 일수에 대하여 민법 제379조의 법정이율을 적용하여 계산한 금액을 더한 금액을 보상한다($\substack{\text{동조} \\ \text{제4항}}$).

(다) 몰수·추징의 경우

몰수집행에 대한 보상을 할 때에는 그 몰수물을 반환하고, 그것이 이미 처분었을 때에는 보상결정시의 시가를 보상하며($\substack{\text{동조} \\ \text{제6항}}$), 추징금에 대한 보상을 할 때에는 그 액수에 징수일의 다음 날부터 보상 결정일까지의 일수에 대하여 민법 제379조의 법정이율을 적용하여 계산한 금액을 더한 금액을 보상한다($\substack{\text{동조} \\ \text{제7항}}$). 다만 면소 또는 공소기각의 재판을 받은 자는 구금에 대한 보상만을 청구할 수 있으므로($\substack{\text{동법} \\ \text{제26조}}$), 몰수 또는 추징에 대한 보상을 청구할 수 없다($\substack{\text{대법원 1965.5.18,} \\ \text{65다532}}$). 그러나 이 경우에도 다른 법률에 따라 손해배상을 청구하는 것은 가능하다($\binom{\text{동법 제6조}}{\text{제1항}}$).

4. 형사보상의 절차

(1) 보상의 청구

(가) 청구권자

형사보상의 청구권자는 무죄 · 면소 또는 공소기각의 재판을 받아 확정된 사건의 피고인($\binom{\text{동법 제2조, 제26}}{\text{조 제1항 제1호}}$), 청구기각의 판결을 받아 확정된 독립된 치료감호사건의 피치료감호청구인($\binom{\text{동법 제26조}}{\text{제1항 제2호}}$) 그리고 검사로부터 불기소결정을 받거나 사법경찰관으로부터 불송치결정을 받은 피의자($\binom{\text{동법 제27}}{\text{조 제1항}}$)이다. 형사보상청구권은 양도 또는 압류할 수 없는 일신전속적인 권리이지만($\binom{\text{동법}}{\text{제23조}}$), 상속의 대상이 된다. 따라서 본인이 보상청구를 하지 않고 사망하였을 때에는 상속인이 이를 청구할 수 있다($\binom{\text{동법 제3조}}{\text{제1항}}$). 또한 사망한 자에 대하여 재심 또는 비상상고의 절차에서 무죄재판이 있었을 때에는 보상의 청구에 있어서는 사망한 때에 무죄재판이 있었던 것으로 본다($\binom{\text{동조}}{\text{제2항}}$). 따라서 이 경우에는 사망시에 본인의 보상청구권이 발생하여 상속인에게 상속되는 것이 된다.

(나) 청구의 절차

1) **관할법원과 청구시기**   피고인보상의 청구는 무죄판결 등을 한 법원에 하여야 하며($\binom{\text{동법}}{\text{제7조}}$), 피의자보상의 경우에는 공소를 제기하지 아니하는 처분을 한 검사가 소속된 지방검찰청의 심의회에 보상을 청구하여야 한다($\binom{\text{동법 제28}}{\text{조 제1항}}$).

보상의 청구는 무죄 · 면소 또는 공소기각의 재판 · 치료감호청구의 기각판결이 확정된 사실을 안 날부터 3년, 이들 재판이 확정된 때부터 5년 이내에 하여야 한다($\binom{\text{동법 제8조,}}{\text{제26조 제2항}}$). 피의자보상의 청구는 검사로부터 공소를 제기하지 아니하는 처분의 고지 또는 통지를 받은 날로부터 3년 이내에 하여야 한다($\binom{\text{동법 제28}}{\text{조 제3항}}$).

2) **청구의 방식**   피고인보상의 청구는 보상청구서에 재판서의 등본과 그 재판의 확정증명서를 첨부하여 법원에 제출하여야 하며, 보상청구서에는 ① 청구자의 등록기준지 · 주소 · 성명 · 생년월일, ② 청구의 원인이 된 사실과 청구액을 기재하여야 한다($\binom{\text{동법}}{\text{제9조}}$). 보상청구는 대리인을 통해서도 가능하다($\binom{\text{동법}}{\text{제13조}}$).

피의자보상을 청구할 경우에는 보상청구서에 공소를 제기하지 아니하는 처분을 받은 사실을 증명하는 서류를 첨부하여 제출하여야 한다($\binom{\text{동법 제28}}{\text{조 제2항}}$).

3) **상속인의 보상청구**   상속인이 보상을 청구할 때에는 본인과의 관계와

같은 순위의 상속인 유무를 소명할 수 있는 자료를 제출하여야 한다(동법 제10조). 보상의 청구를 할 수 있는 같은 순위의 상속인이 여러 명인 경우에 그 중 1명이 보상청구를 하였을 때에는 보상을 청구할 수 있는 모두를 위하여 그 전부에 대하여 보상청구를 한 것으로 본다(동법 제11조 제1항). 이 경우에 청구를 한 상속인 외의 상속인은 공동청구인으로서 절차에 참가할 수 있다. 법원은 이 경우에 보상을 청구할 수 있는 같은 순위의 다른 상속인이 있다는 사실을 알았을 때에는 지체 없이 그 상속인에게 보상청구가 있었음을 통지하여야 한다(동조 제2항· 제3항).

(대) **보상청구의 취소**

보상청구는 법원의 보상청구에 대한 재판이 있을 때까지 취소할 수 있다. 다만 같은 순위의 상속인이 여러 명인 경우에 보상을 청구한 자는 나머지 모두의 동의 없이 청구를 취소할 수 없다(동법 제12조 제1항). 또한 보상청구를 취소한 자는 다시 보상을 청구할 수 없다(동조 제2항).

(2) 피고인보상청구에 대한 재판

(가) **보상청구사건의 심리**

1) **심리법원과 심리방법**　무죄재판 등을 받은 자가 한 보상청구는 법원 합의부에서 재판한다(동법 제14조 제1항). 보상청구에 대하여 법원은 검사와 청구인의 의견을 들은 후에 결정하여야 한다(동조 제2항). 법원은 보상청구의 원인이 된 사실인 구금일수 또는 형 집행의 내용에 관하여 직권으로 조사를 하여야 한다(동법 제15조). 청구원인사실을 법원에서 직권으로 조사하게 한 것은 청구자의 입증의 부담을 경감하기 위한 것이다.

2) **보상청구의 중단과 승계**　보상을 청구한 자가 청구절차 중 사망하거나 상속인 자격을 상실한 경우에 다른 청구인이 없을 때에는 청구의 절차는 중단된다(동법 제19조 제1항). 이 경우에 보상을 청구한 자의 상속인 또는 보상을 청구한 상속인과 같은 순위의 상속인은 2개월 이내에 청구의 절차를 승계할 수 있다(동조 제2항). 법원은 절차를 승계할 수 있는 자로서 법원에 알려진 자에게는 지체 없이 위의 기간 내에 청구의 절차를 승계할 것을 통지하여야 한다(동조 제3항). 이 기간 내에 절차를 승계하는 신청이 없을 때에는 법원은 청구를 각하하는 결정을 하여야 한다(동조 제4항).

(나) **법원의 결정**

보상청구에 대하여는 법원이 결정을 하여야 한다. 보상청구에 대한 결정의 정본은 검사와 청구인에게 송달하여야 한다($\frac{동법 제14}{조 제 3 항}$). 보상청구에 대한 법원의 결정은 다음과 같다.

1) **청구각하결정**   ① 보상청구의 절차가 법령으로 정한 방식을 위반하여 보정할 수 없는 경우, ② 청구인이 법원의 보정명령에 따르지 아니할 경우, ③ 보상청구의 기간이 지난 후에 보상을 청구하였을 경우에는 보상청구를 각하하는 결정을 하여야 한다($\frac{동법}{제16조}$). 청구절차가 중단된 후 2개월 이내에 절차를 승계하는 신청이 없을 때에도 법원은 각하의 결정을 하여야 한다($\frac{동법 제19조}{제 2 항 · 제 4 항}$).

2) **청구기각결정**   보상청구가 이유 없을 때에는 청구기각의 결정을 하여야 한다($\frac{동법 제17}{조 제 2 항}$). 보상청구를 할 수 있는 같은 순위의 상속인이 여러 명인 경우에 그 중 1명에 대한 청구기각의 결정은 같은 순위자 모두에 대하여 한 것으로 본다 ($\frac{동법}{제18조}$).

3) **보상결정**   보상의 청구가 이유 있을 때에는 보상결정을 하여야 한다 ($\frac{동법 제17}{조 제 1 항}$). 보상청구를 할 수 있는 같은 순위의 상속인이 여러 명인 경우에 그 중 1명에 대한 보상결정은 같은 순위자 모두에 대하여 한 것으로 본다($\frac{동법}{제18조}$). 보상결정이 확정되었을 때에는 법원은 2주일 내에 보상결정의 요지를 관보에 게재하여 공시하여야 한다. 이 경우 보상의 결정을 받은 자의 신청이 있을 때에는 그 결정의 요지를 신청인이 선택하는 두 종류 이상의 일간신문에 각각 한 번씩 공시하여야 하며, 그 공시는 신청일로부터 30일 이내에 하여야 한다($\frac{동법 제25}{조 제 1 항}$). 보상청구자가 동일한 원인으로 다른 법률에 의하여 충분한 손해배상을 받았다는 이유로 보상청구를 기각하는 결정이 확정된 때에도 그 기각결정을 공시하여야 한다($\frac{동조}{제 2 항}$).

4) **불복신청**   법원의 보상결정에 대하여는 1주일 이내에 즉시항고를 할 수 있다($\frac{동법 제20}{조 제 1 항}$). 보상의 청구를 기각한 결정에 대하여도 즉시항고를 할 수 있다 ($\frac{동조}{제 2 항}$). 보상청구를 각하한 결정에 대하여는 규정이 없으나 청구기각의 경우에 준하여 즉시항고가 인정된다고 해석하여야 한다.

「형사보상 및 명예회복에 관한 법률」에 의한 결정과 즉시항고에 관하여는 당해 법률에 특별한 규정이 있는 것을 제외하고는 형사소송법의 규정을 준용한다. 기간에 관하여도 또한 같다($\frac{동법}{제24조}$).

(3) 피의자보상의 결정

피의자보상에 관한 사항은 지방검찰청에 둔 피의자보상심의회에서 심사·결정하며($\frac{\text{동법 제27}}{\text{조 제3항}}$), 이 심의회는 법무부장관의 지휘 · 감독을 받는다($\frac{\text{동조}}{\text{제4항}}$). 피의자보상의 청구에 대한 심의회의 결정에 대하여는 「행정심판법」에 따른 행정심판을 청구하거나 「행정소송법」에 따른 행정소송을 제기할 수 있다($\frac{\text{동법 제28}}{\text{조 제4항}}$).

피의자보상에 대하여 「형사보상 및 명예회복에 관한 법률」에 특별한 규정이 있는 경우를 제외하고는 그 성질에 반하지 아니하는 범위에서 무죄재판을 받아 확정된 사건의 피고인에 대한 보상에 관한 당해 법률의 규정을 준용한다($\frac{\text{동법 제29}}{\text{조 제1항}}$).

(4) 보상금 지급의 청구

㈎ 보상금 지급의 방식과 절차

보상결정이 확정되면 보상금 지급을 청구하려는 자는 보상을 결정한 법원에 대응하는 검찰청에 보상금 지급청구서를 제출하여야 한다($\frac{\text{동법 제21}}{\text{조 제1항}}$). 청구서에는 법원의 보상결정서를 첨부하여야 한다($\frac{\text{동조}}{\text{제2항}}$). 보상결정이 송달된 후 2년 이내에 보상금 지급청구를 하지 아니할 때에는 권리를 상실한다($\frac{\text{동조}}{\text{제3항}}$). 그러나 보상의 지급을 받을 수 있는 자가 여러 명인 경우에는 그 중 1명이 한 보상금 지급청구는 보상결정을 받은 모두를 위하여 그 전부에 대하여 보상금 지급청구를 한 것으로 본다($\frac{\text{동조}}{\text{제4항}}$).

㈏ 보상금 지급의 효과

보상금을 받을 수 있는 자가 여러 명인 경우에는 그 중 1명에 대한 보상금 지급은 그 모두에 대하여 효력이 발생한다($\frac{\text{동법}}{\text{제22조}}$).

Ⅱ. 명예회복제도

1. 명예회복제도의 의의

피고인은 수사 또는 재판과정에서 범죄사실이 널리 알려져 명예가 침해될 수 있으므로 이후 무죄판결 등이 확정된 경우에는 그 사실을 알려 침해된 명예를 사회적으로 회복할 수 있는 길을 마련해 줄 필요가 있다.

형법은 유죄판결을 받지 아니한 피고인에게 불필요한 사회윤리적 비난이 가해지는 것을 방지하기 위하여 판결공시제도를 두고 있다. 피고사건에 대하여 무죄의 판결을 선고하는 경우에는 무죄판결공시의 취지를 선고하여야 한다. 다만 무죄판결을 받은 피고인이 무죄판결공시 취지의 선고에 동의하지 아니하거나 피고인의 동의를 받을 수 없는 경우에는 그러하지 아니하다(형법 제58조 제 2 항). 피고사건에 대하여 면소의 판결을 선고하는 경우에는 면소판결공시의 취지를 선고할 수 있다(동조 제3항).

한편 「형사보상 및 명예회복에 관한 법률」은 형법에서 규정하고 있는 법원의 판결공시 취지의 선고와는 별도로 무죄 등 확정재판을 받은 자의 명예회복을 위하여 법무부 인터넷 홈페이지에 그 사실을 게재하여 널리 알릴 수 있는 제도를 마련하고 있다. 「형사보상 및 명예회복에 관한 법률」에서 규정하고 있는 피고인 등의 명예회복에 관한 절차와 내용은 다음과 같다. 동법의 명예회복에 관한 규정은 군사법원에서 무죄재판 등을 받아 확정된 자에 대해서도 준용된다(동법 제35조).

2. 명예회복의 절차

(1) 청구권자

명예회복의 청구권자는 무죄재판을 받아 확정된 사건의 피고인(동법 제30조)과 면소 또는 공소기각의 재판을 받아 확정된 사건의 피고인 및 청구기각의 판결을 받아 확정된 독립된 치료감호사건의 피치료감호청구인(동법 제34조, 제26조 제 1 항)이다. 다만 면소 또는 공소기각의 재판을 받아 확정된 사건의 피고인은 면소 또는 공소기각의 재판을 할 만한 사유가 없었더라면 무죄재판을 받을 만한 현저한 사유가 있었던 경우여야 하고, 치료감호청구기각의 판결을 받아 확정된 사건의 피치료감호청구인은 치료감호사건이 범죄로 되지 아니하거나 범죄사실의 증명이 없는 때에 해당되어 피치료감호청구인이 청구기각의 판결을 받은 경우여야 한다(동법 제34조, 제26조 제 1 항). 그리고 본인이 게재청구를 하지 않고 사망하였을 때에는 상속인이 이를 청구할 수 있다(동법 제31조 제 2 항, 제 3 조 제 1 항,).

(2) 청구방법

명예회복의 청구는 무죄재판 등이 확정된 때부터 3년 이내에 확정된 무죄재판사건 등의 재판서를 법무부 인터넷 홈페이지에 게재하도록 해당 사건을 기소하거나 치료감호를 청구한 검사가 소속된 지방검찰청 또는 지청에 하여야 한다(동법 제30조, 제34조). 무죄재판서 등의 게재청구를 할 때에는 게재청구서에 재판서의 등본과 그 재판의 확정증명서를 첨부하여 제출하여야 한다(동법 제31조 제 1 항). 상속인이 게재를 청구할 때에는 본인과의 관계와 같은 순위의 상속인 유무를 소명할 수 있는 자료를 제출하여야 하며, 같은 순위의 상속인이 여러 명일 때에는 상속인 모두가 무죄재판서 등의 게재청구에 동의하였음을 소명할 자료를 제출하여야 한다(동법 제31조 제 2 항, 제10조). 게재청구는 대리인을 통해서도 할 수 있다$\binom{\text{동법 제31조}}{\text{제3항, 제13조}}$.

　　게재청구는 무죄재판서 등을 법무부 인터넷 홈페이지에 게재할 때까지 취소할 수 있다. 그러나 같은 순위의 상속인이 여러 명인 경우에 게재를 청구한 자는 나머지 모두의 동의 없이 청구를 취소할 수 없으며, 또한 게재청구를 취소한 자는 다시 게재를 청구할 수 없다$\binom{\text{동법 제31조}}{\text{제4항, 제12조}}$.

(3) 청구에 대한 조치

　　무죄재판서 등의 게재청구가 있을 때에는 그 청구를 받은 날부터 1개월 이내에 무죄재판서 등을 법무부 인터넷 홈페이지에 게재하여야 한다. 다만 청구를 받은 때에 무죄재판사건 등의 확정재판기록이 해당 지방검찰청에 송부되지 아니한 경우에는 무죄재판사건 등의 확정재판기록이 해당 지방검찰청에 송부된 날부터 1개월 이내에 게재하여야 한다$\binom{\text{동법 제32조}}{\text{제1항, 제34조}}$. 무죄재판서 등의 게재기간은 1년으로 한다$\binom{\text{동법 제32조}}{\text{제4항, 제34조}}$.

　　무죄재판서 등의 개재는 ① 청구인이 무죄재판서 등의 일부 내용의 삭제를 원하는 의사를 명시적으로 밝힌 경우나 ② 무죄재판서 등의 공개로 인하여 사건 관계인의 명예나 사생활의 비밀 또는 생명·신체의 안전이나 생활의 평온을 현저히 해칠 우려가 있는 경우에는 무죄재판서 등의 일부를 삭제하여 게재할 수 있다$\binom{\text{동법 제}}{\substack{\text{32조}\\\text{제2항,}\\\text{제34조}}}$.

　　무죄재판서 등을 법무부 인터넷 홈페이지에 게재한 경우에는 지체 없이 그 사실을 청구인에게 서면으로 통지하여야 한다$\binom{\text{동법 제33조}}{\text{제1항, 제34조}}$.

판례색인

대법원 1954. 8. 12, 4286형상141 ············· 55
대법원 1960. 5. 6, 4293형상1 ················· 853
대법원 1961. 1. 27, 4293형항20 ·············· 945
대법원 1961. 3. 15, 4292형상725 ············· 537
대법원 1962. 9. 27, 62오1 ···················· 899
대법원 1963. 1. 10, 62오4 ···················· 895
대법원 1963. 4. 4, 63오1 ····················· 900
대법원 1963. 4. 11, 63오2 ···················· 900
대법원 1964. 6. 16, 64오2 ···················· 898
대법원 1964. 6. 23, 64모14 ··················· 955
대법원 1965. 1. 26, 64도681 ················· 465
대법원 1965. 5. 18, 65다532 ················· 965
대법원 1965. 10. 26, 65도599 ················ 466
대법원 1966. 3. 24, 65도114 전합 ··········· 406
대법원 1966. 10. 18, 66도567 ················ 820
대법원 1966. 12. 8, 66도1319 전합 ········· 823
대법원 1967. 1. 18, 66초67 ··················· 54
대법원 1967. 2. 21, 66도1710 ················ 494
대법원 1967. 5. 15, 67모30 ·················· 879
대법원 1967. 5. 23, 67도471 ················· 197
대법원 1967. 7. 25, 66도1222 ················ 433
대법원 1968. 4. 16, 68다285 ················· 327
대법원 1968. 9. 17, 68도1038 ················ 802
대법원 1968. 9. 19, 68도995 전합 ··········· 465
대법원 1969. 1. 6, 68모57 ···················· 57
대법원 1969. 3. 31, 69도179 ·········· 604, 696
대법원 1969. 4. 29, 69도376 ················· 194
대법원 1969. 5. 27, 69도509 ················· 271
대법원 1969. 6. 24, 68도858 ················· 765
대법원 1969. 9. 29, 69도1218 ················ 138
대법원 1969. 10. 4, 69모68 ··········· 102, 139
대법원 1970. 3. 24, 70도33 ·················· 823

대법원 1970. 5. 12, 70모13 ················· 869
대법원 1970. 9. 22, 70도1513 ················ 132
대법원 1970. 11. 24, 70도2109 ··············· 604
대법원 1971. 4. 30, 71도510 ················· 754
대법원 1971. 5. 24, 71도574 ··········· 801, 818
대법원 1971. 7. 6, 71도974 ··················· 55
대법원 1971. 8. 31, 71도1334 ················ 753
대법원 1971. 11. 12, 71모67 ················· 869
대법원 1972. 5. 31, 70도1859 ················ 465
대법원 1972. 6. 13, 72도922 ················· 722
대법원 1972. 6. 27, 72도969 ················· 681
대법원 1972. 11. 28, 72도2104 ··············· 361
대법원 1972. 12. 26, 72도2421 ··············· 738
대법원 1973. 7. 24, 73도1256 ················ 466
대법원 1973. 10. 31, 73도2124 ··············· 681
대법원 1974. 1. 15, 73도2967 ················ 535
대법원 1974. 5. 30, 74모28 ·················· 869
대법원 1974. 7. 26, 74도1477 ················ 753
대법원 1974. 10. 16, 74모68 ··················· 57
대법원 1975. 6. 24, 70도2660 ················ 407
대법원 1976. 3. 23, 75도2068 ················ 611
대법원 1976. 3. 24, 75소4 ···················· 883
대법원 1976. 4. 13, 76도500 ················· 691
대법원 1976. 5. 26, 76도1126 ·········· 408, 757
대법원 1976. 10. 12, 74도1785 ··············· 824
대법원 1976. 11. 10, 76모69 ················· 153
대법원 1976. 11. 23, 76도3161 ··············· 822
대법원 1976. 12. 28, 76도3203 ··············· 892
대법원 1977. 7. 12, 77도1320 ················ 757
대법원 1977. 7. 26, 77도835 ················· 506
대법원 1977. 12. 27, 77도1308 ········· 399, 766
대법원 1978. 2. 28, 77도3522 ················ 465

대법원 1978. 9. 26, 78도1787 ················· 757
대법원 1978. 10. 10, 78도2225 ················· 42
대법원 1979. 1. 23, 75도3546 ················· 758
대법원 1979. 2. 27, 78도3204 ················· 54
대법원 1979. 6. 12, 79도792 ············· 164, 361
대법원 1979. 9. 11, 79초54 ················· 773
대법원 1979. 9. 27, 76모58 ················· 134
대법원 1980. 2. 5, 80모3 ················· 329
대법원 1980. 4. 8, 79도2125 ················· 612
대법원 1980. 4. 22, 80도333 ················· 565
대법원 1980. 10. 14, 80도1959 ················· 418
대법원 1980. 12. 9, 80도384 전합 ············· 815
대법원 1980. 12. 9, 80도2236 ················· 468
대법원 1981. 1. 27, 80도2977 ················· 823
대법원 1981. 5. 14, 81모8 ················· 745
대법원 1981. 6. 9, 81도1269 ················· 408
대법원 1981. 6. 9, 81도1353 ················· 653
대법원 1981. 7. 7, 81도1314 ················· 648
대법원 1981. 10. 5, 81초60 ················· 859
대법원 1981. 11. 24, 81도2422 ················· 750
대법원 1981. 12. 22, 80도1547 ··· 596, 721, 728
대법원 1982. 6. 22, 82도409 ················· 755
대법원 1982. 6. 22, 82도1177 ················· 847
대법원 1982. 9. 14, 82도1000 ···· 526, 530, 671
대법원 1982. 9. 14, 82도1504 ············· 140, 693
대법원 1982. 9. 28, 82도1798 ················· 752
대법원 1982. 10. 15, 82모36 ················· 647
대법원 1982. 11. 15, 82모11 ············· 54, 888
대법원 1982. 12. 28, 82도1080 ················· 673
대법원 1982. 12. 28, 82도2642 ················· 849
대법원 1983. 1. 22, 82모52 ················· 134
대법원 1983. 2. 8, 82도2940 ················· 739
대법원 1983. 2. 22, 82도3107 ················· 651
대법원 1983. 3. 8, 82도2873 ··········· 719, 722
대법원 1983. 4. 12, 82도2939 ················· 466
대법원 1983. 4. 21, 83모19 ················· 302
대법원 1983. 6. 14, 83도765 ················· 825

대법원 1983. 9. 13, 83도712 ················· 641
대법원 1983. 9. 13, 83도1774 ················· 809
대법원 1983. 9. 27, 83도516 ············· 721, 722
대법원 1983. 10. 11, 83도2034 ················· 823
대법원 1983. 11. 8, 83도1979 ················· 412
대법원 1983. 12. 13, 83도2279 ················· 572
대법원 1983. 12. 27, 83도2792 ················· 860
대법원 1984. 2. 6, 84모3 ················· 869
대법원 1984. 2. 14, 83도3146 ··········· 220, 714
대법원 1984. 2. 14, 83도3236 ················· 860
대법원 1984. 2. 20, 84모2 ················· 879
대법원 1984. 2. 28, 83도3334 ················· 465
대법원 1984. 3. 29, 84모15 ················· 886
대법원 1984. 4. 13, 84모14 ················· 882
대법원 1984. 5. 9, 83도2782 ················· 641
대법원 1984. 5. 15, 84도508 ················· 672
대법원 1984. 5. 30, 84모32 ················· 878
대법원 1984. 6. 12, 84도796 ················· 29
대법원 1984. 6. 26, 84도709 ················· 182
대법원 1984. 7. 11, 84모40 ················· 799
대법원 1984. 7. 16, 84모38 ················· 332
대법원 1984. 7. 24, 84모43 ················· 953
대법원 1984. 7. 27, 84모48 ················· 875
대법원 1984. 9. 11, 84도1579 ··········· 185, 189
대법원 1984. 9. 25, 84도312 ················· 465
대법원 1984. 9. 25, 84도1646 ··········· 380, 678
대법원 1984. 10. 23, 84도1803 ················· 465
대법원 1984. 11. 27, 84도2252 ················· 644
대법원 1985. 3. 12, 85도190 ················· 194
대법원 1985. 4. 9, 85도225 ················· 695
대법원 1985. 4. 23, 85도281 ················· 55
대법원 1985. 6. 1, 85모10 ················· 876
대법원 1985. 7. 23, 85모12 ············· 271, 807
대법원 1985. 8. 20, 85모22 ················· 954
대법원 1985. 9. 10, 85도1273 ················· 189
대법원 1985. 9. 24, 84도2972 전합 ············· 824
대법원 1985. 11. 12, 85도1838 ················· 651

대법원 1985. 11. 12, 85도1940 ················· 193
대법원 1985. 11. 27, 85모47 ····················· 134
대법원 1985. 12. 10, 85도2182 ················· 640
대법원 1986. 3. 25, 86모2 ························· 823
대법원 1986. 5. 14, 86소1 ························· 883
대법원 1986. 6. 10, 86도769 ············· 506, 572
대법원 1986. 6. 12, 86모17 ····················· 885
대법원 1986. 7. 8, 85도554 ···················· 458
대법원 1986. 7. 18, 85모49 ····················· 862
대법원 1986. 8. 19, 86도1073 ················· 749
대법원 1986. 8. 28, 86모15 ····················· 876
대법원 1986. 9. 17, 86모46 ····················· 798
대법원 1986. 9. 23, 86도1547 ················· 611
대법원 1986. 9. 24, 86모48 ······················ 59
대법원 1986. 11. 11, 86도1783 ················ 659
대법원 1986. 11. 11, 86도1982 ················ 186
대법원 1987. 1. 30, 87모4 ························· 863
대법원 1987. 2. 3, 86모57 ················· 59, 866
대법원 1987. 3. 28, 87모17 ··············· 461, 862
대법원 1987. 4. 8, 87모19 ············· 737, 799
대법원 1987. 4. 14, 86도2075 ················· 468
대법원 1987. 5. 12, 87도792 ··················· 466
대법원 1987. 5. 26, 87도527 ··················· 468
대법원 1987. 6. 23, 87도705 ··················· 617
대법원 1987. 7. 31, 87초40 ····················· 859
대법원 1987. 8. 18, 87누64 ····················· 829
대법원 1987. 8. 18, 87도1269 ·········· 562, 563
대법원 1987. 8. 20, 87초42 ····················· 955
대법원 1987. 9. 22, 87도1707 ················· 184
대법원 1987. 10. 13, 87도1240 ··············· 752
대법원 1987. 11. 10, 87도2020 ··············· 367
대법원 1987. 12. 8, 87도2068 ················ 755
대법원 1987. 12. 22, 87도2196 ··············· 768
대법원 1988. 1. 19, 86도2654 ················· 747
대법원 1988. 1. 29, 86모58 ····················· 426
대법원 1988. 4. 12, 87도2709 ················· 614
대법원 1988. 7. 26, 88도936 ·················· 820
대법원 1988. 10. 11, 88도4 ····················· 767
대법원 1988. 11. 8, 86도1646 ··········· 361, 671
대법원 1988. 11. 22, 86도1223 ··············· 468
대법원 1989. 2. 14, 85도1435 ················· 766
대법원 1989. 3. 14, 88도1399 ················· 693
대법원 1989. 6. 13, 89도582 ··················· 439
대법원 1989. 6. 20, 89도648 ············· 164, 364
대법원 1989. 9. 12, 89도612 ···················· 55
대법원 1989. 10. 10, 87도966 ················· 732
대법원 1989. 12. 26, 89도1557 ··············· 465
대법원 1990. 2. 13, 89도1457 ················· 458
대법원 1990. 2. 13, 89도2364 ················· 755
대법원 1990. 2. 13, 89도2366 ················· 726
대법원 1990. 2. 13, 89모37 ····················· 869
대법원 1990. 3. 9, 89도1046 ················· 786
대법원 1990. 4. 10, 90도16 ····················· 821
대법원 1990. 4. 10, 90도337 ··················· 853
대법원 1990. 4. 24, 90도539 ··················· 929
대법원 1990. 4. 27, 90도527 ··················· 753
대법원 1990. 5. 23, 90초56 ······················ 44
대법원 1990. 6. 8, 90도646 ············· 517, 559
대법원 1990. 7. 24, 90도1033 ················· 814
대법원 1990. 7. 24, 90도1303 ················· 726
대법원 1990. 8. 24, 90도1285 ················· 284
대법원 1990. 9. 11, 90도1021 ················· 845
대법원 1990. 9. 25, 90도1534 ················· 823
대법원 1990. 9. 25, 90도1586 ··········· 617, 642
대법원 1990. 9. 25, 90도1613 ················· 284
대법원 1990. 10. 16, 90도1813 ··············· 411
대법원 1990. 10. 30, 90도1939 ··············· 661
대법원 1990. 11. 2, 90도44 ··············· 58, 432
대법원 1990. 11. 27, 90도2205 ········· 513, 929
대법원 1990. 12. 7, 90도1283 ················ 467
대법원 1990. 12. 7, 90도2010 ················ 651
대법원 1990. 12. 13, 90모58 ··················· 431
대법원 1991. 2. 26, 91모1 ······················· 316
대법원 1991. 3. 28, 91모24 ····················· 284

대법원 1991. 5. 6, 91모32 ····················· 798
대법원 1991. 5. 28, 90도1977 ················· 453
대법원 1991. 6. 28, 91도865 ····· 493, 494, 724
대법원 1991. 8. 13, 90도637 ···················· 834
대법원 1991. 8. 27, 91모17 ····················· 799
대법원 1991. 10. 22, 91모61 ···················· 888
대법원 1991. 11. 5, 91모68 ············· 165, 426
대법원 1992. 2. 11, 91도2536 ·················· 782
대법원 1992. 2. 28, 91도2337 ·················· 362
대법원 1992. 3. 13, 91도2281 ·················· 680
대법원 1992. 3. 13, 92모1 ········· 137, 727, 810
대법원 1992. 4. 24, 91도1438 ·················· 397
대법원 1992. 4. 24, 91도3150 ·················· 158
대법원 1992. 6. 23, 92도682 ···················· 617
대법원 1992. 7. 28, 92도917 ···················· 656
대법원 1992. 12. 22, 92도2596 ················· 464
대법원 1993. 1. 19, 92도2554 ············· 76, 401
대법원 1993. 3. 4, 92모21 ······· 796, 801, 803
대법원 1993. 4. 27, 92도3156 ·················· 465
대법원 1993. 5. 17, 93모33 ····················· 879
대법원 1993. 5. 25, 93도558 ···················· 751
대법원 1993. 5. 25, 93도836 ············· 786, 833
대법원 1993. 6. 22, 93오1 ······················ 902
대법원 1993. 7. 27, 93도658 ···················· 466
대법원 1993. 10. 12, 93도1512 ················· 757
대법원 1993. 11. 26, 93도2505 ················· 737
대법원 1993. 12. 3, 92모49 ····················· 862
대법원 1994. 2. 8, 93도3318 ··················· 617
대법원 1994. 3. 22, 93도2080 전합 ··· 458, 784
대법원 1994. 4. 26, 93도1689 ·················· 192
대법원 1994. 5. 13, 94도458 ············· 197, 860
대법원 1994. 7. 14, 93모66 ····················· 884
대법원 1994. 8. 9, 94도1228 ··················· 676
대법원 1994. 8. 12, 94도1591 ·················· 802
대법원 1994. 8. 18, 94모42 ····················· 329
대법원 1994. 10. 14, 94도2130 ················· 200
대법원 1994. 10. 14, 94오1 ··············· 895, 902

대법원 1994. 10. 21, 94도2078 ················· 848
대법원 1994. 10. 28, 94모25 ···················· 101
대법원 1994. 11. 4, 94도2354 ·················· 572
대법원 1994. 11. 11, 94도1159 ·········· 596, 732
대법원 1994. 12. 13, 94도2584 ················· 750
대법원 1995. 1. 9, 94모77 ······················ 59
대법원 1995. 1. 12, 94도2687 ·················· 153
대법원 1995. 1. 24, 94도1476 ·················· 694
대법원 1995. 2. 28, 94도2880 ·················· 105
대법원 1995. 3. 10, 94도3373 ·················· 176
대법원 1995. 3. 24, 95도22 ····················· 403
대법원 1995. 4. 3, 95모10 ······················ 57
대법원 1995. 4. 14, 95도110 ············· 736, 738
대법원 1995. 5. 9, 94도2990 ··················· 953
대법원 1995. 5. 9, 95도535 ···················· 255
대법원 1995. 6. 13, 95도523 ···················· 681
대법원 1995. 6. 13, 95도826 ···················· 737
대법원 1995. 6. 14, 95모14 ····················· 153
대법원 1995. 6. 30, 94도993 ···················· 651
대법원 1995. 8. 17, 95모49 ····················· 810
대법원 1995. 9. 26, 94도2196 ·················· 184
대법원 1996. 2. 13, 94도2658 ·················· 390
대법원 1996. 2. 13, 95도1794 ·················· 654
대법원 1996. 2. 13, 95도2121 ·········· 141, 404
대법원 1996. 2. 23, 96도47 ····················· 762
대법원 1996. 3. 8, 95도1738 ··················· 820
대법원 1996. 3. 12, 94도2423 ·················· 183
대법원 1996. 4. 9, 96도173 ···················· 737
대법원 1996. 4. 12, 95도2312 ·················· 764
대법원 1996. 5. 10, 96도755 ···················· 466
대법원 1996. 5. 14, 96도561 ···················· 392
대법원 1996. 5. 15, 95모94 ······· 269, 284, 869
대법원 1996. 6. 3, 96모18 ······· 164, 216, 280
대법원 1996. 8. 16, 94모51 전합 ············· 332
대법원 1996. 8. 29, 96모72 ····················· 877
대법원 1996. 9. 10, 96도1252 ·················· 737
대법원 1996. 10. 15, 96도1301 ················· 677

대법원 1996. 10. 17, 94도2865 전합·········· 650
대법원 1996. 11. 12, 96도2477 ················· 327
대법원 1996. 12. 25, 95도1473 ················· 605
대법원 1997. 1. 13, 96모51 ··············· 78, 878
대법원 1997. 1. 16, 95모38 ······················ 888
대법원 1997. 2. 26, 96모123 ···················· 884
대법원 1997. 3. 28, 97도240 ···················· 629
대법원 1997. 4. 18, 97모26 ······················ 298
대법원 1997. 4. 22, 97모30 ······················ 433
대법원 1997. 6. 16, 97모1 ········· 268, 270, 861
대법원 1997. 6. 27, 95도1964 ·················· 642
대법원 1997. 7. 11, 97도1180 ·················· 755
대법원 1997. 7. 25, 97도1351 ·················· 680
대법원 1997. 8. 22, 97도1240 ·················· 206
대법원 1997. 8. 26, 97도1452 ·················· 467
대법원 1997. 8. 27, 97모21 ··············· 291, 292
대법원 1997. 9. 29, 97모66 ······················ 318
대법원 1997. 9. 30, 97도1230··· 627, 630, 704
대법원 1997. 11. 27, 97모88 ······················ 297
대법원 1997. 11. 28, 97도2215 ······· 76, 77, 438
대법원 1997. 12. 12, 97도2463 ··········· 50, 768
대법원 1997. 12. 29, 97모112 ···················· 949
대법원 1998. 2. 27, 97도1770·········· 598, 735
대법원 1998. 2. 27, 97도3421··········· 562, 851
대법원 1998. 3. 26, 97도1716 전합·········· 824
대법원 1998. 4. 10, 97도3234 ················· 638
대법원 1998. 4. 16, 97모25 ······················ 328
대법원 1998. 7. 6, 98도785 ···················· 247
대법원 1998. 9. 25, 98도2111 ················· 817
대법원 1998. 12. 14, 98모127 ···················· 427
대법원 1999. 1. 12, 98모151 ···················· 771
대법원 1999. 1. 15, 98도2550··········· 819, 924
대법원 1999. 1. 26, 98도3029 ················· 256
대법원 1999. 3. 9, 98도3169 ·················· 629
대법원 1999. 3. 9, 98도4621 ·················· 424
대법원 1999. 4. 13, 99도155 ····················· 55
대법원 1999. 4. 15, 96도1922 전합·········· 195,

196, 466
대법원 1999. 4. 23, 98다41377 ················ 219
대법원 1999. 4. 23, 99도576············· 182, 189
대법원 1999. 4. 23, 99도915···················· 680
대법원 1999. 4. 27, 99도693··················· 552
대법원 1999. 8. 11, 99모93············· 876, 880
대법원 1999. 9. 3, 98도968 ··················· 337
대법원 1999. 9. 3, 99도2317 ·········· 215, 353
대법원 1999. 10. 22, 99도3534 ··················· 55
대법원 1999. 11. 9, 99도2530··················· 466
대법원 1999. 11. 9, 99도3674··················· 467
대법원 1999. 11. 26, 99도1904 ··················· 439
대법원 1999. 11. 26, 99도2651 ··················· 468
대법원 1999. 11. 26, 99도3776 ·········· 816, 824
대법원 1999. 11. 26, 99도3786 ········· 136, 531
대법원 1999. 11. 26, 99도3929 ··················· 454
대법원 1999. 12. 1, 99모161 ···················· 321
대법원 1999. 12. 7, 98도3329 ··················· 215
대법원 1999. 12. 28, 98도4181 ··················· 750
대법원 2000. 3. 10, 99도5312 ··················· 752
대법원 2000. 3. 10, 2000도159 ················· 701
대법원 2000. 6. 15, 99도1108 전합 ·········· 381
대법원 2000. 6. 23, 2000도1660 ·············· 849
대법원 2000. 7. 4, 99도4341 ·········· 247, 253
대법원 2000. 9. 8, 2000도258··················· 468
대법원 2000. 9. 26, 2000도2365 ··············· 651
대법원 2000. 10. 13, 99오1 ······················· 903
대법원 2000. 11. 10, 2000모134 ······· 273, 275,
277
대법원 2000. 11. 24, 2000도3945 ·············· 822
대법원 2001. 3. 9, 2001도192·················· 97
대법원 2001. 3. 15, 98두15597 ················· 827
대법원 2001. 3. 21, 2001모2······················ 57
대법원 2001. 3. 27, 2001도116 ················· 461
대법원 2001. 5. 25, 2001모85···················· 267
대법원 2001. 5. 29, 2000도2933 ··············· 692
대법원 2001. 5. 29, 2000모22 전합·········· 303

대법원 2001. 6. 29, 2001도1091 ············· 465
대법원 2001. 7. 27, 2000도4298 ············· 752
대법원 2001. 8. 23, 2001모91 ················· 955
대법원 2001. 8. 24, 2001도2902 ············· 420
대법원 2001. 9. 4, 2000도1743 ········· 600, 685
대법원 2001. 9. 4, 2001도3081 ······· 187, 189
대법원 2001. 9. 18, 2001도3448 ············· 819
대법원 2001. 9. 28, 2001도3997 ············· 699
대법원 2001. 9. 28, 2001도4291 ············· 271
대법원 2001. 10. 9, 2001도3106 ············· 628
대법원 2001. 10. 16, 2001초428 ············· 141
대법원 2001. 10. 26, 2000도2968 ············· 164
대법원 2001. 10. 30, 2001도3867 ············· 466
대법원 2001. 11. 30, 2001도5225 ············· 506
대법원 2001. 12. 27, 2001도5304 ············· 835
대법원 2001. 12. 27, 2001도5810 ············· 841
대법원 2001. 12. 28, 2001도5158 ············· 403
대법원 2002. 2. 11, 2002도4893 ·············· 60
대법원 2002. 2. 22, 2001다23447 ············· 73
대법원 2002. 2. 23, 2000모216 ················· 433
대법원 2002. 2. 26, 2000도4637 ············· 944
대법원 2002. 4. 12, 2002도944 ·········· 55, 910
대법원 2002. 5. 6, 2000모112 ················· 280
대법원 2002. 5. 16, 2002도51 전합 ········· 439
대법원 2002. 6. 11, 2000도5701 ······· 617, 641
대법원 2002. 7. 12, 2001도6777 ······ 194, 465,
466
대법원 2002. 7. 12, 2002도2134 ······· 737, 849
대법원 2002. 8. 23, 2001도6876 ············· 465
대법원 2002. 10. 22, 2000도5461 ············· 703
대법원 2002. 11. 8, 2002도3881 ············· 467
대법원 2002. 11. 13, 2002도4893 ·············· 59
대법원 2002. 12. 3, 2002모265 ················· 840
대법원 2003. 2. 11, 2002도5679 ············· 820
대법원 2003. 3. 25, 2002도5748 ············· 494
대법원 2003. 3. 27, 2002모81 ················· 246
대법원 2003. 5. 13, 2003도1366 ······· 468, 469

대법원 2003. 5. 30, 2003도705 ················· 600
대법원 2003. 7. 11, 2002도2642 ············· 762
대법원 2003. 7. 25, 2003도2252 ············· 463
대법원 2003. 9. 23, 2002모344 ················· 885
대법원 2003. 9. 26, 2002도3924 ············· 420
대법원 2003. 10. 23, 2002도446 ············· 182
대법원 2003. 11. 11, 2003모402 ············· 869
대법원 2003. 11. 14, 2003도2735 ····· 135, 138,
400, 910
대법원 2003. 11. 14, 2003도4983 ············· 154
대법원 2003. 12. 26, 2001도6484 ······· 461, 572
대법원 2004. 1. 16, 2003도5693 ······· 289, 696
대법원 2004. 3. 23, 2003모126 ········· 312, 313
대법원 2004. 4. 9, 2004도340 ········· 828, 829
대법원 2004. 5. 14, 2004도1066 ············· 178
대법원 2004. 6. 24, 2002도995 ················· 466
대법원 2004. 7. 15, 2003도7185 전합 ······· 660
대법원 2004. 7. 22, 2003도8153 ······· 419, 472,
833
대법원 2004. 7. 22, 2004도2390 ············· 404
대법원 2004. 9. 16, 2001도3206 전합 ······· 784
대법원 2004. 9. 23, 2004도3203 ············· 397
대법원 2004. 10. 15, 2003도3472 ············· 727
대법원 2004. 10. 28, 2004도5014 ············· 189
대법원 2004. 11. 26, 2004도4693 ············· 756
대법원 2004. 12. 10, 2004도3515 ············· 813
대법원 2005. 1. 14, 2002도5411 ············· 190
대법원 2005. 1. 20, 2003모429 ········· 102, 139
대법원 2005. 1. 27, 2004도5493 ············· 592
대법원 2005. 3. 11, 2004도8313 ············· 844
대법원 2005. 3. 11, 2004오2 ··········· 895, 900
대법원 2005. 4. 14, 2003도1080 ············· 876
대법원 2005. 4. 28, 2004도4428 ······· 671, 696
대법원 2005. 5. 26, 2004도1925 ············· 835
대법원 2005. 5. 26, 2005도130 ················· 714
대법원 2005. 7. 29, 2005도2003 ············· 403
대법원 2005. 8. 19, 2005도2617 ······ 511, 645,

732, 735
대법원 2005. 9. 29, 2005도4738 ········ 761, 804
대법원 2005. 10. 28, 2005도1247 ··············· 766
대법원 2005. 10. 28, 2005도5822 ··············· 824
대법원 2005. 10. 28, 2005도5996 ··············· 468
대법원 2005. 12. 22, 2005도6557 ··············· 736
대법원 2005. 12. 23, 2005도6402 ··············· 462
대법원 2006. 1. 12, 2005도7601 ··············· 527
대법원 2006. 1. 13, 2003도6548 ··············· 673
대법원 2006. 1. 13, 2005도5925 ········ 494, 835
대법원 2006. 2. 8, 2005모507 ··············· 154
대법원 2006. 3. 9, 2005모304 ··············· 841
대법원 2006. 3. 30, 2005모564 ··············· 841
대법원 2006. 4. 14, 2005도9561 ······ 136, 530,
531, 610, 681
대법원 2006. 4. 14, 2005도9743 ··············· 467
대법원 2006. 4. 14, 2006도734 ········ 596, 822
대법원 2006. 4. 14, 2006오1 ··············· 903
대법원 2006. 4. 27, 2006도735 ··············· 603
대법원 2006. 4. 28, 2005도4085 ········ 401, 405
대법원 2006. 5. 11, 2004도5972 ··············· 404
대법원 2006. 5. 11, 2004도6176 ··············· 562
대법원 2006. 5. 11, 2004모16 ··············· 877
대법원 2006. 5. 11, 2006도1944 ··············· 671
대법원 2006. 5. 25, 2004도3619 ··············· 680
대법원 2006. 5. 25, 2006도1146 ··············· 407
대법원 2006. 6. 27, 2006도2864 ··············· 653
대법원 2006. 7. 6, 2005도6810 ··············· 217
대법원 2006. 7. 25, 2006모389 ··············· 865
대법원 2006. 10. 13, 2006오2 ········· 895, 903
대법원 2006. 11. 23, 2004도7900 ······ 645, 715,
716
대법원 2006. 11. 24, 2006도4994 ··············· 614
대법원 2006. 12. 5, 2006초기335 전합 ········ 44
대법원 2006. 12. 8, 2005도9730 ··············· 680
대법원 2006. 12. 8, 2006도6356 ··············· 419
대법원 2006. 12. 18, 2006모646 ········ 268, 867

대법원 2006. 12. 22, 2004도7232 ······· 408, 757
대법원 2007. 1. 31, 2006모656 ········· 112, 869
대법원 2007. 4. 12, 2007도828 ··············· 466
대법원 2007. 4. 13, 2007도1249 ··············· 252
대법원 2007. 4. 26, 2007도309 ··············· 466
대법원 2007. 4. 26, 2007도1794 ··············· 692
대법원 2007. 5. 10, 2007도1950 ··············· 611
대법원 2007. 5. 11, 2007도748 ··············· 412
대법원 2007. 5. 25, 2007모82 ··············· 869
대법원 2007. 5. 31, 2006도8488 ······· 840, 847
대법원 2007. 6. 1, 2005도7523 ··············· 811
대법원 2007. 6. 29, 2007도3164 ··············· 178
대법원 2007. 7. 10, 2007모460 ··············· 276
대법원 2007. 7. 12, 2006도2339 ··············· 180
대법원 2007. 7. 12, 2007도3496 ··············· 878
대법원 2007. 7. 13, 2007도3672 ··············· 178
대법원 2007. 7. 26, 2007도3219 ··············· 695
대법원 2007. 7. 26, 2007도3906 ······· 413, 721,
910
대법원 2007. 8. 23, 2007도2595 ······· 454, 468
대법원 2007. 10. 11, 2007도4962 ··············· 189
대법원 2007. 10. 25, 2007도6129 ··············· 706
대법원 2007. 11. 15, 2007도3061 전합 ······ 618,
622
대법원 2007. 11. 15, 2007도6775 ··············· 812
대법원 2007. 11. 29, 2007도7835 ··············· 835
대법원 2007. 11. 29, 2007도8333 ······· 552, 611
대법원 2007. 12. 27, 2007도4749 ··············· 468
대법원 2008. 1. 31, 2007도8117 ··············· 841
대법원 2008. 2. 14, 2005도4202 ··············· 439
대법원 2008. 2. 14, 2007도10006 ··············· 244
대법원 2008. 2. 14, 2007도10937 ······ 649, 697
대법원 2008. 3. 14, 2008도488 ········· 788, 820
대법원 2008. 3. 27, 2007도11000 ··············· 403
대법원 2008. 3. 27, 2007도11400 ··············· 246
대법원 2008. 4. 24, 2006도2536 ··············· 840
대법원 2008. 4. 24, 2007도10058 ··············· 737

대법원 2008. 4. 24, 2008모77 ················· 877
대법원 2008. 5. 15, 2007도6793 ······· 804, 805
대법원 2008. 5. 15, 2008도1097 ············· 347
대법원 2008. 5. 29, 2007도7260 ············· 466
대법원 2008. 6. 12, 2006도8568 ················ 43
대법원 2008. 6. 26, 2008도1584 ············· 626
대법원 2008. 7. 10, 2007도10755 ············· 709
대법원 2008. 7. 10, 2008도2245 ······· 341, 345
대법원 2008. 7. 24, 2007도6721 ············· 849
대법원 2008. 7. 24, 2008도2794 ············· 247
대법원 2008. 7. 24, 2008도4759 ············· 789
대법원 2008. 8. 21, 2008도5531 ············· 598
대법원 2008. 9. 12, 2008모793 ········· 227, 870
대법원 2008. 9. 25, 2008도4740 ············· 812
대법원 2008. 9. 25, 2008도6985 ············· 699
대법원 2008. 10. 9, 2007도1220 ············· 467
대법원 2008. 10. 23, 2008도7362 ······ 178, 181,
                                            392
대법원 2008. 10. 23, 2008도7471 ············· 621
대법원 2008. 11. 13, 2006도755 ············· 749
대법원 2008. 11. 13, 2006도2556 ············· 703
대법원 2008. 11. 20, 2008도5596 전합 ······· 812
대법원 2008. 11. 27, 2007도4977 ············· 183
대법원 2008. 11. 27, 2008도7883 ············· 651
대법원 2008. 12. 11, 2008도4376 ············· 419
대법원 2008. 12. 11, 2008도8922 ············· 812
대법원 2008. 12. 24, 2008도9414 ············· 711
대법원 2009. 2. 12, 2008도11486 ············· 841
대법원 2009. 2. 26, 2008도9867 ············· 853
대법원 2009. 3. 12, 2008도763 ········· 319, 322,
                                            325
대법원 2009. 3. 12, 2008도11437 ····· 619, 623,
                                            624
대법원 2009. 4. 9, 2008도5634 ················· 855
대법원 2009. 4. 9, 2008도10572 ············· 828
대법원 2009. 4. 23, 2008도11921 ············· 789
대법원 2009. 4. 23, 2009도526 ················· 624

대법원 2009. 5. 14, 2007도616 ········· 467, 470
대법원 2009. 5. 14, 2008도10914 ············· 343
대법원 2009. 5. 28, 2009도579 ········· 104, 838
대법원 2009. 5. 28, 2009도2682 ············· 833
대법원 2009. 6. 11, 2008도12111 ············· 233
대법원 2009. 6. 23, 2009도1322 ············· 228
대법원 2009. 7. 9, 2009도2865 ········· 658, 673
대법원 2009. 7. 16, 2005모472 전합 ······· 880,
                                            881
대법원 2009. 8. 20, 2008도8213 ······· 380, 678
대법원 2009. 9. 24, 2009도6779 ············· 194
대법원 2009. 10. 22, 2009도7436 ············· 413
대법원 2009. 10. 23, 2009모1032 ····· 576, 577,
                                            862
대법원 2009. 10. 29, 2009도6614 ············· 198
대법원 2009. 11. 19, 2009도6058 전합 ······· 82,
                                            194
대법원 2009. 11. 26, 2009도6602 ············· 675
대법원 2009. 12. 10, 2009도1166 ············· 815
대법원 2009. 12. 10, 2009도11448 ············· 744
대법원 2009. 12. 24, 2009도11401 ····· 345, 630
대법원 2010. 1. 14, 2009도9344 ······· 493, 537
대법원 2010. 1. 14, 2009도12934 ············· 811
대법원 2010. 1. 21, 2008도942 전합 ······· 533,
                                            534
대법원 2010. 1. 28, 2009도10092 ····· 346, 621
대법원 2010. 1. 28, 2009오1 ················· 903
대법원 2010. 2. 11, 2009도2338 ······· 599, 752
대법원 2010. 2. 11, 2009도12627 ············· 853
대법원 2010. 2. 25, 2009도14263 ············· 778
대법원 2010. 3. 11, 2009도5858 ······· 614, 850
대법원 2010. 3. 25, 2009도14065 ············· 588
대법원 2010. 4. 15, 2010도1107 ············· 675
대법원 2010. 4. 29, 2010도750 ········· 513, 599
대법원 2010. 5. 27, 2010도1755 ······· 95, 223,
                                        642, 676
대법원 2010. 6. 10, 2010도4629 ············· 105

대법원 2010. 6. 24, 2010도5040 ············· 674
대법원 2010. 7. 8, 2009도6968 ·············· 606
대법원 2010. 7. 15, 2007도5776 ············· 844
대법원 2010. 7. 15, 2007도7523 ········ 759, 761
대법원 2010. 7. 22, 2007도3514 ············· 738
대법원 2010. 9. 9, 2010도2602 ·············· 681
대법원 2010. 9. 30, 2008도4762 ············· 198
대법원 2010. 10. 14, 2009도4894 ············ 880
대법원 2010. 10. 14, 2010도5610,
    2010전도31 ······························· 685
대법원 2010. 10. 14, 2010도9016 ······ 351, 628
대법원 2010. 10. 28, 2008도11999 ·········· 249
대법원 2010. 11. 11, 2009도224 ············· 434
대법원 2010. 11. 11, 2010도7955 ············ 825
대법원 2010. 11. 11, 2010도11550 ·········· 183
대법원 2010. 11. 25, 2010도8735 ············ 697
대법원 2010. 11. 25, 2010도10985 ·········· 814
대법원 2010. 12. 9, 2008도1092 ············· 846
대법원 2010. 12. 9, 2010도7410 ············· 750
대법원 2010. 12. 16, 2010도5986 전합 ······ 761,
    804, 891
대법원 2010. 12. 23, 2010도11272 ·········· 650
대법원 2011. 1. 27, 2008도7375 ············· 924
대법원 2011. 1. 27, 2010도12728 ············ 595
대법원 2011. 2. 10, 2010도14391 ············ 497
대법원 2011. 2. 10, 2010도15986 ············ 838
대법원 2011. 3. 10, 2008도7724 ············· 176
대법원 2011. 3. 10, 2010도9127 ············· 619
대법원 2011. 3. 10, 2010도15977 ············ 724
대법원 2011. 3. 24, 2010도14817 ······ 838, 857
대법원 2011. 4. 14, 2010도13583 ········ 53, 557
대법원 2011. 4. 28, 2009도10412 ····· 361, 379,
    620
대법원 2011. 4. 28, 2010도14487 ············ 594
대법원 2011. 4. 28, 2011도17 ················ 55
대법원 2011. 5. 13, 2011도1094 ············· 492
대법원 2011. 5. 13, 2011도2233 ············· 140

대법원 2011. 5. 26, 2011도1902 ······· 552, 590,
    611, 612
대법원 2011. 5. 26, 2011도3682 ········ 252, 254
대법원 2011. 6. 24, 2011도4451 ········ 183, 187
대법원 2011. 6. 24, 2011도5690 ············· 849
대법원 2011. 6. 30, 2009도6717 ········ 217, 620
대법원 2011. 8. 25, 2009도9112 ············· 195
대법원 2011. 8. 25, 2011도6507 ······· 38, 599,
    765
대법원 2011. 9. 8, 2010도7497 ············· 709
대법원 2011. 9. 8, 2011도6325 ········ 105, 494
대법원 2011. 9. 8, 2011도7106 ············· 578
대법원 2011. 9. 8, 2011도7635 ············· 763
대법원 2011. 10. 27, 2009도1603 ············ 639
대법원 2011. 11. 10, 2010도8294 ············ 164
대법원 2011. 11. 10, 2011도8125 ············ 231
대법원 2011. 11. 10, 2011도11115 ·········· 447
대법원 2011. 11. 24, 2009도7166 ············ 466
대법원 2011. 11. 24, 2011도7173 ······ 698, 699
대법원 2011. 11. 24, 2011도11994 ·········· 532
대법원 2011. 12. 22, 2011도12041 ·········· 200
대법원 2011. 12. 22, 2011도12927 ····· 41, 254,
    256
대법원 2012. 1. 26, 2011도15356 ············ 454
대법원 2012. 2. 16, 2009모1044 전합 ······· 842
대법원 2012. 2. 23, 2011도17264 ············ 194
대법원 2012. 3. 29, 2011도10508 ············ 315
대법원 2012. 3. 29, 2011도15137 ······ 424, 913
대법원 2012. 4. 13, 2011도8529 ············· 876
대법원 2012. 4. 26, 2012도986 ············· 154
대법원 2012. 5. 17, 2009도6788 전합 ······· 681
대법원 2012. 5. 24, 2012도1284 ········ 476, 479
대법원 2012. 6. 14, 2012도534 ············· 382
대법원 2012. 6. 28, 2011도16166 ············ 843
대법원 2012. 6. 28, 2012도2087 ············· 454
대법원 2012. 7. 12, 2010도9349 ············· 389
대법원 2012. 7. 26, 2011도8462 ············· 422

대법원 2012. 7. 26, 2012도2937······· 143, 539,
　　　　　　　　　　　　　　　　　　　667
대법원 2012. 8. 30, 2012도5220······· 404, 596
대법원 2012. 8. 30, 2012도6027··············· 112
대법원 2012. 9. 13, 2010도6203··············· 205
대법원 2012. 9. 13, 2012도6612··············· 782
대법원 2012. 9. 13, 2012도7461······· 685, 687,
　　　　　　　　　　　　　　　　　　　709
대법원 2012. 10. 11, 2012도6848··············· 534
대법원 2012. 10. 11, 2012도7455······· 322, 350
대법원 2012. 10. 25, 2011도5459··············· 731
대법원 2012. 11. 15, 2011도15258····· 336, 344
대법원 2012. 11. 29, 2010도3029······ 604, 638,
　　　　　　　　　　　　　　639, 645, 717
대법원 2012. 12. 13, 2010도10028··········· 526
대법원 2012. 12. 27, 2011도15869··········· 147
대법원 2013. 1. 10, 2012도13999··········· 231
대법원 2013. 1. 24, 2012모1393······· 481, 862
대법원 2013. 1. 31, 2012도2409··············· 845
대법원 2013. 1. 31, 2012도13896··············· 576
대법원 2013. 2. 28, 2011도14986··············· 820
대법원 2013. 3. 14, 2011도7259··············· 845
대법원 2013. 3. 14, 2012도13611··········· 218
대법원 2013. 3. 28, 2010도3359······· 223, 227
대법원 2013. 3. 28, 2012도13607····· 238, 326
대법원 2013. 3. 28, 2013도3··················· 720
대법원 2013. 3. 28, 2013도1473··············· 180
대법원 2013. 4. 11, 2012도6292··············· 391
대법원 2013. 4. 11, 2012도13171··········· 890
대법원 2013. 4. 11, 2013도1435··············· 681
대법원 2013. 4. 18, 2010모363··············· 879
대법원 2013. 4. 25, 2013도1658········· 51, 768
대법원 2013. 5. 16, 2011도2631 전합······· 756
대법원 2013. 6. 13, 2012도16001···· 667, 674,
　　　　　　　　　　　　　　　　　　　682
대법원 2013. 6. 13, 2013도4737······· 787, 911
대법원 2013. 6. 27, 2013도4114··············· 839

대법원 2013. 6. 27, 2013도4172··············· 612
대법원 2013. 7. 1, 2013모160··· 221, 222, 241
대법원 2013. 7. 11, 2011도14044··············· 891
대법원 2013. 7. 12, 2013도5165··············· 460
대법원 2013. 7. 26, 2013도2511······· 216, 445,
　　　　　　　　　　　　　　　　521, 712
대법원 2013. 7. 26, 2013도6182··············· 420
대법원 2013. 8. 14, 2012도13665····· 382, 679
대법원 2013. 9. 12, 2011도12918··············· 68
대법원 2013. 9. 12, 2012도2349··············· 946
대법원 2013. 9. 12, 2013도6570··············· 596
대법원 2013. 10. 11, 2013도9616··············· 936
대법원 2013. 10. 24, 2013도5752····· 466, 802
대법원 2013. 12. 12, 2012도7198····· 821, 823
대법원 2013. 12. 12, 2013도6608··············· 823
대법원 2014. 1. 16, 2013도7101······· 313, 472,
　　　　　　　　　　　　　　　　624, 833
대법원 2014. 1. 16, 2013도11649··············· 762
대법원 2014. 2. 13, 2013도9605··············· 848
대법원 2014. 2. 27, 2011도13999··············· 204
대법원 2014. 2. 27, 2013도12155··············· 666
대법원 2014. 3. 13, 2013도12507··············· 734
대법원 2014. 3. 27, 2013도9666,
　　2013전도199································ 825
대법원 2014. 4. 10, 2014도1779··············· 610
대법원 2014. 4. 24, 2013도9498··············· 474
대법원 2014. 4. 30, 2012도725········· 231, 682,
　　　　　　　　　　　　　　　　　　　699
대법원 2014. 5. 16, 2013도929··············· 765
대법원 2014. 5. 16, 2013도16404··············· 629
대법원 2014. 5. 30, 2014모739··············· 889
대법원 2014. 7. 10, 2012도5041······· 706, 710
대법원 2014. 7. 10, 2014도4708··············· 597
대법원 2014. 8. 26, 2011도6035········· 668, 682
대법원 2014. 8. 28, 2014도4496······· 105, 840
대법원 2014. 9. 26, 2014도9030··············· 596
대법원 2014. 10. 15, 2013도5650··············· 198

대법원 2014. 10. 16, 2014모1557 ············· 798
대법원 2014. 11. 13, 2013도1228 ········ 82, 130,
　　　　　　　　　　　　　　　　　　 336
대법원 2014. 11. 13, 2014도8377 ············· 586
대법원 2014. 12. 11, 2014도7976 ······· 202, 205
대법원 2015. 2. 12, 2012도4842 ············· 424
대법원 2015. 4. 9, 2015도1466 ············· 840
대법원 2015. 4. 23, 2013도3790 ············· 235
대법원 2015. 4. 23, 2015도2275 ············· 591
대법원 2015. 5. 14, 2014도2946 ············· 891
대법원 2015. 5. 21, 2011도1932 전합 ······ 763,
　　　　　　　　　　　　　　　　　　 874
대법원 2015. 6. 24, 2015도5916 ············· 422
대법원 2015. 7. 16, 2011모1839 전합 ······ 315,
　　　　　　　　　　　　　　　　　　 323
대법원 2015. 7. 16, 2015도2625 ············· 237
대법원 2015. 8. 27, 2015도3467 ······· 142, 738
대법원 2015. 9. 10, 2012도9879 ······· 639, 644
대법원 2015. 9. 10, 2012도14755 ············· 433
대법원 2015. 9. 15, 2015도11362 ············· 825
대법원 2015. 10. 15, 2015도1803 ············· 40
대법원 2015. 10. 29, 2013도14719 ············· 879
대법원 2015. 10. 29, 2014도5939 ············· 672
대법원 2015. 12. 10, 2015도11696 ············· 846
대법원 2016. 2. 18, 2015도16586 ············· 514
대법원 2016. 2. 18, 2015도17115 ············· 681
대법원 2016. 2. 19, 2015도12980 ············· 750
대법원 2016. 3. 10, 2013도11233 ············· 620
대법원 2016. 3. 16, 2015모2898 ············· 578
대법원 2016. 4. 29, 2016도2696 ············· 403
대법원 2016. 10. 13, 2015도17869 ···· 609, 614,
　　　　　　　　　　　　　　　　　　 850
대법원 2016. 10. 13, 2016도5814 ············· 247
대법원 2016. 10. 13, 2016도8137 ············· 350
대법원 2016. 12. 27, 2014두46850 ············· 336
대법원 2016. 12. 29, 2016도11138 ············· 460
대법원 2017. 1. 25, 2016도13489 ············· 359

대법원 2017. 2. 15, 2016도19027 ············· 402
대법원 2017. 3. 15, 2013도2168 ············· 255
대법원 2017. 3. 15, 2016도19843 ············· 628
대법원 2017. 3. 15, 2017도44 ················· 611
대법원 2017. 7. 11, 2016도14820 ············· 420
대법원 2017. 9. 7, 2015도10648 ············· 322
대법원 2017. 9. 12, 2017도10309 ············· 345
대법원 2017. 9. 21, 2015도12400 ············· 321
대법원 2017. 11. 9, 2017도14769 ············· 879
대법원 2017. 11. 14, 2017도13465 ············· 434
대법원 2017. 11. 29, 2014도16080 ············· 341
대법원 2018. 2. 8, 2017도13263 ············· 323
대법원 2018. 3. 13, 2017도12150 ······ 200, 755
대법원 2018. 3. 15, 2017도20247 ············· 652
대법원 2018. 3. 29, 2018도327 ················ 506
대법원 2018. 4. 26, 2018도2624 ············· 851
대법원 2018. 5. 2, 2015모3243 ············· 878
대법원 2018. 7. 12, 2018도6219 ············· 336
대법원 2018. 9. 28, 2018도10447 ······ 386, 391
대법원 2018. 10. 12, 2018도6252 ············· 313
대법원 2018. 10. 25, 2015도17936 ············· 756
대법원 2018. 10. 25, 2018도7709 ············· 612
대법원 2018. 10. 25, 2018도9810 ············· 461
대법원 2018. 11. 22, 2015도10651 전합 ··· 104,
　　　　　　　　　　　　　　　　　　 842
대법원 2019. 1. 10, 2018도17083 ············· 853
대법원 2019. 2. 28, 2018도13382 ············· 893
대법원 2019. 3. 14, 2018도2841 ············· 326
대법원 2019. 3. 21, 2017도16593-1 ······· 852
대법원 2019. 6. 13, 2019도4608 ············· 464
대법원 2019. 6. 20, 2018도20698 전합 ····· 892,
　　　　　　　　　　　　　　　　　　 894
대법원 2019. 7. 5, 2018모906 ················ 791
대법원 2019. 7. 24, 2018도17748 ············· 844
대법원 2019. 8. 29, 2018도14303 ············· 848
대법원 2019. 9. 26, 2019도8531 ············· 104
대법원 2019. 11. 14, 2019도13290 ············· 683

대법원 2019. 11. 21, 2018도13945 전합····· 681
대법원 2019. 11. 28, 2013도6825 ············· 381
대법원 2019. 12. 13, 2019도10678 ··········· 846
대법원 2020. 1. 9, 2019도15700············ 914
대법원 2020. 2. 13, 2019도14341 ············· 313
대법원 2020. 3. 17, 2015모2357 ······· 227, 869
대법원 2020. 4. 9, 2019도17142············ 348
대법원 2020. 4. 29, 2017도13409 ············· 916
대법원 2020. 5. 14, 2020도398············· 202
대법원 2020. 5. 14, 2020도1355············· 763
대법원 2020. 5. 14, 2020도2433 ············· 610
대법원 2020. 6. 11, 2016도9367 ············· 658
대법원 2020. 6. 25, 2019도17995 ············ 847
대법원 2020. 6. 26, 2019모3197············· 885
대법원 2020. 7. 9, 2019도2757············ 756
대법원 2020. 9. 3, 2020도8358············· 853
대법원 2020. 10. 22, 2020도4140 전합······ 822,
929
대법원 2020. 10. 29, 2020도3972 ············ 423
대법원 2020. 10. 29, 2020도9475 ············· 843
대법원 2020. 11. 26, 2020도12358 ··········· 746
대법원 2020. 12. 24, 2020도10778 ····· 504, 845
대법원 2021. 3. 11, 2018오2·················· 900
대법원 2021. 3. 12, 2019모3554············· 888
대법원 2021. 4. 2, 2020모2561············· 47
대법원 2021. 4. 15, 2021도1140 ············· 817
대법원 2021. 4. 29, 2021도2650············· 745
대법원 2021. 5. 6, 2021도1282············ 819
대법원 2021. 5. 27, 2018도13458············· 756
대법원 2021. 6. 10, 2020도15891 ··········· 382
대법원 2021. 6. 30, 2018도14261 ············· 81
대법원 2021. 6. 30, 2019도7217············· 460
대법원 2021. 7. 8, 2021도2738············ 890
대법원 2021. 7. 8, 2021도4944············· 933
대법원 2021. 7. 29, 2020도14654 ············ 320
대법원 2021. 9. 30, 2021도5777············· 506
대법원 2021. 11. 18, 2016도348········ 323, 347

대법원 2021. 11. 25, 2019도7342 ············· 347
대법원 2021. 12. 16, 2019도17150 ············ 400
대법원 2021. 12. 30, 2019도16259 ············ 400
대법원 2022. 1. 13, 2021도13108 ······ 140, 460
대법원 2022. 1. 14, 2021도13768 ············· 936
대법원 2022. 1. 14, 2021모1586············· 325
대법원 2022. 1. 27, 2021도11170 ······ 324, 326
대법원 2022. 2. 11, 2021모3175············· 149
대법원 2022. 2. 17, 2019도4938············· 348
대법원 2022. 3. 31, 2022도857················· 422
대법원 2022. 4. 28, 2021도16719 ············· 853
대법원 2022. 4. 28, 2021도17103 ············· 620
대법원 2022. 5. 13, 2017도3884 ············· 744
대법원 2022. 5. 19, 2021도17131 ············· 861
대법원 2022. 5. 26, 2017도11582 ············· 833
대법원 2022. 5. 26, 2021도2488············· 184
대법원 2022. 6. 16, 2022도364············· 678
대법원 2022. 6. 30, 2022도1452············· 320
대법원 2022. 9. 16, 2021다295165 ············· 74
대법원 2022. 9. 29, 2020도13547 ············· 425
대법원 2022. 10. 27, 2022도9510 ············· 683
대법원 2022. 11. 10, 2022도7940 ············· 843
대법원 2022. 11. 17, 2022도8257 ············· 403
대법원 2022. 12. 15, 2022도8824 ············· 673
대법원 2022. 12. 22, 2020도16420 전합····· 764
대법원 2023. 1. 12, 2022도11245 ············· 609
대법원 2023. 1. 12, 2022모1566············· 871
대법원 2023. 2. 23, 2022도6434············· 764
대법원 2023. 3. 16, 2023도751················· 782

헌재결 1989. 12. 22, 89헌마145 ············· 375
헌재결 1991. 4. 1, 90헌마115················ 372
헌재결 1992. 4. 14, 90헌마82················ 270
헌재결 1992. 11. 12, 91헌마146 ············· 376
헌재결 1992. 12. 24, 92헌가8················ 307
헌재결 1993. 9. 27, 92헌마284················ 422

헌재결 1993. 12. 23, 93헌가2 ······················ 306
헌재결 1994. 7. 29, 93헌가3 ························· 90
헌재결 1995. 1. 20, 94헌마246 ········· 388, 396,
423
헌재결 1996. 12. 26, 94헌바1 ············ 360, 364
헌재결 1997. 3. 27, 96헌가11 ·············· 92, 93
헌재결 1997. 3. 27, 96헌바28 등 ·············· 266
헌재결 1999. 5. 27, 97헌마137 ··················· 90
헌재결 2001. 11. 29, 2001헌바41 ········· 18, 29
헌재결 2001. 12. 20, 2001헌마39 ·············· 373
헌재결 2003. 11. 27, 2002헌마193 ············· 282
헌재결 2004. 1. 29, 2002헌마293 ············· 210
헌재결 2004. 9. 23, 2000헌마138 ············· 226
헌재결 2005. 3. 31, 2004헌가27 ······· 802, 906
헌재결 2008. 7. 22, 2008헌마496 ··················· 9
헌재결 2009. 6. 25, 2007헌바25 ··············· 276
헌재결 2009. 7. 30, 2008헌가10 ··············· 605
헌재결 2010. 6. 24, 2008헌마716 ·············· 375

헌재결 2010. 6. 24, 2009헌마257 ······ 481, 482
헌재결 2010. 11. 25, 2009헌바8 ·············· 260
헌재결 2011. 5. 26, 2009헌마341 ······ 279, 281
헌재결 2011. 11. 24, 2008헌마578 ······ 432, 433
헌재결 2012. 5. 31, 2010헌마672 ············· 257
헌재결 2012. 6. 27, 2011헌가36 ········ 305, 306
헌재결 2012. 8. 23, 2010헌마439 ············· 238
헌재결 2013. 7. 25, 2011헌가26 ·············· 605
헌재결 2013. 9. 26, 2012헌마1022 ··········· 376
헌재결 2015. 2. 26, 2014헌가16 ·············· 468
헌재결 2018. 4. 26, 2015헌바370,
2016헌가7 ··· 338
헌재결 2018. 6. 28, 2012헌마191,
2012헌마538 ··· 356
헌재결 2018. 8. 30, 2014헌마368 ············· 237
헌재결 2018. 8. 30, 2016헌마483 ············· 237
헌재결 2019. 2. 28, 2015헌마1204 ··········· 280

사항색인

[ㄱ]

가납명령　922
가납의 재판　769, 952
간이공판절차　560
간이공판절차의 취소　565
간이기각결정　58, 290
간접사실　597
간접증거　590, 612
감정　551
감정서　556, 687
감정수탁자　235
감정유치　307, 555
감정유치장　236, 309, 555
감정의 위촉　235
감정인　552
감정인신문　554, 556
감정증인　522
감정처분허가장　236, 554
감치　499, 529
강제수사　211, 238
강제채뇨　336
강제채혈　336
강제처분법정주의　212
거증금지사실　600
거증책임　602
거증책임의 분배　602
거증책임의 전환　604
거짓말탐지기　220, 713
거짓말탐지기의 사용과 자백　642
검사　62
검사가 작성한 피의자신문조서　675
검사동일체의 원칙　65

검사선의주의　926
검사에 대한 제척·기피　67
검사의 객관의무　73
검사의 모두진술　501
검사의 상소의 이익　800
검사의 소송법상 지위와 권한　69
검사의 수사종결　369
검사의 체포·구속장소감찰　72
검증　548
검증조서　551, 688
검찰권　62
검찰제도　62
검찰청　64
검찰항고　373
검찰항고전치주의　427
결정　741
경계검문　209
경험법칙　598, 612
고발　197
고소　182
고소권의 포기　196
고소권자　184
고소기간　188
고소불가분의 원칙　190
고소의 대리　187
고소의 방식　186
고소의 추완　139
고소의 취소　193
고위공직자범죄수사처　170
고위공직자범죄수사처의 수사종결　376
고유관할　39
고유권　113

공개주의　444
공권적인 증명문서　695
공동피고인　75
공무소 등에의 조회　237, 475
공범자의 자백의 보강증거능력　662
공범자의 자백의 증거능력　655
공범자의 자백의 증명력　660
공소　383
공소권　384
공소권남용론　386
공소권이론　384
공소권이론 부인론　385
공소기각의 결정　765
공소기각의 판결　765
공소불가분의 원칙　438
공소사실　402, 451
공소사실의 단일성　455
공소사실의 동일성　455
공소사실의 추완　140
공소시효　414
공소시효기간　416
공소시효완성　424
공소시효의 본질　415
공소시효의 정지　421
공소장변경　454
공소장변경요구제도　469
공소장변경으로 인한 합의부에의 이송　50
공소장변경의 절차　459
공소장변경의 필요성　462
공소장부본의 송달　473
공소장의 기재사항　400
공소장의 제출　399
공소장일본주의　408
공소장정정　76, 454
공소제기의 객관적 효력범위　438
공소제기의 방식　399
공소제기의 주관적 효력범위　437

공소제기의 효과　435
공소제기 후의 강제수사　378
공소제기 후의 임의수사　380
공소취소　397
공시송달　154, 492
공정한 재판의 원칙　19
공지의 사실　601
공판기일의 절차　500
공판기일 전의 증거조사　475
공판절차　443
공판절차의 갱신　568
공판절차의 기본원칙　444
공판절차의 정지　567
공판정 외의 증인신문　541
공판조서　144
공판조서의 증명력　735
공판준비기일　485
공판준비서면　484
공판준비절차　472
공판중심주의　443, 472
관련사건의 관할　42
관련사건의 병합관할　42
관련사건의 병합심리　43
관할　37, 38
관할위반의 판결　48, 767
관할위반의 효과　48
관할의 경합　47
관할의 이전　46
관할의 지정　45
교부송달　153
교통검문　209
교호신문제도　538
구두변론주의　446
구두주의　131, 446
구성요건공통설　457
구속　257
구속사유　258

구속영장의 발부　266
구속영장의 성격　266
구속영장의 집행　269, 273
구속의 집행정지　304
구속의 취소　306
구속 전 피의자심문　262
구속 전 피의자심문조서　265
구체적 공소권설　385
구형　506
국가소추주의　392
국민참여재판　573
국법상 의미의 법원　34
국선변호인　103, 263
규문적 수사관　165
규문주의　25
금융거래정보의 조사　325
기본적 사실관계동일설　456
기소강제절차　425
기소강제절차의 구조　429
기소독점주의　393
기소법정주의　395
기소사실인부절차　26, 561, 648
기소유예　396
기소중지　371
기소편의주의　395
기판력　778
기판력의 본질　780
기피　56
기피사유　57
기피의 효과　60
긴급수배검문　209
긴급체포　245
긴급체포서　247
긴급체포시의 압수·수색·검증　344
긴급통신제한조치　354

[ㄴ]
내사　163
내용적 확정력　774
노역장유치　952
녹음테이프　628, 708
논고　505
논리법칙　612

[ㄷ]
단독제　36
단독평가설　880
단순추완　138
답변서의 제출　842, 855
당사자능력　79
당사자소송주의　26
당사자의 신청에 의한 증거조사　510
당사자적격　79
당사자주의　26
당사자처분권주의　26
당연무효의 판결　783
대물적 강제처분　310
대법원규칙　8
대법원예규　9
대인적 강제처분　239
대질　536
대표변호인제도　101
도청　351
독립대리권　113
독수의 과실이론　622
동행요구　205
DNA신원확인정보　271, 956

[ㅁ]
마취분석　220, 643
면소판결　758
면소판결과 일사부재리의 효력　760
면소판결에 대한 피고인의 상소　761

면소판결의 본질　758
명령　741
명령장설　266
명예회복　969
모두절차　500
몰수형의 집행　953
무변론 항소기각의 판결　843
무죄추정의 원칙　88, 602
무죄판결　755
무죄판결에 대한 비용보상　791
무죄판결에 대한 상소　802
무효의 치유　138
물적 증거　591
미결구금일수의 산입　929, 948

[ㅂ]
반대신문　539, 678, 728
반대신문권포기설　718
반의사불벌죄　183, 192
반증　592
방어권　85
배상명령절차　932
배심원　579
배심원의 평의와 평결　586
배심원후보자　580
배심제　573
배타적 증명력　736
범인식별절차　232
범죄될 사실　748
범죄사실　450
범죄사실대상설　451
범죄사실의 택일적 인정　750
범죄피해자구조금　942
범죄피해자구조제도　939
범죄피해자 보호법　940
범죄피해자의 진술권　544
범죄현장에서의 압수 · 수색 · 검증　343

법령위반　834
법령의 적용　753
법률관계설　118
법률상 추정　601
법률상태설　118
법률심　850
법률행위적 소송행위　126
법무부장관의 지휘 · 감독권　68
법원　34
법원 또는 법관의 면전조서　670
법원에 현저한 사실　601
법정경찰권　498
법정관할　39
법정증거주의　607
변론능력　82
변론의 병합과 분리　571
변론의 재개　572
변론의 종결　506
변론주의　446
변사자의 검시　200
변호인　98
변호인선임서　101
변호인선임의 추완　139
변호인선임의 효력　102
변호인의 권리　113
변호인의 서류 등 열람 · 등사권　115
변호인의 선임　100
변호인의 소송법상 지위　110
변호인의 접견교통권　114
변호인의 진실의무　111
변호인의 피의자신문참여권　115, 226
별건구속　277
보강증거불요설　660
보강증거의 범위　651
보강증거의 자격　649
보강증거필요설　660
보석　292

보석의 조건 298
보석의 취소 302
보정적 추완 139
보조사실 598, 730
보조인 98
보조증거 592
보증금납입조건부 피의자석방 290
보증금 등의 몰취 303
보충소송 786
보통항고 862
복심제 830
본증 592
부가형 812
불가피한 발견의 예외 624
불고불리의 원칙 383, 450
불구속수사 및 불구속재판의 원칙 89
불기소결정 369
불심검문 202
불요증사실 600
불이익변경금지의 원칙 816
불이익변경의 판단기준 821
비례성의 원칙 20, 213, 260
비밀녹음 628
비상상고 894
비약적 상고 860
비진술증거 592

[ㅅ]
사건의 이송 50
사물관할 39
사법경찰관리 167
사법경찰관의 수사종결 367
사법경찰관이 작성한 피의자신문조서 672
사실기재설 463
사실상 추정 602
사실심리절차 502
사실오인 836, 852

사실오인으로 인한 법령위반 898
사실행위적 소송행위 127
사인소추주의 393
사인이 위법하게 수집한 증거 625
사진촬영 214
사형의 집행 947
사형집행명령 947
사후심 831
상고 850
상고심의 변론 855
상고심의 재판 857
상고심판결의 정정 859
상고이유 852
상고이유서 855
상대적 부정기형 928
상대적 소송조건 156
상소 795
상소권 796
상소권의 회복 798
상소권자 796
상소기간 797
상소불가분의 원칙 811
상소의 이익 800
상소의 제기 805
상소의 취하 808
상소의 포기 808
상소이익결여설 803
상소장 805
상소제기기준설 807
상소제기의 방식 805
상소제기의 효력 806
서면주의 132
석명권 497
선도조건부 기소유예 927
선서무능력자 530
선의의 예외 625
설득행위설 205

성명모용 76
소극적 진실주의 21
소년형사범 925
소명 594
소송계속 436
소송관계인 33
소송관계인의 주장에 대한 판단 754
소송기록송부기준설 807
소송능력 81
소송물론 450
소송법상 의미의 법원 36
소송법적 사실 599, 603
소송비용 787
소송서류 142
소송서류의 송달 152
소송의 발전에 따른 무효의 치유 138
소송의 주체 33
소송절차 118
소송절차의 법령위반 896, 904
소송절차의 본질 118
소송절차이분론 120
소송절차참여권 85
소송조건 155
소송조건의 추완 139, 158
소송지휘권 496
소송추행이익결여설 760
소송행위 124
소송행위에 대한 가치판단 134
소송행위의 대리 129
소송행위의 방식 131
소송행위의 성립·불성립 135
소송행위의 유효·무효 135
소송행위의 이유의 유무 142
소송행위의 일시 132
소송행위의 적법·부적법 142
소송행위의 철회 141
소송행위의 추완 138

소송행위의 취소 141
소송행위적격 128
소인 451
소인공통설 457
소인대상설 452
소지품검사 206
속심제 830
송달영수인 152
송달의 방법 153
수명법관 37
수사 163
수사과정에서 작성한 진술서 683
수사구조론 165
수사단서 181
수사상의 감정유치 307
수사상의 검증 333
수사서류에 대한 변호인의 열람권 116
수사와 소송조건 176
수사의 상당성 177
수사의 조건 175
수사의 필요성 175
수사자료표 950
수사절차 163
수색의 대상 316
수색증명서 324
수임판사 37
수탁판사 37
수형인명부 950
수형인명표 950
승낙검증 219
승낙수색 219
승낙유치 219
신뢰관계 있는 사람의 동석 227, 233, 263, 535
신속한 재판의 원칙 22
신용성의 정황적 보장 668
신체검사 334, 549

실질적 변호   99
실질적 진정성립   677, 691
실질적 확정력   774
실질증거   592
실체관계적 형식재판설   758
실체재판   742
실체적 소송조건   156
실체적 진실주의   21
실체적 확정력   775
실체판결청구권결여설   803
실체판결청구권설   384
실체형성행위   127
실황조사서   693
심급관할   41
심리미진의 위법   614
심판의 대상   449

[ㅇ]
알리바이의 증명   598
압수목록   324
압수물의 가환부   328
압수물의 처리   327
압수물의 환부   330
압수·수색   314
압수·수색의 절차   317
압수·수색할 대상의 특정   319
압수의 대상   314
압수장물의 피해자환부   332
압수조서   324, 694
약식명령과 성명모용   76
약식절차   905
양형부당   837, 852
양형위원회   838
엄격한 증명   595
업무상 작성된 통상문서   695
여죄수사   278
여효적 소송행위   128

영상녹화   229, 235
영상녹화물   512, 520, 705, 732
영장기각재판에 대한 불복   268
영장실질심사제도   262
영장심의위원회   170, 242, 261, 318
영장에 의한 체포   240
영장재청구   268
영장주의   212
예단배제의 원칙   409
예비적·택일적 기재   405
예외적 의무설   470
위법배제설   636
위법수집증거배제법칙   616
위법수집증거에 대한 증거동의   629
위법수집증거와 탄핵증거   630
위장출석   77
유죄인부협상   26
유죄판결   746
유죄판결에 명시할 이유   747
유치명령   922
의견서의 제출   474
의심스러운 때에는 피고인의 이익으로   89,
  602
의제공소시효   424
이원설   453
이중구속   276
인권옹호설   635
인적 증거   591
인정신문   500
일부기소   439
일부기소유예   397
일부상소   810
일사부재리의 효력   778
일사부재리의 효력의 확장적용의 문제   785
일사부재리의 효력이 미치는 범위   782
일제검문   210
일죄의 일부에 대한 공소제기   438

임의동행　216
임의수사　211
임의수사의 방법　220
임의수사의 원칙　211
임의적 보석　296
임의제출물의 영치　346
입증의 부담　606
입증취지　731

[ㅈ]
자격상실　950
자격정지　950
자격형의 집행　950
자기모순의 진술　729
자기부죄거부의 특권　91
자동차검문　209
자백　630
자백배제법칙　632
자백보강법칙　646
자백의 임의성에 대한 거증책임　644
자수　200
자연적 관련성　593, 713
자유로운 증명　595
자유심증주의　607
자유형의 집행　948
자유형의 집행정지　949
잠재적 심판대상　453
재산형의 집행　951
재심　872
재심개시절차　885
재심심판절차　890
재심이유　875
재전문증거　700
재정관할　45
재정신청제도　425
재주신문　540
재판　740

재판권　38
재판의 내용적 구속력　775
재판의 성립　742
재판의 확정　772
재판장　37
재판장의 개입권　540
재판집행　943
재판집행에 대한 이의신청　955
재판집행의 지휘　944
재판해석에 대한 의의신청　954
재판확정기록의 열람·등사　149
재항고　866
적극적 진실주의　21
적법절차의 원칙　18
전기통신의 감청　350
전면적 종합평가설　881
전문법칙　663
전문수사자문위원　237
전문심리위원　495
전문증거　662
전문진술　696
진심재판　54
전자기록　711
절차형성행위　127
접견교통권　279
정보저장매체　315, 520, 712
정상관계사실　599
정황증거　590, 667
제척　52
제척사유　53
제척의 효과　56
제한적 종합평가설　881
조건부 기소유예　397
조사과정의 기록　228, 234
조사수인의무　222
조서　144
종국재판　740, 746

종국 전의 재판   741
종속대리권   113
죄질동일설   456
죄체설   651
주문   744
주민등록법상의 신원확인을 위한 동행요
　구   218
주신문   538, 728
준항고   867
준현행범인   253
중형변경금지의 원칙   816
즉결심판   915
즉시항고   863
즉일선고의 원칙   507
증거   589
증거개시제도   477
증거결정   514
증거능력   592
증거동의   717
증거동의의 효과   724
증거목록   478, 509, 515
증거방법   589
증거법   589
증거보전   359
증거서류   611
증거의 명백성   880
증거의 신규성   879
증거의 요지   751
증거자료   589
증거재판주의   593
증거제출책임   606
증거조사   508
증거조사에 대한 이의신청   558
증명   594
증명력   593
증명의 정도   594
증언거부권   531

증언능력   531
증언의무   531
증인거부권   523
증인신문   522
증인신문조서의 열람 · 등사   543
증인적격   523
직권에 의한 증거조사   513
직권주의   27
직무대리권   67
직무승계권   66
직무이전권   66
직무질문   202
직접심리주의   447
직접주의   447
직접증거   590
진술거부권과 인정신문   93
진술거부권의 고지   94, 500
진술거부권의 포기   95
진술기재서   685
진술녹음   709
진술서   682
진술의 임의성   715
진술조력인   233, 536
진술조서   234, 676
진술증거   592
진실성담보설   652
집중심리주의   448
집행권원   951

[ㅊ]
차별적 기소   389
참고인   230
참고인조사   230
참고인중지   371
참심제   574
채증법칙위반   614
처분권설   718

체내강제수색   335
체내검사   335
체포   240
체포 · 구속적부심사제도   285
체포사유   240
체포현장에서의 압수 · 수색 · 검증   339
최종변론   505
추상적 공소권설   384
축소사실의 인정   465
취효적 소송행위   127
친고죄   183

[ㅌ]
탄핵적 수사관   166
탄핵주의   26
탄핵증거   727
태도증거   665
토지관할   40
통신비밀보호법   348
통신사실확인자료   356
통신제한조치   348
퇴정명령   493, 724
특별검사   69
특신상태   678, 682

[ㅍ]
파기판결의 구속력   826
판결   741
판결의 법령위반   896, 902
판사에 의한 증인신문   363
포괄일죄   784, 811
피고인   74
피고인보상   963
피고인신문   503
피고인의 공판조서 열람 · 등사권   147
피고인의 구속   272
피고인의 구속기간   275

피고인의 모두진술   501
피고인의 소송법상 지위   83
피고인의 증인적격   525
피고인의 특정   75
피내사자   164, 174
피의자   174
피의자보상   963
피의자신문   221
피의자신문조서   225, 672
피의자의 구속   261
피의자의 구속기간   270
피해자변호인제도   546
필요성   669, 680
필요적 고발사건   198
필요적 보석   293

[ㅎ]
함정수사   177
합리성설   339
합의제   36
항고   861
항고심의 재판   865
항소   829
항소심에서의 공소장변경   472, 833
항소심의 구조   829
항소심의 심리   842
항소심의 재판   846
항소의 제기   838
항소이유   834
항소이유서의 제출   839
항소장   838
허가장설   266
허위배제설   635
헌법소원   375
헌법적 형사소송법   6
현실적 심판대상   453
현장녹음   711

현장사진   704
현장지시   689
현장진술   690
현행범인의 체포   251
형법과 형사소송법   3
형사보상   961
형사사법기관의 후견의무   20
형사상 화해절차   938
형사소송   4
형사소송구조론   25
형사소송법의 개정   12
형사소송법의 법원   7
형사소송법의 적용범위   9
형사소송법의 제정   12
형사소송유사설   430

형사절차   4
형사절차법정주의   5
형사조정절차   930
형식재판   158, 742
형식재판설   759
형식재판에 대한 상소   803
형식적 변호   100
형식적 본안재판설   760
형식적 소송조건   156
형식적 진실주의   21
형식적 확정력   774
형종상향금지   819, 914, 924
형집행장   73, 945
확정 판결서등의 열람·복사   151
회피   61

공저자 약력

이은모

연세대학교 법과대학 졸업
연세대학교 대학원(법학석사 · 법학박사)
미국 Stanford Law School 연구교수
일본 요코하마국립대학 로스쿨 연구교수
일본 간사이대학 로스쿨 연구교수
대검찰청 검찰수사심의위원회 위원
서울고등검찰청 항고심사위원
서울동부지방검찰청 형사조정위원
국가생명윤리심의위원회 위원
한양대학교 법학연구소장
한국형사정책학회 회장
사법시험 · 행정고시 · 입법고시 등 출제위원
한양대학교 법학전문대학원 명예교수

김정환

연세대학교 법과대학 법학사
연세대학교 대학원 법학석사
독일 괴팅엔대학교 법과대학 법학석사 · 법학박사
인하대학교 법과대학 박사후연구원
국민대학교 법과대학 전임강사 · 조교수
서울시립대학교 법학전문대학원 조교수 · 부교수
연세대학교 법학전문대학원 부교수
변호사시험, 법학적성시험, 사법시험, 국가공무원채용
　시험, 경찰공무원채용시험 출제위원
서울고등검찰청 형사상고심의위원회 위원
대검찰청 진상조사단 조사단원
한국보호관찰학회 학술상
한국형사법학회 정암형사법학술상
현재 연세대학교 법학전문대학원 교수

제 9 판
형사소송법

초판발행	2010년	3월	10일
제 2 판발행	2011년	2월	25일
제 3 판발행	2012년	8월	30일
제 4 판발행	2014년	1월	20일
제 5 판발행	2015년	5월	15일
제 6 판발행	2018년	1월	2일
제 7 판발행	2019년	2월	10일
제 8 판발행	2021년	2월	20일
제 9 판발행	2023년	8월	20일

지은이　　　이은모 · 김정환
펴낸이　　　안종만 · 안상준

편　집　　　이승현
기획/마케팅　조성호
표지디자인　이수빈
제　작　　　고철민 · 조영환
펴낸곳　　　(주) **박영사**
　　　　　　서울특별시 금천구 가산디지털2로 53, 210호(가산동, 한라시그마밸리)
　　　　　　등록　1959. 3. 11.　제300-1959-1호(倫)
전　화　　　02)733-6771
F A X　　　02)736-4818
e-mail　　　pys@pybook.co.kr
homepage　www.pybook.co.kr
ISBN　　　979-11-303-4528-4　93360

copyright©이은모 · 김정환, 2023, Printed in Korea

정　가　　　56,000원